V&R Academic

Schriften des Hannah-Arendt-Instituts
für Totalitarismusforschung

Herausgegeben von Günther Heydemann

Band 60

Vandenhoeck & Ruprecht

Von Stalingrad zur SBZ

Sachsen 1943 bis 1949

Herausgegeben von Mike Schmeitzner,
Clemens Vollnhals und Francesca Weil

Vandenhoeck & Ruprecht

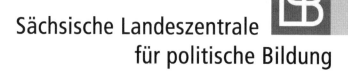

Sächsische Landeszentrale
für politische Bildung

Diese Sonderausgabe ist inhaltsgleich zur
Verlagsausgabe mit folgenden bibliografischen Angaben:
Von Stalingrad zur SBZ /
hrsg. von Mike Schmeitzner, Clemens Vollnhals und Francesca Weil /
Mike Schmeitzner, Clemens Vollnhals und Francesca Weil [Hrsg.] –
1. Aufl. – Göttingen, Niedersachs : Vandenhoeck & Ruprecht, 2016.
(Schriften des Hannah-Arendt-Instituts für Totalitarismusforschung ; 60)

ISBN 978-3-525-36972-2

Mit 9 Tabellen.

Umschlagabbildung: Zerstörtes Dresden vermutlich 1946
Quelle: dpa picture alliance/ZP

© 2016, Vandenhoeck & Ruprecht GmbH & Co. KG, Theaterstraße 13, 37073 Göttingen /
Vandenhoeck & Ruprecht LLC, Bristol, CT, U.S.A.
www.v-r.de
Alle Rechte vorbehalten. Das Werk und seine Teile sind urheberrechtlich geschützt.
Jede Verwertung in anderen als den gesetzlich zugelassenen Fällen bedarf der
vorherigen schriftlichen Einwilligung des Verlages.
Printed in Germany.

Satz: Hannah-Arendt-Institut, Dresden
Druck und Bindung: ⊕ Hubert & Co GmbH & Co. KG, Robert-Bosch-Breite 6, 37079 Göttingen

Gedruckt auf alterungsbeständigem Papier.

Inhalt

Einleitung   9

I. Die nationalsozialistische Kriegsgesellschaft   25

Mike Schmeitzner
„Lieber Blut schwitzen ...". Martin Mutschmann und
die sächsische „Gauregierung" 1943 bis 1945   27

Stephan Dehn
Die nationalsozialistische Propaganda in der
Spätphase des Zweiten Weltkrieges   47

Silke Schumann
Soldaten und Arbeiter für Hitlers Krieg. Einberufungs-
und Arbeitseinsatzpolitik in Sachsen 1939 bis 1945   61

Michael C. Schneider
Sächsische Unternehmen in der
Aufrüstungs- und Kriegswirtschaft   83

Francesca Weil
„Ja, liebes Kind, das Leben ist nicht immer zuckersüß."
Zum Alltag der sächsischen Kriegsgesellschaft im Jahr 1943   99

Gerald Hacke
Radikalisierung und Eskalation. Zur Tätigkeit der Justiz
in Sachsen während des Zweiten Weltkrieges   117

Ulrich Fritz
KZ-Außenlager in Sachsen   139

Martin Clemens Winter
Die Todesmärsche in Sachsen.
Verbrechen, Ahndung und Gedenken 1945 bis 1949   157

Manfred Zeidler
Endkampf um Sachsen. Die militärischen Operationen
auf dem Territorium des Freistaats im April und Mai 1945   175

II. Besatzungsmacht und neue Herrschaft 187

Nora Blumberg
Mitteldeutschland unter amerikanischer Besatzung.
Neuaufbau der Verwaltung und Bemühungen um
überregionale Zusammenarbeit am Beispiel von Leipzig 189

Gareth Pritchard
Niemandsland. Das unbesetzte Territorium im
Westerzgebirge April bis Juli 1945 205

Stefan Donth
Die Rolle der sowjetischen Besatzungsmacht bei
der Errichtung des kommunistischen Machtapparats
in Sachsen von 1945 bis 1952 223

Rainer Behring
Das Personal der kommunistischen Diktaturdurchsetzung.
Parteifunktionäre und Kommunalpolitiker
in Chemnitz 1945 bis 1949 239

Sebastian Rick
Diktaturdurchsetzung auf dem flachen Lande am Beispiel
der Landkreise Liebenwerda und Schweinitz 1945 bis 1949 259

Tilman Pohlmann
Generationen und Herrschaftsetablierung.
Die 1. SED-Kreissekretäre der Nachkriegszeit 277

Clemens Vollnhals
Die Entnazifizierung als Instrument
kommunistischer Machtpolitik 293

Jörg Osterloh
„Der Totenwald von Zeithain." Die sowjetische
Besatzungsmacht und die Untersuchung des
Massensterbens im Stalag 304 (IV H) Zeithain 329

Nadin Schmidt
Menschliche Reparationen. Der Wissenschaftstransfer
nach 1945 an den Universitäten Leipzig und Dresden 353

Oliver Kiechle
Fritz Selbmann und die wirtschaftliche Neuordnung
im Zeichen der Sozialisierung 367

Inhalt 7

III. Gesellschaft im Umbruch 383

Thomas Widera
Soziale Ressourcen? Wohnungsnot und
Schwarzmarkt in Dresden 1942 bis 1948 385

Konstantin Hermann
Tolerierte Devianz?
Jugendpolitik und Jugendkriminalität
in Sachsen 1943 bis 1949 407

Swen Steinberg
Jenseits von Politik und Plan?
Langfristigkeit als Moment der Transformation
sächsischer Unternehmen nach 1945 425

Sebastian Fink
Belegschaft im Wandel.
Die Riesaer Stahlwerke 1943 bis 1949 445

Lutz Vogel
Der sächsische Adel und die Bodenreform.
Staatliche Restriktionen und individuelle Strategien 465

Sönke Friedreich / Ira Spieker
Integrative Maßnahme oder Vorstufe zur Kollektivierung?
Bodenreform und Neubauernprogramm als Instrument
der gesellschaftspolitischen Transformation 483

Annett Bresan
Tradition und radikaler Neuanfang
für die Sorben in Sachsen 503

Gerhard Lindemann
Von der nazifizierten Landeskirche zur lutherischen
Volkskirche. Die Evangelisch-Lutherische Landeskirche
Sachsens 1943 bis 1950 519

Hendrik Niether
Verfolgung, Vernichtung, Neuanfang.
Jüdische Gemeinden in Sachsen 1938 bis 1953 539

IV. Anhang   555

  Auswahlbibliografie für das Land Sachsen 1933 bis 1952   557
  Abkürzungsverzeichnis   562
  Personenverzeichnis   566
  Autorenverzeichnis   571

Einleitung

Nach der Kriegswende im Jahr 1943 und trotz der Mobilisierung aller wirtschaftlichen und personellen Ressourcen während des „totalen Krieges" war die Niederlage Deutschlands absehbar. Auf die bedingungslose Kapitulation des NS-Regimes im Mai 1945 folgten die Besatzung durch die Alliierten und der moralische Bankrott angesichts der ungeheuren NS-Verbrechen. Zeitgleich etablierten sich mit Unterstützung der sowjetischen Besatzungsmacht nach 1945 in Ostdeutschland Strukturen einer neuen Herrschaft, die in immer stärkerem Maße dem sowjetischen Leitbild ähnelten. Bis 1948 vollzogen sich wichtige Weichenstellungen in puncto Politik, Wirtschaft und Elitentransfer – zumeist legitimiert durch den Anspruch einer „antifaschistisch-demokratischen" Umwälzung. Dennoch steht das Jahr 1945 nicht für die „Stunde Null"; der radikale politische und gesellschaftliche Umbruch schloss neben Brüchen auch Kontinuitäten ein. Weite Teile der Bevölkerung erlebten die Jahre 1943 bis 1949 aber vor allem als eine Zeit der extremen Ausnahmesituation, die das eigene Leben maßgeblich beeinflusste. Untersuchungen zu diesem Zeitraum gibt es bereits für das Gebiet der alten Bundesrepublik,[1] für das der Sowjetischen Besatzungszone (SBZ) und frühen DDR stehen sie noch weitgehend aus, auch wenn an einzelne, Zäsuren übergreifende Forschungsergebnisse angeknüpft werden kann.[2]

Mit dem vorliegenden Sammelband soll damit begonnen werden, diese Forschungslücke weiter zu schließen. Dabei richtet sich der Fokus nicht nur auf die politischen Dimensionen der Entwicklung: Neben den überaus wichtigen Aspekten der Herrschaftssicherung bis 1945 und der Begründung einer neuen Herrschaft nach der Zerschlagung der NS-Diktatur stehen Probleme des alltäglichen (Über-)Lebens und Fragen nach der wirtschaftlichen Dynamik, der Entnazifizierung, der Schaffung neuer Eliten, des Wissenschaftstransfers, der

---

1   Vgl. Martin Broszat/Klaus Dietmar Henke/Hans Woller (Hg.), Von Stalingrad zur Währungsreform. Zur Sozialgeschichte des Umbruchs in Deutschland, München 1988.
2   Vgl. Günther Heydemann/Heinrich Oberreuter (Hg.), Diktaturen in Deutschland – Vergleichsaspekte. Strukturen, Institutionen und Verhaltensweisen, Bonn 2003; Thomas Schaarschmidt, Regionalkultur und Diktatur. Sächsische Heimatbewegung und Heimat-Propaganda im Dritten Reich und in der SBZ/DDR, Köln 2004; Francesca Weil, Entmachtung im Amt. Bürgermeister und Landräte im Kreis Annaberg 1930-1961, Köln 2004; Michael Parak, Hochschule und Wissenschaft in zwei deutschen Diktaturen. Elitenaustausch an sächsischen Hochschulen 1933-1952, Köln 2004; Johannes Frackowiak, Soziale Demokratie als Ideal. Die Verfassungsdiskussionen in Sachsen nach 1918 und 1945, Köln 2005; Mike Schmeitzner/Andreas Wagner, Von Macht und Ohnmacht. Sächsische Ministerpräsidenten im Zeitalter der Extreme 1919-1952, Beucha 2006.

Jugendpolitik und der Stellung bestimmter Religionsgemeinschaften im Fokus. Die insgesamt 28 Beiträge zeichnen eben diese Entwicklungsprozesse anhand von Sachsen exemplarisch nach. Die Dreiteilung des Bandes ist dabei bewusst vorgenommen worden, um einerseits die Dimensionen der Zäsur von 1945 zu verdeutlichen, andererseits aber auch noch stärker nach den Kontinuitäten und Diskontinuitäten in der Gesellschaft zu fragen. So folgt dem Teil über „Die nationalsozialistische Kriegsgesellschaft" der Teil über „Besatzungsmacht und neue Herrschaft", während sich der dritte Teil der „Gesellschaft im Wandel" widmet. Das Jahr 1949 als letztes Jahr der SBZ bildet in diesem zeitlichen Gefüge im Wesentlichen den Schlussstein.

Als erkenntnisleitend erscheinen dabei folgende Fragen: Was hielt die Kriegsgesellschaft bis Mai 1945 eigentlich zusammen? Welche Rolle spielten hier konkret Partei, Verwaltung, Propaganda, Justiz, Wirtschaft und Belegschaften, welche wirtschaftliche Bedeutung hatte das KZ-Außenlagersystem und wie reagierte die Bevölkerung auf den Kriegsendterror gegen eben diese (oftmals jüdischen) Sklavenarbeiter? Kam es in dieser Zeit überhaupt zu einer nennenswerten Ablösung von Bevölkerungsteilen vom Nationalsozialismus? Zudem: Wie wirkte sich die vorübergehende Dreiteilung Sachsens (Mai bis Juli 1945) auf Staat und Gesellschaft aus? Ließen sich tatsächlich Kräfte der Selbstorganisation innerhalb der Bevölkerung dort erkennen, wo genau diese ohne Besatzungsmächte einigermaßen frei agieren konnte? Und wie demokratisch nahmen sich derartige Versuche eigentlich aus? Wie rasch und vor allem wie tief gelang es ab Sommer 1945 der nun allein herrschenden sowjetischen Besatzungsmacht und ihres deutschen Instruments KPD/SED, eine neue Herrschaft zu begründen und gesellschaftliche Weichenstellungen vorzunehmen? War dies überhaupt von Anfang an gewollt? Inwiefern spielten neben den Instrumenten des Zwangs und der Unterdrückung Aspekte der Integration und der Aufstiegschancen für bestimmte Bevölkerungsteile eine Rolle? Welche Bedeutung hatten langfristige Prägungen, Kontinuitäten und „Eigen-Sinn"?[3] Und schließlich: Welche Möglichkeiten der Entfaltung schuf die Zäsur von 1945 den unterdrückten Sorben, der zerstörten evangelischen Landeskirche und den überlebenden Juden?

Sachsen als Untersuchungsregion verspricht in dieser Hinsicht aufschlussreiche Antworten zu geben, galt diese Region doch vor allem in industrieller Hinsicht als Paradeland des Reiches und der SBZ/DDR und in politischer Hinsicht lange vor 1933 als Hochburg der Linken und später auch der Nationalsozialisten. Außerdem vermochte sich hier die nationalsozialistische Herrschaft am längsten zu halten, und nur hier kam eine zeitweilige Dreiteilung des Landes in amerikanische und sowjetische Zone und ein „Niemandsland" zustande. Die neuen Machthaber betrachteten überdies das Land wegen seines Potenzials als

---

3   Zum Begriff „Eigen-Sinn" vgl. Alf Lüdtke, Eigen-Sinn. Fabrikalltag, Arbeitererfahrungen und Politik vom Kaiserreich bis zum Faschismus. Ergebnisse, Hamburg 1993; Thomas Lindenberger (Hg.), Herrschaft und Eigen-Sinn in der Diktatur. Studien zur Gesellschaftsgeschichte der DDR, Köln 1999.

Vorreiterland bei der avisierten Neugestaltung.[4] Die Zäsur vom Mai 1945 erschien hier – anders als im äußersten Osten und Westen des Reiches – auch deswegen so tiefgreifend, weil in diesem Land die sowjetische und amerikanische Besetzung mit der bedingungslosen Kapitulation des Reiches zusammengefallen war.[5] Demgegenüber hatten bis gegen Ende 1944 hier noch vielerorts fast friedensähnliche Zustände geherrscht und die unmittelbaren Auswirkungen des Krieges das Land vergleichsweise spät erreicht. Auch nachdem Reichspropagandaminister Joseph Goebbels am 18. Februar 1943 in Berlin zum „totalen Krieg" aufgerufen hatte, blieb Sachsen – mit Ausnahme von Leipzig nach dem verheerenden Luftangriff im Dezember 1943 – von Kriegshandlungen weitgehend verschont; prägend für diese Jahre war jedoch eine „erhöhte Mobilität".[6] Das hieß vor allem, dass Sachsens Bedeutung als Rüstungsstandort, Rekrutierungsregion und Zuflucht für ausgebombte Familien aus anderen Reichsgebieten beständig zunahm.[7]

Wie es den regionalen NS-Machthabern gelang, ihre Herrschaft bis zum bitteren Ende aufrechtzuerhalten und den angesprochenen Bedeutungszuwachs zu erzielen, verdeutlichen die Beiträge des ersten Teiles. Auf der staatlichen Ebene kam Martin Mutschmann, dem langjährigen NSDAP-Gauleiter (1925), Reichsstatthalter (1933) und „Führer der Landesregierung" (1935), eine besondere Rolle zu: Er, dem nach 1939 als Reichsverteidigungskommissar des Wehrkreises IV (1939) und als Verantwortlicher des sächsischen Volkssturms (1944) auch noch militärischer Einfluss zuwuchs, hielt nicht nur den Partei- und Staatsapparat fest in der Hand, sondern setzte die Verschränkung von Partei und Regierung weiter – und letztendlich gegen den Willen zentraler Entscheidungsträger in Berlin – durch.[8] Mit der Bildung einer „Gauregierung" 1943 entwickelte Mutschmann seinen Regierungsapparat zu einem weit schlagkräftigeren Instrument, in dem die sächsische Staatskanzlei zur entscheidenden Machtzentrale aufstieg; ihr waren die bisherigen Ministerien als Abteilungen nunmehr untergeordnet. Seine Versuche, bis zuletzt in der gesamten Region Präsenz zu zeigen[9] und die Bevölkerung auf eine Kriegsverlängerung einzuschwören, zeitigten aber zumindest ab 1944 kaum noch durchschlagende Erfolge. Die unermüdlichen Anstrengungen des Gau-Propagandaapparates, durch umfangreiche Veranstaltungskampagnen die Suggestion einer omnipräsenten

---

4   Vgl. Mike Schmeitzner/Stefan Donth, Die Partei der Diktaturdurchsetzung. KPD/SED in Sachsen 1945–1952, Köln 2002, S. 531.
5   Vgl. den Beitrag von Manfred Zeidler im vorliegenden Band.
6   Rainer Behring, Das Kriegende 1945. In: Clemens Vollnhals (Hg.), Sachsen in der NS-Zeit, Leipzig 2002, S. 224–249, hier 224.
7   Vgl. ebd., S. 224 f.; Rainer Karlsch/Michael Schäfer, Wirtschaftsgeschichte Sachsens im Industriezeitalter, Dresden 2006, S. 216–226.
8   Zur Biografie vgl. Andreas Wagner, Martin Mutschmann – Der braune Gaufürst (1935–1945). In: Schmeitzner/Wagner (Hg.), Von Macht und Ohnmacht, S. 279–308; Mike Schmeitzner, Der Fall Mutschmann. Sachsens Gauleiter vor Stalins Tribunal, 3. Auflage Beucha 2012.
9   Vgl. den Beitrag von Mike Schmeitzner im vorliegenden Band.

Gaupartei aufrechtzuerhalten, waren noch weniger von Erfolg gekrönt und mussten bald völlig aufgegeben werden.[10]

Selbst die reichsweit forcierten Kampagnen, mit denen der Bevölkerung Hoffnungen auf eine Wende im Kriegsverlauf und Angst vor möglichen Gräueltaten durch alliierte Soldaten eingeflößt werden sollte, dürfte eher weniger der entscheidende Grund für die Bereitschaft großer Teile der Bevölkerung gewesen sein, bis zum bitteren Ende durchzuhalten. Es waren vielmehr die ohnehin bereits vorhandene Furcht vor der naheliegenden Rache der alliierten Armeen, insbesondere der sowjetischen, und die Angst vor dem wachsenden NS-Terror gegen die eigene Bevölkerung.[11]

Als Terrorinstrument par excellence kann eine radikalisierte Justiz betrachtet werden, die von Dresden aus gegen Deutsche, Polen und Tschechen vorging. Die nach der Kriegswende von 1943 mitunter erodierende soziale Loyalität der Kriegsgesellschaft – Sehnsucht nach Frieden und Kritik an Hitler nahmen zu – und der mancherorts wieder erwachsene Widerstand trafen auch in Sachsen auf eine gnadenlose justizielle Repression. Todesurteile, z. B. gegen denunzierte sogenannte Volksverräter, wurden bis in die letzten Kriegswochen hinein vollstreckt.[12] Diese justiziellen Radikalisierungsmaßnahmen gingen zwar von den Reichsinstanzen aus, doch wären sie ohne die maßgebliche Unterstützung durch Richter, Staatsanwälte und Justizbürokratie vor Ort nicht durchsetzbar gewesen. Bis zur bedingungslosen Kapitulation waren die Angehörigen der sächsischen Justiz am Terror gegen die eigene Bevölkerung, aber auch gegen Widerstandsgruppen im besetzten Polen und dem „Protektorat Böhmen und Mähren" beteiligt und leisteten so ihren Beitrag zum Erhalt der NS-Diktatur.

Zur alltäglichen Funktionsfähigkeit der Verwaltung trug übrigens nicht nur die ausdauernde Dienstbeflissenheit der Justizbeamten maßgeblich bei, sondern die der allermeisten sächsischen Staatsdiener – handelte es sich nun um die Spitze der „Gauregierung" oder ihrer nachgeordneten Verwaltungen.[13] Am Beispiel unterer und mittlerer Verwaltungsinstanzen, welche die Arbeitskräftepolitik des Regimes in Chemnitz realisierten, wird deutlich, dass sie die Aufgaben und Probleme der Kriegswirtschaft ganz praktisch lösten. Sie korrigierten

---

10 Vgl. den Beitrag von Stephan Dehn im vorliegenden Band. Bei den Beiträgen von Dehn und Schmeitzner ist freilich zu beachten, dass sie verschiedene Facetten sächsischer Propaganda in den Blick nehmen: Während Dehn sich der Gaupropaganda der Partei widmet, bezieht sich Schmeitzner auch auf die Propaganda, die von Staats wegen (sächsische Staatskanzlei) proklamiert wurde. Bei der Beurteilung der Frage, welche Wirkung die NS-Propaganda entfaltet hat, sind beide Aspekte zu beachten.
11 Vgl. Ian Kershaw, Das Ende. Kampf bis in den Untergang. NS-Deutschland 1944/45, München 2014, S. 528.
12 Vgl. den Beitrag von Gerald Hacke im vorliegenden Band. Zum wachsenden Terror des NS-Regimes gegen die eigene Bevölkerung vgl. Kershaw, Das Ende, S. 528 f.
13 Vgl. Francesca Weil, Die „Zwickauer Konferenz". Informelle Zusammenkünfte westsächsischer Amtshauptleute während der Jahre 1919 bis 1945 im Kontext ihrer Dienstberatungen. In: Günther Heydemann/Jan Erik Schulte/Francesca Weil (Hg.), Sachsen und der Nationalsozialismus, Göttingen 2014, S. 91–109.

Über- und Fehlsteuerungen der Reichsinstanzen und entwickelten – trotz und wegen des Anweisungschaos – viel administrative Professionalität, Engagement und Eigeninitiative und damit letztendlich eine handhabbare Verwaltungspraxis im Sinne der Regimeziele. Dadurch verwandelten sie die rassistische, verbrecherische Politik des Regimes in „administrative Normalität".[14]

Als durchaus erfolgreich können zudem die Versuche des Regimes gelten, im Interesse einer funktionierenden „Heimatfront" im Alltag weitgehende Normalität aufrechtzuerhalten.[15] Bis Ende 1944 war das Alltagsleben zwar hauptsächlich geprägt durch die Einberufungen von Männern, die Anstrengungen bei der Lebensmittelversorgung, die eingeführte Arbeitspflicht, die Aufnahme und Unterstützung von Bombengeschädigten und Flüchtlingen und nicht zuletzt durch zunehmende Luftalarme. Viele Sachsen unternahmen aber auch nach wie vor Ausflüge, besuchten Kino- und Theaterveranstaltungen, vergnügten sich in Zoos, Cafés und Restaurants oder feierten, wenn sich Möglichkeiten boten. Die Nutzung solcher und zum Teil auch über die staatlichen Angebote hinausgehender Möglichkeiten zur „Flucht" aus dem harten Arbeitsalltag trugen nicht zuletzt auch zum Funktionieren des NS-Regimes und zur Fortsetzung des Krieges mit allen Mitteln bei. Auch die meisten Sachsen kamen nicht nur zwangsläufig und selbstverständlich ihrer Arbeitspflicht nach, sondern setzten darüber hinaus – wenn auch in unterschiedlichem Maß – auf Ablenkung vom Kriegsgeschehen und Wahrung von Normalität.[16]

In wirtschaftlicher Hinsicht nahm die Bedeutung der sächsischen Region schon ab 1942 entscheidend zu: Große Teile der Rüstungsproduktion wurden aus bombengefährdeten Regionen nach Sachsen verlagert, da sich das Land in den ersten Kriegsjahren noch außerhalb der Reichweite von alliierten Bomberflotten befand. In der Folge entwickelte sich Sachsen zu einem rüstungswirtschaftlichen Schwerpunkt des „Dritten Reiches".[17] Zahlreiche mittelständische Traditionsbetriebe avancierten – mitunter auch schon vor 1942 – zu expandierenden Rüstungskonzernen. Neben der Hugo Schneider AG (HASAG) in Leipzig zählten die Mitteldeutsche Stahlwerke AG in Riesa/Gröditz,[18] die Vogtländische Maschinenfabrik (Vomag) in Plauen und die Auto-Union in Chemnitz zu den größten Rüstungsbetrieben der Region. In Letzteren wurden wichtige Rüstungsgüter wie Panzer, gepanzerte Fahrzeuge, Panzermotoren, Maschinengewehre und Geschütze produziert.[19] Die HASAG spezialisierte sich am Ende

---

14 Bernhard Gotto, Nationalsozialistische Kommunalpolitik. Administrative Normalität und Systemstabilisierung durch die Augsburger Stadtverwaltung 1933–1945, München 2006, S. 429. Vgl. auch den Beitrag von Silke Schumann im vorliegenden Band.
15 Vgl. Nicholas Stargardt, „Maikäfer flieg!" Hitlers Krieg und die Kinder, München 2006, S. 27.
16 Vgl. den Beitrag von Francesca Weil im vorliegenden Band.
17 Vgl. Behring, Das Kriegsende 1945, S. 225.
18 Vgl. den Beitrag von Sebastian Fink im vorliegenden Band.
19 Vgl. Martin Kukowski/Rudolf Boch, Kriegswirtschaft und Arbeitseinsatz bei der Auto Union AG Chemnitz im Zweiten Weltkrieg, Stuttgart 2014; Gerd Naumann, Plauen im Bombenkrieg 1944/1945, 2. Auflage Plauen 2011.

auf modernste Technik wie die Massenfertigung von Panzerfäusten und Raketenwerfern.[20] Durch die intensive Einbindung in die Rüstungsproduktion veränderte sich die Struktur der sächsischen Wirtschaft: von Konsumgütern hin zu Investitionsgütern und Kriegsgerät. Möglichkeiten, ihre Unternehmen infolge der militärischen Expansion des „Dritten Reiches" zu vergrößern, nahmen viele sächsische Firmen wahr.[21] So expandierte etwa die HASAG zu einem der größten privatwirtschaftlich betriebenen Ausbeutungskomplexe im polnischen Generalgouvernement.[22]

Mit dieser Rüstungsexpansion eng verwoben war ein ausgedehntes (Außen-)Lagersystem in Sachsen: 1943 gab es eine Reihe von Kriegsgefangenenlagern[23] und fast flächendeckend zahlreiche Zwangsarbeitslager.[24] Zwischen Spätsommer 1944 und Frühjahr 1945 kamen schließlich 54 Außenlager bzw. -kommandos in sächsischen Städten und Dörfern hinzu, die den großen KZ-Hauptlagern, dem bayerischen Flossenbürg, dem thüringischen Buchenwald und dem niederschlesischen Groß-Rosen, unterstanden.[25] Anfang 1945 mussten hier über 30 000 Häftlinge Zwangsarbeit leisten.[26] Vor Kriegsende wurden Tausende von ihnen „evakuiert" und auf „Todesmärsche" durch fast ganz Sachsen getrieben.[27] Die genaue Zahl der Opfer ist unbekannt, doch kann für Sachsen von einer Zahl im vierstelligen Bereich ausgegangen werden.[28] Bereits Ende Januar 1945 wurden die „Evakuierungs"-Transporte aus den Lagern im Osten durch Sachsen geschickt. Von den Außenlagern der KZ Buchenwald, Flossenbürg und Groß-Rosen gingen zudem nicht nur Räumungstransporte aus, sie dienten auch häufig als Zwischenstationen. Unmittelbar vor Kriegsende führten zahlreiche „Todesmärsche" auf dem Weg in das noch unbesetzte Protektorat über säch-

---

20 Vgl. Mustafa Haikal, Von der Petroleumlampe zur Panzerfaust. In: Leipzig Permoserstraße. Zur Geschichte eines Industrie- und Wissenschaftsstandorts, Leipzig 2001, S. 12-53 hier 50 f.
21 Vgl. den Beitrag von Michael C. Schneider im vorliegenden Band.
22 Vgl. Haikal, Von der Petroleumlampe zur Panzerfaust, S. 12-53; ders., Exkurse und Dokumente zur Geschichte der Hasag. In: ebd., S. 54-73; ders., Die Standorte der Firma im Zweiten Weltkrieg. In: ebd., S. 74-79.
23 Vgl. den Beitrag von Jörg Osterloh im vorliegenden Band; ders., Ein ganz normales Lager. Das Kriegsgefangenen-Mannschaftslager 304 (IV H) Zeithain bei Riesa/Sa. 1941 bis 1945, Leipzig 1997.
24 Vgl. Sächsisches Staatsarchiv Leipzig (Hg.), Fremd- und Zwangsarbeit in Sachsen 1939-1945, Dresden 2002.
25 Vgl. Wolfgang Benz/Barbara Distel (Hg.), Flossenbürg. Das Konzentrationslager Flossenbürg und seine Außenlager, München 2007; Ulrich Fritz, Verwischte Spuren. Die ehemaligen Außenlager des KZ Flossenbürg in Sachsen. In: Dachauer Hefte, 24 (2008), S. 46-62; Irmgard Seidel, Der Einsatz von KZ-Häftlingen in den Werken der Hasag 1944/45. In: Leipzig Permoserstraße, S. 84-95; Felicja Karay, Wir lebten zwischen Granaten und Gedichten. Das Frauenlager der Rüstungsfabrik HASAG im Dritten Reich, Köln 2001.
26 Vgl. den Beitrag von Ulrich Fritz im vorliegenden Band.
27 Vgl. Katrin Greiser, Die Todesmärsche von Buchenwald. Räumung, Befreiung und Spuren der Erinnerung, Göttingen 2008; Daniel Blatman, Die Todesmärsche 1944/45. Das letzte Kapitel des nationalsozialistischen Massenmords, Reinbek bei Hamburg 2011.
28 Auskunft Ulrich Fritz, Stiftung Bayerischer Gedenkstätten, vom 13.8.2013.

sisches Territorium.²⁹ Die Mehrzahl der Sachsen nahm diese Verbrechen teilnahmslos hin, manche beteiligten sich auch an ihnen.³⁰

Das Ende des NS-Gaus Sachsen kündigte sich im Frühjahr 1945 an: Nach ersten schweren Luftangriffen vornehmlich Ende 1943 auf Leipzig begann Anfang 1945 eine Luftoffensive gegen Dresden, Chemnitz und Plauen. Dabei stand als letzte sächsische Großstadt wiederholt Plauen im Fokus der Angriffe. Am 10. April 1945, sechs Tage vor dem Einmarsch US-amerikanischer Truppen, wurde die vogtländische Metropole weitgehend dem Erdboden gleichgemacht. Die Stadt zählte wie Dresden zu den am stärksten zerstörten Städten Deutschlands.³¹ Im April und Mai 1945 rückten schließlich sowjetische und amerikanische Truppen in Sachsen ein, was das Land zu einem der letzten Kampfgebiete auf deutschem Boden werden ließ. Die Kämpfe um Sachsen kosteten bis zu 20 000 sowjetischen und polnischen sowie bis zu 8 000 deutschen Soldaten das Leben.³² Am 25. April 1945 trafen sich US-amerikanische und sowjetische Truppen bei Torgau erstmals auf deutschem Boden.³³

Stellten die letzten Jahre des „Dritten Reiches" für die deutsche Bevölkerung zweifellos eine „extreme Ausnahmesituation" dar, verband sich mit dem Sturz des NS-Regimes von außen und der Errichtung einer neuen Herrschaft in der SBZ in noch viel stärkerem Maße als in den Westzonen ein „revolutionärer Umbruch", dem auch hier eine „Übergangs- und Inkubationszeit" zugrunde lag.³⁴ Wie tief der revolutionäre Wandel war – und zwar in allen Bereichen der Gesellschaft – zeigen die Beiträge im zweiten Teil des Bandes. Den Ausgangspunkt dafür bildete allerdings eine zeitweilige Dreiteilung des sächsischen Territoriums. Am 10. Mai 1945 war fast ganz Sachsen von sowjetischen und amerikanischen Truppen besetzt; letztere kontrollierten Teile Westsachsens jedoch nur bis Anfang Juli 1945. Aufgabe der hier seit April geschaffenen lokalen amerikanischen Militärregierungen war es, den kämpfenden Truppen den Rücken freizuhalten, indem sie für Sicherheit und Ordnung sorgten. Außerdem setzten sie neue deutsche Verwaltungen ein, die aber keinesfalls gleichberechtigte Partner waren, wie das Beispiel Leipzig zeigt. Dennoch konnten in der Großstadt relativ zügig funktionsfähige Verwaltungsstrukturen und eine einigermaßen arbeitsfähige Stadtverwaltung aufgebaut werden.³⁵

Aufgrund der autonom entstandenen Selbstverwaltungsinitiativen dürfen die aus nicht geklärten Gründen unbesetzt gebliebenen beiden Regionen im sächsischen Westerzgebirge besonderes Interesse beanspruchen. Neben einem

---

29 Vgl. Fritz, Verwischte Spuren, S. 49 f.
30 Vgl. den Beitrag von Martin Clemens Winter im vorliegenden Band.
31 Vgl. Naumann, Plauen im Bombenkrieg.
32 Vgl. Reiner Groß, Geschichte Sachsens, Leipzig 2001, S. 277 f.
33 Vgl. den Beitrag von Manfred Zeidler im vorliegenden Band.
34 Broszat/Henke/Woller, Einleitung, S. XXX.
35 Vgl. den Beitrag von Nora Blumberg im vorliegenden Band; dies., Leipzig unter amerikanischer Besatzung. Einblicke in die Arbeit der Stadtverwaltung unter Provisional Military Government Detachment A, Magisterarbeit Universität Leipzig 2011.

kleinen Gebiet von wenigen Dörfern handelte es sich vornehmlich um eine Zone von 1500–2000 km² um die Städte Stollberg, Schneeberg, Aue und Schwarzenberg.[36] Hier lebten ca. 500 000 Einwohner und Flüchtlinge, quasi zwischen den amerikanischen und sowjetischen Linien. In diesem „Niemandsland" übernahm die antifaschistische Bewegung ohne Hilfe von außen die Macht und baute unter den gegebenen Umständen eine funktionierende Verwaltung auf. Wegen der kommunistischen Dominanz vor 1933 gaben vor allem deren überlebende Führer im Raum Schwarzenberg den Ton an; ebenfalls existierende sozialdemokratische Zirkel um die „Schwarzenberger Zeitung" blieben mit ihrem Rechtsstaatsdiskurs dagegen weniger prägend. Deswegen und aufgrund der erheblichen Kluft zwischen der kommunistisch dominierten Antifa und der örtlichen Bevölkerung nahm ihre unabhängige Herrschaft in kurzer Zeit autoritäre Züge an. Eine demokratisch-sozialistische Alternative, wie sie noch Stefan Heym so wirkmächtig literarisch beschworen hatte,[37] lässt sich somit realiter kaum bestätigen.[38]

Die Dreiteilung Sachsens hielt ohnehin nur wenige Wochen an: Aufgrund der Vereinbarung der vier Siegermächte über die Zonenaufteilung Deutschlands verließen die amerikanischen Truppen Westsachsen bis zum 1. Juli 1945 wieder. Am Tag darauf wurde das Territorium der Sowjetischen Militäradministration (SMA) unterstellt; Gleiches widerfuhr dem bisherigen „Niemandsland".[39] Damit gehörten diese Gebiete zur SBZ und ab 1949 zum Territorium der DDR.

Die neue Herrschaft, die hier die sowjetische Besatzungsmacht zuerst mit Hilfe der Initiativgruppe der KPD (u. a. Anton Ackermann, Hermann Matern und Kurt Fischer) errichtete, entsprach nur scheinbar einem demokratischen Neuanfang: Zwar wurden noch im Sommer 1945 auch in Sachsen mehrere Parteien (KPD, SPD, CDU, LDP) und Gewerkschaften gegründet sowie im Herbst 1946 Wahlen nach getrennten Listen auf der kommunalen und der Landesebene abgehalten. Doch unterstützte und ebnete die Sowjetische Militäradministration (SMA) vor allem einer politischen Kraft den Weg zur Hegemonie in Staat

---

36 Zur Ausdehnung des unbesetzten Gebietes vgl. umfassend Peter Bukvic, Antifaschistische Selbsthilfe im Westerzgebirge. In: Jochen Czerny (Hg.), Republik im Niemandsland. Ein Schwarzenberg-Lesebuch, Schkeuditz 1997, S. 89–111, hier 89–92. Das betreffende Gebiet beinhaltet demnach ein weit größeres Territorium, als der Landkreis Schwarzenberg (ca. 560 km²) umfasst. Vgl. Lenore Lobeck, Die Schwarzenberg-Utopie. Geschichte und Legende im „Niemandsland", Leipzig 2004, S. 18. Die Fokussierung auf „Schwarzenberg" (Stadt bzw. Kreis) verstellt häufig den Blick auf die in Rede stehende Gesamtfläche.
37 Stefan Heym, Schwarzenberg, München 1984.
38 Vgl. den Beitrag von Gareth Pritchard im vorliegenden Band. Vgl. auch Mike Schmeitzner, Alfred Fellisch 1884–1973. Eine politische Biographie, Köln 2000, S. 426–433, besonders 431 f. Für den erwähnten Rechtsstaatsdiskurs exemplarisch erscheint der Beitrag „Warum musste Deutschland so untergehen?" In: Schwarzberger Zeitung vom 16.6.1945.
39 Vgl. Katrin Keller, Landesgeschichte Sachsens, Stuttgart 2002, S. 276; Gareth Pritchard, Niemandsland: A History of Unoccupied Germany, 1944–1945, Cambridge 2012, S. 179.

und Gesellschaft: den deutschen Kommunisten. Der KPD bzw. (seit Frühjahr 1946) der SED gelang es so schon 1945/46, im Block der „antifaschistisch-demokratischen" Parteien (in dem das Einstimmigkeitsprinzip galt) und mit einer entsprechenden Kaderpolitik in den staatlichen Verwaltungen ihre hegemoniale Rolle durchzusetzen. Da die Bereiche Inneres (vor allem Polizei), Wirtschaft und Bildung in ihre Kompetenzen fielen, vermochte sie zu einem frühen Zeitpunkt maßgebliche sozialökonomische Weichenstellungen vorzunehmen, die in Richtung einer Gesellschaft sowjetischen Typus wiesen. Auch wenn derartige Strukturen erst im Zuge der Entfaltung des Kalten Krieges (1947/48) weit umfassender und schneller zur Realisierung kamen, kann schon die erste Phase ab 1945 unter dem bekannten Diktum der „Diktaturdurchsetzung" subsumiert werden.[40]

Wie zügig und tiefgreifend solche frühen Weichenstellungen von KPD/SED und SMA ins Werk gesetzt wurden, zeigt einmal mehr der Blick in einen ländlichen Mikrokosmos an der nördlichen Grenze Sachsens: In den Landkreisen Liebenwerda und Schweinitz (Sachsen-Anhalt) hatte die KPD/SED mit tatkräftiger Unterstützung der SMA von Beginn an sämtliche Schlüsselpositionen der Verwaltungen in die Hand bekommen und im Zuge der Boden- und Industriereform Großgrundbesitzer, Großbauern und Unternehmer enteignet – flankiert durch massive Verhaftungswellen der SMA, die sich vordergründig gegen NS- und Kriegsverbrecher richteten. Derartige Weichenstellungen waren – dank der Haltung der SMA – auch nicht durch die Wahlerfolge von CDU und LDP bei den Kreis- und Landtagswahlen 1946 zu korrigieren.[41]

---

40 Vgl. den Beitrag von Stefan Donth im vorliegenden Band. Zum Begriff „Diktaturdurchsetzung" vgl. auch Klaus-Dietmar Henke, Deutschland – Zweierlei Kriegsende. In: Ulrich Herbert/Axel Schildt (Hg.), Kriegsende in Europa. Vom Beginn des deutschen Machtzerfalls bis zur Stabilisierung der Nachkriegsordnung 1944–1948, Essen 1998, S. 337–354, hier 353; Rainer Behring/Mike Schmeitzner, Einleitung. In: diess. (Hg.), Diktaturdurchsetzung in Sachsen. Studien zur Genese der kommunistischen Herrschaft 1945–1952, Köln 2003, S. 7–24; Klaus-Dietmar Henke, Die Trennung vom Westen. Der Zusammenbruch der Anti-Hitler-Allianz und die Weichenstellung für die kommunistische Diktaturdurchsetzung in Ostdeutschland. In: ebd., S. 413–458, hier 413 f., 439 ff.; Mike Schmeitzner, Was war die DDR? Anmerkungen zum Selbstverständnis einer „Diktatur des Proletariats". In: Deutschland Archiv, 6/2009, S. 1042–1051; Schmeitzner/Donth, Die Partei der Diktaturdurchsetzung; Mike Schmeitzner, „Die Kommunistische Partei will nicht Oppositionspartei sein, sondern sie will Staatspartei sein." Die KPD/SED und das politische System der SBZ/DDR (1944–1950). In: Andreas Hilger/Mike Schmeitzner/Clemens Vollnhals (Hg.), Sowjetisierung oder Neutralität? Optionen sowjetischer Besatzungspolitik in Deutschland und Österreich 1945–1955, Köln 2006, S. 271–311. Zur Kritik am Begriff „Diktaturdurchsetzung" vgl. Dierk Hoffmann, Nachkriegszeit. Deutschland 1945–1949, Darmstadt 2011, S. 57. Hingegen bestätigt einer der besten Kenner der sowjetischen Deutschlandpolitik, Jan Foitzik, auch in neueren Veröffentlichungen den kurzen und bewusst herbeigeführten Weg „von der Besatzungsdiktatur zur Parteidiktatur" auf der Grundlage sowjetischer Quellen. Jan Foitzik, Einleitung. In: ders., Sowjetische Interessenpolitik in Deutschland 1944–1954. Dokumente, München 2012, S. 5–154, hier 49 f.
41 Vgl. den Beitrag von Sebastian Rick im vorliegenden Band. Ricks Dissertation zum selben Thema erscheint 2015 in der Schriftenreihe des HAIT.

Wer diese „Diktaturdurchsetzung" im Einzelnen vorantrieb, vermag am Beispiel Chemnitz verdeutlicht zu werden. Da waren zum einen die überlebenden kommunistischen Funktionäre, die im Sommer 1945 als Verwaltungsspitzen und Funktionäre im „Parteienblock" den politischen Kurs vorgaben. Zum anderen gab es aber auch maßgebliche Vertreter der SPD und der CDU, die als Spitzenfunktionäre ihrer Parteien oder als Verwaltungsexperten diesen Kurs entweder vollständig oder wenigstens partiell mittrugen – und damit eine solche Entwicklung erst ermöglichten. Vielfach wird man in solchen Fällen wohl von einer ideologischen Nähe bzw. einer „mit Realitätsverweigerung verbundenen aktiven Anpassungsbereitschaft" ausgehen müssen.[42] Doch nicht nur im Falle der nichtkommunistischen Parteien wird deutlich, welches Potenzial vonseiten der SMA und KPD/SED vereinnahmt werden konnte: Schon in den späten 1940er-Jahren hatte die neue Hegemonialpartei damit begonnen, neben „alten Kadern" auch gezielt neue Personen in regionale Schlüsselpositionen der Partei zu etablieren. Die erfolgreiche Integration eines Teils der Hitlerjugend-Generation war allerdings mit deren völliger ideologischer Indoktrination und politischer Vereinnahmung verbunden.[43]

Von kaum zu unterschätzender Bedeutung für die politischen und gesellschaftlichen Umwälzungen sollten sich die Instrumente der Internierung und Entnazifizierung für den Aufbau neuer Verwaltungen erweisen: Im Zuge einer großen Verhaftungswelle von Nationalsozialisten und Funktionären der NS-Verwaltung wurden bis September 1945 in Sachsen über zehntausend Personen verhaftet und in ein „Speziallager" verbracht; insgesamt dürften es rund 40 000 gewesen sein, die ohne Einzelfallprüfung jahrelang interniert wurden. Das Speziallager Bautzen wurde als eines der letzten erst im Februar 1950 nach der Staatsgründung der DDR aufgelöst. Weiterhin verurteilten Sowjetische Militärtribunale in Sachsen rund 10 000 Personen, wobei bis 1947 die Verfolgung von NS- und Kriegsverbrechen im Mittelpunkt stand, während ab 1948 in den Urteilsgründen die tatsächliche oder vermeintliche Gegnerschaft zum neuen Regime überwog. Das Instrument der Entnazifizierung zielte hingegen auf eine personalpolitische Säuberung der staatlichen Verwaltungen ab, in deren Gefolge ab Sommer 1945 alle NSDAP-Mitglieder entlassen werden sollten – eine Vorgabe, die jedoch vielfach unterlaufen wurde. Da die freigewordenen Stellen bevorzugt mit KPD-Mitgliedern neu besetzt wurden – Anhänger der bürgerlichen Parteien erfuhren eine systematische Benachteiligung –, beschränkte sich die Entnazifizierung somit nicht auf die unumgängliche Säuberung von Schlüssel-

---

42 Vgl. den Beitrag von Rainer Behring im vorliegenden Band. Mit sozialdemokratischen Spitzenpolitikern der SBZ, welche die Politik der SED nach 1946 maßgeblich unterstützten, beschäftigten sich bereits Dierk Hoffmann, Otto Grotewohl (1894–1964). Eine politische Biographie, München 2009; und Solveig Simowitsch, „... Werden als Wortbrüchige in die Geschichte eingehen...". Sozialdemokratische Konvertiten. Wilhelm Höcker, Carl Moltmann, Otto Buchwitz und Heinrich Hoffmann, Berlin 2006.
43 Vgl. den Beitrag von Tilman Pohlmann im vorliegenden Band.

stellungen, sondern diente immer auch der Durchsetzung des kommunistischen Machtanspruchs auf allen Ebenen. Besonders rigoros ging man im Polizeidienst vor, in dem alle Polizeibeamte – unabhängig von ihrer politischen Belastung – entlassen wurden. Schon 1946 gehörten von insgesamt 14 800 Mitarbeitern im Polizeidienst über 13 600 der SED an.[44] Bei diesem Personalaustausch griff die neue Hegemonialpartei vor allem auf jüngere und aus der Arbeiterschaft stammende Personen zurück, für die sich dieser Transfer als ungeahnter Aufstieg und Integration in die neue Herrschaft erwies. Solche Aufstiegschancen waren nicht nur auf den Bereich der Polizei beschränkt.

Wie kompliziert sich allerdings der Aufbau neuer Strukturen und Apparate für die SED erweisen konnte, zeigt indes der für die Partei besonders bedeutsame Wirtschaftsbereich. Obwohl gerade hier die sowjetische Besatzungsmacht von Anfang an rigide eingriff, um einer neuen – auf Sozialisierung und Planung beruhenden – Wirtschaftsordnung den Weg zu ebnen, bewirkte sie mit ihrer konkreten Politik (Demontagen, Reparationen, Planvorgaben) hin und wieder auch das Gegenteil. Dies musste Fritz Selbmann (KPD/SED), der durchsetzungsstarke und intelligente Wirtschaftsminister Sachsens, bei der Realisierung seiner Politik, der Sozialisierung von Großbetrieben und deren staatliche Steuerung, recht schnell zur Kenntnis nehmen.[45] Überdies hatte er noch eine ganz andere „Erbschaft" beider Besatzungsmächte anzutreten – den z. T. massiven Abfluss „menschlicher Reparationen" aus den Universitäten des Landes.[46] Die sächsische „Schrittmacher"-Funktion bei der wirtschaftlichen Neuordnung (Walter Ulbricht) kam unterdessen nirgends deutlicher zum Ausdruck als bei dem am 30. Juni 1946 angesetzten Volksentscheid über die schon vorher eingezogenen Betriebe von „Nazi- und Kriegsverbrechern". Die von SMA und SED langfristig gesteuerte Aktion machte klar, dass es bei diesem Referendum „hauptsächlich um eine Verschiebung ökonomischer Macht und nicht um einen Akt der Sühneleistung ehemaliger NS-Verbrecher oder ein ergebnisoffenes Plebiszit ging".[47] Welchen Stellenwert SMA und SED dieser Aktion beimaßen, zeigt selbst die termingerechte propagandistische Ausschlachtung der geöffneten Massengräber von Zehntausenden sowjetischer Kriegsgefangener in Zeithain, die – zumal unter Stalin als „Verräter" behandelt – ansonsten eher eine untergeordnete Rolle spielten.[48]

Dass abseits der beschriebenen herrschaftsgeschichtlichen Ebene der Blick auf konkrete gesellschaftliche Probleme und Phänomene interessante Aufschlüsse

---

44 Vgl. den Beitrag von Clemens Vollnhals im vorliegenden Band. Zu ähnlichen Zahlen für das Kriminalamt Dresden kommt Mike Schmeitzner, Formierung eines neuen Polizeistaates. Aufbau und Entwicklung der politischen Polizei in Sachsen 1945–1952. In: Behring/Schmeitzner (Hg.), Diktaturdurchsetzung in Sachsen, S. 201–267, hier 205.
45 Vgl. den Beitrag von Oliver Kiechle im vorliegenden Band; Winfrid Halder, „Modell für Deutschland". Wirtschaftspolitik in Sachsen 1945–1948, Paderborn 2001.
46 Vgl. den Beitrag von Nadin Schmidt im vorliegenden Band.
47 Vgl. den Beitrag von Oliver Kiechle im vorliegenden Band.
48 Vgl. den Beitrag von Jörg Osterloh im vorliegenden Band.

über sozial-, alltags- und mentalitätsgeschichtliche sowie gruppen- und generationenspezifische Entwicklungen zu bieten vermag, zeigen die Beiträge im dritten Teil, die meist Zäsuren übergreifend angelegt sind. Der Fokuswechsel veranschaulicht eindrucksvoll, dass bei der Zäsur von 1945 keineswegs von einem scharfen Schnitt durch alle Lebens- und Gesellschaftsbereiche gesprochen werden kann – unabhängig davon, dass der Systemwechsel in der Ostzone (Sachsen) wesentlich rigider als in den Westzonen ausfiel. In welcher Weise etwa autoritäre Prägungen über die Zäsur von 1945 hinaus tradiert und im Sinne der neuen Herrschaftsbildung fruchtbar gemacht werden konnten, verdeutlichte bereits der Beitrag über die generationenspezifischen Besonderheiten der Kaderentwicklung der SED auf Kreisebene.[49]

Von elementarer Bedeutung für die Bevölkerung und Zäsuren übergreifend zugleich erwiesen sich Wohnraumnot und Schwarzmarktgeschäfte – vornehmlich als Ausdruck der extremen Ausnahmesituationen der Kriegs- und Nachkriegszeit. Am Beispiel Dresdens wird allerdings deutlich, dass bereits bestehender Wohnraummangel vor 1939 mittels gezielter antisemitischer Politik (individuelle und kollektive Vertreibung von Juden aus ihren Wohnungen) eingedämmt werden sollte. Doch vermochten weder solche Maßnahmen noch der Bau von „Behelfsheimen" infolge der alliierten Luftangriffe (ab 1944) die immer stärker voranschreitende Verschärfung des Wohnraummangels auszugleichen. Anders als auf diesem Gebiet bot der Schwarzmarkt als ein Instrument der Kompensation von Mangel jedoch auch Möglichkeiten zur Selbstorganisation. Die Händler agierten zwar durchaus eigennützig und verfolgten ihre Interessen, doch sie wollten auch die Umstände, unter denen sie lebten, selbst mitgestalten, Nutzen daraus für sich, aber ebenfalls für andere ziehen, die Beschränkungen nicht einfach hinnehmen. Nicht zuletzt zeigten sich darin auch Grenzen der diktatorischen Verfügungsmacht des Staates über einzelne Menschen. Der Schwarzmarkt lieferte damit auch materielle und soziale Potenziale für die Nachkriegszeit – Elemente der Kontinuität über die Zäsur von 1945 hinweg.[50]

Von Kontinuitäten kann auch dort die Rede sein, wo spezifische Auswirkungen der Kriegs- und Nachkriegszeit auf Jugendliche zu beobachten waren. Das daraus resultierende Problem der Jugendkriminalität beschäftigte NSDAP und SED gleichermaßen, denen es weder in der End- noch in der Anfangsphase gelang, die Jugend als Ganzes organisatorisch wie politisch zu kontrollieren. Auf die extremen Ausnahmesituationen reagierten beide Parteien durchaus ähnlich – mit einer „tolerierten Devianz": Während die NSDAP (und die HJ) Übergriffe und Vandalismus vor allem gegen Andersdenkende und Behinderte zu kanalisieren versuchte, doch auch um rigide disziplinarische und erzieherische Mittel nicht umhin kam, versuchte die SED (und die FDJ) in der unmittelbaren Nachkriegszeit mit politischen und kulturellen Zugeständnissen die Jugend zu

---

49 Vgl. den Beitrag von Tilman Pohlmann im vorliegenden Band.
50 Vgl. den Beitrag von Thomas Widera im vorliegenden Band.

integrieren; erst ab 1948 setzte die SED stärker auf das Instrument der Disziplinierung, das nunmehr auch die berüchtigten „Jugendwerkhöfe" umfasste.[51]

Kontinuitäten anderer Art lassen sich hingegen im sozialökonomischen Bereich nachweisen. Ungeachtet der Tatsache, dass schon 1945/46 ein von oben gesteuerter Umwälzungsprozess in Richtung Planung und Sozialisierung einsetzte, war die ökonomische Transformation auch in Sachsen durch eher langfristige Prozesse geprägt. Diese spielten sich vor allem auf dem vorerst weiter bestehenden privatwirtschaftlichen Sektor eigner- oder familiengeführter Unternehmen ab, die etwa identifikatorische Bezüge zu (ehemaligen) Eignern, Produkten und Standorten oder personale Kontinuitäten in Betriebsleitungen und Belegschaften aufzeigen. Bis zu einem stärkeren Austausch der vorher eingesetzten Treuhänder bzw. Betriebsleiter aus dem Umkreis der (ehemaligen) Eignerfamilien ab Ende 1948 lassen sich solche Prozesse zu Anfang auch noch in den größeren, bereits verstaatlichten Unternehmen beobachten.[52] Am Beispiel der Belegschaft des Stahl- und Walzwerks Riesa wird überdies deutlich, wie politisch indifferent sich ein großer Teil vor und nach 1945 verhielt, während sich ein kleinerer Teil versuchte, „Freiräume" zu verschaffen, die durch die steigende Zahl der Fehlstunden und Krankheitstage sowie den zunehmenden Rückzug ins Private zum Ausdruck kamen. Die Handlungsspielräume der Beschäftigten nach 1945 erwiesen sich jedoch als weitaus größer als während der NS-Zeit.[53] Offensichtlich entwickelten sie Verhaltensweisen, die ihnen das Leben innerhalb der Gefüge beider Diktaturen erleichterten, die aber keinesfalls auch nur ansatzweise das jeweilige System in Frage stellten oder gar destabilisierten.

Mit dem Fokus auf den adligen Großgrundbesitzern und Neubauern werden im Bereich der Landwirtschaft nicht so sehr die ebenfalls hier anzutreffenden Kontinuitäten thematisiert, sondern die mit der „demokratischen Bodenreform" verbundenen Brüche in der Sozialstruktur des Landes. Die entschädigungslose Enteignung der (adligen wie bürgerlichen) Großgrundbesitzer und die Vergabe des Bodens an Neubauern bildeten dabei zwei Seiten ein und derselben Medaille. Die Enteignung der Großgrundbesitzer vollzog sich im Herbst 1945 in nur wenigen Wochen und sollte die soziale Schicht als Ganzes treffen – nämlich als „Bastion der Reaktion und des Faschismus", wobei es KPD und SMA gleichgültig erschien, ob der Einzelne tatsächlich Nationalsozialist oder „Antifaschist" gewesen war. Die Betroffenen – und dies markiert das stalinistische Vorgehen – wurden überdies ihrer Heimat verwiesen, wobei man ca. 1 000 von ihnen auf die Insel Rügen deportierte. Nutznießer der Enteignung – und partiell auch der abgebrochenen Herrensitze, die als Baumaterial dienen sollten – waren

---

51 Vgl. den Beitrag von Konstantin Hermann im vorliegenden Band. Zum Umgang mit der Jugend in den Westzonen bzw. eines Teils des HJ-Führungskorps auf Kreisebene im Ruhrgebiet vgl. Everhard Holtmann, Die neuen Lassalleaner. SPD und HJ-Generation nach 1945. In: Broszat/Henke/Woller (Hg.), Von Stalingrad zur Währungsreform, S. 169–210.
52 Vgl. den Beitrag von Swen Steinberg im vorliegenden Band.
53 Vgl. den Beitrag von Sebastian Fink im vorliegenden Band.

sogenannte Neubauern, die in der Regel Landarbeitern und der landarmen Bauernschaft entstammten. Fast die Hälfte von ihnen hatte Flucht und Vertreibung aus den deutschen Ostgebieten erlebt. Diente der KPD das Programm primär der Konsolidierung im ländlichen Raum, begrüßten es die allermeisten Neubauern als echte Chance für einen Neuanfang, gleichgültig, ob der geringe Umfang der Neubauernstelle (im Schnitt: ca. acht Hektar) und deren oftmals geringe Rentabilität sich bereits als Etappen auf dem Weg in die spätere LPG erwiesen.[54]

Als befreiende Zäsur wurde wiederum der Mai 1945 von ethnischen und religiösen Gruppen empfunden, die vordem der Unterdrückung oder gar Vernichtung unterlegen hatten. Für die Sorben, die einzige in Sachsen beheimatete ethnische Minderheit der Slawen, bedeutete der Untergang des NS-Regimes das Ende von allen Versuchen, die eigenen Institutionen und sogar das eigene ethnische Profil zu zerschlagen. Die erstmalige Gleichstellung mit der deutschen Mehrheitsbevölkerung per Gesetz (1948) war allerdings mit der Vereinnahmung ihrer Dachorganisation (Domowina) durch die SED verbunden.[55] Der evangelisch-lutherischen Landeskirche wiederum gelang es nach 1945 aus eigener Kraft, die inneren Zerstörungen des deutschchristlichen Kirchenregiments zu überwinden und in einer Koalition aus kirchlicher Mitte und führenden Kräften der „Bekennenden Kirche" die innerkirchliche Ordnung auf demokratischer Basis neu zu etablieren.[56] Die wenigen Überlebenden der einstmals blühenden und nach Tausenden zählenden jüdischen Gemeinden Sachsens vermochten es immerhin zaghaft, sich in Leipzig, Dresden und Chemnitz neu zu verankern – nach den Jahren des Terrors und der Vernichtung vieler Angehöriger ein Schritt, der Mut und Selbstvertrauen offenbarte. Die Vertreibung vieler Gemeindevorstände infolge einer „Antizionismus"-Kampagne der SED im Jahre 1953 ließ jedoch die Fragilität dieser Neuverankerung in bestürzender Weise deutlich werden.[57]

Nimmt man die eingangs formulierten Fragestellungen und Teilantworten der einzelnen Beiträge zusammenfassend in den Blick, dann lassen sich folgende Aussagen treffen: Nach der Wende von Stalingrad setzte das Regime auch und gerade auf der Ebene seiner Mittelinstanzen (Sachsen) eine weitere Radikalisierung in Gang, welche die eigene Herrschaft stabilisieren und effizienter gestalten sollte. Eine Ablösung von nennenswerten Teilen der Gesellschaft vom Nationalsozialismus lässt sich für diese Jahre nicht erkennen. Wohl wuchs in weiten Teilen der Bevölkerung die Friedenssehnsucht, die aber nicht mit einer Gegnerschaft zum Regime verwechselt werden darf. Regierung, Verwaltung, Wirtschaft, Arbeitskräftelenkung und Repressionsapparate erfuhren noch ein-

---

54 Vgl. die Beiträge von Lutz Vogel sowie von Sönke Friedreich und Ira Spieker im vorliegenden Band. Vgl. auch Matthias Donath, Die Erfindung des Junkers. Die Bodenreform 1945 in Sachsen, Dresden 2011; ders., Rotgrüne Löwen. Die Familie von Schönberg in Sachsen, Dresden 2014.
55 Vgl. den Beitrag von Annett Bresan im vorliegenden Band.
56 Vgl. den Beitrag von Gerhard Lindemann im vorliegenden Band.
57 Vgl. den Beitrag von Hendrik Niether im vorliegenden Band.

mal einen Bedeutungszuwachs und blieben bis zur endgültigen Besetzung fast vollständig intakt. Der 1945 vollzogene Systemwechsel unter sowjetischer Besatzung und der Hegemonie der KPD/SED führte – anders als in den Westzonen – zu weitaus stärkeren Brüchen: So etwa hinsichtlich des politischen Systems, bei der Säuberung von Verwaltung und Wirtschaft von Nationalsozialisten und mit Blick auf die Schaffung erster wichtiger Elemente eines neuen planwirtschaftlichen Systems. Doch ungeachtet dessen lassen sich auch Kontinuitäten beobachten, die selbst von dem neuen System nicht (sofort) unterbunden werden konnten oder wollten – ein weiter blühender Schwarzmarkt, der „Eigen-Sinn" von Belegschaften und Jugendlichen, aber auch autoritäre Prägungen und identifikatorische Bezüge in (vorerst) weiter bestehenden Unternehmen privater und verstaatlichter Provenienz. „1945" ist für Sachsen letztlich Chiffre für mehreres: der Untergang der nationalsozialistischen Diktatur, der Durchsetzung einer neuen Diktatur unter Führung der KPD/SED, aber auch eröffneter Chancen zur (kontingentierten) Entfaltung bislang unterdrückter ethnischer und religiöser Gemeinschaften.

Wie immer, wenn ein Manuskript beendet ist, gilt es Dank abzustatten für die vielfältige Unterstützung, welche die Herausgeber erfahren haben. In erster Linie gilt dies für unsere (zeitweiligen) HAIT-Mitarbeiter Martin Jost, Robin Reschke und Eric Caspar, die sich mit großem Engagement und beeindruckender Sorgfalt der Durchsicht der einzelnen Texte sowie der Erstellung der Register und der Auswahlbibliografie gewidmet haben. Zu bedanken haben wir uns ebenso herzlich bei der Sächsischen Landeszentrale für Politische Bildung und ihrem stellvertretenden Leiter Werner Rellecke für die Aufnahme des Bandes in die Reihe der Landeszentrale und für die Organisation der gemeinsamen Tagung am 22. April 2015 in Dresden, auf der ein Teil der Beiträge bereits öffentlich vorgestellt werden konnte. Für wertvolle Anregungen danken wir zudem Andreas Kötzing (HAIT) und Thomas Schaarschmidt (ZZF) und unserem bewährten Redaktionsteam unter Leitung von Frau Kristin Luthardt und Dipl.-Ing. Walter Heidenreich für das Lektorat. Zu danken haben wir weiterhin vielen ehemaligen Kolleginnen und Kollegen des HAIT, die unser Vorhaben von Beginn an intensiv unterstützt und mit eigenen Forschungsergebnissen bereichert haben. Zu nennen sind hier Silke Schumann, Michael C. Schneider, Jörg Osterloh, Gerhard Lindemann, Rainer Behring, Manfred Zeidler und Gerald Hacke. Als äußerst produktiv erwies sich überdies die enge Zusammenarbeit mit den Kolleginnen und Kollegen des in Dresden benachbarten Instituts für Sächsische Geschichte und Volkskunde (ISGV) und des Lehrstuhls für sächsische Landesgeschichte – Ira Spieker, Sönke Friedreich, Lutz Vogel und Swen Steinberg –, die sich in den letzten Jahren intensiv mit den sozialen Umbrüchen in Sachsen nach 1945 beschäftigt haben.

Dresden, im September 2015   Mike Schmeitzner, Clemens Vollnhals,
                                                Francesca Weil

I.
Die nationalsozialistische Kriegsgesellschaft

„Lieber Blut schwitzen ..."
Martin Mutschmann und die sächsische „Gauregierung" 1943 bis 1945

Mike Schmeitzner

„Wir wollen lieber Blut schwitzen, als im Blutrausch des Bolschewismus untergehen." Solch „flammende Appelle" setzte Sachsens Reichsstatthalter und Partei-Gauleiter Martin Mutschmann häufig in Umlauf, um im Gefolge der Niederlage in Stalingrad Anfang 1943 die Menschen vor Ort zum Durchhalten zu bewegen. In diesem konkreten Fall handelte es sich um einen Appell an die sächsischen Wirtschaftsführer, die Mitte Dezember 1944 zusammengekommen waren, um die Richtlinien zur weiteren „Leistungssteigerung" im Gau entgegenzunehmen.[1] Nur wenige Tage zuvor hatte Mutschmann ähnlich drastische Worte gefunden, mit denen er die Vertreter der Gauarbeitskammer auf die finale Auseinandersetzung mit den Kriegsgegnern des „Dritten Reiches" einzuschwören versuchte.[2]

Dass Mutschmann auch in den letzten beiden Kriegsjahren „sein" sächsisches Terrain fast unumschränkt beherrschte, hatte mit seiner Schlüsselstellung in Partei und Verwaltung zu tun, die er bis zum bitteren Ende selbst gegen zentrale Berliner Entscheidungsträger zu behaupten vermochte. Vor diesem Hintergrund erscheint es nahezu unmöglich, die Institutionen der sächsischen Partei und Regierung in den Blick zu nehmen, ohne dabei Mutschmanns entscheidenden Einfluss zu thematisieren. Hatte er schon lange vor 1939 als NSDAP-Gauleiter (1925), Reichsstatthalter (1933) und „Führer der Landesregierung" (1935) den Partei- und Staatsapparat fest in der Hand gehabt, wuchs ihm nach Kriegsbeginn als Reichsverteidigungskommissar des Wehrkreises IV (1939) und als Verantwortlicher des sächsischen Volkssturms (1944) auch noch militärischer Einfluss zu.[3] Im Folgenden soll deshalb der Frage nachgegangen

---

1   Der Gauleiter vor den sächsischen Wirtschaftsführern. Appell zur Höchstleistung. „Noch mehr zusammenrücken." In: Der Freiheitskampf vom 19.12.1944, S. 3.
2   Vgl. Es kommt auf jeden Handgriff an. Kundgebung der Gauarbeitskammer. Bewährte Männer und Betriebe geehrt. In: Der Freiheitskampf vom 12.12.1944, S. 1.
3   Zur Biografie Mutschmanns vgl. Andreas Wagner, Martin Mutschmann - Der braune Gaufürst (1935-1945). In: Mike Schmeitzner/Andreas Wagner (Hg.), Von Macht und Ohnmacht. Sächsische Ministerpräsidenten im Zeitalter der Extreme 1919-1952, Beucha 2006, S. 279-308; Mike Schmeitzner, Der Fall Mutschmann. Sachsens Gauleiter vom Stalins Tribunal, 3. Auflage Beucha 2012.

werden, wie es diesem Provinzdespoten gelang, die ihm unterstellten Apparate trotz personeller Auszehrung, schleichender Zentralisierung und schwieriger werdender Kriegslage bis zuletzt intakt zu halten und überdies noch eigene, lang gehegte Vorstellungen von einer „Gauregierung" umsetzen zu lassen. Von keineswegs nachgeordneter Bedeutung erscheint dabei der Blick auf seinen Regierungsstil und seine direkte Gefolgschaft: Welche Personen und Apparate arbeiteten ihm zu? Was waren ihre Motive? Wurden sie nach 1945 (juristisch) zur Verantwortung gezogen?

Herrschaft durch Präsenz:
Ein Provinzdespot als „Menschenfänger"?

Im Zuge der deutschen Niederlage in Stalingrad Anfang Februar 1943 intensivierte und kultivierte der sächsische Gauleiter und Reichsstatthalter eine Herrschaftspraxis, die zumindest oberflächlich an das mittelalterliche Reisekönigtum erinnerte. Bis in die letzten Kriegstage hinein bereiste er seinen Gau in Permanenz, nahm in dem einen Ort Betriebsappelle ab, um in einem anderen Belegschaften oder Parteigruppen aufzusuchen. In allen sächsischen Regionen und in fast allen ihren Städten machte der Partei- und Regierungschef Station. Dabei ging es nicht nur allein um eine Machtdemonstration vor Ort, sondern zugleich auch um jene „totale Mobilisierung" der Gesellschaft, die Hitler auf einer Konferenz seiner Reichsführer und Gauleiter als Konsequenz aus der Stalingrader Niederlage gezogen hatte:[4] Wer den jetzt ausgerufenen „totalen Krieg" auch wirklich gewinnen wollte, musste die letzten menschlichen und materiellen Reserven mobilisieren. Wie nur wenige andere Gauleiter und Reichsstatthalter im Reich ging Mutschmann mit entsprechendem Beispiel voran: Kein Betriebsarbeiter, keine gerade erst angelernte Arbeiterin, kein Soldat auf Heimaturlaub, kein Kriegsversehrter schien vor seiner fast allgegenwärtigen Zudringlichkeit gefeit zu sein. Selbst kommunistische Häftlinge im Zuchthaus Waldheim, die dort in die Rüstungsarbeit eingebunden waren, sahen sich mit Mutschmann unvermittelt konfrontiert, der teils drohend und teils jovial nachfragte, ob sie denn inzwischen von ihren „Wahnsinnsideen geheilt" seien.[5]

Das Schema beinahe jedes Mutschmann-Auftrittes war immer dasselbe: Zumeist reiste er in Begleitung seines Duz-Freundes Hellmuth Peitsch, des Gauobmanns der Deutschen Arbeitsfront (DAF), der auch für die Arbeitskräftelenkung

---

[4] Zur Tagung der Reichsleiter und Gauleiter mit Hitler am 7.2.1943 im Führerhauptquartier vgl. Der Führer sprach zur Lage, Die Initiative der Partei. In: Der Freiheitskampf vom 9.2.1943, S. 1.
[5] Zit. nach Friedemann Schreiter, Strafanstalt Waldheim. Geschichten, Personen und Prozesse aus drei Jahrhunderten, Berlin 2014, S. 127. Der von Mutschmann direkt angesprochene vormalige KPD-Jugendfunktionär Hans Lauter gab darauf die gewitzte Antwort, er habe niemals an „Wahnsinnsideen gelitten".

und für den Sklaveneinsatz der Zwangsarbeiter verantwortlich zeichnete. Mit in Mutschmanns Gefolge befanden sich hin und wieder hohe Ministerialbeamte und noch 1943 des Öfteren der Höhere SS- und Polizeiführer des SS-Oberabschnitts Elbe, Udo von Woyrsch.[6] Die Besuchsorganisation vor Ort lag häufig in den Händen von Betriebsführern, DAF-Obmännern und NSDAP-Kreisleitern. Reden und persönliche Gespräche mit „Gefolgschaftsangehörigen" bildeten in der Regel den Kern eines jeden Mutschmann-Besuchs. Ehrungen und Auszeichnungen von einzelnen Mitarbeitern, Betriebsführern oder kriegswichtigen Erfindern wurden vor Ort, aber auch zentral vorgenommen. Letztere Ehre wurde etwa dem Döbelner Ingenieur und TH Dresden-Absolventen Werner Gruner zuteil, der aus den Händen Mutschmanns den „Dr.-Fritz-Todt-Preis" für die Entwicklung des leistungsfähigen Maschinengewehres 42 entgegennehmen konnte.[7]

Mutschmanns permanente Appelle zum Durchhalten, zur Leistungssteigerung, seine Versprechungen auf einen „wahrhaften deutschen Sozialstaat" nach gewonnenem Krieg, auf einen weiter entwickelten nationalen Sozialismus,[8] bildeten aber nur den einen Teil solcher öffentlich inszenierten Auftritte, ein anderer beinhaltete Drohungen, Arbeitsscheue und Bummelanten mit harten Maßnahmen zur Arbeit anhalten zu lassen. Derartige Äußerungen waren ebenso wohlkalkuliert wie die Einlassungen des Dresdner Parteikreisleiters Hellmut Walter, der selbst gerade erst von der Front zurückgekehrt war:[9] Auf einer Dresdner NS-Frauen-Kundgebung schärfte er den Teilnehmerinnen Ende Mai 1944 ein: „Wer heute noch zu faul zum Arbeiten ist, der wird den festen Zugriff des Gauleiters spüren. Er kann und wird auch vor der unpopulären Aufgabe, die er im Auftrage des Führers zu erfüllen hat, nicht zurückschrecken. Überall draußen im Reich und an den Fronten ist der Name Martin Mutschmann der Begriff des schlichten, gradlinigen, kompromisslosen nationalsozialistischen

---

6   Als Beispiel für viele: „Einsatz bis zum äußersten auch daheim. Gauleiter Mutschmann sprach zu schaffenden Volksgenossen in Zwickau". In: Der Freiheitskampf vom 11.2.1943. In Mutschmanns Gefolge befanden sich Peitsch und von Woyrsch.
7   Dr.-Fritz-Todt-Preis für einen Sachsen. Erfinder des MG 42 vom Führer geehrt. Der Gauleiter überreicht die hohe Auszeichnung. In: Der Freiheitskampf vom 27.3.1944, S. 3. Gruner avancierte nach 1950 zum TH-Professor und war von 1958 bis 1961 Rektor der Hochschule. 1945–1950 hatte er mit Michail T. Kalaschnikow in der Sowjetunion zusammengearbeitet. Vgl. Uwe Fraunholz/Swen Steinberg (Hg.), [Mit]gemacht? Techniker- und Naturwissenschaftler der TH Dresden im Nationalsozialismus, Dresden: Sonderforschungsbereich 804 der TUD 2012, S. 25.
8   Martin Mutschmann, Unser Marsch in die Freiheit. In: Der Freiheitskampf vom 30.1.1943, S. 3; ders., Vorwärts für Deutschlands Zukunft und Freiheit. Die Sachsen werden hinter keinem anderen deutschen Volksstamm zurückbleiben. In: Der Freiheitskampf vom 30./31.12.1944, S. 1.
9   Zur Biografie vgl. Annekatrin Jahn, Cuno Meyer und Hellmut Walter. Dresdens NSDAP-Kreisleiter. In: Christine Pieper/Mike Schmeitzner/Gerhard Naser (Hg.), Braune Karrieren. Dresdner Täter und Akteure im Nationalsozialismus, Dresden 2012, S. 51–57.

Gauleiters. Er ist der unbeugsame Wächter der nationalsozialistischen Revolution in Sachsen."[10]

Wächter und Wohltäter, Angreifer und Antreiber, so sah sich Mutschmann wohl selbst, und so ließ er sich auch von Partei und Regierung inszenieren. Die von der Propaganda[11] jahrelang gepflegte Rolle des strengen, aber gütigen Landesvaters („König Mu") kam dort besonders zum Tragen, wo es um die Betreuung von Soldaten auf Heimaturlaub und Kriegsversehrte ging. Hier versuchte der „Soldat des Führers"[12] die Verbundenheit von Front und Heimatfront – einschließlich der sozialen Wohltaten der Partei-Gliederungen – zur Geltung zu bringen. Ob ein „Infanterie-Stoßtrupp" von der Ostfront, dessen Angehörige als „Fronturlauberkameradschaft [...] Gäste der Partei" in Dresden waren oder Angehörige eines „Cassino-Stoßtrupps" aus Italien, die als „Gäste des HJ-Gebietes Sachsen" in der sächsischen Hauptstadt weilten: Mutschmann war immer dabei und kümmerte sich selbstredend persönlich um deren Wohlergehen, einschließlich Besichtigungen, Theaterbesuche und Dampferfahrten.[13]

Kern des Betreuungswesens aber war die kulturelle Versorgung der verwundeten Soldaten in den heimischen Lazaretten, die ebenfalls von einer Parteigliederung – in diesem Fall von der Nationalsozialistischen Volkswohlfahrt (NSV) – übernommen wurde. Noch im Sommer 1944 startete so die 26. Dampferfahrt der NSV mit Hunderten Verwundeten in Richtung Elbsandsteingebirge; seit 1941 hatten ca. 16 000 Soldaten von diesem Angebot Gebrauch gemacht. Und auch hier war neben dem NSV-Gauamtsleiter Rudolf Büttner immer auch der Gauleiter mit vor Ort – Hunderte Hände schüttelnd und in Gesprächen vertieft. Die Bildberichterstattung sorgte dabei für die mediale Verbreitung dieser Form der persönlichen Zuwendung.[14]

Die Mobilisierung und Umsorgung der „arischen" Volksgenossen durch NSDAP, DAF, HJ und NSV bildete allerdings nur den einen Teil der Politik und Propaganda;[15] der andere Teil war durch einen immer hemmungsloseren

---

10 Sprecht nicht vom Nationalsozialismus, lebt ihn! Gewaltige Frauenkundgebung – Der Gauleiter, Frau Rühlemann und Pg. Walter sprachen. In: Der Freiheitskampf vom 26.5.1944, S. 4.
11 Zur Entwicklung des Gaupropaganda-Amtes Sachsen vgl. den Beitrag von Stephan Dehn in diesem Band.
12 Zum 65. Geburtstag ließ sich Mutschmann derart feiern. Vgl. Martin Mutschmann, Soldat des Führers. Zum 65 Geburtstag unseres Gauleiters und Reichsstatthalters. In: Vogtländischer Anzeiger vom 9.3.1944.
13 Infanterie-Stoßtrupp kam aus dem Osten. Sächsische Grenadiere von der Miusfront als Gäste des Gauleiters. In: Der Freiheitskampf vom 13.5.1943, S. 4; Der Cassino-Stoßtrupp beim Gauleiter. Gute soldatische Stimmung – Ein Waggon Apfelsinen als Geschenk für den Gau. In: Der Freiheitskampf vom 26.4.1944, S. 4.
14 „Wenn wir einen Wunsch hatten, die Partei erfüllte ihn." Der Gauleiter bei unseren Verwundeten auf der „Leipzig". In: Der Freiheitskampf vom 30.7.1944, S. 4.
15 Zur Rolle und Funktion der Parteigliederungen der sächsischen NSDAP 1933–1945 vgl. Armin Nolzen, Die sächsische NSDAP nach 1933. Sozialstrukturen und soziale Praktiken. In: Günther Heydemann/Jan Erik Schulte/Francesca Weil (Hg.), Sachsen und der Nationalsozialismus, Göttingen 2014, S. 43–57, hier 50–56.

Antisemitismus gekennzeichnet, für den Mutschmann als Person ebenfalls verantwortlich zeichnete. Mit seinem obsessiven, sich ins Eliminatorische steigernden Antisemitismus lag der Gauleiter zeitweise sogar quer zu den Vorgaben aus Berlin: Hatte Reichspropagandaminister Joseph Goebbels die Entdeckung der Massengräber der von den Sowjets ermordeten polnischen Offizieren in Katyn (Frühjahr 1943) vorübergehend dazu genutzt, in einer Kampagne den „jüdischen Bolschewismus" noch stärker mit den angeblich jüdischen Hintermännern in den USA und Großbritannien zu verschmelzen,[16] focht den sächsischen Gauleiter der Gedanke gar nicht an, ob eine solche Kampagne die ohnehin schon starken Gegner nicht noch stärker erscheinen lassen könnte. Im Gegenteil: Mutschmann hatte nun erst Recht sein Thema gefunden, was angesichts seiner bisherigen antisemitischen Politik nicht wirklich überraschen konnte. Seine Versuche, noch schärfer antisemitisch als im Reich vorzugehen, wies die Berliner Führung jedoch von Fall zu Fall zurück.[17]

Anders als Goebbels, der seine antisemitische Rhetorik schon vor 1933 taktisch zu dosieren wusste,[18] traktierte Mutschmann bis Kriegsende sein Publikum in fast allen seiner Reden mit antisemitischen Tiraden. Dabei schwadronierte er nun gern und viel über die „Verbrecherrolle der Juden und ihrer Hörigen in Moskau, London und Washington".[19] Nicht nur für ihn schien ausgemacht, dass dieser Krieg den Deutschen „aufgezwungen" worden sei – und zwar von den Juden und deren „Gier nach der Weltherrschaft".[20] Die Juden würden an diesem Krieg verdienen und die Völker gegeneinander hetzen.[21] Dass im Reigen der „Moskauer, [...] Londoner und Newyorker Juden"[22] dem „jüdischen Bolschewismus" und dessen „Flutwelle" nach Mitteleuropa hinein die alles entscheidende Bedeutung zukam, war für ihn klar.[23] Dass sich Mutschmann nun noch mehr

16 Vgl. Peter Longerich, „Davon haben wir nichts gewusst!" Die Deutschen und die Judenverfolgung 1933–1945, München 2006, S. 287.
17 Z. B. wollte Mutschmann im Februar 1944 Witwe und Kindern eines gefallenen „Mischlings zweiten Grades" die ihnen zustehenden Beihilfen nicht auszahlen lassen. Erst auf Drängen der Reichskanzlei, die sich um die Ruhe an der Heimatfront sorgte, musste er sich dazu bereit erklären. Vgl. Akten der Partei-Kanzlei der NSDAP. Rekonstruktion eines verlorengegangenen Bestandes. Regesten, Band 1. Bearb. von Helmut Heiber, München 1983, S. 923 und 1002.
18 Vgl. Reden von Goebbels und Mutschmann in Sachsen 1932 in: Schmeitzner, Der Fall Mutschmann, S. 34.
19 „Nur der Sieg sichert unser Leben!" Der Gauleiter bei den Werktätigen – Sachsens Betriebsgemeinschaften auf Posten. In: Der Freiheitskampf vom 22.1.1944, S. 2.
20 Einer für alle und alle für einen. Gauleiter Martin Mutschmann sprach zu den Erzgebirglern. In: Der Freiheitskampf vom 24.1.1943, S. 2.
21 Vgl. „Ein jedes Volk bestimmt sich selbst sein Los." Gauleiter Mutschmann eröffnet die Kundgebungsaktion der Kampfentschlossenheit. In: Der Freiheitskampf vom 8.3.1944, S. 1.
22 „Das Herz Europas schlägt in Deutschland!" Reichsleiter Rosenberg und Gauleiter Mutschmann sprachen auf einer Schulungstagung der Partei. In: Der Freiheitskampf vom 28.2.1943, S. 5.
23 Deutschland wählte den Weg des Kampfes. Reichsleiter Rosenberg und Gauleiter Mutschmann auf der Kriegsfeierstunde im Dresdner Zwinger. In: Der Freiheitskampf vom 1.3.1943, S. 3.

beim „fleißigen deutschen Arbeiter"[24] anbiederte,[25] kam ebenfalls nicht gänzlich unerwartet: Für den vormaligen Kleinunternehmer, der sich schon früh vom „jüdischen" Großkapital und „jüdischen" Marxismus umstellt gesehen hatte,[26] waren diese Arbeiter vor 1933 „Arbeitssklaven des Weltjudentums" gewesen, „ausgesaugt" von „jüdischen Wirtschaftsgruppen".[27] Jenen Arbeitern gelte jetzt der „vernichtende Schlag gegen den deutschen Sozialismus",[28] zu dem „die Juden" und ihre „kapitalistischen Hyänen" ausholen würden.[29]

Eine Rasse, die sich derart schamlos bereichere und Deutschland bedrohe, müsse vernichtet werden – diese mörderische Konsequenz machte Mutschmann im April und Mai 1943 mehrfach öffentlich deutlich. Das eine Mal stilisierte er sich selbst als Prophet, als er verkündete: „Am Ende wird der Jude vernichtet sein."[30] Das andere Mal brachte er Hitler als Propheten ins Spiel: Es werde so kommen, wie es der „Führer" vorausgesagt habe: „Dieser neue Weltkrieg wird nicht zum Untergang Deutschlands führen, sondern zur Ausrottung des internationalen Judentums."[31] Nur Tage später, Ende Mai 1943, erschien in Mutschmanns „Freiheitskampf" ein Leitartikel Johann von Leers, in dem die gerade vollzogene Ausrottung der Juden und die dabei verwendeten Methoden offen legitimiert wurden.[32] Es besteht kein Zweifel, dass sich der selbst ernannte „Sachsenführer" mit diesem „Apologeten des Holocausts"[33] identifizierte.

Gewiss lässt sich nicht genau bemessen, wie stark diese Art der Propaganda gewirkt haben mag. Fest steht jedenfalls, dass der Antisemitismus gerade bei

---

24 Mit friderizianischer Zähigkeit kämpfen. Unser Gauleiter sprach zu den Schaffenden. In: Der Freiheitskampf vom 28.10.1944, S. 3.
25 Bereits Mitte der 1930er-Jahre hatte Mutschmann mit sozialpolitischen Leistungen bei verschiedenen Arbeitergruppen (wie den Bergarbeitern) „Eindruck" erzielen können. Vgl. Deutschland-Berichte der Sozialdemokratischen Partei Deutschlands (Sopade) 1934–1940, Zweiter Jahrgang 1935 (September 1935), Nachdruck Frankfurt a. M. 1980, S. 1083 f.
26 Vgl. Schmeitzner, Der Fall Mutschmann, S. 28.
27 Mit friderizianischer Zähigkeit kämpfen. Unser Gauleiter sprach zu den Schaffenden. In: Der Freiheitskampf vom 28.10.1944, S. 3.
28 „Nur der Sieg sichert unser Leben!" Der Gauleiter bei den Werktätigen – Sachsens Betriebsgemeinschaften auf Posten. In: Der Freiheitskampf vom 22.1.1944, S. 2.
29 Mutschmann, Unser Marsch in die Freiheit.
30 Luftschutz in Sachsen vorbildlich organisiert. Der Gauleiter sprach auf der Arbeitstagung zum zehnjährigen Bestehen der RLB, Gruppe IV. In. Der Freiheitskampf vom 29.4.1943, S. 4.
31 Beste Heimateindrücke des Stoßtrupps aus dem Osten. Gauleiter Mutschmann mit seinen Fronturlaubern in Rüstungsbetrieben. In: Der Freiheitskampf vom 15.5.1943, S. 4.
32 Vgl. Johann von Leers, Schuld ist der Jude. In: Der Freiheitskampf vom 25.5.1943, S. 1 f.. Bei dem Artikel handelte es sich womöglich um einen Nachdruck aus der badischen Gauzeitung „Der Führer" vom 17.5.1943. Vgl. Longerich, Judenverfolgung, S. 278 f. Ebenso wahrscheinlich ist auch der Nachdruck aus der „Lippischen Staatszeitung", in der der Artikel am 16.5.1943 im Original erschien. Vgl. Marco Sennholz, Johann von Leers. Ein Propagandist des Nationalsozialismus, Berlin 2013, S. 417. Über welche Vernichtungsmethoden es sich dabei im Konkreten handelte, ließ der Artikel allerdings offen.
33 Ebd., S. 265.

Teilen der jungen Generation auf durchaus fruchtbaren Boden fiel: Es war wohl kein Zufall, dass noch im Frühjahr 1945 Jugendliche Jagd auf entkräftete Juden machten und diese auch ermordeten.[34] Es lässt sich überdies nur schwer ermitteln, welche Wirkungen Mutschmann als zentrale Propagandafigur im Gau entfaltete. Unbestritten ist, dass er als schlechter Redner galt und byzantinische Verhaltensweisen seinem Ansehen schadeten. Andererseits entfaltete er durch sein kumpelhaftes Gebaren im Umgang mit Menschen wohl zumindest ein gewisses Maß an Überzeugungskraft.[35] Ein Blick in Viktor Klemperers Tagebücher vermag hier nur bedingt weiter zu helfen: Er, der unter Mutschmanns persönlicher Verfolgung litt, und dessen antisemitische Reden „grässlich" fand,[36] bezeichnete ihn im Juli 1942 als „verhasstesten Mann in Dresden [...], auch bei den Ariern, auch bei den Nazis". Als Beleg für dieses Verdikt nannte er vor allem das Gerücht, dass Mutschmanns Villa „mit besonderem Schutz umgeben" worden sei.[37] Doch war die Villa gar nicht zum Bollwerk gegen die Bevölkerung ausgerüstet, sondern lediglich mit einem – in der Öffentlichkeit kritisierten – Luftschutzbunker ausgestattet worden.[38] In einem weiteren Eintrag bestätigte Klemperer dagegen Mutschmanns „Stärken": Aus seinem direkten Umfeld hatte er erfahren, dass ein gerade nach Dresden versetzter Regierungsbeamter intern erklärt habe, dass der Statthalter „unter der rauen Schale ein ganz gutmütiges Herz" berge.[39] Überdies bleibt zu beachten, dass Mutschmann – anders als viele andere NS-Führer (auch und gerade Hitler) – bis zuletzt in seinem verbliebenen Herrschaftsbereich umherreiste und vor Ort Präsenz zeigte. Auch dadurch ließ sich eine – wenn auch schwindende – Wirkung erzielen.

Auf dem Weg zur „Gauregierung": Konzepte – Ergebnisse – Protagonisten

Die Tatsache, dass zu Mutschmanns Begleitpersonal ab 1943 nie Landesminister, sondern einzig der Gauobmann der DAF, der Höhere SS- und Polizeiführer und hohe Ministeriale zählten, wirft wiederum ein bezeichnendes Licht auf den sächsischen Regierungsapparat im Ganzen: Denn Landesminister vermochten ihn seit Anfang 1943 schon allein deswegen nicht mehr zu begleiten oder verwaltungstechnisch zu unterstützen, weil es sie gar nicht mehr gab! Genau

---

34 Vgl. den Beitrag von Martin Clemens Winter in diesem Band.
35 Vgl. Schmeitzner, Der Fall Mutschmann, S. 41; Schreiter, Strafanstalt Waldheim, S. 127.
36 Victor Klemperer, Ich will Zeugnis ablegen bis zum letzten. Tagebücher 1942–1945, Band 2. Hg. von Walter Nowojski unter Mitarbeit von Hadwig Klemperer, Berlin 1995 (Eintrag vom 30.10.1944), S. 609. Mutschmann hatte Klemperer 1935 mit sofortiger Wirkung und ohne gesetzliche Grundlage (Klemperer genoss den Frontkämpferstatus) entfernt.
37 Ebd. (Eintrag vom 31.7.1942), S. 190.
38 Aufzeichnungen Udo von Woyrsch über Lage in Sachsen und Ansehen des Gauleiters vom 15.1.1944 (BArch Berlin, BDC, SS-Führerpersonalakten, Udo von Woyrsch).
39 Klemperer, Ich will Zeugnis ablegen (Eintrag vom 10.8.1942), S. 200 f.

ab diesem Zeitpunkt versuchte nämlich Mutschmann, die bisherige Landesregierung zu einer „Gauregierung" umzuformen, in denen Landesminister nicht mehr vorgesehen waren. Mehrere der bisherigen Amtsinhaber – und mochten sie noch so lange Freunde und Handlanger gewesen sein – wurden politisch kaltgestellt. Das betraf den langjährigen Wirtschaftsminister Georg Lenk ebenso wie den Innenminister Karl Fritsch sowie den Leiter des Volksbildungsministeriums Arthur Göpfert.[40] Alle drei hatten in den Jahren zuvor auch Schlüsselpositionen in der Gau-Partei-Leitung innegehabt: Lenk, der wie Mutschmann aus Plauen stammte, war Gauwirtschaftsberater gewesen, Fritsch seit 1927 Gaugeschäftsführer und stellvertretender Gauleiter und Göpfert Gauobmann des Nationalsozialistischen Lehrerbundes. Hatte sich Mutschmann mit Lenk und Fritsch persönlich überworfen, wurde Göpfert eingezogen.[41] So verblieb im Frühjahr 1943 einzig der langjährige Finanzminister Rudolf Kamps in Dresden.

Persönliche Aversionen bildeten aber nur einen Teil des Entscheidungshintergrundes, einen neuen Typus von Regierung zu schaffen; ein anderer Teil beruhte hingegen auf planvollen Überlegungen der vorangegangenen Jahre. Bereits im Jahre 1935 hatte die Spitze des sächsischen Innenministeriums Reformpapiere zur Weiterentwicklung der Landesregierung ausarbeiten lassen. Und schon zu diesem frühen Zeitpunkt hatte der maßgebliche Autor der Papiere, Ministerialrat Georg Schulze, den Terminus „Gauregierung" ganz bewusst in Umlauf gebracht und auch definiert: Ausgehend von der Tatsache, dass durch die Ausschaltung des Landtags und die Ländergleichschaltungsgesetze von 1933/34 die föderale Ordnung des Reiches beseitigt worden sei, müsse eine neue Ordnung begründet werden, die einen Zentralismus französischer Prägung unbedingt vermeide. Schulze argumentierte dabei folgendermaßen:

„Das Land Sachsen hat einen eigenen Etat, eigenes Vermögen, eigene Beamte usw., nur ist es kein ‚Staat' mehr, äußerstenfalls ein Staat in Liquidation, seine Leitung liegt beim Reichsstatthalter, dem unmittelbaren Delegatar der Reichsgewalt. Reichsststatthalter und Landesregierung sind in der Idee identisch. Praktisch ist der Dualismus zur Zeit noch nicht völlig beseitigt, dies tritt auch in der Unterbringung der Büros in Erscheinung. [...] Gesamtrechtsnachfolger des Vermögens des Landes Sachsen wird nicht das Reich, sondern der Gau als

---

40 Göpfert konnte von Mutschmann 1935 nicht mehr direkt als Minister, sondern nur als kommissarischer Leiter des Ministerium bestellt werden, da Neuberufungen durch die Reichsinstanzen unterbunden wurden.
41 Zu den Karrieren vgl. Thomas Grosche, Georg Lenk. Wirtschaftsminister Sachsens. In: Pieper/Schmeitzner/Naser (Hg.), Braune Karrieren, S. 180–186; Christine Pieper/Mike Schmeitzner, Karl Fritsch. Stellvertretender Gauleiter und sächsischer Innenminister. In: ebd., S. 32–40; Konstantin Hermann, Arthur Göpfert. Zehn Jahre kommissarischer Leiter des Volksbildungsministeriums. In: ebd., S. 222–227. Anders als Lenk und Göpfert schied Fritsch, dem Mutschmann noch ein Parteiverfahren angehängt hatte, 1944 freiwillig aus dem Leben. Vgl. Pieper/Schmeitzner, Karl Fritsch, S. 39. Göpfert war schon seit Beginn des Krieges immer wieder zeitweise zur Wehrmacht einberufen worden, Anfang 1943 dann erneut und endgültig. Vgl. Politischer Lebenslauf Arthur Göpfert vom März 1948 (StAM, SpkA K3870 Göpfert, Arthur Waldemar, Bl. 9).

Selbstverwaltungskörper höchster Ordnung sein müssen. [...] Der Gau Sachsen wird im allgemeinen Träger der Aufgaben und der Lasten auf den Gebieten Kultur und Wirtschaft und des Lastenausgleichs zwischen den Gemeinden usw. bleiben können und müssen. [...] Der Gau und nicht das Reich muss deshalb der Gesamtrechtsnachfolger des Landes sein."[42]

Dass sich Schulzes Pläne faktisch in die von ihm skizzierte Richtung entwickelten, hatte vor allem damit zu tun, dass unter Reichsinnenminister Wilhelm Frick eine umfassende Reichsverwaltungsreform nicht zustande kam. So blieben die dem Reiche nachgeordneten Landesregierungen weiter bestehen. In demselben Papier hatte Schulze aber gleichfalls schon den Weg für eine neustrukturierte „Gauregierung" gewiesen: Da die Landesministerien nach dem „Wegfall der parlamentarischen Geschäfte und Bindungen" zumindest ihre Verwaltungsfunktion behalten hätten, könnten sie auch in Abteilungen umgewandelt und dem Reichsstatthalter direkt unterstellt werden. Derartige neu geschaffene Abteilungen müssten dann die „laufenden Geschäfte" nach den Weisungen der Reichsregierung und „unmittelbar nach den Weisungen des Reichsstatthalters als des Chefs der Reichsverwaltung des Landes" erledigen. Eine direkte Bearbeitung von Berlin aus sei – so Schulze – nicht zu leisten und nicht zu wünschen.[43]

Auch wenn sich diese Neustrukturierung wegen der Fortschreibung des Status quo in Friedenszeiten kaum bewerkstelligen ließ, durften Mutschmann und seine rührigen Spitzenbeamten ausgerechnet nach der Kriegswende von Stalingrad mit einer zweiten Chance rechnen. Hatte der machtbewusste Gauleiter und Reichsstatthalter noch bis 1942 gegenüber der Reichskanzlei über den „übertriebenen Zentralismus und [die] Verbürokratisierung der Verwaltung" lamentiert, zu der es infolge der Schaffung immer neuer Sonderbehörden und überraschender Personalverluste gekommen sei, schien sich das Blatt jetzt zu wenden: Er setzte bei jenen Institutionen an, die ihm vor allem in den letzten Jahren ein besonderer Dorn im Auge gewesen waren – bei den vier bestehenden Regierungspräsidien in Zwickau, Chemnitz, Leipzig und Dresden, die bis 1942 quasi zu Reichsmittelinstanzen der Reichsministerien aufgewertet worden waren, und zwar sehr zum Verdruss des nun häufig übergangenen Reichsstatthalters.[44] Im Zuge der reichsweit erstrebten Verwaltungsvereinfachung forderte Mutschmann nun erfolgreich die Stilllegung der Regierungspräsidien im Krieg. Zugleich nutzte er die unverhoffte Chance dazu, sowohl die allermeisten Kompetenzen der Regierungspräsidien an sich zu ziehen als auch den Regierungsumbau in die Wege zu leiten. Bedenken und Einsprüche aus Berlin fochten ihn dabei nicht an.

Im Gegenteil: Während zentrale Instanzen in Berlin und München wie die Reichskanzlei, das Reichsinnenministerium, der Reichsführer SS und die

---

42 Die Behördenorganisation in Sachsen, o. D., ca. Oktober 1935 (SächsHStAD, Ministerium des Innern, Nr. 9295, Bl. 81–84).
43 Ebd., Bl. 70–73.
44 Wagner, Martin Mutschmann, S. 302 f.

Parteikanzlei der NSDAP über Sinn oder Unsinn des sächsischen Vorgehens debattierten, schuf Mutschmann einfach Fakten. Dass sich der vierschrötige Provinzdespot dabei auch auf ein fintenreiches Spiel verstand, machte er gegenüber einem besorgten Staatssekretär im Reichsinnenministerium deutlich: Als ihm Wilhelm Stuckart noch im Februar 1943 bedeutete, dass es nicht „angängig [sei], alle Zuständigkeiten der Regierungen [d. h. die Regierungspräsidien] auf die Landesregierung zu übertragen",[45] erklärte Mutschmann unverfroren, er habe stets auf eine „Dezentralisation" hingearbeitet;[46] über die künftige Verteilung der Kompetenzen ließ er Berlin vorerst im Ungewissen.[47] Zum unentbehrlichen Helfer avancierte spätestens zu dieser Zeit der schon genannte Georg Schulze, der seinem „Chef" in juristischer und verwaltungstechnischer Hinsicht fast alle Wege ebnete.[48] Im April 1943 präsentierte Mutschmann die neue Struktur der „Gauregierung", so, wie sie Schulze seit 1935 entworfen hatte. Statt der verbliebenen vier Ministerien wurden sieben Abteilungen geschaffen, wobei die entscheidenden Durchgriffskompetenzen bei einer „Zentralabteilung" - bestehend aus Mutschmanns Büro und der Staatskanzlei[49] - lagen:

Zentralabteilung:
Büro des Reichsstatthalters: Regierungsrat Eugen Schramm, Ständiger Vertreter des Reichsstatthalters als Führer der Landesregierung: kommissarisch Ministerialdirektor Dr. Erich Gottschald, Bürodirektor: kommissarisch Regierungsrat Demuth (Schlossplatz 1), Vertretung Sachsens in Berlin: Ministerialdirektor Dr. Kurt Roitzsch (Berlin, Ulmenstraße 4)
Staatskanzlei: Ministerialdirektor Dr. Erich Gottschald mit 1 A Allg. Landesverwaltung (Schlossplatz 1)

I. Abteilung: Allgemeine und innere Verwaltung (Königsufer 2)
   Abteilungsleiter: kommissarisch Ministerialrat Georg Schulze

---

45 Stuckart an Mutschmann vom 13.2.1943 (SächsHStAD, Ministerium des Innern, Nr. 9325, Bl. 2).
46 Mutschmann an Stuckart vom 16.2.1943 (ebd., Bl. 3).
47 Die Stilllegung der Regierungspräsidien erfolgte zum 1.7.1943 offiziell. Hierzu und zur Verteilung der Kompetenzen vgl. Francesca Weil, Die „Zwickauer Konferenz". Informelle Zusammenkünfte westsächsischer Amtshauptleute während der Jahre 1919 bis 1945 im Kontext ihrer Dienstberatungen. In: Heydemann/Schulte/Weil (Hg.), Sachsen und der Nationalsozialismus, S. 91–109, hier 102 f.
48 Vgl. den umfassenden Schriftwechsel zwischen Schulze, Mutschmann und den Reichsbehörden in der ersten Jahreshälfte 1943 (SächsHStAD, Ministerium des Innern, Nr. 9325, Bl. 27–276).
49 Im März 1935 hatte Mutschmann das Reichsstatthalterbüro und die Staatskanzlei zusammengelegt, da sein bisheriger Konkurrent, der Ministerpräsident Manfred von Killinger, nach der Röhm-Affäre erst beurlaubt und dann entlassen worden war. Mutschmann hatte als Reichsstatthalter und „Führer der Landesregierung" nunmehr beide Schlüsselpositionen inne.

II. Abteilung: Volkspflege (Königsufer 2)
Abteilungsleiter: kommissarisch Regierungsdirektor Dr. Alfred Fernholz

III. Abteilung: Technik (Carolaplatz 1)
Abteilungsleiter: kommissarisch Ministerialrat Prof. Dr.-Ing. Martin Hammitzsch

IV. Abteilung: Wissenschaft, Erziehung und Volksbildung (Königsufer 2)
Abteilungsleiter: kommissarisch Regierungsdirektor Hellmuth Schwender

V. Abteilung: Wirtschaft und Arbeit (Königsufer 2, Ammonstr. 8, Schlossplatz 1)
zuerst kein Abteilungsleiter ausgewiesen: später kommissarisch Regierungsrat Curt Haase

VI. Abteilung: Landesforstverwaltung (Königsufer 2)
zuerst kein Abteilungsleiter ausgewiesen, später Oberforstmeister Dr. Gärtner

VII. Finanzabteilung (Carolaplatz 1)
Abteilungsleiter: kommissarisch Ministerialrat Dr. Bernhard Knüpfer[50]

Mutschmann hatte nichts dem Zufall überlassen, selbst von aufwendigen Umzugsaktionen in der Dresdner Innenstadt hatte er nicht abrücken wollen.[51] Fortan konzentrierten sich die Machtzentralen des Gaues in unmittelbarer Elbnähe: Während in den beiden großen Ministerialgebäuden in der Neustadt (Königsufer 2 und Carolaplatz 1) die Mehrzahl der Abteilungen untergebracht waren, residierte der Kopf der Gauregierung im vormaligen Landtagsgebäude in der Altstadt (Schlossplatz 1), nämlich dort, wo nach der Ausschaltung des Landtags

---

50 Vgl. Mutschmann an Ministerien vom 10.3.1943 (Gliederungsplan) und Mutschmann an die kommissarischen Abteilungsleiter vom 8.4.1943 (Geschäftsverteilungsplan) (SächsHStAD, Ministerium des Innern, Nr. 9325, Bl. 18 f. und 80 f.); Sächsisches Verwaltungsblatt, Nr. 37 vom 23.7.1943, S. 107–110. Im Verwaltungsblatt wurden die Abteilungen I-III als Ministerium des Innern, die Abteilung IV als Ministerium für Volksbildung, die Abteilung V als Ministerium für Wirtschaft und Arbeit, die Abteilung VI als Landesforstverwaltung und die Abteilung VII als Finanzministerium ausgewiesen. Vermutlich handelte es sich bei dieser Benennung nur um ein formales Zugeständnis an das Reichsinnenministerium. Curt Haase war am 1.9.1943 mit der „kommissarischen Leitung der Abteilung V der Landesregierung – Ministerium für Wirtschaft und Arbeit beauftragt" worden. Vorschlag zur Ernennung des Regierungsrates Curt Haase vom 3.11.1944 zum Oberregierungsrat (SächsHStAD, 13859 Reichsstatthalter, PA Curt Haase, Bl. 151). Noch später als Haase erhielt Gärtner die endgültige Bestallung zum Leiter der Landesforstverwaltung. Vgl. Mutschmann an Gärtner vom 7.3.1945 (ebd., PA Dr. Gärtner).
51 Vgl. Mutschmann an Ministerien und Landesforstverwaltung vom 26.3.1943 (SächsHStAD, Ministerium des Innern, Nr. 9325, Bl. 50).

1933 zuerst Mutschmanns Reichsstatthalterbüro untergekommen war. Bei der Auswahl seiner Abteilungsleiter hatte Mutschmann auch auf den letzten verbliebenen Minister (Kamps) verzichtet.[52] Der Eindruck, dass sich die neue Riege seiner Abteilungsleiter nur aus Spitzenbeamten zusammensetze, täuschte jedoch: Gottschald, Schwender und Knüpfer waren zwar langjährige Fachbeamte, aber mittlerweile auch zu Funktionsträgern der NSDAP aufgestiegen.[53] Schramm, Fernholz und Haase durften hingegen als „alte Kämpfer" gelten, die sich bereits (wie Fernholz) als „Schreibtischtäter" bei der Vernichtung „lebensunwerten" Lebens „bewährt" hatten.[54] Haases frühe SPD-Mitgliedschaft schien durch seine NS-Funktionen ab 1931 und seine Tätigkeiten als „Staatskommissar" im Arbeitsministerium und als Dozent an der Gauführerschule der NSDAP längst getilgt.[55] Hammitzschs Aufstieg ist wiederum nur vor seinem verwandtschaftlichen Verhältnis zur „Führer"-Familie zu erklären: Seit 1936 war der Dresdner Stararchitekt ein Schwager Adolf Hitlers.[56] Schulze schließlich hatte als langjähriger Mutschmann-Adlatus den Zenit seiner Beamtenlaufbahn erreicht.

Dass diese Abteilungsleiter über weniger Kompetenzen verfügten als die vormaligen Minister, lag auf der Hand und war politisch so gewollt. In einem internen Schreiben an die „Herren kommissarischen Abteilungsleiter" hatte Mutschmann unmissverständlich erklärt: „Sie entscheiden in meinem Auftrage als Führer der Landesregierung, soweit ich mir die Entscheidung nicht selbst vorbehalte, wie bei allen Entschließungen grundsätzlicher Art oder Verwaltungsvorgängen von erheblicher Bedeutung. Berichte an oberste Reichsbehörden sind in der Regel mir oder meinem Stellvertreter zur Unterschrift vorzulegen."[57] Versuche des Reichsinnenministeriums, wenigstens den aus Sachsen stammenden Spitzenbeamten Carl von Burgsdorf als neuen sächsischen Staatskanzleichef zu platzieren, um Mutschmann stärker zu kontrollieren, schlugen indes fehl: Mutschmann wollte keinen „Aufpasser",[58] zumal dieser 1936 „im Konflikt"

---

52 Kamps wurde immerhin persönlich von Mutschmann mit den sich aus der Neubildung der Regierung „ergebenden haushaltungsrechtlichen Fragen" und mit der Schlichtung von Meinungsverschiedenheiten beauftragt, die sich zwischen den einzelnen Abteilungen ergeben könnten. Mutschmann an Kamps vom 9.4.1943 (ebd., Bl. 101).
53 Dies gilt z.B. für Knüpfer, der 1933 Mitglied der SA und 1937 Mitglied der NSDAP geworden war. 1942 hatte er die Funktion eines SA-Sturmführers inne. Vgl. Rudolf Kamps an Staatskanzlei vom 4.5.1942 (ebd., 13859 Reichsstatthalter, PA Dr. Bernhard Knüpfer, Bl. 91).
54 Boris Böhm, Alfred Fernholz. Ein Schreibtischtäter im Dienste der „Volksgesundheit". In: Pieper/Schmeitzner/Naser (Hg.), Braune Karrieren, S. 154–161.
55 Vgl. zur SPD-Mitgliedschaft Haases 1929/30 und zur weiteren NS-Karriere die Personalakte (SächsHStAD, 13859 Reichsstatthalter, PA Curt Haase).
56 Vgl. Wolfgang Zdral, Die Hitlers. Die unbekannte Familie des Führers, Frankfurt a. M. 2005, S. 112–120.
57 Mutschmann an kommissarische Abteilungsleiter vom 8.4.1943 (SächsHtAD, Ministerium des Innern, Nr. 9325, Bl. 80 f.).
58 Wagner, Martin Mutschmann, S. 305, sieht in dem Berliner Personalvorschlag nicht nur den Versuch einer Machtbegrenzung Mutschmanns, sondern auch eine Möglichkeit der verwaltungstechnischen Professionalisierung, da sich Mutschmann „geregelter" Verwaltungsarbeit gegenüber ablehnend verhalten habe. Dies scheint in Friedenszeiten

mit ihm nach Berlin gegangen war.[59] Mutschmanns Abfuhr fiel freilich weniger schroff aus als in vergleichbaren früheren Fällen: Er ließ in seinem Parteiblatt „Der Freiheitskampf" einen längeren hymnischen Artikel veröffentlichen, in dem von Burgsdorfs militärische Leistungen herausgestrichen wurden.[60] Die Spitzen seiner Zentralabteilung, der „farblose Fachbeamte" Gottschald[61] und der langjährige Büroleiter Schramm,[62] verblieben auf ihren Posten. Aus Mutschmanns Sicht gab es keinerlei Gründe, die Vertrauten auszutauschen. Für Auseinandersetzungen mit dem Reich stand ihm dagegen der gewiefte Georg Schulze zur Verfügung.[63]

Wie weit inzwischen Partei und Regierung zusammengewachsen und auch ideologisch verschmolzen waren, zeigt ein Blick in das Innenleben der Staatskanzlei: Dort exekutierten vornehmlich zwei Spitzenbeamte Mutschmanns politisch-ideologische Anliegen. Arthur Graefe war nicht nur Pressechef der Staatskanzlei, sondern seit 1936 auch geschäftsführender Vorstand des von Mutschmann begründeten „Heimatwerkes Sachsen"; auch diese völkisch ausgerichtete Großorganisation ressortierte in der Staatskanzlei. Graefe hatte bereits mehreren Herren gedient, darunter allen Ministerpräsidenten Sachsens seit 1929, in Mutschmanns Ägide aber war der Überläufer aus den Reihen der DVP auf dem Gipfel der Macht angekommen. Als Gaukulturhauptstellenleiter organisierte er seit 1942 zudem die komplette Kulturarbeit der NSDAP.[64] Als sein Intimus kann der wesentlich jüngere NSDAP-Funktionär und promovierte Germanist Georg Hartmann gelten, der seit Anfang 1943 das ebenfalls in der Staatskanzlei ressortierende „Sprachamt" leitete – ein von Mutschmann installiertes Institut zur Spracherziehung „seiner" Sachsen.[65] Beide Kultur-„Experten"

---

gewiss der Fall gewesen zu sein, doch zeigte Mutschmann gerade im Krieg und aufgrund der lange Zeit obwaltenden Zentralisierungsbestrebungen wesentlich größeres Verwaltungsinteresse.

59 Thomas Schaarschmidt, Die regionale Ebene im zentralistischen „Führerstaat" – das Beispiel des NS-Gaus Sachsen. In: Michael Richter/Thomas Schaarschmidt/Mike Schmeitzner (Hg.), Länder, Gaue und Bezirke. Mitteldeutschland im 20. Jahrhundert, Halle 2007, S. 125–140, hier 131.

60 In vorderster Linie schonungslos eingesetzt. Das Ritterkreuz für Major d. R. Curt von Burgsdorf. In: Der Freiheitskampf vom 9.5.1943, S. 5. Meine Kollegin Dr. Francesca Weil bereitet eine Biografie zu dem umtriebigen Spitzenbeamten vor.

61 Schaarschmidt, Die regionale Ebene, S. 139. Gottschald war 1939 Curt Lahr als Leiter der Staatskanzlei nachgefolgt.

62 Schramm hatte seit 1933 im neu geschaffenen Büro des Reichsstatthalters gearbeitet und nach dem Wechsel des Büroleiters Curt Lahr an die Spitze der Staatskanzlei (1935) das Büro geleitet.

63 Vgl. dazu die Feinabstimmung zwischen Schulze und Mutschmann in der Gauregierungsfrage 1943 (SächSHtAD, Ministerium des Innern, Nr. 9325, Bl. 102–282).

64 Vgl. Thomas Schaarschmidt, Arthur Graefe. „Der Sachsenmacher" und das „Heimatwerk Sachsen". In: Pieper/Schmeitzner/Naser (Hg.), Braune Karrieren, S. 248–254.

65 Hartmann, der früh in der NSDAP Karriere gemacht hatte und über den Lehrerberuf ins Volksbildungsministerium und dann in die Staatskanzlei gekommen war, fungierte 1943 noch als stellvertretender geschäftsführender Vorstand des „Heimatwerkes Sachsen", als Vertreter des Leiters der Nachrichtenstelle der Staatskanzlei und als Hauptstellenleiter

waren für die Herausgabe des Machwerkes „2000 Jahre Deutschland" verantwortlich, das Anfang 1943 in siebenter und aktualisierter Auflage erschien.[66] Der völkisch-rassistische Bestseller (mit einer Auflage von mehr als 130000 Exemplaren) war auf „Veranlassung" Mutschmanns herausgegeben worden und sollte den „Volksgenossen" dazu dienen, die aktuellen „Ereignisse im richtigen Lichte zu betrachten".[67]

Auch wenn sich – wie gesehen – der Name „Gauregierung" offiziell nicht durchsetzen ließ, so entsprachen doch Struktur und Wesen der neu gebildeten Landesregierung genau den damit intendierten Vorstellungen. Mutschmann hatte auch dank der unermüdlichen Zuarbeit seiner Ministerialbürokratie endlich jene „neue Form der Staatlichkeit" geschaffen, die sowohl seinem eigenen „Machtinstinkt" als auch den „Herausforderungen im Ausnahmezustand des Krieges" Rechnung trug. Die „Gauregierung" als „persönliche Diktatur" des Gauleiters[68] zeichnete sich durch eine noch stärkere Verschränkung von Regierungs- und Parteifunktionen aus; sie – und nicht etwa die Gauleitung der NSDAP – lieferte das geistige Sturmgepäck für Front und Heimatfront (Graefe/Hartmann), sie war nunmehr der alleinige „Ansprechpartner" für die einzelnen Reichsministerien,[69] und sie sollte infolge der „höchsten Konzentration der staatlichen Funktionen" Beamte zu noch mehr „Tatwillen" und zu einem „Höchstmaß an Leistung" befähigen.[70]

Durchhalten – auslöschen – verantworten: Das Ende der Herrschaft Mutschmanns

Der so entstandene Herrschaftsbereich Mutschmanns erlebte 1944 sogar noch einmal eine Verfestigung, bevor er sich im Frühjahr 1945 in einem Meer aus Zerstörung, Blut und namenlosem Elend auflöste. Auf dem Höhepunkt seiner Macht vermochte sich der sächsische Provinzdespot selbst gegen den Reichsführer SS Heinrich Himmler in einer sensiblen Personalfrage durchzusetzen, die ursprünglich mit der Regierungsneubildung in Dresden zu tun gehabt hatte.

---

im Gauschulungsamt der NSDAP. Vgl. Anlage vom 20.1.1943 (SächsHStAD, 13859 Reichsstatthalter, PA Georg Hartmann, Bl. 63).

66 Arthur Graefe/Georg Hartmann, 2000 Jahre Deutschland. Hg. auf Veranlassung von Reichsstatthalter und Gauleiter Martin Mutschmann, 7. Auflage Dresden 1943. Die erste Auflage der ca. 135 Seiten umfassenden Broschüre war im Herbst 1940 erschienen, die siebente Auflage im Dezember 1942 ergänzt worden. Im Impressum der Broschüre wurde die besondere Zertifizierung genannt: „Die Schrift wird in der NS-Bibliographie geführt."

67 Martin Mutschmann, Zum Geleit. In: ebd., S. 5.

68 Schaarschmidt, Die regionale Ebene, S. 140.

69 Mike Schmeitzner/Andreas Wagner, Ministerpräsident und Staatskanzlei in Freistaat, Gau und Land. Ein sächsischer Vergleich 1919–1952. In: dies. (Hg.), Von Macht und Ohnmacht, S. 9–50, hier 36.

70 Mutschmann an Ministerien vom 10.3.1943 (SächsHStAD, Ministerium des Innern, Nr. 9325, Bl. 18 f.).

Über die Frage nämlich, wem die polizeiliche Exekutive im Gau direkt unterstehen sollte, dem Reichsstatthalter und „Führer der Landesregierung" oder dem Höheren SS- und Polizei-Führer, Udo von Woyrsch, war es zwischen beiden ab Mitte 1943 zum Bruch gekommen, in dessen Folge von Woyrsch seinen Posten räumen musste. Der Gauleiter und sein Adlatus Georg Schulze hatten den Konflikt selbst vom Zaun gebrochen, als sie die bisherigen Außenstellen des Höheren SS- und Polizei-Führers und der Ordnungspolizei unter dem Dach der Regierung zu zentralisieren versuchten. Gegenüber Himmler verstieg sich Mutschmann gar zu der Aussage, dass von Woyrschs Beharren auf strukturellen Besitzständen dahin ziele, die vom „Führer" genehmigte Stilllegung der Regierungspräsidien für die Polizei „unwirksam zu machen".[71] In der Folge entzündete sich zwischen Mutschmann und von Woyrsch ein monatelanger Denunziationskrieg, der erst Anfang 1944 endete.[72]

Beinahe zeitgleich mit von Woyrschs Amtsversetzung aus Dresden wandte sich ein deutlich frustrierter Himmler in einem längeren Schreiben an den gleichfalls mächtigen Chef der NSDAP-Parteikanzlei, Martin Bormann. In dem Brief hieß es über Mutschmann: „Ich weiß, dass SS-Obergruppenführer von Woyrsch eine ganze Menge Fehler gehabt hat; andererseits muss ich darauf hinweisen, dass gerade im Laufe der letzten Monate die Schwierigkeiten sich mit Gauleiter Mutschmann von Tag zu Tag vermehrt haben. Auf die Dauer ist mit Mutschmann sehr schwer auszukommen – was sicherlich auf sein schweres Herzleiden zurückzuführen ist –, da er Gesetze und Gebote des Reiches überhaupt nicht kennt. Es ist heute so, dass das Reichsrecht an der sächsischen Grenze erlischt."[73] Das war natürlich reichlich übertrieben – gerade in wirtschaftlicher und personeller Hinsicht waren die Kompetenzen des Reiches seit 1939 beachtlich gewachsen. Und auch Bormann wollte Himmlers Diktum „keinesfalls widerspruchslos hinnehmen". Im Gegenteil müsse er, Bormann, betonen, dass Mutschmann als Gauleiter seinen Weisungen auf dem Parteisektor „stets Folge leiste"; fest stehe aber auch, dass „unser Parteigenosse Mutschmann eine knorrige Persönlichkeit" sei.[74]

Gerade dieser Briefwechsel ist ein beredtes Beispiel dafür, wie stark der sächsische Provinzdespot die eigene Gau-Partei und den Regierungsapparat im Griff hatte. Ihn im Krieg – zumal in seiner Endphase – abzulösen, schien in Berlin auch deswegen keine Option zu sein, weil der Sachse seine Gau-„Quoten" erfüllte wie nur wenige andere und auch bei der rücksichtslosen Rekrutierung von wehrfähigen Männern weit vorn lag. Warum auch sollte man einen „knorrigen" und mit persönlichen „Eigenheiten" (so Goebbels) behafteten Mutschmann

---

71 Mutschmann an Himmler vom 4.8.1943 (ebd., Bl. 282).
72 Vgl. die Schreiben und Aufstellungen von Mutschmann und von Woyrsch 1943/44 (BA Berlin, BDC, SS-Führerpersonalakten, Udo von Woyrsch).
73 Himmler an Bormann vom 15.2.1944 (ebd., Bl. 108).
74 Bormann an Himmler vom 15.2.1944 (ebd., Bl. 108). Da die Briefe vom selben Tag datieren, wurden diese vermutlich per Fernschreiben versandt.

fallen lassen, der überdies noch im Sommer 1944 Zehntausende zu „Treuekundgebungen" für den „Führer" aufmarschieren ließ und im Herbst 1944 – anlässlich der Vereidigung des Dresdner Volkssturms – einen „fanatischen Kampf bis zum Sieg"[75] ankündigte?

Allerdings musste auch Mutschmann begreifen, dass Volksgemeinschaftsrituale, wie er sie noch Ende 1944 mit SA-Führern, DAF-Funktionären (Peitsch), Ministerialbürokraten (Graefe/Hartmann), Unternehmern (Friedrich Emil Krauß), Arbeitern und „Feierabendkünstlern" in Schwarzenberg hatte inszenieren lassen,[76] bald schon der Vergangenheit angehörten. Als bei dem schweren Luftangriff auf Dresden Mitte Februar 1945 auch ein großer Teil der Regierungsgebäude getroffen wurde und selbst seine Villa am Großen Garten Blessuren erlitt, sah sich Mutschmann genötigt, in das ca. 25 Kilometer entfernte Grillenburg auszuweichen. Dort hatte er kurz vor Kriegsbeginn – in seiner Funktion als Gaujägermeister! – ein repräsentatives „Neues Jägerhaus" errichten lassen, in dem er nun mit seinem Stab und den wichtigsten Parteifunktionären Zuflucht nahm. Bis Anfang Mai 1945 versammelten sich hier aber nicht nur die unmittelbaren Gehilfen aus Partei und Regierung, sondern zeitweilig auch geflüchtete und mit ihm befreundete Gau- und Reichsleiter aus dem bereits besetzten Reichsgebiet (so Josef Grohé aus Aachen, zudem Alfred Rosenberg und Robert Ley).[77]

Von Grillenburg aus versuchte Mutschmann gemeinsam mit seinem Stab, in den verbleibenden Wochen die „Kriegsproduktion in Gang zu halten, Volkssturmeinheiten zusammenzustellen und die Lebensmittellage zu stabilisieren".[78] Dabei erwies er sich rasch als einer der rücksichtslosesten Durchhaltefanatiker im Rest-Reich: Vergeblich versuchte er mit Leipzig ein Zentrum der Rüstungsproduktion vor den anrückenden Amerikanern zu halten, vergeblich ließ er noch im April 1945 ein „Standgericht für Ostsachsen in Bautzen" einrichten, um renitente Wehrmachtsoldaten und Zivilisten abzuurteilen. Die Drohungen, die er dabei in Umlauf setzte, verfehlten ihre Wirkung freilich nicht: Wer sich dem Kampf und dem Widerstand „bis zum Letzten" widersetze, werde „aus der Volksgemeinschaft ausgelöscht".[79] Dass die Wehrmacht in der zweiten

---

75 Gauleiter Mutschmann: Fanatischer Kampf bis zum Sieg. In: Der Freiheitskampf vom 6.11.1944, S. 1.
76 Das war ein Kernstück deutscher Volkskultur. Der Gauleiter besuchte eine Feierstunde der Schaffenden – Drei Männer ausgezeichnet. In: Der Freiheitskampf vom 4.12.1944, S. 3.
77 Vgl. Schmeitzner, Der Fall Mutschmann, S. 49 f.; Karl Schröder, Aufstieg und Fall des Robert Ley, Siegburg 2008, S. 294 f. Rosenberg schreibt, dass er mehrere Male in Grillenburg war, das letzte Mal, als „die roten Truppen schon in Schlesien waren". Großdeutschland. Traum und Tragödie. Rosenbergs Kritik am Hitlerismus, München 1969, S. 113.
78 Schmeitzner, Der Fall Mutschmann, S. 52.
79 Deutschland darf und wird nicht untergehen. Abwehrkampf im Geiste derer, die ihr Herzblut für das Vaterland gaben. Aufruf des Gauleiters. In: Der Freiheitskampf vom 17.4.1945, S. 1.

Aprilhälfte Bautzen von der Roten Armee und den mit ihr verbündeten Polen zurückerobern konnte, stachelte seine Durchhaltefanatismus nur noch einmal kräftig an.[80] Doch all seine Versuche, über dem ihm gleichgesinnten Generalfeldmarschall Ferdinand Schörner Einfluss auf die Führung der kämpfenden Wehrmachtverbände zu nehmen, scheiterten letztlich ebenso wie seine Versuche, mit der Aufstellung eines „Freikorps Adolf Hitler" und obszöner antisemitischer Propaganda Front und Heimatfront zu stabilisieren.[81] Die am 3. Mai 1945 herausgegebene Parole, sich nach dem Tode Hitlers „vom Schmerz nicht übermannen zu lassen" und gegen den „alles vernichtenden Bolschewismus" weiterzukämpfen,[82] markierte nur noch die eigene Auswegslosigkeit.

Als die Heeresgruppe Mitte am 6. Mai 1945 die Weisung erteilte, die Festung Dresden doch nicht zu verteidigen und stattdessen den Übergang nach Böhmen zu forcieren, war auch Mutschmanns Herrschaft am Ende. Im Zuge des Vorrückens der Roten Armee auf Dresden und den Tharandter Wald (7./8. Mai) wurde auch Grillenburg überrollt. Während es in dieser Situation mehreren prominenten Regierungsfunktionären wie Alfred Fernholz gelang, unterzutauchen und sich später in die Westzonen abzusetzen,[83] hatte sich der klägliche Rest der „Gauregierung" schon am 6. Mai von Grillenburg aus in Richtung Westerzgebirge begeben. Wenige Tage später folgte ihr schließlich Mutschmann unerkannt nach. In aussichtsloser Lage nahm sich dieser Rest der „Gauregierung" bei Oberwiesenthal das Leben: Am 10. Mai richteten sich Mutschmanns rechte Hand, Eugen Schramm, der Hitler-Schwager Martin Hammitzsch und eine Stenotypistin mit den eigenen Dienstwaffen.[84] Mutschmann fiel sechs Tage später Polizei und Antifa in die Hände. Innerhalb weniger Tage wurde er über Oberwiesenthal und Annaberg den Sowjets übergeben, die ihn – mit weiteren prominenten NS-Funktionären – nach Moskau verbrachten. Dort wurde er in einem Geheimprozess wegen seiner Beteiligung am Machtergreifungsterror und wegen der Behandlung sowjetischer Zwangsarbeiter und Kriegsgefangener zum Tode verurteilt und Anfang 1947 hingerichtet. Seinen vormaligen Wirtschaftsminister Lenk hatte ein Moskauer Gericht bereits zuvor zum Tode verurteilt.[85]

---

80 Zu den militärischen Operationen in der Kriegsendphase vgl. den Beitrag von Manfred Zeidler in diesem Band.
81 Vgl. Schmeitzner, Der Fall Mutschmann, S. 49–55. Nach dem Luftangriff auf Dresden hatte Mutschmann Tiraden über die „wahre Fratze des immer vernichtenden und mordenden Juden" gehalten. Ebd., S. 49.
82 Der Kampf geht unentwegt weiter. Unser Gauleiter an die Männer und Frauen des Sachsengaues. In: Der Freiheitskampf vom 3.5.1945, S. 2.
83 Vgl. Böhm, Alfred Fernholz, S. 160.
84 Vgl. Bericht zu den Mitarbeitern des Stabes „Mutschmann" im Mai 1945 im Sporthotel Oberwiesenthal vom 19.11.1981 (BStU, MfS-HA IX/11, AV 14/79, Bd. 24, Bl. 198 f.). Die Suizidwelle vom Frühjahr 1945 umfasste nicht nur sächsische NS-Spitzenfunktionäre, sondern auch regionale NS-Größen wie etwa die NSDAP-Kreisleiter von Meißen (Hellmut Böhme) und Plauen (Alfons Hitzler) oder auch die Verwaltungsspitze Leipzigs (darunter der Oberbürgermeister und SS-Funktionär Alfred Freyberg).
85 Zum Prozess gegen Mutschmann und Lenk vgl. Schmeitzner, Der Fall Mutschmann, S. 89–127.

Auf sächsischem Boden gerieten mit Hellmut Peitsch, Arthur Graefe und Georg Hartmann weitere prominente Pfeiler von Mutschmanns Herrschaft in sowjetisches Gewahrsam. Alle drei wurden in „Speziallager" inhaftiert, aber erst nach deren Auflösung (1949) den ostdeutschen Behörden zur Verurteilung übergeben. Im Rahmen der „Waldheimer Prozesse" von 1950 erhielt Peitsch die Todesstrafe, während Graefe und Hartmann zu langen Zeitstrafen verurteilt wurden, die allerdings nach zwei Jahren als abgegolten galten.[86] Andere, wie etwa Fernholz, wurden trotz öffentlichen Wirkens juristisch nie belangt.[87] Nicht unerwähnt bleiben sollte der Umstand, dass sich Graefe - so wie 1933 - auch im Frühsommer 1945 den neuen kommunistischen Machthabern anzubiedern versucht hatte. Als angeblich unpolitischer Beamter hatte Graefe nicht gezögert, sich selbst und sein „Heimatwerk" für die „kulturelle Zukunftsarbeit" zur Verfügung zu stellen.[88] Der vormalige „Agent der Gleichschaltung" im Bereich der Kulturpropaganda[89] war nur wenige Wochen nach der Verhaftung seines großen Förderers Mutschmann, bei dem er jahrelang täglich Vortrag halten durfte,[90] davon überzeugt, dass „vieles" von der „Heimatwerk"-Arbeit „in die neue kulturpolitische Arbeit mit übernommen" werden könne.[91] Doch da hatte er die Rechnung ohne die neuen Herren von der KPD gemacht, die - anders als 1918 und 1933 - die Regierungsbürokratie durchgreifend säubern wollten.

Mit Ausnahme der nachgeordneten Behörden (z. B. dem Staatsarchiv) betraf das die meisten Mitarbeiter aus der Regierung und den Landkreisverwaltungen.[92] Hier fielen nahezu alle ehemaligen NSDAP-Mitglieder der Entnazifizierung zum Opfer. Die Zäsur von 1945 - der Untergang der alten Ministerialapparate und der Aufbau einer neuen Landesverwaltung - war unübersehbar.

---

86 Schaarschmidt, Arthur Graefe, S. 253.
87 Vgl. Böhm, Alfred Fernholz, S. 160. Der später wieder als Arzt arbeitende Fernholz starb 1993 in Karlsruhe.
88 Arthur Graefe, Das Heimatwerk Sachsen, Manuskript vom 20.7.1945. Anlage zum Brief an Walther Gäbler vom 4.8.1945 (SächsHStAD, LRS, Ministerium für Volksbildung, Nr. 2340).
89 Vgl. Thomas Schaarschmidt, Regionalkultur und Diktatur. Sächsische Heimatbewegung und Heimat-Propaganda im Dritten Reich und in der SBZ/DDR, Köln 2004, S. 500 f.
90 Vgl. Mutschmann an Reichsminister für Wissenschaft, Erziehung und Volksbildung vom 7.11.1944 (SächsHStAD, 13859 Reichsstatthalter, PA Arthur Graefe).
91 Arthur Graefe, Das Heimatwerk Sachsen, Manuskript vom 20.7.1945. Anlage zum Brief an Walther Gäbler vom 4.8.1945 (SächsHStAD, LRS, Ministerium für Volksbildung, Nr. 2340).
92 Nach dem 8. Mai 1945 arbeiteten verschiedene Landesbehörden weiter, so das Personalamt der Staatskanzlei mit einem Meldekopf für Beamte. Von den höheren Beamten kam jedoch nur der parteilose Bernhard Spangenberg im neuen Finanzministerium unter Gerhard Rohner (CDU) unter. Vgl. Andreas Thüsing, Landesverwaltung und Landesregierung in Sachsen 1945-1952, Frankfurt a. M. 2000, S. 45. Zur Entnazifizierung vgl. den Beitrag von C. Vollnhals in diesem Band.

Fazit

Mutschmanns eingangs zitierter Appell, „lieber Blut schwitzen" zu wollen, „als im Blutrausch des Bolschewismus" unterzugehen, hatte sich anders bewahrheitet, als von ihm unterstellt. Er und seine Clique waren samt ihrer Partei- und Regierungsapparate tatsächlich untergegangen, manche von ihnen waren auch zum Tode verurteilt oder in „Speziallager" gepfercht worden. Doch ungeachtet zahlreicher Übergriffe hatte es den von Mutschmann propagierten „Blutrausch" nirgendwo gegeben. Erklärungsbedürftig ist dennoch, wie es dem „Sachsenführer" gelang, die bereits erwähnten Apparate nicht nur bis zuletzt intakt zu halten, sondern sogar noch schlagkräftiger zu gestalten. Die propagandistisch geschürte Furcht vor den anstürmenden „bolschewistischen Horden", die vor allem im zuerst eroberten deutschen Osten brutal vorgingen, ist hier nur als eine mögliche Erklärung heranzuziehen, der immer stärkere Rückgriff auf die eigenen Repressionsinstrumente eine andere.[93] An der Person des stiernackigen Provinzdespoten kann es nur insoweit gelegen haben, als er bis zuletzt selbst Präsenz zeigte und teils drohend, teil jovial Gefolgschaftstreue einforderte. Als Erklärung zielführender ist – mit Blick auf Regierung und Verwaltung – die noch stärker durchgesetzte Verschränkung von Partei und Regierung, die Mutschmann in seiner Person verkörperte und mit der „Gauregierung" 1943 gegen alle außersächsischen Widerstände durchsetzte. Mutschmanns dauernde Berufung auf „Sachsen", gar auf einen „Sachsenstolz" und sein permanenter Kampf um die Behauptung sächsischer Staatlichkeit dürfte es vielen Beamten erleichtert haben, sich bis zuletzt an die Seite dieses scheinbar doch so traditionsbewussten „Sachsenführers" zu stellen. Dass die neue Riege der Regierungsmitglieder dabei noch abhängiger von ihm war als die alte, hatte sie umso treuer an seiner Seite ausharren lassen.

---

93 Zur Terrorjustiz in Sachsen während des Krieges vgl. den Beitrag von Gerald Hacke in diesem Band.

Die nationalsozialistische Propaganda in der Spätphase des Zweiten Weltkrieges

Stephan Dehn

Gemeinhin wird der Untergang des „Dritten Reiches" auf den sogenannten Kampf um Berlin im Frühjahr 1945 fokussiert. Diese Perspektive beschränkt sich nicht nur auf den militärischen Vorstoß, sondern schließt auch das „letzte Zucken des Goebbels'schen Lügenapparates"[1] mit ein. Dabei markierten weder Kapitulation der Reichshauptstadt noch „Panzerbär", als finales Produkt des Propagandaapparats, den Endpunkt der nationalsozialistischen Herrschaft. In einigen Gebieten des Deutschen Reiches amtierten regionale NS-Regierungen auch nach dem Fall Berlins und in den Druckerpressen rotierten noch Anfang Mai 1945 nationalsozialistische Pamphlete, so zum Beispiel in Sachsen.

Der vorliegende Beitrag konzentriert sich auf die Entwicklung der nationalsozialistischen Propaganda in diesem Parteigau während der Spätphase des Zweiten Weltkrieges.[2] Dabei gilt es vordringlich, die Frage zu beantworten, welche Handlungsoptionen den nationalsozialistischen Medienpolitikern noch bis zum Frühjahr 1945 für die propagandistische Beeinflussung des sächsischen Volks blieben? Die Analyse ist zweigeteilt. Sie gliedert sich in eine organisatorische und eine kommunikative Ebene: Zum einen stehen Akteure der nationalsozialistischen Propaganda im Fokus, zum anderen interessiert auch das von ihnen eingesetzte Medienensemble während der letzten Kriegsmonate.

Walter Elsner – Sachsens Propagandaleiter der Kriegsspätphase

Die Niederlage der 6. Armee in Stalingrad und die darauffolgende „totale Mobilmachung" zu Anfang des Jahres 1943 markieren den Beginn der letzten Periode des Krieges. Für das sächsische Beispiel kommt eine Koinzidenz hinzu, zeitgleich mit der militärischen Niederlage an der Wolga erhielt Walter Elsner

---

1   Ernst Elitz, Zwischen Vernichtung und „weiter so". In: Der Tagesspiegel vom 21.4.2010.
2   Der Beitrag grenzt das Thema Propaganda doppelt ein: Zum einen beschränkt sich die Analyse auf die Propaganda der NSDAP und des Reichsministeriums für Volksaufklärung und Propaganda. Zum anderen werden die Mediengruppen „Rundfunk" und „Film" hier nicht berücksichtigt. Über das Ende der sächsischen Regierung und Martin Mutschmanns Rolle vgl. den Beitrag von Mike Schmeitzner in diesem Band.

seine Berufungsurkunde zum (kommissarischen) NSDAP-Gaupropagandaleiter überreicht. Nach seiner offiziellen Bestätigung blieb er bis zum Frühjahr 1945 auf diesem Posten. Theoretisch war Elsner damit in Sachsen der maßgebliche NS-Propagandist während der letzten zwei Kriegsjahre.

Der Diskussion um die Personalie Walter Elsner muss eine kurze Skizze des nationalsozialistischen Propaganda- und Parteiapparats in Sachsen nach 1933 vorangestellt werden: Bereits vor der „Machtergreifung" untergliederte sich die NSDAP zunehmend regional. Neben einem seit 1931 fest installierten Gaupropagandaleiter existierten auch in den sächsischen NSDAP-Ortsgruppen Propagandawalter.[3] Kurz vor der Ernennung Adolf Hitlers zum Reichskanzler kam mit dem Parteikreis eine koordinierende Mittelinstanz hinzu. Diese dreigliedrige Organisationsstruktur der NSDAP änderte sich bis 1945 kaum.

Das im Frühjahr 1933 geschaffene Reichsministerium für Volksaufklärung und Propaganda (RMVP) etablierte der NSDAP-Reichspropagandaleiter Joseph Goebbels in kürzester Zeit zur zentralen Instanz staatlicher Medienlenkung und -kontrolle. Im Juli 1933 richtete er dessen Landesstellen ein. Dem befürchteten Machtverlust gegenüber den Ministerpräsidenten kam Goebbels zuvor, indem er die regionalen Propagandaleiterposten von Partei und Staat in Personalunion besetzte. In Sachsen ernannte er Heinrich Salzmann, einen ausgebildeten Werbefachmann, der seit Februar 1932 die Parteipropaganda der Dresdener Ortsgruppe und wenig später des gesamten Gaus leitete, zum Landesleiter des Reichspropagandaministeriums.[4] Dessen Mitarbeiterstab blieb überschaubar, bis 1939 waren hier sechs Personen hauptamtlich angestellt. Die kriegsbedingte Verknappung der personellen Ressourcen betraf auch den sächsischen Propagandaapparat. Salzmann wehrte sich vergeblich gegen die Einschnitte. Ein Inspektionsbericht an Joseph Goebbels im Dezember 1942 beschreibt einen erschöpften sächsischen Propagandaleiter und wies deutlich auf dessen lange Dienstzeit hin.[5] Die genauen Umstände seiner wenige Wochen später erfolgten Demission können aufgrund fehlender Überlieferung des diesbezüglichen Schriftverkehrs nicht nachvollzogen werden. Den Personalakten ist nur Heinrich Salzmanns Einberufung zur Wehrmacht im Frühjahr 1943 und die kommissarische Besetzung seines Postens mit Walter Elsner zu entnehmen.[6]

In den Monaten nach dessen Berufung versuchte der sächsische Gauleiter Martin Mutschmann, seinen Einfluss auf die Propaganda erheblich auszubau-

---

3 Vgl. Karl Fritsch an NSDAP-Reichspropagandaleitung vom 8.1.1931 (BArch, NS 18, 882, Bl. 251).
4 Vgl. s. n., Die neuen Landesleiter des Reichspropagandaministeriums. In: Der Freiheitskampf vom 8.7.1933; s. n., Landespropagandastelle Sachsen errichtet. In: ebd. vom 10.7.1933.
5 Vgl. Inspektionsbesuch Propagandaamt Sachsen vom 24.12.1942 (BArch, NS 18, 1162, Bl. 48).
6 Vgl. die Unterlagen aus den Personalakten von Salzmann und Elsner (ebd., PK [ehem. BDC], KO 145 Heinrich Salzmann und C0058 Walter Elsner).

en. Er rechnete sich dabei die besten Chancen aus, wenn er eine personelle Trennung zwischen Partei- und Staatsamt einforderte. Sein Kalkül war dabei, dass Elsner als Gaupropagandaleiter „in einem hauptamtlichen Dienstverhältnis zur NSDAP und nicht zu einer Staatsdienststelle stehen solle"[7] und ihm damit direkt untergeben wäre. Goebbels unterband diese Ambitionen des sächsischen Gauleiters umgehend, fürchtete er doch um seinen Einfluss in den Regionen. Die Personalunion zwischen staatlichem und parteiamtlichem Propagandaleiter blieb auch in Sachsen bestehen.[8]

Walter Elsner erhielt diesen offiziellen Status am 1. Dezember 1943 und wurde weiterhin als Mitarbeiter des RMVP bezahlt.[9] Bevor er zum Nachfolger Salzmanns berufen wurde, hatte Elsner in der NSDAP Karriere gemacht. Im Jahr 1901 in Pirna geboren, trat er 1925 der Partei bei und engagierte sich in seiner Heimatregion. Nach 1933 bekleidete Elsner verschiedene Positionen in der NSDAP-Reichsleitung, unter anderem arbeitete er für Rudolf Heß und Robert Ley in den Stäben „Stellvertreter des Führers" und „Reichsorganisationsleitung". Im Jahr 1937 kehrte Elsner nach Sachsen zurück und übernahm, als Nachfolger Hermann Gerischers und bis zu seiner Berufung zum Gaupropagandaleiter, die NSDAP-Kreisleitung Pirna. Elsner war also im Gegensatz zu Salzmann kein Fachmann für Propaganda, sondern Parteifunktionär.[10]

Als Ende 1942 die Niederlage der 6. Armee bei Stalingrad – und damit das fast endgültige Scheitern der deutschen Offensive in der Sowjetunion – für die Verantwortlichen der Propaganda absehbar wurde, mussten sie ihre zukünftige Tätigkeit auf eine neue Grundlage stellen. Zeitgleich erhielt Walter Elsner in den ersten Wochen des neuen Jahres zahlreiche Schreiben aus Berlin, die ihn über die neuen Ziele und Taktiken der nationalsozialistischen Medienarbeit in Kenntnis setzten. Goebbels betonte hierbei, „dass die Tatsache, dass wir einen Verteidigungskrieg führen, als Leitmotiv unsere gesamte Propaganda durchziehen soll".[11] Zudem formulierte er die verbindliche Parole: „Sieg oder Bolschewismus!"[12] Alle folgenden Kampagnen und Botschaften nationalsozialistischer Medien hatten sich auf dieses Leitmotiv zu beziehen. Um jegliche Missverständnisse zu vermeiden, wies der Leiter des Reichsringes für nationalsozialistische Propaganda und Volksaufklärung, Walter Tießler, wiederholt darauf hin, „dass der Kampf im Osten der Kampf gegen den Bolschewismus ist, dass dies allein den Grund für den Krieg im Osten bedeutet".[13] Parallel zu dieser

---

7 Martin Mutschmann an NSDAP-Reichsschatzmeister Franz Xaver Schwarz vom 10.1.1944 (BArch, PK [ehem. BDC], C0058 Walter Elsner, unpag.).
8 Franz Xaver Schwarz an Martin Mutschmann vom 31.1.1944 (ebd.).
9 Vgl. Veränderungsmeldung vom 12.1.1944 (ebd.).
10 Antrag auf Besoldungsfestsetzung vom 25.4.1941 (ebd.).
11 NSDAP-Reichspropagandaleitung an Reichsminister Goebbels vom 11.1.1943 (BArch, NS 18, 224, Bl. 26).
12 Ebd.
13 Walter Tießler an Martin Bormann vom 14.1.1933 (ebd., Bl. 22).

Neuausrichtung forderte Goebbels am 18. Februar 1943 im Berliner Sportpalast bekanntermaßen die Mobilisierung der gesamten Bevölkerung im Rahmen des „totalen Krieges".

Dem neuen sächsischen Propagandaleiter blieb keine Zeit zur Einarbeitung in sein neues Amt. Die Richtlinien aus Berlin waren kaum zu erfüllende Anforderungen an die Propagandisten in den Regionen: Mit dem Scheitern des letzten großen Angriffs der Wehrmacht gerieten die deutschen Streitkräfte im Frühjahr 1943 komplett in die Defensive. Hinzu kamen die intensivierten Flächenbombardierungen der US-Amerikaner und Briten auf Industrieanlagen und Wohngebiete im Deutschen Reich. Im Dezember 1943 erreichte mit dem Luftangriff auf Leipzig diese Bedrohung auch Sachsen. Die personellen Verluste beeinträchtigten im vierten Kriegsjahr auch zunehmend den Propagandaapparat. Nicht nur, dass kaum noch Redner oder Referenten zur Verfügung standen, auch einfachste Verwaltungsaufgaben verzögerten sich durch unbesetzte Stellen. Für die sofortige Umsetzung der neuen Richtlinien fehlten Elsner jegliche Mittel. Deshalb blieb ihm zu Beginn seiner Tätigkeit nur die eindringliche Wiederholung der inhaltsleeren Appelle seines Vorgängers. Seine Kollegen in den Kreisen und Städten forderte er auf, die „geistige und moralische Widerstandskraft des Volkes so stark [zu] machen, dass alle Belastungen ohne große Erschütterungen überwunden werden. Die höchste Kampfbereitschaft und Widerstandskraft des Volkes muss erreicht werden."[14]

Versammlungswellen scheitern am Personalmangel

Schon in den frühen 1920er-Jahren bestimmte Hitler die Versammlung zum wichtigsten Propagandamittel der nationalsozialistischen Bewegung.[15] Als Anhänger der zu Beginn des 20. Jahrhunderts populären Massenpsychologie sahen er und später auch Joseph Goebbels in öffentlichen Zusammenkünften den entscheidenden Schlüssel zum Erfolg. Beide waren überzeugt, dass der Redner die Anwesenden aufgrund des Gemeinschaftserlebnisses zu massenhafter Begeisterung und Zustimmung für den Nationalsozialismus bringen könne.[16] Nach der „Machtergreifung" verlor dieses Propagandamittel keinesfalls an Bedeutung: Richteten sich solche Angebote bis 1933 vordringlich an potenzielle Wähler und Anhänger, so musste nun die gesamte Bevölkerung erreicht und mobilisiert werden. Die Nationalsozialisten sahen sich nun – durch den Zuwachs an Mitteln und Parteigenossen – in der Lage, ihre Versammlungspropaganda

---

14 NSDAP-Gaupropagandaleitung Sachsen an NSDAP-Reichspropagandaleitung vom 24.3.1943 (ebd., NS 18, 1162, Bl. 41).
15 Vgl. Adolf Hitler, Mein Kampf, München 1925, S. 529.
16 Vgl. Franz Alfred Six, Die politische Propaganda der NSDAP. Im Kampf um die Macht, Heidelberg 1936, S. 40.

quantitativ und qualitativ erheblich zu steigern. Heinrich Salzmann setzte als NSDAP-Propagandaleiter im Gau Sachsen auf „Versammlungsoffensiven", zeitlich konzentrierte landesweite Kampagnen, die er ab 1937 jeweils im Frühjahr und Herbst organisierte. In einem Zeitraum von zehn bis 14 Tagen traten in allen Parteikreisen täglich dutzende Redner auf, sodass am Ende bis zu 1 200 Zusammenkünfte mit 500 Rednern im gesamten Gau organisiert wurden.[17] Auch nach Kriegsbeginn setzte er auf diese Methode, wobei die Quantität – sicherlich auch die Qualität – der Veranstaltungen unter akutem Personalmangel litten. Konnte die Gauleitung bisher relativ unabhängig über Themen und Referenten ihrer Kampagnen entscheiden, nahmen im Verlauf des Krieges die inhaltlichen und zeitlichen Vorgaben der Reichspropagandaleitung zu. Walter Elsner blieb im Frühjahr 1943 keine Alternative, als Goebbels' antibolschewistische Veranstaltungsreihe in Sachsen umzusetzen.

Unter dem Titel „Sieg oder bolschewistisches Chaos" sollte die Bevölkerung darauf eingeschworen werden, dass im „totalen Krieg nur dasjenige Volk in der Lage ist, sich zu behaupten, das willensmäßig eine Einheit darstellt".[18] Nach Elsners Wunsch sollte die Versammlungsaktion „ein stolzes Bekenntnis unserer Bevölkerung zum Lebenskampf der Nation werden".[19] Bereits bei der Terminierung dieser Kampagne machte sich der akute Personalmangel bemerkbar: Waren solche Aktionen bisher auf zwei Wochen begrenzt, nach Möglichkeit sollten dabei alle Veranstaltungen in einem Kreis am selben Tag stattfinden, dauerte diese Kampagne nun den gesamten April und Mai über, denn für zeitgleiche Veranstaltungen standen oft nicht ausreichend Redner zur Verfügung. Im NSDAP-Kreis Oschatz offenbarten sich große personelle Lücken: Es fanden insgesamt 41 Versammlungen zum Thema „Sieg oder Bolschewismus!" statt, die aber nur von vier Rednern – der Kreisleiter Max Albrecht sprach dabei am häufigsten – bestritten wurden.[20] Die Anreise der Referenten stellte den Kreispropagandaleiter vor große Probleme, denn sein Kreis bestand größtenteils aus Dörfern und durch die Ressourcenverknappung mussten die Referenten laufen oder das Fahrrad benutzen. Nur in seltenen Fällen kam der Dienstwagen des Kreisleiters zum Einsatz. Trotz dieser erheblichen Einschränkungen ging der Befehl an die Ortsgruppen, „nichts unversucht zu lassen",[21] dass diese Versammlungen den Ansprüchen des Gau- und Reichspropagandaleiters entsprachen.

---

17 Vgl. Gerhard Petzold (Hg.), Führerblätter der Gauleitung Sachsen der NSDAP, 6/1937, S. 41 f. (im Folgenden: Führerblätter).
18 NSDAP Gauring Sachsen (Hg.), Mitteilungsblatt für nationalsozialistische Propaganda und Volksaufklärung. Gaupropagandaamt Sachsen der NSDAP, 5/1943, S. 4 (im Folgenden: Mitteilungsblatt Gauring).
19 Ebd.
20 Vgl. Terminplan für Versammlungswelle „Sieg oder Bolschewismus" der NSDAP-Kreisleitung Oschatz vom 8.4.1943 (SächsStAL, 21118, 2, unpag.).
21 Rundschreiben der NSDAP-Kreisleitung Oschatz vom 5.4.1943 (ebd.).

Elsner musste nach Abschluss dieser Aktion erkennen, dass die langgezogene Verteilung der Termine weder effektiv noch praktikabel war – die NSDAP verlor ihren omnipräsenten Status. Im Vorfeld der nächsten Propagandakampagne ließ er die „Versammlungsaktion" auf eine Woche limitieren. Die wenigen noch zur Verfügung stehenden Redner wurden angewiesen, ihre Auftritte auf Städte zu konzentrieren. Anschließend waren Elsners Kompetenzen erschöpft, die nächste Aktion bekam er thematisch und zeitlich aus Berlin vorgegeben. Goebbels betitelte die folgende Propagandawelle „Der Sieg wird unser sein!" und bestimmte die letzte Novemberwoche 1943 als Terminspanne für die Veranstaltungen in den Gauen. Die wenigen Redner in Sachsen sollten nach dem Willen des Reichsministers gewährleisten, dass „die Nation in der Verteidigung ihres Volkstums und ihrer Heimat der Welt zu jeder Stunde als eine fanatisch geschlossene Gemeinschaft gegenübertreten wird".[22] Für Goebbels war der eklatante Mangel an Rednern nicht allein Hemmnis, sondern auch Gelegenheit zur Mobilisierung der eher passiven Parteimitglieder, wenn er verlangte, dass „jeder Nationalsozialist ein unermüdlicher Propagandist unseres fanatischen Glaubens an den Sieg" sein sollte.[23]

Annäherung an ein Stimmungsbild

Ian Kershaw arbeitet in seiner Darstellung der letzten Monate des nationalsozialistischen Deutschlands den vermeintlichen Widerspruch zwischen einer niedergeschlagenen und kriegsmüden Bevölkerung und der „Selbstzerstörung durch Fortsetzung des Kampfes bis zum Letzten" heraus.[24] Das NS-Regime wusste um diese mentale Lage seiner Untertanen, hatte es doch schon zu Friedenszeiten ein umfangreiches Netz von Stimmungs- und Lageberichten etabliert. Heinz Boberach definiert das Berichtswesen eines totalitären Systems zur Ermittlung des Meinungsklimas als Äquivalent zu demoskopischen Befragungen demokratischer Gesellschaften mit funktionierender Öffentlichkeit.[25]

Diese Berichte ergeben in der Summe aber kein belastbares Stimmungsbild der gesamten Bevölkerung. Peter Longerich sieht in den Lageberichten die Grundlage einer „künstlich hergestellten Öffentlichkeit unter den Bedingungen der Diktatur. Sie sind deshalb nicht als Forum für unterschiedliche Auffassungen, sondern als Resonanzboden zu betrachten, mit dessen Hilfe Zustimmung dokumentiert und die Propaganda des Regimes verstärkt werden

---

22 Mitteilungsblatt Gauring, (1943) 3, S. 4.
23 Ebd.
24 Ian Kershaw, Das Ende. Kampf bis in den Untergang. NS-Deutschland 1944/1945, Berlin 2011, S. 11.
25 Vgl. Heinz Boberach, Einleitung. In: ders. (Hg.), Meldungen aus dem Reich. Die geheimen Lageberichte des Sicherheitsdienstes der SS 1938–1945, Band 1, Herrsching 1984, S. 11.

sollte."²⁶ Die Stimmungsberichte seien nichts weiter als ein „formatives Element einer künstlich hergestellten, offiziellen, öffentlichen Meinung".²⁷ Für Sachsen gilt diese Einschränkung natürlich ebenfalls. Die Propagandastellen in Berlin und Dresden sahen in der „Volksmeinung" lediglich Antrieb und Rechtfertigung für ihre Kampagnen und Parolen. 1942 zeigte sich das Propagandaministerium – neben einiger Kritik über die mangelnde Mobilisierung der Parteigenossen – noch zufrieden mit der Stimmung in Sachsen. Die Inspekteure aus Berlin führten ihren Befund darauf zurück, dass hier „außerdem selten Luftgefahr" bestünde, und waren zuversichtlich, „diese Zufriedenheit auch in Zukunft ohne Schwierigkeiten zu erhalten".²⁸ Doch die Stimmung der sächsischen Bevölkerung verschlechterte sich rasch.

Im Juni 1943 wies Tießler Goebbels eindringlich auf die Sorge der Bevölkerung Mitteldeutschlands hin, „selbst in Kürze derartige Großangriffe, wie sie jetzt im Westen erfolgen, zu erleben", und musste konstatieren, „dass wir in der Stimmung ein außerordentliches Tief erreicht haben".²⁹ Was im Sommer noch Befürchtung war, wurde Ende des Jahres bittere Realität: Mit Leipzig erlebte die erste sächsische Großstadt am 4. Dezember einen verheerenden Großangriff US-amerikanischer Bomberflotten. Um die möglichen Folgen der sich nun drastisch verschlechterten Stimmung abzuwenden, setzten die NS-Propagandisten in Sachsen zunehmend auf die persönliche Präsenz des Gauleiters. In den kommenden Monaten nahmen die öffentlichen Auftritte Mutschmanns deutlich zu.³⁰ Mitte März 1944 trat er sogar erstmals seit fünf Jahren wieder als Hauptredner einer nationalsozialistischen Propagandakampagne im Gau auf.³¹ Unter dem Titel „Unsere Waffen siegen doch!" sprach er täglich auf bis zu zwei Versammlungen im Gau und appellierte an die Bevölkerung: „Wir dürfen nicht schwach werden. Denn wir haben die beste Führung, das beste Heer und die besten Waffen. Mit dem Appell, als Generation, die eine Aufgabe für Jahrhunderte zu erfüllen hat, stolz zu sein, dass das Schicksal uns in diese Zeit gestellt hat."³² Die kaum fünf Tage dauernde Aktion war die letzte offizielle Versammlungswelle der sächsischen Nationalsozialisten, in den folgenden Monaten setzte Mutschmann

---

26 Peter Longerich, „Davon haben wir nichts gewusst!" Die Deutschen und die Judenverfolgung 1933–1945, München 2006, S. 317. Die Nationalsozialisten verabsolutierten die Aussagen einzelner Personen zu einer allgemeinen Volksstimmung der Deutschen.
27 Ebd., S. 318.
28 Bericht über Inspektionsbesuch Propagandaamt Sachsen vom 24.12.1942 (BArch, NS 18, 1162, Bl. 49).
29 Walter Tießler an Joseph Goebbels vom 25.6.1943 (ebd., 833, Bl. 42).
30 Seit Ausbruch des Krieges trat Mutschmann wöchentlich mehrmals in Rüstungsbetrieben und Städten Sachsens auf, seit 1943 intensivierte er seine Präsenz bei Betriebsappellen nochmals erheblich.
31 Zuletzt sprach Mutschmann im März 1938 im Rahmen der antisemitischen Propagandakampagne „Völkerfrieden oder Judendiktatur" auf täglichen Versammlungen in ganz Sachsen. Vgl. u. a. Nationalsozialistischer Gaudienst für den Gau Sachsen vom 1.3.1938, S. 2–4 (im Folgenden: NS-Gaudienst).
32 Ebd. vom 17.3.1944, S. 1.

seine öffentlichen Auftritte, meist waren es Betriebsappelle, zwar fort, aber die fortschreitend negative Stimmung innerhalb der Bevölkerung konnte auch der sächsische Gauleiter nicht heben.[33]

Im Herbst 1944 meldete das sächsische Reichspropagandaamt eine zunehmende Furcht der Bevölkerung vor einer Invasion feindlicher Armeen in Deutschland. Dabei trugen nicht allein die Schreckensberichte über die Gräueltaten der Roten Armee zur Verängstigung der Menschen bei, besonders die „Verunsicherung der Rot-Kreuz-Schwestern in Lazaretten und Bahnhöfen durch Soldaten"[34] übertrug sich auf die Bevölkerung. Mittels solcher Kanäle gerieten täglich Berichte von den Fronten in die Heimat. Eine logische Folge dieser mündlich verbreiteten Informationen waren Gerüchte, deren Auswüchse im Herbst 1944 kaum noch zu überblicken waren. Die NS-Propagandisten suchten verzweifelt nach einem Ansatz, um die Verunsicherung und den Missmut einhegen zu können. Walter Elsner wusste, dass er nicht die Ressourcen für eine umfassende Kampagne besaß, versuchte aber, angebliche „militärische Erfolge" des Volkssturms in Ostpreußen zu nutzen, und gewann Mutschmann für eine propagandistische Inszenierung der Vereidigungen von Einheiten des Volkssturms.[35] Diese schmucklosen Appelle waren das letzte Aufgebot der NS-Propaganda in Sachsen. Wenig später musste die Bevölkerung einsehen, dass sich die Erfolge der Volkssturm-Einheiten auch in ihrem Gau lediglich auf einen propagandistischen, nicht aber militärischen Wert beschränkten.

Die Wiederbelebung der „Mundpropaganda"

Als Gerüchte im Herbst 1944 immer mehr überhandnahmen, die sich aus der mündlichen Weitergabe von Frontberichten ergaben, und dem NS-Regime die Mittel für eine umfangreiche Gegenkampagne fehlten, wollte es wenigstens den Inhalt dieser Parolen zu bestimmen versuchen. Bereits im Juli 1941 hatte Tießler erste Mundparolen über den Krieg gegen die Sowjetunion an die Gauparteistellen geschickt.[36] Nachdem die NS-Propaganda das Thema Antibolschewismus nach Abschluss des Hitler-Stalin-Pakts zu vermeiden versucht hatte, brauchte sie im Sommer 1941 eine Begründung für das „Unternehmen Barbarossa". Der Inhalt dieser Parolen war denn auch simpel: „Die Abrechnung mit der Sowjet-Union verlängert nicht den Krieg, sondern ist die Voraussetzung dafür, dass die Abrechnung mit England beschleunigt werden kann."[37] In Sachsen hatte Tießlers Vorschlag großen Anklang gefunden, denn diese Mundpropaganda benötigte nur ein Minimum an personellem und materialem Aufwand. Salzmann sah da-

---

33 Vgl. u. a. Tätigkeitsbericht des RMVP vom 4.9.1944 (BArch, R55, 601, Bl. 102).
34 Reichspropagandaamt Sachsen an RMVP vom 16.9.1944 (ebd., 602, Bl. 106).
35 Vgl. u. a. NS-Gaudienst vom 4.11.1944, S. 1 f.
36 Vgl. Walter Tießler an Gauringleiter vom 9.7.1941 (BArch, NS 18, 833, Bl. 93).
37 Ebd., Bl. 95.

rin eine ideale Möglichkeit, den Verlust der einberufenen Gauredner wenigstens ansatzweise zu kompensieren, und verlangte von allen Parteigenossen „einen aktiven Einsatz der Mundpropaganda", sodass weder Missstimmung noch Gerüchte eine Chance hätten, vielmehr sollten die Menschen „zum politischen Einsatz und heroischer Haltung" mobilisiert werden.[38] Bei dieser „Kleinarbeit" ging es nicht um spontane Reden, sondern „im Frage- und Antwortspiel, im gegenseitigen Meinungsaustausch, in der mit Geschick und Ausdauer gelenkten Parole" die Bevölkerung zu beeinflussen.[39]

Spätestens im Herbst 1944 mussten die Propagandisten erkennen, dass sie fast keine Möglichkeiten einer fortlaufenden Beeinflussung der Bevölkerung mehr hatten – zu groß war der Mangel auf personeller und materieller Ebene, zu deutlich zeichnete sich die militärische Niederlage ab. Auch Goebbels griff daher auf die Methode der Mundpropaganda zurück, die er schon in den 1920er-Jahren zur ideologischen „Berieselung" erfolgreich angewendet hatte, die aber nach der Machtübernahme von Rundfunk und Film verdrängt worden war. Er verfügte im Oktober 1944, dass „in den nächsten Wochen und Monaten die Mundpropaganda verstärkt werden soll".[40] Damit engte sich das Aufgabenfeld der regionalen Propagandaleiter auf den Empfang und die Weitergabe der Parolen aus Berlin ein. Der Reichspropagandaminister wusste, dass er den Menschen keine „Lügen" anbieten durfte, also Behauptungen, die dem täglichen Erleben und Überleben im vom Krieg gezeichneten Deutschland offensichtlich widersprachen. Stattdessen setzte er auf angebliche Fakten und subtile Hoffnungen, deren Wahrscheinlichkeitsgehalt im Raum des Möglichen war. Inhaltlich kann diese wahre Flut an Mundparolen in zwei Gruppen eingeteilt werden: Angst vor dem Verhalten der feindlichen Soldaten und Hoffnung auf eine Wende des Krieges.

Gräueltaten in der Propaganda

Seit Beginn der Offensive gegen die Sowjetunion im Sommer 1941 waren Beschreibungen und „Augenzeugenberichte" über die Lebenswirklichkeit in der UdSSR wieder fester Bestandteil der antibolschewistischen Propaganda gewesen. Ob es sich um die mangelnde Versorgung, angebliche Verrohung der Sitten oder Gewalttaten handelte,[41] jede noch so kleine „Information" kam den Nationalsozialisten gelegen, ihr Bild vom „Untermenschentum" im Osten zu illustrieren. Um der sächsischen Bevölkerung diese „Tatsachen" noch eindrucksvoller zu verdeutlichen, kamen Feldpostbriefe von der Front sowie Vorträge im

---

38 Propaganda-Sonderanweisung des Gaupropagandaamtes Sachsen vom 14.3.1942 (ebd., 1162, Bl. 105).
39 Einsatz und Lenkung der Mundpropaganda vom 1.7.1942 (ebd., 833, Bl. 104).
40 Schreiben an Reichspropagandaämter vom 24.10.1944 (BArch, R 55, 608, S. 131).
41 Vgl. Kriegsdienst der sächsischen NSDAP, 3–4/1942, Bl. 112.

Kampf ausgezeichneter Wehrmachtssoldaten, meist vor den Ortsgruppen ihrer Heimatregion, zum Einsatz.[42]

Mit der Einnahme der ostpreußischen Gemeinde Nemmersdorf durch die Rote Armee Ende Oktober 1944 waren die dort verübten Gräueltaten sowjetischer Soldaten eine gern aufgenommene Vorlage für die Mundpropaganda. Die intensive Beschreibung der Verbrechen blieb nicht ohne Wirkung auf die Bevölkerung, die nach Antworten verlangte, wie so etwas geschehen konnte. Die Landesstellen rechtfertigten das Evakuierungsverbot im Sinne des ultimativen Opfers, da „die arbeitsfähige Bevölkerung – darunter auch kinderlose, weibliche Arbeitskräfte – so lange wie möglich zur Ernteeinbringung in rückwärtigem Frontgebiet eingesetzt werden" musste.[43] Diese Stellungnahme blieb singulär. In den kommenden Wochen und Monaten verloren die Berichte über Gräueltaten der Roten Armee nicht an Deutlichkeit. Die Propagandisten vertrauten auf die eindringlichen Schilderungen von Einzelschicksalen: Plünderung von Wohnungen oder Bauernhäusern, Lynchjustiz und sexuelle Übergriffe auf deutsche Frauen. Den Fall einer jungen Mutter aus Oberschlesien, die „auf der Flucht vor den Bolschewisten fünfmal hintereinander vergewaltigt, bis aufs Hemd ausgeplündert und dann fortgejagt" worden sei, empfahl das Propagandaministerium im Januar 1945 für die tägliche Mundpropaganda.[44] Im gleichen Heft standen Parolen über „kleine Kinder, die von den Sowjettankisten von den Panzern aus zu Tode geschleudert", und Frauen „mit Stacheldrahtschlingen um den Hals an die Fahrzeuge bzw. die Panzer gebunden" worden seien.[45]

Durch diese ununterbrochene Gräuelpropaganda und Dämonisierung der Roten Armee fürchtete sich die Bevölkerung so sehr vor der sowjetischen Besetzung ihrer Heimat, dass sie auf eine mögliche Einnahme durch die Amerikaner hoffte. Diesen Effekt hatte im Propagandaministerium keiner bedacht. Noch im Oktober 1944 reagierte es auf diese Tendenz und schilderte den drohenden Terror nach der Besetzung Deutschlands durch angloamerikanische Truppen.[46] Die sächsische Gaupropagandaleitung warnte in der Folge die Ortsgruppenvorsitzenden: Der „Trugschluss, dass die Angloamerikaner besser seien als die Bolschewisten, wäre ein ganz gefährlicher, wenn er zum Bestandteil der politischen Meinung der deutschen Bevölkerung würde. Die Haltung der amerikanischen Soldaten ist schweinemäßig und um nichts besser als die der bolschewistischen Soldateska."[47] Zu den eindringlichen Schilderungen über die Gräueltaten der Roten Armee kamen seit Ende 1944 auch Berichte von Übergriffen amerikanischer Soldaten hinzu. Anders als bei den Meldungen von der Ostfront formu-

---

42 Vgl. u. a. NS-Gaudienst vom 7.1., 21.1. und 23.1.1942.
43 Mundpropagandaparole des RMVP, Nr. 4 vom 7.11.1944 (BArch, R55, 794, Bl. 22).
44 Material für Propagandisten, Nr. 25 vom 16.1.1945 (ebd., NS 18, 1271, Bl. 9).
45 Ebd., Bl. 11.
46 Vgl. Mundpropagandaparolen, Nr. 2 vom 28.10.1944 (ebd., Bl. 133).
47 Informationsdienst für Zellensprechabende. Hg. von NSDAP-Gaupropagandaleitung Sachsen, November 1944, S. 6 (im Folgenden: Informationsdienst).

lierten die nationalsozialistischen Propagandisten die Berichte aus dem Westen aber allgemein und kaum verbindlich. Dennoch waren diese Nachrichten kaum weniger grausam, wenn beispielsweise im Januar die planmäßige Ansteckung deutscher Frauen mit Geschlechtskrankheiten und die anschließende Verweigerung einer Behandlung behauptet wurden.[48] Die Mundparolen gegen amerikanische Soldaten waren durchsetzt vom rassistischen Gedankengut der Nationalsozialisten. Die angebliche Verschleppung deutscher Frauen in Bordelle für „Neger" oder sadistische Exerzierübungen unter „Neger-Aufsicht" dienten den Propagandisten dabei als Beispiele.[49]

„Wunderwaffen" in der Propaganda

Neben diesen grauenvollen Schilderungen verbreiteten die Propagandisten auch Mundparolen, welche die Hoffnungen auf eine Kriegswende wieder entfachen sollten. Sie zogen anhand historischer Beispiele – das Schicksal Preußens im Siebenjährigen Krieg oder dem „Geist von 1813" – Parallelen zur Situation Ende 1944 und versuchten damit deutlich zu machen, dass die Lage keineswegs aussichtslos sei. Wichtigstes Instrument dieser Prophezeiungen waren die als „Wunderwaffen" bezeichneten Raketen der V-Reihe: „Die V2 besitzt eine hohe Zielsicherheit und eine Reichweite, von der sich der Feind noch keine Vorstellung machen kann. Wir können nunmehr planmäßig die für die Versorgung des Feindes wichtigsten Punkte zerschlagen."[50] Ausführlich beschrieb die NS-Propaganda zwischen Dezember 1944 und Februar 1945 alle Zerstörungen, die V2-Raketen in den amerikanischen Nachschubzentren Antwerpen, Lüttich und London angerichtet hätten.[51] Das Deutsche Reich besitze noch immer eine waffentechnologischen Vorsprung und eine innovative Militärtechnik, die dem Feind weit überlegen sei: Die „Alliierten werfen lediglich Streubomben ab und besitzen keine Geschosse mit Raketenantrieb".[52]

Während der Ardennenoffensive im Dezember 1944 stellten die Meldungen vor allem die Überlegenheit der deutschen Panzertechnik heraus, insbesondere des Panzers „Tiger II": „Seine Leistungen sind so hochwertig, dass ihn die alliierten Truppen unter dem Eindruck seiner überstarken Kampfkraft mit dem Namen des mächtigsten Raubtieres der Erde, dem ‚Königstiger', bezeichneten."[53] Die letzte Offensive der Wehrmacht nahmen die Propagandisten dankbar in ihre Parolen auf, jeder noch so kleine militärische Erfolg deutscher Soldaten

---

48 Vgl. Material für Propagandisten, Nr. 26 vom 16.1.1945 (BArch, NS 18, 1271, Bl. 7).
49 Ebd.; Material für Propagandisten, Nr. 19 vom 11.12.1944 (ebd., Bl. 33)
50 Politischer Informationsdienst der NSDAP vom 27.11.1944. Hg. von NSDAP-Gaupropagandaamt Sachsen, S. 1 (im Folgenden: Politischer Informationsdienst).
51 Vgl. Politischer Informationsdienst vom 6.1.1945, S. 1.
52 Material für Propagandisten, Nr. 22 vom 5.1.1945 (BArch, NS 18, 1271, Bl. 26).
53 Politischer Informationsdienst vom 29.12.1944, S. 1.

wurde als heroische Tat des Widerstands präsentiert. Aufstellung und Einsatz der Volkssturmtruppen waren ein letztes Fanal des Goebbels'schen Propagandaapparats. Dabei beschränkte sich die Inszenierung nicht nur auf die Vereidigung der Einheiten, sondern auch deren Kampfeinsatz an der Front. Hier wurde über den angeblich „riesigen Verschleiß an Menschen und Material" berichtet, den sowohl die Rote Armee als auch die britischen und amerikanischen Truppen zu beklagen hätten.[54]

NS-Zeitungen am Kriegsende

Im Propagandakonzept der Nationalsozialisten spielten Zeitungen eine Nebenrolle. Hitler und Goebbels sahen im fehlenden massensuggestiven Effekt das größte Manko der Presseerzeugnisse. Die NSDAP-Führer sprachen immer abschätzig über das „Moment des Intellektuellen und Rationalen" bei der Lektüre solcher Publikationen.[55] Trotzdem bauten die Nationalsozialisten seit Mitte der 1920er-Jahre mit Nachdruck ein parteieigenes Zeitungsnetzwerk auf. Die Regionalpresse der NSDAP verharrte bis 1933 in einer sehr eingeschränkten öffentlichen Wahrnehmung. Daher investierten die Propagandisten danach erheblichen Aufwand, ihren Zeitungen zentrale Positionen zu sichern.[56]

In mehreren Phasen von Enteignungen, Verboten und Übernahmen anderer Zeitungsverleger gelang es der NSDAP, in Sachsen bis Mitte des Krieges die Dominanz ihrer Presse sicherzustellen. Aufgrund des zunehmenden Ressourcenmangels mussten aber auch die Redaktionen der NS-Zeitungen erhebliche Einschränkungen beim Umfang ihrer Erzeugnisse hinnehmen. Zu Jahresbeginn 1945 erschienen in Sachsen nur noch 76 Titel, deren jeweiliger Umfang kaum drei oder vier Seiten überschritt.[57] Diese Publikationen gaben dem Propagandaapparat von Joseph Goebbels im April und Mai 1945 die letzten Lebensimpulse und stellten ihr Erscheinen meist erst dann ein, nachdem alliierte Truppen die Redaktionen besetzt hatten.[58] In den Tagen und Wochen vor der bedingungslosen Kapitulation füllten Durchhalteparolen die wenigen Druckseiten. Selbst in den größten Wirren des politischen und militärischen Untergangs funktionierte die Versorgung der Schriftleitungen mit Propaganda-Kommandos weiterhin ohne Unterbrechung. Die sächsischen Nationalsozialisten hatten im

---

54 Mundpropagandaanweisung vom 17.2.1945 (BArch, NS 18, 1271, Bl. 147 f.).
55 Gerhard Paul, Aufstand der Bilder. Die NS-Propaganda bis 1933, Bonn 1990, S. 180.
56 Eine ausführliche Diskussion der Entwicklung des nationalsozialistischen Pressewesens in Sachsen nach 1933 findet an dieser Stelle nicht statt. Vgl. dazu Markus Fischer, Neue Perspektiven auf die sächsische NS-Presse. Eine Aufarbeitung des NSDAP-Organs Der Freiheitskampf. In: Neues Archiv für sächsische Geschichte, 84 (2013), S. 276–293.
57 Vgl. Matthias John, Pressekonzentration in Sachsen während der Zeit des Nationalsozialismus. Das Beispiel der Stadt Thum, Berlin 2013, S. 28.
58 In Chemnitz erschien die NS-Parteizeitung letztmalig am 6.5.1945, die letzte Ausgabe des Freiheitskampfes erschien am 8.5.1945 in Dresden. Vgl. ebd., S. 40.

Jahr 1936 zur umfassenden inhaltlichen Lenkung und Kontrolle der hiesigen Zeitungen ihren eigenen Pressedienst etabliert. Der „Nationalsozialistische Gaudienst für den Gau Sachsen" (NS-Gaudienst) leitete täglich ein Konvolut von Mitteilungen und Informationen an die Journalisten weiter.[59]

Ende April 1945 verschickten die sächsischen Propagandisten letztmalig ihre täglichen Presseanweisungen an die Redaktionen. Seit einem halben Jahr bestimmte der „Endkampf" den Inhalt des NS-Gaudienstes, beginnend mit der Kampagne zum Volkssturm im Herbst 1944. Die Nationalsozialisten appellierten dabei an „natürliche Instinkte" der sächsischen Bevölkerung und führten ein breites publizistisches Repertoire auf, damit der „heilige Zorn unseren Hass gegen unsere Feinde steigert".[60] Neben der Intensivierung des Abscheus auf die feindlichen Armeen, bemühten sich die Propagandisten ebenfalls, die militärische Relevanz und Schlagkraft des Volkssturms hervorzuheben. Die Parolen beteuerten den sächsischen Zeitungslesern, dass die „Tiefenzonen unserer Grenzverteidigung nun bis in das Herz des Reiches ausgeweitet" wären.[61] Im Zuge der Propagandaaktion versuchten die Redakteure des NS-Gaudienstes auch nochmals, die materielle Opferbereitschaft der Menschen zu mobilisieren. Besonders im Januar 1945 trommelten sie mit Parolen für Abgaben an das „Volksopfer", damit „dieser Zustrom an neuen Kräften niemals aufhört".[62]

Mit dem Heranrücken der Front und dem angloamerikanischen Bombenangriff auf Dresden im Februar 1945 änderten sich Inhalt und Tenor der Beiträge im Pressedienst. Der „Endkampf" wurde nun für die hiesige Bevölkerung Wirklichkeit und konnte von der Propaganda nicht mehr geleugnet werden. Die letzten Parolen des NS-Gaudienstes waren nur noch Phrasen auf „die Stärke der Nation"[63] und allgemeine Appelle, „dass es jetzt darauf ankommt, wer besser und länger durchhält".[64] Am 30. April übermittelten die Propagandisten eine letzte Mahnung an die politischen Leiter und „Volksgenossen" im Gau: „Besitz kann wieder geschaffen werden, verlorene Freiheit kehrt niemals wieder!"[65]

Zusammenfassung

Der Handlungsspielraum der sächsischen NS-Propaganda in den letzten Monaten des Zweiten Weltkrieges war äußerst gering. Goebbels forderte nach der Proklamation des „totalen Krieges" von den NS-Propagandisten zwar maximalen Einsatz, dem jedoch auch in Sachsen ein zunehmender Mangel an

---

59 Vgl. Führerblätter, 3–4/1936, Bl. 9.
60 NS-Gaudienst vom 1.11.1944, S. 1. Der sächsische Pressedienst lieferte täglich Berichte über Appelle und Vereidigungen der Volkssturm-Einheiten in Städten und Dörfern.
61 NS-Gaudienst vom 4.11.1944, S. 1.
62 NS-Gaudienst vom 10.1.1945, S. 1.
63 NS-Gaudienst vom 9.4.1945, S. 1.
64 NS-Gaudienst vom 13.4.1945, S. 4.
65 Politischer Informationsdienst vom 30.4.1945, S. 1.

Personal und Material entgegenstand. Spätestens seit 1942 waren hier allein die administrativen und lokalen inhaltliche Aufgaben kaum zu bewältigen. Das Gaupropagandaamt in Dresden sah sich gezwungen, verstärkt auf Zuarbeiten und Angebote aus Berlin zurückzugreifen. Hinzu kam, dass Walter Elsner über wenig Erfahrung im Bereich der Propaganda verfügte und eher der Typ Parteibürokrat war. Er hegte, anders als sein Vorgänger Heinrich Salzmann, keinerlei innovativen Ehrgeiz und fügte sich in die Organisationshierarchie des nationalsozialistischen Staats und seiner Partei ein. Damit musste Goebbels als Elsners direkter Vorgesetzter keinen Widerspruch aus Dresden befürchten, konnte zugleich aber auch nicht erwarten, dass Elsner initiativ handelte.

Jedes Propagandamittel der Nationalsozialisten war in den letzten Kriegsmonaten von Einschränkungen betroffen. Am deutlichsten dokumentiert diesen Trend der Zusammenbruch nationalsozialistischer Versammlungswellen in Sachsen. Trotz großer Anstrengungen und dem persönlichen Einsatz Mutschmanns war es den Propagandisten seit Ende 1943 nicht mehr möglich, eine umfassende Veranstaltungskampagne im Gau zu organisieren und damit die Suggestion einer omnipräsenten Partei aufrechtzuerhalten. Es standen kaum Redner zur Verfügung, um eine halbwegs erfolgreiche Aktion zu garantieren. Hinzu kamen Probleme bei der Koordination von Terminen und den Anreisewegen der Referenten.

Die administrative Dominanz des Reichsministeriums für Volksaufklärung und Propaganda verstärkte sich im Herbst 1944 mit der forcierten Kampagne sogenannter Mundparolen. Goebbels erhoffte sich von dieser Idee eine große Wirkung bei möglichst geringem Einsatz. Die Masse der ausgegebenen Losungen zielte auf die Gefühle der Bevölkerung: Neben geschürter Angst vor Gräueltaten und Racheakten der feindlichen Soldaten sollte auch die Hoffnung auf eine Wende im Kriegsverlauf genährt werden. Die Aufgabe der sächsischen Propagandisten beschränkte sich hier auf eine rein distributive, und auch die verbliebenen Zeitungen kamen über die Wiedergabe von phrasenhaften Durchhaltefloskeln nicht hinaus. Obwohl der eingeschränkte Propagandaapparat bis zum Ende funktionierte, blieben seine Produkte weitgehend wirkungslos. Ian Kershaw hat deshalb Recht, wenn er in seiner großen Studie zum Untergang des NS-Regimes weniger in kohärenten Effekten der „Volksgemeinschaft" und in Goebbels' Propaganda den Grund für die Bereitschaft großer Teile der deutschen Bevölkerung sieht, „bis zum Äußersten zu kämpfen".[66] Es war vielmehr die allgemeine Furcht vor der sowjetischen Besatzung und vor dem Terror des NS-Regimes gegen die eigene Bevölkerung, die die Fortführung eines seit Langem verlorenen Krieges ermöglichte. Diese Beobachtung gilt gerade auch für Sachsen, wo die Bevölkerung – „ganz unabhängig von ihren eigenen Motiven" – mit dazu beitrug, dass die NS-Diktatur bis zuletzt weiter funktionieren konnte.

---

66 Kershaw, Ende, S. 528.

Soldaten und Arbeiter für Hitlers Krieg. Einberufungs- und Arbeitseinsatzpolitik in Sachsen 1939 bis 1945

Silke Schumann

Im Zweiten Weltkrieg entwickelte das nationalsozialistische Regime einen schier unerschöpflichen Bedarf an Arbeitskräften und Frontsoldaten. Ihn zu befriedigen wurde zu einer der zentralen Herausforderungen der deutschen Kriegswirtschaft.[1] Während einerseits der Kriegswirtschaft durch die Einberufung wehrfähiger Männer ständig Personal entzogen wurde, erhöhten sich andererseits die Produktionsanforderungen an die Rüstungsindustrie ständig. Das Regime versuchte daher, über Betriebsstilllegungen und Versetzungen von Arbeitskräften aus der Konsumgüter- in die Rüstungsindustrie („Auskämmung") den Arbeitseinsatz zu steuern sowie über die Rekrutierung von Frauen und den millionenfachen Einsatz ausländischer Zwangsarbeiter der Kriegswirtschaft zusätzliche Arbeitskräfte zuzuführen.

Die bisherige Forschung zur Arbeitskräftelenkung konzentrierte sich auf der Grundlage der Polykratiethese[2] in ihrer Darstellung im Wesentlichen auf die organisatorische Ineffizienz der Arbeitskräftelenkung. Sie beschrieb sie als eine Aneinanderreihung von Einzelaktionen, gekennzeichnet von einem fehlenden Gesamtkonzept, deren Ergebnisse notwendig unzureichend

---

1 Vgl. z. B. Bernhard R. Kroener/Rolf-Dieter Müller/Hans Umbreit, Zusammenfassung. In: Das Deutsche Reich und der Zweite Weltkrieg. Hg. vom Militärgeschichtlichen Forschungsamt der Bundeswehr, Band 5/1: Organisation und Mobilisierung des deutschen Machtbereichs. Kriegsverwaltung, Wirtschaft und personelle Ressourcen 1939–1941, Stuttgart 1988, S. 1003–1016, hier 1012–1015; dies., Zusammenfassung. In: ebd., Band 5/2: Organisation und Mobilisierung des deutschen Machtbereichs. Kriegsverwaltung, Wirtschaft und personelle Ressourcen 1942–1944/45, Stuttgart 1999, S. 1003–1022, hier 1018–1021; Michael Schneider, In der Kriegsgesellschaft. Arbeiter und Arbeiterbewegung 1939–1945, Bonn 2014, S. 151 f.
2 Vgl. Martin Broszat, Der Staat Hitlers, 12. Auflage München 1989, S. 379, 438–442; Hans Mommsen, Hitlers Stellung im nationalsozialistischen Herrschaftssystem. In: Gerhard Hirschfeld/Lothar Kettenacker (Hg.), Der „Führerstaat": Mythos und Realität. Studien zur Struktur und Politik des Dritten Reiches, Stuttgart 1981, S. 43–72, insbes. 50–69; Peter Hüttenberger: Nationalsozialistische Polykratie. In: Geschichte und Gesellschaft, 2 (1976), S. 417–442.

waren.³ Doch steht eine solche Bewertung im Widerspruch zur erstaunlichen Überlebenskraft des Regimes und seiner verbrecherischen Effizienz.⁴

Die folgende Darstellung basiert auf einer Dissertation zur Arbeitskräftelenkung in der Region Chemnitz.⁵ Sie betrachtet ausgehend vom dortigen Geschehen die Arbeitseinsatzpolitik des Gaues bzw. Landes Sachsen, die abgesehen von der Zwangsarbeit⁶ bislang weitgehend unerforscht ist. Einbezogen wird auch das bisher unzureichend untersuchte Wehrersatzwesen.⁷ Im Mittelpunkt des Beitrags stehen nicht die Dysfunktionen der Arbeitseinsatzpolitik, sondern vielmehr die Leistungsfähigkeit der unteren und mittleren Verwaltungsinstanzen. Wie gingen sie mit den aus den Machtkämpfen auf der Reichsebene resul-

---

3   Vgl. Bernhard R. Kroener, Die personellen Ressourcen des Dritten Reiches im Spannungsfeld zwischen Wehrmacht, Bürokratie und Kriegswirtschaft 1939–1942. In: Das Deutsche Reich und der Zweite Weltkrieg, Band 5/1, S. 693–1001; ders., „Menschenbewirtschaftung", Bevölkerungsverteilung und personelle Rüstung in der zweiten Kriegshälfte (1942–1944). In: ebd., Band 5/2, S. 777–1001; Dietrich Eichholtz, Geschichte der deutschen Kriegswirtschaft 1939–1945, Band I: 1939–1941, Berlin (Ost) 1969; Band II: 1941–1943, Berlin (Ost) 1985, Band III: 1943–1945, Berlin 1996; Walter Naasner, Neue Machtzentren in der deutschen Kriegswirtschaft 1942–1945. Die Wirtschaftsorganisation der SS, das Amt des Generalbevollmächtigten für den Arbeitseinsatz und das Reichsministerium für Bewaffnung und Munition/Reichsministerium für Rüstung und Kriegsproduktion im nationalsozialistischen Herrschaftssystem, Boppard am Rhein 1994; Marie-Luise Recker, Nationalsozialistische Sozialpolitik im Zweiten Weltkrieg, München 1985, insbes. S. 297–299; Wolfgang Franz Werner, „Bleib übrig". Deutsche Arbeiter in der nationalsozialistischen Kriegswirtschaft, Düsseldorf 1983; Schneider, Kriegsgesellschaft, S. 148–277, für den allerdings die Frage nach der Effektivität des Arbeitseinsatzes nachrangig ist (S. 150); für die Gau- bzw. Landesebene siehe Roland Peter, Rüstungspolitik in Baden. Kriegswirtschaft und Arbeitseinsatz in einer Grenzregion im Zweiten Weltkrieg, München 1995.
4   Vgl. Ludolf Herbst, Das nationalsozialistische Herrschaftssystem als Vergleichsgegenstand und der Ansatz der Totalitarismustheorien. In: Klaus-Dietmar Henke (Hg.), Totalitarismus. Sechs Vorträge über Gehalt und Reichweite eines klassischen Konzepts der Diktaturforschung, Dresden 1999, S. 19–26, hier 26.
5   Silke Schumann, Die nationalsozialistische Arbeitskräftelenkung und die Arbeiter in der Region Chemnitz während des Zweiten Weltkriegs, Diss. phil. Technische Universität Dresden 2014. Derzeit in Druckvorbereitung für die Schriftenreihe des Hannah-Arendt-Institut für Totalitarismusforschung.
6   Vgl. Fremd- und Zwangsarbeit in Sachsen 1939–1945. Beiträge eines Kolloquiums in Chemnitz am 16.4.2002 und Begleitband einer Gemeinschaftsausstellung der sächsischen Staatsarchive. Hg. vom Sächsischen Staatsministerium des Innern, Halle (Saale) 2002; Rudolf Boch/Martin Kukowski, Kriegswirtschaft und Arbeitseinsatz bei der Auto Union AG Chemnitz im Zweiten Weltkrieg, Stuttgart 2014, S. 269–300, 369–431; Franziska Hockert, Zwangsarbeit bei der Auto-Union. Eine Fallstudie der Werke Audi und Horch in Zwickau, Hamburg 2012; Paula Mangold/Florian Schäfer, Vergessene Geschichte – Zwangsarbeit in Leipzig. Zwei Rundgänge durch Connewitz und Lindenau, Leipzig 2014; Felicia Karay, Wir lebten zwischen Granaten und Gedichten. Das Frauenlager der Rüstungsfabrik HASAG im Dritten Reich, Köln 2001.
7   Vgl. Armin Nolzen, Von der geistigen Assimilation zur institutionellen Kooperation: Das Verhältnis zwischen NSDAP und Wehrmacht 1943–1945. In: Jörg Hillmann/John Zimmermann (Hg.), Kriegsende in Deutschland, München 2002, S. 69–96, hier 73.

tierenden Widersprüchen um? Gelang es ihnen trotz aller Schwierigkeiten, im Sinne der Regimeziele effizient zu handeln? Dabei geht es auch um die grundlegende Frage, wie die nationalsozialistische Herrschaft funktionierte und was sie bis zum Schluss stabilisierte.[8]

Als besonders fruchtbar erwiesen sich Ludolf Herbsts Überlegungen zu den Selbstorganisationskräften von Bürokratien im Nationalsozialismus. Er formulierte bereits 1999 die These, dass die NS-Polykratie den vielen Diktaturen eigenen Verlust von dezentraler Selbstorganisationsfähigkeit im NS-Staat begrenzte und so indirekt zu dessen Funktionsfähigkeit beitrug.[9] Auch einige verwaltungsgeschichtliche Studien der letzten Jahre legten ihr Augenmerk auf die Reintegrationskraft nationalsozialistischer Führungs- und Steuerungstechniken innerhalb des polykratischen Systems.[10] Besonders anregend war Rudolf Hachtmanns These von einer „neuen Staatlichkeit" im NS-Regime, die durch charismatische Sonderverwaltungen und neue interinstitutionelle Netzwerke gekennzeichnet sei.[11]

Um die Effizienz der sächsischen Arbeitskräftelenkung bewerten zu können, werden das Agieren von Verwaltungen und Institutionen selbst sowie ihre Interaktionen untereinander betrachtet. Weiter wird danach gefragt, inwieweit das in Sachsen vorhandene Arbeitskräftepotenzial für eine Tätigkeit in der Kriegswirtschaft mobilisiert werden konnte und inwieweit die von nächsthöheren Verwaltungsebenen vorgegebenen Quoten bei den Arbeitskräfteversetzungen und den Soldateneinberufungen erfüllt wurden. Danach nimmt die Darstellung anhand der Zwangsarbeit die Folgen des Verwaltungshandelns für die Menschen in den Blick. Abschließend wird erörtert, ob sich die Ergebnisse für Sachsen und die Region Chemnitz auf andere Länder oder Regionen übertragen lassen.

---

8 Vgl. Schumann, Arbeitskräftelenkung, Kap. I.1.
9 Vgl. Herbst, Herrschaftssystem, S. 24–26.
10 Vgl. den Überblick von Sven Reichardt/Wolfgang Seibel, Radikalität und Stabilität. Herrschen und Verwalten im Nationalsozialismus. In: dies. (Hg.), Der prekäre Staat. Herrschen und Verwalten im Nationalsozialismus, Frankfurt a. M. 2011, S. 7–27, hier 19.
11 Vgl. Rüdiger Hachtmann, Elastisch, dynamisch und von katastrophaler Effizienz – zur Struktur der neuen Staatlichkeit des Nationalsozialismus. In: Reichardt/Seibel (Hg.), Der prekäre Staat, S. 29–73; ders., Neue Staatlichkeit im NS-System – Überlegungen zu einer systematischen Theorie des NS-Herrschaftssystems und ihrer Anwendung auf die mittlere Ebene der Gaue. In: Jürgen John/Horst Möller/Thomas Schaarschmidt (Hg.), Die NS-Gaue. Regionale Mittelinstanzen im zentralistischen „Führerstaat", München 2007, S. 56–79; vgl. als praktische Studien: Bernhard Gotto, Nationalsozialistische Kommunalpolitik. Administrative Normalität und Systemstabilisierung durch die Augsburger Stadtverwaltung 1933–1945, München 2006; Markus Fleischhauer, Der NS-Gau Thüringen 1939–1945. Eine Struktur- und Funktionsgeschichte, Köln 2010; Schumann, Arbeitskräftelenkung, Kap. I.1.

Institutionen und Ämter der sächsischen Arbeitskräftelenkung und ihre Zusammenarbeit

In die Arbeitskräftelenkung war in Sachsen wie anderswo auch eine Vielzahl von Institutionen und Ämter involviert, die alle aufzuzählen den Rahmen des vorliegenden Textes sprengen würden. Dabei lassen sich eine mittlere und eine untere Verwaltungsebene unterscheiden. Die mittlere Verwaltungsebene agierte unterhalb der Reichsebene, ist jedoch verwaltungstechnisch nicht gleichzusetzen mit dem Land oder dem Gau Sachsen. Ihre Ämter und Institutionen gehörten unterschiedlichen Instanzenzügen an, die sich zudem aufgrund der polykratischen Struktur des NS-Regimes während des Krieges immer wieder veränderten. Auch die geografischen Zuständigkeitsbereiche der einzelnen Ämter und Institutionen waren uneinheitlich und veränderlich. Als untere Verwaltungsebene werden im Folgenden jene Ämter und Institutionen bezeichnet, die keinen weiteren organisatorischen Unterbau mehr besaßen. Ihre Ämter und Institutionen besaßen zum Teil lokale bzw. kommunale Kompetenzen, zum Teil größere geografische Zuständigkeitsbereiche.

Für das Verständnis der Arbeitskräftelenkung in Sachsen ist ein kleiner Einstieg in die Verwaltungs- und Organisationsgeschichte unvermeidlich. Die wichtigsten Akteure der Arbeitseinsatzpolitik waren auf der mittleren Verwaltungsebene das Landes- bzw. Gauarbeitsamt, die Rüstungsinspektion IV/IVa sowie das Bezirks- bzw. Landeswirtschaftsamt mit der Wirtschafts- bzw. Gauwirtschaftskammer Sachsen. Das Landesarbeitsamt war bei Kriegsbeginn nachgeordnete Behörde des Reichsarbeitsministeriums[12] und ging im Frühjahr 1942 in den Amtsbereich des neu geschaffenen „Generalbevollmächtigen für den Arbeitseinsatz" (GBA), Fritz Sauckel, über.[13] Die Rüstungsinspektion des Wehrkreises IV, die die Rüstungsfertigung der privaten Firmen überwachte und betreute, war Ende 1939 dem Wehrwirtschafts- und Rüstungsamt im Oberkommando der Wehrmacht (OKW) unterstellt.[14] 1942 ging sie in den Amtsbereich von Albert Speers Ministerium für Bewaffnung und Munition (RMfBuM) über.[15] Geografisch gesehen war die Rüstungsinspektion IV zunächst für den Wehrkreis IV zuständig, der neben Sachsen auch Teile Sachsen-Anhalts und des Sudetenlandes umfasste. Zwischen Frühjahr 1942 und Frühjahr 1943 wurde ihr Zuständigkeitsbereich in mehreren Schritten auf das Land Sachsen einge-

---

12 Vgl. Volker Herrmann, Vom Arbeitsmarkt zum Arbeitseinsatz. Zur Geschichte der Reichsanstalt für Arbeitslosenvermittlung 1929 bis 1939, Frankfurt a. M. 1993; Naasner, Machtzentren, S. 31; Recker, Sozialpolitik, S. 20 f.
13 Vgl. Naasner, Machtzentren, S. 32–39; Kroener, Ressourcen, S. 779–782; Eichholtz, Geschichte, Band II, S. 74–79.
14 Findbuch Rüstungsinspektionen des BA MA Freiburg. RW 20. 1937–1945. Bearbeitet von Julia Henrichs/Antje Niebergall, Koblenz 2005, Einleitung, unpag. (http://startext.net-build.de:8080/barch/MidosaSEARCH/RW201-30899/index.htm; 2.8.2012).
15 Vgl. ebd.

schränkt. Die Rüstungsinspektion führte nunmehr die Bezeichnung IVa.[16] Ihr nachgeordnet waren drei Rüstungskommandos, die jeweils einen bis mehrere Regierungsbezirke betreuten.[17]

Die 1939 neu geschaffenen Bezirkswirtschaftsämter hatten die Versorgung der Zivilbevölkerung mit lebensnotwendigen Gütern (außer Lebensmitteln) zu gewährleisten und die Produktion der kriegs- und lebenswichtigen Betriebe in Handel, Handwerk und Gewerbe zu überwachen.[18] Das sächsische Bezirkswirtschaftsamt war zunächst für den gesamten Wehrkreis IV, später als Landeswirtschaftsamt nur noch für das Land Sachsen zuständig. Institutionell gesehen war es der sächsischen Landesregierung untergeordnet. In Fragen der zivilen Produktionsüberwachung war das Landeswirtschaftsamt der seit den 1930er-Jahren als Wirtschaftskammer Sachsen firmierenden Industrie und Handelskammer Dresden sowie den übrigen sächsischen Industrie- und Handelskammern (IHK) vorgesetzt.[19] Die Kammern, ursprünglich Anstalten öffentlichen Rechts, die als Unternehmervereinigungen die Interessen ihrer Mitglieder vertreten sollten, bekamen damit staatliche Verwaltungsaufgaben zugewiesen. Ab 1943 war die Dresdner Kammer als Gauwirtschaftskammer den übrigen Industrie- und Handelskammern in Sachsen, die nunmehr selbst als Wirtschaftskammern bezeichnet wurden, regelrecht vorgesetzt.[20]

Betrachtet man die Zusammenarbeit der Institutionen und Ämter auf der unteren, regionalen Ebene in der Region Chemnitz, so stellt man fest, dass der polykratische Machtkampf an der Spitze des Reichs die Umsetzung der Arbeitseinsatzpolitik der unteren Verwaltungsebene bis 1944 viel weniger beeinflusste als bisher angenommen. Bereits 1940 wurden unter der Regie von Rüstungsinspektion und Landesarbeitsamt in der Region Chemnitz erste „interinstitutionelle Koordinationsgremien" gebildet,[21] in denen die wesentlichen Akteure der Arbeitskräftelenkung, nämlich Arbeitsämter, Rüstungskommando und IHK Chemnitz, mit weiteren Institutionen und Verwaltungen zusammenarbeiteten. In gemeinsamen Auskämmungskommissionen untersuchten sie, wie viele Arbeitskräfte

---

16 Vgl. Schumann, Arbeitskräftelenkung, Kap. III.2.
17 Gebietseinteilungen der Rüstungsinspektionen und Rüstungskommandos. In: Nachrichten des RMfBuM 18/1943, S. 191, und 22/1943, S. 234; Kriegstagebuch der RüIn IVa vom 1.4.–30.6.1943 (BA MA Freiburg, RW 20-4/15, Bl. 6).
18 Verordnung über die Wirtschaftsverwaltung vom 27.8.1939. In: RGBl. I (1939), S. 1496–1498.
19 Vgl. Fleischer, NS-Gau Thüringen, S. 157; Hagen Markwardt, Georg Bellmann. Hauptgeschäftsführer der IHK Dresden. In: Gerhard Naser/Christine Pieper/Mike Schmeitzner (Hg.), Braune Karrieren. Dresdner Täter und Akteure im Nationalsozialismus, Dresden 2012, S. 187–192, hier 188; Schumann, Arbeitskräftelenkung, Kap. III.3.3.
20 Vgl. Ralf Stremmel, Kammern der gewerblichen Wirtschaft im „Dritten Reich". Allgemeine Entwicklungen und das Fallbeispiel Westfalen-Lippe, Dortmund 2005, S. 204–210; Peter, Rüstungspolitik, S. 57; Michael C. Schneider, Unternehmensstrategien zwischen Weltwirtschaftskrise und Kriegswirtschaft. Chemnitzer Maschinenbauindustrie in der NS-Zeit 1933–1945, Essen 2005, S. 378.
21 Hachtmann, Elastisch, S. 60.

Unternehmen der Region an die Rüstungsindustrie abgeben konnten. Gleichzeitig überprüften sie die Uk-Stellungen der Arbeitnehmer. Der dadurch entstandene Arbeitszusammenhang konnte bis 1944 relativ kontinuierlich arbeiten und bezog sukzessive alle wichtigen Ämter und Institutionen mit ein.[22]

Die mittlere Verwaltungsebene war dabei in Sachsen von entscheidender Bedeutung: So sollten im Frühjahr 1941 auf Weisung des neuen Ministers für Bewaffnung und Munition, Fritz Todt, neue Prüfungs- oder Engpasskommissionen gegründet werden, um die versandenden Auskämmungsaktivitäten wieder zu stimulieren und mit der Produktionslenkung zu verknüpfen. Im Wehrkreis IV sorgte der sächsische Rüstungsinspekteur Walter Friedensburg[23] als Vorsitzender der neuen wehrkreisweiten Prüfungskommission dafür, dass auf der unteren Verwaltungsebene die bisherigen Auskämmungskommissionen einfach unter neuem Namen als Todt'sche Kommissionen weiterarbeiteten.[24] Aus der Reichsperspektive sind solche Kontinuitäten nicht erkennbar, weshalb die Einrichtung der Prüfungs- oder Engpasskommissionen von der Forschung bislang als scharfer institutioneller Bruch wahrgenommen wurden.[25]

Die Wehrersatzdienststellen wurden Ende 1941 in das regionale Netzwerk einbezogen: Wegen des sich länger als erwartet hinziehenden Russlandfeldzugs wurden dringend neue Soldaten gebraucht. Neu gegründete Wehrkreisausschüsse auf der Mittelebene sowie Freimachungsausschüsse auf der unteren Verwaltungsebene sollten diese in den Unternehmen ausfindig machen und der Wehrmacht zuführen. Im Wehrkreis IV wurde unter Vorsitz des stellvertretenden Generalkommandeurs ein Ausschuss gebildet, in dem neben den sächsischen Wehrersatzinspektionen im Wesentlichen die Mitglieder der bisherigen Todt'schen Prüfungskommission saßen. Die praktische Leitung hatte wiederum Rüstungsinspekteur Friedensburg inne. Auch diesmal benannte Friedensburg die auf der unteren Verwaltungsebene bereits bestehenden interinstitutionellen Koordinationsgremien, die Todt'schen Auskämmungskommissionen, einfach in „Freimachungsunterausschüsse" um und ergänzte sie durch Vertreter des Wehrersatzwesens.[26] Dieses Spiel wiederholte sich bei den sogenannten Son-

---

22 Vgl. Schumann, Arbeitskräftelenkung, Kap. VII.
23 Vgl. Karl Friedrich Hildebrand, Die Generale der deutschen Luftwaffe 1935-1945. Die militärischen Werdegänge der Flieger-, Flakartillerie-, Fallschirmjäger-, Luftnachrichten- und Ingenieur-Offiziere einschließlich der Ärzte, Richter, Intendanten und Ministerialbeamten im Generalsrang, Band 1, Osnabrück 1990, S. 320-322.
24 Vgl. Protokoll über die Sitzung der Prüfungskommission am 3.3.1941 (BA MA Freiburg, RW 20-4/5, Bl. 21-23); Vierteljahresbericht der RüIn IV zum Kriegstagebuch für die Zeit vom 1.1.-31.3.1941 (ebd., RW 20-4/4, Bl. 35-59, hier 38); Schumann, Arbeitskräftelenkung, Kap. IV.3.5.
25 Vgl. Kroener, Ressourcen, S. 803; Rolf-Dieter Müller, Die Mobilisierung der deutschen Wirtschaft für Hitlers Krieg. In: Das Deutsche Reich und der Zweite Weltkrieg, Band 5/1, S. 349-689, hier 546.
26 Vgl. Geschichte der RüIn IV vom 1.10.1940-31.12.1941 (BA MA Freiburg, RW 20-4/9, Bl. 16) Schumann, Arbeitskräftelenkung, Kap. IV.2.3 und VII.

dereinziehungsaktionen (SE-Aktionen) 1943, als Friedensburg die bisherigen Freimachungsunterausschüsse unter neuem Namen einfach weiterarbeiten ließ, obwohl durch die Anweisungen der Reichsebene die Gründung neuer Kommissionen gefordert worden war.[27]

Damit gewährleistete die mittlere Verwaltungsebene die Kontinuität der Arbeitszusammenhänge auf der unteren, der Arbeitsebene.[28] Nicht zu unterschätzen ist dabei der persönliche Faktor. Der sächsische Rüstungsinspekteur Friedensburg, ein ehemaliger Luftfahrtingenieur, dessen bestimmende Rolle in der sächsischen Kriegswirtschaft insgesamt noch einer genaueren Untersuchung harrt, bestimmte zwischen 1939 und Sommer 1943 ganz wesentlich die Rüstungslenkung im Wehrkreis IV/IVa. Er wurde 1942 auch Vorsitzender der sächsischen Rüstungskommission,[29] einem 1942 auf Veranlassung von Albert Speer gegründeten Zusammenschluss der rüstungsrelevanten Ämter und Institutionen der Mittelebene,[30] der im weiteren Verlauf des Krieges das für die Arbeitskräftelenkung wichtigste interinstitutionelle Gremium auf der Mittelebene war.

Die Fachleute in den Verwaltungen und Institutionen verstanden es offenbar auch, die NSDAP-Vertreter bei besonders wichtigen Fragen bis 1944 über die interinstitutionellen Gremien direkt in ihren Entscheidungsprozess einzubinden, gleichzeitig aber auch deren fachfremde Erwägungen in gewissem Umfang zu kanalisieren.[31] Die Rolle des Gauleiters und sächsischen Ministerpräsidenten Martin Mutschmanns ist aus der Chemnitzer Perspektive schwierig einzuschätzen, zumal seine Regierungstätigkeit während des Krieges insgesamt wegen der unzureichenden Quellenlage wenig erforscht ist.[32] Formal vereinigte

---

27 Vgl. Schumann, Arbeitskräftelenkung, Kap. V.2.
28 Vgl. ebd., Kap. VII.
29 Vgl. zur Zusammensetzung der sächsischen Rüstungskommission das Protokoll der 1. Hauptsitzung der Rüstungskommission IVa am 27.10.1942 (BA MA Freiburg, RW 20-4/6, Bl. 122-124).
30 Vgl. Erlass des Reichsmarschalls und Beauftragten für den Vierjahresplans vom 17.9.1942 über die Zusammenfassung der Dienststellen und der Selbstverantwortungsorgane der Rüstungswirtschaft in der Mittelinstanz. In: Nachrichten des RMfBuM, 13/1942 vom 22.10.1942, S. 128; 1. Durchführungsanordnung des RMfBuM vom 10.10.1942. In: ebd., Anlage 1, S. 133-138; Eichholtz, Geschichte, Band II, S. 94-97; Rolf-Dieter Müller, Albert Speer und die Mobilisierung der Rüstungspolitik im totalen Krieg. In: Das Deutsche Reich und der Zweite Weltkrieg, Band 5/2, S. 275-773, hier 307 f.; Fleischhauer, NS-Gau, S. 323-329; Oliver Werner, Garanten der Mobilisierung. Die Rüstungskommissionen des Speer-Ministeriums im „totalen Krieg". In: ders. (Hg.), Mobilisierung im Nationalsozialismus. Institutionen und Regionen in der Kriegswirtschaft und der Verwaltung des „Dritten Reiches" 1936-1945, Paderborn 2013, S. 217-233.
31 Vgl. Schumann, Arbeitskräftelenkung, Kap. VII.
32 Vgl. Andreas Wagner, Partei und Staat. Das Verhältnis von NSDAP und innerer Verwaltung im Freistaat Sachsen 1933-1945. In: Clemens Vollnhals (Hg.), Sachsen in der NS-Zeit, Leipzig 2002, S. 41-56, hier 53-56; ders., Martin Mutschmann. Der braune Gaufürst (1933-1945). In: Mike Schmeitzner/Andreas Wagner (Hg.), Von Macht und Ohnmacht. Sächsische Ministerpräsidenten im Zeitalter der Extreme 1919-1952, Beucha 2006, S. 279-308, hier 302-306; Thomas Schaarschmidt, Die regionale Ebene

er spätestens ab 1942 eine Fülle von Ämtern, mit denen er im Grunde an jeder beliebigen Stelle hätte Einfluss nehmen können.[33] Während er aus Chemnitzer Sicht in der ersten Kriegshälfte in der Arbeitskräftelenkung kaum in Erscheinung tritt, sind ab 1943 vermehrt steuernde Eingriffe überliefert. So bremste er beispielsweise im Frühjahr 1943 die Stilllegungen in Handel und Handwerk.[34] Spätestens im Sommer 1943 begann sein Kampf gegen die Verlagerung außersächsischer Unternehmen in seinen Gau.[35] Gemeinsam ist seinen Eingriffen bis zum Sommer 1944, dass sie sich aus sächsischer Perspektive gegen zentrale Weisungen richteten. Dies lediglich als Ausdruck von Gaupartikularismus und regionalem Egoismus abzutun, wie es auch sein Persönlichkeitsbild nahelegt,[36] erscheint aus regionaler Sicht vorschnell. Der Sache nach vertrat Mutschmann in der Arbeitskräftelenkung in den überlieferten Fällen nicht selten die Anliegen der Fachleute. Wie das noch zu schildernde Beispiel der Wissmann-Aktion zeigen wird, konnte Widerstand gegen Anweisungen aus Berlin auch durchaus sachlich begründet sein.

Im Agieren der sächsischen Mittelebene wird im Verlauf des Krieges ein erhebliches Maß an Selbstorganisationskräften sichtbar. Dem entspricht auch, dass die Ämter und Institutionen lange dazu in der Lage waren, Konflikte durch direkte Verhandlungen miteinander zu lösen, und nur selten den offiziellen Dienstweg nach oben beschritten. Ad-hoc-Aktionen verschiedener Berliner Herrschaftsträger, die von der reichsbezogenen Forschung allein unter dem Blickwinkel des Zerfalls bürokratischer Strukturen wahrgenommen wurden, verwandelten sich auf dem Weg über die sächsische Mittelebene nach unten in die Chemnitzer Provinz in bewährte Vorgehensweisen im Rahmen eines kontinuierlichen Arbeitszusammenhanges.[37]

---

im zentralistischen „Führerstaat" – das Beispiel des NS-Gaus Sachsen. In: Michael Richter/Thomas Schaarschmidt/Mike Schmeitzner (Hg.), Länder, Gaue und Bezirke. Mitteldeutschland im 20. Jahrhundert, Dresden 2007, S. 125-140; Mike Schmeitzner: Der Fall Mutschmann. Sachsens Gauleiter vor Stalins Tribunal, Beucha 2011, S. 47, 93-115.

33 Vgl. Verordnung über die Reichsverteidigungskommissare und die Vereinheitlichung der Wirtschaftsverwaltung vom 16.11.1942. In: RGBl. I 1942, S. 649-656; 1. Durchführungsanordnung RMfBuM am 10.10.1942 zum Erlass über die Zusammenfassung der Dienststellen und Selbstverantwortungsorgane der Rüstungswirtschaft in der Mittelinstanz (BA MA Freiburg, RW 20-4/6, Bl. 113-116); Protokoll der 1. Hauptsitzung der Rüstungskommission IVa am 27.10.1942 (ebd., Bl. 122-124, hier 124).

34 Vgl. Aktenvermerk vom 24.2.1943 betr. Erfahrungsaustausch mit den AÄ-Leitern, Vertretern der IHKen und HWKen sowie der Ausschüsse im LAA Sachsen (ebd., RW 20-4/7, Bl. 96 f.); Schumann, Arbeitskräftelenkung, Kap. V.8.1.

35 Vgl. Schumann, Arbeitskräftelenkung, Kap. V.1; Peter Hüttenberger, Die Gauleiter. Studie zum Wandel des Machtgefüges in der NSDAP, Stuttgart 1969, S. 184 f.; Ulrich Heß, Sachsens Industrie in der Zeit des Nationalsozialismus. Ausgangspunkte, struktureller Wandel, Bilanz. In: Werner Bramke/Ulrich Heß (Hg.), Wirtschaft und Gesellschaft in Sachsen im 20. Jahrhundert, Leipzig 1998, S. 53-88, hier 84.

36 Vgl. Schmeitzner, Fall Mutschmann.

37 Vgl. Schumann, Arbeitskräftelenkung, Kap. VII.

Die Wissmann-Aktion als Beispiel des Zusammenwirkens der unteren und mittleren Verwaltungsebene

Beispielhaft für das Zusammenwirken der Ämter und Institutionen in der Praxis der Arbeitskräftelenkung wird im Folgenden die sogenannte Wissmann'sche Betriebsumsetzungsaktion betrachtet.[38] Im Spätsommer 1943 wollte Rüstungsminister Speer Konsumgüterbetriebe im Reich in die Waffen-, Munitions- und Geräteherstellung überführen, während die Konsumgüterfertigung (auch für die Wehrmacht) in die besetzten Gebiete, insbesondere nach Frankreich verlagert werden sollte. Firmen in der Nähe wichtiger Rüstungsunternehmen sollten deshalb in diese „umgesetzt" werden. Sie hatten ihre Beschäftigten und ihre Produktionsmittel in den Dienst der aufnehmenden Rüstungsfirma zu stellen. Die aufnehmende Firma wurde verpflichtet, die gesamte Belegschaft ohne Ausnahme einzustellen. Für diese Aktion ernannte Speer im September 1943 Ministerialrat Karl Wissmann zum „Generalbeauftragten für Betriebsumsetzungen".[39]

Vorschlagsrechte für die Umsetzung geeigneter Unternehmen besaßen verschiedenste Institutionen, Ämter und Gremien, ohne dass eine Absprache zwischen den Vorschlagenden vorgesehen war.[40] Es ist zu vermuten, dass dies ebenso wie die Tatsache, dass die Umsetzungsentscheidung in Berlin getroffen werden sollte, eine durch regionale und branchenspezifische Rücksichten geprägte Kanalisierung der Betriebsumsetzung verhindern sollte. Es entsprach dabei der polykratischen Struktur des NS-Regimes, die einzelnen Ämter und Institutionen in eine Art Wettbewerb um die besten Ergebnisse zu treiben. Roland Peter, der bisher als Einziger die Wissmann-Aktion aus der regionalen Perspektive beschrieben hat, sieht die Betriebsumsetzungen als freilich nur teilweise gelungenen Versuch, die Gewinnung von Arbeitskräften für die Rüstung zentral zu steuern und durch Ausschaltung der Gauebene regionale Rücksichten zurückzudrängen.[41]

Betrachtet man die sächsischen Akteure, so ist auffällig, dass diese sofort damit begannen, die Intentionen Speers ins Gegenteil zu verkehren. Im Vordergrund standen zunächst Absprachen auf der mittleren Verwaltungsebene, um gemeinsame Verfahrensweisen sowie eine geregelte Zusammenarbeit zu verabreden. Auch in der Chemnitzer Region entwickelte sich, teilweise angestoßen von der Mittelebene, teilweise autonom, eine Zusammenarbeit der in der Arbeitskräftelenkung tätigen Institutionen und Ämter, die in die Bildung eines von den Weisungen des Speerministeriums keinesfalls gedeckten Chemnitzer „Umsetzungsausschusses" mündete. Der Nachfolger Friedensburgs als Vorsitzender

---

38 Zum gesamten Kapitel vgl. Schumann, Arbeitskräftelenkung, Kapitel V.8.3.
39 Vgl. Kroener, „Menschenbewirtschaftung", S. 896; Peter, Rüstungspolitik, S. 261.
40 Vgl. RMfRuK an Verteiler vom 10.9.1943 (betr. Durchführung des Erlasses vom 1.9.1943; SächsHStAD, IHK Chemnitz, Geheimregistrande 4, unpag.; heute im StAC).
41 Vgl. Peter, Rüstungspolitik, S. 261–264.

der sächsischen Rüstungskommission, Hans Führer, verteidigte das abgestimmte Vorgehen in Sachsen gegen Kritik aus dem Speer-Ministerium, weil es eine sinnvolle Auswahl der Betriebe am ehesten gewährleiste.[42]

Es gelang nicht, die Mittelebene aus dem Verfahren herauszuhalten. So stellten ab November 1943 die Reichsverteidigungskommissare und nicht mehr das Speer-Ministerium die Stilllegungsbescheide aus.[43] In Sachsen verteidigte im Frühjahr 1944 Mutschmann persönlich Verzögerungen des Verfahrens damit, dass seine Verwaltung die Zweckmäßigkeit jedes Stilllegungsvorschlags erst prüfen müsse,[44] obwohl eine solche inhaltliche Prüfung kurz zuvor von Speer ausdrücklich ausgeschlossen worden war.[45]

Auch bei der Durchführung der Umsetzungen leisteten sich die Sachsen und die Chemnitzer eine Fülle von Eigenmächtigkeiten. Ganz besonders wehrten sich die meisten Verantwortlichen in Chemnitz gegen den Grundsatz der geschlossenen Versetzung ganzer Betriebsbelegschaften. Die bereits von unzähligen vorhergehenden Einberufungs- und Auskämmungsaktionen ausgedünnten Belegschaften, die zu einem großen Teil aus ortsgebundenen und zum Teil älteren Frauen sowie älteren Facharbeitern bestanden, waren dafür einfach ungeeignet. Der Sachbearbeiter der Wirtschaftskammer Sachsen, Walter Linse, schilderte im November 1943 unter anderem folgendes Beispiel: Die Textilfirma Bachmann & Co. in Chemnitz fertigte mit etwa 100 Arbeitskräften Magazinsäcke für die Wehrmacht, außerdem arbeiteten mehr als 40 Arbeitskräfte in einer von der Auto Union AG übernommenen Rüstungsproduktion. Die Belegschaft des Unternehmens sollte nun zur Maschinenfabrik Germania umgesetzt werden. Die Auto Union legte erheblichen Wert darauf, dass die Rüstungsfertigung erhalten bliebe, damit sie nicht für die zur Germania versetzten Beschäftigten neue Arbeitskräfte anlernen musste. Während des Umsetzungsprozesses verlor Bachmann & Co. weitere Arbeitskräfte, z. B. an die Wehrmacht oder den Reichsarbeitsdienst. Zwei Frauen wurden schwanger, vier Arbeitskräfte schließlich waren Textilpraktikanten verbündeter Staaten, die gemäß zwischenstaatlichen Abkommen nicht in der Rüstungswirtschaft eingesetzt werden konnten. Schließlich blieben 47 Arbeitskräfte für die Umsetzung übrig, von denen allerdings die Hälfte über 60 Jahre alt war. 12 Beschäftigte hatten sogar schon das 70. Lebensjahr überschritten. Das Arbeitsamt und die als Aufnahmebetrieb vor-

---

42 Vgl. Gauwirtschaftskammer Sachsen, Abteilung Industrie, an Zweigstelle Zittau, Wika Leipzig, Chemnitz, Plauen, fachlich-bezirkliche Gruppen und Bezirksobmänner der Wirtschaftsgruppen vom 1.11.1943 betr. Betriebsumsetzungen (SächsHStAD, IHK Chemnitz, Geheimregistrande 4, unpag.).
43 Vgl. Präsident des GAA Sachsen an Leiter AA Leipzig vom 30.11.1943 betr. Aktion Betriebsumsetzung Rüstung (ebd.).
44 Vgl. RVK Sachsen an GBB Wissmann vom 29.3.1944 (ebd.).
45 RMfRuK an Vorsitzende der Rüstungskommissionen u. a. vom 15.12.1943 betr. Betriebsumsetzungen. Auszug (ebd.).

gesehene Maschinenfabrik Germania erklärten sämtliche 47 Arbeitskräfte für nicht in der Rüstung einsetzbar.[46]

Auf der Mittelebene war die Haltung uneinheitlich: Während die Rüstungskommission IVa Ende Oktober 1943 noch die Gültigkeit der Wissmann'schen Richtlinien betonte,[47] sprachen sich einige der in der Rüstungskommission vertretene Institutionen oder Ämter wie die Gauwirtschaftskammer Sachsen oder die Rüstungsinspektion IV in der Folgezeit offen für eine Lockerung des Grundsatzes der geschlossenen Umsetzung aus.[48]

Es gelang den Chemnitzer Akteuren mit der Schützenhilfe der Mittelebene, die Umsetzungsaktion spätestens in der ersten Jahreshälfte 1944 durch ein ganzes Bündel zum Teil eigenmächtiger Maßnahmen in eine Auskämmungsaktion umzuwandeln. So beschloss die Chemnitzer Umsetzungskommission mit Billigung des Gauarbeitsamtes und der Rüstungsinspektion im November 1943, dass das Arbeitsamt Chemnitz nicht auf das Eintreffen des Stilllegungsbescheids aus Berlin warten müsse, sondern bei den Firmen, deren Schließung vorgeschlagen sei, sofort mit Auskämmungen beginnen könne.[49] Dies führte dazu, dass beim Eintreffen der formellen Stilllegungsbescheide in den betroffenen Firmen tatsächlich oft kaum noch umsetzungsfähige Arbeitskräfte anzutreffen waren. Daneben richtete die Chemnitzer Kommission immer wieder über die Mittelinstanz offizielle und nicht selten erfolgreiche Anträge an das Speer-Ministerium, um Stilllegungsbescheide in Auskämmungsbescheide umzuwandeln.[50] Zudem versprach die Chemnitzer Kommission den von einer Umsetzung betroffenen Unternehmen eigenmächtig, dass sie nach einer Auskämmung mit ihren Restbelegschaften weiterarbeiten dürften,[51] und schob, zum Teil mit nachträglicher Billigung der Mittelinstanz, entsprechende Verhandlungen an.[52]

Während ihrer gesamten Tätigkeit stand die Chemnitzer Kommission im kontinuierlichen Austausch mit den Behörden und Institutionen der Mittelebene. Diese erhielten die Sitzungsprotokolle, beantworteten Anfragen der Kommission oder leiteten sie nach Berlin weiter. Immer wieder erteilte insbesondere die

---

46 Vgl. Betriebsumsetzungs-Aktion, November 1943 (ebd.).
47 Niederschrift der RK-Sitzung mit den Bezirksbeauftragten am 27.10.1943 (BA MA Freiburg, RW 20-4/17, Bl. 41 f.).
48 Vgl. Aktennotiz Linses vom 28.12.1943 betr. Besprechung des Rüstungsobmannes Führer mit Bezirksbeauftragten am 22.12.1943 (SächsHStAD, IHK Chemnitz, Stilllegungen 16, unpag.); Kriegstagebuch der RüIn IVa vom 1.1.-31.3.1944 (BA MA Freiburg, RW 20-4/18, Bl. 29).
49 Protokoll des RüKdo Chemnitz von der Besprechung über Betriebsumsetzungen und Stilllegungen am 30.11.1943 (SächsHStAD, IHK Chemnitz, Geheimregistrande 5, unpag.).
50 Aktennotiz Linses vom 9.6.1944 betr. 1. Umsetzungsaktion des RMfRuK (ebd.).
51 Protokoll des RüKdo Chemnitz von der Besprechung über Betriebsumsetzungen und Stilllegungen am 30.11.1943 (ebd., Geheimregistrande 5, unpag.).
52 RüKdo Chemnitz an RüIn IVa vom 29.1.1944 betr. Vorschlag Fachgruppe Teppich- und Möbelstoffweberei zur Konzentration der Chemnitzer Möbelstoffwebereien (SächsHStAD, IHK Chemnitz, Arbeitskräfte 2, unpag.).

Rüstungsinspektion der Kommission auch Anweisungen, da sie die Stilllegungsvorschläge aus ganz Sachsen bündelte und die Verbindung zum Büro Wissmann darstellte. Anders als in Baden, wo es offenbar gelang, die regionalen Parteiführer und das Landeswirtschaftsamt weitgehend auszuschalten,[53] spielten in Chemnitz die untere und die mittlere Verwaltungsebene eine gewichtige Rolle bei Stilllegungsentscheidungen. Die Chemnitzer Kommission versuchte, im Wesentlichen unterstützt durch die Behörden auf Gauebene, durch eine Kombination von Widersprüchen und eigenmächtigem Handeln, durch die Ausnutzung von Weisungslücken, verbunden mit der nachträglichen Einholung von Genehmigungen, die ihrer Ansicht nach sinnvollsten Lösungen zu verwirklichen. Auch wenn sich die Region im Einzelfall nicht immer durchsetzen konnte, so gelang es ihr doch, das Stilllegungsverfahren im Großen und Ganzen faktisch in eine Auskämmungsaktion zu verwandeln.[54]

Nun könnte man das geschilderte Geschehen als regionalen Egoismus deuten, der auf mehr Effizienz in der Kriegswirtschaft zielende zentrale Initiativen zunichtegemacht hätte. Die meisten Akteure auf der unteren und mittleren Ebene sahen sich dagegen selbst als Vertreter der praktischen Bedürfnisse der Rüstungswirtschaft gegen einen lebensfernen Zentralismus, der einer effizienten Gestaltung der Kriegswirtschaft ihrer Ansicht nach eher schadete als nützte. Dem entspricht die Gewichtigkeit der Argumente, die die lokalen Verantwortlichen in Sachsen für ihre Standpunkte vorbrachten. Dazu kommt, dass der sächsische Rüstungsbereich IVa im Reichsvergleich bei der Wissmann-Aktion mit mehr als 16 Prozent aller 110 000 bis 120 000 reichsweit versetzten Beschäftigten als sehr erfolgreich galt.[55] Dies legt die Schlussfolgerung nahe, dass die örtlichen Verantwortlichen der Arbeitskräftelenkung mit ihrer Rücksicht auf regionale Interessen und Gegebenheiten nur scheinbar die konsequente Durchführung der Aktion behinderten. In Wirklichkeit sorgten sie gerade durch ihren flexiblen Umgang mit den erhaltenen Weisungen und ihre Anpassung an die Realitäten vor Ort für ein eher überdurchschnittliches Ergebnis.

Die Effizienz der regionalen Arbeitskräftelenkung

Die Effizienz von NS-Arbeitskräftelenkungsmechanismen ist nicht einfach zu messen, weil zuverlässige Indikatoren schwierig zu finden sind.[56] So galt die misslungene Ausdehnung weiblicher Beschäftigung in der Kriegswirtschaft in der älteren Forschung als ein Beleg für das Scheitern einer systematischen Aus-

---

53 Vgl. Peter, Rüstungspolitik, S. 261.
54 Vgl. Aktennotiz Linses vom 9.6.1944 betr. 1. Umsetzungsaktion des RMfRuK (ebd., Geheimregistrande 4, unpag.).
55 Vgl. GWK Sachsen an RWK vom 8.8.1944 betr. Betriebsumsetzungen (ebd.).
56 Vgl. Schumann, Arbeitskräftelenkung, Kap. I.

nutzung von Arbeitskräftereserven.[57] Die sächsischen Zahlen scheinen dies auf den ersten Blick zu bestätigen. Kurz vor dem Krieg waren in Sachsen zwischen 800 000 und 825 000 Arbeitnehmerinnen beschäftigt.[58] Der Arbeitsbuchstatistik zufolge sank die Zahl der Arbeiterinnen und weiblichen Angestellten bis Anfang 1941 auf 750 000.[59] Nach Einführung der Meldepflicht im Frühjahr 1943 stieg die Zahl der weiblichen Beschäftigten mit Schwankungen bis zum Sommer 1944 auf ca. 815 000 an,[60] kam allerdings über die Größenordnung des Vorkriegsniveaus nicht hinaus.

Doch lässt eine solche Bewertung außer Acht, dass Frauen neben der beruflichen Tätigkeit die Familie versorgten, ihre Hausarbeit während des Krieges immer zeitraubender wurde und die Kinderbetreuung häufig ein ungelöstes Problem darstellte.[61] Zudem engagierten sich gerade Frauen der Mittel- und Oberschicht nicht selten ehrenamtlich in Parteigliederungen, beim Luftschutz oder in Kriegshilfsdiensten, eine Tatsache, die erst relativ spät ins Blickfeld der Forschung rückte.[62] Dieser Bereich weiblicher Tätigkeiten bedarf noch weiterer Forschungen. Insbesondere müsste er in seinem quantitativen Ausmaß und seiner Bedeutung für die NS-Kriegsführung stärker ausgeleuchtet werden, um die Höhe der überhaupt für die Rüstungswirtschaft verfügbaren weiblichen Arbeitskräftereserven sinnvoll einschätzen zu können und daraus Rückschlüsse auf ihre Ausnutzung zu ziehen.

Das Misslingen von Unternehmensstilllegungen wird ebenfalls vielfach als Beleg für den mangelnden Willen des Regimes zu durchgreifenden Maßnahmen und mithin für die Ineffizienz der NS-Arbeitskräftelenkung angeführt. Auch in

---

57 Vgl. etwa Dörte Winkler, Frauenarbeit im Dritten Reich, Hamburg 1977, S. 103, 187-189; Stefan Bajohr, Die Hälfte der Fabrik. Geschichte der Frauenarbeit in Deutschland 1914-1945, Marburg 1979, S. 292; Rüdiger Hachtmann, Industriearbeiterinnen in der deutschen Kriegswirtschaft. In: Geschichte und Gesellschaft, 19 (1993), S. 332-366; Kroener, „Menschenbewirtschaftung", S. 770-772; Schneider, Kriegsgesellschaft, S. 182, 207-210; dagegen Richard J. Overy, „Blitzkriegswirtschaft"? Finanzpolitik, Lebensstandard und Arbeitseinsatz in Deutschland 1939-1942. In: Vierteljahrshefte für Zeitgeschichte, 36 (1988), S. 379-435, hier 425-432.
58 Unterschiedliche Zahlen in der Krankenkassenstatistik und der Arbeitsbuchstatistik. Vgl. Der Arbeitseinsatz in Sachsen, 18/1939, S. 88; Arbeitsbuchinhaber im Landesarbeitsamt Sachsen am 31.8. und 1.9.1939. Arbeitsbuchpflichtige Arbeiter und Angestellte (SächsHStAD, Arbeitsämter, Landesarbeitsamt, 2/3, unpag.). Bei letzterer Zahl wurden allerdings auch die unbeschäftigten Arbeitsbuchinhaberinnen gezählt. Vgl. Schumann, Arbeitskräftelenkung, Kap. IV.5.
59 Der Arbeitseinsatz in Sachsen, 5/1940/41, S. 6.
60 Der Arbeitseinsatz im Deutschen Reich, 5/1943, S. 16; 7/1943, S. 15; 12/1943, S. 10; 2-3/1944, S. 16; 6-8/1944, S. 4, 36; 9/1944, S. 4; 11-12/1944, S. 4; Schumann, Arbeitskräftelenkung, Kap. V.7.
61 Vgl. Schneider, Kriegsgesellschaft, S. 661-710; Birthe Kundrus, Kriegerfrauen. Familienpolitik und Geschlechterverhältnisse im Ersten und Zweiten Weltkrieg, Hamburg 1995; Overy, „Blitzkriegswirtschaft"?; Schumann, Arbeitskräftelenkung, Kap. IV.5.
62 Vgl. u. a. Nicole Kramer, Volksgenossinnen an der Heimatfront. Mobilisierung, Verhalten, Erinnerung, Göttingen 2011; Franka Maubach, Die Stellung halten. Kriegserfahrungen und Lebensgeschichten von Wehrmachthelferinnen, Göttingen 2009.

Sachsen blieben Stilllegungsbestrebungen weitgehend erfolglos. Doch wie die Schilderung der Wissmann-Aktion zeigte, waren Auskämmungen nicht selten die effizientere, der konkreten historischen Situation besser angepasste Maßnahme und erzielten deutlich bessere Ergebnisse als Betriebsstilllegungen. Mit den Auskämmungen begannen die sächsischen Verantwortlichen bereits im Frühjahr 1940 und führten sie kontinuierlich die ganze Kriegszeit hindurch weiter. Die seit 1941 für die Auskämmungen vorgegebenen Quoten erfüllten sie bis zum Sommer 1944 im Großen und Ganzen recht erfolgreich, eine Tatsache die angesichts der Polykratie auf der Reichsebene erstaunlich scheint. Sie lässt sich durch die bereits angesprochenen Selbstorganisationskräfte der Verwaltung und das Engagement der damit beschäftigten Verwaltungsfachleute erklären.[63]

Das gleiche gilt für die Einberufungen, bei denen der Wehrkreis IV/IVa ebenfalls bis Sommer 1944 die meisten Vorgaben erfüllte. Eine Erhebung von Juni 1943 zeigt, dass etwa im Raum Chemnitz-Zwickau von einer zu großen Schonung der Wirtschaft[64] bei den Einberufungen spätestens ab 1943 keine Rede mehr sein konnte. Zu dieser Zeit arbeiteten bei den Rüstungsunternehmen des Rüstungsbereichs unter 130 000 Beschäftigten nur noch 8 600 fronttaugliche Männer unter 37 Jahre. Von diesen war zudem rund ein Drittel jünger als 20 Jahre. Nur unter den älteren Männern waren überhaupt noch nennenswerte Personalressourcen für die Wehrmacht aufzufinden: 31 000 38- bis 52-jährige männliche Arbeitskräften wurden für tauglich befunden, davon 23 000 als fronttauglich.[65] Es gab einfach kaum noch uneingeschränkt wehrfähige Männer.[66]

Der Strukturwandel der Beschäftigung während des Krieges belegt besonders eindrücklich die Erfolge der Arbeitskräftelenkung: Laut Arbeitsbuchstatistik halbierte sich die Zahl der in der sächsischen Textilindustrie tätigen Arbeitnehmer zwischen 1938 und 1944 von mehr als 300 000 auf 166 000 nahezu, während gleichzeitig die Zahl der in der Eisen-, Stahl- und Metallwarenindustrie beschäftigten Arbeiter und Angestellten von 64 000 auf rund 104 000 und im Maschinen-, Apparate- und Fahrzeugbau von rund 200 000 auf 300 000 anwuchs.[67]

---

63 Vgl. Schumann, Arbeitskräftelenkung, Kap. VII.
64 Vgl. Armin Nolzen, Von der geistigen Assimilation zur institutionellen Kooperation: Das Verhältnis zwischen NSDAP und Wehrmacht. 1943–1945. In: Jörg Hillmann/John Zimmermann (Hg.), Kriegsende in Deutschland, München 2002, S. 69–96, hier 79 und 82.
65 Als feldtauglich galten kv.- und gv.Feld-gemusterte Männer. Z. T. eigene Berechnungen; Kriegstagebuch des RüKdo Chemnitz vom 1.4.–30.6.1943 (BA MA Freiburg, RW 21-11/15, Bl. 40).
66 Vgl. Schumann, Arbeitskräftelenkung, Kap. IV.2 und V.3.
67 Vgl. Die Auswertung der Arbeitsbucherhebung vom 25.6.1938 im Bezirk des Landesarbeitsamtes Sachsen. Beilage zum Mitteilungsblatt des Landesarbeitsamtes Sachsen, 5/1939, S. 8; Die beschäftigten Arbeiter und Angestellten in Sachsen nach Wirtschaftszweigen – Stand: 15.5.1944 (SächsHStAD, Arbeitsämter, Landesarbeitsamt, 2/2, unpag.). Leicht abweichende Zahlen, aber tendenziell mit gleichen Ergebnissen: Rainer Karlsch/Michael Schäfer, Wirtschaftsgeschichte Sachsens im Industriezeitalter, Leipzig 2006, S. 225.

Auch wenn die Zahlenreihen Unschärfen aufweisen,[68] beispielsweise durch Datenverluste beim Bombenangriff auf Leipzig,[69] so ist doch erkennbar, dass die für die Rüstung zentralen metallverarbeitenden Branchen die ehemals in Sachsen führende Textilindustrie bis 1944 äußerst stark zurückgedrängt hatte. Dies ist umso bemerkenswerter, als die Zahl der männlichen inländischen Arbeitnehmer in derselben Zeit von 1,2 Millionen auf 730 000 schrumpfte,[70] weil dem Land über Einberufungen und Dienstverpflichtungen ständig einheimische männliche Arbeitskräfte entzogen wurden. Diese Verluste wurden vor allem durch den Einsatz von Zwangsarbeitern ausgeglichen, der neben der Landwirtschaft ebenfalls den besonders kriegswichtigen Branchen zugutekam. 1944 arbeiteten von rund 246 000 zivilen ausländischen Arbeitskräften mehr als 62 000 im Maschinen-, Apparate- und Fahrzeugbau und rund 20 000 in der Metallwarenherstellung, aber nur etwa 10 000 in der Textilindustrie.[71]

Zwangsarbeit – die Folgen des Verwaltungshandelns für die Menschen

Die in den Quellen als fachkundig, kreativ und selbstbewusst erscheinenden Mitarbeiter der Behörden und Institutionen arbeiteten mit großem Engagement dafür, Hitlers Krieg zu gewinnen. Immer wieder gibt es Berichte über ihr enormes Arbeitspensum, das sie zeitweise auch durch Nacht- oder Sonntagsarbeit zu bewältigen suchten.[72] Sie agierten dabei als Teil des Verwaltungszusammenhangs, der die ungeheuren Verbrechen des NS-Regimes ermöglichte. Mutschmann war ein fanatischer Rassist und Judenhasser und soll auch eine besonders harte Behandlung der sowjetischen Kriegsgefangenen und zivilen Arbeiter gefordert haben.[73] Der Nachfolger Friedensburgs als Vorsitzender der Rüstungskommission, Hans Führer, der aus dem NS-Hauptamt für Technik kam, war seit 1942 Vorstandsmitglied der Hugo Schneider AG Leipzig (HASAG),[74] einem Unternehmen, das in größtem Umfang unter schlimmsten Bedingungen jüdische Zwangsarbeiter und KZ-Häftlinge einsetzte und sich im Generalgouvernement Polen auch aktiv an der Ermordung arbeitsunfähiger Juden beteiligte.[75]

---

68 Vgl. zur Validität der Arbeitsbuchstatistik Schumann, Arbeitskräftelenkung, Kap. I.2.
69 Vgl. Die beschäftigten Arbeiter und Angestellten in Sachsen nach Wirtschaftszweigen – Stand: 15.5.1944 (SächsHStAD, Arbeitsämter, Landesarbeitsamt, 2/2, unpag.).
70 Ebd.; Die Auswertung der Arbeitsbucherhebung vom 25.6.1938 im Bezirk des Landesarbeitsamtes Sachsen. Beilage zum Mitteilungsblatt des Landesarbeitsamtes Sachsen, 5/1939, S. 8.
71 Die beschäftigten Arbeiter und Angestellten in Sachsen nach Wirtschaftszweigen – Stand: 15.5.1944 (SächsHStAD, Arbeitsämter, Landesarbeitsamt, 2/2, unpag.).
72 Vgl. Schumann, Arbeitskräftelenkung, Kap. IV.2.3 und V.3.1.
73 Vgl. Schmeitzner, Fall Mutschmann, S. 21–47, 94, 100–110.
74 Vgl. Schneider, Unternehmensstrategien, S. 370, Anm. 63.
75 Vgl. Mark Spoerer, Zwangsarbeit unter dem Hakenkreuz. Ausländische Zivilarbeiter, Kriegsgefangene und Häftlinge im Deutschen Reich und im besetzten Europa 1939–1945, Stuttgart 2001, S. 54 f.

Zwangsarbeiter wurden zunächst vor allem in der Landwirtschaft eingesetzt und nach ersten Versuchen 1940 ab 1941 in steigendem Umfang auch in der Rüstungsindustrie. Da beides in Sachsen bis zur Kriegsmitte eine gegenüber vielen anderen Regionen geringere Rolle spielte, waren ausländische Zwangsarbeiter hier zunächst vergleichsweise unterrepräsentiert. In Sachsen lag der Anteil der ausländischen Arbeitskräfte an allen Arbeitskräften Mitte 1941 bei rund vier Prozent. Reichsweit betrug er mit über acht Prozent das Doppelte.[76] Das änderte sich ab etwa Mitte 1942, als sich Sachsen wegen der drohenden Luftkriegsgefahr allmählich zum „Luftschutzkeller des Reichs" wandelte und einen stetigen Zustrom von Rüstungsniederlassungen erlebte.[77] Sachsenweit kamen im November 1943 mehr als 235 000 Arbeiterinnen und Arbeiter aus dem Ausland, zuzüglich 87 000 Kriegsgefangenen. Sie stellten zusammen 17 Prozent der in Sachsen beschäftigten Arbeitskräfte. Die Arbeitsamtsbezirke mit der höchsten Ausländer- und Kriegsgefangenenbeschäftigung waren Borna mit 36 und Riesa mit 30 Prozent.[78]

Die größte Gruppe waren die sogenannten Ostarbeiter, die im Dezember 1944 rund 38 Prozent aller zivilen ausländischen Arbeitskräfte stellten.[79] Daher lassen sich an ihrem Beispiel die Konsequenzen von Verwaltungshandeln im NS-Staat beispielhaft aufzeigen. Die Propaganda zeichnete die russische Bevölkerung als rassisch minderwertig, primitiv, verelendet, verwahrlost und anspruchslos, gleichzeitig aber als gefährlich und verschlagen.[80] Dieses Bild bestimmte die 1942 zu Beginn des massenhaften Einsatzes russischer Zivilarbeiter im Reich ausgefertigten Ostarbeitererlasse,[81] die die Ostarbeiter zur rechtlosesten und am stärksten diskriminierten Zivilarbeitergruppe machten. Es bestimmte auch das praktische Handeln der Behörden vor Ort, die auf der einen Seite ein Interesse an der Erhaltung der Arbeitsfähigkeit der verschleppten Menschen hatten, ihnen auf der anderen Seite unter Bezug auf die Propaganda eine ausreichende Ernährung und angemessene Versorgung vorenthielten.

Die den Ostarbeiter staatlicherseits zugestandenen Lebensmittelrationen waren zu niedrig, und überdies erhielten sie sie häufig nur unvollständig. Beispielsweise sah sich das Rüstungskommando Chemnitz im Frühjahr 1942 nach der Flucht von zwölf russischen Zivilarbeitern bei der Chemnitzer Rüstungsfirma Pornitz & Co. um und stellte fest, „dass die mit Brot und Margarine verausgabte Kräutersuppe ziemlich dünn ist, sodass bei der schweren Arbeit – ein Geschoss wiegt etwa 37,5 Kilogramm – die Beköstigung als nicht ausreichend angesehen

---

76 Das Ergebnis der Arbeitsbucherhebung vom 15.8.1941 im Bezirk des LAA Sachsen. 1. Folge (Beilage zu Der Arbeitseinsatz in Sachsen, 1/1942), S. 6.
77 Vgl. Karlsch/Schäfer, Wirtschaftsgeschichte Sachsens, S. 223 f.
78 Der Arbeitseinsatz in Sachsen, 12/1943, S. 7.
79 Der Arbeitseinsatz im Großdeutschen Reich, 11–12/1944, S. 16.
80 Vgl. Schumann, Arbeitskräftelenkung, Kap. V.5.1.
81 Vgl. Ulrich Herbert, Fremdarbeiter. Politik und Praxis des „Ausländereinsatzes" in der Kriegswirtschaft des Dritten Reiches, 2. Auflage Berlin 1986, S. 154–157.

werden muss".⁸² Auswirkungen auf staatliches Handeln hatte die Feststellung allerdings kaum. Im Dezember 1942 prangerte Friedensburg als Vorsitzender der Rüstungskommission zwar die vielfach ungenügende Ernährung der russischen Arbeiter an. Die Verantwortung dafür schob er freilich den Unternehmen zu, die Reste und Abfälle zugunsten der Ostarbeiter verwerten sollten.⁸³ Das entsprach einem allgemeinen Muster der staatlichen Verwaltung bei der Behandlung der verschleppten Menschen. Alle Fürsorgepflichten wurden auf die Unternehmen abgeschoben, sodass das Überleben vieler Zwangsarbeiter in hohem Maße davon abhing, wo sie beschäftigt waren.

Am bisher vergleichsweise wenig untersuchten Thema Schwangerschaft und Entbindung lässt sich ebenfalls zeigen, wie sich die staatlichen Behörden ihrer Verantwortung für die Zwangsarbeiter entzogen. Die Baumwollspinnerei Gückelsberg AG in Flöha richtete für ihre Werke in Flöha und Schweizerthal zwei Entbindungs- und Säuglingslager für russische, ukrainische und polnische Arbeiterinnen ein und erhielt von den zuständigen Arbeitsämtern in Flöha und Burgstädt die Erlaubnis, die ihnen kurz vor der Geburt ihrer Kinder zugewiesenen Arbeiterinnen auch nach der Entbindung auf unbestimmte Dauer weiter zu beschäftigen. Das mittelständische Unternehmen nutzte die Situation, um sich Arbeitskräfte zu beschaffen, die es als ein bei der Arbeitskräftezuweisung minderprivilegiertes Textilunternehmen sonst nie erhalten hätte.⁸⁴

Die Arbeitsämter mischten sich lediglich bei Streitigkeiten zwischen zwei Unternehmen ein: So hatte eine der Firma zugewiesenen Schwangere im Frühjahr 1943 eine Fehlgeburt erlitten und war danach auf eigene Faust zu ihrem früheren Arbeitgeber zurückgekehrt, wo auch ihr Mann arbeitete. Über die DAF-Kreiswaltung Rochlitz beschwerte sich das Unternehmen beim zuständigen Arbeitsamt Burgstädt. Dieses wiederum entschied zugunsten des früheren Arbeitgebers, weil die Zivilarbeiterin eine Fehlgeburt erlitten habe und verheiratet sei: „Hätte die Ostarbeiterin ein lebendes Kind geboren, so wäre ihr Verbleib im Lager Schweizerthal die zwangsläufige Folge gewesen. Da das Kind jedoch tot geboren wurde, entfielen die Voraussetzungen, unter denen das Lager seinerzeit überhaupt erst errichtet wurde. Dabei billige ich der Fa. Baumwollspinnerei Gückelsberg ohne Weiteres zu, dass ledige Schwangere, die ebenfalls tote Kinder gebären, dem Betriebe verbleiben, denn schließlich ist dieser nicht nur eine Niederkunftsstation, sondern für die übernommenen Pflichten entstehen ihm Rechte, zu deren Wahrung ich verpflichtet bin."⁸⁵

---

82 Kriegstagebuch des RüKdo Chemnitz 1.7.–31.10.1942 (BA MA Freiburg, RW 21–11/12, Bl. 4–19, hier 7).
83 Friedensburg vom 15.12.1942 betr. Behandlung der Ostarbeiter (StAC, VEB Vereinigte Baumwollspinnereien Flöha, 471, unpag.).
84 Vgl. Schumann, Arbeitskräftelenkung, Kap. V.5.6.
85 AA Burgstädt an DAF-Kreiswaltung Rochlitz vom 6.6.1943 betr. Ostarbeiterin Odorka G. der Firma Baumwollspinnerei Gückelsberg William Schulz AG, Schweizerthal/Chemnitzthal (StAC, VEB Vereinigte Baumwollspinnereien Flöha, 932, unpag.).

In der zweiten Kriegshälfte setzten Unternehmen in Sachsen auch KZ-Häftlinge unter entsetzlichen Lebens- und Arbeitsbedingungen ein. Auch wenn dieser Einsatz im Wesentlichen unter der Regie der Reichsbehörden erfolgte, so waren die örtlichen Behörden doch zum Teil an vorbereitenden Maßnahmen zur Unterbringung und der Sondierung geeigneter Fertigungsstätten beteiligt.[86] Spätestens ab Herbst 1944 sollten die Unternehmen zudem ihre Häftlingsanforderungen mit den Arbeitsämtern abstimmen, um zu vermeiden, dass ein Unternehmen zugleich Häftlinge und freie Arbeiter anforderte.[87]

Kriegsendphase – Auflösung der stabilen regionalen Zusammenarbeit

Im gegenüber anderen Reichsgebieten erst spät unter dem Bombenkrieg leidenden Sachsen funktionierte die stabile regionale Zusammenarbeit trotz kleinerer Krisen bis Mitte 1944. Mit Goebbels Aktion „totaler Krieg" im Sommer 1944, die eine Reaktion auf die Landung der Alliierten in Frankreich und das Attentat auf Hitler am 20. Juli 1944 darstellte, ist aus regionaler Chemnitzer Perspektive der entscheidende Bruch zu verzeichnen. Die Geschehnisse verdeutlichen, dass zu diesem Zeitpunkt ein sinnvoller Ausgleich zwischen den Personalbedürfnissen der Front und der Rüstungswirtschaft bereits unmöglich geworden war.[88]

Als Speer die Rüstungswirtschaft vor weiteren Einberufungen zu schützen versuchte, übernahmen auf Veranlassung Goebbels neu gegründete NSDAP-Gau- und Kreiskommissionen die Initiative. Eine Gaukommission ist in Sachsen aufgrund der Quellenlage bisher nicht nachweisbar. In der Region Chemnitz-Zwickau lässt sich jedoch verfolgen, wie die dortigen Kreiskommissionen auf Weisung der Gauleitung die bisherigen Routinen und Absprachen sprengten. Bisher waren das Rüstungskommando und die Wirtschaftskammer Chemnitz zentrale Akteure der Einberufungsaktionen gewesen. In den elf NSDAP-Kreiskommissionen war das Rüstungskommando dagegen mit einer Ausnahme nicht vertreten. Auch die Wirtschaftskammer scheint weitgehend außen vor gewesen zu sein. Die NSDAP-Kreisleiter schickten an beiden Institutionen vorbei die für die Firmen wertvollen Facharbeiter an die Front.[89] Proteste blieben weitgehend nutzlos. Auf der mittleren Ebene hatte die Gauwirtschaftskammer in beson-

---

86 Vgl. Sitzung am 24.2.1944 betr. Erla-Maschinenwerke, Leipzig, Verlagerung nach Flöha bzw. Mülsen St. Michaln (SächsHStAD, IHK Chemnitz, Geheimregistrande 4, unpag.).
87 Vgl. Dieter G. Maier, Arbeitseinsatz und Deportation. Die Mitwirkung der Arbeitsverwaltung bei der nationalsozialistischen Judenverfolgung in den Jahren 1938–1945, Berlin 1994, S. 192.
88 Vgl. zum Folgenden Schumann, Arbeitskräftelenkung, Kap. VI. 3.
89 Vgl. Kriegstagebuch des RüKdo Chemnitz vom 1.7.–30.9.1944 (BA MA Freiburg, RW 21–11/20, Bl. 36 f., 55); AU-Vorstandsmitteilung Nr. 33/44 vom 25.8.1944 betr. Einziehungen zur Wehrmacht (StAC Chemnitz, AU, 513, unpag.); Bericht der Wirtschaftskammer Chemnitz am 23.10.1944 zur Wirtschaftslage, S. 9 (SächsHStAD, IHK Chemnitz, Berichte 10, unpag.).

deren Fällen mit ihren Einsprüchen bei den Kommissionen Erfolg.[90] Der Rüstungsinspekteur des Wehrkreises IVa allerdings erreichte in einem persönlichen Gespräch mit Mutschmann lediglich unverbindliche verbale Zugeständnisse dergestalt, dass der Sachverstand seiner Rüstungsfachleute in Zukunft wieder stärker berücksichtigt würde.[91]

Gleichzeitig wurde die Wirtschaftsbürokratie der sächsischen Mittelebene durch einen Konflikt erschüttert, unter dem ihre Verwaltungsstrukturen zusammenzubrechen drohten.[92] Der Vorsitzende der Rüstungskommission, Hans Führer, versuchte, möglicherweise auch ausgehend von Speers Kritik an den Rüstungsinspektionen im Sommer 1944, die Rüstungskommission der Gauwirtschaftskammer unterzuordnen oder sie mit anderen Dienststellen zu verschmelzen. Bei seinem Vorhaben zunächst erfolglos, berichtete Führer schließlich Ende September über neue Vorgaben aus Berlin. Es seien Vereinfachungen der Mittelinstanz vorgesehen, über die die Vorsitzenden innerhalb allgemeiner Richtlinien selbstständig entscheiden sollten.[93] Führer schlug vor, dass ein einziger Sachbearbeiter der Mittelinstanz die gesamte Arbeit eines bisherigen Verwaltungsbereichs durchführen solle. Die Umstrukturierung wollte er nicht durch schriftliche Vorschläge steuern, sondern über „kameradschaftliche Aussprachen". Dass Mutschmann in den Vorgang mit einbezogen war, ist daran zu erkennen, dass Führer vor der Umstrukturierung seine Genehmigung einholen wollte: „Voraussetzung ist, dass das neue Instrument dem Gauleiter genehm ist."[94]

Weil die Überlieferung abbricht, ist unklar, ob die Ideen Führers umgesetzt wurden. Sie erinnern an die eigenmächtige Auflösung der Landesministerien durch Mutschmann im Jahr 1943.[95] Deutlich wird, wie die Mentalität der NS-Kampfzeit das Handeln der Verantwortlichen in der Kriegsendphase prägte und eine Aufgabe bürokratischer, behördengemäßer Verfahrensregeln bewirkte. In diesen Vorgängen manifestiert sich der Beginn der finalen Krise des NS-Regimes.[96] Durch die Vorgänge verlor die mittlere Verwaltungsebene ihre Funktion als Mittlerin zwischen oben und unten.[97]

---

90 Vgl. Gauwirtschaftskammer Sachsen vom 1.11.1944 betr. wirtschaftlicher Lagebericht, S. 11 f. (SächsHStAD, IHK Chemnitz, Berichte 10, unpag.).
91 Vgl. Kriegstagebuch des RüKdo Chemnitz vom 1.7.–30.9.1944 (BA MA Freiburg, RW 21–11/20, Bl. 36 f., 55); Kriegstagebuch der RüIn IVa vom 1.7.–30.9.1944 (BA MA Freiburg, RW 20–4/20, Bl. 30).
92 Vgl. zum Folgenden Schumann, Arbeitskräftelenkung, Kap. VI.2.
93 Protokoll der RK-Teilsitzung am 8.9.1944 (BA MA Freiburg, RW 20–4/20, Bl. 69 f.).
94 Ebd., Bl. 69.
95 Vgl. Andreas Wagner, Partei und Staat. Das Verhältnis von NSDAP und innerer Verwaltung im Freistaat Sachsen 1933–1945. In: Vollnhals (Hg.), Sachsen, S. 41–56, hier 55 f.
96 Vgl. Dieter Rebentisch, Führerstaat und Verwaltung im Zweiten Weltkrieg. Verfassungsentwicklung und Verwaltungspolitik 1939–1945, Stuttgart 1989, S. 529 f.
97 Vgl. Schumann, Arbeitskräftelenkung, Kap. VII.

Um die Jahreswende 1944/45 wurden fehlende Energie- und Transportkapazitäten zum zentralen Problem der NS-Wirtschaft. Immer wieder mussten Arbeiter wegen des Fehlens von Kohle und Material unbeschäftigt bleiben.[98] Der einheitliche Wirtschaftsraum des Deutschen Reichs löste sich zunehmend auf.[99] Nach der Zerstörung von Dresden und Chemnitz im Februar/März 1945 war eine geordnete Rüstungsproduktion in Sachsen kaum mehr möglich. Dennoch gab Führer Durchhalteparolen aus: Es gehe jetzt darum, „möglichst eine autarke Rüstungswirtschaft" im Gau zu erhalten, weil zentrale Lenkungsinstrumente nicht mehr funktionierten.[100] Anfang März 1945 gab Mutschmann die Anweisung, dass die sächsische Rüstungskommission nicht mehr zusammentreten solle. Die Geschichte der Speer'schen Kriegswirtschaftsorganisation in Sachsen war beendet.[101]

Resümee

Zur Frage, inwieweit sich die geschilderten Befunde zur NS-Arbeitskräftelenkung in der Region Chemnitz und im Land Sachsen verallgemeinern lassen, können beim gegenwärtigen Stand der Forschung lediglich Hypothesen formuliert werden, da entsprechende Vergleichsuntersuchungen weitgehend fehlen. Die bereits 1995 erschienene Untersuchung von Roland Peter zur Rüstungswirtschaft in Baden ist noch aus dem Geist der klassischen Polykratiethese geschrieben und richtet ihren Blick vorwiegend auf die Defizite der NS-Rüstungsorganisation. Allerdings betont Peter in seinem Fazit, dass regionale Widerstände und Egoismen auch dazu beitrugen, die NS-Herrschaft zu stabilisieren.[102] Die erst kürzlich erschienene Studie von Markus Fleischhauer zur Verwaltung des Gaues Thüringen bezieht die Arbeitskräftelenkung als Teilaspekt ein. Fleischhauer identifiziert den Reichsverteidigungsausschuss des Wehrkreises sowie die Rüstungskommission IXb als die „einflussreichsten Zentren der Gauorganisation".[103] Was die Rüstungskommission angeht, sind gewisse Parallelen zu Sachsen erkennbar. Die Bedeutung des Reichsverteidigungsausschusses für Sachsen bzw. den Wehrkreis IV/IVa ist bei der derzeitigen Forschungslage kaum einzu-

---

98 Vgl. Gauwika Sachsen vom 1.11.1944 betr. wirtschaftlicher Lagebericht, S. 3f. (SächsHStAD, IHK Chemnitz, Berichte 10, unpag.).
99 Vgl. Rolf-Dieter Müller, Der Zusammenbruch des Wirtschaftslebens und die Anfänge des Wiederaufbaus. In: Das Deutsche Reich und der Zweite Weltkrieg, Band 10/2: Der Zusammenbruch des Deutschen Reiches 1945. Die Folgen des Zweiten Weltkrieges, S. 55–199, hier 106–123.
100 Sitzung der Bezirksbeauftragten der Ausschüsse und Ringe am 7.3.1945 (SächsHStAD, IHK Chemnitz, Geheimregistrande 1, unpag.).
101 Vgl. ebd.; Schumann, Arbeitskräftelenkung, Kap. VI.6.
102 Peter, Rüstungswirtschaft, S. 366.
103 Fleischhauer, NS-Gau Thüringen, S. 100.

schätzen. Aus der Chemnitzer Sicht spielt er in den Quellen zur Arbeitskräftelenkung keine Rolle.

Daneben räumt Fleischhauer der Abteilung Industrie der Wirtschaftskammer bzw. Gauwirtschaftskammer Thüringen einen größeren Stellenwert bei der Arbeitskräftelenkung ein, als dies für Sachsen, zumindest aus der Perspektive der unteren Verwaltungsinstanzen, zu erkennen ist. Zu dem aus der Abteilung Industrie hervorgegangenen, in Thüringen sehr einflussreichen „Ausschuss für technische Leistungssteigerung", einem interinstitutionellem Koordinationsgremium, das eng mit den Rüstungskommandos zusammenarbeitete und sich seit 1939 unter anderem mit Fragen des Arbeitseinsatzes befasste,[104] ist aus Sachsen keine Parallele bekannt.

Die Frage, wie die unteren Verwaltungsinstanzen die Arbeitskräftelenkung in der Region im Krieg organisierten und wie sie dabei mit der mittleren Verwaltungsebene interagierten, ist außerhalb des Chemnitzer Raums noch nicht systematisch erforscht worden, sodass bei Vergleichen auf andere administrative Handlungsfelder zurückgegriffen werden muss. Bernhard Gotto stellte 2006 am Beispiel der Augsburgs Stadtverwaltung die enge Verzahnung von Partei und Staat im kommunalen Handlungsgefüge dar. Zumal die kommunale Verwaltung alle Spielräume im Krieg nutzte, die sich ihr boten, um höheren Orts entstandene Über- oder Fehlsteuerungen zu korrigieren, und stabilisierte damit ganz wesentlich die NS-Herrschaft. Gotto betont, dass sich diese Spielräume nicht trotz, sondern wegen des polykratischen Systems der NS-Herrschaft boten, weil Normen und Vorgaben aufgrund der Überregulierung und der konkurrierenden Reichsinstanzen oft schwierig durchzusetzen waren.[105]

Vor diesem Hintergrund ist zu vermuten, dass weitere Forschungen zur Arbeitskräftelenkung in außersächsischen Regionen und wahrscheinlich auch zu anderen Administrationsbereichen ebenfalls ergeben werden, dass die unteren und zum Teil auch die mittleren Verwaltungen und Institutionen die Rivalitäten und Konflikte ihrer übergeordneten Instanzen oft ignorierten, weil sie Aufgaben und Probleme der Kriegswirtschaft ganz praktisch zu lösen hatten und sie nicht mehr mittels Formelkompromissen weiter nach unten verschieben konnten. Mit administrativer Professionalität sowie viel Engagement und Eigeninitiative schufen die Verwaltungen vor Ort über die interinstitutionellen Koordinationsgremien regionale und lokale Netzwerke, die das von oben auf sie niederprasselnde Anweisungschaos im Sinne der Regimeziele in handhabbare Verwaltungspraxis übersetzten. Die rassistische, menschenverachtende, verbrecherische Politik des Regimes verwandelten sie, wie es Gotto für die kommunale Praxis betont, in „administrative Normalität"[106] und trugen damit zur Stabilisierung des Regimes auch noch nach 1943 bei, als der Krieg eigentlich schon verloren war.

---

104 Vgl. ebd., S. 191–200.
105 Vgl. Gotto, Kommunalpolitik, S. 432–434.
106 Ebd., S. 429.

Die Formen der Zusammenarbeit und ihre institutionelle Ausprägung dürften allerdings von Region zu Region unterschiedlich gewesen sein, je nach den Rahmenbedingungen vor Ort und den handelnden Personen, eben weil diese Zusammenarbeit auf der Fähigkeit der jeweiligen Institutionen und Behörden beruhte, sich in den Kontrolllücken des polykratischen Systems selbst zu organisieren, nicht gegen, sondern für die Ziele des NS-Regimes.

Sächsische Unternehmen in der Aufrüstungs- und Kriegswirtschaft

Michael C. Schneider

Der Zweite Weltkrieg war nicht nur ein Krieg der Weltanschauungen, sondern letztlich auch ein Krieg der Ressourcen. Wessen Seite mehr Ressourcen über einen längeren Zeitraum aus der Volkswirtschaft für Rüstungs- und Kriegszwecke verwenden konnte, der würde schließlich die Oberhand behalten. Spätestens seit dem Eintritt der USA in den Krieg im Dezember 1941 und der prinzipiellen Verfügbarkeit ihrer schier unerschöpflichen Rohstoffe und Industriegüter aufseiten der Alliierten war deutlich geworden, dass Deutschland und seine Verbündeten diesen Krieg zwar noch in die Länge ziehen konnten, ihn aber nicht mehr würden gewinnen können. Dessen ungeachtet dauerte es noch über drei Jahre, bis das „Dritte Reich" schließlich kapitulierte.[1] Daher stellen sich die Fragen, welche Faktoren das wirtschaftliche Durchhaltevermögen des NS-Regimes ermöglicht und wie die menschenverachtende Ausbeutung von Millionen Zwangsarbeitern sowie die Ausplünderung des besetzten Europas dazu beigetragen haben.

Ältere Interpretationen sahen in den organisatorischen Maßnahmen des seit Februar 1942 amtierenden Rüstungsministers Albert Speer den wesentlichen Grund dafür, dass die Rüstungsproduktion seither einen deutlichen Anstieg aufzuweisen hatte. Die neuere Forschung hat diese Auffassung im Wesentlichen widerlegt: Schon das Ausmaß des Anstiegs der Rüstungsproduktion vor 1942 ist lange unterschätzt worden.[2] Auch ist der Produktionszuwachs seither nicht primär auf Speers organisatorische Maßnahmen zurückzuführen. Zum einen waren etliche dieser Maßnahmen schon vor Speers Amtsantritt in Kraft, und zum anderen beruhte die Steigerung des Rüstungsausstoßes auf einer Vielzahl von Faktoren, von denen Organisationsreformen der Kriegswirtschaft nur einen Teil darstellten. Zu diesen Faktoren zählte auch die regionale Ebene der Kriegswirtschaft, denn hier waren unternehmerische Aktivitäten mit regionalen Steuerungsinstanzen und Reichsbehörden aufeinander abzustimmen.

---

[1] Vgl. zur Wirtschaftsgeschichte generell J. Adam Tooze, Ökonomie der Zerstörung. Die Geschichte der Wirtschaft im Nationalsozialismus, München 2007. Als Einstieg in die aktuellen Forschungskontroversen eignet sich Mark Spoerer/Jochen Streb, Neue deutsche Wirtschaftsgeschichte des 20. Jahrhunderts, München 2013, S. 157–207.

[2] Vgl. J. Adam Tooze, No Room for Miracles. German Industrial Output in World War II Reassessed. In: Geschichte und Gesellschaft, 31 (2005), S. 439–464.

Somit stellt sich die Frage, welchen Beitrag Sachsen für die Kriegswirtschaft des „Dritten Reichs" leistete und inwiefern dieses Land dazu beitrug, dass das Deutsche Reich den Krieg bis zum 8. Mai 1945 führen konnte und zugleich mit dieser Fähigkeit das Menschheitsverbrechen des Holocaust ermöglichte. Eine wesentliche Ressource jeder Kriegswirtschaft, die Arbeitskräfte und ihre Lenkung in die rüstungsnahen Wirtschaftsbereiche, wird indes in einem eigenen Beitrag behandelt, der auch die Ausbeutung der Zwangsarbeiter in den Blick nimmt.[3] Nachdem in den letzten Jahren vor allem Studien zur Geschichte verschiedener Unternehmen in Sachsen erschienen sind, die regionale Wirtschaft als Ganze indes nur in einer Überblicksdarstellung behandelt worden ist,[4] wird sich der vorliegende Beitrag vor allem auf das Handeln verschiedener Unternehmen in der sächsischen Aufrüstungs- und Kriegswirtschaft konzentrieren. Dabei wird er die Frage untersuchen, wie sich die verschiedenen Unternehmensstrategien in die nationalsozialistische Aufrüstungs- und Kriegswirtschaft einfügten. Um das Verhalten sächsischer Unternehmen während des Krieges einordnen zu können, müssen auch die Entwicklungen der sächsischen Industriestruktur seit der Weltwirtschaftskrise in den Jahren nach 1929 und dem zunehmend von der Aufrüstung geprägten NS-Aufschwung zumindest in groben Zügen erläutert werden.

Ausgangssituation seit der Weltwirtschaftskrise

Sachsens Wirtschaft wies zu Beginn des Krieges 1939 eine Reihe von Besonderheiten auf, die es von anderen Industrieregionen unterschied. Da es zu den ersten Regionen in Deutschland gehörte, die sich im 19. Jahrhundert industrialisierten, waren die Branchen der frühen Industrialisierung stark vertreten, an erster Stelle die Textilindustrie und der Maschinenbau. Weil diese Branchen zugleich von der Weltwirtschaftskrise der frühen 1930er-Jahre generell stark betroffen waren, erholte sich dieses Land nur langsam von der tiefen Krise – nicht zuletzt lag das am zusammengebrochenen Welthandel, auf den die exportorientierte sächsische Industrie in vielen ihrer Zweige angewiesen war.[5] Und als die verstärkte Aufrüstung nach 1933 den Aufschwung in Deutschland zunehmend prägte, konnte Sachsen an dieser Entwicklung noch nicht flächendeckend partizipieren, weil etliche seiner krisengeschüttelten Branchen entweder selbst vorwiegend Konsumgüter herstellten oder aber solche Investitions-

---

3 Vgl. den Beitrag von Silke Schumann in diesem Band.
4 Vgl. Rainer Karlsch/Michael Schäfer, Wirtschaftsgeschichte Sachsens im Industriezeitalter, Leipzig 2006.
5 Vgl. Karlsch/Schäfer, Wirtschaftsgeschichte, S. 180–184; Schneider, Wirtschaftsentwicklung, S. 72–79. Zur Entwicklung des Welthandels in der Weltwirtschaftskrise vgl. Charles P. Kindleberger, The World in Depression 1929–1939, London 1973, S. 172; Charles H. Feinstein/Peter Temin/Gianni Toniolo, The World Economy between the World Wars, Oxford 2008, S. 135–159.

güter, die – wie der Textilmaschinenbau – wiederum von der Entwicklung der Konsumgüterindustrie abhängig waren (darunter insbesondere die sächsische Textilindustrie, aber auch jene Bereiche des Maschinenbaus, die z. B. Schreibmaschinen herstellten). Die Investitionen des „Vierjahresplans" z. B. flossen zu einem großen Teil in die chemische Industrie, u. a. in der benachbarten Provinz Sachsen-Anhalt,[6] die NS-Deutschland von ausländischem Rohöl und Kautschuk unabhängig machen sollten.[7] Auch von den verschiedenen Arbeitsbeschaffungsprogrammen der Nationalsozialisten profitierten die sächsischen Arbeitslosen zunächst nur langsam. Wenn dann der Anteil Sachsens an den reichsweiten Arbeitsbeschaffungsmaßnahmen in den folgenden Jahren anstieg, so lag das vor allem daran, dass der Rückgang der Arbeitslosigkeit hier langsamer verlief als in anderen Gebieten des Reichs und das Land länger auf derartige Unterstützung angewiesen blieb.[8]

Trotz der vermeintlichen Attraktivität des Aufrüstungskurses des NS-Regimes behielten nicht wenige sächsische Unternehmen diese grundsätzliche Orientierung an den Weltmärkten bei, ungeachtet der Handelsschwierigkeiten während der Krise.[9] Ein Maschinenhersteller wie die Chemnitzer Wanderer-Werke AG war nicht bereit, mühsam errungene Exportmärkte zugunsten eines Rüstungsbooms aufzugeben, dessen Dauer die Unternehmensleitung ohnehin nicht als langfristig einschätzte. Aber nicht nur deshalb behielt dieses Unternehmen seine traditionelle Orientierung am Export bei, sondern auch, weil sich der Export für die Wanderer-Werke, einem Hersteller von Werkzeugmaschinen, Büromaschinen und Fahrrädern, aufgrund der vielfältigen, wenn auch bürokratiebeladenen Exportsubventionen des Regimes durchaus lohnte.[10] Es stand mit dieser Haltung nicht allein: Auch die ebenfalls in Chemnitz angesiedelte Auto Union AG konzentrierte sich neben dem Absatz auf dem Binnenmarkt darauf, den Export von Automobilen zu intensivieren; hierzu verdichtete sie in den 1930er-Jahren auch ihr Netz an Auslandsvertretungen. Im letzten Geschäftsjahr vor Kriegsbeginn hatte sich der Exportanteil am Umsatz dieses Unternehmens auf 14 Prozent erhöht.[11]

Der Autarkiekurs, den das „Dritte Reich" seit 1936 im Rahmen des „Vierjahresplans" mit dem Ziel verfolgte, die Abhängigkeit von wichtigen Rohstoffen aus dem Ausland deutlich zu verringern, um im Kriegsfall nicht von einer Seeblockade

---

6   Mit Ausnahme einiger Investitionen in die Zellwolle-Industrie, vgl. Karlsch/Schäfer, Wirtschaftsgeschichte, S. 207.
7   Vgl. Spoerer/Streb, Wirtschaftsgeschichte, S. 158.
8   Vgl. Karlsch/Schäfer, Wirtschaftsgeschichte, S. 200 f.
9   Vgl. generell zur Rolle des Exports in den ersten Jahren der NS-Herrschaft Michael Ebi, Export um jeden Preis. Die deutsche Exportförderung von 1932–1938, Stuttgart 2004.
10 Vgl. Michael C. Schneider, Unternehmensstrategien zwischen Weltwirtschaftskrise und Kriegswirtschaft. Chemnitzer Maschinenbauindustrie in der NS-Zeit 1933–1945, Essen 2005, S. 85–88, 128–140.
11 Rudolf Boch/Martin Kukowski, Kriegswirtschaft und Arbeitseinsatz bei der Auto Union AG Chemnitz im Zweiten Weltkrieg, Stuttgart 2014, S. 49.

bedroht werden zu können, stand dazu nicht im Widerspruch: Denn Autarkie war nicht sofort zu erreichen, und für den nach wie vor nötigen Import gerade auch rüstungsrelevanter Rohstoffe waren weiterhin Devisen unentbehrlich – und diese waren letztlich nur durch Exporte zu erwirtschaften.[12]

Aufrüstung, „Vierjahresplan" und Schwerindustrie

Vom „Vierjahresplan" selbst profitierte Sachsen nicht sonderlich: Da besonders die chemische Industrie mit synthetischem Benzin und synthetischem Kautschuk im Zentrum der Anstrengungen stand,[13] und diese Branche in Sachsen nicht stark vertreten war, war dieses Land nicht primäres Ziel der entsprechenden Investitionen. Immerhin erwies sich die sächsische Textilindustrie in hohem Maße als anschlussfähig an die Autarkiebestrebungen. Da die Textilindustrie im gesamten Reich unter den Restriktionen des Imports, insbesondere von Baumwolle, zu leiden hatte, zeigten sich wichtige sächsische Textilunternehmen, wie etwa die Leipziger Kammgarnspinnerei Stöhr & Co. AG gegenüber der Verwendung von synthetisch hergestellten Textilrohstoffen wie Zellwolle oder Kunstseide aufgeschlossen.[14] Ab 1935 ging der NS-Staat daran, die Produktion von Zellwolle systematisch voranzutreiben, und gründete dazu einige regionale Unternehmen, darunter die Sächsische Zellwolle AG. Mithilfe dieser Werke wurde der Bedarf an ausländischer Rohbaumwolle tatsächlich deutlich gesenkt, wenn auch auf Kosten der Qualität der produzierten Textilien.[15]

Zwar stand Sachsen nicht im Zentrum der Vierjahresplaninvestitionen, allerdings gab es mit der Stadt Leipzig und seiner weiteren Umgebung durchaus eine Region, die wesentlich stärker als andere Teile Sachsens bereits in die Aufrüstungswirtschaft eingebunden waren. Das erklärt sich überwiegend aus der Industriestruktur dieses Gebiets: Leipzig war nicht nur ein Zentrum des Handels, sondern auch des Maschinenbaus. Mit der Mitteldeutschen Stahlwerke AG verfügte Leipzig zudem über ein Unternehmen der Schwerindustrie, die in Sachsen sonst kaum vertreten war. Während der NS-Zeit gehörten die Mitteldeutschen Stahlwerke mit ihrem Zentrum in Riesa zum Flick-Konzern.[16] Dabei war das

---

12 Vgl. Ludolf Herbst, Das nationalsozialistische Deutschland 1933–1945. Die Entfesselung der Gewalt: Rassismus und Krieg, Frankfurt a. M. 1996, S. 119–129; zu Sachsen: Schneider, Unternehmensstrategien, S. 87–89.
13 Vgl. Spoerer/Streb, Wirtschaftsgeschichte, S. 158.
14 Vgl. Karlsch/Schäfer, Wirtschaftsgeschichte, S. 207.
15 Ebd., S. 208. Vgl. umfassend zur Textilindustrie Gerd Höschle, Die deutsche Textilindustrie zwischen 1933 und 1939. Staatsinterventionismus und ökonomische Rationalität, Stuttgart 2004; zur Gründung der Zellwolleunternehmen vgl. ebd., S. 97–106; zu den unverkennbaren Qualitätseinbußen vgl. ebd., S. 119–128.
16 Vgl. zum Flick-Konzern Kim Christian Priemel, Flick. Eine Konzerngeschichte vom Kaiserreich bis zur Bundesrepublik, Göttingen 2007; Flick. Der Konzern, die Familie, die Macht. Mit Beiträgen von Ralf Ahrens, Norbert Frei, Jörg Osterloh, Tim Schanetzky,

Produktionsprofil von „Mittelstahl" klar auf die Abnehmer in Mitteldeutschland ausgerichtet – was das Unternehmen in der Wirtschaftskrise auch besonders belastete.[17] In den Werken der Mitteldeutschen Stahlwerke in Riesa und Gröditz „entstanden nach 1933 neue Fertigungen für Rüstungszwecke (Granaten, Geschütze). 1939 hatte das Unternehmen rund 13 000 Beschäftigte und eine Rohstahlproduktion von 475 000 t."[18] In der Vorkriegszeit kam es Flick nicht zuletzt darauf an, mit der Geschützproduktion im Werk Gröditz zu zeigen, zu welchen Leistungen die Unternehmen des Konzerns gerade im Vergleich zur im Rüstungssektor etablierten Ruhrindustrie imstande waren.[19] Trotz dieser intensiven Bemühungen verlief der Einstieg der Mitteldeutschen Stahlwerke in das Rüstungsgeschäft eher schleppend, da die Konkurrenz der Ruhrkonzerne erheblich war.[20]

Es gab allerdings auch Unternehmen, deren Produktionsprofil zwar zunächst weiter von der Rüstungsproduktion entfernt war, die sich aber als anschlussfähig für die Aufrüstung erwiesen: Hierfür ist der Lampenhersteller Hugo Schneider AG (HASAG) ein Beispiel. Dieses Unternehmen bemühte sich bereits 1933/34 erfolgreich um Rüstungsaufträge und stellte seine Unternehmensstrategie gänzlich auf den kommenden Rüstungsboom um – typisch war ein solches Verhalten für sächsische Unternehmer indes nicht.[21]

Noch aus einem zweiten Grund konnte Nordwestsachsen eher von der Aufrüstungskonjunktur profitieren als andere Landesteile: Diese waren näher an der Grenze zur damaligen Tschechoslowakei gelegen, und diese Nähe zu einem potenziellen Feindstaat erschwerte die Vergabe von Rüstungsaufträgen in den 1930er-Jahren.[22] Das bedeutete freilich nicht, dass nicht schon Mitte der 1930er-Jahre auch nach Südwestsachsen Rüstungsaufträge vergeben werden konnten; insofern kann von der „Grenzlage" dieser Gebiete nicht auf ein generelles Verbot solcher Aufträge geschlossen werden.[23] Gleichwohl bleibt die größere Intensität, mit der der Raum um Leipzig in die Aufrüstung eingebunden wurde, unstrittig. Dies lässt sich auch an einer Bestandsaufnahme unmittelbar nach Kriegsbeginn feststellen: Wenn am 1. Januar 1940 „mindestens 146 zumeist größere Unternehmen direkt für die Kriegswirtschaft" arbeiteten, so hatte mit 32 Unternehmen Leipzig den größten Anteil, während Chemnitz und Dresden mit je 20 Unternehmen vertreten waren und sich die übrigen Unternehmen

---

München 2009; sowie speziell zur NS-Zeit: Der Flick-Konzern im Dritten Reich. Hg. von Johannes Bähr, Axel Drecoll, Bernhard Gotto, Kim Christian Priemel, Harald Wixforth, München 2008, hier S. 26, 30.
17 Vgl. Der Flick-Konzern im Dritten Reich, S. 32, Anm. 90.
18 Ebd., S. 85; detaillierter zu Gröditz ebd., S. 136 f.
19 Ebd., S. 136–138.
20 Ebd., S. 141.
21 Schneider, Fall Hugo Schneider AG (Hasag), S. 371–378.
22 Vgl. Karlsch/Schäfer, Wirtschaftsgeschichte, S. 213.
23 Vgl. Schneider, Unternehmensstrategien, S. 35.

über ganz Sachsen verteilten.[24] Allerdings gab es auch im Südwesten Branchen, die sich – über direkte Rüstungsgüter hinaus – als anschlussfähig für die Rüstungsindustrie erwiesen, wie insbesondere den Maschinenbau, der wichtige Vorprodukte für jede Rüstungsindustrie lieferte –, ohne dass dies in jedem Fall bedeutete, dass diese Unternehmen nun ganz auf die Rüstung setzten.[25]

Automobilindustrie und Luftrüstung

Zu den Branchen, die vom Aufschwung nach 1932/33 besonders profitierten, gehörte auch die Automobilindustrie, die in Sachsen im Wesentlichen durch die Auto Union AG in Chemnitz vertreten war. Die Modellpalette der verschiedenen Marken, mit denen die Auto Union nach ihrer Bildung auf den Markt trat, entsprach auf der einen Seite mit Klein- und Mittelklassewagen sowie Leichtmotorrädern recht genau der Nachfragestruktur, sodass sich die Gewinne rasch sehr positiv entwickelten. Ihren Marktanteil am gesamten Pkw-Absatz konnte die Auto Union von 16,1 (1932) auf stattliche 25,3 Prozent (1937) ausbauen; danach reduzierte sich ihr Anteil wieder etwas.[26] Auf der anderen Seite begann schon seit Mitte der 1930er-Jahre die immer deutlichere Ausrichtung der Gesamtwirtschaft auf die kriegsvorbereitende Rüstung die zivile Automobilproduktion generell, und damit auch der Auto Union, zu beeinträchtigen. Die hohen Wachstumsraten der Jahre nach 1932/33 konnten jetzt aufgrund von Materialengpässen nicht mehr gehalten werden.[27] Dem seit 1938 wachsenden Druck des Regimes, die Produktpaletten der Automobilfirmen im Interesse einer branchenweiten Rationalisierung der Produktion zu reduzieren, konnte die Auto Union, die über ein untypisch breites Produktportfolio verfügte, noch in bemerkenswertem Ausmaß standhalten.[28] Immerhin strahlte der Erfolg der Auto Union zumindest während der 1930er-Jahre auch deshalb auf ganz Sachsen aus, weil zunächst viele Zulieferbetriebe hier ihren Sitz hatten. Erst während des Zweiten Weltkrieges stellte die Auto Union ihre Zulieferwege zunehmend auf außersächsische Unternehmen um, nachdem die traditionellen Zulieferer den gestiegenen Kapazitätsanforderungen immer weniger gewachsen waren.[29] Allerdings stand die Auto Union vor 1939 nicht im Zentrum der Rüstungsanstrengungen des Regimes, auch wenn das Unternehmen natürlich Motoren und verschiedene Fahrzeugtypen an die Wehrmacht lieferte.[30]

---

24 Vgl. Karlsch/Schäfer, Wirtschaftsgeschichte, S. 217.
25 Vgl. Schneider, Unternehmensstrategien, S. 131–140.
26 Vgl. Boch/Kukowski, Kriegswirtschaft, S. 47.
27 Vgl. ebd., S. 45.
28 Vgl. ebd., S. 45 f.
29 Vgl. ebd., S. 50.
30 Ebd., S. 50–52.

Dass die Auto Union in Bezug auf die Versorgung mit Rüstungsaufträgen gegenüber anderen Herstellern wie etwa der Daimler-Benz AG zurückgefallen war,[31] lag in erster Linie an der überkommenen Produktpalette dieses Unternehmens, in der insbesondere Lkws fehlten. Nimmt man den Umsatz der Auto Union AG als Gradmesser für die Einbeziehung in die Rüstungsanstrengungen des Regimes, so zeigt ein Umsatzanteil von 84 Prozent (1937/38), der auf zivile Fahrzeuge entfiel, dass die Einbindung in die Rüstungskonjunktur bei diesem wie bei etlichen anderen sächsischen Unternehmen mit Zurückhaltung geschah.[32] Das bedeutete jedoch keineswegs, dass sich das Unternehmen von der Aufrüstung generell fernhielt: 1935 beteiligte sich die Auto Union zunächst als Mehrheitseigentümerin an der Gründung der Mitteldeutschen Motorenwerke GmbH in Taucha bei Leipzig, die für die Flugzeugindustrie Motoren herstellte. Im Zuge des raschen Ausbaus der Luftrüstung übernahm 1936 das Reichsluftfahrtministerium (über seine Finanzierungsgesellschaft, die Berliner Luftfahrtkontor GmbH) die überwiegenden Anteile des stark erhöhten Gesellschaftskapitals. Gleichwohl blieb de facto die Betreuung der Motorenwerke bei der Auto Union AG, die somit mindestens partiell zu diesem Konzern zu zählen sind.[33] Die Mitteldeutschen Motorenwerke entwickelten sich im weiteren Verlauf zum wichtigsten Produzenten von Junkers-Motoren neben dem Junkers-Werk in Dessau.[34]

Überhaupt war der Großraum Leipzig in der Phase der Aufrüstung zu einem Schwerpunkt der Flugzeugindustrie geworden, was neben den Mitteldeutschen Motorenwerken in erster Linie auf die Allgemeine Transportanlagen GmbH, Leipzig (ATG) zurückzuführen ist. Die ATG war noch vor der Machtübernahme Hitlers im Januar 1933 von den Mitteldeutschen Stahlwerken erworben worden und gehörte damit ebenfalls zum Flick-Konzern. Dieses Unternehmen, das zuvor Aufzüge und Förderanlagen für den Bergbau hergestellt hatte, konzentrierte fortan sein Produktionsprofil immer mehr auf den Flugzeugbau.[35] Zugute kam der Einbindung der ATG in die Aufrüstung der Luftwaffe dabei der Umstand, dass das Vorstandsmitglied der Mitteldeutschen Stahlwerke, Heinrich Koppenberg, im Dezember 1933 zum neuen Generaldirektor der Junkers Flugzeugwerke in Dessau (Sachsen-Anhalt) berufen wurde, seine enge Verbindung

---

31 Vgl. zu diesem Unternehmen Neil Gregor, Stern und Hakenkreuz. Daimler-Benz im Dritten Reich, Berlin 1997.
32 Boch/Kukowski, Kriegswirtschaft, S. 52. Als weiteres Beispiel für eine relative Zurückhaltung, trotz erheblicher Gewinnchancen, die sich durch die Rüstungskonjunktur boten, kann die Wanderer-Werke AG in Siegmar-Schönau dienen. Vgl. Schneider, Unternehmensstrategien, S. 131–140.
33 Boch/Kukowski, Kriegswirtschaft, S. 74 f.
34 Karlsch/Schäfer, Wirtschaftsgeschichte, S. 204, sowie ausführlich Peter Bessel/Peter Koch, Auto Union und Junkers. Die Geschichte der Mitteldeutschen Motorenwerke GmbH Taucha, Stuttgart 2003, S. 40–100. Vgl. auch Boch/Kukowski, Kriegswirtschaft, S. 74 f.
35 Zur ATG vgl. Der Flick-Konzern im Dritten Reich, S. 78–80, 135.

zum Flick-Konzern und damit zur ATG aber weiter aufrechterhielt.[36] Fortan entwickelte sich das Unternehmen zu einem wichtigen Lieferanten von Flugzeugzellen für Junkers; der Raum Leipzig wurde zu einem zentralen Standort der im mitteldeutschen Raum konzentrierten Luftfahrtindustrie.[37] Das lässt sich schon am Beschäftigtenzuwachs allein bei der ATG von 978 Personen (1933) auf 6 055 (1938) ablesen.[38] Diese regionenübergreifenden Verflechtungen zwischen den Unternehmen zeigen zugleich, dass eine isolierte Betrachtung der sächsischen Industrie nur in eingeschränktem Maß Aussagekraft für die Frage nach der Leistungsfähigkeit der hier angesiedelten Rüstungsindustrie besitzt; dafür waren die Verflechtungen mit außersächsischen Zuliefer- und Abnahmebetrieben zu ausgeprägt.[39] Das gilt nicht allein für Konzernzusammenhänge, wie sie im Fall des Flick-Konzerns offenkundig sind, sondern auch – für die Phase des Zweiten Weltkrieges – in besonderem Maß für die in seinen späteren Phasen wichtigen Dezentralisierungen der Kriegsproduktion, die ebenfalls nicht vor Landesgrenzen Halt machten.

Kriegswirtschaft

In den Jahrzehnten nach dem Zweiten Weltkrieg herrschte bei vielen Wirtschaftshistorikern die Auffassung vor, das NS-Regime habe bei seinen militärischen Eroberungen zunächst die Strategie verfolgt, in jeweils kurzen Feldzügen Gegner wie Polen und Frankreich rasch niederzuringen. Entsprechend habe die Führung darauf verzichtet, die Wirtschaft schon seit 1939 vollständig zu mobilisieren. Erst als diese Strategie ab Ende 1941 in Russland gescheitert sei, habe sie sich genötigt gesehen, noch unausgeschöpfte Ressourcen zu heben und die Wirtschaft des „Dritten Reichs" nunmehr vollständig auf einen „totalen Krieg" auszurichten. Die organisatorischen Veränderungen, die der seit Februar 1942 amtierende Rüstungsminister Albert Speer durchgesetzt habe, hätten dann ein „Rüstungswunder" ermöglicht, das noch nach dem Zweiten Weltkrieg nicht zuletzt die Alliierten nachhaltig beeindruckte. Von diesem Bild, an dessen Dauerhaftigkeit der im Nürnberger Hauptkriegsverbrecherprozess zu 20 Jahren Haft verurteilte Albert Speer über seine Memoiren selbst nach Kräften mitgewirkt hat, ist nach den Ergebnissen der neueren wirtschaftshistorischen

---

36 Vgl. Priemel, Flick, S. 330 f.; Lutz Budraß, Flugzeugindustrie und Luftrüstung in Deutschland 1918–1945, Düsseldorf 1998, S. 299–301.
37 Vgl. Priemel, Flick, 333 f.
38 Der Flick-Konzern im Dritten Reich, S. 136.
39 Vgl. zum Raum Leipzig als Zentrum der Luftrüstung auch Karlsch/Schäfer, Wirtschaftsgeschichte, S. 204 f. Dessen ungeachtet würde es die Grenzen dieses Beitrags überschreiten, diesen Verflechtungen systematisch nachgehen zu wollen; wichtig ist an dieser Stelle nur der Hinweis, dass die engen Verflechtungsbeziehungen bei einer umfassenden Analyse mit in Betracht bezogen werden müssten.

Forschung nicht mehr viel übrig geblieben: Weder war die Wirtschaft vor 1942 eine „Friedenswirtschaft im Krieg", noch waren es primär die Veränderungen in der Rüstungsorganisation in den Jahren nach 1942, die dazu führten, dass der Rüstungsausstoß anstieg – zumal der Eindruck dieses Anstiegs zumindest teilweise auf statistischen Artefakten beruhte.[40]

Vor dem Hintergrund dieser Diskussion zur NS-Kriegswirtschaft als Ganzer fällt es nicht ganz leicht, den spezifischen Beitrag Sachsens der sächsischen Wirtschaft zu den Kriegsanstrengungen des „Dritten Reichs" zu identifizieren. Dies aus mehreren Gründen: Zum einen reicht die Forschungslage für ein umfassendes Bild noch nicht aus,[41] und zum anderen war die sächsische Wirtschaft eben nur Teil eines umfassenderen Geschehens, waren die sächsischen Unternehmen eingebunden in reichsweite Rüstungsprogramme, deren Prioritäten nicht in Dresden, sondern in Berlin festgelegt wurden. Und schließlich hatte die geschilderte Spezifik der sächsischen Industriestruktur mit ihren Schwerpunkten auf der Konsumgüterindustrie und der Exportwirtschaft zur Folge, dass Schlussfolgerungen für die gesamte deutsche Kriegswirtschaft nur begrenzt gezogen werden können. Die nachfolgenden Passagen behandeln daher nicht die sächsische Wirtschaft als Ganze – gewissermaßen als eine regionale Volkswirtschaft –, sondern sie beleuchten die Erwartungen, die verschiedene sächsische Unternehmen in den verschiedenen Phasen des Krieges gebildet haben, und die auf diesen Erwartungen basierenden Strategien, die sie eingeschlagen haben.

Eine erste Erwartung, die man bei etlichen Unternehmen in den ersten Monaten nach 1939 finden kann, ist nicht überraschend. Die Leitung der Auto Union AG etwa ging zunächst von einem kurzen Krieg aus und versuchte daher nicht sofort, verstärkt in Anlagen zur Rüstungsgüterproduktion zu investieren. Allein einen kleinen Lkw wollte man ins Fertigungsprogramm aufnehmen, was nach vielversprechenden Anfängen seit Anfang 1942 jedoch an übergeordneten Plänen der Kriegswirtschaftsorganisation scheiterte.[42] Wichtig wurde allerdings sehr bald die Produktion von Torpedos für die Kriegsmarine.[43] Wenn also die Umstellung auf die Kriegsproduktion bei der Auto Union selbst eher zögerlich vonstatten ging und man dort bis etwa 1941 eine baldige Rückkehr zur Friedenswirtschaft erwartete, sah dies anders aus, wenn man den Konzern in seiner Gesamtheit betrachtet: Hierzu gehörten ja Unternehmen wie die Mitteldeutschen Stahlwerke, deren Produkte für die Kriegsproduktion unmittelbar relevant waren. Daher lag der Anteil der Rüstungsproduktion des Gesamtkonzerns 1941 schon bei 70 Prozent.[44]

---

40 Vgl. Tooze, Ökonomie, S. 495–531, 634–676; Tooze, No Room for Miracles; Spoerer/Streb, Wirtschaftsgeschichte, S. 179–192, jeweils mit weiterführender Literatur.
41 Vgl. als Zwischenbilanz die Passagen bei Karlsch/Schäfer, Wirtschaftsgeschichte, S. 216–226.
42 Vgl. Boch/Kukowski, Kriegswirtschaft, S. 88–94.
43 Vgl. ebd., S. 94.
44 Vgl. ebd., S. 98.

Etwas anders gestaltete sich die Einbindung eines Maschinenherstellers wie der Wanderer-Werke AG in die beginnende Kriegswirtschaft. Dieses Unternehmen produzierte mit Fräsmaschinen ein ohnehin für die Kriegswirtschaft wichtiges Investitionsgut, dessen Umsatzanteile bis 1941 deutlich anstiegen. Auch manche Büromaschinentypen, die sowohl für den Export – auch nach Kriegsbeginn – wichtig waren als auch die sich ausdehnende NS-Bürokratie versorgten, konnten ihre Umsatzanteile zunächst noch steigern. Gleichwohl nahmen ebenso die Wanderer-Werke die direkte Fertigung von Wehrmachtsgeräten auf, deren Anteile waren aber 1940 noch zu vernachlässigen und stiegen bis 1941 nur knapp über 15 Prozent.[45] Und auch bei solchen Aufträgen konnte das Unternehmen noch erfolgreich darauf achten, dass sie zum bisherigen Produktionsprofil passten.[46] Im Verlauf des Jahres 1941 setzte sich allerdings im Vorstand von Wanderer die Erkenntnis durch, dass nur eine Ausdehnung der Kriegsproduktion das Unternehmen mittelfristig vor dem Abzug von Arbeitskräften und damit der zentralen Basis jeder Produktion würde schützen können.[47]

Der Flick-Konzern, der schon in der Vorkriegszeit für die rüstungsrelevante Stahlproduktion in Sachsen große Bedeutung gewonnen hatte, erweiterte seinen Einflussbereich, indem er die Sächsischen Gussstahlwerke Döhlen AG (SGW) in Freital erwarb. Sie blieben zwar zu ca. 50 Prozent im Besitz des sächsischen Staats – wie bei der Auto Union war auch hier der Staat Sachsen in der Weltwirtschaftskrise eingesprungen, um das Unternehmen vor dem Zusammenbruch zu retten.[48] Und auch wenn das Land Sachsen nach 1939 noch die Mehrheit am Aktienkapital der SGW besaß, so gehörte das Unternehmen „dem Produktionszusammenhang nach" klar zum Flick-Konzern.[49] Nach Kriegsbeginn und im weiteren Verlauf des Krieges stiegen die Umsätze der Mitteldeutschen Stahlwerke zwar nochmals deutlich an (um über 50 Prozent 1943/44 gegenüber 1938/39). Allerdings waren die Zuwachsraten nicht mehr so ausgeprägt wie in den Vorkriegsjahren – andererseits aber deutlich höher als etwa bei Krupp, was nicht zuletzt daran lag, dass der Flick-Konzern in höherem Maße als andere Unternehmen auf eine eigene Kohlenversorgung zurückgreifen konnte und auf diese Weise Engpässe bei der Versorgung mit diesem zentralen Rohstoff leichter ausgleichen konnte.[50] Nicht nur bei der Stahlerzeugung und der Herstellung von weiteren Rüstungsgütern bei den Unternehmen der Mitteldeutschen Stahlwerke war der Flick-Konzern eine wichtige Säule der sächsischen Kriegsproduktion, sondern auch im Flugzeugbau: Die ATG weitete ihre Flugzeugproduktion deutlich aus, in erster Linie für Junkers, aber auch für die Hersteller Heinkel und Focke-Wulf. Dieser Ausbau lässt sich beispielsweise an der Beschäftigtenzahl ablesen, die bei der ATG bis 1942 auf

---

45 Vgl. Schneider, Unternehmensstrategien, S. 235–244, 507.
46 Vgl. ebd., S. 245–251.
47 Vgl. ebd., S. 261 f.
48 Vgl. Der Flick-Konzern im Dritten Reich, S. 473 f. und Anm. 4.
49 Vgl. ebd., S. 474.
50 Vgl. ebd., S. 475 f., 481.

8 000 Mitarbeiter anstieg.⁵¹ Auch die HASAG dehnte ihre Munitionsproduktion deutlich aus, indem sie eine Reihe von Zweigwerken errichtete und auf diese Weise zum größten sächsischen Unternehmen heranwuchs, wenn man die Beschäftigtenzahlen und den Umsatz als Indikator heranzieht.⁵² Insgesamt also weiteten solche Unternehmen, die schon vor 1939 auf die Aufrüstung gesetzt hatten, ihre Kriegsproduktion weiterhin aus; dort allerdings, wo sich Alternativen im Produktionsprogramm fanden, versuchte ein Unternehmen wie die Wanderer-Werke AG, sich Optionen für eine künftige Friedenswirtschaft offenzuhalten. Vor den Möglichkeiten, die die militärische Expansion des „Dritten Reiches" bot, machten dessen ungeachtet nicht wenige sächsische Unternehmen Gebrauch.

Hier steht wiederum die HASAG mit an erster Stelle, die schon bald nach Kriegsbeginn mehrere ehemals staatliche polnische Rüstungsbetriebe in Kielce und Kamienna übernahm. In diesen Werken produzierten Tausende von jüdischen Zwangsarbeitern unter unmenschlichen Bedingungen, sodass – unter direkter Verantwortung der Werksleitung – hier bis zum Kriegsende bis zu 22 000 Menschen ums Leben kamen, entweder aufgrund der grauenhaften Arbeitsbedingungen oder durch direkte Ermordung etwa von schwangeren Frauen oder von aus anderen Gründen als arbeitsunfähig eingestuften Menschen.⁵³

Die Auto Union versuchte ebenfalls bald nach dem Sieg über Frankreich, ähnlich wie auch andere deutsche Automobilhersteller, Produktionskapazitäten in Frankreich für die eigene Herstellung nutzbar zu machen.⁵⁴ Dabei konzentrierte sie sich zunächst darauf, Hersteller von Ersatzteilen oder von in Deutschland nur noch schwer beschaffbaren Werkzeugen zu beauftragen. Bald zeigte sich jedoch, dass die Auto Union hier anfangs nur geringe Erfolge vorweisen konnte, offenbar auch deshalb, weil sie ihr „Büro Paris" zunächst nur unzureichend mit Personal ausstattete.⁵⁵ Im Herbst 1942 allerdings erreichte die Auto Union den Zugriff auf Citroën und insbesondere Teile der dortigen Belegschaft, die dann für die Werke der Auto Union „ausgekämmt" wurden. So verwundert es nicht, dass Franzosen 1943 die „größte Nationalitätengruppe unter den ausländischen Arbeitskräften" dieses Unternehmens repräsentierten.

---

51 Vgl. ebd., S. 483 f.
52 Vgl. Karlsch/Schäfer, Wirtschaftsgeschichte, S. 219.
53 Vgl. Mark Spoerer, Zwangsarbeit unter dem Hakenkreuz. Ausländische Zivilarbeiter, Kriegsgefangene und Häftlinge im Deutschen Reich und im besetzten Europa 1939–1945, Stuttgart 2001, S. 54 f.; Felicja Karay, Wir lebten zwischen Gedichten und Granaten. Das Frauenlager der Rüstungsfabrik HASAG im Dritten Reich, Köln 2001.
54 Vgl. zu Ford Peter Leßmann, Ford Paris under the Sway of Ford Cologne in 1943. In: German Yearbook on Business History 1994, S. 103–123; zu Volkswagen Manfred Grieger/Hans Mommsen, Das Volkswagenwerk und seine Arbeiter im Dritten Reich, Köln 1996, S. 650–676.
55 Vgl. Boch/Kukowski, Kriegswirtschaft, S. 103–106; zur deutschen Okkupationspolitik in Frankreich mit weiterführender Literatur vgl. Marcel Boldorf, Die gelenkte Kriegswirtschaft im besetzten Frankreich (1940–1944). In: Marcel Boldorf/Christoph Buchheim (Hg.), Europäische Volkswirtschaften unter deutscher Hegemonie 1938–1945, München 2012, S. 109–130.

Das „Büro Paris" war dann bis zum Rückzug aus Frankreich dafür zuständig, Fertigungskapazitäten für Engpassteile in Frankreich ausfindig zu machen und dort Aufträge der Auto Union unterzubringen.[56]

Ähnlich wie die Auto Union AG und andere Automobilhersteller interessierte sich auch die Wanderer-Werke AG für Möglichkeiten in den besetzten Gebieten und insbesondere in Frankreich. Aber im Unterschied zur Auto Union ging es den Wanderer-Werken nicht darum, eine Entlastung für knappe Rohstoffe und Produktionskapazitäten zu finden. Denn anders als die Auto Union AG verfolgte die Wanderer-Werke AG ihre Expansion ins besetzte Europa mit einer kohärenten Strategie. Das Unternehmen beabsichtigte, seine Marktposition auf dem Gebiet der zukunftsträchtigen Lochkartenmaschinen deutlich auszubauen. Lochkartenmaschinen, die zu den elektromechanischen Vorläufern heutiger Computer zählen, wurden im Wesentlichen von der US-amerikanischen International Business Machines Corp. (IBM) hergestellt und über Tochtergesellschaften, in Deutschland der Dehomag, vertrieben. Dieses weltweit tätige Unternehmen besaß auf dem Gebiet der Lochkartenmaschinen nahezu ein Monopol, und dieses hofften die Wanderer-Werke aufzubrechen. Dazu suchten sie eine Kooperation mit einem französischen Hersteller, der Compagnie des Machines Bull (CMB), Paris, einzugehen, und sich dabei den Umstand zunutze zu machen, dass große Teile Frankreichs seit Juni 1940 von deutschen Truppen besetzt waren. Insbesondere plante Wanderer, sich den deutlichen Entwicklungsvorsprung von CMB zunutze zu machen, um auf diese Weise die patentrechtlich gut geschützte Position von IBM durch Neuentwicklungen anzugreifen. Allerdings erwies es sich im Verlauf der Jahre bis zur Befreiung von Paris, dass weder die Machtmittel der Wanderer-Werke ausreichten, um sich durch Druck die französische Firma gefügig zu machen, noch die technologische Kompetenz der Wanderer-Werke hinreichte, um wirklich mit IBM gleichzuziehen. Allein die Verhandlungen über einen Kooperationsvertrag mit CMB zogen sich knapp zwei Jahre, bis zum Dezember 1942, hin.[57] Letztlich kam dieser Vertrag zwar zustande, führte aber nicht zu dem gewünschten Ergebnis, die Vormachtstellung der IBM-Tochter in Deutschland zu gefährden. Dieses Scheitern ist letztlich auf die fehlende Bereitschaft des NS-Regimes zurückzuführen, die Patente der IBM über eine Zwangslizenz den Wanderer-Werken zur Verfügung zu stellen.[58]

Auch für mehrere Chemnitzer Textilhersteller ist zumindest das konkrete Interesse dokumentiert, nach Beginn des Zweiten Weltkrieges in die besetzten Gebiete zu expandieren und Textilunternehmen im besetzten Polen oder in Belgien zu übernehmen.[59] Die größte Skrupellosigkeit, nicht nur an den ökonomi-

---

56 Vgl. Boch/Kukowski, Kriegswirtschaft, S. 208–213, Zitat 212.
57 Hierzu und zum Folgenden Schneider, Unternehmensstrategien, S. 283–318. Zur Lochkartentechnologie jetzt umfassend Lars Heide, Punched-Card Systems and the Early Information Explosion, 1880–1945, Baltimore 2009.
58 Vgl. Schneider, Unternehmensstrategien, S. 403–426.
59 Vgl. Schneider, Bank-Industriebeziehungen in Sachsen, S. 221 f.

schen Möglichkeiten der Eroberungspolitik zu partizipieren, sondern auch an den Saumgrenzen des Holocaust zu operieren, legte allerdings ein Hersteller von Rechenmaschinen an den Tag: die Chemnitzer Astrawerke AG. Dieses Unternehmen ergriff im Herbst 1941 die Möglichkeit, Addiermaschinen im jüdischen Ghetto von Warschau von jüdischen Arbeitskräften herstellen zu lassen, und schreckte dabei auch nicht vor den grauenhaften Lebensumständen der Insassen zurück, die bereits zu Tausenden der nationalsozialistischen Hungerpolitik zum Opfer fielen.[60] Dessen ungeachtet nahm die Chemnitzer Firma die Produktion im Frühsommer 1942 auf. Dies geschah keineswegs, um das Leben der bei den Astrawerken beschäftigten Juden zu retten; vielmehr koppelte die Leitung vor Ort die Auszahlung von Lohn immer an die konkrete Arbeitsleistung. Im Juli 1942 wurden die Astra-Manager Augenzeugen der Liquidierung des Ghettos; ihre jüdischen Arbeitskräfte wurden Opfer der nationalsozialistischen Vernichtungspolitik. Anschließend führte man die Produktion mit polnischen Arbeitskräften fort. Dies zeigt, dass zumindest die Manager vor Ort in Warschau die Perspektive verfolgten, eine dauerhafte Dependance in Osteuropa mit Blick auf die Nachkriegszeit einzurichten, und nicht nur konkrete Entlastung für die Produktion von konsumnahen Gütern während des Krieges suchten.[61]

Fragt man nun nach den Auswirkungen, die die Veränderungen der Kriegswirtschaftsorganisation schon unter dem Munitionsminister Fritz Todt als auch unter seinem Nachfolger Speer bei sächsischen Unternehmen nach sich zogen, dann fallen zwei Aspekte ins Auge: Zum einen nahm unverkennbar der Druck zu, die Anzahl der produzierten unterschiedlichen Typen, insbesondere im Maschinenbau, zu reduzieren. Dies diente der Rationalisierung der gesamten Kriegsproduktion und lag daher im Interesse der Rüstungswirtschaft. Es lag allerdings nicht im Interesse eines einzelnen Maschinenherstellers, dem an einer breiten Produktpalette für möglichst viele unterschiedliche Bedürfnisse und Anwender gelegen war. Den Wanderer-Werken gelang es in diesem Prozess, anders als etlichen Konkurrenten, sein breites Produktionsprofil an Fräsmaschinen noch bis 1944 weitgehend aufrecht zu erhalten – sogar ohne dass dieses Unternehmen bei den relevanten Stellen der Speer'schen Rüstungsbürokratie (hier im Hauptausschuss Maschinen) direkt vertreten gewesen wäre.[62] Andere Unternehmen hatten nicht so viel Glück: Die Chemnitzer Maschinenfabrik Kappel AG, die Drehbänke und Schreibmaschinen herstellte, geriet seit Ende 1942 vorübergehend in den Sog des „Adolf-Hitler-Panzerprogramms", in dessen Zusammenhang Chemnitz mit der Auto Union zu einem Schwerpunkt der Panzermotorenherstellung wurde – solange Kappel diesem Programm zugeordnet war, erwies es sich als kaum möglich, seine Drehbankproduktion aufrecht zu

---

60 Vgl. Schneider, Unternehmensstrategien, S. 338–344.
61 Vgl. ebd., S. 440–451.
62 Vgl. ebd., S. 426–431.

erhalten. Erst nach einem weiteren Wechsel der Zuständigkeiten gelang es dem Unternehmen, die Maschinenproduktion in eingeschränktem Umfang aufrecht zu erhalten und Rüstungsaufträge für andere Unternehmen auszuführen.[63]

Skepsis ist auch bei einer weiteren Initiative der Speer'schen Rüstungsbürokratie angebracht, nämlich dem Versuch, Rationalisierungseffekte durch überbetrieblichen „Erfahrungsaustausch" zu bewirken. Diese Frage war für die sächsische Kriegswirtschaft von besonderem Interesse, war es doch die Intention, regionale Rationalisierungspotentiale durch die Zusammenarbeit von Unternehmen mit ähnlichem Produktionsprofil freizulegen. Zwar sind für die Jahre nach 1942 einige Versuche von sächsischen Werkzeugmaschinenherstellern dokumentiert, beispielsweise die verschiedenen Methoden des Rechnungswesen zu vergleichen – wie groß die Rationalisierungspotenziale allerdings tatsächlich gewesen sind, die aus solcher Zusammenarbeit resultierten, muss angesichts einer schwierigen Quellenlage dahingestellt bleiben. Das unternehmerische Interesse, wichtige Betriebsgeheimnisse der Konkurrenz nicht bekannt werden zu lassen, scheint überwogen zu haben.[64] Dort, wo schon seit Kriegsbeginn Unternehmen in Sachsen in der Tat auf den Gebieten einzelner Güter für das Militär, z. B. Zünder oder Granaten, zusammenarbeiteten, handelte es sich nicht um Hochtechnologiegüter, sodass ein Wissensabfluss aus Sicht der Unternehmen nicht zu befürchten war.[65]

Auch wenn einem bereitwilligen Austausch von Betriebsgeheimnissen im Rahmen von „Erfahrungsaustauschgruppen" wohl Grenzen gesetzt waren, so wurde doch in der zweiten Kriegshälfte die Einbindung in überregionale Rüstungsverbünde immer bedeutsamer. Mit am wichtigsten für die Kriegswirtschaft des „Dritten Reichs" war hier sicher der Erfolg der Auto Union AG, ab 1943 führend bei der Produktion „schwerer Panzermotoren nach Maybach-Lizenz" beteiligt zu werden. Am Anfang waren Anlaufschwierigkeiten der Produktion unverkennbar. Aber insbesondere die Versorgung mit Material verbesserte sich seit Mai 1944 ganz erheblich, nachdem der Kooperationspartner Maybach in Friedrichshafen bei einem Luftangriff schwere Schäden erlitten hatte. Bis zum Luftangriff auf Chemnitz am 11. September 1944 lag hier das Zentrum der Produktion schwerer Panzermotoren.[66]

Wenn es darüber hinaus ein wichtiger Bestandteil der Legende vom Speer'schen Rüstungswunder war, dass es erst seit seinem Amtsantritt gelungen sei, Rationalisierungseffekte in der Kriegsproduktion zu bewirken, so hat die neuere Forschung herausgearbeitet, dass solche Effekte in vielen Bereichen schon lange

---

63 Vgl. ebd., S. 456–466.
64 Vgl. Schneider, Unternehmensstrategien, S. 435–440, 475 f. Diese „Erfahrungsaustauschgruppen" griffen auf überbetriebliche Rationalisierungsbemühungen zurück, die bis in die Zeit vor der NS-Machtübernahme zurückreichen. Vgl. ebd., S. 153–155.
65 Schneider, Unternehmensstrategien, S. 252–262.
66 Vgl. Boch/Kukowski, Kriegswirtschaft, S. 198–208, Zitat 198.

zuvor gegriffen haben, nicht zuletzt in der Flugzeugindustrie.[67] Spezialuntersuchungen zum Leipziger Flugmotorenbau können diese allgemeine Feststellung unterstützen: So wurden schon 1939 Zeiteinsparungen beim Bau eines Flugmotors (Jumo 211) bei den Mitteldeutschen Motorenwerken in Höhe von über 20 Prozent erreicht. Dies gelang sowohl aufgrund von Skaleneffekten durch die Produktion größerer Stückzahlen als auch aufgrund von Reduzierungen von Ansprüchen an die Qualität der Motoren, soweit dies vertretbar schien.[68]

Die Rüstungsindustrie Sachsens wurde in der zweiten Kriegshälfte immer wichtiger für die Rüstungsproduktion des Reiches, weil sich Sachsen noch 1942 sicher vor Luftangriffen der Alliierten wähnte. Seit Mitte 1943 führte dieser Umstand zu Produktionsverlagerungen in dieses Gebiet, besonders aus dem Ruhrgebiet und aus Berlin.[69] Hier überschnitt sich das Interesse vieler in die Rüstungsproduktion involvierter Unternehmen mit dem Interesse des Rüstungsministers, die Rüstungsproduktion weiter auszudehnen. Gerade auch sächsische Unternehmen, beispielsweise der Textilindustrie, gerieten so ins Blickfeld von solchen Unternehmen, die Rüstungsgüter herstellten[70] und insbesondere an der Ausschöpfung und Umsetzung dieses Arbeitskräftereservoirs in die Rüstungsfertigung interessiert waren.[71]

Weil die Reichweite der alliierten Bomberverbände ständig anwuchs, geriet aber auch das sächsische Industriegebiet zunehmend in das Visier der Luftangriffe. Sie konzentrierten sich zunächst auf Leipzig, das am 4. Dezember 1943 von einem schweren Angriff heimgesucht wurde, allerdings ohne dass die Industriegebiete bei diesem Angriff großen Schaden genommen hätten – vor allem die innerstädtischen Wohngebiete waren dabei betroffen.[72] Freilich gab es auch Unternehmen, die durch diesen Luftangriff stark beeinträchtigt wurden. So sind etwa die Produktionsanlagen der Bleichert Transportanlagen GmbH, die zu dieser Zeit Förderbänder und Elektrokarren herstellte, etwa zur Hälfte zerstört worden.[73] Nachdem sich die Entwicklung abzeichnete, dass Sachsen ebenfalls verstärkt Luftangriffen ausgesetzt sein würde, gingen verschiedene Unternehmen dazu über, ihre Produktion zu dezentralisieren und auch in annektierte benachbarte Gebiete zu verlagern.[74]

---

67 Vgl. Lutz Budraß/Jonas Scherner/Jochen Streb, Fixed-price contracts, learning, and outsourcing: explaining the continuous growth of output and labour productivity in the German aircraft industry during the Second World War. In: Economic History Review, 63 (2010), S. 107–136.
68 Vgl. Bessel/Kohl, Auto Union, S. 106.
69 Karlsch/Schäfer, Wirtschaftsgeschichte, S. 223 f.; Schneider, Wirtschaftsentwicklung, S. 82 f.
70 Vgl. Bessel/Kohl, Auto Union, S. 223.
71 Vgl. hierzu den Beitrag von Silke Schumann in diesem Band.
72 Vgl. Rainer Behring, Das Kriegsende 1945. In: Clemens Vollnhals (Hg.), Sachsen in der NS-Zeit, Leipzig 2002, S. 224–238, hier 225 f.
73 Vgl. Oliver Werner, Ein Betrieb in zwei Diktaturen. Von der Bleichert Transportanlagen GmbH zum VEB VTA Leipzig 1932 bis 1963, Stuttgart 2004, S. 60.
74 Vgl. Schneider, Unternehmensstrategien, zum Beispiel der Wanderer-Werke AG, S. 385–388.

Eines von vielen dieser Unternehmen, die zumindest Teile ihrer Produktion verlagerten, waren die Mitteldeutschen Motorenwerke, deren Leitung einen solchen Schritt bereits vor dem Luftangriff auf Leipzig Anfang Dezember 1943 erwogen hatte.[75] Die Produktion wurde in Gebäude namhafter Textilunternehmen in Morchenstern und Plaw im Sudetengau verlagert, und in der Tat konnte wahrscheinlich ab dem Spätsommer 1944 in beiden Werken die Produktion aufgenommen werden. Zwar erreichte die Produktion die ursprünglichen Planungsziele wohl nicht, trug aber ebenso wie parallel begonnene kleinere Verlagerungen in sächsische Textilmaschinenunternehmen dazu bei, den Ausstoß der Luftrüstung noch bis Sommer 1944 ansteigen zu lassen – auf den Rücken der ausgebeuteten Zwangsarbeiter. Auch die Auto Union AG begann im Verlauf des Jahres 1944, die Panzermotorenproduktion unter Tage in ein Höhlensystem in Leitmeritz in Böhmen zu verlagern. Hierzu griff die Auto Union (über eine eigens gegründete Tochtergesellschaft Elsabe AG) in Kooperation mit der SS auch auf die Zwangsarbeit von KZ-Häftlingen und anderen Zwangsarbeitern zurück. Von den bis zu 18 000 solcherart zur Arbeit gezwungenen Menschen überlebte etwa „ein Viertel bis ein Drittel den Einsatz nicht".[76] Einerseits ermöglichte die Dezentralisierung der Produktion überhaupt die Fortsetzung der Rüstungsproduktion unter den Bedingungen ständiger Luftangriffe, andererseits erhöhte die Dezentralisierung auch die Verwundbarkeit der Produktion angesichts der vielfach aufeinander bezogenen Liefernetzwerke – schon die Zerstörung eines Verkehrsknotenpunkts konnte für längere Zeit die Produktion eines komplexen Rüstungsguts wie eines Flugzeugs zum Erliegen bringen.[77]

Insgesamt bewirkte die intensive Einbindung der sächsischen Wirtschaft zweifellos massive Verschiebungen in ihrer Struktur: von Konsumgütern zu Investitionsgütern und Kriegsgerät. Aber es muss fraglich bleiben, ob diese Strukturverschiebungen von Dauer waren: Denn schon unmittelbar vor Kriegsende und nachdem die sowjetische Besatzung absehbar wurde, entschieden sich viele der hier erwähnten Unternehmen, in die Westzonen abzuwandern – so die Wanderer-Werke AG und die Auto Union AG. Und dann führte die sowjetische Demontagepolitik und die Strategie, die Wirtschaft der SBZ/DDR auf den entstehenden Ostblock auszurichten, erneut zu tief greifenden Strukturverschiebungen, die weitere Kontinuitätslinien zur sächsischen Wirtschaft vor der Weltwirtschaftskrise endgültig abreißen ließen.

---

75 Vgl. hierzu und zum Folgenden: Bessel/Kohl, Auto Union, S. 242–256.
76 Boch/Kukowski, Kriegswirtschaft, S. 226–232, Zitat S. 231, sowie S. 354–358. Es wird aus diesen Passagen allerdings nicht deutlich, in welchem Umfang dort tatsächlich in der letzten Kriegsphase noch die Produktion von Panzermotoren aufgenommen wurde.
77 Vgl. zu den Auswirkungen des Bombenkriegs Tooze, Ökonomie, S. 684–686, und speziell zu den Zerstörungen der Verkehrswege ebd., S. 744 f.; Richard J. Overy, Die Wurzeln des Sieges. Warum die Alliierten den Zweiten Weltkrieg gewannen, Stuttgart 2000, S. 170–173.

„Ja, liebes Kind, das Leben ist nicht immer zuckersüß."
Zum Alltag der sächsischen Kriegsgesellschaft im Jahr 1943

Francesca Weil

Die unmittelbaren Auswirkungen des Zweiten Weltkrieges erreichten Sachsen vergleichsweise spät. Obwohl Reichspropagandaminister Joseph Goebbels am 18. Februar 1943 in Berlin zum „totalen Krieg" aufrief und die endgültige Kriegswende im Sommer des Jahres eintrat, blieb das Alltagsleben großer Teile der sächsischen Bevölkerung, bis zum Bombenangriff auf Leipzig im Dezember 1943, lediglich, aber maßgeblich von einer „erhöhten Mobilität" geprägt.[1] Dazu zählten der anwachsende Zustrom von Bombenkriegsflüchtlingen, die Ein- und Abberufung einer ständig steigenden Zahl von Männern an die Fronten und in die besetzten Gebiete sowie die damit verbundene Zunahme von weiblichen Arbeitskräften, aber vor allem von ausländischen Zwangsarbeitern in den Rüstungsbetrieben.[2] Seit 1942 wurden große Teile der Rüstungsproduktion aus bombengefährdeten Regionen nach Sachsen verlagert, da sich das Land in den ersten Kriegsjahren noch außerhalb der Reichweite von alliierten Bomberflotten befand. In der Folgezeit entwickelte sich Sachsen zur „Rüstungskammer" des „Dritten Reichs"; zahlreiche mittelständische Traditionsbetriebe avancierten zu expandierenden Rüstungskonzernen[3] und damit zu großen Ausbeutungskomplexen von Zwangsarbeitern. In Sachsen war zwar kein größeres, bis in den Zweiten Weltkrieg hinein bestehendes Konzentrationslager errichtet worden, aber auch hier existierte ein ausgedehntes (Außen-)Lagersystem: 1943 gab es eine Reihe von Kriegsgefangenenlagern[4] und fast flächendeckend zahlreiche Zwangsarbeitslager.[5] Die sächsische Kriegsgesellschaft setzte sich – wie

---

1 Vgl. Rainer Behring, Das Kriegende 1945. In: Clemens Vollnhals (Hg.), Sachsen in der NS-Zeit, Leipzig 2002, S. 224–249, hier 224.
2 Vgl. ebd., S. 224 f.
3 Vgl. Michael C. Schneider, Die Wirtschaftsentwicklung von der Wirtschaftskrise bis zum Kriegsende. In: Vollnhals (Hg.), Sachsen, S. 72–84, hier 75, 83.
4 Vgl. u. a. Jörg Osterloh, Ein ganz normales Lager. Das Kriegsgefangenen - Mannschaftslager 304 (IV H) Zeithain bei Riesa/Sa. 1941 bis 1945, Leipzig 1997.
5 Vgl. Fremd- und Zwangsarbeit in Sachsen 1939–1945. Hg. vom Sächsischen Staatsarchiv Leipzig, Dresden 2002.
    Zwischen Sommer 1944 und Frühjahr 1945 kamen 54 Außenlager bzw. -kommandos in sächsischen Städten und Dörfern hinzu, die den großen KZ-Hauptlagern, dem bayerischen Flossenbürg, dem thüringischen Buchenwald und dem niederschlesischen Groß-Rosen, unterstanden. Vgl. Ulrich Fritz, Verwischte Spuren. Die ehemaligen Außenlager des KZ Flossenbürg in Sachsen. In: Dachauer Hefte, 24 (2008), S. 46–62.

andernorts auch – vor allem aus Frauen, Kindern, älteren Männern, Tausenden ausländischen Zwangsarbeitern und immer mehr Flüchtlingen zusammen.

Ausgehend von den weitreichenden Anforderungen, welche die NSDAP-Gauleitung mit Martin Mutschmann[6] an der Spitze während des „totalen Krieges" an die Bevölkerung stellte, wird im Folgenden die soziale Wirklichkeit in Sachsen in den Blick genommen. Personen werden hierbei als gesellschaftliche Akteure mit eigenen Motivationen, Initiativen und Handlungsspielräumen begriffen. Letztendlich geht es um eine Sichtweise, welche die (unterschiedliche) Teilhabe und Teilhabemöglichkeiten der Vielen am Regime in den Mittelpunkt rückt. Hierfür erweist sich die Untersuchung des Kriegsalltags als erkenntnisreich. Dieser wird vor allem anhand von autobiografischen Zeugnissen wie selbst verfassten ausführlichen Lebensläufen, Tagebüchern und Briefen[7] aus dieser Zeit, aber auch in Erinnerungsberichten[8] konkret und in seiner Vielfalt deutlich. Wie sah der Alltag, genauer die verschiedenen Formen von alltäglichem Leben, in Sachsen während des „totalen Krieges" tatsächlich aus? Wie reagierten einzelne Personen auf die propagandistischen Aufrufe der NSDAP-Führung zum „totalen Einsatz"? Welche Veränderungen für den Alltag brachten die damit verbundenen Anforderungen für die jeweiligen Personen mit sich? Inwiefern nutzten die Menschen die angebotenen Formen der Unterhaltung oder Ähnliches, um sich abzulenken? Welche Gemeinsamkeiten und Unterschiede im Reflektieren und Handeln der Menschen sind feststellbar?

---

6 Vgl. hierzu den Beitrag von Mike Schmeitzner in diesem Band und ders., Der Fall Mutschmann, Sachsens Gauleiter vor Stalins Tribunal, Beucha 2011.

7 Autobiografische Texte wie Briefe und Tagebücher sind „soziale Texte" und müssen – wie andere Quellen auch – einer Quellenkritik unterzogen werden, denn sie sind kein Abbild von Wirklichkeit, sondern ein „vieldeutiges Konstrukt wirklicher Erfahrungen", das auf individuellen wie gesellschaftlichen Vorgaben basiert. Nach Astrid Irrgang stellt sich als methodisches Problem die Herausforderung, wie sich Denken, Fühlen und Handeln erfassen und darstellen lassen, damit der Anspruch auf wissenschaftliche Relevanz erhoben werden kann. Eine Antwort liege im Bemühen um Schlüssigkeit in der Rekonstruktion jedes Einzelfalls. Vgl. Astrid Irrgang, Feldpost eines Frontsoldaten. In: Aus Politik und Zeitgeschichte, 14–15/2007, S. 41–46, hier 43.
Hinzu kommt, dass vor allem Briefe, aus der Sorge heraus, sie könnten auch von anderen als den Adressaten gelesen werden, einer Selbstzensur unterliegen konnten. Das traf einmal mehr für die Zeit des Zweiten Weltkrieges zu, in der Feldpostbriefe und Briefe im grenzüberschreitenden Postverkehr, wenn auch nur stichprobenartig, überprüft wurden. Vgl. Klaus Latzel, Deutsche Soldaten – nationalsozialistischer Krieg? Kriegserlebnis – Kriegserfahrung 1939–1945, Paderborn 1998, S. 25–31.

8 Erinnerungsberichte müssen einmal mehr quellenkritisch analysiert werden, denn zum einen spiegeln sich in ihnen die unterschiedlichsten subjektiven Wahrnehmungen der politischen und persönlichen Verhältnisse der damaligen Zeit wider, zum anderen sind sie häufig durchsetzt mit Erklärungen und Interpretationen der gegenwärtigen (Lebens-) Zeit. Denn lebensgeschichtliche Erzählungen sind immer „Rekonstruktionen der Vergangenheit aus dem Heute, keine Abbilder; sie sind nicht das Sammelsurium dessen, was ein Einzelner insgesamt objektiv durchlebt hat, sondern sie sind strukturierte Selbstbilder aus der Gegenwart". Werner Fuchs-Heinritz, Biografische Forschung, Eine Einführung in die Praxis und Methoden, 3., überarbeitete Auflage Wiesbaden 2005, S. 53.

Für die hier vorliegende verkürzte Version eines Abschnitts aus einer Studie zur späten sächsischen Kriegsgesellschaft wurden Dokumente von 13 Verfassern verwendet,[9] die in verschiedenen Regionen Sachsens lebten, unterschiedlichen Alters waren und sich in verschiedensten privaten, beruflichen und politischen Lebenszusammenhängen befanden. Sie schilderten nicht nur persönliche Erlebnisse, Erfahrungen und Wahrnehmungen, sondern mitunter auch Probleme und Situationen ihrer Adressaten, auf die sie in ihren Texten eingingen. Darüber hinaus berichteten sie über das Verhalten anderer Menschen in ihrem Umfeld. Mit Sicherheit ergibt sich daraus kein repräsentatives Bild im eigentlichen Sinne, aber es öffnet sich ein Panorama, das die Vielfalt des alltäglichen Lebens im Jahr 1943 widerspiegelt und in einem gewissen Spektrum auch Reflexionen darüber.

Vom Ruf nach dem „totalen Krieg" bis zur Bombardierung Leipzigs

Am 18. Februar 1943 rief Reichspropagandaminister Goebbels im Berliner Sportpalast zur totalen Mobilisierung aller personellen und materiellen Ressourcen für den „Endsieg" auf, die in der Propagandaformel des „totalen Krieges" kulminierte. Dieser Propagandarede war bereits am 13. Januar 1943 ein geheimer Führererlass über den umfassenden Einsatz von Männern und Frauen für Aufgaben der Reichsverteidigung vorausgegangen. Ihm folgte am 27. Januar die entsprechende Verordnung über die Meldung von Männern und Frauen für Aufgaben der Reichsverteidigung, um die totale Mobilisierung der „Volkskraft" einzuleiten.[10] Alle Männer im Alter von 16 bis 65 Jahren und alle Frauen zwischen 17 und 45 Jahren konnten seither zum Arbeitsdienst verpflichtet werden.[11] Den trotzdem weiterhin wachsenden Arbeitskräftemangels versuchte man durch die Ausbeutung von immer mehr ausländischen Zwangsarbeitern zu kompensieren.[12]

Nach Goebbels Aufruf reiste der NSDAP-Gauleiter, Reichsstatthalter und Reichsverteidigungskommissar von Sachsen, Martin Mutschmann, unermüdlich

---

9   Eine Gesellschaftsgeschichte Sachsens während des „totalen Krieges" (1943–1945) entsteht derzeit am HAIT. In dieser Studie werden wesentlich mehr Egodokumente zum „Kriegsalltag" ausgewertet als im vorliegenden Beitrag präsentiert werden können.
10 Vgl. Jörg Echterkamp, Im Kampf an der inneren und äußeren Front. Grundzüge der deutschen Gesellschaft im Zweiten Weltkrieg. In: ders. (Hg.), Die deutsche Kriegsgesellschaft 1939 bis 1945, Band 9/1: Politisierung, Vernichtung, Überleben, München 2005, S. 1–92, hier 41.
11 Vgl. Verordnung über die Meldung von Männern und Frauen für Aufgaben der Reichsverteidigung vom 27.1.1943. In: Reichsgesetzblatt I, 67.
12 Vgl. Ulrich Herbert (Hg.), Europa und der „Reichseinsatz". Ausländische Zivilarbeiter, Kriegsgefangene und KZ-Häftlinge in Deutschland 1938–1945, Essen 1991; ders., Fremdarbeiter. Politik und Praxis des „Ausländer-Einsatzes" in der Kriegswirtschaft des Dritten Reiches, Neuauflage Bonn 1999.

durch seinen Herrschaftsbereich und beschwor die Bevölkerung, vor allem die Beschäftigten in den Betrieben, ihren Beitrag zur Erfüllung der damit verbundenen Forderungen an der „Heimatfront" zu leisten. Die Gauzeitung der NSDAP, „Der Freiheitskampf", betitelte die Artikel über Mutschmanns Propagandareden u. a. wie folgt: „Unser Leistungswille ist unerschütterlich", „Härtester Wille meistert das deutsche Schicksal", „Einsatz bis zum äußersten auch daheim" und nicht zuletzt „Totaler Sieg erfordert totalen Krieg" und „Totaler Einsatz erzwingt den Sieg".[13] Am 30. Januar 1943, dem zehnten Jahrestag der „Machtergreifung" durch die NSDAP, schrieb Mutschmann in propagandistischer Manier in der Gauzeitung: „In der Heimat setzt ein glaubensstarkes und opferbereites Volk seine ganze Kraft für den Sieg der deutschen Waffen ein. Sie alle, an der Front und in der Heimat, wissen, worum es in diesem gigantischen Krieg geht. [...] Jeder Deutsche muss sich heute über die Auswirkungen dieses Krieges im Klaren sein. Es gilt nur, alles zu verlieren oder alles zu gewinnen. Unser Volk kann die Freiheit nur gewinnen durch den totalen Sieg."[14] Während seiner Auftritte im ganzen Land und in seinen Beiträgen im „Freiheitskampf" wandte sich der Gauleiter jedoch auch „mit scharfen Worten" gegen jene, „die immer noch glauben, der Krieg ginge sie nichts an. Das ist ein Krieg für das ganze Volk, keiner kann sich seiner Pflicht entziehen!"[15]

Letzterem schloss sich Hellmut Böhme (Jg. 1902) uneingeschränkt an. Er war von 1937 bis 1945 NSDAP-Kreisleiter von Meißen und führte ein Tagebuch, das an seine Nachkommen gerichtet war und vor nationalsozialistischer Gesinnung und entsprechendem Pathos strotzt. In einem Tagebucheintrag vom März 1943 machte Böhme unmissverständlich deutlich, wie er die Anforderungen an die „Heimatfront" umzusetzen gedachte: „In der Heimat aber wird im totalen Krieg die letzte Arbeitskraft mobilisiert. Hier hat die Partei eine große Aufgabe zu erfüllen. Nicht immer ist Einsicht in die Notwendigkeiten des Kriegseinsatzes bei den Betroffenen vorhanden. Da gilt es aufzuklären oder auch hart durchzugreifen."[16] Darüber hinaus steigerte Böhme – wie andere (sächsische) Parteifunktionäre auch – seine propagandistische Tätigkeit bis zum Äußersten. Im September des Jahres resümierte er: „Unzählige Versammlungen vor allem auch in den großen Betrieben unserer Rüstungsindustrie forderten mich als Redner." Zudem reiste er jeden Freitag zur Gauschule Lößnitzburg, um in den Lehrgängen für NSDAP-Ortsgruppenleiter über den „totalen Krieg" und die damit verbundenen Anforderungen zu sprechen. Der Tagebucheintrag endete mit den Worten: „Es ist eine Lust zu leben!"

---

13 Vgl. Der Freiheitskampf vom 17.1., 22.1., 23.1., 11.2. und 12.3.1943.
14 Martin Mutschmann, Unser Marsch in die Freiheit. In: Der Freiheitskampf vom 30.1.1943.
15 Totaler Sieg erfordert totalen Krieg. Gauleiter Mutschmann sprach zu den Volksgenossen in Pulsnitz. In: Der Freiheitskampf vom 23.1.1943.
16 Tagebuch des NSDAP-Kreisleiters Hellmut Böhme (Stadtarchiv Meißen), Transkriptionstext von Annekatrin Jahn, S. 40–42. Hier auch die folgenden Zitate.

Diesem euphorischen Ausspruch hätte der von 1928 bis 1945 amtierende nationalkonservative Landrat im obererzgebirgischen Annaberg, Freiherr Adolf von Wirsing (Jg. 1879), mit Sicherheit nicht zugestimmt. Er zählte zu jenen Staatsdienern, die selbstständig dachten und seit Mitte der 1930er-Jahre die ungeklärten Kompetenz- und Zuständigkeitsbereiche von Staats- und Parteidienststellen zunehmend kritisch sahen. Auch wenn diese Angaben aus seinem ausführlichen Lebenslauf von 1946 in erster Linie der Rechtfertigung seines Handelns während der NS-Zeit dienen sollten, machen sie dennoch deutlich, dass das Nebeneinander von Landrat und NSDAP-Kreisleiter bis zum Zusammenbruch des NS-Regimes von zahlreichen Auseinandersetzungen begleitet wurde.[17] Das hinderte Wirsing jedoch nicht daran, seiner Pflicht als Beamter uneingeschränkt nachzukommen, womit er seinen Beitrag zum Erhalt des nationalsozialistischen Regimes bis zum Ende des Krieges leistete. Seine Pflichtauffassung, die er mit vielen (sächsischen) Staatsdienern teilte, nahm sogar noch weit größere Ausmaße an: Mit dem mangelnden Kooperationswillen der sächsischen Regierung begründet, beteiligte sich Wirsing nach der Stilllegung der Regierungspräsidien 1943 an der Neuauflage von informellen Zusammenkünften einiger Landräte im Regierungsbezirk Chemnitz. Diese Treffen hatten bereits 1919 bis 1939 unter dem Namen „Zwickauer Konferenz" firmiert, waren allerdings mit Kriegsbeginn verboten worden.[18] Während dieser neuerlichen Treffen beschäftigten sich die Landräte – wie vor 1939 – ausschließlich mit speziellen Kreisangelegenheiten, diesmal aber vor allem mit kriegsbedingten Aufgaben wie der Übertragung von Luftschutzaufgaben auf die Gendarmeriekreisführer, der Aufnahme von Leipziger Flüchtlingen nach der Bombardierung der Stadt, mit Kriegsmaßnahmen in der Elektrizitätswirtschaft und Ähnlichem mehr.[19] Damit nahm Wirsing zwar an einer verbotenen Veranstaltung teil, handelte aber weder eigensinnig, noch leistete er Widerstand gegen das System. Im Gegenteil, er und seine Amtskollegen sorgten mit ihrem unübertrefflichen Pflichteifer für einen möglichst reibungslosen Ablauf der Dienstgeschäfte und trugen damit den Anforderungen des „totalen Krieges" mehr als Rechnung.

In Wilsdruff verfasste der ehemalige Schulleiter und Hobbyheimatforscher Artur Kühne (Jg. 1880) über die Jahre 1939 bis 1949 ein immer detailreicher

---

17 Vgl. ausführlicher Lebenslauf Freiherr von Wirsing von 1946 (Kreisarchiv Annaberg, Personalakte Freiherr von Wirsing, unpag.).
Wirsing zählte zu den neun von 27 sächsischen Amtshauptleuten, die ihr Amt schon vor 1933, bis 1943 und darüber hinaus innehatten. Vgl. Francesca Weil, Unangepasst in zwei Diktaturen? In: Totalitarismus und Demokratie, 11 (2014) 2, S. 221–233.
18 Vgl. Francesca Weil, Die „Zwickauer Konferenz". Informelle Zusammenkünfte westsächsischer Amtshauptleute während der Jahre 1919 bis 1945 im Kontext ihrer Dienstberatungen. In: Günther Heydemann/Jan Erik Schulte/Francesca Weil (Hg.), Sachsen und der Nationalsozialismus, Göttingen 2014, S. 91–109.
19 Vgl. Tagesordnung der Besprechung am 7.12.1943 (SächsStA Chemnitz, Amtshauptmannschaft Annaberg 30041, Akte 464, Bl. 6); Entwurf einer Tagesordnung für die Besprechung am 1.2.1944 vom 25.1.1944 (ebd., Bl. 7).

geschriebenes Tagebuch, dessen Veröffentlichung er plante. Seine Aufzeichnungen zum Jahr 1943 begannen mit dem Hinweis auf die Verordnung über den nationalen Arbeitseinsatz: „Alle Männer und Frauen haben sich der kämpfenden und arbeitenden Volksgemeinschaft zur Verfügung zu stellen. Beim Arbeitsamt melden müssen sich alle Männer vom 16.-65., alle Frauen vom 17.-45. Lebensjahr."[20] Die konkreten Anforderungen des „totalen Krieges" waren ihm demnach sehr wohl bekannt, er ging aber nicht näher darauf ein. Neben kurzen Notizen zur Lage an den Fronten beschrieb er im Folgenden vor allem den immer komplizierter werdenden Alltag in der osterzgebirgischen Kleinstadt. Seine Angaben umfassen unter anderem den regen Tauschhandel von Lebensmitteln und Dingen des täglichen Bedarfs, mitunter gegen handwerkliche Dienstleistungen, aber auch die Unterbringung von bombengeschädigten Frauen aus Köln. Seine Einträge verdeutlichen zudem, dass es zu diesem Zeitpunkt - wenn auch nur vereinzelt - Kritik an Hitler und den Wunsch nach Frieden unter der Wilsdruffer Bevölkerung gab. Am 14. April 1943 notierte er beispielsweise: „Hier und da Einstellungen gegen den Führer und die ‚Kriegsmacher': Leben müssen sie uns doch lassen, wenn auch die Russen reinkommen!"

Um Friedenssehnsucht ging es in dem regen Briefwechsel nicht, der im Jahr 1943 zwischen dem Lehrer und Kirchenkantor Max M. (Jg. 1892) und seinen beiden Töchtern Regina und Irene bestand. Max M. schrieb zuerst aus dem erzgebirgischen Jahnsdorf, später aus dem mittelsächsischen Oschatz, wo er seit 1944 - 52-jährig zur Wehrmacht eingezogen - stationiert war. In den Briefen, aus denen hervorgeht, wie gebildet und kulturinteressiert die fünfköpfige Familie war, stand neben alltagsorganisatorischen Fragen anfänglich vor allem die Ausbildung der beiden Kinder im Mittelpunkt. Der Vater gab den beiden Kindern vor allem praktische wie auch lebenserfahrene Ratschläge und sprach ihnen Mut zu. „Ja, liebes Kind, das Leben ist nicht immer zuckersüß", meinte er an Irene M. ob ihrer Klagen gerichtet: „Du musst als Parteigenossin wissen, das Leben im heutigen Staat ist Kampf. Lass dich deshalb nicht entmutigen: ernst ist das Leben und heiter die Kunst. Und Du ergreifst ja einen Beruf, der sich nicht im Handwerklichen erschöpft, sondern Kunst ist."[21] Offenbar wollte er die Tochter auf Wege und eine Lebenssicht hinweisen, die ihr jenseits des nationalsozialistischen Systems und seinen Anforderungen Zufriedenheit verschaffen könnten. Der Krieg selbst und seine Auswirkungen spielten zu diesem Zeitpunkt in den Briefen noch keine Rolle.

Das traf hingegen durchgängig auf die Briefe von Wally M. aus dem vogtländischen Sachsenburg-Georgenthal zu, welche die Bäuerin an ihren Freund und späteren Verlobten, Erich G., schrieb, der in Lazaretten in Mittweida und Berlin lag und monatelang auf eine Operation warten musste. Die Briefe spiegeln

---

20 Tagebuchaufzeichnungen von Artur Kühne 1944, Transkriptionstext von Mario Lettau, S. 5-11. Hier auch die folgenden Zitate.
21 Max M. an Irene M. vom 31.5.1943 (Privatarchiv Wolfram M.).

einen sehr ländlich geprägten, aber auch unbedarften Blick auf das Leben in den Kriegsjahren wider. Wally M. reflektierte hauptsächlich über ihre persönliche Beziehung, die ihr in dieser Zeit Kraft verleihe und die Zukunft „licht und hell" erscheinen lasse.[22] Sie freute sich darüber, dass er im Lazarett Filme habe sehen können, und beschrieb ihre eigenen Kinobesuche. Ansonsten verliefen ihre Tage offenbar sehr gleichmütig: Sie berichtete ihrem Freund vom Abendbrot, Strümpfestopfen und „anschließend geht's schlafen, um morgen früh dann wieder frisch und munter zu sein". Nur einmal erwähnte sie kurz, dass sie beim Lesen eines Briefs zu „knappern" gehabt habe. Ihr Freund hatte von mehreren Fliegeralarmen an einem Tag geschrieben, was Wally M. kurz und knapp „unerhört" fand. Dann plauderte sie munter weiter von Freundinnen, Päckchen und ihren Ziegen.

Ein eher mühevolles Leben bestritt zu dieser Zeit die damals zwölfjährige Schülerin Sonja D., die in Rochwitz, einem Dorf in der Nähe von Dresden, wohnte. Sie hatte einen neun Jahre jüngeren Bruder, der Vater war bei der Wehrmacht und die Mutter schwerkrank, weshalb das Mädchen den elterlichen Haushalt allein führen musste. Für Schul-, geschweige denn Zusatzarbeiten blieb nur wenig Zeit; hinzu kam der lange Schulweg in die Innenstadt von Dresden. Von einem Lehrer sei sie vor der Klasse wegen ihrer Entschuldigung zu nicht erledigten Zusatzarbeiten als Lügnerin hingestellt worden. Sie würde nicht in die „Volksgemeinschaft" passen, habe er verächtlich gemeint und den anderen 40 Mitschülerinnen befohlen: „Vier Wochen ist sie für euch Luft!" Keine habe mit ihr sprechen dürfen. Wie sie diese Zeit überstanden hat, konnte Sonja D. nicht mehr erinnern.[23]

Solchen Demütigungen, versehen mit einer politischen Botschaft, war Sonja R., die 1943 13 Jahre alt und ebenfalls Schülerin war, nicht ausgesetzt. Sie lebte in Weißig, wie Sonja D. in einem Dorf im Raum Dresden. Ihre Eltern und Großeltern seien Kommunisten gewesen, die sich auch während des Krieges noch „in losen Kreisen" mit anderen Gesinnungsgenossen getroffen hätten. Man habe sich untereinander in schwierigen Situationen geholfen und gemeinsam mit Familienangehörigen verabredet, beispielsweise mit allen Kindern zu Pfingsten in der Heidemühle. Laut der Erinnerung von Sonja R. hat man zusammen Geburtstage gefeiert und die Jahrestage der „Oktoberrevolution" jeweils mit einem besonderen Essen begangen.[24] In der Familie sei offen über politische Probleme gesprochen worden, die Kinder habe man nicht ausgeschlossen, sie hätten die Gespräche zumindest mitgehört. Allerdings habe der Vater sich anschließend immer mit den Worten an die Kinder gewandt: „Hast du das gehört?

---

22 Vgl. Wally M. an Erich G. vom 21.1.1943, (Museumsstiftung Post und Telekommunikation Berlin, Bestand Feldpostbriefe, 3.2008.1747.2), S. 1–3; vgl. Wally M. an Erich G. vom 6.2.1943 (ebd.), S. 1. Hier auch die folgenden Zitate.
23 Vgl. Interview von Francesca Weil mit Sonja D. am 14.8.2013, S. 1 f.
24 Vgl. Interview von Francesca Weil mit Sonja R. am 14.8.2013, S. 1–6. Hier auch die folgenden Zitate.

Und darüber redet man nicht." Trotz der kritischen Einstellung der Eltern zum Nationalsozialismus gehörte Sonja R. dem „Jungmädelbund" an. Die Eltern hätten ihre Tochter nicht aus den Kreisen Gleichaltriger ausgrenzen wollen.[25] Bei Sport, Gesang und Laienspiel habe sie dort ein Gemeinschaftsgefühl entwickelt. Die Familie habe weder Not noch Hunger erfahren, es sei aber auch einfach und bescheiden gelebt worden. Dafür hätten die Eltern jedoch hart arbeiten müssen, der Vater als Schlosser in Dresden und nach der Arbeit bei einem Bauern; die Mutter sei ins Freitaler Stahlwerk „dienstverpflichtet" worden. Ein Garten von 1 000 Quadratmetern sowie Hühner und Gänse hätten zudem der Selbstversorgung gedient. Dennoch sei die Familie auch 1943, wie jedes Jahr, wenn der Vater Urlaub hatte, mit dem Dampfer in die Sächsische Schweiz gefahren und in den Zoo gegangen.[26]

Die damals achtjährige Dresdnerin Ingeborg B. erinnerte das Jahr 1943 als ein noch sorgloses. Sie habe viel mit Puppen gespielt, Märchenfilme im „Nationalkino" gesehen und sei außerdem mit ihrem Großvater ins Kasperletheater, in den Zirkus oder den Zoo gegangen. Sei sie zu spät nach Hause gekommen, habe die Mutter geschimpft, „die sich in diesen schwierigen Zeiten natürlich Sorgen um mich machte wegen eventueller Angriffe, Schießereien auf der Straße, Gefangenenmärsche, Verhaftungen oder Ähnlichem".[27] An den Wochenenden seien sie mit Verwandten und Bekannten in die Umgebung von Dresden gefahren und auch in Restaurants eingekehrt. Aufgrund der Kälte in der Wohnung seien ihre Mutter und sie, sobald es dunkel wurde, in die Stadt und bis Geschäftsschluss durch die beheizten Läden geschlendert: „Bei unseren Spaziergängen am Abend in das Stadtzentrum gingen wir in das Residenzkaufhaus oder zum Kaufhaus Renner. Dort war ‚der neueste Schrei' aus Amerika – eine Rolltreppe. Interessant war auch eine Kabine zum Selbstfotografieren. Brauchte meine Mutti längere Zeit zum Einkaufen oder hatte sie Wege zu erledigen, schickte sie mich derweil ins Kasperletheater im Heimatschutzmuseum." In dieser Zeit wurde Ingeborg B. aber auch durch ihre Eindrücke im „ständig übervollen" Lazarett in Zschertnitz unmittelbar mit dem Krieg konfrontiert. Dort habe der Vater, den sie oft abgeholt habe, als Sanitäter gearbeitet. Die dortigen Eindrücke schienen für sie offenbar Normalität geworden zu sein; handelte es sich in ihren Erinnerungen doch in erster Linie um den Arbeitsplatz des Vaters. Gehungert habe die Familie bis zum Kriegsende nicht, sie seien „eigentlich gut um die Runden gekommen", zumal sie einen 300 Quadratmeter großen Garten besessen hätten, den die Mutter ertragreich bewirtschaftet habe. Auf dem Weg zum Garten habe sich eine Papierfabrik befunden: „Gegenüber der Fabrik hin-

---

25 Die Mitgliedschaft im Jungmädelbund (JM) war zu diesem Zeitpunkt verpflichtend.
26 Vgl. Interview von Francesca Weil mit Sonja R. am 14.8.2013, S. 1–6. Hier auch die folgenden Zitate.
27 Vgl. Interview von Francesca Weil mit Ingeborg B. am 12.8.2013, S. 1–9. Hier auch die folgenden Zitate.

ter einem Drahtzaun habe ich russische Mädchen gesehen mit ihren blauen Aufnähern ‚Ost'. Für mich sah es aus, als würden Tiere hinter einem Zaun stehen, und meine Mutter mahnte mich immer: ‚Schau nicht hin!'" Obwohl die Dresdnerin nach eigenen Aussagen sehr locker und frei – nach dem Motto „Schau in die Welt!" – erzogen worden sei, getraute sie sich bei solchen Beobachtungen nicht nachzufragen. „In derartigen Sachen war ich unaufgeklärt."

Unaufgeklärtheit schien auf die 17-jährige Leipzigerin Nora S. nicht zuzutreffen. In einem intellektuell anspruchsvollen Elternhaus aufgewachsen, verfasste sie, die sich für Literatur und die Leipziger Verlagsszene begeisterte, bis sie 1944 nach schwerer Krankheit während des Reichsarbeitsdienstes starb, ein prosaisch anmutendes Tagebuch, das angesichts ihres jungen Alters ungewöhnlich tiefgehende Reflexionen und fantasievolle Texte enthält. In ihrem Tagebuch setzte sich Nora S. auch mit der realen Umsetzung nationalsozialistischer Postulate und mit ihrer eigenen Unsicherheit gegenüber den politischen Verhältnissen auseinander. Dass sie dabei auch kritisch über ihre innere Zerrissenheit reflektierte, zeigen beispielsweise Passagen, in denen sie über ein Abiturientinnenlager im Oktober 1943 berichtete: „Ich stand der weltanschaulichen, politischen, kulturellen Schulung kritisch gegenüber. Aber wir begeisterten uns schließlich an den Idealen des Nationalsozialismus; freilich, sie wichen weit von dem ab, was durchgeführt wird. [...] Am Rande ist noch zu erwähnen, dass mich jenes Lager plötzlich vor die Entscheidung stellte, Kulturwartin im BDM-Werk zu werden. ‚Frische, Erziehertalent, Temperament und Intelligenz' schrieben mir diesen Beruf geradezu auf den Leib – das war die Ansicht der Führerinnen. Auch für mich war das Anerbieten nicht ohne Reiz (abgesehen von der Ehre). Mein inneres Zweifeln an der Bewegung – vor allem an ihrer Dauer –, Mangel an Entschlusskraft und eine gewisse Feigheit (vor dem ungewöhnlichen Schritt, vor den Aufgaben und vor dem möglichen Umschwenken der Regierung – damit meinem Stolz) machten mir die Annahme unmöglich. Einen greifbaren Grund kann ich den Führerinnen nicht nennen (– trauriges Zeichen meiner inneren Zerrissenheit)."[28]

Zu diesem Zeitpunkt steckte die ein Jahr ältere Dresdnerin Henny Brenner, eine sogenannte Halbjüdin, in einer komplett anderen Zwangslage. Sie lebte bis 1945 innerhalb der Gesellschaft, von der sie zugleich ausgegrenzt war, und musste als Zwangsarbeiterin schuften. Nach der Kriegswende 1943 verschärfte sich die völlige Ausgrenzung der Juden aus dem öffentlichen Leben nochmals.[29] Nach den Deportationen im März des Jahres wurde Henny Brenner der Kartonagenfabrik Bauer zugeteilt. Die Arbeit schilderte sie als sehr schwer; zu den „arischen" Kollegen habe sie keinen direkten Kontakt gehalten. Immer wieder seien Selektionen erfolgt, manche habe man vom Arbeitsplatz weggeholt: „Wir

---

28 Tagebuch von Nora S., Eintrag vom 31.12.1943 (Privatarchiv Geert S., unpag.).
29 Vgl. Henny Brenner, „Das Lied ist aus." Ein jüdisches Schicksal in Dresden, Zürich 2001, S. 66–84. Hier auch die folgenden Zitate.

lebten in der ständigen Angst, die Nächsten zu sein, die sie abholten. Die Angst war unbeschreiblich, sie hat uns fast verrückt gemacht." Außerdem fürchtete sie sich vor dem alltäglichen Arbeitsweg durch Dresden: „Alle, die den Stern trugen, haben das gefürchtet. Manche Leute haben uns angepöbelt oder angespuckt. Oft liefen mir Kinder hinterher und riefen: ‚Judenschwein, Judenschwein, runter vom Gehsteig!' Ich habe auch erlebt, dass Menschen gesagt haben: ‚Kopf hoch, durchhalten!' Ich nehme an, das waren selbst Widerständler. Es waren nicht viele, die uns aufmunterten, aber es waren auch nicht viele, die uns anpöbelten. Die Allermeisten haben einfach weggesehen, haben sich überhaupt nicht um uns gekümmert. Sie waren nicht so gemein, wie die, die uns angepöbelt haben, sondern einfach feige. Vielleicht haben sie auch im Stillen gedacht, ‚ach wie schrecklich', haben aber nicht den Mut gehabt, es zu sagen. Geholfen haben sie uns nicht."

Die Versorgung mit Lebensmitteln gestaltete sich für die Familie deutlich schwieriger als für andere, da sie und ihre Mutter nur über reduzierte Lebensmittelkarten verfügten, für die sie weniger und minderwertige Waren erhielten, und die Lebensmittelkarte des Vaters nicht für drei Personen reichte. Hin und wieder hätten die Bäckers- oder auch die Fleischerfrau mit Nahrungsmitteln ausgeholfen. Aber vor allem über Bekannte auf dem Land, in der Nähe von Graupa, die einen großen Bauernhof hatten, habe Henny Brenners Vater die nötigsten Lebensmittel zum Überleben besorgen können. Auf „Hamstern" stand jedoch die Todesstrafe, sodass sie in ständiger Angst gelebt hätten. Dem Vater durfte nichts passieren, denn nur so hatten auch Henny und ihre Mutter am Leben bleiben können. Die Eltern seien zudem regelmäßig durch die Gestapo schikaniert worden. Der Deportation in ein Vernichtungslager entging die Familie nur, weil sie sich in dem Chaos, das auf die verheerenden Bombenangriffe vom 13. bis 15. Februar 1945 folgte, vor der Gestapo verstecken konnten.

Unmittelbare Kriegsauswirkungen in Sachsen

Die Situation in Sachsen begann sich mit dem verheerenden alliierten Luftangriff auf Leipzig allmählich zu verändern, jedoch betraf es vorerst nur die unmittelbaren Bewohner der Messestadt. Nora S. schrieb in ihrem Tagebuch ausführlich über ihre Eindrücke am und nach dem 4. Dezember 1943. Durch den Angriff verlor sie zum einen ihre Großmutter. Zum anderen brachte die Bombardierung viele Veränderungen in ihr Leben. Sie habe seither nur noch „aus dem Keller gelebt", wohin Kleider, Nahrungsmittel und sonstige Alltagsgegenstände in Sicherheit gebracht worden sind. Außerdem wurde Nora einer Auffangstelle für Ausgebombte zugeteilt, die man in einer der erhalten gebliebenen Schulen eingerichtet hatte. Sie hielt dort Nachtwache und erlebte das Leid vieler Menschen, die alles verloren hatten. Bis abends elf Uhr stand sie ihnen bei und tröstete. Morgens um halb vier begann sie wieder mit der Arbeit in der Küche.

Nach ihrer Beobachtung half die Partei „tatkräftig mit, oft war sie aber auch nur mit dem Mund voran". Am meisten erschütterte sie jedoch das Schicksal der „Buchstadt" Leipzig. Aus dem Tagebuch geht hervor, dass Nora S. ihre eigene Identität stark mit Literatur und vor allem mit dem in Leipzig ansässigen Verlag Friedrich Arnold Brockhaus (FAB) verknüpfte.[30] Durch den Bombenangriff war auch das „Graphische Viertel", in dem sich die meisten Buchverlage etabliert hatten, weitgehend zerstört worden.[31] Drei Tage nach dem Angriff erkundete Nora S. die zerstörte Stadt: „Mehr aber als alles das erschütterte uns das Schicksal Leipzigs. Und ich dachte bei ‚Leipzig' zuerst ‚Brockhaus'. Am 7.12., dienstags, konnte ich mich daheim zum ersten Mal für kurze Zeit freimachen, um nach Bekannten zu sehen. Da keine Bahn ging, fuhr ich mit Muttis Rad durch Straßen ausgebrannter Ruinen, durch Schuttberge, vor Staub und Rauch fast nichts sehend. Am Augustusplatz sah ich, dass der Weg durch den Grimmaischen Steinweg versperrt war. Durch die Dörrienstraße, durch Trümmer trug ich mein Rad. Das schöne, klassizistisch gehaltene Verlagshaus in der Querstraße war heruntergebrannt, das große Gebäude in der Dörrienstraße nur noch eine Ruine. Papier flog herum. Ich wollte nur ein Blatt aufheben. Wer weiß aber, woher es stammte, alle Verlage sollten ja vernichtet sein. Ich ging noch ruhig weiter und hoffte noch, das liebe, tröstliche Haus in der Salomonstraße zu sehen. Ein Durchblick durch Trümmer zeigte mir, dass es nur noch aus den leeren Außenwänden bestand. [...] ‚FAB' war mir Beispiel und Sinnbild der Zerstörung von Besitz, von Kunst und Wissenschaft, Zerstörung von Tradition und Menschenglück geworden, wie sie in jeder Stadt, bei so vielen Menschen gewütet hatte und wie es sie immer wieder geben wird, eh nicht der Krieg aufhört."[32] Friedenssehnsucht stellte sich offenbar vor allem bei Menschen wie Nora S. ein, die unmittelbar vom Krieg betroffen waren. Gas, Wasser und Strom gab es erst Tage später wieder, Zeitungen dagegen sofort. Nora S. ärgerte sich über deren Inhalte: „Es standen darin Notverordnungen und sinnlose Lobhudeleien auf die Ausgebombten, Hasslektionen gegen den Feind (nicht völlig von der Hand zu weisen – wenigstens nicht vom Volk aus) sowie Artikel, die besagten, wie wenig schlimm der Verlust an allen Welten, die nicht ‚Mensch' hießen, war und wie schön es sei, neu anfangen zu können – welcher Unsinn, da doch jeder am Seinigen hängt und mit ihm verwachsen ist, und wie unersetzlich Kulturgüter sind, wie verhängnisvoll der Verlust wissenschaftlicher Werke!"[33]

Andernorts in Sachsen veränderte sich zu diesem Zeitpunkt kaum etwas. Nach dem Luftangriff auf Leipzig beschrieb Artur Kühne lediglich die allgemeine Nervosität in Wilsdruff, die aus der Frage resultierte, ob nach Leipzig nun

---

30 Vgl. Tagebuch von Nora S., Eintrag vom 31.12.1943 (Privatarchiv Geert S., unpag.).
31 Vgl. Thomas Keiderling, Aufstieg und Niedergang der Buchstadt Leipzig, Beucha 2012, S. 136–144.
32 Vgl. Tagebuch von Nora S., Eintrag vom 31.12.1943 (Privatarchiv Geert S., unpag.).
33 Ebd.

auch Dresden bombardiert werde. Am 20. Dezember freute sich Kühne über die „3 mal 300 Stück Stollen bei Schuberts am Markt" und dachte über den „Trupp Russen" nach, der zur Arbeit ins Betonwerk Ruppert zog und jeden Morgen seinen Weg kreuzte: „Jeder trägt eine Heimat im Herzen! Jeder fühlt um Vater und Mutter, um Weib und Kind! Fern seit Jahren und seitdem wohl auch ohne jegliche Nachricht!"[34] Bei manchem – wie hier bei Kühne ein einziges Mal im Tagebuch notiert – machte sich offenbar (kurzzeitig) Mitgefühl für die ausländischen Zwangsarbeiter bemerkbar, das sie allerdings nicht öffentlich äußerten und das Henny Brenner in Hinblick auf die verbliebenen Juden ebenfalls unter der schweigenden Bevölkerung Dresdens vermutete.

Von Friedenssehnsucht oder Mitgefühl zeugen die Tagebucheintragungen von Hellmut Böhme, dem überzeugten nationalsozialistischen Kreisleiter von Meißen, dagegen nicht. Er schrieb am zweiten Weihnachtsfeiertag über die Herzlichkeit und Innigkeit, mit der die Familie das Fest begangen hat, und resümierte über das fast abgelaufene Jahr: 1943 habe seiner Meinung nach viel „Sorgen und Leid für unser Volk gebracht", aber des Volkes „Seele und sein Gemüt" seien erhalten geblieben. „Ja, es ist erst jetzt das ganze Volk zu einer einzigen Familie zusammengewachsen" formulierte Böhme pathetisch und machte diese Aussage an seinen Eindrücken beim Besuch Leipzigs einen Tag nach dem Luftangriff fest: „Ich sah die brennenden Häuser, die zerstörten Straßen, die ausgebombten Menschen, nirgends aber sah ich Mutlosigkeit und Verzweiflung. Es war geradezu wunderbar, wie all diese Menschen, die in einer Nacht alles verloren, gefasst ihr Schicksal trugen und in harter Arbeit schon wieder daran gingen, ihre Not zu bekämpfen."[35] Anders als Nora S., die vor der Verzweiflung der obdachlosen Menschen nicht die Augen verschloss und sich spätestens zu diesem Zeitpunkt Frieden wünschte, zählte Böhme zu jenen Sachsen, die den Menschen in dieser Situation – der NS-Propaganda entsprechend – aus der Not geborene, gewachsene Moral und Zusammengehörigkeitsgefühl zuschrieben. Außerdem hatte Böhme, so sein Tagebuch, in Leipzig viel für die praktische Anwendung im eigenen Kreis – „wenn es einmal so weit sein sollte" – lernen können; hatte er doch in den vorangegangenen Wochen bereits Vorbereitungen für den Luftschutz im Kreis Meißen treffen müssen. Dazu gehörten die Einrichtung einer Befehlsstelle der Kreisleitung für den Katastrophenfall, der Bau unterirdischer Bunker und die Schaffung von Ausweichstellen für die Bevölkerung. Er schloss seine Aufzeichnungen mit den Worten: „Gebe Gott, dass es nie gebraucht wird."[36]

---

34 Vgl. Tagebuchaufzeichnungen von Artur Kühne, 1944, Transkriptionstext von Mario Lettau, S. 11.
35 Tagebuch des NSDAP-Kreisleiters Hellmut Böhme (Stadtarchiv Meißen), Transkriptionstext von Annekatrin Jahn, S. 43.
36 Ebd., S. 43 f.

Die zahlreichen Briefe der beiden Kinder Barbara (Jg. 1931) und Valentin L. (Jg. 1933), die seit der Bombardierung Leipzigs im Dezember 1943 bis Mitte Mai 1946 bei Verwandten in Obercarsdorf lebten, an ihre in der Messestadt verbliebene Mutter Hilde L. dokumentieren weit über das Jahr 1943 hinaus friedensähnliche Verhältnisse in einem osterzgebirgischen Dorf. Für sie spielte sich der Krieg (nur) in Leipzig ab, was ihre Reaktionen auf die dortigen Ereignisse und die bei ihnen hervorgerufenen Emotionen verdeutlichen. Im Dezember 1943 schrieben sie über Schneeballschlachten, Rodelfahrten, über Büchern, die sie gelesen hatten, vom Gänseschlachten, vom guten Essen – sie litten keinen Hunger, im Gegenteil.[37] Weihnachten 1943 schrieb Hilde L. an Barbara L., dass sie große Sehnsucht nach den Kindern habe, aber froh sei, sie in Sicherheit zu wissen. In Leipzig sei es ruhig, aber die Stadt sehe schlimm aus, die Siedlung sei wie ausgestorben. Ansonsten ging es in ihren Briefen viel um Organisatorisches: Lebensmittelkarten, Sonderzuteilungen, Paketsendungen, Bescheinigungen für die Schulummeldungen. Zu Weihnachten freuten sich die beiden Kinder über die Geschenke, vor allem über die Bücher, die sie auch von der Mutter erhalten hatten, und genossen die vielen „Fresssachen" wie Kekse, Nüsse, Pfefferkuchen und die „zwei langen und sechs runden Kuchen". Tage später wünschte Barbara L. der Familie ein gesundes neues Jahr, „das uns den Frieden bringen möge". Die Erfahrungen durch die Bombardierung Leipzigs, die Trennung von den Eltern und die Sorge um die Mutter ließen die beiden Kinder auf baldigen Frieden hoffen.

Diesen Wunsch hegte Wally M. in einem vogtländischen Dorf zu Weihnachten 1943 – zumindest in ihren Briefen – nicht, denn sie beschrieb ihrem Verlobten lediglich, aber detailliert den Ablauf des Festes. Es gab zwar keine Geschenke, aber reichlich zu essen. Dafür war ein Hase geschlachtet worden. Man hörte unter dem Tannenbaum gemütlich Weihnachtslieder aus dem Radio. An den folgenden Tagen beschäftigte sich Wally mit Handarbeiten, um ihre Hochzeitsausstattung zu vervollständigen. Dass Krieg war, merkte die Familie lediglich daran, dass der Bruder und die Männer der beiden Schwestern an den Feiertagen fehlten.[38]

Diese Haltung vieler Sachsen zu Unterhaltung und (kleinen) Vergnügungen sollte sich bis zu Beginn des Jahres 1945 nicht wesentlich verändern. Als 1944 die zahllosen Luftalarme in großen Teilen Sachsens den Alltag der Bevölkerung beeinträchtigten, gingen die Menschen – teils inmitten von Ruinen – weiterhin

---

37 Vgl. Valentin L. an Hilde L. vom 10.12.1943 (Privatarchiv Barbara B.), S. 1 f. und vom 15.12.1943, S. 2; Valentin und Barbara L. an Hilde L. vom 20.12.1943 (ebd.), S. 1 und vom 22.12.1943, S. 1; Hilde L. an Barbara L. zu Weihnachten 1943 (ebd.), S. 1; vgl. Valentin und Barbara L. an Hilde L. vom 26.12.1943 (ebd.), S. 1 f.; Barbara L. an Hilde L. vom 30.12.1943 (ebd.), S. 1. Hier auch die folgenden Zitate.
38 Vgl. Wally M. an Erich G. vom 27.12.1943 (Museumsstiftung Post und Telekommunikation Berlin, Bestand Feldpostbriefe, 3.2008.1747.2), S. 1–3.

und sogar vermehrt ihren Ablenkungen und kleinen Freuden nach.[39] Das änderte sich erst, als der Krieg 1945 Sachsen endgültig erreichte und das NS-Regime zusammenbrach. Mit den letzten schweren Flächenbombardements in den Großstädten, den Todesmärschen von KZ-Häftlingen,[40] dem Einzug der schier endlosen Flüchtlingstrecks und schlussendlich mit dem Einmarsch der Roten Armee von Osten und der US-amerikanischen Truppen in Westsachsen machten sich nun auch in ganz Sachsen Ohnmacht, Hilflosigkeit, Unsicherheit und Angst breit.[41]

Fazit[42]

Die von Mutschmann und seinen Funktionären unermüdlich propagierten Anforderungen der „Heimatfront" an jeden Einzelnen spielen in den ausgewerteten persönlichen Dokumenten so gut wie keine Rolle. Lediglich der NSDAP-Kreisleiter von Meißen, Böhme, schrieb direkt darüber, zum einen, weil sein Arbeitsalltag von propagandistischer Tätigkeit geprägt war, welche die Maßnahmen des „totalen Krieges" rechtfertigen sollten, zum anderen, da er von der NS-Ideologie selbst durchdrungen war. Der Amtshauptmann von Annaberg, Wirsing, berichtete zwar nicht über Parolen, setzte aber die erforderlichen Maßnahmen zum Funktionieren der „Heimatfront" in seinem Landkreis voller Pflichteifer um; wenn es die Lage erforderte, sogar mittels kriegsbedingt verbotener, informeller Absprachen. Der Wilsdruffer Heimatchronist Kühne dokumentierte immerhin penibel die entsprechenden Verordnungen für die „Heimatfront", kommentierte sie aber nicht. Auch die Konsequenzen, die sich mit den erhöhten Anforderungen an die Arbeitspflicht der Bevölkerung verbanden, thematisierte kaum jemand. Dass es auch in Sachsen Männer, aber vor allem Frauen gab, die sich dem Arbeitsdienst zu entziehen versuchten, geht zwar aus den Propagandareden und Drohungen Mutschmanns und anderer NSDAP-

---

39 Derartige Schilderungen für 1944 und 1945 finden sich beispielsweise in den Briefen von Hilde L. aus Leipzig und von Wally M. im oberen Vogtland. Vgl. Hilde L. an Barbara L. vom 26.3.1944 (Privatarchiv Barbara B.), S. 1 f.; vgl. Hilde L. an Bärbel L. vom 17.9.1944 (ebd.), S. 3; vgl. Hilde L. an Valentin L. vom 24.9.1944 (ebd.), S. 1 f.; vgl. Hilde L. an Bärbel L. vom 2.4.1945 (ebd.), S. 1; vgl. Brief von Wally M. an Erich G. vom 27.1.1945 (Museumsstiftung Post und Telekommunikation Berlin, Bestand Feldpostbriefe, 3.2008.1747.2), S. 1 f.
40 Vgl. hierzu den Beitrag von Martin Winter in diesem Band.
41 Das verdeutlichen z. B. die umfangreichen Schilderungen über die Zeit vom Februar bis Mai 1945 von Artur Kühne aus Wilsdruff ebenso wie die Tagebucheintragungen des Meißners Hellmut Böhme. Vgl. Tagebuchaufzeichnungen von Artur Kühne, 1945, Transkriptionstext von Mario Lettau, S. 22 f. und 34–38; Tagebuch des NSDAP-Kreisleiters Hellmut Böhme, Transkriptionstext von Annekatrin Jahn, S. 44–47.
42 Dieses Fazit basiert auf der Analyse von weit mehr Egodokumenten, als hier exemplarisch vorgestellt. Sie umfassen in der Regel mindestens den Zeitraum von 1943–1945.

Funktionäre hervor.⁴³ In den Privatdokumenten wird die Dienstpflicht jedoch kaum kritisiert,⁴⁴ ohnehin sehr selten erwähnt oder in Nebensätzen abgetan. Offenbar nahm ein Großteil der Menschen diese Pflichten als selbstverständlich und zwangsläufig hin.

Es waren andere Ereignisse, die den Alltag der sächsischen Bevölkerung 1943 maßgeblich(er) beeinträchtigten und damit des Notierens wert waren – die Einberufungen der Männer, die Lebensmittel- und Selbstversorgung, die Aufnahme und Unterstützung von Bombengeschädigten und Flüchtlingen und nicht zuletzt die gegen Ende des fünften Kriegsjahres zunehmenden Luftalarme und der Bombenangriff auf Leipzig. Doch nach wie vor prägten auch Vergnügungen wie Kino-, Theater-, Zoo- und Restaurantbesuche das Alltagsleben. Darüber hinaus nutzten die Menschen nicht nur die Möglichkeiten für Unterhaltung, die der Staat zur Stabilisierung des Durchhaltewillens bot. Sie organisierten sich – wenn es die Umstände zuließen – eigenständig Vergnügungen, unternahmen Ausflüge in die Umgebung, begingen in kleinen wie großen Kreisen Weihnachtsfeiern, gestalteten private Feiern mit Festessen und schlenderten ausgiebig durch Geschäfte. Mitunter wurde der Wunsch nach Lebensfreude – wie bei Max M. geschehen – und ihr Erhalt über die Kriegszeit hinweg explizit thematisiert. Doch die Wenigsten reflektierten, wie Nora S. oder Max M., in ihren Texten ausgesprochen tiefgründig über ihre Situation, ihren Alltag und ihre Ablenkungen.

Die Sehnsucht nach Frieden nahm seit Dezember 1943 auch in Sachsen zu, aber vorerst hauptsächlich in den bombardierten und bombenbedrohten Gebieten. Dieser Wunsch ging nicht zwangsläufig mit Kritik an Hitler und dem NS-Regime einher. Öffentlich geäußert wurde sie ohnehin nur selten, weil die Aufforderung zur Denunziation sogenannter Volksverräter durchaus – und bis in die letzten Kriegswochen hinein – funktionierte.⁴⁵ Dass es Menschen gab, die

---

43 Vgl. „Sprecht nicht vom Nationalsozialismus, lebt ihn!" Gewaltige Frauenkundgebung – Der Gauleiter, Frau Rühlemann und Pg. Walter sprachen. In: Der Freiheitskampf vom 26.5.1944.

44 Nora S. ist die Einzige, die sich über eine Dienstverpflichtung ausführlich beklagte. Das geschah, als sie 1944 zum obligatorischen Reichsarbeitsdienst verpflichtet wurde. Vgl. Tagebuch von Nora S., Eintrag vom 4.2.1944 (Privatarchiv Geert S.).

45 Vgl. Dresden wird bis zum letzten mit allen Mitteln verteidigt. Aufruf des Gauleiters und Reichsstatthalters an die Bevölkerung. In: Der Freiheitskampf vom 16.4.1945; Deutschland darf und wird nicht untergehen. Abwehrkampf im Geiste derer, die ihr Herzblut für das Vaterland gaben – Aufrufs des Gauleiters. In: Der Freiheitskampf vom 17.4.1945. Zu Denunziationen in Sachsen vgl. DDR-Justiz und Verbrechen. Sammlung ostdeutscher Strafurteile wegen nationalsozialistischer Verbrechen. Bearb. vom Seminarium voor Strafrecht en Strafrechtspleging „Van Hamelen" Amsterdam, München 2002, Band XIII: Nr. 1813, Tatkomplex Denunziation, Gerichtsentscheidungen LG Zwickau vom 1.11.1946; Band XI, Nr. 1652: Tatkomplex Denunziation, Gerichtsentscheidungen LG Dresden vom 30.3.1948.
Zum wachsenden Terror des NS-Regimes gegen die eigene Bevölkerung vgl. Ian Kershaw, Das Ende. Kampf bis in den Untergang. NS-Deutschland 1944/45, München 2011, S. 528 f.

an dem System zweifelten, ohne es laut zu äußern oder Widerstand zu üben, sondern im Handeln angepasst blieben, zeigen exemplarisch die Tagebuchauszüge von Nora S. Innerhalb von Familien oder manchmal auch in Freundeskreisen, die sich nach außen hin ebenfalls angepasst verhielten, konnte es auch zu Unmutsäußerungen kommen. Das war möglich, wenn man sich untereinander vertrauen konnte und kein Wort nach außen drang. Kinder, welche die Gespräche mithörten, wurden zum Schweigen angehalten.

Der Großteil der Kinder in Sachsen lebte bis zu Beginn des Jahres 1945 in friedensähnlichen Umständen. Im Gegensatz zu Kindern in anderen Regionen Deutschlands konnten sie 1943 ohne große Angst in die Schule, aber auch, wenn es die familiären Situationen zuließen, ins Kino und Theater gehen oder Ausflüge genießen. Die Familien sorgten für ausreichend Lebensmittel; viele litten zu diesem Zeitpunkt weder Hunger noch Not. Aber der Kriegsalltag beeinträchtigte das Leben der Kinder dennoch: Die Väter fehlten, die Sorge um Verwandte in den bombenbedrohten Gebieten wuchs, die Ankunft zahlloser Flüchtlinge wirkte beängstigend. Die Erwachsenen forderten von den Kindern auch während des Krieges Anpassung ein, ob in der Schule, in den nationalsozialistischen Organisationen oder im alltäglichen Leben; manchmal ging es auch nur darum, die Kinder nicht aus der Gemeinschaft ausgegrenzt zu wissen. Kamen die Kinder in Kontakt mit Zwangsarbeitern oder KZ-Häftlingen, mussten sie darüber ebenfalls schweigen oder wegschauen.

Die Ausgrenzung der wenigen noch in Sachsen verbliebenen Juden inmitten der Gesellschaft weitete sich mit der Wende im Kriegsverlauf nochmals aus: Sie hatten harte Arbeitstage zu bewältigen; die Versorgung mit Lebensmitteln war äußerst prekär. Sie lebten in ständiger, unbeschreiblicher Angst vor Erniedrigung, Demütigung, Gewalt und vor allem vor der Deportation ins Ungewisse. Mitunter war es schon schwierig, den alltäglichen Weg zur Arbeit zu bestreiten, auf dem sie belästigt und beleidigt wurden. Hier schwieg die übergroße Mehrheit der Sachsen, auch hier schauten die Meisten weg, wenn sie nicht selbst an der Erniedrigung beteiligt waren.

Der Alltag gestaltete sich in den bombenbedrohten und bombardierten (Groß-)Städten zudem wesentlich komplizierter als in den Dörfern. Auf dem Land war nicht nur die Bedrohung durch Bombardierungen geringer, hier funktionierte zudem die zusätzliche Subsistenzwirtschaft besser.

Gemeinsam war vielen sächsischen Bürgern, dass sie Unterhaltung als notwendige Ablenkung suchten und damit den eigenen Lebensgenuss zu steigern versuchten. Hierbei bestanden auch noch die meisten Handlungsspielräume für Eigeninitiativen. Nicht nur die Furcht vor der drohenden Besatzung, vor allem durch die sowjetischen Truppen, die Angst vor dem Terror des NS-Regimes und die Dienstbeflissenheit der Staatsbeamten[46] ermöglichten die Fortsetzung

---

46 Beispielsweise ging Landrat Freiherr von Wirsing seiner Tätigkeit bis zum Einmarsch der Roten Armee in Annaberg dienstbeflissen nach. Vgl. Landrat von Wirsing an den Landrat von Stollberg, Dude, vom 2.2.1945 (SächsStA Chemnitz, Amtshauptmannschaft Annaberg 30041, Akte 464, unpag.); Kershaw, Das Ende, S. 541.

des Krieges mit allen Mitteln. Auch die Nutzung vieler Gelegenheiten – zum Teil über die staatlichen Angebote hinaus –, dem Leben neben dem harten Arbeitsalltag nach wie vor schöne Seiten abzugewinnen, trug letztendlich zum Funktionieren des NS-Regimes bei. Denn auch die meisten Sachsen kamen nicht nur zwangsläufig und selbstverständlich ihrer Arbeitspflicht nach, sondern setzten darüber hinaus, wenn auch in unterschiedlichem Maß, auf Ablenkung vom Kriegsgeschehen und Wahrung von „Normalität". Demnach bemühte sich nicht nur das Regime, eine Art Normalität zu bewahren,[47] sondern ein Großteil der sächsischen Bevölkerung erhielt von sich aus den Schein derselben aufrecht. Jenseits von Propaganda halfen Vergnügungen, dem Alltag zu entfliehen und die Realität zu verdrängen.

---

[47] Vgl. Nicholas Stargardt, „Maikäfer flieg!" Hitlers Krieg und die Kinder, München 2006, S. 27.

Radikalisierung und Eskalation.
Zur Tätigkeit der Justiz in Sachsen während des Zweiten Weltkrieges

Gerald Hacke

Seit den 1990er-Jahren hat die Regionalgeschichtsforschung auch für die Zeit zwischen 1933 und 1945 im landesstolzen Sachsen einen erheblichen Aufschwung genommen.[1] Zu mannigfaltigen Bereichen der sächsischen Gesellschaft, wie Wirtschaft und Arbeitseinsatz,[2] SS und Polizei,[3] Antisemitismus und Krankenmorde[4] oder die regionale und lokale Verwaltung[5] liegen inzwischen umfassende oder zumindest weiterführende Studien vor. Daher überrascht es, dass die Rolle der Justiz in Sachsen innerhalb des NS-Apparats, die Mechanismen ihrer

---

1   Vgl. zuletzt Günther Heydemann/Jan Erik Schulte/Francesca Weil (Hg.), Sachsen und der Nationalsozialismus, Göttingen 2014.
2   Vgl. Michael Schneider, Unternehmensstrategien zwischen Weltwirtschaftskrise und Kriegswirtschaft. Chemnitzer Maschinenbauindustrie während der NS-Zeit (1933–1945), Essen 2005; Silke Schumann, „Die Frau aus dem Erwerbsleben wieder herausnehmen". NS-Propaganda und Arbeitsmarktpolitik in Sachsen 1933–1939, Dresden 2000.
3   Vgl. Hans-Dieter Schmid, Gestapo Leipzig. Politische Abteilung des Polizeipräsidiums und Staatspolizeistelle Leipzig 1933–1945, Beucha 1997; Carsten Schreiber, Elite im Verborgenen. Ideologie und regionale Herrschaftspraxis des Sicherheitsdienstes der SS und seines Netzwerkes am Beispiel Sachsens, München 2008.
4   Vgl. Norbert Haase/Stefi Jersch-Wenzel/Hermann Simon (Hg.), Die Erinnerung hat ein Gesicht. Fotografien und Dokumente zur nationalsozialistischen Judenverfolgung in Dresden 1933–1945, Leipzig 1998; Buch der Erinnerung. Juden in Dresden: Deportiert, ermordet, verschollen. 1933–1945. Hg. vom Arbeitskreis Gedenkbuch der Gesellschaft für Christlich-Jüdische Zusammenarbeit Dresden e.V. (Hg.), Dresden 2006; Thomas Schilter, Unmenschliches Ermessen. Die nationalsozialistische „Euthanasie"-Tötungsanstalt Pirna-Sonnenstein 1940/41, Leipzig 1998; Kuratorium Gedenkstätte Sonnenstein e. V. (Hg.), Von den Krankenmorden auf dem Sonnenstein zur „Endlösung der Judenfrage" im Osten, Pirna 2001; Stiftung Sächsische Gedenkstätten (Hg.), Nationalsozialistische Euthanasieverbrechen in Sachsen. Beiträge zu ihrer Aufarbeitung. Dresden 2004.
5   Vgl. Julia Paulus, Kommunale Wirtschaftspolitik in Leipzig 1930 bis 1945. Autoritäres Krisenmanagement zwischen Selbstbehauptung und Vereinnahmung, Köln 1999; Francesca Weil, Entmachtung im Amt. Bürgermeister und Landräte im Kreis Annaberg 1930–1961, Köln 2004; Thomas Schaarschmidt, Die regionale Ebene im zentralistischen „Führerstaat" – das Beispiel des NS-Gaus Sachsen. In: Michael Richter/Thomas Schaarschmidt/Mike Schmeitzner (Hg.), Länder, Gaue und Bezirke. Mitteldeutschland im 20. Jahrhundert, Halle 2008, S 125–140.

Gleichschaltung, die Personalentwicklung sowie die Spruchtätigkeit der einzelnen Gerichte bislang weitgehend unterbelichtet blieb. Jens-Uwe Lahrtz wandte sich der Tätigkeit des Sondergerichts Freiberg bis Anfang 1940 zu.[6] Biografische Skizzen finden sich nur für wenige in Sachsen tätige Juristen.[7] Dies hat wohl vor allem mit der disparaten Quellenlage in den Archiven zu tun. So sind z.B. die Unterlagen der für diesen Beitrag relevanten Sondergerichte Leipzig und Dresden (1940-1945) und Chemnitz (1942-1945) nur zu einem geringen Teil und dazu noch auf verschiedene Archive verstreut erhalten.[8] Zudem ist das Forschungsgebiet Justizgeschichte äußerst komplex und gewinnbringend nur interdisziplinär zu bearbeiten. Bislang fehlt es in Sachsen jedoch an Forschungsprojekten zur Strafrechts- und Strafvollzugspolitik und deren regionaler Umsetzung wie sie beispielhaft im vom Hessischen Hauptstaatsarchiv in Wiesbaden initiierten Projekt „Widerstand und Verfolgung unter dem Nationalsozialismus in Hessen"[9] oder im Projekt an der Universität Köln „Justiz im Krieg – Der Oberlandesgerichtsbezirk Köln, 1939-1945"[10] durchgeführt wurden.

Dieser Beitrag versteht sich daher als Zusammenfassung der bislang bekannten Informationen zur Tätigkeit der Justiz in Sachsen während des Krieges und als Anregung, sich dieses Themas aus verschiedenen Fachrichtungen intensiver zu widmen. Er stützt sich dabei vor allem auf die Überlieferung des Reichsjustizministeriums und der Reichsanwaltschaft im Bundesarchiv. Der Beitrag gliedert sich in drei Abschnitte. Die Zäsur zwischen den beiden ersten Teilen liegt in den Jahren 1942/43, als die justizielle Repression eine weitere Radikalisierung in Folge der durch interessierte NSDAP-Kreise initiierten „Justizkrise" im Frühjahr 1942, die Einsetzung des neuen Reichsjustizministers Otto Thierack im August 1942 sowie dessen Maßnahmen zur Steuerung der Justiz und

---

6 Vgl. Jens-Uwe Lahrtz, Nationalsozialistische Sondergerichtsbarkeit in Sachsen. Das Beispiel der Verfolgung der Zeugen Jehovas in den Jahren 1933 bis 1945, Frankfurt a. M. 2003.
7 Vgl. Gerald Hacke, Heinz Jung. Sachsens Generalstaatsanwalt. In: Christine Pieper/ Mike Schmeitzner/Gerhard Naser (Hg.), Braune Karrieren. Dresdner Täter und Akteure im Nationalsozialismus, Dresden 2012, S. 120-127; Birgit Sack, Heinrich von Zeschau. Ankläger beim Volksgerichtshof. In: ebd., S. 115-119; Angaben zu den SG-Richtern Siegfried Lösche und Herbert Czolbe finden sich in Lahrtz, Sondergerichtsbarkeit, S. 52-55, 329 f. sowie 49-52, 328 f. Informationen zu Walter Tränkmann in Schreiber, Elite, S. 440-444.
8 Vgl. Lahrtz, Sondergerichtsbarkeit, S. 342-350.
9 Vgl. Wolfgang Form/Theo Schiller (Hg.), Politische NS-Justiz in Hessen. Die Verfahren des Volksgerichtshofs, der politischen Senate der Oberlandesgerichte Darmstadt und Kassel 1933-1945 sowie Sondergerichtsprozesse in Darmstadt und Frankfurt/M. (1933/34), Marburg 2005.
10 Vgl. Matthias Herbers, Organisationen im Krieg. Die Justizverwaltung im Oberlandesgerichtsbezirk Köln 1939-1945, Tübingen 2012; Michael Löffelsender, Strafjustiz an der Heimatfront. Die strafrechtliche Verfolgung von Frauen und Jugendlichen im Oberlandesgerichtsbezirk Köln 1939-1945, Tübingen 2012; Barbara Manthe, Richter in der nationalsozialistischen Kriegsgesellschaft. Beruflicher und privater Alltag von Richtern des Oberlandesgerichtsbezirk Köln, 1939-1945, Tübingen 2013.

zur Beschleunigung der Verfahren und des Strafvollzugs erfuhr. Ein dritter Abschnitt befasst sich intensiver mit den letzten Kriegsmonaten, als sich auch die sächsische Justiz durch Evakuierungen, Zerstörung sowie nahende Frontlinie direkt mit dem baldigen Kriegsende konfrontiert sah.

Die Etablierung des „Kriegsrechts" (1939 bis 1942)

Mit Beginn des Krieges 1939 hatte die sächsische Justiz noch immer eine seit 1933 bestehende Gerichtsstruktur: Der Bezirk des Oberlandesgerichtes (OLG) Dresden mit seinen sieben Landgerichten war identisch mit dem Gebiet Sachsens. Ein Sondergericht (SG) mit Sitz am Landgericht Freiberg übernahm seit dem 27. März 1933 die Zuständigkeit für diesen Bezirk. Zudem befand sich am Landgericht Dresden eine der zu diesem Zeitpunkt 13 Hinrichtungsstätten im Reich. Diese Zuordnung änderte sich aber bereits in den ersten Kriegsmonaten, insbesondere wegen einer Zuständigkeitserweiterung der Sondergerichte.

Die Wiederholung einer revolutionären Situation wie im Herbst 1918 war die große Sorge der Nationalsozialisten. In den ersten vier Kriegsmonaten erließ das Regime daher drei Verordnungen, die intern als das „eigentliche Kriegsstrafrecht" galten[11] und an der „Heimatfront" für Ruhe und Disziplin sorgen sollten: die „Volksschädlingsverordnung",[12] die „Kriegswirtschaftsverordnung"[13] sowie die „Gewaltverbrecherverordnung".[14] Allen drei Verordnungen war gemeinsam, dass sie die Straftatbestände und den Strafrahmen sehr weit fassten. Damit konnte auch bei vergleichsweise geringfügigen Delikten die Todesstrafe ausgesprochen werden. Diese Verfahren wurden zudem propagandistisch genutzt, um zu zeigen, dass das Regime auch in Kriegszeiten fähig war, Ordnung und Sicherheit aufrechtzuerhalten und gegen „Kriegsparasiten" vorzugehen. In Westsachsen sorgte beispielsweise der Fall eines Margarinegroßhändlers für öffentliche Aufmerksamkeit, der im Laufe der Zeit 2 500 Zentner Fett und Margarine der Zwangsbewirtschaftung entzog und auf eigenen Gewinn verkaufte.[15] Der Angeklagte erhielt am 8. August 1941 vor dem SG Leipzig die Todesstrafe, die am 28. Oktober desselben Jahres in Dresden vollstreckt wurde.[16]

---

11 Vgl. Landgerichtsdirektor Becher, Von der Tätigkeit des Hanseatischen Sondergerichts. In: Deutsches Recht, 12 (1942) 11/12, S. 122–126, hier 123. Die ebenfalls erlassene „Verordnung über außerordentliche Rundfunkmaßnahmen" vom 1.9.1939 (RGBl. 1939, Teil I, S. 1683) sowie die am 26.8.1939 veröffentlichte „Kriegssonderstrafrechtsverordnung" (ebd., S. 1455) gewannen erst im Verlaufe des Krieges an Bedeutung und werden deshalb unten behandelt.
12 5.9.1939. In: RGBl. 1939, Teil I, S. 1679.
13 4.9.1939. In: ebd., S. 1609.
14 5.12.1939. In: ebd., S. 2378.
15 Vgl. Landgerichtsdirektor Siegfried Lösche, Sondergerichtsbarkeit in Sachsen. In: Deutsches Recht, 12 (1942) 15/16, S. 169–176, hier 171.
16 Vgl. BArch, R 3001, RJM/MR 846/41.

Die nun vereinfachten Verfahrensvorschriften erlaubten es der Staatsanwaltschaft außerdem zu entscheiden, ob sie die Anklage vor dem Sondergericht oder dem sonst zuständigen Gericht erheben wollten. Dabei fiel die Entscheidung immer häufiger zugunsten der schnelleren und vor allem rechtsmittelsicheren Verfahren vor den Sondergerichten, sei es aus Bequemlichkeit, um zeitaufwendige Folgeverfahren zu vermeiden, sei es, um zur Sicherung der „inneren Front" schnell, hart und öffentlichkeitswirksam zu strafen. Die Sondergerichte entwickelten sich nach Zuständigkeit und Verfahrensaufkommen zu dem Strafgericht schlechthin. Auch aus diesem Grund wurde am 14. März 1940 das SG Freiberg aufgelöst. Seine beiden Kammern bildeten in Dresden und Leipzig eigenständige Sondergerichte, die bereits ab dem 1. Januar 1941 um je eine zusätzliche Strafkammer erweitert wurden. Wegen der steten Steigerung der Anklagen wurden zum 1. Oktober 1942 die Landgerichtsbezirke Chemnitz und Freiberg aus dem Bereich des SG Dresden ausgegliedert. Für sie war nun das neu installierte SG Chemnitz zuständig.[17] Trotz dieser Abtrennung waren „infolge des Ansteigens der Eingänge aus den Bezirken Dresden und Bautzen" die Strafkammern des SG Dresden weiterhin „stark beschäftigt".[18]

Auch das Oberlandesgericht (OLG) Dresden erfuhr eine Zuständigkeitserweiterung. Seit August 1940 konnte der Volksgerichtshof (VGH) „minder schwere" Fälle von Hoch- und Landesverrat aus den besetzten tschechischen Gebieten, dem „Protektorat Böhmen und Mähren", an die OLG Breslau, Dresden und Leitmeritz abgeben. Das OLG Dresden war für Fälle aus dem Landgerichtsbezirk Prag mit Ausnahme dreier deutscher Amtsgerichtsbezirke zuständig. Hitler erließ zwar im September 1940 einen Verfahrensstopp für größere Hochverratsprozesse gegen Protektoratsangehörige, da er während des Krieges keine „Märtyrer" durch Todesurteile schaffen wollte.[19] Das hinderte die mit der Verfolgung „der tschechischen Hochverräter" betrauten Richter und Staatsanwälte jedoch nicht, im März 1941 eine gemeinsame Fahrt nach Prag zu unternehmen, um vor Ort in die Sichtweise und Wünsche der Gestapo eingeführt zu werden.[20]

Nach der Aufhebung des „Stop-Erlasses" im Herbst 1941 waren Protektoratsangehörige besonders häufig vor dem VGH angeklagt. Fast jeder dritte vom VGH Verurteilte, war tschechischer Nationalität. Zu den Dienstorten der mit der „Sondersache Böhmen und Mähren" betrauten Ermittlungsrichter gehörte nun auch Dresden. Hier tagte vorrangig der 1. Senat des Volksgerichtshofs unter dem Vorsitz von Oberlandesgerichtsrat (später Volksgerichtsrat) Dr. Josef Illner (1897 – verschollen).

---

17 Vgl. Lahrtz, Sondergerichtsbarkeit, S. 58.
18 Vgl. GStA Dresden, Lagebericht aus dem Bezirk des OLG Dresden vom 9.2.1943 (BArch, R 3001, 3362, Bl. 60 f., hier 61).
19 Vgl. Notiz des Reichsministers der Justiz, Dr. Gürtner, vom 23.9.1940 (BArch, R 3001, 4070, Bl. 14).
20 Vgl. GStA Dresden, Lagebericht aus dem Bezirk des OLG Dresden vom 7.4.1941 (BArch, R 3001, 3362, Bl. 21 f.).

Die vom VGH an die OLG abgegebenen Verfahren gegen tschechische Angeklagte überstiegen die entsprechenden VGH-Prozesse um ein Vielfaches. Um der daraus resultierenden Mehrbelastung Herr zu werden, wurden am 1. April 1941 die 15 Zivilsenate des OLG Dresden auf acht zusammengelegt und die freiwerdenden Kräfte den Strafsenaten zugeordnet. Wie der Präsident des OLG Dresden Rudolf Beyer berichtete, verhandelten die drei Strafsenate (ein vierter kam zum 1. Januar 1942 hinzu) allein 1941 in Hochverratssachen gegen 1181 Angeklagte. Die Zahl der Verurteilten verachtfachte sich gegenüber 1940. Den weitaus größten Anteil an diesen Verfahren hatten Protektoratsangehörige.[21] Dagegen blieb die Zahl der angeklagten deutschen Kommunisten vergleichsweise gering. Noch im Mai 1941 konnte das Reichsjustizministerium berichten, dass „die illegale Arbeit der KPD, abgesehen von der gerade im Kriege besonders gefährlichen Mundpropaganda, in letzter Zeit an Bedeutung verloren" habe.[22] Auch in Sachsen hielten sich die wenigen verbliebenen kommunistischen Netzwerke zurück, zumal in Dresden bereits Anfang 1941 die Gruppe um Karl Stein, Fritz Schulze und Albert Hensel verhaftet und deren führende Köpfe zum Tode verurteilt worden waren. Der Grund für diese abwartende Haltung war zuvorderst die ideologische Starre, in die die Kommunisten im Reich nach Abschluss des sowjetisch-deutschen Nichtangriffspaktes gefallen waren. Erst mit dem deutschen Überfall auf die Sowjetunion 1941 verflog der „Schleier, der in der Paktzeit wie Mehltau auch über dem kommunistischen Widerstand im Lande" lag.[23]

Die deutsche Justiz hatte sich (nicht erst) seit Kriegsbeginn den Forderungen des NS-Regimes nach Härte im Kampf gegen gegnerisches und abweichendes Verhalten bereitwillig unterworfen. Allein in Dresden waren zwischen 1940 und 1942 338 Menschen, davon 93 von sächsischen Gerichten Verurteilte, hingerichtet worden. Dennoch wurde das „Interregnum" im Reichsjustizministerium unter Staatssekretär Franz Schlegelberger von Parteikreisen und der SS-geführten Gestapo zur Klage über die den Kriegsverhältnissen nicht angepasste Justiz genutzt. Diese Kampagne mündete schließlich in Hitlers Rede vor dem Reichstag am 26. April 1942, in der er diese zwar nur mit wenigen Sätzen, dafür aber umso heftiger kritisierte. Die „Justizschelte" führte zur Ermächtigung Hitlers, vorgeblich zu milde Richter aus ihren Stellungen zu entfernen.[24] Der Reichstagsbeschluss wirkte stark einschüchternd auf die Richterschaft, zumal Hitler mit der Kritik an „formalen Auffassungen" der Justiz auch die

---

21 Vgl. OLG-Präsident Dresden, Berichte über die allgemeine Lage im Oberlandesgerichtsbezirk vom 9.3.1942 (ebd., Bl. 38–44, hier 39).
22 Ergänzungsblatt zu den Merkblättern A und B über die Behandlung von Hoch- und Landesverratssachen nach dem Stande vom 15. Mai 1941 (BArch, R 3001, 956, Bl. 53).
23 Klaus Kinner, Der deutsche Kommunismus. Selbstverständnis und Realität, Band 3: Im Krieg (1939 bis 1945), Berlin 2009, S. 174.
24 Vgl. RGBl. 1942, Teil I, S. 247.

Bindung an das Gesetz in Frage stellte.[25] Noch am Tag von Hitlers Rede berichtete Dresdens OLG-Präsident Rudolf Beyer eilfertig nach Berlin, dass er die ihm unterstellten sächsischen Gerichtspräsidenten auf „die notwendige harte und doch volksnahe Ahndung jeder nach gesundem Volksempfinden strafwürdigen Tat [...] mit gebotener unmissverständlicher Deutlichkeit" hingewiesen habe.[26] Die neue Führungsspitze im Reichsjustizministerium, Otto Thierack als Minister und Carl Rothenberger als Staatssekretär, sahen in der Lenkung der Justiz den Ausweg aus der inszenierten Krise. „Das Wort von der Unabhängigkeit des Richters" wollte Thierack „nicht mehr hören".[27] Die Funktion, die der frühere sächsische Justizminister dabei dem Richter zuordnete, war die eines Arztes, der „einen Krankheitsherd im Volke ausbrennen" solle.[28] Wie sich diese „Justizlenkung" in Sachsen gestaltete, verdeutlicht ein Bericht des „Amtes für Neuordnung der Deutschen Gerichtsverfassung" nach einem Treffen mit sächsischen Juristen im September 1943: Demnach waren alle Gerichtspräsidenten angehalten, jeden Mittwoch über die in der kommenden Woche anstehenden Strafsachen und die in Aussicht genommenen Strafen an den OLG-Präsidenten und den Generalstaatsanwalt zu berichten. Beide trafen sich am Folgetag und versuchten, die geplanten Anträge der Anklage und die beabsichtigten Strafen in Einklang zu bringen. Die Ergebnisse wurden nun wiederum den Gerichtspräsidenten mit der verniedlichenden Formulierung, „das Gericht möge erwägen, ob es nicht dem Antrag entsprechen könne", mitgeteilt. Dies war natürlich keine Bitte. Über den Ausgang der Verfahren musste wiederum berichtet und Abweichungen in der Strafhöhe rechtfertigt werden. In diesen Fällen ließ sich der OLG-Präsident die Akten zukommen und entschied dann über eine mögliche Nichtigkeitsbeschwerde. Diese – Vor- und Nachschau genannte – Verfahrensabsprache durfte natürlich nicht aktenkundig werden. Mögliche Bedenken in der Richterschaft versuchten die Justizfunktionäre mit dem Argument auszuschalten, die Lenkungsmaßnahmen würden nur die Strafhöhe, keineswegs aber die Frage der tatsächlichen Schuld betreffen. Natürlich äußerten die anwesenden Richter keine grundsätzliche Kritik, doch mussten die aus dem Reichsjustizministerium angereisten Beamten zur Kenntnis nehmen, dass diese Lenkung nur für die „Bedürfnisse des Krieges" akzeptiert wurde, zukünftig müsse sie „einmal abgebaut werden". Außerdem war es die einhellige Meinung, dass die Bindung an das Gesetz „nicht zu entbehren sei".[29] Solcherart abweichende Auf-

---

25 Dazu allgemein Sarah Schädler, „Justizkrise" und „Justizreform" im Nationalsozialismus, Tübingen 2009.
26 Präsident des OLG Dresden an den Reichsjustizminister, Betr.: Berichte über die allgemeine Lage in den Oberlandesgerichtsbezirken vom 26.4.1942 (BArch, R 3001, 3362, Bl. 48–50, hier 48).
27 Zit. nach Schädler, Justizkrise, S. 164.
28 Anschreiben des Reichsjustizministers an die Chefpräsidenten anlässlich der Herausgabe des ersten „Richterbriefes" vom 7.9.1942 (BArch, R 3001, 235, Bl. 19).
29 Teilbericht über die Dienstreise des „Amtes für Neuordnung der Deutschen Gerichtsverfassung" nach Dresden am 21. und 22.9.1943 (BArch, R 3001, 218, Bl. 65–69).

fassung schaffte es, zumindest bis Otto Thierack im Herbst 1942 auch Herausgeber wurde, sogar in das Blatt des „NS-Rechtswahrerbundes". Im Augustheft des „Deutschen Rechts" forderte der Richter am SG Leipzig, Siegfried Lösche, in einem Beitrag über die Entwicklung der Sondergerichtsbarkeit in Sachsen wohl harte Strafen im Kriege, kritisierte aber die pauschale Forderung nach höchsten Strafen als „verfehlt".[30] Diese Einstellung Lösches führte 1943 offenbar zu einer Auseinandersetzung mit Generalstaatsanwalt Heinz Jung. In einer Stellungnahme an OLG-Präsident Beyer rechtfertigte er sich: „Eine ‚Parteilinie' oder eine bevorzugte Behandlung von Leuten mit guten Beziehungen wird es in meinem Arbeitsfeld nie geben. Ebenso wenig hat m. E. die richterliche Arbeit etwas zu tun mit dem Extrem auf der anderen Seite dem ‚Ausmerzen'. Ich sehe in jedem Menschen ein Geschöpf Gottes und werde solchen Forderungen nicht folgen."[31] Doch zeigt der Aufsatz Siegfried Lösches, dass selbst reflektiertere Juristen unter den Gegebenheiten des Krieges akzeptiert hatten, anders, d. h. härter zu urteilen.

Beschleunigung und Radikalisierung in der Ära Thierack (1942 bis 1944)

Noch härter dagegen agierte das Sondergericht Prag. Von den rund 11 000 Todesurteilen, die die 70 Sondergerichte im Deutschen Reich insgesamt fällten,[32] sprach es über ein Zehntel aus. Die meisten Todesurteile fielen wegen schwerer krimineller Delikte oder wegen Verstößen gegen die Kriegswirtschaftsverordnung. Diese Spruchpraxis hatte auch auf Sachsen Auswirkungen. Um die tschechische Bevölkerung nicht zu beunruhigen, wurde die Vollstreckung von Todesurteilen im Protektorat vermieden und stattdessen in Dresden und Wien hingerichtet. Der Landgerichtsbezirk Prag gehörte dabei zum Einzugsbereich der Richtstätte in Dresden.

Im Januar 1942 monierte der Dresdner Generalstaatsanwalt Heinz Jung beim amtierenden Reichsjustizminister, dass die Zahl der in Dresden einsitzenden Todeskandidaten kontinuierlich im Steigen begriffen sei. Von den 59 zum Tode Verurteilten stammten nur 14 nicht aus dem LG-Bezirk Prag.[33] Die ins Auge gefasste Verlagerung der Vollstreckungen nach Breslau und Kattowitz zerschlug sich wegen der schlechten Transportmöglichkeiten. Im September 1942

---

30 Lösche, Sondergerichtsbarkeit, S. 176.
31 Zit. nach Lahrtz, Nationalsozialistische Sondergerichtsbarkeit, S. 53 f. Siegfried Lösche wurde 1945 von der sowjetischen Besatzungsmacht interniert und 1950 während der „Waldheimer Prozesse" zu 18 Jahren Zuchthaus verurteilt. Er verstarb im Oktober 1951 im Zuchthaus Waldheim (ebd., S. 329 f.).
32 Zahlenangabe nach Michael P. Hensle, Die Todesurteile des Sondergerichts Freiburg, 1940–1945: Eine Untersuchung unter dem Gesichtspunkt von Verfolgung und Widerstand, München 1996, S. 29 f.
33 Vgl. GStA Dresden an Reichsjustizminister vom 3.1.1942 (BArch, R 3001, 1317, Bl. 153).

wandte sich der Reichsjustizminister mit dem ausdrücklichen Wunsch an den Reichsprotektor, künftig „gegen Nichtreichsdeutsche gefällte Todesurteile in Prag oder in einem anderen Orte im Protektorat" zu vollstrecken.[34] Doch die Protektoratsregierung und der Generalstaatsanwalt in Prag lehnten selbst die Belassung der Verurteilten bis zum Vollstreckungstermin auf Protektoratsgebiet ab. In ihren Augen würde dies die Geheimhaltung des Termins gefährden und zudem den Angehörigen die Möglichkeit zur Kontaktaufnahme ermöglichen.[35]

Im Dezember 1942 berichtete Generalstaatsanwalt Jung jedoch, dass inzwischen in Dresden 102 Häftlinge, davon 75 aus dem LG-Bezirk Prag, auf ihre Hinrichtung warteten.[36] Zudem hatte sich die Einrichtung einer Ausweichrichtstätte in Chemnitz wegen der baulichen und verkehrstechnischen Verhältnisse zerschlagen. Gleiches traf auf ein Objekt in Leitmeritz zu.[37] Dies gab dann wohl den Ausschlag, dass die deutsche Justizverwaltung in der Untersuchungshaftanstalt Prag-Pankratz eine weitere Hinrichtungsstätte einrichtete. Seit dem 1. April 1943 wurden die Todesurteile des Prager Sondergerichts hier vollstreckt.[38] 81 zum Tode Verurteilte, die bereits zur Urteilsvollstreckung nach Dresden gebracht worden waren, wurden bis zum 28. September 1943 schrittweise nach Prag zurück verlegt.

Diese Entscheidung konnte die Verhältnisse in Dresden allerdings nicht entschärfen. Nach dem Prager Attentat auf Reinhard Heydrich übernahmen Standgerichte der Gestapo die Verfolgung des tschechischen Widerstands. Als sie ihre Arbeit beendeten, übernahm der Volksgerichtshof wieder einen Teil der Repression und das mit auf Abschreckung zielenden Strafen. 1943 wurden in Dresden 135 Hinrichtungen nach Urteilen des VGH vollzogen, 1944 sogar 294.[39] Der größte Teil der Verurteilten stammte aus dem Protektorat. Die in der „Sondersache Böhmen und Mähren" Verhafteten aus dem böhmischen Teil wurden auf die Haftanstalten in Gollnow, Nürnberg, Amberg, Nürnberg, Zweibrücken, seit 1944 auch die in Breslau verteilt. In Sachsen waren in Dresden, Bautzen und Leipzig insgesamt 450 Haftplätze für die „Sondersache" reserviert.[40] Den weitaus größeren Teil der Verfahren, die „minder schweren Fälle", übernahmen die OLG in Dresden und Breslau. Bis Herbst 1944 hatte der

---

34 Reichsjustizminister an Reichsprotektor vom 9.9.1942 (ebd., Bl. 164).
35 Vgl. GStA Prag, an Reichsprotektor vom 8.9.1942 (ebd., Bl. 165); Reichsprotektor an Reichsjustizminister vom 21.10.1942 (ebd., Bl. 272).
36 Vgl. GStA Dresden an Reichsjustizminister vom 22.12.1942 (ebd., Bl. 160).
37 Vgl. Vermerk über Besichtigung UHA Chemnitz am 25.11.1942 vom 7.12.1942 (ebd., Bl. 158).
38 Vgl. OStA am Deutschen OLG in Prag an GStA Prag vom 18.3.1943 (BArch, R 3001, 1324, Bl. 238 f.).
39 Dazu kamen zwischen 1942 und 1944 noch 84 Polinnen und Polen, die vom OLG Posen bei Verhandlungen auf sächsischen Gebiet verurteilt wurden.
40 Vgl. Leiter der Ermittlungsrichter des VGH, Betr.: Gefangenenraum für die U.-Häftlinge aus dem Landgerichtsbezirk Prag vom 15.5.1944 (BArch, R 3017, Generalia, Bd. 21/2, Bl. 26).

Volksgerichtshof Verfahren gegen knapp 4 800 tschechische Beschuldigte an das OLG Dresden abgegeben.[41] 61 Personen wurden nach Urteilen seiner Senate in Dresden hingerichtet. Dem stehen 432 hier nach Urteilen des VGH hingerichtete Tschechinnen und Tschechen gegenüber, ein Vergleich, der zwar nicht die Richter des OLG entlastet, aber die ungleich höhere kriminelle Energie des VGH belegt. Die laufend an das OLG abgegebenen Verfahren verringerten den Bedarf des Oberreichsanwalts beim VGH an Haftraum in keiner Weise. Ständig wurden aus dem Protektorat neue Verdächtige überstellt. Deshalb forderte der Leiter der Ermittlungsrichter des VGH in der „Sondersache Böhmen und Mähren" am 21. Juni 1944 auch kategorisch, dass die abgegebenen Häftlinge sofort aus „den dem Volksgerichtshof zur Verfügung stehenden Haftträumen zu entfernen" seien.[42]

Auch in Sachsen mussten die in den Justizhaftstätten Einsitzenden seit Kriegsbeginn in verstärktem Maße den Mangel an Arbeitskräften ausgleichen. Wenn das Reichsjustizministerium im Herbst 1944 stolz berichtete, dass von den 200 000 Gefangenen 90 Prozent in der Kriegs- bzw. in der Landwirtschaft eingesetzt seien,[43] so hatten daran auch die sächsischen Strafanstalten ihren Anteil. Die Zahl der auf Außenarbeit eingesetzten Gefangenen betrug 1940 nur 450 Gefangene und stieg bis Ende 1941 auf 1 700. Der Anstieg bei in wehrwirtschaftlich wichtigen Bereichen eingesetzten Gefangenen war im selben Zeitraum mit 600 auf 4 000 noch eindrucksvoller.[44] So mussten Gefangene in Waldheim Maschinengewehrteile produzieren,[45] in Bautzen kamen Häftlinge in der Produktion von Textilien und Munition für die Wehrmacht zum Einsatz.[46] Auch für Untersuchungsgefangene ordnete der Dresdner Generalstaatsanwalt im September 1941 den gezielten Arbeitseinsatz außerhalb der Zelle bzw. der Haftanstalt an.[47] In den Zellen verrichteten die Gefangenen traditionelle monotone Arbeiten wie Tüten kleben oder Umschläge für Feldpostbriefe falten. In der Untersuchungshaftanstalt selbst kamen die Gefangenen als Heizer, in der Tischlerei, der Druckerei, der Buchbinderei bzw. in der Wäscherei zum Einsatz. Die Elbtalwerke AG Heidenau errichtete in der Haftanstalt Werkstätten zur Produktion von Elektromotoren. Andere Häftlinge stellten für das Sachsenwerk

---

41 Vgl. GStA Dresden, 5. Geschäftsstelle, Hochverratssachen gegen Protektoratsangehörige, Stichtag 30.9.1944 (ebd., Bl. 95).
42 Leiter der Ermittlungsrichter des VGH vom 21.6.1944 (ebd., Bl. 41).
43 Vgl. Informationsdienst des Reichsministers der Justiz, Beitrag 87, o. D. (nach August 1944) (BArch, R 3001, 4003, Bl. 125).
44 GStA Dresden, Lagebericht aus dem Bezirk des Oberlandesgerichts Dresden vom 3.2.1942 (BArch, R 3001, 3362, Bl. 33–37, hier 36 f.).
45 Vgl. Martin Habicht, Zuchthaus Waldheim 1933–1945, Berlin (Ost) 1988, S. 34.
46 Vgl. Vermerk vom 30.12.1944 (BArch, R 3001, 25094, Bl. 89, 91) sowie Bericht über die „Seelsorge an Strafgefangenen" vom 23.5 1944 (Diözesanarchiv Dresden-Meißen, Akten-Nr. 321.15, Bd. 1, Bl. 234). Ich danke Sven Riesel (Gedenkstätte Bautzen) für diesen Hinweis.
47 GStA Dresden, Lagebericht aus dem Bezirk des Oberlandesgerichts Dresden vom 3.2.1942 (BArch, R 3001, 3362, Bl. 33–37, hier 36 f.).

Zünder her. Häftlinge in Außenkommandos errichteten Luftschutzbauten oder arbeiteten in lokalen Betrieben wie dem Städtischen Vieh- und Schlachthof oder in der Prägeplakat- und Kartonagenfabrik Grawepa.[48]

Neben der Einbindung der Gefangenen in die Rüstungsindustrie prägten in der Untersuchungshaftanstalt Dresden I die einsitzenden Todeskandidaten sowie die Vorbereitung und Durchführung von deren Hinrichtungen den Haftalltag immer stärker. Als 1935 im Reichsjustizministerium über die Vereinheitlichung und Zentralisierung des Vollzugs der Todesstrafe diskutiert wurde, ging die Ministerialbürokratie von jährlich „nicht mehr als Hundert Hinrichtungen" aus.[49] Im Jahr 1942 wurden allein in Dresden 251 Todesurteile vollstreckt. Mitte der 1930er-Jahre spiegelte die Hinrichtung mit ihrem ritualhaften zeitaufwendigen Ablauf noch den Ausnahmecharakter der Todesstrafe wider.

Die Wende, die die Übernahme des Reichsjustizministeriums durch Otto Thierack im August 1942 bedeutete, schlug sich bereits wenige Wochen später in Anordnungen zur „weiteren Vereinfachung und Beschleunigung des Verfahrens" nieder. Im September 1942 wurde das Gnadenverfahren abgekürzt, eine eigene Stellungnahme zur Vollstreckung stand nun im Ermessen des erkennenden Gerichts. Die Hinrichtungen wurden von nun an in den Abendstunden durchgeführt. Das sparte Aufsichtspersonal über die Nachtstunden. Auch der Vollstreckungsvorgang wurde gestrafft. Der Vollstreckungsleiter las den Urteilstenor und den Gnadenentscheid nicht mehr vor. Das obligatorische Läuten der Totenglocke hatte zu unterbleiben.[50] Bereits einen Monat später untersagte eine weitere Anordnung Thieracks die Anwesenheit von Seelsorgern bei den Hinrichtungen.[51] Die Zuwendung der Geistlichen zu den Verurteilten entwickelte sich in den Augen der Vollstreckungsbehörden zu einem störenden Moment. Bereits sechs Wochen später schränkte eine weitere „Vereinfachungsanordnung" die Verfügung der Hinterbliebenen über den Leichnam des Hingerichteten massiv ein. Ihnen wurde der Körper nur noch auf rechtzeitige Anfrage zur Bestattung ausgehändigt. Gleichzeitig hatten sie aber keinerlei Kenntnis über den Stand des Verfahrens oder den Hinrichtungstermin. Die Körper von Polen und Juden wurden grundsätzlich nicht herausgegeben.[52]

---

48 Vgl. UHA Dresden, Zweiganstalt Mathildenstraße, Übersicht über die Gefangenenarbeit vom 1.3.1944 (BArch, R 3001, 5026, Bl. 331–334); UHA Dresden, Hauptanstalt Arbeitsverwaltung, Übersicht über die Gefangenenarbeit des Rechnungsjahres 1944 vom 3.3.1944 (ebd., Bl. 335–338).
49 Aufzeichnungen über den Vollzug der Todesstrafe, o. D. (handschriftlich „20.12.35") (BArch, R 3001, 1314, Bl. 119–126, hier 124).
50 Vgl. Reichsjustizministerium, Betr.: Maßnahmen aus Anlass von Todesurteilen vom 1.9.1942 (BArch, R 3017, Generalia, Band 5, Bl. 9).
51 Vgl. Reichsjustizministerium, Betr.: Maßnahmen aus Anlass von Todesurteilen vom 15.10.1942 (ebd., Bl. 48).
52 Vgl. Reichsjustizministerium, Betr.: Maßnahmen aus Anlass von Todesurteilen vom 26.11.1942 (ebd., Bl. 54).

Im Sommer 1943 kam ein weiterer Aspekt hinzu: die Angst, zum Tode Verurteilte könnten die nun regelmäßigen Angriffe auf deutsches Gebiet zur Flucht nutzen. Mitte August 1943 forderte Hitler von seinem Reichsjustizminister die Beschleunigung der Vollstreckungsentscheidung. Aus einer Meldung hatte er entnommen, dass über 900 zum Tode Verurteilte teilweise länger als zwei Monate in Haft seien, ein Zustand, der „insbesondere in Großstädten, bei feindlichen Luftangriffen eine Gefahr" bildete. Das Reichsjustizministerium wurde also angewiesen, „selbstständig beeilt die Vollstreckung der Todesstrafe" durchzuführen und auf die Stellungnahme aller übrigen in das Verfahren eingebundenen Instanzen „in allen zweifelsfreien Fällen" zu verzichten.[53] Zudem legte das Justizministerium nicht mehr alle Gnadengesuche vor, sondern nur noch die, die es selbst für aussichtsreich hielt.[54] Thierack gab die Forderungen an die höheren Justizstellen weiter.[55] Trotz aller Beschleunigungsversuche musste er jedoch im Sommer 1944 konstatieren, dass die Akten vor allem in Verfahren des VGH vom Tag der Urteilsfällung bis zum Eingang im Reichsjustizministerium drei Wochen auf dem Weg waren. Das OLG Dresden, dessen Unterlagen nur zwei Wochen benötigten, wurde als positives Beispiel gegenüber gestellt.[56] Diese Verzögerung (und nicht etwa die ständig steigende Zahl an Todesurteilen) war nach Ansicht des Reichsjustizministers Grund dafür, dass im September 1944 687 rechtskräftig zum Tode verurteilte, aber noch nicht hingerichtete Gefangene in den Haftanstalten einsaßen, davon 180 allein in Dresden.[57] Der Verlust der Lufthoheit führte schließlich im Oktober 1944 zu der Überlegung, sieben Vollzugsanstalten, die „sich in besonders kriegs- und luftgefährdeten Gebieten" befanden, in „weniger gefährdete Anstalten in kleineren Orten" zu verlegen. Hinsichtlich Belegung und Gefährdung rangierte Dresden in der Dringlichkeit gleich nach Breslau.[58] Doch die Ausweichstätte in Waldheim[59] kam ebenso wenig zustande wie die für fünf weitere deutsche Großstadtanstalten. Nur die Hamburger Hinrichtungsstätte wurde zugunsten einer in Bützow-Dreibergen aufgegeben.

53 Chef der Reichskanzlei an Reichsjustizminister vom 17.8.1943, Betr.: Beschleunigung der Entscheidung über die Vollstreckung von Todesurteilen (BArch, R 3001, 1318, unpag.).
54 Vgl. Schädler, Justizkrise, S. 321; Richard J. Evans, Rituale der Vergeltung. Die Todesstrafe in der deutschen Geschichte 1532–1987, Berlin 2001, S. 844.
55 Vgl. Verfügung von Reichsjustizminister Thierack an die obersten Gerichts- und Anklagebehörden vom 27.8.1943, Betr. Behandlung von Todesurteilssachen (BArch, R 3017, Generalia, Band 4, Bl. 172) sowie ders. an dies. vom 8.9.1943 (BArch, R 3017, Generalia, Bd. 5, Bl. 95).
56 Vgl. Aufstellung über die Dauer der Gnadenverfahren in Todesurteilssachen vom Tage der Urteilsfällung bis zum Eingang im Reichsjustizministerium, o. D. (nach dem 25.9.1944) (BArch, R 3001, 1318, Bl. 81).
57 Vgl. Vermerk zum Vortrag beim Minister vom 29.9.1944 (ebd., Bl. 84).
58 Vermerk nach Vortrag beim Reichsjustizminister vom 20.10.1944 (ebd., Bl. 133).
59 Die Einrichtung einer Hinrichtungsstätte in Waldheim blieb der DDR während der Waldheimer Verfahren 1950 vorbehalten.

Die Wende im Kriegsverlauf, das Wissen um den Rückzug, um die gestiegenen Gefallenenzahlen und die Verheerung deutscher Städte verringerten die Bereitschaft in der männlichen Bevölkerung zur aktiven Kriegsteilnahme beträchtlich. Um der Einberufung zu entgehen, bestachen Dresdner Geschäftsleute und Angehörige freier Berufe Angestellte des dortigen Wehrbezirkskommandos. Ende 1943/Anfang 1944 verhandelte das Sondergericht zu diesem Komplex. Angesichts des Umfangs der Verfahren und natürlich als Nachweis der Schlagfertigkeit der Justiz – das Sondergericht sprach 17 Todesurteile, 20 längere Zuchthaus- und acht Gefängnisstrafen aus – gelangte die Nachricht als „Führerinformation" zu Hitler.[60] Dresdens Generalstaatsanwalt machte sich auch Sorgen um die Schlagkraft gegenüber Saboteuren. Er wollte angesichts der zunehmenden Verlegung von Rüstungsbetrieben nach Sachsen sowie der gleichzeitig steigenden Zahl von eingesetzten Fremd- und Zwangsarbeitern auch „weniger schwerwiegend erscheinende Einzelfälle" abschreckend, d.h. wegen „Wehrmittelbeschädigung" nach § 1 der Wehrkraftschutzverordnung zu Zuchthausstrafen verurteilen lassen. Allerdings musste er dazu die Akten nach Abschluss der Ermittlungen der Abwehrabteilung des Oberkommandos der Wehrmacht (OKW) zur Begutachtung vorlegen. Heinz Jung berichtete nach Berlin, dass diese Gutachten „verschiedentlich" die Anwendbarkeit verneint hätten, er selbst aber „eine Bestrafung des Täters zu Zuchthaus aus grundsätzlichen Erwägungen für wünschenswert gehalten hätte".[61] Er legte nach Aufforderung durch das Ministerium fünf Fälle vor, davon drei gegen Arbeiter aus dem Protektorat, bei denen das OKW entweder das Vorliegen eines „schweren Falles" oder das einer „Gefährdung der Schlagkraft der deutschen Wehrmacht" negierte.[62] Der Lösungsvorschlag aus dem Reichsjustizministerium wirft ein Schlaglicht auf den instrumentellen Umgang mit Rechtsvorschriften. Jung sollte künftig „bei unbefriedigenden Gutachten" des OKW „das Schwergewicht auf andere rechtl. Gesichtspunkte wie Volksschädl[ings]-Verordn[ung] od[er] Feindbegünstigung" legen, um zu den gewünschten Ergebnissen zu gelangen.[63]

Seit 1943 wurden auch die verbliebenen kommunistischen Gruppen aktiver. Dabei zeigte sich, dass der Sturz Mussolinis eine ebenso motivierende Wirkung hatte wie die Niederlage bei Stalingrad. Mitglieder der Dresdner kommunistischen Widerstandsgruppe um Kurt Schlosser diskutierten die Möglichkeit einer ähnlichen Entwicklung im Reich. Ihr Plan war es, in den wichtigsten Betrieben Dresdens Kontaktpersonen zu finden, um im Bedarfsfall die Kontrolle übernehmen zu können. Die Tatsache, dass im innersten Machtbereich der „Achse" ein Diktator von den eigenen Eliten gestürzt worden war, senkte zugleich die

---

60 Vgl. Reichsminister der Justiz, Führerinformation 1944, Nr. 176 vom 20.3.1944 (BArch, R 3001, 4089, Bl. 265).
61 GStA Dresden an Reichsjustizminister vom 22.3.1944 (BArch, R 3001, 5007, Bl. 138).
62 GStA Dresden an Reichsjustizminister vom 1.6.1944 (ebd., Bl. 140 f.).
63 Handschriftlicher Vermerk über eine fernmündliche Absprache mit GStA Heinz Jung vom 11.10.1944 (BArch, R 3001, 5007, Bl. 142).

Hemmschwelle, sich im Widerstand zu organisieren. Wie einige Mitglieder während der Vernehmungen angaben, sollten die illegalen Vorbereitungen Chaos im Fall eines Umsturzes verhindern helfen. Diese im wahrsten Sinne „konservative" Argumentationslinie half wohl bei der Überwindung eigener Ängste, verfing bei Gestapo und Justiz natürlich nicht. Obwohl die Gruppe über das Stadium erster informeller Treffen nicht hinausgekommen war, sprach der Volksgerichtshof am 30. Juni 1944 in Dresden vier Todesstrafen aus.[64]

Weitaus gefährlicher schienen Nachrichten, dass sich von sowjetischen Kriegsgefangenen und „Ostarbeitern" gebildete Widerstandsgruppen im Reich mit denen von Deutschen vernetzten. Besonders die Gruppe „Internationales Antifaschistisches Komitee" (IAK) um den Leipziger Kommunisten Maximilian Hauke erregte die Aufmerksamkeit der Ermittlungsbehörden. In der Annahme, dass die Besetzung Deutschlands durch sowjetische Truppen nur noch eine Frage der Zeit sei, wurden seit September 1943 Kontakte geknüpft, in den wichtigsten Rüstungsbetrieben Gruppen gebildet und Pläne zur Bewaffnung durch Überfälle auf Polizeistationen und Betriebswachen geschmiedet. Die Organisation hatte angeblich 200 bis 300 Mitglieder. Zudem ergaben die Ermittlungen der sächsischen Gestapo, dass in Leipzig der kommunistische Widerstand teils koordiniert, teils in Konkurrenz in drei Richtungen wirkte: die IAK, die den Kontakt zu Ostarbeitern hielt und sich auf den Fall eines Sieges der Roten Armee vorbereitete, eine illegale KPD um den früheren Funktionär des Rot-Front-Kämpferbundes Arthur Hoffmann, die noch immer den Sturz des NS-Regimes durch das Proletariat erreichen wollte, und als größte Gruppe ein „Nationalkomitee Freies Deutschland" (NKFD), das als „Einheitsfrontbewegung" auch sozialdemokratische und bürgerliche Kreise zu integrieren vermochte.[65] Der Umfang dieser letzten Gruppe um Georg Schumann, Otto Engert und Kurt Kresse sowie deren Vernetzung mit anderen lokalen und regionalen Organisationen bewogen die Gestapo, und im Gefolge auch die Staatsanwaltschaft, das Augenmerk auf dieses Problem zu legen und die weiteren Ermittlungen in Richtung IAK vorerst zurückzustellen.[66] Dies schien auch deshalb gerechtfertigt, weil die wichtigsten deutschen Protagonisten in Haft und die führenden Köpfe der sowjetischen Zwangsarbeiter bereits ins KZ verbracht waren.[67] Bis September 1944 konnten die wichtigsten Teilnehmer am NKFD und der illegalen KPD-Gruppe festgenommen werden. Am 21. bzw. am 23. November 1944

---

64 Vgl. Urteil VGH vom 30.6.1944, Az 2 L 63/44 (BArch, ZC II 19, Bd. 17, unpag.).
65 Zum NKFD vgl. Jürgen Tubbesing, Nationalkomitee „Freies Deutschland" – Antifaschistischer Block – Einheitspartei. Aspekte der Geschichte der antifaschistischen Bewegung in Leipzig. Beucha 1996, und Carsten Voigt, Kommunistischer Widerstand in Leipzig 1943/44. In: IWK, 38 (2002), S. 141–181.
66 Vgl. Oberstaatsanwalt Leipzig an Reichsjustizminister, Betr.: Kommunistische Organisationen in Leipzig vom 18.7.1944 (BArch, NJ 1575, Bd. 6, Bl. 4 f.).
67 Vgl. Oberreichsanwalt an Reichsjustizminister, Betr.: Kommunistische Umtriebe und Ostarbeiter vom 15.9.1944 (ebd., Bl. 11 f.).

verhandelte der 2. Senat des Volksgerichtshofs in Dresden über diese Angeklagten und verurteilte deren führende Köpfe wegen Hochverrats, Feindbegünstigung und Wehrkraftzersetzung zum Tode. Diese Urteile wurden am 11. und 12. Januar 1945 vollstreckt. Jedoch verhinderten die Bombardierung Dresdens im Februar 1945 und schließlich das Kriegsende das Verfahren gegen den Dresdner Ableger des NKFD um Wilhelm Grothaus und die Vollstreckung der am 20. Dezember 1944 ausgesprochenen Todesurteile gegen die deutschen Protagonisten des IAK.

Der Zusammenbruch 1945

Das Ausmaß der drakonischen Strafpolitik des NS-Regimes offenbarte sich, als seit Januar 1945 Tausende Häftlinge aus den gefährdeten Strafanstalten in den Ostgebieten Richtung Westen verschoben wurden. Zwar gelangten bereits im September und Oktober 1944 über 350 Gefangene aus Ostpreußen und dem Baltikum nach Waldheim.[68] Als jedoch die Haftanstalten der OLG-Bezirke Posen, Kattowitz und Breslau vor der nahenden Roten Armee geräumt wurden, kamen bis Ende Januar 3667 Häftlinge, davon allein 1300 aus Breslau, zu Fuß oder per Bahn nach Sachsen. Nur knapp 500 wurden sofort in das Haftlager in Griebo weiter geleitet.[69] Der Gesundheitszustand der Ankommenden war bereits sehr schlecht, und die Bedingungen in den nun überfüllten sächsischen Anstalten versprachen keine Besserung. Die Lebensmittelversorgung war kaum gewährleistet. Tagelang warteten die Gruppen in Höfen der Zuchthäuser, bis Notquartiere geschaffen waren. Häftlinge berichteten aus Waldheim, dass Doppelzellen mit bis zu zwölf Personen belegt waren.[70] Hier wie auch in der Untersuchungshaftanstalt in Dresden wurden die Gefängniskapellen mit Stroh ausgelegt und für größere Gruppen genutzt.

Doch es ging nicht nur um die Unterbringung der Neuankömmlinge. Je länger der Krieg dauerte, umso dringender mussten Rüstungsbetriebe in frontferne und wenig fliegergefährdete Gegenden verlegt werden. Dazu eignete sich gerade Sachsen. Deshalb wurden immer häufiger Außenlager der Haftanstalten in oder bei Rüstungsprojekten eingerichtet. Zwar konnten die Pläne eines 2000 Häftlinge fassenden Lagers im Polenztal für eine unterirdische Produktionsstätte zur Flugbenzingewinnung aus Braun- und Steinkohleteer nicht mehr umgesetzt werden, doch Hunderte anderer Gefangene arbeiteten gewinnbringend, so für die Auto-Union in Chemnitz, die Erla-Werke in Pegau und Plauen, die Heeresmunitionsanstalt in Zeithain, die Junkers-Werke in Leipzig und Gelenau

---

68 Vgl. Habicht, Zuchthaus Waldheim, S. 214.
69 Vgl. GStA Dresden an Reichsjustizministerium, z.Hd. Senatspräsidenten Hecker, Betr.: Aufnahme und Einsatz von Gefangenen aus geräumten Gebieten, Zwischenbericht vom 31.1.1945 (BArch, R 3001, 4051, unpag.).
70 Vgl. Habicht, Zuchthaus Waldheim, S. 172.

sowie in der Geheimanlage „Molch IV" zur Benzinproduktion in einem früheren Kalkstein-Bergwerk bei Miltitz.[71] Aber auch Sachsen war inzwischen bombengefährdet.

Zwei Luftangriffe am 20. Februar 1944 hatten die Leipziger Justizbehörden und die Haftanstalten noch glimpflich überstanden.[72] Als Mitte Februar 1945 die alliierten Bomberverbände Dresden anflogen, wurde auch die Infrastruktur der Justiz nachhaltig beschädigt. Am 13. und 14. Februar 1945 zerstörten Bomben das Gebäude des Oberlandesgerichts auf der Pillnitzer Straße völlig und trafen auch die benachbarte Untersuchungshaftanstalt auf der Mathildenstraße. Die anschließenden Brände zerstörten die Bausubstanz so sehr, dass die Maschinen aus den Arbeitsräumen im dritten Stock bis ins Untergeschoss durchbrachen. Einen Tag später traf es die Hauptanstalt auf der George-Bähr-Straße. In drei Flügel schlugen Sprengbomben ein und beschädigten diese schwer. Generalstaatsanwalt und OLG-Präsident siedelten ins Neustädter Amtsgericht über. Das Oberlandesgericht reklamierte die Räumlichkeiten der Ermittlungsrichter des Volksgerichtshofs zur „Sondersache Böhmen und Mähren" am Münchner Platz für sich.[73] Das Vollzugsamt agierte von Freiberg aus. Sämtliche noch nutzbaren Justizgebäude waren ohne Heizung, Strom und Telefon. Der Kontakt zu anderen Behörden erfolgte per Boten.[74]

Die Luftangriffe hatten eine zwiespältige Wirkung auf die Gefangenen. Einerseits verdeutlichten sie das nahende Kriegsende und schufen im günstigen Fall auch Möglichkeiten zur Flucht. Andererseits bedrohten sie natürlich das Leben. In der Anstalt auf der Mathildenstraße befanden sich zur Zeit der Angriffe etwa 700, vor allem tschechische Häftlinge. Eine geregelte Evakuierung der Insassen an die Elbwiesen scheiterte, da drei Viertel der Gruppe das Chaos zur Flucht nutzte. Etwa 200 von ihnen wurde elbaufwärts wieder aufgegriffen. Wie viele im Feuersturm umkamen, ist unbekannt. In der Hauptanstalt starben von den ca. 1 500 Häftlingen mindestens fünf, 19 weitere wurden schwer verletzt. Der Luftdruck sprengte viele Zellentüren. Etwa 150 Gefangene, darunter auch bereits zum Tode Verurteilte, konnten fliehen.[75]

---

71 Vgl. GStA Dresden an Reichsjustizministerium, z. Hd. Senatspräsidenten Hecker, Betr.: Aufnahme und Einsatz von Gefangenen aus geräumten Gebieten, Zwischenbericht vom 31.1.1945 (BArch, R 3001, 4051, unpag.).
72 Vgl. GStA Dresden an Reichsjustizminister, Betr.: Folgen der beiden Terrorangriffe auf Leipzig am 20.2.1944, 22.2.1944 (BArch, R 3001, 3362, Bl. 72 f.).
73 Vgl. Leiter der Ermittlungsrichter, Potsdam, an ORA/VGH, Potsdam, vom 9.3.1945 (BArch, R 3017, Generalia, Bd. 21/2, Bl. 175 f.).
74 Vgl. Reisebericht über die Dienstreise nach Dresden vom 20.-22.2.1945 (BArch, R 3001, 4052, unpag.).
75 Vgl. Leiter der Ermittlungsrichter, Potsdam, an ORA/VGH, Potsdam, vom 16.3.1945 (BArch, R 3017, Generalia, Bd. 21/2, Bl. 180); vgl. Oberamtmann Arnold an GStA Dresden, Bericht über die Zerstörung der Zweiganstalt der Untersuchungshaftanstalten Dresden in der Nacht vom 13. zum 14. Februar 1945 vom 15.2.1945 (BArch, R 3001, 4051, unpag.); Reisebericht über die Dienstreise nach Dresden vom 20.-22.2.1945 (ebd., 4052, unpag.).

Abgesehen von den etwa 100 transportunfähigen Häftlingen, die in den intakten Zellen verblieben, und den je 100 Gefangenen, die zum Arbeitseinsatz nach Zschertnitz bzw. Radebeul kamen, machten sich 1150 Insassen der Untersuchungshaftanstalt Dresden I am Morgen des 16. Februar 1945 zu Fuß auf den Weg nach Meißen. Bewacht wurden sie von 30 Haftbeamten und 40 Polizisten. In Meißen kamen die Männer auf den Dachböden des Amtsgerichts unter, die Frauen in einer Turnhalle. Diese Provisorien waren für die Unterbringung Hunderter Menschen denkbar ungeeignet. Erst nach vier Tagen ging der Transport per Bahn weiter nach Leipzig. Hier wurden die Männer auf die UHA I in der Beethovenstraße und die UHA II in der Moltkestraße verteilt, die Frauen kamen ins Frauengefängnis Kleinmeusdorf. Damit verbesserte sich die Situation der Evakuierten in keiner Weise. Die Haftanstalten in Leipzig waren, zumal auch weitere Transporte aus dem Osten, auch aus Bautzen eintrafen, mehrfach überbelegt. Weder konnte ausreichend für Lebensmittel gesorgt werden, noch waren die sanitären Verhältnisse akzeptabel. Die Gefangenen litten unter Ungeziefer, es bestand Seuchengefahr. In dem Monat nach Einlieferung in Leipzig waren allein in der UHA I 16 Ruhrkranke gestorben. Selbst der Oberbürgermeister und der Polizeipräsident wurden vorstellig, um dringende Entlastung anzumahnen.[76] Auch die Überstellung in die Haftaußenlager bei Rüstungsbetrieben stieß an ihre Grenzen, weil die Industrie an ausgebildeten Häftlingen interessiert war, diese aber zumeist aus gesundheitlichen oder aus Sicherungsgründen nur innerhalb geschlossener Anstalten eingesetzt werden konnten. Ergaben sich dann doch Verlegungsoptionen, wie die für 280 weibliche und 520 männliche Gefangene in Hafthäuser des OLG-Bezirks Jena, führten die schwierigen Transportmöglichkeiten zu Problemen.[77]

Die Situation für die Justizverwaltung in Sachsen wurde zunehmend prekärer, zumal am 27. Februar 1945 Leipzig und am 5. und 6. März 1945 Chemnitz Ziel alliierter Bomberverbände wurde. Dennoch gelang es der Bürokratie, die scheinbar geregelte Tätigkeit wieder aufzunehmen. In Dresden stellten Häftlingsarbeitskommandos in der schwer getroffenen UHA I Haftraum für 400 Gefangene wieder her. Nachdem einige Wochen nach den Bombenangriffen auf Dresden ein spezieller Streifendienst der Schutzpolizei 79 Plünderer festgenommen hatte, von denen eine größere Zahl standrechtlich erschossen wurden,[78] übernahm im März 1945 das Sondergericht Dresden die Verfolgung der restlichen Fälle. In Chemnitz sind bis in den April 1945 Todesurteile des Sondergerichts nachweisbar.[79] Auch den aus dem gefährdeten Berlin verlagerten

---

76 Vgl. Reichsjustizministerium, Dr. Kutzner, Betr.: Abwicklung der im Dresdner Bezirk aufgenommenen Ost-Gefangenen vom 24.3.1945 (ebd., 4052, unpag.).
77 Vgl. Reisebericht über die Dienstreise nach Dresden vom 20.-22.2.1945 (ebd.); GStA Dresden an Reichsjustizministerium, z.Hd. Senatspräsident Hecker, vom 7.3.1945 (ebd.).
78 Vgl. Götz Bergander, Dresden im Luftkrieg. Vorgeschichte - Zerstörung - Folgen, Weimar 1994, S. 117.
79 Vgl. Rainer Behring, Das Kriegsende 1945. In: Clemens Vollnhals (Hg.), Sachsen im Nationalsozialismus. Leipzig 2002, S. 224-238, hier 229.

Strafsenaten des Volksgerichtshofs bot Sachsen noch in den letzten Kriegswochen Räumlichkeiten für seine Verhandlungen. So tagte am 4. April der VGH in Leipzig[80] und vom 11. bis 13. April 1945 auch im Zuchthaus Waldheim.[81]

Besonders die ständige Evakuierung der Gefangenen zwecks Sicherung und Ausbeutung kollidierte schließlich mit dem Wunsch der Justizbürokratie, die begonnenen Verfahren abzuschließen und die Vollstreckung der Strafen, einschließlich der Todesstrafen, in die Wege zu leiten. Über die aus dem Osten aufgenommenen und weiter evakuierten Gefangenen fehlten fast alle Unterlagen. Teilweise war nicht bekannt, ob diese Straf- oder Untersuchungshäftlinge waren. Die wenigen vorhandenen Akten hatte die Vollzugsabteilung der Generalstaatsanwaltschaft in Dresden versucht zu sammeln und auszuwerten.[82] Nach den Angriffen auf Dresden war das bereits angesammelte Material „restlos wieder verlorengegangen". Die Rekonstruktion nahm die Abwicklungsstelle des Vollzugsamts Posen in Riesa wieder auf.[83]

Der vom Reichsjustizministerium mit der „Abwicklung der Strafsachen der im Dresdner Bezirk aufgenommenen Ost-Gefangenen" beauftragte Ministerialdirigent Dr. Helmuth Kutzner versuchte zunächst, die Untersuchungshäftlinge an ihrem derzeitigem Haftort zu belassen, „da andernfalls die Ermittlungen nie zu Ende kämen und eine justizmäßige Abwicklung ausgeschlossen sei".[84] Angesichts der Frontlage war ein baldiger Abschluss der Verfahren aussichtslos, deshalb konzentrierte sich Kutzner auf eine andere Art von „Abwicklung". In der Leipziger UHA I saßen auch 76 zum Tode Verurteilte ein. Sie waren zum großen Teil aus Dresden evakuiert worden und waren vom VGH, aber auch von den OLG Dresden und Leitmeritz, Sonder- und Wehrmachtsgerichten verurteilt worden. Deren Vollstreckung stieß auf zwei Hindernisse. Zum einen war bei einer Reihe von Verurteilten über deren Wiederaufnahmeanträge noch nicht entschieden, zudem war nicht klar, in welchen Fällen Vollstreckungsaufträge erteilt worden waren. Zum anderen war die Vollstreckung selbst noch völlig ungeklärt. Der für die Hinrichtungsstätte im Zuchthaus Halle zuständige Oberstaatsanwalt sah sich wegen Überbelegung der Anstalt nur in der Lage, pro Woche acht Verurteilte aufzunehmen. Am 23. März wurden sieben Tschechen und eine Tschechin nach Halle verbracht und am selben Tage hingerichtet.

---

80 Vgl. Verzeichnis der in der Untersuchungshaftanstalt II in Leipzig einsitzenden zum Tode Verurteilten, o. D. (nach dem 4.4.1945; BArch, R 3017, Generalia, Bd. 21/1, Bl. 1).
81 Vgl. Habicht, Zuchthaus Waldheim, S. 174.
82 Vgl. GStA Kattowitz, in Neisse, an Reichsjustizminister, Betr.: Abtransport der Gefangenen aus Oberschlesien vom 15.2.1945 (BArch, R 3001, 4052, unpag.).
83 Vgl. GStA Dresden an Reichsjustizministerium, z. Hd. Senatspräsident Hecker, vom 7.3.1945 (ebd.). Zu den Folgen des Bombenkrieges auf den beruflichen Alltag von Richtern, insbesondere in Bezug auf die Arbeit mit Akten vgl. Manthe, Richter, S. 106–126.
84 Reichsjustizministerium, Dr. Kutzner, Vermerk über Besprechung am 9.3.1945 vom 13.3.1945 (BArch, R 3001, 4052, unpag.).

Zu weiteren Inanspruchnahme Halles kam es nicht mehr, da dieses Vorgehen neun Wochen gedauert hätte. Dies schien Kutzner zu langwierig. Auch der Polizeipräsident von Leipzig, Wilhelm von Grolman, lehnte die Vollstreckung unter Verweis auf dafür ungeeignete Polizeikräfte ab.[85] Bis zum 13. April 1945 hatte Kutzner Vollstreckungsanordnungen für 32 Verurteilte aus Berlin erlangen können. Auf dem Kleinkaliberschießstand der Kaserne des 11. Infanterieregiments in Leipzig-Gohlis wurden je vier Häftlinge von einem Wehrmachtskommando erschossen. Sieben Gefangene überwies Kutzner in die zuständige Militärhaftanstalt, 29 Häftlinge kamen auf Transport zurück nach Dresden.[86]

Wesentlich schneller und effizienter erwies sich die Gestapo bei ihren Endkampf-Abrechnungen. Bereits einen Tag vor den Vollstreckungen durch die Justiz suchte ein Kommando unter dem SS-Untersturmführer Fritz Anselmi die Polizeigefängnisse in der Riebeck- und in der Wächterstraße auf und stellte eine Gruppe von 52 Gefangenen der Gestapo zusammen. Diese wohl als besonders gefährlich eingeschätzten politischen Gegner des Regimes wurden am frühen Abend durch Genickschuss am Rande des Exerzierplatzes in Leipzig-Lindenthal ermordet.[87]

Die ordentliche Justiz war in der Lage, in (relativ) stabilen Zeiten einen Hauptteil der Repression zu übernehmen. Für den Endkampf im Jahr 1945 war ihr das kaum möglich. Ein elfseitiger und 35 Punkte umfassender Maßnahmekatalog zur Vollstreckung von Todesurteilen, erlassen am 17. Januar 1945, verdeutlicht auf absurd erscheinende Weise die gescheiterten Versuche, einen rechtlich geregelten Vollstreckungsvorgang den Vorstellungen vom „kurzen Prozess" anzupassen. Selbst ein aufs äußerste gekürztes Sondergerichtsverfahren, wie das in Dresden gegen den Fuhrgeschäftsinhaber Karl Illner, der gemeinsam mit geflohenen Ostarbeitern Lebensmittel in Ruinen gestohlen hatte, dauerte von der Festnahme bis zur Hinrichtung am 16. März 1945 eine ganze Woche.[88] Die Aufgabe übernahmen nun Standgerichte.

Seit Februar 1945 konnten die Reichsverteidigungskommissare das Standrecht ausüben. Diese außerhalb der Wehrmacht angesiedelten Standgerichte setzten sich aus einem Strafrichter als Vorsitzendem sowie einem Politischen Leiter oder Gliederungsführer der NSDAP und einem Offizier der Wehrmacht, SS oder Polizei als Beisitzer zusammen. Sie waren für alle Delikte

---

85 Reichsjustizministerium, Dr. Kutzner, Abwicklung der im Dresdner Bezirk aufgenommenen Ost-Gefangenen vom 24.3.1945 (ebd.). Die Vollstreckung durch Wehrmachts- bzw. Polizeieinheiten war mit der Verordnung des RMJ vom 11.3.1943 geregelt, „wenn die Durchführung der sonst üblichen Vollzugsart Schwierigkeiten oder Verzögerung bereitet" (BArch, R 3017, Generalia, Bd. 5, Bl. 68 f.).
86 Vgl. Kriminalpolizei Leipzig an Landesverwaltung Sachsen vom 5.9.1945 (SächsHStAD, 11391 LRS, Ministerium für Arbeit und Sozialfürsorge, Nr. 992, Bl. 52). Ebenso Gerhard Steinecke, Drei Tage im April. Kriegsende in Leipzig, Leipzig 2005, S. 221.
87 Vgl. ebd., S. 220.
88 Urteil des SG Dresden vom 14.3.1945, Az. SG 13/45 (SächsHStAD, 11120 StA beim LG DD, Nr. 682).

zuständig, die „die deutsche Kampfkraft oder Kampfentschlossenheit" gefährdeten. Urteile konnten nur auf Todesstrafe, Freispruch oder Überweisung an die ordentliche Justiz lauten. Sie mussten in der Regel vom Reichsverteidigungskommissar bestätigt werden.[89] Aus den wenigen überlieferten Fällen lässt sich nicht eindeutig entnehmen, ob es sich dabei um Verfahren dieser von Gauleiter Mutschmann eingesetzten Standgerichte handelte oder solchen der Wehrmacht. In Gersdorf und Löbau wurden Pfarrer und Bürgermeister erschossen, weil sie sich weigerten, die im Dorf und auf dem Kirchturm gehissten weißen Fahnen zu entfernen.[90] Ein Radebeuler Stadtrat starb am 7. Mai wegen einer weißen Flagge auf dem dortigen Rathaus. In Kamenz konnten acht Todesurteile gegen Einwohner nicht mehr rechtzeitig vollstreckt werden.[91] Auch in Lößnitz bei Aue bezahlte der stellvertretende Bürgermeister die Weigerung, eine weiße Fahne einzuholen, mit dem Leben.[92]

Die Standgerichtsverfahren waren im Gegensatz zur früheren eingespielten und damit auch entlastenden Justizbürokratie fast aller Regelhaftigkeit entblößt. Der Ausgang der Verfahren war viel stärker als vorher von der individuellen Entscheidung der Beteiligten abhängig. Zwei Fälle seien hier vorgestellt, die nur geschildert werden können, weil die Angeklagten überlebten und das Verfahren bezeugen konnten. Diese Beispiele können in ihrer (positiven) Einseitigkeit die Situation und den Ausgang anderer derartiger Verfahren nicht darstellen, zeigen aber wohl beispielhaft die Handlungsspielräume der Protagonisten.

Als im Februar 1945 der Evakuierungsbefehl für die Görlitzer Bevölkerung erlassen wurde,[93] kam es zu ablehnenden Äußerungen. Bei einer solchen Diskussionsrunde nahm ein Wehrmachtsangehöriger einem besonders kritischen Gesprächsteilnehmer am 22. Februar 1945 die Papiere ab. Als er diese wie aufgefordert auf der NSDAP-Kreisleitung abholen wollte, verhaftete ihn die Polizei auf Weisung von Kreisleiter Bruno Malitz. Dieser kündigte die Todesstrafe an. Ein Standgericht trat am 25. Februar zusammen, erklärte sich aber für unzuständig und verwies die Sache an ein Sondergericht. Das verurteilte den Angeklagten am selben Tage zu drei Jahren Zuchthaus.[94]

Am 27. April 1945 sprach der Meißner Superintendent Herbert Böhme in Begleitung weiterer Bürger beim amtierenden Bürgermeister vor, um diesen

---

89 Verordnung über die Errichtung von Standgerichten vom 15.2.1945. In: RGBl. 1945, Teil I, S. 30.
90 Vgl. Wolfgang Marschner, Die Russen kommen! Zum Kriegsgeschehen in Sachsen und Nordböhmen im April/Mai 1945, Dresden 1995, S. 7.
91 Vgl. Gerhard Steinecke, Willy Anker. Ein Leben im Widerstreit. Ein Ermittlungsbericht, Schkeuditz 2013, S. 85, 87.
92 Vgl. Wolfgang Fleischer, Das Kriegsende in Sachsen 1945. Eine Dokumentation der Ereignisse in den letzten Wochen des Krieges, Wölfersheim-Berstadt 2004, S. 58.
93 Görlitz gehörte seinerzeit noch nicht zum Land Sachsen.
94 Vgl. Urteil der 2. Großen Strafkammer des LG Bautzen gegen Bruno Malitz und Hans Meinshausen vom 22.4.1948, Az 9a/14 StKs 13/48 (SächsHStAD, 11380 LRS MdJ, Nr. 643, Bl. 23–42, hier 31).

zum Verzicht auf die Verteidigung der Stadt oder zumindest auf die Evakuierung der Bevölkerung zu bewegen. Bei einem weiteren Vorstoß wurde der Geistliche verhaftet und dem NSDAP-Kreisleiter vorgeführt. Dieser bestimmte ihn „wegen des öffentlichen Versuches der Zersetzung des deutschen Wehrwillens zum Tode durch Erschießen", musste dies aber von Gauleiter Mutschmann bestätigen lassen. Doch Mutschmann forderte ein Standgerichtsurteil an. Ein Standgericht, wie es die Verordnung vom 22. Februar 1945 forderte, kam allerdings nicht zustande, weil sich die dafür vorgesehenen Meißner Juristen standhaft weigerten teilzunehmen. Herbert Böhme wurde schließlich am 1. Mai 1945, um das Verfahren überhaupt weiterzutreiben, nach Dresden in die Untersuchungshaftanstalt verbracht. Ein Staatsanwalt drohte hier noch mal eine sehr hohe Strafe wegen Wehrkraftzersetzung an. Eine Woche später war der Superintendent wieder frei.[95]

Das Ende war wenig glorreich. Am 7. Mai 1945 ordnete Generalstaatsanwalt Jung die Entlassung der etwa 300 Gefangenen in der UHA I in Dresden an. Die verbliebenen Justizdienststellen sollten sich auf seine Weisung über Olbernhau Richtung Karlsbad zurückziehen. Dort verlor sich die Spur von Sachsens obersten Anklagevertreter. Der OLG-Präsident von Dresden, Rudolf Beyer, zog es vor, mit seiner Familie in der Nacht vor dem Einmarsch der Roten Armee aus dem Leben zu scheiden.[96] Wochenlang waren Dienststellen der Justizbehörden vor der nahenden Front evakuiert worden. Abwicklungs- und Auskunftsstellen hatten die Aufgabe übernommen, einen mörderischen Justizbetrieb am Leben zu halten. Anfang Mai 1945 gab es keine Gebiete mehr, in die hätte evakuiert werden können. Wie das Beispiel des sächsischen Generalstaatsanwalts Heinz Jung zeigt, konnte die organisatorische Verlegung eines Stabes nahtlos in individuelle Flucht umschlagen. Mit dem Zusammenbruch des Reiches hörte auch die Justiz in Sachsen faktisch auf zu existieren. Ein Justizressort innerhalb der neuen sächsischen Landesverwaltung entstand Anfang Juli 1945. Der Befehl 48 der sowjetischen Militäradministration vom 4. September 1945 reaktivierte auch in Sachsen wieder das dreistufige Gerichtswesen.[97]

---

95 Vgl. Herbert Böhme, Wie ich Meißen zu retten suchte. Erinnerungsbericht. In: Widerstand aus Glauben. Christen in der Auseinandersetzung mit dem Hitlerfaschismus, Berlin (Ost) 1985, S. 392–395.
96 Vgl. Hacke, Heinz Jung, S. 126.
97 Vgl. allg. Andreas Thüsing, Demokratischer Neubeginn? Aufbau, Organisation und Transformation des sächsischen Justizministeriums 1945–1950, Dresden 2003; ders., Der Wiederaufbau des Justizwesens und die Strafverfolgung von NS-Verbrechen in Sachsen nach 1945. In: Boris Böhm/Gerald Hacke (Hg.), Fundamentale Gebote der Sittlichkeit. Der „Euthanasie"-Prozess vor dem Landgericht Dresden 1947, Dresden 2008, S. 48–62.

Schluss

In den ersten Kriegsjahren wurde das materielle Strafrecht umfassend den Kriegserfordernissen angepasst. Die bis dahin eher schleichende nationalsozialistische Übernahme der Justiz eskalierte 1942 in der „Justizkrise", der „Justizschelte" Hitlers sowie der Übernahme des Reichsjustizministeriums durch Otto Thierack. In rascher Folge wurde nun das Strafprozessrecht „vereinfacht", die Rechtssprechung einer vielfältigen Steuerung und Lenkung unterworfen sowie alle hemmenden Elemente vor, während und nach der Vollstreckung von Todesurteilen beseitigt. Diese Eskalation hatte innenpolitische Ursachen. Der nach der Kriegswende von Stalingrad erstarkende tschechische und deutsche Widerstand und die nun verstärkt erodierende soziale Loyalität der Kriegsgesellschaft trafen nun auch in Sachsen auf eine zur gnadenlosen Repression vorbereitete Justiz.

Die Radikalisierungsmaßnahmen gingen, wie gezeigt wurde, von den Reichsinstanzen aus. Die Anweisungen und Verordnungen aus dem Reichsjustizministerium und die Spruchpraxis des Volksgerichtshofs trugen in erheblichem Maße dazu bei, dass von einem Recht im eigentlichen Sinne nicht mehr gesprochen werden konnte. Dies kann die sächsischen Juristen nicht entlasten. Die aus Berlin angewiesenen Maßnahmen wären ohne die maßgebliche Unterstützung der hiesigen Richter, Staatsanwälte und der Justizbürokratie nicht durchsetzbar gewesen. Die Mechanismen der Weitergabe dieser Anweisungen von den oberen sächsischen Justizstellen auf die mittlere und untere Ebene sowie der Grad der Umsetzung durch die einzelnen Gerichte, Richter und Staatsanwälte harren allerdings noch einer vertieften Betrachtung.

Es hat auch Juristen gegeben, die manchmal oder häufiger Handlungsspielräume zugunsten von Angeklagten nutzten.[98] An der Eskalation des Unrechts ändern diese Ausnahmen nichts. Zuletzt zeigte sich, dass die Justiz – wenn auch eingeschränkt – selbst im Terror des Endkampfes einsetzbar war. Es war wohl am Ende vor allem der bürokratischen Langsamkeit des Apparates zu verdanken, dass es im Bereich der Justiz in Sachsen „nur" zu einem Massaker wie dem am 13. April 1945 in Leipzig gekommen ist.

---

98 Vgl. Gerald Hacke, Der Dresdner Juristenprozess 1947 im Spannungsfeld der politischen und medialen Auseinandersetzung. In: Jörg Osterloh/Clemens Vollnhals (Hg.), NS-Prozesse und deutsche Öffentlichkeit. Besatzungszeit, frühe Bundesrepublik und DDR, Göttingen 2011, S. 167–188, hier 174 f.

KZ-Außenlager in Sachsen

Ulrich Fritz

Das System der Konzentrationslager, die äußerste Form des nationalsozialistischen Repressionsapparates, hinterließ auch in Sachsen seine Spuren. Unmittelbar nach der Machtübernahme errichtete das NS-Regime zahlreiche Konzentrationslager, vorwiegend zur Internierung politischer oder ideologischer Gegner. Ab November 1934 bestand bis Juli 1937 lediglich das Konzentrationslager Sachsenburg. Dieses diente „als ein Bindeglied zwischen den frühen Konzentrationslagern der Jahre 1933/34 und den Konzentrationslagern mit System, die ab 1936/37 errichtet wurden".[1]

In den ab 1936 gegründeten Konzentrationslagern war die Zwangsarbeit der Häftlinge von Anfang an ein konstitutives Element.[2] Schon früh wurden Arbeitskommandos auch außerhalb der umzäunten Lager eingesetzt, allerdings nur tageweise in der Landwirtschaft oder bei Kommunalbetrieben – eine bewachungsintensive und ineffiziente Form der Zwangsarbeit. Die Ernennung des Thüringer Gauleiters Fritz Sauckel zum Generalbevollmächtigten für den Arbeitseinsatz im März 1942 brachte die SS unter Druck und zwang sie zur Kooperation mit der Rüstungsindustrie. Zunächst konnte sie durchsetzen, dass Rüstungsproduktionen nur in den hermetisch gesicherten Hauptlagern selbst eingerichtet wurden.[3] Die ersten Außenlager wurden zumeist für SS-Einrichtungen oder SS-eigene Firmen errichtet.[4] Schließlich erreichten die Wirtschaftsvertreter und

---

1 Vgl. Carina Baganz, Erziehung zur „Volksgemeinschaft"? Die frühen Konzentrationslager in Sachsen 1933–34/37, Berlin 2005, hier S. 232.
2 So war das KZ Flossenbürg in der bayerischen Oberpfalz im Mai 1938 errichtet worden, weil die SS-eigenen Deutschen Erd- und Steinwerke (DESt) unter Einsatz von KZ-Häftlingen die dortigen Granitvorkommen ausbeuten wollten.
3 Häftlinge mussten zunächst vor allem Bauarbeiten leisten, etwa für das Buna-Werk der IG Farben in Auschwitz oder zum Bau einer Waffenfabrik der Wilhelm-Gustloff-Werke in der Nähe des Häftlingslagers des KZ Buchenwald. In Flossenbürg wurde ab Ende 1942 eine Fertigung der Messerschmitt-Werke Regensburg errichtet.
4 Zeitgenössische Dokumente benennen die Außenlager als „Arbeitslager", „Außenarbeitslager" oder „Außenkommando", bei Einsatz für die SS auch als „Sonderkommando". Mit „Außenlager" sollen hier alle einem KZ-Hauptlager zugeordneten Lager bezeichnet werden, in denen Häftlinge sowohl zur Arbeit eingesetzt als auch untergebracht waren. Darunter fallen Haftstätten mit wenigen Gefangenen ebenso wie Lagerkomplexe, die teils größer waren als die Hauptlager. Der einheitliche Begriff „Außenlager" soll nicht über die äußerst unterschiedlichen Arbeits- und Lebensbedingungen der Inhaftierten hinwegtäuschen.

der neue Rüstungsminister Albert Speer den flächendeckenden Einsatz von KZ-Häftlingen auch außerhalb der Hauptlager. So entstanden auch in Sachsen ab 1943 KZ-Außenlager, in denen zunächst männliche, später auch weibliche Häftlinge für die Rüstungsindustrie, für die Reichsbahn oder bei Bauprojekten arbeiten mussten. Auf dem Gebiet des heutigen Freistaats Sachsen wurden bis Kriegsende 60 Außenlager errichtet. 39 Lager unterstanden der Verwaltung des Konzentrationslagers Flossenbürg, 12 weitere – vor allem im Großraum Leipzig – waren dem KZ Buchenwald zugeordnet, neun im Gau Niederschlesien dem KZ Groß-Rosen.

Die Errichtung dieser Außenlager und der Einsatz der Häftlinge im Zusammenhang des „totalen Krieges" sollen im Folgenden chronologisch skizziert werden, wobei der Schwerpunkt auf den Außenlagern des KZ Flossenbürg liegt.[5]

Die ersten KZ-Außenlager in Sachsen

Das erste KZ-Außenlager in Sachsen errichtete die SS für eigene Zwecke. Im Juni 1942 überstellte sie zunächst 100, im Oktober weitere 99 Häftlinge vom Hauptlager Flossenbürg nach Dresden. Die gelernten Baufacharbeiter sollten in der SS-Pionierkaserne ein Lazarett bauen. Für die Gefangenen änderte der Ortswechsel von Flossenbürg nach Dresden wohl nur wenig. Machte ihre Qualifikation sie einerseits unentbehrlich, so litten sie andererseits unter den Schikanen der SS-Angehörigen und insbesondere der ersten beiden Kommandoführer. Generell waren deutsche Häftlinge besser gestellt als der mit späteren Transporten zunehmende Anteil an polnischen, sowjetischen oder tschechischen Häftlingen.

---

[5] Einen prägnanten historisch-analytischen Überblick bietet Marc Buggeln, Das System der KZ-Außenlager. Krieg, Sklavenarbeit und Massengewalt, Bonn 2012. Für die erste umfassende Studie zu den Außenlagern eines einzelnen KZ-Komplexes vgl. Hans Brenner, Zur Rolle der Außenkommandos des KZ Flossenbürg im System der staatsmonopolistischen Rüstungswirtschaft des faschistischen deutschen Imperialismus und im antifaschistischen Widerstandskampf 1942–1945; 2 Bände, Diss. Phil. Dresden 1982. Seine Arbeit wird in der ersten Publikation zu allen KZ-Außenlagern in Sachsen breit zitiert: Karl-Heinz Gräfe/Hans-Jürgen Töpfer, Ausgesondert und fast vergessen. Außenlager auf dem Territorium des heutigen Sachsen, Dresden 1996. Den Forschungsstand gibt die Reihe „Der Ort des Terrors" wieder: Wolfgang Benz/Barbara Distel (Hg.), Der Ort des Terrors, 9 Bände, München 2005–2009. Artikel zu Außenlagern in Sachsen finden sich in den Bänden 3 (Buchenwald), 4 (Flossenbürg) und 6 (Groß-Rosen). Seit 2007 hat Pascal Cziborra Einzelstudien zu bisher zehn Außenlagern des KZ Flossenbürg in Sachsen vorgelegt. Diese enthalten ausgiebige Recherchen zu den einzelnen (v. a. weiblichen) Häftlingen, halten aber in vielen Punkten wissenschaftlichen Kriterien nicht stand; vgl. dazu Ulrich Fritz, Doppelrezension: Neue Publikationen zu Außenlagern des KZ Flossenbürg in Dresden. In: Medaon, 8 (2014) H. 15, S. 1–8 (http://www.medaon.de/pdf/MEDAON_15_Fritz.pdf). Aus der Vielzahl von regionalgeschichtlichen und wirtschaftshistorischen Publikationen mit thematischer Relevanz vgl. aktuell Martin Kukowski/Rudolf Boch, Kriegswirtschaft und Arbeitseinsatz bei der Auto Union AG Chemnitz im Zweiten Weltkrieg, Stuttgart 2014.

Diese bezeugten nach dem Krieg vielfach Misshandlungen, die zwischen drei und sieben Häftlinge das Leben kosteten.[6]

Die SS-Pionierkaserne in Dresden war auch Sitz einer Bauleitung der Waffen-SS, die Bautätigkeiten in Dresden und anderen sächsischen Standorten koordinierte. Sie verwaltete etwa den Einsatz von insgesamt über 220 Häftlingen, welche ab Oktober 1943 das Schloss Neuhirschstein bei Meißen baulich für die spätere Internierung der belgischen Königsfamilie herrichten mussten. Diese Gefangenen wurden aus den Konzentrationslagern Dachau, Ravensbrück und Sachsenhausen nach Neuhirschstein überstellt. Ein weiteres von Dresden aus betreutes Bauprojekt mit etwa 30 Häftlingen befand sich in Seifhennersdorf im Landkreis Zittau.

Die ab 1943 in Sachsen errichteten KZ-Außenlager dienten vor allem der Rüstungsindustrie. Sachsen hatte zu Beginn der nationalsozialistischen Herrschaft aufgrund seiner Grenzlage, vor allem aber wegen der kleinbetrieblichen Struktur der dominierenden Konsumgüterindustrien nur wenige rüstungsrelevante Fertigungen vorzuweisen. Von der Ende der 1930er-Jahre beginnenden kriegswirtschaftlichen Modernisierung profitierten Branchen wie Fahrzeug- und Flugzeugbau, die chemische, optische und Elektro-Industrie.[7] Wichtiger Bestandteil dieser Modernisierung war die Rationalisierung von Arbeitsabläufen. Sie erlaubte während des Krieges den effizienten Einsatz einer großen Zahl ungelernter Arbeitskräfte.

Die Luftfahrtindustrie setzte als erste Branche in größerer Zahl KZ-Häftlinge ein. Die 1934 gegründete Erla-Maschinenwerk GmbH produzierte ab 1937 in Lizenz das Messerschmitt-Jagdflugzeug Bf 109. Am Stammsitz in Leipzig wurden dafür neben deutschem Personal vor allem Hunderte zivile Zwangsarbeiter eingesetzt. Ab März 1943 wurde das Außenlager Leipzig-Thekla errichtet. Aus dem KZ Buchenwald wurden 900 Häftlinge überstellt, 1944 kamen insgesamt 1800 Gefangene hinzu. Sie mussten am Stammwerk (Werk I) in Leipzig-Heiterblick sowie im Werk III in Abtnaundorf arbeiten. Die meisten Gefangenen waren Polen, Franzosen – darunter zahlreiche Angehörige der Résistance –, Tschechen und sowjetische Bürger.[8]

Die Industrie-Metropole Leipzig war das erste sächsische Ziel alliierter Luftangriffe. Im Dezember 1943 wurde die Innenstadt schwer getroffen. Daraufhin intensivierte die Erla-Betriebsführung die Verlagerung in weniger gefährdete Gebiete, vor allem in das Erzgebirge. In Johanngeorgenstadt hatten

---

6   Vgl. Ulrich Fritz, „Ich hatte den Eindruck, dass damals alles schon etwas in Auflösung begriffen war." – KZ-Häftlinge in Dresden – vor, während und nach den Luftangriffen vom Februar 1945. In: Günther Heydemann/Jan Erik Schulte/Francesca Weil (Hg.), Sachsen und der Nationalsozialismus, Göttingen 2014, S. 111–128, hier 112 f.
7   Vgl. Ulrich Heß, Sachsens Industrie in der Zeit des Nationalsozialismus. In: Werner Bramke/Ulrich Heß (Hg.), Wirtschaft und Gesellschaft in Sachsen im 20. Jahrhundert, Leipzig 1998, S. 53–88.
8   Vgl. Wolfgang Knospe, Leipzig-Thekla. In: Wolfgang Benz/Barbara Distel (Hg.), Der Ort des Terrors, Band 3, München 2006, S. 502–506.

die Erla-Werke bereits 1939 eine frühere Möbelfabrik erworben. Hier wurde im Dezember 1943 ein Außenlager des KZ Flossenbürg errichtet, in dem zunächst 100, später bis zu 1000 Häftlinge vor allem Leitwerke der Bf 109 montieren mussten.[9] Weitere Produktionsstätten entstanden im Januar 1944 in Mülsen St. Micheln (Tragflächenbau) und im März 1944 in Flöha (Rumpfbau), jeweils in stillgelegten Textilfabriken. Nach Mülsen wurden 440, nach Flöha 190 Häftlinge aus Leipzig überstellt – in der gleichen Zeit, in der Royal Air Force und US Air Force die deutsche Luftrüstung gezielt angriffen (Operation „Big Week" Ende Februar 1944). Wie das Beispiel Mülsen zeigt, wurde bei der Errichtung dieser Lager improvisiert: Die Häftlinge wurden bei winterlichen Temperaturen mit nur einer Garnitur der dünnen Häftlingskleidung überstellt und im Kellergeschoss des Werks untergebracht. Aber auch für die Wachmannschaften – SS-Angehörige aus Flossenbürg sowie Luftwaffensoldaten – fehlten Verpflegungsscheine.

Waren die Unternehmen bei der Auswahl der Gefangenen hauptsächlich an Facharbeitern interessiert, so achtete die SS darauf, dass die Häftlingszwangsgesellschaft heterogen war. Sprachbarrieren und unterschiedliche Haftgründe sollten angesichts des permanenten Mangels die Konkurrenz anheizen. In Mülsen endete dieses Vorgehen in einer Katastrophe. Nachdem den sowjetischen Gefangenen als Repressionsmaßnahme mit drei Tagen Nahrungsentzug gedroht wurde, steckten Häftlinge in der Nacht vom 30. April zum 1. Mai 1944 die Unterkünfte in Brand. Die SS sperrte die Gefangenen ein und hinderte die Feuerwehr am Löschen. Etwa 200 Häftlinge kamen ums Leben, 131 weitere wurden nach Flossenbürg transportiert.[10] Viele erlagen dort ihren schweren Verletzungen, etwa 80 sowjetische Gefangene wurden bis September 1944 in Flossenbürg erschossen.

Die Expansion des Lagersystems

Auf die immer massiveren Luftangriffe der Alliierten reagierten SS, Rüstungsministerium und Unternehmen mit verschiedenen Maßnahmen. Ab 1943 trieb die staatliche Rüstungs- und Wirtschaftsverwaltung die Verlagerung einzelner Fertigungen oder gar ganzer Betriebe voran. Die Industrie verlagerte nach anfänglichem Widerstand Produktionen aus den industriellen Zentren nach Sachsen, in den Reichsgau Sudetenland, ins nördliche Bayern und andere ländlich-kleinstädtisch geprägte Gebiete. Diese boten etwas mehr Sicherheit, vor allem aber viele Betriebsstätten der Textil- und Konsumgüterindustrie, die im

---

9 Zur Geschichte der im Folgenden genannten Außenlager vgl. die entsprechenden Beiträge des Autors in Wolfgang Benz/Barbara Distel (Hg.), Flossenbürg. Das Konzentrationslager Flossenbürg und seine Außenlager, München 2007.

10 Eine plastische Schilderung der Vorgänge hat Tadeusz Sobolewicz hinterlassen, der vom Erla-Werk Leipzig nach Mülsen überstellt wurde und die Brandkatastrophe schwer verletzt überlebte. Vgl. Tadeusz Sobolewicz, Aus der Hölle zurück. Von der Willkür des Überlebens im Konzentrationslager, 5. Auflage Frankfurt a. M. 2005, S. 178–190.

Kriegsverlauf stillgelegt wurden und deren geschulte Belegschaft zumindest teilweise für anderweitige Produktionszwecke herangezogen werden konnte. So wurde Sachsen zum Ziel einer Verlagerungswelle, etwa von führenden Firmen der Berliner Elektroindustrie. Osram etablierte sich in der Baumwollspinnerei und den Industriewerken in Plauen sowie in einer Schokoladenfabrik im niederschlesischen Niederoderwitz. Opta Radio verlagerte nach Wolkenburg, Loewe nach Mittweida. Auch kleinere Betriebe wichen nach Sachsen aus, so die Firma R. Fuess aus Berlin-Steglitz, Hersteller von Flugzeug-Zubehör, die in Schönheide ein Zweigwerk errichtete. Die Philips-Valvo-Röhrenwerke aus Aachen nutzten eine freigewordene Glasfabrik in Weißwasser.[11] Die Zuteilung geeigneter Betriebsräume hing von der Kriegswichtigkeit der jeweiligen Produktion, aber auch von entsprechender Protektion ab: Die Arado Flugzeugwerke stachen bei der Umnutzung einer stillgelegten Porzellanfabrik in Freiberg die Auto Union-Tochter Deutsche Kühl- und Kraftmaschinen GmbH (DKK) aus.

Als Reaktion auf die Operation „Big Week" richteten die Luftwaffe und das Rüstungsministerium am 1. März 1944 den „Jägerstab" ein. Behördenvertreter und Rüstungsmanager sollten dank weitgehender Befugnisse die Flugzeugproduktion wieder ankurbeln. Die benötigten Arbeitskräfte sollten vorwiegend in den Konzentrationslagern rekrutiert werden. In Sachsen mussten KZ-Häftlinge neben Erla und Arado vor allem für Junkers arbeiten. 1 050 Männer und 3 000 Frauen wurden in eigenen Produktionsstätten eingesetzt („Zittwerke" in Zittau, „Lengwerke" in Lengenfeld, „Venuswerke" in Venusberg, Motorenfertigung in Markkleeberg), weitere 1 400 Frauen bei Zulieferern (Universelle in Dresden, Max-Gehrt-Werke in Penig).

Ähnlich wie der Jägerstab war der nach seinem Leiter benannte „Geilenberg-Stab" strukturiert. Er sollte die im Mai 1944 durch gezielte Luftangriffe zerstörten Hydrierwerke und Raffinerien ersetzen und somit die unerlässliche Versorgung mit Treibstoffen sichern. Dafür wurden – wie beim Jägerstab – sowohl unter- als auch überirdische Anlagen geplant, von denen jedoch kaum eine in Betrieb ging. In der Sächsischen Schweiz entstanden in diesem Rahmen ab November 1944 Außenlager in Königstein, Porschdorf und im Pirnaer Stadtteil Mockethal.[12] Die Arbeitsbedingungen in diesen Baulagern waren mörderisch, die Unterbringung extrem provisorisch. In Königstein starben von knapp 1 000 Häftlingen in vier Monaten über 100, über 220 wurden todkrank nach Bergen-Belsen abgeschoben, nahezu 30 starben nach der Verlegung in das größte Flossenbürger Außenlager im nordböhmischen Leitmeritz.

Für die irrwitzigen Planungen der Sonderstäbe und Unternehmen mussten immer mehr KZ-Häftlinge ins Reichsgebiet verschleppt werden. Ab Ende April 1944 wurden über 400 000 Juden aus Ungarn deportiert. Etwa 100 000 wurden

11 Vgl. Andrea Rudorff, Weißwasser/Lausitz. In: Benz/Distel (Hg.), Der Ort des Terrors, Band 6, München 2007, S.452–455.
12 Vgl. Hans Brenner, Eiserne „Schwalben" für das Elbsandsteingebirge. KZ-Häftlingseinsatz zum Aufbau von Treibstoffanlagen in der Endphase des Zweiten Weltkrieges. In: Sächsische Heimatblätter, 45 (1999) 1, S.9–16.

in Auschwitz für den Arbeitseinsatz selektiert. Weitere, vor allem polnische Juden kamen aus Lagern und Ghettos, die vor der heranrückenden Roten Armee geräumt wurden. Nach der Niederschlagung des Warschauer Aufstands im Oktober 1944 wurden Zehntausende Polen nach Deutschland verschleppt. Aber auch die Zahl der zivilen Zwangsarbeiter und der Kriegsgefangenen, die bereits in Deutschland waren, unter Vorwürfen der Sabotage und Arbeitsverweigerung an die Gestapo überstellt und von dort in die Konzentrationslager geschafft wurden, stieg im Lauf des Jahres 1944 stark an.[13] Gerade unter den jüdischen Häftlingen war der Frauenanteil sehr hoch, die Zahl von Außenlagern mit weiblichen Häftlingen wuchs daher immens. Diese Außenlager, bislang dem einzigen Frauen-KZ Ravensbrück zugeordnet, wurden schrittweise dem jeweils nächstgelegenen Hauptlager unterstellt. So wurden ab 1. September 1944 Tausende Frauen auf einen Schlag Häftlinge der Konzentrationslager Flossenbürg und Buchenwald.

Die Nachfrage nach KZ-Häftlingen übertraf deren steigende Zahl noch weit. Ab August, formal ab dem 9. Oktober 1944 entschied das Rüstungsministerium über die Zuweisung von Häftlingen, die vom Wirtschafts-Verwaltungshauptamt der SS (WVHA) lediglich bereitgestellt wurden.[14] Die SS verlor somit trotz des expansiven Häftlingseinsatzes an Einfluss.

Für die wachsende Zahl an Außenlagern standen bei weitem nicht genügend Bewacher zur Verfügung. Ab dem Frühjahr 1944 wurden Tausende nicht frontfähiger Soldaten aus Heer und Luftwaffe zur Bewachung der Außenlager abgestellt. „Volksdeutsche" und „Trawniki-Männer" ergänzten später die Wachmannschaften.[15] Die weiblichen Häftlinge wurden von eilends in den Aufnahmebetrieben rekrutierten Frauen bewacht, die nach kurzer Einweisung durch die SS als Aufseherinnen fungierten – lediglich einige Ober-Aufseherinnen hatten bereits in Auschwitz oder Ravensbrück Dienst getan.

Um Aufbau und Kontrolle der Außenlager effizienter zu gestalten, verfolgten die Hauptlager unterschiedliche Strategien. So hatte der gelernte Kaufmann Erich von Berg innerhalb des Lagerkomplexes Flossenbürg die Aufgabe, neue Außenlager aufzubauen, Wachmannschaften und Häftlinge einzuteilen sowie die technischen Rahmenbedingungen zu überprüfen. Nach kurzer Zeit übernahmen dann andere SS-Angehörige das Kommando.[16] Der Kommandoführer des relativ kleinen Außenlagers beim Dr. Th. Horn Luftfahrtgerätewerk in Plauen, SS-Oberscharführer Dziobaka, erhielt diese Position auch für die beiden (größeren) Frauen-Außenlager in Plauen, die von Ober-Aufseherinnen geleitet wur-

---

13 Vgl. Buggeln, System der KZ-Außenlager, S. 140.
14 Vgl. Jan Erik Schulte, Das SS-Wirtschafts-Verwaltungshauptamt. In: Benz/Distel (Hg.), Der Ort des Terrors, Band 1, München 2005, S. 141–155, hier 152.
15 Vgl. hierzu Stefan Hördler, Die KZ-Wachmannschaften in der zweiten Kriegshälfte. Genese und Praxis. In: Angelika Benz/Marija Vulesica (Hg.), Bewachung und Ausführung. Alltag der Täter in nationalsozialistischen Konzentrationslagern, Berlin 2011, S. 127–145.
16 Aussage Erich von Berg vom 4.2.1977 (BArch Ludwigsburg, ZStL 410 AR-Z 57/68, Bl. 493–495).

den. Innerhalb des Lagerkomplex Buchenwald übte der SS-Oberscharführer Wolfgang Plaul „eine Art Aufsichtsfunktion für die HASAG-Frauen-Außenlager aus und hatte größere Machtbefugnisse als andere SS-Kommandoführer".[17]

Die Durchführung des Häftlingseinsatzes

Auch wenn Unternehmen keinen unmittelbaren finanziellen Nutzen aus dem Einsatz von KZ-Häftlingen zogen – sei es aufgrund der geringeren Produktivität der kranken und geschwächten Häftlinge, sei es aufgrund staatlicher Preis- und Lohnpolitik[18] – beantragten sie ihn aus eigener Initiative. Die sächsischen Firmen bildeten hierbei keine Ausnahme: Auch sie hofften, zumindest insofern vom Häftlingseinsatz zu profitieren, als er die Fortsetzung oder Neuaufnahme von Rüstungsfertigungen sicherte.[19] Eine eingehende Kosten- und Nutzenrechnung steht allerdings für sächsische Betriebe noch aus.[20]

Nachdem die SS die Mindestgröße von Häftlingskommandos von 1 000 auf 500 gesenkt hatte, nahmen beim zuständigen WVHA in Oranienburg die Zuweisungsanträge der Firmen zu. Das nächstgelegene Hauptlager hatte in der Regel die Sicherheitslage vor Ort zu prüfen und organisierte die Verpflegung und Unterbringung der Wachmannschaften. So wandte sich das Werk Oederan der DKK an den Leiter der Abteilung Arbeitseinsatz im WVHA, SS-Standartenführer Gerhard Maurer, forderte 500 „KZ-Frauen" an und bat um einen Besichtigungstermin mit einem Vertreter des WVHA.[21] Bei einem offensichtlich erfolgreichen Gesprächstermin in Flossenbürg mit dem Kommandanten Koegel („zeigte sehr gutes Entgegenkommen") wurde die Bewachung der Häftlinge durch weibliche Werksangehörige vereinbart, die ab Mitte August auf Kosten der DKK ausgebildet werden sollten. Die Überstellung der Häftlinge in drei „Raten", die Unterbringung der Häftlinge und ihrer Aufseherinnen sowie die Sicherung des Geländes und der Aufenthalt der Häftlinge bei Luftangriffen wurden

---

17 Irmgard Seidel, Leipzig-Schönefeld (Frauen). In: Benz/Distel, Der Ort des Terrors, Band 3, S. 495–500, hier 498.
18 Vgl. Cornelia Rauh-Kühne, Hitlers Hehler? Unternehmensprofite und Zwangsarbeiterlöhne. In: Historische Zeitschrift, 275 (2002), S. 3–55.
19 Vgl. Mark Spoerer, Profitierten Unternehmen von KZ-Arbeit? In: Historische Zeitschrift, 268 (1999), S. 61–95.
20 Kukowski/Boch weisen darauf hin, dass die häufig zitierten „Vorteile des Häftlingseinsatzes" (nämlich längere Arbeitszeiten, keine Arztbesuche etc.), wie sie in einer Werkleitersitzung der Auto Union erörtert wurden, auch als Werbung für den insgesamt skeptisch betrachteten und letztlich wenig produktiven Einsatz gesehen werden können. Vgl. Protokoll der Werkleitersitzung vom 27.7.1944 (StAC, Bestand 31050 Auto Union, Nr. 587). Andernorts, etwa im Heinkel-Werk in Oranienburg, erwies sich der Häftlingseinsatz durchaus als gewinnbringend. Vgl. Buggeln, System, S. 110 f. Auch die mit der Präsenz von KZ-Häftlingen verbundene Einschüchterung der restlichen Belegschaft sollte nicht unterschätzt werden.
21 Abschrift eines irrtümlicherweise an das SS-Reichssicherheitshauptamt z. Hd. Herrn Standartenführer Maurer bzw. Herrn Hauptsturmführer Sommer gerichteten Schreibens der DKK GmbH vom 24.6.1944 (Stadtarchiv Oederan).

geregelt.²² Bei Zeiss Ikon in Dresden wurden unter dem Titel „Verrechnung von KL-Arbeiterinnen des KL-Lagers Floßenbürg bei Weiden/Oberpfalz" die Ergebnisse einer Besprechung vom 14. November 1944 protokolliert.²³ Für die Frauen wurden sowohl Nummern im Arbeiter-Buch des Werks reserviert als auch Hollerith-Lohnkarten angelegt, mangels Namen mit einem Stempel-Aufdruck „KL-Arbeiterin" samt der Häftlingsnummer. Die vorgeschriebene „Entlohnung" der Häftlinge hatte ein Mitglied der Betriebsleitung des Goehle-Werks „anlässlich seines Besuches im Metallwerk Holleischen und der dortigen Lager [je ein Lager mit männlichen und weiblichen Häftlingen] am 25. und 26.10." in Erfahrung gebracht.

Auf die Auswahl der Häftlinge versuchten die Firmen soweit möglich Einfluss zu nehmen. Für die Verlagerungsbetriebe in Plauen suchte ein Osram-Mitarbeiter in Auschwitz zunächst 250 Häftlinge aus. Nach Berichten von Überlebenden wurden junge, gesunde Frauen mit „trockenen Händen" ausgewählt.²⁴ Ein weiterer Osram-Angestellter beschreibt in einem internen Bericht die von ihm in Flossenbürg vorgenommene Auswahl von 180 Häftlingen: „Der Lagerarzt hatte alle vorher untersucht und in Gesundheitsklassen eingeteilt, sodass es für mich leichter war, kranke und anfällige Leute zurückzuweisen."²⁵ Selektionen weiblicher Häftlinge in Auschwitz bzw. Bergen-Belsen für die Außenlager Rochlitz (Mechanik GmbH), Wolkenburg (Opta Radio) und Weisswasser (Philips-Valvo-Röhrenwerke) sind ebenfalls belegt.

Wo letztendlich KZ-Häftlinge zum Einsatz kamen, hing von organisatorischen Abläufen ebenso ab wie von unvorhersehbaren Kriegseinwirkungen. Die Karte der Außenlager spiegelt auch dies wieder. Zahlreiche geplante Außenlager wurden nicht (mehr) eingerichtet, etwa bei DKK in Scharfenstein oder bei den Elbtalwerken in Heidenau.

Ein wesentlicher Vorteil des Häftlingseinsatzes für die Unternehmen bestand in der Auslagerung verschiedener Aufgaben an Dritte, vor allem an die SS. Mit zivilen Zwangsarbeitern mussten sich die Firmen selbst auseinandersetzen. Die Vorwürfe von Diebstahl, Arbeitsbummelei, Sabotage und Renitenz füllen ganze Aktenbände. Bei den KZ-Häftlingen befassten sich die Unternehmen lediglich mit der Kostenübernahme und der möglichst reibungslosen Eingliederung der Häftlinge in die Produktion. Ihren Aufwand wollten sie dabei so gering wie möglich halten. Bezahlt wurde nur für tatsächlich arbeitende Häftlinge, nicht für Kranke und Verletzte. Zudem verrechneten die Betriebe ihre Aufwendungen

---

22 Abschrift eines Reiseberichts über den Besuch des KL Flossenbürg am 8. und 9.8.1944 (ebd.).
23 Protokoll vom 28.11.1944 (SächsHStA Dresden, 11722, Nr. 319 Werksküchen). In diesem Kontenbuch finden sich auch zahlreiche Auflistungen gelieferter Lebensmittel für Häftlinge und Aufseherinnen sowie Anweisungen für die Abrechnung mit der Kommandantur in Flossenbürg.
24 Vgl. Rolf Schmolling, Plauen (Baumwollspinnerei und Industriewerke AG). In: Benz/Distel (Hg.), Flossenbürg, S. 224.
25 Niederschrift „Betr. Besuch im KL Flossenbürg zwecks Ausmusterung von Häftlingen", Niederoderwitz, 3.1.1945 (Landesarchiv Berlin, A Rep. 231 Nr. 500, Bl. 330).

für die Häftlingsverpflegung, ebenso Fehlzeiten durch Fliegeralarm.[26] Aus Sicht der Firmen bildeten gerade KZ-Häftlinge buchstäblich anonyme Fremdkörper. Ihr einziger Zusammenhang mit den Betrieben war ihre nutzbare Arbeitskraft.

Für Sachsen ist mir nur ein Fall bekannt, in dem ein Unternehmer die Behandlung von Häftlingen noch während des Krieges (auch) aus moralischen Gründen verurteilte. In Venusberg im Erzgebirge war ein Fertigungsgebäude der Spinnerei Gebr. Schüller AG seit 1943 für eine Verlagerungsproduktion der Junkers-Werke aus Dessau verwendet worden (Tarnname Venuswerke AG).[27] Im Januar 1945 errichteten sowjetische Kriegsgefangene Baracken für weibliche KZ-Häftlinge, gegen den erbitterten Widerstand des eigentlichen Werksbesitzers, der Spinnerei Schüller. In einem ersten Schreiben an die Venuswerke AG lehnte die Spinnerei die Errichtung eines KZ-Lagers wegen Verstößen gegen den Pachtvertrag ab. Dennoch kamen Anfang Januar 500 ungarische jüdische Frauen aus Ravensbrück in Venusberg an, die meisten von ihnen krank und sehr geschwächt. Der Leiter der Spinnerei Schüller protestierte nun dagegen, dass „auf unserem Grund und Boden Dinge geschehen, die ans finstere Mittelalter gemahnen und Empörung und Entrüstung bei den Mitbewohnern unserer Grundstücke auslösen".[28] Erstaunlich deutlich beklagte er, „dass die Häftlinge so eng eingepfercht werden, dass die Gefahr des Ausbruchs von Seuchen besteht", außerdem sei unklar, „wo die Häftlinge bei Fliegeralarm in Sicherheit zu bringen sind usw.". Offenbar hatte der Absender, Betriebschef Wunderlich, bereits zuvor Schwierigkeiten mit dem kriegsbedingten Mieter gehabt, fühlte sich aber zum Einspruch verpflichtet, weil es nicht nur um seine Firma ginge, „sondern um das Menschenrecht unglücklicher Geschöpfe, die sich auf unserem Grund und Boden eine Behandlung gefallen lassen müssen, die nicht ins 20. Jahrhundert passt". Weitere Protestschreiben blieben erfolglos, am 20. Februar 1945 wurden 500 jüdische Frauen aus Bergen-Belsen nach Venusberg überstellt. Wenngleich die Interventionen des Spinnerei-Direktors nicht ganz uneigennützig waren – ihm ging es auch um die Eindämmung der Junkers-Verlagerung, die immer größere Teile der Spinnerei beanspruchte –, so bezog er mit seiner deutlichen Fürsprache für jüdische Häftlinge eine recht einsame Position und nahm persönliche Nachteile in Kauf.[29]

---

26 Die Mietsumme wurde monatlich von der Kommandantur in Flossenbürg erhoben und an die Reichskasse abgeführt. Die entsprechenden „Forderungsnachweise" sind für 1943/44 relativ vollständig erhalten (BArch Berlin, NS 4 FL, Nr. 248).
27 Vgl. die detailreiche Dokumentation von Herbert Jankowski, „Das Außenlager in Venusberg/Ortsteil Spinnerei – Ein Versuch zur Wahrheitsfindung" (Kopie im Archiv der KZ-Gedenkstätte Flossenbürg).
28 Schreiben der Schüller AG an die Venuswerke AG vom 4. und 25.1.1945. Die beiden Briefe sind in Abschriften erhalten, die am 18. November 1946 von der Gemeinde Venusberg amtlich beglaubigt wurden (ebd.).
29 In Wunderlichs Briefen finden sich nur indirekte Hinweise auf Rügen und Nachteile, die ihm seine wiederholten Beschwerden eingebracht hätten. Schwere Konsequenzen scheinen aber ausgeblieben zu sein. Ob es sich bei Wunderlich um dieselbe Person handelt, die dem Freistaat Sachsen 1934 ein Grundstück für die Errichtung des KZ Sachsenburg

In wenigen Fällen beklagten sich Unternehmen bei der Kommandantur in Flossenbürg über Missstände oder forderten Verbesserungen für die Häftlinge. Insbesondere die äußere Verwahrlosung der Gefangenen, ihre Kleidung und völlig mangelhafte Körperpflege wurden gelegentlich moniert. Diese Einwände wurden stets mit der Gefährdung der Arbeitskraft und der Gefahr der Ansteckung für „Gefolgschaftsmitglieder" gerechtfertigt. Allerdings zeigte kein Unternehmen einen auch nur annähernd ausreichenden Einsatz, um den Häftlingen dauerhaft adäquate Ernährung oder Unterkunft zukommen zu lassen.

Expansion des Lagersystems

Ende September 1944 befanden sich allein in Sachsen 270 000 zivile ausländische Arbeiter und 95 000 Kriegsgefangene.[30] Zum selben Zeitpunkt mussten in Sachsen etwa 7 000 männliche und etwa 8 500 weibliche KZ-Häftlinge arbeiten, also etwa vier Prozent aller zur Zwangsarbeit eingesetzten Personen.[31] Die Zahl der Häftlinge war vergleichsweise unbedeutend; allerdings war die Aufrechterhaltung vieler Produktionsstätten überhaupt nur durch den Häftlingseinsatz zu gewährleisten. In 13 Außenlagern des KZ Flossenbürg befanden sich 3 800 Männer und 1 350 Frauen, in 13 Außenlagern von Buchenwald 2 000 Männer und über 6 500 Frauen, in zehn Außenlagern von Groß-Rosen über 1 000 Männer und 600 Frauen.

Im zweiten Halbjahr 1944 und insbesondere im letzten Quartal schossen gerade in Sachsen neue Außenlager wie Pilze aus dem Boden. Sie dienten neben der Luftrüstung und den Geilenberg-Bauten auch dem Bau von Panzermotoren und Geschützen, der Munitionsherstellung sowie der Produktion von elektrotechnischen Teilen. Aus den Reihen der Profiteure von Häftlings-Zwangsarbeit ragen dabei zwei Unternehmen prominent hervor: die Hugo Schneider AG (HASAG) und die Auto Union.

Die HASAG war der zahlenmäßig bei weitem größte Nutzer von Häftlingszwangsarbeit in Sachsen. In ihren Werken in Leipzig-Schönefeld und Taucha, später auch an Verlagerungsstandorten wie Flößberg und Colditz wurden Außenlager des KZ Buchenwald errichtet, in denen insgesamt 2 900 Männer und 6 300 Frauen arbeiten mussten. In Leipzig-Schönefeld entstand das erste Frauen-Außenlager des KZ Buchenwald mit Häftlingen aus Ravensbrück. Die HASAG war ein reiner Rüstungskonzern, stieg unter Generaldirektor Paul Budin „zum

---

verkauft hatte, muss an dieser Stelle offen bleiben. Vgl. Baganz, Erziehung zur „Volksgemeinschaft"?, S. 108 f.
30 Vgl. Alexander Fischer, Ideologie und Sachzwang. Kriegswirtschaft und „Ausländereinsatz" im südostsächsischen Elbtalgebiet. In: Fremd- und Zwangsarbeit in Sachsen 1939–1945. Beiträge eines Kolloquiums in Chemnitz am 16. April 2002 und Begleitband einer Gemeinschaftsausstellung der Sächsischen Staatsarchive. Hg. vom Sächsischen Staatsministerium des Innern, Halle (Saale) 2002, S. 12.
31 Nicht berücksichtigt sind in diesen Zahlen deutsche Strafgefangene, die Zwangsarbeit leisten mussten.

führenden Munitionslieferanten der Wehrmacht im Zweiten Weltkrieg auf und beschäftigte über 17 000 KZ-Häftlinge".[32] Beim Herannahen der Roten Armee wurden nicht nur Maschinen und Ausrüstung aus dem Werk in Skarzysko-Kamienna nach Deutschland gebracht, sondern auch an die 3 000 Männer, Frauen und Kinder auf die Lagerkomplexe Buchenwald und Groß-Rosen verteilt.

Im Gegensatz zur HASAG wandelte sich die Auto Union recht spät zum Rüstungskonzern, obwohl ihre größte Firmentochter, die Mitteldeutschen Motorenwerke in Taucha, bereits Mitte der 1930er-Jahre als Rüstungswerk zur Serienfertigung von Junkers-Flugzeugmotoren gegründet wurde.[33] Der größte Einsatz von KZ-Häftlingen, in den die Auto Union involviert war, fand in Leitmeritz statt. Tausende von Häftlingen mussten hier vorhandene Stollen ausbauen (Deckname Richard), in denen die Tarnfirma „Elsabe AG" Panzermotoren bauen sollte – eine der wenigen Untertage-Verlagerungen, die tatsächlich bis zur Produktion ausgebaut wurde. Die Auto Union separierte die für die Produktion vorgesehenen Häftlinge von den entkräfteten und häufig schwer kranken Bauhäftlingen[34] – ebenso wie die Firma OSRAM, die einen Teil der Stollen in Leitmeritz zur Verlagerung ihres Drahtwerks erhielt (Richard II) und „ihre" Produktionshäftlinge im 80 Kilometer entfernten Niederoderwitz anlernen ließ.[35] Ab Mitte 1944 stellten in den sächsischen Werken der Auto Union und bei ihren Tochterfirmen über 3 200 männliche und weibliche Häftlinge Torpedos, Panzermotoren und Munition her. Im Zwickauer Horch-Werk arbeiteten 1000 Männer, im Werk Siegmar 500. Bei DKW in Zschopau waren 500 Frauen eingesetzt, bei der DKK in Wilischthal bei Zschopau 300 Frauen, bei der Agricola GmbH in Oederan 500 Frauen. Für den Auto-Union-Zulieferer Framo arbeiteten 500 weibliche Häftlinge in Hainichen.

Die im letzten Kriegsjahr errichteten Außenlager zeichneten sich im Schnitt durch eine weit höhere Homogenität der Häftlingsbelegschaft aus. Gerade in vielen Frauen-Außenlagern waren ausschließlich jüdische Gefangene interniert, die in großen Gruppen etwa aus dem Ghetto Lodz oder aus Theresienstadt über Auschwitz nach Freiberg, Oederan und andere Lagerstandorte gelangt waren. Mitunter teilten halbe Familien das gemeinsame Schicksal der Haft und Zwangsarbeit. Dies könnte ein Grund sein, warum in diesen Außenlagern eine signifikant niedrigere Sterberate zu verzeichnen war.

---

32 Irmgard Seidel, Leipzig-Schönefeld (Frauen), S. 496. Vgl. auch Felicja Karay, Wir lebten zwischen Granaten und Gedichten. Das Frauenlager der Rüstungsfirma HASAG im Dritten Reich, Köln 2001.
33 Kukowski/Boch, Kriegswirtschaft und Arbeitseinsatz, S. 113–115.
34 Mit der Verlagerung reagierte die Auto Union auf die Zerstörung der Wanderer-Werke in Siegmar im September 1944. In Leitmeritz waren insgesamt über 16 000 Häftlinge eingesetzt; die Bauarbeiten forderten mindestens 4 500 Todesopfer. Zur kontrovers diskutierten Frage, ob die wesentlich größere Zahl an Bauhäftlingen in Leitmeritz ebenso wie die Produktionshäftlinge der Auto Union zugerechnet werden können, vgl. Kukowski/Boch, Kriegswirtschaft und Arbeitseinsatz, S. 399–401.
35 Vgl. Rolf Schmolling, Niederoderwitz. In: Benz/Distel (Hg.), Der Ort des Terrors, Band 6, S. 400–402.

Dennoch war die Zwangsarbeit für Rüstungsfirmen keineswegs ungefährlich: Die meist ungelernten Gefangenen waren Arbeitsunfällen ebenso schutzlos ausgesetzt wie Schikanen durch Vorgesetzte und SS. Den vermeintlich besseren Bedingungen in geschlossenen, teils geheizten Fabriken standen improvisierte Unterbringung, Mangelernährung, fehlendes Tageslicht und die akute Bedrohung durch Luftangriffe gegenüber. Hinzu kam das belastende Bewusstsein, Arbeit für den Feind zu leisten. Zugleich sicherte nur der Erhalt der eigenen Arbeitskraft das Überleben, der Arbeitsdruck war enorm. Im Umkehrschluss bedeutete dies jedoch auch, dass die Arbeitsfähigkeit im Zweifel rassistische Kriterien der SS in den Hintergrund drängte. Jedenfalls muteten die Verhältnisse in sächsischen Industriestandorten im Vergleich mit dem, was die Gefangenen in Auschwitz und anderswo erlebt hatten, als äußerst erträglich an – das spiegelt sich deutlich in zahlreichen Zeugenaussagen und Lebenserinnerungen.

Die Lager und die Außenwelt

Mit der Ausweitung der Außenlager rückte das KZ-System ins Blickfeld von Menschen, die Konzentrationslager zumeist nur vom Hörensagen kannten. Bei näherer Betrachtung überrascht zunächst die große Zahl potentieller Mitwisser. An einer Besprechung zur Unterbringung von weiblichen Häftlingen in Freiberg nahmen neben dem Oberbürgermeister, der als glühender Nationalsozialist die Errichtung eines Außenlagers tatkräftig förderte, auch der Ortsbauernführer, das Oberbergamt, die Baupolizei, der Werkluftschutz, das Straßen- und Wasserbauamt, Baubevollmächtigte, die mit den Bauarbeiten beauftragten Firma sowie Reichsbahn und Gestapo teil.[36]

Nicht nur auf ihrem Weg in die Fabriken waren die Häftlinge vielerorts zu sehen. Ruth Alton beschreibt ihren Fußmarsch vom Außenlager Dresden-Bernsdorf in der Schandauer Straße zur Entlausungsanstalt: „In den Schaufensterscheiben spiegelt sich mein Bild. Ein Skelett, in einen langen, viel zu weiten schwarzen Mantel gehüllt. Ein unbedeckter, kahlrasierter Schädel; statt der Beine zwei Stöcke. Die Vorübergehenden bleiben stehen, starren uns an, werden aber von unserer SS-Bewachung fortgetrieben. Teilnahmslos trotte ich vorwärts."[37]

Die Werksleitungen folgten in der Regel dem Wunsch der SS nach strenger Trennung von Häftlingen und anderen Arbeitskräften und verliehen ihm selbst Nachdruck. Trotzdem ließen sich die zivilen „Gefolgschaftsmitglieder", ungeachtet ihrer Motivation, nicht immer zum Wegsehen bewegen. So konstatierte die Leitung des Werks Horch in Zwickau, dass bei einem nächtlichen Fluchtversuch von Häftlingen sich „sofort eine größere Anzahl von Gefolgen

---

36 Besprechung wegen der Unterbringung der Häftlinge und Sicherung des Lagers vom 17.12.1943 (Stadtarchiv Freiberg, Akten des Stadtbauamtes VI I 452).
37 Ruth Alton, Deportiert von den Nazis, Bielefeld 2011, S. 74.

[sic!] sammelte, um ihre Neugier durch die Beobachtung dieser Ereignisse zu befriedigen."[38]

Vielfach nutzten einzelne Vorarbeiter oder Meister, gelegentlich auch Wachmänner oder Aufseherinnen ihre Spielräume zugunsten der Häftlinge. Überlebende berichten von versteckten Lebensmitteln oder Zeitungen, von übersehenen Arbeitsfehlern oder nach draußen geschmuggelten Nachrichten. Manche Interventionen wurden aktenkundig. Arbeiter des Zwickauer Horch-Werks beschwerten sich am Betriebsarzt vorbei über Misshandlungen von Häftlingen. Die Werksleitung sah sich bemüßigt, darauf hinzuweisen, dass etwaige derartige Einzelfälle überprüft würden. Die „betreffenden Gefolgschaftsmitglieder" sollten sich „vertrauensvoll an den zuständigen Betriebsleiter oder auch direkt an die Werksleitung" wenden: „Selbstverständlich würden Ihnen [sic!] aus dieser Meldung selbst keinerlei Schwierigkeiten erwachsen, da auch wir daran interessiert sind, dass Zucht und Ordnung innerhalb der Häftlinge mit den legitimierten Erziehungsmitteln gehalten werden."[39] Diesem couragierten Verhalten Einzelner steht jedoch die ängstliche oder gleichgültige Tatenlosigkeit der breiten Masse gegenüber. Ganz zu schweigen ist hier von den vielen dokumentierten Fällen von Denunziation, verbaler und körperlicher Gewalt bis zum Mord.

Behördliche Interventionen zu bewerten fällt oft schwer, weil „aus der Quellenlage, die eine Diktatur hinterlässt, oft kaum unterschieden werden kann, was wohlverstandenes Interesse an der Leistungsfähigkeit der Beschäftigten und was verklausulierte Mitmenschlichkeit war".[40] Dies zeigt ein Beispiel aus Hohenstein-Ernstthal, wohin die Auto Union die Häftlinge aus dem bei einem Luftangriff im September 1944 zerstörten Werk Siegmar verlagerte. Im November 1944 teilte die Auto Union der Stadt die Genehmigung der Verlagerung durch die Rüstungsinspektion des Wehrbezirks IVa in Dresden mit.[41] Drei Wochen später erstellte die ebenfalls in Dresden ansässige „Einsatzgruppe Kyffhäuser" der mit Bauangelegenheiten beauftragten Organisation Todt umfangreiche Baubestimmungen, vor allem zum Anbau eines Abortes. Das um Stellungnahme gebetene Gewerbeaufsichtsamt in Chemnitz schlug im Februar 1945 (die Produktion lief bereits seit zwei Monaten) einige Auflagen vor, die im Fall ihrer Umsetzung sicher auch den Häftlingen zu Gute gekommen wären, darunter

---

38 Wichtige Betriebsmitteilung Nr. 218 vom 18.12.1944 (StAC, Bestand 31050 Auto Union, Nr. 7877, Bl. 31). Dass die Häftlinge trotz geringer Erfolgschancen überhaupt zu fliehen versuchten, ist ein deutliches Indiz für die in diesem Fall extrem schlechten Überlebensbedingungen.

39 Der Umstand, dass das Vertrauen in die eigenen Vorgesetzten erst eingefordert werden musste, lässt Rückschlüsse auf das herrschende Betriebsklima zu. Vgl. Werk Horch an Med.-Rat Dr. Kahle, Städt. Gewerbeaufsichtsamt Zwickau, vom 26.1.45 (ebd. Nr. 7879, Bl. 281).

40 Lutz Niethammer, Von der Zwangsarbeit zur Stiftung „Erinnerung, Verantwortung und Zukunft". In: Michael Jansen/Günter Saathoff, „Gemeinsame Verantwortung und moralische Pflicht." Abschlussbericht zu den Auszahlungsprogrammen der Stiftung „Erinnerung, Verantwortung und Zukunft", Göttingen 2007, S. 13–84, hier 30 f.

41 Auto Union an Baupolizei Hohenstein-Ernstthal vom 7.11.1944 (Stadtarchiv Hohenstein-Ernstthal).

genügend breite Ausgänge für „ein schnelles Entweichen der Arbeiter ins Freie bei Gefahr", „ausreichende und bequem bedienbare Belüftungsanlagen" sowie „genügend große Umkleide- Wasch- und Speiseräume". Zusammenfassend erhob das Amt die Forderung: „Die ganze Anlage muss den Unfallverhütungsvorschriften der zuständigen Berufsgenossenschaft entsprechen."[42] Es muss offen bleiben, ob dieses Schreiben einen hilflosen Versuch darstellt, den vorschriftsmäßigen und wünschenswerten Schutz von Arbeitskräften zumindest zu benennen – in Kenntnis der Tatsache, dass hier KZ-Häftlinge, also Menschen ohne jegliche Rechte arbeiten mussten.

Kriegsendphase und Auflösung der Lager

Zur Jahreswende 1944/45 erreichte die Zahl der in Sachsen eingesetzten KZ-Häftlinge ihren höchsten Stand. In nur vier Monaten hatte sie sich verdoppelt: Über 14 000 männliche und über 18 000 weibliche Häftlinge mussten in Sachsen Zwangsarbeit leisten, mithin fast fünf Prozent der am 15. Januar 1945 registrierten 714 000 KZ-Häftlinge – und dies, obwohl sich keines der bereits überfüllten Hauptlager in Sachsen befand. Die meisten Häftlinge, nämlich 8 600 Männer und 7 400 Frauen, waren in 34 Außenlagern des KZ Flossenbürg eingesetzt. Dazu kamen 2 300 Männer und 9 600 Frauen in zwölf Außenlagern des KZ Buchenwald sowie 3 100 Männer und 1 050 Frauen in neun Außenlagern von Groß-Rosen. Allein in Dresden entstanden ab September 1944 acht Außenlager mit männlichen und weiblichen Häftlingen. Außer Rüstungsfirmen wurden sie auch bei der Reichsbahn eingesetzt: 500 Männer mussten im Reichsbahnausbesserungswerk (RAW) Dresden Waggons reparieren.

In einigen Fällen versuchten Firmen, die Arbeitskraft der Häftlinge durch Verlegung in andere Außenlager vor der herannahenden Roten Armee zu sichern. Neben der bereits erwähnten HASAG überführten die Deutschen Munitionswerke „ihre" jüdischen Gefangenen aus dem Ghetto Lodz über das KZ Stutthof nach Dresden. Hier mussten sie in der Firma Bernsdorf abermals Geschosskerne herstellen. Das Außenlager Weisswasser der Valvo-Röhrenwerke wurde Ende Februar 1945 geräumt, die 300 weiblichen jüdischen Häftlinge wurden in ein Außenlager des KZ Neuengamme beim Valvo-Verlagerungsbetrieb Horneburg/Elbe gebracht. Erfolglos blieb hingegen der Versuch der Mitteldeutschen Stahlwerke in Gröditz, im Februar 1945 aus dem KZ Mauthausen Metallfacharbeiter anzufordern, die bei der Auflösung des KZ Auschwitz überstellt worden waren. Die meisten Ankömmlinge entpuppten sich als schwerkrank und arbeitsunfähig.

Die späte Anforderung aus Gröditz war eine Ausnahme. Generell betrachteten die Unternehmen ausländische Zwangsarbeiter und KZ-Häftlinge gegen Kriegsende als Unsicherheitsfaktor. Anfang Februar 1945 forderte die

---

42 Gewerbeaufsichtsamt Chemnitz an Bürgermeister zu Hohenstein-Ernstthal vom 12.2.1945 (ebd.).

Reichsgruppe Industrie: „1.) Die Betriebe müssen das Recht erhalten, z. B. die KZ-Häftlinge, Juden und Kriegsgefangenen an die zuständigen Dienststellen zurückzugeben. 2.) Die Betriebe sollen das Recht haben, Ausländer, die sie nicht mehr für die Produktion benötigen, dem Arbeitsamt zurückzugeben."[43] Zeitgleich waren die Kommandanturen der Hauptlager vollauf damit beschäftigt, trotz der immer prekärer werdenden Versorgungs-, Kommunikations- und Transportlage die Kontrolle über ihre räumlich überdehnten Lagerkomplexe zu behalten. Zu einem Hauptproblem wurden die unaufhaltsam steigende Zahl an kranken Häftlingen und die Ausbreitung von Seuchen in den Außenlagern. Arbeitsunfähige Häftlinge wurden in die Hauptlager zurückgebracht (Frauen nach Ravensbrück), wo viele in den ab Mitte 1944 eingerichteten Sterbezonen zugrunde gingen. Zudem wurde Bergen-Belsen zu einem zentralen Sterbelager des KZ-Systems umfunktioniert.[44] Der Flossenbürger Lagerkommandant Max Koegel bereiste gemeinsam mit dem Flossenbürger Standortarzt im Dezember 1944 mehrere Außenlager in Sachsen. In Königstein, Porschdorf und Mockethal ordnete er die Überstellung arbeitsunfähiger Häftlinge nach Leitmeritz an, das mit weiteren Transporten ebenfalls zu einem Sterbelager mutierte. Im Verlagerungsbetrieb von Mercedes-Benz in Kamenz kamen kranke Häftlinge zunächst ins Krankenrevier, wurden durch Giftspritzen getötet und im Heizungskessel der Firma durch wechselnde Häftlingskommandos verbrannt. Von 861 Häftlingen starben mindestens 125.[45]

Seuchen, Krankheiten, die immer noch schlechter werdende Versorgungslage und der Wunsch der Firmen, sich der Häftlinge zu entledigen, steigerten den Druck auf die Gefangenen und ließen die Gewalt eskalieren. Fluchtversuche häuften sich ebenso wie deren gewaltsame Unterbindung. Einen traurigen Höhepunkt stellt die Ermordung von 23 Häftlingen im Außenlager Zwickau dar. Die Gefangenen, hauptsächlich aus der Sowjetunion, hatten im Februar 1945 in einer leerstehenden Baracke des Häftlingslagers einen Ausbruchsstollen gegraben. Der Plan wurde von einem polnischen Häftling verraten. Am Tag des Ausbruchs schossen zwei Unterscharführer so lange in das ausgehobene Loch, bis alle Flüchtigen tot waren. Weitere Beteiligte wurden aus dem Werk abgeholt und erschossen.[46]

---

43 Besprechungsunterlage der RGI-Führung vom 8.2.1945 (BArch Berlin, R 12 I/339). Zit. nach Dietrich Eichholtz, Zwangsarbeit in der deutschen Kriegswirtschaft. In: Ulrike Winkler (Hg.), Stiften gehen. NS-Zwangsarbeit und Entschädigungsdebatte, Köln 2000, S. 10–40, hier 36.
44 Stefan Hördler konstatiert bereits ab Herbst 1944 weitreichende Bemühungen innerhalb des KZ-Systems, durch Selektionen und Massenmord die „Dezimierung der Häftlingszahlen auf ‚kontrollierbare Quantitäten'" zu erreichen. Vgl. Stefan Hördler, Die Schlussphase des Konzentrationslagers Ravensbrück. Personalpolitik und Vernichtung. In: Zeitschrift für Geschichtswissenschaft, 56 (2008) 3, S. 222–248, hier 224.
45 Vgl. Matthias Hermann, Kamenz. In: Benz/Distel (Hg.), Der Ort des Terrors, Band 6, S. 356–360, hier 357.
46 Im Verfahren gegen den Kommandoführer Müsch wurde das Zusammenwirken von SS, Werkschutz, Polizei und Wehrmacht bei der Ermordung der Flüchtigen deutlich. Vgl. Justiz und NS-Verbrechen, Bd. XIII, Nr. 431: Akdo. Zwickau des KL Flossenbürg.

Luftangriffe, bei denen Häftlinge in Leipzig, Chemnitz und Dresden zu Tode kamen, nötigten die SS ebenfalls zu fortgesetzter Improvisation. Bei den Angriffen auf Dresden am 13./14. Februar 1945 wurde das RAW fast vollständig zerstört, das Außenlager in der Folge aufgelöst. Viele weibliche Häftlinge des Außenlagers bei der Universelle GmbH flüchteten. Eine schlug sich bis Bremerhaven durch, einige wurden in Leipzig wegen Plünderns aufgegriffen und von der Gestapo im Untersuchungsgefängnis I inhaftiert.[47] Im Außenlager bei der Mühlenbau- und Industrie AG (MIAG) in Zschachwitz konnten über 30 Häftlinge fliehen, bei Zeiss Ikon in Dresden-Reick setzten sich infolge der Angriffe Aufseherinnen ab. Die SS konnte das kurzzeitige Chaos jedoch schnell eindämmen, unter anderem durch die zeitweise Verlegung von Häftlingen in die nahegelegenen Außenlager Freiberg und Mockethal. Nach Luftangriffen wurden die Häftlinge in Plauen, Freiberg und anderswo für Räumarbeiten eingesetzt. Auch in Dresden mussten ab März 1945 etwa 500 Häftlinge gefährliche und auszehrende Aufräumarbeiten an Bahnanlagen durchführen. Geplante Einsätze beim Bau von Behelfsheimen kamen offenbar nicht mehr zustande.

Die Räumung der KZ-Außenlager auf sächsischem Gebiet erfolgte von den Rändern her, im Osten weg von der heranrückenden Roten Armee, im Westen weg von der US Army. Der KZ-Komplex Groß-Rosen wurde zunächst noch halbwegs planmäßig „evakuiert". Ab Anfang 1945 wurden die Außenlager östlich der Oder geräumt, wobei die weiblichen und männlichen Häftlinge teils über Hunderte Kilometer nach Westen marschieren mussten – auch durch das winterliche Sachsen.[48] Das Außenlager Zittau wurde dabei zur Zwischenstation für Todesmärsche aus Auschwitz und dem Lagersystem von Groß-Rosen. Über 100 Männer und Frauen starben zwischen Februar und Mai 1945 in Zittau.[49]

Die ersten Außenlager in Sachsen wurden – soweit sie nicht aus anderen Gründen bereits früher aufgelöst worden waren – im März 1945 geräumt. Das oberste Ziel der SS blieb dabei, die Häftlinge nicht in die Hände der Alliierten fallen zu lassen. Wer für die Todesmärsche und Eisenbahntransporte zu schwach war, musste mit dem Tod rechnen. Am 17. April sonderte die SS im Außenlager Gröditz, wo eine Typhusepidemie wütete, 188 kranke Häftlinge aus, transportierte sie mit LKW in das nahe gelegene Koselitz und erschoss sie dort in einer Kiesgrube. Einen Tag später steckten SS-Männer im Außenlager Leip-

---

[47] Vgl. Liste von Personen, die vom 16.-20.2.1945 dem Polizeipräsidium Leipzig zugeführt wurden (StAL, Bestand 20035 Untersuchungshaftanstalten Leipzig, 409 [Untersuchungshaftanstalt I, Frauen, 1.4.1944-14.4.1945]), darunter drei Frauen mit der Wohnanschrift „Universelle Dresden" oder „Dresden, Chemnitzstr. KZ". Zwei Reichsdeutsche wurden entlassen, eine Polin oder „Ostarbeiterin" wurde mit 52 weiteren am 12.4.1945 in Lindenthal erschossen (ebd., Bestand 20031 Polizeipräsidium Leipzig, PP-S 8531 [Gefangenentagebuch Januar – Mai 1945]). Ich danke Wolfgang Heidrich, Leipzig, für den Hinweis auf diese Quellen.
[48] Vgl. Hans Brenner, Todesmärsche und Todestransporte. Konzentrationslager Groß-Rosen und die Nebenlager, Chemnitz 2014, S. 14-17.
[49] Vgl. Dorota Sula/Andrea Rudorff, Zittau. In: Benz/Distel (Hg.), Der Ort des Terrors, Band 6, S. 470-473.

zig-Thekla eine Baracke mit etwa 300 Häftlingen in Brand und beschossen sie. 84 Männer starben dabei sofort, andere konnten im Chaos fliehen. Eine halbwegs planvolle Überstellung in frontferne Hauptlager war nahezu unmöglich. Von etwa 370 weiblichen Häftlingen des Außenlagers Wolkenburg, das am 13. April geräumt wurde, erreichten 116 Ende April das KZ Dachau. Von Westen her wurde das Außenlager im vogtländischen Mehltheuer am 16. April 1945 als erstes befreit. Der dortige Kommandoführer Fischer hatte sich gegenüber einer SS-Einheit geweigert, das Lager zu räumen – im Gegenzug legten die weiblichen Häftlinge bei den Amerikanern ein gutes Wort für ihn ein. Die „Evakuierung" anderer KZ-Außenlager in Sachsen erfolgte hingegen überstürzt und chaotisch. Die von Himmler im Sommer 1944 angeordnete „Kommandogewalt" der Höheren SS- und Polizeiführer im „A-Fall" machte sich im Fall der KZ-Außenlager in Sachsen jedenfalls nicht bemerkbar.[50] Die meisten Häftlinge wurden über das Erzgebirge ins Sudetenland getrieben. Die SS nutzte dabei die Außenlager im Erzgebirge und in Nordböhmen als Zwischenstationen, so etwa Johanngeorgenstadt, Graslitz, Neu-Rohlau und Zwodau. Das wichtigste Ziel war das Außenlager Leitmeritz, das nach der Räumung des Hauptlagers Flossenbürg Mitte April 1945 kurzzeitig zu einem zentralen Auffanglager wurde. Hunderte Gefangene fielen unterwegs den Strapazen der Märsche, der ungünstigen Witterung und den Gewalttaten der Bewacher zum Opfer. In Niederschlema, kurz vor Aue, selektierte die SS 86 entkräftete Häftlinge des Todesmarsches von Mülsen St. Michaeln und erschoss sie im Wald.[51]

Eine numerische Gesamtbilanz des KZ-Häftlingseinsatzes in Sachsen lässt sich aufgrund der Quellenlage nur schwer ziehen, detaillierte Forschungen hierzu stehen noch aus. Von den über 21 300 männlichen und 22 100 weiblichen KZ-Häftlingen, die zwischen 1942 und 1945 in Sachsen Zwangsarbeit leisten mussten, kamen über 3200 Männer und mehr als 300 Frauen ums Leben. Die Opfer der Todesmärsche sind in diesen Zahlen nicht enthalten.

An den sächsischen Standorten der KZ-Außenlager fanden die alliierten Truppen in der Regel leere Lager vor. Stießen sie auf Leichen, wie etwa im Außenlager Lengenfeld, so zwangen sie ehemalige Mitglieder der NSDAP, die Toten würdevoll zu bestatten. Ebenso sicherten sie Beweise, filmten und fotografierten die Tatorte.[52] Die meisten SS-Angehörigen waren ebenso rechtzeitig abgetaucht wie das Gros der Rüstungsmanager. So flüchteten die Auto-Union-Vorstände William Werner und Richard Bruhn zunächst von Chemnitz nach Zwickau, später nach Ingolstadt. Sie konnten ihre Karrieren im Westen fortsetzen.

50 Vgl. Hördler, Schlussphase des KZ Ravensbrück, S. 227, Anm. 20.
51 Vgl. Oliver Titzmann, Massenmord in Niederschlema. Hg. von der Gemeinde Bad Schlema, Aue 2015.
52 Das Außenlager Leipzig-Thekla taucht in einem Filmbericht über NS-Verbrechen auf, in dem fast alle Tatorte als „KZ" beschrieben werden. Thekla wird dort fälschlich als „Stalag" (Stammlager) bezeichnet. Vgl. Welt im Film, Nr. 5 vom 15.6.1945 (https://www.filmothek.bundesarchiv.de/video/583437; 26.7.1915).

Insbesondere Aufseherinnen, die ja meist heimatnah eingesetzt waren, aber auch Meister und Vorarbeiter sowie wenige höhere Verantwortungsträger wurden von der sowjetischen Militäradministration festgenommen. Einige landeten in Speziallagern, andere wurden in Schauprozessen angeklagt. Beim „Goehlewerk-Prozess" in Dresden wurden im Januar 1949 der stellvertretende Betriebsleiter, mehrere Meister und SS-Aufseherinnen zu Haftstrafen zwischen einem und acht Jahren verurteilt.[53]

Bereits kurz nach Kriegsende entstanden die ersten Grabmäler und Erinnerungszeichen für die Opfer der KZ-Außenlager. Die ehemaligen Lagergelände hingegen wurden ebenso wie die Fabrikgebäude, in denen die Häftlinge arbeiten mussten, pragmatisch weitergenutzt. Ein gutes Beispiel für dieses Nebeneinander findet sich in Flöha, wo die Vereinigung der Verfolgten des Naziregimes (VVN) Ende der 1940er- oder Anfang der 1950er-Jahre die Plastik eines Liegenden vor der ehemaligen Tüllfabrik errichtete: „Den vom Faschismus ermordeten ausländischen Kameraden zum Gedenken."[54] Bis auf ritualisierte Erinnerungsformen und die wenigen Arbeiten engagierter (Lokal-)Historiker gerieten die KZ-Außenlager in Sachsen weitgehend in Vergessenheit. Erst spät, vermehrt seit Ende der 1990er-Jahre, stieß ihre Geschichte auf das Interesse breiter Bevölkerungsschichten.

---

53 „Hohe Zuchthausstrafen für Naziverbrecher". In: Sächsische Zeitung vom 14.1.1949 sowie weitere Artikel (SächsHStA Dresden, 11722, Nr. 420).
54 Bundeszentrale für politische Bildung (Hg.), Gedenkstätten für die Opfer des Nationalsozialismus. Eine Dokumentation, Band 2, Bonn 2000, S. 662.

Die Todesmärsche in Sachsen.
Verbrechen, Ahndung und Gedenken 1945 bis 1949

Martin Clemens Winter

„Helft sie finden! Denn ihr alle habt sie doch gesehen, – die erschöpften, ausgemergelten, zerlumpten Gestalten in den gestreiften Häftlingskleidern mit dem Malzeichen auf dem Rücken und der Nummer auf der Brust."[1] Dieser Appell war wenige Monate nach dem Ende des Zweiten Weltkrieges in sächsischen Radios zu hören. Er richtete sich an die zahlreichen Zeugen der Todesmärsche, die auch in Sachsen in den letzten Wochen des Krieges allgegenwärtig gewesen waren. Damit wurde schon früh angesprochen, dass die deutsche Zivilbevölkerung in völlig neuem Ausmaß zum „Mitwisser, ja Komplizen an den Massenverbrechen des Regimes" geworden war – „zumindest dort, wo sie durch die Beteiligung an der Jagd auf entflohene Häftlinge nicht ohnehin zum unmittelbar Tatbeteiligten und Mittäter wurde".[2] Für Sachsen lässt sich gut nachvollziehen, wie dieses Geschehen über das Kriegsende hinaus wirkte, da bereits im Sommer und Herbst 1945 eine nahezu flächendeckende Dokumentation von Ermittlungen und Zeugenaussagen zu den Todesmärschen angelegt wurde.[3] In ihr kamen unmittelbar nach dem Ende des „Dritten Reiches" die lokalen Protagonisten zu Wort: Gegner, Beteiligte und „Bystander" jener letzten NS-Verbrechen vor Ort.

In der historischen Forschung sind zuletzt verstärkt die „Endphaseverbrechen"[4] und Todesmärsche[5] in den Blick genommen worden. Dennoch fand

---

1   1. Sendebericht, o. D. (SächsHStAD, 11391 Landesregierung Sachsen, Ministerium für Arbeit und Sozialfürsorge [LRS], Nr. 992, Bl. 44–47, hier 46).
2   Sven Keller, Volksgemeinschaft am Ende. Gesellschaft und Gewalt 1944/45, München 2013, S. 422.
3   Ulrich Fritz, Verwischte Spuren. Die ehemaligen Außenlager des KZ Flossenbürg in Sachsen. In: Dachauer Hefte, 24 (2008), S. 46–62, hier 53 f.
4   Ian Kershaw, Das Ende. Kampf bis in den Untergang. NS-Deutschland 1944/45, München 2011; Keller, Volksgemeinschaft.
5   Katrin Greiser, Die Todesmärsche von Buchenwald. Räumung, Befreiung und Spuren der Erinnerung, Göttingen 2008; Daniel Blatman, Die Todesmärsche 1944/45. Das letzte Kapitel des nationalsozialistischen Massenmords, Reinbek bei Hamburg 2011; Jean-Luc Blondel/Sebastian Schönemann/Susanne Urban (Hg.), Auf den Spuren der Todesmärsche, Göttingen 2012.

bislang kaum eine Analyse der Ereignisse in Sachsen statt.⁶ Das hängt möglicherweise damit zusammen, dass sich hier keines der großen KZ-Stammlager befand, von deren Geschichte ausgehend die Todesmärsche zumeist behandelt wurden. Allerdings war das Land als Durchmarschgebiet der Räumungstransporte hoch frequentiert, was vor allem mit dem Kriegsverlauf und der vergleichsweise späten Besetzung – insbesondere Ostsachsens – durch die Alliierten zusammenhing.⁷ Drei Phasen können hierbei ausgemacht werden: Erstens waren Evakuierungstransporte aus den Lagern im Osten bereits Ende Januar 1945 über sächsisches Territorium verlaufen. Zweitens erstreckte sich im Frühjahr 1945 quer über das Land ein dichtes Netz von Außenlagern der Konzentrationslager Buchenwald, Flossenbürg und Groß-Rosen, von denen viele Ausgangspunkt oder Zwischenstation von Räumungstransporten waren. Und drittens wurden unmittelbar vor Kriegsende etliche Todesmärsche, die außerhalb Sachsens begonnen hatten, auf dem Weg in die bis dato von den Alliierten unbesetzte Tschechoslowakei durch sächsische Städte und Dörfer getrieben.⁸

Der folgende Beitrag beleuchtet zunächst die Rolle der sächsischen Zivilbevölkerung während dieses Geschehens. Danach werden mit den ersten Ahndungsbemühungen sowie frühen Formen der Erinnerung an die Todesmärsche die Nachwirkungen dieses letzten nationalsozialistischen Gesellschaftsverbrechens in den Blick genommen. Im Mittelpunkt stehen dabei die Kontinuitäten und Zäsuren, die End- und Nachkriegszeit sowohl miteinander verbinden, als auch deutlich voneinander trennen.

Die Sachsen und die Todesmärsche

Der Umgang mit den Toten

Während Ende Januar 1945 bereits Einheiten der Roten Armee Auschwitz erreichten, schleuste das NS-Regime noch KZ-Züge aus den Lagern im Osten über sächsische Bahnstrecken. Sie hinterließen eine grausame Spur, da die in offenen Güterwaggons zusammengepferchten Häftlinge oft diejenigen, die unterwegs an Hunger, Kälte und Erschöpfung gestorben waren, hinauswarfen.

---

6 Heimatforscher arbeiten z.T. seit vielen Jahren zum Thema. Vgl. Christine Schmidt, Erinnerungswege im Mittleren Erzgebirge – Forschungsarbeit zu Todesmärschen in Sachsen. In: Medaon, 3 (2008), S. 1–8. Bereits in der DDR entstanden einige Publikationen. Vgl. u.a.: Bezirkskomitee Leipzig der Antifaschistischen Widerstandskämpfer der DDR (Hg.), Die KZ-Außenkommandos (1943–1945) auf dem Territorium des heutigen Bezirkes Leipzig. Entstehung, Solidarität und Widerstand, Todesmärsche, Leipzig 1984; Bezirksleitung Karl-Marx-Stadt der SED, Todesmärsche von KZ-Häftlingen durch den heutigen Bezirk Karl-Marx-Stadt im Frühjahr 1945, Karl-Marx-Stadt 1985.
7 Vgl. Rainer Behring, Das Kriegsende 1945. In: Clemens Vollnhals (Hg.), Sachsen in der NS-Zeit, Leipzig 2002, S. 224–238, hier 233–237.
8 Fritz, Verwischte Spuren, S. 49 f.

Für das sächsische Vogtland lässt sich die Route dieser Züge fast Ortschaft für Ortschaft nachvollziehen.[9] Die Gemeinden waren plötzlich damit konfrontiert, selbstständig Begräbnisse der Leichen organisieren zu müssen, und verfuhren dabei unabhängig voneinander, aber nach ähnlichem Muster: Verantwortlich waren zunächst die Bürgermeister, die umgehend dafür sorgten, dass die Toten geborgen und auf den Friedhof gebracht wurden.[10] Dort verblieben sie, bis die Vorkommnisse mit den zuständigen Behörden geklärt waren.[11] Bestattet wurde dann mit so geringem Aufwand wie möglich: in Massengräbern und ohne Särge. Dafür wählte man eher abgelegene Plätze auf dem Friedhof oder in dessen unmittelbarer Nähe und markierte die Gräber zunächst nicht.[12]

Auf der Strecke zwischen dem tschechischen Lovosice und Dresden waren ebenfalls zahlreiche tote Häftlinge aus einem Güterzug geworfen worden. Eigentlich wären auch hier die Gemeinden für die Bestattung zuständig gewesen. Angesichts der Masse an Toten wurde jedoch improvisiert, um die Situation pragmatisch und schnellstmöglich zu bewältigen. So setzte die Reichsbahn einen Sonderzug mit Kriegsgefangenen ein, um die Leichen einzusammeln. Nach Aussage eines Bahnangestellten wurden sie „von den Gleisen entfernt und so gelagert, dass sie von anderen Zügen nicht noch mehr zerstückelt und von den Reisenden nicht so gesehen werden konnten". Wenige Tage später wurden 73 eingesammelte Leichen von KZ-Häftlingen in einem Massengrab auf dem Pirnaer Friedhof verscharrt.[13]

Für diesen frühen Zeitpunkt lässt sich noch ein relativ geordnetes Vorgehen bei der Bestattung feststellen. Involviert waren auf lokaler Ebene zunächst die zuständigen Amtsträger wie Polizisten, Bürgermeister und Totengräber. In der letzten Phase der Räumungstransporte hingegen, unmittelbar vor dem Einmarsch der Alliierten im April/Mai 1945, waren die bürokratischen Vorgaben kaum noch relevant. Nun versuchte man nur noch hastig, die Opfer und Spuren der Verbrechen vor der eigenen Haustür verschwinden zu lassen. Die Toten wurden nicht mehr auf dem hiesigen Friedhof oder zumindest in dessen Nähe, sondern oftmals direkt an Ort und Stelle vergraben.[14]

---

9   Vgl. hierzu Martin Clemens Winter, Frühe Ermittlungen zu den Todesmärschen. Quellen im Vergleich. In: Blondel/Schönemann/Urban (Hg.), Auf den Spuren der Todesmärsche, S. 136–151, hier 147–151.
10 Vernehmung von Otto Ernst P., Kreispolizeiposten Neumark, vom 2.10.1945 (SächsHStAD, 11391 LRS, Nr. 992, Bl. 113).
11 Gendarmerie-Posten Grobau an Pfarrer Roth in Mißlareuth, vom 2.2.1945 (ebd., Nr. 993, Bl. 30).
12 Vernehmung von Alfred Hermann N., Gendarmerie-Posten Beiersdorf, vom 28.8.1945 (ebd., Nr. 992, Bl. 109).
13 Vernehmung von Herbert N., Kriminalpolizei Pirna, vom 12.9.1945 (ebd., Nr. 993, Bl. 69–71, Zitat 70).
14 Vernehmung von Ernst R., Gendarmerie-Einzelposten Steinbach, vom 5.7.1945 (ebd., Nr. 992, Bl. 147).

So beteiligte sich die Bevölkerung am Vertuschen der Verbrechen und dem Vergessen der Opfer. Deren Anonymität korrespondierte mit der Namenlosigkeit der Orte, an denen sie vergraben wurden: nicht auf dem örtlichen Friedhof, über dessen Belegung genau Buch geführt wurde, sondern irgendwo im Niemandsland, am Straßen- oder Waldrand und in Bombentrichtern am Wege. Die direkte Konfrontation mit massenhaftem Tod war in den letzten Monaten des Krieges für viele Deutsche ein überdeutliches Fanal für den totalen Zusammenbruch der nationalsozialistischen Herrschafts- und Gesellschaftsordnung.[15] Mit den Todesmärschen und ihren Opfern kam diese Erfahrung auch in ländliche Regionen, die bis dato von alliierten Luftangriffen oder Kampfhandlungen verschont geblieben waren. Plötzlich musste hier ein neuer Umgang mit den Toten gefunden werden, die nicht nur in sehr großer Zahl zurückgeblieben waren, sondern zudem als „Gemeinschaftsfremde" wahrgenommen wurden. Das Beispiel Sachsens zeigt, wie der zunächst „normale" Umgang mit den Toten vor dem Kriegsende zunehmend von einem Ausnahmezustand abgelöst wurde, der bis in die Nachkriegszeit andauern sollte.

Logistik

So chaotisch der Verlauf der Todesmärsche erscheint – ihre Durchführung war ein aufwendiger logistischer Vorgang, der in hohem Maße von der Mitwirkung der lokalen Akteure abhing. Nachdem das KZ-System insbesondere im letzten Kriegsjahr mit der Gründung zahlreicher Außenlager verstärkt in die Mitte der Gesellschaft expandiert war,[16] dehnte es sich unmittelbar vor Kriegsende ein weiteres und letztes Mal aus und bezog nunmehr auch die ländliche Gesellschaft in seine Abwicklung ein. Da wenigstens in den Ortschaften, in denen Rast gemacht werden sollte, ein Mindestmaß an Vorbereitung unternommen werden musste, um die Häftlinge und Wachmannschaften unterbringen und verpflegen zu können, wurden die Gemeinden im Vorfeld kontaktiert und zum Teil von Vorauskommandos der Wachmannschaften inspiziert. Meist organisierten die Bürgermeister die Zuweisung von Quartieren über die Bürgermeister, jedoch wurden gelegentlich Einwohnerinnen und Einwohner auch direkt von Angehörigen der Wachmannschaften angesprochen.[17] Durch die Unterbringung der

---

15 Richard Bessel, The Shadow of Death in Germany at the End of the Second World War. In: Alon Confino/Paul Betts/Dirk Schumann (Hg.), Between Mass Death and Individual Loss. The Place of the Dead in Twentieth-Century Germany, New York 2008, S. 52–68.
16 Wolfgang Benz, Die Allgegenwart des Konzentrationslagers. Außenlager im nationalsozialistischen KZ-System. In: Dachauer Hefte, 15 (1999), S. 3–16; zuletzt Marc Buggeln, Arbeit & Gewalt. Das Außenlagersystem des KZ Neuengamme, Göttingen 2009, S. 605–624.
17 Vernehmung von Martha H., Kreispolizei Borstendorf, Bezirk Flöha, vom 2.9.1945 (SächsHStAD, 11391 LRS, Nr. 994, Bl. 4).

Transporte wurden die Einheimischen in den Ablauf der Evakuierungen einbezogen und kamen direkt mit Häftlingen und Wachmannschaften in Kontakt. Dabei kam es mitunter zu Auseinandersetzungen. So war beim Rittergut in Lichtentanne bei Zwickau zunächst Quartier für 80 Personen bestellt worden. Als wenig später die Marschkolonne eintraf, war der Verwalter überrascht, dass in den Scheunen etwa 450 weibliche Häftlinge Platz finden sollten. Er sagte später aus: „Statt 80 Personen, wurden nun die vielen Menschen von der Wachmannschaft in die Scheune getrieben, wenn es nicht schnell genug ging, halfen sie mit dicken Knüppeln nach. Auf meinen Protest, dass doch nur für 80 Personen Platz wäre, bekam ich von der Wache die Antwort, das ginge mich nichts an, das wäre ihre Sache. Die Frauen und Mädchen hatten keinen Platz, um sich legen zu können, sie mussten in hockender Stellung, eng aneinander gedrängt, die Nacht verbringen."[18]

Mit dem Eintreffen der Kolonnen wurden die Ortschaften militarisiert und aus zivilen Räumen wurden Gewaltzonen. Scheunen, Sportplätze oder Spritzenhäuser machte man zu Haftorten, Kiesgruben zu Mord- und Grabstätten.[19] In Theuma im Vogtland ließ sich der Bürgermeister die Unterbringung eines Evakuierungstransportes in seiner Gemeinde sogar schriftlich bestätigen. Dieser Fall zeigt, wie die lokale Verwaltung den Tätern zuarbeitete, um die KZ-Häftlinge so schnell wie möglich wieder aus den eigenen Gemeindegrenzen zu befördern. Dabei wurden auch einheimische Zivilisten einbezogen: In Theuma waren nach Abzug der Kolonnen mehrere Häftlinge aufgefunden worden. Der Bürgermeister organisierte umgehend deren Transport in das Dorf, das ihm als nächste Station des Marsches bekannt war. Mit einem Fuhrwerk des Ortsbauernführers sollten zwei Einwohner sowie ein bewaffneter Landwachtmann dem Todesmarsch hinterherfahren und die Frauen dort wieder in die Gewalt der Bewacher übergeben.[20] Gegen Abend wurde dann eine weitere Frau in ihrem Versteck aufgefunden. Um diese Uhrzeit war wohl kein Transport mehr zu organisieren, und so musste der Bürgermeister improvisieren. Er sperrte die Frau mit Hilfe des Gemeindedieners in einen Stall und gab ihr Stroh, Essen und Kaffee. Als er am nächsten Morgen erfuhr, dass sie durch ein Fenster geflohen war, alarmierte er umgehend die Gendarmerie. Ob diese sie daraufhin aufgriff, ist nicht überliefert. Der Bürgermeister war sich bei seiner Vernehmung jedenfalls sicher, sich jederzeit „ordnungsgemäß" verhalten zu haben, und betonte: „Irgendwelches Verschulden meinerseits [liegt] in dieser Hinsicht keinesfalls vor."[21]

---

18 Bericht von Gutsverwalter W. vom 20.11.1945 (ebd., Nr. 992, Bl. 120). Orthografische Fehler stillschweigend korrigiert.
19 Lfd. Nr. 1707. In: Christiaan F. Rüter u. a. (Bearb.), DDR-Justiz und NS-Verbrechen. Sammlung ostdeutscher Strafurteile wegen nationalsozialistischer Tötungsverbrechen, Amsterdam 2002–2010 (DDRJuNSV), Band XII, S. 87–97.
20 Vernehmung von Ewald G., Kriminalpolizei Plauen, vom 14.9.1945 (SächsHStAD, 11391 LRS, Nr. 993, Bl. 36).
21 Vernehmung von Otto Albin S., Kriminalpolizei Plauen, vom 14.9.1945 (ebd., Bl. 35).

Handlungsspielräume

Das Theumaer Beispiel zeigt, dass sich im Umfeld der Todesmärsche mitunter sehr breite Handlungsspielräume auftaten. Es sind verschiedene Fälle aus Sachsen überliefert, in denen Einheimische geflohene Häftlinge eigenhändig festsetzten und an die KZ-Aufseher, Polizei oder SS übergaben.[22] Eine Überlebende berichtete, sie sei, nachdem sich die Wachmannschaft bereits von der Kolonne abgesetzt hatte, von Zivilisten auf dem Weitermarsch bewacht worden.[23] Mitunter griffen Einwohner auch kurzerhand zur Selbstjustiz, wie in Herzogswalde, wo eine Gruppe von Kindern und Jugendlichen eine zurückgebliebene jüdische Gefangene mehrere Stunden lang zu Tode quälte, nachdem ihnen der Bürgermeister gesagt hatte, sie sollten sie „mit einem Handwagen aus der Gemeinde herausfahren und dann mit ihr machen, was sie wollten".[24] Wenn größeren Gruppen von Häftlingen die Flucht gelungen war, kam es zu regelrechten Hetzjagden, an denen zumeist Angehörige der Hitlerjugend (HJ) und des Volkssturms beteiligt waren. Auch in Sachsen ereigneten sich kollektive Verbrechen, die mit der bekannten Celler „Hasenjagd" durchaus vergleichbar sind.[25] In Glaubitz bei Riesa war der örtliche Sportplatz im April 1945 zum provisorischen Konzentrationslager umfunktioniert worden, als dort Kolonnen von mehreren Tausend Häftlingen Rast machten. Nachdem es in Folge eines Tiefliegerangriffs zu einer Massenflucht gekommen war, wurden HJ, Volkssturm und Polizei aus den umliegenden Ortschaften mobilisiert.[26] Der französische KZ-Überlebende André Raimbault berichtete später: „Alarm im gesamten Dorf und der Umgebung, die zivilen Mitglieder des Volkssturms beginnen mit der Jagd. [...] Wir erfahren, dass viele auf der Stelle erschossen werden."[27] 40 Jugendliche eines HJ-„Bannausbildungslagers" wurden eingesetzt, um ermordete Gefangene im Wald zu begraben, deren Hab und Gut zu verbrennen und damit die Spuren der Verbrechen zu verwischen. Danach war geplant, dass diese Gruppe „eine Razzia ausführen sollte, da in dem Walde sich KZ-Häftlinge aufhielten".[28] Zwei 19- bzw. 22-jährige HJ-Ausbilder führten an mehreren Tagen

---

22 Lfd.Nr. 1499. In: DDRJuNSV, Band IX, S. 389–417; Lfd.Nr. 1566. In: ebd., Band X, S. 321–326.
23 Vernehmung von Czeslawa Pasierowska, Hauptkommission zur Untersuchung von NS-Verbrechen in Polen vom 18.9.1969 (BArch B 162/15517, Bl. 319–324, hier 324).
24 Lfd.Nr. 1825. In: DDRJuNSV, Band XIII, S. 369–375, hier 373. Der Fall wird auch geschildert bei Sven Keller, Volksgemeinschaft, S. 161 f.
25 Bernhard Strebel, Celle April 1945 revisited. Ein amerikanischer Bombenangriff, deutsche Massaker an KZ-Häftlingen und ein britisches Gerichtsverfahren, Bielefeld 2008; Blatman, Todesmärsche, S. 435–445.
26 Greiner, Todesmärsche, S. 116.
27 Auszüge aus einer Dokumentation einer Gemeinschaft des ehemaligen KZ-Außenlagers Thekla-Schönefeld über die Evakuierung des Lagers im April 1945. In: Klaus Hesse, Rüstungsindustrie in Leipzig. Teil II, Leipzig 2001, S. 286–293, hier 289.
28 Vernehmung von Heinz Siegfried G., Kriminalpolizei Dresden, vom 21.3.1947 (BStU, MfS BV Dresden ASt. 18/47 Strafsache, Bl. 113–116, hier 114).

Exekutionen aufgegriffener Häftlinge durch.²⁹ Ähnliche Suchaktionen sind aus weiteren Orten überliefert, etwa Wernesgrün im Vogtland³⁰ oder Pockau im Erzgebirge.³¹ Auch in der Gegend um Reitzenhain wurden an mehreren Tagen über 100 KZ-Häftlinge, die aus einem Transportzug geflohen waren, von Einheimischen an SS und Gestapo ausgeliefert.³²

Dieser Fall verweist nochmals auf die bestehenden Handlungsspielräume. Zwei dort geflohene Häftlinge überlebten mit Hilfe von Rettern aus der Einwohnerschaft. Auf ihrer Flucht trafen sie auf Arno Bach, einen Angestellten der Papierfabrik in Niederschmiedeberg. Nachdem sie ihn um Unterkunft gebeten hatten, versteckte er sie auf seinem Hof zwischen Holzstapeln. Bis zum Ende des Krieges wurden sie dort von ihm und seiner Familie versorgt.³³

Auch in anderen Ortschaften gab es Versuche der Hilfeleistung: So etwa in Naundorf bei Oschatz, wo eine Familie im April 1945 sechs jüdische Frauen auf ihrem Gut versteckte.³⁴ In Zschopau bei Chemnitz war es einem weiblichen Häftling gelungen, von einem Evakuierungszug zu springen. Auf Initiative eines Zwangsarbeiters fand sie für etwa drei Wochen Zuflucht bei einer Frau.³⁵ In welchem Ausmaß sich die deutsche Zivilbevölkerung durch Hilfeleistung gegenüber KZ-Häftlingen hervortat, lässt sich kaum quantitativ erheben. Organisierte Rettungsaktionen, wie sie zum Beispiel aus der Gegend um Prag bekannt sind, wo die tschechische Bevölkerung mehreren Hundert KZ-Häftlingen zur Flucht aus einem Evakuierungszug verhalf, sind aus Sachsen jedenfalls nicht überliefert.³⁶

Den geschilderten Hilfsaktionen und vereinzelten Aussagen Überlebender, von der Einwohnerschaft Essen bekommen zu haben,³⁷ stehen auch ausgesprochen negative Erinnerungen gegenüber: So schilderte eine Überlebende eines Leipziger KZ-Außenlagers ihre Erfahrungen mit den Worten: „Die Bevölkerung war auch sehr schlimm."³⁸ Mitunter wird aus dem Verhalten der Zivilisten

---

29 Lfd. Nr. 1582. In: DDRJuNSV, Band X, S. 467-472; Lfd. Nr. 1707. In: ebd., Band XII, S. 87-97.
30 Vernehmung von Manfred G. vom 15.8.1945 (SächsHStAD, 11391 LRS, Nr. 992, Bl. 5).
31 Lfd. Nr. 1433. In: DDRJuNSV, Band VIII, S. 509-522.
32 Lfd. Nr. 1421. In: ebd., S. 329-339.
33 Gedenkstätte Buchenwald (Hg.), „Wie wird es einmal enden?" Bericht des ehemaligen jüdischen Häftlings Michael Rozenek über seine Rettung, Weimar 1993; Akte 3726. In: Israel Gutman (Hg.)/Sara Bender (Mitarb.), Lexikon der Gerechten unter den Völkern, Deutsche und Österreicher. Hg. von Jakob Borut/Daniel Fraenkel, Göttingen 2005, S. 62.
34 Akte 8096. In: Gutmann (Hg.), Lexikon der Gerechten unter den Völkern, S. 156 f.
35 Akte 2082. In: ebd., S. 117 f.
36 Miroslava Langhamerová: Leitmeritz (Litoměřice). In: Wolfgang Benz/Barbara Distel (Hg.), Der Ort des Terrors. Geschichte der nationalsozialistischen Konzentrationslager, Band 4: Flossenbürg, Mauthausen, Ravensbrück, München 2006, S. 175-185, hier 182.
37 Vernehmung von Piroska Winkler, Deutsches Generalkonsulat San Francisco, vom 19.5.1971 (BArch B 162/9497, Bl. 301-305, hier 303).
38 Rosa [Nachname unleserlich] an International Tracing Service Headquarters vom 22.3.1950 (BArch B 162/15516, Bl. 110 f., hier 111).

auch eine Unentschlossenheit deutlich, wie in der Schilderung einer anderen Frau, die auf dem Marsch zusammengebrochen war: „Stundenlang lag ich am Straßenrand, eingehüllt in den Staub, und dann begann ich zu kriechen. Einige deutsche Frauen kamen an mir vorbei und sagten mir sehr freundlich, ich sollte mich in das nächste Dorf, das etwa eine viertel Meile entfernt war, schleppen und in ihren Stall gehen." Dort wurde sie tatsächlich mit Essen versorgt, allerdings forderten die Deutschen sie auf, bald zu verschwinden, weil Soldaten in der Nähe seien.[39]

Ähnlich indifferent verhielten sich Einwohner von Dörschnitz bei Meißen. Dort war bei einer nächtlichen Massenerschießung eine Gefangene angeschossen, aber nicht tödlich getroffen worden. Die Einwohner versuchten daraufhin nicht etwa, ihr zu helfen, sondern „baten die SS, doch die Frau vollends zu erschießen, da sie doch ihrem Anschein nach große Schmerzen litt". Am folgenden Abend stellte man fest, „dass die vorher Erwähnte noch lebte, sodass ein Volkssturmmann aufgefordert werden musste, auf die schon zweimal Angeschossene noch einen dritten Schuss abzugeben".[40]

Der Erwartungshorizont, vor dem sich die unterschiedlichen Handlungen der Akteure auf lokaler Ebene vollzogen, war das nahende Kriegsende mit seinen damals schwer abzuschätzenden Folgen. So ist anzunehmen, dass einzelne Häftlinge versteckt wurden, weil das Ende bereits abzusehen war und damit überhaupt eine Perspektive für eine solche Rettungsaktion bestand. Andererseits war der bereits spürbare „Zusammenbruch" von NS-Herrschaft und „Volksgemeinschaft" auch Anlass, mit den als Bedrohung wahrgenommenen „Gemeinschaftsfremden" im Zweifelsfall kurzen Prozess zu machen, bevor sie nach ihrer Befreiung möglicherweise eine Gefahr hätten darstellen können.[41] Die Beteiligung der lokalen Bevölkerung gestaltete sich damit ausgesprochen vielfältig, und es waren alle gesellschaftlichen Gruppen daran beteiligt: Frauen und Männer, Kinder und Jugendliche, Uniformierte und Zivilisten.

Der Versuch, die Spuren der Massenverbrechen vor den Alliierten zu verstecken, scheiterte. Aus deren Sicht wurde die Mitschuld der Vielen, vor deren Haustür sich Verbrechen in bisher ungeahnten Dimensionen abgespielt hatten, gerade durch die Todesmärsche manifest.[42] So beeinflusste dieses dezentrale Gewaltgeschehen in der Endphase unmittelbar den Umgang der Befreier mit den Deutschen nach Kriegsende.

---

39 Der Todesmarsch von Leipzig nach Riesa. Aus den Aufzeichnungen von Gertrud Deak (Übersetzung aus dem Ungarischen). In: Rat des Bezirkes Leipzig, Abteilung Kultur (Hg.), Juden in Leipzig. Eine Dokumentation, Leipzig 1988, S. 202 f., hier 203.
40 Bericht der VVN Meißen, o. D. (vermutlich 1945; SAPMO-BArch DY 55/V 278/4/58, unpag.). Vgl. Greiser, Todesmärsche, S. 127.
41 Vgl. Blatman, Todesmärsche, S. 704 f.
42 Vgl. Greiser, Todesmärsche, S. 293–296, 377–381.

Ahndung von Todesmarschverbrechen in Sachsen

US-amerikanische Ermittlungen und Prozesse

Direkt nach dem Ende der Kampfhandlungen und teilweise sogar schon vor dem 8. Mai 1945 begannen die ersten Untersuchungen zu Verbrechen während der Todesmärsche. Da Sachsen ab Juli zur Sowjetischen Besatzungszone gehörte, fanden hier keine umfangreichen Ermittlungen der US-Armee statt.[43] Dennoch wurden den Amerikanern einige Verbrechen im Zusammenhang mit den Todesmärschen zur Anzeige gebracht. Zum Teil waren an den ersten Ermittlungen Überlebende beteiligt, wie der ehemalige Häftling des KZ-Außenlagers Sonneberg, Benno Steinlauf, dem während der Evakuierung bei Oelsnitz die Flucht gelungen war. Nach Kriegsende bekam er eine Vollmacht ausgestellt, laut der er und zwei Kameraden „mit der Verfolgung und der Festnahme von Kriegsverbrechern seitens der US-Armee beauftragt worden" seien.[44] Ähnliches wurde auch aus dem benachbarten Pirk berichtet.[45] Hier zeigt sich über das Kriegsende hinaus ein Wechselspiel von Kontinuität in Bezug auf die Akteure und einer – durch deren neue Funktionen markierten – radikalen Zäsur.

Mitunter waren US-Soldaten selbst zu Zeugen der Todesmärsche geworden und stießen Ermittlungen an. So gab ein befreiter Kriegsgefangener an, er habe Ende April 1945 bei Riesa mehrere Tausend weibliche KZ-Häftlinge gesehen. Die Frauen seien schlecht gekleidet und unterernährt gewesen, man habe sie misshandelt, viele von ihnen seien erschossen worden.[46] Allerdings ging man diesen Angaben nicht weiter nach, sodass das Verfahren im März 1947 wegen unzureichender Beweislage eingestellt werden musste.[47]

Viele Fälle verliefen auf ähnliche Weise im Sande. Die Strafverfolgung gestaltete sich schon im eigenen Hoheitsgebiet problematisch; noch komplizierter wurde es, wenn die Tatorte in der SBZ lagen. Außerdem konzentrierte sich die US-Armee angesichts der Unzahl an Verbrechen ohnehin zunächst auf die Ahndung von Vergehen gegenüber ihren Soldaten.[48] Wenn – wie in den meisten

---

43 Zum US-amerikanischen War Crimes Program vgl. Greiser, Todesmärsche, S. 370–450.
44 Military Government I1 H3, Oelsnitz vom 26.6.1945 (BArch B 162/3759, Bl. 6). Für diesen Hinweis danke ich Andrea Rudorff.
45 Vernehmung von Franz Arthur D., Kreisgericht Plauen-Land, vom 15.12.1966 (BStU, MfS HA IX/11, RHE-West 184, Bl. 112–116, hier 115).
46 War Crimes Questionnaire von Robert Otto Schultz vom 7.5.1945 (National Archives and Records Administration [NARA], RG 549, „Cases not tried", Box 465, 000-12-102, unpag.).
47 7708 War Crimes Group, United States Forces European Theater, APO 178, Prosecution Section vom 26.3.1947 (ebd., unpag.).
48 Lisa Yavnai, U.S. War Crimes Trials in Germany, 1945–1947. In: Patricia Heber/Jürgen Matthäus (Hg.), Atrocities on Trial. Historical Perspectices on the Politics of Prosecuting War Crimes, Lincoln 2008, S. 49–71, hier 52.

Fällen von Verbrechen im Zusammenhang mit Todesmärschen – mutmaßlich Angehörige anderer Länder zu den Opfern zählten, wurden die Fälle lediglich an die jeweiligen nationalen Behörden weitergeleitet. Der NSDAP-Ortsgruppenleiter von Rehefeld im Erzgebirge, Matthes, wurde beispielsweise im August 1945 von einem ehemaligen Polizisten der Ortschaft angezeigt. Er soll unter anderem befohlen haben, Gruppen von KZ-Häftlingen zu ermorden[49] und Geflohene, die sich der Ortschaft näherten, aus dem Hinterhalt zu erschießen.[50] Zwar wurde im Dezember 1946 seine Verhaftung gemeldet, allerdings waren die Akten zu diesem Zeitpunkt schon wegen unzureichender Beweislage und aufgrund der Tatsache, dass keine US-Amerikaner unter den Opfern waren, geschlossen worden.[51] Unter den letztlich fast 4 000 von US-Ermittlern untersuchten „mass atrocity cases"[52] waren solche vagen Hinweise auf Todesmarschverbrechen angesichts der dünnen Beweislage offenbar kaum Erfolg versprechend und rechtfertigten in Anbetracht der knappen Ressourcen keine aufwendige weitere Strafverfolgung.

Auch weiterführende Ermittlungen führten nicht zwangsläufig zu Prozessen. Ein ehemaliger Wachmann des Buchenwalder KZ-Außenlagers „Hasag-Leipzig", Adam Busch, hatte im Verhör gestanden, während des Todesmarsches auf Häftlinge geschossen zu haben.[53] Zwar wurde 1947 eine Anklageschrift verfasst,[54] aber aus ungeklärten Gründen kam es zu keiner Prozesseröffnung.[55] Der Fall verweist auf die im Fokus der US-Amerikaner stehenden Akteure: Wenn in den Dachauer US-Kriegsverbrecherprozessen wegen der Todesmärsche verhandelt wurde, dann gegen SS-Personal und nicht gegen Angehörige der lokalen Bevölkerung. Im Hauptverfahren des Buchenwald-Prozesses und den Nachfolgeverfahren waren die Todesmärsche thematisiert worden, allerdings betraf dies keines der Außenlager in Sachsen.[56] Im Zusammenhang mit der Räumung der Lager wurde nur ein Zivilangestellter der Leipziger Erla-Werke, Walter Wendt, wegen seiner Beteiligung am Massaker von Abtnaundorf zu 15 Jahren Haft verurteilt.[57] In den Verfahren zum zweiten großen KZ-Komplex in Sachsen, den

---

49 Vernehmung von Willy Rein, War Crimes Investigation Team 6828, vom 30.8.1945 (NARA, RG 549, „Cases not tried", Box 172, 12–1920, unpag.).
50 Vernehmung von Willy Rein, War Crimes Investigation Team 6828, vom 30.8.1945 (ebd., Box 388, 66–130, unpag.).
51 Captain Thomas Allegretti, Prosecution Section an Acting Chief, Prosecution Section vom 4.11.1946 (ebd., Box 172, 12–1920, unpag.).
52 Yavnai, U.S. War Crimes Trials, S. 54.
53 Vernehmung von Adam Busch vom 7.5.1945 (USHMM, RG.-06.005.05.M, Roll 1, 000-Buchenwald-10, unpag.).
54 Military Government Court Dachau, Charge Sheet Adam Busch vom 28.7.1947 (ebd., unpag.).
55 Vgl. Greiser, Todesmärsche, S. 446.
56 Vgl. ebd., S. 408–444.
57 Vgl. ebd., S. 423 f. In der Überprüfung wurde die Strafe auf fünf Jahre reduziert.

Dachauer Flossenbürg-Prozessen, waren die Todesmärsche ebenfalls wichtige Aspekte der Anklage.[58] Allerdings spielte das konkrete Geschehen in Sachsen auch hier nur eine untergeordnete Rolle: Der Kommandoführer des Außenlagers Wolkenburg, SS-Scharführer Wilhelm Brusch, wurde zwar für die Beteiligung an Morden auf dem Evakuierungsmarsch verurteilt, allerdings befand sich der mutmaßliche Tatort in Bayern. Er erhielt die Todesstrafe, wurde jedoch nach neun Jahren Haft entlassen.[59] Unspezifisch die Tatorte betreffend, war auch die Verurteilung des SS-Mannes Joseph Becker, der unter anderem für die Beteiligung an der Räumung des Lagers Wolkenburg zu einem Jahr Gefängnis verurteilt wurde.[60]

Der frühere Kommandoführer des Außenlagers Lengenfeld, SS-Sturmscharführer Albert Roller, war der einzige, der von einem US-Militärgericht wegen Todesmärschen in Sachsen belangt wurde. Das Gericht verurteilte ihn wegen zahlreicher Morde auf dem Marsch nach Johanngeorgenstadt zum Tode.[61] In den Nachfolgeprozessen kam noch ein Todesmarsch in Sachsen zur Sprache: Der ehemalige Kommandoführer des Außenlagers Mülsen St. Michelen, SS-Untersturmführer Georg Walter Degner, wurde unter anderem der Ermordung von über 100 KZ-Häftlingen in Niederschlema beschuldigt, aber letztlich freigesprochen.[62]

Sowjetische Ahndungsbemühungen

Auch in Sachsen waren nach Kriegsende sowjetische Militärtribunale (SMT) tätig.[63] Diese verhandelten auch über Verbrechen im Zusammenhang mit den Todesmärschen. Allerdings kann hierzu aufgrund der fragmentarischen Quellenlage nur eine erste Skizze erfolgen. Zudem erschwert der Charakter der sowjetischen

---

58 Vgl. Rudolf Schlaffer, GeRechte Sühne? Das Konzentrationslager Flossenbürg. Möglichkeiten und Grenzen der nationalen und internationalen Strafverfolgung von NS-Verbrechen, Hamburg 2001, S. 64.
59 Ulrich Fritz, Wolkenburg. In: Benz/Barbara Distel, Ort des Terrors, Band 4, S. 270–272, hier 272.
60 Deputy Judge Advocate's Office, 7708 War Crimes Group, European Command, US vs. Friedrich Becker et al., Case 000-50-46, Review and Reccomendations of the Deputy Judge Advocate for War Crimes and Action by approving authority vom 21.5.1947, S. 22–23 (http://www.jewishvirtuallibrary.org/jsource/Holocaust/dachautrial/f13.pdf; 10.11.2014).
61 Ulrich Fritz/Steven Simmon, Lengenfeld. In: Benz/Distel, Ort des Terrors, Band 4, S. 185–188, hier 186.
62 Ulrich Fritz, Mülsen St. Michelen. In: ebd., S. 203–206, hier 206.
63 Vgl. hierzu Grit Gierth/Bettina Westfeld, Zur Tätigkeit sowjetischer Militärtribunale in Sachsen. In: Andreas Hilger/Mike Schmeitzner/Ute Schmidt (Hg.), Sowjetische Militärtribunale. Band 2: Die Verurteilung deutscher Zivilisten 1945–1955, Köln 2003, S. 539–570.

Justiz, als ideologisch geprägtes Strafverfolgungs- und Repressionsinstrument, die Einordnung und Bewertung dieser Quellen.[64]

Die Rote Armee hatte neben dem ehemaligen Lagerführer des Kommandos „Hasag-Leipzig", Wolfgang Plaul,[65] mehrere SS-Angehörige der Leipziger KZ-Außenlager inhaftieren können. Die Vernehmungen deuten darauf hin, dass es den sowjetischen Ermittlern vor allem um Bestrafungen für das Massaker von Abtnaundorf ging, jedoch kamen dabei auch die Evakuierungsmärsche zur Sprache. So wurden Ende 1945 SS-Oberscharführer Albert Schröter[66] und SS-Unterscharführer Max Kipping[67] aus dem KZ-Außenlager Leipzig-Thekla wegen Ermordungen auf den Todesmärschen vernommen. Plaul und ein Wachmann sollen anschließend von einem SMT zum Tode verurteilt und erschossen worden sein.[68] Das Vorgehen gegen die anderen zu den Todesmärschen vernommenen ehemaligen Wachmännern lässt sich aus den vorliegenden Akten nicht rekonstruieren. Von den bisher belegten acht Todesurteilen sowjetischer Militärtribunale wegen Verbrechen während der Räumung der Konzentrationslager bezogen sich zwei auf Tatorte in Sachsen: Der Gastwirt und frühere Polizist Alfred Thieme wurde im Mai 1946 hingerichtet, weil er bei Oschatz weibliche KZ-Häftlinge misshandelt und eine der Gefangenen erschossen haben soll.[69] Ernst Trotz aus Niederschlema soll als Angehöriger des Volkssturms an der Ermordung von über 80 Häftlingen beteiligt gewesen sein. Als das Flossenbürger KZ-Außenlager Mülsen St. Micheln evakuiert wurde, verübte die Wachmannschaft mit Unterstützung aus der Bevölkerung ein Massaker auf dem Sportplatz in Niederschlema. Ernst Trotz soll dabei die SS auf verletzte Häftlinge hingewiesen haben, die anschließend ermordet wurden. Er wurde im September 1946 hingerichtet.[70]

In der Nachkriegszeit forderte die SMAD die deutschen Behörden zum Teil ausdrücklich zur Untersuchung von Verbrechen im Umfeld der Todesmärsche auf[71] und übergab nach Inkrafttreten des Kontrollratsgesetzes Nr. 10 Verfahren,

---

64 Vgl. Andreas Hilger, „Die Gerechtigkeit nehme ihren Lauf"? Die Bestrafung deutscher Kriegs- und Gewaltverbrecher in der Sowjetunion und der SBZ/DDR. In: Norbert Frei (Hg.), Transnationale Vergangenheitspolitik. Der Umgang mit deutschen Kriegsverbrechern in Europa nach dem Zweiten Weltkrieg, Göttingen 2006, S. 180–246, hier 244 f.
65 Vernehmung von Wolfgang Plaul [Übersetzung aus dem Russischen] vom 14.5.1945 (BStU, MfS HA IX/11, RHE-West 615/1, Bl. 141–145).
66 Vernehmung von Albert Schröter [Übersetzung aus dem Russischen] vom 24.12.1945 (ebd., Bl. 38–54).
67 Vernehmung von Max Kipping [Übersetzung aus dem Russischen] vom 25.12.1945 (ebd., Bl. 83–87).
68 Information zu den Anfragen Nr. 766/71 und 780/71 vom 23.11.1971 (BStU, MfS HA IX/11, RHE-West 615/1, Bl. 196).
69 Klaus-Dieter Müller/Thomas Schaarschmidt/Mike Schmeitzner/Andreas Weigelt (Hg.), Todesurteile sowjetischer Militärtribunale gegen Deutsche (1944–1947). Eine historisch-biographische Studie, Göttingen 2015, S. 705. Ich danke Mike Schmeitzner für die frühzeitige Einsicht in diese Forschungsergebnisse.
70 Vgl. ebd., S. 717.
71 Chef der operativen Gruppe der SMA an die Kreispolizei Dippoldiswalde vom 7.12.1945 (BStU, MfS BV Dresden, ASt 8/46 Strafsache, Bl. 5).

in denen Deutsche unter den Opfern waren, direkt an die deutsche Justiz.[72] Umgekehrt ersuchte die Kriminalpolizei mitunter auch die SMAD um Unterstützung. Als problematisch erwies sich nämlich, dass Tatbeteiligte von der SMAD aufgrund ihrer Funktion im NS-Herrschaftsapparat nach Kriegsende interniert worden waren, damit aber nicht direkt für ihre Verbrechen während der Todesmärsche zur Rechenschaft gezogen werden konnten.[73]

Ermittlungen und Prozesse durch deutsche Behörden

Deutsche Behörden begannen ihre Ermittlungen zu Todesmärschen in Sachsen bereits im Sommer 1945.[74] Im August kündigte das sächsische Landeskriminalamt in einem Rundschreiben an, dass die Landesverwaltung in Kürze die Bevölkerung auffordere, bei den lokalen Behörden Meldungen über Gräber von Opfern der Todesmärsche zu erstatten. In diesem Zusammenhang sollte die Ortspolizei eigene Ermittlungen aufnehmen, mögliche Zeuginnen und Zeugen vernehmen, Skizzen der Grablagen anfertigen und etwaige Täter ausfindig machen: „Wenn irgend möglich, sollen die direkt Verantwortlichen an den Erschießungen durch die Fahndung ermittelt werden, auch wenn ihre Festnahme im Moment nicht möglich ist."[75]

In der Folge wurden in Sachsen flächendeckend zahlreiche Orte und Tathergänge im Zusammenhang mit den Todesmärschen dokumentiert. In einigen Fällen begannen die Kommissariate K 5, die als politische Polizei den Kern des späteren Ministeriums für Staatssicherheit der DDR bildeten, zu ermitteln.[76] Zum Teil wurde diesen auch aus der einheimischen Bevölkerung zugearbeitet.[77] Jedoch kam nur ein Bruchteil der 1945 dokumentierten Fälle auch vor Gericht. In der Urteilssammlung zu NS-Prozessen in der SBZ/DDR sind zwischen 1946 und 1949 acht Verfahren zu Todesmärschen in Sachsen aufgeführt. Vor Gericht standen 25 Angeklagte, ausschließlich Männer. Sie entstammten der lokalen Bevölkerung, hatten ihren Dienst beim Volkssturm, der Polizei und der Hitlerjugend geleistet, kamen aber auch aus der örtlichen Verwaltung sowie der

---

72 Kriminalpolizei Dresden, Sonderstelle S, an Staatsanwaltschaft vom 26.9.1946 (BStU, MfS BV Dresden, ASt 18/47 Strafsache, Bl. 84). Vgl. Christian Meyer-Seitz, Die Verfolgung von NS-Straftaten in der Sowjetischen Besatzungszone, Berlin 1998, S. 43–49.
73 Kreiskriminalpolizeiabteilung Großenhain an SMAD Großenhain vom 7.6.1949 (SächsHStAD, 13471 NS-Archiv des MfS, VgM Nr. 10100/1, unpag.).
74 Vgl. hierzu auch Winter, Frühe Ermittlungen, S. 137–139.
75 Präsident des Landeskriminalamtes Sachsen, Entwurf eines Rundschreibens an alle Fahndungsstellen der sächsischen Kriminalpolizei vom 10.8.1945 (SächsHStAD, 11391 LRS, Nr. 993, Bl. 16).
76 Henry Leide, NS-Verbrecher und Staatssicherheit. Die geheime Vergangenheitspolitik der DDR, Göttingen 2005, S. 38.
77 Aktennotiz des Kriminalamts Dresden, Dienststelle Freiberg/K5, vom 11.2.1948 (BStU, MfS BV Dresden, ASt. 133/48 Band 1, Bl. 4).

Einwohnerschaft und nicht aus den Reihen der SS-Wachmannschaften. Damit entsprach das Profil der wegen Todesmarschverbrechen Angeklagten in Sachsen demjenigen in der gesamten SBZ jener Zeit.[78] Zugleich stand es diametral zu dem der Beschuldigten in den angeführten US-amerikanischen Kriegsverbrecherprozessen, wo nur KZ-Wachpersonal angeklagt wurde. Der Zeitraum zwischen Kriegsende und dem Ende der sowjetischen Besatzungszeit war die Hochphase der Ahndung von Todesmarschverbrechen.[79] Mit der Gründung der DDR ging die Ahndung von NS-Verbrechen in Ostdeutschland insgesamt rapide zurück[80] und auch in Sachsen fanden wegen der Todesmärsche nur noch in Einzelfällen Prozesse statt.[81]

Das Beispiel Sachsen zeigt die mannigfaltigen Probleme bei der Ahndung von Todesmarschverbrechen. Zum einen war durch den Wechsel der Besatzungsmacht keine Kontinuität der Strafverfolgung gewährleistet; vereinzelte Hinweise konnten so selten zusammengeführt werden. Zum anderen waren sowohl die alliierten als auch die deutschen Ermittler auf Hinweise aus der lokalen Bevölkerung angewiesen, deren eigene Rolle im Tatgeschehen kaum abzuschätzen war, jedoch deren Mitwirkungsbereitschaft mutmaßlich stark beeinflusste.

Gedenken an die Todesmärsche und ihre Opfer

Die ersten Ermittlungen zu Todesmärschen in Sachsen hatten eine doppelte Funktion: Man wollte nicht nur die Schuldigen dingfest machen, sondern zugleich auch die Opfer finden, um würdevolle Begräbnisse nachzuholen und ein ehrendes Gedenken zu veranlassen. Dies hing damit zusammen, dass oftmals Überlebende der Lager selbst die Nachforschungen zu den Todesmärschen vorantrieben. Sie betonten: „In Sachsen müssen sich nach eigenen Erfahrungen [...] noch unzählige solcher Massengräber befinden. Daher schlagen wir weiter

---

78 Eine Auswertung der in den Sammlungen von Rüter et al. edierten Urteile ergibt, dass zwischen 1945 und 1949 in der SBZ in 24 Prozessen 60 Einheimische wegen Todesmarschverbrechen angeklagt wurden und nur drei Angehörige der Wachmannschaften.
79 In Westdeutschland fanden in dem Zeitraum nur fünf Prozesse wegen Todesmärschen statt. Angeklagt waren drei Angehörige des Volkssturms, ein Polizist, drei Zivilisten, zwei Wachmänner sowie ein Angehöriger der Waffen-SS. Vgl. Adelheid L. Rüter-Ehlermann et al. (Bearb.), Justiz und NS-Verbrechen. Sammlung deutscher Strafurteile wegen nationalsozialistischer Tötungsverbrechen 1945–2012, Amsterdam 1968–2012.
80 Vgl. Annette Weinke, Die Verfolgung von NS-Tätern im geteilten Deutschland. Vergangenheitsbewältigungen 1949–1969 oder: Eine deutsch-deutsche Beziehungsgeschichte im Kalten Krieg, Paderborn 2002, S. 63–75.
81 Nach 1949 gab es in Sachsen nur noch zwei Prozesse wegen Todesmarschverbrechen, deren Tatorte jedoch außerhalb des Landes lagen. Vgl. Lfd. Nr. 1111. In: DDRJuNSV, Band III, S. 723–732; Lfd. Nr. 1215. In: ebd., Band V, S. 197–214.
82 Abt. Inneres und Volksbildung, Erster Vorschlag vom 5.7.1945 (SächsHStAD, 11391 LRS, Nr. 995, Bl. 89 f., hier 89).

vor: die Nachforschungen nach solchen Massengräbern auf ganz Sachsen auszudehnen, die Ausgrabungen durch die berüchtigtsten Nazis der betreffenden Gebiete unter breiter Beteiligung der Öffentlichkeit vornehmen zu lassen, Bilddokumente und einen Film für die Wochenschauen der Kinos damit herzustellen, eine feierliche Bestattung der Opfer in einer dafür geeigneten Stadt Sachsens vorzunehmen und die Grabstätte zu einer Gedenk- und Mahnstätte ‚Nie wieder faschistische Barbarei' – mit allen verfügbaren Mitteln auszugestalten."[82]

Anfang September 1945 plante man eine Übersicht aller Todesmärsche in Sachsen und deren Publikation auf einer Übersichtskarte.[83] In Rundfunkbeiträgen wurden erste Ergebnisse der Nachforschungen zusammengefasst und Häftlingsnummern verlesen, da man hoffte, „vielleicht später [...] eine vollständige Identifizierung durchzuführen".[84] Bald hatte die Landesverwaltung Sachsen eine erste Übersicht von Evakuierungstransporten erstellt und dabei 43 Märsche mit geschätzten 50 000 bis 60 000 Häftlingen ermittelt.[85] All diese Nachforschungen zielten auf ein nahendes Datum: Von der Landesregierung wurde der 29. September 1945 als Gedenktag für die Opfer des Faschismus (OdF) terminiert.[86] Statt wie ursprünglich geplant, eine zentrale Grab- und Gedenkstätte für alle Opfer der Todesmärsche in Sachsen zu schaffen, bereitete man an verschiedenen Orten des Landes Umbettungen und Kundgebungen vor.[87]

Die Todesmärsche waren für die Planung und Durchführung des ersten OdF-Gedenktags in Sachsen zwar ursächlich, wurden allerdings – soweit dies zu rekonstruieren ist – auf den Veranstaltungen selbst kaum thematisiert und fanden auch in den Presseberichten über diverse „Gedächtnisfeiern auf dem Lande" keine Erwähnung.[88] Mit dieser Entkonkretisierung korrespondierte eine politisch-ideologische Überformung des Gedenkens. Statt die Bevölkerung für die Verbrechen mit verantwortlich zu machen, sollte sie nunmehr, ein halbes Jahr nach Kriegsende, durch Integrationsangebote für den Wiederaufbau gewonnen und zur Loyalität gegenüber der neuen Führung verpflichtet werden.[89] Folgerichtig fand sie sich auch beim sogenannten Tribunal des Volkes im Leipziger Kino „Capitol", bei dem unter anderem Vernehmungen der SMAD zu den

---

83 Resultat der Besprechung mit Schliebs vom 1.9.1945 (ebd., Bl. 100–102).
84 2. Sendebericht zum sächsischen Gedenktag für die Opfer des Faschismus am 29.9.1945, o. D. (ebd., Nr. 992, Bl. 61–66, hier 65).
85 Häftlingszüge durch Sachsen, o. D. (ebd., Bl. 40–43).
86 Protokoll der Präsidialsitzung vom 17.9.1945. In: Andreas Thüsing (Hg.), Das Präsidium der Landeverwaltung Sachsen. Die Protokolle der Sitzungen vom 9. Juli 1945 bis 10. Dezember 1946, Göttingen 2010, S. 178.
87 „Proklamation der Landesverwaltung Sachsen: Der 29. September Landesfeiertag". In: Volkszeitung (Chemnitz) vom 27.9.1945.
88 „Der Gedenktag für die Opfer des Faschismus. Gedächtnisfeiern auf dem Lande". In: Volksstimme (Dresden) vom 4.10.1945; „Kundgebungen im oberen Erzgebirge". In: Sächsische Volkszeitung (Chemnitz) vom 3.10.1945.
89 Vgl. Winter, Frühe Ermittlungen, S. 138 f.
89 Tribunal des Volkes vom 26.9.1945 (SAPMO-BArch, DY 55/V 278/4/55, unpag.).

Todesmärschen verlesen wurden, aufseiten von Ankläger und Richter, nicht etwa als Angeklagte wieder.[89]

Neben den offiziellen Ermittlungen der „Vereinigung der Verfolgten des Naziregimes" (VVN) zu Todesmarschopfern in Sachsen, bei denen 1947 bereits 146 Einzel- und Massengräber Tausender KZ-Häftlinge gezählt worden waren,[90] fanden auch weitere Nachforschungen statt. So standen der Dessauer „Beauftragte für die Gräberfürsorge von Bürgern der Vereinten Nationen", Henri Bornhauser, sowie seine Frau Hertha ab 1948 in Austausch mit dem Internationalen Suchdienst in Bad Arolsen. Die beiden fuhren persönlich die Strecken von zwei Märschen ab und kamen dabei auch durch etliche sächsische Ortschaften.[91] Nach Erkundigungen vor Ort erstellten sie Berichte zum Ablauf der Transporte, der Anzahl der Todesopfer sowie gegebenenfalls deren Identität. Allerdings scheint das Ehepaar Bornhauser dabei am Rande der Legalität ermittelt zu haben, denn eigentlich war allein der „Suchdienst für vermisste Deutsche in der Sowjetischen Besatzungszone Deutschlands" für entsprechende Aktivitäten zuständig.[92] Dessen Mandat war im Oktober 1947 auf Angehörige der Vereinten Nationen ausgeweitet worden, nachdem die Sowjetunion die gemeinsame Suchdienstarbeit mit den Westalliierten eingestellt hatte.[93] So berichtete Henri Bornhauser über Probleme in Nordsachsen, da die dortigen Behörden darauf insistierten, nur mit dem Suchdienst der SBZ zusammenzuarbeiten.[94] Damit zeigt sich auch am Beispiel der Todesmärsche in Sachsen, wie der Kalte Krieg zunehmend die Auseinandersetzung mit der NS-Vergangenheit beeinflusste und eine Aufklärung der Geschehnisse behinderte.

Wie in der gesamten SBZ[95] entstanden in zahlreichen Orten Sachsens und meist auf Betreiben lokaler VVN-Gruppen bereits in den ersten Nachkriegsjahren Gedenkzeichen, die an die Todesmärsche und ihre Opfer erinnerten.[96]

---

90 Landesregierung Sachsen, Ministerium für Arbeit und Sozialfürsorge, Referat Opfer des Faschismus, Aufstellung über bisherige Ermittlungen vom 25.1.1947 (ebd., DY 55/V 278/4/58, unpag.).
91 Bericht zum Todesmarsch von Staßfurt nach Annaberg von 1948/49 (ITS Bad Arolsen, Todesmärsche/Identification of unknown dead, Tote 79/2, Bl. 88–135); Bericht zum Todesmarsch von Halberstadt nach Borstendorf von 1949 (ebd., Tote 78/4, Bl. 32–63).
92 „Zum Geleit!". In: Suchzeitung, Nr. 1/I vom März 1947.
93 Sebastian Schönemann, „Accounting for the Dead". Humanitäre und rechtliche Motive der alliierten Ermittlungsarbeit zu den Todesmärschen. In: Blondel/Urban/Schönemann (Hg.), Auf den Spuren der Todesmärsche, S. 122–135, hier 131.
94 Henri Bornhauser, Betr.: Todesmarsch Staßfurt-Annaberg, 6. und 7. Tag, 16./17.4.1945 vom 15.10.1948 (ITS Bad Arolsen, Todesmärsche/Identification of unknown dead, Tote 79/2, Bl. 134).
95 Carmen Lange, „Ihr Vermächtnis lebt in unseren Taten fort". Todesmarschgedenken in der DDR. In: Blondel/Schönemann/Urban (Hg.), Auf den Spuren der Todesmärsche, S. 328–344, hier 329.
96 Vgl. Nora Goldenbogen, Sachsen. In: Bundeszentrale für Politische Bildung (Hg.), Gedenkstätten für die Opfer des Nationalsozialismus. Eine Dokumentation, Band II, S. 607–777, hier 611 f.

Auch wenn mit der Errichtung von Mahnmalen ein sichtbarer Bruch mit der NS-Vergangenheit vollzogen wurde, waren gerade sie es, die die Geschehnisse der letzten Kriegstage in die lokale Geschichte einschrieben und damit lebendig hielten. Damit waren sie durchaus konfliktträchtig, denn sie warfen Fragen nach der Rolle der Einwohnerschaft auf, aus deren Mitte bereits Einzelne zur Rechenschaft gezogen worden waren. Das wurde zum Beispiel in Herzogswalde manifest, wo der 1948 errichtete Gedenkstein nur wenige Monate nach seiner Einweihung einer nächtlichen Schändung zum Opfer fiel. Für die VVN war dies ein alarmierendes Signal dafür, dass „die Nazisten wieder aktiv werden" und ein Zeichen der Kontinuität nationalsozialistischen Gedankenguts über die vermeintliche Grenze von 1945 hinaus.[97]

Fazit

Kaum eine Region in Sachsen blieb im Frühjahr 1945 von den Todesmärschen und Evakuierungstransporten aus Konzentrationslagern unberührt. Wie in anderen Gegenden des Deutschen Reiches zeigt sich, dass hier viele Zivilisten nicht nur zu Augenzeugen wurden, sondern direkt in das Geschehen involviert waren: als Totengräber, als Helfer der Häftlinge, Mittäter der Wachmannschaften und in einigen Fällen sogar als Mörder. Mit Kriegsende begann die Aufarbeitung dieser Verbrechen durch alliierte und deutsche Behörden, die jedoch nur in wenigen Fällen zur Verurteilung der Täter führte. Die frühzeitig begonnene Dokumentation der Todesmärsche hat ihre Ziele – Aufklärung der Marschrouten, Identifikation der Opfer und Ermittlung der Täter – zunächst nur in geringem Maße erfüllen können. Allerdings ist dadurch in Sachsen ein einzigartiger Quellenbestand zu den Todesmärschen generiert worden, welcher die qualitativen und quantitativen Dimensionen des Tatgeschehens so plastisch wie drastisch verdeutlicht. So wie die Todesmärsche für eine Übergangsphase zwischen Krieg und Besatzung stehen, spiegelt sich in diesen frühen Dokumenten der Zeitgeist der End- als auch der Nachkriegszeit. Erinnerungskulturelle Spuren der Todesmärsche in Sachsen, die wir von heute aus zurückverfolgen können, haben ihren Ursprung in dieser Übergangsphase zwischen dem Ende des Zweiten Weltkrieges und der Gründung der DDR.

---

97 VVN Kreisvorstand Meißen an Landessekretariat der VVN Dresden vom 8.12.1948 (SAPMO-BArch DY 55/V 278/4/58, unpag.).

Endkampf um Sachsen.
Die militärischen Operationen auf dem Territorium des Freistaats im April und Mai 1945

Manfred Zeidler

In Sachsen hielt sich die nationalsozialistische Herrschaft am längsten. Erst Anfang Mai 1945, in den Tagen der deutschen Kapitulation, wurde der größte Teil des sächsischen Territoriums militärisch besetzt. Lange war Sachsen, ähnlich wie der südlich angrenzende böhmische Raum, aufgrund seiner vor Luftangriffen relativ geschützten Lage, Zufluchtsregion für Rüstungsbetriebe, wie auch für Menschen aus den luftkriegsbedrohten Gebieten des Reichs gewesen. Die sächsische Bevölkerung war Anfang Dezember 1943 erstmals mit schweren Bombenangriffen auf Leipzig konfrontiert worden, bis der Landkrieg die Stadt erreichte, sollte es aber noch 16 Monate dauern. Am 16. April 1945, die Amerikaner standen bereits vor Leipzig, während die Rote Armee ihren Angriff auf Berlin startete, beschwor der sächsische NS-Gauleiter Martin Mutschmann in Dresden den „Widerstand und Kampf bis zum Letzten": Jede „Feindbegünstigung, sei es die Annahme von Geschenken, das Heraushängen weißer Tücher aus den Fenstern oder irgendeine Anbiederung an den Feind ist Landesverrat und wird mit dem Tode bestraft".[1] Gleichzeitig wurden die größeren Städte längs der Elblinie – Torgau, Riesa, Meißen und Dresden – verstärkt zu Festungszonen ausgebaut und für die Verteidigung vorbereitet.[2] Auf dem sächsischen Kriegsschauplatz entwickelte sich über weite Strecken des militärischen Geschehens eine Kampffront, die, geografischen wie militärischen Umständen geschuldet, die Kriegsparteien nicht in ostwestlicher, sondern in nordsüdlicher Richtung voneinander trennte. Mutschmanns Aufruf hinderte die Alliierten aber nicht an der Eroberung des Landes, und so reichten sich längs der Elblinie US-amerikanische und sowjetische Truppen Ende April 1945 buchstäblich die Hände. Sie setzten damit sowohl für das nahe bevorstehende Kriegsende als auch für den

---

1   Aufruf Mutschmanns vom 16.4.1945. Faksimile. In: Mike Schmeitzner, Der Fall Mutschmann. Sachsens Gauleiter vor Stalins Tribunal, Beucha 2011, S. 53.
2   Vgl. Hermann Rahne, Die „Festung Dresden". In: Dresden – das Jahr 1945. Dresdner Hefte, 13 (1995) 41, S. 19–31; ders., Zur Geschichte der Dresdner Garnison im Zweiten Weltkrieg 1939 bis 1945. In: Friedrich Reichert (Hg.), Verbrannt bis zur Unkenntlichkeit. Die Zerstörung Dresdens 1945, Dresden 1995, S. 121–135.

Neubeginn der Nachkriegsära ein Zeichen von hoher Symbolkraft. Bis Anfang Juli 1945 – auch das waren Besonderheiten – stand Sachsen unter gleichzeitiger Hoheit zweier Besatzungsmächte und in einem Gebiet von 1 500 bis 2 000 Quadratkilometern, das im Mai 1945 unbesetzt geblieben war,[3] konnte sich über Wochen eine eigenständige deutsche Verwaltung etablieren.

Die Kämpfe in Westsachsen im April 1945

Mit dem Zusammenbruch der deutschen Rheinverteidigung in der zweiten Märzhälfte 1945 und der Liquidierung des Ruhrkessels Anfang April war für die britischen und amerikanischen Streitkräfte der Weg ins Zentrum des Reichs frei. Während die 21. britische Heeresgruppe unter Field-Marshall Bernard Montgomery nach Norddeutschland und zur unteren Elblinie vorstieß, forcierten die US-Amerikaner mit Teilen ihrer 12. Army Group unter dem Kommando Omar Bradleys in schnellem, kaum von Widerstand behindertem Bewegungskrieg den Durchstoß durch den hessischen und thüringischen Raum bis zur Saale.[4] Am 13. April eroberten US-amerikanische Truppen Jena, und Truppenverbände der 4. US-Panzerdivision im Verband des XX. Korps der 3. US Army General George Pattons überschritten die Grenze des heutigen Freistaats Sachsen, indem sie die Weiße Elster im Raum nordöstlich von Glauchau unweit Wolkenburg überquert und über die Zwickauer Mulde die ersten Brückenköpfe errichtet hatten.[5] Am folgenden Tag erreichte nördlich davon die 6. US-Panzerdivision desselben Korpsverbandes den Fluss bei Rochlitz und bildete ebenfalls Brückenköpfe, während südlich die 4. Panzerdivision mit Vorausabteilungen zügig auf die durch alliierte Bombenangriffe im März 1945 schwer zerstörte Industriestadt Chemnitz vorstieß und noch am selben Tag die westlichen Vororte erreichte, wo sie befehlsgemäß anhielt.[6] Tags darauf überquerten Einheiten des V. Korps der 1. US Army die Mulde bei Grimma, während weiter südlich Verbände der 3. US Army Mittweida besetzten und Bad Lausick durch seinen

---

3   Vgl. den Beitrag von Gareth Pritchard in diesem Band.
4   Vgl. allg. Klaus-Dietmar Henke, Die amerikanische Besetzung Deutschlands, München 1995, speziell S. 657–673; John Zimmermann, Die deutsche militärische Kriegführung im Westen 1944/45. In: Rolf-Dieter Müller (Hg.), Der Zusammenbruch des Deutschen Reiches 1945, Stuttgart 2008, S. 277–489, besonders 443, 458. Als zwei nützliche Kartenwerke für den Endkampf in Sachsen sei verwiesen auf: Joachim Schiefer, Historischer Atlas zum Kriegsende 1945 zwischen Berlin und dem Erzgebirge, Beucha 1998; Andreas Kowanda, Kriegshandlungen und Besetzung 1945. Atlas zur Geschichte und Landeskunde von Sachsen, Leipzig 1998.
5   Vgl. Jürgen Möller, Das Kriegsende in Mitteldeutschland 1945. Chronik der amerikanischen Besetzung von Thüringen und Teilen Sachsens und Sachsen-Anhalts vom 30. März – 8. Mai 1945, Bad Langensalza, 2014, S. 38 f.
6   Vgl. ebd., S. 40–42; Norbert Peschke/Lorenz Zentgraf, Das Kriegsende in der Zwickauer Region 1945, Erfurt 2005, S. 26, 33, 40.

Bürgermeister kampflos übergeben wurde.⁷ Nachdem Werdau gefallen war, begann am 16. April in breiter Front die Offensive gegen die Zwickauer Mulde und die Stadt Zwickau, die die US-amerikanischen Truppen nach schwerem Artilleriebeschuss am Nachmittag des folgenden Tages besetzen konnten.

Mit der Einnahme Grimmas in der Nacht zum 17. April und dem weiteren Vorstoß der Amerikaner nach Wurzen war Leipzig von alliierten Kampfverbänden eingeschlossen. Das NS-Regime unternahm den verzweifelten Versuch, Leipzig mit acht Bataillonen des Volkssturms, zusammen etwa 2200 Mann, und etwa 400 Leipziger Polizisten, einigen HJ-Formationen sowie Luftschutzverbänden zu verteidigen.⁸ Die 2. US-Infanteriedivision unter dem Befehl von Generalmajor Walter Robertson begann noch am selben Tag den konzentrischen Angriff auf die Messestadt aus Richtung Westen, während die ebenfalls zum V. US-Korps gehörende 69. unter Generalmajor Emil Reinhardt aus Südosten auf Leipzig vorstieß. Den 28000 Soldaten gelang schon am darauf folgenden Tag mit dem Durchbruch eines Regiments der Division Reinhardts am Völkerschlachtdenkmal in Richtung Stadtzentrum die militärische Entscheidung. Am nächsten Morgen waren innerhalb des Stadtgebiets nur noch einzelne isolierte Verteidigungsstützpunkte übrig geblieben, eines davon im Neuen Rathaus, das von 150 Mann gesichert wurde. Hier begingen in den Morgenstunden zahlreiche Vertreter der lokalen Partei-Prominenz, darunter Oberbürgermeister Dr. Alfred Freyberg, sein Stellvertreter und Stadtkämmerer Kurt Lisso, der stellvertretende NSDAP-Kreisleiter Willy Wiederroth und dessen Kreisamtsleiter SA-Standartenführer Carl Strobel, gemeinschaftlichen Suizid. Der letzte Kampfkommandant von Leipzig, Oberst Hans von Poncet, hatte das Kommando erst eine Woche zuvor von Generalmajor Hans von Ziegesar, der für eine kampflose Übergabe der Stadt plädiert hatte, übernommen und verschanzte sich nun mit 200 Mann um das Völkerschlachtdenkmal. Die Sinnlosigkeit der Verteidigung einsehend, kapitulierte er in den Morgenstunden des 20. April.⁹ Während der Kämpfe um Leipzig starben rund 200 deutsche Soldaten, Volkssturmmänner und Hitlerjungen, die amerikanischen Verluste beliefen sich auf 20 Tote und etwa 60 Verwundete.¹⁰ Unmittelbar vor Einnahme der Stadt, gegen Mittag des 18. April, hatte die SS 300 KZ-Häftlinge des KZ-Außenlagers Leipzig-Thekla in Abtnaundorf in ihren Baracken eingesperrt, diese anschließend in Brand gesetzt und beschossen. Bei diesem Massaker starben mindestens 80 Häftlinge.

---

7 Vgl. Adolf Böhm, Aus dem Tagebuch des Lausicker Bürgermeisters. In: ders. (Hg.), Grenzfluss Mulde. Kriegsende 1945 in Nordsachsen, Beucha 2005, S. 112–116.
8 Vgl. für Folgendes Wolfgang Fleischer/Roland Schmieder, Sachsen 1945, Riesa 2010, S. 91–102; Gerhard Steiecke, Das Ende der Westfront im Leipziger Raum. In: Uwe Niedersen (Hg.), Soldaten an der Elbe. US-Armee, Wehrmacht, Rote Armee und Zivilisten am Ende des Zweiten Weltkrieges, Dresden 2008, S. 66–72.
9 Eine literarische Darstellung der Kämpfe findet sich bei Erich Loest, Völkerschlachtdenkmal. Roman, Hamburg 1984, Kapitel 8, S. 147–176.
10 Vgl. Fleischer/Schmieder, Sachsen 1945, S. 102.

Mittlerweile war ein weiterer Verband des V. Korps, die 9. US-Panzerdivision unter Befehl Generalmajor John W. Leonards, zur nördlichen Flankensicherung während der Eroberung Leipzigs eingesetzt, weiter in nordöstlicher Richtung auf die Mulde vorgestoßen und hatte bereits am 17. April das Vorfeld von Eilenburg erreicht, dessen Kampfkommandant sofort ein Ultimatum zur kampflosen Übergabe der Stadt überreicht wurde.[11] Trotz des Widerstands der Zivilbevölkerung lehnte der Kampfkommandant, Major Walter Vogel, die Kapitulation des befestigten Brückenkopfs Eilenburg, wo sich auch eine Nachrichtenschule der Ordnungspolizei befand, ab und verstärkte sogar noch die Verteidigung. Mehrere Versuche US-amerikanischer Infanterie, die Stadt zu nehmen, scheiterten unter hohen Verlusten, sodass sich die örtlichen Befehlshaber zu einem massiven Einsatz schwerer Artillerie gegen das Stadtzentrum entschlossen. Der Beschuss Eilenburgs steigerte sich in den folgenden Tagen und gipfelte, nach dem Ende der Kämpfe um Leipzig am 20. April, in einem Inferno, währenddessen 10 000 Granaten schwersten Kalibers die heftig verteidigte Altstadt innerhalb von 24 Stunden in eine Trümmerlandschaft verwandelten. Am 25. April kapitulierten die letzten Reste der „Kampfgruppe Eilenburg" im östlichen Teil der Stadt. 200 Menschen hatten ihr Leben verloren, und zwei Drittel aller Gebäude Eilenburgs, im historischen Kern fast 90 Prozent, darunter wertvolle mittelalterliche Baudenkmäler, waren während der Kämpfe zerstört worden; der östliche Vormarsch der US-Truppen verzögerte sich gerade einmal um eine Woche. Zu ebenfalls verlustreichen Kämpfen mit über 100 Toten war es wenige Tage zuvor auch um die kleine Ortschaft Hainichen, nahe der Bahnlinie von Leipzig nach Bad Lausick, gekommen.[12]

Der im westsächsischen Raum vorherrschende Bewegungskrieg – vom Beispiel Eilenburgs einmal abgesehen – war für beide Seiten vergleichsweise gering an Verlusten und hinterließ keine Schneise der völligen Verwüstung. Im Vergleich dazu hatte der alliierte Luftkrieg der Jahre und Monate zuvor weitaus mehr Todesopfer und Zerstörungen verursacht. Mit dem Erreichen der Mulde-Zschopau-Linie von Eilenburg über Wurzen und Grimma bis hinunter nach Mittweida und den Raum um Chemnitz hatten die US-Amerikaner jene Haltelinie erreicht, die die interalliierte Operationsplanung im sächsisch-mitteldeutschen Raum für die amerikanischen Verbände vorgesehen hatte. Nachdem die um Wurzen und Torgau liegenden Teile des XLVIII. Panzerkorps der Wehrmacht den Befehl erhalten hatten, ihre Position nach Norden in den Raum

---

11 Die Darstellung der Kämpfe um Eilenburg folgt Andreas Flegel/Hans Fröhlich/Rolf Schulze, „The Battle of Eilenburg" - Der Kampf um Eilenburg/Mulde. In: Niedersen (Hg.), Soldaten an der Elbe, S. 83–89; ausführlicher dies., Eilenburg, April 1945, Horb/Neckar 2004; Rolf Vettermann, Eilenburg wird zerstört. In: Böhm (Hg.), Grenzfluss Mulde, S. 28–32.
12 Vgl. Arno Sältze/Horst Zinke, Erinnerungen an Hainichen bei Leipzig April 1945. In: Böhm (Hg.), Grenzfluss Mulde, S. 15–18.

Dessau-Wittenberg zu verlegen, um im Verband der 12. Armee General Walther Wencks, die mittlerweile von der Einkesselung bedrohte Reichshauptstadt Berlin zu entsetzen,[13] entwickelte sich in den Tagen nach dem 23. April 1945 das gesamte Gebiet zwischen Mulde und Elbe gewissermaßen zu einem militärischen Niemandsland. Dies animierte verschiedene amerikanischen Verbände, aus ihren Brückenköpfen am Ostufer der Mulde heraus, eine Reihe von Erkundungsvorstößen in Richtung Elbe zu unternehmen, um mit Einheiten der Roten Armee, die inzwischen nahe dem Ostufer des Flusses angekommen waren, Fühlung aufzunehmen.[14] Die erste Patrouille führte der damals 21-jährige amerikanischen Leutnant Albert Kotzebue aus der Division Reinhardts. Am Abend des 24. April gelangten die 35 GIs auf ihren sieben Jeeps bei Trebsen über die einzig unzerstört gebliebene Muldebrücke, fuhren in Richtung Wermsdorfer Forst und erreichten am nächsten Morgen bei Strehla die Elbe. Gegen Mittag trafen sich am Ostufer des Flusses nahe der Ortschaft Lorenzkirch, inmitten eines Leichenfeldes von 200 deutschen Zivilisten, der US-Amerikaner Kotzebue und der sowjetische Oberstleutnant Aleksandr Gordeev, Kommandeur des 175. Schützenregiments der 58. Schützendivision. Wenige Stunden später begrüßte drei Kilometer flussabwärts bei Kreinitz auch der Divisionskommandeur, Generalmajor Vladimir Rusakov, die Patrouille. Eine zweite Patrouille unter Leutnant Robertson, der aus dem gleichen Regiment wie Kotzebue kam, war in Wurzen gestartet und traf nachmittags in Torgau an der Elbe, das damals wie Eilenburg auf preußischem Territorium lag, auf vier russische Emissäre. Eine am Vormittag des 26. Aprils initiierte Begegnung der beiden Regimentskommandeure Oberst Charles M. Adams (273. Regiment) und Major Efim V. Rogov (173. Schützenregiment) diente der Vorbereitung des für den Nachmittag geplanten Generalstreffens zwischen den Divisionskommandeuren Reinhardt (69. US-Infanteriedivision) und Rusakov (58. Schützendivision). Dieses und weitere Treffen höherrangiger Offiziere erhoben Torgau zur offiziellen Begegnungsstadt zwischen US- und Sowjetarmee auf deutschem Boden.

---

13 Vgl. Günther W. Gellermann, Die Armee Wenck – Hitlers letzte Hoffnung. Aufstellung, Einsatz und Ende der 12. deutschen Armee im Frühjahr 1945, Bonn 2007, S. 75–79; vgl. Zeitzeugenberichte zum Kriegsende in Torgau in Niedersen (Hg.), Soldaten an der Elbe, S. 109–127.
14 Im Folgenden nach Uwe Niedersen, Die Elbebegegnungen zwischen US Army und Roter Armee bei Riesa/Strehla, Torgau, Pretzsch/Wittenberg am 25./26. April 1945. In: Niedersen (Hg.), Soldaten an der Elbe, S. 91–106; Fleischer/Schmieder, Sachsen 1945, S. 105–108. Im September 1945 wurde in Torgau ein „Denkmal der Begegnung" fertiggestellt. Vgl. Adolf Böhm, Der Tag der Begegnung am 26. April in Torgau. In: Böhm (Hg.), Grenzfluss Mulde, S. 39–42.

Die US-amerikanische Besetzung des Vogtlandes und des westlichen Erzgebirges

Die Besetzung des Vogtlandes und der westlichen Erzgebirgsregion in der zweiten Aprilhälfte 1945 durch die Divisionen des VIII. US-Korps der 3. US Army verlief, im Vergleich zu Westsachsen und dem Leipziger Raum, nahezu reibungslos ab. Schon am 16. April nahmen die US-Amerikaner das oberfränkische Hof und das durch zahlreiche Luftangriffe der vergangenen Monate schwer zerstörte Plauen ein. Am nächsten Tag eröffnete amerikanische Artillerie das Feuer auf Reichenbach.[15] Am 17. fielen Oelsnitz und das südlich der Autobahn Hof-Chemnitz gelegene Lengenfeld, wo es zu einem kurzen, aber heftigen Panzerjägergefecht mit zurückweichenden Wehrmachtsverbänden kam. Am 20. April meldete der deutsche Wehrmachtsbericht, dass aus dem Raum Zwickau „gepanzerte Kampfgruppen der Amerikaner gegen das Erzgebirge nach Süden" vorrücken. Schon tags darauf erfolgte der Beschuss von Stollberg, dessen vorbereitete Kapitulation die SS im letzten Moment verhinderte. Am 23. April standen die Amerikaner vor Schneeberg, das von deutschen Verbänden geräumt worden war.[16]

Um den 18. April hatten die Verbände von General Pattons 3. Armee ihren Vormarsch im sächsischen Raum so gut wie eingestellt und sich auf die bewaffnete Aufklärung des vor ihnen liegenden Territoriums beschränkt. Die Truppen verharrten seitdem auf einer Linie, die im Bogen von Bayreuth und Hof über Plauen und Zwickau bis zur Mulde verlief, was den schwer angeschlagenen deutschen Verbänden einen gesicherten Rückzug auf die Gebirgspässe mit Anschluss an den böhmischen Raum verschaffte.

Die sowjetische Offensive von der Neiße-Linie in den ostsächsischen Raum

Als die US-amerikanischen Verbände bereits damit begannen, ihren weiteren Vorstoß im Westen einzustellen, erfolgte am 16. April aus den Brückenköpfen an der Lausitzer Neiße heraus der massive Angriff der 1. Ukrainischen Front Marschall Ivan Konevs gegen das östliche Sachsen. Die Angriffsoperationen von Konevs Heeresgruppe hatten das vorrangige Ziel, die südliche Flanke von Marschall Georgij Žukovs 1. Weißrussischer Front, die den Hauptangriff aus dem Oderbruch gegen Berlin führte, zu sichern. Das anfängliche Steckenbleiben von Žukovs Angriff bei den stark verteidigten Seelower Höhen bewog das sowjetische Oberkommando dazu, die hoch beweglichen, operativen Panzerverbände von Konevs Front in Richtung Nordwesten und damit ins südliche Vorfeld Berlins abdrehen zu lassen, um die Eroberung der Reichshauptstadt

---

15 Vgl. Fleischer/Schmieder, Sachsen 1945, S. 128, 132–134.
16 Vgl. Peschke/Zentgraf, Kriegsende in der Zwickauer Region, S. 87–91.

sicherzustellen.[17] Die damit verbundene Schwächung der 1. Ukrainischen Front hinderte die Führung jedoch nicht daran, nachdem der deutsche Verteidigungsstreifen durchbrochen war, ihren Vorstoß in das innere Sachsen fortzusetzen. Diese als Nebenstoßgruppierung zu charakterisierende Streitmacht bestand im Wesentlichen aus der 5. Gardearmee Generaloberst Aleksej S. Žadovs und der 13. Armee Generaloberst Nikolaj P. Puchovs im nördlichen sowie der 52. Armee unter Befehl Generaloberst Konstantin A. Koroteevs und der 2. Polnischen Armee unter Führung des alten Spanienkämpfers Karol Świerczewski („General Walter") im südlichen Abschnitt.

Am Abend des vierten Angriffstages, dem 19. April, standen die sowjetischen und polnischen Verbände bereits auf einer Linie, die von Weißwasser durch die Muskauer Heide über Uhyst und entlang der Spree bis Bautzen führte. In der folgenden Nacht erhielt die 2. Polnische Armee den Befehl, ihren Vormarsch auf Dresden fortzusetzen. Bereits am Abend des nächsten Tages näherte sich ihre Panzerspitze, das 1. Polnische Tankkorps, Kamenz, Lichtenberg sowie Radeberg und stand damit am Rand der Dresdner Heide. Zeitgleich eroberten nördlich davon Kavallerieverbände der 5. Gardearmee Königsbrück und Ortrand, setzten ihren Vormarsch zügig in Richtung Elbe fort und besetzten Riesa am 24. April, das kurz zuvor noch zur Festung erklärt worden war.[18]

Damit war jedoch eine weit überdehnte Flanke im Süden entstanden, denn schließlich wurden Görlitz, Löbau und Bautzen immer noch von den Verbänden der 4. Panzerarmee verteidigt, die den nördlichen Flügel der deutschen Heeresgruppe Mitte bildete. Diese Unvorsichtigkeit der sowjetischen Heeresführung führte in der Nacht zum 23. April 1945 zu einem gefährlichen Flankenstoß deutscher Panzerverbände aus dem Raum Löbau in den Rücken der 52. Sowjetischen und der 2. Polnischen Armee, die gemäß Konevs Erinnerungen „zu einer ernsten, ja sogar bedrohlichen Lage" führte.[19] Der deutsche Vorstoß, der über Bautzen hinaus auf Spremberg zielte, erreichte eine Tiefe von fast 35 Kilometern und konnte erst bei Uhyst an der Bahnlinie Niesky-Hoyerswerda zum Stehen gebracht werden.

Ivan Konev beurteilte diese kritische Situation in seinen Kriegserinnerungen: „Wenn man auch die weitgehenden operativen Pläne des Gegners angesichts des damaligen Kräfteverhältnisses nicht positiv beurteilen kann, so verdient seine beinahe letzte Angriffsoperation vom taktischen Standpunkt aus volle Anerkennung. Der Gegner fand genau die Nahtstelle heraus und handelte energisch und zielbewusst, als er 8 vollwertige Divisionen, darunter 2 Panzerdivisionen, sowie 20 selbstständige Bataillone für den Durchbruch zusammenzog."[20]

---

17 Vgl. Iwan Stepanowitsch Konew, Das Jahr fünfundvierzig, Berlin (Ost) 1973, S. 127 f.
18 Im Wesentlichen nach Wolfgang Fleischer, Das Kriegsende in Sachsen 1945. Eine Dokumentation der Ereignisse in den letzten Wochen des Krieges, Preußisch-Oldendorf 2004, S. 72–76.
19 Konew, Das Jahr fünfundvierzig, S. 162.
20 Ebd., S. 164.

In den nächsten Tagen konzentrierten sich die Kämpfe in der Oberlausitz um das eingeschlossene Bautzen, das nur noch von einer verbissen kämpfenden Besatzung auf der Ortenburg verteidigt wurde, und den weiter östlich gelegenen Raum um Weißenburg, nahe der heutigen Autobahn.[21] Dort versuchte das eingekesselte 7. mechanisierte Gardekorps, die motorisierte Speerspitze der 52. Armee, am 24. April einen verzweifelten Ausbruchsversuch. Doch dieser misslang, und das Korps wurde fast vollständig aufgerieben. Der stellvertretende Korpskommandeur, Generalmajor Vladimir K. Maksimov, geriet tödlich verwundet in deutsche Gefangenschaft und zwei seiner vier Brigadekommandeure fielen. Eberhard Berndt bezifferte die Verluste des 7. mechanisierten Gardekorps auf 3 500 Gefallene und 87 Prozent seines materiellen Ausgangsbestandes. Die 2. Polnische Armee hatte in der Oberlausitz-Schlacht rund 4 900 gefallene und knapp 2 800 vermisste Soldaten zu beklagen.[22] Insbesondere während der Kämpfe um Bautzen, wo um jeden Straßenzug erbittert, ja geradezu fanatisch gekämpft wurde, ignorierten die Soldaten beider Seiten völkerrechtliche Grundsätze: Gefangene wurden in der Regel nicht gemacht, Verwundete meist auf der Stelle erschossen.[23] In seinem Tagesbefehl vom 22. April hatte der Oberbefehlshaber der 4. Panzerarmee, General Fritz-Hubert Gräser, seine Soldaten aufgefordert: „Die Sowjets sind eingekesselt. Vergeltet an ihnen, was sie unserem Volke angetan haben! Jetzt gibt es kein Pardon mehr!"[24] Am 27. April war Bautzen nach großen Verlusten und schweren Zerstörungen entsetzt und die Frontlinie zwischen Großenhain im Westen und Weißenburg im Osten um rund 20 Kilometer nach Norden verschoben.[25]

An dieser Stelle muss der Richtungswechsel der sowjetischen Kriegs- und Frontpropaganda im April 1945 in den Blick genommen werden. Mit dem Überschreiten der Oder-Neiße-Linie Mitte April bewegte sich die Rote Armee auf dem Territorium, dass der Sowjetunion in den Bestimmungen von Jalta als zukünftige Besatzungszone zugewiesen worden war. Anders als östlich dieser Grenze galt es nunmehr, ein Vertrauensverhältnis zur deutschen Bevölkerung zu entwickeln, ihr die Angst vor Gewalttaten und Deportationen zu nehmen und eine weitere panische Fluchtbewegung Richtung Westen zu verhindern. Die grundlegend veränderte Situation verlangte andere Verhaltensregeln der Truppe gegenüber

---

21 Vgl. Eberhard Berndt, Spurensuche. Die Kämpfe um Weißenberg und Bautzen im April 1945, Eggolsheim 2012, S. 26 f
22 Vgl. ebd., S. 47.
23 Vgl. Fleischer, Kriegsende in Sachsen, S. 88–90. Zu den Kriegsverbrechen vgl. Theodor Seidel, Kriegsverbrechen in Sachsen. Die vergessenen Toten vom April 1945, Leipzig 2005. Seidel ermittelte (Stand 2002) die folgenden Zahlen: „In Ostsachsen wurden in der Zeit vom 16. April bis zum 9. Mai 1945 insgesamt 716 Zivilpersonen willkürlich getötet. [...] Die Zahl der umgebrachten deutschen Kriegsgefangenen betrug mindestens 442." Zit. nach Fleischer, Kriegsende in Sachsen, S. 88
24 Gräsers Tagesbefehl vom 22.4.1945. Faksimile in: Berndt, Spurensuche, S. 74.
25 Vgl. Fleischer, Kriegsende in Sachsen, S. 92 f.

der deutschen Zivilbevölkerung, den Soldaten und Kriegsgefangenen. Diese Anforderung kam einer Revision des bisherigen, durch die sowjetische Propaganda verbreiteten Deutschlandbildes gleich.[26]

Am 14. April, zwei Tage vor dem Sturm auf Berlin, revidierte die sowjetische Presse Ilja Ehrenburgs nationalistische Hass- und Vergeltungsparolen und ersetzte sie durch die Beschwörung der sozialistischen Klassensolidarität. Drei Tage später hob der Volkskommissar des Inneren, Lavrentij Berija, seinen Befehl vom Februar über die Zwangsrekrutierung und Deportation deutscher Zivilisten in die Sowjetunion auf, und am 20. April verfügte Stalin höchst selbst die Direktive „Über die Verhaltensänderung gegenüber den deutschen Kriegsgefangenen und der deutschen Zivilbevölkerung". Stalin mahnte, ein „humaneres Verhalten zu den Deutschen" an, da dieses die militärischen Operationen auf deutschem Territorium erleichtere und den deutschen Widerstand mindere, andernfalls mit verzweifelter Gegenwehr und Bandenbildung zu rechnen sei.

Obwohl sich die sowjetische Führung bemühte, das Verhalten ihrer Soldaten in kürzester Zeit zu verändern, waren die Kämpfe im ostsächsischen Raum vielfach noch von Gewaltexzessen gekennzeichnet, wie sie zuvor in Ostpreußen und Pommern vorgekommen waren. Beide Kriegsparteien scheuten nicht vor der Tötung von Kriegsgefangenen und Verwundeten zurück: Theodor Seidel bezifferte die Zahl, der von Deutschen getöteten sowjetischen und polnischen Kriegsgefangenen, auf mindestens 450. Polnische und sowjetische Soldaten machten sich zahlreicher Vergewaltigungen und Plünderungen schuldig; am 22. April wurden 195 Volkssturmangehörigen in Niederkaina nördlich von Bautzen verbrannt. Das große Leichenfeld von Lorenzkirch gegenüber Strehla, in dessen Mitte sich eine US-amerikanische Patrouille und sowjetische Soldaten trafen, war das schreckliche Resultat sowjetischen Artilleriefeuers auf einen Flüchtlingstreck, der gerade versuchte, die Elbe Richtung Westen zu überqueren. 200 Zivilisten verloren ihr Leben.[27] Während der letzten Kriegstage befreite die Rote Armee zahlreiche Zwangsarbeiter aus ganz Europa und die Insassen des Kriegsgefangenenlagers Mühlberg am Morgen des 23. April. Zeitgleich erreichte das 1. Kavalleriegardekorps der 5. Gardearmee das Lager Zeithain, das zum Zeitpunkt seiner Befreiung mit rund 60 000 sowjetischen, 2 000 polnischen und französischen Kriegsgefangenen sowie 2 500 italienischen Militärinternierten belegt war.[28]

---

26 Zum Folgenden vgl. Manfred Zeidler, Die Rote Armee auf deutschem Boden. In: Müller (Hg.), Der Zusammenbruch des Deutschen Reiches 1945, S. 736–738.
27 Uwe Niedersen, Das Leichenfeld von Lorenzkirch. In: Niedersen (Hg.), Soldaten an der Elbe, S. 183–195.
28 Jörg Osterloh, Ein ganz normales Lager. Das Kriegsgefangenen-Mannschaftsstammlager 304 (IV H) Zeithain bei Riesa/Sa. 1941 bis 1945, Leipzig 1997, S. 144 f. Zu Mühlberg vgl. Achim Kilian, Einzuweisen zur völligen Isolierung. NKWD-Spezialager Mühlberg/ Elbe 1945–1948, Leipzig 1992, S. 58. Im Kriegsgefangenen-Mannschaftsstammlager (IV B), Mühlberg, konnten 30 000 Gefangene befreit werden.

Die Besetzung des restlichen Sachsen im Zuge der „Prager Operation" der Roten Armee

Der deutsche Gegenangriff in der Oberlausitz in die Flanke des sowjetisch-polnischen Angriffskeils hatte zu einer Frontverschiebung nach Norden auf die Linie Großenhain-Königsbrück-Kamenz-Milkel geführt. Die Wehrmacht hielt somit bis in die erste Maiwoche noch den größten Teil des sächsischen Territoriums, darunter auch die sächsische Landeshauptstadt. Dresden war seit dem Kaiserreich einer der größten Garnisonsstandorte Deutschlands und zu Jahresbeginn 1945 offiziell zum Verteidigungsbereich ausgebaut worden. Allerdings war ein Großteil der 20 000 Soldaten, die Dresden verteidigen sollten, erst zu Jahresanfang eingezogen worden, ihre Ausbildung dementsprechend kurz und die militärische Erfahrung gering. Am 15. März übernahm General der Infanterie Werner Freiherr von Gilsa das Kommando über den Verteidigungsbereich Dresden und forcierte den Ausbau der Befestigungsmaßnahmen.[29]

Nachdem die deutschen Truppen in Berlin am 2. Mai kapituliert hatten, hob das Oberkommando der Wehrmacht den Verteidigungsbereich Dresden auf und unterstellte die dortigen Verbände als „Armeekorps von Gilsa" der Heeresgruppe Mitte.[30] In den Tagen darauf vereinigten sich die 3. und 4. Gardepanzerarmee, diese operativen Panzerkräfte waren Marschall Konev während des Angriffs auf Berlin entzogen worden, wieder mit der 1. Ukrainischen Front, die sich um Meißen gruppierte und zum Angriff nach Süden ansetzte. Ziel dieser „Prager Operation", die zugleich die letzte große Offensive der Roten Armee auf dem europäischen Kriegsschauplatz werden sollte, war neben der Befreiung Prags, wo am 5. Mai 1945 ein Aufstand gegen die deutsche Besatzung begonnen hatte,[31] die Zerschlagung der Heeresgruppe Mitte, die noch unter Befehl von Generalfeldmarschall Ferdinand Schörner in Zentralböhmen operierte.

Schörner unterstellte am 5. Mai das „Armeekorps von Gilsa" seiner 7. Armee unter dem Kommando von General Hans von Obstfelder und befahl ihm, Dresden zu räumen und sich auf den Kamm des Erzgebirges zurückzuziehen.[32] Mit diesem Befehl setzte ab dem 6. Mai eine große, teils chaotisch verlaufende Fluchtwelle des „Armeekorps von Gilsa" ein, der sich zivile Trecks

---

29 Rahne, „Festung Dresden", S. 22 f.; Markus Hartung, Der Verteidigungsbereich Dresden ab Jahreswechsel 1945 bis zum Kriegsende. In: Niedersen (Hg.), Soldaten an der Elbe, S. 254-263.
30 Hartung, Verteidigungsbereich Dresden, S. 260; Fleischer/Schmieder, Sachsen 1945, S. 177-202.
31 Vgl. Stanislav Kokoška, Prag im Mai 1945. Die Geschichte eines Aufstandes, Göttingen 2009.
32 Fleischer/Schmieder, Sachsen 1945, S. 191 f.

anschlossen. Vielfach war der reguläre militärische Verband längst aufgelöst, sodass die Soldaten versuchten allein oder in kleinen Gruppen der sowjetischen Kriegsgefangenschaft zu entkommen. Der damals 17-jährige Panzerschütze Günter Grass beschreibt seine Flucht aus dem Lazarett in der Meißener Burg nach Westböhmen in seiner Autobiografie: „Ich weiß nicht, wie ich übers Erzgebirge gekommen bin. Streckenweise mit der Eisenbahn und, als kaum noch Züge fuhren, mit Pferdefuhrwerken von Ort zu Ort, deren Namen gelöscht sind. Einmal saß ich auf einem offenen Lastwagen mit Holzgasmotor, der sich bergauf quälte, als plötzlich ein amerikanischer Jagdbomber, Jabo genannt, im Tiefflug angriff und den LKW in Flammen aufgehen ließ, kurz nachdem ich [...] von der Ladefläche gesprungen war [...]. Irgendwie kam ich voran. Doch auf welchem Vehikel auch immer, stets folgte ich der Anweisung meines Marschbefehls, der erlaubte keine Umwege [...]. Und ich schaffte es, weiß nicht mehr wie, bis nach Karlsbad [...], wo ich auf offener Straße kniefällig wurde und liegenblieb."[33]

Für Günter Grass wie für andere seiner Kameraden endete der Krieg auf bayerischem Boden, wo sie schließlich in US-amerikanische Kriegsgefangenschaft gelangten. Viele andere, die den gleichen Weg gegangen und dabei weiter östlich angekommen waren, mussten, nachdem man sie denselben Weg wieder zurückgeführt hatte, vom sächsischen Territorium aus den Marsch in die sowjetische Kriegsgefangenschaft antreten. Kampfhandlungen, die noch an verschiedenen Stellen, wie am 7. Mai westlich von Dresden bei Wilsdruff und Gompitz oder kurz darauf unweit von Zittau bei Herrenhut, stattfanden, dienten allein der Flankensicherung des deutschen Rückzugs.[34] Am 7. Mai wurde Freiberg kampflos übergeben, tags darauf begann die 4. Sowjetische Gardepanzerarmee, das durch die Amerikaner unbesetzt gebliebene Chemnitz einzunehmen. Am 8. Mai ergab sich das im April so lang und hart umkämpfte Bautzen nunmehr ebenso kampflos wie Pirna, Sebnitz und Görlitz.[35] In den Morgenstunden des gleichen Tages zogen nach vereinzelten Gefechten die ersten Verbände der Roten Armee über die unzerstört gebliebene Loschwitzer Elbbrücke, das „Blaue Wunder", in Dresden ein. Generalleutnant Nikita F. Lebedenko, Angehöriger der 5. Gardearmee, wurde zum Stadtkommandanten ernannt und wenige Tage später, nach dem Abschluss der „Prager Operation", nahm Marschall Konev sein Hauptquartier im Wachwitzer Schloss ein.[36]

33 Günter Grass, Beim Häuten der Zwiebel, Göttingen 2006, S. 177–179.
34 Fleischer/Schmieder, Sachsen 1945, S. 198–202.
35 Iwan I. Jakubowski, Erde im Feuer, Berlin (Ost) 1977, S. 621.
36 Karl-Ludwig Hoch, Ende und Anfang in Dresden – aus dem Tagebuch eines Sechzehnjährigen. In: Dresden – das Jahr 1945, S. 63–70, Zitat 66.

Schluss

Mit der Besetzung Zittaus und Altenbergs am 9. Mai 1945, das tags darauf mit all seinen historischen Gebäuden nahezu völlig abbrannte, endete der Zweite Weltkrieg in Sachsen.[37] Zwei Tage später kapitulierte auch Schörners Heeresgruppe Mitte gegenüber der Roten Armee. Zwischen den amerikanischen und sowjetische Linien blieb im westlichen Erzgebirge ein Gebiet von gut 500 Quadratkilometern um die Orte Schneeberg, Aue, Schwarzenberg und Johanngeorgenstadt unbesetzt, wo sich in der Folge durch eine lokale politische Initiative für wenige Wochen die, nicht zuletzt durch Stefan Heyms Roman von 1984 berühmt gewordene, „Freie Republik Schwarzenberg" etablieren konnte, die erst mit dem Einzug der sowjetischen Verwaltung Mitte Juni 1945 ihr Ende fand.[38] Eine Reihe von Städten und Ortschaften längs der sowjetisch-amerikanischen Demarkationslinie erlebte für einige Wochen bis zur endgültigen Räumung Westsachsens durch die US-Truppen Anfang Juli 1945 ein zeitweiliges nebeneinander zweier Besatzungsmächte, zuweilen auch ein von Besatzung freies Land. Als Beispiele seien das wochenlang als offene Stadt behandelte Chemnitz, die durch die Mulde-Linie geteilten Städte Grimma und Colditz sowie Mittweida an der Zschopau erwähnt.

Bezogen auf die turbulenten und für viele Zeitgenossen irritierenden Frühjahrswochen 1945 erinnerte sich der damals 19-jährige Erich Loest an seine Heimatstadt: „Mittweida, seine Stadt empfing ihn still, scheinbar auf etwas wartend; er begriff sie nicht [...]. Kampflose Besetzung durch amerikanische Truppen, die drei Kilometer ostwärts der Stadt stehen geblieben waren, Rückzug der Amerikaner über die Mulde fünfzehn Kilometer westwärts und Wiederbesetzung durch ein buntscheckiges Faschistenhäuflein – inzwischen hatten flinke Einheimische alle Wehrmachtsmagazine und manche Fabriklager geplündert. [...] Dann war die Sowjetarmee still und pferdebespannt eingerückt. [...] Seine Stadt, für ihn blieb sie rätselhaft. Das Rathaus war zur Kommandantur geworden, die Fassade bedeckt mit rotem Tuch und Stalinbild."[39]

---

37 Fleischer/Schmieder, Sachsen 1945, S. 230 f.
38 Vgl. Werner Gross, Die ersten Schritte. Der Kampf der Antifaschisten in Schwarzenberg während der unbesetzten Zeit Mai/Juni 1945, Berlin (Ost) 1961; Stefan Heym, Schwarzenberg. Roman, München 1984.
39 Erich Loest, Durch die Erde ein Riss. Ein Lebenslauf, München 1996, S. 109 f.

II.

Besatzungsmacht und neue Herrschaft

Mitteldeutschland unter amerikanischer Besatzung. Neuaufbau der Verwaltung und Bemühungen um überregionale Zusammenarbeit am Beispiel von Leipzig

Nora Blumberg

Der rasche Vorstoß nach Osten und die schnellen Erfolge der US-Armee veranlassten den Oberbefehlshaber der alliierten Streitkräfte in Europa, Dwight D. Eisenhower, Ende März 1945 zu der Entscheidung, das Hauptangriffsziel zu verlegen und nach Mitteldeutschland vorzurücken. Das sowjetische Oberkommando, dem damit die Einnahme Berlins überlassen wurde, stimmte diesem Vorgehen gegen den Widerstand Winston Churchills zu, und US-amerikanische Truppen begannen ihre Offensive, die sie innerhalb kürzester Zeit bis nach Leipzig bringen sollte.[1] So wurde im April 1945 ein Gebiet von rund 50 000 Quadratkilometern mit etwa acht Millionen Einwohnern, darunter auch zahlreiche KZ-Häftlinge, Zwangsarbeiter und Flüchtlinge, von US-amerikanischen und britischen Verbänden besetzt und provisorisch verwaltet.[2] Nach Beendigung der Kampfhandlungen mangelte es vielerorts an geeigneten Führungspersönlichkeiten und unbelasteten Verwaltungsfachmännern, die oft erst mit einiger Verzögerung aus den Konzentrationslagern oder von der Front zurückkehrten.[3] Nachdem in den Städten Mitteldeutschlands eine zumindest einigermaßen arbeitsfähige Verwaltung aufgebaut worden war, unternahmen die Entscheidungsträger höchst unterschiedliche Versuche, die Isolation ihrer Stadt- und Landkreise zu beenden. Obwohl besonders im Juni vermehrt Gerüchte aufgetaucht waren, die von einem baldigen Besatzungswechsel sprachen, zogen die US-amerikanischen und britischen Truppen Anfang Juli 1945 auch für die Bürgermeister und Landräte, ja selbst für zahlreiche amerikanische Offiziere, überraschend ab und übergaben das Gebiet gemäß den Vereinbarungen von Jalta an die sowjetische Besatzungsmacht.[4]

---

1   Vgl. die Aufsätze von Manfred Zeidler und Mike Schmeitzner in diesem Band; Gerhard Steinecke, Drei Tage im April. Kriegsende in Leipzig, Leipzig 2005, S. 5–8; Nora Blumberg, Leipzig unter amerikanischer Besatzung. Einblicke in die Arbeit der Stadtverwaltung unter Provisional Military Government Detachment A, Magisterarbeit Universität Leipzig 2011, S. 12–28.
2   Vgl. Andreas Thüsing, Landesverwaltung und Landesregierung in Sachsen 1945–1952, Frankfurt a. M. 2000, S. 31.
3   Anders verhielt es sich beispielsweise in Weimar. Dort stand der neuen Stadtverwaltung und der Militärregierung die im Konzentrationslager Buchenwald inhaftierte politische Elite zur Verfügung.
4   Vgl. Semi-Weekly Report Landkreis Leipzig der MG Unit I7B9 vom 15.6.1945 (NARA Washington D. C., RG 498, Entry A1 6, Box 2953, unpag.); Blumberg, Besatzung, S. 161–163.

Provisional Military Government und Neuaufbau der Verwaltungen in Mitteldeutschland

Die Kämpfe im Stadt- und Landkreis Leipzig endeten nach tagelangen Gefechten am 19. April 1945. Der örtliche Kampfkommandant, Oberst Hans von Poncet, konnte allerdings erst in den frühen Morgenstunden des 20. Aprils durch eine List dazu gebracht werden, seinen letzten Posten, das Völkerschlachtdenkmal, aufzugeben.[5] Nach dem Ende der Kampfhandlungen wurde in jedem Ort zügig die Proklamation Nr. 1 zusammen mit einer Anzahl erster Gesetze bekannt gemacht. Der Text der Proklamation wies unter anderem darauf hin, dass alle im Besatzungsgebiet lebenden Personen den Befehlen und Gesetzen der jeweiligen Militärregierungen, die die höchsten gesetzgebenden, rechtsprechenden und vollziehenden Mächte in den Besatzungszonen waren, unterworfen seien.[6] Sie ersetzten somit zunächst höhergestellte Verwaltungsinstanzen und waren dafür verantwortlich, die Operationen der kämpfenden Truppen abzusichern, indem sie für Ordnung und Sicherheit sorgten.[7] Die Vermeidung von Unruhen und Seuchen sowie eine Mindestversorgung der Bevölkerung galten als Hauptziele. Die Direktive CCS 551 der amerikanischen Besatzungsmacht und das dazugehörige Praxishandbuch waren jedoch so umfänglich, dass auch bei den Besatzungsoffizieren durchaus der Eindruck entstehen konnte, die Militärregierung sei für den kompletten Neuaufbau des öffentlichen Lebens in den von ihnen besetzten Gebieten zuständig. Sie bedienten sich in der Praxis jedoch meist einer indirekten Herrschaft: Den deutschen Stellen blieb der konkrete Neuaufbau überlassen, wobei die Militärregierung aber die Führung der Amtsgeschäfte streng überwachte und deutsche Stellen, wenn nötig, zur Verantwortung zog.

Das nationalsozialistische Staats- und Verwaltungssystem musste aufgelöst werden. Im Rahmen einer Dezentralisierung wurden zunächst alle Verwaltungshierarchien aufgehoben und alle Befugnisse den lokalen Militärregierungen und den von ihnen eingesetzten Bürgermeistern vor Ort übertragen. Erst danach sollten neue Mittelinstanzen und Landesregierungen gebildet werden, wobei man für die Übergangszeit ein gewisses Chaos in Kauf nahm.[8]

---

5 Vgl. Jürgen Möller, Die letzte Schlacht. Leipzig 1945, Bad Langensalza 2014, S. 193, 210. Dort auch der Verlauf der Kampfhandlungen in Berichten des OKW und der US-Armee.
6 Vgl. Proklamation Nr. 1 von General Eisenhower an das deutsche Volk von März 1945. In Leipzig geschah dies mit der Bekanntmachung der Alliierten Militärregierung von Leipzig vom 19.4.1945 (Stadtgeschichtliches Museum Leipzig, Inventarnummer A/275/2005).
7 Vgl. Supreme Headquarters Allied Expeditionary Force (SHAEF), Office of the Chief of Staff (Hg.), Handbook for Military Government in Germany Prior to Defeat or Surrender, Washington, D. C. 1944, § 71.
8 Vgl. ebd., § 248, § 242, § 75, § 94, § 94 (a) und (b).

Doch zunächst war kaum genügend Personal vorhanden, um die Direktiven umsetzen zu können. Erst nachdem die Grundvoraussetzungen der Eclipse-Pläne[9] am 12. April 1945 zumindest teilweise als gegeben anerkannt wurden, konnte genug Personal für die provisorischen Militärregierungen zusammengestellt werden. In Mitteldeutschland kam ab Ende April fast ausschließlich Personal aus den Sonderkontingenten der 9th US-Army zum Einsatz, das teilweise in Schnellkursen in Bielefeld geschult wurde. Zwar entstand so die beträchtliche Anzahl von 130 Einheiten für den Einsatz in Mitteldeutschland, dennoch waren die lokalen Militärregierungen meist chronisch unterbesetzt.[10] Die großen Stadtkreise außerhalb Mitteldeutschlands verfügten über 30 Offiziere, zumeist in den Fächern Landeskunde, Verwaltung und Recht geschult, und ca. 50 Soldaten. In der Messestadt Leipzig mit ihren rund 570 000[11] Einwohnern bestand die Militärregierung lediglich aus 16 Offizieren und 25 Soldaten, die aus den Einheiten der 190th Field Artillery Group, der 187th und 406th Group stammten.[12] Zu diesem eklatanten Personalmangel kamen diverse Truppenverschiebungen während der provisorischen Besatzungszeit.[13] Dadurch wurde der Verwaltungsbetrieb auf amerikanischer und deutscher Seite immer wieder behindert, da die Militärregierungen über keine festen, mit der Situation vor Ort vertrauten Ansprechpartner verfügten. Eine Koordination zwischen Militärregierung, Counter Intelligence Corps (CIC)[14] und übergeordneten Einheiten war meist ohnehin schon mühsam genug.

In der Proklamation Nr. 1 forderte General Eisenhower zunächst alle deutschen Beamten auf, ihre Posten nicht zu verlassen.[15] Dies sollte verhindern, dass der Verwaltungsbetrieb völlig zum Erliegen kam. Nach Beendigung der Kampfhandlungen mussten die Verwaltungen der Stadt- und Landkreise jedoch neu aufgebaut werden. Die einzelnen Dezernate der Stadtverwaltungen

---

9 Die Operation Eclipse stellte den Plan der Alliierten zur Besetzung Deutschlands dar. Er sollte am sogenannten A-Day in Kraft treten. Das war der Tag, an dem die militärischen Operationen für beendet erklärt wurden. Möglich wurde dies entweder durch formale Kapitulation der deutschen Regierung oder durch die totale Niederlage und schrittweise Kapitulation der deutschen Streitkräfte.
10 Vgl. Theodore W. Parker (Hg.), Conquer. The story of Ninth Army 1944–1945, Washington, D.C. 1947, S. 331; Earl F. Ziemke, The U.S. Army in the Occupation Zone of Germany 1944–1946, Washington, D.C. 1975, S. 165, 248.
11 Vgl. Zahl der Versorgungsberechtigten im Stadtgebiet von Leipzig vom 22.5.1945 (StAL, StVuR, Nr. 7695, Bl. 14). Darunter befanden sich 43 814 zu versorgende Ausländer in städtischen Lagern.
12 Vgl. Unit History 190th FA Gp vom 6.5.1945 (NARA, RG 407, Box 16644, Entry 427, Bl. 3).
13 Vgl. Jürgen Möller, Kriegsschauplatz Leipziger Südraum 1945. Der Vorstoß des V. US Corps im April 1945 zur Weißen Elster, die Kampfhandlungen im Leipziger Südraum, die letzten Kriegstage an Mulde und Elbe und die amerikanische Besatzungszeit im Leipziger Südraum, Bad Langensalza 2010, S. 277. Parker, Conquer, S. 332 f., 361.
14 Das war die Spionageabwehr der US-Armee.
15 Vgl. Proklamation Nr. 1 von General Eisenhower an das deutsche Volk von März 1945 (http://www.landesarchiv-bw.de/plink/?f=1-108573-1).

verlangten zumeist nach grundlegenden organisatorischen und personellen Umstrukturierungen. Dazu kamen vielfach neue Aufgaben, die rasche Erledigung erforderten, so z. B. die Erschließung neuer Bezugsgebiete für Lebensmittel, die Versorgung, Unterbringung und Rückführung der ehemaligen Zwangsarbeiter, die Beseitigung der Trümmer in den Straßen und die Entnazifizierung des eigenen Verwaltungsapparats. Bereits das Handbuch sah umfassende Entnazifizierungsmaßnahmen vor.[16] Mit der Entlassung belasteter höherer Beamter begannen die Stadtverwaltungen und Landräte unter der Regie der lokalen amerikanischen Militärregierungen bereits wenige Tage nach der Ernennung eines neuen Bürgermeisters – allerdings mit sehr unterschiedlichen Ergebnissen.[17]

In Leipzig gab es zunächst keine funktionsfähige Stadtverwaltung. Hohe Amtsträger hatten sich während des Einmarschs der Amerikaner das Leben genommen oder waren geflohen.[18] Um Kenntnis über die örtlichen Verhältnisse zu erlangen, forderte die Militärregierung die auf ihren Posten verbliebenen Beamten auf, umfangreiche Aufstellungen, besonders über die Lebensmittel- und Rohstoffvorräte, die vorhandenen Kraftfahrzeuge und die Bevölkerungszahl, zu erstellen. Die örtlichen Banken wurden angewiesen, Konten und Safes von Mitgliedern der NSDAP, SS, SA und der Nationalsozialistischen Volkswohlfahrt (NSV) sowie der Mitglieder von anderen Unterorganisationen zu sperren und der Militärregierung eine entsprechende Übersicht vorzulegen.[19] Die Military Government Detachments hatten die Anweisung, sofort unbelastetes Personal für den Einsatz in den Verwaltungen zu suchen. Jegliche Ernennungen waren jedoch zeitlich begrenzt,[20] sodass die neu ernannten Dezernenten in Leipzig lediglich Jahresverträge bekamen.[21]

Erfolg oder Misserfolg der lokalen Militärregierungen hing in ganz erheblichem Maße von den vor Ort getroffenen Personalentscheidungen ab. Für die Ernennung des Bürgermeisters und für die Besetzung der Verwaltungsposten existierten aber keine politischen Empfehlungen. Zudem verloren die Verfasser des Handbuchs nur wenige Worte über die Qualitäten, die ein neuer Bürgermeister mitbringen sollte. Man sprach von einem „adäquaten Bildungshintergrund", „praktischer Erfahrung" und der Anordnung, dass der Kandidat keine nationalsozialistische Vergangenheit haben sollte.[22] Die Skandale um

---

16 Vgl. SHAEF, Handbook, § 74 f.
17 Vgl. Klaus-Dietmar Henke, Die amerikanische Besetzung Deutschlands, München 1995, S. 701; Blumberg, Besatzung, S. 107–125.
18 Vgl. Birgit Horn-Kolditz, Alltag in Trümmern – Leipzig am Ende des Krieges. In: Ulrich von Hehl (Hg.), Stadt und Krieg. Leipzig in militärischen Konflikten vom Mittelalter bis ins 20. Jahrhundert, Leipzig 2014, S. 420–459, hier 429 f.
19 Vgl. Bericht des Landrats vom 24./25.4.1945 (StAL, 20234, Nr. 0232, Bl. 1).
20 Vgl. SHAEF, Handbook, § 77, § 249.
21 Besprechung mit den Dezernenten vom 22.5.1945 (StAL, StVuR, Nr. 610, Bl. 1).
22 Vgl. SHAEF, Handbook, § 248.

ehemalige NSDAP-Mitglieder in der neuen Stadtverwaltung von Aachen 1944 und Anfang 1945 machten jedoch deutlich, dass eine Direktive unumgänglich war. Das CIC hatte daraufhin zunächst geraten, dem Bürgermeister die Personalentscheidungen nicht mehr allein zu überlassen.[23]

Erste Richtlinien für die Neubesetzung von Ämtern formulierte Robert Murphy, der politische Berater Eisenhowers, am 7. Mai 1945. Er riet unter anderem dazu, weder zu viele radikale rechte noch zu viele radikale linke Kräfte in entscheidende Positionen oder in die Verwaltung zu bringen – eine paritätische Besetzung sei folglich besonders wichtig, schon um den Eindruck zu vermeiden, dass eine bestimmte Seite favorisiert werde.[24] Doch da waren die Entscheidungen in Mitteldeutschland bereits gefallen. Falls diese Richtlinien hier überhaupt einen Einfluss auf Personalentscheidungen hatten, betraf es wohl lediglich die Besetzung der Dezernate und die Besetzung der neueren Beiräte wie des Thüringen-Ausschusses.

Die Bestimmung eines neuen Bürgermeisters erfolgte aber in den meisten Fällen, auch ohne diese Richtlinien, nach einem ähnlichen Prinzip: Der Leiter der amerikanischen Militärregierung forderte Vertreter der Kirche und einige namhafte Vertreter der Einwohnerschaft auf, einen Bürgermeister vorzuschlagen. Die auf diese Weise ermittelten Kandidaten hatten Fragebogen auszufüllen, die vom CIC ausgewertet und durch weitere Nachforschungen ergänzt wurden.[25] In den meisten Fällen entschieden sich die Leiter der lokalen Militärregierung für Parteilose oder ehemalige Mitglieder bürgerlicher Parteien, die zumeist konservativ eingestellt waren. Zudem fiel die Wahl häufig auf Juristen,[26] während KPD-Mitglieder oft kategorisch ausgeschlossen wurden – wohl nicht zuletzt aufgrund der Angst vor der „roten Gefahr", die in den USA weite Bevölkerungsteile erfasst hatte.[27]

Die kommissarischen Bürgermeister und Landräte trugen zwar formal die Entscheidungsgewalt innerhalb ihrer Stadt- und Landkreise, waren jedoch den lokalen Militärregierungen gegenüber verantwortlich. In der Führung ihrer Amtsgeschäfte standen sie im Spannungsfeld zwischen der Besatzungsmacht, an deren Direktiven sie sich zu halten hatten, und der Bevölkerung, die sie über alle relevanten Maßnahmen informieren mussten. So richtete sich die

---

23 Vgl. Henke, Besatzung, S. 289.
24 Vgl. ebd., S. 292–294. Druck der Richtlinien Murphys in: Clemens Vollnhals, Entnazifizierung. Politische Säuberung und Rehabilitierung in den vier Besatzungszonen 1945–1949, München 1991, S. 120–122.
25 Vgl. SHAEF, Handbook, § 287.
26 So z. B. auch in Naumburg, Aachen und Gernrode. Vgl. Henke, Besatzung, S. 274, 699, 736. Auch im nahe gelegenen Markkleeberg fiel die Entscheidung zugunsten eines Juristen. Vgl. Personalakte Hans-Walter Gaebert (Stadtarchiv Markkleeberg, G, Nr. 142).
27 Vgl. Robert K. Murray, Red Scare. A Study in National Hysteria, 1919–1920, 2. Auflage New York 1964;. Regin Schmidt, Red Scare. The FBI and the Origins of Anticommunism in the Unites States 1919–1943, Kopenhagen 2000.

Unzufriedenheit über die Wohnraum-, Ernährungs- und Sicherheitslage fortan gegen die neu ernannten Bürgermeister und Landräte, die jedoch in fast allen Angelegenheiten nur einen sehr kleinen Handlungsspielraum hatten.

Nachdem sich das Provisional Military Government Detachment A in Leipzig eingerichtet hatte, widmete es sich der Ernennung des Bürgermeisters. Nachdem die ersten beiden Wunschkandidaten für das Amt in Leipzig nicht zur Verfügung standen,[28] entschied sich der erste Leiter der Militärregierung Colonel Jim Dan Hill für den Rechtsanwalt und Notar Wilhelm Johannes Vierling, der während des Nationalsozialismus Wahlverteidiger in zahlreichen politischen Strafsachen gewesen war.[29] Offenbar eine durchaus annehmbare Wahl, denn Major Richard J. Eaton, der dem Leipziger Military Government ab dem 1. Mai 1945 vorstand, schätzte an Bürgermeister Vierling das „jederzeit gezeigte Pflichtbewusstsein", das dazu beigetragen habe „der Stadt zum Wiederaufstieg zu verhelfen".[30]

Noch vor der Ernennung des Bürgermeisters ordnete die Leipziger Militärregierung am 21. April 1945 die Bildung eines Beirats an.[31] Seine 16 Mitglieder sollten die Arbeit der Stadtverwaltung erleichtern. Offenbar gehörte dies nicht nur in Leipzig zu einer der ersten Maßnahmen der Militärregierungen.[32] In Leipzig diente der Beirat des Bürgermeisters bis zur Ernennung der Dezernenten und der ersten Stadtratssitzung am 8. Juni 1945 als beratendes Organ. In einer nahezu festen Konstellation, im Mai durch Mitglieder der Arbeiterschaft ergänzt,[33] ersetzte er in seiner Aufgabenstellung den Gemeinderat. Nach seiner offiziellen Ernennung berief Vierling die Mitglieder des Beirats auf der Grundlage der Deutschen Gemeindeordnung (DGO) ein. In der Stadtverwaltung war man davon überzeugt, dass die meisten Bestimmungen der DGO weiterhin Grundlage der Arbeit bleiben mussten. Dadurch sollte vermieden werden, dass in jeder Stadt oder Gemeinde und für jedes auftretende Problem Sondergesetze erlassen wurden, da der Aufbau einer zukünftigen Landes- oder Reichsregierung, so argumentierte die Stadtverwaltung, sonst außerordentlich erschwert wäre.[34] Daran hatten schließlich auch die Besatzer kein Interesse, die dahingehend selbst keine eindeutigen Anweisungen hatten.

---

28 Vgl. Nora Blumberg, Leipzig unterm Sternenbanner. Der Neuaufbau der Stadtverwaltung unter amerikanischer Besatzung. In: von Hehl (Hg.), Krieg, S. 461–495, hier 472 f.
29 Vgl. Vierling an Landesregierung Sachsen vom 10.2.1947 (StAL, Kap. 10 V, Nr. 236 Bh 3, Bl. 22); Verzeichnis von Strafsachen im Jahre 1944, o. D. (ebd., Bl. 29–32).
30 Zeugnis für Vierling vom 20.6.1945 (StAL, Kap. 10 V, Nr. 236, Bl. 6).
31 Vgl. Vorlage für Bürgermeister Vierling über die Sitzung des Beirats vom 27.4.1945 (StAL, StVuR, Nr. 1, Bl. 2 f.); Christian März, Otto Spülbeck. Ein Leben für die Diaspora, Leipzig 2010, S. 56 f.
32 Vgl. SHAEF, Handbook, § 220 und § 222; Manfred Overesch, Hermann Brill in Thüringen 1895–1946. Ein Kämpfer gegen Hitler und Ulbricht, Bonn 1992, S. 319, 325.
33 Vgl. Vierling an Eaton vom 31.5.1945 (StAL, StVuR, Nr. 2, Bl. 50).
34 Vgl. Beratung des Bürgermeisters mit den Beigeordneten vom 15.6.1945 (StAL, StVuR, Nr. 610, Bl. 10).

Abstimmungen innerhalb der Beiräte waren zwar nicht gestattet, doch verpflichteten die Bestimmungen die Mitglieder dazu, sich zu Wort zu melden, sollte ihre Meinung von der des Bürgermeisters abweichen. Die Leipziger Beiratsprotokolle lassen keinerlei Zweifel daran, dass der Bürgermeister seine Entscheidungen im Einvernehmen mit den Beiratsmitgliedern fällte und umsetzte. In mehrstündigen Sitzungen, die einmal in der Woche unter Ausschluss der Öffentlichkeit stattfanden, besprachen die Mitglieder Lösungsansätze für die drängendsten Probleme. Dazu gehörten die desolate Lebensmittel- und Wohnraumlage, die Plünderungen im Stadt- und Landkreis, Personalfragen sowie Probleme und Stand der Entnazifizierung. Ferner widmeten sich die Mitglieder den Vorbereitungen zum Neuaufbau von Gewerkschaften und zur Wiedereinrichtung des Gemeinderats.[35]

Nicht nur im Falle Leipzigs standen sich Stadt- und Landkreis in den ersten Wochen fast vollkommen isoliert gegenüber. Stadt- und Gemeindegrenzen durften aufgrund der Bestimmungen der Besatzer nur in seltenen Ausnahmefällen passiert werden. Städte wie Leipzig, Halle oder Weimar, aber auch einzelne Gemeinden und Landkreise waren nun auf sich selbst gestellt. Kleine und kleinste Gebiete strebten nach Autonomie oder wurden in die Isolation gezwungen. So wurden mitunter die mit den Stadtverwaltungen vereinbarten Lebensmittellieferungen verweigert. Zum einen war dies auf die Angst zurückzuführen, selbst bald keine nennenswerten Vorräte für den Winter mehr zur Verfügung zu haben. In den meisten Fällen stellten aber besonders die Bestimmungen und Grenzen der örtlichen Militärregierungen unüberwindbare Hürden dar. Hauptproblem war dabei, dass im Gegensatz zu den thüringischen Gebieten in Westsachsen, Anhalt und der Provinz Sachsen offenbar keine höhergestellte amerikanische Behörde eingerichtet worden war, die überregional koordinierend eingreifen konnte.

Die mangelnde Koordination führte nicht nur in Leipzig zu unhaltbaren Zuständen. So war die Ernährungslage z. B. auch in Magdeburg kritisch, weil aus der nahe gelegenen Altmark keine Lebensmittel mehr bezogen werden konnten.[36] Zudem war die Infrastruktur stark zerstört. Die zuvor bestehenden Verbindungen konnten unter diesen Umständen nicht wieder aufgenommen werden. Eine der größten Herausforderungen für die Leipziger Stadtverwaltung war deshalb die Erschließung neuer Bezugsgebiete, die als Ernährungsbasis dienen konnten. Oft scheiterten vereinbarte Lieferungen an den Reisebeschränkungen, fehlenden Strecken- und Fahrzeugfreigaben oder dem Mangel an Benzin.[37] In Leipzig lag die erste Zuteilungsperiode für Lebensmittel unter

---

35 Vgl. Blumberg, Sternenbanner, S. 77–82.
36 Vgl. Bericht Kochs über die Reise nach Magdeburg am 25.5.1945 vom 29.5.1945 (StAL, StVuR, Nr. 7695, Bl. 24).
37 Vgl. Bericht Stoyes über die Versorgungslage vom 19.6.1945 (SächStAL, 20234, Nr. 1070, Bl. 33 f.).

amerikanischer Besatzung deshalb bei gerade einmal 925 Kilokalorien. Bei dauerhafter Zuteilung hätte dies einen „sicheren Hungertod" bedeutet.[38] Die übrigen von dem Amerikanern besetzten westsächsischen Gebiete waren ähnlich schlecht versorgt. In Glauchau lag der Kaloriensatz sogar nur bei 630 Kilokalorien.[39] Wie ein Mitglied des Beirats bemerkte, nahm unter diesen Bedingungen „das Gespenst der drohenden Hungersnot greifbare Formen an".[40]

Durch die Erschließung der Braunkohlevorkommen war die Landwirtschaft in diesen Gebieten bereits in den 1920er-Jahren sehr weit zurückgedrängt worden.[41] Bis zum Kriegsende hatte die Leipziger Stadtverwaltung deshalb 80 Prozent der benötigten Lebensmittel aus Gebieten beziehen müssen, die nicht in der unmittelbaren Umgebung lagen. Dabei war besonders die Altmark ein wichtiger Lieferant für Leipzig und Umgebung gewesen. Der Norden der Provinz Sachsen war hingegen in ganz besonderem Maße landwirtschaftlich geprägt. Hier arbeiteten Ende der 1920er-Jahre 50 Prozent der Berufstätigen in der Landwirtschaft, in Leipzig und den umliegenden Landkreisen waren es gerade einmal 10 bis 20 Prozent.[42]

Zwischen Isolation und Selbstbehauptung – Ringen um eine mitteldeutsche Lösung

Es war die prekäre Ernährungslage, in der sich die Stadt Leipzig befand, die den kontrovers diskutierten Mitteldeutschlandplänen der Weimarer Republik erneut Vorschub leistete. Der zweiten Länderkonferenz im Jahr 1928 hatten 25 Denkschriften vorgelegen, die sich mit der Neustrukturierung des Staats und der Länder beschäftigten.[43] Die beiden großen Denkschriften der Provinz Sachsen und der Stadt Leipzig hatten sich in der Hauptsache mit der Beweisführung gegen die unhaltbaren Zustände auf der Verwaltungsebene beschäftigt.[44] Als nun Teile Mitteldeutschlands 1945 amerikanisch besetzt wurden, bot sich erneut die Gelegenheit, eines der Konzepte umzusetzen. Die Initiative ging von den Verwaltungen, den Wirtschaftskammern und Vertretern der

---

38 Bericht der medizinischen Fakultät der Universität Leipzig vom 5.6.1945 (StAL, StVuR, Nr. 7695, Bl. 83).
39 Vgl. Übersicht über die Lebensmittelrationen in den südwestsächsischen Gebieten (ThHStAW, Thür. Min. f. Hand. u. Vers., Nr. 115, Bl. 11).
40 Vgl. Parthey an Prince vom 5.5.1945 (StAL, StVuR, Nr. 7695, Bl. 5).
41 Vgl. Erich Staab/Hanns Thormann (Hg.), Der mitteldeutsche Raum. Seine natürlichen, geschichtlichen und wirtschaftlichen Grenzen, Merseburg 1929, S. 8 f.
42 Vgl. ebd., S. 133.
43 Vgl. ebd., S. 1.
44 Vgl. Erhard Hübener (Hg.), Mitteldeutschland auf dem Wege zur Einheit. Denkschrift über die Wirkung der innerstaatlichen Schranken im Auftrage des Provinzialausschusses der Provinz Sachsen, Merseburg 1927; Walter Leiske (Hg.), Leipzig und Mitteldeutschland. Denkschrift für Rat und Stadtverordnete zu Leipzig, Leipzig 1928.

Landwirtschaft in Leipzig und Halle aus, die sich anfänglich zumindest eine Verbesserung der Lebensmittellage, später jedoch auch einen Zusammenschluss auf der Verwaltungsebene erhofften. Dabei bezogen sie sich in ihren Verhandlungen ausdrücklich auf die Denkschriften Erhard Hübeners und Walter Leiskes. Karl Stoye, Leiter des Leipziger Ernährungsamtes, hatte an der Denkschrift „Leipzig und Mitteldeutschland" mitgewirkt und galt deshalb im Frühjahr 1945 als unverzichtbarer Verhandlungspartner der Stadtverwaltung. Der Vertreter der Provinz Sachsen und Anhalts in der Frage des Zusammenschlusses war Baron Hans-Hasso von Veltheim, über den der persönliche Kontakt zu General Eisenhower aufgenommen werden sollte.[45]

In den zahlreichen Debatten mit der Militärregierung im Mai 1945 forderten die Vertreter der Initiative zumindest die Bildung eines gemeinsamen Ernährungsbezirks, der das gesamte Besatzungsgebiet des VII. Corps umfassen sollte.[46] Die Vertreter der Militärregierung lehnten diesen Vorschlag jedoch ab. Lediglich benachbarte Ernährungsämter sollten einander mitversorgen dürfen. Als Ergebnis einer längeren Diskussion wurde die Bildung eines Ausschusses mit fünf Mitgliedern beschlossen. Er wurde angewiesen, auf Grundlage von Angaben der einzelnen Ernährungsämter eine Aufstellung der Überschuss- und Mangelgebiete sowie über erfolgte Lieferungen zu erstellen. Mit diesen Unterlagen sollte ein Vertreter mit Major Eaton zu General Eisenhower fahren, um die Lage zu erläutern und um eine Lösung zu bitten.[47] Offenbar fand diese Reise jedoch nicht statt, da die Initiative weitreichendere Vorschläge vorlegen wollte, die jedoch erst noch ausgearbeitet und verhandelt werden mussten.

Major Eaton von der amerikanischen Militärregierung in Leipzig setzte sich in ganz besonderem Maße für die Belange der Stadtverwaltung ein. Er unterstützte nicht nur die Aufhebung der Grenzen für den Handel und den Tauschverkehr, sondern auch die Bestrebungen der Stadtverwaltung, ein mitteldeutsches Verwaltungsgebiet zu schaffen. Die Verbesserung der Ernährungslage hatte für ihn dabei jedoch Vorrang gegenüber allen weitergehenden politischen Fragen. In einem Bericht über die Lage in Leipzig erläuterte er die schwierige Situation, in der sich Leipzig durch die schwer passierbaren Grenzen der Stadt- und Landkreise sowie der Armee- und Corps-Grenzen befand, und forderte in diesem Zuge nachdrücklich eine Entscheidung von höherer Stelle. Wollte die Besatzungsmacht der Gefahr einer hungrigen und aufständischen Bevölkerung entgehen, so Eaton, dann müsste sie die Arbeit der Militärregierung auf regionaler

---

45 Vgl. Besprechung über den Anschluss Leipzigs an Sachsen-Anhalt (so der zeitgenössische Behelfsbegriff) vom 3.6.1945 (SächStAL, 20234, Nr. 1346, Bl. 16).
46 Es reichte zu diesem Zeitpunkt vom ehemaligen Regierungsbezirk Leipzig bis nach Dessau und bildete so ein Viereck bis nach Nordhausen.
47 Vgl. Besprechung mit der Militärregierung vom 16.5.1945 (SächStAL, 20234, Nr. 1070, Bl. 68).

Ebene zulassen, um zumindest eine grundlegende Versorgung mit Lebensmitteln gewährleisten zu können.[48] Auch wenn die Berichte Eatons und anderer Militärbehörden über die schwierige Lebensmittellage auf Armee-Ebene Gehör fanden und der Commanding General der 9th US-Armee den Einheiten seines Besatzungsgebiets den Befehl übermittelte, Lebensmittellieferungen in Zukunft zu erleichtern,[49] so änderte sich auf regionaler Ebene die Versorgungslage aufgrund der mangelnden Koordination jedoch nicht.

Ende Mai und Anfang Juni trafen sich Vertreter der Initiative mit Offizieren der lokalen Militärregierungen zu mehreren Sitzungen. Sie planten, ein großes Wirtschaftsgebiet Mitteldeutschland zu bilden, das hauptsächlich Thüringen, die preußischen Provinzen Sachsen und Thüringen sowie die Länder Sachsen, Anhalt und Braunschweig umfassen sollte.[50] Schon in der Denkschrift „Leipzig und Mitteldeutschland" war eine Mitgliedschaft des Landes Braunschweig in der neu zu schaffenden Region als absolut nötig herausgestellt worden.[51] „Wir müssen und wir werden zusammenkommen",[52] hatte der Bürgermeister von Halle, Theodor Lieser, noch am 3. Juni 1945 betont. Doch bereits wenige Tage später wurden Braunschweig und Magdeburg sowie der Norden der preußischen Provinz Sachsen von britischen Truppen besetzt und so zunächst von weiteren Verhandlungen ausgeschlossen.

Vollkommen anders entwickelte sich die Lage in Thüringen. Hermann Louis Brill war bereits am 7. Mai 1945 vom Weimarer Bürgermeister damit beauftragt worden, vorläufig die Geschäfte der bisherigen thüringischen Staatsregierung zu übernehmen.[53] Bereits in den Diskussionen der 1920er- und 1930er-Jahre war deutlich geworden, dass Neugliederungspläne für die Thüringer Landespolitiker nur dann infrage kämen, wenn es sich um eine Angliederung des preußischen Thüringen an das Land Thüringen handelte. In dieser Frage war man sich partei- und lagerübergreifend einig gewesen.[54] Brill hatte sich damals als einer der Wenigen für eine Auflösung Thüringens in

---

48 Vgl. Eaton an CG Ninth Army vom 14.5.1945 (NARA, RG 331, Box 160 Entry 54, Bl. 350 f.).
49 Vgl. Weitergabe des Armeebefehls über den CG VII. Corps vom 30.5.1945 (SächStAL, 20234, Nr. 1346, Bl. 6).
50 Vgl. Besprechung über die Bildung eines landwirtschaftlichen Hauptvereins im Regierungsbezirk Leipzig vom 1.6.1945 (SächStAL, 20234, Nr. 1346, Bl. 3).
51 Vgl. Leiske, Mitteldeutschland, S. 345.
52 Besprechung über den Anschluss Leipzigs an Sachsen-Anhalt vom 3.6.1945 (StAL, StVuR, Nr. 7695, Bl. 31).
53 Brill war studierter Jurist und Mitglied der SPD. Während der Weimarer Republik war er Landtagsabgeordneter und Mitglied des Reichstags gewesen. Nach der Machtübernahme der Nationalsozialisten wurde er verhaftet und war zuletzt im KZ Buchenwald interniert, wo er maßgeblich am „Buchenwalder Manifest" beteiligt war.
54 Vgl. Jürgen John, „Thüringer Frage" und „Deutsche Mitte". Das Land Thüringen im Spannungsfeld endogener und exogener Faktoren. In: Michael Richter/Thomas Schaarschmidt/Mike Schmeitzner (Hg.), Länder, Gaue, Bezirke. Mitteldeutschland im 20. Jahrhundert, Dresden 2007, S. 85–103, hier 93.

einem Einheitsstaat ausgesprochen.[55] Unter amerikanischer Besatzung orientierte er sich jedoch an den alliierten Vorgaben der Dezentralisierung: „Der jetzige Stand der Verwaltung", so führte Brill im Mai 1945 aus, „gleicht einer kleineren Anarchie, in der sich nur noch der geschulte Verwaltungsjurist einigermaßen durchfinden kann. Die Zuständigkeit der einzelnen Behörden ist nicht klar bestimmt. Die Verwaltungsbezirke und -gebiete überschneiden sich."[56] Mittelbehörden waren im Rahmen des Neuaufbaus schon allein aus Kostengründen nicht angedacht. Außerdem sollte auf diese Weise eine erneute Bürokratisierung vermieden werden. Dadurch hätte die Verwaltung aber allein bei den Städten und Landkreisen gelegen, wobei kleinere Gemeinden zusammengeschlossen und einem gemeinsamen Bürgermeister unterstellt werden sollten. Reichs- und Landesbehörden wurden, wie unmittelbar nach Ende der Kampfhandlungen ohnehin praktiziert, den Bürgermeistern unterstellt. Den nötigen Finanzausgleich regelte das neue Landesamt für Finanzen. Ein Berufsbeamtentum sollte es nicht wieder geben.[57] Brills Pläne sahen vor, die Beamten nach schweizerischem Muster als Wahlbeamte zu beschäftigen. Personalentscheidungen sollte die Landesverwaltung übernehmen. An ein Parlament auf demokratischer Basis konnte zunächst auch in Thüringen nicht gedacht werden. Vielmehr sollten Beiräte eingesetzt werden, die „gutachterlich gehört" werden sollten. Sie hätten jedoch, wie in Leipzig, nicht über ein eigenes Stimmrecht verfügt.[58]

Neben den Plänen für den Neuaufbau von Verwaltungsstrukturen machte Brill Vorschläge, welche Gebiete fortan zu Thüringen gehören sollten. Er wollte die sächsischen Gebiete westlich des sowjetischen Besatzungsgebiets und außerhalb des Regierungsbezirks Leipzig an das Land anschließen: Gemeint waren die Kreise Glauchau, Meerane, Oelsnitz, Plauen, Werdau und Zwickau. Ferner sollte die Herrschaft Schmalkalden künftig zu Thüringen gehören, genau wie auch Mellrichstadt bei Meiningen. Weiterhin war vorgesehen, den südlichen Teil des Regierungsbezirks Erfurt sowie Eckartsberga, Naumburg und Weißenfels dem thüringischen Gebiet anzugliedern. Damit wären traditionelle Wirtschafts- und Industriegebiete inkorporiert worden. Das länderübergreifende Besatzungsgebiet des VIII. US-Corps ließ auch die Annexion der sechs westsächsischen Kreise legitim erscheinen, denn offenbar hatte Thüringen die westsächsischen Kreise bereits mitversorgt und leitete aus diesem Umstand seine Gebietsansprüche ab.[59]

---

55 Vgl. ebd.
56 Plan für den Aufbau der Verwaltung Thüringens in Abschrift vom 2.7.1945 (ThHStAW, Thür. MdI, Nr. A 616, Bl. 66.), Originalplan für den Aufbau der Verwaltung Thüringens (ThHStAW, Lth-BMP, Nr. 1078, Bl. 7–18.)
57 Vgl. Der Aufbau der Thüringer Regierung vom 5.6.1945 (StAL, StVuR, Nr. 7695 Bl. 30).
58 Vgl. ebd.
59 Vgl. Besprechung über den Anschluss der Provinz Sachsen-Anhalt mit dem Regierungsbezirk Leipzig an das Land Thüringen vom 5.6.1945 (SächStAL, 20234, Nr. 1346, Bl. 8 f.).

Eine mitteldeutsche Lösung, in der auch das Land Thüringen aufgegangen wäre, erhielt im Frühjahr 1945 aus Thüringen keine nennenswerte Unterstützung. Offenbar agierte Brill von Beginn an gegen die Mitteldeutschlandpläne und stellte sie nicht einmal in den Beiräten zur Diskussion. Dennoch sprach Anfang Juni eine Kommission aus Leipzig und Halle bei Brill vor, die eruieren sollte, in welche Richtung die thüringischen Pläne gingen. Die Kommission hatte den Auftrag, Thüringen dafür zu interessieren, einen „mitteldeutschen Raum zu schaffen, in dem Thüringen, [die] Provinz Sachsen-Anhalt sowie der Regierungsbezirk Leipzig (zu Sachsen-Anhalt) und die übrigen westsächsischen Kreise (zu Thüringen) zu einer politischen Einheit zusammengeschlossen werden" sollten. Laut des Präsidenten der Wirtschaftskammer Halle, Albrecht Pickert, lagen die Vorteile deutlich auf der Hand: Ein vergrößerter Raum unter einheitlicher Verwaltung würde auch die Wirtschaftskreise positiv beeinflussen, statt sie durch willkürliche Grenzziehungen auseinanderzureißen. Die Realisierung dieser Pläne, erinnerte der Leiter der Landwirtschaftskammer Halle, Reinhardt, sei bereits vor zwanzig Jahren eingefordert worden. Nun stellten sie eine unausweichliche Bedingung für den wirtschaftlichen und besonders den ernährungswirtschaftlichen Neubeginn dar. Die verbliebenen bzw. von ihren Ländern isolierten Landesteile müssten sich notgedrungen zusammenfinden, damit wenigstens in der amerikanisch besetzten Zone eine wirtschaftliche und ernährungswirtschaftliche Grundsicherung gewährleistet werden könne.[60]

Die Delegation aus Leipzig und Halle zeigte sich jedoch entsetzt, als sie vernahm, dass Brills Pläne, von denen sie bisher lediglich gerüchteweise gehört hatten, tatsächlich umgesetzt werden sollten. Dermaßen hohe Gebietsansprüche hatte wohl keiner von ihnen erwartet. Sie warfen Brill vor, die Hübner'sche Denkschrift vollkommen falsch interpretiert zu haben. Es gehe keineswegs darum, dass Thüringen auf eigene Faust einen wirtschaftlichen Großbezirk für sich bilde „und sich dabei auf Kosten der Lebensfähigkeit der Nachbarprovinzen gesund" mache. Stoye, bemüht um die Rettung der deutlich ins Wanken geratenen Situation, unternahm den Versuch, Brill vor seiner Reise nach Frankfurt dennoch für das Projekt Mitteldeutschland zu gewinnen und die Gründe für seinen Alleingang zu erfahren. Brills Begründung rief jedoch erneut Empörung hervor: Ein mitteldeutscher Wirtschaftsraum wäre nur schwer zu verwalten – Thüringen, so wie er es geplant habe, stelle jedoch eine Verkehrseinheit und „ein gesundes lebensfähige Gebilde dar".[61]

Damit waren zwar die Verhandlungen mit Thüringen gescheitert, aber die Initiative ließ sich nicht entmutigen. Um die Verhandlungen über den Zusammenschluss nach dem Ausstieg Thüringens dennoch fortführen zu können,

---

60 Vgl. ebd.
61 Besprechung über den Anschluss der Provinz Sachsen-Anhalt mit dem Regierungsbezirk Leipzig an das Land Thüringen vom 5.6.1945 (SächStAL, 20234, Nr. 1346, Bl. 8 f.).

setzten die Verhandlungspartner aus Leipzig und Halle eine Kommission ein, die ein Memorandum erarbeiten ließ, das den Militärregierungen und den militärischen Stellen etwa zehn Tage später zuging.[62] Die neuen Pläne sahen vor, dass das Gebiet im Norden von der Provinz Hannover, im Osten durch die Demarkationslinie, im Süden vom früheren Freistaat Thüringen und im Westen durch Hessen begrenzt sein sollte.

Als Primärziele definierte das Memorandum zwar die Sicherstellung gleicher Rationssätze, die Erleichterung des Ausgleichs von Mangel- und Überschussgebieten auf ernährungswirtschaftlicher und gewerblicher Ebene in der gesamten amerikanischen Besatzungszone und die Schaffung finanzieller Ordnung und Preisstabilität durch die Zusammenlegung und Vereinfachung der Verwaltungen unter der Führung eines Oberpräsidiums. Tatsächlich gingen diese Pläne jedoch weit über bloße Maßnahmen zur Verbesserung der Ernährungslage hinaus: Das Mitteldeutschland-Memorandum orientierte sich in vielen Punkten an den Grundlagen für die Regierungsbildung in Thüringen. Eine Einrichtung von Mittelinstanzen war nicht vorgesehen, stattdessen sollte den Städten und Kreisen im Rahmen der Dezentralisierung mehr Verantwortung übertragen werden.[63]

Zwar hatte man am 15. Juni 1945 beschlossen, das Gebiet des ehemaligen Regierungsbezirks Leipzig erst einmal an die Landwirtschaftskammer Halle anzuschließen. Doch stand dieser Beschluss unter dem Vorbehalt, dass die Kammer ihre bisherigen Bezugsgebiete behielt. Dies sollte einen gewissen Druck auf die Entscheidungsträger der Militärregierungen ausüben und verhindern, dass das benötigte Gebiet durch die Annexionen Thüringens oder die Bildung einer Landwirtschaftskammer in Magdeburg verkleinert würde.[64] Allerdings waren auch die amerikanischen Besatzer bereits eingeschritten und hatten lediglich die Übernahme der westsächsischen Kreise erlaubt.[65] Das Anschlussabkommen zwischen Halle und Leipzig trat noch vor dem Besatzungswechsel in Kraft, und es konnten erste Lieferungen erfolgen.[66] Unter sowjetischer Besatzung wurden die mühsam aufgebauten Verbindungen bereits kurze

---

62 Vgl. Stoye an Vierling vom 14.6.1945 (StAL, StVuR, Nr. 7695, Bl. 62).
63 Vgl. Memorandum über die Notwendigkeit einer einheitlichen Lenkung der Wirtschaft im Rahmen eines größeren Bezirks von Juni 1945 (ebd., Bl. 65 f.). Es gab auch Stimmen, die sich dafür aussprachen, zumindest für eine Übergangszeit einen Regierungsbezirk Leipzig einzurichten, um die landesrechtlichen Bestimmungen angleichen zu können. Vgl. Stoye an Vierling vom 14.6.1945 (ebd., Bl. 62).
64 Vgl. Besprechung über die Frage des Anschlusses an die Provinz Sachsen-Anhalt vom 18.6.1945 (ebd., Bl. 75) und Reinhardt an Vierling vom 18.6.1945 (ebd., Bl. 76).
65 Vgl. Protokoll der 1. Sitzung des umgebildeten Thüringen-Ausschusses am 8.6.[1945]. In: Volker Wahl (Hg.), Der „Thüringen-Ausschuß" 1945. Dokumente zum Wirken eines vorparlamentarischen Gremiums auf Landesebene während der amerikanischen Besatzungszeit und nach dem Besatzungswechsel Juni/Juli 1945, S. 53–56, hier S. 56.
66 Vgl. Stoye an Vierling vom 25.6.1945 (StAL, StVuR Nr. 7695 Bl. 98).

Zeit später wieder rückgängig gemacht. Lebensmittellieferungen waren nur noch mit einer Genehmigung aus Berlin gestattet, und das Ungleichgewicht in der Lebensmittelzuteilung bestand fort.[67] Mittels eines Rundschreibens wurde auch die Verbindung zwischen Thüringen und den westsächsischen Kreisen mit Beginn der 78. Zuteilungsperiode wieder aufgelöst.[68]

Fazit

Aufgabe der Militärregierungen war es, den kämpfenden Truppen den Rücken freizuhalten, indem sie Städte und Landkreise kontrollierten, für Sicherheit und Ordnung sorgten sowie Unruhen in der Bevölkerung vermieden. Auch danach waren die Stadtverwaltungen keinesfalls gleichberechtigte Partner. Eine andere Organisationsstruktur war in dieser Zeit undenkbar. Die Annahme Klaus-Dietmar Henkes, eine geordnete Besatzung sei von vornherein illusorisch gewesen, lässt sich für Mitteldeutschland nicht pauschal bestätigen.[69] Obwohl mit Bürgermeister Vierling kein erfahrener Verwaltungsfachmann an der Spitze der Stadt Leipzig stand, konnten dennoch funktionsfähige Verwaltungsstrukturen und eine einigermaßen arbeitsfähige Stadtverwaltung aufgebaut werden. Dies lag nicht zuletzt an den Mitarbeitern, die Vierling um sich versammelte, aber auch an der Amtsführung der Militärregierung. Doch zeigten sich wiederholt Abhängigkeiten von den Entscheidungen höherer Stellen sowie das Fehlen von Entscheidungsspielräumen aufseiten der Leipziger Akteure. Dies galt sowohl für die Stadtverwaltung als auch für die Militärregierung. So erwiesen sich die Besatzungsoffiziere zwar insgesamt als wenig routiniert im Bereich der zivilen Verwaltung, doch spricht gerade der Neuaufbau einer Verwaltung in Thüringen keineswegs für eine ungeordnete Besatzungsorganisation. Unruhen in der Bevölkerung konnten weitestgehend vermieden werden, auch wenn die Stadt vor einschneidenden Problemen wie einer verschärften Lebensmittelknappheit stand. Major Eaton kam ebenfalls zu dem Urteil, dass die „Aufrechterhaltung von Recht und Ordnung innerhalb der deutschen Bevölkerung [...] ein bemerkenswerter Zug dieses schwierigen Zeitabschnittes gewesen" sei.[70]

Die Bildung eines mitteldeutschen (Wirtschafts-)Raums stellte für Leipzig und sein industriell geprägtes Umland nach dem Kriegsende eine ernährungswirtschaftliche Notwendigkeit dar, was gleichzeitig überhaupt erst die Möglichkeit eröffnete, die viel diskutierten Pläne der Weimarer Republik wieder

---

67 Vgl. Bauer an Frenzel vom 12.9.1945 (ebd., Bl. 164).
68 Vgl. Landesernährungsamt an die Bürgermeister und Landräte in Westsachsen vom 9.7.1945 (ThHStAW, Thür. Min. f. Hand. u. Vers., Nr. 115, Bl. 55).
69 Vgl. Henke, Besatzung, S. 697.
70 Zeugnis für Vierling vom 20.6.1945 (StAL, Kap. 10 V, Nr. 236, Bl. 6).

auf die Tagesordnung zu setzen. Erst gegen Ende der amerikanischen Besatzungszeit kam es zu ersten Lebensmittellieferungen der Landwirtschaftskammer Halle an die Stadt und den Landkreis Leipzig. Die Lebensmittelzuteilung konnte unter amerikanischer Besatzung zwar nicht verbessert werden, unterschritt aber auch nicht das bestehende Niveau. Die Bemühungen um einen Zusammenschluss Mitteldeutschlands waren aufgrund der Besetzung Magdeburgs und Braunschweigs durch britische Truppen sowie durch die ablehnende Haltung Brills zunächst gebremst worden. Jürgen John sieht den Aufbau Thüringens von exogenen Faktoren geprägt.[71] Doch wurde die Bildung eines Regierungsbezirks und einer Landesregierung auch dort von deutscher Seite forciert. In Thüringen glückten diese Bemühungen, in der Provinz Sachsen, in Anhalt und in Leipzig scheiterten sie an der Ablehnung höherer Stellen. Zum einen lag dies sicherlich in der Tatsache begründet, dass Brill die Ausarbeitung für den Neuaufbau allein übertragen wurde und sich so jegliche Diskussionen auf Brill und seinen Verbindungsoffizier Azel F. Hatch reduzierten. Zum anderen spielte vermutlich auch der damit zusammenhänge zeitliche Faktor eine Rolle. Brill hatte die Geschäfte der ehemaligen thüringischen Staatsregierung bereits am 7. Mai übernommen, die Initiative legte ihre ersten konkreten Pläne jedoch erst Mitte Juni vor, sodass eine Entscheidung von höherer Stelle durch den Wechsel von amerikanischer zu sowjetischer Besatzungsmacht obsolet wurde.

71 Vgl. John, „Thüringer Frage", S. 99.

Niemandsland.
Das unbesetzte Territorium im Westerzgebirge April bis Juli 1945

*Gareth Pritchard**

Am Ende des Zweiten Weltkrieges kam es im Westerzgebirge zu einer Reihe bemerkenswerter Ereignisse. Aus Gründen, die bis heute nicht geklärt sind, wurde ein Gebiet, das von Nord nach Süd ungefähr 45 Kilometer und von Ost nach West etwa 38 Kilometer maß, weder von den Amerikanern noch von den Sowjets besetzt. Dort, zwischen den amerikanischen und sowjetischen Linien, lebten etwa 500 000 Einwohner und Flüchtlinge.[1] Schon damals wurde dieses Territorium, das von den Alliierten offenbar vergessen worden war, von den Einheimischen als „das Niemandsland" bezeichnet, und diese Bezeichnung verwendet man noch heute.

Die erste detaillierte Studie zur Niemandsland-Episode wurde 1961 in der DDR von Werner Gross veröffentlicht.[2] Andere DDR-Historiker, wie z. B. Werner Hantzschmann,[3] Horst Rößler, Helmut Scheibner[4] und Lothar Walter,[5] verfassten kurze Abrisse, die sich auf bestimmte Orte konzentrierten. Obwohl einige dieser Untersuchungen auf soliden empirischen Forschungen beruhen und in Detailfragen noch heute hilfreich sind, mussten sie natürlich der kommunistischen Sicht auf die Ereignisse 1945 in Deutschland entsprechen und sind deshalb in analytischer Hinsicht nur von begrenztem Wert.[6] Seit den 1990er-Jahren haben eine Reihe anderer Heimatforscher, wie Eberhard Stoll,[7] Christian

---

*   Aus dem Englischen übersetzt von Annett Zingler.
1   Peter Bukvić, Antifaschistische Selbsthilfe im Westerzgebirge. In: Jochen Czerny/Monika Rank/Beate Roch (Hg.), Republik im Niemandsland. Ein Schwarzenberg-Lesebuch, Leipzig 1997, S. 89–111, hier 89–92.
2   Werner Gross, Die ersten Schritte. Der Kampf der Antifaschisten in Schwarzenberg während der unbesetzten Zeit Mai/Juni 1945, Berlin 1961.
3   Werner Hantzschmann, Niemandsland. In: Kultureller Rundblick Kreis Schwarzenberg, Mai-August 1958, S. 70–119.
4   Horst Rößler/Helmut Scheibner, Brüder, in eins nun die Hände. Der Kampf für eine antifaschistisch-demokratische Ordnung im Kreis Stollberg, 1945–46, Stollberg o. J.
5   Lothar Walther, Als Antifaschisten Macht auszuüben begannen: Aue im Mai 1945, Aue, 1985.
6   Jochen Czerny, Ein (un-)passendes Beispiel. Die DDR-Geschichtsschreibung über das Antifa-Regime. In: Czerny/Rank/Roch, Republik im Niemandsland, S. 183–213.
7   Eberhard Stoll, Ouvertüre im Niemandsland, Schwarzenberg, 1995.

Löhr[8] und Lenore Lobeck,[9] hilfreiche Schilderungen der Niemandsland-Zeit aus post- oder (im Fall Lobecks) antikommunistischer Perspektive verfasst.

Auch wenn viele dieser Studien von Nutzen sind, so ist doch allen gemein, dass ihr Schwerpunkt auf der Heimatgeschichte liegt. Dieser Beitrag wird darlegen, dass die Ereignisse im Westerzgebirge auch Licht auf wichtige Fragen werfen können, die in den größeren Kontext der deutschen Geschichte am Ende des Zweiten Weltkrieges gehören. Das liegt jedoch nicht daran, dass die Niemandsland-Episode andernorts direkte Auswirkungen auf den Lauf der Ereignisse gehabt hätte. 1945 war das Westerzgebirge ein entlegener Teil Deutschlands, versteckt an der sächsisch-tschechischen Grenze, und außer für die ortsansässige Bevölkerung für keinen von Bedeutung. Doch aus Gründen, die im Folgenden erläutert werden, stellen die Berge und Wälder des Westerzgebirges für den Historiker einen faszinierenden Aussichtspunkt dar, von dem aus man überschauen kann, was im Rest Deutschlands vor sich ging.

Ein Überblick über die Ereignisse im Niemandsland

Im April 1945 rückte die amerikanische Armee von Westen her nach Sachsen vor und nahm am 17. April Zwickau und am 19. April Leipzig ein. Zwei Wochen später rückte die Rote Armee von Osten her an und besetzte am 8. Mai Chemnitz. Bis auf zwei Gebiete war nun ganz Sachsen von den Alliierten besetzt. Das kleinere umfasste die Dörfer Claußnitz, Geringswalde, Oberhohenkirchen und Taura.[10] Eine viel größere unbesetzte Zone erstreckte sich über ca. 1 500 bis 2 000 Quadratkilometer von Johanngeorgenstadt an der tschechischen Grenze bis an die Vororte von Chemnitz und von Ifersgrün (Vogtland) bis nach Schlettau. Die wichtigsten Städte in der unbesetzten Zone waren Stollberg, Schneeberg, Aue und Schwarzenberg. Die Sowjets und die Amerikaner errichteten Straßenblockaden und kontrollierten sorgfältig jegliche Bewegung in das unbesetzte Gebiet und aus dem Gebiet heraus. Sie entsandten gelegentlich Patrouillen in die Zone, doch abgesehen davon waren die Bewohner des Niemandslandes auf sich selbst gestellt.[11]

In den ersten beiden Maiwochen, als die Bevölkerung des Westerzgebirges ängstlich darauf wartete, was mit ihr passieren würde, kam es im unbesetzten

---

8 Christian Löhr, Zwischen Traum und Wirklichkeit. Der Landkreis Schwarzenberg im Frühsommer 1945. In: Enttäuschte Hoffnung: Wiederaufbau der kommunalen Selbstverwaltung 1945–1949, Miriquidi Jahresheft 2004, S. 7–33.
9 Lenore Lobeck, Die Schwarzenberg-Utopie. Geschichte und Legende im „Niemandsland", Leipzig 2004.
10 Harald Weber, Die unbesetzte Zone im Mulde-Gebiet. In: Czerny/Rank/Roch, Republik im Niemandsland, S. 85–88.
11 Vgl. Bukvić, Antifaschistische Selbsthilfe, S. 89–92.

Gebiet zu vier wichtigen Entwicklungen, die für unsere Analyse von Bedeutung sind. Erstens verschlechterte sich die materielle Lage in der unbesetzten Zone rapide. Vom Rest der Welt abgeschnitten, war das Niemandsland nicht in der Lage, die zum Überleben notwendigen Lebensmittel zu importieren. Die Lebensmittelvorräte gingen schnell zur Neige. Tausende Wehrmachts- und SS-Truppen, die noch nicht kapituliert hatten und in der Zone festsaßen, sowie Tausende unruhige und hungrige Zwangsarbeiter und Kriegsgefangene stellten für die Bevölkerung eine zusätzliche Last dar. Außerdem war die öffentliche Ordnung ernsthaft gestört. Reisende auf abgelegenen Straßen wurden am helllichten Tage angegriffen und ausgeraubt. An manchen Orten kam es zu Plünderungen.[12]

Zweitens begann sich der Apparat der Nazipartei rasch aufzulösen. Als die Nachricht von Hitlers Tod das Westerzgebirge erreichte, war die erste Reaktion der örtlichen Nazis, sein Ableben zu betrauern. Die Flaggen auf öffentlichen Gebäuden wurden auf Befehl der NSDAP-Kreisleitungen auf halbmast gesetzt.[13] Am 3. Mai veröffentlichte die wichtigste Lokalzeitung, der „Erzgebirgische Volksfreund", eine Botschaft von Generalfeldmarschall Ferdinand Schörner, der die Deutschen dazu aufrief, im Geiste Adolf Hitlers weiterzukämpfen.[14] Die letzten Versammlungen von Ortsgruppen der NSDAP fanden statt: am 1. Mai in Aue, am 3. Mai in Beierfeld und am 4. Mai in Schwarzenberg.[15] Doch inzwischen war selbst den überzeugtesten Nazis klar, dass der Kampf aussichtslos war. Überall in der unbesetzten Zone legten die Nazis ihre Parteiabzeichen ab, verbrannten belastende Dokumente, versteckten sich in ihren Häusern oder flohen.[16]

Drittens: Obwohl die Partei der Nazis Anfang Mai zerfiel, blieb der Apparat der Kommunalverwaltung bestehen. Das machte das Niemandsland zu einem Sonderfall. Nahezu überall in Deutschland kam es zur „Stunde Null" zu einem beinahe vollständigen Zusammenbruch der staatlichen Strukturen auf der Kreis- und Bezirksebene. Doch im Westerzgebirge verblieben die jeweiligen Bürgermeister und ihre Beigeordneten im Amt, wie die beiden ranghöchsten Beamten der untersten staatlichen Verwaltung im unbesetzten Gebiet, Georg Dude (Landrat des Kreises Stollberg) und Dr. Friedrich Hänichen (Landrat des Kreises Schwarzenberg).[17]

Die vierte wichtige Entwicklung in diesen chaotischen Tagen Anfang Mai 1945 war die Tatsache, dass örtliche Antifaschisten in der unbesetzten Zone

---

12 Gareth Pritchard, Niemandsland. A History of Unoccupied Germany, 1944-1945, Cambridge 2012, S. 58-69.
13 Manfred Müller/Ilona Seifert (Hg.), Freie Republik Schwarzenberg. Zeugnisse einer Legende, Dokumente und Berichte, Schwarzenberg 1998, S. 37.
14 Generalfeldmarschall Schörner hat folgenden Aufruf erlassen. In: Erzgebirgischer Volksfreund vom 3.3.1945.
15 Müller/Seifert, Freie Republik Schwarzenberg, S. 35-37.
16 Pritchard, Niemandsland, S. 69-71.
17 Vgl. ebd., S. 71-72.

damit begannen, sich neu zu organisieren. Unter der Naziherrschaft hatten Sozialdemokraten und Kommunisten jahrelang unter Verfolgung gelitten.[18] Die Intensität des Naziterrors hatte organisierten Widerstand mehr oder weniger unmöglich gemacht, doch die Antifaschisten waren nichtsdestotrotz informell in Kontakt geblieben.[19] Als klar wurde, dass ihre Orte vorerst nicht besetzt würden, begannen die Antifaschisten, sich heimlich zu treffen, um über die Situation zu diskutieren. Was dann geschah, war von Ort zu Ort unterschiedlich und hing von den lokalen Gegebenheiten ab. In einigen Orten organisierten die Antifaschisten kleinere Aufstände gegen die herrschenden Obrigkeiten. In der industriell geprägten Stadt Grünhain beispielsweise besetzte eine bewaffnete Gruppe von Arbeitern am 9. Mai das Rathaus und verhaftete den Nazi-Bürgermeister und den Kommandeur des örtlichen Volkssturms.[20] Zwei Tage später marschierte in Schwarzenberg eine Gruppe von etwa 120 Arbeitern zum Rathaus und setzte den amtierenden Bürgermeister ab.[21] In anderen Teilen des Niemandslandes verlief der Übergang zur antifaschistischen Herrschaft weniger dramatisch. In Städten und Dörfern wie Oberschlema, Raschau und Beierfeld wurde die alte Ordnung angefochten, aber nicht von großen Gruppen bewaffneter Arbeiter, sondern von einigen wenigen Antifaschisten, die auf eigene Faust handelten. Zu diesem Zeitpunkt war der alte Staatsapparat so schwach, dass amtierende Bürgermeister unter geringem Widerstand oder gänzlich widerstandslos abgesetzt wurden.[22] Insbesondere im nördlichen Teil des Niemandslandes gestaltete sich der Übergang zur antifaschistischen Herrschaft komplexer und erfolgte schrittweise. Der Hauptgrund dafür war die Nähe der Amerikaner, die hier, obwohl sie den Bezirk nicht besetzten, einen größeren Einfluss ausübten als im entlegeneren südlichen Teil des unbesetzten Gebiets. In Aue, Schneeberg und Stollberg entfernten die Amerikaner die berüchtigtsten

---

18 Vgl. Egon Teucher, Die Gründung der SED im Kreis Aue-Schwarzenberg, Aue, 1966, S. 30-31.
19 Vgl. Pritchard, Niemandsland, S. 41-48.
20 Referat 15. Jahrestag der SED in Grünhain (Kreisarchiv Aue-Schwarzenberg, Geschichtskommission SED Kreisleitung Schwarzenberg, Nr. 4, unpag.); Ein Erlebnisbericht aus dem Erzgebirge vom 1.2.1975 (ebd., Nr. 5, unpag.).
21 Werner Gross, Der Kampf Schwarzenberger Antifaschisten während der besatzungslosen Zeit (Mai/Juni 1945). In: ZfG, 8 (1960), S. 659-672; Paul Korb, Der Antifaschistische Aktionsausschuss in Schwarzenberg. In: Czerny/Rank/Roch, Republik im Niemandsland, S. 28-41; Am Anfang stand das Ende, o. D. (Kreisarchiv Aue-Schwarzenberg, Geschichtskommission SED Kreisleitung Schwarzenberg, Nr. 7, unpag.).
22 Wolfgang Kießling, Beierfeld. Erlebnisse in einer Gemeinde der „Freien Republik". In: Czerny/Rank/Roch, Republik im Niemandsland, S. 42-56; Oliver Titzmann, Uranbergbau contra Radiumbad. Die Auswirkungen des Uranbergbaus SAG/SDAG Wismuth auf die Gemeinde Radiumbad Oberschlema (1945-1955), Leipzig 2003, S. 31-33; Bericht über die Ablösung des Naziregimes in den Mai-Tagen 1945 in Raschau (Kreisarchiv Aue-Schwarzenberg, Geschichtskommission SED Kreisleitung Schwarzenberg, Nr. 4, unpag.); Forschungsauftrag der örtlichen Geschichte der Arbeiterbewegung (Beierfeld) (ebd., Nr. 5, unpag.).

Nazis aus den Stadträten und ersetzten sie durch moderate Sozialdemokraten, ehemalige Liberale oder den Nazis nicht nahestehende Konservative, ansonsten jedoch beließen sie die amtierenden Funktionäre im Amt. Statt die Funktionäre, die von den Amerikanern gebilligt worden waren, direkt abzulehnen, bildeten die ortsansässigen Antifaschisten lieber „Beratungsausschüsse", die parallel zu den Strukturen der Kommunalverwaltung agierten. In diesen Städten verschob sich das Machtgleichgewicht allmählich zugunsten der Antifaschisten, und die alten Amtsinhaber wurden aus ihrem Amt gedrängt.[23] Bis Mitte Mai waren alle Städte und Dörfer fest in der Hand der Antifaschisten.

Obwohl die Mittel, mit denen die Antifaschisten die Macht übernahmen, sehr unterschiedlich waren, agierten sie im Anschluss in allen Ortschaften mehr oder weniger ähnlich. Überall im Niemandsland ernannten sie antifaschistische Bürgermeister und gründeten „Aktionskomitees". Die politische Zusammensetzung dieser Komitees hing von den Traditionen vor Ort ab, aber im gesamten Gebiet war etwa die Hälfte der Mitglieder Kommunisten, ungefähr ein Drittel waren Sozialdemokraten, und der Rest war eine Mischung aus antinazistischen Liberalen, parteilosen Arbeitern und ehemaligen Mitgliedern linker Splitterparteien wie der Sozialistischen Arbeiterpartei (SAP) und der Kommunistischen Partei Opposition (KPO). Zum Großteil setzten sich die Komitees aus Männern in mittleren Jahren zusammen, die seit Jahrzehnten in der deutschen Arbeiterbewegung aktiv waren. Alte Funktionäre wurden entweder entlassen und durch Antifaschisten ersetzt, oder sie durften – wenn ihre Expertise als unentbehrlich erachtet wurde – in ihren Ämtern verbleiben, allerdings unter strenger Aufsicht. Der ranghöchste Funktionär des alten Regimes im Bezirk, Landrat Dr. Hänichen, durfte seinen Posten behalten, weil er nie Mitglied der NSDAP gewesen war; doch die Bedingung war, dass er den Antifaschisten regelmäßig Bericht erstattete und ihnen all seine Entscheidungen zur Bestätigung vorlegte.[24]

Zunächst agierten die verschiedenen Aktionskomitees eigenständig, obwohl sie jeweils von der Existenz der anderen Komitees wussten.[25] Doch es war nur natürlich und auch notwendig, dass sie versuchten zusammenzuarbeiten. Es war nicht nur so, dass die Mitglieder der Komitees Mitglieder benachbarter Komitees aufgrund alter Verbindungen in der Partei kannten, sondern die angespannte materielle Lage erforderte die Zusammenarbeit. Die größte

---

23 Vgl. Jeanette Michelmann, Aktivisten der ersten Stunde. Die Antifa in der Sowjetischen Besatzungszone, Köln 2002, S. 254–259; Fritz Sacher, Schneeberg in besatzungsloser Zeit: Erinnerungsprotokoll eines Zeitzeugen zum 45. Jahrestag der Befreiung vom Faschismus. In: Erzgebirgische Heimatblätter, 3/1990, S. 66–68; Karl-Heinz Gräfe/ Helfried Wehner, Die Befreiung unseres Volkes vom Faschismus und der Beginn der antifaschistisch-demokratischen Umwälzung. In: Sächsische Heimatblätter, 1/1975, S. 34–35; Sonnabend, den 12. Mai 1945 (Kreisarchiv Stollberg, RdS Stollberg, 3342, Bl. 1–2).
24 Pritchard, Niemandsland, S. 86–94.
25 Korb, Der Antifaschistische Aktionsausschuss, S. 35.

Bedeutung hatte das Schwarzenberger Komitee, das als Knotenpunkt für das gesamte unbesetzte Gebiet diente.[26] Am 23. Mai wurde in Schwarzenberg ein Bezirks-Aktionsausschuss mit Vertretern aus der gesamten unbesetzten Zone gegründet.[27] Am 5. Juni beanspruchte das Bezirks-Aktionskomitee die Befehlsgewalt, und zwar nicht nur über alle Aktionskomitees und Staatsbeamten im Niemandsland.[28] Einige Wochen lang versuchten die neuen antifaschistischen Behörden, die materielle Lage, so gut sie konnten, zu stabilisieren und mit der Entnazifizierung zu beginnen. Doch ihre Herrschaft währte nur kurz. Am 13. Juni begannen die Amerikaner damit, die Region nach und nach zu räumen, sodass die Rote Armee entsprechend früherer Übereinkünfte die Kontrolle über Sachsen übernehmen konnte.[29] In der Zwischenzeit begannen Einheiten der Roten Armee, ins Niemandsland vorzurücken. Am 25. Juni kam eine Abordnung sowjetischer Soldaten in Schwarzenberg an.[30] Einige entlegenere Gebiete des Westerzgebirges wurden erst Anfang Juli von der Roten Armee besetzt.[31]

Trotz der Tatsache, dass sie nur sehr kurz existierte, kann die antifaschistische „Republik im Niemandsland" den Historikern dabei behilflich sein, einige wichtige, weiter gefasste Fragen in Bezug auf die Geschichte Deutschlands im Jahr 1945 zu behandeln. Ein Grund dafür ist der ungewöhnliche Reichtum der Archivquellen des Westerzgebirges. An anderen Orten in Deutschland gibt es nur wenige deutsche Zeugnisse aus der chaotischen Zeit unmittelbar nach Kriegsende und noch weniger haben in den Archiven die Zeiten überdauert.[32] Im Niemandsland hingegen erschienen auch weiterhin Zeitungen, und die Organe der Kommunalverwaltung setzten ihre Arbeit fort. Infolgedessen ist es möglich, im Westerzgebirge den Verlauf der Ereignisse auf der lokalen Ebene ungewöhnlich detailliert zu rekonstruieren. Und eben weil das Niemandsland unbesetzt blieb, kann es uns außerdem dabei helfen, die Folgen der Besatzung durch die Alliierten auf Deutschland als Ganzes besser zu verstehen. Seit 1945 streiten die Historiker über die Auswirkungen der Besatzungspolitik der Alliierten auf die deutsche Gesellschaft und die deutsche Politik.[33] Aber es ist äußerst schwer, die komplexen Interaktionen zwischen der Politik der Alliierten und den in Deutschland vorliegenden Bedingungen zu entwirren. Nur im Nie-

---

26 Gross, Die ersten Schritte, S. 36; Stoll, Ouvertüre, S. 13.
27 Müller/Seifert, Freie Republik Schwarzenberg, S. 67.
28 Entschließung (Kreisarchiv Aue-Schwarzenberg, RdG Breitenbrunn, 243, Bl. 15); Entschließung (Kreisarchiv Aue-Schwarzenberg, RdS Johanngeorgenstadt, 577, Bl. 83).
29 Das Ostufer der Mulde erreicht. In: Schwarzenberger Zeitung vom 16.6.1945.
30 Korb, Der Antifaschistische Aktionsausschuss, S. 41.
31 Bericht über die Stadt Eibenstock (Kreisarchiv Aue-Schwarzenberg, RdS Eibenstock, 94, unpaginiert).
32 Ulrich Borsdorf/Lutz Niethammer (Hg.), Zwischen Befreiung und Besatzung, Weinheim 1995, S. 9.
33 Gareth Pritchard, The Occupation of Germany in 1945 and the Politics of Germany History. In: History Compass, 7 (2009) 2, S. 447–473.

mandsland bekommen wir zu sehen, was passierte, wenn die Strömungen der deutschen Politik größtenteils frei von alliierter Intervention ihre eigenen Richtungen finden konnten.

Das Niemandsland und die Debatte um die antifaschistischen Komitees

Eines der größeren Themen, auf das die Niemandsland-Episode Licht wirft, ist das der antifaschistischen Bewegung 1945 in Deutschland. Am Ende des Zweiten Weltkrieges entstanden in jeder größeren Stadt in Deutschland und in Hunderten kleinerer Städte und Dörfer antifaschistische Komitees. Sie setzten sich vor allem aus Sozialdemokraten und Kommunisten zusammen, in manchen Orten gehörten ihnen auch liberale oder christliche Antifaschisten an. Sie gaben sich selbst die verschiedensten Namen, aber unter Historikern sind sie gemeinhin als antifaschistische Komitees oder „Antifas" bekannt. Die Aktionskomitees im Niemandsland waren eindeutig ein Teil dieses größeren Phänomens.

Überall in Deutschland, auch im Niemandsland, waren die Antifas hauptsächlich mit praktischen Aufgaben wie der Beseitigung der Trümmer von den Straßen, der Kontrolle der verbliebenen Lebensmittelvorräte, der Wiederherstellung der Gas-, Strom- und Wasserversorgung, dem Wiederaufbau von Telefonverbindungen, der Verhinderung von Plünderungen und der Wiederherstellung der öffentlichen Ordnung beschäftigt. Aber wenn es die Zeit und die Ressourcen erlaubten, engagierten sich die Antifas auch politisch, beispielsweise indem sie antifaschistische Literatur verbreiteten, öffentliche Versammlungen abhielten und führende Nazis im Auge behielten. Besonders in traditionellen Hochburgen der deutschen Arbeiterbewegung spielten sie in der Übergangsphase zwischen dem Zusammenbruch der Naziherrschaft und der Wiederherstellung konventionellerer Strukturen der Gemeindeverwaltung durch die Alliierten eine wichtige Rolle.[34] Einige der Antifas brachten es auf eine nicht unbedeutende Größe. Nur zwei Wochen nach ihrer Gründung umfasste zum Beispiel die Antifa in Bremen angeblich 14 Ortsgruppen mit 4625 Mitgliedern, und in der Umgebung kamen weitere 14 Gruppen mit 2230 Mitgliedern hinzu.[35]

Die Alliierten waren angesichts der Stärke der Antifas überrascht. Zunächst wurden ihre Reaktionen auf die Entstehung der Antifas hauptsächlich von Offizieren vor Ort festgelegt. Gegen Ende Mai jedoch begannen alle Alliierten damit, die Antifas systematisch zu unterdrücken, wo immer sie ihnen begegneten. In den westlichen Zonen waren die Antifas verdächtig aufgrund der bedeutenden

---

34 Pritchard, Niemandsland, S. 4–29.
35 Peter Brandt, Die Kampfgemeinschaft gegen den Faschismus (KGF) in Bremen. In: Ulrich Borsdorf/Peter Brandt/Lutz Niethammer (Hg.), Arbeiterinitiative 1945. Antifaschistische Ausschüsse und Reorganisation der Arbeiterbewegung in Deutschland, Wuppertal 1976, S. 387–413.

Rolle, die die Kommunisten in ihnen spielten. Die westlichen Alliierten betrachteten die Antifas außerdem als eine Verletzung des auferlegten Verbots politischer Aktivitäten.[36] Angesichts der Tatsache, dass die meisten Antifas von Kommunisten geleitet wurden, hätte man erwartet, dass die Rote Armee ihnen gegenüber mehr Sympathien hegen würde. Doch es stellte sich bald heraus, dass die Sowjets ebenso entschlossen waren wie die Westmächte, die Antifas so schnell wie möglich aufzulösen.[37]

Die historiografische Diskussion um die Antifas ist eng verwoben mit einer größeren Debatte über „verpasste Gelegenheiten" und „unterdrückte historische Alternativen", insbesondere mit der Vorstellung, dass Deutschland 1945 einen „dritten Weg" in Richtung eines „echten" Sozialismus hätte finden können.[38] Die strittige Frage ist, ob die Antifas als Bausteine einer neuen Art partizipativer Demokratie in Deutschland hätten dienen können. Die Bedeutung der Niemandsland-Episode in dieser Debatte besteht darin, dass sie schwer mit einer der zentralen Denkschulen in der vorliegenden Historiografie in Einklang zu bringen ist. Die meisten Historiker, die zu dieser Periode forschen, befassen sich entweder erst gar nicht mit den Antifas oder erwähnen sie nur nebenbei oder porträtieren sie als schwach, ohne breite Unterstützung und als nur von lokaler Bedeutung. Theodor Eschenburg zum Beispiel meint: „Eine ernsthafte politische Alternative stellten die Antifaschisten Aktionsausschüsse in dieser Nachkriegssituation nicht dar."[39] A. J. Nicholls stimmt zu: „Die Anzahl und der Einfluss [der Antifas] war sehr gering."[40] Hans-Peter Schwarz beschreibt die Antifas als ein „nebensächliches Randphänomen".[41] Daniel Rogers und Diethelm Prowe kommen zu dem Schluss, dass die Vision, die von den Aktivisten der antifaschistischen Bewegung verfolgt wurde, „nie mehr als ein potenziell beschränktes Hirngespinst war".[42]

---

36 Rebecca Boehling, A Question of Priorities. Democratic Reform and Economic Recovery in Postwar Germany, New York 1996, S. 99–104, 157–158; Peter Brandt, Die Haltung der Ordnungskräfte zu den Antifas. In: Borsdorf/Brandt/Niethammer, Arbeiterinitiative 1945, S. 635–643; Daniel Rogers, Politics After Hitler. The Western Allies and the German Party System, New York, 1995, S. 76–80.
37 Michelmann, Aktivisten, S. 374–396; Gareth Pritchard, The Making of the GDR 1945–1953, Manchester 2004, S. 31–37.
38 Peter Brandt, Germany after 1945: Revolution or Counterrevolution? In: Reinhard Rürup (Hg.), The Problem of Revolution in Germany, 1789–1989, Oxford 2000, S. 129–160.
39 Theodor Eschenburg, Geschichte der Bundesrepublik Deutschland. Jahre der Besatzung 1945–49, Stuttgart 1983, S. 107.
40 Anthony James Nicholls, The Bonn Republic. The West German Democracy 1945–1990, London 1997, S. 37.
41 Vgl. Christoph Kleßmann, Die doppelte Staatsgründung. Deutsche Geschichte 1945–1955, Göttingen 1991, S. 122.
42 Vgl. Diethalm Prowe, Rezension zu „Politics after Hitler: The Western Allies and the German Party System" (https://networks.h-net.org/node/35008/reviews/43467/prowe-rogers-politics-after-hitler-western-allies-and-german-party; 29.1.2015).

Das Beispiel des Niemandslandes legt nahe, dass jene Historiker, die die Antifas einfach abtun, falsch liegen. Im Niemandsland war die antifaschistische Bewegung nicht nur in der Lage, die Macht ohne Hilfe von außen zu übernehmen, sondern sie baute unter den gegebenen Umständen auch eine Art funktionierender Verwaltung auf. Angesichts des bloßen Ausmaßes der materiellen Probleme, mit denen die Antifas konfrontiert waren, war das, was sie in der unbesetzten Zeit bewerkstelligten, bemerkenswert. Obwohl die Lebensmittelversorgung die ganze Zeit über kritisch blieb, konnte Hunger vermieden werden; Anfang Juni war es sogar möglich, die Rationen ein wenig zu erhöhen.[43] Die öffentlichen Servicebetriebe wurden notdürftig wieder aufgebaut, der totale Zusammenbruch der öffentlichen Ordnung abgewendet.[44] Die Aktionskomitees verhandelten erfolgreich mit den Amerikanern und den Sowjets über den Abzug Zehntausender Fremdarbeiter, Kriegsgefangener und deutscher Flüchtlinge.[45] Große Mengen Waffen wurden den Wehrmachtstruppen abgenommen, von den Straßenrändern aufgelesen und entweder zerstört oder den Alliierten übergeben. Die Zivilbevölkerung wurde vor den hungrigen Banden jener Wehrmachtstruppen, die nicht kapituliert hatten, beschützt. Das Aktionskomitee in Schwarzenberg schuf sogar eine bewaffnete Miliz, um die Banden von SS-Männern, die in den Wäldern lauerten, aufzuspüren und zu neutralisieren.[46]

Es ist natürlich gefährlich, anhand nur eines Beispiels allgemeine Schlüsse zu ziehen. Es ist riskant, das Niemandsland als typisch anzusehen, führt man sich die speziellen, ja einzigartigen Umstände, die dort vorlagen, vor Augen. Andererseits jedoch war der Bezirk auch repräsentativ für ganz Deutschland, zumindest in dem Sinn, dass er einen Querschnitt der deutschen Industrie und Landwirtschaft, eine gemischte Klassenstruktur und eine heterogene politische Kultur aufwies, in der alle großen politischen Traditionen in mehr oder weniger denselben Verhältnissen wie in Deutschland als Ganzem vertreten waren. Außerdem entwickelten sich wichtige Antifas in Städten wie Leipzig und Bremen vor ihrer Unterdrückung in ähnliche Richtungen wie die Aktionskomitees im Niemandsland.[47] Es gibt keinen Grund anzunehmen, dass die Antifaschisten in Leipzig oder Bremen weniger fähig waren als ihre Genossen im Westerzgebirge.

Eine andere Denkschule in der Historiographie besteht aus Autoren, die die Antifas als Ausdruck einer Basisarbeiterdemokratie sehen. In seiner bekannten Biografie beschreibt Wolfgang Leonhard, der 1945 ein hochrangiger Kommunist in Berlin war, die Antifabewegung mit viel Sympathie und kritisiert die

---

43 Stoll, Ouvertüre, S. 15-16.
44 Pritchard, Niemandsland, 102-107.
45 Vgl. ebd., S. 108-113.
46 Vgl. ebd., S. 113-121.
47 Horst Schmollinger, Das Bezirkskomitee Freies Deutschland in Leipzig. In: Borsdorf/Brandt/Niethammer, Arbeiterinitiative 1945, S. 219-251; Brandt, Kampfgemeinschaft, S. 387-413.

Entscheidung der Sowjets und der KPD-Führung, sie zu unterdrücken.[48] In den 1970er-Jahren erforschte eine Gruppe von Historikern zur Arbeiterschaft um Lutz Niethammer die Antifabewegung im Detail und erstellte eine Reihe von Studien, die ihre Energie, ihren demokratischen Charakter und ihr radikales Potenzial betonten.[49] In jüngerer Zeit hat Rebecca Boehling die Antifas als „Modelle der Bürgerbeteiligung und nichthierarchischer Zusammenarbeit" charakterisiert.[50] Norman Naimark behauptet, dass die antifaschistischen Komitees eine „Alternative des Volkes zu den Institutionen der militärischen Besatzungsregierung sowie zum Kommunismus im sowjetischen Stil" darstellten.[51] Geoff Eley argumentiert, dass die Unterdrückung der Antifas durch die Alliierten eine verpasste Gelegenheit für die Schaffung einer neuen Art partizipatorischer Demokratie in Deutschland darstellt.[52]

Die Niemandsland-Episode scheint solche Ansichten auf den ersten Blick zu stützen. Die antifaschistische Bewegung in der unbesetzten Zone könnte herangezogen werden, um das Potenzial zu zeigen, das andernorts, wo die Komitees unterdrückt wurden, zerstört wurde. Aus diesem Grund tauchen gelegentlich in linksgerichteten Publikationen und auf linksorientierten Internetseiten glühende Verweise auf die „Arbeiterrepublik" Schwarzenberg auf. Der kommunistische Schriftsteller und Dissident Stefan Heym schrieb mit seinem bekannten Roman „Schwarzenberg" eine fiktive Erzählung der Niemandsland-Episode als ein Manifest seiner Vision eines sozialistischen, aber demokratischen Deutschland.[53] Linksorientierte Historiker und politische Aktivisten im zeitgenössischen Deutschland versuchen immer noch zu belegen, die Niemandsland-Episode zeige, dass die DDR eine demokratische „Vorgeschichte" gehabt habe, die durch den Stalinismus verzerrt worden sei.[54]

Aus verschiedenen Gründen untergräbt eine genauere Analyse der Ereignisse in der unbesetzten Zone die These eines „dritten Weges", statt sie zu unterstützen. Erstens hatten die Aktivisten, die die Aktionskomitees führten, nie die Absicht, im Niemandsland eine demokratische Alternative zum Stalinismus aufzubauen.[55] Ihre Aktivitäten sollten vielmehr als eine pragmatische Antwort auf die ernsthaften materiellen Probleme, denen man in der unbesetzten Zone gegenüberstand, gesehen werden.[56] In den Archivbeständen gibt es kaum Hin-

---

48 Wolfgang Leonhard, Die Revolution entlässt ihre Kinder, Frankfurt a. M. 1961, S. 325 f.
49 Borsdorf/Brandt/Niethammer, Arbeiterinitiative 1945.
50 Boehling, Question of Priorities, S. 207.
51 Norman Naimark, Revolution and Counterrevolution in the Soviet Occupied Zone of Germany, 1945–46, Boston 1991, S. 31.
52 Geoff Eley, Legacies of Antifascism: Constructing Democracy in Postwar Europe. In: New German Critique, 67/1996, S. 94.
53 Stefan Heym, Schwarzenberg, Frankfurt a. M. 1990.
54 Lobeck, Schwarzenberg-Utopie, S. 30–33.
55 Czerny, Ein (un-)passendes Beispiel, S. 207–208.
56 Stoll, Ouvertüre, S. 21.

weise, dass sich die Mitglieder der Komitees der Unterdrückung durch die Sowjets widersetzten oder sich darüber geärgert hätten. Im Gegenteil, nach der Ankunft der Roten Armee machte die Mehrheit der Komiteemitglieder mehr oder weniger weiter wie bisher, nur dass sie jetzt unter der Ägide der offiziell wieder aufgebauten kommunistischen oder sozialdemokratischen Parteien agierten. Lange nach der Ankunft der Sowjets trafen sich zum Beispiel Antifaschisten in Eibenstock weiterhin regelmäßig mit dem Bürgermeister, um die Geschicke der Stadt zu lenken. Die einzige klar erkennbare Veränderung, die durch die Anwesenheit der Roten Armee hervorgerufen wurde, bestand darin, dass sich die Antifaschisten nun als Bürgermeisterstellvertreter statt als Mitglieder der Antifa trafen.[57] Viele der bedeutendsten Persönlichkeiten in den Schwarzenberger Antifas machten weiter und brachten es zu langen und erfolgreichen Karrieren als treue Diener des ostdeutschen Staats.[58] Am Ende der unbesetzten Zeit gab es somit einen fast nahtlosen Übergang zu den Gegebenheiten der sowjetischen Militärbesatzung.

Das grundlegendste Problem einer „Dritter Weg"-Interpretation des Niemandslandes besteht darin, dass die neue Ordnung, die sich während der Zeit der Nichtbesetzung herausbildete, zwar sicherlich antifaschistisch war, aber keinesfalls demokratisch. Die meisten Antifas wurden von Anfang an von Kommunisten dominiert, von denen der Großteil hartgesottene Revolutionäre waren, die in der Weimarer Zeit alles in ihrer Macht Stehende getan hatten, um die demokratische Verfassung zu Fall zu bringen.[59] 1945, im Moment ihres Triumphs, waren sie nicht gerade erpicht darauf, die Macht zu teilen. In Schönheide beispielsweise stellten die 14 Mitglieder des Komitees – allesamt KPD-Mitglieder oder Sympathisanten – klar: „Soweit der Ausschuss antifaschistische Arbeit leistet, soll es auf kommunistischer Grundlage geschehen." Das Aktionskomitee erstellte eine lange Liste von Prinzipien für die politische Steuerung und Koordination von Schönheide, deren erster Punkt wie folgt lautete: „Es darf nur noch eine Partei geben: die KPD."[60] Als die Sowjets ankamen, waren 24 der 40 Bürgermeister im Landkreis Schwarzenberg Kommunisten, ihnen standen lediglich vier Sozialdemokraten, zwei Liberale, ein Christdemokrat, ein früheres SAP-Mitglied und acht weitere gegenüber, die entweder keiner Partei zugehörig waren oder deren Parteizugehörigkeit nicht bekannt ist.[61] Kommunistische Bürgermeister stellten sicher,

---

57 Beratung des Bürgermeister und der Bürgermeisterstellvertreter, Juli bis Dezember 1945 (Kreisarchiv Aue-Schwarzenberg, RdS Eibenstock, 148).
58 Biografien revolutionärer Kämpfer der Arbeiterbewegung des Kreises Schwarzenberg (SächsStAC, SED-BPA Karl-Marx-Stadt, V/7/672).
59 Vgl. Lobeck, Schwarzenberg-Utopie, S. 85–100.
60 Aktionskomitee Schönheide vom 22.5.1945 (Kreisarchiv Aue-Schwarzenberg, RdK Aue, 6651, unpag.).
61 Bürgermeister des Landkreises Schwarzenberg (ebd., RdK Aue, 2167, Bl. 25–29).

dass die Reihen der Gemeindeverwaltung und insbesondere der Polizei mit ihren Unterstützern gefüllt wurden.[62] Schon vor der Ankunft der Roten Armee beschwerten sich andere, nichtkommunistische Antifaschisten, zum Beispiel in Johanngeorgenstadt, bitterlich über das undemokratische Verhalten ihrer kommunistischen Kollegen.[63]

Nicht nur die Aktionskomitees wurden von Kommunisten dominiert, auch das Verhalten der Antifaschisten gegenüber der breiten Bevölkerung des Niemandslandes war selbstherrlich. Die Dokumente, die in der unbesetzten Zeit von den Antifaschisten verfasst wurden, sind voll mit abfälligen Bemerkungen über die gewöhnlichen Bürger, die als dumm, eigennützig und durch und durch verdorben aufgrund ihrer Zustimmung oder eifrigen Zusammenarbeit mit dem Naziregime beschrieben werden. Selbst in ihrer Propaganda für die allgemeine Bevölkerung machten die Antifaschisten sich nicht die Mühe, ihre Ansicht zu vertuschen, dass „90 v. H. des deutschen Volkes [...] von der Nazipest infiziert worden" seien.[64] Mehr noch: Nun, da das Naziregime zusammengebrochen sei, sei die Mehrheit der Leute selbstsüchtig eher mit ihren privaten Interessen als mit dem Allgemeinwohl beschäftigt. Die Antipathie der Antifaschisten gegenüber der breiten Masse der Bevölkerung wurde von dieser erwidert. In den Augen der gemeinen Leute des Bezirks waren die neuen Machthaber nicht ordentlich ernannt, illegitim, eigennützig und inkompetent. Es gab eine starke Tendenz, für die schrecklichen Umstände der Nachkriegszeit nicht die Nazis, sondern die neuen Männer und Frauen an der Macht verantwortlich zu machen. Die Beschlagnahmung von Lebensmitteln, Fahrzeugen und Benzin wurde ebenso wie die Entlassung der Nazifunktionären äußerst übelgenommen. Es kursierten weithin Gerüchte, dass die neuen Bürgermeister und ihre Beamten ihre verantwortungsvolle Position ausnutzten, um sich ihre eigenen Mägen auf Kosten der Allgemeinheit vollzuschlagen.[65]

Da sich das Verhältnis zwischen den selbsternannten antifaschistischen Machthabern im Niemandsland und dem Großteil der Bevölkerung verschlechterte, wurden die neuen Behörden zunehmend autoritär. Ihre Proklamationen waren voller Drohungen, mit „unerbittlicher Härte" gegen all jene vorzugehen, die den Anweisungen der Komitees nicht Folge leisten würden.[66] Wie zu erwarten war, wurden ehemalige NSDAP-Mitglieder besonders schikaniert und oft dazu gezwungen, ihren Besitz abzutreten oder als Wiedergutmachung für

---

62 Gemeindeverwaltungs-Personal vom 20.12.1945 (ebd.., RdK Aue, 2167, unpag.); Verzeichnis der Gefolgschaftsangehörigen der Stadtverwaltung und der städtischen Betriebe in Eibenstock vom 15.3.1946 (ebd., RdS Eibenstock, 146, Bl. 131–134).
63 A. Sims und H. Keller an Bürgermeister Johanngeorgenstadt vom 28.5.1945 (ebd., RdS Johanngeorgenstadt, 577, Bl. 80).
64 Umschaltung oder Umwandlung? In: Erzgebirgischer Volksfreund vom 15.5.1945.
65 Vgl. Pritchard, Niemandsland, S. 152–178.
66 Memorandum von Max Häussler, o. D. (Mai/Juni 1945) (Kreisarchiv Aue-Schwarzenberg, RdK Aue, 6651, unpag.).

ihre politischen Verbrechen schwere Arbeit zu leisten.[67] Aber „laufende strenge Maßnahmen" wurden auch gegenüber Bauern ergriffen, die es nicht schafften, den Behörden genug Erzeugnisse abzuliefern,[68] gegen Leute, die Gerüchte in die Welt setzten,[69] gegen jeden, der dabei erwischt wurde, wie er Lebensmittel hortete[70] oder verfügbaren Wohnraum nicht meldete,[71] oder der dem obligatorischen Arbeitsdienst aus dem Weg ging[72] oder der die Sperrstunde verletzte[73] oder „offen oder verdeckt nationalsozialistische Propaganda" verbreitete (ein Satz, der das Äußern einer Vielzahl abweichender Meinungen abdeckte).[74] Eine nicht unbedeutende Anzahl von Menschen wurde aus verschiedenen Gründen von den neuen Obrigkeiten festgenommen.[75] Und es gibt Hinweise, dass einige Antifaschisten diese Gelegenheit nutzen, um alte Rechnungen zu begleichen, dass auch unschuldige Menschen festgenommen wurden[76] und dass die Gefangenen manchmal schlecht behandelt wurden.[77] Die Welle der politischen Verhaftungen, die von der antifaschistischen Polizei vorgenommen wurden, verebbte erst, als die Sowjets bei der Übernahme der Kontrolle über das Gebiet den Befehl erließen, dass fortan ohne die Erlaubnis der Militärregierung keine derartigen Festnahmen mehr vorgenommen werden dürfen.[78] Kurz gesagt, lassen die verbliebenen Zeugnisse stark vermuten, dass das unbesetzte Schwarzenberg auf dem besten Wege zu einer antifaschistischen Diktatur und weit vom leuchtenden Beispiel eines basisdemokratischen Sozialismus in Aktion entfernt war.

---

67 Korb, Der Antifaschistische Aktionsausschuss, S. 101; Bach an Kunath vom 1.6.1945 (ebd., RdG Raschau, 341, Bl. 64).
68 Beratung des komm. Bürgermeisters mit dem Aktionsausschuss am 12.6.1945 (ebd., RdS Grünhain, 524, unpag.).
69 Nachrichten und Anordnungen der Stadtverwaltung Eibenstock vom 21.6.1945 (ebd., RdS Eibenstock, 659, unpag.).
70 Amtlicher Anzeiger vom 30.5.1945 (Kreisarchiv Aue-Schwarzenberg, RdG Hundshübel, 206, Bl. 31); An alle Verkaufsstellen mit Lebensmitteln und Tabakwaren vom 17.5.1945 (ebd., RdG Raschau, 341, Bl. 49).
71 Bekanntmachung vom 8.6.1945 (Kreisarchiv Aue-Schwarzenberg, RdG Grünstädtel, 161, Bl. 1).
72 Bekanntmachung vom 26.5.1945 (ebd., RdK Aue, 12657, Bl. 15).
73 Sitzung des Bürgermeisters zu Breitenbrunn vom 31.7.1945 (ebd., RdG Breitenbrunn, 243, Bl. 25); Bekanntmachung betr. Polizeidienst vom 26.5.1945 (ebd., RdG Hundshübel, 206, Bl. 26); Bekanntmachung vom 16.6.1945 (ebd., RdG Grünstädtel, 161, Bl. 41).
74 Bekanntmachung. In: Schwarzenberger Zeitung vom 2.6.1945.
75 Vgl. 1. Sitzung des Antifaschistischen Aktionsausschusses am 25.5.1945 (Kreisarchiv Aue-Schwarzenberg, RdG Raschau, 312, unpag.).
76 Vgl. Lobeck, Schwarzenberg-Utopie, S. 50–54, 75–77; Titzmann, Uranbergbau, S. 33.
77 Vgl. Niederschrift, Aue, vom 13.9.1945 (Kreisarchiv Aue-Schwarzenberg, RdS Aue, 26, unpag.).
78 Sitzung des Polizei-Ausschusses Aue am 13.6.1945 (ebd., RdS Aue, 14, Bl. 44).

Das Niemandsland und die Dynamik der deutschen Politik 1945

Wenn die Aktionskomitees des Niemandslandes in den Paradigmen der wichtigsten historiografischen Traditionen schwer zu erklären sind, können sie vielleicht besser verstanden werden, wenn auf drei zentrale Merkmale der politischen Situation 1945 in Deutschland Bezug genommen wird.

Erstens fand sich die Einteilung in einerseits jene, die gegen die Nazis gekämpft und unter ihnen gelitten hatten, und andererseits jene, die mit den Nazis zusammengearbeitet und von ihnen profitiert hatten, überall in Deutschland.[79] Den meisten Antifaschisten, einschließlich jener, die im Niemandsland die Macht übernahmen, gab ihr Widerstand gegen die Nazis, auf den sie enorm stolz waren, ein tiefes Gefühl von moralischer Überlegenheit. Oder wie es Catherine Epstein formulierte, hatte der Widerstand sie in „ihrem Glauben, dass sie die auserwählte Avantgarde der Geschichte seien", bestärkt.[80] Aber die Nazijahre hatten sie auch von der breiten Masse der Bevölkerung, die die Nazis entweder bei ihrem Aufstieg zur Macht unterstützt hatte oder die es nicht vermocht hatte, irgendetwas zu unternehmen, um sich gegen die Nazis nach deren Machtübernahme zu behaupten, entfremdet. Altgediente Kommunisten und andere Antifaschisten betrachteten sich selbst oft als „Außenseiter unter ihren eigenen Landsleuten", die sie als „hoffnungslos nazifiziert" ansahen.[81] Wie Richard Bessel anmerkte, tendierten sie deshalb in der Nachkriegszeit dazu, „ein Volk, das nur ein paar Jahre zuvor voller Enthusiasmus Hitler unterstützt hatte, mit Argwohn" zu betrachten.[82] Andererseits wurden antifaschistische Widerständler und ehemalige KZ-Insassen alles andere als bewundert, sondern von gewöhnlichen Deutschen oft als „ein wahres Gesindel" angesehen, das sein Leid selbst verschuldet hatte und dessen privilegierter Zugang zu Macht und Ressourcen direkt nach dem Zweiten Weltkrieg beträchtlichen Neid und Groll auslöste.[83]

Zweitens war die deutsche Linke nichtsdestotrotz eine kurze Zeit lang die dynamischste Kraft in der deutschen Innenpolitik, obwohl sie 1945 durch die zwölf Jahre der gnadenlosen Verfolgung durch die Nazis und strukturelle Veränderungen im Wesen der deutschen Arbeiterklasse ernsthaft geschwächt wurde. Die Kräfte der deutschen Rechten waren 1945 zerstreut, demoralisiert und von ihrer Zusammenarbeit mit den Nazis gebrandmarkt, was bedeutete, dass das einzige Hindernis für eine linke politische Vormachtstellung die Militärregierungen darstellten. Und genau mittels ihrer zeitweiligen Vorherrschaft 1945

---

79 Vgl. Pritchard, Making of the GDR, S. 15–26.
80 Catherine Epstein, The Last Revolutionaries. German Communists and Their Century, Cambridge (Mass.) 2003, S. 45–46, 53, 99.
81 Vgl. ebd., S. 102.
82 Richard Bessel, Germany 1945, London 2009, S. 308 f.
83 Vgl. Gareth Pritchard, Schwarzenberg 1945: Antifascists and the „Third Way" in German Politics. In: European History Quarterly, 35 (2005) 4, S. 499–522, hier 513 f.

kann man erklären, warum die Antifaschisten im Niemandsland an die Macht kommen konnten. Obwohl sie nur wenige waren, waren sie die Einzigen weit und breit, die die Macht übernehmen wollten und dazu auch ausreichend gut organisiert waren. Aus genau dem gleichen Grund waren antifaschistische Komitees andernorts in Deutschland in der Lage, eine entscheidende Rolle zu spielen, bis ihre kurze Phase an der Macht durch die Militärregierungen beendet wurde. Die Dominanz der antifaschistischen Linken war jedoch ein verfallender Vermögenswert. Früher oder später würden sich die Kräfte des deutschen Nationalismus wieder zu reorganisieren beginnen, und wenn sie das getan hätten, würden sie sich auf eine größere soziale Anhängerschaft als die Antifaschisten stützen können.[84] Auf lange Sicht konnten deshalb die Antifaschisten ihre Vormachtstellung nur durch Zwangsausübung behalten.

Drittens interagierten die verschiedenen Besatzungspolitiken der Alliierten mit den sozialen Spaltungen, die bereits vorlagen, um die sowjetische Zone und die westlichen Besatzungszonen auf unterschiedliche Entwicklungspfade zu bringen. In der Sowjetzone unterdrückte die Rote Armee die Antifas, aber sie bestätigte durch die schnelle Etablierung von politischen Parteien, vor allem der Kommunistischen Partei, trotzdem die Dominanz der antifaschistischen Linken.[85] Damit können wir den reibungslosen Übergang von der antifaschistischen Selbstregierung zur sowjetischen Besatzung im Niemandsland erklären. In den westlichen Zonen hingegen taten die Briten, Franzosen und Amerikaner alles in ihrer Macht Stehende, um sicherzustellen, dass die antifaschistische Linke die dominante Position, die sie im Mai 1945 für sich selbst beansprucht hatte, nicht behalten würde. Die Antifas wurden unterdrückt, aber anders als in der Sowjetzone wurde den Energien der Aktivisten der Parteibasis keine Alternative angeboten. Während sie die Aktivitäten der Sozialisten und Kommunisten durchkreuzten, machten sich die Westmächte gleichzeitig auch daran, die alte deutsche Staatsmaschinerie von Grund auf neu aufzubauen, indem sie heimlich Organisationen der Mitte und der Rechten wie beispielsweise die neu gegründete Christlich-Demokratische Union (CDU) begünstigten.[86] Als das Verbot politischer Aktivitäten aufgehoben wurde, setzten sich die konservativen Kräfte in Westdeutschland schnell wieder durch.

Bevor wir zum Fazit kommen, sollte angemerkt werden, dass die Ereignisse, die sich im Westerzgebirge abspielten, ein Ausdruck von Prozessen war, die nicht nur überall sonst in Deutschland, sondern in weiten Teilen Kontinentaleuropas im Gange waren, einschließlich Südfrankreichs, Norditaliens, großer Teile des Balkans und der besetzten Gebiete der UdSSR. In all diesen Regionen

---

84 Vgl. Pritchard, Niemandsland, S. 219-228.
85 Vgl. Norman Naimark, Die Russen in Deutschland. Die sowjetische Besatzungszone 1945 bis 1949, Berlin 1997, S. 317-401.
86 Vgl. Borsdorf/Niethammer, Zwischen Befreiung und Besatzung, S. 79-189.

hinterließ der Zusammenbruch der Naziherrschaft ein Machtvakuum, das mehrere Wochen oder gar Monate dauerte. Weder die Sowjets noch die Westmächte waren in der Lage, dieses Vakuum schnell zu füllen, da es allen am notwendigen Personal und Fachwissen mangelte, noch waren die neuen Regierungen, die am Ende des Zweiten Weltkrieges in Paris, Rom, Athen oder anderswo gebildet worden waren, dazu imstande, ihre Befehlsgewalt vor Ort durchzusetzen. Die staatliche und wirtschaftliche Infrastruktur, die Verkehrs- und Kommunikationsinfrastruktur sowie die öffentliche Ordnung waren so stark zerstört, dass die Gemeinden eine Zeitlang auf sich selbst gestellt waren. Dies wiederum führte zu einer Situation, in der vergleichsweise kleine Gruppen organisierter und bewaffneter Individuen auf der Gemeindeebene die Kontrolle übernehmen konnten.

In Griechenland zum Beispiel verloren sowohl die deutschen Besatzungsbehörden als auch die Marionettenregierung in Athen lange vor dem endgültigen Rückzug der Wehrmacht im Oktober 1944 die Kontrolle über die ländlichen Gegenden des Landes. Danach hatten über viele Monate hinweg weder die kleine britische Gesandtschaft, die nach Griechenland kam, noch die Regierung George Papandreous außerhalb der großen Städte echte Befehlsgewalt. In der Region um Epiros füllten die griechischen nationalistischen Partisanen der EDES (Nationale Republikanische Griechische Liga) das Vakuum und nutzten ihre Vorherrschaft für einen Feldzug der Gewalt und ethnische Säuberungen gegen die albanische Minderheit der Çamen.[87] In den meisten Gegenden Griechenlands waren die linksgerichteten Partisanen der ELAS (Griechische Volksbefreiungsarmee) die stärkste Kraft auf der Gemeindeebene. Obwohl sie seitens der Bevölkerung breite Unterstützung erfuhren, verhängten sie auch eine Schreckensherrschaft gegen politische Gegner, der Kollaboration verdächtigte Personen und „Klassenfeinde".[88] Nach der Niederschlagung des Athener Aufstands im Dezember 1944 durch britische Truppen war es nun an der rechten nationalistischen griechischen Miliz, in deren Reihen sich viele befanden, die zuvor in den „Sicherheitsbataillonen" der Kollaboration gedient hatten, die Macht auf der Gemeindeebene zu übernehmen. Die Folge war eine Welle des Terrors gegen die griechische Linke und ehemalige ELAS-Partisanen, die so brutal war, dass sie Griechenland in einen Bürgerkrieg stürzte.[89]

Ein weiteres gutes Beispiel für das Chaos, das am Ende der Naziherrschaft herrschte, und für die Möglichkeiten, die sich dadurch kleinen Gruppen bewaffneter, politisch motivierter Personen boten, die Kontrolle über das Gemeinwesen zu übernehmen, ist die UdSSR. Die Taktik der verbrannten Erde der sich im

---

87 Vgl. Mark Mazower, Three Forms of Political Justice: Greece, 1944-45. In: ders. (Hg.), After the War Was Over. Reconstructing the Family, Nation and State in Greece, 1943-1960, Princeton 2000, S. 24-41.
88 Vgl. André Gerolymatos, Red Acropolis, Black Terror: The Greek Civil War and the Origins of Soviet-American Rivalry, 1943-1949, New York 2004, S. 160-182.
89 Vgl. ebd., S. 193-197.

Rückzug befindlichen Nazis, die Lahmlegung der Verkehrs- und Kommunikationsinfrastruktur und das Zerbrechen althergebrachter Macht- und Wirtschaftsbeziehungen führte zu einer chaotischen Phase, die sich über Monate hinzog. Catherine Merridale beschreibt diese Situation treffend: „Der Zusammenbruch aller Staatsformen in den Frontgebieten war total. [...] Ein breiter Gürtel befreiter Gebiete an beiden Ufern des Dnjepr wurde zum Herrschaftsgebiet bewaffneter Banden." An vielen Orten stellten ehemalige sowjetische Partisanen die einzige Form von Obrigkeit dar.[90] In der Westukraine und in den baltischen Staaten jedoch wurde das Vakuum von rechtsgerichteten Guerillabewegungen ausgefüllt. In den baltischen Staaten, besonders in Litauen, terrorisierten die sogenannten Waldbrüder all jene, die man der „Kollaboration" mit den Sowjets verdächtigte.[91] In der Westukraine widerstanden die nationalistischen Guerillas der Ukrainischen Aufständischen Armee (UPA) nicht nur den Bemühungen der Sowjets, die kommunistische Herrschaft wieder zu etablieren, sondern sie metzelten auch Tausende Juden und Polen sowie Zehntausende ethnischer Ukrainer nieder.[92]

Im Vergleich zu den Ereignissen in Griechenland oder der UdSSR war das, was im Niemandsland geschah, relativ harmlos. In den Bergen und Wäldern des Westerzgebirges war die Phase am Ende des Zweiten Weltkrieges, in der es keine funktionierende Regierung gab, kurz. Es gab nur wenig Gewalt, und die Herrschaft der Aktionskomitees in den Gemeinden war zwar autoritär, aber nicht mörderisch. Nichtsdestotrotz sollten wir die Ähnlichkeiten zwischen den Ereignissen im Westerzgebirge und in anderen Teilen Europas nicht aus den Augen verlieren. Wo die militärischen und/oder zivilen Regierungen keine Autorität hatten, konnten kleine, aber entschlossene Gruppen politisch motivierter Personen auf der Gemeindeebene die Macht übernehmen. Ob diese Gruppen in der Lage waren, ihre Macht langfristig zu erhalten, hing von Entwicklungen auf der höheren politischen Ebene ab. Jene Gruppen, die die Unterstützung einer Großmacht genossen, wie die Antifaschisten im Niemandsland (die von den Sowjets gestützt wurden) oder die rechten Milizen in Griechenland (die von den Briten Rückendeckung erhielten), waren in der Lage, ihre Herrschaft in den Gemeinden zu konsolidieren. Jene Gruppen, die mit der herrschenden militärischen Macht in Konflikt gerieten, wie die antifaschistischen Komitees in den westlichen Zonen Deutschlands, ELAS in Griechenland, die Waldbrüder in den baltischen Staaten und die UPA in der Ukraine, wurden letztlich unterdrückt.

---

90 Catherine Merridale, Ivan's War. Life and Death in the Red Army, 1939–1945, New York 2006, S. 251 f.
91 Vgl. Keith Lowe, Savage Continent: Europe in the Aftermath of World War II, London 2012, S. 341–350.
92 Vgl. Jean-Paul Himka, The Ukrainian Insurgent Army and the Holocaust (paper prepared for the 41st national convention of the American Association for the Advancement of Slavic Studies, Boston, 12.–15. November 2009); Serhij Kudelia, Choosing Violence in Irregular Wars: The Case of Anti-Soviet Insurgency in Western Ukraine. In: East European Politics and Societies, 27 (2013) 1, S. 149–181.

Fazit

Die Ereignisse im Westerzgebirge in der unbesetzten Zeit sind am besten im Kontext der zugrunde liegenden Dynamik der deutschen Politik in der chaotischen Phase, die auf den Zusammenbruch des NS-Regimes folgte, zu verstehen. Nahezu überall in Deutschland, einschließlich des Niemandslandes, war die antifaschistische Minderheit in der Bevölkerung in der Lage, eine Zeitlang die politischen Entwicklungen zu lenken. Organisierter Ausdruck dieser Herrschaft waren die antifaschistischen Komitees. Angesichts der Kluft, die die antifaschistische Linke vom Rest der Bevölkerung trennte, konnte diese vorübergehende Vormachtstellung jedoch auf lange Sicht nur durch Zwangsausübung aufrechterhalten werden, weshalb die Antifaschisten im Niemandsland in ihrer kurzen Zeit der unabhängigen Herrschaft zunehmend autoritär wurden. In den westlichen Zonen wurde das antidemokratische Potenzial der Antifas durch das Eingreifen der Militärregierungen schnell neutralisiert. Im Gegensatz dazu festigte die Rote Armee in der Sowjetzone praktisch die Vorherrschaft der antifaschistischen Minderheit, wenn auch in einer anderen Form und unter sowjetischer Aufsicht.

Die Rolle der sowjetischen Besatzungsmacht bei der Errichtung des kommunistischen Machtapparats in Sachsen von 1945 bis 1952

Stefan Donth

Die sowjetischen Planungen für Deutschland nach Kriegsende (1943 bis 1945)

Nach den Erfolgen der Roten Armee in den Kämpfen bei Stalingrad und Kursk 1943 intensivierte die sowjetische Führung ihre Planungen für die Nachkriegsordnung in Deutschland und Europa. Diese zielten darauf ab, einerseits die weitere Kooperation mit den Westmächten sicherzustellen und andererseits die von der Roten Armee eroberten Gebiete in den sowjetischen Herrschaftsbereich einzugliedern.[1]

Diesen Vorgaben hatten sich die Planungen der KPD-Führung unterzuordnen, die diese im Moskauer Exil im Auftrag der sowjetischen Partei- und Staatsführung und von dieser eng gesteuert und kontrolliert erstellte.[2] „Den Staat und seinen Apparat so gestalten, dass wir diese Position ausnutzen können für den Kampf um den Sozialismus" – das war das Ziel der Kommunisten.[3] Stalin favorisierte das Konzept der Volksfront, das nach Ende der Kampfhandlungen

---

1   Vgl. Jochen Laufer/Georgij. P. Kynin (Hg.), Die UdSSR und die Deutsche Frage 1941–1949. Dokumente aus dem Archiv für Außenpolitik der Russischen Föderation, Band 1 (22. Juni 1941–8. Mai 1945), Berlin 2004, S. XXV-LXXXIV; Vladimir O. Pechantov, The Big Three after World War II: New Documents on Soviet Thinking about Post War Relations with the United States and Great Britain (Cold War International History Project, Working Paper Nr. 13), Washington 1995; Gerhard Wettig, Bereitschaft zur Einheit in Freiheit? Die sowjetische Deutschland-Politik 1945–1955, München 1999, S. 33–50.
2   Vgl. Jochen Laufer, Pax Sovietica. Stalin, die Westmächte und die deutsche Frage 1941–1945, Köln 2009, S. 312–489; Jörg Morré, Hinter den Kulissen des Nationalkomitees. Das Institut 99 in Moskau und die Deutschlandpolitik der UdSSR 1943–1946, München 2001, S. 43–157; Gerhard Wettig (Hg.), Der Tjulpanov-Bericht. Sowjetische Besatzungspolitik in Deutschland nach dem Zweiten Weltkrieg, Göttingen 2012, S. 29–43.
3   Hermann Matern 1944 in Moskau. Zit. nach Horst Laude/Manfred Wilke, Die Pläne der Moskauer KPD-Führung für den Wiederaufbau der Gewerkschaften. In: Klaus Schroeder (Hg.), Geschichte und Transformation des SED-Staates. Beiträge und Analysen, Berlin 1994, S. 27–51, hier 45.

den Aufbau einer am sowjetischen Vorbild orientierten sozialistischen Gesellschaft in mehreren Etappen vorsah. Er verpflichtete die KPD-Führung, in der Sowjetischen Besatzungszone (SBZ) Deutschlands ein Zwei-Stufen-Programm für die Errichtung der „Diktatur des Proletariats" vorzusehen.[4] In einem ersten Schritt sollte sich unter dem Deckmantel einer „simulierten Demokratie" (Schmeitzner) die „antifaschistisch-demokratische Umwälzung" – so der Duktus der KPD/SED – vollziehen.[5] In ein Regime, „das alle Wege zum Sozialismus ebnet", waren alle anderen Parteien durch einen „Block" einzubinden.[6] Den Zusammenschluss mit der SPD sah die KPD-Führung erst vor, wenn sie den Aufbau ihrer eigenen Strukturen beendet hatte. Auf den Aufbau der neuen Gesellschaftsordnung sollte in einer zeitlich nicht näher bestimmten zweiten Stufe die offene kommunistische Diktatur folgen.[7]

Diese Planungen sollte eine der Sowjetunion völlig ergebene „zielklare bolschewistische Partei mit fester revolutionärer Disziplin" umsetzen.[8] In dieser „vom Geiste des Marxismus, Leninismus und Stalinismus erfüllten einheitlichen Kampfpartei"[9] war die Führung der „ideologisch stärksten Kader" durch einen Apparat sicherzustellen. Die KPD beanspruchte Kompetenzen, die weit über die Zuständigkeiten einer Partei hinausgingen und die die Beherrschung aller gesellschaftlichen, wirtschaftlichen und kulturellen Bereiche umfassen sollte.[10]

---

4   Vgl. Milovan Djilas, Gespräche mit Stalin, Frankfurt a. M. 1963, S. 131; Peter Erler/Horst Laude/Manfred Wilke (Hg.), „Nach Hitler kommen wir". Dokumente zur Programmatik der Moskauer KPD-Führung 1944/45 für Nachkriegsdeutschland, Berlin 1944, S. 23–106; Eduard Mark, Revolution by Degrees: Stalins National Front Strategy for Europe 1941–1947, Washington 2001.

5   Mike Schmeitzner, Zwischen simulierter Demokratie und offener Diktatur: Die Rolle der sächsischen Parteien und Gewerkschaften 1945–1950. In: Andreas Hilger/Mike Schmeitzner/Ute Schmidt (Hg.), Diktaturdurchsetzung. Instrumente und Methoden der kommunistischen Machtsicherung in der SBZ/DDR 1945–1955, Dresden 2001, S. 139–154.

6   Disposition Wilhelm Piecks „Der Aufbau der KPD und ihre organisationspolitischen Probleme" vom 31.10.1944. In: Erler/Laude/Wilke (Hg.), „Nach Hitler kommen wir", S. 269–298, hier 273.

7   Notiz Piecks zu einem Vortrag Ulbrichts, April 1944 (SAPMO-BArch, ZPA, NY 4036/501, Bl. 46). Vgl. „Strategie und Taktik der Machtübernahme". Notizen Sepp Schwabs zu einem Referat Walter Ulbrichts vom 24.4.1944. In: Erler/Laude/Wilke (Hg.), „Nach Hitler kommen wir", S. 167–170.

8   Auftaktreferat Wilhelm Florins vor der Arbeitskommission „Die Lage und die Aufgaben in Deutschland bis zum Sturz Hitlers" vom 6.3.1944. In: ebd., S. 135–158, hier 156.

9   Pieck in einer Rede zum 25. Jahrestag der Gründung der KPD am 16.1.1944. In: ebd., S. 99.

10 Paul Lindau an Pieck vom 14.1.1945 (Rossijskoi centr chranenija i izucenija dokumentov novejsej istorii [Rußländisches Zentrum für die Aufbewahrung und Erforschung von Dokumenten der neuesten Geschichte] (RCChIDNI), f. 17, op. 128, d. 743, Bl. 178–181). Vgl. Peter Erler, Heerschau und Einsatzplanung. Ein Dokument zur Kaderpolitik der KPD aus dem Jahre 1944. In: Schroeder (Hg.), Geschichte und Transformation des SED-Staates, S. 52–70.

Zu Kriegsende verfügte die Sowjetunion über ein politisches Konzept, das, wie die Entwicklung seit 1945 zeigt, mit großer taktischer Flexibilität umgesetzt wurde. Stalin hat nicht, wie vereinzelt angenommen, tatsächlich eine Demokratisierung Deutschlands angestrebt und ist keineswegs „infolge der Unfähigkeit der Kommunisten, sich an demokratische Spielregeln zu halten, bei dem sozialistischen Teilstaat" gelandet.[11]

Zu untersuchen ist, welche Entscheidungen die sowjetische Führung zur Errichtung dieses Systems der politischen Sicherung in ihrem Besatzungsgebiet traf. Der Aufbau eines neuen Machtapparats lässt sich besonders gut aus der Länderperspektive analysieren. Ein solcher Blickwinkel hat sich bereits bei der Erforschung der Funktionsweise des Dritten Reichs als fruchtbar erwiesen.[12] Das gilt auch für den Ansatz, der die nationalsozialistische und die kommunistische Diktatur miteinander vergleicht.[13] Auf dieser Grundlage wird der Frage nachgegangen, mit welchen Methoden die sowjetische Besatzungsmacht in Sachsen erst den Parteiapparat der KPD, später den der SED sowie die von deren Parteikadern beherrschte Verwaltung errichtete und zu wirkungsvollen Instrumenten der Durchsetzung der kommunistischen Diktatur ausbaute.[14] Dabei wird auf Studien zur Geschichte der SBZ und Sachsens sowie Archivalien zurückgegriffen, die seit der Öffnung der Archive in Dresden, Berlin und in Moskau für die Forschung zugänglich sind.[15]

---

11 Wilfried Loth, Ziele sowjetischer Deutschlandpolitik nach dem Zweiten Weltkrieg. In: Klaus Schönhoven/Dietrich Staritz (Hg.), Sozialismus und Kommunismus im Wandel. Hermann Weber zum 65. Geburtstag, Köln 1993, S. 303–323, hier S. 304; Wilfried Loth, Stalins ungeliebtes Kind. Warum Moskau die DDR nicht wollte, Berlin 1994.

12 Vgl. Ulrich von Hehl, Nationalsozialismus und Region. Bedeutung und Probleme einer regionalen und lokalen Erforschung des Dritten Reiches. In: Zeitschrift für bayerische Landesgeschichte, 56 (1993), S. 111–129.

13 Vgl. Günther Heydemann/Heinrich Oberreuther (Hg.), Diktaturen in Deutschland – Vergleichsaspekte, Bonn 2004; Mike Schmeitzner, Totale Herrschaft durch Kader? Parteischulung und Kaderpolitik von NSDAP und KPD/SED. In: Totalitarismus und Demokratie, 2 (2005) 1, S. 71–99, hier 71–74, 94–99.

14 Vgl. Rainer Behring/Mike Schmeitzner, Einleitung. In: dies. (Hg.), Diktaturdurchsetzung in Sachsen. Studien zur Genese der kommunistischen Herrschaft 1945–1952, Köln 2003, S. 7–24.

15 Vgl. Anne Applebaum, Iron Curtain. The Chrushing of Eastern Europe 1944–1956, London 2012; Stefan Creuzberger, Die sowjetische Besatzungsmacht und das politische System der SBZ, Weimar 1996; Stefan Creuzberger/Manfred Görtemaker (Hg.), Gleichschaltung unter Stalin? Die Entwicklung der Parteien im Östlichen Europa 1944–1949, Paderborn 2002; Horst Möller/Alexandr O. Tschubarjan (Hg.), SMAD-Handbuch. Die Sowjetische Militäradministration in Deutschland 1945–1949, München 2009; Norman Naimark, The Russians in Germany. A History of the Soviet Zone of Occupation 1945–1949, Cambridge/Mass. 1995; Leonid Gibianskii/Norman Naimark (Hg.), The Establishment of Communist Regimes in Eastern Europe 1944–1949, Boulder 1997. Dieser Beitrag stützt sich auf folgende Ausführungen: Stefan Donth/Mike Schmeitzner, Die Partei der Diktaturdurchsetzung. KPD/SED in Sachsen 1945–1952, Köln 2002.

Die Sowjetische Militäradministration

Die zentrale Säule des Apparats, den die Sowjetunion zur Durchsetzung der kommunistischen Diktatur in dem von Stalins Truppen besetzten Teil des Deutschen Reichs errichtete, bildete die am 6. Juni 1945 gegründete Sowjetische Militäradministration in Deutschland (SMAD).[16] Die Zuständigkeiten für die Steuerung und Kontrolle des politischen Lebens lagen beim Politischen Berater, der dem sowjetischen Außenministerium zugeordnet war, der Politverwaltung und vor allem bei der SMAD-Propagandaverwaltung (seit 1947 Informationsverwaltung), die von Oberst Sergeij Tjulpanov geleitet wurde. Letztere war eng an den Parteiapparat in Moskau gebunden.[17]

In Sachsen wurde nach dem Abzug der amerikanischen Truppen Anfang Juli 1945 die Sowjetische Militäradministration in Sachsen (SMAS) errichtet. Ihre Führung übernahm Generaloberst Michail Katukov, der 1948 von seinem bisherigen „Stellvertreter in Zivilangelegenheiten" Generalmajor Dimitri Dubrovski abgelöst wurde.[18] Das Grundgerüst der SMAS bildete – wie das der SMAD – eine breit aufgefächerte Abteilungsstruktur, die alle Bereiche des politischen, gesellschaftlichen und ökonomischen Lebens abdeckte. In der Zentrale in Dresden waren 1946 etwa 480 SMAS-Mitarbeiter tätig. Ihre Zahl erhöhte sich Anfang 1947 auf 518 Mitarbeiter und stieg bis Mitte 1948 auf über 790 an.[19]

---

16 Vgl. Jan Foitzik, Sowjetische Ordnungspolitik und deutsche Ordnungsambitionen. In: ders. (Hg.), Sowjetische Kommandanturen und deutsche Verwaltung in der SBZ und frühen DDR, Berlin 2015, S. 99–254, hier 99–101; Tatjana W. Zarewskaja-Djakina, Struktur der SMAD. In: Möller/Tschurbarjan (Hg.), SMAD-Handbuch, S. 12–29; Stefan Donth, Vertriebene und Flüchtlinge in Sachsen 1945–1952. Die Politik der Sowjetischen Militäradministration und der SED, Köln 2000, S. 19–32.

17 Vgl. Befehl 074 des Obersten Chefs der SMAD über die Bildung der Verwaltung für Propaganda der SMAD vom 23.10.1945. In: Foitzik (Hg.), Kommandanturen, S. 447 f.; Bernd Bonwetsch/Gennadij Bordjugov/Norman M. Naimark (Hg.), Sowjetische Politik in der SBZ 1945–1949. Dokumente zur Tätigkeit der Propagandaverwaltung (Informationsverwaltung) der SMAD unter Sergej Tjulpanov, Bonn 1998, S. XXVII-XXXIX; Jan Foitzik, Politische Verwaltung. In: Möller/Tschurbarjan (Hg.), SMAD-Handbuch, S. 216–234; Maxim A. Perkow, Verwaltung Information. In: ebd., S. 243–271; Maxim A. Perkow, Der Politische Berater beim Obersten Chef. In: ebd., S. 470–477. Sergei I. Tjulpanov (1901–1984), Politoffizier, 1949 Rückkehr in die UdSSR, Lehrtätigkeit für politische Ökonomie. Vgl. ebd., S. 716–717.

18 Vgl. Dina N. Nochotowitsch, SMA Landesverwaltung Sachsen. In: ebd., S. 547–557. Donth, Vertriebene, S. 33–41; Schmeitzner/Donth, Partei, S. 23–43. Michail J. Katukov (1900–1976), im Zweiten Weltkrieg Befehlshaber mehrerer Panzerarmeen, nach Rückkehr in die Sowjetunion hohe Posten im Verteidigungsministerium der UdSSR. Dimitri G. Dubrovskij (1904–1963), vor dem Zweiten Weltkrieg in der Sowjetunion Leiter einer Parteischule, während des Krieges Offizier in der Siebenten Abteilung der Roten Armee, nach 1949 Chef der Sowjetischen Kontrollkommission (SKK) in Sachsen. Vgl. Möller/Tschurbarjan (Hg.), SMAD-Handbuch, S. 644 und 626.

19 Vgl. Materialsammlung zur Geschichte der SMAS von 1945 bis 1948, Teil 1 (Gosudarstvennyi Archiv Rossiskoj Federacii [Staatsarchiv der Russischen Föderation] (GARF), f. 7212, op. 1, d. 1, Bl. 19). Materialsammlung zur Geschichte der SMAS 1945 bis 1948,

Die Leitung der Propagandaabteilung (seit 1947 Informationsabteilung) – und damit faktisch auch die der sächsischen Politik – lag bis 1947 bei Oberstleutnant Abram Vatnik, von 1947 bis 1949 bei Oberst Nikolai Kuzminov und seit 1949 bei Oberst Michail Krjukov.[20] Die Abteilung umfasste die Referate Propaganda, Kultur, Parteien und Massenorganisationen. Für die Durchsetzung der Vorgaben der Besatzungsmacht im deutschen Verwaltungsapparat war die Abteilung für Innere Angelegenheiten zuständig.[21] Seine Fortsetzung fand dieser Apparat in den Kommandanturen der Kreise und der Großstädte Dresden, Leipzig und Chemnitz.[22]

Mitte 1948 übten in der Informationsabteilung der SMAS 28 Mitarbeiter vielfältigen Einfluss auf die sächsische Politik aus. In den 26 Kreiskommandanturen standen weitere 78 Mitarbeiter sowie in den Kommandanturen in Dresden, Leipzig und Chemnitz noch einmal 25 Mitarbeiter zur Verfügung. Zusammen mit dem Personal in den für administrative Fragen zuständigen SMAS-Abteilungen setzten in Sachsen etwa 250 Angehörige des Apparats der Besatzungsmacht die kommunistische Herrschaft durch und hielten sie aufrecht – abgesichert durch die über das ganze Land verteilten Besatzungstruppen.[23]

Neben der SMAS überwachten mehrere sowjetische Nachrichtendienste mit etwa 480 Mitarbeitern Parteien, Gewerkschaften, Kirchen, Schulsystem, Verwaltung und Polizei.[24] Mit Militärtribunalen und „Speziallagern" verbreitete

---

Teil 2, Dresden Oktober 1948 (GARF, f. 7212, op. 1, d. 2, Bl. 5–6). Geschichte der SMAS 1948–1949, Teil 3 (GARF, f. 7212, op. 1, d. 3, Bl. 272); Anlage zur Anweisung der SMAD Nr. 015 vom 20.3.1946 (GARF, f. 7317, op. 8, d. 36a, Bl. 93–106).

20 Abram P. Vatnik (1910-?), seit 1930 Armeeangehöriger. Nikolai A. Kuzminov (1904–1983), seit 1939 Offizier, 1947–1948 Chef der Informationsabteilung der SMA Sachsen-Anhalt; 1949–1950 Chef des Hauses der Kultur der Sowjetunion in Berlin. Michail W. Krjukov (1910-?), 1947–1949 Chef der Presseabteilung der SMAD-Informationsverwaltung. Vgl. Möller/Tschurbarjan (Hg.), SMAD-Handbuch, S. 723, 657, 654.

21 Vgl. Tatjana W. Zarewskaja-Djakina, Verwaltung für Innere Angelegenheiten. In: ebd., S. 436–445.

22 Vgl. Jan Foitzik/Juri M. Korschunow/Christiana Künzel, Kommandanturen. In: ebd., S. 564–594; Foitzik (Hg.), Kommandanturen, S. 283–294, 312–314, 317 f.

23 Vgl. Schmeitzner/Donth, Partei, S. 42–43; Jan Foitzik/Michail G. Ljoschin/Matthias Uhl, Gruppe der sowjetischen Besatzungsstreitkräfte in Deutschland. In: Möller/Tschurbarjan (Hg.), SMAD-Handbuch, S. 55–65.

24 Vgl. Materialsammlung zur Geschichte der SMAS, Teil 2 (Archiv Vnesnej Politiki Rossiskoj Federacii [Archiv für Außenpolitik der Russischen Föderation] (AVP RF), f. 0457g, op. 1, p. 19, d. 67, Bl. 319); Foitzik, Ordnungspolitik. In: Foitzik (Hg.), Kommandanturen, S. 109–119; Dimitrij Filippovych/Michael Kubina/Vladimir Sacharov, Tschekisten in Deutschland. Organisation, Aufgaben und Aspekte der Tätigkeit der sowjetischen Sicherheitsorgane in der Sowjetischen Besatzungszone Deutschlands (1945–1949). In: Manfred Wilke (Hg.), Anatomie der Parteizentrale. Die KPD/SED auf dem Weg zur Macht, Berlin 1998, S. 293–336; Nikita Petrov, Die sowjetischen Geheimdienstmitarbeiter in Deutschland. Der leitende Personalbestand der Staatssicherheitsorgane der UdSSR in der SBZ und der DDR von 1945–1954, Berlin 2010, S. 99–109; Nikita W. Petrow, Der Bevollmächtigte des Ministeriums für Staatssicherheit der UdSSR in Deutschland bei der Gruppe der sowjetischen Besatzungsstreitkräfte in Deutschland (GSBSD).

die Besatzungsmacht Unsicherheit und Terror.²⁵ Dieses Organisationsgefüge agierte jedoch nicht als monolithischer Apparat. Seine Wirksamkeit war eingeschränkt durch Kompetenzstreitigkeiten sowie die fehlende fachliche Eignung und die unzureichenden Sprachkenntnisse vieler Mitarbeiter. Trotz dieser Unzulänglichkeiten gelang der SMAD bis zum Ende der 1940er-Jahre die Transformation des Herrschaftsapparats der SBZ nach ihren politischen Zielvorgaben, der anschließend den Aufbau einer sozialistischen Gesellschaftsordnung vollziehen sollten.

Die Besatzungsmacht setzte ihre Interessen mit Befehlen, Anweisungen, Anordnungen, „Hinweisen" und „Ratschlägen" durch. Die SED erhielt eine Vielzahl von „Empfehlungen" etwa zu innerparteilichen, politischen und personellen Fragen. Hinzu kam die „individuelle Arbeit" mit ihren Spitzenfunktionären. SMAD-Angehörige nahmen an allen wichtigen Veranstaltungen und Gremiensitzungen der Block-Parteien teil. Eigentlich war es das Ziel der Sowjets, Politik und Verwaltung über ein Netz handverlesener Funktionäre verdeckt zu steuern. Das ließ sich jedoch nicht in jedem Fall umsetzen, sodass die Offiziere der Besatzungsmacht auch offen agieren mussten.²⁶

Erste Weichenstellungen in Sachsen 1945/46

Die sogenannten KPD-Initiativgruppen („absolute, feste, zuverlässige Genossen") begannen mit der Umsetzung der sowjetischen Vorgaben in Berlin-Brandenburg, Sachsen und Pommern-Mecklenburg unmittelbar, nachdem die

---

In: Möller/Tschurbarjan (Hg.), SMAD-Handbuch, S. 66–72; Nikita W. Petrow, Verwaltung Spionageabwehr des Ministeriums für Staatssicherheit der UdSSR bei der GSBSD. In: ebd., S. 73–76; Nikita W. Petrow, Truppen des Ministeriums für Staatssicherheit der UdSSR in Deutschland. In: ebd., S. 79–84; Galina A. Kusnezowa, Abteilung Sonderlager des Ministeriums des Innern der UdSSR in Deutschland. In: ebd., S. 85–90.

25 Vgl. Pavel Poljan, Internierung und Deportation deutscher Zivilisten aus den besetzten deutschen Gebieten in die UdSSR. In: Hilger/Schmeitzner/Schmidt (Hg.), Diktaturdurchsetzung, S. 39–54; Andreas Hilger, Die Tätigkeit sowjetischer Militärtribunale gegen deutsche Zivilisten: Recht und Ideologie. In: ebd., S. 79–90; Ute Schmidt, Strafjustiz einer Siegermacht als stalinistisches Repressionsinstrument. Zur Tätigkeit und Rolle der sowjetischen Militärtribunale in Deutschland (1945–1955). In: ebd., S. 91–112.

26 Vgl. Geschichte der SMAS-Informationsabteilung 1948 (GARF, f. 7212, op. 1, d. 185, Bl. 116 f.); Materialsammlung zur Geschichte der SMAS 1948–1949, Dresden 1949 (GARF, f. 7212, op. 1, d. 3, Bl. 235 f.); Bericht des Leiters der SMAS-Informationsabteilung an Tjulpanov über die Tätigkeit im ersten Halbjahr 1949 vom 21.7.1949 (AVP RF, f. 0457b, op. 9, p. 55, d. 17, Bl. 181); Bonwetsch/Bordjugov/Naimark (Hg.), Sowjetische Politik, S. XXXIX-L; Jan Foitzik, Funktionale Aspekte der Organisation und Tätigkeit der SMAD. In: Möller/Tschurbarjan (Hg.), SMAD-Handbuch, S. 36–54; Nikita W. Petrow, Die sowjetische Besatzungsverwaltung und die Sowjetisierung Ostdeutschlands. In: Fotzik (Hg.), Kommandanturen, S. 33–97, hier 74–78; Johannes Raschka, Kaderlenkung durch die Sowjetische Militäradministration in Sachsen. In: Behring/Schmeitzner (Hg.), Diktaturdurchsetzung, S. 51–78; Wettig, Tjulpanov-Bericht, S. 301–304.

Rote Armee diese Regionen besetzt hatte.[27] Nach Sachsen gelangten etwa 20 KPD-Spitzenfunktionäre, darunter Anton Ackermann, Hermann Matern und Kurt Fischer, sowie kommunistisch geschulte deutsche Kriegsgefangene.[28] Sie stellten in enger Abstimmung mit der Roten Armee grundlegende Weichen bei der Errichtung einer deutschen Variante des kommunistischen Herrschaftsapparats, wobei der KPD eine Schlüsselrolle zukam. Zuerst setzten die Moskau-Kader ihre Führungsrolle gegenüber den Kommunisten durch, die den NS-Staat in Deutschland überlebt hatten. Deren Politikansätze, die in der Ausrufung von Sowjetrepubliken oder in einem Zusammengehen mit Sozialdemokraten zum Ausdruck kamen, wurden konsequent unterbunden.[29]

Der Neuaufbau der KPD erfolgte programmatisch, organisatorisch und personell von oben nach unten. Seine ideologische Grundlage bildete das Diktum Stalins: „Die Kader entscheiden alles."[30] Um eine ausreichende Zahl an Kadern zur Herrschaft zu befähigen, errichtete Matern, der im Juni 1945 die Leitung der sächsischen KPD von Ackermann übernommen hatte, nachdem dieser in den zentralen Parteiapparat gewechselt war, ein Schulungssystem. In mehreren Kursen wurden ausgewählte KPD-Mitglieder auf die neue Linie der Partei eingeschworen, mit der sie in ihrem Aufruf vom 11. Juni 1945 an die Öffentlichkeit getreten war. 1945/46 durchliefen 1 300 Funktionäre diese Indoktrination. Aus diesem Personenkreis rekrutierte Matern das Personal der Kreisleitungen. Sein Zugriff auf die Parteiorganisation der KPD war umfassend, sodass 1945/46 kein Vorstand aus regulären Wahlen hervorging.[31] Ausgerichtet war dieser

---

27 Besprechung Piecks bei Dimitroff am 6.2.1945. In: Gerhard Keiderling (Hg.), „Gruppe Ulbricht" in Berlin April–Juni 1945. Von den Vorbereitungen im Sommer 1944 bis zur Wiedergründung der KPD im Juni 1945. Eine Dokumentenedition, Berlin 1993, S. 178–184. Vgl. Peter Erler, „Moskau-Kader" der KPD in der SBZ. In: Wilke (Hg.), Anatomie, S. 229–292; Morré, Kulissen, S. 158–177; Laufer, Pax Sovietica, S. 562–602; Donth/Schmeitzner, Partei, S. 54–60.

28 Anton Ackermann (1905–1973), 1931 bis 1933 Mitarbeiter der Komintern in Moskau, seit 1940 in Moskau, 1946–1948 Zentralsekretariat der SED. Hermann Matern (1893–1971), in der Weimarer Republik kommunistischer Spitzenfunktionär, 1941 Emigration in die Sowjetunion, 1950 SED-Politbüro, 1949–1971 Leitung der Zentralen Parteikontrollkommission der SED. Kurt Fischer (1900–1950), 1919 Mitglied der KPD, seit 1924 in der Sowjetunion, Tätigkeit im Militär- und Geheimdienstapparat, 1948/49 Leitung der Deutschen Verwaltung des Innern. Vgl. Donth/Schmeitzner, Partei, S. 541, 554, 545.

29 Vgl. Jeannette Michelmann, Aktivisten der ersten Stunde. Die Antifa in der Sowjetischen Besatzungszone, Köln 2002, S. 127–265; Donth/Schmeitzner, Partei, S. 61–84; Manfred Zeidler, Die Rote Armee auf deutschem Boden. In: Der Zusammenbruch des Deutschen Reiches 1945. Hg. vom Militärgeschichtlichen Forschungsamt (Das Deutsche und der Zweite Weltkrieg), Band 10, München 2008, S. 681–775, hier 741–773.

30 Vgl. Donth/Schmeitzner, Partei, S. 85–94.

31 Vgl. Mike Schmeitzner, Schulen der Diktatur. Die Kaderausbildung der KPD/SED in Sachsen 1945–1952, Dresden 2001, S. 32–47. Donth/Schmeitzner, Partei, S. 81–84. Aufruf des ZK der KPD vom 11.6.1945. In: Erler/Laude/Wilke (Hg.), „Nach Hitler kommen wir", S. 390–397.

Parteiapparat auf die straff geführte und in mehrere Abteilungen und Referate gegliederte Bezirksleitung, die über 80 hauptamtliche Mitarbeiter zählte. Hinzu kamen in den Kreisleitungen weitere 240 Mitarbeiter als unverzichtbare Stützen der kommunistischen Herrschaft.[32] Über vergleichbare personelle Ressourcen – und materielle Hilfen wie Papier und Fahrzeuge, die die KPD von der SMAD erhielt – verfügte keine andere Partei in der SBZ. Diese Bevorzugung und die bedingungslose Vertretung sowjetischer Interessen diskreditierte die KPD in großen Teilen der Bevölkerung als „Russenpartei".[33]

In engem Zusammenwirken mit der Besatzungsmacht ergriff die KPD die Macht im Verwaltungsapparat – der zweiten Säule des kommunistischen Herrschaftssystems. Dazu nutzte die KPD ihren Zugriff auf die Personalämter, deren Leitung sie – wie bereits im sowjetischen Exil geplant – für ihre Moskau-Kader beanspruchte.[34] Sie hatten dafür zu sorgen, dass die KPD „überall vertreten [ist] und Einfluss besitzt".[35] In den Verwaltungen fanden bei der Vergabe von Posten auch – wie es die Moskauer Planungen vorgesehen hatten – Mitglieder von CDU, LDP und SPD Berücksichtigung. Diese Parteien mussten mit der KPD im „Antifaschistisch-demokratischen Block" zusammenarbeiten und wurden so von einer möglichen Fundamentalopposition abgehalten.[36]

Nach diesem Drehbuch setzte die SMAS die kommunistische Machtergreifung in der Dresdener Stadtverwaltung um: Am 10. Mai 1945 ernannte der Stadtkommandant den Sozialdemokraten Rudolf Friedrichs zum Oberbürgermeister und zwei Tage später die Mitglieder des Stadtrats.[37] Hier besetzten die

---

32 Vgl. Donth/Schmeitzner, Partei, S. 87-93. Michael Kubina, Der Aufbau des zentralen Parteiapparates der KPD 1945-1946. In: Wilke (Hg.), Anatomie, S. 49-117.
33 Vgl. Bonwetsch/Bordjugov/Naimark (Hg.), Sowjetische Politik, S. L-LV; Andreas Malycha, Die Illusion der Einheit – Kommunisten und Sozialdemokraten in den Landesvorständen der SED 1946-1951. In: Michael Lemke (Hg.), Sowjetisierung und Eigenständigkeit in der SBZ/DDR (1945-1953), Köln 1999, S. 81-118, hier 86-93.
34 Vgl. „Anweisungen für die Anfangsmaßnahmen zum Aufbau der Parteiorganisation" von Walter Ulbricht vom 15.2.1945 und „Richtlinien für die Arbeit der deutschen Antifaschisten in den von der Roten Armee besetzten deutschen Gebieten" vom 5.4.1945. In: Erler/Laude/Wilke (Hg.), „Nach Hitler kommen wir", S. 327-328, 380-386; Wolfgang Leonhard, Die Revolution entlässt ihre Kinder, 2 Bände, Leipzig 1990, S. 369; Wettig, Tjulpanov-Bericht, S. 120-124.
35 Rede Materns am 13.6.1945 (SächsHStAD, SED-BPA Dresden, I/A/001, unpag.). Vgl. Donth/Schmeitzner, Partei S. 71-74.
36 Vgl. Donth/Schmeitzner, Partei, S. 141-144; Wettig, Tjulpanov-Bericht, S. 126.
37 Rudolf Friedrichs (1892-1947), Jurist, seit 1922 SPD, verschiedene Funktionen in der sächsischen Verwaltung, 1933 Amtsenthebung und kurzzeitige Inhaftierung, 1933-1945 privatwirtschaftliche Tätigkeit. Vgl. Donth/Schmeitzner, Partei, S. 546; Michael Richter/Mike Schmeitzner, „Einer von beiden muss so bald wie möglich entfernt werden." Der Tod des sächsischen Ministerpräsidenten Rudolf Friedrichs vor dem Hintergrund des Konfliktes mit Innenminister Kurt Fischer 1947. Eine Expertise des Hannah-Arendt-Instituts im Auftrag der Sächsischen Staatskanzlei, Leipzig 1998, S. 49, 302; Andreas Thüsing, Landesverwaltung und Landesregierung in Sachsen 1945-1952. Dargestellt am Beispiel ausgewählter Ressorts, Frankfurt a. M. 2000, S. 37; Andreas

Mitarbeiter der KPD-Initiativgruppe Schlüsselpositionen – so übernahmen Kurt Fischer das Amt des Ersten Bürgermeisters und Hermann Matern das Personalamt.[38] Dass Geheimdienstgeneral Pawel Meschik am 19. Mai 1945 Stalin über diese Entscheidungen informierte, unterstreicht den großen Stellenwert, den die Besatzungsmacht der politischen Entwicklung in Dresden beimaß.[39] Die Dresdener Stadtverwaltung wurde so zum „Muster und zum Ausgangspunkt für die Bildung der Landesverwaltung Sachsen".[40]

Auch in der im Juli von der SMAS zusammengestellten ersten sächsischen Nachkriegsregierung waren alle Parteien vertreten. Dass die SMAS Friedrichs als Dresdner Oberbürgermeister abzog und ihn zum Präsident der Landesverwaltung Sachsen (LVS) bestimmte, darf nicht den Blick darauf verstellen, dass die KPD alle Schlüsselbereiche in ihrer Hand konzentrierte.[41] Fischer, der ebenfalls in die Landesverwaltung aufrückte, nutzte als Erster seinen Zugriff auf die Personalabteilung, die Polizei und das Nachrichtenamt, um die Landesverwaltung „zu einer der wichtigsten Positionen zur Durchführung des Programms unserer Partei" zu formen.[42] Folgerichtig leiteten in den von CDU, LDP und SPD geführten Ressorts handverlesene Kommunisten die Personalabteilungen und weitere „Kommandohöhen" dieser Häuser.[43] Gleichzeitig verloren mit der Entnazifizierung zahlreiche Vertreter der alten Eliten ihre Ämter. Die Neubesetzung dieser frei gewordenen Positionen eröffnete für viele KPD-Anhänger, die sich der Partei erst jetzt angeschlossen hatten, Aufstiegschancen.[44]

Thüsing (Hg), Das Präsidium der Landesverwaltung Sachsen. Die Protokolle der Sitzungen vom 9. Juli 1945 bis 10. Dezember 1946, Göttingen 2010, S. 22; Thomas Widera, Dresden 1945–1948. Politik und Gesellschaft unter sowjetischer Besatzungsherrschaft, Göttingen 2004, S. 86–89.

38 Vgl. Bericht über die Tätigkeit der Gruppe Ackermann von Ackermann vom 16.5.1945 (RCChIDNI, f. 17, op. 128, d. 40, Bl. 74–80). Diesen Bericht leitete Burzev am 26.5.1945 an Dimitroff weiter (ebd., Bl. 73).

39 Vgl. General Meschik an Stalin, Molotov und Malenkov vom 19.5.1945 (GARF, f. 9401, op. 2, d. 96, Bl. 143 f.); Jochen Laufer, „Genossen, wie ist das Gesamtbild?" Ackermann, Ulbricht und Sobottka in Moskau im Juni 1945. In: Deutschland-Archiv, 29 (1996), S. 355–371, hier 361; Petrov, Besatzungsverwaltung. In: Foitzik (Hg.), Kommandanturen, S. 41–44.

40 Anton Ackermann, Von der Geburt der neuen Staatsmacht. In: Staat und Recht, 14 (1965), S. 665–678, hier 673. Vgl. Donth/Schmeitzner, Partei, S. 145–148.

41 Vgl. Thüsing, Landesverwaltung, S. 58–75.

42 Rede Fischers vom 26.11.1945 (SächsHStAD, SED-BPA Dresden, I/A/007, unpag.).

43 Ausführungen Hermann Materns im Protokoll der erweiterten Sitzung des ZK der KPD vom 19./20.11.1945. In: Günter Benser/Hans-Joachim Krusch (Hg.), Protokolle der erweiterten Sitzungen des Sekretariats des Zentralkomitees der KPD Juli 1945 bis Februar 1946, München 1994, S. 203.

44 Vgl. Thüsing, Landesverwaltung, S. 121–152; Clemens Vollnhals, Politische Säuberung als Herrschaftsinstrument: Entnazifizierung in der Sowjetischen Besatzungszone. In: Hilger/Schmeitzner/Schmidt (Hg.), Diktaturdurchsetzung, S. 127–138; Petrov, Besatzungsverwaltung. In: Foitzik (Hg.), Kommandanturen, S. 72–74.

Bis Ende 1945 festigten die Kommunisten ihre Vormachtstellung in der staatlichen Administration. Von den etwa 2 100 Mitarbeitern der Landesverwaltung gehörten 465 der KPD, 361 der SPD, 65 der LDP und 39 der CDU an. 19 der 30 sächsischen Landräte waren KPD-Mitglieder. Nur sieben besaßen ein SPD-Parteibuch. CDU und LDP durften je einen Landrat stellen. Zudem besetzten Kommunisten mehr als die Hälfte der 23 Oberbürgermeisterämter.[45]

Noch deutlicher war die Dominanz der KPD unter den 12 000 sächsischen Polizisten, bei denen sie über 8 000 Mitglieder zählte. Sie sollten aus der Polizei „das Machtinstrument des Staates" formen.[46] Intern verpflichtete Matern unverhohlen die Politischen Sekretäre, die an der Spitze der KPD-Kreisleitungen standen, den Vorrang und die Führungsrolle der Partei gegenüber der Verwaltung zur Geltung zu bringen. Sie waren der Bezirksleitung „verantwortlich für die richtige Politik des Landratsamtes".[47] Eine wichtige Aufgabe des Verwaltungsapparats war die Durchführung der von SMAS und KPD initiierten sozialökonomischen Umgestaltungen. Mit der Bodenreform und einer Verstaatlichung der Großindustrie hoffte die KPD, die Unterstützung der Bevölkerung zu gewinnen.[48]

An der kommunistischen Politik entzündeten sich ab Herbst 1945 zahlreiche Konflikte zwischen KPD und SPD – vor allem, als letztere mit über 121 000 Mitgliedern die nur knapp 119 000 Anhänger zählende KPD überholt hatte und daraus einen gesamtgesellschaftlichen Führungsanspruch ableitete. Nach der Wahlniederlage der kommunistischen Partei in Österreich im November 1945 befürchtete die SMAD, dass die KPD auch in Deutschland Wahlen verlieren könnte. Deshalb sollten Sozialdemokraten und Kommunisten bei Abstimmungen nicht gegeneinander antreten.[49] Vor diesem Hintergrund startete die Besatzungsmacht mit der bereits vor Kriegsende geplanten Kampagne zur Vereinigung beider Parteien: Zwar konnte dieser Plan an linkssozialistische Tendenzen innerhalb der SPD anknüpfen; dennoch erreichten SMAD und KPD nur durch Zwang, Druck und Verhaftungen bis April 1946 die Zwangsvereinigung mit der SPD. Dabei nahm Sachsen eine Schrittmacherfunktion für die gesamte SBZ ein.[50]

---

45 Vgl. Donth/Schmeitzner, Partei, S. 149 f.
46 Vgl. Widera, Dresden, S. 183–221; Donth/Schmeitzner, Partei, S. 154–158.
47 Rundschreiben der KPD-Bezirksleitung „Zusammensetzung der UB-Leitung" vom 28.8.1945 (SächsHStAD, SED-BPA Dresden, I/A/018, unpag.).
48 Vgl. Gerd R. Hackenberg, Wirtschaftlicher Wiederaufbau in Sachsen 1945–1949/50, Köln 2000, S. 207–335; Rainer Karlsch/Michael Schäfer, Wirtschaftsgeschichte Sachsens im Industriezeitalter. Sonderausgabe für die Sächsische Landeszentrale für politische Bildung, Dresden 2006, S. 226–245; Schmeitzner/Donth, Partei, S. 159–173.
49 Vgl. Bonwetsch/Bordjugov/Naimark (Hg.), Sowjetische Politik, S. 3–20; Donth/Schmeitzner, Partei, S. 175–181.
50 Vgl. Andreas Malycha, Auf dem Weg zur SED. Die Sozialdemokratie und die Bildung einer Einheitspartei in den Ländern der SBZ, Bonn 1995; Donth/Schmeitzner, Partei, S. 182–244; Bonwetsch/Bordjugov/Naimark (Hg.), Sowjetische Politik, S. 31–38.

Der kommunistische Herrschaftsanspruch innerhalb der SED wurde in der Folge nicht durch die paritätische Besetzung von Leitungsfunktionen und der Beibehaltung sozialdemokratischer Organisationselemente wie z. B. der Ortsgruppen, die die KPD der SPD zugestanden hatte, eingeschränkt. Besonders wichtig für die Umformung der SED zu einer am kommunistischen Vorbild orientierten Partei erwies sich der weitere Ausbau von Schulungssystem und Parteistruktur, die als faktischer Regierungsapparat alle staatlichen, wirtschaftlichen und kulturellen Bereiche doppelte. An der Spitze der SED-Landesleitung standen, nachdem Matern die Leitung der Berliner SED-Organisation übernommen hatte, der in der KPD sozialisierte Wilhelm Koenen und der prokommunistische ehemalige sächsische SPD-Vorsitzende Otto Buchwitz.[51]

Der Ausbau des kommunistischen Herrschaftsapparats (1946 bis 1949)

Die 1945/46 vollzogenen politischen und gesellschaftlichen Transformationsprozesse sollten auf Anweisung der sowjetischen Führung – auch mit Blick auf den Westen – nachträglich legitimiert werden. Der dazu in Sachsen am 30. Juni 1946 abgehaltene „Volksentscheid über das Gesetz über die Übergabe von Betrieben von Nazi- und Kriegsverbrechern in das Eigentum des Volkes" und die Gemeinde-, Kreistags- und Landtagswahlen im Herbst 1946 waren allerdings weder frei noch ergebnisoffen. Die SMAD sorgte mit Einschüchterungen, Verhaftungen, einer Beschneidung des Wahlrechts der bürgerlichen Parteien und weiteren Manipulationen dafür, dass die SED bei der Landtagswahl in Sachsen 49 Prozent der Stimmen erzielte.[52]

Eine Regierungsbildung nach parlamentarischen Grundsätzen verhinderte die SMAS mit ihrer Festlegung, dass sowohl die Blockpolitik als auch die Allparteienregierung fortgeführt werden sollten. Die SED festigte ihre Machtposition

---

51 Vgl. Donth/Schmeitzner, Partei, S. 238–244. Otto Buchwitz (1879–1964), seit 1898 SPD, 1919–1933 Parteisekretär Niederschlesien, 1924–1933 Reichstagsabgeordneter, nach 1933 Emigration nach Dänemark, Auslieferung, Inhaftierung in Deutschland, 1946–1964 Mitglied Parteivorstand bzw. ZK der SED. Wilhelm Koenen (1886–1963), 1920 KPD und verschiedene Funktionen im Apparat, 1933 Emigration nach Westeuropa, ab 1949 verschiedene Ämter im zentralen Parteiapparat. Vgl. Donth/Schmeitzner, Partei, S. 542 f., 552 f.
52 Vgl. Weisung des Obersten Chefs der SMAD und Oberbefehlshabers der GSBSD an die Chefs der SMAD und die Chefs der SMAD-Landes- und Provinzialverwaltungen über die Schaffung von Bedingungen für einen Sieg der SED bei den Wahlen zu den örtlichen Selbstverwaltungsorganen vom 18.6.1946. In: Foitzik (Hg.), Kommandanturen, S. 459–462; Bonwetsch/Bordjugov/Naimark (Hg.), Sowjetische Politik, S. 40–96, 221–267; Georgij. P. Kynin/Jochen Laufer (Hg.), Die UdSSR und die Deutsche Frage 1941–1949. Dokumente aus dem Archiv für Außenpolitik der Russischen Föderation, Band 2 (9. Mai 1945–3. Oktober 1946), Berlin 2004, S. VII–LIX; Petrov, Besatzungsverwaltung. In: Foitzik (Hg.), Kommandanturen, S. 69–72; Wettig, Tjulpanov-Bericht, S. 130–131; Donth, Vertriebene, S. 177–231; Donth/Schmeitzner, Partei, S. 245–257.

mit dem Zugriff auf vier von acht Ressorts. Mit dem Ministerpräsidenten sowie den Ministerien für Inneres, Wirtschaft und Volksbildung besetzte sie Schlüsselpositionen in der Landesregierung. Innenminister Fischer trieb den Ausbau der bereits stark kommunistisch geprägten Sicherheitsorgane wie der politischen Polizei K 5 voran, mit der tatsächliche oder vermeintliche Gegner der SED verfolgt und ausgeschaltet werden konnten.[53]

Im Winter 1946/47 schließlich setzte die SED eine neue Landesverfassung durch, welche die Gewalteneinheit und planwirtschaftliche Elemente als Rahmen für die sächsische Politik festschrieb, die nun erkennbar einem sozialistischen Entwicklungsweg folgte.[54] Parallel dazu forcierte die SMAS in den Jahren 1946 bis 1948 die Transformation der SED zu einer „Partei neuen Typus" stalinistischer Prägung. Die Besatzungsmacht initiierte die ersten innerparteilichen Säuberungswellen gegen ehemalige Sozialdemokraten, die an ihren Grundsätzen wie Demokratie und Meinungsfreiheit festhielten.[55] Parteiämter und staatliche Funktionen konnten nur die ehemaligen SPD-Mitglieder behalten, die den neuen Kurs bedingungslos mit vorantrieben. Die Ausschaltung der Sozialdemokratie manifestierte sich in den bis Ende September 1947 durchgeführten ersten Parteiwahlen der SED, bei denen auf Kreisebene über 60 Prozent der Vorstandsmitglieder ausgetauscht wurden.[56] Auch das Amt des sächsischen Ministerpräsidenten gelangte 1947 in die Hände der Kommunisten. Dem unerwarteten Tod von Friedrichs war ein Machtkampf um die politische Ausrichtung der SED vorausgegangen, den dieser mit Innenminister Fischer geführt hatte. Zugleich verloren die Länder der SBZ immer mehr Kompetenzen, die die SMAD auf neu geschaffene zentrale Institutionen wie die Deutsche Wirtschaftskommission (DWK) und die Deutsche Verwaltung des Innern (DVdI) verlagerte, deren Leitung Fischer übernahm und deshalb Sachsen verließ. Die Neubesetzung der Spitze der sächsischen Landesregierung mit dem Altkommunisten Max Seydewitz festigte die kommunistische Position.[57]

---

53 Vgl. Applebaum, Iron Curtain, S. 68-93; Naimark, Russians, S. 353-397; Petrov, Besatzungsverwaltung. In: Foitzik (Hg.), Kommandanturen, S. 78-84; Mike Schmeitzner, Formierung eines neuen Polizeistaates. Aufbau und Entwicklung der politischen Polizei in Sachsen 1945-1952. In: Behring/Schmeitzner (Hg.), Diktaturdurchsetzung, S. 201-267; Donth/Schmeitzner, Partei, S. 258-272.
54 Vgl. Johannes Frackowiak, Verfassungsdiskussion in Sachsen nach 1918 und 1945, Köln 2005, S. 175-327.
55 Vgl. Mike Schmeitzner, Doppelt verfolgt. Das widerständige Leben des Arno Wend, Berlin 2009, S. 148-201.
56 Vgl. Bonwetsch/Bordjugov/Naimark (Hg.), Sowjetische Politik, S. 100-148; Donth/Schmeitzner, Partei, S. 328-348.
57 Vgl. Richter/Schmeitzner, „Einer von beiden ..."; Mike Schmeitzner/Andreas Thüsing, Max Seydewitz. Stalinisierung und Untergang (1947-1952). In: Mike Schmeitzner/Andreas Wagner (Hg.), Von Macht und Ohnmacht. Sächsische Ministerpräsidenten im Zeitalter der Extreme 1919-1952, Beucha 2006, S. 341-384; Donth/Schmeitzner, Partei, S. 324-327.

Der Marxismus-Leninismus in seiner stalinistischen Ausprägung avancierte endgültig zur Weltanschauung der SED. Untrennbar damit verbunden waren die Abschaffung der Parität, die Einführung von Parteikontrollkommissionen und der weitere Ausbau des Schulungssystems. Die Macht der Führung der Landespartei wurde durch das Organisationsprinzip des „demokratischen Zentralismus" zementiert. Verbindlich waren nun die von oben nach unten „durchgestellten" Weisungen und die umfassende Berichtspflicht untergeordneter Leitungen an die Parteiführung.[58] Die Führung der nun kommunistisch ausgerichteten Partei mit ihren 2 200 hauptamtlichen Mitarbeitern übernahm im Dezember 1948 Ernst Lohagen.[59] Er und weitere jüngere und energische Kader setzten die Führungsrolle der Partei in Staat und Gesellschaft vollständig durch.[60] Durch Repressionen und Massensäuberungen reduzierte sich in Sachsen die Zahl der SED-Mitglieder von 588 000 im Jahr 1948 auf 406 000 Anfang der 1950er-Jahre.[61]

Angeleitet und kontrolliert wurden SED und Verwaltung nach wie vor durch die SMAD. Nach einer Neustrukturierung des SMAD-Apparats erhielt die im Juni 1948 neu geschaffene Abteilung für Zivilverwaltung die Aufgabe, das Nomenklatursystem zu implementieren. Damit erhielt die SED-Landesleitung zumindest formal die Befugnis, eine Vielzahl von Posten im Parteiapparat, in den staatlichen Organen und den Massenorganisationen mit Personen zu besetzen, die die sowjetische Führungsrolle verinnerlicht und die sich als zuverlässige Gefolgsleute bewährt hatten. Das betraf auch die Auswahl der Inhaber von Wahlämtern, etwa in den Vorständen. Mit diesem personalpolitischen Instrument behielten SMAS und SED-Führung die Verfügungsgewalt über Positionen, die sie für die Machtsicherung für bedeutsam erachteten, in ihren Händen.[62]

---

58 Vgl. Thomas Klein, Die Parteikontrolle der SED als Instrument der Stalinisierung. In: Lemke (Hg.), Sowjetisierung und Eigenständigkeit, S. 119-162, hier 127-140, 150-157; Schmeitzner, Schulen, S. 83-139.
59 Ernst Lohagen (1897-1977), 1918 KPD, 1930-1932 Reichstagsabgeordneter, 1933-1945 fast durchgängig in Haft, nach 1945 Vorsitzender KPD/SED in Leipzig. Vgl. Donth/Schmeitzner, Partei, S. 553-554.
60 Vgl. ebd., S. 376-383.
61 Vgl. Donth/Schmeitzner, Partei, S. 504-511.
62 Vgl. Aufgabenplan der Verwaltung vom 30.9.1948 (GARF, f. 7317, op. 50, d. 21, Bl. 247-252); Befehl des Obersten Chefs der SMAD Nr. 0207 „Über die Bildung der Abteilung Zivilverwaltung der SMAD" vom 11.6.1948 sowie vorläufige Geschäftsordnung zu den Obliegenheiten der Abteilung Zivilverwaltung der SMAD und den Abteilungen für Zivilverwaltung bei den SMA-Landesverwaltungen der SBZ vom 6.7.1948. In: Foitzik (Hg.), Kommandanturen, S. 541-543, 543-546; Vermerk der Kaderabteilung des SED-Landesvorstandes „Bemerkungen zur Nomenklatur des Landes/Parteivorstandes" vom 28.3.1950 (SächsHStAD, SED-BPA Dresden, A/800, Bl. 257-258); Heike Amos, Politik und Organisation der SED-Zentrale 1949-1963. Struktur und Arbeitsweise von Politbüro, Sekretariat, Zentralkomitee und ZK-Apparat, Münster 2003, S. 96-115; Foitzik, Ordnungspolitik. In: ders. (Hg.), Kommandanturen, S. 102, 243-247; Petrov, Besatzungsverwaltung. In: ebd., S. 53; Matthias Wagner, Das Kadernomenklatursystem.

Einzelheiten enthielten die Gesamtarbeitspläne, nach denen die Abteilungen des SED-Landesparteiapparats sämtliche Vorlagen der Regierung überprüfen mussten, bevor sie umgesetzt werden konnten. Damit wurde die Vorherrschaft der Partei gegenüber der Verwaltung in feste institutionelle Verfahren gegossen. 1948/49 war die SED aus Sicht der SMAS in der Lage, ihre Politik selbstständig, aber immer noch strikt an den sowjetischen Interessen ausgerichtet, zu führen. Sie erhielt deshalb eine – im Vergleich zu den ersten Nachkriegsjahren – größere Eigenständigkeit.[63] 1948/49 beseitigte die Besatzungsmacht auch die ohnehin nur geringen Handlungsspielräume der bürgerlichen Parteien. Für eine demokratische Fassade bestand keine Notwendigkeit mehr, sodass SMAS und SED grundsatztreue Mitglieder und Funktionäre der bürgerlichen Parteien aus ihren Parteiämtern entfernten und Leitungspositionen mit „fortschrittlichen Kräften" besetzten. Die „Enthauptung" der sächsischen CDU gipfelte in der Absetzung des Vorsitzenden Hugo Hickmann. Die neu eingesetzte Unionsführung stand aber einer Mitgliedschaft gegenüber, die in weiten Teilen die kommunistische Politik ablehnte.[64]

Die Zentralisierung politischer Entscheidungen beim nun immer offener betriebenen Aufbau einer kommunistischen Gesellschaftsordnung gehörte zur Strategie, mit der Stalin im sich verstärkenden Kalten Krieg 1948/49 seinen Herrschaftsbereich in ganz Osteuropa langfristig absicherte.[65] Im gesellschaftlichen Bereich konnten sich nur die evangelische und katholische Kirche dem

Ausdruck der führenden Rolle der SED. In: Andreas Herbst (Hg.), Die SED. Geschichte, Organisation, Politik. Ein Handbuch, Berlin 1997, S. 148-157; Tatjana W. Zarewskaja-Djakina, Abteilung Zivilverwaltung. In: Möller/Tschurbarjan (Hg.), SMAD-Handbuch, S. 462 f.

63 Vgl. Foitzik, Ordnungspolitik. In: ders. (Hg.), Kommandanturen, S. 217-230; Donth/Schmeitzner, Partei, S. 403-415.

64 Ralf Thomas Baus, Die Christlich-Demokratische Union Deutschlands in der sowjetisch besetzten Zone 1945 bis 1948. Gründung – Programm – Politik, Düsseldorf 2001, S. 411-461; ders., Die Christlich-Demokratische Union Deutschlands in Sachsen zwischen Widerstand und Gleichschaltung 1945-1952. In: Behring/Schmeitzner (Hg.), Diktaturdurchsetzung, S. 129-146, hier 144-146; Mike Schmeitzner, Im Schatten der FDJ. Die „Junge Union" in Sachsen 1945-1950, Göttingen 2004, S. 154-201; Wettig, Tjulpanov-Bericht, S. 209-240; Stefan Donth, Die Sowjetische Militäradministration und die CDU in Sachsen 1945 bis 1952 – Eine bürgerliche Partei aus dem Blickwinkel der Besatzungsmacht. In: Historisch-Politische Mitteilungen. Archiv für Christlich-Demokratische Politik, 7 (2000), S. 109-133.

65 Vgl. Applebaum, Iron Curtain, S. 293-351; Bonwetsch/Bordjugov/Naimark (Hg.), Sowjetische Politik, S. 151-214, 269-292; Jan Foitzik, Einführung. In: ders. (Hg.), Kommandanturen, S. 7-31, hier 23 f.; Foitzik, Ordnungspolitik. In: ebd., S. 160-167, 186-190; Georgij. P. Kynin/Jochen Laufer (Hg.), Die UdSSR und die Deutsche Frage 1941-1949. Dokumente aus dem Archiv für Außenpolitik der Russischen Föderation, Band 3 (6. Oktober 1946-15. Juni 1948), Berlin 2004, S. IX-LXXXIV; Winfrid Halder, „Modell für Deutschland". Wirtschaftspolitik in Sachsen 1945-1948, Paderborn 2001, S. 344-545; Naimark, Russians, S. 318-352; Donth/Schmeitzner, Partei, S. 359-360.

weitgehenden Zugriff von SMAD und SED entziehen, da es ihnen gelang, ihre Eigenständigkeit in großen Teilen zu verteidigen.[66]

Die Gleichschaltung des gesamten politischen Lebens fand ihren Abschluss mit den Wahlen zum sächsischen Landtag 1950, bei denen – wie auch bei den Volkskammerwahlen – nur noch über Einheitslisten abgestimmt werden konnte. Parallel hatte die SMAD die Zentralisierung in der SBZ verstärkt – etwa bei der Steuerhoheit, im Justizwesen und bei der immer mehr zum Tragen kommenden Planwirtschaft –, sodass der neuen Landesregierung immer weniger Kompetenzen verblieben. Die sächsische SED-Landesleitung wurde zu einem ausführenden Organ des zentralen SED-Parteiapparats degradiert. Damit kam die SED dem Ideal einer straff geführten „Massen- und Kaderpartei" nahe, die Staat und Gesellschaft beherrschte und nach stalinistischen Vorstellungen formte.[67]

Die Entscheidungsgewalt lag auch Anfang der 1950er-Jahre noch immer bei den sowjetischen Besatzungsbehörden. Nun aber bei der Sowjetischen Kontrollkommission (SKK), die nach der Gründung der DDR 1949 aus der SMAD hervorgegangenen war.[68] Ihre Machtstellung demonstrierte die SKK, als sie 1951/52 der „persönlichen Diktatur" Lohagens (Schmeitzner) als Erstem Sekretär der sächsischen SED ein Ende setzte. Für dessen – im Vergleich zu den anderen SED-Länderchefs – überragende Stellung war kein Platz mehr.[69] Die Zentralisierungsbestrebungen führten schließlich 1952 zur Auflösung der Länder, die SKK und SED durch 15 Bezirke mit den dazugehörigen SED-Leitungen ersetzten.[70]

---

66 Vgl. Birgit Mitzscherlich, Diktatur und Diaspora. Das Bistum Meißen 1932–1951, Paderborn 2005, S. 380, 445, 545; Wolfgang Tischner, Katholische Kirche in der SBZ/DDR 1945–1951, Paderborn 2001, S. 112–199, 246–448, 476–561; Wettig, Tjulpanov-Bericht, S. 372–375; Georg Wilhelm, Die Diktaturen und die evangelische Kirche. Totaler Machtanspruch und kirchliche Antwort am Beispiel Leipzigs 1933–1958, Göttingen 2004, S. 262–306.
67 Vgl. Winfrid Halder, Fritz Selbmann und der Beginn der Wirtschaftsplanung in der Sowjetischen Besatzungszone Deutschlands (SBZ) 1945–1949. In: Behring/Schmeitzner (Hg.), Diktaturdurchsetzung, S. 327–348; Thüsing, Landesverwaltung, S. 197–207; Donth/Schmeitzner, Partei, S. 415–436.
68 Vgl. Monika Kaiser, Wechsel von sowjetischer Besatzungspolitik zu sowjetischer Kontrolle? Sowjetische Einflussnahme und ostdeutsche Handlungsspielräume im Übergangsjahr von der SBZ zur DDR. In: Lemke (Hg.), Sowjetisierung und Eigenständigkeit, S. 187–232; Elke Scherstjanoi (Bearb.), Das SKK-Statut – Zur Geschichte der Sowjetischen Kontrollkommission in Deutschland. Eine Dokumentation, München 1998, S. 176; Bericht des Chefs der SKK-Sachsen Urasov an Chef der SKK General Tschuikov über die Tätigkeit im 1. Halbjahr 1952 vom 31.7.1952 (AVP RF f. 0458, op. 13a, p. 156, d. 69, Bl. 162–197).
69 Vgl. Donth/Schmeitzner, Partei, S. 437–460.
70 Vgl. Foitzik, Ordnungspolitik. In: ders. (Hg.), Kommandanturen, S. 103–109, 190–193, 202 f.; Thüsing, Landesverwaltung, S. 345–378.

Fazit

Mit der Verwaltungsreform von 1952 trat die kommunistische Diktatur immer offener in Erscheinung, deren Errichtung ein wichtiger Bestandteil der sowjetischen Nachkriegspolitik gewesen war. Zur Absicherung ihres Hegemonialanspruches und zur Diktaturdurchsetzung hatte die SMAS seit 1945, entsprechend der bereits vor Kriegsende angestellten Planungen der sowjetischen Partei- und Staatsführung, den kommunistischen Parteiapparat zur Macht- und Schaltzentrale ausgebaut, der alle anderen Institutionen überschattete. Mit der Inbesitznahme der wichtigsten „Kommandohöhen" in Partei und Verwaltung durch Kommunisten, die die Linie der SMAS bedingungslos vertraten, wurden unmittelbar seit Kriegsende machtpolitische Realitäten für die kommunistische „Durchherrschung" von Staat und Gesellschaft geschaffen.[71] Dabei waren Besatzungsmacht und KPD/SED wechselseitig aufeinander angewiesen. In diesem – allerdings ungleichen – Abhängigkeitsverhältnis agierte die SMAD als Führungsmacht und übte die Verfahrensherrschaft aus, ohne aber alle Details überwachen und koordinieren zu können.[72] Seit 1946 formte die SMAD/SMAS die SED programmatisch, organisatorisch und personell zu einem Herrschaftsinstrument, mit dem deutsche Kommunisten – eingeschränkt nur durch den sowjetischen Interventionsvorbehalt – von 1949 bis 1989 in Sachsen bzw. in den aus dem Land hervorgegangenen Bezirken Dresden, Chemnitz/Karl-Marx-Stadt und Leipzig ihre Macht allumfassend ausüben konnten.[73]

---

71 Vgl. Jürgen Kocka, Eine durchherrschte Gesellschaft. In: Hartmut Kaelble/Jürgen Kocka/Hartmut Zwahr (Hg.), Sozialgeschichte der DDR, Stuttgart 1994, S. 547–553.
72 Vgl. Foitzik, Ordnungspolitik. In: ders. (Hg.), Kommandanturen, S. 251–254.
73 Vgl. Donth/Schmeitzner, Partei, S. 531.

Das Personal der kommunistischen Diktaturdurchsetzung. Parteifunktionäre und Kommunalpolitiker in Chemnitz 1945 bis 1949

Rainer Behring

„Der kurze Weg in die SED-Diktatur" – unter diesem Titel skizzierte Hans-Ulrich Wehler vor einigen Jahren, wie sich „über die SBZ östlich der Elbe die zweite deutsche Diktatur herab[senkte]. Das war die totalitäre Parteidiktatur eines Kollaborationsregimes auf der Basis eines Okkupationskommunismus, der in dieser Satrapie im westlichen Vorfeld des sowjetischen Imperiums mit allen Mitteln einer kolonialen Neugründung durchgesetzt wurde." Die Grundlagen dieser diktatorischen Herrschaft seien wesentlich in den Jahren 1945 bis 1949 gelegt worden; „die politische und soziale Transformation der ‚Ostzone' hatte unmittelbar im Frühjahr 1945 begonnen".[1] Von dem „kurzen Weg in die Diktatur" hatte zuvor bereits Peter Graf Kielmansegg gesprochen, von „dem elementaren Sachverhalt, dass zwischen 1945 und 1949 in der sowjetischen Zone eine Diktatur durch eine andere ersetzt wurde". Trotz „einer gewissen Unbestimmtheit der sowjetischen Deutschlandpolitik", und „so unablässig von Demokratie auch geredet wurde", sei ein „Prozess der Machtergreifung" zu analysieren. Man könne sich „schwer des Eindrucks erwehren, dass dieser Prozess einer inneren Logik folgte; dass es letztlich auf die Alleinherrschaft der SED, die Parteidiktatur, hinauslaufen musste". Das Zusammenspiel zwischen Besatzungsmacht und KPD und die entschlossen vorangetriebene Umwälzung der Besitzverhältnisse müssten „als Mittel einer Strategie begriffen werden, die auf die Hegemonie, am Ende die Alleinherrschaft der Kommunisten zielte". Insgesamt sei „vom ersten Tage an [...] eine Dynamik nicht des Aufbaus von Demokratie, sondern der Umgehung, Beschädigung, schließlich Zerstörung der für die Demokratie konstitutiven Regeln in Gang gesetzt" worden: „Es ist schwer zu sehen, wo der Prozess hätte zum Stillstand kommen können, bevor nicht die unangefochtene Alleinherrschaft der KPD/SED erreicht war."[2] In ähnlicher Weise interpretiert schließlich Klaus Schroeder das Geschehen: „Gemeinsam

---

1   Hans-Ulrich Wehler, Deutsche Gesellschaftsgeschichte. Band 5: 1949–1990. Von der Gründung der beiden deutschen Staaten bis zur Vereinigung, München 2008, S. 23 f.
2   Peter Graf Kielmansegg, Nach der Katastrophe. Eine Geschichte des geteilten Deutschland, Berlin 2000, S. 117, 121, 126 f.

mit den deutschen Kommunisten, die in ihrem Sinne und ihren Weisungen folgend tätig wurden, gestaltete und kontrollierte die SMAD das politische und gesellschaftliche Leben in ihrem Machtbereich" und habe „mit der Errichtung einer ‚antifaschistisch-demokratischen Ordnung' die Voraussetzungen für eine Sowjetisierung der SBZ" geschaffen. „Während auf der politischen Ebene ein kontrollierter Pluralismus den Anschein demokratischer Verhältnisse wecken sollte, wurden auf der gesellschaftlichen Ebene zügig tiefgreifende Umwandlungsprozesse nach sowjetischem Vorbild eingeleitet."[3] Selbst die Frühzeit der SBZ könne kaum als „demokratische" Phase verstanden werden. Bestenfalls lasse sich „von einem verordneten, gesteuerten und kontrollierten Pluralismus sprechen"; in der Semantik der kommunistischen Terminologie habe „‚Demokratisierung' als Synonym für Herrschaftsmonopolisierung" gedient.[4]

Diese drei Stimmen stehen stellvertretend für einen in der Geschichtswissenschaft in dieser Einmütigkeit seltenen Konsens hinsichtlich der Beurteilung der kommunistischen Diktaturdurchsetzung in der SBZ, der auch durch Wilfried Loths Überlegungen zu vermeintlichen tiefgreifenden politisch-strategischen und deutschlandpolitischen Differenzen zwischen Walter Ulbricht und Josef Stalin[5] nicht nachhaltig beeinträchtigt wurde. Mehr noch, es lässt sich ungeachtet einiger fortgesetzter Detailforschung etwa zu den Strukturen der SMAD[6] und einer Reihe von Dokumenteneditionen vornehmlich aus russischem Archivmaterial,[7] die allerdings insgesamt bislang nicht zu grundlegend neuen Interpretationsangeboten geführt haben, geradezu von einer Stagnation der Forschungen zur Geschichte der Sowjetischen Besatzungszone in Deutschland sprechen, die nach den Neuentdeckungen und dem analytischen Aufschwung der 1990er-Jahre allmählich eingetreten ist:[8] Ein historischer Abschnitt, dessen politisch-gesell-

---

3 Klaus Schroeder, Der SED-Staat. Geschichte und Strukturen der DDR 1949-1990, 3., vollständig überarbeitete und stark erweiterte Neuausgabe Köln 2013, S. 2.
4 Ebd., S. 24, 45.
5 Wilfried Loth, Stalins ungeliebtes Kind. Warum Moskau die DDR nicht wollte, Berlin 1994. Vgl. dazu knapp Kielmansegg, Katastrophe, S. 126; Schroeder, SED-Staat, S. 91 f.; sowie ausführlicher Gerhard Wettig, Bereitschaft zu Einheit in Freiheit? Die sowjetische Deutschland-Politik 1945-1955, München 1999, S. 295-298.
6 Zuletzt Horst Möller/Alexandr O. Tschubarjan (Hg.), SMAD-Handbuch. Die Sowjetische Militäradministration in Deutschland 1945-1949. Bearb. von Jan Foitzik und Tatjana W. Zarewskaja-Djakina, München 2009.
7 Jan Foitzik (Hg.), Sowjetische Interessenpolitik in Deutschland 1944-1954. Dokumente, München 2012; Georgij P. Kynin/Jochen Laufer (Hg.), Die UdSSR und die deutsche Frage 1941-1948. Dokumente aus dem Archiv für Außenpolitik der Russischen Föderation, 4 Bände, Berlin 2004/2012.
8 Vgl. als Indizien dafür etwa die faktisch unveränderte Darstellung von Schroeder, SED-Staat, S. 1-92, mit den entsprechenden, enger gesetzten Abschnitten der 1998 in München erschienenen Erstauflage, S. 1-82; Hermann Weber, Die DDR 1945-1990, 5., aktualisierte Auflage München 2012, S. 3-27, 147-162, mit der 3., überarbeiteten und erweiterten Auflage München 2000, S. 3-27, 148-161; oder Ulrich Mählert, Kleine Geschichte der DDR, 7. Auflage München 2010, S. 11-55, mit dem identischen Abschnitt der Erstauflage, München 1998.

schaftliche Entwicklung in der geschilderten Weise buchstäblich „alternativlos" erscheint, in der die absehbare Zukunft schon für die Zeitgenossen kaum als offen für die eigenverantwortliche Gestaltung aufgefasst werden konnte,[9] bietet wenig Raum für die Entfaltung geschichtswissenschaftlicher Kontroverse oder gar geisteswissenschaftlicher Leidenschaft.[10]

Das gilt letztlich auch für eine Verlagerung des Untersuchungsfeldes von der Ebene der SBZ als Ganzes auf das Geschehen im regionalen oder lokalen Bereich: Hier wird man vielfältige Beispiele und Varianten für den letztlich doch eindimensionalen Weg in Richtung kommunistischer Parteidiktatur ausfindig machen können, die die angewandten Methoden und Herrschaftstechniken illustrieren. Ein Anlass zu Neu- oder Uminterpretationen des politisch-gesellschaftlichen Prozesses kommunistischer Machtergreifung wird sich daraus schwerlich ergeben, und die Suche nach Handlungsalternativen für die Betroffenen vor Ort erscheint müßig. Das verdeutlichen auch die folgenden skizzenhaften und eher impressionistisch geprägten Ausführungen zu der Rolle, die einige Lokalpolitiker und Parteifunktionäre in der sächsischen Industriestadt Chemnitz im Rahmen der kommunistischen Diktaturdurchsetzung unter der Herrschaft sowjetischen Militärs spielten. Dabei soll es in erster Linie um die Ansätze ihres politischen Denkens gehen und um das Bild von der politisch-gesellschaftlichen Umgestaltung Deutschlands, das sie der Öffentlichkeit zu vermitteln bemüht waren.

„Wir danken das Stalin": Kommunistische Parteifunktionäre

Es bedarf keiner Erläuterung, dass die aus dem politischen Wartestand, dem Untergrund, aus Konzentrationslagern und Gefängnissen oder auch aus der Kriegsgefangenschaft oder dem sowjetischen Exil zurückkehrenden überzeugten Parteikommunisten, die sich seit Anfang Mai 1945 im durch den Bombenkrieg

---

9 Vgl. die Überlegungen von Kielmansegg, Katastrophe, S. 117, 127 f.; sowie ausführlich Rainer Behring, Die Zukunft war nicht offen. Instrumente und Methoden der Diktaturdurchsetzung in der Stadt: Das Beispiel Chemnitz. In: Andreas Hilger/Mike Schmeitzner/Ute Schmidt (Hg.), Diktaturdurchsetzung. Instrumente und Methoden der kommunistischen Machtsicherung in der SBZ/DDR 1945–1955, Dresden 2001, S. 155–168; zum Folgenden auch Rainer Behring, Massenaufmärsche, Arbeitseinsatz, Hausvertrauensleute. Die Mobilisierung der Bevölkerung am Beispiel Chemnitz. In: ders./Mike Schmeitzner (Hg.), Diktaturdurchsetzung in Sachsen. Studien zur Genese der kommunistischen Herrschaft 1945–1952, Köln 2003, S. 371–409; ders., Von fehlender Öffentlichkeit. Alltagserfahrungen mit der sowjetischen Besatzungsmacht in Deutschland. In: Andreas Hilger/Mike Schmeitzner/Clemens Vollnhals (Hg.), Sowjetisierung oder Neutralität? Optionen sowjetischer Besatzungspolitik in Deutschland und Österreich 1945–1955, Göttingen 2006, S. 453–478.

10 Das gelangt nirgends besser zum Ausdruck als in der von Wehler, Gesellschaftsgeschichte, S. 361, aufgegriffenen Formulierung von der DDR als einer „Fußnote der Weltgeschichte".

schwer in Mitleidenschaft gezogenen Chemnitz einfanden, dem Fernziel einer Gestaltung von Politik und Gesellschaft nach sowjetkommunistischem Vorbild verpflichtet waren, mochten sie vorerst auch der obligatorischen Sprachregelung von der Schaffung einer „antifaschistisch-demokratischen" Neuordnung folgen. Als politisch führender Kopf oder zumindest als Sprachrohr in der frühesten Phase der Chemnitzer Nachkriegsgeschichte, die im Mai/Juni 1945 auf deutscher Seite von der „Antifaschistischen Front" geprägt wurde, erscheint Otto Heckert, der Bruder des 1936 im Moskauer Exil verstorbenen KPD-Führers Fritz Heckert. Der 40-jährige Otto Heckert, seit 1923 KPD-Mitglied, war während der gesamten Kriegszeit als politischer Gegner des NS-Regimes im Konzentrationslager Buchenwald inhaftiert gewesen. Unmittelbar nach seiner Heimkehr wurde er am 27. Mai 1945 zum 1. Vorsitzenden des Präsidiums der Antifaschistischen Front Chemnitz erhoben.[11]

Am 10. Juni hielt Heckert vor dem Komitee der Antifa eine Rede zur politischen Lage, die recht gut vor Augen führt, wie sich in seinem Denken die Unterordnung unter das „antifaschistisch-demokratische" Paradigma mit der Überzeugung von dem wegweisenden Vorbild Sowjetrusslands verband.[12] Darin sprach Heckert von dem gerade beendeten Krieg als einem gescheiterten Versuch „des reaktionären Teils der Bourgeoisie, den verlorenen Krieg von 1914-18 mit den Mitteln des faschistischen Regimes nach innen und den Mitteln eines barbarischen Krieges nach außen" wiederaufzunehmen und sich dadurch „eine Vormachtstellung in der Welt zu sichern", sowie „des deutschen Monopol-Kapitals, die Wirtschaftskrise auf Kosten fremder Völker zu überwinden". Zur Bewältigung des daraus resultierenden Chaos und der Not des Tages sei es „notwendig, nun unsere antifaschistische Kraft zu mobilisieren und zu zentralisieren". Man benötige „Ruhe, Ordnung, Vertrauen und Sicherheit", und man werde „dies nicht fertigbringen und besonders die Zusammenstellung aller Kräfte nicht eher erreichen, bis wir als antifaschistische Funktionäre Vertrauen zu unserer Arbeit und politischen Mission gefunden haben". Doch die eigenen Bemühungen der deutschen Antifaschisten würden nicht ausreichend sein in einer Situation, in der Deutschland politisch völlig isoliert und die durch einen Zerfall der deutschen Wirtschaft gekennzeichnet sei, durch die Zerstörung von Industrie und Verkehrswesen und das drohende Heraufziehen einer neuen, noch umfassenderen Wirtschaftskrise: „Wir müssen uns darüber klar sein, dass sich diese Wirtschaftskrise nicht beseitigen lässt, sondern dass wir sie nur dank des großen Freundes, den das deutsche Volk gewonnen hat, überwinden

---

11 Vgl. zur Rolle der sowjetischen Besatzungsmacht und der aus Moskau zurückgekehrten KPD-Emigranten Hermann Matern und Anton Ackermann bei allen einschlägigen Personalentscheidungen der ersten Nachkriegswochen in Chemnitz Behring, Die Zukunft war nicht offen, S. 162 mit Anm. 29.
12 Otto Heckert, Rede auf der Tagung des Komitees der Antifa am 10.6.1945 (StAC, Antifa-Block 85, Bl. 15-22).

können. Dank des großen Freundes dürfen wir auf diesem Gebiet Hoffnung haben, dass die Dinge sich nicht so auswirken, wie wir das im letzten Krieg kennengelernt haben." Wer dieser „große Freund" sei, darüber ließ Heckert keinen Zweifel: Er sprach unumwunden von „unserer Sowjetarmee". Heckert warb um „Vertrauen zur Rolle der Besatzungsmacht und Vertrauen, dass diese Krise gemeistert werden wird", weil „es der Wille unserer Besatzungsmacht Sowjetunion ist, bei uns Ordnung zu schaffen[,] und zwar eine neue politische, ökonomische Ordnung. Ihr könnt sicher sein, die Sowjetunion wäre nicht so stark und groß geworden und die Völker hätten gar nicht die Stellung zur Sowjetunion revidiert, wenn nicht die politischen Methoden der Sowjetunion den Beweis erbracht hätten, dass die Sowjetunion der Wahrnehmer der Interessen aller Völker ist."

In immer neuen Wendungen erläuterte Otto Heckert seinen Zuhörern die Aufgabe, die deutsche Bevölkerung im Sinne des Antifaschismus zu erziehen, „denn sie ist bis ins Letzte hinein faschistisch verseucht". „Wir müssen das deutsche Volk antifaschistisch machen" und „den Faschismus entlarven, wo wir können". Die dabei anzuwendenden Mittel waren Heckert bereits geläufig und prägten seinen Blick in die Zukunft: „Unser Programm heißt Deutschland. Demokratische nationale Einheit, neue soziale Ordnung. Überwindung des Faschismus. Enteignung der Faschisten und ihrer bourgeoisen Freunde. Da gibt es keinen Pazifismus. Wenn es uns auch wehtut, wenn der eine oder andere von uns einmal übers Ziel schießt in verschiedenen Aktionen." Man werde es jedenfalls nicht zulassen, „dass wir aus lauter Drang zur Ordnung die Faschisten hereinnehmen in die neue Zeit". Drei Tage vorher hatte Heckert den Kreis derer, gegen die gleichsam präventiv vorzugehen sein würde, vorsorglich bereits erheblich erweitert: „Wir müssen den Kampf gegen Leute, die zu unserer Bewegung wenig Vertrauen haben, genau so scharf führen wie gegen die Nazis."[13] Selbstverständlich sollte das Ganze unter der Bezeichnung Demokratie vonstatten gehen. „Man muss Krisen lösen, aber auf freier demokratischer Basis", so Heckert am 10. Juni. „Man darf die Menschen nicht zwingen und terrorisieren, sondern muss ihnen die Möglichkeit geben, sich frei zu entwickeln." Allerdings galt es auch hier, die Feinheiten zu beachten: „Wir brauchen eine Demokratie, die fortschrittlich ist im Geiste der geschichtlichen Entwicklung. [...] Freiheit ist uns alles, aber Freiheit ist nicht eine Geschichte des Individuums, die Freiheit der Klasse steht über dem Einzelnen." Die folgende kühne Wendung demonstrierte dann die gedanklichen und sprachlichen Grenzen, auf die Heckerts Intellekt bei dem Versuch stieß, seine parteikommunistisch-orthodoxe Prägung mit der Notwendigkeit zu verbinden, eine auf ganz Deutschland zielende „antifaschistisch-demokratische" Neuordnung zu propagieren: „Wir müssen sagen,

---

13 Otto Heckert, Rede auf der 3. Sitzung des Präsidiums der Antifa am 7.6.1945 (StAC, Antifa-Block 1, Bl. 27–29, Zitat Bl. 29).

über der Freiheit des Einzelnen muss die Freiheit der Nation stehen. Wir sind nichts Besonderes. Nur wer die Sache der Nation zur Sache des Volkes macht, macht die Sache des Volkes zur Sache der Nation."[14]

In einer fortschrittlichen Demokratie, so war das wohl zu interpretieren, waren die Interessen der Klasse, als deren Repräsentanten sich die Funktionäre der KPD verstanden, identisch mit denen des Volks und damit der Nation; zu deren Wohlergehen wiederum hatten die Kommunisten sämtliche möglichen Gegner zu definieren und mit aller Schärfe gegen sie vorzugehen. Angesichts eines Publikums von 176 Vertretern der Antifa aus den Chemnitzer Stadtbezirken und den Ortsgruppen des Umlandes – darunter insgesamt zehn weiblichen –, die zu mehr als zwei Dritteln aus Kommunisten bestanden,[15] konnte jedenfalls kaum fraglich sein, wie Heckerts Ausführungen zu verstehen waren. Insbesondere der wiederholte Hinweis auf den Vorbildcharakter der Sowjetunion war nicht zu übersehen, so auch, wenn Heckert seine Bemerkungen mit dem Ausruf schloss: „Es lebe der Sieg der gemeinsamen Armeen der Alliierten, es lebe im Besonderen die siegreiche Rote Armee, es lebe der gemeinsame Kampf aller Länder, es lebe der Kampf der Antifaschisten!"

Die enge Orientierung an der Sowjetunion und zweifellos auch an den direkten Vorgaben der Organe der Roten Armee fand Mitte Juni 1945 auch in der Propaganda der Antifaschistischen Front Chemnitz ihren Niederschlag. Die „Abteilung Agitprop" der Antifa kündigte für den 15. Juni eine Lebensmittelaktion an und versorgte die Stadtteilleitungen mit den entsprechenden Parolen. „Nur durch die Hilfe der Roten Armee war es möglich, die Ernährung für die Chemnitzer Bevölkerung sicherzustellen. Diese Tatsachen müssen wir in den kommenden Tagen in jeder Weise agitatorisch und propagandistisch auswerten. Immer wieder müssen wir es in die Massen werfen: *Das ist* die Rote Armee – *So* ihr Handeln. Wir können nur danken und uns ihrer Hilfe würdig erweisen durch aktives Mitarbeiten am Aufbau." Die praktische Organisierung der Verteilung der Lebensmittel durch den damit beauftragten General „gibt uns ein Beispiel bolschewistischen Arbeitstempos. Davon müssen wir lernen. Genossen, geht sofort an die Arbeit!" Gleichzeitig wurden die von der Kommandantur genehmigten Losungen für die Aktion mitgeteilt – etwa „Die Rote Armee bringt uns: Freiheit, Arbeit und Brot", „Stalin sagt: Die Rote Armee kommt als Helfer und handelt. Ihre Autos rollen und bringen uns Lebensmittel. Wir werden arbeiten und aufbauen" oder schlicht „Kampf für ein neues demokratisches Deutschland".[16] Eine

---

14 An dieser Stelle trägt eine andere, teilweise abweichende Überlieferung des Wortlauts der Rede zum rechten Verständnis bei: „Freiheit ist uns alles, aber Freiheit ist nicht eine Geschichte des Individuums, die Freiheit der Klasse steht über dem Einzelnen, die Freiheit der Nation. Wir müssen sagen, über der Freiheit des Einzelnen muss die Freiheit der Nation stehen." Ansprache des Genossen Heckert, 10.6.1945 (StAC, Antifa-Block 1, Bl. 4–11, Zitat Bl. 9).
15 Gliederung der Teilnehmer der Sitzung vom 10.6.45 (ebd., Bl. 21).
16 Antifaschistisches Komitee Chemnitz, Abt. Agitprop, an alle Stadtteilleitungen vom 13.6.45 (StAC, Antifa-Block 42, Bl. 13 f.).

entsprechende Anweisung an die Stadtteilleitungen der Antifa lautete, „wir ersuchen alle Versammlungsleiter in ihren Versammlungen und Kundgebungen folgende Resolution zur Annahme vorzuschlagen": „Die heute hier versammelten Einwohner von Chemnitz begrüßen freudig die große Hilfe der Roten Armee und bringen hiermit einstimmig ihren Dank für die Lebensmittellieferungen zum Ausdruck. Sie verpflichten sich, tatkräftig mitzuarbeiten am Aufbau eines neuen demokratischen Deutschlands."[17] Die Gewöhnung an massenhaft verbreitete, von kommunistischen Parteifunktionären vorformulierte Resolutionen, die die Meinung einer geschlossen auftretenden Bevölkerung wiederzugeben vorgaben, wurde hier ebenso eingeübt wie die reflexhafte gedankliche Verbindung von sowjetischem Beistand und vermeintlicher Demokratisierung der deutschen Gesellschaft.

Die Auflösung des Antifaschistischen Komitees und der Stadtteilleitungen der Antifaschistischen Front sowie die Gründung des „Blockes der antifaschistisch-demokratischen Parteien", die in Chemnitz seit Ende Juni 1945 erfolgte, änderte nichts an der Ausrichtung der politischen Vorgaben an dem Vorbild der Sowjetunion. Treibende Kraft wurde hier der 35-jährige aktivistische Parteikommunist Werner Türpe. Er hatte fast die gesamte Zeit der nationalsozialistischen Herrschaft wegen illegaler politischer Tätigkeit in Haft gesessen und war von Juli 1938 bis Kriegsende im Konzentrationslager Buchenwald inhaftiert, wo er enge Kontakte zu Otto Heckert unterhalten hatte. Werner Türpe – schon sein Vater Max Türpe war seit 1921 für die Chemnitzer KPD tätig – war als 14-Jähriger dem Kommunistischen Jugendverband beigetreten und seit seinem 19. Lebensjahr Mitglied der KPD. Er hatte im Juni bereits dem Antifa-Komitee als Sekretär gedient und übernahm diese einflussreiche Position nun auch im Chemnitzer Parteienblock.[18] Seine Weltsicht offenbarte Türpe auf der zweiten Sitzung des „Blocks der antifaschistisch-demokratischen Parteien" am 25. Juli 1945, und er gab damit gleichzeitig die Richtung für das Handeln der politischen Parteien in Chemnitz vor: „Wer von den Besatzungsmächten hat uns als erste politische Freiheiten wieder zugestanden? Wo ist es möglich, in einem bestimmten Rahmen wieder frei zu arbeiten, politisch sich zu betätigen? Im russischen Sektor! Die Russen brauchen die Bereitschaft zur Mitarbeit, denn sie wollen uns helfen. Sie wollen den mit ihnen in Deutschland regierenden alliierten Mächten klar zum Ausdruck bringen, wir sind für Demokratie." Türpes Schlussfolgerungen ließen an Deutlichkeit nicht zu wünschen übrig. „Wir haben als deutsches Volk nur einen wirklichen Freund: und das ist die Sowjet-Union.

---

17 Antifaschistische Front Chemnitz an die Stadtteilleitungen, o. D. (Mitte Juni 1945) (ebd., Bl. 7).
18 Vgl. zu Werner Türpe, geb. 31.12.1909, seine Personalakte (SächsHStAD, LRS, Ministerium des Innern 1945–1952, Personalakten der Hauptabteilung Personal, unpag.). Zu Türpes Wirken als Blocksekretär in Chemnitz siehe Behring, Massenaufmärsche, Arbeitseinsatz, Hausvertrauensleute, passim.

Das wird sich bald in allem widerspiegeln. Es kommt sicher einmal eine Zeit, wo wir klar erkennen werden, wem wir es zu danken haben, das[s] Deutschland überhaupt noch besteht; wir danken das Stalin."[19]

„Weiterentwicklung der Demokratie": Der Parteienblock

„Wir sind so weit klar", nahm Dr. Otto Rode, Studienrat an der Chemnitzer Wirtschaftsoberschule, als Vertreter der sich erst allmählich konstituierenden Christdemokraten im Block Türpes Ausführungen zur Kenntnis.[20] Widerspruch schien nicht angebracht, zumal sich die Repräsentanten der von den Kommunisten als „bürgerlich" qualifizierten Parteien CDU und LDP auch in der Sache schon im Sommer 1945 im Parteienblock in keiner Weise durchsetzen konnten. Konkret ging es um die Besetzung der neu zu schaffenden Chemnitzer Bezirksämter, insbesondere um deren Vorsteher und besoldete Mitarbeiter. In zwei Blocksitzungen wurde am 18. und am 25. Juli darüber verhandelt, doch das Ergebnis stand von vornherein fest: Die Ämter wurden nach dem Schlüssel „KPD 8, SPD 7, die anderen Gruppen 4"[21] verteilt; die Vertreter der „Bürgerlichen" hatten mit Ihrem Vorschlag einer Drittelparität keine Chance. Die Erklärung lieferte der KPD-Vertreter im Block Karl Winter, ein weiterer altgedienter, in Widerstand und mehrfacher Haft gestählter Parteifunktionär und nunmehriger Sekretär des KPD-Unterbezirks Chemnitz:[22] „Es wurde hier von den Vertretern der christlichen Organisation sowie auch der Demokraten zum Ausdruck gebracht, dass die ganze Besetzung der Bezirksämter undemokratisch durchgeführt worden sei und [...] dass es wirklich demokratisch wäre, wenn die einzelnen Stadtteile oder die Bevölkerung das entscheiden würden." Doch man befinde sich „im Übergang". „Wenn wir das Volk in seiner Gesamtheit entscheiden lassen würden, nachdem erst einige Monate nach dem Zusammenbruch vergangen sind, eine solche Abstimmung würde wohl ein sehr schlechtes Ergebnis bringen[,] und wir werden in dieser Übergangsperiode Dinge erledigen müssen, die undemokratisch sind, die aber in einer Zeit der Unsicherheit entstehen und die der Weiterentwicklung der Demokratie dienen." Man setze in öffentliche Ämter Männer ein, ohne jemanden zu fragen. „Kann man das mit Demokratie bezeichnen? Nein. Die Besetzung der Bürgermeister ist dafür Beispiel. Das ist

---

19 Werner Türpe laut Protokoll über die 2. Sitzung des Blockes am 25.7.45 (StAC, Antifa-Block 2, Bl. 42-54, hier Bl. 50).
20 Ebd.
21 So der SPD-Vertreter August Friedel laut Protokoll zur ersten Tagung des Blockes am 18.7.1945 (StAC, Antifa-Block 2, Bl. 22-40, hier Bl. 23).
22 Vgl. zu Karl Winter, geb. 15.12.1897, den Eintrag in Hermann Weber/Andreas Herbst, Deutsche Kommunisten. Biographisches Handbuch 1918 bis 1945, 2., überarbeitete und stark erweiterte Auflage Berlin 2008, S. 1031.

keine Demokratie. Es geschieht aber vom Standpunkt der Weiterentwicklung aus." Deshalb sei es „der gerechte Weg, wenn wir [!] entschieden haben, dass der Anteil der Bewegungen im Kampf gegen den Faschismus auch bei der Besetzung der Ämter zum Ausdruck kommt. Wenn der Schlüssel 8, 7, 4 zugrunde liegt, dann ist das der Weg, der für alle gangbar ist." Winters folgendes Argument demonstriert vorzüglich die Instrumentalisierung des „Antifaschismus" im Sinne der kommunistischen Personalpolitik; ihm war vonseiten der „Bürgerlichen" tatsächlich schwer zu begegnen: „Ich kann Ihnen verraten, als wir unseren Genossen dieses Ergebnis bekanntgaben, haben sie dagegen Stellung genommen. Wir haben die ganze Arbeit geleistet[,] sagten sie, wie könnt ihr das verantworten. Wenn einer, der lange im Konzentrationslager gesessen hat, einen Bürgerlichen vor die Nase gesetzt bekommt, der als Antifaschist noch nichts getan hat, dann haben wir uns tüchtig zu verteidigen. Wir haben unsere Genossen von der Notwendigkeit unserer Entscheidung überzeugen müssen."[23]

Langjährige KPD-Parteifunktionäre wie Otto Heckert, Werner Türpe und Karl Winter waren geradezu prädestiniert für die Aufgabe, im Auftrag der sowjetischen Besatzungsbehörden und im Zeichen der „antifaschistisch-demokratischen" Neuordnung die Durchsetzung der kommunistischen Herrschaft voranzutreiben: Sie verbanden die nötige Weltanschauung, insbesondere die Überzeugung vom politisch-gesellschaftlichen Vorbildcharakter der bolschewistischen Sowjetunion, mit der Autorität des durch langjährige politisch motivierte Verfolgung und Haft ausgewiesenen aktiven „Antifaschisten", sie verfügten über ein gewisses Maß an geistiger Beweglichkeit, das sie zur oft genug freilich nur notdürftigen verbalen Camouflage ihrer Ziele und Absichten befähigte, und sie waren durchsetzungsfähig. Die aus der Sicht kommunistischer Kaderabteilungen und Personalstellen wertvollen Charakteristika solcher Menschen finden sich exemplarisch in zwei Beurteilungen zu Werner Türpe: Er habe „durch seine außerordentliche Initiative und Aktivität das politische Leben [...] stark beeinflusst und befruchtet. Sein politisches Wissen und seine Parteierfahrung, begründet durch langjährige politische Tätigkeit und Haft, kennzeichnen ihn als einen der besten und stärksten Genossen". Türpe belebe „die Parteiveranstaltungen durch seine gute und fesselnde Diskussion" und verstehe es generell ausgezeichnet, seine Aufgaben zu meistern: „Er entwickelt Selbst-Initiative und versteht es gut, die fachlichen Probleme mit den großen Fragen der demokratischen Entwicklung zu verbinden. Türpe meistert die Arbeit organisatorisch sehr gut und versteht, durch operatives Handeln die Mitarbeiter auf die Schwerpunkte hinzulenken", er „betrachtet die Dinge dialektisch, erkennt Probleme und Aufgaben sehr klar". Gerade auch die ins Kritische übergehenden Bemerkungen in Türpes Beurteilungen – selbstverständlich musste eine

---

23 Karl Winter laut Protokoll über die 2. Sitzung des Blocks am 25.7.1945 (StAC, Antifa-Block 2, Bl. 46).

Kaderakte immer auch etwas enthalten, das man gegebenenfalls jederzeit gegen den Betreffenden vorbringen konnte – treffen das Typische eines aktivistischen KPD-Funktionärs recht präzise: „Türpe hat ein ausgeprägtes, starkes Selbstbewusstsein, dadurch erscheint er oft überheblich. Seine Mitarbeiter achten seine fachlichen Qualitäten, jedoch besteht immer eine gewisse Spannung. Türpe hat einen verschlossenen Charakter, ist aber ehrlich und konsequent. Seine Natur ist herrschend. Ernste Kritik behagt ihm nicht. Selbstkritik ist nicht ausgeprägt." Oder: Türpe sei „ein ausgereifter, wenn auch komplizierter Charakter, wodurch die Schilderung desselben sehr erschwert wird. Er ist selbstbewusst, unbestechlich und sehr gründlich." Ausdrücklich betont wird schließlich „das ihm eigene Misstrauen", das „wahrscheinlich auf seine Erlebnisse im KZ zurückzuführen ist"; es sei „nicht leicht, sein Vertrauen zu erringen. Deshalb fehlt ihm auch der enge Kontakt zu einem großen Teil seiner Mitarbeiter."[24]

Diese annähernd idealtypisch anmutenden Einschätzungen zu Türpes Persönlichkeit stammen aus dem Jahr 1950, als er schon lange nicht mehr in Chemnitz tätig war. Das verweist auf ein aus der Sicht der KPD/SED-Führung gravierendes Problem hinsichtlich des Personals der kommunistischen Diktaturdurchsetzung: den eklatanten Mangel an im einschlägigen Sinne befähigten und zuverlässigen Kadern, die man bedenkenlos zu den unterschiedlichsten Aufgaben im Rahmen der „antifaschistisch-demokratischen" Umgestaltung heranziehen konnte. Otto Heckert war schon im Herbst 1945 nach Berlin in den Apparat des KPD-Zentralkomitees gerufen worden, Karl Winter rückte im April 1946 in das Sekretariat des SED-Landesvorstandes Sachsen auf, und Werner Türpe wechselte in die staatliche Verwaltung und wurde zum 1. Juni 1946 zum Leiter der Außenstelle Chemnitz des sächsischen Ministeriums für Wirtschaft und Wirtschaftsplanung berufen, bevor er 1948 Leiter der Hauptabteilung Materialversorgung und Interzonen- und Außenhandel beim sächsischen Ministerpräsidenten wurde. Die erfolgreichsten Protagonisten der kommunistischen Diktaturdurchsetzung wurden in ständigen Schüben aus Chemnitz weggelobt, befördert, zu wichtigeren Aufgaben berufen oder auf einträglichere Stellen versetzt. Ein ständiges Rotieren des Personalkarussells kennzeichnete das politische und administrative Geschehen in der Sowjetischen Besatzungszone.

---

24 Landesregierung Sachsen/Büro des Ministerpräsidenten/Personalstelle, Charakteristik betr. Werner Türpe, gez. Schliebs, vom 19.4.1950; SED-Betriebsgruppe Landesregierung Sachsen/Untergruppe Innerdeutscher Handel/Außenhandel und Materialversorgung, Beurteilung betr. Werner Türpe, gez. Schwab und Friedrich, vom 19.4.1950. Beides in: Personalakte Werner Türpe (SächsHStAD, LRS, Ministerium des Innern 1945–1952, Personalakten der Hauptabteilung Personal, unpag.).

„Der sozialistische Staat, den wir anstreben": Die Spitze der Stadtverwaltung

Unter diesem Gesichtspunkt mochte es beinahe bedenklich erscheinen, wenn jemand länger als fünf Jahre den Posten des Oberbürgermeisters einer sächsischen Großstadt wie Chemnitz innehatte. Der 1899 geborene Maschinenschlosser Max Müller stammte wie die Mehrzahl seiner Chemnitzer Parteigenossen aus einfachen Verhältnissen und gehörte seit 1919 der KPD an. Auch er war im Widerstand gegen die NS-Herrschaft aktiv und mehrfach inhaftiert gewesen; noch am 13. April 1945 war er wegen Hochverrats und „Feindbegünstigung" zu acht Jahren Zuchthaus verurteilt worden und wurde am 5. Mai 1945 von der Roten Armee aus dem Zuchthaus Waldheim befreit.[25] Mitte Mai wurde Müller von der Besatzungsmacht zum 1. Bürgermeister der Stadt Chemnitz und damit gemäß dem Stellvertreterprinzip zum entscheidenden Akteur hinter dem „bürgerlichen" formellen Oberbürgermeister ernannt. Er musste diesen insbesondere für die Personalpolitik und die innere Verwaltung wichtigen Schlüsselposten aber nach zwei Wochen dem ortsfremden und gut zehn Jahre jüngeren Heinrich Engelke überlassen, der, aus christlichem Elternhaus bei Hannover stammend, in sowjetischer Kriegsgefangenschaft beim Nationalkomitee Freies Deutschland und dann in verschiedenen Antifa-Schulen auf den rechten Weg gefunden hatte und nun auch formal der KPD beitrat.[26] Müller reihte sich hinter Engelke ein, wurde aber, als dieser im Oktober 1945 zum Chemnitzer Landrat berufen wurde, selbst zum Oberbürgermeister ernannt. Als solcher zählte er zu den zentralen Figuren der kommunistischen Diktaturdurchsetzung in Chemnitz. Allerdings stand er gleichsam für den kommunal-, nicht primär für den parteipolitischen Zweig der „antifaschistisch-demokratischen" Neuordnung im Sinne der KPD-Programmatik, und war deshalb gehalten, sich in seinen Äußerungen einer größeren Zurückhaltung zu befleißigen als die reinen Parteifunktionäre unter seinen Genossen. Im privatdienstlichen Schriftverkehr äußerte Müller sich indes ohne Scheu über „die politische Stabilität eines sozialistischen Staates, den wir anstreben".[27]

Auch Max Müller galt seiner Partei als „einer der vorbildlichsten und aktivsten Kämpfer im Chemnitzer Kreis". Er vertrete „jederzeit 100%ig die Linie der Partei", sei unermüdlich tätig und „seiner Aufgabe als Oberbürgermeister voll und ganz gewachsen".[28] „Der beharrliche Wille zur Wahrung der Belange

---

25 Max Müller, geb. 20.6.1899, Lebenslauf vom 30.6.1945. In: SED-Kaderakte Max Müller (SächsStAC, BPA IV 4/11/V/751, Bl. 1).
26 Vgl. zu Heinrich Engelke, geb. 25.5.1910, seine Personalakte (StAC, Personalakten, Nr. 159) und seine SED-Kaderakte (SächsStAC, BPA IV 4/12/V/748).
27 Max Müller an Albert Jentzsch vom 15.5.1948 (StAC, Rat der Stadt 1945–1990 86, Bl. 40).
28 Edith Kretzschmar/Personalamt der Stadt Chemnitz betr. Genosse Max Müller vom 10.11.1948. In: SED-Kaderakte Max Müller (SächsStAC, BPA IV 4/11/V/751, Bl. 15).

der Stadt Chemnitz als auch die Erkenntnis der Notwendigkeit der demokratischen Entwicklung der Stadt im Sinne unserer klassenbewussten Politik ließen ihn zu einem befähigten Kommunalpolitiker heranreifen", und „trotz unbilliger Anfeindungen, die sich notgedrungen aus der Härte der Zeit ergeben", und „obwohl er keine verwaltungsmäßigen Fähigkeiten als Voraussetzung mit sich brachte", „ist Genosse Müller als Oberbürgermeister ein Begriff für die Chemnitzer Bevölkerung geworden". „Unüberheblich, ehrlich, einfach in seiner Art", bleibe er stets volksverbunden, sei „in seinen Entschlüssen konsequent und fällt seine Entscheidungen stets klar". Die Bindung zur Partei sei fest und die Parteiergebenheit gewiss.[29] Es ist kaum nötig zu erwähnen, dass auch Müllers „Einstellung zum demokratischen Neuaufbau und zur Sowjetunion [...] selbstverständlich sehr positiv" beurteilt wurde.[30]

Und doch sollte es für den Ende der 1940er-Jahre knapp 50-jährigen Müller nicht zu einem Karrieresprung reichen. Dabei dürfte kaum wesentlich ins Gewicht gefallen sein, dass er „als guter und sehr aktiver Genosse [...] zur Selbstherrlichkeit" neigte.[31] Als entscheidend ist vielmehr die Einschätzung durch die Kontrollorgane der SMAD anzusehen: In einer Beurteilung des Militärkommandanten der Stadt und des Kreises Chemnitz, Oberst Ilja Iwanowitsch Spiridonow, vom 20. August 1948 wurde Müller bescheinigt, dass er seine Arbeit beherrsche, „wenn er auch bis jetzt nicht in vollem Maße als Fachmann auf seinem Gebiet gelten kann". Er gehe in der Wahl seiner Mitarbeiter nicht selten fehl und befasse sich nicht sehr eingehend mit den Details der Arbeit, sei darüber hinaus nicht energisch genug, häufig unflexibel und lasse es in seinem Führungsstil an Härte fehlen. „Seine politische Bildung ist durchschnittlich, über umfassende Kenntnisse des Marxismus-Leninismus verfügt er nicht" – offenbar stellte das jedoch für die sowjetischen Militärherrscher eine notwendige Voraussetzung für die Mitwirkung eines deutschen Kommunisten an der „antifaschistisch-demokratischen" Umgestaltung in herausgehobener Position dar –, einen Speziallehrgang für politische Erziehung habe er nicht durchlaufen. Darüber hinaus sei Müllers Verhältnis zur Kommandantur ein rein formelles. Kurzum: „Der ausgeübten Funktion entspricht er." Aber „Müller muss bezüglich seiner Arbeit noch vieles lernen, und vorerst stellt der Rang des Oberbürgermeisters für ihn die Obergrenze dar."[32] Ein knappes halbes Jahr

---

29 Charakteristik über den Genossen Oberbürgermeister Max Müller, gez. Ranft, vom 10.11.1948. In: SED-Kaderakte Max Müller (ebd., Bl. 14).
30 SED-Betriebsgruppe der Stadtverwaltung Chemnitz an den Kreisvorstand der SED/Kaderabteilung, betr. Beurteilung über den Genossen Oberbürgermeister Max Müller, gez. Leistner, vom 13.6.1950. In: SED-Kaderakte Max Müller (ebd., Bl. 29).
31 Beurteilung betr. Max Müller für den Kreisvorstand der SED Chemnitz/Personalpolitische Abteilung, gez. Heidler und unles., o. D. (kurz nach dem 23. Juni 1949). In: SED-Kaderakte Max Müller (ebd., Bl. 19 f.).
32 Oberst Spiridonow, Beurteilung über den Oberbürgermeister der Stadt Chemnitz, SED-Mitglied Max Müller, vom 20.8.1948 (Garf Moskau, fond r-7317 [SMAD], opis' 65, delo 31, list 348 f., hier 349). Der Verfasser dankt Saskia Langhammer für die Übersetzung der Dokumente aus russischen Archiven.

später fasste Oberst Andrei Abramowitsch Pjatkin das Urteil über Müller noch schärfer: „Mit der Tätigkeit als Oberbürgermeister kommt er zurecht, befasst sich jedoch nicht eingehend genug mit der Arbeit der einzelnen Abteilungen der Stadtverwaltung. Politisch [ist Müller] unzureichend gebildet. [...] Der von ihm ausgeübten Funktion entspricht er. Es ist unbedingt nötig, dass er die Schule des SED-Parteiaktivs durchläuft."[33]

Zu dieser Zeit war Müller allerdings bereits gesundheitlich schwer angeschlagen und immer weniger in der Lage, den Verpflichtungen seines Amtes nachzukommen. Ende 1949 befand er sich in einem Zustand, der es ihm geraten erscheinen ließ, sich im Interesse der Partei die Genehmigung geben zu lassen, „dass ich meine Funktion als Oberbürgermeister niederlege": „Ich habe in den 30 Jahren meiner Parteitätigkeit meine ganze Kraft eingesetzt, um alle mir gestellten Aufgaben restlos zu erfüllen. Es wäre für mich deshalb furchtbar schwer, mir sagen zu lassen, dass ich das in mich gesetzte Vertrauen nicht gerechtfertigt habe." Nach einer möglichen Wiederherstellung seiner Gesundheit beabsichtige er, wieder in seinem alten Beruf zu arbeiten: „Ich brauche nicht zu betonen, dass ich auch dort meine Pflicht als Genosse tun werde."[34] Eine langjährige und stadtbekannte außereheliche Affäre mit seiner Sekretärin machte Müller zusätzlich zu schaffen. Doch die Partei ließ ihn nicht im Stich: Der 1. Bürgermeister Kurt Berthel übernahm als Müllers Stellvertreter nach und nach die Geschäfte des Oberbürgermeisters und wurde 1952 offiziell sein Nachfolger, während Max Müller nach längerem Kuraufenthalt 1951 für einen fünfmonatigen Lehrgang auf die „Deutsche Verwaltungsakademie Walter Ulbricht" in Forst-Zinna geschickt und schließlich 1952 im Zuge der Neugliederung der DDR ehrenhaft auf den eher repräsentativen Posten des Vorsitzenden des Rates des Bezirks Chemnitz abgeschoben wurde: Seine Gesundheit blieb schwach, und seine Beurteilungen konzentrierten sich fortan stärker auf die Fehler und Schwächen des Genossen Müller.

Es verwundert nicht, dass altgediente kommunistische Parteifunktionäre die Möglichkeiten zu nutzen verstanden, die die Besetzung eines Teils von Deutschland durch die Rote Armee ihnen bot, die Errichtung eines sozialistischen Staats nach dem Vorbild der Sowjetunion anzuvisieren, mochte das auch über den Umweg der zumindest scheinbaren Variante einer „antifaschistisch-demokratischen" Umgestaltung der deutschen Gesellschaft geschehen. Doch gerade um den Schein zu wahren, bedurfte es über die Anstrengungen der Parteikommunisten hinaus der aktiven Mitwirkung von Vertretern jener Parteien, die im Rahmen des verordneten und gesteuerten, unechten Pluralismus die Rolle der wiederum bloß scheinbaren Systemalternative spielten. Es trägt nicht zur

---

33 Oberst Pjatkin, Leiter der Abteilung für Zivilverwaltung der Verwaltung der SMA 3S, Zeugnis über den Oberbürgermeister der Stadt Chemnitz Max Müller vom 29.1.1949 (ebd., list 350).
34 Müller an „Werte Genossen!" vom 30.12.1949. In: SED-Kaderakte Max Müller (SächsStAC, BPA IV 4/11/V/751, Bl. 123).

Erklärung der kommunistischen Diktaturdurchsetzung in der SBZ bei, wenn man das Verweigerungs- oder Widerstandspotenzial der Politiker aus den Reihen der Sozialdemokratie, der Christdemokraten oder der Liberalen betont: Um unter Wahrung des Scheins zu funktionieren, brauchte das entstehende Herrschaftssystem Helfer, ja Kollaborateure aus den Reihen von Parteien, denen nicht unreflektiert freiheitlich-demokratische Qualitäten und Ziele zugeschrieben werden sollten.

Da gab es zum einen die Verwaltungsspezialisten als Teil einer Funktionselite, ohne die eine Großstadt wie Chemnitz unter einem fachfremden, nach ideologischen Kriterien ausgewählten Oberbürgermeister nicht gut existieren und wiederaufgebaut werden konnte. Auf sie griff man, ihre hinreichende Anpassungsbereitschaft vorausgesetzt, vonseiten der Militärverwaltung und ihrer deutschen kommunistischen Helfer gern zurück. Als Beispiel mag hier Paul Grimm dienen.[35] Der im Jahr 1900 in Chemnitz geborene Sohn eines Schlossers absolvierte dort eine Laufbahn als mittlerer städtischer Beamter, trat 1921 der SPD bei und amtierte gegen Ende der Weimarer Republik als gewählter Bürgermeister einer kleinen sächsischen Gemeinde, bevor er 1933 vom nationalsozialistischen Reichsstatthalter aus politischen Gründen entlassen wurde. Unter schwierigen Umständen bildete er sich während der NS-Herrschaft zum Bücherrevisor und Steuerberater weiter. Diese Qualifikation machte ihn für die kommunistische Personalpolitik interessant: Grimm wirkte schon in der Frühzeit des Antifaschistischen Komitees in Chemnitz mit, wurde dann am 15. Juli 1945 zum 3. Bürgermeister und im November desselben Jahres zum 1. Bürgermeister und ständigen Vertreter des Oberbürgermeisters Müller berufen und verwaltete fortan das Dezernat Finanzen und Steuern mitsamt der Sparkasse. In der städtischen Finanzverwaltung leistete Grimm unschätzbare Dienste. Müller lobte ihn „für die erfolgreiche Erfüllung des Budgets und des Steuer- und Einnahmeplanes sowie für die gute Arbeit der Finanzkreditinstitute der Stadt Chemnitz". Grimm wurde vom Landesvorstand der SED laufend als Sachverständiger in Finanz- und Steuerfragen herangezogen und hielt auf finanzpolitischen Tagungen und Schulungen der SED grundlegende Fachreferate. Schließlich wurde die unter Grimms Leitung vollzogene Neuorganisation des Chemnitzer Finanzamtes in Kooperation mit der Landesregierung Sachsen als beispielgebend für die anderen sächsischen Finanzämter gepriesen; auch seine Zusammenarbeit mit dem Finanzbeauftragten der Kreiskommandantur Chemnitz sei „eine sehr gute".[36] Unter diesen Voraussetzungen erscheint es geradezu zwangsläufig, dass der einstige Sozialdemokrat und nunmehrige Einheitssozialist Paul Grimm zum 1. September 1947 aus Chemnitz abberufen

---

35 Vgl. zu Paul Grimm, geb. 5.8.1900, seine Personalakte (SächsHStAD, LRS, Ministerium des Innern 1945–1952, Personalakten der Hauptabteilung Personal, unpag.).
36 Oberbürgermeister Müller, Charakteristik betr. Bürgermeister Paul Grimm, von Juli 1947. In: Personalakte Paul Grimm (ebd.).

und als Ministerialdirektor ins sächsische Ministerium der Finanzen befördert wurde. Noch folgerichtiger freilich wird dieser Aufstieg, wenn man beachtet, dass Grimm bei der Konstituierung des Präsidiums der Antifaschistischen Front Chemnitz am 27. Mai 1945 als Mitglied der KPD verzeichnet worden war. Es dürfte sich dabei kaum um einen Irrtum oder einen Schreibfehler gehandelt haben[37]: Vielmehr gehörte Grimm offenbar zu den Weimarer Sozialdemokraten, die im Frühjahr 1945 in der Sowjetischen Besatzungszone für die radikalere oder aber für die aussichtsreichere der beiden Arbeiterparteien optiert hatten, dann aber von ihrer neuen Parteileitung in die SPD zurückbeordert worden waren, um dort im Sinne der Kommunisten eine Sozialdemokratie zu schaffen, mit der man zusammenarbeiten konnte.

„Die Sowjet-Union soll unser Vorbild sein": Der Führer der Sozialdemokratie

Von anderer Beschaffenheit und offensichtlicherer Relevanz für die ungehinderte Durchsetzung der kommunistischen Herrschaft war der Fall des 70-jährigen August Friedel. Seit 1898 Parteimitglied der SPD und im Juni 1945 sofort die führende Persönlichkeit der Chemnitzer Sozialdemokratie, wurde Friedel zum Aushängeschild und Motor derjenigen Sozialdemokraten, die für eine vorbehaltlose Zusammenarbeit mit den Kommunisten eintraten. Bereits die erste öffentliche Versammlung der neu gegründeten SPD in Chemnitz am 6. Juli 1945 nutzte Friedel für die Propagierung dieser Zusammenarbeit. Es gelte mit Zuversicht und Vertrauen an den Neuaufbau Deutschlands heranzugehen: „Die Voraussetzung dazu sei das einige Vorgehen der Arbeiterorganisationen, wie es sich jetzt überall zeige. Die alten Fehler dürften nicht wieder vorkommen. Jeder müsse mithelfen. Und unser Ziel sei: über die Demokratie, die aber keine Formaldemokratie sein dürfe, zum Sozialismus." Nach dem Auftritt eines Gastredners von der KPD fasste Friedel „in seinem Schlusswort noch einmal alles zusammen: Wir ziehen unter die Vergangenheit einen Schlussstrich! Wir haben gelernt! Wir wollen fest zusammenstehen! Dann wird uns auch wieder eine gute Zukunft blühen."[38] Die Chemnitzer SPD hatte sich unter Friedels Führung schon Ende Juni auf das Ziel des Sozialismus als „die endgültige Lösung der sozialen Frage" verpflichtet, auf die „Bildung eines antifaschistisch-demokratischen Blocks" und insbesondere auf die „Schaffung einer sozialdemokratisch-kommunistischen Arbeitsgemeinschaft".[39] Diese Arbeitsgemeinschaft sollte dazu dienen,

---

37 Präsidium der Antifaschistischen Front Chemnitz vom 27.5.1945 (StAC, Antifa-Block 1, Bl. 17).
38 Bericht über die erste öffentliche Versammlung der SPD in Chemnitz am 6.7.1945 vom 7.7.1945 (StAC, Man 28: Erinnerungen von August Friedel, Anlage 4, Bl. 36).
39 Bericht über die dritte Zentralvorstandssitzung der SPD im Bezirk Chemnitz am 25.6.1945 vom 26.6.1945 (ebd., Anlage 11, Bl. 44).

eine „Klärung der ideologischen Probleme" vorzunehmen und in gegenseitiger Aufrichtigkeit und gegenseitigem Vertrauen „alle Meinungsverschiedenheiten in anständiger Form auszutragen und die Vorbereitungen zu einer eventuellen späteren noch engeren Zusammenarbeit zu treffen".[40] Insbesondere sollten „Differenzen auf allen Gebieten des politischen, wirtschaftlichen und kulturellen Lebens [...] grundsätzlich nur im Arbeitsausschuss geklärt" und ein einheitliches Auftreten von SPD und KPD im Parteienblock gewährleistet werden[41]: So konnte jeglicher oppositionellen Regung aus den Reihen der „bürgerlichen" Parteien im Block von vornherein mit vereinter Kraft begegnet werden.

Für die zweite Sitzung des Arbeitsausschusses von SPD und KPD in Chemnitz wurden die Genossen Friedel und Winter beauftragt, „eine Plattform zur Frage der Einheit[,] der Fehler von 1918 und der Stellung zur Sowjetunion auszuarbeiten".[42] Dieses Dokument demonstriert in erschreckender Deutlichkeit, welche Zielvorstellungen für die Chemnitzer Sozialdemokratie unter dem Vorsitz August Friedels unter der Hand bereits im Sommer 1945 verbindlich wurden; es verdeutlicht zugleich das Ausmaß der geistigen Vereinnahmung durch die kommunistischen Bündnispartner, aus der sich die Sozialdemokratie in Chemnitz nicht mehr befreien sollte, denn „die Einheit ist das oberste Gesetz unseres Handelns": „Die Sowjet-Union ist das einzige Land, welches die Theorie von Karl Marx verwirklicht hat. Sie schaffte ihrem eigenen Volke die Freiheit und wurde zum Hort der Freiheit für alle Völker der Erde. Sie soll unser Vorbild sein bei der Schaffung eines demokratischen Deutschlands und der Verwirklichung der wahren Demokratie."[43] Wer sich auf so etwas einließ, der hatte nicht nur die Sozialdemokratie verraten, er wusste auch genau, was unter dem demokratischen Neuaufbau und der „wahren Demokratie" zu verstehen sei. Und in genau diesem Sinne wusste August Friedel, was er tat, wenn er am 18. Juli 1945 im Parteienblock verkündete: „Wir wollen eine lebendige, fortschrittliche, ehrliche Demokratie."[44] So wurde August Friedel zu einer zentralen Gestalt im Personal der kommunistischen Diktaturdurchsetzung in Chemnitz. Er führte die Chemnitzer SPD zielbewusst und bedenkenlos auch gegen parteiinterne Widerstände in die SED, für die er schließlich von 1946 bis 1950 im Parteivorstand saß.

---

40 Bericht über die Sitzung des antifaschistisch-demokratischen Blockes und der Sozialdemokratisch-Kommunistischen Arbeitsgemeinschaft von Chemnitz am 26.6.1945 vom 30.6.1945 (ebd., Anlage 10, Bl. 43).
41 Erste Zusammenkunft des Arbeitsausschusses der SPD und KPD Chemnitz (vermutlich am 9.7.1945); mit Begleitschreiben vom 14.7.1945 (StAC, Antifa-Block 24, Bl. 40).
42 Ebd.
43 Plattform der gemeinsamen Arbeit im Arbeits-Ausschuss der KPD und SPD., o. D. (zwischen 14. und 23.7.1945) (ebd., Bl. 31).
44 Friedel laut Protokoll zur ersten Tagung des Blockes am 18.7.1945 (StAC, Antifa-Block 2, Bl. 23).

„Der Herrgott hat seinen Plan": Der Pfarrer als CDU-Vorsitzender

Dem Personal der Diktaturdurchsetzung ist auch der katholische Chemnitzer Pfarrer Ludwig Kirsch zuzurechnen, wenngleich sein Fall auf den ersten Blick komplizierter erscheint. Der 1891 in Dresden geborene Theologe und Priester, der schon in der Weimarer Republik in der Deutschen Zentrumspartei aktiv gewesen war und während der Herrschaft der Nationalsozialisten unter zeitweiliger politischer Verfolgung bis hin zur Inhaftierung im Konzentrationslager gelitten hatte, zählte im Juni 1945 zu den Gründern einer überkonfessionellen christlichen Partei in Chemnitz und war dort bis zu seinem frühen Tod Anfang 1950 die Schlüsselfigur und das Aushängeschild der örtlichen Christlich-Demokratischen Union (CDU). In dieser Zeit übernahm der Kreisvorsitzende seiner Partei, der auch im Landesvorstand der CDU eine wichtige Rolle spielte, unter anderem öffentliche Verantwortung als Stadtverordneter in Chemnitz, als Delegierter im zweiten und dritten „Deutschen Volkskongress für Einheit und gerechten Frieden" und im daraus jeweils resultierenden „Deutschen Volksrat", und er errang schließlich ein Mandat in der Provisorischen Volkskammer der DDR. In diese Funktionen gelangte man schwerlich als Oppositioneller. Vielmehr gehörte Kirsch zu der Gruppe jener Christdemokraten, die „bei allen Versuchen, die Eigenständigkeit der Union zu wahren, einen Kurs des Kompromisses [steuerten], der sie immer weiter in den Strudel der Mitverantwortung für den totalitären Umbau in der SBZ hineinzog".[45]

Gewiss forderte Kirsch, der in seinen zahllosen öffentlichen Auftritten jederzeit mehrere Hundert Menschen mobilisieren konnte und sich unter den dezidierten Christen in der Chemnitzer Bevölkerung eines großen Ansehens erfreute, regelmäßig und entsprechend dem Programm seiner Partei in der Ostzone eine aufrichtige Blockpolitik und freie Wahlen, wandte er sich gegen alle totalitären Tendenzen und den Führungsanspruch der SED.[46] Auch lieferte er sich wiederholte verbale Duelle mit den SED-Vertretern etwa in der Stadtverordnetenversammlung über kleinere Sachfragen. Das reichte aus, um ihn 1948 einer zunehmenden Diffamierungskampagne vonseiten der SED auszusetzen; die SMAD hatte ihn zu einem „Reaktionär aus Überzeugung" erklärt, der sich jedoch zu verstellen vermöge und „äußerlich den Eindruck eines Befürworters der demokratischen Umgestaltung" vermittle: seine „vollkommene

---

45 So Ralf Thomas Baus, Die Christlich-Demokratische Union Deutschlands in der sowjetisch besetzten Zone 1945 bis 1948. Gründung – Programm – Politik, Düsseldorf 2001, S. 457, in Bezug auf Otto Nuschke. Vgl. zu Kirschs Biografie prägnant die Ausführliche Einleitung zum Bestand 13795, Personennachlass Ludwig Kirsch. In: http://www.archiv.sachsen.de/cps/bestaende.html (14.3.2015).
46 Vgl. etwa Öffentliche CDU-Versammlung mit Pfarrer Kirsch am 30.7.48 (StAC, Rat der Stadt 1945–1990 7062: Nachrichtenamt/Amt für Information, Berichte über Versammlungen der Partei[en] und Massenorganisationen in Chemnitz 1948–1950, Bl. 1 f.).

Isolierung" sei nötig.⁴⁷ Allerdings waren Kirschs Reden, in denen er sich für ein neutralisiertes Gesamtdeutschland als Friedensgarantie im Sinne der sowjetischen Deutschlandpolitik einsetzte und die mit ständigen Invektiven gegen westdeutsche, insbesondere sozialdemokratische Politiker sowie gegen die imperialistische Politik der kapitalistischen Westmächte durchsetzt waren, durch ständige Verharmlosungen und Beschönigungen der Zustände in der SBZ charakterisiert, die Kirsch bestenfalls als naiven Polit-Amateur, als unverbesserlichen Optimisten oder aber als aktiven Apologeten der sozialistischen Diktatur erscheinen lassen.

So stellte Kirsch noch Ende 1948 die Blockpolitik nicht in Frage, sondern trachtete danach, „das alte Blockverhältnis wiederherzustellen": „Wir wollen eine demokratische Zusammenarbeit im Block, und ich beschwöre die Anhänger der SED, auch ihrerseits in Parolen und Haltung diese Verständigungsbereitschaft zum Ausdruck zu bringen, mit der die CDU ihren politischen Gegnern gegenübertritt. [...] In einer solchen Blockpolitik ist die Demokratie für alle Menschen gesichert und bedarf nicht der Diktatur des Proletariats. Wir wollen nicht die Herrschaft einer Partei, auch nicht der CDU, sondern gemeinsam regieren." Den Verfassungsentwurf des Volksrats stellte Kirsch „in dieser Beziehung als besonders vorbildlich hin; denn er mache eine Diktatur zur Unmöglichkeit".⁴⁸ Auf die Frage eines Zuhörers, warum in der Ostzone keine Wahlen stattfänden, antwortete Kirsch bei anderer Gelegenheit: „Wer sagt denn das? Im vorigen Jahre wurden die Stadtverordnetenwahlen mit den Landtags- und Kreistagswahlen zusammengelegt. Der Wahltermin ist 1949, und zwar im September/Oktober, also heute noch gar nicht fällig. Er wird zu gegebener Zeit bekannt gegeben werden, und wer mit einer Zusicherung Marschall Sokolowskijs in der Tasche an der Durchführung von Wahlen zweifelt, hat selbst die Ehrlichkeit verloren."⁴⁹

In solcher und ähnlicher Weise äußerte sich Kirsch ständig ohne Not in affirmativem Sinne zu den Verhältnissen in der SBZ. Selbst gegenüber Konrad Adenauer versicherte er Mitte 1947 in einem Brief, man sei in der CDU der Ostzone „mit dem Schritt ins Neuland schon etwas weiter als die anderen, und zwar, wie ich ausdrücklich betonen möchte, ohne dazu irgendwie gezwungen worden zu sein. Wir stehen auch nicht unter dem ,Druck' der SED, wie man oft behauptet [...]. Und wir wissen, dass man uns achtet und respektiert! [...] Wir fühlen uns weder als geduldet noch als abschreibebereit, sondern sehr aktiv als Gestalter

---

47 Major Priputnikov, Chef der Informationsabteilung der Stadt Chemnitz: Liste führender Funktionäre demokratischer Organisationen der Stadt Chemnitz mit reaktionärer Gesinnung vom 2.2.1948 (Garf Moskau, fond r-7212 [SMAS], opis' 1, delo 236, list 10-12, hier list 10).
48 Pfarrer Kirsch über das Thema: „Die CDU will Frieden!", CDU-Versammlung am 23.11.1948 (StAC, Rat der Stadt 1945-1990 7062, Bl.15).
49 Öffentliche Versammlung der CDU am 14.6.1949 (ebd., Bl. 130 f., hier 131).

einer neuen Zeit!"⁵⁰ Diese mit Realitätsverweigerung verbundene aktive Anpassungsbereitschaft im Hinblick auf die „antifaschistisch-demokratische" Neuordnung verband der Verfechter eines „religiösen Sozialismus" mit dem jederzeit öffentlich abgelegten „Bekenntnis zur Sowjetunion"⁵¹. Kirschs Orientierung an der UdSSR als europäischer Ordnungs- und Friedensmacht ging tatsächlich so weit, dass der katholische Theologe und Pfarrer die sowjetische Herrschaft sogar als Emanation des göttlichen Heilsplans legitimierte: „Glauben Sie, dass der Herrgott das große Volk des Ostens nach jahrhundertelanger Pause nach Mitteleuropa gelassen hätte ohne Zweck und Ziel; er hat seinen Plan."⁵² Welcher gläubige Christ sollte dieser überzeugenden Erklärung einer kirchlichen Autorität zu der Rechtmäßigkeit kommunistischer Herrschaft widersprechen?

Kirsch steht hier bloß als Exempel für die Vielgestaltigkeit der tatkräftigen Mitwirkung prominenter Repräsentanten des „bürgerlichen" Lagers an der kommunistischen Diktaturdurchsetzung in der Sowjetischen Besatzungszone Deutschlands, ohne die die sowjetischen Militärherrscher und ihre Genossen aus der KPD/SED nicht erfolgreich agieren konnten, jedenfalls nicht gut den Anschein einer „antifaschistisch-demokratischen" Umgestaltung der deutschen Gesellschaft hätten wahren können. Selbst manche aufrichtigen Demokraten leisteten unversehens Mithilfe bei der Bewahrung dieses Scheins; sie waren am ehesten in der LDP zu finden. Der Chemnitzer Landgerichtspräsident Dr. Rudolf Ziel, seit Beginn der Weimarer Republik in der Demokratischen Partei und als liberaler Strafrechtsreformer engagiert, war 1933 aus seinem Amt entlassen worden. Nur unter äußersten Bedenken, nach Zureden seiner Freunde und nicht zuletzt auf Bitten von Vertretern der US-amerikanischen Militärregierung in Berlin, die es als besonders wertvoll bezeichnet habe, ihn „an einem führenden Posten der sowjetischen Besatzungszone zu wissen", erklärte Ziel sich Anfang 1946 bereit, in Chemnitz wieder als Landgerichtspräsident zu dienen, nicht ahnend, wie er rückblickend versicherte, dass die ihn umwerbenden örtlichen Kommunisten „die zurückgeholten ‚Bürgerlichen' nur benutzte[n], um die wahren Absichten zu tarnen".⁵³ Ziels Tätigkeit endete Mitte 1950 mit seiner erneuten Entfernung aus dem Amt und seiner Flucht in den Westen. Er machte keinerlei verbale Zugeständnisse oder Verbeugungen vor der neuen Ordnung, und es unterliegt keinem Zweifel, dass er den Chemnitzer Kommunisten ebenso

---

50 Pfarrer Ludwig Kirsch an Dr. Konrad Adenauer vom 30.7.1947 (BArch Koblenz, Kleine Erwerbungen Nr. 640: Materialien aus dem Nachlass Ludwig Kirsch, Bd. 6, Bl. 7).
51 So etwa auf der Öffentliche[n] CDU-Versammlung am 22.2.1949 (StAC, Rat der Stadt 1945–1990 7062, Bl. 52–54, hier 53 f.).
52 Nachrichtenamt der Stadt Chemnitz/Informationsdienst, Informationsbericht: Monatsversammlung der CDU-Gablenz am 15.8.1947 (StAC, Rat der Stadt 1945–1990 7928: Informationsdienst des Nachrichtenamtes über Angelegenheiten der CDU und der LDP 1947, unpag.).
53 Rudolf Ziel, Erinnerungen, Manuskript o. D., Zitate S. 75, 77 (StAC, Personenfonds Dr. Rudolf Ziel).

verhasst war wie den Vertretern der SMAD. Und dennoch musste Ziel sich am Ende die Frage stellen, ob er richtig gehandelt hatte, denn auch er hatte zweifellos durch sein Ansehen als liberaler Demokrat in repräsentativer Stellung die Etablierung der SED-Diktatur gefördert. Hatte Ziel - der schon 1947 nicht ausgeschlossen hatte, „dass wir einmal sagen werden: bis hierher und nicht weiter!"[54] - im sowjetisch beherrschten Chemnitz der Sache der Demokratie und dem Rechtsstaat gedient oder der kommunistischen Diktaturdurchsetzung?

---

54 Nachrichtenamt der Stadt Chemnitz/Informationsdienst, Mitgliederversammlung der LDP am 17.9.1947 (StAC, Rat der Stadt 1945-1990 7928, unpag.).

Diktaturdurchsetzung auf dem flachen Lande am Beispiel der Landkreise Liebenwerda und Schweinitz 1945 bis 1949

Sebastian Rick

Mit der bedingungslosen Kapitulation des NS-Regimes am 8. Mai 1945 ging der Zweite Weltkrieg in Europa zu Ende. Zugleich besetzten die siegreichen Alliierten Deutschland und übten in ihren jeweiligen Besatzungszonen die volle Kontrolle aus. Im Gebiet der Sowjetischen Besatzungszone (SBZ) war die deutsche Gesellschaft einem enormen politischen und gesellschaftlichen Transformationsprozess unterworfen, der hier am Beispiel der zwei provinzsächsischen Landkreise Liebenwerda und Schweinitz auf regionaler Ebene dargestellt und analysiert werden soll. An zentraler Stelle steht in dieser Untersuchung der in der Forschung kritisch diskutierte Begriff der „Diktaturdurchsetzung".[1] Ohne die Diskussion weiter vertiefen zu wollen, besteht der wohl größte Vorteil dieser Begriffsbestimmung darin, dass er einen konzentrierten Blick auf die Transformationsmaßnahmen gewährleistet, die letztendlich zur festen Etablierung der SED-Diktatur führten, an deren Ende die Dominanz der SED gesichert war.[2] Dennoch darf der Terminus „Diktaturdurchsetzung" nicht von vornherein dazu verleiten, einen einfachen, geradlinigen Prozess in die Diktatur zu zeichnen. Vielmehr gab es zahlreiche Hemmnisse und Widerstände, die von der Besatzungsmacht und der von ihr protegierten KPD/SED überwunden werden mussten.

Obwohl in der SBZ über 60 Prozent der Menschen auf dem Land lebten, ist bisher lediglich das Thema Bodenreform intensiv aufgearbeitet worden.[3] Da

---

1   In Bezug auf die Entwicklung in der SBZ wurde der Begriff „Diktaturdurchsetzung" erstmals von Klaus-Dietmar Henke in die Forschungsdiskussion eingebracht. Vgl. Klaus-Dietmar Henke, Deutschland – Zweierlei Kriegsende. In: Ulrich Herbert/Axel Schildt (Hg.), Kriegsende in Europa. Vom Beginn des deutschen Machtzerfalls bis zur Stabilisierung der Nachkriegsordnung 1944–1948, Essen 1998, S. 337–354, hier 353.
2   Vgl. zur Diskussion um den Begriff der Diktaturdurchsetzung: Reiner Behring/Mike Schmeitzner, Einleitung. In: Dies. (Hg.), Diktaturdurchsetzung in Sachsen. Studien zur Genese der kommunistischen Herrschaft 1945–1952, Köln 2003, S. 7–24, hier 15; Detlev Brunner, Der Schein der Souveränität. Landesregierung und Besatzungspolitik in Mecklenburg-Vorpommern 1945–1949, Köln 2006, S. 7.
3   Die ausführlichste urbane Studie zum Thema Diktaturdurchsetzung verfasste Thomas Widera, Dresden 1945–1948. Politik und Gesellschaft unter sowjetischer Besatzungsherrschaft, Göttingen 2004. Für den ländlichen Raum vgl. Sebastian Rick, Die Entwicklung der SED-Diktatur auf dem Lande. Die Landkreise Liebenwerda und Schweinitz in

in den ländlichen Regionen der SBZ vollkommen andere gesellschaftliche Ausgangsbedingungen als in den Großstädten existierten, lohnt sich eine spezielle Untersuchung, wie sie hier am Beispiel der beiden Landkreise Liebenwerda und Schweinitz erfolgen soll.

Schwerpunkte sind dabei: die Umstände des Kriegsendes, der Neuaufbau der kommunalen Verwaltungen und der Parteien vor Ort, die Entnazifizierungsmaßnahmen, die Arbeit der sowjetischen Geheimdienste, die Bodenreform, die Umgestaltung der Wirtschaft sowie die kommunalpolitische Entwicklung während und nach den Kommunalwahlen 1946. Neben der Frage, ob die sowjetische Besatzungsmacht in Zusammenarbeit mit den regionalen KPD/SED-Funktionären die Diktatur zielgerichtet durchsetzte, untersucht diese Studie, ob die Diktaturdurchsetzung eine ähnliche Intensität wie in den urbanen Zentren annahm oder ob in der ländlichen Region der beiden Landkreise größere Freiräume gegenüber den neuen Machthabern gewahrt werden konnten.

Der Zusammenbruch des NS-Regimes und Einmarsch der Roten Armee

Die nationalsozialistische Herrschaft endete in den Landkreisen Liebenwerda und Schweinitz noch vor dem offiziellen Kriegsende am 8. Mai 1945 mit dem Einmarsch der Roten Armee zwischen dem 20. und 23. April 1945. Trotz aller Repressionen und Propaganda gelang es dem NS-Regime vor Ort nicht, die Bereitschaft zum bedingungslosen Kampf gegen die Rote Armee bis zum Ende des Krieges aufrechtzuerhalten. Nach dem kampflosen Abzug der deutschen Truppen über die Elbe am 20. April 1945 brach nahezu überall die meist nur noch erzwungene Kampfbereitschaft in den örtlichen Volkssturmgruppen zusammen. Lediglich in Wüstermarke und Prieschka kam es zu größeren Kämpfen zwischen dem Volkssturm und der Roten Armee.[4] Die massive NS-Propaganda über die Gräueltaten der Roten Armee bewirkte jedoch keine Steigerung der Kampfmoral, sondern in vielen Fällen das genaue Gegenteil. Große Teile der enorm verängstigten Bevölkerung wollten der Roten Armee nicht noch zusätzlich einen Grund zur Zerstörung ihrer Heimat bieten. Letztlich versuchten viele, nur noch sich selbst und ihre Familien zu retten.

Die Rote Armee rückte nahezu kampflos in das von der Wehrmacht zuvor verlassene Untersuchungsgebiet ein. Trotz des geringen Widerstandes plünderten, vergewaltigten und mordeten die Rotarmisten überall in den beiden Landkreisen. Dieser Gewaltausbruch schien der deutschen Bevölkerung die

---

der Sowjetischen Besatzungszone 1945-1949, Göttingen 2015; Matthias Helle, Nachkriegsjahre in der Provinz. Der brandenburgische Landkreis Zauch-Belzig 1945-1952, Berlin 2011.

4 Vgl. Sterbebücher der Standesämter Wüstermarke und Saathain 1945 in den Standesämtern Langengrassau und Elsterwerda.

apokalyptischen Beschreibungen der NS-Propaganda und die zahllosen Gewaltberichte der aus dem Osten kommenden Flüchtlinge zu bestätigen. Die ersten Gewalterfahrungen im familiären Umfeld oder in unmittelbarer Nachbarschaft lösten eine Selbstmordwelle von bisher ungekanntem Ausmaß aus: Insgesamt nahmen sich unmittelbar nach Kriegsende in beiden Landkreisen 660 erwachsene Personen das Leben; dazu müssen 208 Jugendliche und Kinder gerechnet werden, die oftmals von ihren Eltern oder Verwandten im Zusammenhang mit ihrem eigenen Selbstmord getötet wurden.[5]

Im Gegensatz dazu war die Selbstmordrate unter den NS-Funktionären im Untersuchungsgebiet jedoch sehr gering. Von den 73 NSDAP-Ortsgruppenleitern begingen lediglich die Ortsgruppenleiter von Jessen, Martin Biehl, von Osteroda, Richard Röthling, und von Herzberg, Karl Strothbäumer, Selbstmord.[6] Ebenso niedrig wie bei den Ortsgruppenleitern lag auch die Selbstmordrate unter den Amtsleitern der beiden NSDAP-Kreisleitungen. Neben den beiden bereits erwähnten Amtsleitern Strothbäumer und Röthling, die gleichfalls das Amt eines Ortsgruppenleiters bekleideten, erschoss sich am 24. April 1945 noch Johannes Kunze, Kreisstellenleiter der Schweinitzer NS-Volkswohlfahrt, zusammen mit seiner Frau in Herzberg.[7] Da nur sehr wenige NS-Funktionäre im Untersuchungsgebiet nach Kriegsende Suizid begingen, kann ein unmittelbarer Zusammenhang zwischen NS-Ideologie und den zahlreichen Selbstmorden zu Kriegsende weitestgehend ausgeschlossen werden. In den meisten Fällen erlebten alle Suizidopfer, die aus den unterschiedlichsten sozialen Milieus kamen, den Einmarsch der Roten Armee und die damit verbundenen Verbrechen der Rotarmisten noch mit. Dies lässt den Schluss zu, dass ein unmittelbarer Zusammenhang zwischen den erlebten Verbrechen der Roten Armee und den Selbstmorden existierte.

Welches Ausmaß die Verbrechen der Roten Armee in den Kreisen Liebenwerda und Schweinitz annahmen, zeigt die systematische Auswertung der standesamtlichen Sterbebücher. Die Standesbeamten vermerkten unmittelbar nach Kriegsende bei 456 Todesmeldungen als Ursache: „von Russen erschossen", „von der Roten Armee erschossen", „erschossen" oder „erschlagen".[8] Da die Rote Armee nahezu kampflos in beide Landkreise einmarschierte, kamen diese Personen wohl nur in den seltensten Fällen bei Kampfhandlungen ums Leben, sondern wurden vielmehr Opfer der Willkür der sowjetischen Soldaten. Bei der „Partisanenbekämpfung" rund um Plessa im Kreis Liebenwerda zeigt

---

5   Vgl. alle Sterbebücher der Standesämter des Untersuchungsgebietes 1945. Die standesamtlichen Sterbebücher aus dem Jahr 1945 befinden sich nach wie vor in den Standesämtern der Städte und Ämter der Region.
6   Vgl. Sterbebücher der Standesämter Jessen und Herzberg 1945 in den Standesämtern Jessen und Herzberg.
7   Vgl. Sterbebuch des Standesamtes Herzberg 1945 im Standesamt Herzberg.
8   Vgl. alle Sterbebücher der Standesämter des Untersuchungsgebietes 1945.

sich, wie sehr die mitten im Feindesland stehenden Soldaten der Roten Armee durch die jahrelangen brutalen Kriegserfahrungen und das Wissen um die deutschen Verbrechen emotional abgestumpft und durch eine überspitzte anti-deutsche Propaganda angestachelt waren.[9]

Nachdem sich eine größere Gruppe von deutschen Soldaten um den Kommandeur der Waffen-SS-Division „Frundsberg", Brigadeführer Heinz Harmel, von Spremberg kommend, durch das bereits besetzte Hinterland rund um Plessa in das noch unbesetzte Sachsen durchgekämpft und dabei viele Rotarmisten, aber auch ausländische Zwangsarbeiter getötet hatte, eskalierte die Gewalt gegenüber der deutschen Zivilbevölkerung.[10] Die bloße Annahme, dass Rotarmisten auf deutsche Partisanen gestoßen seien, genügte in diesem Fall, um ganze Ortschaften, wie Plessa, Hohenleipisch und Schraden, abzubrennen und die männliche Bevölkerung zu ermorden.[11] Dieses Ausmaß an Gewalt belegt, dass die von Stalin erlassene Direktive vom 20. April 1945, die die zuvor bewusst in Kauf genommene Gewalt gegen die deutsche Zivilbevölkerung eindämmen sollte, in den letzten Tages des Krieges keine wesentliche Wirkung entfaltete.[12] Die Soldaten der Roten Armee setzten beim Einmarsch in die beiden Landkreise Liebenwerda und Schweinitz ihr gewalttätiges Handeln unvermindert fort, welches sich schon bei der Besetzung der deutschen Gebiete jenseits der Oder und Neiße gezeigt hatte. Dieser Befund widerspricht der weitverbreiteten Annahme, dass die Intensität der Verbrechen der Roten Armee auf dem Gebiet der späteren SBZ mit Kriegsende deutlich abgenommen habe.[13] In großen Teilen der deutschen Zivilbevölkerung verspielte die sowjetische Besatzungsmacht somit von vornherein jegliche Chance, als „Befreier" vom Nationalsozialismus wahrgenommen zu werden, und damit auch die notwendige Akzeptanz für die angestrebte sozialistische Umgestaltung von Staat und Gesellschaft.

---

9   Zur politischen Agitation in der Roten Armee: Vgl. Horst Boog/Richard Lakowski, Der Zusammenbruch des Deutschen Reiches 1945. Die militärische Niederwerfung der Wehrmacht, München 2008, S. 697–705.
10 Vgl. Wilhelm Tieke, Im Feuersturm letzter Kriegsjahre. II. SS-Panzerkorps mit 9. und 10. SS-Panzer-Division „Hohenstaufen" und „Frundsberg", Osnabrück 1975, S. 533–541.
11 Vgl. Sterbebücher der Standesämter Plessa, Hohenleipisch, Schraden und Hirschfeld 1945 in den Standesämtern Plessa und Elsterwerda; Max Herrmann, „Doch bald verdunkelte sich der Himmel." Der 21. bis 27. April 1945 in Plessa. In: Heimatkalender für den Altkreis Bad Liebenwerda, das Mückenberger Ländchen, Ortrand am Schraden, Falkenberg und Uebigau 1995, Bad Liebenwerda 1994, S. 75–84.
12 Vgl. Jan Foitzik, Sowjetische Militäradministration in Deutschland (SMAD) 1945–1949. Struktur und Funktion, Berlin 1999, S. 331.
13 Vgl. Boog/Lakowski, Zusammenbruch, S. 740.

Verwaltungsaufbau und Entnazifizierung

Zudem agierte die sowjetische Besatzungsmacht in den ersten Wochen der Besetzung völlig planlos bei der Wiederherstellung der deutschen Verwaltungen, womit sie weitere Sympathien in der deutschen Bevölkerung verspielte. Erst am 13. Mai 1945 wurde den örtlichen Kommandeuren eine erste Richtlinie zum Verwaltungsaufbau im Bereich der 1. Ukrainischen Front übermittelt.[14] Die Richtlinie ordnete die systematische Überprüfung der deutschen Verwaltungen an, woraufhin die kommunalen Spitzenpositionen von den Besatzern bevorzugt mit KPD-Mitgliedern besetzt wurden. In den Kreisstädten Bad Liebenwerda und Herzberg wurden die, von den ersten Kommandanten eingesetzten, parteilosen Bürgermeister gegen die stadtbekannten Kommunisten Arthur Bluhm und Otto Eger ausgetauscht.[15] Bereits Ende 1945 gehörten von den in 78 Orten des Kreises Liebenwerda eingesetzten Bürgermeistern insgesamt 57 der KPD bzw. der SPD und nur einer der CDU an, die übrigen 20 Bürgermeister waren parteilos.[16] Da die beiden Arbeiterparteien im ländlichen Kreis Schweinitz vor 1933 keine große Mitgliederbasis besaßen, sah hier das Bild etwas anders aus. Dennoch gelang es der KPD bis zum 27. Oktober 1945, insgesamt 22 von 112 Bürgermeistern im Kreis zu stellen.[17]

Ebenso wurden die beiden Landratsposten mit den Kommunisten Paul Paulick (Kreis Liebenwerda) und Paul Jeß (Kreis Schweinitz) besetzt.[18] Diese wiederum sorgten sehr schnell dafür, dass auch auf den wichtigsten Abteilungsleiterposten in ihren Verwaltungen KPD-Mitglieder platziert wurden.[19] In diesem Zusammenhang muss man zumindest in Bezug auf das Untersuchungsgebiet der These von Jeannette Michelmann widersprechen, der Verwaltungsaufbau in der SBZ habe „eine integrative Komponente" besessen, „die es zahlreichen Deutschen ermöglichte, sich auf das Nachkriegsleben in der SBZ einzulassen".[20] Schon gar nicht kann man von einer irgendwie gearteten Demokratisierung sprechen.

---

14 Vgl. Foitzik, Sowjetische Militäradministration in Deutschland, S. 331 f.
15 Vgl. Niederschrift der Magistratssitzung vom 18.5.1945 (StA Bad Liebenwerda, FB 2, Sign. 37, unpag.); Bekanntmachung vom 21.5.1945 (ebd., unpag.); Lebenslauf von Otto Eger, o. D. (StA Herzberg, Nr. 43, unpag.).
16 Vgl. Fritz Wilhelm, Sie kämpften für ein besseres Deutschland. Aufzeichnungen über den antifaschistischen Widerstandskampf im Kreis Liebenwerda, Bad Liebenwerda 1966, S. 105.
17 Vgl. Situationsbericht aus dem Kreise Schweinitz vom 27.10.1945 (Landeshauptarchiv Sachsen-Anhalt [LHASA], MER, P 506, Nr. 3, Bl. 40 f.).
18 Vgl. Lebenslauf von Paul Paulick vom 1.11.1945 (LHASA, MER, K 12, BV Merseburg, Nr. 287/7, Bl. 7–9); Lebenslauf von Paul Jeß vom 29.9.1945 (ebd., Nr. 287/6, Bl. 3).
19 Vgl. Organisationsplan der Kreisverwaltung Liebenwerda vom 22.8.1945 (ebd., Nr. 11, Bl. 51); Mitarbeiterverzeichnis der Kreisverwaltung des Kreises Schweinitz von Ende 1946 (LHASA, MER, K 13, Herzberg, Nr. 270, Bl. 2–8).
20 Vgl. Jeannette Michelmann, Aktivisten der ersten Stunde. Die Antifa in der Sowjetischen Besatzungszone, Weimar 2002, S. 373.

Mit der Einrichtung der übergeordneten deutschen Provinzial- und Bezirksverwaltung Ende Juli 1945 wurde auch der Entnazifizierungsprozess systematisiert. Dazu erließ die Provinzialverwaltung am 6. September 1945 die „Verordnung über die Säuberung der Verwaltung".[21] Die deutschen Verwaltungen führten daraufhin unter strenger Aufsicht der Besatzungsmacht in beiden Landkreisen bis zum Frühjahr 1946 eine nahezu komplette Säuberung der öffentlichen Verwaltungen durch. Waren zuvor auch viele neu eingesetzte kommunistische Bürgermeister mit der Weiterbeschäftigung belasteter Fachkräfte durchaus pragmatisch vorgegangen, so verschärfte diese Verordnung und die späteren Durchführungsbestimmungen den Entnazifizierungsprozess ganz erheblich. Im Kreis Liebenwerda wurden bis zum 9. November 1945 insgesamt 670 ehemalige NSDAP-Mitglieder aus den Verwaltungen entlassen.[22] Dem standen bis zum 31. Oktober 1945 insgesamt 427 Neueinstellungen gegenüber, von denen bezeichnenderweise 163 der KPD und 46 der SPD angehörten.[23]

Dass die neuen KPD-Verwaltungsspitzen sowie die sowjetische Besatzungsmacht die freien Posten meist nicht nach fachlichen, sondern nach politischen Kriterien besetzten, wurde besonders beim Neuaufbau der Polizei deutlich. Diese wurde von Anfang an mit zuverlässigen KPD-, aber auch SPD-Parteimitgliedern aufgebaut und gleichfalls seit dem Einmarsch der Roten Armee als politisches Instrument benutzt. Im Kreis Liebenwerda gehörten bereits am 31. Oktober 1945 von insgesamt 60 Polizisten 53 der KPD an.[24] Die KPD besetzte mit Hilfe der Besatzungsmacht in kürzester Zeit nahezu alle Schlüsselpositionen in der Verwaltung und schuf damit die entscheidende Grundlage für die Durchsetzung ihrer politischen Ziele und den Aufbau einer Gesellschaft nach sowjetischem Vorbild. Entscheidend war dabei, dass die wichtigsten kommunalen Ämter bereits besetzt waren, bevor sich die neu zugelassenen Parteien vollständig konstituiert hatten. Die Mitglieder der beiden bürgerlichen Parteien wurden somit von Anfang an weitestgehend von der kommunalen Mitbestimmung ausgeschlossen und konnten trotz aller Bemühungen und späterer Konflikte mit der KPD/SED nie ihren Einfluss in den Verwaltungen wesentlich ausbauen.

---

21 Vgl. Verordnung über die Säuberung der Verwaltung vom 6. September 1945. In: Verordnungsblatt für die Provinz Sachsen, Nr. 1 vom 6.10.1945, S. 39.
22 Vgl. Bericht über den Stand der Säuberung der Verwaltung vom 9.11.1945 (LHASA, MER, K 13, Bad Liebenwerda, Nr. 76, Bl. 359).
23 Vgl. Zusammenstellung der Neueinstellungen in der Kreis- sowie den Stadt- und Gemeindeverwaltungen des Kreises Liebenwerda vom 31.10.1945 (ebd., Bl. 343 f.).
24 Vgl. Stärkemeldung der seit 5.5.1945 neueingesetzten Kreisgendarmerie-Beamten und der kommunalen Polizei vom 31.10.1945 (ebd., Nr. 71, Bl. 50).

Der Aufbau der Parteien

Die Kommunisten in der SBZ bedurften für die Umsetzung weiterer politischer und gesellschaftlicher Transformationsmaßnahmen eines gut organisierten Parteiapparates. Um den Schein einer demokratischen Entwicklung aufrecht erhalten und vor allem die nicht-kommunistischen politischen Kräfte kanalisieren zu können, genehmigte die sowjetische Besatzungsmacht am 9. Juni 1945 den Parteiaufbau von KPD, SPD, LDP und CDU. Erst nachdem sich Vertreter der vier zugelassenen Parteien in Bad Liebenwerda im Juli 1945 dazu verpflichtet hatten, einen „Block der antifaschistisch demokratischen Parteien" zu bilden, gestattete die sowjetische Militäradministration den bürgerlichen Parteien einen umfassenden Parteiaufbau.[25] Mit der gemeinsamen Blockpolitik waren die Spielräume der nicht-kommunistischen Parteien jedoch stark eingeschränkt.

Nicht zuletzt deswegen zog sich der Aufbau einer umfassenden Organisationsstruktur der beiden bürgerlichen Parteien im Untersuchungsgebiet bis in das Jahr 1946 hin. Aufgrund fehlender Parteistrukturen vor 1933 sowie einer starken Verunsicherung im Bürgertum bildeten die LDP und die CDU in beiden Landkreisen im Jahr 1945 keine echte Konkurrenz für die Arbeiterparteien. Die Mitgliederzahl der CDU stieg bis zum 25. April 1946 im Kreis Liebenwerda auf nur 387 Personen.[26] Auch im Kreis Schweinitz betrug die Mitgliederzahl der CDU bis zum 22. März 1946 lediglich ca. 200 Personen.[27] Außerdem verhinderte in vielen Fällen eine frühere NSDAP-Mitgliedschaft ein Engagement in den bürgerlichen Parteien. Die parteipolitische Passivität des Bürgertums war das Resultat mehrerer Faktoren: Die Gewalterfahrungen durch die Rote Armee bei Kriegsende, der umfassende Austausch der bürgerlichen Verwaltungseliten durch Kommunisten und das scheinbar willkürliche Vorgehen der sowjetischen Geheimdienste, insbesondere gegen Personen aus der bürgerlichen Schicht, schürten eine wachsende Distanz zur sowjetischen Besatzungsmacht und ließen die Aussicht auf Gestaltungsspielräume sehr gering erscheinen.

Die Arbeit der sowjetischen Geheimdienste

Die Verhaftungspraxis der sowjetischen Geheimdienste erschien der deutschen Bevölkerung aufgrund der oftmals fehlenden, unmittelbaren Verdachtsmomente kaum verständlich. Eine genaue Betrachtung zeigt aber, dass die Verhaftungen weitaus weniger willkürlich durchgeführt wurden, als zunächst angenommen.

---

25 Vgl. Gründungsaufruf des Antifaschistischen Blockes Bad Liebenwerda vom 24.7.1945 (StA Bad Liebenwerda, FB 2, Sign. 60, unpag.).
26 Vgl. Programmpunkte für die Vorstandssitzung des CDU-Ortsverbandes Bad Liebenwerda vom 25.4.1946 (ACDP Sankt Augustin, III-032-002/4, unpag.).
27 Vgl. Organisationsbericht der KPD-Kreisleitung Schweinitz für den Monat März vom 22.3.1946 (LHASA, MER, P 506, Nr. 6, Bl. 136).

Die Grundlage für die etwa 500 Verhaftungen in den Landkreisen Liebenwerda und Schweinitz bildete zunächst der NKWD-Befehl Nr. 00315 vom 18. April 1945.[28] In diesem Befehl wurden verschiedene Personengruppen, wie z. B. ehemalige NS-Funktionäre, Volkssturmkommandeure, Gestapo-Mitarbeiter und Zeitungsredakteure aufgeführt, die prohibitiv, aufgrund der vermeintlich von ihnen ausgehenden Gefahr, zu verhaften seien.[29] So konzentrierte sich der NKWD/MWD, der in Bad Liebenwerda, Herzberg und Jessen Operative Gruppen bildete, besonders im Jahr 1945 auf die Festnahme dieser Personengruppen. Mit der Hilfe der neuen deutschen Verwaltungen und der neuen deutschen Polizei verhaftete der NKWD/MWD bis Ende 1945 nahezu alle im Untersuchungsgebiet verbliebenen NSDAP-Funktionäre vom Blockleiter aufwärts. Bis Ende des Jahres 1945 wurden in den beiden Landkreisen Liebenwerda und Schweinitz von den 73 im Jahr 1942 verzeichneten Ortsgruppenleitern 34 nachweislich in ein Speziallager des NKWD überführt.[30] Die individuelle Schuld des Einzelnen spielte bei diesen Verhaftungen keine Rolle. Im Unterschied zu den Westzonen, wo es 1945 ebenfalls summarische Verhaftungen im Zuge des „automatischen Arrestes" gab, erfolgte in der SBZ jedoch auch später keine Prüfung des Einzelfalls.

Neben diesen „prophylaktischen Verhaftungen" ging der NKWD/MWD aber auch systematisch gegen Personen vor, die die Besatzungspolitik kritisierten oder im Verdacht oppositionellen Verhaltens standen. Die Verhaftungen von kritischen CDU-Kommunalpolitikern wie Willi Lüderitz, Dr. Heinrich Menz und Willy Rose machten deutlich, dass die regionalen Mitarbeiter des NKWD/MWD seit Beginn der Besatzungszeit ihr Handeln keineswegs ausschließlich an sicherheitspolitischen Aspekten orientierten, sondern mit gezielten Eingriffen die KPD/SED bei der Durchsetzung ihrer Transformationsmaßnahmen unterstützten.[31] Die KPD/SED konnte sich jeder Zeit auf die sowjetischen Geheim-

---

28 Vgl. Übergabeprotokolle der Operativ Gruppe Bad Liebenwerda an das Speziallager Nr. 1 des NKWD der UdSSR, o. D. (Archiv der Initiativgruppe des Lagers Mühlberg e.V., Nr. 345, 346, 347, 348, 371, 372, 373, 374, 375, 376). Laut den zweiwöchigen Bestandsmeldungen des Speziallagers Mühlberg wurden mindestens 144 Häftlinge allein von der Operativen Gruppe Bad Liebenwerda ab Oktober 1945 in das Mühlberger Lager eingewiesen.
29 Vgl. Befehl des Volkskommissars für Inneres Nr. 00315 vom 18.4.1945 „Zur teilweisen Abänderung des Befehls des NKWD der UdSSR Nr. 0016 vom 11. Januar 1945". In: Sowjetische Speziallager in Deutschland 1945 bis 1950. Hg. von Sergej Mironenko, Lutz Niethammer, Alexander von Plato in Verbindung mit Volkhard Knigge und Günter Morsch, Band 2, Berlin 1998, S. 178–180.
30 Vgl. Dokumentationsstelle Dresden, DRK-Datenbank und Datenbank der NKWD-Internierten. Der Personenabgleich erfolgte über die Auflistung der NSDAP-Ortsgruppenleiter in den beiden Heimatkalendern für die Kreise Liebenwerda und Schweinitz aus den Jahr 1942. Vgl. Heimatkalender für den Kreis Liebenwerda aus dem Jahr 1942, Bad Liebenwerda 1941; Heimatkalender für den Kreis Schweinitz für das Jahr 1942, Herzberg 1941.
31 Vgl. Lebenslauf von Willi Lüderitz, o. D. (StA Herzberg, Nr. 68, unpag.); Günther Buchstab (Hg.), Verfolgt und Entrechtet. Die Ausschaltung christlicher Demokraten unter

dienste stützen. Die Verhaftungen, die meist ohne Begründung erfolgten, sowie die Unkenntnis über den Aufenthaltsort der Verhafteten hatten zweifellos das Ziel, die Bevölkerung einzuschüchtern, um somit die nötige Sicherheit für die sowjetischen Truppen und die möglichst kritiklose Umsetzung der politischen und gesellschaftlichen Neugestaltung zu sichern. Nur in dieser Atmosphäre der Angst und des Misstrauens war die Diktaturdurchsetzung überhaupt erst möglich.

Die Häftlinge waren in den Lagern menschenunwürdigsten Lebensbedingungen ausgesetzt.[32] Die allgemein prekären Lebensverhältnisse nach Kriegsende und die mangelnde Transparenz über die Zuständigkeiten der sowjetischen Behörden kosteten allein im Speziallager Mühlberg 49 von 144 direkt von der Operativen Gruppe Bad Liebenwerda eingewiesenen Personen das Leben.[33] Das ungewisse Schicksal der Häftlinge und die hohe Sterblichkeitsrate, die trotz aller Geheimhaltung und Kontaktsperre zu Angehörigen kaum verheimlicht werden konnte, trugen ebenfalls zur Einschüchterung der Bevölkerung bei.

Die Bodenreform

Die Bodenreform war besonders im ländlichen Raum eine weitere wichtige Transformationsmaßnahme auf dem Weg zur SED-Diktatur. Streng nach dem, von Lenin ausgearbeiteten, Bündniskonzept zwischen Arbeitern und Bauern sollten in der SBZ alle Großgrundbesitzer mit über 100 Hektar Grundbesitz sowie alle „Nazi- und Kriegsverbrecher" enteignet werden.[34] Die Absicht der KPD und der sowjetischen Besatzungsmacht bestand zum einen darin, den politischen Einfluss der Großgrundbesitzer (Junker) auf dem Land zu zerstören und zum anderen mit der Verteilung des enteigneten Besitzes an landarme und landlose Bauern, an Landarbeiter sowie an Flüchtlinge und Vertriebene die Machtbasis der KPD auf dem Land zu stärken. Wirtschaftspolitische Aspekte spielten dagegen bei der Bodenreform – wenn überhaupt – nur am Rand eine Rolle.

---

sowjetischer Besatzung und SED-Herrschaft 1945–1961, Sankt Augustin 1998, S. 208; CDU-Ortsvereins Elsterwerda an den Vertreter der CDU im Ausschuss der Direktive 24 in Halle zum „Fall Rose" vom 20.8.1947 (ACDP Sankt Augustin, III-032-003/1, unpag.).

32 Vgl. Hafttagebuch von Günther Schirrmeister vom 5.5.1945–8.9.1945 (PA Dr. Karl Günther Schirrmeister, Bonn). Der Herzberger Druckereibesitzer Günther Schirrmeister schmuggelte das von ihm geführte Hafttagebuch im September 1945 aus dem Gefängnis in Bautzen. Die Aufzeichnungen von Günther Schirrmeister sind die einzig bisher bekannten Tagebuchaufzeichnungen aus einem NKWD-Speziallager in der SBZ. Schirrmeister starb nach mehreren Haftverlegungen am 4.6.1947 im Lager Mühlberg.

33 Vgl. Übergabeprotokolle der Operativ Gruppe Bad Liebenwerda an das Speziallager Nr. 1 des NKWD der UdSSR (Archiv der Initiativgruppe des Lagers Mühlberg e.V., Nr. 345, 346, 347, 348, 371, 372, 373, 374, 375, 376); Dokumentationsstelle Dresden, DRK-Datenbank und Datenbank der NKWD-Internierten.

34 Vgl. Verordnung über die Bodenreform. In: Verordnungsblatt für die Provinz Sachsen, Nr. 1 vom 6.10.1945, S. 28.

Ende August 1945 versuchte die KPD mit großangelegten Propagandaveranstaltungen, in denen sie für die Enteignung der Großgrundbesitzer und die Verteilung des Landes warb, die Bevölkerung für die geplante Bodenreform zu gewinnen. Damit wollte man den Druck auf die übrigen Parteien erhöhen, die Gesetzgebung zur Bodenreform im Sinne der KPD mitzutragen. Die inszenierte Mobilisierung der Bevölkerung mittels großer Propagandaveranstaltungen und der damit einhergehenden Berichterstattung in der gelenkten Presse und im Rundfunk sollten sich nach der erfolgreichen Verabschiedung der Bodenreformverordnung zu einem häufig praktizierten Modell zur Durchsetzung von KPD/SED-Forderungen entwickeln. Die massiven Propagandakampagnen vertieften die Distanz zwischen Bevölkerung und KPD/SED-Führung, führten aber auch zu einer Selbsttäuschung der Funktionäre, die die inszenierten Massenveranstaltungen als Zustimmung der Bevölkerung interpretierten. Im Landkreis Liebenwerda waren, wie ein Bericht an die KPD-Bezirksleitung belegt, alle 45 Bauernversammlungen zur Bodenreform von der KPD organisiert worden.[35] Ob sie den tatsächlichen Willen der Landbevölkerung repräsentierten, wie dies die DDR-Geschichtsschreibung behauptete, bleibt allerdings fraglich.[36]

Aufgrund des langsamen Aufbaus der nicht-kommunistischen Parteien sowie der kurz nach Kriegsende erworbenen Machtstellung in vielen Kommunalverwaltungen gelang es der KPD, die Schlüsselpositionen in den für die Umsetzung der Bodenreform zuständigen Gemeinde-- und Kreisbodenkommissionen (GBK/KBK) zu besetzen. Im Landkreis Liebenwerda befanden sich am 21. September 1945 unter den 438 GBK-Mitgliedern 101 KPD-Mitglieder und 24 SPD-Mitglieder. Weitere 66 Personen wurden in dieser Auflistung als „sympathisierende Mitglieder" aufgeführt.[37] Im Kreis Schweinitz sah die Verteilung am 30. November 1945 ähnlich aus. Die KPD konnte trotz ihrer dortigen Schwäche 21 KPD-Mitglieder in den GBK platzieren. Die SPD stellte 15 Mitglieder, aus dem bürgerlichen Lager ist nur ein Vertreter nachweisbar, weitere 101 Mitglieder waren parteilos.[38] Im Landkreis Schweinitz gehörten somit 15,2 Prozent aller GBK-Mitglieder der KPD an. Die KPD war also weit davon entfernt, eine Mehrheit in den Gemeindebodenkommissionen zu besitzen, was im Folgenden zu großen Problemen bei der Durchsetzung der Bodenreformbestimmungen führen sollte.

---

35 Vgl. Bericht der KPD-Kreisleitung Liebenwerda für die KPD-Bezirksleitung vom 27.10.1945 (LHASA, MER, P 506, Nr. 2, Bl. 182).
36 Vgl. Joachim Piskol/Christel Nehrig/Paul Trixa, Antifaschistische Umwälzung auf dem Lande (1945–1949), Berlin (Ost) 1984.
37 Vgl. Auflistung der Mitglieder der Gemeindebodenkommissionen des Kreises Liebenwerda vom 21.9.1945 (LHASA, MER, K 13, Bad Liebenwerda, Nr. 111, Bl. 2–13).
38 Vgl. Abrechnungsformular über den Stand der Bodenreform im Kreis Schweinitz vom 30.11.1945 (ebd., Herzberg, Nr. 334, Bl. 130). Aus der Auflistung geht nicht hervor, ob das bürgerliche Parteimitglied in den GBK des Kreises Schweinitz der CDU oder LDP angehörte.

So weigerten sich im Untersuchungsgebiet viele Gemeindebodenkommissionen, „nur" die Enteignung von Großgrundbesitzern restlos umzusetzen. Vor allem die Enteignung von zahlreichen Großbauern, die nur knapp die 100 Hektargrenze überschritten, wurde seitens der Landbevölkerung stark kritisiert.[39] Allein in Hohenbucko mit etwa 500 Einwohnern fielen 14 alteingesessene Bauern unter die Bodenreformbestimmungen.[40] Dass die 100-Hektar-Grenze willkürlich, ohne Rücksicht auf die ökonomische sowie ökologische Struktur des jeweiliges Gebietes festgelegt worden war und zudem auch entschiedene Gegner des Nationalsozialismus, wie Kraft Freiherr von Palombini in Rahnisdorf, rücksichtslos enteignet und aus den Kreisen ausgewiesen wurden, spielte für die sowjetischen Besatzer und KPD-Mitglieder, die nicht in den Dörfern beheimatet waren, keine Rolle. Sie veränderten mit diesem Vorgehen das soziale System der ländlichen Gesellschaft nachhaltig.[41]

Das häufig propagierte Argument für die Enteignung der Großgrundbesitzer – Mitgliedschaft in der NSDAP – war oftmals vorgeschoben. Im gesamten Untersuchungsgebiet lebte kein Großgrundbesitzer, der in der lokalen und regionalen NSDAP höhere Funktionen als die eines Ortsgruppenleiters erfüllt hatte, und am 16. Oktober 1945 stellte die Kreisverwaltung fest, dass von 71 Großgrundbesitzern „nur" 32 in der NSDAP organisiert waren.[42] Der KPD und den sowjetischen Besatzungsbehörden ging es nicht nur um eine Entnazifizierungsmaßnahme, sondern die Bodenreform war Teil der gesellschaftlichen Umgestaltung im Sinne der kommunistischen Ideologie. Insgesamt wurden im Kreis Liebenwerda 31 und im Kreis Schweinitz 72 Großgrundbesitzer im Zuge der Bodenreform enteignet.[43] Der Großgrundbesitz über 100 Hektar umfasste im Kreis Liebenwerda eine Fläche von 8774,2 Hektar und im Kreis Schweinitz von 15 358,2 Hektar. Dies entsprach 11 Prozent bzw. 15,1 Prozent der Gesamtfläche der beiden Landkreise.[44] Nach der Bodenreform existierte in beiden Kreisen kein privater Großgrundbesitz mehr.

---

39 Vgl. Informationsbericht des SED-Vorstandes des Kreises Schweinitz vom 7.7.1946 (BLHA, Rep. 931, Herzberg, Nr. 98, unpag.).
40 Vgl. Auflistung aller landwirtschaftlichen Betriebe über 100 ha im Kreis Schweinitz, o. D. (LHASA, MER, K 13, Herzberg, Nr. 334, Bl. 208).
41 Vgl. Betr. Ausweisung der enteigneten Gutsbesitzer vom 29. 12.1945 (ebd., Nr. 280, Bl. 25).
42 Vgl. Meldung der Kreisverwaltung Schweinitz über die politische Einstellung der Großgrundbesitzer vom 16.10.1945 (ebd., Bl. 459).
43 Vgl. Auflistung aller Treuhänder für die Güter im Kreise Bad Liebenwerda vom 1.12.1945 (LHASA, MER, K 13, Bad Liebenwerda, Nr. 111, Bl. 52–65); Abrechnungsformular über den Stand der Bodenreform im Kreis Schweinitz vom 14.3.1946 (ebd., Herzberg, Nr. 334, Bl. 150).
44 Vgl. Meldung für den Herrn Major über den Stand der Agar-Reform im Kreise Liebenwerda vom 21.10.1945 (ebd., Bad Liebenwerda, Nr. 111, Bl. 26); Auflistung des aufgeteilten Großgrundbesitzes im Kreis Schweinitz, o. D. (ebd., Herzberg, Nr. 334, Bl. 187).

Wie sehr in der praktischen Umsetzung der Bodenreform vor Ort persönliche, ideologische, aber auch ökonomische Intentionen wechselseitig eine große Rolle spielten, wurde besonders während der Enteignung der „Nazi- und Kriegsverbrecher", die unter 100 Hektar landwirtschaftliche Nutzfläche besaßen, deutlich: Selbst nach den rechtlichen Bestimmungen der Bodenreform wiesen viele dieser Enteignungsfälle erhebliche formale Mängel auf. Zwar handelte es sich zweifellos bei der Mehrzahl der Enteigneten mit weniger als 100 Hektar Besitz um ehemalige NS-Funktionäre, doch konnten die Bodenkommissionen und die deutschen Verwaltungen ihnen nur in wenigen Fällen Verbrechen während der NS-Zeit zweifelsfrei nachweisen.[45] Nachdem man z. B. dem ehemaligen NSDAP-Ortsgruppenleiter von Großthiemig keine Misshandlung von ausländischen Zwangsarbeitern nachweisen konnte, diente der Liebenwerdaer Kreisbodenkommission eine Kirmesschlägerei aus dem Jahre 1932, an der sich der NSDAP-Ortsgruppenleiter beteiligt haben sollte, als zentraler Enteignungsgrund für die kleine Bauernwirtschaft.[46] Dass viele Vorwürfe aus der Luft gegriffen waren und nicht den rechtlichen Bestimmungen der Bodenreform entsprachen, blieb auch der Bevölkerung nicht verborgen. So wurde die ohnehin kaum vorhandene Legitimität der Bodenreform noch weiter beschädigt.

Durch die Enteignung der Großgrundbesitzer erhöhte sich der ökonomische Einfluss der Großbauern mit über 20 Hektar Besitz in den Dörfern erheblich. Die Neubauern hatten mit dem Mangel an geeigneten Betriebsmitteln zu kämpfen, was sie in die Abhängigkeit von Großbauern trieb, weshalb die KPD/SED in der Folgezeit auch Zwangsmaßnahmen gegen die Großbauern ergriff.[47] Die Politik gegen die Großbauern begann 1948 und vertiefte den Riss in der ländlichen Gesellschaft der SBZ/DDR nochmals erheblich, was in den großbäuerlich geprägten Dörfern im Norden des Untersuchungsgebietes zur nahezu vollständigen Zerstörung des alten sozialen Gefüges führte.[48] Während in den kleinbäuerlich geprägten Dörfern, insbesondere im Süden des Kreises Liebenwerda, die

---

45 Vgl. Telegramm aus Merseburg an den Herrn Landrat des Kreises Liebenwerda über die Enteignung der Güter unter 100 ha vom 7.12.1945 (ebd., Bad Liebenwerda, Nr. 111, Bl. 70 f.).

46 Vgl. Protokoll der Großthiemiger GBK-Sitzung vom 24.5.1946 (PA Werner Kirsche); Schreiben der Abteilung Bodenreform an den Gemeindevorsteher in Großthiemig vom 31.5.1946 (ebd.); Protokoll über die Aussagen gegen Wilhelm Kirsche vom 4.6.1946 (ebd.).

47 Vgl. zur Politik gegen die Großbauern 1948 bis 1953: Arnd Bauerkämper, Vertreibung als Exklusion gesellschaftlicher Führungsgruppen. Die Verdrängung der „Großbauern" in der SBZ/DDR und die Vernichtung der „Kulaken" in der UdSSR im Vergleich. In: Günther Schulz (Hg.), Vertriebene Eliten. Vertreibung und Verfolgung von Führungsschichten im 20. Jahrhundert, München 2001, S. 125–163.

48 Als Beispiele können hier die drei kleinen Dörfer Hohenbucko, Oehna und Zellendorf im Kreis Schweinitz angeführt werden, in denen während der Bodenreform insgesamt 26 Großgrundbesitzer enteignet wurden. Vgl. Auflistung aller landwirtschaftlichen Betriebe über 100 ha im Kreis Schweinitz, o. D. (LHASA, MER, K 13, Herzberg, Nr. 334, Bl. 208).

soziale Struktur durch die Bodenreform und die Politik gegen die Großbauern kaum beeinträchtigt wurde, erfuhren die großbäuerlich geprägten Dörfer, vor allem im Kreis Schweinitz, unmittelbar nach dem Kriegsende eine umfassende Transformation der sozialen Verhältnisse. In einzelnen Dörfern vollzog sich unter diesen Umständen ein nahezu kompletter Bevölkerungsaustausch.

Die Enteignung und Verstaatlichung der Industrie

Noch weitaus vehementer als in der Landwirtschaft forcierte die sowjetische Besatzungsmacht mit den deutschen Kommunisten die Enteignung und Verstaatlichung bzw. Kommunalisierung der Industrie. Direkte Kriegsschäden hatten die regionale Wirtschaftsstruktur in beiden Landkreisen nur sehr geringfügig in Mitleidenschaft gezogen. Die unmittelbar nach dem Einmarsch der Roten Armee einsetzenden Demontagen minderten das industrielle Potenzial aber dann erheblich. Insgesamt demontierten die sowjetischen Demontagekommissionen bis Mitte 1947 in beiden Landkreisen 19 Unternehmen bzw. Industrieanlagen.[49] Dabei suchten sie sich die modernsten und profitabelsten Betriebe und Anlagen zur Demontage heraus. Allein in den drei größten Unternehmen der beiden Landkreise, der Braunkohlen- und Brikett-Industrie AG (Bubiag), der Mittelstahl AG und der Alexander Wacker AG, wurden Anlagen im Wert von 90,7 Millionen RM demontiert.[50] Dieser Verlust entsprach etwa dem 1946 erwirtschaften Gesamtumsatz der restlichen nicht-demontierten Industrie des Kreises Liebenwerda.[51]

Die Wirtschaftspolitik der sowjetischen Besatzungsmacht konzentrierte sich zu Beginn der Besatzungszeit auf die größtmögliche Demontage der deutschen Wirtschaft in der SBZ. Die Übernahme der nicht-demontierten bzw. der ausgeschlachteten Unternehmen und Betriebe durch die kommunalen Verwaltungen wurde von der Besatzungsmacht zunächst weder forciert noch verhindert. So versuchten die neuen kommunistischen Verwaltungsspitzen in vielen Orten unmittelbar nach Kriegsende einen Großteil der Industrie, trotz aller Widerstände der rechtmäßigen Besitzer, zu kommunalisieren. In Mückenberg ging die neue Gemeindeverwaltung unter dem späteren Liebenwerdaer Landrat Paul Paulick

---

49 Vgl. Liste der demontierten Betriebe innerhalb der Provinz Sachsen, Stand Ende Mai 1946 (LHASA, MD, K 34, Nr. 145, Bl. 32 f.); Liste der neuen Demontagen seit dem 11.3.1946 vom 29.3.1946 (ebd., K 6, Nr. 4268, Bl. 120 f.).
50 Vgl. Rainer Karlsch, „Rüstungsprovinz" und Reparationsressource – Die Demontagen in Sachsen-Anhalt. In: ders./Jochen Laufer (Hg.), Sowjetische Demontagen in Deutschland 1944–1949. Hintergründe, Ziele und Wirkungen, Berlin 2002, S. 243.
51 Vgl. Rentabilitätsprüfung der Sequester-Betriebe, vermutlich Anfang 1947 (KA Herzberg, Bestand Kreis Liebenwerda, G 852, unpag.); Aufstellung der wichtigsten Industriebetriebe des Kreises Liebenwerda vom 29.4.1947 (ebd., unpag.).

(KPD) mit der Hilfe des NKWD bereits seit Anfang Mai 1945 gegen die nicht geflüchtete Firmenleitung der Bubiag vor. Nachdem sich die Aktiengesellschaft neu organisieren wollte, verhaftete eine Operative Gruppe des NKWD im Auftrag des Landrates Paulick im September 1945 den gesamten Aufsichtsrat der Bubiag und vollzog damit die Enteignung bereits vor dem Erlass des SMAD-Befehls 124.[52] Am Ende dieses hochkomplexen Enteignungsprozesses im Jahr 1947 befand sich in den Kreisen Liebenwerda und Schweinitz kein Industriebetrieb mit mehr als 100 Beschäftigten mehr in Privatbesitz.

Erneut diente während dieser ersten großen Enteignungswelle die „Entnazifizierung" nur als Vorwand. Während vor allem große und mittlere Industriebetriebe unabhängig von der NS-Belastung der Besitzer verstaatlicht wurden, blieben kleine Handwerksbetriebe oftmals unbehelligt, obwohl deren Besitzer nicht minder politisch belastet waren. Das Vorgehen mancher neuen Machthaber in diesen Enteignungsprozessen lässt sich am Beispiel des Liebenwerdaer Landrats, Paul Paulick, zeigen, der seit Kriegsende die Enteignung der Bubiag in Mückenberg mit dem Argument der nazistischen Verstrickung des Aufsichtsrates betrieb. Er schrieb an die Provinzialverwaltung, um die Sequestrierung der enteigneten Bubiag durch die Besatzungsmacht zu verhindern: „Die Besitzer der Aktien der Braunkohlen- und Brikett-Industrie AG konnten nicht ermittelt werden. [...] Nach den Richtlinien der SMA zu den Befehlen Nr. 124 und 126, aufgestellt von dem Sacharbeiter der SMA, Herrn Woropajew, Seite 3, Absatz 3, wird bemerkt, dass die Sequestration der Aktiengesellschaften genau anteilhaft festgestellt werden muss, welche Anteile dem Personenkreis angehören, die dem Befehl 124 unterstehen, wobei getrennt aufzuführen ist, was den unter Befehl 124 fallenden Faschisten und was anderen Personen gehört. Da wir solche Personen, die unter den Befehl 124 fallen, unter den Aktienbesitzern nicht feststellen können, ist die Beschlagnahme aufzuheben."[53] Somit bestätigte er selbst, dass die von ihm mitforcierte Enteignung der Bubiag nicht aufgrund der politischen Belastung ihrer Aktionäre, sondern lediglich aus ideologischen Gründen erfolgte.

Auch wenn die Kreissequesterkommissionen, die ab 1946 für Enteignungen zuständig waren, zahlreiche Enteignungsbeschlüsse fassten, lenkten die übergeordneten, von der SED dominierten Sequesterausschüsse in Berlin und Halle den Enteignungsprozess 1946/47 zielgerichtet. Um einen totalen Zusammenbruch des Wirtschaftssystems zu verhindern, blieben viele kleine Unternehmer trotz ähnlicher bzw. sogar größerer politischer Belastung vor dem Eigentums-

---

52 Vgl. Sebastian Rick, Die Enteignung der Braunkohlen- und Brikett-Industrie AG (Bubiag) in Mückenberg 1945. In: Heimatkalender. Heimatkundliches Jahrbuch für den Altkreis Bad Liebenwerda, das Mückenberger Ländchen, Ortrand am Schraden, Falkenberg und Uebigau 2012/2013, Bad Liebenwerda 2014, S. 101–110.
53 Vgl. Stellungnahme des Liebenwerdaer Landrats zu der Beschlagnahmung der Bubiag an die Finanzabteilung der Provinzialverwaltung vom 21.3.1946 (LHASA, MD, K 3, Nr. 10962, Bl. 45).

verlust verschont.⁵⁴ Dass die pauschalen und oftmals mit extremer Härte durchgeführten Enteignungen besonders im Bürgertum große Verunsicherungen hervorriefen, muss an dieser Stelle noch einmal betont werden. Viele Bauern und Unternehmer betrachteten die Bodenreform und die Enteignungen des Sommers 1946 – wie sich besonders in den 1950er-Jahren noch zu Recht zeigen sollte – nur als ein Vorspiel für weitere größere Enteignungsmaßnahmen.⁵⁵

Die Kommunal- und Landtagswahlen 1946

Die erste große Bewährungsprobe für die SED stellten die Kommunal- und Landtagswahlen im September/Oktober 1946 dar. Die Vereinigung der beiden Arbeiterparteien KPD und SPD am 21. und 22. April 1946 zur SED konnte weder in der Provinz Sachsen noch in den Kreisen Liebenwerda und Schweinitz verhindern, dass die Wahlergebnisse weit hinter den Erwartungen der SED-Funktionäre zurückblieben. Die SED-Führung erhoffte sich, durch den Gewinn einer absoluten Mehrheit ihren politischen und gesellschaftlichen Transformationskurs – gleichsam legitimiert durch die Bevölkerung – ungehindert fortsetzen zu können. Nur durch massive Behinderung der Wahlvorbereitungen der beiden bürgerlichen Parteien war es der SED möglich, bei den Gemeindewahlen am 8. September 1946 einen Erfolg zu erzielen. Die Methoden der Behinderung waren vielfältig und reichten von der Einschränkung der Wahlkampfmöglichkeiten, z. B. durch die Nichtzulassung von bürgerlichen Wahlvorschlägen, bis hin zu Verhaftungen einzelner führender bürgerlicher Kommunalpolitiker, wie beispielsweise dem Schweinitzer CDU-Kreisvorsitzenden Willi Lüderitz.⁵⁶ Allein der Umstand, dass im gesamten Untersuchungsgebiet in nur 13 von insgesamt 191 Orten Wahlvorschläge aller drei zugelassenen Parteien aufgestellt werden durften, belegt den scheindemokratischen Charakter dieser Wahl.⁵⁷ Trotz der Tatsache, dass sich auch in vielen kleineren Orten bürgerliche Parteimitglieder zur Gründung eines Ortsvereins zusammenfanden, gelang es der SED besonders in den kleineren Orten der beiden Landkreise Liebenwerda und Schweinitz ihren politischen Einfluss zu festigen und erheblich zu erweitern. Dass die

---

54 Vgl. Monatsbericht der Abteilung Neuordnung der Wirtschaft in der Provinzialverwaltung vom 14.10.1946 (ebd., Nr. 8025, Bl. 155).
55 Vgl. Informationsbericht des SED-Vorstandes des Kreises Schweinitz vom 7.7.1946 (BLHA, Rep. 931, Herzberg, Nr. 98, unpag.).
56 Vgl. CDU-Kreisverband Bad Liebenwerda über die Nichtregistrierung von Ortsvereinen an den CDU-Ortsverein Ortrand vom 14.9.1946 (ACDP Sankt Augustin, III-032-002/4, unpag.); Lebenslauf von Willi Lüderitz, o. D. (StA Herzberg, Nr. 68, unpag.).
57 Vgl. Wahlergebnis der Gemeindewahl am 8.9.1946 im Kreis Liebenwerda (LHASA, MER, K 13, Bad Liebenwerda, Nr. 62, Bl. 5–7); Ergebnis der Gemeindewahl im Kreis Schweinitz vom 8.9.1946, (ebd., Herzberg, Nr. 51, Bl. 207–214).

Wahlen 1946 „weitestgehend demokratischen Grundsätzen" entsprachen, wie Wilfried Loth schrieb, ist für beide Landkreise ausdrücklich nicht feststellbar.[58]

Dass das Ergebnis der Gemeindewahl ein völlig verzerrtes Bild der politischen Stimmung wiedergab, wurde nur wenig später bei den am 20. Oktober 1946 durchgeführten Land- und Kreistagswahlen offensichtlich. Zu diesen Wahlen durften im Gegensatz zu der Gemeindewahl alle drei zugelassenen Parteien kandidieren. In beiden Landkreisen scheiterte die SED während der Landtagsbzw. Kreistagswahl deutlich an ihrem Ziel, eine absolute Mehrheit zu gewinnen. Während die SED im Kreis Liebenwerda bei den Kreistagswahlen mit 38,2 Prozent der Stimmen noch knapp stärkste politische Partei wurde, errang sie im ländlichen Kreis Schweinitz nur 32 Prozent der Stimmen und konnte hinter der CDU lediglich als zweitstärkste Fraktion in den Kreistag einziehen.[59] Die Mehrheit der Wähler sprach sich damit deutlich gegen den von der SED umgesetzten Transformationskurs aus und bevorzugte mit der Wahl der beiden bürgerlichen Parteien deren weitaus moderatere politische und gesellschaftliche Reformvorstellungen, die im Rahmen eines demokratisch-parlamentarischen Systems verwirklicht werden sollten.

Die Verdrängung kritischer bürgerlicher Kommunalpolitiker

Trotz der Niederlage der SED war diese nicht bereit, ihren Machtanspruch aufzugeben oder ihre Programmatik zu ändern. Dies musste zwangsläufig zu einem Konflikt mit den durch das Wahlergebnis gestärkten bürgerlichen Parteien führen, die in den kommunalen Parlamenten an die demokratisch-parlamentarischen Vorstellungen vor 1933 anknüpfen wollten. Des Weiteren führte der harte Wahlkampf in vielen Orten zu einer derartigen Polarisierung, dass die aufgestauten Konflikte in mehreren Fällen bei den Wahlen der Bürgermeister sowie der Gemeinde-, Stadt-, und Kreisräte erstmals zwischen den Parteien offen ausgetragen wurden. Wie sich an mehreren Beispielen nachweisen ließ, umgingen die von der SED dominierten Verwaltungen jedoch systematisch mit der Unterstützung der sowjetischen Besatzungsmacht sowie der übergeordneten deutschen Behörden zahlreiche Beschlüsse, die in den gewählten Kommunalparlamenten mit der Mehrheit der beiden bürgerlichen Parteien gegen die SED beschlossen worden waren.[60]

---

58 Wilfried Loth, Stalins ungeliebtes Kind. Warum Moskau die DDR nicht wollte, Berlin 1994, S. 75 f.
59 Vgl. Wahlergebnisse der Land- und Kreistagswahl am 20.10.1946 im Kreise Liebenwerda (LHASA, MER, K 13, Bad Liebenwerda, Nr. 62, Bl. 2–4); Ergebnis der Kreistagswahl im Kreis Schweinitz vom 20.10.1946, (ebd., K 12, BV Merseburg, Nr. 275, Bl. 218–225).
60 Ein Beispiel dafür war die Einsetzung des Bürgermeisters von Bad Liebenwerda, Alfred Schubert (KDP). Gegen Schubert wurde ein Misstrauensantrag gestellt, der mit den Stimmen der örtlichen CDU und LDP angenommen wurde. Dennoch setzte ihn der

Darüber hinaus versuchten SED-Funktionäre gezielt Konflikte in die beiden bürgerlichen Parteien hineinzutragen und deren Funktionäre damit entscheidend zu schwächen. Da vor allem die beiden Kreisverbände der CDU anfänglich durchaus geschlossen auftraten, versuchte die SED zusammen mit der sowjetischen Besatzungsmacht deren oppositionelles Verhalten über den CDU-Landesverband zu unterbinden. So gelang es, durch gezielten Druck auf den CDU-Landesverband, beispielsweise die Absetzung von wichtigen kritischen bürgerlichen Parteifunktionären, wie dem Liebenwerdaer CDU-Kreisvorsitzenden Carl Schulze, zu erzwingen.[61] Mit der Unterstützung von „linken" CDU-Mitgliedern, die den Kurs der SED unkritisch mittrugen, war es der SED im Weiteren möglich, die CDU entscheidend zu spalten. Desillusioniert von den beschränkten Mitwirkungsmöglichkeiten in den kommunalen Parlamenten, der wiederholten Nichtbeachtung der parlamentarischen Beschlüsse sowie enttäuscht von den übergeordneten Parteigremien, zogen sich viele bürgerliche Kommunalpolitiker 1949 aus den Parlamenten zurück. Die Bereitschaft zur Mitarbeit erlahmte im Jahr 1950 nahezu vollständig. Waren in den Jahren 1947/48 kritische Diskussionen in den kommunalen Gremien noch möglich, so wandelten sich die Parlamente mit der gezielten Ausschaltung kritischer bürgerlicher Kommunalpolitiker noch vor den Neuwahlen am 15. Oktober 1950 in Instrumente der SED-dominierten Verwaltungen, in denen keine freie Diskussion mehr zustande kam.[62]

Fazit

In beiden Landkreisen deutet alles darauf hin, dass seit Beginn des Einmarsches der Roten Armee das Fundament für die spätere Einparteiendiktatur zielgerichtet gelegt wurde. So konzentrierte sich die Besatzungsmacht unmittelbar nach Kriegsende zunächst auf die Besetzung der wichtigsten kommunalpolitischen Posten mit ehemaligen KPD-Mitgliedern sowie die Verhaftung nahezu aller ehemaligen NSDAP-Funktionäre. Dieses Vergehen der Besatzungsmacht lediglich mit sicherheitspolitischen Motiven zu begründen, würde viel zu kurz greifen, denn tatsächlich war es der erste Schritt zur Diktaturdurchsetzung.[63] Nicht

---

Landrat Paulick auf Geheiß der Merseburger Bezirksverwaltung in das Bürgermeisteramt ein. Vgl. Niederschriften der Stadtverordneten in Bad Liebenwerda 1946/47 (StA Bad Liebenwerda, FB 2, Sign. 47).
61 Vgl. Protokoll der CDU-Vorstandssitzung der Provinz Sachsen vom 22.7.1946, (ACDP Sankt Augustin, III-032–001/1, unpag.); Protokoll über die Liebenwerdaer Kreistagssitzung vom 14.4.1948 (LHASA, MER, K 13, Bad Liebenwerda, Nr. 36, Bl. 97).
62 Vgl. u. a. Protokolle der Kreistagssitzungen des Kreises Liebenwerda von 1949 und 1950 (LHASA, MER, K 13, Bad Liebenwerda, Nr. 27 und 37); Protokolle der Kreistagssitzungen des Kreises Schweinitz von 1947 bis 1950 (LHASA, MER, K 13, Herzberg, Nr. 132).
63 Vgl. Brunner, Der Schein der Souveränität, S. 394.

zuletzt aus Rücksichtnahme auf die Westalliierten war die sowjetische Führung jedoch zwangsläufig dazu gezwungen, ihre Pläne stufenweise zu verwirklichen.

Nach leninistischer Denkweise war es zunächst unbedingt erforderlich, eine schlagkräftige Parteiorganisation aufzubauen, die vermeintlichen „Überreste des Feudalismus" mit der Bodenreform sowie die verbliebenen NSDAP-Funktionäre durch den NKWD zu beseitigen, um überhaupt über weitere Schritte zur Diktaturdurchsetzung nachzudenken. Der wichtigste Schritt innerhalb dieses Prozesses bildete aber die sofortige Einsetzung von ehemaligen KPD-Mitgliedern in die wichtigsten Schlüsselpositionen der deutschen Verwaltungen. So konnte sich die sowjetische Besatzungsmacht von Anfang an auf die treue Mitarbeit der deutschen Kommunisten verlassen. Wie sich im Untersuchungsgebiet zeigte, waren die deutschen Kommunisten in beiden Landkreisen zu keinem Zeitpunkt bereit, ihre kurz nach Kriegsende gewonnene Machtstellung wieder aufzugeben. Dies zeigte, dass sich die vermeintlichen demokratischen Zugeständnisse – der Aufbau neuer Parteien und die Kommunal- und Landtagswahlen 1946 – in der Praxis als vollkommen wertlos erwiesen. Letztlich gelang es der sowjetischen Besatzungsmacht sowie der KPD damit, die Zeit zu erkaufen, die sie brauchten, um alle wesentlichen Gegner der neuen geplanten Gesellschaftsordnung auszuschalten.

Je nach Organisationsgrad der KPD/SED gab es zwar in der Intensität der Umsetzung einzelner Transformationsmaßnahmen durchaus kleine Unterschiede im Untersuchungsgebiet, dennoch erfasste die Diktaturdurchsetzung jeden Landstrich und jedes gesellschaftliche Milieu in den Kreisen Liebenwerda und Schweinitz. Der ländliche Raum in der SBZ wurde von dem Diktaturdurchsetzungsprozess genauso stark getroffen wie die urbanen Zentren. Freiräume bekamen lediglich die sozialen Gruppen im ländlichen Raum geschenkt, die nicht im Visier der Besatzungsmacht und der KPD/SED lagen. Während Großgrundbesitzer und Großbauern nach den ideologischen Vorgaben bereits in der SBZ konsequent bekämpft wurden, wurden die Kleinbauern zunächst noch von den neuen Machthabern verschont. Dass diese mit der Kollektivierung der Landwirtschaft 1952 bis 1960 ebenso ins Visier des neuen sozialistischen Staates gerieten, vervollständigte schließlich den Diktaturdurchsetzungsprozess auf dem Lande. Am Ende dieses Prozesses stand ein unter Zwang vollständig verändertes soziales Gefüge des ländlichen Raumes. Jahrhunderte alte Traditionen wurden in diesem Prozess vernichtet. Hierin kann man auch einen nicht unwesentlichen Ausgangspunkt für die bis heute anhaltenden Probleme des ländlichen Raumes im Osten Deutschlands erblicken.

Generationen und Herrschaftsetablierung.
Die 1. SED-Kreissekretäre der Nachkriegszeit

Tilman Pohlmann

Das Jahr 1942/43

„Den Arbeiter Arno Richard Hering, im Inlande zuletzt in Struppen (Kreis Pirna) wohnhaft gewesen, klage ich an, durch dieselbe fortgesetzte Handlung von 1932 bis Oktober 1936 im Inlande und im damaligen Ausland, und zwar in der ehemaligen Tschecho-Slowakei, insbesondere in Eulau, Tyssa und Bodenbach, teilweise gemeinschaftlich mit anderen das hochverräterische Unternehmen, mit Gewalt die Verfassung des Reiches zu ändern, vorbereitet zu haben [...]."[1]

So lautete im September 1942 die Anklageschrift des Oberstaatsanwalts am nationalsozialistischen Volksgerichtshof[2] gegen den späteren 1. Kreissekretär der SED von Freiberg, Bautzen und Dresden. Kurz darauf erfolgte dessen Verurteilung wegen „Vorbereitung zum Hochverrat in Verbindung mit Sprengstoffverbrechen und landesverräterischer Gefährdung eines Reichsdeutschen" zu zwölf Jahren Zuchthaus.[3] Vor der Urteilsverkündung hob der Pflichtverteidiger Herings noch dessen familiäre und politische Sozialisation hervor: „Wo kommt denn dieser Mensch her? Aus dem verfluchten roten Sachsen, Vater Spartakist, die Mutter Kommunist, die Brüder auch alle gesessen, die Braut Kommunistin, was sollte aus dem Mensch werden?"[4] Die Strafe hatte der ehemalige

---

1   Anklageschrift des Oberreichsanwalts beim Volksgerichtshof gegen Arno Hering vom 30.9.1942 (SächsHStAD, 10736 Ministerium des Innern, Nr. 9849, unpag.).
    Der vorliegende Beitrag basiert auf Befunden meiner am 5.12.2014 beim Dekanat der Fakultät für Geschichte, Kunst- und Orientwissenschaften der Universität Leipzig eingereichten Dissertation mit dem Titel: „Die Ersten im Kreis. Parteistruktur und Führungselite der SED-Diktatur in den sächsischen Kreisen der Ulbricht-Ära".
2   Vgl. zum Volksgerichtshof Klaus Marxen, Das Volk und sein Gerichtshof. Eine Studie zum nationalsozialistischen Volksgerichtshof, Frankfurt a. M. 1994.
3   Auszug aus dem Strafregister der Staatsanwaltschaft Dresden zu Arno Herings Verurteilung vor dem Volksgerichtshof am 30.11.1942 vom 4.8.1950 (SächsHStAD, SED-BPA Dresden, VdN Nr. 2900, unpag.).
4   Erinnerungsbericht von Arno Hering, Bl. 29. Der Erinnerungsbericht wurde aufgezeichnet für die Kommission zur Erforschung der Geschichte der örtlichen Arbeiterbewegung bei der Bezirksleitung der SED Dresden, in der Zeit von Oktober 1979 bis

„Spanienkämpfer"[5] Hering jedoch wegen der Befreiung des Gefängnisses Straubing, in dem er im Anschluss an seine Verurteilung seit Anfang 1943 inhaftiert war, durch die alliierten Truppen am 1. Mai 1945 nicht mehr bis zu Ende abzusitzen.[6]

Während der 1907 geborene Hering als aktiver kommunistischer Widerstandskämpfer gegen das NS-Regime und Repräsentant der Generation 1. SED-Kreissekretäre bis zum Geburtsjahrgang 1917 vor dem Berliner Prozess noch in seiner Untersuchungshaftzelle am Münchner Platz in Dresden auf seine Verurteilung wartete, befand sich der 1923 geborene und später als 1. SED-Kreissekretär von Oschatz, Leipzig-Land und Leipzig-Stadt eingesetzte Karl Hübner in einer diametralen Lebenssituation. Im vogtländischen Plauen hatte er 1942 gerade seine zweieinhalbjährige Kaufmannslehre bei der Großhandlungsfirma für sanitäre Einrichtungen Kauschmann & Co mit Auszeichnung erfolgreich beendet. Anders als Hering, bejahte Hübner damals als Vertreter der jungen SED-Funktionärsgeneration der Jahrgangskohorte 1917 bis 1925 den Nationalsozialismus und war über die Hitlerjugend aktiv in das NS-Gesellschaftssystem integriert. Nach einer kurzen Zeit als angestellter Handlungsgehilfe in seinem Ausbildungsbetrieb erhielt er seine Einberufung in die Wehrmacht. Dort identifizierte sich Hübner mit den ihm übertragenen militärischen Aufgaben. „Ich stand dem Faschismus keineswegs ablehnend gegenüber, sondern war wie die meisten Jugendlichen stark davon angesteckt. Solche Maßnahmen wie die Annexion Österreichs und des Sudetengebiets wurden von mir begeistert begrüßt."[7]

Hübner stieg während des Kriegsdiensts schnell zum Richtkreisunteroffizier bei der Luftabwehr auf und wurde bei Kriegseinsätzen in Italien, Griechenland und Polen als Flakspezialist, u. a. als Meßtruppführer, eingesetzt. Er beschrieb sich später in einem für die Parteihochschule des Zentralkomitees der SED verfassten politischen Lebenslauf als einen „guten Soldaten", der „stolz darauf" gewesen sei, dass man ihm „in fachlichen Dingen nie etwas anhaben konnte". Auch ideologisch betrachtete er seinen Dienst nicht nur als Pflicht, sondern

---

Mai 1980 (Duplikat im Besitz des Verfassers, es stammt aus dem Privatarchiv von R. Hering, NL Arno Hering). Dieses Schriftstück und weitere zahlreiche Dokumente und Fotografien aus dem Nachlass Herings wurden mir von dessen Sohn für dieses Projekt freundlicherweise zur Verfügung gestellt.

5   Hering diente von 1938–1939 im Edgar-André-Bataillon. Dieses war ein vornehmlich aus deutschen und österreichischen Kommunisten bestehendes Bataillon der Internationalen Brigaden im Spanischen Bürgerkrieg. Vgl. Lebenslauf Arno Hering vom 5.2.1951 (SächsHStAD, SED-BPA Dresden, IV/2/v/390, unpag.).

6   Erinnerungsbericht von Arno Hering, aufgezeichnet für die Kommission zur Erforschung der Geschichte der örtlichen Arbeiterbewegung bei der Bezirksleitung der SED Dresden, in der Zeit von Oktober 1979 bis Mai 1980 (Privatarchiv R. Hering, NL Arno Hering).

7   Abschrift des Lebenslaufs von Karl Hübner für die Parteileitung der Parteihochschule „Karl Marx" beim ZK der SED vom 7.6.1951 (StAL, SED-BPA Leipzig, 21699 Nr. 995, Bl. 120–126, hier 126).

sei voller „nationalistischer" Überzeugung gewesen, dass er als Angehöriger der deutschen Wehrmacht die „Grenzen Deutschlands verteidigen müsse". Die Rote Armee habe keinen Kampf „zur Befreiung Deutschlands", sondern „gegen das deutsche Volk" geführt.[8] So beschrieb er in der Rückschau seine von der NS-Ideologie inspirierte Handlungsmotivation in den Jahren 1943 bis 1945. Nach der Kriegsniederlage hatte ihn eine amerikanische Militärstreife in einem Waldstück in der Nähe von Cham in der Oberpfalz aufgegriffen und in Gewahrsam genommen. Wenige Tage später wurde ihm bereits ein Entlassungsschein ausgestellt, und er konnte mit einem größeren Transportzug am 5. Juni 1945 in seine sächsische Heimatstadt Plauen zurückkehren.

Politische Generationen der 1. SED-Kreissekretäre

Gegensätzlicher hätten die biografischen Etappen zwischen 1942 und 1945 und die damit verbundenen politischen Überzeugungen und Prägungen Herings und Hübners kaum sein können. Vier Jahre nach dem Ende des Zweiten Weltkrieges jedoch brachte der politisch mittlerweile bereits weit fortgeschrittene Transformationsprozess in der SBZ/DDR im Allgemeinen und innerhalb der 1946 gegründeten Sozialistischen Einheitspartei im Besonderen eine zuvor kaum vorstellbar gewesene (berufs-)biografische Parallelität zwischen beiden hervor. Ihre Lebenswege kreuzten sich im Dezember 1949 auf der IV. SED-Landedelegiertenkonferenz in Dresden, wohin sie als mittlerweile „politisch handverlesene" Parteifunktionäre[9] von ihren jeweiligen Kreisparteiorganisationen entsandt worden waren.[10] Hübner, der drei Monate nach seiner Rückkehr aus dem Krieg zunächst in die SPD eingetreten war und dann nach der Zwangsvereinigung von KPD und SPD das Parteibuch der SED entgegennahm, übte 1949 die Funktion des Sekretärs für Wirtschaft der SED-Kreisleitung Plauen aus,[11] Hering war neben seiner Anstellung als Personalreferent der Landesregierung im Ministerium Land und Forst zugleich Mitglied der SED-Landesleitung von Sachsen.[12] Unmittelbar nach der Delegiertenkonferenz vom Dezember 1949, die den Schlusspunkt der sächsischen Parteiwahlen im Jahr der Gründung der DDR darstellte,[13] wurde Hering

---

8 Ebd., Bl. 124.
9 Stefan Donth/Mike Schmeitzner, Die Partei der Diktaturdurchsetzung. KPD/SED in Sachsen 1945–1952, Köln 2002, S. 411.
10 Vgl. die Teilnehmerliste der IV. Landesdelegiertenkonferenz der SED Sachsen vom 9. bis 11.12.1949 (SächsHStAD, SED-BPA Dresden, A/750, unpag.) sowie die Laufkarte der Kaderakte Karl Hübners, o. D. (StAL, SED-BPA Leipzig, 21699 Nr. 995, unpag.).
11 Lebenslauf Karl Hübner vom 8.6.1950 (StAL, SED-BPA Leipzig, 21699 Nr. 995, Bl. 48).
12 Lebenslauf Arno Hering vom 5.2.1951 (SächsHStAD, SED-BPA Dresden, IV/2/v/390, Bl. 15).
13 Zu den SED-Parteiwahlen Ende 1949 vgl. Stefan Donth/Mike Schmeitzner, Die Partei der Diktaturdurchsetzung, S. 408 ff.

Anfang 1950 auf den Posten des 1. Sekretärs der SED-Kreisleitung Bautzen kooptiert, Hübner erhielt zeitgleich dieselbe Funktion in der SED-Parteiorganisation der bei Leipzig gelegenen Kreisstadt Oschatz.

Hering und Hübner repräsentieren idealtypisch zwei Gruppen politischer Funktionärsgenerationen, die das personelle Gerüst an der Spitze der sächsischen SED-Kreisleitungen in den Anfangsjahren der SBZ/DDR bildeten.[14] Zugleich lässt sich an ihren Lebens- und Karrierewegen nach 1945/46 ersehen, wie pragmatisch die SED von Beginn an ihre Herrschaftsansprüche personell in die Praxis umsetzte. Den Mitgliedern der SED-Kreisleitungen und vor allem deren 1. Sekretären als den führenden Eliten in den Kreisen oblag es „auf der unteren Ebene der Machtorganisation die Mittlerfunktion" zwischen Parteiführung, Apparat und beherrschten Massen zu gewährleisten.[15] Die aus dem Moskauer Exil zurückgekehrten Kommunisten um Walter Ulbricht und Anton Ackermann hatten aufgrund des direkten Kontakts zu den Vertretern der Sowjetischen Militäradministration – im Gegensatz zu den Vertretern der in der SBZ bereits 1945 wieder zugelassenen anderen Parteien – exklusive strategische Vorteile. Sie verfügten durch die enge Kooperation mit den sowjetischen Besatzern über unmittelbaren Zugang zu den administrativen Entscheidungsinstanzen in Legislative, Judikative und Exekutive.[16] Die SED wollte ihre Macht dauerhaft und

---

14 Zur Systematisierung des Generationenkonzepts und der Anwendung auf die allgemeine Gesellschaftsgeschichte der DDR vgl. Thomas Ahbe/Rainer Gries, Gesellschaftsgeschichte als Generationengeschichte. In: Thomas Ahbe/Rainer Gries/Annegret Schüle (Hg.), Die DDR aus generationengeschichtlicher Perspektive. Eine Inventur, Leipzig 2006, S. 475–571; ebenso zur Generationeneinteilung anhand prominenter Personen der DDR-Geschichte unter leicht veränderten periodischen Grenzsetzungen Mary Fulbrook, Generationen und Kohorten in der DDR. Protagonisten und Widersacher des DDR-Systems aus Perspektive biographischer Daten. In: Ahbe/Gries/Schüle, Die DDR aus generationengeschichtlicher Perspektive, S. 113. Den Jahrgang der 1949 in der DDR Geborenen kollektivbiografisch umfangreich untersucht hat Dorothee Wierling, Geboren im Jahr Eins, Berlin 2002. Für einen essayistisch-alltagsgeschichtlich orientierten Blick auf die generationelle Schichtung in der DDR siehe Wolfgang Engler, Die Ostdeutschen. Kunde von einem verlorenen Land, Berlin 1999, S. 320 f. Zur Verwendung des Generationenbegriffs, bei der Generation vielmehr konstruktivistisch als narrative ex-post-Kategorie denn als Erlebnisgemeinschaft verstanden wird, vgl. etwa Bernd Weisbrod, Generation und Generationalität in der Neueren Geschichte. In: Aus Politik und Zeitgeschichte, 8/2005, S. 3–9; Elisabeth Müller-Luckner/Jürgen Reulecke (Hg.), Generationalität und Lebensgeschichte im 20. Jahrhundert, München 2003, S. 7 f.

15 Heinrich Best, Parteiherrschaft und Kaderpolitik. Ein kollektivbiographisches Portrait der Spitzenkader der SED in den Bezirken Erfurt, Gera und Suhl 1952–1989. In: Historical Social Research, Supplement 20 (2008), S. 211–236, hier 212 f.

16 Vgl. die Aufsätze von Johannes Raschka, Kaderlenkung durch die Sowjetische Militäradministration in Sachsen; Andreas Thüsing, Der staatliche Neuanfang in Sachsen 1945–1952; Mike Schmeitzner, Formierung eines neuen Polizeistaates. Aufbau und Entwicklung der politischen Polizei in Sachsen 1945–1952. In: Rainer Behring/Mike Schmeitzner (Hg.), Diktaturdurchsetzung in Sachsen. Studien zur kommunistischen Herrschaft 1945–1952, Köln 2003, S. 51–78, 171–200, 201–268.

langfristig sichern und die östliche Hälfte Deutschlands nach kommunistischen Ordnungsprinzipien transformieren. Dies ging nach der immanenten Logik der Parteiführung mit der Herausforderung einher, vom höchsten Leitungsgremium in Berlin bis hin zu den untersten Parteigruppen in Betrieben, Verwaltungen, Wohnbezirken und Dörfern der Peripherie eine flächendeckende, ausdifferenzierte Parteibürokratie zu schaffen. Deren Effizienz auf der Ebene der SED-Kreisparteiorganisationen beruhte ganz wesentlich auf zwei zusammenhängenden Eckpfeilern. Erstens einer streng hierarchischen organisationsstrukturellen Binnenordnung in den Parteieinheiten und deren Leitungsgremien. Zweitens der Verfügbarkeit von hauptamtlichen Parteifunktionären, die sich als regionale Führungseliten mit Loyalität und Folgebereitschaft dem Willen der Parteiführung unterzuordnen und deren politische Vorgaben bedingungslos umzusetzen bereit waren.

Ersteres konnte noch über eine Reihe von dirigistischen Strukturveränderungen von dem zentralen Parteivorstand bzw. dem sächsischen Landesvorstand der SED quasi beliebig politisch gesteuert werden. Parteiinternen Widerständen in einzelnen Kreisverbänden begegnete man mit dem Einsatz von Schritt für Schritt eingerichteten Sanktions- und Repressionsinstrumentarien zur äußeren Durchsetzung der Parteidisziplin.[17] Zu nennen sind dabei vor allem die im Zuge der „Stalinisierung" der SED ab 1947/48 eingerichteten Parteikontrollkommissionen als „Werkzeuge zur Durchsetzung der Prinzipien des sowjetischen Parteityps".[18] Eine völlig andere Aufgabe stellte sich bei der konkreten personellen Besetzung der lokalen Spitzenpositionen in den Leitungsgremien der Kreisparteibürokratien mit Funktionsträgern, deren linientreues Handeln zusätzlich zu den äußeren Zwangsmitteln durch innere Beweggründe abgedeckt war. Der immense Kaderbedarf in den 29 sächsischen Kreisverwaltungseinheiten[19] zwang die personalpolitischen Abteilungen der SED daher zu flexiblen Rekrutierungsmustern. Bis 1952 kam es zunehmend zur personellen Integration desjenigen jüngeren Teils der Bevölkerung in die Herrschaftsapparate der Partei, der aus der erfahrungsgeschichtlichen Perspektive bis 1945 aufgrund der politischen Sozialisation im Nationalsozialismus zunächst kaum anschlussfähig für ein postfaschistisches Nachkriegsdeutschland in der östlichen Hälfte Deutschlands erschien.

---

17 Zu den Parteikontrollkommissionen vgl. Thomas Klein, „Für die Einheit und Reinheit der Partei". Die innerparteilichen Kontrollorgane der SED in der Ära Ulbricht, Köln 2002, S. 94-151.
18 Zur Umwandlung der SED zur sogenannten Partei neuen Typs vgl. Andreas Malycha, Die SED. Geschichte ihrer Stalinisierung 1946-1953, Paderborn 2000, S. 278-355, hier 371.
19 Zur räumlichen Verwaltungsgliederung in der SBZ vgl. Karl-Heinz Hajna, Länder - Bezirke - Länder. Zur Territorialfrage im Osten Deutschlands 1945-1990, Frankfurt a. M. 1995, hier S. 236.

In den sächsischen Kreisleitungen hatte die SED einen Eliteaufbau und Eliteumbau zu realisieren, der sicherstellen sollte, dass ein nach den Worten Max Webers „an Gehorsam gegenüber den Befehlen von Führern gewöhnter, durch Beteiligung an der Herrschaft und deren Vorteilen an ihrem Bestehen mitinteressierter Kreis von Personen sich dauernd zur Verfügung hält und sich in die Ausübung derjenigen Befehls- und Zwangsgewalten teilt, welche der Erhaltung der Herrschaft dienen".[20] Die von der SED gewährten (Wieder-)Einstiegs- und Aufstiegschancen für die mit auf den ersten Blick diametralen kollektivbiografischen Merkmalen ausgestatteten Angehörigen der unterschiedlichen politischen Generationen in der SBZ/DDR waren besonders in der hier beschriebenen Anfangsphase der SED-Diktatur unerlässlich für das Regime.[21] Im Folgenden werden anhand der beiden paradigmatisch für ihre politischen Generationseinheiten der zwischen 1903 und 1916 bzw. der zwischen 1917 und 1925 geborenen Funktionäre stehenden Arno Hering und Karl Hübner die generationelle Dynamik und berufliche Mobilität derjenigen 1. SED-Kreissekretäre analysiert, die in der Aufbau- und Konsolidierungsphase der Parteidiktatur zwischen 1946 und 1952 an der Spitze der sächsischen SED-Kreisleitungen gestanden hatten.[22] Aus der kollektivbiografischen Perspektive wird herausgearbeitet, wie die generationellen Sozialisationserfahrungen und deren spezifische Konstellation und Konfiguration in den ersten Jahren der SBZ/DDR auf die Stabilität der SED-Herrschaft in Sachsen zurückgewirkt haben.

Altkommunisten in der SED

„Ich war gerade eine Stunde bei meiner Mutter, da kam schon ein Genosse, der mir ausrichtete, ich solle sofort mal zum Bürgermeisteramt kommen."[23] Mit diesen Worten eröffnete Arno Hering seinen Erinnerungsbericht über seinen

---

20 Max Weber, Wirtschaft und Gesellschaft. Herrschaft, Studienausgabe Tübingen 2009, S. 10.
21 Vgl. zur generationellen Schichtung der 1. SED-Kreissekretäre in Sachsen zwischen 1946 und 1971 Tilman Pohlmann, Von „Antifaschisten" und neuen Kadern – Sozialbiografische Betrachtungen zu den Ersten Kreissekretären der SED in der Region Sachsen. In: Totalitarismus und Demokratie, 10 (2013) 1, S. 109–134, hier 121–133.
22 Für die politische Generation der zwischen 1903 und 1916 Geborenen 1. SED-Sekretäre konnte in Bezug auf die hier aufgegriffenen Untersuchungspunkte kollektivbiografisches Material zu 115 Funktionären ausgewertet werden. Bei der politischen Generation der zwischen 1917 und 1925 Geborenen liegen dementsprechende Informationen zu 99 Funktionären zugrunde. Aus diesen absoluten Zahlen leiten sich in der Folge die Prozentangaben zu einzelnen beschriebenen kollektiven Charakteristika der politischen Generationen ab.
23 Dies sowie die folgenden Zitate aus einem Erinnerungsbericht Arno Herings, ca. 1980 (Privatarchiv R. Hering, NL Arno Hering, Bl. 33). Hering hatte auf seinem Rückweg aus amerikanischer Gefangenschaft auch in Pirna Station gemacht und sich dort bei ihm bekannten Kommunisten zurückgemeldet.

persönlichen politischen Wiedereinstieg unmittelbar nach dem Ende des Zweiten Weltkrieges. Am 23. Mai 1945 war er zum ersten Mal nach zwölf Jahren in seinen Heimatort Struppen bei Dresden zurückgekehrt. Kurz darauf wurde er bereits in das Rathaus zitiert. Dort, so Hering, „saßen sowjetische Soldaten und Offiziere [...]. Ich musste meine Geschichte erzählen. Als ich fertig war, hieß es: ‚Nun, Du Bürgermeister machen!'" In seinen Schilderungen heißt es weiter: „Noch während des Gesprächs kam ein weiterer Genosse von Pirna, der mir bestellte, dass ich mich den nächsten Morgen dort einfinden sollte." Diese Nachricht führte dazu, dass Hering den ihm von den örtlichen Vertretern der Sowjetischen Militäradministration in Sachsen (SMAS)[24] angetragenen Posten als Bürgermeister in der Heimatgemeinde ablehnte. Der Kommunist aus Pirna hatte ihm in Aussicht gestellt, in dem ca. 160 000 Einwohner zählenden Landkreis Pirna nahe Dresden auf einen wesentlich einflussreicheren politischen Posten zu rücken. In derselben Woche hatte Hering in diesem Zusammenhang bereits den nächsten Termin in der sächsischen Landeshauptstadt Dresden. „Dort", so Hering weiter, „traf ich auf den Genossen Erich Glaser,[25] der brachte mich mit Genosse Hermann Matern[26] zusammen. Genosse Matern erinnerte sich, dass ich ihn gemeinsam mit Max Reimann[27] 1934 in Tschechien schon einmal

---

24 Zum Einfluss der Sowjetischen Militäradministration in Sachsen (SMAS) auf die Besetzung der Posten in den lokalen Verwaltungen und Behörden mit einem Schwerpunkt auf der Zeit von 1947 bis 1949 vgl. Johannes Raschka, Kaderlenkung durch die Sowjetische Militäradministration in Sachsen. In: Behring/Schmeitzner (Hg.), Diktaturdurchsetzung in Sachsen, S. 51–70. Über die seminaristischen Vorbereitungen zur Zusammenstellung von lokalen Volksausschüssen auf den Kominternschulen in der Sowjetunion für deutsche Exil-Kommunisten vgl. die Erinnerungen von Wolfgang Leonhard, Die Revolution entlässt ihre Kinder, 24. Auflage Köln 2004, S. 217–338. Zur Einsetzungspraxis von Bürgermeistern in den Berliner Bezirksverwaltungen vgl. ebd., S. 437–444.
25 Erich Glaser, 1901–1984, war seit 1928 Mitglied der KPD. Er emigrierte 1933 und nahm am spanischen Bürgerkrieg teil. Anschließend war er in Frankreich inhaftiert. Nach seiner Haftzeit im Zuchthaus Waldheim, in das er überführt worden war, kehrte er Anfang Mai 1945 nach Dresden zurück, wo er unmittelbar Mitglied der Bezirksleitung Sachsen wurde und bis 1949 verschiedene Funktionen innehatte. Von 1949 bis 1957 war Glaser Mitarbeiter der Bezirksverwaltung des MfS in Dresden und übernahm am Ende seiner Laufbahn noch verschiedene Funktionen im Staatsdienst. Vgl. Lebenslauf Erich Glaser, o. D. (SächsHStAD, SED-BPA Dresden, V/2.041/002, NL Erich Glaser, unpaginiert).
26 Hermann Matern, 1893–1971, war seit 1919 Mitglied der KPD, hatte diverse politische Funktionen inne und emigrierte nach seiner Haftzeit von 1933/34. Ab 1941 war er Teil der Exil-KPD in der UdSSR. 1945–1946 war er in Dresden Vorsitzender der KPD-Bezirksleitung und zugleich 1945 Mitglied des ZK der KPD, anschließend des Zentralsekretariats und des Politbüros der SED bis zum Jahr 1971. Von 1948 bis zu seinem Tod 1971 leitete er die Zentrale Parteikontrollkommission der SED. Vgl. Dieter Hoffmann/Helmut Müller-Enbergs/Jan Wielgohs (Hg.), Wer war wer in der DDR? Ein biographisches Lexikon, Bonn 2000, S. 557.
27 Max Reimann, 1898–1977, war ab 1921 hauptamtlicher KPD-Funktionär und in leitender Funktion in der Roten Gewerkschaftsopposition im Ruhrgebiet aktiv. Ab 1933 leistete er illegale politische Arbeit und ging nach Frankreich, in die UdSSR und nach Tschechien, wo er 1939 verhaftet wurde. Nach KZ-Haft bis 1945 wurde er 1948 1. Vorsitzender

gesehen hatte. Er gab mir den Auftrag, für den Kreis Pirna kommissarisch die Funktion des Sekretärs der Partei auszuüben, und bereitete eine erste Parteikonferenz vor." Diesen „Parteiauftrag" lehnte Hering – anders als das Angebot der sowjetischen Kommandantur – nicht ab, bedeutete er doch zum einen die nahtlose Reintegration in sein vertrautes und parteipolitisches Milieu und zum anderen einen größeren beruflichen Aufstieg.

Mit dem Befehl 2 der SMAD vom 10. Juni 1945 waren in der SBZ demokratische Parteien und Gewerkschaften wieder zugelassen worden. Nur einen Tag später veröffentlichte das Zentralkomitee der KPD ihr „Aktionsprogramm" für den parteipolitischen Aufbauprozess, in dem sich die Partei als Trägerin der sogenannten antifaschistisch-demokratischen Umgestaltung stilisierte.[28] Nachdem sich am 19. Juni 1945 die Kommunistische Partei in Berlin konstituiert hatte, folgte unmittelbar darauf in der sächsischen Provinz auf der ersten Kreiskonferenz der Pirnaer KPD die offizielle Wahl Herings zum 1. Kreissekretär.

Gerade den 1. Kreissekretären bis zum Jahrgang 1916 boten sich im Zuge des beginnenden gesellschafts- und parteipolitischen Aufbau- und Transformationsprozesses in der SBZ der unmittelbaren Nachkriegszeit außergewöhnliche Aufstiegschancen. Den Angehörigen dieser politischen Generation eröffneten sich ähnlich wie im Falle Herings steile und kurze Karrieren zu regionalen Führungspositionen in staatlichen Stellen, in der KPD bzw. der SPD und ab 1946 dann in der SED, wie sie sowohl innerhalb der politischen Parteienlandschaft während der Weimarer Republik nicht vorgekommen waren als auch in späteren Phasen der SBZ/DDR nicht mehr vorkommen sollten.

Herings direkter Einstieg als Kreissekretär der KPD, der im Rahmen seiner politischen Tätigkeit vor 1933 lediglich auf lokaler Ebene die Positionen des „Orgleiters"[29] der Ortsgruppe der KPD und des Gemeindevorstehers innegehabt hatte, war typisch für die anfängliche Aufstiegsmobilität dieser Gruppe innerhalb des SED-Apparats. In seinem speziellen Fall beschleunigte zudem das persönliche Netzwerk, das er sich nach 1933 während der illegalen Arbeit im Widerstand und in der Emigration aufgebaut hatte, diesen Karrieresprung. Nach der Gründung der SED wurde Hering aus Pirna abberufen und übte für ein halbes Jahr das Amt des Personalsekretärs und stellvertretenden Vorsitzenden des SED-Bezirks Ostsachsen aus.[30] 1947 kooptierte ihn die Landesleitung

---

der KPD in den drei Westzonen und dann in der BRD, lebte ab 1950 jedoch vorwiegend in der DDR. 1969 ging er zurück in den Westen und wurde 1971 noch Ehrenpräsident der DKP. Vgl. ebd., S. 690.

28 Andreas Herbst/Gerd-Rüdiger Stephan/Jürgen Winkler (Hg.), Die SED. Geschichte – Organisation – Politik. Ein Handbuch, Berlin 1997, S. 530–534, hier 533.

29 Organisationsleiter der Ortsgruppe Struppen. Vgl. Erinnerungsbericht Arno Herings, ca. 1980 (Privatarchiv R. Hering, NL Arno Hering, Bl. 9).

30 In Sachsen bestanden bis zur Jahreswende 1946/47 unterhalb der Landesparteiorganisationsebene der SED noch Bezirksvorstandsstrukturen oberhalb der Kreisverbände. Diese Einheiten, die aus der SPD-Tradition entstammten, wurden innerhalb weniger Monate nach der Gründung der SED trotz des Widerstands vieler sozialdemokratischer

der SED an die Spitze des SED-Kreisvorstands Freiberg. Im Jahr 1948 bedeutete dann die Delegation zu einem einjährigen Studium an der Parteihochschule „Karl Marx" den nächsten Schritt auf der parteiinternen Stufenleiter. An dieser höchsten Parteibildungsstätte der SED, die Otto Grotewohl als „Waffenschmiede des Sozialismus" bezeichnete,[31] kam nach den „Richtlinien zur Auswahl der Kandidaten" nur, wer in der „bisherigen Parteiarbeit kämpferischen Geist, eigene Initiative und engste Klassen- und Parteiverbundenheit gezeigt" hatte.[32] Alle diese Kriterien erfüllte Hering, er konnte eine makellose kommunistische Parteibiografie seit 1926 vorweisen.

Als im Jahr 1908 Geborener gehörte Hering zu derjenigen politischen Generation 1. SED-Kreissekretäre, deren Lebensläufe durch außerordentlich starke Gemeinsamkeiten geprägt gewesen waren. Anders als die erste politische Generation der bis 1902 geborenen Funktionäre, besaßen die Jahrgänge von 1903 und 1916 keinerlei Fronterfahrungen im Ersten Weltkrieg mehr.[33] Umso mehr charakterisierte diese Gruppe in ihrer engeren Prägungsphase, dass sie die verpassten militärischen Auseinandersetzungen des Ersten Weltkrieges durch den politisch organisierten Kampf auf der Straße zu ersetzen suchten. Der hohe Zulauf etwa zu den Kampfformationen des Roten Frontkämpferbundes zeigt, dass die jungen Männer in Konfrontationen mit den opponierenden Gruppen der lokalen Gesellschaften, vor allem aus dem rechten politischen Lager, versuchten, aktivistisches Prestige zu erlangen. Soldatische Haltungen, militarisierte Sprache und die klare Abgrenzung zum politischen Feind schufen dauerhafte Verhaltensdispositionen mit einem Hang zu Gruppenbildung und bedingungslosem Gehorsam. Insgesamt waren 91 Prozent der Jahrgangskohorte in die Vorfeldorganisationen der sozialistischen oder kommunistischen Parteien bzw. der verschiedenen Jugendverbände der Arbeiterbewegung integriert. Allein 46 Prozent traten in die örtlichen, von der Gründergeneration aufgebauten Gruppen des Kommunistischen Jugendverbandes Deutschlands (KJVD) ein. Dort adaptierten sie schnell die in den Vereinsräumen vorexerzierte Parteikultur, deren Leitsätze, Terminologie und normativen Habitus. Nach Erreichen der Volljährigkeit traten 55 Prozent in die KPD ein, 24 Prozent wurden Mitglied der SPD.

Verfolgung und Widerstand nach der Machtergreifung der Nationalsozialisten bildete für diese politische Generation ein identitätsstiftendes Kollektivmerkmal, mehr als zwei Drittel erlebten zwischen 1933 und 1945 wiederholten

---

Funktionäre aufgelöst. Vgl. dazu den Auflösungsbeschluss des SED-Landesvorstandes Sachsen vom 16.11.1946 (StAL, SED-BPA Leipzig, IV/ BV/16, unpag.).

31 Rede Otto Grotewohls zur Eröffnung des Neubaus der Parteihochschule „Karl Marx" in Kleinmachnow, o. D. (1948; SAPMO-BArch, DY 30 IV 2/1.01/72, Bl. 18).

32 Richtlinien zur Auswahl der Schüler für die Parteihochschule „Karl Marx" beim ZK der SED, Anlage Nr. 30 zum Protokoll Nr. 165 vom 30.6.1952 (SAPMO-BArch, DY 30/J IV 2/3/294, Bl. 29–31).

33 Vgl. zu der politischen Generation der bis zum Jahr 1902 geborenen 1. SED-Kreissekretäre Pohlmann, Von „Antifaschisten" und „neuen Kadern", S. 125–127.

und zum Teil dauerhaften Freiheitsentzug. Die Verhaftungswellen durch die Nationalsozialisten im lokalen Rahmen markierten für die Angehörigen dieser politischen Generation eine Zäsur in deren kollektiven Lebensläufen, die sie nach 1945 mit der Gründergeneration verband. Besonders die zwischen 1903 und 1916 Geborenen späteren 1. SED-Kreissekretäre engagierten sich vielfach aktiv im politischen Widerstand gegen das NS-Regime. Währenddessen eigneten sie sich Lebens- bzw. Überlebensstrategien an, die später zu einem hohen Maß an habituellem Misstrauen gegenüber den Angehörigen nachfolgender politischer Generationen ohne vergleichbare Erfahrungen führte.[34] Nach 1945 verschafften solcherart Kollektiverfahrungen den Angehörigen dieser sowie der ihnen vorangegangenen politischen Generationen das Ansehen „altkommunistischen" Kämpfer- und Heldentums. Über diesen Legitimitätsaspekt hinaus stellten die Prägungen und Verhaltensweisen der durchgängig im sozialistischen bzw. kommunistischen Milieu sozialisierten Männer für den Parteiapparat der sächsischen SED dann nach 1945 eine außerordentlich begehrte Ressource dar. Gerade dieses inkorporierte politische Kapital beschleunigte bei diesen Jahrgängen die Aufstiegswege in der auf Hierarchie, Autorität und Gehorsam fußenden Staatspartei.

Mit diesem generationstypischen Kapital ausgestattet, wurde Arno Hering nach seiner Zeit als Personalreferent im Ministerium Land und Forst der sächsischen Landesregierung die Aufgabe übertragen, als 1. Kreissekretär der SED im Kreis Bautzen die Vorbereitung der großen Parteiüberprüfung des Jahres 1950/51 zu organisieren.[35] Im Rahmen dieser personellen Säuberungskampagne wollte die SED-Führung die Disziplinierung und ideologische Linientreue innerhalb der Parteimitgliedschaft im Rahmen der „beschleunigten Entwicklung" der SED zur „Partei neuen Typs" erreichen.[36] In einer Hausmitteilung der Abteilung Kader an das Sekretariat des ZK der SED wurde Hering attestiert, dass er bei der Bewältigung dieser Aufgabe „gute Arbeit geleistet" habe. Er wurde als „der stärkste Genosse der Kreisleitung" angesehen und qualifizierte sich in den Augen der Kaderabteilung des ZK als „klassenbewusster und parteiverbundener Genosse" für die Übernahme der einflussreichen Funktion des 1. Kreissekretärs der SED in der Landeshauptstadt Dresden.[37] Dieses Amt

---

34 Zum Phänomen des Misstrauens der ältesten politischen Generationen in der DDR vgl. Thomas Ahbe/Rainer Gries, Gesellschaftsgeschichte als Generationengeschichte. Theoretische und methodologische Überlegungen am Beispiel der DDR. In: Ahbe/Gries/Schüle, Die DDR aus generationengeschichtlicher Perspektive, S. 475–571, hier 492 ff.
35 Abteilung Kader des ZK der SED an Sekretariat des ZK der SED vom 29.12.1950 (SächsHStAD, SED-BPA Dresden, IV 2/V/390, Bl. 40).
36 Zur Parteiüberprüfung des Jahres 1950/51 in der sächsischen SED vgl. Donth/Schmeitzner, Die Partei der Diktaturdurchsetzung, S. 511–515.
37 Abteilung Kader des ZK der SED an Sekretariat des ZK der SED vom 29.12.1950 (SächsHStAD, SED-BPA Dresden, IV 2/V/390, Bl. 40).

bekleidete Hering bis zur Neustrukturierung der sächsischen Kreisverbände im Zuge der Auflösung der Länder und der Bildung der Bezirke im Jahr 1952/53.

Insgesamt 89 Prozent der sächsischen Kreisvorsitzenden in der Rekrutierungsperiode 1945 bis 1952 gehörten wie Hering den beiden politischen Generationen der bis 1916 Geborenen an. Ihr in der Vergangenheit angesammeltes politisches Kapital bürgte für ihre Integrität und war nun für die sowjetische Besatzungsmacht und die neuen Führungspersonen der sächsischen SED-Spitze hochbegehrt. Das Reservoir an einsatzfähigen und politisch zuverlässigen Kadern der Generation Herings reichte jedoch quantitativ nicht aus, um die politischen Ziele ausschließlich mit diesen politischen Kadern aus der Zeit von vor 1933 realisieren zu können.

„Neue" Funktionäre und Nachkriegszeit in der SED

So erklärt sich dann auch der Anteil von elf Prozent 1. SED-Kreissekretäre aus der politischen Generation der zwischen 1917 und 1925 Geborenen in der Rekrutierungsperiode bis 1952. Deren Hinwendung zum parteipolitischen Engagement erfüllte eine Doppelfunktion: Dieser Generation, die durch die NS-Sozialisation und die Kriegsniederlage in eine „existenzielle Orientierungslosigkeit" geraten war, wurde das Angebot gemacht, sich von dem Stachel ihrer faschistisch-präformierten Jugend zu lösen. In der eingeforderten „Moral der Exekutive und der Unterstellung"[38] boten sich diesen Jahrgängen neue Identifikationsmöglichkeiten, was sie durchaus mit überhöhter Anpassungsbereitschaft als politisch Handelnde zurückzuzahlen bereit waren. Zugleich stellte die SED mit diesem Akt der politischen Integration von nicht mit der kommunistischen Bewegung vertrauten Nachfolgekadern sicher, dass die personellen Engpässe für die hauptamtlichen Funktionen in den SED-Kreisparteiorganisationen abgemildert wurden.

Gerechtfertigt wurde dieser Einbezug der im NS-Staat sozialisierten Kader parteiintern mit Argumentationsmustern wie dem Folgenden: „Es steht die Frage des Verhältnisses zwischen alten und jungen Genossen", so Walter Beling auf einer zentralen Personalkonferenz des ZK der SED in Berlin Ende 1946. „Wir müssen hier sehen, dass wir das Beste miteinander verknüpfen. Was bringen die alten Genossen mit? Ihre großen Erfahrungen aus der Arbeiterbewegung. Was bringen die jungen Genossen mit? Die Initiative, die Lebendigkeit, das Vorwärtsstürmen. Beides muss miteinander verbunden werden. Aber diese Verbindung herzustellen ist eine Aufgabe der Organisationsarbeit, indem wir die Aufgaben so verteilen, dass die dialektische Verbindung von Jung und Alt

---

38 Lutz Niethammer, Volkspartei neuen Typs? Sozialbiografische Voraussetzungen der SED in der Industrieprovinz. In: Prokla. Zeitschrift für politische Ökonomie und sozialistische Politik, 20 (1990) H. 80, S. 40–70, hier 69.

hergestellt wird."³⁹ Die SED-Führung machte so aus der Not eine Tugend. Die persönliche Situation Karl Hübners im Sommer 1945 illustriert die Lage, in der sich viele Angehörige seiner politischen Generation plötzlich befanden: „Als ich am 5. Juni 1945 nach Plauen zurückkehrte", so erinnerte sich Hübner in seinem Lebenslauf, „fand ich eine von den Bomben im Februar und April 1945 außerordentlich stark zerstörte Stadt vor. Auch die Wohnung meiner Eltern und damit meine eigene waren stark zerstört und nicht mehr benutzbar. Plauen befand sich zu dieser Zeit, wohl bis Ende Juli, unter amerikanischer Verwaltung. Ich konnte mir so den ersten Eindruck von dem Walten der amerikanischen Besatzung machen. Es hatte sich seit der Einnahme der Stadt praktisch nichts geändert. Alles lag noch so, wie es die Bomben hinterlassen hatten, kein Mensch kümmerte sich um die Bevölkerung, um die Versorgung. Diese Niedergeschlagenheit und völlige Apathie machte auf mich einen sehr starken Eindruck und machte mir den Ernst der Lage erst so richtig klar."⁴⁰

Genauso wie Arno Hering konnte Hübner jedoch direkt nach der Wiederkehr in seine Heimatstadt an vor 1945 gemachte Erfahrungen anknüpfen, die ihm eine Existenzgrundlage ermöglichten. In seinem Fall war dies freilich nicht aufgrund seiner vorherigen politischen, sondern seiner berufsbedingten Erfahrungen. Bereits am zweiten Tag seiner Rückkehr meldete er sich in seinem alten Ausbildungsbetrieb und wurde als Lagerarbeiter direkt wiedereingestellt. Am Arbeitsplatz kam Hübner dann rasch mit älteren kommunistischen und sozialdemokratischen Kollegen über politische Fragen ins Gespräch. „In dieser Zeit", so Hübner, „machte ich auch die erste Bekanntschaft mit der Theorie des Marxismus [...]. Auch das Buch Walter Ulbrichts über die ‚Lüge des deutschen Sozialismus' half mir wesentlich, mich zu orientieren über das, was war und was nun werden soll."⁴¹ Denjenigen, die wie Karl Hübner nicht oder nur kurz in Gefangenschaft gewesen waren, bot sich so durch die Basisagitation der KPD/SED in der SBZ plötzlich die Chance auf eine neue politische Grundausbildung. Die von den älteren Genossen vor allem in den Betrieben rasch aufgebauten flächendeckenden Parteizellen wirkten unmittelbar politisierend und identitätsstiftend auf viele junge spätere 1. SED-Kreissekretäre auf ihrem Weg in die Nachkriegsgesellschaft.

Die Betriebe als „Vergesellschaftungskerne"⁴² übernahmen so für die jungen Männer nicht nur die Sicherung ihrer materiellen, sondern auch ihrer ideellen Bedürfnisse nach Orientierung. Dies trug entscheidend zu deren politischer

---

39 Redebeitrag Walter Belings auf der Organisationskonferenz der SED in Berlin am 26. und 27.11.1946 (SAPMO-BArch, DY 30 IV 2 1.01 26, Bl. 42).
40 Lebenslauf von Karl Hübner für die Parteileitung der Parteihochschule „Karl Marx" beim ZK der SED vom 7.6.1951 (StAL, SED-BPA Leipzig, 21699 Nr. 995, Bl. 123).
41 Ebd., Bl. 124.
42 Martin Kohli, Die DDR als Arbeitsgesellschaft? Arbeit, Lebenslauf und soziale Differenzierung. In: Hartmut Kaeble/Jürgen Kocka/Hartmut Zwahr (Hg.), Sozialgeschichte der DDR, Stuttgart 1994, S. 31–61, hier 38.

Positionierung und Umorientierung bei. Die häufig in den Kaderunterlagen versammelten Lebensläufe mit den politischen Selbstrechtfertigungs- und Konversionserzählungen legen beredtes Zeugnis davon ab, dass die Angehörigen dieser politischen Generation durch die kollektiven Erfahrungen sozialisatorischer Brüche die Wandlungs- und Anpassungsfähigkeit besaßen, sich neu zu erfinden und nach 1946 schnell die von der SED eingeforderten Normen und Verhaltensformen zu verinnerlichen. Drei Viertel der Gruppe traten nach der Rückkehr in die sächsische Heimat dementsprechend innerhalb der kurzen Frist von etwa einem Jahr in die sozialistische Staatspartei ein und erhielten im Rahmen der ideologischen Schnellkurse an den Betriebs-, Kreis- und Bezirksparteischulen ihre parteipolitische Grundausbildung.

Nach seinem Eintritt in die Plauener SPD am 1. September 1945 bekleidete Hübner zunächst die Funktion des Kassierers und Schriftführers und leitete ab 1946 als Vorsitzender den SPD-Stadtbezirksvorstand in Pleißelpöhl. Als sich die Zwangsvereinigung von SPD und KPD abzuzeichnen begann, habe ihm im Betrieb ein älteres KPD-Mitglied „eine vorbehaltlose positive Einstellung zur Vereinigung der beiden Arbeiterparteien zur Sozialistischen Einheitspartei" vermittelt, woraufhin sich Hübner für seinen Stadtbezirk entschlossen habe, als Referent aktiv für die Vereinigung einzutreten.[43] Nach der Gründung der SED und der Wahl Hübners in den SED-Kreisvorstand Plauen waren es wiederum die alten „Genossen der KPD im Kreissekretariat", die ihm „kameradschaftlich [...] halfen, die falschen Vorstellungen und vorhandenen [ideologischen] Schlacken zu überwinden", und ihn so „zu einem Parteiarbeiter erzogen".[44] Als Höhepunkt seiner tiefgreifenden persönlichen Wandlung und ideologisch-politischen Konversion beschrieb Hübner die Zeit auf der SED-Landesparteischule „Fritz Heckert" im sächsischen Ottendorf, auf die er ein halbes Jahr nach seinem hauptamtlichen Funktionsantritt im SED-Kreisvorstand Plauen delegiert worden war. Dort verinnerlichte er in den regelmäßigen „Unterwerfungs- und Denunziationsritualen von Kritik und Selbstkritik", die von ihrer Wirkung auf die Neumitglieder her ähnlich wirksam waren wie das „Brainwashing moderner Psycho-Sekten",[45] die von der Partei erwartete rückhaltlose Unterordnung unter die Parteidisziplin der SED. „Seit dieser Zeit", so formulierte es Hübner, habe sein „Leben einen neuen Inhalt bekommen und die Arbeit für die Partei wurde für mich zur Hauptsache." Bis zu seinem Eintritt in die SED sei seine persönliche Entwicklung „gekennzeichnet gewesen durch eine Ziellosigkeit, die nicht

---

43 Lebenslauf von Karl Hübner für die Parteileitung der Parteihochschule „Karl Marx" beim ZK der SED vom 7.6.1951 (StAL, SED-BPA Leipzig, 21699 Nr. 995, Bl. 124).
44 Ebd.
45 Ralph Jessen, Partei, Staat und „Bündnispartner": Die Herrschaftsmechanismen der SED-Diktatur. In: Matthias Judt (Hg.), DDR-Geschichte in Dokumenten. Beschlüsse, Berichte, interne Materialien und Alltagszeugnisse, Bonn 1998, S. 27–86, hier 33.

nur den damaligen Verhältnissen entsprang", so Hübner, sondern auch seiner „Oberflächlichkeit in dem Herangehen an die vom Leben gestellten Fragen".[46]

In dem zitierten Lebenslauf Karl Hübners, den er für die Leitung der Parteihochschule der SED verfasst hatte,[47] wird deutlich, wie geschliffen er innerhalb weniger Jahre das „Sprechen und Arbeiten an sich selbst"[48] als unverzichtbarem Teil der von der Partei eingeforderten Identitätskonstruktion stalinistischer Parteikader erlernt hatte. Bis September 1949 war Hübner in Plauen als Sekretär der Abteilung Wirtschaft des SED-Kreisvorstandes tätig und profilierte sich in dieser Funktion durch die besonders rigide Durchführung der „Enteignung der Kriegs- und Naziverbrecher" und beim Aufbau neuer volkseigener Betriebe. Nach einer kurzen Phase der Tätigkeit als 2. Sekretär des Kreisvorstandes trat er nach der IV. Landesdelegiertenkonferenz den Posten des 1. SED-Kreissekretärs von Oschatz an.[49]

Fazit

Die Biografien von Hübner und Hering als typische Vertreter ihrer politischen Generationen lassen Folgendes erkennen: Es gelang der SED tatsächlich, das relativ geringe Reservoir an altbewährten kommunistischen Kadern innerhalb der SED Schritt für Schritt mit jungen, anpassungsbereiten und machtbewussten Neumitgliedern der vor allem im Nationalsozialismus sozialisierten jungen Generation aufzufüllen. Zwar stellten die Altfunktionäre wie Arno Hering in den ersten Rekrutierungsperioden in Sachsen bis 1952 noch das eindeutige Gros der 1. Kreissekretäre. Zunehmend jedoch wurden die Zugangsschleusen für die neue politische Generation der gewandelten ehemaligen HJ-Mitglieder wie Karl Hübner – nach deren Bewährung in der Parteipraxis der SED-Kreisverbände – auch für die Position des 1. SED-Kreissekretärs geöffnet. Während die Identifikation mit der Politik der Partei bei den Altfunktionären durch die lebensgeschichtliche Prägung außer Frage stand, speiste sich die Anpassungswilligkeit und Loyalität der zwischen 1917 und 1923 Geborenen vor allem aus der ihnen von den politischen Veteranen an der Parteispitze „gewährten Chance zur radikalen persönlichen Neuorientierung".[50]

---

46 Lebenslauf von Karl Hübner für die Parteileitung der Parteihochschule „Karl Marx" beim ZK der SED vom 7.6.1951 (StAL, SED-BPA Leipzig, 21699 Nr. 995, Bl. 124).
47 Hübner absolvierte 1950 den Einjahrlehrgang für Parteifunktionäre. Vgl. die Angaben auf dessen Delegiertenbogen zur 2. Parteikonferenz der SED im Jahr 1952, o. D. (SAPMO-BArch, DY 30/IV/2/11/70, Bl. 150–151).
48 Brigitte Studer/Berthold Unfried, Der stalinistische Parteikader. Identitätsstiftende Praktiken und Diskurse in der Sowjetunion der dreißiger Jahre, Köln 2001, S. 19.
49 Auszug Nr. 8226/217/52 aus der Sitzung des Sekretariats des ZK der SED vom 8.12.1952 in der Kaderakte von Karl Hübner (StAL, SED-BPA Leipzig, 21699 Nr. 995, unpag).
50 Ralph Jessen, Partei, Staat und „Bündnispartner", S. 34.

Dieser „politisch-moralische Generationenvertrag"[51] ist ein wesentlicher gesellschaftsgeschichtlicher Erklärungsfaktor für die außerordentliche Disziplin der 1. SED-Kreissekretäre bei der Umsetzung der „Parteilinie" des ZK und damit zugleich für die erfolgreiche Konsolidierung der SED-Herrschaft in den Regionen während der erweiterten Nachkriegszeit. Auf dieser Konfiguration beruhte dann bis in die 1960er-Jahre hinein in den sächsischen Bezirken ganz wesentlich die personelle Funktionsfähigkeit der SED-Kreisleitungen. In den 1970er-Jahren schlossen sich jedoch zunehmend die Aufstiegskanäle für die in der DDR geborenen Folgegenerationen. Die mittlerweile gealterten Neueinsteiger von nach 1945 wie Karl Hübner stellten nun die Mehrheit der 1. SED-Kreissekretäre und klammerten sich an ihre Posten. Sie waren so gemeinsam mit den Personalplanern im ZK mitverantwortlich für das Verhindern einer geordneten Elitenzirkulation im Machtapparat der SED. Dass den nachfolgenden Generationen kaum mehr die Chancen eingeräumt wurden, von denen die Amtsträger selbst einmal profitiert hatten, war sicherlich eines der internen Probleme der Staatspartei, das zur schleichenden Erosion der Parteiherrschaft im weiteren Verlauf der Geschichte der DDR führte.

51 Ebd., S. 35.

Die Entnazifizierung als Instrument kommunistischer Machtpolitik

Clemens Vollnhals

Sachsen war aufgrund seiner frühzeitigen Industrialisierung im 19. Jahrhundert eine Hochburg der sozialdemokratischen Arbeiterbewegung, weshalb Zeitgenossen auch häufig vom „roten Königreich" sprachen. In der Weimarer Republik blieb die SPD dominierend, zugleich besaß die KPD hier ihren nach Berlin mitgliederstärksten Parteiapparat, sodass dem Land Sachsen in den Planungen der KPD-Führung im Moskauer Exil eine Vorreiterrolle bei der angestrebten sozialistischen Umgestaltung nach dem Ende der NS-Diktatur zukam.[1]

In Sachsen gab es aber auch seit dem späten 19. Jahrhundert eine gesellschaftlich breit verankerte völkisch-antisemitische Bewegung. Sie prägte ebenfalls die tief gespaltene politische Kultur des Freistaates, weshalb die NSDAP hier frühzeitig überdurchschnittliche Erfolge erzielen konnte.[2] Über den NSDAP-Gau herrschte seit 1925 Martin Mutschmann, ein getreuer Paladin Hitlers und fanatischer Antisemit. Da der Gau mit dem Land Sachsen identisch war, besaß Mutschmann nach der Machtübernahme 1933 in seiner Funktion als Gauleiter, Reichsstatthalter und Ministerpräsident (ab 1935) über eine beispiellose Machtfülle.[3]

Das Problem: die nazifizierte Gesellschaft

1935 stellte der NSDAP-Gau Sachsen 9,4 Prozent aller Parteimitglieder. In absoluten Zahlen waren dies 234 681 „Parteigenossen", mehr als in jedem anderen Gau. Somit kam auf 22,2 Einwohner ein NSDAP-Mitglied. Des Weiteren

---

1 Zum Agieren der Initiativgruppe Ackermann und zur Politik der sächsischen KPD vgl. Mike Schmeitzner/Stefan Donth, Die Partei der Diktaturdurchsetzung. KPD/SED in Sachsen 1945–1952, Köln 2002. Vgl. allg. Peter Erler/Horst Laude/Manfred Wilke (Hg.), „Nach Hitler kommen wir". Dokumente zur Programmatik der Moskauer KPD-Führung 1944/45 für Nachkriegsdeutschland, Berlin 1994.
2 Vgl. Clemens Vollnhals, Der gespaltene Freistaat: Der Aufstieg der NSDAP in Sachsen. In: ders. (Hg.), Sachsen in der NS-Zeit, Leipzig 2002, S. 9–40; Mathias Piefel, Antisemitismus und völkische Bewegung im Königreich Sachsen 1879–1914, Göttingen 2004.
3 Vgl. Andreas Wagner, „Machtergreifung" in Sachsen. NSDAP und staatliche Verwaltung 1930–1935, Köln 2004; Mike Schmeitzner, Der Fall Mutschmann. Sachsens Gauleiter vor Stalins Tribunal, Beucha 2011.

zählte die SA in Sachsen 253 454 Mitglieder, die SS 7 481, das NS-Kraftfahrkorps 11 970. In der Hitlerjugend (HJ), die zu diesem Zeitpunkt noch nicht als Staatsjugend fungierte, waren 142 021 Jugendliche organisiert, im Bund Deutscher Mädel (BDM) 97 705. Die Nationalsozialistische Frauenschaft (NSF) wies 116 675 Mitglieder auf. Die größte Stärke unter den berufsständischen NS-Organisationen verzeichnete der NS-Lehrerbund mit 26 192 Mitgliedern, gefolgt vom NS-Rechtswahrerbund (6 436), NS-Bund Deutscher Technik (4 337) und dem Nationalsozialistischen Deutschen Ärztebund (1 314). Daneben gab es weitere angeschlossene (gleichgeschaltete) Verbände, denen über 800 000 Sachsen angehörten: NS-Volkswohlfahrt, NS-Kriegsopferversorgung, Deutsches Frauenwerk oder den Reichsbund der Deutschen Beamten.[4]

Unterhalb des Gauapparats sorgten 1935 27 NSDAP-Kreisleitungen und 1 335 Ortsgruppen, denen ihrerseits 5 257 Zellen und 21 329 Blocks unterstanden, für die organisatorische Erfassung und Kontrolle der Bevölkerung. Insgesamt verzeichnete die Parteistatistik 54 501 „politische Leiter", also aktive Parteifunktionäre. Gut 95 500 „Parteigenossen" galten in der Statistik als reine Beitragszahler; sie wurden von den „alten Kämpfern" als Opportunisten, als „Märzgefallene" verachtet. Im weiteren Verlauf der NS-Herrschaft nahm auch die Mitgliederzahl zu. Die letzte verfügbare Statistik wies zum 1. März 1943 in Sachsen 449 708 NSDAP-Mitglieder aus, von ihnen waren 129 447 politische Leiter (vom Block- bis zum Gauleiter).[5]

Wie viele Mitglieder bis zuletzt zu den fanatischen Parteigängern der NS-Diktatur zählten oder schon vor Kriegsende innerlich desillusioniert waren, lässt sich nicht sagen. Im deutschen Widerstand maß man der formalen NSDAP-Mitgliedschaft allgemein wenig Bedeutung bei. Die ersehnte Abrechnung sollte sich gegen die „echten Nazis" richten, die Masse der Mitläufer aber schonen. Die Differenzierung zwischen „anständigen" und „unanständigen" Nazis, zwischen nominellen und aktiven Parteimitgliedern entsprach der Lebenserfahrung unter der NS-Diktatur, dem Zwang zum „strukturellen Opportunismus" – und wurde zur eigentlichen Scheidelinie. Zur Verantwortung gezogen werden sollten in erster Linie hohe NS-Funktionäre, korrupte Parteibonzen, Denunzianten, Gestapo-Mitarbeiter und Gewalttäter, also jene Personenkreise, die sich selbst außerhalb des bürgerlichen Normen- und Wertesystems gestellt hatten.[6]

---

4   Angaben nach Parteistatistik der NSDAP zum Stichtag 1.1.1935. Tabelle bei Armin Nolzen, Die sächsische NSDAP nach 1933. Sozialstrukturen und soziale Praktiken. In: Günther Heydemann/Jan Erik Schulte/Francesca Weil (Hg.), Sachsen und der Nationalsozialismus, S. 43–57, hier 45.
5   Ebd., S. 50.
6   Zu den Säuberungsvorstellungen der deutschen Opposition vgl. Lutz Niethammer, Die Mitläuferfabrik. Die Entnazifizierung am Beispiel Bayerns, Bonn 1982, S. 68–116; Clemens Vollnhals, Entnazifizierung. Politische Säuberung und Rehabilitierung in den vier Besatzungszonen, München 1991, S. 65–93.

Und dennoch umreißen die bloßen Mitgliedszahlen (samt Familienanhang) das grundlegende Problem jeder tiefgreifenden politischen Säuberung. Genügte für den Bruch mit der NS-Vergangenheit der politische Systemwechsel und die Entmachtung der NS-Führungsschicht? Oder musste nicht der Aufbau einer demokratischen Nachkriegsordnung auf halbem Wege stecken bleiben, solange sich das Millionenheer ehemaliger Parteigenossen weiterhin in Amt und Würden befand? Sollte sich die politisch wie moralisch gebotene Entnazifizierung vornehmlich auf den Elitenaustausch und die Neubesetzung eines weit definierten Kreises von Schlüsselpositionen in Politik, Verwaltung, Wirtschaft und Kultur beschränken? Oder sollte sie im Sinne der Abrechnung all jene mit Entlassung bestrafen, die – in welcher Form auch immer – die NS-Diktatur mitgetragen hatten? Und aus welchen Kreisen sollte das Ersatzpersonal kommen? Zumal aufrechte NS-Gegner innerhalb der deutschen Gesellschaft nur eine kleine Minderheit dargestellt hatten. Und was sollte auf längere Frist mit den Entlassenen geschehen? Diese Fragen mussten in der konkreten Besatzungspolitik beantwortet werden.

Erste Maßnahmen und Verhaftungswelle der sowjetischen Besatzungsmacht

Die ersten Säuberungsmaßnahmen und Neubesetzungen von höheren kommunalen Verwaltungspositionen nahmen sowjetische und amerikanische Kampftruppen noch im Zuge ihres Vormarsches oder sofort nach der Etablierung der lokalen Besatzungsherrschaft vor. In dieser Phase bildeten die Antifaschistischen Ausschüsse, die sich vielerorts formierten und in der Regel kommunistisch dominiert waren, eine nicht unerhebliche Rolle, da sie die politischen und personellen Verhältnisse vor Ort kannten und deshalb vielfach als informelle Berater der Besatzungsoffiziere fungierten.[7] Auch wenn die Entlassungen noch keinen großen Umfang besaßen, so benutzten die Kommunisten von Anfang an ihre guten Kontakte zur sowjetischen Besatzungsmacht, um wichtige Positionen in Verwaltung und Polizei zielstrebig mit „bewährten Antifaschisten" zu besetzen.

Zugleich verhaftete die sowjetische Besatzungsmacht bis September 1945 in der gesamten sowjetischen Zone nach schematischen Vorgaben 57 657 Personen, die aufgrund ihrer formalen Belastung als mutmaßliche NS-Aktivisten oder Kriegsverbrecher galten – eine Vorgehensweise, die auch die westlichen Alliierten im Zuge des „automatischen Arrests"[8] anwandten. Die Masse stellten

---

7   Vgl. Jeannette Michelmann, Aktivisten der ersten Stunde. Die Antifa in der Sowjetischen Besatzungszone, Weimar 2002.
8   Insgesamt zählte man in den drei westlichen Besatzungszonen 182 000 Internierte, von denen jedoch bis zum 1.1.1947 bereits 86 000 wieder aus den Lagern entlassen worden waren. Vgl. Statistik in: Vollnhals, Entnazifizierung, S. 251.

Mitglieder und überwiegend kleinere Funktionsträger der NSDAP (47 322), gefolgt von Mitarbeiter von Gestapo, SD und anderen Straforganen (4 757) und „Mitarbeitern der hitlerischen Verwaltungsorgane, Zeitungsredakteure und Autoren antisowjetischer Veröffentlichungen" (2 056) sowie von NS-Jugendorganisationen (603).[9] Eine weitere Gruppe, die in der Folgezeit zunehmend an Bedeutung gewann, bildeten in den Verhaftungsrichtlinien „andere feindliche Elemente"; hier genügte vielfach eine Denunziation, um vermeintliche oder tatsächliche Widersacher der sowjetischen Besatzungspolitik für Jahre in eines von insgesamt zehn „Speziallagern" zu verbringen. Sie unterstanden bis August 1948 direkt dem sowjetischen Geheimdienst NKVD/MGB, dann dem Gulag.

In Sachsen existierte von Mai 1945 bis Februar 1950 das Speziallager Nr. 4 in Bautzen. Ab November 1945 fungierte es zugleich als Haftanstalt für Personen aus der gesamten SBZ, die von Sowjetischen Militärtribunalen zu besonders hohen Freiheitsstrafen verurteilt worden waren. Binnen 15 Monate durchliefen das Speziallager Bautzen bis zum September 1946 rund 16 000 Internierte, von denen zwei Drittel in andere Lager außerhalb des Landesgebietes verbracht wurden.[10] Zahlreiche weitere Personen wurden von den Operativgruppen des NKVD direkt in andere Lager eingeliefert. Da für Sachsen keine detaillierten Statistiken des NKVD vorliegen, lässt sich die Gesamtzahl der ohne Gerichtsverfahren internierten Personen nur grob schätzen. Er dürfte – entsprechend dem Bevölkerungsanteil Sachsens von 5,6 Millionen Einwohnern (1946) – gut ein Drittel der insgesamt 122 700 Personen betragen haben, die nach sowjetischen Angaben in den Speziallagern inhaftiert worden waren.[11] Eine erste größere Entlassungswelle erfolgte ohne vorherige Einzelfallprüfung Mitte 1948; die letzten drei Speziallager, darunter Bautzen, wurden erst nach Gründung der DDR im Februar 1950 aufgelöst.

---

9   Weiterhin verhaftete der NKVD in diesem Zeitraum 2 787 Polen, 4 771 Russen, 3 143 Ukrainer, 866 Belorussen und 380 Personen anderer Nationalitäten. Vgl. Bericht Berijas an Stalin, Molotov und Malenkov vom 10.9.1945. In: Sowjetische Speziallager in Deutschland 1945 bis 1950. Hg. von Sergej Mironenko, Lutz Niethammer, Alexander Plato in Verbindung mit Volkhard Knigge und Günter Morsch, Band 2: Sowjetische Dokumente zur Lagerpolitik. Eingeleitet und bearb. von Ralf Possekel, Berlin 1998, S. 205 ff. Neben diesem Grundlagenwerk zur Internierungspolitik siehe auch Bettina Greiner, Verdrängter Terror. Geschichte und Wahrnehmung sowjetischer Speziallager in Deutschland, Hamburg 2010.

10 Jörg Morré, Das Speziallager Bautzen als Instrument sowjetischer Herrschaftssicherung. In: Rainer Behring/Mike Schmeitzner (Hg.), Diktaturdurchsetzung in Sachsen. Studien zur Genese der kommunistischen Herrschaft 1945–1952, Köln 2003, S. 79–100, hier 84. Die Speziallager Nr. 8 und 10 in Torgau gehörten damals noch zur Provinz Sachsen-Anhalt.

11 Abschlussbericht des Leiters der Abteilung Speziallager vom 6.4.1950. In: Sowjetische Speziallager, Band 1, S. 44. Von ihnen verstarben während der Haft nicht weniger als 35 Prozent an Krankheit und Unterernährung.

Erste deutsche Richtlinien zur politischen Säuberung

Parallel zu den sowjetischen Verhaftungsaktionen, die sofort nach der Besetzung Sachsen einsetzten und einen beträchtlichen Umfang erreichten, erließen auch deutsche Stellen erste Richtlinien zur politischen Säuberung.[12] Die früheste ist ein Erlass des neu ernannten Chemnitzer Oberbürgermeisters Fritz Gleibe vom 16. Mai 1945, der gewiss nicht ohne Abstimmung mit der sowjetischen Kommandantur ergangen ist, da Gleibe selbst der NSDAP angehört hatte.[13] Er wies die Einsetzung eines „Säuberungsausschusses" an, der für alle Beamte, Angestellte und Arbeiter sowie die Lehrer der städtischen höheren Unterrichtsanstalten zuständig sein sollte. Zu melden waren alle Personen, die der NSDAP oder einer ihrer Gliederungen vor dem 1. Mai 1933 beigetreten waren oder sich trotz späteren Eintritts „besonders aktiv und hervorragend betätigt haben". Sofort zu entlassen seien: „a) alle Ehrenzeichenträger, b) alle Blutordensträger, c) alle Angehörigen der SS, d) alle Beschäftigten, die als Ortsgruppenleiter oder höher eingesetzt waren", ferner fünf namentlich genannte „Gefolgschaftsmitglieder, die zur Sippe des früheren Oberbürgermeisters Schmidt gehören". Des Weiteren sollten „Gefolgschaftsmitglieder", die von den Nationalsozialisten gemaßregelt worden sind, als „Wiedergutmachung" bevorzugt wieder eingestellt werden. Diese Grundsätze galten auch für heimkehrende Soldaten.[14] Interessant an diesen Richtlinien ist die noch selbstverständliche Unterscheidung zwischen einem relativ kleinen Kreis von NS-Aktivisten, die sofort zu entlassen seien, und die Differenzierung bei den übrigen NSDAP-Mitgliedern nach dem Zeitpunkt ihres Beitritts, die dem Säuberungsausschuss zur späteren Überprüfung zu melden waren.

Dieselben Entlassungskriterien formulierte der Antifaschistische Ortsausschuss der freien Gewerkschaften in Chemnitz in seinem ersten Rundschreiben vom 28. Mai 1945. Hier hieß es explizit, es sei zwischen Angehörigen der SS (sofortige Entlassung) und der Waffen-SS zu unterscheiden, ebenso könnten

---

12 Zur Verschränkung von sowjetischen und deutschen Repressions- und Säuberungsmaßnahmen vgl. Clemens Vollnhals, Internierung, Entnazifizierung und Strafverfolgung von NS-Verbrechen in der sowjetischen Besatzungszone. In: Andreas Hilger/Mike Schmeitzner/Clemens Vollnhals (Hg.), Sowjetisierung oder Neutralität? Optionen sowjetischer Besatzungspolitik in Deutschland und Österreich 1945–1955, Göttingen 2006, S. 223–247.
13 Vgl. Helga A. Welsh, Revolutionärer Wandel auf Befehl? Entnazifizierungs- und Personalpolitik in Thüringen und Sachsen (1945–1948), München 1989, S. 35. Gleibe amtierte nur vom 15.5. bis 1.6.1945.
14 Rundschreiben des Personalamtsvorstandes an alle Dienststellen vom 16.5.1945 (SächsHStAD, NL Kastner 21, unpag.). Zur politischen Entwicklung vgl. Rainer Behring, Die Zukunft war nicht offen. Instrumente und Methoden der Diktaturdurchsetzung in der Stadt: Das Beispiel Chemnitz. In: Andreas Hilger/Mike Schmeitzner/Ute Schmidt (Hg.), Diktaturdurchsetzung. Instrumente und Methoden der kommunistischen Machtsicherung in der SBZ/DDR 1945–1955, Dresden 2001, S. 155–168; sowie den Beitrag von Rainer Behring im vorliegenden Band.

an sich entlassungspflichtige NSDAP-Mitglieder vor dem 1. Mai 1933 und von der NSDAP eingesetzte Vertrauensleute mit Zustimmung des Betriebsausschusses weiterbeschäftigt werden. „Ganz besonders vorsichtig" sei schließlich bei jugendlichen Arbeitern und Lehrlingen zu verfahren, die besondere Funktionen in der HJ oder BDM bekleidet hätten; hier müsse ihr gesamtes Verhalten geprüft werden.[15] Unverkennbar plädierte der gewerkschaftliche Ausschuss für einen differenzierten Umgang, waren doch auch viele Arbeiter der NSDAP beigetreten. Nicht minder auffällig ist freilich die selbstbewusste Anmaßung, nun in den Betrieben eigenständig Personalentscheidungen treffen zu können.

In Dresden erließ der Stadtrat am 30. Mai 1945 erste Entnazifizierungsrichtlinien, die auf ein Positionspapier des Personalreferenten Hermann Matern, einem mit der Initiativgruppe Ackermann zurückgekehrten Moskau-Kader, zurückgingen. Zu entlassen waren: „1.) alle, die vor dem 30.1.1933 der NSDAP angehörten; 2.) die Angehörigen der SS, gleichgültig, wann sie eingetreten sind; 3.) die Angehörigen der SA, besonders die in den Jahren 1932, 1933 und 1934 Mitglieder waren; 4.) alle, die Mitglieder des NSKK [NS-Kraftfahrerkorps] und NSFK [NS-Fliegerkorps] vor dem 30.1.1933 waren und, wenn sie aktive Funktionäre waren, auch aus der späteren Zeit; 5.) alle, die im Auftrage der Gestapo oder NSDAP andere wegen ihrer politischen Auffassung denunzierten, also als Spitzel und Denunzianten tätig waren; 6.) alle, die Mitglieder der NSDAP und ihrer Gliederungen waren und aktiv für die NSDAP und ihre Gliederungen gearbeitet haben."[16]

Diese Entlassungskriterien, die angesichts der politischen Funktion Materns wohl mit der KPD-Führung wie mit der sowjetischen Besatzungsmacht abgestimmt gewesen sein dürften, gingen bereits über die Chemnitzer Richtlinien hinaus, behielten aber im Grundsatz die Differenzierung zwischen „nominellen" und „aktiven" NSDAP-Mitgliedern bei.

Ebenso sprach sich Anton Ackermann am 16. Juni 1945 in einem Artikel der „Deutschen Volkszeitung" dafür aus, einfache NSDAP-Mitglieder von einer Bestrafung auszunehmen, was innerparteilich vielfachen Protest hervorrief.[17] Hatte doch die KPD in ihrem Gründungsaufruf vom 11. Juni noch betont, dass neben Hitler und seinen Gefolgsleuten auch alle Wähler, die 1932 in freien Wahlen für ihn votiert hatten, an den nationalsozialistischen Verbrechen mitschuldig geworden seien. Hinsichtlich der Entnazifizierung fand sich im Gründungsaufruf allerdings nur der vage Satz: „Restlose Säuberung aller öffentlichen Ämter

---

15 Rundschreiben 1/45 des Antifaschistischen Ortsausschusses der freien Gewerkschaften zu Chemnitz vom 28.5.1945 (SächsHStAD, NL Kastner 21, unpag.).
16 Grundsätze über die Entlassung der den Wiederaufbau störenden Kräfte in der Stadtverwaltung vom 30.5.1945 (SächsHStAD, MdJ 1364, unpag.). Vgl. auch Thomas Widera, Dresden 1945–1948. Politik und Gesellschaft unter sowjetischer Besatzungsherrschaft, Göttingen 2004, S. 164.
17 Vgl. Welsh, Revolutionärer Wandel, S. 35 f.

von den aktiven Nazisten" [sic!] sowie die Forderung einer strengen juristischen Bestrafung aller NS- und Kriegsverbrecher.[18]

Im Chaos der ersten Nachkriegswochen, als die Bewältigung der alltäglichen Not alles dominierte, entfalteten die kommunalen Entnazifizierungsbestimmungen erst nach und nach ihre Wirkung. In Dresden, dem Sitz der Initiativgruppe Ackermann und der späteren Landesverwaltung, hatte ein Drittel der rund 15 000 Mitarbeiter der Stadtverwaltung der NSDAP angehört. Von ihnen wurden im Mai 624 entlassen, im Juni folgten weitere 806. Die Säuberungsbilanz der ersten zwei Monate fiel mit knapp 10 Prozent sogar geringer aus als in Leipzig, das bis Anfang Juli unter amerikanischer Besatzung stand. Dort zählte man etwa 1 000 Entlassungen unter den 7 500 städtischen Angestellten und Beamten (13,3 Prozent).[19]

Verordnung der Landesverwaltung Sachsen von August 1945

Mit Gründung der Landesverwaltung Sachsen traten die ersten landesweiten Regelungen in Kraft. Den Anfang bildete die „Verordnung über die Beschäftigung im öffentlichen Dienst", die das Präsidium auf seiner ersten Sitzung am 9. Juli verabschiedete. „Um den Neuaufbau des Staates im Sinne wahrhafter Demokratie, frei von nationalsozialistischem und militaristischem Ungeist, zu sichern", dekretierte die Landesverwaltung mit sofortiger Wirkung: „Jede Beschäftigung (Wiedereinstellung und Neueinstellung) [...] im öffentlichen Dienst des Landes, der Gemeinden und aller sonstigen öffentlich-rechtlichen Körperschaften und Anstalten erfolgt bis auf weiteres nur vorläufig; sie ist jederzeit und fristlos frei widerruflich."[20] Damit standen alle Dienstverhältnisse jederzeit zur Disposition, was die Voraussetzung für den radikalen Umbau der Verwaltung auf allen Ebenen schuf. Von der SMAD wurde die Aufhebung des Beamtenrechts, insbesondere des Privilegs der lebenslangen Anstellung und grundsätzlichen Unkündbarkeit, mit Befehl 66 vom 17. September 1945 nachträglich sanktioniert.[21]

Detaillierte Entnazifizierungsbestimmungen enthielt die „Verordnung über den personellen Neuaufbau der öffentlichen Verwaltungen" vom 17. August 1945. Diese Verordnung basierte auf einem Entwurf des von dem Moskau-Kader Egon Dreger geleiteten Personalamtes und war bereits am 30. Juli vom Präsidium der Landesverwaltung verabschiedet, aber wohl aufgrund heftiger Kritik

---

18 Text in: Erler/Laude/Wilke (Hg.), „Nach Hitler kommen wir", S. 390 ff.
19 Widera, Dresden 1945–1949, S. 166.
20 Amtliche Nachrichten der Landesverwaltung Sachsen, Nr. 1 vom 24.7.1945, S. 1.
21 In: Um ein antifaschistisch-demokratisches Deutschland. Dokumente aus den Jahren 1945–1949. Hg. vom Ministerium für Auswärtige Angelegenheit der DDR und dem Ministerium für Auswärtige Angelegenheit der UdSSR, Berlin (Ost) 1968, S. 156 f.

der bürgerlichen Parteien zunächst nicht veröffentlicht worden. Die äußerst scharfen Bestimmungen, die weit über die Dresdner Richtlinien hinausgingen, wurden deshalb vom Präsidium der Landesverwaltung auf seiner 7. Sitzung nochmals bestätigt – diesmal einstimmig.[22]

Die Verordnung konstatierte einleitend, das Ziel sei nicht „der Wiederaufbau oder die Säuberung des alten, sondern die Bildung eines neuen demokratischen Verwaltungsapparates". Deshalb könne aus der Zugehörigkeit zur früheren Verwaltung auch „kein Anspruch auf Wiederverwendung, noch irgendein Anspruch geltend gemacht werden". Weder eingestellt, übernommen noch weiterbeschäftigt werden dürften:

„1. alle ehemaligen Mitglieder der NSDAP und ihrer folgenden Gliederungen: SS, SA, NSKK, NSFK, NSF [NS-Frauenschaft], NSDStB [NS-Studentenbund] sowie des SD [Sicherheitsdienst der SS];
2. alle Funktionäre (soweit es sich nicht um untergeordnete, unbedeutende Ämter handelte) sowie alle besonders aktiv tätig gewesen Mitglieder der übrigen Gliederungen der NSDAP (wie HJ, BDM, Opferring), der NSDAP angeschlossenen Verbände sowie der von ihr betreuten oder ihr sonst nahestehenden Organisationen;
3. alle Personen, die im Auftrage der Gestapo, des SD, der NSDAP oder anderer Stellen sowie aus eigenem Antrieb andere wegen ihrer politischen Einstellung beobachtet haben, über sie berichteten oder sie denunzierten;
4. alle, die in einer Zivil- oder Militärverwaltung oder in einer Regierung in irgendeinem von Deutschland besetzten Lande eine verantwortungsvolle Tätigkeit ausgeübt haben;
5. alle diejenigen, die sich durch Ausübung ihrer öffentlichen oder beruflichen Tätigkeit in besonders starkem Maße gegenüber Angehörigen des deutschen Volkes oder anderer Völker schuldig gemacht haben;
6. alle die, die in der Zeit von 1933 bis 1945 als Polizeibeamte tätig waren, soweit sie nicht in dieser Zeit eine antifaschistische Tätigkeit nachweisen können;
7. Angehörige des früheren Verwaltungsapparates, die in der Zeit vor oder nach der Einstellung der Feindseligkeiten Maßnahmen getroffen, angeordnet oder durchgeführt haben, die auf eine Zerstörung öffentlichen Eigentums oder anderer Werte (Vernichtung von Akten usw.) abzielten."

Ausnahmen im Sinne einer vorübergehenden Beschäftigung seien nur zulässig, wenn die „Fachkenntnisse des Betreffenden" unbedingt erforderlich seien und er sich nicht als aktives Mitglied der NSDAP, der NSF und des NSDStB betätigt

---

22 Vgl. Andreas Thüsing (Hg.), Das Präsidium der Landesverwaltung Sachsen. Die Protokolle der Sitzungen vom 9. Juli 1945 bis 10. Dezember 1946, Göttingen 2010, S. 148.

habe. Jede Ausnahmegenehmigung bedürfe einer „sorgfältigen Überprüfung" des politischen und charakterlichen Verhaltens und müsse vom Personalamt der Landesverwaltung genehmigt werden. Nicht betroffen von diesen Bestimmungen waren ehemalige NSDAP-Mitglieder, „die eine gegen den Nazismus oder den Krieg gerichtete antifaschistische Tätigkeit nachweisen" konnten. Bevorzugt eingestellt werden sollten hingegen Personen, die von den Nationalsozialisten gemaßregelt oder verhaftet worden waren, „soweit es sich um freiheitliche und fortschrittliche Elemente handelt".[23]

Die Schärfe der sächsischen Verordnung war bemerkenswert, da sie nicht mehr zwischen nominellen und aktiven NSDAP-Mitgliedern unterschied und grundsätzlich alle Polizeibeamte, unabhängig ihrer politischen Belastung, von einer Übernahme ausschloss. Die sächsische Polizei sollte als wichtigstes Machtmittel völlig neu mit kommunistischen Kadern aufgebaut werden.[24] Auffallend ist auch die erstmalige Einbeziehung von Mitarbeitern der NS-Besatzungsverwaltungen in die Entlassungskriterien. Dies dürfte wohl auf den 1. Vizepräsidenten Kurt Fischer zurückgehen, einem altgedienten KPD-Funktionär mit sowjetischer Staatsbürgerschaft, dem als Innenminister auch das Personalamt unterstand. Als ehemaliger Mitarbeiter des sowjetischen Militärgeheimdienstes GRU besaß Fischer zugleich beste Verbindungen zu den sowjetischen Sicherheitsorganen.[25]

Die Verordnung führte zu einer massiven Entlassungswelle im öffentlichen Dienst, insbesondere in der Landesverwaltung. Am 1. Oktober befanden sich unter 1 582 Beschäftigten der Landesverwaltung noch 283 ehemalige Mitglieder der NSDAP (17,8 Prozent),[26] die noch mit einer Ausnahmegenehmigung weiterbeschäftigt waren, die von sowjetischer Seite besonders bei Fachkräften im Bereich Finanzen und Steuern relativ großzügig erteilt wurde. In der Dresdner Verwaltung arbeiteten zu diesem Zeitpunkt noch 2 072 ehemalige NSDAP-Mitglieder (14,3 Prozent), denen 1 136 KPD-Mitglieder (7,8 Prozent) und 1 198 Sozialdemokraten (8,3 Prozent) gegenüberstanden.[27] In Chemnitz

---

23 Amtliche Nachrichten der Landesverwaltung Sachsen, Nr. 4 vom 6.9.1945, S. 19 f. Auch in: Welsh, Revolutionärer Wandel, S. 177 f.; Vollnhals, Entnazifizierung, S. 175 ff.
24 Vgl. Joachim Spors, Der Aufbau des Sicherheitsapparates in Sachsen 1945–1949. Die Gewährleistung von Ordnung und Sicherheit unter den Bedingungen eines politischen Systemwechsels, Frankfurt a. M. 2003; Mike Schmeitzner, Formierung eines neuen Polizeistaates. Aufbau und Entwicklung der politischen Polizei in Sachsen 1945–1952. In: Behring/Schmeitzner (Hg.), Diktaturdurchsetzung in Sachsen, S. 201–267.
25 Zu Fischer und seinem Machtkampf mit Präsident Friedrichs vgl. Mike Schmeitzner/Michael Richter, Einer von beiden muß so bald wie möglich entfernt werden. Der Tod des sächsischen Ministerpräsidenten Rudolf Friedrichs vor dem Hintergrund des Konflikts mit dem sächsischen Innenminister Kurt Fischer 1947. Expertise des Hannah-Arendt-Instituts im Auftrag der Sächsischen Staatskanzlei, Leipzig 1999.
26 Andreas Thüsing, Landesverwaltung und Landesregierung in Sachsen 1945–1952. Dargestellt am Beispiel ausgewählter Ressorts, Frankfurt a. M. 2000, S. 128.
27 Widera, Dresden 1945–1948, S. 171 f.

waren von rund 9000 Angestellten der Stadtverwaltung ca. 4000 entlassen worden, was in einem Kontrollbericht der SMAS an die Landesverwaltung im Oktober als mangelhaft hervorgehoben wurde und in der Folge zur Absetzung von Oberbürgermeister Kurt Wuthenau führte.[28] Die Entlassungen erfolgten administrativ im Zuge eines Verwaltungsaktes ohne Einzelfallprüfung und Anhörung des Betroffenen. Eine juristische Nachprüfung war den Arbeitsgerichten vom Justizressort mit Rundschreiben vom 27. August 1945 ausdrücklich untersagt worden.[29] Hierbei ist allerdings zu bemerken, dass im Herbst 1945 die übrigen Besatzungsmächte nicht anders vorgingen.

Anfang September erließ die SMAD eine erste zonenweite Entnazifizierungsbestimmung, die sich jedoch nur auf die Reorganisation des Gerichtswesens bezog. Der Befehl 49 ordnete die Entlassung aller NSDAP-Mitglieder aus dem Justizdienst an. In Sachsen betraf dies 721 von insgesamt 901 Richtern und 98 von 123 Staatsanwälten. Der Geltungsbereich dieser Bestimmung wurde in Sachsen (und anderen Ländern der SBZ) auf alle Mitarbeiter der Justizverwaltung übertragen, wobei belastete Beamte, Angestellte und Arbeiter bis zum 20. Oktober ausscheiden sollten. Tatsächlich dauerte die Säuberung länger an und führte in Sachsen zu insgesamt 4636 Entlassungen.[30] Der Kahlschlag im Justizdienst war drastisch und hatte für die Rechtspflege dramatische Folgen, da der Personalmangel erst über die Jahre mit den SED-nahen „Volksrichtern" aufgefüllt werden konnte.[31]

Mitte Oktober erließ die Landesverwaltung eine Jugendamnestie, von der alle nach dem 31. Dezember 1919 geborenen NSDAP-Mitglieder profitieren sollten.[32] Diese Maßnahme leitete jedoch keinen Kurswechsel ein, da die SMAD mehrfach die Entnazifizierung der öffentlichen Verwaltung als ungenügend kritisiert hatte und nunmehr auf eine radikalere Gangart drängte, was nicht zuletzt eine Reaktion auf drastisch verschärfte amerikanische Entnazifizierungsdirektiven und Vorhaltungen im Alliierten Kontrollrat darstellte. So ordnete die SMAS mit Befehl 494 an, dass bis zum 1. November – also binnen vier Tage – sämtliche ehemaligen NSDAP-Mitglieder aus den Dienst der Landesverwaltung und der ihr nachgeordneten Behörden zu entlassen seien. Fachkräfte dürften nur in seltenen Ausnahmefällen mit Genehmigung der SMAS vorübergehend wei-

---

28 Vgl. Welsh, Revolutionärer Wandel, S. 52 f.
29 Vgl. Thüsing, Landesverwaltung, S. 128.
30 Zahlengaben nach Hilde Benjamin, Zur Geschichte der Rechtspflege der DDR 1945–1949, Berlin (Ost) 1976, S. 333. Zum SMAD-Befehl 49 vom 4.9.1945 vgl. Hermann Wentker, Justiz in der SBZ/DDR 1945–1953. Transformation und Rolle ihrer zentralen Institutionen, München 2001, S. 103 ff.; zu Sachsen vgl. Thüsing, Landesverwaltung, S. 128 f.; Welsh, Revolutionärer Wandel, S. 134 ff.
31 Vgl. Andreas Thüsing, Demokratischer Neubeginn? Aufbau, Organisation und Transformation des sächsischen Justizministeriums 1945–1950, Dresden 2003, S. 91–97.
32 Verordnung über die Behandlung ehemaliger Mitglieder der NSDAP vom 13.10.1945. In: Amtliche Nachrichten der Landesverwaltung Sachsen, Nr. 10 vom 7.11.1945.

terbeschäftigt werden. Ausgenommen waren Jugendliche unter 21 Jahren und Ärzte, soweit diese nicht in der Verwaltung tätig waren.[33] Auf einer eilends einberufenen Sondersitzung beschloss das Präsidium der Landesverwaltung, „dass der Befehl strikt durchzuführen sei, ohne Rücksicht auf die hieraus für die Verwaltung sich ergebenden Folgen".[34]

Mit einer Verfügung an die Landräte und Oberbürgermeister setzte die Landesverwaltung am 3. November den SMAS-Befehl 494 um und dekretierte die generelle Entlassung zum 15. November – eine Frist, die später mit Billigung der Besatzungsmacht auf den 31. Dezember 1945 verlängert wurde. Aufschlussreich ist der einleitende Passus, wonach „ein erheblicher Teil der Dienststellen und Ämter nur sehr zögernd" die Verordnung vom 17. August durchgeführt habe. „Beschäftigungen auf Grund der Ausnahmebestimmungen wurden fast zur Regel, so dass in einzelnen Fällen über die Hälfte der Beschäftigten noch ehemalige Mitglieder der NSDAP waren, während andererseits zahlreiche Bewerbungen von antifaschistischen und politisch einwandfreien Kräften unberücksichtigt blieben."[35] Gerade auf den unteren Verwaltungsebenen gab es erhebliche Widerstände gegen eine radikale Umsetzung der Säuberungsrichtlinien, da man nicht zu Unrecht einen massiven Verlust qualifizierter Mitarbeiter und damit eines geordneten Verwaltungsvollzugs befürchtete. Und nicht zuletzt war es das Netzwerk loyaler Kollegialität, das häufig zu einer Umgehung der Entlassungsrichtlinien führte. Insofern müssen auch alle nach oben gemeldeten Entlassungszahlen mit einer gewissen Skepsis betrachtet werden. Vorbehalte sind vor allem bei summierenden Statistiken angebracht, die sich über einen längeren Zeitraum erstrecken; sie basieren oft auf fehlerhaften Angaben und Doppelzählungen.

Unstrittig ist jedoch, dass diese Verfügung eine neue Entlassungswelle einleitete. So wurden in der Dresdner Stadtverwaltung allein im November 1 537 Personen als entlassen gemeldet, in Leipzig verloren über 1 600 Angestellte und Arbeiter ihrer Beschäftigung und aus der Stadtverwaltung Chemnitz wurden bis zum Jahresende 1945 weitere 2 000 ehemalige Mitglieder der NSDAP und ihrer Gliederungen entfernt.[36] Dennoch wurde der SMAS-Befehl 494 keineswegs vollständig umgesetzt, da weiterhin zahlreiche Ausnahmegenehmigungen

---

33 Generalmajor Dubrowskij an Vizepräsident Fischer vom 27.10.1945 (SächsHStAD, MdI 913, Bl. 45). Vgl. auch Thüsing, Landesverwaltung, S. 129. Zu entsprechenden Befehlen in Sachsen-Anhalt vgl. Alexander Sperk, Entnazifizierung und Personalpolitik in der Sowjetischen Besatzungszone Köthen/Anhalt. Eine Vergleichsstudie (1945–1948), Dössel 2003, S. 89 ff.
34 21. Präsidialsitzung vom 30.10.1945. In: Thüsing (Hg.), Präsidium der Landesverwaltung, S. 211 f.
35 Rundschreiben der Landesverwaltung Sachsen, gez. Kurt Fischer, an die Landräte und Oberbürgermeister vom 3.11.1945. Betr.: Entlassung aller beschäftigten ehemaligen Mitglieder der NSDAP zum 15.11.1945. In: Welsh, Revolutionärer Wandel, S. 179 f.; Vollnhals, Entnazifizierung, S. 178 ff.
36 Widera, Dresden 1945–1948, S. 172 f; Welsh, Revolutionärer Wandel, S. 53 f.

bestanden. So unterrichteten beispielsweise Mitte Dezember 1945 noch 1 660 ehemalige NSDAP-Mitglieder als Lehrer an sächsischen Volksschulen, 236 an Berufsschulen und 74 an höheren Schulen.[37] Auch wurden viele Personen nach ihrer offiziellen Entlassung weiterhin zum Dienst verpflichtet, ohne jedoch in der Statistik zu erscheinen.

Einen detaillierten Einblick bietet eine Aufschlüsselung für die Stadtverwaltung Dresden, in der gegen Jahresende 1945 noch über 1 100 NSDAP-Mitglieder (7,3 Prozent) beschäftigt waren, vornehmlich im Gesundheitswesen, bei der Straßenbahn und Energieversorgung, aber auch im Kulturamt.

Tabelle 1: Gesamtpersonal der Stadtverwaltung Dresden, Stand: 25.12.1945[38]

	insgesamt	KPD	SPD	LDP	CDU	NSDAP*	parteilos
Zentralverwaltung	917	276	363	10	7	40	223
Versorgungswesen	323	40	87	10	2	13	171
Finanzwesen	362	35	74	22	11	34	186
Gewerbeamt	46	10	24	0	3	1	8
Bauwesen	1 140	134	349	31	11	59	566
Gesundheitswesen	3 019	95	255	29	32	355	2253
Sozialfürsorge	1375	166	204	48	38	53	866
Schulamt	477	28	67	8	6	45	323
Kulturamt	652	21	49	14	7	184	377
DREWAG	2 342	260	776	23	22	101	1 160
Straßenbahn	4 240	467	1 031	8	3	257	2 474
Bezirksverwaltungen	1 171	396	372	45	17	43	298
insgesamt	16 064	1928	3 651	248	159	1173	8 905

* inklusive Dienstverpflichtete

37 Welsh, Revolutionärer Wandel, S. 100.
38 Tabelle in: Widera, Dresden 1945–1948, S. 174. Zu Chemnitz vgl. die Zahlen bei Rainer Behring, Die Zukunft war nicht offen. Instrumente und Methoden der Diktaturdurchsetzung in der Stadt: Das Beispiel Chemnitz. In: Hilger/Schmeitzner/Schmidt (Hg.), Diktaturdurchsetzung, S. 155–168, hier 162 f. Zu Leipzig vgl. Ralf Thomas Baus, Die Christlich-Demokratische Union Deutschland in der sowjetisch besetzten Zone 1945 bis 1948, Düsseldorf 2001, S. 505 f.; zu Pirna mit Stand vom 1.11.1946 vgl. Hugo Jensch, Die Entnazifizierung in Stadt und Kreis Pirna 1945–1949, S. 9 (http://www.geschichte-pirna.de/entnazifizierung.pdf).

Tabelle 2: Personalübersicht der Landesverwaltung Sachsen und der nachgeordneten Dienststellen sowie der unterstellten Körperschaften des öffentlichen Rechts, Stand: 1.12.1945[39]

	Gesamtzahl	KPD	SPD	LDP	CDU	parteilos	Mitglied des FDGB	ehemalige Mitglieder NSDAP/Gliederung
Personal der Landesverwaltung	2 137	465	361	65	39	1 207	1 367	27
Personal der der Landesverwaltung nachgeordneten Dienststellen sowie der unterstellten Körperschaften des öffentlichen Rechts	100 128	2 627	4 951	1 050	545	90 955*	70 342	24 159
Personal der Landratsämter	5 709	814	804	93	88	3 910	3 747	287
Teilübersicht des Personals der Gemeinden	71 037	11 427	11 197	669	488	47 256	51 003	2 462
insgesamt	179 011	15 333	17 313	1 877	1 160	143 328	126 459	26 935

* Im Ressort „Verkehr" lag zum Zeitpunkt der Erhebung von ca. 63 000 Beschäftigten noch keine Angabe über die Parteizugehörigkeit, sodass diese unter „parteilos" aufgeführt wurden.

39 Tabelle in: Baus, Christlich-Demokratische Union, S. 503.

Für die politische Entwicklung wesentlich bedeutsamer war jedoch der seit Kriegsende dank einer gezielten Kaderpolitik und sowjetischer Rückendeckung sprunghaft angestiegene Anteil von KPD-Mitgliedern, insbesondere in der Zentral- und den Bezirksverwaltungen. Die stärkste Kraft bildeten jedoch die Sozialdemokraten, die in Dresden (wie auch in anderen Städten) den größten Mitgliederzuwachs verzeichnen konnten. Demgegenüber fällt die außerordentliche Schwäche der bürgerlichen Parteien CDU und LDP auf, was auf eine systematische Benachteiligung bei der Personalrekrutierung verweist.

Ein ganz ähnliches Bild bietet sich, wenn man die gesamte öffentliche Verwaltung Sachsens mit ihren unterschiedlichen Ebenen in den Blick nimmt. Die Übersicht (siehe Tabelle 2) weist einen Anteil von 15,0 Prozent ehemaliger Mitglieder der NSDAP und ihrer Gliederungen auf, der allerdings noch höher liegen könnte, da zum Zeitpunkt der Statistik noch nicht alle Angaben der Gemeinden und der Verkehrsbetriebe vorlagen. Auch hier ist die Schwäche der bürgerlichen Parteien besonders augenfällig, die zusammen gerade einmal 1,7 Prozent aller im öffentlichen Dienst beschäftigten Personen stellten.

Anfang Februar 1946 wies eine Statistik der Landesverwaltung insgesamt 70 774 Entlassungen aus dem öffentlichen Dienst aus, deren Zahl sich zum 1. März auf 96 247 erhöhte. Aus dem Apparat der Landesverwaltung waren bis zu diesem Zeitpunkt 566 Beschäftigte entlassen worden: 179 Personen aus dem Ressort Finanzen und Steuern, 91 aus dem Ressort Landwirtschaft, Handel und Versorgung, 82 aus dem Innenressort, 81 aus der Justizressort, 54 aus dem Ressort Volksbildung, 41 aus dem Ressort Wirtschaft und Arbeit, 36 aus dem Gesundheitswesen und zwei Mitarbeiter aus dem Präsidialbüro.[40] Anfang 1946 war die Entnazifizierung im öffentlichen Dienst im Wesentlichen abgeschlossen und der angestrebte Umbau der gesamten Verwaltung zugunsten der kommunistischen Dominanz weit vorangeschritten.

Betrachtet man das Stärkeverhältnis von KPD und SPD sowie das verheerende Wahlergebnis der österreichischen Kommunisten im Herbst 1945, so wird verständlich, weshalb die KPD nach der Konsolidierung ihres Parteiapparates nun massiv auf die Vereinigung der beiden Arbeiterparteien und damit auf die Zerschlagung der SPD als eigenständiger politischer Kraft drängte. Zumal in Sachsen im Juni 1946 der Volksentscheid zur Enteignung der Nazi- und Kriegsverbrecher anstand und im Herbst in der gesamten SBZ Gemeinde-, Kreistags- und Landtagswahlen stattfinden sollten. Entsprechend intensiv umwarb die neu gegründete SED im Sommer den verführten „kleinen Parteigenossen".[41] Vom

---

40 Thüsing, Landesverwaltung, S. 131.
41 Vgl. z. B. SED und nominelle Parteigenossen. Beschluss des Parteivorstandes vom 20.6.1946. In: Vollnhals, Entnazifizierung, S. 191 ff.; Rößler, Entnazifizierungspolitik, S. 94 ff. Bei Rößler ist auch die Rede Otto Grotewohls auf der Sitzung des Parteivorstandes dokumentiert (S. 88 ff.). Vgl. auch Wilhelm Koenen, Zur Umkehr des kleinen Pg. In: Sächsische Zeitung vom 16.6.1946.

Wahlrecht ausgeschlossen waren lediglich Angehörige der SS, des SD und der Gestapo sowie führende Funktionäre der NSDAP und ihrer Gliederungen; in Sachsen betraf dies 0,32 Prozent der Stimmberechtigten.[42]

Mit dem Volksentscheid am 30. Juni 1946 sollten die mit den SMAD-Befehlen 124 und 126 von Ende Oktober 1945 bereits erfolgte Beschlagnahmung von Industrieunternehmen und Gewerbebetrieben und deren Überführung in Staatseigentum demokratisch legitimiert werden. Der von einer massiven SED-Kampagne begleitete Volksentscheid war durchaus populär. So stimmten bei einer hohen Wahlbeteiligung (93,7 Prozent) 77,6 Prozent der Stimmberechtigten für den vorgelegten Gesetzesentwurf. Damit gingen 1 861 Unternehmen entschädigungslos in Landeseigentum über, rund 600 verblieben unter sowjetischem Sequester. Weitere 2 239 Betriebe sollten an ihre früheren Eigentümer zurückgegeben werden.[43] Das Ergebnis des sächsischen Volksentscheids diente zugleich als Begründung für die Enteignung und Verstaatlichung in den übrigen Ländern der SBZ, die per Gesetz erfolgten. Welchen Druck SMAS und SED im Vorfeld des Volksentscheids ausgeübt hatten, sprach Wirtschaftsminister Fritz Selbmann auf einer SED-Funktionärskonferenz in Döbeln unverhohlen aus: „Wir haben, ich sage es ganz offen, den Kampf um die Enteignung geführt mit Mitteln und Methoden, wie wir sie vielleicht nach der ersten demokratischen Landtagswahl in Sachsen nicht mehr anwenden können, mit Mitteln der Polizei, mit Mitteln der Verhaftung. Das war ein sehr unterirdischer Kampf, der nur durchgestanden werden konnte, wenn man vom ersten Tage an klipp und klar sah: Das ist die Aufgabe."[44]

Die sozialistische Umgestaltung der Eigentumsverhältnisse hatte bereits im August 1945 mit der Enteignung der sächsischen Geldinstitute und ihrer Überführung in die Landesbank begonnen. Einen Monat später folgte die „demokratische Bodenreform", die nicht nur adelige „Junker", sondern generell alle Großbauern mit über 100 Hektar Landbesitz enteignete.[45] Ende Oktober schließlich schufen die SMAD-Befehle 124 „über die die Beschlagnahmung und provisorische Übernahme einiger Eigentumskategorien in Deutschland" sowie Befehl 126 „über Einziehung des Vermögens der NSDAP, ihrer Organe und Organisationen" die Grundlage für weitgehende Enteignungsmaßnahmen.[46] Dies war aus Sicht der kommunistischen Faschismustheorie folgerichtig, galt doch der Kapitalismus als die eigentliche Ursache des Faschismus, insofern war die

---

42 Thüsing, Landesverwaltung, S. 132 f.
43 Vgl. Winfried Halder, „Modell für Deutschland". Wirtschaftspolitik in Sachsen 1945-1948, Paderborn 2001, S. 212-232; Baus, Christlich-Demokratische Union, S. 279-301.
44 Zit. nach Baus, Christlich-Demokratische Union, S. 298.
45 Vgl. die Beiträge von Lutz Vogel sowie von Ira Spieker und Sönke Friedreich im vorliegenden Band.
46 In: Um ein antifaschistisch-demokratisches Deutschland, S. 189-192, 194-196. Allein Sachsen waren davon rund 4 700 Betriebe betroffen.

Enteignung der Kapitalisten und Junker per se als eine antifaschistische Maßnahme gerechtfertigt. Die Frage der persönlichen Schuld spielte im Kontext einer klassenkämpferischen Politik, die auf den Aufbau des Sozialismus abzielte, nur eine untergeordnete Rolle, wovon auch die zahlreichen willkürlichen Enteignungen unter dem Vorwand der Entnazifizierung zeugen.

Entnazifizierung nach dem SMAS-Befehl 351 von Dezember 1946

Nach Abschluss der Wahlen und im Vorgriff auf die Moskauer Außenministerkonferenz im März 1947 beschloss die SMAD, nun auch in ihrer Besatzungszone die Entnazifizierungsdirektive Nr. 24 des Alliierten Kontrollrats von Januar 1946[47] anzuwenden, deren Einführung sie seit Monaten verzögert hatte, während in der amerikanischen Besatzungszone bereits im März das deutsche Befreiungsgesetz mit der Bildung justizförmiger Spruchkammern in Kraft getreten war. Mit Befehl 351 wies die SMAS deshalb am 9. Dezember 1946 – zu diesem Zeitpunkt waren im öffentlichen Dienst noch knapp sechs Prozent ehemalige NSDAP-Mitglieder beschäftigt[48] – die Bildung einer Entnazifizierungskommission auf Landesebene für den zentralen Verwaltungsapparat sowie nachgeordneter Kommissionen in den Kreisen, kreisfreien Städten, Verkehrsbetrieben und großen Unternehmen an.[49] Die Landeskommission, die zugleich als „Appellationsinstanz" der örtlichen Ausschüsse fungierte, bestand befehlsgemäß aus Vizepräsident Fischer als Vorsitzendem, dem Leiter des Personalamtes (stellv. Vorsitzender), je einem Vertreter der antifaschistischen Parteien, der Gewerkschaften und des Betriebsrates. Damit standen insgesamt fünf SED-Mitgliedern ein Christdemokrat und ein Liberaldemokrat gegenüber.

In den 29 Landkreis- und sechs Stadtkommissionen hatte den Vorsitz der jeweilige Landrat bzw. Oberbürgermeister inne, als Stellvertreter fungierte der Leiter des Personalamtes; je ein weiteres Mitglied entsandten die Parteien SED, CDU und LPD sowie der FDGB und der Betriebsrat, wobei alle Mitglieder zuvor von der SMAS überprüft und bestätigt werden mussten.[50] Von den 42 Mitgliedern der Stadtkommissionen gehörten 30 der SED an, bei den Kreiskommissionen waren es 145 von 203. Des Weiteren wurden 12 Kommissionen für

---

47 Direktive Nr. 24 des Alliierten Kontrollrats vom 12.1.1946: Entfernung von Nationalsozialisten und Personen, die den Bestrebungen der Alliierten feindlich gegenüberstehen, aus Ämtern und verantwortlichen Stellungen. Auszugweise in: Vollnhals, Entnazifizierung, S. 107–118.
48 Vollnhals, Entnazifizierung, S. 47.
49 SMAS-Befehl 351 vom 9.12.1946. Betr.: Die Schaffung von Denazifizierungs-Kommissionen (SächsHStAD, MdI 31, Bl. 206).
50 Vgl. auch Johannes Raschka, Kaderlenkung durch die Sowjetische Militäradministration in Sachsen. In: Behring/Schmeitzner (Hg.), Diktaturdurchsetzung in Sachsen, S. 51–78, hier 68.

die „russischen" Kombinate (SAG), 65 Kommissionen für Industriebetriebe mit über 500 Mitarbeitern, 115 regionale Wirtschaftskommissionen für Gewerbe und kleinere Betriebe und sieben Sonderkommissionen für die Oberpostdirektion Dresden und Leipzig, Reichsbahn, Landesbank, Versicherungsanstalt des Landes Sachsen, Wassertransport und Polizei eingerichtet. Mit Ausnahme der Polizeikommission, die nur aus vier SED-Mitgliedern bestand, umfassten die anderen Sonderkommissionen jeweils sieben Mitglieder mit je einem Vertreter von CDU und LDP. Eine Besonderheit bildeten die Kommissionen, die für die Durchführung der Entnazifizierung im kirchlichen Bereich zuständig waren; hier gehörten von 39 Mitgliedern nur acht der SED an. Insgesamt bestanden bis März/April 1947 241 Säuberungskommissionen mit 1 234 Mitgliedern, deren Parteizugehörigkeit eine Statistik der Landeskommission ausweist: 808 SED, 208 CDU, 178 LDP und 40 Parteilose.[51]

Die Landeskommission unter Vorsitz des nunmehrigen Innenministers Fischer konstituierte sich am 8. Januar 1947,[52] am 22. Januar erfolgte die Einweisung der Landräte und Oberbürgermeister. Bei dieser Sitzung schärfte Fischer den Anwesenden ein, die Kommissionen dürften nicht formal die Entnazifizierungsdirektive Nr. 24 des Alliierten Kontrollrats abarbeiten: „Wir arbeiten nicht nach dem Paragrafen, sondern wir fühlen uns als das, was wir sind, wir arbeiten wie eine politische Kommission." Ein besonderes Augenmerk müsse auf reaktionäre Kräfte gelegt werden, die nicht Mitglied der NSDAP gewesen seien. Auch dürften bei der erneuten Überprüfung der Verwaltung keine Rehabilitierungen von bereits Entlassenen vorgenommen werden. Mit Blick auf die Moskauer Außenministerkonferenz wurden die Kommissionen verpflichtet, ihre Statistiken bis zum 3. Februar abzuliefern.[53] Die viel zu kurz gesetzte Frist wurde später verlängert.

Bis zum 17. Februar überprüfte die Landeskommission unter großem Zeitdruck in 14 Sitzungen insgesamt 4 746 Personen der zentralen Verwaltung, von denen, gestaffelt bis zum 1. April, 539 entlassen werden sollten.[54] Als besonders desaströs bezeichnete Fischer in einem Bericht an Generalmajor Dmitrij G. Dubrowskij die Situation im CDU-geführten Finanzministerium. Dort seien „die

---

51 Landeskommission an SMAS, Abteilung Information, vom 9.10.1947. Betr.: Bericht über bisher geleistete Entnazifizierungsarbeit im Lande Sachsen (SächsHStAD, MdI 5697, unpag.).
52 Neben Fischer gehörten der Kommission an: Ministerialdirigent Dreger (SED) als Leiter des Personalamtes, MdL Rausch (SED), MdL Bretscheider (LDP), MdL Koring (CDU), Richter (FDGB/SED) und Betriebsrat der Landesregierung Herbert Richter (SED).
53 Sitzung der Vorsitzenden und stellv. Vorsitzenden der Entnazifizierungskommission am 22.1.1947 (SächsHStAD, MdI 31, Bl. 171–187, Zitat 181). Vgl. auch Kurt Fischer, Entnazifizieren. Auf den Geist, nicht auf den Buchstaben kommt es an. In: Sächsische Zeitung vom 28.1.1947.
54 Bericht über die Tätigkeit der Entnazifizierungskommission der Landesregierung Sachsen bis einschließl. 26. Februar 1947, o. D. (SächsHStAD, MdI 31, Bl. 15 f.).

obersten Stellen geradezu nazistisch verseucht. Von den vorhandenen zwei Ministerialdirektoren musste einer, als unter die Direktive 24 fallend, zur Entlassung kommen. Von 12 Ministerialräten 6, von 23 Oberregierungsräten 13, von 49 Regierungsräten 20, d. h. von insgesamt 86 leitenden Angestellten fielen 40, fast 50 Prozent unter die Direktive 24 und mussten zur Entlassung kommen." Im Justizministerium wurden knapp zehn Prozent der Mitarbeiter entlassen, wobei Fischer selbst hervorhob, dass dort „fast keine Angehörigen der Nazipartei mehr vorhanden" gewesen waren, „wohl aber alle möglichen Säulen des hitlerschen Staatsapparates, die formell nicht der Partei angehörten, aber doch zu den wichtigsten Trägern der nazistischen Ideologie zählen".[55]

Da die Umsetzung der Kontrollrats-Direktive 24 in der gesamten SBZ unter großem Zeitdruck erfolgte, häuften sich die Beschwerden. Bereits am 17. Februar 1947 wandten sich deshalb die Parteiführungen von SED, LDP und CDU in einem gemeinsamen Schreiben an die SMAD und baten um den Erlass milder Durchführungsbestimmungen: „Eine schematische Durchführung dieser Direktive, wie sie vielfach zu beobachten ist, würde das Ausscheiden vieler Fachleute und Spezialisten in Wirtschaft und Verwaltung zur Folge haben. Dieser Umstand erfüllt die Einheitsfront mit ernster Sorge für die Sicherung und den Fortbestand des in der Ostzone erreichten wirtschaftlichen Fortschritts."[56] Wenige Tage später, am 21. Februar, trat auch Wilhelm Pieck in einem vielbeachteten Artikel im „Neuen Deutschland" für eine milde Behandlung der Mitläufer ein.[57] Eine Änderung der sowjetischen Position war aber vorerst nicht zu verzeichnen.

Zwar sollten die Kommissionen bis Mitte März bzw. bei Wirtschaftsunternehmen bis Mitte April 1947 ihre Arbeit beenden, tatsächlich arbeiteten viele Kommissionen noch bis zum Erlass des SMAD-Befehls 201 am 16. August 1947 weiter. Zu diesem Zeitpunkt bestand in Sachsen noch ein Überhang von 18 400 unerledigten Belastungsfällen, die den abermals neu gebildeten Entnazifizierungskommissionen zur weiteren Entscheidung übergeben wurden. Insofern ist die nachstehende Statistik nicht vollständig; sie verzeichnet aber die wesentlichen Ergebnisse.

---

55 Innenminister Fischer an Chef der SMAS, Generalmajor Dubrowskij, vom 24.2.1947 (ebd., Bl. 41–43). Vgl. auch Thüsing, Landesverwaltung, S. 136 ff.
56 In: Vollnhals, Entnazifizierung, S. 205 f.; Zur Entnazifizierung. Ein Antrag der antifaschistisch-demokratischen Parteien der Ostzone. In: Neues Deutschland vom 25.2.1947; Gegen schematische Entnazifizierungsmaßnahmen. Gemeinsamer Antrag der antifaschistisch-demokratischen Parteien der sowjetischen Besatzungszone an die SMA. In: Sächsische Zeitung vom 26.2.1947.
57 Wilhelm Pieck, Der Sinn der Entnazifizierung. In: Neues Deutschland vom 21.2.1947. Vgl. auch Kurt Fischer, Gegen Fehler der Entnazifizierung. In: Sächsische Zeitung vom 28.2.1947.

Tabelle 3: Tätigkeit der Entnazifizierungskommissionen nach SMAS-Befehl 351 (1.1. bis 31.8.1947)[58]

Kommissionen	überprüfte Personen	nicht unter Direktive 24 fallend	entlassen	entfernt, Gericht übergeben	im Amt belassen
Landeskommission	8 556	6 844	759	10	202 (2,3 %)
Stadt-/Landkreiskommissionen	154 332	124 998	5 796	69	14 415 (9,3 %)
Sonderkommissionen*	41 248	27 049	2 812	1	5 447 (13,2 %)
Industrie**	1 295	6 012	612	–	4 989 (34,9 %)
gesamt	218 431	164 903	9 979	80	25 053 (11,5 %)

* Sonderkommissionen für Polizei, Oberpostdirektion Dresden und Leipzig, Reichsbahndirektion Dresden, Landesbank, Versicherungsanstalt des Landes Sachsen, Straßen- und Wasserbaudirektion sowie Kirchen.
** Für Betriebe über 500 Beschäftigte sowie für die verstaatlichten Betriebe in den Industrieverwaltungen des Landes Sachsen.

Die Differenz der Entscheidungen zur Gesamtzahl der überprüften Personen ergibt sich aus den unerledigten Fällen (18 416), die den neu gebildeten Kommissionen nach SMAD-Befehl 201 übergeben wurden.

Nahezu vollständig gesäubert war die zentrale Verwaltung mit Ausnahme des Gesundheitswesens, wo qualifizierter Ersatz nicht mit Schnellkursen zu bekommen war. Ebenso waren die politischen Spitzen- und Leitungsfunktionen in den Kommunen und Körperschaften des öffentlichen Rechts nunmehr in den Händen von „zuverlässigen Genossen". Die relativ hohe Belastungsquote bei den Stadt- und Kreiskommissionen resultiert in erster Linie aus ihrer Zuständigkeit für die Überprüfung von kleineren Gewerbe- und Dienstleistungsbetrieben. Weniger interessant für die Machtdurchsetzung der SED waren auch die Sonderkommissionen für Post, Reichsbahn, Wassertransport und Kirchen. Auffällig ist ferner die hohe Quote von im Amt belassenen Mitarbeitern bei den

---

58 Vorsitzender der Landesentnazifizierungskommission, Innenminister Fischer, an SMAS, Abteilung Information, vom 9.10.1947. Betr.: Bericht über bisher geleistete Entnazifizierungsarbeit im Lande Sachsen (SächsHStAD, MdI 5697, unpag.).

Industriebetrieben, wo ohnehin nur Angestellte mit Leitungsfunktionen überprüft worden waren. Ferner dürfen die Entlassungszahlen nicht darüber hinweg täuschen, dass im August 1947 in Sachsen von 318 773 registrierten ehemaligen NSDAP-Mitgliedern nur 1,1 Prozent als arbeitslos gemeldet waren.[59]

Wie brachial die Landeskommission unter Innenminister Fischer vorgehen konnte, zeigte sich in Bad Elster. Dort wurde die örtlich zuständige Entnazifizierungskommission nach Beschwerden aus SED-Kreisen aufgelöst und durch eine Sonderkommission der Landesregierung ersetzt, die am 9. Juli 1947 ihr Quartier im Haus Friesenhof bezog. In dieser Pension waren „nur Privatkurgäste untergebracht, so dass unter der Räumung keine werktätigen Kurgäste zu leiden hatten". Das Ziel der von Dresden entsandten Kommission war, wie es im internen Schriftwechsel unverhüllt hieß, „die Ausschaltung nazistisch belasteter Inhaber und Pächter des Gaststätten- und Beherbergungsgewerbes", um den Kurort zu einem „Bad der Werktätigen zu machen". „Die vornehmste und in naher Zukunft dringendste Aufgabe ist daher, die in einigen Wochen durch Gewerbeentzug betroffenen Häuser in den Besitz der Sozialversicherungsanstalt Sachsen oder des FDGB zu bringen." Den Besitzern müsse jede Gelegenheit genommen werden, „ihre Häuser privat zu veräußern oder zu verpachten, dann wäre die Arbeit der Kommission auf diesem Sektor ein Schlag ins Wasser". Nach der Übergabe einer ersten Liste mit 32 Positionen empfahl der Kommissionsvorsitzende bereits am 9. August Innenminister Fischer, er möge vorsorglich beim Ministerium für Handel und Versorgung intervenieren, damit etwaigen Einsprüchen der Besitzer nicht stattgegeben werde.[60]

Nach entsprechenden Absprachen mit dem Ministerium und der Sozialversicherungsanstalt entzog die Kommission dann 81 belasteten Pensionsbesitzern und Gewerbebetreibenden die Lizenz und verfügte den Einzug des Vermögens. In enger Zusammenarbeit mit der Polizei, die – wie andernorts – eine eigene NS-Kartei führte und das „Verhalten der Betreffenden von 1945 bis heute" bewertete, fand auch die Überprüfung in anderen Bereichen statt. In der Stadtverwaltung, einschließlich Krankenhaus und Kino, entließ die Kommission 13 von 86 Mitarbeitern. Im Staatsbad mit rund 300 Arbeitern und Angestellten beschränkte sich die Überprüfung auf 116 Personen „in verantwortlicher Stellung", was zu 20 Entlassungen und zur Absetzung des unbelasteten Kurdirektors führte; den von der sowjetischen Besatzungsmacht in Anspruch genommenen Bereich vermochte die Kommission allerdings nicht zu überprüfen. Bei der Kraftverkehrsgesellschaft (KVG) wurden 22 von 41 Mitarbeitern entlassen. Im Abschlussbericht hieß es dazu: „Trotzdem sich der Vorsitzende des Gesamtbetriebsrates der KVG persönlich für diese Nazis einsetzte, wurde dieses Faschistennest von der Kommission endgültig und restlos gesäubert." Insgesamt

---

59 Statistik über die Arbeitsmarktlage für ehemalige NSDAP-Mitglieder in der sowjetischen Besatzungszone von August 1947. In: Vollnhals, Entnazifizierung, S. 234.
60 Entnazifizierungskommission der Landesregierung Sachsen für Bad Elster, gez. Michalk, an Innenminister Fischer vom 9.8.1947 (SächsHStAD, MdI 32, Bl. 100 f.).

überprüfte die Sonderkommission, die mit SMAD-Befehl 201 ihre Tätigkeit vorzeitig einstellen musste, in Bad Elster 976 Personen, von denen 427 eine NS-Belastung nach Kontrollrats-Direktive 24 aufwiesen. In 220 Fällen entschied die Kommission auf Entlassung bzw. Gewerbeentzug, die übrigen, darunter 52 Jugendliche, durften weiterbeschäftigt werden. Abschließend resümierte der Bericht: Der Auftrag, „für eine gute demokratische Ordnung in Bald Elster zu sorgen", habe „aufgrund des plötzlichen Abrufes der Kommission nicht restlos verwirklicht werden" können.[61]

SMAD-Befehl 201 von August 1947 und Abschluss der Entnazifizierung

Die letzte Phase wurde im August 1947 durch den Befehl 201 der Sowjetischen Militäradministration[62] eingeleitet, der drei verschiedene Funktionen besaß: Er gab zunächst allen nominellen NSDAP-Mitgliedern ihre bürgerlichen und politischen Rechte zurück, einschließlich des passiven Wahlrechts. Zu diesem Zweck ordnete der Befehl, zweitens, die beschleunigte Durchführung der Entnazifizierung an, wobei die Überprüfung mutmaßlicher NS-Aktivisten (gemäß Kontrollrats-Direktive 24) in die Zuständigkeit abermals neu gebildeter Kommissionen fiel und innerhalb von drei Monaten abgeschlossen sein sollte. Drittens ging die Aburteilung von Nazi- und Kriegsverbrechern (gemäß Kontrollrats-Direktive 38) mit gewissen Ausnahmen auf deutsche Gerichte über, wobei die Ermittlung und Abfassung der Anklageschrift der politischen Polizei, den Kommissariaten 5 der Kriminalpolizei, übertragen wurde – wovon noch zu sprechen sein wird.

Zur Begründung für den abrupten Kurswechsel wurde auf die Enteignung der „Junker", der „Faschisten und Kriegsverbrecher" verwiesen, womit in der sowjetischen Besatzungszone die „Grundlage des Faschismus, des Militarismus und der Reaktion ernsthaft erschüttert" worden sei. Neben dieser mehr ideologischen Begründung sprachen auch ökonomische Gründe für einen baldigen Abschluss. Da die öffentliche Verwaltung bereits weitgehend gesäubert war, hätte jede weitere Entlassungswelle vor allem die ohnehin geschwächte Wirtschaft und damit auch die Reparationsleistungen an die Sowjetunion beeinträchtigen müssen. Nicht zuletzt sollte mit dem großzügigen Integrationsangebot für ehemalige NSDAP-Mitglieder die soeben anlaufende Volkskongress-Kampagne „für Einheit und gerechten Frieden" politisch flankiert werden.

Den Vorsitz der Landesentnazifizierungskommission, die sich am 26. September konstituierte, übernahm abermals Innenminister Fischer, als ständiger Sekretär fungierte Oberregierungsrat Kurt Michalk (SED), der bereits die

---

61 Entnazifizierungskommission der Landesregierung Sachsen für Bad Elster an Landesregierung vom 30.8.1947 (ebd., Bl. 67–73).
62 ZVOBl. 1947, S. 153 f. In: Welsh, Revolutionärer Wandel, S. 187 ff.; Vollnhals, Entnazifizierung, S. 206 ff.; Ruth Kristin Rößler (Hg.), Entnazifizierungspolitik der KPD/SED 1945–1948. Dokumente und Materialien, Goldbach 1994, S. 147 ff.

Sonderkommission in Bad Elster geleitet hatte. Weiterhin vertreten waren Justizminister Hermann Kastner (LDP), der Betriebsratsvorsitzende der Landesregierung Herbert Richter (SED) sowie je ein Vertreter von SED, LDP und CDU, des FDGB, der FDJ, des Demokratischen Frauenbundes (DFB), der Vereinigung der gegenseitigen Bauerhilfe (VdgB) und der Vereinigung der Verfolgten des Naziregimes (VVN).[63] Des Weiteren wurden 29 Land- und sechs Stadtkreiskommissionen gebildet, deren Vorsitz beim Landrat bzw. Oberbürgermeister lag. Ihnen gehörten weiterhin je ein Vertreter von SED, LDP, CDU, FDGB, FDJ, DFB, VdgB bzw. VVN in den Stadtkreisen an. Alle Mitglieder mussten von der Landesregierung und der sowjetischen Militäradministration bestätigt werden.[64] Zum administrativen Vollzug des SMAD-Befehls 201 sollte jede lokale Kommission sieben Sachbearbeiter erhalten. Die Landeskommission beantragte als Unterbau 28 Stellen, die Polizeiabteilung zum Ausbau der K 5 450, die Justizverwaltung 53 Stellen in der Verwaltung und 300 zusätzliche Aufsichtskräfte für die Haftanstalten.[65] Der monatliche Mehrbedarf für Personal- und Sachkosten in Höhe von 1,2 Millionen Reichsmark wurde von der SMAS genehmigt.[66]

Am 8. Oktober erfolgte im Gebäude der Dresdner Landespolizei die Einweisung der Entnazifizierungskommissionen. Bei dieser Gelegenheit betonte Innenminister Fischer nachdrücklich, dass das neue Verfahren keine Revision der bisherigen Entnazifizierungsmaßnahmen zum Ziel habe. Die staatsbürgerliche Gleichstellung der nominellen NSDAP-Mitglieder bedeute keinesfalls, dass sie einen Anspruch auf ihre alten Stellungen oder einer anderen Wiederverwendung im öffentlichen Dienst erheben könnten. Vielmehr sei jede Neueinstellung von nominellen NSDAP-Mitgliedern dem Hauptpersonalamt der Landesregierung zur Genehmigung vorzulegen. „Wir sind Entnazifizierungskommissionen und nicht Renazifizierungskommissionen!" Die Kommissionen seien „keine Spruchkammern, sie haben nicht die einzelnen Menschen zu entnazifizieren, d. h. vom Nazismus reinzuwaschen, sondern sie haben die Behörden, die leitenden Stellen der Wirtschaft, die halböffentlichen Ämter von den aktivistischen Nazis zu befreien".[67] In diesem Kontext ist auch der SMAD-Befehl 204 vom

---

63 Büro des Ministerpräsidenten an Innenminister Fischer vom 17.9.1947 (SächsHStAD, MdI 33, Bl. 185). Die anderen Mitglieder waren Georg Wolf (SED), Kurt Bretschneider (LDP), Raimer Mager (CDU), Rudolf Schulze (FDGB/SED), Erich Hönisch (FDJ/SED), Gertrud Thürmer (DFB/LDP), Kurt Bacher (VdgB/SED) und Hans Otto (VVN/SED).
64 Rundschreiben des Personalamts des Innenministeriums an Landräte und Oberbürgermeister vom 1.9.1947 (SächsHStAD, MdI 2934, Bl. 27 f.).
65 Polizeiabteilung des Innenministeriums vom 4.9.1947. Betr.: Ausgaben für die Durchführung des Befehls Nr. 201; Zusätzlicher Geld- und Materialbedarf des Ministeriums des Innern und der Justizverwaltung zur Durchführung des Befehls Nr. 201, o. D. (SächsHStAD, MdI 32, Bl. 21–28).
66 Sekretär der Landesentnazifizierungskommission an Büro des Innenministers vom 16.9.1947 (SächsHStAD, MdI 33, Bl. 188).
67 Tagung der Entnazifizierungskommissionen des Landes Sachsen am 8.10.1947 (SächsHStAD, MdI 33, Bl. 77–144, Zitat 84 f.).

23. August 1947 zu sehen, der die Wiedereinstellung ehemaliger Mitglieder der NSDAP oder ihrer Gliederungen in den Justizdienst ausdrücklich untersagte.[68] Obgleich die Zeit drängte, da nach sowjetischen Vorgaben die Durchführung des Befehls 201 bis Jahresende 1947 abgeschlossen sein sollte, kam die Arbeit der Kommissionen nur schleppend in Gang, da zunächst Verfahrens- und Ausführungsbestimmungen aus Berlin fehlten. Bis zum 25. Dezember waren in Sachsen lediglich 5 621 Fälle bearbeitet. Davon stuften die Kommissionen 2 256 Personen als nominelle Parteimitglieder ein, 952 wurden entlassen und 526 auf eine niedrigere Position versetzt. Weiteren 1 887 Personen wurde die Zulassung für ein Gewerbe versagt und 1 165 Fälle der Kriminalpolizei zur weiteren Bearbeitung übergeben.[69] Nicht viel besser sah der Bearbeitungsstand in den übrigen Ländern der SBZ aus, so dass die Konferenz der Innenminister eine Fristverlängerung bis zum 31. März 1948 beantragte,[70] was von der SMAD mit geringen Abstrichen schließlich bewilligt wurde.

Der erneute Durchgang des Entnazifizierungsverfahrens, in dem erstmals auch ausgewählte Fälle in öffentlichen Sitzungen mit mehreren Hundert (oftmals abkommandierten) Zuhörern verhandelt wurden, war nicht sonderlich populär. Selbstkritisch räumte ein Bericht an das Landessekretariat der SED Anfang 1948 ein: Es sei der Partei nicht gelungen, „den Befehl 201 zur politischen Kampagne zu entwickeln". „Noch nicht einmal alle Mitglieder der Entnazifizierungskommissionen, welche der SED angehören, haben vollständige Klarheit", viele Vertreter der Massenorganisationen würden „schwimmen". Als „außerordentliche Schwäche" erweise es sich, „dass viele Einzelmitglieder der Partei, Mitglieder der Massenorganisationen, Betriebsräte, ja ganze Belegschaften, sowie Vorsitzende von Parteieinheiten – dabei geht es bis zu Kreisvorsitzenden – sich für belastete Faschisten einsetzen, die Arbeiten der Kommissionen dadurch außerordentlich erschweren und durch ihr Auftreten als Entlastungszeugen vor den Strafkammern die Partei ideologisch diskreditieren".[71] Eine politisch gute Arbeit bescheinigte die Landesentnazifizierungskommission den Genossen in Aue, Dippoldiswalde, Glauchau, Löbau, Meißen und Pirna, als „besonders schlecht arbeitende Kommissionen" galten Grimma und der Landkreis Dresden. Probleme gebe es des Öfteren mit Vertretern von LDP und CDU, die es nicht mit ihrem Gewissen vereinbaren könnten, „die Angeschuldigten zu

---

68 SMAD-Befehl 204 über die Nichtzulassung von ehemaligen Mitgliedern der NSDAP oder ihrer Gliederungen zur Tätigkeit als Richter oder Staatsanwälte vom 23.8.1947. In: Ruth-Kristin Rößler, Justizpolitik in der SBZ/DDR, Frankfurt a. M., S. 234.
69 Landesentnazifizierungskommission, Der Stand der Entnazifizierung im Land Sachsen vom 16.1.1948 (SächsHStAD, MdI 5697, unpag.). Vgl. auch Monatsbericht über die Arbeit der Kreis-Entnazifizierungskommissionen im Januar 1948 vom 28.1.1948 (ebd.).
70 Innenminister Fischer an Chef der Abteilung Inneres der SMAS, Oberstleutnant Prokopjuk, vom 5.1.1948 (SächsHStAD, MdI 35, Bl. 81 f.).
71 Berichterstattung über den Befehl 201 im Landessekretariat, o. D. (SächsHStAD, MdI 5697, unpag.).

verurteilen".[72] Die Landesleitung der VVN beschloss sogar den Ausschluss von Mitgliedern, falls sie als Entlastungszeugen auftreten sollten, was zugleich den Verlust der mit der Mitgliedschaft verbundenen Sozialleistungen bedeutete.

Das offizielle Ende der Entnazifizierung verkündete wenige Monate später, am 26. Februar 1948, der SMAD-Befehl 35.[73] Danach hatten die Kommissionen bis zum 10. März ihre Tätigkeit einzustellen, für Berufungsverfahren vor der Landeskommission endete die Frist am 10. April. Bis dahin nicht erledigte Verfahren mussten eingestellt werden, sofern sich keine ausreichenden Gründe für eine gerichtliche Anklageerhebung ergeben hatten. Dies bedeutete in der Praxis eine Amnestie auch für aktive NSDAP-Mitglieder. Zugleich wurde allen entlassenen Parteigenossen – mit Ausnahme derjenigen, die ihr Wahlrecht eingebüßt hatten – die „Rückkehr zu ihrer Tätigkeit im Verwaltungsapparat" in Aussicht gestellt, die durch „ehrliche und loyale Arbeit im Laufe der Zeit" zu erarbeiten sei. Gesperrt blieben leitende Verwaltungspositionen sowie Justiz und Polizei. Mit diesem Befehl zog die sowjetische Militärregierung als erste Besatzungsmacht einen Schlussstrich unter die Entnazifizierung und setzte damit auch die Westmächte unter erheblichen Druck.

Das politische Kalkül benannte Walter Ulbricht, als er auf der Innenministerkonferenz Ende Januar 1948 ausführte: „Wenn in den nächsten Monaten die Frage des Aufbaues in den Vordergrund kommt, wenn wir jetzt erklären, die Grundlagen unserer demokratischen Ordnung seien geschaffen, jetzt gehe es an den Aufbau, können wir nicht zu gleicher Zeit die Entnazifizierung weiterführen. Denn wir müssen an die ganze Masse der Werktätigen appellieren, auch an die nominellen Nazis, an die Masse der technischen Intelligenz, die Nazis waren. Wir werden Ihnen offen sagen: Wir wissen, dass Ihr Nazis ward, wir werden aber nicht weiter darüber sprechen, es kommt auf Euch an, ehrlich mit uns mitzuarbeiten."[74] Das Angebot einer großzügigen Rehabilitierungspolitik sollte im unmittelbaren Vorfeld der Teilung Deutschlands die gesellschaftliche Basis der SED-Diktatur verbreitern und die Leistungsfähigkeit der ostdeutschen Wirtschaft stärken. Zugleich ließ sich die pragmatische Integration der NS-Mitläufer auch für die deutschlandpolitische Offensive der SED einspannen. So hieß es etwa im SMAD-Befehl 35, auch im Westen gebe es unter den ehemaligen NSDAP-Mitgliedern viele „vaterländisch gesinnte Menschen", die die „Politik der Spaltung und Versklavung Deutschlands" ablehnten. In einem Spannungsverhältnis dazu stand allerdings die Fortexistenz der Speziallager, die in der

---

72 Landesentnazifizierungskommission, Der Stand der Entnazifizierung im Land Sachsen vom 16.1.1948 (SächsHStAD, MdI 5697, unpag.).
73 ZVOBl. 1948, S. 88. In: Welsh, Revolutionärer Wandel, S. 189 f.; Vollnhals, Entnazifizierung, S. 212 ff.; Rößler, Entnazifizierungspolitik, S. 257 f.
74 Rede Ulbrichts auf der Innenministerkonferenz am 31.1./1.2.1948. Zit. nach Rößler, Entnazifizierungspolitik, S. 248 f. Vgl. auch Walter Ulbricht, Zur Auflösung der Entnazifizierungskommissionen. In: Neues Deutschland vom 28.2.1948 (auch in: Vollnhals, Entnazifizierung, S. 214 ff.).

Bevölkerung weiterhin Furcht und Angst verbreiteten und die Glaubwürdigkeit der SED-Politik konterkarierten.

Wie die nachfolgende Statistik zeigt, arbeiteten die Kommission im Februar und März 1948 unter allergrößtem Zeitdruck, um im Eilverfahren die geforderte Terminsetzung einzuhalten. Diese letzte Entnazifizierungsphase hatte auf den öffentlichen Dienst nur noch geringe Auswirkungen. Hier kam es nur noch zu 137 Entlassungen, die übrigen fielen auf Betriebe und Gewerbe. In 3 210 Fällen, davon 110 im öffentlichen Dienst, erfolgte die Versetzung auf eine untergeordnete Position. Nicht in der Statistik enthalten ist die Neueinstellung von ehemaligen NSDAP-Mitgliedern in den Landesdienst, die in 1 051 Fällen von der Landeskommission genehmigt wurde. Wie die Kommission der Abteilung Inneres der SMAS berichtete, befanden sich im Februar 1948 insgesamt 61 897 Personen im Dienst der Landesregierung sowie der Stadt- und Landkreisverwaltungen, von denen 2 370, „größtenteils Jugendliche", früher der NSDAP angehört hatten.[75]

Tabelle 4: Tätigkeit der Entnazifizierungskommissionen nach SMAD-Befehl 201 (1.10.1947 bis 10.3.1948)[76]

Zeitraum	Fälle
Oktober 1947	319
November 1947	1 609
Dezember 1947	3 693
Januar 1948	4 377
Februar 1948	12 688
25.2. bis 10.3.1948	11 727
insgesamt	34 393
als „nominell" eingestuft	12 001
als „belastet" eingestuft	22 392
davon in öffentlicher Sitzung verhandelt	4 068

75 Sekretär der Landesentnazifizierungskommission an SMAS, Abteilung Inneres, Oberstleutnant Resnikow, vom 3.4.1948 (SächsHStAD, MdI 5697, unpag.). Vgl. auch Raschka, Kaderlenkung, S. 69.
76 Abschlussbericht über die Arbeit der Entnazifizierungskommissionen im Land Sachsen vom 16.4.1948 (SächsHStAD, MdI 35, Bl. 36–47).

Entscheidungen und verhängte Maßnahmen	Fälle
aus Verwaltung oder Betrieben entlassen	2 671
von leitender in ungeordnete Stellung versetzt	3 210
zu wichtigen Posten nicht zugelassen	16 511
als „nominell" eingestuft	12 001
insgesamt	34 393
davon zur Bearbeitung an K 5 übergeben	4 749

In krassem Widerspruch zum propagandistischen Aufwand stand im Abschlussbericht der Landeskommission allerdings zu lesen: Die Mitarbeit der demokratischen Parteien und Organisationen sei „im allgemeinen nicht der Bedeutung des Befehls 201 entsprechend" gewesen. „Die Mitarbeit der Bevölkerung in Form der Beschaffung von Belastungsmaterial und der Stellung von Belastungszeugen war minimal. In viel stärkerem Maße trat die Bevölkerung für belastete Pg's ein. [...] In vielen Fällen hielten Verwandtschafts- und Bekanntschaftsbeziehungen von Belastungsaussagen ab. Festgestellt wurde weiterhin, dass große Teile unserer Arbeiter, ja selbst die Betriebsräte die Auswirkungen des Befehls 201 nicht genügend erkannt haben, indem sie für belastete Unternehmer in öffentlichen Verhandlungen und eingereichten Entlastungsschreiben eintraten."[77] Von Vertretern der bürgerlichen Parteien wurde hingegen vor allem die schematische Arbeitsweise kritisiert. Und hinsichtlich der Anzeigen aus der Bevölkerung stellte Gertrud Thürmer (LDP), die als Vertreterin des Demokratischen Frauenbundes der Landeskommission angehört hatte, fest: Es habe „viel Denunziationen, Austragung von Familienfehden, persönliche Rachsucht, leichtfertige Anschuldigungen" gegeben.[78]

Zur Korrektur krasser Fehlurteile beschloss der sächsische Block der antifaschistisch-demokratischen Parteien Ende Mai 1948, dem Landtag ein Gnadenrecht in Entnazifizierungsverfahren zu übertragen. Dabei sollte ein Ausschuss, bestehend aus vier SED- sowie je zwei Abgeordneten der CDU und LPD, die Vorprüfung vornehmen. Dieses Verfahren entfaltete jedoch keine Wirkung, da die Deutsche Verwaltung des Innern mit Bestätigung der SMAD einen Monat später verfügte, dass alle Verfahren rechtskräftig abgeschlossen seien und somit auch die Ausführungsbestimmung Nr. 2 (Ziff. 12 c) zum Befehl 201 nicht mehr anwendbar sei, „wonach die Landeregierung oder die Landtage von sich aus Beschlüsse der Entnazifizierungskommissionen abändern bzw. aufheben konnten".[79] In

---

77 Abschlussbericht über die Entnazifizierungsarbeit im Lande Sachsen, o. D. (SächsHStAD, MdI 5637, unpag.).
78 Zit. nach Thüsing, Landesverwaltung, S. 146. Dort auch weitere Stimmen.
79 Innenminister Fischer an Landtagspräsident Buchwitz und Ministerpräsident Seydewitz vom 29.6.1948 (SächsHStAD, MdI 35, Bl. 12).

derselben Rundverfügung ordnete der Vizepräsident der Zentralverwaltung, Erich Mielke, an, dass alle Materialien der Kommissionen an die Archive der Innenministerien der Länder zu übergeben seien; eine Abschrift der Liste belasteter Personen sollten ferner die Zentralverwaltung des Innern und die jeweils zuständigen Polizeiämter erhalten.[80]

Die Polizei hatte von Anfang an im Fokus der Entnazifizierung und verdeckter parteipolitischer Säuberungen gestanden, wovon die geringe Anzahl von Mitgliedern bürgerlicher Parteien in den verschiedenen Sparten des Polizeiapparates zeugt. Sie stellten bereits 1946 nur noch 141 von rund 14 800 Polizisten. Insbesondere in der Kriminalpolizei, deren Abteilung 5 als politische Polizei fungierte, waren nahezu ausschließlich Genossen vertreten. Damit war die Polizei zielstrebig zu einem reinen Machtmittel der SED umstrukturiert worden (siehe Tabelle 5).

Sieht man von den zentralen Machtinstanzen ab, so verfolgte die SED im Interesse des raschen Wiederaufbaus bald eine pragmatische Rehabilitierungspolitik, die noch einer genaueren Untersuchung bedarf.[81] Anders als im Westen, wo die Rückflut ehemaliger NSDAP-Mitglieder die personelle Kontinuität im öffentlichen Dienst weitgehend wiederherstellte, blieb ihnen allerdings in der SBZ/DDR in aller Regel die Rückkehr in den Bereich der inneren Verwaltung, des Polizei- und Justizapparates verwehrt. Diese Restriktionen waren in dem „Gesetz über den Erlass von Sühnemaßnahmen und die Gewährung staatsbürgerlicher Rechte für die ehemaligen Mitglieder und Anhänger der Nazipartei und Offiziere der faschistischen Wehrmacht" vom 11. November 1949 explizit formuliert, das den von Entnazifizierungskommissionen oder Gerichten verhängten Entzug des Wahlrechts sowie noch bestehende Beschränkungen im Erwerbsleben aufhob; bereits ausgesprochene Enteignungsmaßnahmen blieben davon jedoch unberührt.[82] Vom selben Tag stammte auch ein allgemeines Straffreiheitsgesetz, das implizit als eine Amnestie für NS-Verfahren mit einer Freiheitsstrafe von nicht mehr als sechs Monaten und Geldstrafen bis 5 000 DM wirkte.[83] Anfang Oktober 1952 folgte abermals ein Gesetz, das allen nicht verurteilten NSDAP-Mitgliedern und Offizieren erneut die vollen Staatsbürgerrechte der DDR zusprach, „um allen vaterlandsliebenden Deutschen", wie es im Gesetzestext hieß, „die uneingeschränkte Betätigungsmöglichkeit und

---

80 Rundverfügung Nr. 2 der Deutschen Verwaltung des Innern, gez. Mielke, vom 26.6.1948 (ebd., Bl. 15 f.).
81 Vgl. Jürgen Danyel, Die SED und die „kleinen Pg's". Zur politischen Integration der ehemaligen NSDAP-Mitglieder in der SBZ/DDR. In: Annette Leo/Peter Reif-Spirek (Hg.), Helden, Täter und Verräter. Studien zum DDR-Antifaschismus, Berlin 1999, S. 177–196.
82 GBl. der DDR 1949, S. 59 f.
83 Gesetz über die Gewährung von Straffreiheit vom 11.11.1949. In: GBl. der DDR 1949, S. 60 f.

Tabelle 5: Parteipolitische Zusammensetzung der Polizei Sachsen 1945 bis 1948[84]

Jahr		KPD/SED (ab 1946)	SPD	LDP	CDU	parteilos
1945	insgesamt	8007	4965	149	55	374
1946	Verwaltungspolizei	1906		35	24	488
	Kriminalpolizei	1034		6	3	48
	Schutzpolizei	9886		47	23	493
	Grenzpolizei	747		3		5
	Wasserschutzpolizei	54				2
	insgesamt	13627		91	50	1036
1947	Verwaltungspolizei	3003		40	29	531
	Kriminalpolizei	1146		1	3	24
	Schutzpolizei	10652		48	21	519
	Grenzpolizei	898				11
	Wasserschutzpolizei	55				
	insgesamt	15754		89	53	1085
1948 (30.6.)	Verwaltungspolizei	3094		31	16	663
	Kriminalpolizei	1881		1	3	83
	Schutzpolizei	11961		39	20	936
	Grenzpolizei	926				11
	insgesamt	17931		71	39	1693

84 Tabelle in: Baus, Christlich-Demokratische Union, S. 505. Vgl. allg. Spors, Aufbau des Sicherheitsapparates in Sachsen.

Teilnahme beim Aufbau des Sozialismus zu gewährleisten".[85] Damit war die staatsbürgerliche Rehabilitation zumindest formell abgeschlossen.

Der politischen Integration ehemaliger Berufsoffiziere und Nationalsozialisten diente vor allem die im Mai 1948 auf Initiative der SMAD gegründete National-Demokratische Partei Deutschlands. Auch die SED, die bereits im Sommer 1946 intensiv den „kleinen Parteigenossen" umworben hatte, verschloss sich nicht. So waren 1951 im sächsischen Landesverband 27 700 der SED-Mitglieder (6,7 Prozent) früher in der NSDAP organisiert gewesen. Nach einer parteiinternen Gesamtstatistik zählte die SED zum Jahresende 1953 in ihren Reihen 8,6 Prozent ehemalige NSDAP-Mitglieder, bei den Kandidaten waren es 9,3 Prozent.[86]

SMAD-Befehl 201 und deutsche Strafverfolgung von NS-Verbrechen

Mit dem SMAD-Befehl ging zugleich die Aburteilung der Nazi- und Kriegsverbrecher auf deutsche Gerichte über, wobei das politische Kalkül unverkennbar ist: Mit einer verstärkten juristischen Strafverfolgung sollte der sowjetische Vorstoß zum schnellen Abschluss der Entnazifizierung politisch flankiert und gegenüber westlicher Kritik abgeschirmt werden. Damit erhielten nun auch die Zentralverwaltungen des Inneren (DVdI) und der Justiz (DJV) weitreichende Kompetenzen. Sämtliche Fälle, die mutmaßlich strafrechtliche Delikte oder die beiden schwersten Formalbelastungskategorien („Hauptschuldige" bzw. „NS-Aktivisten") gemäß der bereits am 12. Oktober 1946 erlassenen Kontrollrats-Direktive Nr. 38[87] erfüllten, waren von den Entnazifizierungskommissionen zur weiteren Ermittlung einer besonderen Abteilung der Kriminalpolizei zu übergeben. Dies galt jedoch nicht für die Inhaftierten der sowjetischen Speziallager, die weiterhin ohne jegliches Überprüfungsverfahren festgehalten wurden, sowie für jene Fälle, deren Aburteilung sich die sowjetische Besatzungsmacht selbst vorbehielt, was regelmäßig bei mutmaßlichen NS-Verbrechen in den besetzten Gebieten der Fall war.[88]

---

85 Gesetz über die staatsbürgerlichen Rechte der ehemaligen Offiziere der faschistischen Wehrmacht und der ehemaligen Mitglieder und Anhänger der Nazipartei vom 2.10.1952. In: GBl. der DDR 1952, S. 981.
86 Angaben nach Andreas Malycha, Die SED. Geschichte ihrer Stalinisierung 1946–1953, Paderborn 2000, S. 442 und 505.
87 Direktive Nr. 38 des Alliierten Kontrollrats vom 12.10.1946 über Verhaftung und Bestrafung von Kriegsverbrechern, Nationalsozialisten und Militaristen und Internierung, Kontrolle und Überwachung von möglicherweise gefährlichen Deutschen. In: Amtsblatt des Alliierten Kontrollrats, Nr. 11 vom 31.10.1946, S. 184–212. Die Direktive ist US-amerikanischen Ursprungs und entspricht in ihren Belastungskategorien dem in der amerikanischen Zone im März 1946 eingeführten Gesetz zur Befreiung von Nationalsozialismus und Militarismus.
88 So bestimmte Ziffer 9c des grundlegenden Erlasses der Deutschen Justizverwaltung zur Durchführung des Befehls 201 vom 18.9.1947: „Ergibt sich aus dem Untersuchungsmaterial, dass der Beschuldigte sich in dem von den Deutschen zeitweise besetzt gewesenen

Die politische Polizei, die nach außen als Abteilung 5 der Kriminalpolizei firmierte, war der Nukleus der späteren Staatssicherheit und wuchs bis Juni 1949 in der SBZ auf rund 1 600 Mitarbeiter an. Zählte beispielsweise die K 5 in Sachsen Ende 1946 erst 163 Mitarbeiter, so waren es zwei Jahre später bereits 738.[89] Die politische Polizei, die vor Ort von den sowjetischen Genossen angeleitet und kontrolliert wurde, entschied nicht nur selbständig über die Einleitung oder Einstellung eines Ermittlungsverfahrens, sondern übernahm mit der Erstellung der Anklageschrift zugleich staatsanwaltschaftliche Funktionen.[90] Dem Staatsanwalt hingegen oblag nur mehr die Bestätigung des Haftbeschlusses und der Anklageschrift. Der Anpassung an sowjetische Gepflogenheiten entsprach auch, dass der Beschuldigte bzw. Angeklagte erst mit der Eröffnung der Hauptverhandlung einen Verteidiger hinzuziehen konnte.

Bis November 1947 entstanden für die Verfahren nach SMAD-Befehl 201 gesonderte Strafkammern an den Landgerichten Bautzen, Chemnitz, Dresden, Leipzig und Zwickau sowie am Oberlandesgericht Dresden. Das Personal, das von der SMAS bestätigt werden musste, rekrutierte sich überwiegend aus dem Kreis besonders zuverlässiger Genossen, wobei die im Schnellverfahren ausgebildeten Volksrichter eine besondere Rolle spielten. Von 23 Richtern, die an diese Sonderstrafkammern tätig waren, gehörten 17 der SED und drei der LDP an, drei weitere waren parteilos. Bei den Staatsanwälten stellte die SED gar 15 von 17, ein Staatsanwalt war CDU-Mitglied, ein weiterer parteilos.[91]

Bis Mitte Januar 1948 hatten die 201-Strafkammern rund 300 Fälle verhandelt. Vier Angeklagte wurden zu einer Freiheitsstrafe von zehn bis 15 Jahren verurteilt, 22 zwischen fünf und zehn Jahren und 176 zu einer Freiheitsstrafe bis fünf Jahren. In weiteren 49 Fällen verhängten die Strafkammern andere Strafmaßnahmen (Geldstrafe, Beschlagnahmung des Vermögens, Verbot der Berufsausübung etc.). Sie sprachen aber auch 48 Angeklagte frei, was Generalmajor Dubrowskij harsch kritisierte: „Die offensichtlich unnormale Tatsache, dass ca. 20 Prozent der Angeklagten freigesprochen werden, wobei ebenso viel geringfügige Strafen ohne Freiheitsentzug ausgeworfen wurden, ist in der Geschichte der Justiz aller Länder als eine noch nicht dagewesene Erscheinung

---

Gebiet eines der alliierten Staaten aufgehalten hat, so ist unabhängig davon, ob Beweismaterial für eine verbrecherische Tätigkeit des Beschuldigten in diesem Gebiet vorhanden ist oder nicht, das Verfahren zu einer weiteren Überprüfung an die örtlichen Organe der Militäradministration zu übergeben." Zit. nach Günter Wieland, Die Ahndung von NS-Verbrechen in Ostdeutschland 1945-1990. In: DDR-Justiz und NS-Verbrechen. Sammlung ostdeutscher Strafurteile wegen nationalsozialistischer Tötungsverbrechen. Verfahrensregister und Dokumentenband. Bearb. im Seminarium voor Strafrecht en Strafrechtspleging „Van Hamel" der Universität Amsterdam von C. F. Rüter, Amsterdam 2002, S. 11-99, hier 33.

89 Schmeitzner, Formierung eines neuen Polizeistaates, S. 233 f.
90 Vgl. Ziffer 9 der Ausführungsbestimmung Nr. 3 zum SMAD-Befehl 201 vom 16.8.1947. In: Rößler, Entnazifizierungspolitik, S. 153 ff. Vgl. auch Wentker, Justiz in der SBZ/ DDR, S. S. 399-432.
91 Thüsing, Demokratischer Neubeginn?, S. 100.

zu werten. Im besten Falle beweist dies, dass die Justizorgane die Bedeutung dieser Strafsachen in politischer Beziehung nicht verstehen. [...] Eine solche laxe Gerichtspraxis ist unnütz, ja sogar schädlich."[92] Diese Justizschelte ist nur vor dem Hintergrund der drakonischen sowjetischen Urteilspraxis verständlich, während sich die deutschen 201-Strafkammern trotz aller parteipolitischen Überformung zumeist noch um eine differenzierte Beurteilung des Einzelfalls bemühten.[93]

Die Sowjetische Militärtribunale, die im rechtsstaatlichen Sinne nicht als ordentliche Gerichte betrachtet werden können, verurteilten in Sachsen von 1945 bis 1954 nach gut begründeter Schätzung rund 10 000 Personen,[94] wobei die Jahren 1950 bis 1952 den absoluten Höhepunkt bildeten. Anfangs stand in den SMT-Verfahren die Verfolgung von NS- und Kriegsverbrechen, insbesondere in den von Deutschland besetzten Gebieten, im Mittelpunkt. Geradezu exemplarisch ist die systematische Strafverfolgung des Chemnitzer Polizeibataillons 304, deren Angehörige in der besetzten Sowjetunion tausende Juden ermordet hatten.[95] In anderen Fällen, wie beispielsweise dem massenhaften Hungertod sowjetischer Kriegsgefangener im Lager Zeithain,[96] kamen dagegen die Ermittlungen nur schleppend in Gang. Zu den schwer erklärbaren Vorgängen gehört auch, dass die sowjetische Besatzungsmacht gegen den verhafteten Gauleiter Martin Mutschmann (und andere hohe Parteifunktionäre der Gauregierung) keinen Schauprozess anstrengte, sondern ihn in einem Geheimverfahren in Moskau 1947 zum Tode verurteilte.[97] Charakteristisch für die SMT-Verfahren, die dem Angeklagten kaum eine Möglichkeit zur Verteidigung ließen, ist vielfach die Verurteilung aufgrund pauschaler Vorwürfe, etwa der Funktion oder der Zugehörigkeit zu einer bestimmten NS-Organisation, zu hohen Freiheitsstrafen oder gar der Todesstrafe. Dennoch wird man als Tendenz festhalten können, dass bis zum Jahr 1947 die Verurteilung wegen Kriegsverbrechen an erster Stelle stand; ab 1948 überwogen dann in den Urteilsgründen die Deliktgruppen „Spionage", „Sabotage" und „Terror bzw. Diversion".

---

92 Chef der SMAS, Generalmajor Dubrowskij, an Justizminister Kastner und Innenminister Fischer vom 21.1.1948 (SächsHStAD, MdI 35, Bl. 103–107, hier 106).
93 Vgl. auch Christian Meyer-Seitz, Die Verfolgung von NS-Straftaten in der Sowjetischen Besatzungszone, Berlin 1998, S. 346 f. Er gelangt in seiner rechtstatsächlichen Untersuchung zu dem Ergebnis, die „überwiegende Zahl der Urteile" habe dem „Wortlaut und Geist der alliierten Normen" entsprochen.
94 Grith Gierth/Bettina Westfeld, Zur Tätigkeit sowjetischer Militärtribunale in Sachsen. In: Andreas Hilger/Mike Schmeitzner/Ute Schmidt (Hg.), Sowjetische Militärtribunale, Band 2: Die Verurteilung deutscher Zivilisten 1945–1955, Köln 2003, S. 539–570, hier 540.
95 Vgl. Andreas Weigelt, Urteile sowjetischer Militärtribunale gegen Angehörige des Polizeibataillons 304 Chemnitz. Ein unbekanntes Kapitel justizieller NS-Aufarbeitung. In: Todesurteile sowjetischer Militärtribunale gegen Deutsche (1944–1947). Eine historisch-biographische Studie. Hg. von Andreas Weigelt/Klaus-Dieter Müller/Thomas Schaarschmidt/Mike Schmeitzner, Göttingen 2015, S. 103–158.
96 Vgl. den Beitrag von Jörg Osterloh im vorliegenden Band.
97 Vgl. Schmeitzner, Fall Mutschmann; sowie seinen Beitrag im vorliegenden Band.

Bereits vor dem SMAD-Befehl 201 hatten auch sächsische Gerichte in geringem Umfang zur juristischen Strafverfolgung beigetragen, wobei zumeist Denunziationen und Misshandlungen politischer Gegner zur Verhandlung kamen. Bis Ende Mai 1947 wurden 182 Personen wegen Denunziationen verurteilt und 102 von einer solchen Anklage freigesprochen. Das Strafmaß bei den Denunziationsfällen verteilte sich auf ein Todesurteil, 70 Zuchthausstrafen (davon 12 über zehn Jahre) und 111 Gefängnisstrafen (davon 51 über ein Jahr). Wegen anderer NS-Verbrechen ergingen im gleichen Zeitraum hingegen nur 37 Verurteilungen.[98] Zu den bekanntesten Verfahren zählen der Dresdner Juristenprozess und der Dresdner „Euthanasie"-Prozess gegen das Personal der Tötungsanstalt Pirna-Sonnenstein. Beide fanden Mitte 1947 als rechtsstaatliche Verfahren statt, lassen aber bereits deutlich den gestiegenen politischen Druck auf die Justiz erkennen.[99]

Die Strafverfahren nach SMAD-Befehl 201 schlugen sich massiv in der Statistik nieder. Hatte es in Sachsen 1945 sechs Verurteilungen und 1946 79 wegen NS-Verbrechen gegeben, so zählte man 1947 285, 1948 1 401 und 1949 1 027 Verurteilungen. Den absoluten Höhepunkt stellte das Jahr 1950 mit 3 539 Verurteilungen dar.[100] Davon entfielen allerdings die meisten Urteile auf die Justizfarce der Waldheimer Prozesse, in denen unter unmittelbarer Regie des SED-Zentralsekretariats Inhaftierte aus den nunmehr aufgelösten sowjetischen Speziallagern in geheimen Schnellverfahren sowie in zehn öffentlichen Schauprozessen zwischen April und Juni 1950 abgeurteilt worden waren. Die Urteile entsprachen, wie gewünscht, der Praxis sowjetischer Militärtribunale mit ihren stereotypen hohen Strafen: 32-mal Todesurteil, 146-mal lebenslänglich, 1829-mal 15 bis 25 Jahre, 916-mal 10 bis 15 Jahre, 371-mal 5 bis 10 Jahre und nur 14 Haftstrafen bis 5 Jahre. In 84 Fällen wurde das Verfahren wegen Verhandlungsfähigkeit der Angeklagten vertagt.[101] Diese Urteile waren Ausdruck einer politisch motivierten Terrorjustiz, die im Nachhinein die Willkür der sowjetischen Internierungspolitik legitimieren sollte und zugleich der ostdeutschen Justiz das Rückgrat brach.

---

98 Meyer-Seitz, Verfolgung, S. 80.
99 Vgl. Gerald Hacke, Der Dresdner Juristenprozess 1947 im Spannungsfeld der politischen und medialen Auseinandersetzung. In: Jörg Osterloh/Clemens Vollnhals (Hg.), NS-Prozesse und deutsche Öffentlichkeit. Besatzungszeit, frühe Bundesrepublik und DDR, Göttingen 2011, S. 167–188; Boris Böhm/Julius Scharnetzky, „Wir fordern schwerste Bestrafung." Der Dresdner „Euthanasie"-Prozess 1947 und die Öffentlichkeit. In: ebd., S. 189–206; Boris Böhm/Gerald Hacke (Hg.), „Fundamentale Gebote der Sittlichkeit." Der „Euthanasie"-Prozess vor dem Landgericht Dresden 1947, Dresden 2008.
100 Angaben nach Die Haltung der beiden deutschen Staaten zu den Nazi- und Kriegsverbrechen. Eine Dokumentation. Hg. von der Generalstaatsanwaltschaft der DDR und dem Ministerium für Justiz der DDR, Berlin (Ost) 1965, S. 33.
101 Angaben nach dem internen Abschlussbericht für das ZK der SED vom 5.7.1950. Zit. nach Falco Werkentin, Die „Waldheimer Prozesse" – eine Experimentierfeld für die zukünftige Scheinjustiz unter Kontrolle der SED? In: Norbert Hasse/Bert Pampel (Hg.), Die Waldheimer „Prozesse" – fünfzig Jahre danach, Baden-Baden 2001, S. 6–26, hier 20.

Die im Zuge des SMAD-Befehls 201 gebildeten Sonderstrafkammern blieben als „1a"-Kammern bzw. Senate für politische Verfahren bestehen, ebenso gingen die Sonderkompetenzen der politischen Polizei nun auf das Anfang 1950 gegründete Ministerium für Staatssicherheit (MfS) über. Der sowjetischen Praxis entsprach auch, dass bereits 1948 die nach Befehl 201 verurteilten Personen der Aufsicht der Justizverwaltung entzogen und der Zentralverwaltung des Innern unterstellt wurden, die bis Ende 1950 sukzessive die Zuständigkeit für den gesamten Strafvollzug übernahm.[102]

Entgegen dem antifaschistischen Gründungsmythos ging in den folgenden Jahren in der DDR die Strafverfolgung von NS-Verbrechen kontinuierlich zurück. Von 331 Verurteilten 1951 auf 23 im Jahre 1955. In Sachsen wies die Statistik nach den Waldheimer Exzessen 1951 noch 97 verurteilte Personen auf, 1952 waren es 56, 1953 17, 1954 zehn und 1955 schließlich nur noch drei.[103] Danach kam die Strafverfolgung nahezu zum Stillstand.[104] Auch die SED propagierte mit der Staatsgründung den Kurs einer pragmatisch nach vorne gerichteten Wiederaufbaugesellschaft, die nicht mehr mit der konkreten Auseinandersetzung mit der NS-Vergangenheit belastet werden sollte – hierin waren sich den 1950er-Jahren die Eliten und die Bevölkerung in beiden deutschen Teilstaaten durchaus einig.

Resümee

In der sowjetischen Besatzungszone verfolgte die Entnazifizierung ein doppeltes Ziel: Sie diente einerseits der politisch wie moralisch gebotenen Abrechnung mit dem Nationalsozialismus und war zugleich ein Instrument für die Durchsetzung des kommunistischen Machtanspruchs in Staat und Gesellschaft. Allerdings verfügte weder die KPD-Führung noch die Sowjetische Militäradministration – im Unterschied zu den angloamerikanischen Planungsstäben – über ein detailliert ausgearbeitetes Entnazifizierungsprogramm, das über allgemein gehaltene Absichtserklärungen hinausging.

---

102 Zu den Veränderungen im Strafvollzug vgl. Wentker, Justiz in der SBZ/DDR, S. 369–398; sowie allg. Roger Engelmann, Staatssicherheitsjustiz im Aufbau. Zur Entwicklung geheimpolizeilicher und justitieller Strukturen im Bereich der politischen Strafverfolgung 1950–1963. In: ders./Clemens Vollnhals (Hg.), Justiz im Dienste der Parteiherrschaft. Rechtspraxis und Staatssicherheit in der DDR, Berlin 1999, S. 133–164.
103 Angaben nach Die Haltung der beiden deutschen Staaten, S. 33.
104 Vgl. die Statistik bei Wieland, Ahndung von NS-Verbrechen, S. 97. Zwischen 1957 und 1989 erfolgten in der DDR lediglich 120 Verurteilungen. Zur späteren Entwicklung, die seitens der DDR primär propagandistischen Zwecken diente, vgl. Annette Weinke, Die Verfolgung von NS-Tätern im geteilten Deutschland. Vergangenheitsbewältigungen 1949–1969 oder: Eine deutsch-deutsche Beziehungsgeschichte im Kalten Krieg, Paderborn 2002.

So erließ die SMAD zwar Ende August 1945 den Befehl 42, wonach sich alle Mitglieder der NSDAP, SS und SA sowie Gestapo-Mitarbeiter bei den sowjetischen Militärkommandanturen zu registrieren hatten,[105] was vielfach weitere Verhaftungen nach sich zog. Doch folgten diesem Befehl keine für das gesamte Besatzungsgebiet gültigen Entnazifizierungsdirektiven; lediglich im Justizwesen ordnete die SMAD die generelle Entlassung aller NSDAP-Mitglieder an. Um so größere Bedeutung maßen die Besatzungsmacht und die KPD-Führung dagegen 1945 der Enteignungspolitik zu: Von der Verstaatlichung der Banken über die Bodenreform bis zur umfangreichen Beschlagnahmung von Industrieunternehmen und Gewerbebetrieben.

Auch hinsichtlich der sofort mit der Okkupation einsetzenden Verhaftungswelle von mutmaßlichen NS-Aktivisten und Kriegsverbrechern lässt sich kein konsistentes Konzept feststellen. Bis September 1945 hatten die Operativgruppen des NKVD in Sachsen über zehntausend Personen nach schematischen Belastungskriterien verhaftet und in ein von der Außenwelt abgeschottetes Speziallager verbracht; insgesamt dürften es rund 40 000 gewesen sein. Dieser Maßnahme, die nur für die Anfangsphase der Besatzungsherrschaft als Sicherheitsverwahrung potentiell gefährlicher NS-Aktivisten zu rechtfertigen war, folgten jedoch weder Maßnahmen zur politischen Überprüfung der Internierten noch eingehende strafrechtliche Ermittlungen zur Aburteilung überführter NS- und Kriegsverbrecher. Vielmehr füllten 1946/47 weitere Verhaftungsaktionen die ohnehin überbelegten Lager, in denen rund ein Drittel der Internierten an Mangelernährung und Seuchen starben.

Das Fehlen sowjetischer Vorgaben ließ den deutschen Auftragsverwaltungen zunächst einen großen Spielraum, wie ein Vergleich zwischen Thüringen und Sachsen zeigt.[106] Auch die ersten kommunalen Entnazifizierungsrichtlinien in Sachsen enthielten noch die deutschen NS-Gegnern selbstverständliche Unterscheidung zwischen aktiven und nominellen Nationalsozialisten. Wesentlich schärfer gefasst war bereits die erste landesweit geltende Säuberungsrichtlinie, die die sächsische Landesverwaltung am 17. August 1945 unter dem dominierenden Einfluss Kurt Fischers, eines äußerst machtbewussten Moskau-Kaders, erließ. Sie sah die unterschiedslose Entlassung aller NSDAP-Mitglieder und weiterer belasteter Personengruppen vor, was sich allerdings nicht so leicht realisieren ließ. Entscheidend für die weitere Entwicklung waren weniger die Rigidität und der Umfang der Entlassungsmaßnahmen, die sich anfangs kaum vom harten Vorgehen der amerikanischen Besatzungsmacht unterschieden, sondern die politischen Vorgaben, die die Neubesetzung der leer gefegten Ämter regelten.

In den Westzonen griffen die Militärregierungen bei der Besetzung politischer Ämter und hoher Verwaltungspositionen zumeist auf altgediente Politiker

---

105 SMAD-Befehl 42 vom 27.8.1945. In: Befehle des Obersten Chefs der Sowjetischen Militärverwaltung für Deutschland, Sammelheft 1, 1945, Berlin (Ost) 1946, S. 17.
106 Vgl. Welsh, Revolutionärer Wandel; Vollnhals, Entnazifizierung, S. 43–55, 168 ff.

und Fachleute aus dem gesamten demokratischen Spektrum der Weimarer Republik zurück, in der Ostzone hingegen wurden auf allen Verwaltungsebenen zielstrebig KPD/SED-Mitglieder gegenüber Mitbewerbern aus bürgerlichen Parteien bevorzugt. Bereits Ende 1945 waren in der gesamten öffentlichen Verwaltung Sachsens zwar noch 15 Prozent ehemalige Mitglieder der NSDAP und ihrer Gliederungen beschäftigt, doch stellten die bürgerlichen Parteien CDU und LPD gerade einmal auf 1,7 Prozent des Personals. Die KPD hingegen brachte es bereits ein halbes Jahr nach Kriegsende auf 8,5 Prozent, womit sie jedoch erst an zweiter Stelle hinter der SPD (9,6 Prozent) lag. Die Ausschaltung der SPD als eigenständiger politischer Kraft war deshalb auch in Hinblick auf die Kommunal- und Landtagswahlen im Herbst 1946 ein folgerichtiger Schritt zur Erlangung der politischen Hegemonie.

Kennzeichnend für die sowjetische Politik ist ferner der sprunghafte Wechsel in der Entnazifizierungspolitik. Denn obwohl der öffentliche Dienst in Sachsen nach der Landesverordnung bis März 1946 mit über 96 000 Entlassungen bereits weitgehend gesäubert war, verfügte die SMAD aus primär außen- bzw. deutschlandpolitischen Gründen im Dezember 1946 einen erneuten Durchgang des Säuberungsverfahrens, nunmehr auf Basis der bereits im Januar im Alliierten Kontrollrat beschlossenen Entnazifizierungsdirektive 24. Mit Befehl 351 der SMAS wurden in Sachsen neue Kommissionen eingesetzt, in denen überall die SED dominierte. Die Auswirkungen dieser Säuberungswelle hielten sich in Grenzen: So verzeichnete die Statistik bis August 1947 rund 10 000 Entlassungen, vor allem im Bereich der privaten Wirtschaft, denen allerdings 25 000 zumindest formal belastete Personen gegenüberstanden, die in ihren Positionen verbleiben durften.

Insgesamt führten die Entlassungen im öffentlichen Dienst zu einem erheblichen Verlust an verwaltungstechnischer Kompetenz und Effizienz; für KPD-Mitglieder, von denen viele erst nach 1945 der Partei beigetreten waren, eröffneten sich freilich bisher ungeahnte berufliche und soziale Aufstiegschancen. Wer aus dem öffentlichen Dienst oder leitenden Stellungen in der Wirtschaft entlassen worden war oder sein Gewerbe aufgeben musste, war jedoch in aller Regel nicht arbeitslos, sondern in untergeordneten, vielfach wohl auch schlechter bezahlten Positionen beschäftigt. Im August 1947 waren in Sachsen lediglich 1,1 Prozent der registrierten ehemaligen NSDAP-Mitglieder als arbeitslos gemeldet.

Einen weiteren abrupten Kurswechsel vollzog im August 1947 der SMAD-Befehl 201, der erstmals eine zonenweite Regelung darstellte und allen nominellen NSDAP-Mitgliedern ihre staatsbürgerlichen Rechte zurückgeben sollte. Unter größtem Zeitdruck überprüften abermals neugebildete Kommissionen in Sachsen rund 34 000 Personen, von denen 2 600 entlassen und 3 200 in untergeordnete Stellungen versetzt wurden. Im März 1948 verkündete schließlich der SMAD-Befehl 35 die sofortige Einstellung der Entnazifizierung, was die Westalliierten unter erheblichen Druck setzte.

Mit dem SMAD-Befehl 201 ging zugleich die Strafverfolgung von NS-Verbrechen weitgehend auf deutsche Gerichte über, was zu einem erheblichen

Kompetenzzuwachs der politischen Polizei (K 5) und zur Ausbildung parteipolitisch überformter Sonderstrafkammern bei den Gerichten führte. Die verstärkte Strafverfolgung auf Basis der alliierten Kontrollratsdirektive 38, die nur in der SBZ als echtes Strafgesetz angewandt wurde, blieb allerdings eine kurzfristige Episode, die 1950 im Justizdesaster der Waldheimer Prozesse ihr Ende fand.

Die Inkonsistenz der sowjetischen Politik und die politische Instrumentalisierung, die sich auf allen Handlungsebenen beobachten lässt, untergruben die politisch-moralische Glaubwürdigkeit einer umfassenden Abrechnung mit der NS-Vergangenheit und verdeckten nur in der antifaschistischen Rhetorik, dass Entnazifizierung und Demokratisierung in der politischen und gesellschaftlichen Realität der sowjetischen Besatzungszone zwei verschiedene Ziele darstellten. Ebenso diskreditierten von Anfang an die stereotypen Urteile der im Geheimen tagenden sowjetischen Militärtribunale wie die Internierungspraxis in den Speziallagern jede glaubwürdige Aufarbeitung der NS-Verbrechen. Die Wiederherstellung des demokratischen Rechtsstaats war keine politische Vorgabe, die die deutschlandpolitischen Planungen der Sowjetunion in irgendeiner Weise bestimmt hätte; sie war auch nicht in der politischen Kultur der deutschen Kommunisten verankert.

„Der Totenwald von Zeithain."
Die sowjetische Besatzungsmacht und die Untersuchung des Massensterbens im Stalag 304 (IV H) Zeithain

Jörg Osterloh

Am 25. Juni 1946 berichtete die „Sächsische Zeitung" unter der Überschrift „Der Totenwald von Zeithain" erstmals über ein bis dahin unbekanntes NS-Verbrechen: „In der Nähe des ehemaligen Truppenübungsplatzes Zeithain bei Riesa ist vor wenigen Tagen durch einen Zufall ein furchtbares Verbrechen des Hitlerfaschismus entdeckt worden. Dort wurden in einem einsamen Waldgelände umfangreiche Massengräber aufgefunden, in denen nach vorsichtiger Schätzung etwa 140 000 Menschen, zumeist kriegsgefangene Soldaten der Roten Armee, aber auch Zivilinternierte aus den von den faschistischen Armeen besetzten Ländern, verscharrt worden sind."[1]

Das Blatt setzte Zeithain durch den Titel in einen unmittelbaren Kontext mit dem berüchtigten Konzentrationslager Buchenwald. Dieses Lager hatte der thüringische Volksmund als „Totenwald" bezeichnet; einen größeren Bekanntheitsgrad erlangte der Begriff in jenem Jahr durch ein ebenso betiteltes Buch Ernst Wiecherts, der 1938 selbst für ein halbes Jahr in Buchenwald inhaftiert gewesen war.[2] Die Redaktion wählte vermutlich diesen Begriff für Zeithain, um die Monstrosität des Beschriebenen zu unterstreichen.

Berichte über das vorgefundene Grauen in befreiten NS-Lagern hatten bereits seit Anfang 1945 die Weltöffentlichkeit schockiert. Insbesondere die ersten Meldungen aus Auschwitz, Buchenwald, Bergen-Belsen und Dachau bewirkten

---

1 Der Totenwald von Zeithain. In: Sächsische Zeitung vom 25.6.1946. Vgl. zum Folgenden auch Jörg Osterloh, „Der Totenwald von Zeithain". Das Stalag 304 (IV H) Zeithain und die sowjetische Besatzungsmacht: Untersuchung von NS-Verbrechen und Propaganda. In: Rüdiger Overmans (Hg.), In der Hand des Feindes. Kriegsgefangenschaft von der Antike bis zum Zweiten Weltkrieg, Köln 1999, S. 461–482. Die Darstellung basiert auf meiner ausführlichen Darstellung der Zeithainer Lagergeschichte: Ein ganz normales Lager. Das Kriegsgefangenen-Mannschaftsstammlager 304 (IV H) Zeithain bei Riesa/Sa. 1941–1945, 2. Auflage Leipzig 1997. Ich danke Jens Nagel sehr herzlich für die kritische Durchsicht des Manuskripts und Hinweise auf ergänzende Quellen im Archiv der Gedenkstätte Ehrenhain Zeithain..
2 Ernst Wiechert, Der Totenwald. Ein Bericht, Zürich 1946. Vgl. Manfred Overesch, Buchenwald und die DDR oder Die Suche nach Selbstlegitimation, Göttingen 1995, S. 20.

blankes Entsetzen.³ Jetzt erfuhren auch die meisten Deutschen erstmals Konkretes über die menschenverachtenden Zustände in den Lagern, über die in den Jahren zuvor viele Gerüchte kursiert waren.⁴ Bereits kurz nach dem Krieg brachte der Internationale Militärgerichtshof in Nürnberg zahllose weitere Untaten ans Tageslicht.⁵ Somit schien es sich im Fall Zeithain „nur" um ein weiteres Glied in der damals nicht abreißenden Kette neu aufgedeckter NS-Verbrechen gehandelt zu haben.

Bemerkenswert ist jedoch der späte Zeitpunkt der Berichterstattung über das Massensterben; Meldungen über die Gräuel in anderen Lagern waren in der Regel bereits kurz nach deren Befreiung veröffentlicht worden.⁶ Kaum glaubwürdig erscheint der Hinweis auf eine „zufällige" Entdeckung solcher Massengräber 14 Monate nach Kriegsende. Die verbrecherische Behandlung der sowjetischen Kriegsgefangenen durch die Wehrmacht war längst bekannt. So hatten etwa die Ankläger in Nürnberg auch hierzu zahlreiche Details enthüllen können. Der sowjetischen Besatzungsmacht mussten die Lebensumstände ihrer Soldaten in den deutschen Lagern bekannt gewesen sein. Dennoch dauerte es noch mehrere Monate nach Kriegsende, bis sie erste Untersuchungen hierzu einleitete. Nach heutigem Kenntnisstand organisierte sie auf dem Gebiet des früheren Deutschen Reiches nur zu den ehemaligen Kriegsgefangenen-Mann-

---

3   Jahrelang hatte sich im Ausland die Berichterstattung über die NS-Lager in Grenzen gehalten; auch Augenzeugen wurde lange Zeit kaum Glauben geschenkt – das Berichtete war zu unvorstellbar. Vgl. Hermann Weiß, Dachau und die internationale Öffentlichkeit. Reaktionen auf die Befreiung des Lagers. In: Dachauer Hefte, 1 (1985), S. 12–38, hier 13–16; Norbert Frei, „Wir waren blind, ungläubig und langsam". Buchenwald, Dachau und die amerikanischen Medien im Frühjahr 1945. In: Vierteljahrshefte für Zeitgeschichte, 35 (1987), S. 385–401, bes. 386–389; Ulrich Herbert/Karin Orth/Christoph Dieckmann, Die nationalsozialistischen Konzentrationslager. Geschichte, Erinnerung, Forschung. In: dies. (Hg.), Die nationalsozialistischen Konzentrationslager – Entwicklung und Struktur, Band I, Göttingen 1998, S. 17–40, hier 17.
4   Nicht selten mussten die Bewohner umliegender Städte und Dörfer auf Anordnung der Besatzungsmächte die Lager besuchen; zudem wurde in den ersten Nachkriegszeitungen intensiv über die Lager berichtet. Vgl. Herbert/Orth/Dieckmann, Konzentrationslager, S. 17. Zahlreiche Deutsche mussten sich zudem auf Geheiß der Besatzungsmächte Filme ansehen, die die Verbrechen in den befreiten Konzentrationslagern dokumentierten („atrocity films"). Vgl. hierzu Ulrike Weckel, Beschämende Bilder. Deutsche Reaktionen auf alliierte Dokumentarfilme über befreite Konzentrationslager, Stuttgart 2012.
5   Vgl. Der Prozeß gegen die Hauptkriegsverbrecher vor dem Internationalen Militärgerichtshof Nürnberg, 14. November 1945 bis 1. Oktober 1946. 42 Bände, Nürnberg 1947–1949. Zu der Berichterstattung über die NS-Verfahren und die Reaktionen hierauf siehe Jörg Osterloh/Clemens Vollnhals (Hg.), NS-Prozesse und deutsche Öffentlichkeit. Besatzungszeit, frühe Bundesrepublik und DDR, Göttingen 2011.
6   Vgl. zu den Lagern Auschwitz, Buchenwald, Bergen-Belsen und Dachau u. a. Weiß, Dachau, S. 14–15. Aber auch über befreite Kriegsgefangenenlager wurde zuweilen ausführlich berichtet. Vgl. etwa How Nazis starve war prisoners. In: Chicago Sun vom 2.4.1945. In Übersetzung abgedruckt in: Karl Hüser/Reinhard Otto, Das Stammlager 326 (VI K) Senne 1941–1945. Sowjetische Kriegsgefangene als Opfer des nationalsozialistischen Weltanschauungskrieges, Bielefeld 1992, S. 174–180.

schaftsstammlagern (Stalag) 318 (VIII F) Lamsdorf[7] und 304 (IV H) Zeithain umfangreiche Nachforschungen, die sich speziell mit Verbrechen an sowjetischen Kriegsgefangenen befassten. In Zeithain begann die Arbeit kurze Zeit nach Veröffentlichung des zitierten Zeitungsartikels.

Gegenstand der folgenden Betrachtungen soll zunächst das Schicksal der sowjetischen Kriegsgefangenen in Händen der Wehrmacht sein. Ihre Behandlung unterschied sich – entsprechend ihrer Stellung in der NS-Rassenhierarchie – erheblich von der Gefangener anderer Nationalitäten.[8] Von den nach unterschiedlichen seriösen Berechnungen 5,3 bis 6 Millionen sowjetischen Kriegsgefangenen in deutscher Hand kamen 2,5 bis zu 3,3 Millionen ums Leben.[9] Auch in Deutschland verstarben von den wenigstens rund 1,5 Millionen dorthin verbrachten sowjetischen Kriegsgefangenen circa 400 000.[10] Das Beispiel des Lagers Zeithain verdeutlicht die Gründe für das Massensterben.

Anschließend sind die Umstände der Befreiung des Lagers und die späteren sowjetischen Untersuchungen genauer zu betrachten, da das Zeithainer Geschehen trotz des generellen Wissens der Besatzungsorgane darüber monatelang im Dunkeln blieb. Abschließend gilt das Augenmerk der Strafverfolgung von

---

7   In Lamsdorf nahm neben einer sowjetischen auch eine polnische-sowjetische Kommission ihre Tätigkeit auf. Vgl. Edmund Nowak, Aktuelle Gedenkstättenarbeit in Polen. Am Beispiel der Gedenkstätte für ehemalige sowjetische Kriegsgefangene in Łambinowice (Lamsdorf). In: Gedenkstättenrundbrief, Nr. 73, 1996, S. 3–6, hier 4. Später trug das Lager die Bezeichnung Stalag 344. Zu Lamsdorf vgl. auch Janusz Sawczuk/Stanisław Senft, Die Gefangenenlager in Lamsdorf in den Jahren des Zweiten Weltkrieges. In: Lager in Lamsdorf/Łambinowice (1870–1946), Opole 2009, S. 117–262. Intensivere Untersuchungen fanden zu den Kriegsgefangenenlagern auf dem zeitweise von der Wehrmacht besetzten Territorium der Sowjetunion statt. Siehe etwa zu den Lagern in Weißrussland: V.I. Adamushko u. a., Lager sowjetischer Kriegsgefangener in Belarus 1941–1944, Minsk 2004 (deutsch-russische Ausgabe).

8   Vgl. noch immer grundlegend Christian Streit, Keine Kameraden. Die Wehrmacht und die Behandlung der sowjetischen Kriegsgefangenen 1941–1945, 4. Auflage Bonn 1997. Zur Rassenhierarchie unter den Gefangenen vgl. ebd., S. 69–72. Rüdiger Overmans hat inzwischen aber schlüssig darauf hingewiesen, dass bei der Behandlung von Kriegsgefangenen in deutscher Hand neben der nationalsozialistischen Rassenhierarchie auch national-konservative Einstellungen, die aus dem Ersten Weltkrieg herrührten, eine wichtige Rolle spielten. Vgl. Rüdiger Overmans, Die Kriegsgefangenenpolitik des Deutschen Reiches 1939 bis 1945. In: Jörg Echternkamp (Hg.), Die deutsche Kriegsgesellschaft 1939 bis 1945. Zweiter Halbband: Ausbeutung, Deutungen, Ausgrenzung, München 2005, S. 729–875, hier 732 f.

9   Zur Debatte um die Zahl der Kriegsgefangenen vgl. v.a. Reinhard Otto/Rolf Keller, Zur individuellen Erfassung von sowjetischen Kriegsgefangenen durch die Wehrmacht. In: Vierteljahrshefte für Zeitgeschichte, 59 (2011), S. 563–577, hier 563. Vgl. auch die tabellarische Aufstellung in: Rüdiger Overmans/Andreas Hilger/Pavel Polian (Hg.), Rotarmisten in deutscher Hand. Dokumente zu Gefangenschaft, Repatriierung und Rehabilitierung sowjetischer Soldaten des Zweiten Weltkriegs, Paderborn 2012, S. 863–865.

10 Vgl. ebd., S. 575. 1 473 000 sowjetische Kriegsgefangene sind in Deutschland registriert worden. Hinzu kam eine unbekannte Zahl Gefangener, die bereits vor dem Transport ins Reichsgebiet im Osten registriert worden war. Daher haben sich möglicherweise sogar bis zu 1,8 Millionen sowjetische Kriegsgefangene in Deutschland befunden. Ich danke Reinhard Otto sehr für die Auskunft.

Wehrmachtangehörigen. Es ist von sowjetischen Kriegsverbrecherprozessen bekannt, dass sie neben juristischen häufig auch politischen Zielen dienten,[11] weshalb die Motive der sowjetischen Besatzungsmacht für ihr Vorgehen in den Jahren 1945 und 1947 nicht unberücksichtigt bleiben dürfen.

Das Kriegsgefangenenlager Zeithain

Das Kriegsgefangenen-Mannschaftsstammlager 304 (IV H) – so die offizielle Bezeichnung – wurde im April 1941 auf dem Truppenübungsplatz Zeithain nahe der sächsischen Kleinstadt Riesa eingerichtet.[12] Es war eines jener 60 Lager speziell für sowjetische Kriegsgefangene, deren Errichtung das Oberkommando der Wehrmacht (OKW) im Vorfeld des Russlandfeldzuges („Unternehmen Barbarossa") im März 1941 befohlen hatte.[13] Die Errichtung im militärischen Sperrgebiet auf Truppenübungsplätzen wurde angeordnet, weil die sowjetischen Kriegsgefangenen so der Aufmerksamkeit der Zivilbevölkerung entzogen werden konnten: Die Führung des „Dritten Reiches" befürchtete eine Infiltrierung der Deutschen mit „bolschewistischem Gedankengut". Sie konnte zudem so die Behandlung der sowjetischen Kriegsgefangenen besser vor der Öffentlichkeit verborgen halten.[14] Für diese sollte es weder einen Schutz durch die Genfer Konventionen, noch durch das allgemeine Völkerrecht geben – sie befanden sich somit in einem rechtsfreien Raum. Noch deutlicher als in den ersten beiden Kriegsjahren trat hier die Billigung und Unterstützung der nationalsozialistischen Rassenpolitik durch die Wehrmachtführung ans Tageslicht.[15]

Mitte Juli 1941, als die ersten Gefangenen am nahe des Truppenübungsplatzes Zeithain gelegenen Bahnhof Jacobsthal eintrafen, bestand das Stalag lediglich aus einem mit Stacheldrahtverhau umgebenen Gelände. Anfang August befanden sich bereits nahezu 32 000 Personen im Lager – dies war zugleich die größte Belegung in der Zeit seines Bestehens. Bis zum Herbst wurden die Gefangenen im Freien untergebracht, da nicht eine einzige Unterkunftsbaracke auch nur im Rohbau fertig war. Sie versuchten, sich notdürftigen Schutz vor der

---

11 Vgl. u. a. Winfried Meyer, Stalinistischer Schauprozeß gegen KZ-Verbrecher? Der Berliner Sachsenhausen-Prozeß vom Oktober 1947. In: Dachauer Hefte, 13 (1997), S. 153–180, bes. 179 f.; Clemens Vollnhals, Entnazifizierung in West- und Ostdeutschland. Konzeptionen und Praxis. In: Internierungspraxis in Ost- und Westdeutschland nach 1945. Eine Fachtagung. Hg. von Renate Knigge-Tesche/Peter Reif-Spirek/Bodo Ritscher, Erfurt 1993, S. 9–29, hier 19.
12 Vgl. Osterloh, Lager, S. 23–25.
13 Vgl. Reinhard Otto, Wehrmacht, Gestapo und sowjetische Kriegsgefangene im deutschen Reichsgebiet, München 1998, S. 34.
14 Aussage Kurt von Österreichs (Kdr.Kgf. WK XX) am 28.12.1945 vor dem Internationalen Militärgerichtshof in Nürnberg. USSR-151 (NLA HA, Nds 721 Gö Acc. 103/87 Verfahren Zeithain/14-3).
15 Vgl. u. a. Osterloh, Lager, S. 18–20.

Witterung zu schaffen, indem sie sich Erdlöcher gruben. Dort verbrachten sie ihre Tage und Nächte.[16]

In den folgenden Wochen und Monaten mussten die Kriegsgefangenen das Lager selbst aufbauen; zunächst allerdings die Baracken für die Wachmannschaften und das Lagerlazarett. Deshalb standen ihnen erst im Oktober eigene Unterkünfte zu Verfügung.[17] Die wenigen Baracken waren folglich sehr eng belegt. In Räumen, die für 90 Personen geplant waren, brachte die Lagerleitung über 200, zeitweilig bis zu 300 Gefangene unter.[18] Erst im Frühjahr 1942 besserte sich die Unterkunftssituation der Gefangenen – freilich nur aufgrund der hohen Sterblichkeit im Winter zuvor. Beim Aufbau des Stalag Zeithain wie auch bei den übrigen „Russenlagern" missachtete die Wehrmacht ohne Not die ursprünglichen Anordnungen des OKW und damit ihre eigenen Direktiven für „Raumbedarf, Bau und Einrichtung eines Kriegsgefangenenlagers" vom März 1939. Demnach hätte jedes Lager 120 Tage nach seiner Aufstellung fertiggestellt sein müssen – in Zeithain also im August 1941.[19]

Die hygienischen Verhältnisse in Zeithain entsprachen zu keiner Zeit den Erfordernissen einer Kriegsgefangeneneinrichtung, in der tausende, mitunter gar zehntausende Menschen auf engstem Raum zusammenleben mussten. Weder waren ausreichende Möglichkeiten zur Entlausung der Gefangenen gegeben, noch konnten diese sich regelmäßig waschen. Monate-, teilweise jahrelang trugen sie ihre zerlumpten und geflickten Uniformen.[20]

Auch bei der Ernährung der sowjetischen Kriegsgefangenen berief sich das OKW darauf, dass die Sowjetunion nicht Signatar des Genfer Kriegsgefangenenabkommens von 1929 sei: „Demzufolge besteht auch nicht die Verpflichtung, den sowjetischen Kriegsgefangenen eine diesem Abkommen hinsichtlich Menge und Güte entsprechende Verpflegung zu gewähren."[21] Die Ernährung der Gefangenen war folglich einseitig und vor allem unzureichend; sie sollten mit dem „geringstmöglichen Maß" an Nahrungsmitteln versorgt werden.[22] In

---

16 Vgl. Unterlagen der Chorun-Kommission (SächsHStAD, LRS, MdI 4/042, Bl. 93). Zur Anzahl der Gefangenen vgl. Osterloh, Lager, S. 178.
17 Vgl. die Aufstellung des Lageringenieurs Reif. Unterlagen der Chorun-Kommission (SächsHStAD, LRS, MdI 4/042, Bl. 211).
18 Vgl. Chef d. Heeresrüstung u. BdE vom 17.10.1941. Betr.: Unterbringung sowj. Kriegsgef. Abgedruckt in: Hüser/Otto, Stammlager 326, S. 224–225.
19 H.Dv. 38/12. Vorschrift für das Kriegsgefangenenwesen. Teil 12: Dienstanweisung für Raumbedarf, Bau und Einrichtung eines Kriegsgefangenenlagers vom 14.3.1939 (BArch, RHD 4 138/12).
20 Vgl. Unterlagen der Chorun-Kommission (SächsHStAD, LRS, MdI 4/042, Bl. 183–185).
21 OKW/ChHRü und BdE vom 6.8.1941.Betr.: Verpflegung sowjetischer Kriegsgefangener. (Dok. USSR-349, D-225. In: Der Prozeß gegen die Hauptkriegsverbrecher, Band VII, S. 387).
22 Dass dem kein Notstand zugrunde lag, wies Streit bereits 1978 nach. Zum Folgenden vgl. Streit, Keine Kameraden, S. 137–145. Auf den engen Zusammenhang der Ernährungspolitik gegenüber den sowjetischen Kriegsgefangenen mit dem Bestreben, die

Zeithain kamen in den ersten Wochen täglich kaum mehr als 1 000 Kalorien pro Person zur Verteilung. Zwar wurden in der Folge die Verpflegungssätze der sowjetischen Gefangenen einheitlich geregelt und auch mehrmals angehoben, doch reichten die tatsächlich ausgegebenen Lebensmittel zu keinem Zeitpunkt für eine ausreichende Ernährung der Menschen aus. „Verpflegt" werden sollten die Gefangenen zudem mit möglichst geringwertigen Lebensmitteln: Ein speziell hergestelltes „Russenbrot" bestand zu 50 Prozent aus Roggenschrot, zu je 20 Prozent aus Zuckerrübenschnitzeln und Zellmehl sowie zu zehn Prozent aus Strohmehl oder Laub. Der Fleischbedarf sollte ausnahmslos aus Pferde- und Freibankfleisch gedeckt werden.[23]

Aussagen ehemaliger Gefangener vermitteln einen Eindruck von der Ernährungspraxis in Zeithain: Morgens wurde „Tee" oder Kaffeeersatz ausgegeben. Mittags erhielt jeder Gefangene ungefähr einen halben Liter der sogenannten Balanda, einer dünnen Suppe, die aus ungereinigten Rüben und einer geringen Menge Kartoffeln bestand. Abends wurde in der Regel die tägliche Ration „Russenbrot" verteilt. Fünf bis zehn Menschen mussten sich einen Brotlaib von etwa eineinhalb Kilogramm teilen.[24] Essgeschirr sahen die Anordnungen nicht vor. Löffel und Becher, die die Gefangenen besaßen und in denen sie die „Balanda" empfangen konnten, erhielten für sie somit eine existenzielle Bedeutung.[25] Wegen dieser Mangelernährung litten die meisten Gefangenen an Hungerödemen, Skorbut und ständigem Durchfall. Sie versuchten ihren Hunger zu lindern, indem sie alles aßen, was irgendwie essbar erschien; dazu zählten auch Gras und Küchenabfälle.[26] Zeugen erinnerten sich übereinstimmend, dass es sogar zu Fällen von Kannibalismus in Zeithain gekommen sei.[27]

Erst 1944 ordnete das Reichsministerium für Ernährung und Landwirtschaft mit Wirkung vom 21. August die Gleichstellung der sowjetischen Kriegsgefangenen mit denen anderer Nationen an. Nicht humanitäre Gründe waren ausschlaggebend, es geschah vielmehr „im Interesse der Erhaltung und Steigerung

---

sowjetische Bevölkerung um mehrere Zehnmillionen Menschen zu dezimieren, verweist Christian Gerlach, Die Ausweitung der deutschen Massenmorde in den besetzten sowjetischen Gebieten im Herbst 1941. Überlegungen zur Vernichtungspolitik gegen Juden und sowjetische Kriegsgefangene. In: ders., Krieg, Ernährung, Völkermord. Forschungen zur deutschen Vernichtungspolitik im Zweiten Weltkrieg, Hamburg 1998, S. 10-84. Vgl. jetzt auch Babette Quinkert/Christoph Dieckmann (Hg.), Kriegführung und Hunger 1939-1945. Zum Verhältnis von militärischen, wirtschaftlichen und politischen Interessen, Göttingen 2015.

23 Vgl. Osterloh, Lager, S. 58 f., 62-66.
24 Vgl. Unterlagen der Chorun-Kommission (SächsHStAD, LRS, MdI 4/042, Bl. 188).
25 Vgl. Hüser/Otto, Stammlager 326, S. 91.
26 Vgl. Unterlagen der Chorun-Kommission (SächsHStAD, LRS, MdI 4/042, Bl. 192).
27 Vgl. etwa Hauptquartier der Amerikanischen Truppen in Österreich. Betr.: Verhältnisse in den deutschen Lagern für Russische Kriegsgefangene. Berichter: Dr. Lang, früher Oberstarzt der Deutschen Wehrmacht, 13.7.1945. (Nürnberger Dokumente 383 PS; Archiv der Gedenkstätte Ehrenhain Zeithain).

der Arbeitsfähigkeit der sowjetischen Kriegsgefangenen".²⁸ Die späte Gleichstellung hat sich kaum noch auf die Ernährungssituation der sowjetischen Gefangenen auswirken können, da sich die Versorgungslage in den letzten Kriegsmonaten allgemein verschlechterte. Für Kriegsgefangene und Zwangsarbeiter bestanden die festgelegten Rationen häufig nur auf dem Papier, zur Verteilung kamen sie nicht. Dies ergibt sich beispielsweise aus einer Anweisung des Kommandeurs der Kriegsgefangenen im Wehrkreis IV, der auch für Zeithain verantwortlich war und Ende August 1944 die Stalags darauf hinwies, dass „auch bei Verpflegungskürzung [...] so viel Nahrung gereicht werden [muss], dass der Kgf. leistungsfähig bleibt".²⁹

Die katastrophalen hygienischen Bedingungen und die starke Unterernährung begünstigten die Verbreitung von Seuchen im Lager: Unmittelbar nach dem Eintreffen der ersten Gefangenen brach eine Ruhrepidemie aus, die von Juli bis Oktober 1941 wütete; mehr als 20 Prozent der Lagerinsassen waren davon betroffen. Erst mit Einbruch der Kälte im November ging die Zahl der Ruhrerkrankungen zurück.³⁰ Zur gleichen Zeit traten in Zeithain allerdings die ersten Fleckfiebererkrankungen auf. Die Seuche breitete sich rapide aus: Mitte Dezember 1941 musste das gesamte Lager unter Quarantäne gestellt werden. Den Erinnerungen eines Wachmanns zufolge, der für die Zählappelle zuständig war, starben anfangs täglich 20 Personen. Diese Zahl habe sich schnell auf bis zu 200 Tote pro Tag gesteigert.³¹ Im März 1942 wurde die Quarantäne aufgehoben, allerdings lebten zu diesem Zeitpunkt lediglich noch ungefähr 3 700 der rund 10 700 bei Verhängung der Quarantäne im Lager befindlichen Gefangenen. Vermutlich erst im April 1942 war Zeithain wieder fleckfieberfrei.³²

Neben den Lebensbedingungen war auch die gezielte Ermordung bestimmter Personengruppen Grund für die große Zahl von Toten unter den Gefangenen. Bereits wenige Wochen nach Kriegsbeginn waren Vertreter des OKW und des Reichssicherheitshauptamtes (RSHA) übereingekommen, bestimmte Gefangenengruppen, die rassisch oder politisch „untragbar" erschienen, ermorden zu lassen.³³ Das RSHA erließ hierzu Mitte Juli 1941 die Einsatzbefehle Nr. 8 und 9, die die „Säuberung" der sowjetischen Kriegsgefangenenlager im

---

28 Reichsministerium für Ernährung und Landwirtschaft vom 26.7.1944. Betr.: Verpflegung der sowjetischen Kriegsgefangenen und der Ostarbeiter (Ostarbeiterinnen) (BArch, R 43 II/614, Bl. 161).
29 Kdr. Kriegsgef. im WK IV vom 23.8.1944. Betr.: Behandlung der Kriegsgefangenen, Leistungssteigerung (BArch, RH 49/101, unpag.).
30 Vgl. Unterlagen der Chorun-Kommission (SächsHStAD, LRS, MdI 4/042, Bl. 199–201).
31 Aussage Kr., o. D. (NLA HA, Nds. 721 Gö Acc. 103/87, Nr. 14, Bl. 192).
32 Vgl. SächsHStAD, LRS, MdI 4/042, Bl. 25. Zur Zahl der Gefangenen vor und nach der Quarantäne vgl. OKW, Kriegsgef. Org. (Id), Bestand an Kriegsgefangenen in den Mannschaftslagern im Reich am 1.12.1941 und am 1.4.1942 (BArch, RW 6/v. 450, Bl. 12 und 44).
33 Vgl. hierzu Otto, Wehrmacht, S. 48–57.

Generalgouvernement und im Reichsgebiet anordneten.[34] Aufgabe der in der Regel aus vier bis fünf Gestapobeamten bestehenden „Einsatzkommandos" war „die politische Überprüfung der Lagerinsassen und die Aussonderung und weitere Behandlung der in politischer, krimineller oder in sonstiger Hinsicht untragbaren Elemente unter diesen". Nach Definition des Reichssicherheitshauptamtes zählten hierzu unter anderem Funktionäre, Politkommissare, „Intelligenzler", Juden und alle „fanatischen Kommunisten".

Auch in Zeithain nahm Ende September 1941, aus organisatorischen Gründen etwas später als in anderen Lagern, ein Einsatzkommando seine Tätigkeit auf.[35] Die Gestapobeamten durchkämmten das Lager Block für Block. Die Vernehmung von Gefangenen, die inzwischen von Mitgefangenen oder Spitzeln („V-Leuten") als „Kommissare" oder „Juden" denunziert worden waren, fanden in einer von der Stalag-Kommandantur eigens dafür zur Verfügung gestellten Baracke statt. Das Einsatzkommando unterbrach die Verhöre nur, wenn ein neuer Transport eintraf, um gleich bei der Registrierung die nach nationalsozialistischem Verständnis Untragbaren auszusondern.[36] Wenn jeweils 40 bis 50 Personen zusammengekommen waren, brachte man diese in das Konzentrationslager Buchenwald, wo sie mittels der in Sachsenhausen entwickelten Genickschussanlage ermordet wurden.[37] Allein aus Zeithain waren etwa 1 000 Menschen von dieser Selektion betroffen.[38]

---

34 CSSD, Einsatzbefehl Nr. 8 vom 17.7.1941 (BArch, R 58/1027, Bl. 190-192). Abgedruckt in: Alfred Streim, Die Behandlung sowjetischer Kriegsgefangener im Fall „Barbarossa", Heidelberg 1981, S. 315-317; CSSD, Einsatzbefehl Nr. 9 vom 21.7.1941 (BArch, R 58/272, Bl. 33-36). Abgedruckt in: ebd., S. 322-323. Folgendes Zitat ebd.
35 Fernschreiben der Stapoleitstelle Dresden an Stapoleitstelle München vom 25.9.1941 (NLA HA, Nds 721 Gö Acc. 103/87, Nr. 14/38, DH 9). Abgedruckt in: Der Prozeß gegen die Hauptkriegsverbrecher, Band XXXVIII, S. 422. In den anderen Lagern nahmen die Einsatzkommandos wenige Tage, nachdem der „Einsatzbefehl Nr. 9" erlassen worden war, ihre Tätigkeit auf. So fanden im WK VIII im Stalag 308 Neuhammer spätestens am 5.8.1941 die ersten „Aussonderungen" durch ein Breslauer Einsatzkommando statt. Vgl. Otto, Wehrmacht, S. 88.
36 Vgl. ebd., S. 63-69 sowie 87-89.
37 Aussage B. vom 10.3.1967 (NLA HA, Nds. 721 Gö Acc. 103/87, Nr. 14/1, Bl. 265); außer in Buchenwald, wohin man auch sowjetische Kriegsgefangene aus den Wehrkreisen VI, IX und XII verbrachte, wurden „Ausgesonderte" in den Konzentrationslagern Sachsenhausen, Dachau, Flossenbürg, Groß-Rosen, Neuengamme, Mauthausen und Auschwitz ermordet. Vgl. Otto, Gestapo, S. 263-268. Hier auch Angaben zur Gesamtzahl der Opfer: mindestens 38000 Menschen. In Auschwitz trafen die ersten 600 sowjetischen Kriegsgefangenen im September 1941 ein. Sofort nach ihrer Ankunft wurden sie in den abgedichteten Keller des Blocks 11 gebracht und dort mit Zyklon B vergast. Vgl. ebd., S. 90-92. Zu den Erschießungen in Buchenwald vgl. Buchenwald. Mahnung und Verpflichtung. Dokumente und Berichte, 4. Auflage Berlin (Ost) 1983, S. 341.
38 Diese Zahl schätzt Otto, Wehrmacht, S. 266. Dem Chorun-Bericht zufolge sollen weitere 1000 sowjetische Kriegsgefangene von Zeithain in das KZ Flossenbürg transportiert worden sein (SächsHStAD, LRS, MdI 4/042, Bl. 27). Bei diesem Transport muss es sich allerdings um sowjetische Kriegsgefangene gehandelt haben, die für den Arbeitseinsatz im KZ Flossenbürg vorgesehen waren. Zu den „Arbeitsrussen" vgl. Otto, Wehrmacht, S. 186-200.

Obwohl das NS-Regime den Arbeitseinsatz sowjetischer Kriegsgefangener im Reich aus Furcht vor einer möglichen ideologischen Beeinflussung der deutschen Bevölkerung zunächst kategorisch ausgeschlossen hatte, kamen diese infolge des Arbeitskräftemangels bereits ab Juli 1941 in allen Wehrkreisen zum Einsatz.[39] Es war reiner Pragmatismus, der zu diesem Kurswechsel geführt hatte. Die Gefangenen und die Bürger der besetzten sowjetischen Gebiete waren, neben den italienischen Militärinternierten (IMI) ab 1943/44, das letzte nennenswerte Arbeitskräftepotenzial, das zur Verfügung stand.[40] Dass die Wehrmacht den Feldzug im Osten nicht, wie erwartet, als „Blitzkrieg" führen und gewinnen konnte, hatte weitreichende Auswirkungen auf die Wirtschaft. Die ständigen Aushebungen der Wehrmacht in den Betrieben zeigten sich bereits im Sommer 1941 in einem Fehlbestand von 2,6 Millionen Arbeitskräften.[41] Der Einsatz erfolgte zunächst an Wehrmachtstandorten, bei Meliorationen, im Braunkohlentagebau, bei der Reichsbahn, im Straßenbau und in Steinbrüchen, später auch in der Industrie. Am 1. November waren von insgesamt 350 000 sowjetischen Kriegsgefangenen etwas mehr als 220 000 im Arbeitseinsatz (63 Prozent).[42] Dies bedeutete zugleich, dass ein erheblicher Teil der Gefangenen bereits verhungert, ermordet oder total entkräftet war. Zudem wurden die meisten Lager im Winter wegen der in ihnen grassierenden Epidemien unter Quarantäne gestellt. So vermerkte das unter anderem für Zeithain zuständige Rüstungskommando Dresden in seinem Wochenbericht für Anfang Dezember 1941: „Sowjetische Kriegsgefangene konnten bisher nur in geringer Zahl zugewiesen werden. Die Zuweisung stockt z. Zt. völlig wegen Seuchengefahr."[43] Der Arbeitseinsatz konnte deshalb erst ab Sommer 1942 in größerem Umfang realisiert werden.

Zeithain selbst führte allerdings keine Arbeitskommandos. Die Gefangenen, die sich in den Monaten Oktober 1941 bis August 1942 dort im Arbeitseinsatz befanden, hatten vor allem die Aufgabe, das Lager aufzubauen. Außerdem wurden die Gefangenen zu Ladetätigkeiten auf dem Bahnhof Jacobsthal, an einer Anlegestelle für Elbkähne nahe der Ortschaft Zschepa und in den Vorratslagern des Stalag, zu Erdarbeiten auf dem Truppenübungsplatz, zu Lagerarbeiten in der Heeres-Munitionsanstalt Zeithain sowie zum Ausheben von Gräbern und zu Bestattungsarbeiten eingesetzt. Weiterhin mussten sie in der Schneiderei und in der Schusterwerkstatt des Lagers Wehrmachtaufträge ausführen. Hinzu kam

---

39 Vgl. grundlegend Rolf Keller, Sowjetische Kriegsgefangene im Deutschen Reich 1941/42. Behandlung und Arbeitseinsatz zwischen Vernichtungspolitik und kriegswirtschaftlichen Zwängen, Göttingen 2011.
40 Vgl. Streit, Keine Kameraden, S. 201.
41 Vgl. Ulrich Herbert, Fremdarbeiter. Politik und Praxis des „Ausländer-Einsatzes" in der Kriegswirtschaft des Dritten Reiches, 2. Auflage Berlin (West) 1986, S. 137.
42 Vgl. Keller, Kriegsgefangene, S. 200.
43 KTB RüKdo Dresden vom 1.10.–31.12.1941 (BArch, RW 21–15/9, Bl. 51).

ein unregelmäßiger Einsatz auf Bauernhöfen der Umgebung.⁴⁴ Die große Masse der Gefangenen wurde jedoch von hier auf die Arbeitskommandos des sächsischen Industrieviers und des süddeutschen Raumes verteilt. Sie kamen beispielsweise im Braunkohlentagebau im Raum Leipzig, in den Betrieben der zum Flick-Konzern gehörenden Mitteldeutsche Stahlwerke AG in Riesa und Gröditz und bei der Hugo Schneider AG (HASAG) in Leipzig zum Einsatz.⁴⁵ Zeithain selbst diente dem „Durchschleusen"⁴⁶ und war das „in Sachsen gelegene Sammellager für sowjetische Kriegsgefangene".⁴⁷

Besondere Bedeutung erlangte Zeithain wegen seiner Funktion als zentrales Kriegsgefangenen-Reservelazarett im Wehrkreis. Neben dem Stalag 304 (IV H) hatte das Dresdner Wehrkreiskommando bereits im Juli 1941 auf dem Geländes des Truppenübungsplatzes ein Lazarett für sowjetische Kriegsgefangene („Waldlager Zeithain") aufgestellt. Dieses war zunächst für 500 Kranke vorgesehen.⁴⁸ Rasch entwickelte sich das „Waldlager" zu einem überregionalen Lazarett: Spätestens seit dem Sommer 1942 kam es bereits zu zahlreichen Transporten tuberkulosekranker Sowjetgefangener aus den anderen Lagern und den Arbeitskommandos des Wehrkreises nach Zeithain.⁴⁹

Vermutlich aufgrund der Tatsache, dass das Stalag infolge der Seuchen des vergangenen Winters und der Überstellung zahlreicher Gefangener in Arbeitskommandos fast menschenleer war, begann man im Herbst 1942 mit der Einrichtung eines zentralen Kriegsgefangenen-Reservelazaretts für den gesamten Wehrkreis.⁵⁰ Ab Januar 1943 diente das Zeithainer Lager dann ausschließlich

---

44 Vgl. Bericht Melnikov an den Leiter der politischen Verwaltung der Gruppe der sowjetischen Besatzungstruppen in Deutschland, Kadašnik, vom 3.7.1947. Vgl. außerdem Protokoll der Chorun-Kommission, November 1946 (Archiv der Gedenkstätte Ehrenhain Zeithain). Zum Arbeitseinsatz der sowjetischen Kriegsgefangenen in Zeithain vgl. Osterloh, Lager, S. 74–84.
45 Vgl. zum Arbeitseinsatz von Kriegsgefangenen in der sächsischen Stahlindustrie Sebastian Fink, Das Stahl- und Walzwerk Riesa in beiden deutschen Diktaturen 1933 bis 1963, Leipzig 2012, S. 208–255. Vgl. auch Jens Nagel, Das Kriegsgefangenenlager Zeithain 1941–1945. In: Zeithain – Gedenkbuch sowjetischer Kriegsgefangener, Band 1: Das Kriegsgefangenenlager Zeithain – vom „Russenlager" zur Gedenkstätte. Hg. von Stiftung Sächsische Gedenkstätten zur Erinnerung an die Opfer politischer Gewaltherrschaft und Volksbund deutsche Kriegsgräberfürsorge e.V., Dresden 2005, S. 42–77, S. 60.
46 Vermerk vom 5.11.1941 (BArch, R 3/4032, Bl. 7).
47 Brief an Vorsitzenden des Sonderausschusses II (Reichsautobahnläger), Generaldirektor Budin, vom 6.1.1942 (BArch, R 3/4034, Bl. 61).
48 Vgl. Stammtafel des Res.-Laz. (Kgf.) Waldlager Zeithain (BArch, RH 53-4/15, Bl. 105).
49 Vgl. etwa die Transportmeldungen des Kdr. M.-Stammlager IV D, Gruppe Einsatz (BArch, RH 49/101, unpag.). Vgl. auch Hubert Dörr, Zum Vorgehen der faschistischen Betriebsführung des ehemaligen Lauchhammerwerkes Gröditz im Flick-Konzern gegenüber Arbeitern und anderen Werktätigen sowie zwangsverschleppten ausländischen Arbeitskräften, Kriegsgefangenen und KZ-Häftlingen während des zweiten Weltkrieges, Diss. Dresden 1978, S. 108.
50 Vgl. Unterlagen der Chorun-Kommission (SächsHStAD, LRS, MdI 4/042, Bl. 99 und 195).

als Lazaretteinrichtung. Im Endausbau umfasste es nahezu 8000 Betten.⁵¹ Allein die Zahl der Tuberkulosekranken, deren Konzentration und Isolierung nun die Hauptaufgabe des Lagers war, bewegte sich in der Folge zwischen 3000 und 5000 Menschen.⁵² Zu den sowjetischen kamen nun auch polnische, serbische, britische und französische Kriegsgefangene sowie die italienischen Militärinternierten hinzu.

Die Betreuung der Kranken hatte die Lagerleitung entgegen ursprünglichen Bedenken kriegsgefangenen sowjetischen Militärärzten übertragen. Ihnen war jedoch oftmals kaum mehr als moralischer Zuspruch möglich: Das Lazarett war äußerst primitiv ausgestattet, und die Wehrmacht stellte die notwendigen Medikamente nicht zur Verfügung. Da die kranken Gefangenen als Arbeitskräfte ausfielen und somit als „unnütze Esser" galten, war ihre Verpflegung schlecht und den Bedürfnissen Kranker nicht angemessen.⁵³ In der „Lazarettzeit" kamen deshalb tausende Gefangene ums Leben. Sie starben vor allem an Seuchen – in erster Linie Tuberkulose –, an Hunger und Kälte. Die Sterberate im Lazarett lag verschiedenen Zeugen zufolge zwischen zwei und maximal 35 Toten pro Tag.⁵⁴

Die Befreiung – Sowjetische Ermittlungen zum Lager Zeithain

Die Wehrmacht gab den Truppenübungsplatz Zeithain erst wenige Tage vor Kriegsende auf. Beim Näherrücken von Einheiten der Roten Armee verließen die Wachmannschaften in der Nacht vom 21. auf den 22. April 1945 das Kriegsgefangenenlazarett.⁵⁵ Am Morgen des 23. April erschienen die ersten Soldaten des 1. Gardekavalleriekorps der 1. Ukrainischen Front im Lager. Die Gefangenen übergaben den Offizieren des Korps alle sichergestellten Unterlagen, darunter die Gefangenenregistratur, und inspizierten mit ihnen das Lager. Gegen Abend ordnete der zuständige Kommandeur, Generalleutnant V.K. Baranov, wegen der immer noch heftigen Kämpfe in der Umgebung des Lazaretts dessen Räumung an. Die Kranken sollten mitsamt Pflegepersonal in Richtung Osten

---

51 Vgl. die Aufstellung der Sanitäts-Ersatzabteilung des WK IV vom 1.12.1944 (BArch, RH 12-23/565). Hüser/Otto, Stammlager 326, S. 79, schließen bereits aufgrund der „extrem hohen Zahl von 2368 Betten" auf eine überregionale Bedeutung des Kriegsgefangenenlazaretts Staumühle in der Senne.
52 Vgl. Unterlagen der Chorun-Kommission (SächsHStAD, LRS, MdI 4/042, Bl. 99).
53 Erinnerungen Gutyrja vom 4.12.1961; Erinnerungen Šlykov, o. D.; Brief Markson, o. D. (Archiv der Gedenkstätte Ehrenhain Zeithain).
54 Vgl. Unterlagen der Chroun-Kommission (SächsHStAD, LRS, MdI 4/042, Bl. 21-22 und 99-100). Vgl. auch Nagel, Zeithain, S. 68 f.
55 Vgl. Ehrenhain Zeithain. Den Toten zum Gedenken. Den Lebenden zur Mahnung. Hg. Von der SED-Kreisleitung Riesa, Riesa [1985], S. 27; sowie Bericht Čerkassov von April 1959 (Archiv der Gedenkstätte Ehrenhain Zeithain).

hinter die Linien der Roten Armee verlegt werden. Im Lazarett verblieben diejenigen, die für den Transport zu krank oder geschwächt waren: etwa 3 500 Menschen.[56]

Schon am Tag der Befreiung hatten die Gefangenen erstmals Gelegenheit, über ihr Leben in Zeithain zu berichten.[57] Auch in den darauffolgenden Wochen wurde die sowjetische Verwaltung von den Kranken, die im Lazarett auf ihre Repatriierung warteten, auf die entsetzlichen Verhältnisse im Lager aufmerksam gemacht. Zudem erhielten Vertreter des militärischen Abwehrdienstes der Roten Armee SMERŠ („Tod den Spionen") und des NKVD (Volkskommissariat für innere Angelegenheiten) bei den Vernehmungen in den sogenannten Prüf- und Filtrierungslagern, die alle sowjetischen Repatrianten zu durchlaufen hatten, meist gründliche Auskunft über die Situation der Gefangenen in Zeithain. Die Befragten, die sich oftmals des Vorwurfs der Kollaboration zu erwehren hatten, berichteten in allen Einzelheiten über die Verpflegung, die Unterkunftssituation, die Arbeitseinsätze, ihre Behandlung und über die außerordentlich hohe Sterberate.[58] Anfang Mai kam es dann zu einer Reihe von Obduktionen. Ärzte der Roten Armee versuchten die Todesursachen von noch nach der Befreiung gestorbenen Gefangenen zu bestimmen.[59]

Beiden Sicherheitsdiensten und somit auch der Sowjetischen Militäradministration für das Land Sachsen (SMAS) mussten also die Geschehnisse in Zeithain frühzeitig bekannt gewesen sein. Gleichwohl führte letztere zunächst keine weitergehende Untersuchung durch. Das bestätigt der Bericht des ehemaligen Gefangenen Viktor Revin.[60] Als dieser nach seiner Entlassung aus einem der Prüf- und Filtrierungslager[61] Anfang August 1945 aufgrund einer Empfehlung

---

56 Ebd. Vgl. Osterloh, Lager, S. 145 f. (mit Anm. 529) und 149. Vgl. zur Befreiung des Lagers Zeithain auch Alexander Haritonow, Lagerbefreiung und Ermittlung der Opferzahlen. In: Zeithain – Gedenkbuch sowjetischer Kriegsgefangener, Band 1, S. 136–143.
57 Vgl. Bericht Čerkassov von April 1959 (Archiv der Gedenkstätte Ehrenhain Zeithain).
58 Zur Repatriierung der sowjetischen Kriegsgefangenen aus Zeithain vgl. Osterloh, Lager, S. 152–157. Vgl. allg. Pavel Poljan, Žertvy dvuch diktatur. Ostarbajtery i voennoplennye v tret'em rejche i ich repatriacija [Opfer zweier Diktaturen. Ostarbeiter und Kriegsgefangene im Dritten Reich und ihre Repatriierung], Moskau 1996. Eine gekürzte deutsche Fassung ist erschienen unter dem Titel „Die Heimat wartet auf Euch, Ihr Schurken!" Die Repatriierung der sowjetischen Kriegsgefangenen in die Sowjetunion 1941–1956, Wien 2001. Siehe auch Ulrike Goeken-Haidl, Der Weg zurück. Die Repatriierung sowjetischer Kriegsgefangener und Zwangsarbeiter während und nach dem Zweiten Weltkrieg, Essen 2006.
59 Vgl. Osterloh, Lager, S. 150. Zu den ersten Ermittlungen und Fehlinterpretationen der Lagerstatistik vgl. auch Haritonow, Lagerbefreiung, S. 138.
60 Zum Folgenden vgl. Brief Revin vom 24.3.1947 (Archiv der Gedenkstätte Ehrenhain Zeithain).
61 Der Name des Prüf- und Filtrierungslagers, in dem sich Revin befunden hatte, ist nicht zu entziffern.

zur Operativgruppe der SMAS[62] nach Dresden versetzt wurde und seine Vorgesetzten dort – nach eigenen Angaben – wiederholt auf die Bedingungen in Zeithain hinwies, schenkten sie seinen Ausführungen zunächst keine Beachtung. Daraufhin fuhr er im März 1946 nach Zeithain, um das ehemalige Lagergelände zu besichtigen. Revin fand es verlassen und unbewacht vor; die Baracken waren teilweise von sogenannten Neubauern demontiert und auf deren Gehöften wieder errichtet worden. Außerdem nutzte der Geheimdienst NKVD einzelne Bausegmente der Baracken als Sichtblenden rund um das im ehemaligen Stalag IV B Mühlberg errichtete Speziallager Nr. 1, wo er Tausende Deutsche, denen die Beteiligung an NS-Verbrechen vorgeworfen wurde, interniert hatte.[63] Die in der Umgebung von Zeithain angelegten Massengräber waren mittlerweile zugewachsen und, so Revin, vollkommen unkenntlich geworden.

Nach Dresden zurückgekehrt, berichtete er seinem Vorgesetzten Volkovyckij erneut über das Zeithainer Lager und wies dabei auch auf den unwürdigen Zustand der Gräberfelder hin. Dieser verbot Revin, sich weiter mit der Geschichte des Lagers zu befassen. Dennoch lud Revin den Riesaer NKVD-Chef sowie den dortigen SED-Vorsitzenden zu einer Besichtigung des Lagergeländes ein. Im April und Mai 1946 fuhr er mehrmals mit ihnen auf den Truppenübungsplatz. Am 16. Juni 1946 nahm eine kleine Kommission an einigen Stellen Probegrabungen vor und stieß dabei auf zahlreiche Skelette. Daraufhin bestellte die SMAS am 22. Juni 1946 Presse-, Rundfunk- und Filmjournalisten nach Zeithain, die über die grausigen Funde berichten sollten; zugleich besichtigten Vertreter des Präsidiums der Landesregierung sowie der Parteien, Gewerkschaften und Kirchen das ehemalige Lagergelände.[64] Die

---

62 In der Organisationsstruktur des Sicherheitsapparats der Sowjetischen Militäradministration in Deutschland (SMAD) bildeten die Länder und Provinzen den sogenannten operativen Sektor. Das Hauptquartier befand sich in Berlin. Auf der mittleren Ebene gab es die sogenannten operativen Bezirke („operativnyj okrug"), in den Kreisen sowie größeren Städten die sogenannten operativen Gruppen („operativnaja gruppa"). Vgl. Jan Foitzik, Sowjetische Militäradministration in Deutschland (SMAD). In: Martin Broszat/Hermann Weber (Hg.), SBZ-Handbuch. Staatliche Verwaltungen, Parteien, gesellschaftliche Organisationen und ihre Führungskräfte in der Sowjetischen Besatzungszone Deutschlands 1945–1949, München 1990, S. 7–69, hier 28 f.
63 Spuren Suchen und Erinnern. Gedenkstätten für die Opfer politischer Gewaltherrschaft in Sachsen. Hg. von der Stiftung Sächsische Gedenkstätten zur Erinnerung an die Opfer politischer Gewaltherrschaft, Leipzig 1996, S. 38–40. Zum Speziallager Mühlberg vgl. Achim Kilian, Einzuweisen zur völligen Isolierung. NKWD-Speziallager Mühlberg/Elbe 1945–1949, 2. Auflage Leipzig 1993; ders., Mühlberg 1938–1948. Ein Gefangenenlager mitten in Deutschland, Köln 2001.
64 59. Präsidialsitzung am 20.6.1946. In: Andreas Thüsing (Hg.), Das Präsidium der Landesverwaltung Sachsen. Die Protokolle der Sitzungen vom 9. Juli 1945 bis 10. Dezember 1946, Göttingen 2010, S. 361–363, hier 362; Ehrenhain Zeithain, S. 27. Eine Fotoserie von dem Massenbesuch auf den Friedhöfen am 22.6.1946 befindet sich im Bildarchiv der Gedenkstätte Ehrenhain Zeithain.

Medien informierten die Bevölkerung in den darauffolgenden Tagen über die Funde.[65]

Der Termin der Graböffnungen sowie der Berichterstattung über die grausamen Ereignisse, die zum Massensterben der Gefangenen geführt hatten, ist beachtenswert. Während die Besatzungsbehörden Revin zunächst die Einleitung einer Untersuchung verboten hatten, wurden sie im Juni 1946 selbst aktiv. Vermutlich nahmen sie die Aufdeckung der Verbrechen „termingerecht" vor. Denn nur wenige Tage später, am 30. Juni 1946, sollte in Sachsen der Volksentscheid über die Enteignung von „Kriegsverbrechern und Naziaktivisten" stattfinden. Für diese These spricht vor allem die propagandistische Instrumentalisierung der geöffneten Massengräber in der Vorberichterstattung über den Volksentscheid in den Medien. So wurden beide Themen bereits im eingangs zitierten Zeitungsartikel vom 25. Juni 1946 eng miteinander verknüpft. Er endete mit den Worten: „Auf unserer Rückfahrt begegnen uns ungezählte Fahrzeuge, die immer neue Besucherscharen bringen. Es ist wie eine *Wallfahrt zum Totenwald von Zeithain*, die sich, das möge dieses entsetzlichen Verbrechens Lehre und Verpflichtung für uns alle sein, am 30. Juni zu einem millionenfachen Ja gestalten soll."[66]

Tatsächlich hatte der sächsische Innenminister Kurt Fischer „in der ‚heißen Phase' des Abstimmungskampfes" verlangt, „dass ein großer Teil der sächsischen Bevölkerung die gerade erst entdeckten Gräber von tausenden alliierten Kriegsgefangenen im Lager Zeithain ‚selbst in Augenschein' nimmt". Er hatte daher die sächsischen Verkehrsbetriebe angewiesen, so viele Transportmittel wie möglich zur Verfügung zu stellen, damit bis zum 30. Juni 1946 möglichst viele Menschen nach Zeithain gebracht werden konnten. Fischer sprach von der „gewaltigen Bedeutung, die diese schnelle Aktion, die in keinem unserer Pläne hier vorgesehen ist, auch noch für den Volksentscheid haben kann und muss".[67] Über die Wirkung der Aktion berichtete am 27. Juni 1946 der Dresdner Romanist Victor Klemperer in seinem Tagebuch: „Der Volksentscheid tobt. Plakate,

---

65 Natürlich war der Bevölkerung das Massensterben der Gefangenen im Seuchenwinter nicht verborgen geblieben. So gab etwa ein Angehöriger des Lagerpersonals 1946 zu Protokoll: „In der ganzen Umgebung hat man damals Gerüchte verbreitet. Eine Versetzung nach Zeithain war für uns eine Strafe." (SächsHStAD, LRS, MdI 4/042, Bl. 31).

66 Der Totenwald von Zeithain. In: Sächsische Zeitung vom 25.6.1946 (Hervorhebungen im Original). Zum Volksentscheid vgl. Stefan Creuzberger, „Klassenkampf in Sachsen". Die Sowjetische Militäradministration in Deutschland (SMAD) und der Volksentscheid am 30. Juni 1946. In: Historisch-politische Mitteilungen, 2 (1995), S. 119–130; Winfrid Halder, „Modell für Deutschland". Wirtschaftspolitik in Sachsen 1945–1948, Paderborn 2001, S. 212–232; Norbert Frei/Ralf Ahrens/Jörg Osterloh/Tim Schanetzky, Flick. Der Konzern, die Familie, die Macht, München 2009, S. 456–461.

67 Landesvorstandssitzung der SED am 20.6.1946 (SächsHStAD, SED-LL, A/754, Bl. 174). Zit. nach Michael Richter/Mike Schmeitzner, „Einer von beiden muß so bald wie möglich entfernt werden". Der Tod des sächsischen Ministerpräsidenten Rudolf Friedrichs vor dem Hintergrund des Konfliktes mit Innenminister Kurt Fischer 1947, Leipzig 1999, S. 89.

Radio etc. Nicht ganz geschickt. [...] Man ist in 100 Wagen nach Zeithain gefahren worden, die dortigen Massengräber der russischen Gefangenen zu sehen. Deren Zahl ist allzu rasch angewachsen. Von etwa 80 000 auf 140 000 Tote. Und Doelitzsch sagt, die Sache sei propagandistisch organisiert gewesen. Der Einzelne bekam nur ein Stückchen Grube mit ein paar Knochen darin zu Gesicht."[68]

Auch verwundert, dass der SMAS angeblich bis Mitte Juni 1946 keine Erkenntnisse über die Kriegsgefangenen-Einrichtungen auf dem Truppenübungsplatz Zeithain vorgelegen haben sollen, kurze Zeit später aber, in dem Artikel vom 25. Juni 1946, teilweise detaillierte Angaben zum Geschehen im Lager gemacht werden konnten. Der Tenor änderte sich auch in einem weiteren Bericht in der „Sächsischen Zeitung" am Tag darauf nicht. Er endete ebenfalls mit einem Aufruf zum Volksentscheid: „Nie mehr ist das Verbrechen wiedergutzumachen. Die Schuldigen aber müssen zur Verantwortung gezogen werden. Bei dem Volksentscheid geht es um die Bestrafung der kriegsverbrecherischen Unternehmer, die für die Schreckenstaten von Zeithain genau so verantwortlich sind, wie Hitler und Himmler, Gestapo und SS."[69]

Infolge dieser ersten Graböffnungen im Juni 1946, 14 Monate nach der Befreiung der Überlebenden, kam es zu einer umfangreichen offiziellen Untersuchung der Vorgänge in Zeithain. Noch Ende Juni fanden erste Vernehmungen früheren Lagerpersonals durch die sächsische Polizei statt.[70] Am 1. August 1946 erließ der Chef der SMAS, Generaloberst Michail Katukov, den Befehl 233 „Untersuchung der im Stalag 304, Zeithain, an sowjetischen Kriegsgefangenen begangenen Greueltaten".[71] Er ordnete an, dass eine Untersuchungskommission einzusetzen sei, „um das ganze Bild der verübten Greueltaten im oben erwähnten Lager klarzustellen, um die Zahl der zugrundegegangenen und der getöteten sowjetischen Kriegsgefangenen zu ermitteln, als auch um die konkreten Schuldigen zu ermitteln."

Sie sollte aus Vertretern der SMAS sowie deutschen Polizisten und Ärzten gebildet werden. Korrespondenten der sowjetischen und der deutschen Presse

---

68 Victor Klemperer, So sitze ich denn zwischen allen Stühlen. Tagebücher 1945–1949. Hg. von Walter Nowojski, Berlin 1999, S. 258–259. Clemens Dölitzsch (1888–1953), Pädagoge, vor 1933 und von 1946 bis 1950 Vorsteher der Dresdner Stadtverordnetenversammlung; war von April 1946 bis August 1948 Mitglied des Landesvorstandes der SED. Vgl. zur „Wallfahrt" nach Zeithain zu Dölitzsch auch Thomas Widera, Dresden 1945–1948. Politik und Gesellschaft unter sowjetischer Besatzungsherrschaft, Göttingen 2004, S. 110, Anm. 280, und S. 334.
69 Der Massenmord von Zeithain. In: Sächsische Zeitung vom 26.6.1946.
70 Vgl. die Vernehmungsprotokolle der sächsischen Polizei im Archiv der Gedenkstätte Ehrenhain Zeithain (Kopien aus BArch-Zwischenarchiv Dahlwitz-Hoppegarten, ZA VI, 1838, Kgf. Lager Zeithain). Ab wann die Polizei das frühere Lagerpersonal und Mitarbeiter des Kriegsgefangenenwesens in Sachsen namentlich zu erfassen begann, ist unbekannt. Die Vermutung liegt nahe, dass dies eine Folge der Revin-Besuche in Zeithain war.
71 Unterlagen der Chorun-Kommission (SächsHStAD, LRS, MdI 4/042, Bl. 1). Folgendes Zitat ebd.

hatten die Kommission bei ihrer Arbeit zu begleiten und die Ergebnisse zu dokumentieren. Alle für die Untersuchung notwendigen personellen und materiellen Voraussetzungen musste der Präsident der Landesverwaltung Sachsen, Rudolf Friedrichs, stellen. Die Leitung übernahm Generalmajor Josif Ivanovič Chorun.[72] Am 5. August 1946 begann die Kommission auf dem Gelände des Truppenübungsplatzes Zeithain mit ihrer Arbeit, die sie rund zweieinhalb Monate später, am 20. Oktober 1946 abschloss. In dieser Zeit ermittelte sie fünf Gräberfelder, die jeweils zwischen vier und 32 einzelne Massengräber umfassten. Diese wurden nicht alle vollständig geöffnet. Die Kommission versuchte, durch Probegrabungen die Größe jedes Grabes und die mutmaßliche Anzahl der dort bestatteten Kriegsgefangenen zu ermitteln. Zu diesem Zweck überprüfte sie jeweils, wie viele Skelette auf einem Meter Breite gefunden wurden. Aufgrund von Hochrechnungen stellte sie in den Gräber etwa 33 000 Leichen fest.[73] In seinem Abschlussbericht gab Chorun dann allerdings – entsprechend der Meldungen in den Zeitungsartikeln vom 25. und 26. Juni – an, dass in Zeithain vermutlich zwischen 80 000 und 140 000 sowjetische Kriegsgefangene ums Leben gekommen seien.[74]

Strafverfolgung durch die sowjetische Besatzungsmacht

Neben der Untersuchung der Lebensbedingungen im Lager und der Feststellung der Opferzahl zählte auch die Strafverfolgung von Verbrechen zu den Aufgaben der Kommission. Für die polizeilichen Untersuchungsmaßnahmen wurden insgesamt 24 Beamte des sächsischen Landeskriminalamtes unter Leitung von Inspekteur Schneider nach Riesa abgeordnet. Ihre Aufgabe bestand zunächst darin, sämtliche Wachmannschaften und Angehörigen der Lagerverwaltung, die in Zeithain ihren Dienst versehen hatten, ausfindig zu machen. Insgesamt verhaftete die „Sonderkommission Zeithain" von Anfang August bis Ende Oktober 1946 47 Personen, von denen sie 25 nach kurzer Zeit wieder aus der Haft entließ. 21 übergab sie der Militärverwaltung, die diese nach Dresden überführte.[75] Daraufhin strengte die SMAS gegen mindestens 20 Tatverdächtige Ermitt-

---

72 Generalmajor Chorun (geb. 1884) war Anfang Februar 1946 mit Befehl 076 der SMAD zum Militärkommandanten von Chemnitz ernannt worden. Vgl. Haritonow, Lagerbefreiung, S. 143, Anm. 12.
73 Vgl. Unterlagen der Chorun-Kommission (SächsHStAD, LRS, MdI 4/042, Bl. 2–6 und 117).
74 Vgl. Osterloh, Lager, S. 175–184.
75 Ein Jugendlicher wurde in eine Erziehungsanstalt überführt. Vgl. Unterlagen der Chorun-Kommission (SächsHStAD, LRS, MdI 4/042, Bl. 116). Einige Aktensplitter der Verhörprotokolle sind überliefert. Vgl. u. a. BArch, Zwischenarchiv Dahlwitz-Hoppegarten, Z/A-VI 3190 (Untersuchungen der K 5)/7–11. Für den Hinweis auf diesen Bestand bin ich Jens-Uwe Lahrtz zu Dank verpflichtet.

lungen an.⁷⁶ Nach Abschluss der Voruntersuchungen beschloss der Chef des Operativsektors der SMAS, Generalmajor Sergej A. Klepov, am 24. Juni 1947 die Anklageerhebung gegen alle Beschuldigten. Sie wurde einen Tag später vom zuständigen Militärstaatsanwalt, Oberleutnant Carcenko, bestätigt.⁷⁷ Ausführlich ging Klepov in seiner Begründung, die auf dem Abschlussbericht der „Chorun-Kommission" basierte, auf die Lebensbedingungen der sowjetischen Kriegsgefangenen im Stalag 304 (IV H) und im späteren Kriegsgefangenenlazarett Zeithain ein. Im Anschluss daran benannte er die individuelle Schuld der Verdächtigen. Hierbei hob er unter anderem folgende Personen hervor: Friedrich Sonntag, Lagerarzt vom Juni 1941 bis zum Mai 1942, Hans-Georg Neumann, Lagerarzt vom Mai 1942 bis zum Februar 1943, und Erich Rollin, Lagerarzt vom Juli bis zum September 1941 – alle beschuldigt, als Ärzte ihre Fürsorgepflicht für die entkräfteten und kranken Gefangenen verletzt zu haben; Erich Roßbach, Chef der Wirtschaftsverwaltung des Stalag 304 (IV H) von 1941 bis 1943, und Karl Remagen, Chef der Wirtschaftsverwaltung des Kriegsgefangenen-Reservelazaretts Zeithain vom August 1944 bis zum April 1945 – beide der Verantwortung für die schlechte Versorgung der Gefangenen beschuldigt. Zu den weiteren Angeklagten zählte der Wachsoldat Erich Eisold, dem unter anderem vorgeworfen wurde, zwölf Gefangene getötet zu haben.

Einem bereits auf der Sitzung des Sowjetischen Militärtribunals (SMT)⁷⁸ vom 18. Juni 1947 gefassten Beschluss entsprechend, wurde in den ersten fünf angeführten Fällen Anklage nach Artikel 58-2 des Strafgesetzbuches des UdSSR erhoben,⁷⁹ in den übrigen 15 Fällen nach Teil 1 des Erlasses des Präsidiums des

---

76 Strafakte Nr. 279 – Eckel (Archiv des Hannah-Arendt-Instituts für Totalitarismusforschung).
77 Zum Folgenden ebd., Bl. 226–233.
78 Ihre Zuständigkeit für die Strafverfolgung in der SBZ leiteten die sowjetischen Militärtribunale aus der sowjetischen Militärgerichtsordnung vom 20.8.1926 ab. Artikel 8 erklärte die Militärtribunale für die „Ahndung aller Verbrechen, von wem auch immer sie begangen wurden" für zuständig und dies in „Gebieten, in denen infolge außergewöhnlicher Umstände keine ordentlichen Gerichte funktionieren". Außerdem basierte die Zuständigkeit auf dem Ukaz des Präsidiums des Obersten Sowjets vom 22.6.1941 „Über den Kriegszustand" sowie auf dem alliierten Kontrollratsgesetz Nr. 10 vom 20.12.1945, das die Zonenbefehlshaber zur Einsetzung ihnen geeignet erscheinender Gerichte zur Verhandlung von Prozessen wegen Kriegsverbrechen und Verbrechen gegen die Menschlichkeit ermächtigte. Vgl. Friedrich-Christian Schroeder, Rechtsgrundlagen der Verfolgung deutscher Zivilisten durch Sowjetische Militärtribunale. In: Andreas Hilger/Mike Schmeitzner/Ute Schmidt (Hg.), Sowjetische Militärtribunale, Band 2: Die Verurteilung deutscher Zivilisten 1945–1955, Köln 2003, S. 35–58.
79 Absatz 2 des Artikels 58, der in zahlreichen SMT-Verfahren in der sowjetischen Besatzungszone bei der Aburteilung ehemaliger Nationalsozialisten, bald aber auch der Verfolgung zahlreicher politischer Gegner der Besatzungsmacht Anwendung fand, besagte: „Bewaffneter Aufstand oder Eingreifen von bewaffneten Banden in das Sowjetgebiet in gegenrevolutionärer Absicht, Ergreifung der zentralen oder örtlichen Gewalt in der gleichen und insbesondere der Absicht, von der Union der SSR und der einzelnen Unionsrepubliken irgend einen ihrer Gebietsteile gewaltsam abzutrennen oder die von der Union der SSR mit ausländischen Staaten abgeschlossenen Verträge aufzuheben, ziehen

Obersten Sowjets der UdSSR, des sogenannten Ukaz 43, vom 19. April 1943.[80] Somit nahm das SMT nicht alliiertes, sondern sowjetisches Recht als Grundlage für die Strafverfolgung der Verbrechen von Zeithain. Die der Anklage zugrundeliegenden Gesetze schlossen die Todesstrafe als Strafmaß ein. Da diese aber seit dem 26. Mai 1947 in Friedenszeiten nicht mehr verhängt wurde, sondern an deren Stelle die einheitliche Strafnorm von 25 Jahren „Arbeitsbesserungslager" (Ispravitel'nyj Trudovoj Lager') trat,[81] dürften die meisten Angeklagten zu 25 Jahren Lager-, bei mildernden Umständen zu zehn Jahren Gefängnishaft verurteilt worden sein. In 13 Fällen sind inzwischen die Urteile der geheim geführten Gerichtsverhandlungen[82] bekannt, alle lauteten auf 25 Jahre Lagerhaft. Mindestens sieben der Verurteilten überlebten die Haft nicht.[83] Angesichts der bei SMT-Verfahren üblichen Praxis ist anzunehmen, dass es auch in den anderen Fällen zu Verurteilungen und zur Verhängung hoher Strafen kam. Die Angehörigen hatten keinerlei Auskünfte über den Verbleib der Verhafteten er-

nach sich – die schwerste Maßnahme des sozialen Schutzes – Erschießung [...]; bei Vorliegen mildernder Umstände ist Herabsetzung bis zu Freiheitsentziehung nicht unter drei Jahren [...] zulässig." Vgl. Strafgesetzbuch der Russischen Föderativen Sowjet-Republik, angenommen auf der 2. Tagung der Allrussischen Zentralexekutivkomitees der XII. Wahlperiode und in Kraft gesetzt durch Verordnung der Allrussischen Zentralexekutivkomitees vom 22. November 1926 mit Wirkung vom 1. Januar 1927. Übersetzung aus dem Russischen: Wilhelm Gallas. In: Sammlung Außerdeutscher Strafgesetzbücher/ Strafgesetzbuch der Russischen Sozialistischen Föderativen Sowjet-Republik vom 22. November in der am 1. Januar 1952 gültigen Fassung mit Nebengesetzen und Materialien, Berlin (West) 1953, S. 17.

80 Während die sowjetische Regierung aufgrund des Artikels 58 ganz allgemein die Beteiligung am „Unternehmen Barbarossa" und die damit im Zusammenhang stehenden Verbrechen verfolgte, hatte sie den ‚Ukaz 43' („Über Maßnahmen zur Bestrafung der deutsch-faschistischen Übeltäter, die der Tötung und Misshandlung sowjetischer Zivilbevölkerung und gefangener Rotarmisten schuldig sind, sowie für Spione und Vaterlandsverräter unter den Sowjetbürgern und deren Helfer") während des Krieges zur Strafverfolgung von Kriegsverbrechen und Kollaboration geschaffen. Dt. Übersetzung des Ukaz 43 in: Manfred Zeidler, Stalinjustiz contra NS-Verbrechen. Die Kriegsverbrecherprozesse gegen deutsche Kriegsgefangene in der UdSSR in den Jahren 1943–1952. Kenntnisstand und Forschungsprobleme, Dresden 1996, S. 55–56.

81 Vgl. Zeidler, Stalinjustiz, S. 20. Allerdings wurde die Todesstrafe bereits am 12.1.1950 teilweise wieder eingeführt, indem sie als Höchststrafe für „Vaterlandsverräter, Spione und Saboteure" zugelassen wurde.

82 Bis Spätsommer 1947 fanden Verhandlungen vor sowjetischen Militärtribunalen in der SBZ unter vollkommenem Ausschluss der Öffentlichkeit statt; der „Sachsenhausen-Prozess" (23.10. bis 31.10.1947) war der erste öffentlich geführte Prozess. Vgl. Meyer, Schauprozeß, S. 154 und 166; Winfried Meyer, Britischer oder sowjetischer Sachsenhausen-Prozess? Zur Vorgeschichte des „Berliner Prozesses" vom Oktober 1947. In: Zeitschrift für Geschichtswissenschaft, 45 (1997), S. 965–991; Natalja Jeske/Ute Schmidt, Zur Verfolgung von Kriegs- und NS-Verbrechen durch sowjetische Militärtribunale in der SBZ. In: Hilger/Schmeitzner/Schmidt (Hg.), Sowjetische Militärtribunale, Band 2, S. 155–192, hier 186–191.

83 Diese Angaben nach Auskunft der Dokumentationsstelle der Stiftung Sächsische Gedenkstätten vom 5.5.2015. Ich bin Ute Lange für ihre freundliche Unterstützung sehr zu Dank verpflichtet.

halten. So fahndete etwa Eisolds Familie noch im November 1950 nach ihm; ihr war nicht bekannt, dass mehr als drei Jahre zuvor ein Gerichtsverfahren stattgefunden hatte.[84]

In mindestens zwei Fällen beschuldigte die sowjetische Militäradministration sozialdemokratische bzw. „bürgerliche" Politiker der Beteiligung an Verbrechen in Zeithain.[85] Der ehemalige Sozialdemokrat Paul Konitzer, der als Präsident der deutschen Zentralverwaltung für das Gesundheitswesen den Bestrebungen der SMAS sowie der SED zur Sowjetisierung des Gesundheitswesens in der SBZ offenbar im Wege stand, war einer davon.[86] Im April 1946 war die Militärverwaltung wohl zufällig auf seine Tätigkeit als „Wehrkreishygieniker" im Wehrkreis IV aufmerksam geworden; im Rahmen dieser Stellung war Konitzer auch für das Lager Zeithain zuständig gewesen. Spätestens im Oktober begann die „Sonderkommission Zeithain" auch gegen ihn Belastungsmaterial zu sammeln. Ein Vermerk vom 7. Oktober 1946 hielt fest, dass für den Mangel an Medikamenten und medizinischem Personal „Dr. Konitzer verantwortlich zu machen" sei.[87] Am 18. Februar 1947 wurde er schließlich verhaftet.[88] In der Untersuchungshaft in Dresden nahm Konitzer sich nach Angaben des NKVD am 22. April 1947 selbst das Leben.[89] Seine unmittelbare Verantwortung für die Zustände in Zeithain lässt sich nicht mehr bemessen; offensichtlich aber kam seine Tätigkeit während des Krieges SMAS und SED sehr gelegen.

---

84 Vgl. die Anfrage des Ortsrichters Rudolf Wolf im Namen von Eisolds Familie an den sächsischen Ministerpräsidenten Max Seydewitz vom 25.11.1950 (SächsHStAD, LRS, MdI 126 - Anfragen aus der Bevölkerung nach dem Verbleib ihrer internierten Verwandten). Hierin hieß es: „Da Eisold seit 1947 inhaftiert ist, will es mir an der Zeit erscheinen, dass dieser Fall gerichtlich geklärt wird. Ist er tatsächlich schuldig, so muss er bestraft werden. Wenn nicht, dann ist es an der Zeit, dass er seiner Frau zurückgegeben wird."
85 Im Sommer und Herbst 1946 erhöhte die SED mit Unterstützung der Sowjetischen Militäradministration allgemein den Druck auf sozialdemokratische und bürgerliche Politiker. Häufig wurde der diskreditierende Vorwurf „faschistischer Umtriebe" ins Feld geführt. Vgl. Vollnhals, Entnazifizierung, S. 21.
86 Einen möglichen Zusammenhang zwischen der Verhaftung Konitzers und gesundheitspolitischen Positionsbestimmungen innerhalb der SED schließt auch Anna Sabine Ernst, „Die beste Prophylaxe ist der Sozialismus". Ärzte und medizinische Hochschullehrer in der SBZ/DDR 1945-1961, Münster 1997, S. 26, nicht aus. Vgl. zu Konitzer jetzt auch Jens Nagel, Das Massensterben sowjetischer Kriegsgefangener 1941 bis 1944 - Zur Rolle des Wehrmachtsarztes im Wehrkreiskommando IV Dresden Dr. Paul Konitzer (1894-1947). In: Boris Böhm/Norbert Haase (Hg.), Täterschaft - Strafverfolgung - Schuldentlastung. Ärztebiografien zwischen nationalsozialistischer Gewaltherrschaft und deutscher Nachkriegsgeschichte, Leipzig 2007, S. 93-118.
87 Unterlagen der Chorun-Kommission (SächsHStAD, LRS, MdI 4/042, Bl. 73, 74 und 112, Zitat 112).
88 Vgl. Ernst, Prophylaxe, S. 26, Anm. 5. Vgl. zu den Umständen der Verhaftung auch Vasilij Christoforov, Zeithain im Spiegel sowjetischer Archivquellen. In: Zeithain - Gedenkbuch, S. 78-107, hier 87 f.
89 Vgl. ebd., S. 106. Auszüge aus den Verhörprotokollen finden sich ebd., S. 88-103.

Weiterhin sind die Beschuldigungen gegen den Dresdner CDU-Politiker Martin Richter im Vorfeld der sächsischen Kommunalwahlen zu nennen. Richter hatte sich bereits seit Spätherbst 1945 im Fadenkreuz der sogenannten Abteilung N beim Kriminalamt Dresden, die „unter direkter Anleitung der SMAS sowohl NS-Verbrechen als auch neue ‚reaktionäre' Bestrebungen" bearbeitete, befunden.[90] Die daher bereits bekannte Zugehörigkeit Richters zur Zeithainer Lagerverwaltung diente als Anlass für eine Kampagne gegen den Politiker. Er wurde Anfang September 1946 in einem Flugblatt als „SS-Henker" und „SS-Feldwebel" in Zeithain bezeichnet.[91] Tatsächlich war Richter Sanitätsfeldwebel der Wehrmacht im Zeithainer Krankenrevier gewesen. Offenbar informierte er sogar Widerstandskreise über das dort Erlebte: „Laufend berichtete er Jakob Kaiser über die entsetzlichen Verhältnisse in Zeithain, vor allem auch über den Hunger der russischen Gefangenen und den zahlreichen Todesfällen [sic!]. Kaiser hat ihn damals um eine schriftliche Darstellung gebeten, um sie an Kreise der Wehrmacht weiterzugeben. Martin Richter lieferte die Darstellung".[92] Die Richter zur Last gelegten Beschuldigungen, die wohl aus wahltaktischen Gründen erhoben worden waren,[93] verhinderten nicht, dass er im September 1946 zum Dresdner Bürgermeister für Arbeit und Sozialfürsorge gewählt wurde und dieses Amt bis 1951 ausübte.[94]

Schluss

Die Behandlung der sowjetischen Kriegsgefangenen durch die Wehrmacht – in Deutschland ebenso wie in den besetzten Gebieten – war eines der schlimmsten Verbrechen des Zweiten Weltkrieges. Die Wehrmachtführung hatte völkerrechtliche Grundsätze, aber auch ihre eigenen Dienstvorschriften missachtet und trug bereitwillig die NS-Rassenpolitik mit. Das Ergebnis waren katastrophale Lebensbedingungen für die sowjetischen Kriegsgefangenen, die zu einem bei-

---

90 Mike Schmeitzner/Stefan Donth, Die Partei der Diktaturdurchsetzung. KPD/SED in Sachsen 1945–1952, Köln 2002, S. 157.
91 Gestern SS-Henker in Zeithain. Heute Spitzenkandidat der CDUD in Dresden (SächsHStAD, LRS, MdI 4/042, Bl. 72).
92 Vgl. die Aktennotiz „Zu den Wahlen in der Zone 1946" von Elfriede Nebgen, der Mitarbeiterin und späteren Ehefrau Jakob Kaisers (BArch, NL 1018/252, Bl. 77–78). Vgl. auch die Hinweise auf die Widerstandstätigkeit Richters in: Werner Conze/Erich Kosthorst/Elfriede Nebgen, Jakob Kaiser. Band 2: Der Widerstandskämpfer. Von Elfriede Nebgen, Stuttgart 1967, S. 48.
93 Die „Sonderkommission Zeithain" hatte versucht, auch gegen Richter Belastungsmaterial zu sammeln. Vgl. Unterlagen der Chorun-Kommission (SächsHStAD, LRS, MdI 4/042, Bl. 88–91).
94 Im Anschluss an dieses Amt zog Richter (1886–1954) von März 1951 bis August 1952 für die CDU in den sächsischen Landtag ein; von 1952 bis 1954 war er Mitglied der Bezirksleitung der CDU Dresden. Für die biografischen Hinweise bin ich Ralf Baus zu Dank verpflichtet. Vgl. auch Widera, Dresden, S. 344.

spiellosen Massensterben führten. Auch in Zeithain fielen Zehntausende Menschen dieser Politik zum Opfer. Darum war es nur konsequent, dass die sowjetische Besatzungsmacht in ihrem Herrschaftsbereich nach genauer Aufklärung des Geschehens trachtete und bemüht war, die Verantwortlichen strafrechtlich zu belangen.

Die Voraussetzungen hierfür waren in Zeithain günstig. Noch am Tag der Befreiung des Lagers hatten die Gefangenen Offizieren der Roten Armee die Lagerregistratur übergeben. Zudem lagen zahlreiche Zeugenaussagen sowie eine Reihe von Obduktionsergebnissen vor. Ähnliche Umstände bei der Befreiung hatten beispielsweise im KZ Sachsenhausen zur raschen Einsetzung einer Untersuchungskommission geführt.[95] In Zeithain aber wurden die ersten Ermittlungen bald eingestellt; zudem konnte der ehemalige Gefangene Revin sich monatelang bei seinen Vorgesetzten in der Militärverwaltung kein Gehör verschaffen. Dabei ist es unerheblich, ob er tatsächlich, wie von ihm geschildert, alles daran gesetzt hatte, die Geschehnisse in Zeithain aufzudecken, oder ob er seine Rolle rückblickend aufwerten wollte. Von Bedeutung ist, dass mit Revin zumindest ein Mitarbeiter der sowjetischen Besatzungsorgane über das Lager informiert war.

Offensichtlich hatte sich die strafrechtliche und politische Auseinandersetzung mit NS-Verbrechen dem politischen „Tagesgeschäft" unterzuordnen.[96] Von entscheidender Bedeutung war, dass die sowjetische Militärverwaltung in Deutschland, bei all ihren Bemühungen bei der Verfolgung von NS-Straftaten, ihren politischen Auftrag, die Etablierung des eigenen Gesellschaftssystems in der SBZ und die Beseitigung jeglichen Widerstands, nie aus den Augen verlor. Dies traf wohl auch im Fall Zeithain zu. Dass die Untersuchung der Geschehnisse dort nicht nur aus rein juristischen Gründen erfolgte, verdeutlicht der späte Zeitpunkt, an dem die SMAS ihre Maßnahmen einleitete. Eine Reihe von Indizien spricht dafür, dass die „termingerechte" Aufdeckung des Massensterbens mit dem geplanten Volksentscheid in engem Zusammenhang stand.

Die daraufhin eingesetzte Kommission arbeitete – soweit sich dies bemessen lässt – in den drei Monaten ihres Bestehens gründlich. Deshalb erscheint es auch unverständlich, dass sie in ihrem Abschlussbericht die in den Massengräbern ermittelten schätzungsweise 33 000 Toten auf bis zu 140 000 Opfer „hochrechnete" und sich so der in den Zeitungsveröffentlichungen genannten Zahl anpasste. Möglicherweise hatte die SMAS selbst den Redakteuren der „Sächsischen Zeitung" die Zahlen vorgegeben. Haltbar sind sie nicht, da die von der „Chorun-Kommission" zunächst errechnete Zahl der Realität relativ nahegekommen war: Nach heutigen Erkenntnissen verstarben von den etwa 80 000 in

---

95 Vgl. Christl Wickert, Die Aufdeckung der Verbrechen durch die sowjetische Regierungskommission im Sommer 1945 und ihre Folgen. In: Günther Morsch/Alfred Reckendrees, Befreiung Sachsenhausen 1945, Berlin 1996, S. 120–127, hier S. 120 f.
96 Vgl. Meyer, Schauprozeß, S. 172.

der gesamten Zeit seiner Existenz im Lager Zeithain befindlichen sowjetischen Kriegsgefangenen ungefähr 25 000 bis 30 000.[97]

Es verwundert zudem, dass die SMAD, den tatsächlichen Willen zur Strafverfolgung von Verbrechen an sowjetischen Kriegsgefangenen unterstellt, in der SBZ nur in Zeithain eine Untersuchungskommission einsetzte. Propagandistische Verwertbarkeit hatte offensichtlich Vorrang vor wahrhaftiger Aufklärung. Darüber hinaus kam es, wie eingangs erwähnt, lediglich zur Untersuchung des Schicksals der sowjetischen Kriegsgefangenen im Stalag 344 Lamsdorf. Auch hier lässt sich ein politischer Hintergrund vermuten. Lag Lamsdorf doch in jenem Teil Schlesiens, der als Ergebnis der Potsdamer Konferenz dem neuen polnischen Staatsgebiet zugeordnet worden war. Und auch in Lamsdorf verzeichnete die Untersuchungskommission in ihrem Abschlussbericht überhöhte Zahlen.[98]

Eine mögliche Erklärung für das Vorgehen der sowjetischen Besatzungsorgane ist, dass Kriegsgefangene für Stalin nichts anderes als Verräter waren, auf die in der Sowjetunion teilweise neue Prozesse, Lagerhaft und nicht selten auch Todesurteile warteten.[99] Das Interesse der sowjetischen Führung an den Leiden ihrer Soldaten in deutschen Lagern scheint, so befremdlich es anmuten mag, vorrangig politischer und propagandistischer Natur gewesen sein.

---

97 Vgl. Osterloh, Lager, S. 175-184. Bestätigt wird diese Größenordnung mittlerweile auch von Rolf Keller/Reinhard Otto, Das Massensterben der sowjetischen Kriegsgefangenen und die Wehrmachtbürokratie. Unterlagen zur Registrierung der sowjetischen Kriegsgefangenen 1941-1945 in deutschen und russischen Archiven. In: Militärgeschichtliche Mitteilungen, 57 (1998), S. 149-180. Keller und Otto gehen sogar davon aus, „dass die Gesamtzahl der in Zeithain Verstorbenen unter 30000 liegt". Ebd., S. 173. Vgl. auch Nagel, Zeithain, 65-70.

98 Ein 31-seitiger Untersuchungsbericht wurde 1946 in der UdSSR im Staatsverlag für politische Literatur veröffentlicht. Dzial Dokumentacij, Mat. I Dok. Nr. 495/94. („Mitteilungen der außerordentlichen Staatskommission zur Feststellung und Überprüfung der von den deutschen faschistischen Eroberern und ihren Helfershelfern verübten Greueltaten. Über die Verbrechen, die von der deutschen Regierung und vom deutschen Oberkommando an den sowjetischen Kriegsgefangenen im Lager Lamsdorf verübt wurden."); Centralne Muzeum Jeńców Wojennych w Łambinowicach-Opolu, Dzial Dokumentacij, Mat. I Dok. Nr. 495/94. Vgl. auch Nowak, Gedenkstättenarbeit, S. 4 f.

99 Bereits 1938 hatte es in der Felddienstordnung für die sowjetische Infanterie geheißen: „Es ist die Pflicht jedes Soldaten und der gesamten Abteilung, hartnäckig, ohne Rücksicht auf die Verluste, die Position bis zur Abwehr des Feindes zu verteidigen oder männlich das Leben für die Heimat zu geben." Erlassen am 8.12.1938. Narodnyj Komissariat Oborony SSSR, Boevoj Ustav Pečety RKKA. Čast pervaja, Moskau 1939, S. 49. Mit anderen Worten: Die Soldaten der Roten Armee wurden zur Selbstaufopferung im Kampf verpflichtet. Demzufolge bedeutete Gefangennahme Pflichtverletzung. Schon wenige Tage nach dem deutschen Überfall hatte Stalin in einer Rundfunkansprache zum Kampf gegen „Deserteure, Panikmacher und Verbreiter von Gerüchten" aufgerufen. Rede vom 3.7.1941. In: I.V. Stalin, Über den Großen Vaterländischen Krieg, 3. Ausgabe, Moskau 1946, S. 12. Nur kurze Zeit später, am 16.8.1941, gab die Stavka, das Oberkommando der Roten Armee, den „Befehl 270" heraus, in dem sie Kriegsgefangenschaft mit Verrat gleichsetzte. Abdruck in deutscher Übersetzung: Der Befehl 270. In: Osteuropa, 39 (1989), S. 1035-1038.

Schwierig ist die Bewertung der juristischen Anstrengungen der Besatzungsmacht zur Ahndung des Massensterbens in Zeithain. Propagandistische Gründe spielten hier keine Rolle,[100] da die Verfahren im Geheimen durchgeführt wurden. Die in der SBZ zuständigen sowjetischen Untersuchungsorgane legten der Strafverfolgung ihr eigenes Rechtsverständnis zugrunde. Sie behandelten ihre Gefangenen in Deutschland entsprechend der ihnen aus der Heimat bekannten Verfahrensweise: Die Ausschaltung von Feinden galt ihnen als revolutionäre Pflicht. Die Einweisung in Lager mit überharten – zumeist nach Jahrfünften gestaffelten – Strafmaßen entsprach der üblichen sowjetischen Praxis.[101] In zahlreichen Prozessen war nicht persönliche Schuld, sondern oft nur die Zugehörigkeit zu einer bestimmten Wehrmachteinheit Grundlage von Anklagen und Verurteilungen. Bloße Anwesenheit am Ort des Geschehens – somit die objektive Möglichkeit zur Tat – reichte oft für die Beweisführung der Ankläger aus.[102] Aufgrund der Verhörmethoden ist Misstrauen gegen die Verhörprotokolle durchaus berechtigt; Dokumente spielten wohl – wie in den meisten sowjetischen Gerichtsverfahren – kaum eine Rolle.[103]

Nach unseren heutigen Maßstäben handelte es sich also nicht um rechtsstaatliche Verfahren, in denen die Beschuldigten Anspruch auf einen fairen Prozess hatten. Man darf dabei jedoch nicht aus den Augen verlieren, dass der Ausgangspunkt für die Verfahren die menschenverachtende Rassenpolitik des NS-Regimes war, der Millionen von Menschen zum Opfer fielen.[104] Deshalb kann aus dem Faktum, dass nicht jede Anklage vor einem Militärtribunal berechtigt war und dass die Verfahren nicht unter rechtsstaatlichen Bedingungen durchgeführt wurden, keinesfalls der Umkehrschluss einer generellen Unschuld aller Angeklagten erfolgen.[105] Strafverfolgung war oftmals geboten; problematisch an den SMT-Prozessen gegen NS-Verbrecher war somit häufig nicht das Urteil, sondern die Methode der Untersuchung.[106] Auch in Zeithain waren natürlich persönlich benennbare Menschen für das Leiden der sowjetischen Kriegsgefangenen verantwortlich. Inwieweit dies auf die von dem Sowjetischen Militärtribunal verurteilten Angehörigen der Wachmannschaften und der Lagerverwaltung konkret zutraf, lässt sich heute allerdings nicht mehr belegen.

---

100 Vgl. etwa Meyer, Schauprozeß; Zeidler, Stalinjustiz, S. 25–34.
101 Vgl. Lutz Niethammer, Alliierte Internierungslager in Deutschland nach 1945. Ein Vergleich und offene Fragen. In: Alexander von Plato (Hg.), Sowjetische Speziallager in Deutschland 1945 bis 1950, Band 1: Studien und Berichte, Berlin 1998, S. 97–116, hier 109 und 114.
102 Vgl. Meyer, Schauprozeß, S. 155.
103 Vgl. ebd., S. 161 f.
104 Vgl. Vorwort. In: Internierungspraxis in Ost- und Westdeutschland, S. 7 f., Zitat 7.
105 Vgl. Bernd Boll, Wehrmacht vor Gericht. Kriegsverbrecherprozesse der Vier Mächte nach 1945. In: Geschichte und Gesellschaft, 24 (1998), S. 570–594, hier 591 f.
106 Vgl. Meyer, Schauprozeß, S. 180.

Menschliche Reparationen.
Der Wissenschaftstransfer nach 1945 an den Universitäten Leipzig und Dresden

Nadin Schmidt

Die bedingungslose Kapitulation Deutschlands am 8. Mai 1945 schuf – angesichts der offensichtlichen Kriegsschuld, dem Holocaust und den enormen menschlichen Verlusten und materiellen Schäden – die Basis für alliierte Reparationsforderungen. Um sich im technologischen Bereich und somit auch politisch einen Vorsprung zu sichern, umfassten die Reparationen neben finanziellen Wiedergutmachungen und materiellen Gütern nunmehr auch die Personen, die als intellektuelle Köpfe hinter den deutschen Entwicklungen gestanden hatten. Diese neue Form der Reparationsleistung, die mehr dem Common Sense der Zeit und dem Siegerhabitus der Alliierten entsprach, lässt sich als „intellektuelle Reparation" bezeichnen.[1] Die rechtliche Legitimation war jedoch nicht eindeutig.

Ihre Suche nach Wissenschaftlern und Technikern konzentrierten die Alliierten dabei nicht ausschließlich auf den Bereich der angewandten Forschung. Sie nahmen auch akademische Einrichtungen in den Fokus: in Sachsen die Universität Leipzig und die Technische Hochschule Dresden. Diese „Jagd auf deutsche Wissenschaftler"[2] lässt sich für die zwei Großmächte USA und Sowjetunion auch am Beispiel der zwei sächsischen Hochschulen exemplifizieren, wobei die Universität Leipzig eine Sonderposition einnimmt: Sie stand nicht von Beginn an unter sowjetischer Kontrolle, sondern lag in dem anfänglich von den US-Truppen besetzten Gebiet.[3]

---

1   Allgemeine Ausführungen zur Geschichte der Reparationen bei Jörg Fisch, Reparationen nach dem Zweiten Weltkrieg, München 1992. Nähere Ausführungen zu intellektuellen Reparationen bieten Burghard Ciesla, „Intellektuelle Reparationen" der SBZ an die alliierten Siegermächte? Begriffsgeschichte, Diskussionsaspekte und ein Fallbeispiel – Die deutsche Flugzeugindustrie 1945–1946. In: Christoph Buchheim (Hg.), Wirtschaftliche Folgelasten des Krieges in der SBZ/DDR, Baden-Baden 1995, S. 79–110; Marc Zeller, Intellektuelle Reparationen und westdeutscher Wiederaufstieg. Die chemische Industrie 1945–1955, Diss. phil. Universität Gießen 2009.
2   So der Titel von Franz Kurowski, Alliierte Jagd auf deutsche Wissenschaftler. Das Unternehmen Paper Clip, München 1982.
3   Unmittelbar bei Kriegsende hielten die amerikanischen Truppen einen Teil Mitteldeutschlands besetzt, u.a. auch die Universitätsstädte Halle, Jena und Leipzig. Die Truppen standen somit in der vereinbarten Sowjetischen Besatzungszone (SBZ). Zum

Die grundlegenden Eingriffe und das Vorgehen der Amerikaner sind besser erforscht[4] und im öffentlichen Bewusstsein stärker verankert als die Vorgehensweise der sowjetischen Besatzer.[5] Gemein ist den meisten Publikationen zum Thema, dass sie die universitäre Ebene, wenn überhaupt, nur marginal behandeln. Parallel zum allgemeinen Trend sind auch für die Universitäten die Eingriffe der Amerikaner besser untersucht, wohingegen für die sowjetischen Entnahmen selbst in jüngeren Veröffentlichungen[6] oftmals dezidierte Hinweise fehlen. Als Ausnahme ist hier der Beitrag Günther Heydemanns zur Leipziger Universitätsgeschichte zu nennen, der neben der Deportation von Wissenschaftlern durch die Amerikaner auch den Abtransport eines Dozenten unter sowjetischer Besatzung untersucht.[7]

In den Beständen der zwei Universitätsarchive finden sich, breit gestreut, vielfältige Belege für die alliierten Eingriffe, ebenso wie für die Bemühungen der Institutionen, eine Rückkehr ihrer deportierten Dozenten zu initiieren.[8] Allerdings ist zu konstatieren, dass die Aktenlage in Dresden deutlich besser ist

---

Stichtag des 1.7.1945 wurden die Truppen abgezogen und das Gebiet der sowjetischen Besatzungsmacht übergeben.

4 Ein umfassender Beitrag zur Verschleppung der wissenschaftlichen Intelligenz aus Mitteldeutschland durch die US-Amerikaner findet sich bei Klaus-Dietmar Henke, Die amerikanische Besetzung Deutschlands, München 1995, S. 742-775. Darüber hinaus haben diverse amerikanische Autoren zu dieser Thematik publiziert: Clarence Lasby, Project Paperclip. German Scientists and the Cold War, New York 1971; John Gimbel, U.S. Policy and German Scientists. The early Cold War. In: Political Science Quarterly, (3) 1986, S. 433-451. Einen weiteren deutschen Beitrag bietet Burghard Ciesla, Das Projekt Paperclip. In: Jürgen Kocka (Hg.), Historische DDR-Forschung, Berlin 1993, S. 287-301.

5 Die zwei wichtigsten Monografien zur Thematik liefern Ulrich Albrecht/Andreas Heinemann-Grüder/Arend Wellmann, Die Spezialisten. Deutsche Naturwissenschaftler in der Sowjetunion nach 1945, Berlin 1992; Christoph Mick, Forschen für Stalin. Deutsche Fachleute in der sowjetischen Rüstungsindustrie 1945-1958, München 2000. Daneben existieren diverse Aufsätze aus der Mitte der 1990er-Jahre, u. a. von Burghard Ciesla, Der Spezialistentransfer in die UdSSR und seine Auswirkungen in der SBZ und DDR. In: Aus Politik und Zeitgeschichte, 49-50 (1993), S. 24-31.

6 Vgl. Konrad Krause, Alma Mater Lipsiensis - Geschichte der Universität Leipzig von 1409 bis zur Gegenwart, Leipzig 2003; Reiner Pommerin, Geschichte der TU Dresden 1828-2003, Band 1, Köln 2003.

7 Vgl. Günther Heydemann, Sozialistische Transformation. Die Universität Leipzig vom Ende des Zweiten Weltkrieges bis zum Mauerbau 1945-1961. In: Geschichte der Universität Leipzig 1400-2009, Band 3: Das zwanzigste Jahrhundert 1909-2009. Hg. von der Senatskommission zur Erforschung der Leipziger Universitäts- und Wissenschaftsgeschichte, Leipzig 2010, S. 335-565.

8 Zu nennen sind hier Rektorats-, Dekanats- sowie Fakultätsbestände, die sich mit Personalangelegenheiten beschäftigen. Daneben geben Personalakten betroffener Spezialisten Auskunft. Hier finden sich u. a. auch Briefwechsel, die einen Einblick in die Lebensumstände der Spezialisten und in ihre Erfahrungen nach dem Abtransport geben. Ein besonders wichtiger Bestand liegt im Universitätsarchiv der TU Dresden. Dieser beinhaltet den Schriftwechsel des Spezialisten Walther Pauers mit der Hochschule und umfasst den gesamten Zeitraum seines Aufenthalts in der Sowjetunion (UA TUD, NL Prof. Berndt, Signatur 4).

als im Universitätsarchiv Leipzig, was sich jedoch aus dem historischen Kontext heraus erklärt: So erfolgten die Eingriffe in den Lehrkörper der Universität Leipzig sämtlich 1945 und demnach zu einem Moment, als die Universität noch nicht konsolidiert war; die Technische Hochschule Dresden hingegen war zum Zeitpunkt der Zwangsverschickungen 1946 bereits wiedereröffnet. Während des Zweiten Weltkrieges hatten die beiden sächsischen Hochschulen versucht, den Lehr- und Geschäftsbetrieb weitgehend aufrechtzuerhalten, auch wenn dies partiell nur eingeschränkt möglich war: Alliierte Luftangriffe hatten Universitätsgebäude getroffen, Einberufungen sowie Kriegsverluste die Lehrkörper dezimiert.[9] Trotz dieser scheinbar identischen Ausgangssituation der zwei Universitäten differierte ihre Entwicklung in den Nachkriegsmonaten.

Universität Leipzig

Am 18. April 1945 eroberten amerikanische Truppen die Stadt Leipzig. Somit fiel auch die Universität in ihr Einflussgebiet und verblieb bis zur Gebietsübergabe an die sowjetische Besatzungsmacht am 1. Juli unter amerikanischer Obhut. Obgleich die Amerikaner faktisch nur zwei Monate im Raum Leipzig als Besatzungsmacht fungierten, prägte ihr Handeln die Universität nachhaltig.

In einem ersten Schritt schlossen die Amerikaner die Universität. Sie existierte zwar als Institution formal weiter, war jedoch faktisch nur bedingt handlungsfähig und nicht konsolidiert. Die am 16. Mai 1945 unter restriktiven Bedingungen durchgeführte Wahl Bernhard Schweitzers zum Rektor, offerierte eine gewisse, aber streng limitierte Eigenverantwortlichkeit der Hochschule.[10] So verantwortete beispielsweise das Rektorat die Durchführung der Entnazifizierung des Lehrkörpers unter amerikanischer Leitung. Die initiierte Entnazifizierung vertiefte die bereits bestehenden, kriegsbedingten Vakanzen, war jedoch nicht allein ausschlaggebender Faktor für die hohen personellen Verluste der Universität.[11] Vielmehr verursachte die Deportation von Wissenschaftlern

---

9 Die kriegsbedingten Verluste betrugen an den sächsischen Hochschulen rund 34 %. Vgl. Michael Parak, Hochschule und Wissenschaft in zwei deutschen Diktaturen. Elitenaustausch an sächsischen Hochschulen 1933–1952, Köln 2004, S. 297.
10 Demnach erlaubte das Military Government der Universität die Rektorenwahl, bei der Bernhard Schweitzer gewann. In seinem „Bericht über die Vorgänge an der Universität Leipzig vom 16. Mai 1945 bis zum 21. Januar 1946" skizziert er die Geschehnisse. Zit. nach Helga Welsh, Entnazifizierung und Wiedereröffnung der Universität Leipzig 1945–1946. Ein Bericht des damaligen Rektors Bernhard Schweitzer. In: VfZ, 33 (1985) 2, S. 339–372, hier 355.
11 Bernhard Schweitzer legt das Hauptaugenmerk seines Berichts auf die Entnazifizierung und marginalisiert andere Faktoren. Michael Parak hingegen verweist auch auf „kriegsbedingte Abgänge" und „intellektuelle Reparationen", die rund 42 % der Verluste ausmachten. Die Abgänge durch die Entnazifizierung beziffert Parak mit 51 %. Vgl. Parak, Hochschule und Wissenschaft, S. 298 f.

der Leipziger Universität in die amerikanische Besatzungszone am 22. Juni 1945 den nachhaltigsten Einschnitt in dieser Phase. Insgesamt wurden „über 40 Professoren, Dozenten, Assistenten und Angehörige des technischen Personals [...] unter Mitnahme ihrer Familie und ihres Forschungsmaterials" zum Verlassen der Stadt aufgefordert.[12] Da „fast die ganze naturwissenschaftliche Abteilung der Philosophischen Fakultät, Teile der Medizinischen [...] und der Veterinärmedizinischen Fakultät" in die amerikanische Besatzungszone transferiert wurden,[13] verlor die Universität Leipzig auf einen Schlag den Großteil ihres naturwissenschaftlichen und medizinischen Lehrpersonals. Bereits einen Tag später legte Rektor Schweitzer gegen das Vorgehen bei der amerikanischen Militärregierung Einspruch ein. In einer ersten Reaktion versicherte diese, die Eingabe zu prüfen. Zugleich negierte sie jedwede Verantwortung für bzw. jedwede Kenntnis über die Ereignisse an der Leipziger Universität.[14] Schweitzer selbst informierte, „um irrigen Gerüchten vorzubeugen",[15] am 25. Juni 1945 die verbliebenen Universitätsmitglieder über die erfolgten Eingriffe in den Lehrkörper und seinen initiierten Protest. Dabei führte er aus, dass die Amerikaner den Abtransport erzwangen und die ausgewählten Dozenten nicht frei für sich entscheiden konnten, ob sie der Aufforderung zur Abreise Folge leisteten. Vielmehr hatten sie „sich freiwillig zu fügen; geschähe das nicht, so habe die Militärregierung Mittel, die Herren zu zwingen".[16] Trotz der zeitnahen Reaktion des Rektorats und der Unterstützung der Leipziger Stadtverwaltung blieben diese Proteste gegen das amerikanische Vorgehen oder Bemühungen, eine Rückführung der Deportierten zu erreichen, erfolglos.[17]

In dieser Spannungslage übernahmen die Sowjets ihre vertraglich vereinbarte Position als Besatzungsmacht, womit sich auch die Bedingungen an der Universität Leipzig veränderten. Denn der Besatzungswechsel schuf ein Klima der Unsicherheit: Mehrere Entnazifizierungswellen und wiederholte Demontageaktionen folgten. Neben den „intellektuellen Reparationen" hatten die Amerikaner auch Bücher und Geräte der Universität mitgenommen.[18] Darauf reagierten die Sowjets, indem sie bereits im Voraus weniger Demontagekommandos nach Leipzig schickten; allerdings vermochten es diese, relativ ungehin-

---

12 So der Bericht Schweitzers. Zit. nach Welsh, Entnazifizierung und Wiederaufbau, S. 365. Unter den Deportierten befanden sich laut Schweitzer auch Personen, die sich dem Transport freiwillig anschlossen.
13 Ebd.
14 Rede Rektor Schweitzers vom 25.6.1945 (UA Leipzig, PA 80, Bl. 115).
15 Ebd.
16 Ebd.
17 Vgl. ebd., S. 366. Am 26.6.1945 verfasste Schweitzer gemeinsam mit dem Leipziger Bürgermeister ein Protestschreiben, das sich gegen die amerikanischen Eingriffe richtete und den Imageschaden für die Universität und den Wissenschaftsstandort Leipzig betonte: „A cut like the present one may perhaps be mended but can hardly be repaired in decades" (UA Leipzig, R 208 [F 1100], Bl. 408–410).
18 Vgl. Krause, Alma Mater, S. 311.

dert nach ausgelagerten Universitätsgütern zu suchen.[19] Parallel bemühten sich die sowjetischen Besatzer um eine Zustandsanalyse und versuchten, sich einen Überblick über Auswahl, Namen und Qualifikationen der in die amerikanische Besatzungszone deportierten Dozenten zu verschaffen. Die Universität fertigte entsprechende Listen der „Wissenschaftler, Ingenieure und Wirtschaftsleiter" an;[20] Dozenten, „deren Rückberufung der Universität besonders wichtig wäre", wurden gesondert aufgeführt und ihre Bedeutung für den Lehrbetrieb zusätzlich argumentativ herausgestellt.[21]

Das Bestreben, eine Rückführung der Dozenten zu erreichen, gestaltete sich indes äußerst schwirig, da eine Genehmigung derartiger Anträge beiderseits nur spärlich, in den meisten Fällen gar nicht gewährt wurde.[22] Anfänglich behielten die abtransportierten Professoren, Dozenten und Lehrstuhlinhaber ihren Status als Mitglieder der Leipziger Universität auch an ihrem Zielort im hessischen Weilburg an der Lahn. Die Universitätsleitung zählte sie im Januar 1946 „nach wie vor zu den Unsrigen",[23] hoffte man doch auf ihre baldige Rückkehr nach Leipzig. Daher wurden verwaiste Lehrstühle, wenn überhaupt, nur interimsweise besetzt und die Wohnungen der Spezialisten freigehalten.[24] Noch Ende Juni 1945 schien diese Option naheliegend, hatten doch nach Aussage Professor Karl Hermann Scheumanns[25] „amerikanische Dienststellen [...] den evakuierten Herren Professoren" zugesagt, dass ihre Wohnungen in Leipzig „freigehalten würden, weil es durchaus möglich sei, dass die Herren in kurzer Zeit, vielleicht schon in drei bis vier Wochen zurück seien".[26] Die Spezialisten

---

19 Wie andere deutsche Hochschulen hatte die Leipziger Universität viele wertvolle Güter in den letzten Kriegsmonaten ausgelagert. Somit suchten die Kommandos auch außerhalb der Stadt. Einen äußerst detaillierten Beitrag zur Thematik der materiellen Reparationen an der Leipziger Universität bietet Haritonow, Hochschulpolitik, S. 123–129.
20 Auflistung der Universität Leipzig vom 23.8.1945 (UA Leipzig, R 208 [F 1100], Bl. 451). In den Beständen des Universitätsarchivs finden sich mehrere Listen mit den deportierten Universitätsangehörigen, u. a. UA Leipzig, Phil. Fak., A1/13, Bd. 1 (F 1310) oder UA Leipzig, R 208 (F 1100).
21 Undatierte „Liste der auf Befehl der amerikanischen Besatzungsmacht weggeführten Professoren, Dozenten und Assistenten der Universität Leipzig (UA Leipzig, Phil. Fak., A1/13, Band 1 [F 1310], Bl. 23 f.).
22 Tatsächlich kehrte nur Leopold Wolf noch im Jahr 1945 an die Universität zurück, indem er illegal aus der amerikanischen Besatzungszone floh. Vgl. Parak, Hochschule und Wissenschaft, S. 304. Insgesamt kehrten nur drei Professoren bis 1948 in die SBZ zurück.
23 Rektor Schweitzer an Prof. Heinrich Schmitthenner in Weilburg an der Lahn vom 26.1.1946 (UA Leipzig, F 1428, Bl. 149).
24 So verwehrte sich der Universitätsrat mit Verweis auf die initiierte „Rückführungsaktion der Herren" gegen die Beschlagnahmung der leer stehenden Wohnung Heinrich Schmitthenners. Vgl. Universitätsrat an Wohnungs- und Siedlungsamt der Stadt Leipzig vom 7.12.1945 (UA Leipzig, F 1428, Bl. 147).
25 Karl Hermann Scheumann (1881–1964), Mineraloge. Er lehrte bis 1945 Mineralogie und Petrographie an der Universität Leipzig, ab 1946 an der Universität Bonn.
26 Professor Scheumann hatte den Dekan der Philosophischen Fakultät diesbezüglich telefonisch aus Weilburg informiert. Niederschrift des Dekanats an Rektor Schweitzer vom 26.6.1945 (UA Leipzig, Phil. Fak. A1/13, Band 1 [F 1310], Bl. 23).

ihrerseits besaßen das gleiche Selbstverständnis wie die Universitätsleitung und führten „die Geschäfte der nach Weilburg ausgelagerten math.-naturw. Abteilung der Philosophischen Fakultät der Universität Leipzig" fort.[27] Auch die deutsche Zentralverwaltung für Volksbildung in der sowjetischen Besatzungszone, die sich ebenfalls für das Anliegen interessierte und es unterstützte, stellte im November 1945 „eine gewisse Möglichkeit der Rückkehr, der von den Alliierten seinerzeit nach Westdeutschland abtransportierten Angehörigen des Lehrkörpers", in Aussicht.[28] Gleichsam limitierte sie ihre Unterstützung auf die Professoren, Dozenten und Assistenten, die „auf Wunsch der Fakultäten [...] wiederbeschäftigt werden sollen". Zudem selektierte sie diesen Personenkreis, „ob die in Aussicht genommenen Herren ehemalige Mitglieder der Nazipartei sind oder nicht".[29] Das Rektorat bestätigte diese Aufnahme „mit offenen Armen" für „alle diejenigen Kollegen, die nicht durch Parteizugehörigkeit belastet sind".[30] Entgegen aller Zusicherungen und Bemühungen blieb der erhoffte Erfolg jedoch aus. In einem Schreiben an die Landesverwaltung Sachsen konstatiert Rektors Schweitzer resigniert, „dass bisher keine [...] der genannten, von der amerikanischen Besatzungsmacht weggeführten wissenschaftlichen Kräfte der Universität Leipzig zurückgekehrt sind".[31] Trotzdem hielt die Universitätsleitung den Kontakt zu den abtransportierten Mitarbeitern weiterhin aufrecht, in der Hoffnung, den einen oder anderen Dozenten doch für eine Rückkehr gewinnen zu können.[32]

Je länger die Abwesenheit der Wissenschaftler aus Leipzig andauerte, desto aussichtsloser wurde die Situation, insbesondere für die Spezialisten. Prinzipiell galt für sie die Festlegung der amerikanischen Militärregierung, sich nicht von ihrem Aufenthaltsort zu entfernen und sich „zur Verfügung zu halten".[33] Diese strikte Bewegungseinschränkung, die gleichsam ein Rückkehrverbot in die SBZ implizierte, blieb über Jahre hinweg bestehen. Zwar dankte Professor Arthur Scheunert[34] im Namen der Weilburger Gruppe im November 1945

---

27 Prof. Heinrich Schmitthenner an Rektor Gadamer vom 30.10.1946 (UA Leipzig, F 1428, Bl. 122).
28 Deutsche Zentralverwaltung für Volksbildung an Rektor Schweitzer vom 10.11.1945 (UA Leipzig, R 208 [F 1100], Bl. 487).
29 Ebd.
30 Rektor Schweitzer an Heinrich Schmitthenner vom 26.1.1946 (UA Leipzig, F 1428, Bl. 149).
31 Rektor Schweitzer an Landesverwaltung Sachsen, o. D. (UA Leipzig, R 208 [F 1100], Bl. 510).
32 Dies belegen die überlieferten Schriftwechsel in den Personalakten einzelner Dozenten, u. a. UA Leipzig, PA Schmitthenner (F 1428); UA Leipzig PA 159, Scheunert; UA Leipzig, PA 80, Kautsky.
33 Prof. Hans Kautsky an Rektor Gadamer vom 14.4.1946 (UA Leipzig, PA 80, Bl. 125).
34 Arthur Scheunert (1879–1957), Veterinärmediziner. Bis zu seiner Deportation durch die amerikanische Besatzungsmacht nach Weilburg an der Lahn 1945 war er Professor für Veterinärphysiologie an der Universität Leipzig. Seit 1946 lehrte er an der Universität Gießen Veterinärphysiologie und Tierernährung.

Rektor Schweitzer für seine ergriffenen Maßnahmen, eine Rückkehr zu erreichen, teilte zugleich jedoch mit, dass die eigenen Möglichkeiten begrenzt seien: „Zunächst [müsse] die amerikanische Militärregierung diejenigen bezeichnen, denen sie eine Rückkehr gestattet." Erst dann könne man eruieren, „welche der freigegebenen Personen mit Genehmigung [auch] von russischer Seite rechnen können".[35] Allerdings erteilte die amerikanische Militärregierung de facto keinem Spezialisten eine solche Freigabe, selbst wenn es wiederholt vage Indizien dafür gab. So existierten im März 1946 in der amerikanischen Besatzungszone scheinbar zwei Listen, wovon eine die Personen aufführte, „die vorerst noch auf kürzere, unbestimmte Zeit hierbleiben sollen", und die andere diejenigen listete, „die nicht mehr verlangt werden".[36] Zu diesem Zeitpunkt hatte die Mehrheit der Professoren, deren Rückkehr von der Universitätsleitung avisiert wurde, bereits interimsweise Lehrstuhlvertretungen an den Universitäten der amerikanischen Besatzungszone übernommen. Für diese Professoren verlor die Rückkehr in die SBZ zunehmend an Relevanz, selbst wenn sie anfänglich versuchten, sich diese Option trotz der Bindung an eine andere Universität offenzuhalten.[37] Aus wirtschaftlichen Gründen und mit Blick auf die wissenschaftliche Karriere entwickelte sich die Zwischen- oftmals zu einer Dauerlösung, was den endgültigen Übertritt in einen anderen Universitätslehrkörper nach sich zog. Der Leipziger Rektor nahm das Ausscheiden der abtransportierten Universitätsmitglieder nur ungern zur Kenntnis, zeigte indes Verständnis für die persönliche Entscheidung, auch wenn die Lücke, die sie hinterließen, „gegenwärtig nicht auszufüllen" sei.[38] Im August 1947 stellte das Ministerium für Volksbildung der Landesregierung Sachsen fest, dass bei den ehemaligen Leipziger Professoren „nur noch sehr geringes Interesse an einer Rückkehr" bestehe. Die Gründe hierfür seien „teils persönlicher, teils politischer Art".[39]

In der Folge reduzierte die Leipziger Universitätsleitung ihre Bemühungen, die Rückkehr ihrer abtransportierten Professoren einzufordern, und forcierte, wie von der Landesverwaltung verlangt, die parallel laufenden Verfahren zur Neubesetzung der verwaisten Lehrstühle – auch gegen den Willen der früheren Lehrstuhlinhaber. So protestierte beispielsweise Arthur Scheunert bereits im November 1946 gegen die geplante Ausschreibung seines Lehrstuhls für Veterinärphysiologie, indem er u. a. auf seine unfreiwillige Abwesenheit verwies:

---

35 Arthur Scheunert an Rektor Schweitzer vom 5.11.1945 (UA Leipzig, PA 159, Bl. 123).
36 Heinrich Schmitthenner an Rektor Gadamer vom 12.3.1946 (UA Leipzig, F 1428, Bl. 120).
37 So schrieb z. B. Heinrich Schmitthenner, dass er seine Lehrtätigkeit in Marburg so einrichten wolle, „dass ich meine Tätigkeit jederzeit abbrechen kann, wenn die Rückführung nach Leipzig vonstatten geht" (ebd.).
38 Rektor Gadamer an Heinrich Schmitthenner vom 11.11.1946, nachdem dieser einen Ruf nach Marburg angenommen hatte (ebd., Bl. 155).
39 Abteilung Hochschulen und Wissenschaft des Ministeriums für Volksbildung der Landesregierung Sachsen an Rektor Gadamer vom 21.8.1947 (UA Leipzig, R 210, Bl. 1).

„Wenn ich an der Wahrnehmung meines Amtes seit der Wegführung durch die amerikanische Armee verhindert gewesen bin, so ist dies gegen meinen Willen und durch höhere Gewalt, gegen die mich weder eine deutsche Dienststelle noch ich selbst schützen konnte, erfolgt."[40] Die veterinärmedizinische Fakultät hingegen erklärte knapp ein Jahr später, dass sie „entsprechend ihrer schon vor längerer Zeit geäußerten Auffassung nicht gewillt [sei], noch länger zu warten", und empfahl dem Ministerium für Volksbildung „von einer Wiedereinstellung des Herrn Prof. Scheunert endgültig abzusehen".[41] Arthur Scheunert war zu diesem Zeitpunkt bereits aus der Universität Leipzig ausgeschieden, hatte er doch eine Professur an der Universität Gießen angenommen.[42] Die Hartnäckigkeit, mit der die Universität und Landesregierung die Frage der abtransportierten Universitätsangehörigen verfolgten, offenbart indirekt auch die sehr große Bedeutung des deutschen Know-hows für die Sowjetunion.

Bedingt durch den massiven Eingriff der Amerikaner, vermochte die sowjetische Besatzungsmacht kaum mehr wissenschaftliches Personal zu finden, welches sie als „nützlich" erachtete, sodass de facto keine Rekrutierungsphase an der Universität Leipzig stattfand. Mangels Alternativen überführte sie im Juli 1945 den einzigen noch verbliebenen Dozenten, der bedeutsam genug erschien, in die Sowjetunion: Robert Döpel.[43] Die Universität registrierte den Abtransport des Dozenten, der sich den amerikanischen Versetzungsmaßnahmen hatte entziehen können, kurz und bündig: „Der Leiter der Abteilung für Strahlenphysik am Physikalischen Institut der Universität Leipzig hat sich am 28. Juli 1945 auf Anordnung der Militärregierung zur Dienstleistung nach Moskau begeben."[44] Über den Verbleib oder die Lebensumstände Döpels hatte die Universitätsleitung keine nähere Kenntnis, wie aus einem Schreiben des Rektorats hervorgeht.[45] Wie die große Mehrheit der Universitätsangehörigen, die in die amerikanische Besatzungszone verbracht worden war, kehrte auch Robert Döpel, nach seinem bis 1957 andauernden Aufenthalt in der Sowjetunion, nicht mehr an die Universität Leipzig zurück.

---

40 Arthur Scheunert an veterinärmedizinische Fakultät vom 3.11.1936 (UA Leipzig, PA 159, Bl. 134).
41 Veterinärmedizinische Fakultät an Ministerium für Volksbildung der Landesregierung Sachsen vom 27.9.1947 (UA Leipzig, PA 159, Bl. 141).
42 Vgl. Veterinärmedizinische Fakultät an das Ministerium für Volksbildung der Landesregierung Sachsen vom 29.8.1947 (Ebd., Bl. 140).
43 Robert Döpel (1895–1982), Physiker. Bis 1945 war er Professor für Strahlenphysik an der Universität Leipzig. Zwischen 1945 und 1957 arbeitete er als Spezialist in der Sowjetunion und übernahm nach seiner Rückkehr den Lehrstuhl für angewandte Physik an der Hochschule für Elektrotechnik in Ilmenau.
44 Dies geht aus einem Schreiben an das Universitäts-Rentenamt hervor, indem um die Einstellung der Bezugsauszahlungen für Robert Döpel ab August 1945 gebeten wird (UA Leipzig, F 511/94, Bl. 41).
45 In dem Schreiben des Rektorats von Dezember 1946 heißt es: „Näheres ist hier nicht bekannt" (ebd., Bl. 185).

Technische Hochschule Dresden

Die Situation an der Technischen Universität Dresden unterschied sich gänzlich von der in Leipzig, stand sie doch schon mit Kriegsende unter dem massiven Einfluss der sowjetischen Besatzungsmacht. Im Juli 1945 reiste ein spezielles Demontagekommando nach Dresden, um alle relevanten Bereiche der Hochschule zu inventarisieren, die für einen Abtransport infrage kämen. Die eigentliche „Ausräumaktion" dauerte von August bis Dezember 1945.[46] Parallel dazu wies die Sowjetische Militäradministration in Deutschland (SMAD) im Sommer 1945 die deutschen Selbstverwaltungsorgane an, das noch vorhandene wissenschaftliche Personal mitsamt seinen Arbeitsthemen zu erfassen. In diesem Zusammenhang entstand im Dezember 1945 an der Technischen Hochschule Dresden ein „Verzeichnis von Professoren, die zu Forschungsarbeiten befähigt sind"; diese Auflistung enthielt neben den bisherigen Veröffentlichungen der Dozenten auch ihre aktuellen Projekte und beruflichen Ambitionen.[47]

Ein geregelter Lehrbetrieb war in den Monaten nach Kriegsende zwar kaum möglich, dennoch wurde die Hochschule unter dem neu gewählten Rektor Enno Heidebroek geschäftsmäßig weitergeführt. Die Verhandlungen mit der SMAD über eine Wiedereröffnung zogen sich in die Länge, während Demontagen, Entnazifizierung und Wiederaufbau voranschritten. Die Technische Hochschule Dresden wurde als letzte Universität in der Sowjetischen Besatzungszone (SBZ) zum 1. Oktober 1946 erneut eröffnet. Den Lehrbetrieb nahm sie am 21. Oktober 1946 wieder auf.

Nur einen Tag später zog die sowjetische Besatzungsmacht im Rahmen der sogenannten Operation Ossawakim[48] fünf Dozenten der Technischen Hochschule ab. Es verwundert nicht, dass der unerwartete Eingriff die gerade erst neu eröffnete Universität in ihrem Semesterbetrieb schwer erschütterte, waren unter ihnen doch auch die angesehenen Professoren Walther Pauer[49] und Hellmuth Frieser.[50]

---

46 Vgl. ausführlich Haritonow, Hochschulpolitik, S. 109–123.
47 Titel des gleichnamigen Dokuments ohne Datum mit Stand vom Dezember 1945 (UA TUD, Rektorat 839, Bl. 4).
48 Ossawakim bezeichnete eigentlich die sowjetischen Jugend- und Massenorganisation zur Förderung des Militärs. Die Bezeichnung diente als Codename für die strategisch geplante und strukturierte Zwangsumsiedlung deutscher Wissenschaftler und Techniker aus der SBZ in die Sowjetunion, die zeitgleich am 22.10.1946 in der SBZ stattfand. Vgl. Norman Naimark, Die Russen in Deutschland. Die sowjetische Besatzungszone 1945 bis 1949, Berlin 1997, S. 277. Laut Christoph Mick taucht dieser Codename nur in der Sprache der britischen und amerikanischen Geheimdienste auf. In den russischen Akten ist er nicht zu belegen. Vgl. Mick, Forschen für Stalin, S. 82.
49 Walther Pauer (1887–1991), Wärmewirtschaftler. 1946 bis 1952 als Spezialist in der Sowjetunion. Vor 1946 und nach 1952 war er als Dozent an der Technischen Hochschule Dresden tätig.
50 Hellmuth Frieser (1901–1988), Photochemiker. 1946 bis 1952 als Spezialist in der Sowjetunion. Davor arbeitete er als Direktor des wissenschaftlich Photographischen Instituts an der TH Dresden. Er verließ die DDR nach seiner Rückkehr.

Noch am selben Tag beschwerte sich Rektor Enno Heidenbroek mündlich bei der Abteilung Wissenschaft und Forschung der Landesverwaltung Sachsen, einen Tag später folgte seine schriftliche Eingabe: „Wie bereits mündlich berichtet, erhielten gestern in den frühen Morgenstunden zwei Professoren der Hochschule, die Herren Professor Dr.-Ing. Pauer und Dr.-Ing. Frieser, durch die russische Militärkommandantur die Aufforderung, sich mit ihren Familien und ihrem Hausrat zur Abreise nach Russland fertig zu machen."[51] Ebenso betroffen waren der Mathematiker Dr. Helmut Heinrichs,[52] der Privatdozent Dr. Gustav Schulze[53] (Physik) und Pauers Assistent Norbert Elsner. Auch der Abtransport der Dresdner Universitätsangehörigen durch die sowjetische Besatzungsmacht erfolgte unter Zwang, auch wenn die Betroffenen in der Sowjetunion „genauso wie russische Professoren behandelt" und einen Arbeitsvertrag für fünf Jahre erhalten sollten.[54] Sämtliche Versuche Rektor Heidenbroeks, den Abtransport der Dozenten zu verhindern oder zumindest „einen Aufschub von einigen Tagen zwecks besserer Vorbereitung des Umzugs zu erlangen, blieben vergeblich".[55] „Vielmehr", so berichtet es Heidenbroek an die Landesverwaltung Sachsen, „wurde angeordnet, dass die Abreise bereits am Abend desselben Tages [22.10.1946] erfolgen müsse".[56]

Die Professoren sollten in der Sowjetunion als Spezialisten an ähnlichen Projekten arbeiten, mit denen sie sich bereits im Auftrag der sowjetischen Besatzungsmacht an der Technischen Hochschule beschäftigt hatten.[57] Heidenbroek bezweifelte indes den Sinn der Verlagerung, wertete er doch die erfolgten Forschungen als unbedeutend, kleinteilig. Ihre unbedingte Fortsetzung in der Sowjetunion erschien ihm als nichtig im Vergleich zu dem Verlust „wertvoller Lehrkräfte" für die Technische Hochschule.[58] Neben den konkreten Folgen des Abtransports – verwaiste Lehrstühle, Einschränkung der Lehrbetriebs – beunruhigten die Universitätsleitung auch die unabsehbaren Konsequenzen des sowjetischen Eingriffs.

---

51 Rektor Heidenbroek an Landesverwaltung Sachsen vom 23.10.1946 (UA TUD, PA II / 7799, Bl. 23).
52 Helmut Heinrich (1904–1997), Mathematiker. Bis 1946 arbeitete er als Dozent an der Technischen Hochschule Dresden. Von 1946 bis 1954 war er als Spezialist in der Sowjetunion und wurde nach seiner Rückkehr zum Professor für Spezialgebiete der Mathematik an der THD berufen.
53 Gustav Schulze (1911–1974), Physiker. Lehrte bis 1946 als Privatdozent an der TH Dresden. Er kehrte 1954 aus der Sowjetunion zurück und wurde Professor mit Lehrauftrag für Sondergebiete der Physik.
54 Rektor Heidenbroek an Landesverwaltung Sachsen vom 23.10.1946 (UA der TUD, PA II / 7799, Bl. 23).
55 Ebd.
56 Ebd.
57 So hatte beispielsweise Hellmuth Frieser Forschungsarbeiten im Auftrag des Zentralwerks in Bleicherode durchgeführt, für das er u. a. ein Auswertegerät für Oszillografenstreifen entwickelte und ein entsprechendes Versuchsgerät aufbaute (UA TUD, Rektorat 834, Bl. 5).
58 Rektor Heidenbroek an Landesverwaltung Sachsen vom 23.10.1946 (UA der TUD, PA II / 7799, Bl. 23).

Die Geschehnisse provozierten eine große Unsicherheit unter den verbliebenen Universitätsangehörigen, da weitere Deportationen nicht auszuschließen waren. Nicht allein seien „wiederum wertvolle Lehrkräfte der Hochschule ausgefallen". Es bestand zudem „die Befürchtung, dass die Kunde von diesen Abkommandierungen sich sehr schädlich auswirken wird auf die Berufungen, die noch mit Herren aus der Westzone im Gang sind". Ziel müsse es daher sein, „weitere derartige Entziehungen von Lehrkräften" zu unterbinden.[59]

Die sächsische Landesregierung ihrerseits war sich des möglichen Imageschadens ebenfalls bewusst und versuchte mit der Sowjetischen Militäradministration in Sachsen (SMAS) eine Garantievereinbarung für neuberufene Dozenten auszuhandeln, dass „sie nicht nach Russland verpflichtet werden".[60] Die SMAS antwortete, dass die Sowjetunion über genügend Fachleute verfüge und folglich keine weiteren deutschen Spezialisten benötige.[61] Zwar folgte die SMAS in ihrer Argumentation gegenüber den deutschen Stellen der offiziellen Leitlinie, tatsächlich scheint sie nicht in die Operation Ossawakim involviert gewesen zu sein. Selbst am Erhalt der intellektuellen und materiellen Qualität der Hochschulen interessiert, stellte die SMAS, vermutlich in Eigeninitiative, Nachforschungen über den Verbleib der verschleppten Wissenschaftler an.[62]

Anfänglich besaß die Hochschule keine genaue Kenntnis über den Verbleib oder den Einsatz der Spezialisten in der Sowjetunion. Trotzdem baute die Universitätsleitung den Kontakt zu den abtransportierten Professoren bereits im Januar 1947, insbesondere zu Walther Pauer, auf und hielt diesen über den Zeitraum ihres Aufenthalts in der Sowjetunion bis 1952 aufrecht. Bis zuletzt sicherte die Hochschulleitung den Spezialisten einen ungebrochenen Einsatz für sie zu: „Die Technische Hochschule Dresden ist an ihrer Rückberufung stärkstens interessiert und wird sich laufend bemühen, um in dieser Frage zu einem erfolgreichen Ende zu gelangen."[63] Die Lehrstühle blieben indes unbesetzt.[64]

Ende der 1940er-Jahre schalteten sich auch die Fakultäten in die Bemühungen ein, die Rückkehr der Universitätsangehörigen zu erreichen. Im März 1949 bat die Fakultät für Maschinenwesen die Landesregierung, sich vor allem für die Rückkehr Walther Pauers einzusetzen: „Es wird vorgeschlagen, die Sowjetische

---

59 Ebd.
60 So gibt es das Protokoll einer Besprechung beim Staatssekretär am 25.10.1946 wieder. Zit. nach Parak, Hochschule und Wissenschaft, S. 306.
61 Vgl. ebd.
62 Vgl. Manfred Heinemann, Hochschuloffiziere und Wiederaufbau des Hochschulwesens in Deutschland 1945–1949. Die sowjetische Besatzungszone, Berlin 2000, S. 296.
63 Entwurf eines Schreibens des Rektorats an Walther Pauer vom 18.7.1951 (UA TUD, PA 7799, Bl. 31).
64 So lehnte das Sekretariat der Technischen Hochschule die Interviewanfrage der Süddeutschen Optiker-Zeitung ab, weil „der Lehrstuhl [des Fotografischen Instituts] infolge Übersiedlung des betreffenden Professors [Hellmuth Frieser] nach Russland verwaist ist und eine Neuberufung noch nicht erfolgte". Sekretariat der Technischen Hochschule Dresden an Süddeutsche Optiker-Zeitung vom 31.1.1947 (UA TUD, Rektorat 834, Bl. 199).

Militäradministration unter Darlegung des dringenden Bedarfs hier um eine Prüfung der Frage zu bitten, ob die weitere Anwesenheit von Professor Pauer in der Sowjetunion noch erforderlich ist."[65] Die Argumentation zielte fortan auf die Nachteile, die dem Lehrbetrieb und der Industrie der DDR durch die Nichtanwesenheit der Hochschullehrer entstünden: „Im Zuge des Wiederaufbaus der Hochschule macht sich bei der ständig anwachsenden Zahl von Studierenden das Fehlen der wissenschaftlichen Kraft von Herrn Professor Pauer immer mehr bemerkbar."[66] Angesichts dieses Umstandes erlaubte es sich die Fakultät für Maschinenwesen und Elektrik die dringliche Bitte auszusprechen, das Ministerium für Schwerindustrie der DDR „möge sich für die baldige Rückkehr der Professoren einsetzen".[67] Eine Mitteilung des Ministeriums für Hüttenwesen und Erzbergbau an den Rektor der Technischen Hochschule Dresden stellte zumindest die Gewinnung der Professoren Pauer und Frieser nach ihrer Rückkehr in Aussicht.[68]

Parallel versuchte die Universitätsleitung über den Förderungsausschuss der DDR „dringend" beim Außenministerium „in der Frage der Rückberufung [der zwei Professoren] an die Technische Hochschule Dresden vorstellig zu werden".[69] Das Ringen endete erst mit der Rückkehr der fünf Hochschullehrer aus der Sowjetunion im Jahr 1952 bzw. 1954. Am 17. Juni 1952 informierte das Staatssekretariat das Dekanat der Mathematisch-Naturwissenschaftlichen Fakultät über die Ankunft eines Transports von Fachkräften aus der Sowjetunion, „von denen einige uns unmittelbar nahestehen".[70] Es wurde vorgeschlagen, „dass sich das Rektorat der Technischen Hochschule sofort mit den betreffenden Herren [Frieser und Pauer] in Verbindung setzt".[71] Tatsächlich gelang es, die zwei Professoren erneut an der Technischen Hochschule Dresden zu integrieren. Am 21. Juni 1952 gab die Universitätsleitung „mit besonderer Freude", „die Rückkehr der Herren Professoren Dr.-Ing. Walther Pauer und Dr.-Ing. Hellmuth Frieser bekannt, die nach rund sechsjähriger Tätigkeit in der Sowjetunion nunmehr ihre Tätigkeit an der Technischen Hochschule Dresden wieder aufnehmen".[72]

---

65 Fakultät für Maschinenwesen über Leitung der TH Dresden an Landesregierung Sachsen vom 31.3.1949 (UA TUD, Fak. Masch.-wesen [bis 1968], Personal- und Studienangelegenheiten, 376, unpag.).
66 Fakultät für Maschinenwesen und Elektrik der TH Dresden an Ministerium für Schwerindustrie vom 25.9.1951 (UA TUD, PA II/7799, Bl. 36).
67 Ebd.
68 Vgl. Ministerium für Hüttenwesen und Erzbergbau an Rektor der TH Dresden vom 28.11.1951 (ebd., Bl. 39).
69 Rektorat an Kreisstelle Dresden des Förderungsausschusses für die deutsche Intelligenz zur Weiterleitung an den Förderungsausschuss der DDR vom 6.7.1951 (UA TUD, PA II/7799, Bl. 30).
70 Staatssekretariat an Dekan Koloc der Mathematisch-Naturwissenschaftlichen Fakultät vom 17.6.1952 (UA TUD, Fak. Math.-NW., Dekanat, 38, unpag.).
71 Ebd.
72 Bekanntmachung der Technischen Hochschule Dresden vom 21.6.1951 (UA TUD, PA, II/7799, Bl. 40).

Fazit

Auch wenn die Ausfälle an den beiden sächsischen Universitäten durch „intellektuelle Reparationen" prozentual weniger stark ins Gewicht fielen als andere Abgänge durch Kriegsverluste oder Entnazifizierung,[73] bedeuteten die zeitlich konzentrierten Eingriffe seitens der Alliierten einen schlagartigen und qualitativen Verlust für die Hochschulen, gleich ob sie nun von der amerikanischen oder der sowjetischen Besatzungsmacht vorgenommen wurden. In jedem Fall bedeutete die Deportation von Hochschullehrern eine nachhaltige Schädigung der mathematisch-naturwissenschaftlichen Fakultäten und einen entsprechenden Fachkräftemangel, der die Konkurrenz zwischen den Universitäten der SBZ verschärfte. Oftmals konnten die ostdeutschen Universitäten die Vakanzen erst adäquat kompensieren, als die deutschen Spezialisten aus der Sowjetunion zurückkehrten. Für die Hochschullehrer, die von den Amerikanern deportiert worden waren, war der Umzug in die amerikanische Besatzungszone meist endgültig. Zudem erfolgten an der Universität Leipzig die Versetzungen unter amerikanischer Direktive zu einem Zeitpunkt, als die Hochschule formal geschlossen und institutionell nicht konsolidiert war. Gleichwohl protestierte die Leitung der Universität Leipzig vehement gegen den Abtransport ihrer Dozenten und bemühte sich, unterstützt von der sowjetischen Besatzungsmacht, zumindest die für sie wichtigsten Wissenschaftler nach Leipzig zurückzuholen. Auch die einzige Zwangsumsiedlung in die Sowjetunion fand an der Universität Leipzig bereits 1945 statt.

Kontrastierend gestalteten sich die Umstände in Dresden, wo die Deportation von Hochschullehrern durch die sowjetische Besatzungsmacht ein Jahr später erfolgte und in die Phase der Wiedereröffnung der nunmehr konsolidierten Hochschule fiel. Der Ausfall der Dozenten beeinträchtigte den Lehrbetrieb unmittelbar, weil die TH Dresden mit Walther Pauer und Hellmuth Frieser zwei angesehene und für die Lehre wichtige Mitglieder verlor, die für das laufende Semester eingeplant worden waren. Die Bemühungen der Hochschulen konzentrierten sich fortan darauf, eine Rückkehr ihrer Dozenten zu erreichen. Diese Versuche belegen die Auseinandersetzungen zwischen den Universitäten und den Besatzungsmächten um „intellektuelle Reparationen" während des Aufbaus der Hochschulen in der SBZ.

---

[73] Prozentual gesehen, machte die Deportationen der USA an den sächsischen Hochschulen 7,4 %, die Deportationen der Sowjetunion lediglich 1,2 % aus. Vgl. Parak, Elitenaustausch in der SBZ, S. 297.

Fritz Selbmann und die wirtschaftliche Neuordnung im Zeichen der Sozialisierung

Oliver Kiechle

Als Fritz Selbmann im September 1945 die Position des Vizepräsidenten für Wirtschaft und Arbeit in der Landesverwaltung Sachsen (LVS) übernahm, schien ihn auf den ersten Blick nichts für dieses hohe wirtschaftspolitische Amt zu qualifizieren. Dennoch wurde er letztlich zu einem der Hauptverantwortlichen für die Rekonstruktion der sächsischen Wirtschaftsstruktur, ihrer Transformation nach sozialistischen Grundprinzipien und der Wiederingangsetzung der industriellen Produktion. Dass Selbmann auf diesen Posten berufen wurde, gründete sich auf seine langjährige Erfahrung als kommunistischer Funktionär in der Weimarer Republik. Von den Erfahrungen des Ersten Weltkrieges geprägt und radikalisiert, schloss sich der 1899 geborene Selbmann im Jahr 1922 der KPD an. Dort machte er rasch Karriere, zunächst als Leiter des Roten Frontkämpferbundes im Ruhrgebiet, später als Bezirksleiter in Oberschlesien und schließlich ab 1931 in Sachsen. Von April 1933 bis 1940 inhaftierten ihn die Nationalsozialisten im Zuchthaus Waldheim. Anschließend überlebte er die Konzentrationslager Sachsenhausen und Flossenbürg, bevor ihm im April 1945 während eines Todesmarsches in Süddeutschland die Flucht gelang. Er schlug sich bis in das amerikanisch besetzte Leipzig durch, das er am 21. Mai 1945 erreichte. Bereits wenige Tage später war Selbmann wieder in einer führenden Position bei den dortigen Kommunisten und versuchte sich noch unter amerikanischer Besatzung im kulturpolitischen Bereich zu etablieren.[1] Nach dem Besatzungswechsel und der damit verbundenen Eingliederung der Leipziger Kommunisten in die, durch die Exilanten unter Walter Ulbricht dominierte, neugegründete KPD traf diese für Selbmann jedoch andere Dispositionen. Die Voraussetzungen für sein neues Aufgabenfeld beurteilte er rückblickend pessimistisch: „Die wirtschaftliche Lage war im frühen Herbst 1945 außerordentlich schwierig."[2] Seine Arbeit an der Organisation einer neuen Wirtschaftsstruktur

---

1   Fritz Selbmann, Aufbruch des Geistes. Zur Frage der neuen deutschen Volkskultur, Vortrag in Leipzig am 29.6.1945 (SAPMO-BArch, NY 4113/3, Bl. 6–36). Diese Ausführungen Selbmanns wurden später veröffentlicht, mutmaßlich als erstes Druckerzeugnis eines deutschen Verfassers in Leipzig nach Kriegsende.
2   Erinnerungen Fritz Selbmann, aufgezeichnet zwischen August 1963 und Oktober 1964 (SAPMO-BArch, SgY 30/1098/1, Bl. 47).

hatte aber letztlich nicht nur Auswirkungen auf Sachsen, das zu einem „Modell für Deutschland"[3] hätte avancieren sollen, sondern auch auf die gesamte Sowjetische Besatzungszone (SBZ). Deshalb bietet es sich an, im Folgenden anhand der politischen und beruflichen Stationen Selbmanns die wirtschaftliche Neuordnung Sachsens vom Sommer 1945 bis zur Etablierung der Deutschen Wirtschaftskommission (DWK) im Jahr 1948, die die Länderkompetenzen deutlich beschnitt, in ihren zentralen Punkten nachzuvollziehen.[4]

Ausgangslage 1945

Die wirtschaftliche Situation Sachsens nach dem Ende des Zweiten Weltkrieges war aus verschiedenen Gründen problematisch: Die Zerstörungen durch Kriegseinwirkungen mit einem geschätzten Verlust von 15 Prozent der industriellen Kapazitäten hielten sich im Vergleich zum Stand des Jahres 1944 und anderen Regionen Deutschlands zwar noch in Grenzen,[5] bildeten jedoch mit den infrastrukturellen Schäden erhebliche Hemmnisse bei der Wiederingangsetzung der industriellen Produktion. Eine weitere Problematik ergab sich aus der Industriestruktur der sächsischen Betriebe, die in hohem Maße auf den Austausch mit anderen Regionen angewiesen waren; ein Effekt, der sich auch durch den Ausbau der Fertigungskapazitäten beziehungsweise die Verlagerung der Produktion aus den westlichen Regionen ab 1942 nicht vermindert hatte. Dies betraf nicht nur die Versorgung mit Rohstoffen, vor allem Steinkohle musste fast vollständig importiert werden, sondern beispielsweise auch den Export chemischer Grundstoffe, die zwar vor Ort hergestellt, aber nicht dort weiterverarbeitet werden konnten.[6] Nichtsdestotrotz war das wirtschaftliche Potenzial Sachsens aufgrund des vergleichsweise hohen Grades an Industrialisierung das höchste in der Sowjetischen Besatzungszone, weshalb die Besatzer von der Region die zentrale Führungsrolle beim wirtschaftlichen Wiederaufbau erwarteten.

Bis in die letzten Kriegstage war Sachsen Schauplatz von Kampfhandlungen. Die US-amerikanischen Streitkräfte konnten Leipzig am 19. April 1945 besetzen, und sowjetische Truppen zogen erst am 8. Mai in Dresden ein. Der von der amerikanischen Militärverwaltung kontrollierte westliche Teil Sachsens gehörte nach den Bestimmungen des Londoner Zonenprotokolls und der Ergänzung

---

3   Vgl. Winfrid Halder, „Modell für Deutschland". Wirtschaftspolitik in Sachsen 1945–1948, Paderborn 2001.
4   Der vorliegende Beitrag basiert im Wesentlichen auf den entsprechenden Teilen meiner Dissertation. Vgl. Oliver Kiechle, Fritz Selbmann als Kommunist und SED-Funktionär. Individuelle Handlungsspielräume im System, Düsseldorf 2013.
5   Vgl. Rainer Karlsch/Michael Schäfer, Wirtschaftsgeschichte Sachsens im Industriezeitalter, Leipzig 2006, S. 226; André Steiner, Von Plan zu Plan. Eine Wirtschaftsgeschichte der DDR, Berlin 2004, S. 24.
6   Ebd., S. 22.

vom Herbst 1944 zur Sowjetischen Besatzungszone und wurde dementsprechend Anfang Juli 1945 von den US-amerikanischen Truppen geräumt. Der Wechsel der Besatzungsmacht hatte für die betroffenen Gebiete auch weitreichende wirtschaftliche Auswirkungen. Neben der zum Teil erzwungenen Migration von Wissenschaftlern und Führungspersonal[7] hatten bereits in den Wochen vor dem Besatzungswechsel einige Firmen ihre Fachkräfte und große Teile des beweglichen Firmengutes in den Westen evakuiert.[8]

Ab 4. Juli 1945 stand ganz Sachsen unter der Kontrolle der Sowjetischen Militäradministration in Deutschland (SMAD), die wenige Wochen zuvor ins Leben gerufen worden war. Ihre Politik schwankte bis 1947 zwischen einer strikten Sowjetisierung der SBZ und einer weltanschaulich eher zurückhaltenden Politik, die den eigenen Interessen möglicherweise dienlicher wäre.[9] Diese scheinbare Unklarheit machte Demontagen unberechenbar und hemmte die Rekonstruktion der Wirtschaftsstruktur erheblich.

Die Landesverwaltung Sachsen und der Beginn der Wirtschaftsplanung

Der Berufung Selbmanns zum Vizepräsidenten für Wirtschaft und Arbeit war eine richtungsweisende Disposition der KPD-Führung vorausgegangen. Zum September 1945 war er als Leiter des sächsischen Landesarbeitsamtes von Leipzig nach Dresden berufen worden. Diese Versetzung hatte vor allem parteipolitische Gründe. Selbmann hatte sich in Leipzig vermutlich eine zu starke Eigenständigkeit verschafft, und so sollte sein Ehrgeiz durch die zugewiesene, rein administrative Aufgabe gedämpft werden.[10] Er hatte sich nach eigenen Angaben aber recht schnell mit „der neuen Installierung ausgesöhnt" und machte sich mit großem Eifer an die Umsetzung der an ihn gestellten Erwartungen in der Landesverwaltung Sachsen.[11] Diese hatte auf Anweisung der SMAD am 1. Juli ihre Arbeit aufgenommen. Auch wenn Selbmann sie später gern als Institution

---

7 Vgl. dazu den Beitrag von Nadin Schmidt in diesem Band sowie Hans-Uwe Feige, Vor dem Abzug. Brain Drain: Die Zwangsevakuierung von Angehörigen der Universität Leipzig durch die U.S.-Army im Juni 1945 und ihre Folgen. In: Deutschland-Archiv, 24 (1991) 12, S. 1302–1313.
8 Vgl. Johannes Bähr, Die Firmenabwanderungen aus der SBZ/DDR und aus Berlin-Ost (1945–1953). In: Wolfram Fischer/Uwe Müller/Frank Zschaler (Hg.), Wirtschaft im Umbruch. Strukturveränderungen und Wirtschaftspolitik im 19. und 20. Jahrhundert, Sankt Katharinen 1997, S. 229–249, hier 234 f.
9 Vgl. Jeannette Michelmann, Aktivisten der ersten Stunde. Die Antifa in der Sowjetischen Besatzungszone, Köln 2002, S. 55 f.
10 Vgl. u. a. Ulrich Mählert, „Im Interesse unserer Sache würde ich empfehlen …". Fritz Große über die Lage der SED in Sachsen, Sommer 1946. In: Jahrbuch für Historische Kommunismusforschung 1996, S. 215–245, hier 244.
11 Fritz Selbmann, Acht Jahre und ein Tag. Bilder aus den Gründerjahren der DDR, Berlin 1999, S. 33.

der deutschen Selbstverwaltung bezeichnete[12], wurde sie doch durchgehend von der regionalen Abteilung der Sowjetischen Militäradministration in Sachsen (SMAS) angeleitet und kontrolliert. Die Interessenkonflikte, die bei dieser verteilten und oftmals nicht klar abgegrenzten Kompetenzstruktur unvermeidlich waren, machten sich immer wieder gravierend bemerkbar. Damit einher gingen außerdem Fragen nach der Reichweite der zu treffenden Entscheidungen. Während sich beispielsweise LVS und SMAS naturgemäß zunächst nur um die Belange Sachsens kümmern wollten, zielte die Einflussnahme von SMAD und auch der KPD/SED meist auf eine zonen-, wenn nicht gar deutschlandweite Wirksamkeit. Über allem thronte schließlich noch das Reglement des im Zuge der Potsdamer Konferenz vom Juli 1945 konstituierten Alliierten Kontrollrats, auch wenn dessen Vorgaben von sowjetischer Seite sukzessive ignoriert oder umgangen wurden.

Nach nur wenigen Wochen als Leiter des Landesarbeitsamtes erweiterte sich Selbmanns Wirkungsbereich immens, und er wurde im Rahmen der Neustrukturierung der Ressorts der LVS als Vizepräsident für Wirtschaft und Arbeit installiert; trat damit also die Nachfolge seines bisherigen Vorgesetzten Richard Woldt (SPD) an.[13] Dessen Vorstellungen vom Wiederaufbau der Wirtschaftsstrukturen analog zu denen der Weimarer Republik hatte Selbmann im Vorfeld bereits scharf kritisiert. Er machte aus seinen Plänen einer langfristigen Sozialisierung der Wirtschaft, die an die Vorstellungen der Exil-KPD angelehnt waren, keinen Hehl und betonte mehrfach, „dass es nun darauf ankäme, die Liquidierung der Herrschaft der Monopole [...] vorwärts zu treiben".[14] Selbmanns tatsächliche Referenzen auf wirtschaftlichem Gebiet waren aber begrenzt. Zwar hatte er 1928/29 eine entsprechende theoretische Grundausbildung in marxistischer Wirtschaftstheorie erhalten und einige Artikel mit wirtschaftspolitischem Inhalt veröffentlicht, als Grundlage einer verantwortlichen Position in diesem Bereich war dies aber völlig unzureichend. Auch wenn es in den Reihen der KPD an geeignetem Fachpersonal mangelte, war sie dennoch bestrebt, alle zentralen Positionen der Verwaltung mit linientreuen Kommunisten zu besetzen, die ihre Leistungen mehr durch Loyalität denn durch fachliche Qualifikation unter Beweis stellen mussten.

Im Herbst 1945 kristallisierten sich aus den unterschiedlichen wirtschaftspolitischen Konzepten zwei Hauptfelder für Veränderungen heraus: Dies war zum einen die Einführung einer administrativ kontrollierten Wirtschaftsplanung und zum anderen die Verstaatlichung industrieller Großbetriebe. Beide Konzepte wurden zum damaligen Zeitpunkt nicht nur in den Reihen der Kommunisten

---

12 Ebd., S. 40, 66.
13 Protokoll der 14. Präsidialsitzung der LVS vom 17.9.1945. In: Andreas Thüsing (Hg.), Das Präsidium der Landesverwaltung Sachsen. Die Protokolle der Sitzungen vom 9. Juli 1945 bis 10. Dezember 1946, Göttingen 2010, S. 178.
14 Erinnerungen Fritz Selbmann (SAPMO-BArch, SgY 30/1098/1, Bl. 43).

und Sozialdemokraten diskutiert, auch Teile der Christlich-Demokratischen Union (CDU) in der SBZ liebäugelten beispielsweise offen mit einem „christlichen Sozialismus".[15]

Die praktische Durchführung der Wirtschaftsplanung erfolgte durch Druck der Besatzungsmacht und hatte hauptsächlich den Zweck, die Wirtschaftsproduktion, auch in Hinblick auf mögliche Reparationsleistungen, erfassen, kontrollieren und ausweiten zu können. Bereits im Sommer war deshalb mit dem SMAD-Befehl 9 vom 21. Juli 1945 die Aufstellung eines Wirtschaftsplans für das letzte Quartal des Jahres angeordnet worden. Als Selbmann im September das damit beauftragte Wirtschaftsressort übernommen hatte, lagen noch keine konkreten Unterlagen dazu vor.[16] Planwirtschaftliche Überlegungen waren Selbmann grundsätzlich nicht fremd, die praktische Ausgestaltung dieser Ideen und die Aufstellung eines Wirtschaftsplans waren für ihn jedoch – wie für alle anderen Mitarbeiter seines Ressorts auch – Neuland: „Ich hatte außer einigen ganz nebelhaften Vorstellungen von Wirtschaftsplanung keine Ahnung, wie so etwas gemacht wird, und ich hatte auch keine Kräfte dafür."[17] Es fehlte im Wirtschaftsressort an ganz grundlegenden Dingen wie einer Aufstellung der überhaupt in Sachsen produktionsfähigen Betriebe und ihrer Kapazitäten. Dennoch sollte bereits ein Quartalsplan erstellt werden, kurze Zeit später befahl die SMAD die Aufstellung eines Jahresplans für 1946, dessen korrekte Umsetzung nochmals durch eine direkte Einflussnahme der SMAS angemahnt wurde.[18] Nach Selbmanns Schilderung habe es zwar etwas Hilfe durch die SMAD mit „einigen Hinweisen" gegeben, letztlich blieben die Mitarbeiter des Wirtschaftsressorts aber auf sich allein gestellt.[19] Nach einer ersten Vorstellung des Wirtschaftsplans bei der Leitung der SMAD in Berlin-Karlshorst musste dieser umgearbeitet werden. Auch die neue Fassung war nach Selbmanns Erinnerung noch in vielen Teilen unzureichend, wurde aber schließlich als Grundlage einer Wirtschaftsplanung in Sachsen für das Jahr 1946 akzeptiert.[20] So sah dieser Plan beispielsweise vor, knapp 28 Mio. Tonnen Braunkohle fördern zu wollen, was zwar fast schon an die Zahlen der Vorkriegszeit (33 Mio. Tonnen) heranreichte, aber noch weit von der Produktion der letzten Kriegsjahre mit 45 Mio. Tonnen pro Jahr entfernt war. Die Schwerpunkte lagen neben einer Steigerung der Kohle- und Stahlproduktion vor allem in den Bereichen Papier- und Textilindustrie sowie der Herstellung von Baumaterialien zur Verbesserung der Verkehrswege.[21]

---

15 Vgl. Gerold Ambrosius, Die Durchsetzung der sozialen Marktwirtschaft in Westdeutschland 1945–1949, Stuttgart 1977, S. 41 f.
16 Vgl. Halder, Modell, S. 116.
17 Erinnerungen Fritz Selbmann (SAPMO-BArch, SgY 30/1098/1, Bl. 52).
18 Vgl. Halder, Modell, S. 120 f.
19 Fritz Selbmann, Anfänge der Wirtschaftsplanung in Sachsen. In: Beiträge zur Geschichte der Arbeiterbewegung 14 (1972) 1, S. 76–82, hier 79.
20 Erinnerungen Fritz Selbmann (SAPMO-BArch, SgY 30/1098/1, Bl. 55).
21 Vortrag Selbmanns vor Amtsleitern der Arbeitsverwaltung, o. D. [Januar 1946] (SAPMO-BArch, NY 4113/4, Bl. 5 f.).

Volksentscheid und Enteignungen

Die zweite Weichenstellung der Wirtschaftspolitik in der SBZ bestand in der Enteignung und Verstaatlichung industrieller Großbetriebe. Diese Maßnahme war eng an die notwendige Entnazifizierung gekoppelt. Auch Selbmann erklärte, dass die „großen Nazis und Kriegsverbrecher" bestraft und aus dem Wirtschaftsleben ausgeschlossen werden sollten.[22] Den radikalen Vorstellungen mancher seiner Parteigenossen, die eine Enteignung aller Betriebe ehemaliger NSDAP-Mitglieder forderten, erteilte er aber eine klare Absage: „Einen Betrieb enteignen ist kein Kunststück. Aber die Großindustrie in die Führung nehmen, das ist das Problem."[23] Diese Aussage macht deutlich, dass Verstaatlichungen von Beginn an mit erweiterter staatlicher Wirtschaftslenkung verknüpft waren – hellsichtige Funktionäre wie Selbmann erkannten aber auch schon frühzeitig die Schwierigkeiten der Steuerung und Führung industrieller Großbetriebe. Dennoch hatte er bereits Ende September 1945 selbst einen ersten Versuch der Enteignung von zentralen Unternehmen der sächsischen Wirtschaft in die Wege geleitet. Sein ambitionierter Entwurf der Verstaatlichung aller sächsischen Bergbaubetriebe wurde zunächst vom Präsidium der Landesverwaltung akzeptiert, von der SMAS dann jedoch als zu weit gehend abgelehnt.[24] Die Entscheidung, den nächsten Enteignungsversuch auf die Betriebe des Flick-Konzerns zu fokussieren, hatte unterschiedliche Gründe: Zum einen ermittelten amerikanische Ankläger im Rahmen der Nürnberger Prozesse gegen Konzernchef Friedrich Flick als Teil der deutschen Wirtschaftselite.[25] Die Enteignung der Flick-Betriebe in Sachsen war dementsprechend ein „Schritt von hoher Symbolträchtigkeit".[26] Darüber hinaus gehörte das Mittelstahl-Werk in Riesa zum Flick-Konzern, dem als einzig noch funktionierendem Walzwerk in Sachsen eine zentrale Bedeutung für den wirtschaftlichen Wiederaufbau zukam. Die entschädigungslose Enteignung aller in Sachsen befindlichen Vermögenswerte des Flick-Konzerns beschloss das Präsidium der Landesverwaltung am 29. Oktober 1945. Der diesbezügliche von Selbmann vorgetragene und dann einstimmig abgesegnete Tagesordnungspunkt war recht kurzfristig eingebracht worden. Als Hauptgrund für diese Eile benannte er später, dass der Enteignungsbeschluss als Manifestation einer eigenständigen deutschen Verwaltung noch vor dem ähnlich gelagerten SMAD-Befehl 124 gefasst werden sollte, der einen Tag später datierte.[27] Blickt

---

22 Selbmann, Acht Jahre, S. 73.
23 Schlusswort Selbmanns auf der Wirtschaftskonferenz der KPD Leipzig im November 1945 (SAPMO-BArch, NY 4113/3, Bl. 272 f.).
24 Vgl. Halder, Modell, S. 114.
25 Vgl. Norbert Frei/Ralf Ahrens/Jörg Osterloh/Tim Schanetzky, Flick. Der Konzern, die Familie, die Macht, München 2009, S. 402 f.
26 Halder, Modell, S. 114.
27 Selbmann, Acht Jahre, S. 66.

man auf die Einfluss- und Kontrollmöglichkeiten der Sowjetischen Militäradministration, erscheint diese Beurteilung eher unrealistisch. Kim Priemel vermutet, dass die Landesverwaltung durch ihr Vorpreschen bei der Überführung der Flick-Werke in Landeseigentum vielmehr versucht habe, eine weitere Demontage der betreffenden Betriebe aufzuhalten, was jedoch nicht gelang.[28]

Dass noch weitere Enteignungen in Sachsen folgen sollten, war dem Beschluss vom 29. Oktober bereits implizit und so wurde durch die Landesverwaltung am 5. November 1945 denn auch die Überführung aller Unternehmen ehemaliger „aktivistischer Nazis und Kriegsverbrecher" sowie „herrenloser Betriebe" in Landesbesitz beschlossen.[29] Während die Enteignung des Flick-Konzerns seitens der SMAS offenbar unwidersprochen blieb, konnte der Beschluss vom 5. November nur unter Berücksichtigung der inzwischen präzisierten Vorgaben der Militäradministration durchgesetzt werden, die zunächst lediglich eine Beschlagnahmung und keine Enteignung der besagten Betriebe vorsah. Zu diesem Zweck wurde unter anderem eine Kommission unter Selbmanns Leitung eingesetzt, die die Kollektivierung zu überwachen hatte.[30] Die entschädigungslose Enteignung dieser Betriebe und ihre Übernahme in Landeseigentum war trotzdem nur noch eine Frage der Zeit.

Dieser nun folgende Schritt sollte durch einen Volksentscheid legitimiert werden und nicht wie bisher gehandhabt durch einfache Verordnungen der Landesverwaltung Rechtskraft erlangen. Bei einer Besprechung Ulbrichts mit Stalin am 6. Februar 1946 wurde nicht nur die Durchführung der Enteignungen beschlossen, sondern auch deren Legitimierung durch einen Volksentscheid festgelegt.[31] Selbmann erinnerte sich, dass laut Ulbricht Sachsen der „Schrittmacher der Veränderung der Produktionsverhältnisse" sein sollte. Die Vorbereitungen für den Volksentscheid hätten dann auch in enger Absprache mit Ulbricht und der Informationsabteilung der SMAD stattgefunden.[32] Die sowjetische Besatzungsmacht verfolgte mit der Durchführung des Volksentscheids hauptsächlich das Ziel, die geplante Teilverstaatlichung der Industrie – denn um nichts anderes handelte es sich dabei – und die dadurch vorangetriebene Umwandlung des ökonomischen Systems in der SBZ durch den vermeintlichen Willen des Volkes zu rechtfertigen, was vor allem mit Blick auf die westlichen Alliierten als nötig erachtet wurde. Die SMAD verfügte, dass vor dem Volksentscheid minderbelastete ehemalige NS-Anhänger ihre Betriebe zurückerhalten sollten. Dies machte eine Einteilung in drei Listen erforderlich: Liste A enthielt die Unternehmen, die entschädigungslos enteignet werden sollten, ihre Zahl betrug schließlich 1861;

---

28 Vgl. Kim Christian Priemel, Flick. Eine Konzerngeschichte vom Kaiserreich bis zur Bundesrepublik, 2. Auflage Göttingen 2008, S. 613.
29 Protokoll der 22. Präsidialsitzung vom 5.11.1945. In: Thüsing (Hg.), Präsidium, S. 214.
30 Vgl. Halder, Modell, S. 135.
31 Vgl. Wilhelm Pieck/Rolf Badstübner, Wilhelm Pieck. Aufzeichnungen zur Deutschlandpolitik 1945–1953, Berlin 1994, S. 68 f.
32 Erinnerungen Fritz Selbmann (SAPMO-BArch, SgY 30/1098/1, Bl. 90).

Liste B führte die 2239 Betriebe auf, die an ihre ursprünglichen Besitzer zurückgegeben werden sollten; auf einer dritten Liste C fanden sich rund 600 Betriebe, die zunächst unter direkter Kontrolle der Besatzungsmacht verbleiben sollten, vor allem zur Erfüllung von sowjetischen Reparationsansprüchen, über deren endgültige Besitzverhältnisse aber noch nicht entschieden war.[33] Die SMAD wies die sächsische Landesverwaltung an, die zur Rückgabe bestimmten Betriebe vor allem dahingehend auszuwählen, ob sie für die sächsische Wirtschaft von Bedeutung seien. Diese Anweisung zeigt erneut, dass es beim Volksentscheid hauptsächlich um eine Verschiebung der ökonomischen Macht und nicht um einen Akt der Sühneleistung ehemaliger NS-Verbrecher oder ein ergebnisoffenes Plebiszit ging.[34] Die Forderung der Liberal-Demokratischen Partei (LDP) nach einer nochmaligen Überprüfung der Listen blieb wirkungslos. Der Kommissionsbeschluss wurde dem Präsidium der Landesverwaltung vorgelegt, das diesen am 25. Mai 1946 bestätigte.[35] Die Veröffentlichung des Gesetzentwurfs, die zusammen mit der Ankündigung des Volksentscheids für den 30. Juni 1946 zwei Tage darauf erfolgte, setzte eine massive Werbekampagne von SED und SMAD in Gang. Die nach den Berichten der SED an die SMAD angeblich zu Tausenden durchgeführten Veranstaltungen für das Referendum wurden von der sowjetischen Militärverwaltung zwar durchaus positiv bewertet, jedoch nahm diese die Defizite der Kampagne ebenfalls wahr. Deshalb griff sie auch selbst wiederholt aktiv ein, um die Stimmung in der sächsischen Bevölkerung positiv zu beeinflussen: Neben einer Ausweitung von Lebensmittel- und Zigarettenlieferungen ahndete sie Übergriffe von Rotarmisten weitaus strenger als zuvor und stellte sogar ein rasches Ende der Okkupation in Aussicht; streute sie doch gezielt Gerüchte, die „einen Zusammenhang zwischen dem Ausgang des Volksentscheids und der Aufenthaltsdauer der Besatzungstruppen herstellten".[36]

Das Ergebnis des Referendums war dann trotz der vorhergehenden Befürchtungen auf den ersten Blick recht eindeutig: 77,6 Prozent der Abstimmungsberechtigten hatten den Gesetzesentwurf zur Enteignung gebilligt, 16,6 Prozent hatten ihn abgelehnt und 5,8 Prozent der Stimmen waren ungültig. Die Wahlbeteiligung betrug 93,7 Prozent. Winfried Halder interpretiert die Ablehnungshaltung aber trotz der auf den ersten Blick recht hohen Zustimmungsquote als relativ groß. So seien bei den Nein-Stimmen die unmittelbar betroffenen Unternehmer nicht enthalten, da diese laut der Wahlordnung nicht stimmberechtigt

---

33 Vgl. Stefan Creuzberger, „Klassenkampf in Sachsen": Die Sowjetische Militäradministration in Deutschland (SMAD) und der Volksentscheid am 30. Juni 1946. In: Historisch-Politische Mitteilungen, 2 (1995), S. 119-130, hier 119.
34 Winfrid Halder, „Prüfstein... für die politische Lauterkeit der Führenden"?: Der Volksentscheid zur „Enteignung der Kriegs- und Naziverbrecher" in Sachsen im Juni 1946. In: Geschichte und Gesellschaft, 25 (1999) 4, S. 589-612, hier 597 f.
35 Protokoll der 54. Präsidialsitzung vom 25.5.1946. In: Thüsing (Hg.), Präsidium, S. 344 ff.
36 Vgl. Creuzberger, Klassenkampf, S. 125-129.

waren. Zudem sei der Anteil der ungültigen Stimmen ungewöhnlich hoch, was darauf hindeutet, dass diese bewusst ungültig gemacht worden seien. Möglicherweise wollten Wähler damit zeigen, dass sie nur die Art der Bestrafung ehemaliger NS-Funktionäre, nicht aber die Sache an sich ablehnten.[37]

Bereits vor dem Referendum hatte Selbmanns Ressort einen „Plan für die Eingliederung der durch den Volksentscheid enteigneten gewerblichen Unternehmen zum Aufbau der Friedenswirtschaft" erarbeitet. Dieser enthielt mehrere zentrale Punkte: zum einen die Sicherung des normalen Wirtschaftsablaufes, die vor allem darauf abzielte, die Eigentümer davon abzuhalten, vor der Enteignung noch irgendwelche Betriebsmittel abzuziehen oder die Übernahme in Staatseigentum zu sabotieren.[38] Der nächste Punkt beschäftigte sich mit der konkreten Verwendung der übereigneten Betriebe. Hier sollte neben der teilweisen Übernahme durch kommunale Verwaltungen, zum Beispiel bei Versorgungsbetrieben, bei kleineren Unternehmen auch der Verkauf an Organisationen oder an Privatpersonen möglich sein. Die besondere Rolle der direkt in das Eigentum des Landes Sachsen übergegangenen Betriebe wurde im nächsten Punkt betont. Da diese meist größeren Unternehmen einen erheblichen Anteil des industriellen Volumens darstellten, käme ihnen eine wichtige Aufgabe beim Aufbau der Planwirtschaft zu. Schließlich gingen die Planungen auf die „Sicherung der Existenzgrundlage der beschäftigten Arbeiter und Angestellten" ein. Dabei wurde explizit darauf hingewiesen, dass durch die Übernahme die Arbeitsplätze in den betroffenen Betrieben besonders sicher geworden seien, da sie „zu keinem Zeitpunkt mehr beeinflusst werden durch private Einflüsse, durch schlechten Willen oder Unfähigkeit faschistischer Betriebsinhaber".

Doch auch nachdem die von Selbmann großspurig als pragmatische und realistische „Generallinie" bezeichnete Verordnung feststand, galt es zunächst einmal, diese in die Tat umzusetzen. Ein konkreter Schritt dazu war die am 2. August 1946 beschlossene Einführung der sogenannten Industrieverwaltungen (IV). Diese fassten Betriebe bestimmter Branchen in Form einer Verwaltungseinheit zusammen und waren direkt der Landesverwaltung unterstellt.[39] Das Hauptproblem in Selbmanns Arbeit, die Erstellung eines funktionierenden Wirtschaftsplanes, war durch die Enteignungen jedoch kaum erleichtert worden, auch wenn er das zunächst gehofft hatte.

---

37 Halder, Volksentscheid, S. 607 f.
38 Zum Folgenden vgl. Erinnerungen Fritz Selbmann (SAPMO-BArch SgY30/1098/1, Bl. 94–99).
39 Vgl. Halder, Modell, S. 248 f.

Das „Selbmann-Memorandum" von 1947

Im April 1946 war in Selbmanns Wirtschaftsressort eine eigene Abteilung für „Industrie-Planung" ins Leben gerufen worden.[40] Deren Leitung übernahm Kurt Gregor, nach Selbmanns Einschätzung überhaupt der einzige seiner damaligen Mitarbeiter, „mit dem ein Plan zu machen war".[41] Die Arbeit dieser Abteilung war jedoch nach wie vor durch massive Eingriffe der sowjetischen Besatzungsmacht bestimmt, die Selbmann später klar benannte: Im Laufe des Jahres 1946 und bis weit in das Jahr 1947 hinein habe es immer wieder große Schwierigkeiten mit den Organen der Besatzungsmacht über die Fragen der Demontagen, der Reparationen, der Versorgung deutscher Betriebe entsprechend den bestätigten Plänen und der willkürlichen Entnahme von Konsumgütern und Produktionsmitteln insbesondere durch Kommandanten in den Kreisen und Städten gegeben.[42] Dieser unkalkulierbare Zustand führte dazu, dass für manche Produktionsbereiche bereits der Zusammenbruch der Versorgung befürchtet wurde.[43] Selbmann hatte auf die Missstände und ihre Auswirkung für die Realisierung eines Wirtschaftsplans, wie ihn die SMAD vehement forderte, intern wiederholt hingewiesen. Die Beschwerden bei der SMAS – die für die meisten der genannten Eingriffe verantwortlich war – liefen aber immer wieder ins Leere. In einem Schreiben an den Leiter der Wirtschaftsabteilung der SED, Bruno Leuschner, vom 16. August 1946 beschwerte sich Selbmann über „das von der hiesigen SMA gebrachte Chaos" und bat Leuschner darum, bei der SMAD in Karlshorst vorstellig zu werden, „damit dieser chaotische Zustand endlich ein Ende findet", da „unter diesem Zustand von keiner Wirtschaftsplanung mehr die Rede sein kann".[44] Auch diese Intervention hatte keinerlei Auswirkungen, konnte sie auch nicht haben, da das grundsätzliche Problem auf höherer Ebene anzusiedeln war.

Die Uneinigkeit verschiedener sowjetischer Behörden über die zukünftige Deutschlandpolitik setzte sich in permanenten Auseinandersetzungen zur Frage der Reparationen fort. In der Folge waren „für die deutschen Stellen [...] die sowjetischen Entscheidungswege und Instanzen oft weder auszumachen noch nachzuvollziehen".[45] Die Verantwortung für die Reparationen hatte schon im

---

40 Vgl. Mitteilung an die Abteilungen des Ressorts Wirtschaft vom 23.4.1946 (SächsHStA, LRS, MfW, Nr. 84, Bl. 276).
41 Erinnerungen Fritz Selbmann (SAPMO-BArch, SgY 30/1098/1, Bl. 52).
42 Ebd., Bl. 107.
43 Vgl. zum Beispiel die Anlagen zum Material über Planstörungen, o. D. (SAPMO-BArch, NY 4113/16, Bl. 55–72, hier 55), in denen deutlich wird, dass durch die Eingriffe in die Papierversorgung zunehmend auch die Arbeit der Verwaltungsbehörden deutlich beeinträchtigt wurde.
44 Selbmann an Leuschner vom 16.8.1946 (SAPMO-BArch, NY 4113/16, Bl. 117).
45 Rainer Karlsch, Allein bezahlt? Die Reparationsleistungen der SBZ/DDR 1945–1953, Berlin 1993, S. 64.

Fritz Selbmann und die wirtschaftliche Neuordnung 377

Februar 1945 ein Sonderkomitee des Verteidigungsressorts übernommen, das in der SBZ eine strikte und harte Reparationspolitik vertrat, die vor allem in Form von raschen Demontagen umgesetzt werden sollte. Jedoch waren auch einige Abteilungen der SMAD mit der Reparationsfrage befasst, bei denen sich der mäßigende Einfluss des Ministers für Außenhandel der Sowjetunion, Anastas Mikojan, bemerkbar machte. Er favorisierte einen Wiederaufbau der deutschen Wirtschaft, der in der Konsequenz mittelfristig zu einer Sowjetisierung Deutschlands oder wenigstens der SBZ hätte führen sollen. Dieser offene Widerspruch der Konzeptionen manifestierte sich in dem Umstand, dass die durch den SMAD-Befehl 9 vom 21. Juli 1945 wieder in Gang zu setzenden Industriezweige quasi identisch mit den Unternehmensbereichen waren, die die Sonderkommission vorrangig zur Demontage vorgesehen hatte.[46] Die meisten sowjetischen Demontagen, in Relation zu den insgesamt in der SBZ demontierten Betrieben, fanden im Juni 1945 und im April 1946 statt. Die erste Demontagewelle traf Sachsen aber erst im Juli 1945, da vorher ein Teil des Landes noch unter amerikanischer Besatzung gestanden hatte. Die zweite große Welle erreichte ihren Höhepunkt genau in dem Zeitraum, in dem durch die SMAD eigentlich eine gewisse Zurückhaltung bei den Abbauarbeiten wegen der befürchteten Auswirkungen auf die wiedereröffnete Leipziger Messe angemahnt worden war.[47] Dies verdeutlicht die begrenzten Einflussmöglichkeiten der Militäradministration auf die tatsächliche Demontage gegenüber der Sonderkommission.

Die sowjetischen Besatzer entwickelten neben der Demontage und der Überführung aus der Produktion entnommener Waren in die Sowjetunion noch ein drittes Verfahren zur Erfüllung ihrer Reparationsansprüche, das sich bereits im Vorfeld des Volksentscheids angedeutet hatte. Eine Anzahl der Betriebe aus der Liste C, über die sich die Besatzungsmacht eine Entscheidung noch vorbehalten hatte, wurde in Form von Aktiengesellschaften in sowjetisches Eigentum überführt. In der ganzen SBZ handelte es sich um etwa 200 Unternehmen, davon 57 in Sachsen, von denen am Ende aber nur 37 in Sowjetische Aktiengesellschaften (SAG) umgewandelt wurden.[48] Diese Sowjetischen Aktiengesellschaften genossen erhebliche Vorteile: Sie wurden bevorzugt mit Rohstoffen

---

46 Vgl. Jochen Laufer, Politik und Bilanz der sowjetischen Demontagen in der SBZ/DDR 1945–1950. In: Rainer Karlsch/Jochen Laufer/Friederike Sattler (Hg.), Sowjetische Demontagen in Deutschland 1944–1949. Hintergründe, Ziele und Wirkungen, Berlin 2002, S. 31–77, hier 52.
47 Vgl. Hartmut Zwahr, Die erste deutsche Nachkriegsmesse 1946. Wiedererweckung oder Neubelebung? In: ders. (Hg.), Leipzigs Messen 1497–1997: Gestaltwandel – Umbrüche – Neubeginn, Band 2, Köln 1999, S. 583–627, hier 603.
48 Vgl. Rainer Karlsch/Johannes Bähr, Die Sowjetischen Aktiengesellschaften (SAG) in der SBZ/DDR. Bildung, Struktur und Probleme ihrer inneren Entwicklung. In: Karl Lauschke/Thomas Welskopp (Hg.), Mikropolitik im Unternehmen. Arbeitsbeziehungen und Machtstrukturen in industriellen Großbetrieben des 20. Jahrhunderts, Essen 1994, S. 214–255, hier 218.

und Arbeitskräften versorgt und konnten gemäß der Reparationspläne verlässlich wirtschaften; Überproduktionen wurden trotz der Proteste der deutschen Behörden entweder untereinander kompensiert oder zum Teil sogar auf dem Schwarzmarkt verkauft.[49]

Bei der sächsischen Landtagswahl am 20. Oktober 1946 hatte die im Frühjahr 1946 gegründete SED die absolute Mehrheit knapp verfehlt. Die tatsächlichen Mehrheitsverhältnisse waren mit der Anweisung der SMAD vom 15. November zur Fortsetzung der Blockpolitik jedoch gegenstandslos geworden.[50] Am 11. Dezember 1946 wurde Rudolf Friedrichs einstimmig zum Ministerpräsidenten gewählt und sein Kabinett, dem Fritz Selbmann als Minister für Wirtschaft und Wirtschaftsplanung angehörte, bestätigt. Trotz dieser Beförderung und der Entflechtung der Zuständigkeitsbereiche – die Abteilungen für Arbeit und Sozialfürsorge wurden ausgelagert – gab es für ihn keine spürbare Arbeitsentlastung oder Vergrößerung seiner Handlungs- und Gestaltungsspielräume: „Bis zum Mai 1947 versuchte ich auf alle mögliche Art und Weise in persönlichen Verhandlungen mit Vertretern der SMA in Sachsen die Grundlagen für die Abstellung der Schwierigkeiten zu finden. Aber es änderte sich nichts Wesentliches. [...] Ich gebe offen zu, dass ich, nachdem ich auch einige Male den Zentralvorstand der Partei unterrichtet hatte und auch von dort aus keine Änderung erzielt werden konnte, ziemlich verzweifelt war."[51] Selbmann entschloss sich daraufhin, einen informellen Kanal zu nutzen, um seine Einschätzungen ungefiltert an die sowjetischen Entscheidungsträger übermitteln zu können. Er stellte die in seinen Augen entscheidenden Missstände in der sächsischen Wirtschaftspolitik in einem Memorandum zusammen und ließ dieses durch Fritz Große nach Moskau weiterleiten. Dieser hatte ihm erzählt, er verfüge über eine persönliche Verbindung bis in Stalins Vorzimmer.[52] Selbmann setzte durch diesen Vorstoß mindestens seine politische Karriere aufs Spiel, da nicht kalkulierbar war, wie die dadurch übergangenen Autoritäten, also sowohl die SED-Führung als auch der gesamte Apparat der SMAD, reagieren würden. Allerdings könnte ihn die Überlegung, dass bei einem Andauern der katastrophalen Zustände in Sachsen seine Position ohnehin zur Disposition gestellt werden würde, zu diesem Vorgehen bewogen haben, schließlich war er wiederholt seitens der Besatzungsmacht für die missliche Lage verantwortlich gemacht worden.

Das auf den 12. Mai 1947 datierte Memorandum umfasste 25 Einzelpunkte, die jeweils mit Erläuterungen beziehungsweise ergänzendem Zahlenmaterial versehen waren. Die aufgeführten Themen betrafen überwiegend die Schwie-

---

49 Ebd., S. 222 f.
50 Vgl. Stefan Creuzberger, Die sowjetische Besatzungsmacht und das politische System der SBZ, Weimar 1996, S. 115 f.
51 Erinnerungen Fritz Selbmann (SAPMO-BArch, SgY 30/1098/1, Bl. 108 f.).
52 Ebd., Bl. 109.

rigkeiten der Wirtschaftsplanung und hierbei vor allem die Problemfelder, bei denen Konflikte mit den sowjetischen Besatzungsbehörden bestanden. Zum Beispiel gab es laut Selbmann noch keinen Fall, in dem die Genehmigung der Pläne durch die SMAS bereits zu Beginn des jeweiligen Quartals vorgelegen hätte. Dies sei „eine Diskreditierung der Planung und somit der Landesregierung Sachsens", wie er in drastischen Worten hinzufügte.[53] Der Abschnitt „Zusage über den Abschluss der Demontage" ist kurz gehalten: Selbmann verwies hier auf die Erklärung des Obersten Chefs der SMAD, Wassili Sokolowski, vom 21. Mai 1946, in der dieser die Demontagen für beendet erklärt hatte, und verknüpfte damit die Information, dass ungeachtet dessen erst kürzlich eine Radiofabrik in Sachsen komplett demontiert worden sei, die sich zudem in Landeseigentum befunden habe. Er beschrieb lediglich die Diskrepanz zwischen den Verlautbarungen der SMAD und der Tatsache der weiteren Demontage, verband aber keine weiteren Forderungen damit. Die beiden letzten Punkte seines Memorandums, die „Übertragung der Verantwortung für Produktionsplan und Verteilung auf die Landesregierung" und, damit zusammenhängend, die „Beschränkung der SMA auf Kontrollfunktionen", scheinen Selbmanns Hauptanliegen gewesen zu sein. Er fand hier noch einmal klare Worte: „Es geht nicht an, dass die Landesregierung für die Erfüllung des Produktionsplanes und die Verteilung der Waren verantwortlich gemacht wird und die SMA durch Befehle und Schreiben Dispositionen trifft, die mit dem Produktionsplan und den Verteilungsplänen nicht übereinstimmen."[54] Wer der Empfänger des Schriftstücks gewesen ist, lässt sich nicht eindeutig zurückverfolgen. Das Memorandum scheint jedoch zumindest wahrgenommen und weitergeleitet worden zu sein, wie die Reaktion der SMAD zeigte. Selbmann bekam die Gelegenheit, alle genannten Probleme noch einmal in Ruhe bei der SMAD vortragen zu können. Letztlich war aber dieser direkte Kontakt mit der SMAD-Führung die zunächst einzig greifbare Folge von Selbmanns Memorandum. An der tatsächlichen Situation änderte sich in den folgenden Monaten kaum etwas, zum Teil verschärften sich die Zustände sogar.[55] Erst nach und nach sollten sich Verbesserungen zeigen, die zumindest teilweise mit den von Selbmann erhobenen Forderungen übereinstimmten.

---

53 Vgl. Rainer Karlsch, Das „Selbmann-Memorandum" vom Mai 1947. Fritz Selbmann und die Reparationslasten der sächsischen Industrie. In: Beiträge zur Geschichte der Arbeiterbewegung, 35 (1993) 2, S. 88–125, hier 115.
54 Ebd., S. 119.
55 Vgl. hierzu detailliert Halder, Modell, S. 456–465.

Die Errichtung der Deutschen Wirtschaftskommission im Juni 1947

Ein wesentliches Problem der Wirtschaftsentwicklung in der Sowjetischen Besatzungszone war neben den Eingriffen der Besatzungsmacht das Kompetenzgerangel zwischen den Länderbehörden und den verschiedenen Zentralverwaltungen, die im Sommer 1945 auf Ebene der SBZ eingerichtet worden waren. Hier sollte zu Beginn des Jahres 1947 mit einer Vereinbarung größere Transparenz und Kompetenzsicherheit erreicht werden. Nach dieser Übereinkunft bekamen die Zentralverwaltungen einen größeren Spielraum, um die Arbeit der Wirtschaftsressorts anleiten und koordinieren zu können.[56] Das sächsische Wirtschaftsministerium beteiligte sich an der Vereinbarung zunächst nur unter Vorbehalt; erst durch einen Landtagsbeschluss vom 18. März 1947 wurde zugestimmt. Nichtsdestotrotz blieb Selbmann im Frühjahr 1947 weiterhin auf Konfrontationskurs mit den Zentralverwaltungen und verbat sich jegliche Einflussnahme auf sein Ressort.

Der Zusammenschluss der amerikanischen und britischen Besatzungszone zur sogenannten Bizone im Mai 1947 führte auch zu einem weiteren Schritt der Zentralisierung in der SBZ. Nach dem Vorbild des Frankfurter Wirtschaftsrates wurde durch die SMAD die „Deutsche Wirtschaftskommission" (DWK) ins Leben gerufen, der eine Abteilung für Wirtschaftsfragen als zentrale Planungsinstanz unterstand.[57] Die Leitung dieser Abteilung war Selbmann als Reaktion auf sein Memorandum angeboten worden, was er aber zum großen Erstaunen der SMAD-Führung ausgeschlagen hatte. Diesen Schritt begründete er später vor allem damit, dass er die Kompetenzen dieser Wirtschaftsabteilung als recht gering einschätzte und sich von der Position in Sachsen größere Einflussmöglichkeiten versprach.[58] Die Länder lehnten die DWK als eine ihnen übergeordnete Institution ab, weshalb ihre praktischen Auswirkungen zunächst kaum spürbar waren. Zwar war die Wirtschaftsabteilung als zentrale Planungsinstanz für die SBZ geschaffen worden und begann ab August 1947 einen Wirtschaftsplan für das nächste Jahr auszuarbeiten,[59] ihre Arbeit wurde jedoch sowohl seitens der Länder erschwert, die sie eher als Anhängsel der Zentralverwaltungen betrachteten, als auch durch diese selbst, die oft ihre Einzelinteressen über das gemeinsame Vorgehen im Rahmen der DWK stellten.[60]

---

56 Vgl. André Steiner, Die Deutsche Wirtschaftskommission – ein ordnungspolitisches Machtinstrument? In: Dierk Hoffmann/Hermann Wentker (Hg.), Das letzte Jahr der SBZ. Politische Weichenstellungen und Kontinuitäten im Prozess der Gründung der DDR, München 2000, S. 85–105, hier 87.
57 Vgl. Wolfgang Zank, Wirtschaftliche Zentralverwaltungen und Deutsche Wirtschaftskommission (DWK). In: Martin Broszat/Hermann Weber (Hg.), SBZ-Handbuch. Staatliche Verwaltungen, Parteien, gesellschaftliche Organisationen und ihre Führungskräfte in der Sowjetischen Besatzungszone Deutschlands 1945–1949, München 1990, S. 253–290, hier 262.
58 Erinnerungen Fritz Selbmann (SAPMO-BArch, SgY 30/1098/1, Bl. 112).
59 Vgl. Zank, Zentralverwaltungen, S. 262 f.
60 Vgl. Steiner, Wirtschaftskommission, S. 89.

Auf dem II. Parteitag der SED, der vom 20. bis zum 24. September 1947 stattfand, proklamierte Walter Ulbricht eine Reorganisation der Wirtschaftslenkung in der SBZ, deren wesentliches Merkmal in einer einheitlichen Wirtschaftsplanung bestehen sollte.[61] In der Folge bereiteten die deutschen Behörden die Umstrukturierung der Wirtschaft bereits vor, auch wenn die Sowjetunion diese Pläne erst nach dem Scheitern der Londoner Außenministerkonferenz Ende 1947 voll unterstützte. Einen entscheidenden Schritt auf dem Weg zu einer selbstständigen Regierung in der SBZ und somit letztlich der Gründung eines ostdeutschen Staates stellte der SMAD-Befehl 32 vom 12. Februar 1948 dar. Durch diesen wurden die Kompetenzen der DWK enorm erweitert. Sie wandelte sich von einer machtlosen Koordinierungsinstanz der Zentralverwaltungen zu der zentralen Wirtschaftsbehörde innerhalb der SBZ. Zum Vorsitzenden der DWK ernannte man den bisherigen Wirtschaftsminister von Brandenburg, Heinrich Rau. Als Stellvertreter wurden Leuschner für den Bereich Planung und Selbmann für den Bereich Industrie ernannt. Die SED hatte das Führungspersonal der DWK vorgeschlagen, und die SMAD die entsprechenden Personen eingesetzt, ohne dass eine Bestätigung durch die Länder stattfand. Die Phase einer wie auch immer gearteten demokratischen Mitbestimmung in der SBZ, die in den Jahren 1946/1947 zumindest nach außen suggeriert worden war, neigte sich endgültig dem Ende zu.

Mit der Berufung in das ständige Büro der DWK gelang Selbmann ein gewaltiger Karriereschritt. Durch die Ausschaltung der Zentralverwaltungen trug er auf deutscher Seite „die Verantwortung für die gesamte Industrie einschließlich der Brennstoffindustrie und Energiewirtschaft" in der SBZ.[62] Es scheint ihm in dieser Situation erheblich leichter gefallen zu sein, seine Stellung als „Wirtschafts-Zar" Sachsens aufzugeben, denn ihm war vermutlich bewusst, dass eine mit weitreichenden Vollmachten ausgestattete Zentralbehörde zwangsläufig zu einer Herabsetzung der Länderkompetenzen führen musste.[63]

Fazit

In den Jahren zwischen Kriegsende und Gründung der beiden deutschen Staaten war Selbmann zu einem der einflussreichsten deutschen Wirtschaftsfunktionäre der Sowjetischen Besatzungszone avanciert. Dies war zum einen seiner pragmatischen Art sowie auch der Tatsache geschuldet, im Notfall auf Konfrontationskurs mit der Besatzungsmacht oder sogar der eigenen Partei gegangen

---

61 Protokoll der Verhandlungen des II. Parteitages der Sozialistischen Einheitspartei Deutschlands. 20. bis 24. September 1947 in der Deutschen Staatsoper zu Berlin, Berlin (Ost) 1947, S. 324.
62 Erinnerungen Fritz Selbmann (SAPMO-BArch, SgY 30/1098/1, Bl. 133).
63 Vgl. Steiner, Wirtschaftskommission, S. 95.

zu sein. Zum anderen boten ihm die vor allem zu Beginn undurchschaubaren und zum Teil regelrecht chaotischen Machtverhältnisse in der SBZ, trotz der damit einhergehenden immensen Probleme, auch immer wieder die Möglichkeit, durch beherztes und überzeugtes Handeln die eigenen Vorstellungen in die politischen Entscheidungsprozesse einzubringen.

Die sächsische Wirtschaft erholte sich nach Kriegsende erstaunlich schnell. So kann man für 1946 bereits wieder ein Produktionsvolumen von 79 Prozent im Vergleich zur Vorkriegszeit konstatieren, einen höheren Wert als in allen anderen deutschen Regionen.[64] Dieses Wachstum gelang trotz der genannten Widrigkeiten von beginnender Wirtschaftsplanung, Veränderungen der Besitzverhältnisse und Eingriffen der Besatzungsmacht, zum Teil jedoch vielleicht sogar wegen dieser Maßnahmen, da die sowjetischen Behörden spätestens mit dem Scheitern der Londoner Außenministerkonferenz Ende 1947 die Priorität auf die Erweiterung der Wirtschaftsleistung legten, um auf diese Weise ihre Reparationen abschöpfen zu können.[65] Auch wenn der Aufschwung ab 1947 wieder abflaute, stellte die sächsische Wirtschaft weiterhin die industrielle Basis der SBZ dar und wurde ab 1949 als eine der wichtigsten Wirtschaftsregionen in die Strukturen der Zentralplanwirtschaft der DDR integriert.

64 Karlsch, Wirtschaftsgeschichte, S. 243.
65 Ebd., S. 244.

III.
Gesellschaft im Umbruch

Soziale Ressourcen? Wohnungsnot und Schwarzmarkt in Dresden 1942 bis 1948

Thomas Widera

Am 24. Januar 1943 notierte Victor Klemperer eine kurze, in dreifacher Hinsicht sehr aussagekräftige Begebenheit, die ihm Kurt Hirschel, ehrenamtlicher Vorsteher der Dresdner Jüdischen Gemeinde, berichtete: Die zwei Gestapo-Männer Johannes Clemens und Arno Weser, berüchtigt unter den wegen ihrer jüdischen Herkunft verfolgten Einwohnern Dresdens, seien bei ihm im Haus gewesen „auf Wohnungssuche für einen Standartenführer. Sie benahmen sich wie Tiere, prügelten unvermittelt auf ihn und Frau Hirschel ein, nahmen ein paar Streichhölzerschachteln und ein paar Papierservietten als verbotene Mangelware fort".[1]

Drangsalierung und Willkür der Gestapo gehörten nicht allein zum Alltag Klemperers oder Hirschels und anderer Verfolgter. Der Romanist protokollierte, exemplarisch für die jüdischen Dresdner, die für jedermann geltenden schrankenlosen Befugnisse nationalsozialistischer Schergen. In welchem Ausmaß aber der jahrelange Terror sein Alltagsleben überschattete, geht aus der Eintragung vom 11. Juni 1942 hervor. Damals registrierte er anlässlich der vierten Durchsuchung innerhalb von zwei Wochen eine „weitere Verschlimmerung" der eigenen Lage. Rosenbergs Buch „Mythos des 20. Jahrhunderts" sei ihm zum Verhängnis geworden: „Das vorige Mal, bei einem etwas höheren Beamten, hatten Buch und Notizen kaum Widerspruch erregt. Diesmal wurde mir diese Lektüre als furchtbares Verbrechen angerechnet. Das Buch wurde mir auf den Schädel gehauen, ich wurde geohrfeigt und angespuckt." Nach erneuten Ohrfeigen und Tritten zog Klemperers Frau Eva die Drohungen der Gestapo-Männer auf sich, weil sie sagte, sie habe das Buch ausgeliehen. Zwar erfolgten gegen seine „arische" Ehefrau „keine Tätlichkeiten. Nur wurde unter heftigsten Drohungen darauf gedrungen, „das Buch abzugeben und uns nicht zu unterstehen, weiter eine Leihbibliothek zu benutzen. [...] Die Bilanz dieser

---

[1] Victor Klemperer, Tagebücher 1943. Hg. von Walter Nowojski unter Mitarbeit von Hadwig Klemperer, Berlin 1999, S. 18; zu Clemens und Weser vgl. Wolfgang Kraushaar, Karriere eines Boxers. Johannes Clemens: Vom Dresdner Gestapo-Schläger zum Doppelagenten des KGB im BND. In: Hannes Heer (Hg.), Im Herzen der Finsternis. Victor Klemperer als Chronist der NS-Zeit, Berlin 1997, S. 152–169.

gestrigen Haussuchung für uns: Es fehlte alles Brot, ein unangerissener Zweipfünder, ein Pack Streichhölzer, alle Seife im Badezimmer, fast aller Zucker, ein Fünfmarkschein aus der Brieftasche. Jämmerlich! Aber die eigentlich irreparable Schädigung besteht doch im Fortfall der Leihbibliothek." Verständlicherweise bekümmerte den 1935 seines Amtes enthobenen Wissenschaftler die Einschränkung seiner Arbeitsmöglichkeiten zutiefst. Indessen traf die eigentliche Katastrophe, wie er schrieb, gar nicht ihn, sondern eine ältere Mitbewohnerin des „Judenhauses" in der Caspar-David-Friedrich-Straße 15b. Sie unternahm in der folgenden Nacht einen Suizidversuch, weil sie befürchtete, deportiert und umgebracht zu werden[2] – ein Fall unter vielen.

Als wesentliche Bedingungsfaktoren für Holocaust, Euthanasie und Völkermord hat die historische Forschung zum Nationalsozialismus den Mangel an Anteilnahme in der deutschen Gesellschaft mit den Opfern des Terrors und fehlende Empathie von Angehörigen und Nachbarn herausgearbeitet. Eigene Bedrängnis verstärkte die Konzentration auf den familiären Nahbereich. Alle fühlten sich von zweierlei Gefahren bedroht, von jenen, die von der nationalsozialistischen Gewaltherrschaft ausgingen, und von denen des Krieges; jeder versuchte, im Rahmen des Erreichbaren für sich und seine Angehörigen zu sorgen. Die Kriegsumstände verstärkten die Ichbezogenheit: „Der Krieg selbst fragmentierte die deutsche Gesellschaft zunehmend, riss die Familien auseinander, verengte die Aufmerksamkeit täglich stärker auf die gesunden Familienmitglieder – die Kinder, die Verwandten in den bombardierten Städten, die Ehemänner und Söhne an den Fronten."[3] Der Krieg bildete den Referenzrahmen der persönlichen Bedrohungslagen. Mit den Erfordernissen des Krieges argumentierten auch die Nationalsozialisten, wenn sie Straftatbestände verschärften, das Strafmaß der Gesetze voll ausschöpften und durch Willkür das Justizsystem unterminierten.

Aus dieser Perspektive thematisiert der folgende Beitrag die Knappheit an Wohnraum und Bedarfsgütern im Alltag von Dresdnern exemplarisch an einigen Facetten des Problemkomplexes. Gefragt wird nach Veränderungen in der Wahrnehmung und im realen Geschehen, nach Kontinuitäten und Zäsuren während der Endphase des Zweiten Weltkrieges und in den ersten Nachkriegsjahren. Welche Auswirkungen hatten kriegsbedingte Verknappungen, Angst und Unruhe um die eigene Existenz, der erhöhte Aufwand an Sorge und Zuwendung für die nächsten Angehörigen? Wie wurden bei eigenen Beschränkungen die Not und die Bedrohung anderer wahrgenommen? Menschen sind nicht verantwortlich für den historisch gesetzten Rahmen ihres Lebens. Doch sie gestalten mit ihrem Handeln die konkreten Lebensbedingungen. Dafür tragen sie Verantwortung.

---

2   Klemperer, Tagebücher 1942, S. 119–124.
3   Götz Aly, Die Belasteten. „Euthanasie" 1939–1945. Eine Gesellschaftsgeschichte, 2. Auflage Frankfurt a. M. 2013, S. 285.

Wohnungsnot

Als Verfolgter erfuhr Klemperer die unberechenbare Brutalität der Gestapo, die jeden treffen konnte. Weiterhin registrierte er den Mangel an Gebrauchsgegenständen und Nahrungsmitteln des Alltags, den er infolge der antisemitischen Anordnungen früher und stärker verspürte. Das bei Kriegsbeginn geschaffene Ernährungs- und Wirtschaftsamt verschleierte mit Verteilungsmaßnahmen die Engpässe, ohne sie zu verhindern.[4] Drittens finden sich in den Tagebüchern Hinweise auf die allgemeine Wohnsituation und die generell beengten Wohnverhältnisse in Dresden, wo Gefolgsleute des Regimes gleich anderen unzureichend versorgt waren. Mangelphänomene wie das Fehlen von Wohnraum und Verbrauchsgütern in einer Diktatur bringen ein historisches Quellenproblem mit sich: Knappheit durfte nur in ideologisch zielgerichteter oder beschönigender Form ausgedrückt, Entbehrung nicht mit dem Leben in der Diktatur assoziiert werden.

Aus diesem Grund ist die Chronik Klemperers unschätzbar: Wie alle Tagebücher zwar in einer individuellen Sicht und Absicht verfasst, sind sie eine Quelle ohnegleichen. Die Beschreibungen Klemperers spiegeln nicht nur die Lebens- und Wohnumstände der jüdischen, sondern vieler Einwohner Dresdens lange vor den massiven Zerstörungen im Februar 1945. Nach dem neuerlichen erzwungenen Umzug von der Caspar-David-Straße im Dresdner Stadtteil Strehlen in das „zweite Judenhaus" Lothringer Weg 2 skizzierte er am 4. September 1942 die Villa in Dresden-Blasewitz: „Doppelter Gegensatz zum Strehlener Haus: Dort entschieden moderne und kleinbürgerliche Siedlung, vorgetäuschte armselige Eleganz bei durchaus moderner Einrichtung und Bauart. Hier durchweg Stil und Geschmack, [...] gediegene Eleganz der grands bourgois, in unserm Fall verfallende Eleganz. Ein Riesenkasten in unübersichtlicher und unruhiger Form [...] überall aus Blech Zierrataufsätze (Kugeln und Nadeln), die an Pagoden erinnern, von Pillnitz her versprengte Keime der Chinoiserie, Erker, eine Riesenveranda, ein winzigster Balkon, [...] innen Üppigkeit und Unruhe. Eine riesige viereckige Mittelhalle bis zum Dach, zweigeschossig. Das Untergeschoss überhoch, das zweite niedriger, und noch niedriger wirkend durch die schwere dunkelbraune Holzdecke [...]. Die Zimmer des Hauses münden nur zum Teil unmittelbar auf die Halle. Das Versteckspiel der zweiten Wand; da und dort ist die Innenmauer der Halle von ein paar Stufen durchbrochen; sie führen auf einen Gang, und erst an diesem Gang liegen Innenräume. Solche zwei korridorisolierten Innenräume haben wir im ersten Stock. Sie wirken ein bisschen düster, die dunkle Balkendecke lastet, die dunkle Holztäfelung zieht sich hoch hinauf [...]. Aber man sieht auf hohe Bäume und in das Grün des

---

4 Gisela Hoppe, Die Dresdner Stadtverwaltung in der Zeit des Nationalsozialismus 1933 bis Mai 1945. In: Dresdner Geschichtsbuch, 9 (2003), S. 164–194.

anderen Elbufers und auf die Albrechtsschlösser [...]. Ein schwerer Nachteil für uns ist die Küche im Keller, die eigentlich und ursprünglich gar keine wirkliche Küche ist: Das Wasser muss man aus der Waschküche holen."[5]

Klemperer beschrieb einen für die Zeit am und nach dem Ende des Krieges charakteristischen Wohnzustand. Er und seine Frau bildeten mit 18 weiteren Bewohnern des Hauses, mit denen sie diese Küche im Keller teilten, eine Art Wohngemeinschaft. Grundsätzlich unterschied sich das nicht von der Wohnsituation anderer Menschen, in der Großstadt war der Bedarf an Wohnraum weitaus größer als der Bestand. Unabgeschlossene Wohnungen in ursprünglich für andere, meist großbürgerliche Wohn- und Repräsentationszwecke errichteten Häusern waren nicht selten. 1936 fehlten 5 000 Wohnungen. Daran, dass Familien entweder keine eigene Bleibe fanden oder in beengten Wohnungen leben mussten, änderte sich wenig. In der „Denkschrift des Rassenpolitischen Amtes bei der Gauleitung Sachsen der NSDAP" von 1940, die der Weimarer Republik die verfehlte Wohnraumpolitik anlastete, wurde offenkundig, dass die Nationalsozialisten das Problem nicht gelöst hatten und mit dem begonnenen Krieg weiter verschärften. Eine Lösung für die erforderliche Aufnahme von Ausgebombten und Flüchtlingen gab es nicht. Die 1934 von Oberbürgermeister Ernst Zörner beim Wohlfahrtsamt der Stadt eingerichtete Wohnungs- und Wohnungstauschstelle, zweifellos eine wichtige Neuerung, konnte ohne Wohnungsbauprogramm keine wirksame Abhilfe schaffen. Sie verwaltete lediglich den Mangel. Wohnungsbaugesellschaften versuchten, jüdische Mitglieder auszuschließen und aus bestehenden Mietverhältnissen herauszuklagen. Noch vor Beginn des Zweiten Weltkrieges gelang es den Nationalsozialisten, unterstützt von der Justiz, Wohnraum für ihre Anhänger vorerst durch Ghettoisierung, später durch Deportation zu beschaffen. Bei den Gerichten setzte sich die Auffassung durch, dass eine Hausgemeinschaft mit jüdischen Mietern Deutschen unzumutbar sei. Eine Kündigungswelle verlagerte diesen Teil der Wohnungsprobleme auf die Jüdische Gemeinde. Nach dem Pogrom 1938 ordnete eine Führerweisung an, die Zusammenlegung der Juden zu organisieren. Bis April 1940 mussten die jüdischen Einwohner Dresdens ihre Wohnungen räumen und in eines der dafür vorgesehenen Häuser einziehen. Klemperers verloren ihr kleines Haus in Dölzschen. Seit Beginn der Deportationen in Dresden im Januar 1942 wurde die Zahl der sogenannten Judenhäuser systematisch verringert, bis im Januar 1945 von den ehemals mehr als 30 Häusern acht übrigblieben.[6]

---

5 Klemperer, Tagebücher 1942, S. 230 ff.
6 Marcus Gryglewski, Zur Geschichte der nationalsozialistischen Judenverfolgung in Dresden 1933–1945. In: Norbert Haase/Stefi Jersch-Wenzel/Hermann Simon (Hg.), Die Erinnerung hat ein Gesicht. Fotografien und Dokumente zur nationalsozialistischen Judenverfolgung in Dresden 1933–1945. Bearb. von Marcus Gryglewski, Leipzig 1998, S. 87–150, hier 108–113 und 164.

Nach dem Ausschluss der jüdischen Einwohner durch Ghettoisierung und Verschleppung suchten die Nationalsozialisten nach weiteren Möglichkeiten, um von der Untätigkeit der Behörden abzulenken. Eine Verordnung zur Wohnraumlenkung vom 27. Februar 1943 wies die Meldepflicht für Inhaber von Doppelwohnungen einschließlich der im Haushalt lebenden Familienangehörigen sowie für Einzelpersonen mit selbständigen Wohnungen an. Die Erfassung von Wohnraum bezweckte die intensivere Nutzung und Auslastung vorhandener Kapazitäten. Die Behörden erhofften davon und durch die Belegung ungenutzter Gewerberäume eine bessere Versorgung von Kriegshinterbliebenen und kinderreichen Familien.[7] 1944 wurde der gesamte Komplex neu geregelt. Mit Wirkung vom 1. Mai löste der Oberbürgermeister die Abteilung im Dresdner Rathaus auf und übertrug die Wohnraumlenkung dem Reichsbund der Haus- und Grundbesitzer. Neben dem Antragswesen, der Erfassung und der Vergabe von Wohnungen entschied dieser vor allem über die Anerkennung der Ansprüche von Familien. Diese Verlagerung der Kompetenzen von den Behörden auf den Reichsbund zielte auf die Befugnis zur Erteilung von Genehmigungen: Die Ortsgruppen der NSDAP erhielten den Auftrag zur Entgegennahme sämtlicher Wohnungsanträge. Vertraut mit den lokalen Gegebenheiten, sollten sie „Ermittlungen durchführen, die für die Anerkennung als bevorrechtigter oder begünstigter Wohnungssuchender oder für die Ablehnung erforderlich" waren.[8] Wohnraumlenkung als bis dahin staatliche Aufgabe wurde durch das System aus Patronage und Klientel der NSDAP ersetzt. Darin zeigt sich, in welchem Umfang eine Mitgliedschaft in der Partei und ihren Organisationen, soziale Vernetzung, Prestige und Leumund des Einzelnen über seine Einbindung in die „Volksgemeinschaft" und seine Lebenschancen entschieden.[9]

Im Dezember 1943 endeten die vergleichsweise ruhigen Monate der Klemperers in Blasewitz. Sie mussten erneut umziehen – längst war das im November 1942 eingerichtete „Judenlager Hellerberg" aufgelöst und die Mehrzahl der dort eingepferchten jüdischen Rüstungsarbeiter deportiert worden. Im jüdischen Gemeindehaus Zeughausstraße 1 direkt im Zentrum von Dresden erlebten sie beklemmende Enge und schlimmste „Promiskuität. An eine Diele stoßen die Türen dreier Ménages: Cohns, Stühlers, wir. Badezimmer und Klo gemeinsam. Küche gemeinsam mit Stühlers, nur halb getrennt – eine Wasserstelle für alle drei –, ein kleiner anstoßender Küchenraum für Cohns. Zwischen Cohns

---

[7] Wonach die Wohnungsmeldebogen fragen. In: Der Freiheitskampf vom 3.4.1943, S. 4. Für die Recherche in der Tageszeitung der NSDAP für den Gau Sachsen danke ich Manja Preissler, Christiane Steigel und Thomas Bussemer, die am HAIT das Projekt zur Erschließung des „Freiheitskampfes" bearbeiten.
[8] Die Wohnraumlenkung neu geregelt. In: Der Freiheitskampf vom 30.4.1944, S. 4.
[9] Armin Nolzen, Inklusion und Exklusion im „Dritten Reich". Das Beispiel der NSDAP. In: Frank Bajohr/Michael Wildt (Hg.), Volksgemeinschaft. Neue Forschungen zur Gesellschaft des Nationalsozialismus, Frankfurt a. M. 2009, S. 60–77.

und Stühlers starke Spannung [...]. Unser Schlafzimmer, grabeskalt und noch unbenutzbar, ist vom Vorderzimmer getrennt durch Diele, Küche und kleinen Abstellraum. Auch das ergibt Durcheinanderwusseln."[10] Die in den Wohnungen fehlende Privatsphäre der unterschiedlichen, unter beengten Verhältnissen lebenden Personen ergab vielfache Anlässe für Gereiztheit und fortwährende Auseinandersetzungen, oftmals um nichtigste Alltagsdinge.[11]

Neben privat untergebrachten kriegsgeschädigten Verwandten aus bombardierten Großstädten lebten in Sachsen vor Ende 1943 etwa 64 000 von den Behörden aus dem Westen des Deutschen Reiches evakuierte Einquartierte in fremden Haushalten, zumeist Frauen und Kinder. Sie glaubten sich hier in der lange Zeit außerhalb der Reichweite alliierter Bomber gelegenen Region sicher. Das änderte sich grundlegend mit den 140 000 Obdachlosen nach dem ersten schweren Angriff auf Leipzig am 4. Dezember 1943.[12] Die Erfahrung kriegsbedingter Folgen von Zerstörung und Flucht verstetigte sich für die davon betroffenen Menschen in der Beengtheit dauerhaft überbelegter Wohnungen.

Anstelle einer auf die Zeit nach Kriegsende verschobenen planvollen Errichtung neuer Wohnquartiere setzte die NSDAP-Führung mit der Aufstellung von „Behelfsheimen" auf die Entlastung staatlicher Systeme.[13] Das „Deutsche Wohnungshilfswerk", so die offizielle Bezeichnung, ging auf einen Führererlass zurück. Die Ankündigung des sächsischen Gauleiters Martin Mutschmann am 20. Februar 1944 suggerierte ein Wohnungshilfswerk der öffentlichen Hand, bei dem es sich in der Praxis um die Mobilisierung der Selbst- und Gemeinschaftshilfe freiwilliger Kräfte handelte. „Luftkriegsbetroffene [...] legen selbst Hand an, um ihrer Familie wieder ein eigenes Dach über dem Kopf zu schaffen." Der Gauleiter appellierte an die sächsischen „Volksgenossen", alle Mittel und Wege zur Errichtung Tausender „Behelfsheime" auszuschöpfen. Freiwillige sollten helfen, die Behörden Unterstützung gewähren.[14] Dies geschah etwa in Form einer von der Deutschen Arbeitsfront (DAF) herausgegebenen „Behelfsheimfibel", die Kenntnisse über handwerkliche Fertigkeiten vermittelte. Die DAF ließ Kurse durchführen, bei denen in vier Doppelstunden die notwendigsten praktischen Handgriffe zu erlernen seien.[15]

---

10 Klemperer, Tagebücher 1943, S. 161.
11 Vgl. Dietmar Süß, Der Kampf um die „Moral" im Bunker. Deutschland, Großbritannien und der Luftkrieg. In: Bajohr/Wildt, Volksgemeinschaft, S. 124–143, hier 134.
12 Rainer Behring, Das Kriegsende in Sachsen. In: Clemens Vollnhals (Hg.), Sachsen in der NS-Zeit, Leipzig 2002, S. 224–238, hier 225.
13 Zur Diskussion um den Behelfsheimbau, zu den Kompetenzstreitigkeiten der Instanzen und der ineffizienten Wohnungspolitik vgl. Tilman Harlander, Zwischen Heimstätte und Wohnmaschine. Wohnungsbau und Wohnungspolitik in der Zeit des Nationalsozialismus, Basel 1995, S. 261–289.
14 Das Wohnungshilfswerk läuft an. In: Der Freiheitskampf vom 20.2.1944, S. 1.
15 Selbsthilfe beim Behelfsheim erforderlich. In: Der Freiheitskampf vom 29.9.1944, S. 3.

Auf städtischem Brachland und nicht erschlossenen Grundstücken entstanden Wohnbaracken in einfachster Ausstattung. Die in Holzbauweise oder mit Fertigbetonteilen errichteten Typenbauten enthielten einen Wohnraum mit Herd und ein Schlafzimmer. Wasser- und Elektrizitätsanschluss gab es in der Regel nicht. „Schmucke Möbel, die teilweise fertig gekauft, teilweise in Gemeinschaftsarbeit selbst hergestellt worden sind, geben die Vorstellung, dass sich die Volksgenossen hier einigermaßen wohlfühlen können." Mehr wurde über die Einrichtung nicht gesagt, Angaben über die Größe der Räume fehlten. Die zusätzlich errichteten kleinen Ställe und Schuppen deuteten auf das wachsende Gewicht der Eigenversorgung im urbanen Raum. Die Latrine auf dem 300 Quadratmeter (Normalgröße) umfassenden Grundstück sowie gemeinsame Wasserzapfstellen und ein Bunker für alle Bewohner der Kleinsiedlung ergänzten die sparsame Ausstattung. Unklar blieb die Aufteilung des Wohnraumes, da für eine siebenköpfige Familie vier Räume von offenbar gleicher Größe vorgesehen waren. Trotz der vorsichtigen Suche nach den treffenden Worten bei der Präsentation dieser ersten in Sachsen fertiggestellten Baracken – das Stück Gartenland wurde als zusätzliches „grünes Zimmer" bezeichnet – trat die Kargheit offen zutage: Eine „eigene Kochgelegenheit" im Behelfsheim, das nur entfernt an das einstige Ideal der nationalsozialistischen Siedlungspropaganda erinnerte.[16]

Eine Woche nach dem ersten Bombenangriff auf Dresden im Oktober 1944 konnte der aufmerksame Leser eines Aufrufs von Gauleiter Mutschmann bereits Rückschlüsse auf bevorstehende Belastungen und die Unzulänglichkeit der Hilfen durch das Regime, mehr noch auf die Kriegslage und die wachsende Unzufriedenheit ziehen. Seine Aufforderung, in Anbetracht des bevorstehenden Winters enger zusammenzurücken, beinhaltete das Eingeständnis, dass die Ausweichquartiere nicht ausreichten. Mutschmann appellierte, die „auftretenden Schwierigkeiten im gegenseitigen Verständnis zu überwinden".[17] Inzwischen hatten die Truppen der Roten Armee im Osten die Grenzen des Deutschen Reiches überschritten und weitere Fluchtbewegungen ausgelöst. Insgesamt gingen bis zu 14 Millionen Deutsche auf die Flucht und bis zu 10 Millionen Menschen flohen aus den Städten im Deutschen Reich aus Furcht vor Bombenangriffen.[18] Die Wohnungsnot verschärfte sich überall. Auf viele Jahre würde Wohnen in Deutschland sehr beengt sein und der soziale Wohnungsbau zu den vordringlichsten Aufgaben der Politik gehören.

---

16 Glücklich wieder in eigenen vier Wänden. In: Der Freiheitskampf vom 16.7.1944, S. 3; vgl. Harlander, Zwischen Heimstätte und Wohnmaschine, S. 66–86.
17 Stellt Wohnraum her! In: Der Freiheitskampf vom 14./15.10.1944, S. 3.
18 Jochen Oltmer, Globale Migration. Geschichte und Gegenwart, München 2012, S. 102 f.

Schwarzmarkt

In beiläufigen Randnotizen der Printmedien wie der Aufforderung, die „nutzlosen Fahrten" mit dem Fahrrad zu unterlassen, um „Räder, Decken und Schläuche" zu schonen,[19] fanden Indikatoren des Mangels Platz. Von durchgängigen Entbehrungen kann dabei allerdings nicht gesprochen werden. So war die Versorgung mit Grundnahrungsmitteln vergleichsweise gut und die Begegnung mit dem Schwarzmarkt für die meisten Menschen noch eine Ausnahme. Allgemein gehörten Genussmittel wie Schokolade, Tabakwaren, Alkohol und Kaffee oder ausgesuchte Stoffe für ein neues Kleidungsstück zu gefragten Tauschartikeln.[20] Aktive Tauschnetzwerke existierten, die überwiegende Zahl ihrer Teilnehmer trat jedoch sporadisch auf, um einen gelegentlichen Bedarf zu decken. Angesichts dieser Umstände nicht bedrohliche und nur hinsichtlich der Beschaffungskriminalität reelle Probleme erhalten in der Diktatur eine grundsätzliche Bedeutung: Phänomene des Mangels können eine Infragestellung illegitimer Herrschaftsansprüche bewirken.

Das städtische Ernährungs- und Wirtschaftsamt war zuständig für die Verteilung aller Lebens- und Futtermittel vom Großhandel bis zum Endverbraucher, für die Feststellung des Bedarfs an Waren und Gütern, für die Ausgabe der Bezugskarten sowie für deren ordnungsgemäße Abrechnung. Die Einwohner erhielten zunächst Bezugsscheine, später Punktkarten für Textilien und Schuhe. Bald begann die Einteilung der Bevölkerung in die verschiedenen Gruppen für den Bezug von Lebensmittelkarten: Schwerstarbeiter, Schwerarbeiter, Normalverbraucher, werdende und stillende Mütter, Kleinstkinder, – unterversorgt waren die ausländischen Zivil- und Zwangsarbeiter sowie die Kriegsgefangenen. Die aufgeblähte Bürokratie führte zu Reibungsverlusten. Ständig mussten die Verordnungen den sich wandelnden Bedingungen angepasst werden. Mit Dauer des Krieges folgten ungezählte weitere Einschränkungen. So erhielten ab Dezember 1943 nur noch Männer ab 18 Jahren und Frauen ab 25 Jahren bis zum vollendeten 55. Lebensjahr eine Raucherkarte, damit wurden ältere und jüngere Frauen wie zuvor schon die jüdischen Bürger ausgeschlossen. Die von den Behörden eingerichtete „Gebrauchtwaren-Austauschstelle" konnte die zahllosen Lücken zwischen Angebot und Nachfrage nicht schließen.[21] An Dinge, die nicht offiziell zur Verfügung standen, musste man anderweitig gelangen.

„Marktplätze" für illegalen Handel etablierten sich während der Kriegsjahre an bekannten Treffpunkten des städtischen Alltags, an häufig frequentierten Verkehrsknotenpunkten, in Kneipen und Cafés oder am Rand der regelmäßi-

---

19 Fahrräder schonen! In: Der Freiheitskampf vom 14./15.10.1944, S. 3.
20 Vgl. Malte Zierenberg, Stadt der Schieber. Der Berliner Schwarzmarkt 1939–1950, Göttingen 2008, S. 162.
21 Hoppe, Dresdner Stadtverwaltung, S. 186 und 193.

gen Wochenmärkte und des legalen Handels. Als regelmäßige Schwarzhändler betätigten sich vielfach Menschen mit einem beruflichen Zugang zu Waren, von denen sie einen Teil entgegen den Bewirtschaftungsvorschriften weiterveräußerten. Andere tauschten eigene Besitz- und Wertgegenstände oder beschafften die Tauschobjekte durch Einbruch, Diebstahl und Hehlerei. Prinzipiell kriminalisierten Kriegswirtschafts- und Volksschädlingsverordnung alle über den privaten Bedarf hinausgehenden Tauschgeschäfte und belegten sie mit hohen Strafen. Der Schiebervorwurf konnte jeden treffen. Maßnahmen, die eigentlich den illegalen Handel reduzieren sollten, erreichten lediglich dessen Verlagerung. Häufig entstanden Schwarzmärkte in Wohnungen, zu denen allein Eingeweihte und eingeführte Personen Zutritt erhielten. Vertrauen bildete eine unerlässliche Geschäftsbasis. Tauschbeziehungen im Familien- und Freundeskreis oder den Handel von Waren gegen Dienstleistungen deklarierten die Beteiligten als Gefälligkeiten, Sex inbegriffen. Viele tauschten persönliche Habe – Wertgegenstände, Wäsche, Geschirr und anderes – und nicht Sachen, die beschafft werden mussten. Schneiderinnen fertigten Kleidungsstücke und erhielten als Gegenleistung Fleisch, Bäcker streckten Mehlvorräte und bestellten sich von Kunden für das nicht auf die Ration angerechnete Brot Waren. Die Rollen der Anbieter und der Abnehmer variierten, Preise entstanden durch Angebot und Nachfrage und Abwägung der Geschäftsrisiken. Gerichte indessen legten unterschiedliche und willkürliche Maßstäbe bei der Aburteilung der mehrheitlich männlichen Delinquenten an.[22]

Ein Fall enger Verflechtung der Lebens- und Wohnbedingungen mit dem Schwarzmarkt zeigte sich bei den Anfang Dezember 1942 vom Sondergericht Dresden[23] verurteilten Angeklagten Karl Johannes Wöhlermann, Irmgard Kießling und Oskar Loos. Wöhlermann habe sich „unter Ausnutzung der Kriegsverhältnisse als gemeingefährlicher Kofferdieb" betätigt, die Mitangeklagten als Hehler. Über 20 Koffer und deren Inhalt seien in ihren Wohnungen in Leipzig und in Dresden gefunden worden.[24] Diese dienten als Zwischenlager für den anschließend weiterveräußerten Kofferinhalt und für die längerfristige Aufbewahrung nichtverkäuflicher Gegenstände und Kleidungsstücke, ohne sie hätten die Diebstähle schwerlich so lange unentdeckt bleiben können. Vom Tag der Verhaftung bis zum Urteil verging fast ein Jahr – Indiz für die akribischen Ermittlungen. Die Staatsanwaltschaft vermutete möglicherweise in dem Trio den Kern eines weitreichenden Hehler- und Schwarzmarktnetzwerkes, ohne allerdings strafrelevante Verbindungen nachweisen zu können. Gegen alle drei

---

22 Vgl. Zierenberg, Stadt der Schieber, S. 85–123.
23 Vgl. Manfred Zeidler, Gegen „Volksschädlinge", „Wehrkraftzersetzer" und „Hochverräter". Das Sondergericht Dresden und der Volksgerichtshof am Münchner Platz 1940–1945, Leipzig 2001, S. 46–68. Für Hinweise auf die drei ausgewählten Vorgänge und für Unterstützung bei der Recherche danke ich Birgit Sack und Gerald Hacke, beide Gedenkstätte Münchner Platz, Dresden.
24 Todesstrafe für Kofferdieb. In: Der Freiheitskampf vom 3.12.1942, S. 4.

Personen erhob das Gericht den Vorwurf „Volksschädling" und urteilte unter Bezug auf die kriegsbedingten Verhältnisse. Den Hauptangeklagten Wöhlermann qualifizierte das Gericht aufgrund seiner Vorstrafen als gefährlichen Gewohnheitsverbrecher und verhängte die Todesstrafe. Kießling und Loos wurden wegen Hehlerei zu acht und zu zwei Jahren Zuchthaus verurteilt.[25]

Die beiden Arbeiter Bohuslav Rys und Josef Štěpán aus dem sogenannten Protektorat verurteilte das Sondergericht Dresden am 25. März 1943 ebenfalls als vorsätzlich handelnde „Volksschädlinge" zum Tod durch die Fallschwertmaschine. Sie waren 1940 auf Arbeitssuche nach Dresden gekommen. Štěpán arbeitete in der Druckerei der NS-Tageszeitung „Der Freiheitskampf", wo er unter anderem Lebensmittelmarken druckte. Einige Druckbögen brachte er an sich, verwendete die Marken für den Eigenbedarf oder veräußerte sie. Beide stellten Tauschbeziehungen zu anderen Arbeitern her. Die Geschäfte mit Lebensmitteln und sonstigen bezugsscheinpflichtigen Waren wickelten sie in Gaststätten ab. Neben Geld waren Lebensmittelmarken und Zigaretten Tauschäquivalente.[26] Den Fall eines anderen Arbeiters mit deutscher Staatsangehörigkeit, der ab November 1942 Markenabschnitte nachdruckte und umsetzte, beurteilte das Gericht Anfang 1944 mit vier Jahren Zuchthaus deutlich milder.[27]

Der Prozess gegen ein Ehepaar mit einem kleinen Lebensmittelgeschäft fokussierte die Grauzone der Bewirtschaftungsvorschriften und Versorgungsengpässe. Bernhard Mühlbach führte mit seiner Frau Meta einen Handel mit Obst und Gemüse. Bei der Festnahme der Eheleute im Februar 1943 wurden Mühlbach Schiebergeschäfte mit zweifelhaften Personen angelastet, die er unter dem Deckmantel seines Geschäftes betrieben habe. Doch die ermittelten Fakten waren dürftig: Viele der Tauschpartner Mühlbachs konnten nicht benannt werden. Die im Verlauf der Jahre an der Bewirtschaftungsbürokratie vorbei verschobenen Waren ergaben in der Summe keine nennenswerte Größenordnung. Es handelte sich um kleine Warenposten oder um geschäftsübliche Mengen, die Strafwürdigkeit resultierte aus den nationalsozialistischen Bewirtschaftungsverordnungen. Gleiches galt für die Tauschgeschäfte seiner Frau. Beide konnten erforderliche Bezugsnachweise nicht vorlegen, beim Weiterverkauf umgingen sie gleichfalls die Nachweispflicht. Sie waren ein Segment in einem weitaus größeren Schwarzmarktnetzwerk, ein offensichtlich sehr kleines Segment – deswegen die Nachlässigkeit und Kürze der Ermittlungen. Das Strafmaß war unangemessen: Der Mann wurde am 29. Juni 1943 in Dresden hingerichtet. Mit dem Einzug des Vermögens vernichtete das Gericht überdies

---

25 Josefine Noack, Ausgewählte Verfahren vor dem Sondergericht Dresden wegen Verstoßes gegen die Volksschädlingsverordnung 1940–1945, Seminararbeit Universität Leipzig 2010, S. 34–38.
26 Urteil gegen Bohuslav Rys und Josef Štěpán, Sondergericht I Landgericht Dresden, Sitzung am 25.3.1943 (BArch Berlin, R 3001/ IVg 24/ 1207/43, Bl. 17–25).
27 Noack, Verfahren vor dem Sondergericht Dresden, S. 47 f.

die Existenzgrundlage seiner Frau, der eine Zuchthausstrafe von einem Jahr und sechs Monaten sowie eine Geldstrafe von 2 000 Reichsmark auferlegt wurden.[28] Die Presse veröffentlichte diese und zahlreiche andere Urteile zum Zweck der Abschreckung.

Härte und Willkür der nationalsozialistischen Justiz bei der Eindämmung des Schwarzmarkts, Folgen der beabsichtigten Abschreckung und zugleich Ausdruck behördlicher Inkompetenz, sollten der sogenannten Heimatfront die Funktionsfähigkeit der öffentlichen Ordnung demonstrieren. Das Gegenstück zur unnachsichtigen Verfolgung von Tauschbeziehungen und Beschaffungskriminalität innerhalb des Reichsgebietes war die straffrei organisierte Ausplünderung der im Kriegsverlauf eroberten Territorien. Diese vorschriftsmäßig geordnete Variante eines massenhaften kriminellen Warentransfers fand staatlich geregelt und legal statt: die Beschaffung von Waren aus den besetzten Gebieten durch Soldaten und Offiziere der Wehrmacht unterhalb der Schwelle der von den Besatzungsbehörden in noch größerem Ausmaß betriebenen Aneignung der fremden Ressourcen.[29] Obwohl Postsendungen einer Beschränkung unterlagen und für die Gepäckmitnahme bei Urlaubsfahrten Höchstmengen galten, gelangten Waren in beträchtlicher Größenordnung als Geschenke nach Hause oder unmittelbar auf den Schwarzmarkt.[30] Infolge dieser alltäglichen Massenkriminalität im Kriegsgebiet verschoben sich, flankiert von einer rechtfertigenden Propaganda, persönliche Wertmaßstäbe für verantwortliches Handeln. Involviert in die Bereicherung erodierten bei den Beteiligten Vorstellungen von Gerechtigkeit. Eine Thematisierung dieser Begleitumstände des Krieges fand nicht statt. Umso weniger stellte sich die Frage der moralischen Verurteilung staatlicher Verbrechen.

Gefolgschaftstreue und Erinnerungsbrüche

Hätten die Menschen, ohne sich zu gefährden, auf Distanz gehen und vom Regime abrücken können? Nach dem misslungenen Attentat auf Hitler am 20. Juli 1944 ließen sich in Dresden Teile der Bevölkerung für die Treuekundgebung am Königsufer mobilisieren. Mochte gleichwohl die NSDAP den Aufmarsch organisiert und vorbereitet haben, die Wirkung des Massenaufgebots beeinträchtigte das nicht. Superlative verdeckten zwar die tatsächliche Zahl der Teilnehmer, dagegen deutete nichts auf eine nachlassende Bereitwilligkeit der Dresdner

---

28 Urteil gegen Bernhard Mühlbach und dessen Ehefrau Meta, Sondergericht II Landgericht Dresden, Sitzung am 28.5.1943 (StA Leipzig, 20036 Zuchthaus Waldheim 9461, Bl. 2-10).
29 Vgl. Götz Aly, Hitlers Volksstaat. Raub, Rassenkrieg und nationaler Sozialismus, durchgesehene und erweiterte Ausgabe Frankfurt a. M. 2006, S. 114-206.
30 Vgl. Zierenberg, Berliner Schwarzmarkt, S. 144-151.

hin, den Nationalsozialisten in den Untergang zu folgen.[31] Vielleicht rückte der von der Presse kaum erwähnte Bombenangriff auf die Stadt im Oktober 1944 die nahende Katastrophe des Krieges manchen schärfer ins Bewusstsein, den Gehorsam beeinträchtigte das nicht. Sogar nach dem Eintreten der Katastrophe waren sie „keineswegs defätistisch oder gar rebellisch", sondern ließen sich „fraglos weiterschlachten", wie Klemperer festhielt.[32] Die Vereidigung des Volkssturms am 5. November 1944 bildete den Anlass für die letzte von der NSDAP in Dresden inszenierte Großkundgebung. Mit erkennbarem Wunsch, die Leser würden dem Rausch der Zahlen mehr Glauben schenken als der nüchternen Wahrnehmung, berichtete der „Freiheitskampf" über einen gewaltigen „Aufmarsch von Zehntausenden und aber Zehntausenden" Männern.[33]

Für die historische Erinnerung sind diese und andere Ereignisse bedeutungslos. Der Bombenangriff am 7. Oktober 1944, als etwa 200 Menschen starben und annähernd 3 000 Einwohner obdachlos wurden, der am 16. Januar 1945 mit ähnlichen Opferzahlen, die Angriffe am 2. März und am 17. April 1945 oder der Tag des Kriegsendes am 8. Mai 1945 – allesamt weitgehend vergessenes Geschehen.[34] Der Zweite Weltkrieg wird in Dresden fast ausschließlich in den Luftangriffen vom 13. bis 15. Februar 1945 erinnert. Hierbei handelte es sich mitnichten allein um einen staatlich gesteuerten Identifikationsprozess, den noch die nationalsozialistische Propaganda in Gang setzte.[35]

Unbestritten trugen professionelle Fotografen durch die Auswahl der Erinnerungsmotive erheblich zu dem bei, was heute als „authentische Dokumentation dieser Zeit" angesehen wird. Ihre dem Bildaufbau der Postkartenästhetik folgenden Trümmerstillleben deutscher Städte zeigen vorwiegend Ruinen, in denen schon zeitgenössisch Zeichen der Gesellschaftskritik gesehen wurden. Die bis in die Gegenwart als Anklage gelesenen Ansichten unkenntlicher Schutthaufen vormals berühmter Bauten belegten Schäden und begründeten den Opferstatus der Überlebenden. Die Objekte dienten nicht nur der Rückbesinnung und gaben dem Willen der positiven Zukunftsgestaltung Ausdruck. Indem die Bilder lokaler Zerstörung die Realität des Krieges dokumentierten, spiegelten sie den Wunsch, sich vom Nationalsozialismus zu distanzieren, und das Verlan-

---

31 Dresden erlebte eine Treuekundgebung einmaliger Größe. In: Der Freiheitskampf vom 23.7.1944, S. 1–3; vgl. Konstantin Hermann, Der „Führerbesuch" 1934 und die „Treuekundgebung" 1944 in Dresden. In: ders. (Hg.), Führerschule, Thinghaus, „Judenhaus". Orte und Gebäude der nationalsozialistischen Diktatur in Sachsen. Dresden 2014, S. 74–77.
32 Klemperer, Tagebücher 1945, S. 54.
33 Dresdner Volkssturm vereidigt. In: Der Freiheitskampf vom 6.11.1944, S. 1–2; vgl. Holger Starke, Die Vereidigung des Dresdner Volkssturms auf der Ilgen-Kampfbahn. In: Hermann (Hg.), Führerschule, Thinghaus, „Judenhaus", S. 291–293.
34 Vgl. Friedrich Reichert, Fakten, Dokumente und Bilder über den Luftkrieg gegen Dresden 1944/45. In: Dresdner Geschichtsbuch, 10 (2004), S. 248–277.
35 Vgl. Matthias Neutzner, Vom Alltäglichen zum Exemplarischen. Dresden als Chiffre für den Luftkrieg der Alliierten. In: Oliver Reinhard/Matthias Neutzner/Wolfgang Hesse, Das rote Leuchten. Dresden und der Bombenkrieg, Dresden 2005, S. 110–127.

gen, die Schuld an den Verbrechen den führenden Funktionären zuzuschreiben.[36] Selbstmitleid und Schuldzuweisungen, vorerst diffus, bald auch an die Adresse der Alliierten, dominierten die Stimmungslage.[37]

Zuerst speiste die Erfahrung des Verlusts die Erinnerung der Dresdner Zeitzeugen. Sie verloren in der Bombardierung am 13. bis 15. Februar 1945 Angehörige und nahestehende Personen, Besitz, materielle Lebensgrundlagen und Zukunftsaussichten. Für sie begann mit der Verwüstung ihrer Stadt die Entbehrung, die Not und die tatsächliche Betroffenheit von den Auswirkungen des Krieges. Der persönliche Verlust mag die selbstbezogenen Erinnerungsperspektiven rechtfertigen, nicht aber die später hinzutretenden Verzerrungen des Geschichtsbildes. Trotz des allgemeinen Eindrucks einer umfassenden Zerstörung Dresdens in den Luftangriffen war die Beeinträchtigung der Transportlinien zur Versorgung der Front vorübergehend, der zeitweilige Ausfall der Rüstungsproduktion nicht kriegsentscheidend. Im Unterschied zur Befreiung des Konzentrationslagers Auschwitz zwei Wochen zuvor, die weltgeschichtliche Bedeutung erlangte, ist die Bombardierung von Dresden im Februar 1945 realgeschichtlich als Ereignis des Krieges mit einer lokal begrenzten Auswirkung zu bewerten. Diese und weitere der historischen Kontextualisierung dienliche Fakten erlangten in der Diskussion nicht die erforderliche Bedeutung. Eine gewissenhafte Analyse des Geschehens unterblieb in den folgenden Jahrzehnten aus politischen Gründen.[38] Entgegen allen Bemühungen gelang es jedoch in der DDR niemals, das Gedenken an die Bombardierung Dresdens im gewünschten Umfang für propagandistische Zwecke zu instrumentalisieren.

Symptomatisch für die durch fehlende Faktenerhebung seitdem bestehende Unschärfe des Erinnerns sind die nahezu vergessenen Details, etwa die Zerstörung der für die Versorgung der Stadt ungemein wichtigen Elbbrücken. Fliegerbomben beschädigten die Übergänge, ohne die Verbindungen zu unterbrechen. Deutsche Verteidiger sprengten sie bei Kriegsende und machten sie auf lange Zeit unbenutzbar. Die Albertbrücke wurde im Juli 1946, die Marienbrücke erst im Mai 1947 wieder für den Verkehr freigegeben. Der Baubeginn für die Carolabrücke verzögerte sich wegen des fehlenden Materials.[39] Das wird wie andere Sachverhalte nicht erinnert bei der kollektiven Rückschau auf die Geschichte.

---

36 Jens Jäger, Fotografie – Erinnerung – Identität. Die Trümmeraufnahmen aus deutschen Städten 1945. In: Jörg Hillmann/John Zimmermann (Hg.), Kriegsende 1945 in Deutschland, München 2002, S. 287–300, hier 293.
37 Vgl. Clemens Vollnhals, Ernüchterung, Pragmatismus, Indifferenz. Die deutsche Gesellschaft nach der „Katastrophe". In: Vergleich als Herausforderung. Festschrift für Günther Heydemann zum 65. Geburtstag. Hg. von Andreas Kötzing, Francesca Weil, Mike Schmeitzner und Jan Erik Schulte, Göttingen 2015, S. 139–158.
38 Vgl. Thomas Widera, Gefangene Erinnerung. Die politische Instrumentalisierung der Bombardierung Dresdens. In: Lothar Fritze/Thomas Widera (Hg.), Alliierter Bombenkrieg. Das Beispiel Dresden, Göttingen 2005, S. 109–134.
39 Friedrich Reichert, Aufbau der Stadt Dresden 1945 bis 2002. In: Dresdner Geschichtsbuch, 9 (2003), S. 255–276, hier 258.

Kontinuitäten der Knappheit

Gleich der Erinnerung bildete der 13./14. Februar 1945 in der historischen Realität eine Zäsur: Mit der Zerstörung und Beschädigung der Häuser verloren Zehntausende Menschen Wohnungen und Besitz. 40 Prozent des Wohnungsbestandes war nicht mehr vorhanden oder unbewohnbar, um 35 Prozent stieg in Dresden die Belegungsdichte pro Wohnung. Keine Statistik erfasste die Inanspruchnahme von Wohnkomplexen durch Besatzungsbehörden und Angehörige der Roten Armee. Eklatanter Baustoffmangel, insbesondere an Fensterglas und Dachsteinen, verhinderte oft die notdürftigsten Reparaturen, ohne dass ein nennenswerter Wiederaufbau zunächst in Angriff genommen werden konnte. Der Verlust von etwa 90 000 Wohnungen bewirkte noch Jahrzehnte nach dem Krieg räumlich beengte Lebensumstände.[40]

Erstmals stockte der Warenverkehr. Die Lebensmittelverteilung musste auf die Stadtbezirks- und Bezirksverwaltungen verlagert und aus dezentralen Ausweichlagern organisiert werden. Begann nach Bombardierung und notdürftiger Instandsetzung von Verbindungslinien der Nachschub zunächst wieder zu fließen, versiegte er nach der Besetzung der Stadt durch die Rote Armee am 8. Mai 1945. Nach dem Zusammenbruch der nationalsozialistischen Verwaltung versuchten die lokalen Antifa-Komitees in den Stadtbezirken eine ihren Vorstellungen entsprechende Verteilung zu organisieren. Neben den zweifelsohne vorhandenen altruistischen Bestrebungen verfolgten die beteiligten Aktivisten ebenso eigennützige Interessen. Immer wieder beschuldigten sie bei der Erfassung von Vorräten die Kaufleute, entweder Orte der Lagerung geheimzuhalten oder Waren nicht anzugeben, um sie angeblich der Bevölkerung vorzuenthalten. Das Misstrauen schien insofern angebracht, weil Händler, aus Furcht vor Einbrüchen, Handelsware nicht an den eigentlich vorgesehenen Lagerorten, sondern in Privaträumen aufbewahrten. Schnell wurde das Gewerbe entzogen und das verstaatlichte Geschäft einem neuen Inhaber anvertraut, sobald Vertrauensleute der Komitees gegenüber den Behörden das als Unterschlagung ansprachen.[41] Der Unterschied zwischen dem notwendigen Schutz von Warenbeständen und der oft praktizierten Zurückhaltung und Hortung, um in Notzeiten größere Gewinne zu erzielen, ließ sich nicht immer erkennen.[42]

Lebensmittelkarten verteilten die Stadtbezirksämter seit dem 19. Mai 1945. Zuvor blieben Geschäfte geschlossen, die Bevölkerung lebte von „organisierten" Nahrungsmitteln, von Vorräten oder sporadisch erfolgten Zuteilungen. Erste Lieferungen erfolgten aus sowjetischen Armeebeständen und aus den

---

40 Herbert Conert, Gedanken über den Wiederaufbau Dresdens. Vortrag am 22.11.1945, Sonderdruck, Dresden 1947, S. 8 ff.
41 Bericht Arthur Litschke vom 12.12.1945 (SächsHStAD, LBdVP 396, unpag.).
42 Zierenberg, Berliner Schwarzmarkt, S. 290.

beschlagnahmten deutschen Reserven. Die Rote Armee hatte die städtischen Lebensmittellager besetzt und limitierte die Rationen, infolge blockierter Transportwege stockte die Verteilung. Die einsetzenden Reparationsplanungen banden die industrielle Fertigung und wirkten sich langfristig auf die Nahrungsmittelherstellung aus. In Verbindung mit den Demontagen und Requirierungen waren sie die Ursache, dass sich trotz des ökonomischen Wachstums die Versorgung in den ersten Nachkriegsjahren nicht wesentlich besserte. Währenddessen wurden die Grünflächen des Großen Gartens und anderer städtischer Parkanlagen parzelliert und mit Kartoffeln und Gemüse bepflanzt.

Das von der Besatzungsmacht nicht ausgefüllte Machtvakuum nach dem Ende von öffentlicher Ordnung und nationalsozialistischer Herrschaft erforderte individuelle Initiativen.[43] Diese wendeten in der Übergangszeit den vollständigen Zusammenbruch ab, indem sie Ressourcen mobilisierten, die Zirkulation von Waren und Dienstleistungen vorantrieben, Anbieter und Verbraucher zusammenbrachten und einen Ersatzmarkt generierten. Dabei wurden die Grenzen zwischen dem Handeln zum allseitigen Nutzen und einem gewinnorientierten Eigeninteresse verschleiert. Ungeachtet der zugrunde liegenden Absichten erschlossen alle „Geschäftsstellen" dieses Prozesses soziale Energie, die zum allgemeinen Überleben beitrug. Solange die Voraussetzungen für eine stabile Versorgung durch die Behörden fehlten, verfestigten sich die Schwarzmarktstrukturen. Wie im Nationalsozialismus beschuldigten die Ordnungskräfte der neuen Machthaber die Protagonisten des Ersatzmarktes, sich auf Kosten einfacher Arbeiter zu bereichern, und verfolgten sie als die Verursacher von Störungen der Verteilung. Geschäftsleuten misstrauten sie, weil sich auf dem schwarzen Markt für die gleichen Waren deutlich höhere Erlöse erzielen ließen.[44] Das Unvermögen der Behörden, die ausreichende Versorgung zu organisieren, führte zu einem neuerlichen und darin dem Nationalsozialismus vergleichbaren Versuch, in Dresden den illegalen Markt durch die Einrichtung einer offiziellen Tauschzentrale auszutrocknen.[45]

Not, soziale Verwerfungen und Behördenversagen nötigten zuweilen rechtschaffene Leute, auch unrechtmäßige Wege der Eigenversorgung in Betracht zu ziehen. Mit „Hamsterfahrten" zu den Bauern der Umgebung konnte die Masse der Großstadtbewohner nicht ihren Nahrungsmangel ausgleichen. Die in der Kriminalitätsstatistik erfassten Eigentumsdelikte und die Maßnahmen gegen die Prostitution verwiesen auf Versorgungsdefizite und Beschaffungsbemühungen. Bei der Mehrzahl aller Einbruchsdiebstähle ging es um Alltagsbedarf oder sonstige Lebens- und Genussmittel. Manche der auf dem Schwarzmarkt umgesetzten

---

43 Thomas Widera, Dresden 1945–1948. Politik und Gesellschaft unter sowjetischer Besatzungsherrschaft, Göttingen 2004, S. 68–86.
44 Bericht für die SMA von Oktober 1948, 2.11.1948 (SächsHStAD, LBdVP 367, unpag.); Zierenberg, Berliner Schwarzmarkt, S. 239 f. und 303.
45 Gruhler an Weidauer vom 23.11.1946 (Stadtarchiv Dresden, Dezernat OB 97, Bl. 9).

Waren stammten aus Beutezügen durch die Kellerräume von zerstörten Wohnhäusern.[46] Ihre Doppelfunktion als Ordnungspolizei und als politische Geheimpolizei hinderte wiederum die Polizei daran, sich auf die vordringliche Aufgabe der öffentlichen Sicherheit zu konzentrieren und die Alltagskriminalität wirksam einzudämmen.[47]

Polizeikreise meinten noch 1947, es sei „zweckmäßig, die Bevölkerung zur Selbsthilfe gegen Einbrüche und Diebstähle aufzufordern".[48] Und dass dann im Sommer „Sondergruppen des Flurschutzes" zur Sicherung der Gemüsebeete und anderer Grünflächen im Stadtgebiet von Dresden aufgestellt wurden, kennzeichnet die anhaltend schlechte Versorgung. Gleichzeitig verlangte der Polizeipräsident schärfere Maßnahmen gegen den Schwarzmarkt. Sein Hinweis, die Kontrolleure öfter auszuwechseln, kann als Indiz für das Korruptionsrisiko im Polizeiapparat verstanden werden.[49]

Verschob eine jahrelange Gewöhnung an Krieg, Terror und Diktatur in der Gesellschaft die juristisch angebrachten Grenzen zwischen erforderlicher Bestrafung und Ausübung willkürlicher Gewalt und die ethischen Schranken zwischen dem, was erlaubt und was verboten war?[50] Unter dem Kriegsrecht, dann dem Besatzungsrecht in Verbindung mit dem Willen zur Wiedergutmachung, und schließlich dem Bedürfnis nach Vergeltung änderten sich zum Teil Rechtsnormen und Rechtsempfinden.[51] Aus einer Anfang 1947 im Sächsischen Landtag debattierten Gesetzesvorlage „gegen das gewissenlose Treiben der Schieber, Schwarzhändler und Preiswucherer" wurde die ursprünglich als Höchstmaß geforderte Todesstrafe erst nach kontroverser Aussprache durch einen mit knapper Mehrheit angenommenen Abänderungsantrag entfernt. Bemerkenswert an dem Gesetzentwurf war der Umstand, dass die Liberal-Demokratische Partei (LDP) ihre Bedenken nicht in der Diskussion der Vorlage im Ausschuss vortrug, sondern dort noch gemeinsam mit den Fraktionen der Christlich-Demokratischen Union (CDU) und der Sozialistischen Einheitspartei Deutschlands (SED) ohne Vorbehalt dafür stimmte. Nachdem sich anschließend im Plenum des Landtags die LDP-Fraktion generell gegen jede Anwendung der Todesstrafe erklärte, plädierte die CDU nun gemeinsam mit der LDP dagegen, weil sie dieselbe in solchen Fällen für unangemessen erachtete.[52] Offensichtlich bildeten Fragen der

---

46 Anzeige vom 23.3.1946 (SächsHStAD, LBdVP 395, unpag.).
47 Thomas Widera, Aktive Selbstorganisation und der Polizeiaufbau in Dresden 1945. In: Zeitschrift des Forschungsverbundes SED-Staat, 19 (2006), S. 77–94.
48 Protokoll der Polizeileitersitzung vom 31.3.1947 (SächsHStAD, LBdVP 355, unpag.).
49 Protokoll der Polizeileitersitzung vom 21.7.1947 (ebd.).
50 Vgl. Alexander und Margarete Mitscherlich, Die Unfähigkeit zu trauern. Grundlagen kollektiven Verhaltens, 21. Auflage München 1990.
51 Vgl. Dresdner Polizei 1945–1946, S. 74 (SächsHStAD, LBdVP 359, unpag.).
52 Vgl. Sächsischer Landtag, 1. Wahlperiode - 9. Sitzung vom 11.2.1947. In: Akten und Verhandlungen des Sächsischen Landtages 1946–1952. Sitzungsprotokolle 1. Wahlperiode, Band I.1, Beratende Versammlung des Landes Sachsen. Vollsitzungen des Säch-

Verhältnismäßigkeit in den Überlegungen der Abgeordneten zur Verschärfung des für erforderlich gehaltenen Strafmaßes eine nachrangige Rolle.[53]

Allerdings kämpften die neuen Behörden gleich den alten gegen Symptome, ohne gegen die Ursachen vorzugehen – mit dem Unterschied, dass sie die katastrophalen Hinterlassenschaften des Nationalsozialismus unter Bedingungen verwalten mussten, in denen es geringe Spielräume für eigene Entscheidungen gab. Eine Registrierung in der sogenannten Schwarzmarktkartei[54] und der in den Printmedien und in der politischen Propaganda instrumentalisierte Unrechtsdiskurs, der die auf dem Schwarzmarkt aktiven Personen als „Schieber" stigmatisierte, begleiteten ihre Bemühungen und prägten nachhaltig die allgemeine Wahrnehmung jener Jahre.[55] „Volkskontrollausschüsse", die eigentlich die Polizei hätten unterstützen sollen bei ihrem Zugriff auf Schwarzmarktwaren, um sie der regulären Verteilung zuzuführen, bildeten offensichtlich selbst einen Unsicherheitsfaktor: Ausgerechnet sie mussten darauf hingewiesen werden, die eingezogenen und von der „Beschlagnahmekommission" verwahrten Güter ordnungsgemäß an die „Kreisprüfstelle" zu überführen.[56] Erst nach der Währungsreform in den westlichen Besatzungszonen und der vollzogenen Spaltung des zuvor einheitlichen Währungsgebietes 1948 registrierte die Polizei rückläufige Schwarzmarktaktivitäten.[57]

Das Ausmaß, in dem Menschen durch Beziehungen zur Besatzungsmacht oder Nähe zu den neuen Machtorganen die Möglichkeiten zur illegalen Bereicherung nutzten, ist nicht abzuschätzen; unbekannt ist auch, wie häufig die Polizei gegen Verfehlungen in den Behörden und in den eigenen Reihen vorging. Einzelfälle wie die Verwarnung eines Polizeiwachtmeisters schlugen sich in Notizen nieder. Der Mann verkaufte zwei Schachteln Zigaretten für 50 Reichsmark, um ein Brot für 40 Reichsmark zu erwerben. „Seine erwiesene wirtschaftliche Notlage und seine sonst einwandfreie Dienstleistung wurde berücksichtigt" und

---

sischen Landtages 1.-38. Sitzung 22.11.1946–27.2.1948. Reprint, Frankfurt a.M. 1991, S. 155–167, hier 163–167. Für den Hinweis auf die Landtagsdebatte danke ich Mike Schmeitzner.

53 Zur Polemik der damaligen Debatte in Sachsen bei der Ahndung von NS-Verbrechen und über die Todesstrafe vgl. Gerald Hacke, Der Dresdner Juristenprozess 1947 im Spannungsfeld der politischen und medialen Auseinandersetzung. In: Jörg Osterloh, Clemens Vollnhals (Hg.), NS-Prozesse und deutsche Öffentlichkeit. Besatzungszeit, frühe Bundesrepublik und DDR, Göttingen 2011, S. 167–188; ders., „... so unpolitisch ...". Der Dresdner Rechtsanwalt Fritz Glaser (1876–1956). In: Vergleich als Herausforderung. Festschrift für Günther Heydemann zum 65. Geburtstag. Hg. von Andreas Kötzing, Francesca Weil, Mike Schmeitzner und Jan Erik Schulte, Göttingen 2015, S. 185–204, hier 196–199.
54 Bericht für die SMA Oktober 1948 vom 2.11.1948 (SächsHStAD, LBdVP 367, unpag.).
55 Vgl. Zierenberg, Berliner Schwarzmarkt, S. 383 und 319 ff.
56 Protokoll der Polizeileitersitzung vom 2.2.1948 (SächsHStAD, LBdVP 355, unpag.); Protokoll der Polizeileitersitzung vom 5.7.1948 (ebd.).
57 Bericht für die SMA Januar 1949 vom 27.1.1949 (SächsHStAD, LBdVP 367, unpag.).

der Disziplinar-Ausschuss erteilte lediglich einen Verweis.[58] Einen Skandal, der weite Kreise zog, löste im Herbst 1945 die Verhaftung des Fuhrparkleiters der städtischen Transportleitstelle aus. Er hatte behördlich Fahrzeuge beschlagnahmen lassen, um sie anschließend zum eigenen Gewinn zu verkaufen. Bei den Untersuchungen wurden außerdem die Schiebereien seines Stellvertreters aufgedeckt: Jener ließ den für die Werkstatt benötigten technischen Spiritus zu Trinkbranntwein umbrennen. Ein junger Oberleutnant der Ordnungspolizei beschlagnahmte die Lieferung. Daraufhin schaltete sich der Auftraggeber ein, ein sowjetischer Offizier, der den Ordnungshüter über den „wahren" Sachverhalt aufklärte. Der zeigte sich entgegenkommend, gab die Ware frei und erhielt 20 Flaschen zu einem besonders günstigen Preis.[59]

Die Polizei besaß keinen Überblick, wer von den Delinquenten ein Angehöriger der Besatzungstruppen, die ausschließlich den Instanzen der Besatzungsmacht unterlagen, ein nicht repatriierter Bürger eines anderen Staates oder ein gewöhnlicher Krimineller war. An der Sprache oder der Uniform jedenfalls ließen sie sich nicht zweifelsfrei identifizieren. Indem die Polizei alle illegal in Dresden lebenden Ausländer als „entscheidende Quelle für Schwarzhandel und Schiebertum" betrachtete, lenkte sie vom eigenen Versagen und davon ab, dass die Besatzungsbehörden die Truppen nicht ausreichend kontrollierten und Übergriffe dilatorisch verfolgten.[60] Ihre Schuldzuweisungen reflektierten noch die fremdenfeindlichen Bedrohungsvorstellungen und volksgemeinschaftlichen Ausgrenzungsdiskurse im Nationalsozialismus.[61] Aktionen wie die Großrazzia gegen den Schwarzhandel Ende Januar 1946 im Stadtgebiet von Dresden konnten nur in enger Abstimmung mit der sowjetischen Seite und deren Unterstützung zum Erfolg geführt werden.[62] Eine aufeinander abgestimmte Verfolgung von Straftaten fand lediglich sporadisch statt.

Die Herkunft der Handelsware war oft ebenso unklar wie die Staatszugehörigkeit der Händler. Erkennbar verbanden sich in ihren Lebensläufen Kriegs- und Nachkriegsumstände miteinander, wie in der Aussage des 1926 geborenen Ivica Markowic: Er hatte sich aus Jugoslawien 1942 zum Arbeitseinsatz nach Deutschland gemeldet und zuerst in einem Rüstungsbetrieb in Radebeul gearbeitet, danach in Dresden. „Da ich beim Rücktransport meiner Landsleute nach dem Einmarsch der Roten Armee ein kaputtes Bein hatte, verzögerte sich meine Rückreise in die Heimat." Aufgrund seiner Sprachkenntnisse schloss er mit sowjetischen Soldaten Bekanntschaft, von denen er Alkohol erhielt, den er

---

58 Schreiben der Kommandantur der Ordnungspolizei vom 23.11.1945 (Stadtarchiv Dresden, Dezernat OB 59, Bl. 8).
59 Vgl. Vernehmungsprotokolle der Kriminalpolizei in der Strafsache Alfred Müller, Oktober 1945 (Stadtarchiv Dresden, Dezernat OB 58, Bl. 1–18).
60 Protokoll der Polizeileitersitzung vom 7.10.1946 (SächsHStAD, LBdVP 355, unpag.); vgl. Widera, Dresden 1945–1948, S. 228 f.
61 Vgl. Süß, „Moral" im Bunker, S. 129–135.
62 Bericht über die Großrazzia vom 31.1.1946 (SächsHStAD, LBdVP 357, unpag.).

mit einer Gewinnspanne von 100 bis 200 Prozent weiterverkaufte. Wie dieser stammten die anderen von ihm in Umlauf gebrachten Artikel – Uhren, Schuhe, Kleidung und Zigaretten –, für die er als Zwischenhändler fungierte, wahrscheinlich aus Militärmagazinen.[63]

Wie er nahmen ehemalige Zwangsarbeiter, andere ausländische Arbeitskräfte und frühere Häftlinge eine wichtige Mittlerfunktion bei der Umverteilung knapper Güter ein. Ihre in Deutschland erworbenen Erfahrungen und Fähigkeiten gestatteten ihnen gleichermaßen den Zugang zur deutschen Nachkriegsgesellschaft und zu den Ressourcen der Besatzungsmacht. Diese „Qualifikationen" konnten sie im Besatzungsgebiet gewinnbringender als andernorts einsetzen. Von den lokalen Behörden als Belastung betrachtet, beteiligten sie sich an der Umlenkung von Versorgungspotenzialen der Besatzungsmacht zur Bevölkerung.

Wohnungen waren für die einen schlecht ausgestattete und beengte Notunterkünfte oder eine durch amtliche Zuweisung beeinträchtigte Privatheit,[64] – für andere Refugien des Rückzugs vor behördlichem Zugriff, Umschlagplätze für illegal gehandelte Ware,[65] und Orte der Konsumtion, an denen stereotypen Schilderungen zufolge Überfluss, Wohlleben und Ausschweifungen herrschten. Einerseits entzog der Schwarzmarkt Güter der regulären Verteilung, andererseits ermöglichte er als Instrument der Umverteilung vielen Deutschen den Verbrauch von nicht für sie bestimmten Waren: „In der Mittelwohnung bei Frau Völker wohnte ein russischer Kapitän. Bei diesem wurden öfter Feste gefeiert. Diese dauerten meistens von Mittag bis weit in die Nacht hinein, bis gegen 2 und 3 Uhr." Frauen aus dem Haus und aus Nachbarhäusern seien mit weiteren sowjetischen Soldaten dabei gewesen. Es habe bei diesen „Festlichkeiten große Korbflaschen voll Alkohol, [...] auch Wurst (Aufschnitt), Salzheringe, ganze Kartons voll Kekse, Büchsenfleisch" sowie Dosenmilch und Zigaretten im Überfluss gegeben.[66]

Eigeninteresse und das Potenzial der Selbstorganisation

An der bloßen Aufzählung der Köstlichkeiten, die sie zu Protokoll gab, schien sich die Frau zu begeistern. Gleich, wie viel Übertreibung ihre Darstellung enthielt, Polizei- und Gerichtsakten, Behördenunterlagen, Tagebücher und Presse geben wertvolle Hinweise auf den selbst organisierten Alltag während des Zweiten Weltkrieges und in der Zeit danach. Eine Interpretation der Quellen, die nicht mit der Obrigkeit über vermeintlich oder tatsächlich unsoziales und

---

63 Kriminalamt Dresden vom 19.3.1947 (SächsHStAD, LBdVP 394, unpag.).
64 Vgl. Sächsischer Landtag, 1. Wahlperiode – 10. Sitzung vom 12.2.1947. In: Akten und Verhandlungen des Sächsischen Landtages 1946–1952, S. 169–189, hier 179–182.
65 Protokoll der Polizeileitersitzung vom 5.4.1948 (SächsHStAD, LBdVP 355, unpag.).
66 Aussage vom 20.7.1945 (SächsHStAD, LBdVP 395, unpag.).

kriminelles Handeln, über Verstöße gegen Verordnungen und Gesetze, über Korruption und den Verfall von Sitten und Moral lamentiert, begegnet den sozialen Akteuren. Diese handelten durchaus eigennützig und verfolgten ihre Interessen. Gemäß einer vorwiegend und entschieden abgelehnten Auffassung wollten sie – anders und differenzierter, als ihnen plakativ unterstellt – die Umstände, unter denen sie lebten, selbst mitgestalten, Nutzen daraus für sich, aber ebenfalls für andere ziehen, die Beschränkungen nicht einfach hinnehmen.[67]

Tatsächlich besannen sich Betroffene angesichts der Notlagen auf ihre soziale Energie. Das ist sowohl im Krieg als auch danach zu beobachten. Jene, die alles verloren hatten, besaßen nur noch die eigene Kraft. In der Rückbesinnung darauf überlebten sie die herrschaftslose Zeit nach der Flucht der nationalsozialistischen Funktionsträger bei Kriegsende, denn nach Etablierung der neuen Verwaltungen dauerte es in vielen Bereichen, ehe diese die Versorgungsaufgaben erfüllten.[68] Allein durch entschlossene Beharrlichkeit, mit der die Ausgebombten und Flüchtlinge ihre Bedürftigkeit geltend machten, erreichten sie, sich von den Eingesessenen nicht abweisen zu lassen.

Auf Behördenversagen reagierten Menschen mit Eigeninitiative, Mangel versuchten sie mit der Mobilisierung von Ressourcen zu kompensieren. An erster Stelle stand die Sorge um die eigene Existenz und die der nächsten Angehörigen. Die Auswirkungen kriegsbedingter Verknappungen, der Existenzangst und Not der Familie, der Bedrohung durch Verfolgung und Kriegsgefahr verstärkten den Egoismus und schwächten Bindungen an entfernt stehende Menschen.[69] Rücksichtslos, wenn es darum ging, Vorteile aus einer Situation zu ziehen, erbarmungslos gegenüber fremder Not und abgestumpft von der Gewalt der auf sie bedrohend wirkenden Ereignisse, registrierte die Mehrheit der deutschen Bevölkerung die Verfolgung und Ermordung jüdischer und anderer Mitbürger durch die Nationalsozialisten ersichtlich ohne Mitgefühl: Die „Volksgemeinschaft" profitierte von deren Ausplünderung und Vertreibung oder beteiligte sich unmittelbar daran.[70] Noch der massenhafte Einsatz der KZ-Häftlinge und Zwangsarbeiter bei der Bergung der Toten und bei der Beräumung der Trümmer in Dresden war eine rechtswidrige und verbrecherische Ausbeutung fremder Arbeitskraft.

Wie heftig die Behörden die illegalen Beschaffungs- und Verteilungsnetzwerke bekämpften und wie ausdauernd die Propaganda das Schiebertum brandmarkte, die auf diese Weise flüssig gewordenen Ressourcen vereinigten sich mit den anderen nationalsozialistischen Maßnahmen, die vorhandenen Reserven für die totale Kriegführung zu mobilisieren. Ungleich geringer zu gewichten,

---

67 Der erste Bundesminister der Justiz, Thomas Dehler, der den Schwarzmarkt einen „Markt der wirtschaftlichen Vernunft" nannte, erhielt heftigen Widerspruch. Vgl. Zierenberg, Berliner Schwarzmarkt, S. 308 f.
68 Vgl. Widera, Dresden 1945–1948, S. 246–253.
69 Vgl. Michael Wildt, Geschichte des Nationalsozialismus, Göttingen 2008, S. 210 f.
70 Vgl. Aly, Hitlers Volksstaat.

leistete der Schwarzmarkt dennoch seinen Beitrag zur ökonomischen Basis für die Verlängerung des Krieges. Zugleich antizipierte der Schwarzmarkt der Kriegsjahre mit den materiellen die sozialen Potenziale der Nachkriegszeit – Elemente der Kontinuität, die über historische Zäsuren hinweg das Zuvor mit dem Nachher verbanden. Die Geschäftigkeit des Individuums und die Fähigkeit, mit anderen zu kooperieren, waren Voraussetzungen des aktuellen persönlichen Weiterkommens und der späteren politischen Neugestaltung. Nicht zuletzt zeigten sich darin Grenzen der diktatorischen Verfügungsmacht des Staates über einzelne Menschen, die sich den Anforderungen widersetzten, wenig sichtbare, gleichwohl infolge ihrer Dauerhaftigkeit wirksame Zeichen.

Bei aller Ichbezogenheit, die die Aufmerksamkeit auf Mitglieder der eigenen Gruppe lenkte und den Ausschluss des Anderen aus der Gemeinschaft zuließ, wurden nicht alle Rücksichten fallengelassen. Gerade in extremen Lagen war das eigene Leben aufs Engste mit dem anderer Menschen verbunden, das eigene Wohlergehen so sehr angewiesen auf das Wohl der Nächsten, dass jeder zumindest deren Vorteil insoweit einbeziehen musste, um die Balance des Gebens und Nehmens, somit des Empfangens nicht zu gefährden. In zwischenmenschlichen Beziehungen ohne Rückbezug auf diese Gegenseitigkeit entfiel allerdings jede Rücksichtnahme. Im Schwarzmarkt, zunächst ein Instrument der Kompensation von Mangel, entstand ein öffentlicher Raum jenseits von Herrschaftsinstanzen, in dem die Akteure wechselseitig ihre Angelegenheiten untereinander verhandelten. Die Befähigung zur Unmittelbarkeit hatten sie nicht verloren. Geleitet von ihren Interessen, stritten sie ohne Vermittlung staatlicher Gewalt über die subversiven Strategien der Beschaffung, der Verteilung, des Anspruchs und der Zuweisung – sie mobilisierten Potenziale der Selbstorganisation.[71] Die hierbei von allen praktizierten egoistischen Einstellungen, das Gewinnstreben wie das Verlangen nach Erfolg trieben auch die gesellschaftliche Transformation und die Wiederherstellung des Staates nach dem Zweiten Weltkrieg voran. Bis in die Gegenwart begleiten sie den unverändert anhaltenden, beschwerlichen Prozess der Rückbesinnung auf mitmenschliches Verhalten und der Wiederaneignung verantwortlicher Empathie.

---

71 Vgl. Süß, „Moral" im Bunker, S. 142 f.

Tolerierte Devianz?
Jugendpolitik und Jugendkriminalität in Sachsen 1943 bis 1949

Konstantin Hermann

Wenn die Jugend, der nach der bekannten Sentenz die Zukunft gehört, auf Abwege gerät, wird der Staat aktiv. Jugendkriminalität ist bis heute eines der wichtigen Schlagwörter angesichts von Gewaltverbrechen, die von den Medien aufgegriffen, mit höchster Aufmerksamkeit versehen und oft schnell wieder von neuen Themen verdrängt werden. Sieht man von den Qualen für die Opfer und deren Angehörigen ab und nähert man sich dem Kern der Jugendkriminalität als besonderem Teil der Kriminalität, stellt sich die Frage, worin ihre Bedeutung besteht, abgesehen von dem einleitend genannten Sinne der staatspolitisch zugewiesenen Trägerfunktion der Jugend für die Zukunft. Kriminalität ist negativ konnotiert, außer wenn sie Jahrhunderte vorher geschah, lediglich rein historische Bezüge bestehen oder wenn die Taten der Delinquenten sozial adäquat scheinen oder besonders gewitzt und geschickt ausgeführt worden sind: Robin Hood, Bonnie und Clyde, die Gebrüder Sass, denen im Kinofilm von 2001 eine Widerstandsrolle gegen die Nationalsozialisten zugewiesen wurde, oder, um in den Bereich der sächsischen Landesgeschichte zu kommen, „Stülpner-Karl" oder der Linksterrorist Max Hoelz, der in einigen Kreisen immer noch eine gewisse Verehrung erfährt. Auch einzelne Jugendstraftaten finden die Bewunderung Gleichaltriger. Diese wollen so sein wie ihre Vorbilder, ahmen sie nach oder bleiben eben ewige Bewunderer.

Emile Durkheim schrieb der Kriminalität eine notwendige Funktion bei der Konstituierung von Gesellschaft zu.[1] Erst Kriminalität kennzeichne die Grenzen des Handelns, ohne die keine Gesellschaft funktioniere. Kriminalität sei nichts Feststehendes; die Grenzen der Toleranz verschöben sich, das Recht werde den gesellschaftlichen Entwicklungen angepasst. Kriminalität, so Durkheim weiter, übe durch das Mittel der Bestrafung eine einende Rolle auf die Gesellschaft aus. Diesem Disziplinierungs- und Ordnungscharakter der Kriminalität für den Staat entspricht auch die öffentliche Zurschaustellung und mediale Betrachtung der Taten und Täter. Gerade totalitäre Staaten und in ihrer Existenz gefährdete

---

1 Vgl. Emile Durkheim, Der Selbstmord, Frankfurt a. M. 2008.

Gemeinwesen greifen zu dem Mittel der Kriminalität als ordnenden und stabilisierenden Faktor und dies janusgesichtig: einmal durch die Tolerierung einer politisch gewollten Art von Kriminalität, andererseits durch die Strafverfolgung und Verurteilung, über die in den Medien berichtet wird.

Diese Studie befasst sich mit zwei, in ihrer Existenz gefährdeten Gesellschaftsformationen am Beispiel Sachsens: Von 1943 bis Mitte 1945 rang das NS-Regime um die Sicherung der neu geschaffenen Ordnung; ein gesellschaftlicher Neu- und Gegenentwurf gipfelte 1949 in der Gründung eines neuen Staats – der Deutschen Demokratischen Republik.

Bei der Betrachtung der Jugendkriminalität im 20. Jahrhundert ist die Lösung von Stereotypen eminent. Sarah Bornhorst und Frank Kebbedies haben in ihren Arbeiten zur Jugenddevianz zahlreiche neue Aspekte vorstellen können, jedoch ist die Bedeutung und historische Einordnung der Jugendkriminalität für beide Diktaturen in Sachsen im 20. Jahrhundert noch ein wesentliches Forschungsdesiderat.[2] Nicht zu unterschätzen sind, neben der notwendigen Dekonstruktion der Stereotypen, die Schwierigkeiten, die politische Instrumentalisierung der Straftaten aufzuklären und zuverlässig zu beurteilen. So wird jugendtypischer Vandalismus zum politischen Akt umfunktioniert, aber auch angesichts drohender Verurteilung manches Delikt seitens des Täters bewusst entpolitisiert.

Jugendpolitik und Jugendkriminalität in der Endphase des Nationalsozialismus

Krieg ist sowohl für die Bevölkerung als auch den Staat ein Extrem- und Ausnahmezustand. Waren die Männer an der Front, so fehlte der väterliche und meist autoritäre Teil der Erziehung der Kinder – so zumindest eine verbreitete Annahme. Ein Diskurs über die Wurzeln und Umstände dieses Denkens würde hier zu weit führen, jedoch: Verordnungen des sächsischen Ministeriums für Volksbildung gegen jugendliches Fehlverhalten waren schon in den 1930er-Jahren keine Seltenheit. Nach der Auflösung der Justizministerien der Länder am 5. Dezember 1934 blieben diesen lediglich die Verordnungen, denen jedoch eine hohe Aussagekraft zukommt und die den Blick auf konkrete Probleme lenken. Schon bald nach dem Beginn des Zweiten Weltkrieges warnte das Reichssicherheitshauptamt am 1. Dezember 1939, dass aufgrund der Erfahrungen des Ersten Weltkrieges von einer starken Zunahme der Jugendkriminalität auszugehen sei. Diese Warnung knüpfte an den Anstieg der Jugendkriminalität im zweiten

---

2   Vgl. Sarah Bornhorst, Selbstversorger. Jugendkriminalität während des Ersten Weltkriegs im Landgerichtsbezirk Ulm, Konstanz 2010; Frank Kebbedies, Außer Kontrolle. Jugendkriminalpolitik in der NS-Zeit und der frühen Nachkriegszeit, Essen 2000.

Kriegsjahr an, dessen Höhepunkt 1917 erreicht war. 1914 war die Jugendkriminalität zunächst in Deutschland und auch in Sachsen gesunken, da die älteren Jugendlichen eingezogen worden waren und die Polizei die Toleranzschwelle bei einfachen Delikten, die als Ausdruck jugendlichen Übermuts angesichts des Kriegsausbruchs angesehen wurden, erhöht hatte. Bei einigen der zuvor verfolgten Delikte beließ es die Polizei bei einfachen Ermahnungen. Die seit 1915 wieder ansteigende Jugendkriminalität führte zu Warnungen, wie sie der Zwickauer Amtsgerichtsrat Erich Wulffen aussprach: „Während des Krieges übernehmen die Kinder einen Teil der Kriminalität der Erwachsenen. [...] Und mit den kriminell gewordenen Kindern wächst ein Heer von Verbrechern heran."[3] Besonders bemerkenswert war die Steigerung der Deliktrate bei zwölf- bis vierzehnjährigen Jungen – die Strafmündigkeit begann mit zwölf Jahren. Die Jugendkriminalität verlagerte sich auf die jüngeren; ein Prozess, der sich 30 Jahre später wiederholen sollte. Auch der Diskurs über die Gefährlichkeit der Großstadt spielte in diesem Zusammenhang eine Rolle: Die entwurzelten Jugendlichen der urbanen Zentren würden schneller kriminelle Karrieren beginnen als die Jugend vom Lande, die zudem als wehrtauglicher als ihre Altersgenossen in den Städten galt.

Angesichts dieser Erfahrungen reagierte das NS-Regime schon bald nach Kriegsbeginn mit der „Polizeiverordnung zum Schutz der Jugend" vom 9. März 1940, indem es das Ausschankverbot von Alkohol und das Tabakverbot für Jugendliche unter 18 Jahren erneuerte und Jugendlichen unter 16 Jahren den Gaststättenbesuch ohne Aufsicht verbot. Diese Polizeiverordnung und ihre Anwendung sprachen sich unter den Jugendlichen schnell herum und zeigten tatsächlich zunächst eine kriminalitätssenkende Wirkung, bis jedoch 1942 die Gewöhnungseffekte eintraten und die SD-Berichte wieder zahlreiche Übertretungen meldeten.[4] Dem sollten Verordnungen des sächsischen Volksbildungsministeriums mit der Erinnerung an das Alkoholverbot für Jugendliche unter 18 Jahren und gegen das mangelhafte Verhalten von Jugendlichen in Eisenbahnzügen – Schüler und Schülerinnen würden laut Ministerium nicht einmal mehr für Kriegsverletzte Sitzplätze räumen – entgegenwirken.[5] Diese Verhaltensmuster, die als jugendliche Lässigkeit und Missachtung von Normen gewertet werden können, sind normale Formen jugendlicher Devianz.

---

3 Erich Wulffen, Kriminalpädagogie. Ein Erziehungsbuch, Leipzig 1915, S. 45.
4 Am 10.6.1943 erschien die neue Polizeiverordnung zum Schutz der Jugend, die zum großen Teil der von 1940 entspricht, aber nun den Jugendarrest benennt. Reichsgesetzblatt I 1943, S. 349.
5 Vgl. Alkohol- und Nikotingenuss durch Jugendliche. Anordnung des Sächsischen Ministeriums für Volksbildung vom 21.4.1942 und Verhalten Schüler und Jugendlicher in Eisenbahnzügen vom 24.4.1942. In: Verordnungsblatt des Ministeriums für Volksbildung, 24 (1942), S. 56 f. Ähnlich: Zur gelockerten Verkehrsdisziplin [von Jugendlichen] im Kriege vom 11.11.1942. In: ebd., S. 172. Schon am 30.10.1937: Bahnfrevel durch Jugendliche und Schüler. In: ebd., 19 (1937), S. 128.

1940 hatte im HJ-Gebiet Sachsen die Jugendkriminalität zunächst sogar um ein Prozent im Vergleich zum Vorjahr abgenommen, jedoch lag in absoluten Zahlen Sachsen deutschlandweit vorn. Markant sind hingegen die Steigerungen in Berlin (+ 142 Prozent) und in Kärnten (+ 153 Prozent).[6] Die 1933 zunächst einsetzende Tendenz, jugendliche Straftäter härter zu bestrafen, wurde bald durch die Wiederaufnahme des Erziehungsgedankens ersetzt, wie er sich schon in der Reformjustiz der Weimarer Republik entwickelt hatte. Am 22. Januar 1937 erließ das Reichsjustizministerium die „Verfügung über den Strafvollzug an jungen Gefangenen", die erstmals eigene Jugendgefängnisse vorsah und nicht mehr, wie 1923 verordnet, Jugendabteilungen in den Gefängnissen. Zehn Gefängnisse für männliche Jugendliche entstanden im Reich, darunter eines in Bautzen, und drei für weibliche Jugendliche. Die vorbestraften wurden von den erstbestraften Jugendlichen getrennt. Durch Unterricht, Sport und „straffe Arbeit" sollte der Täter oder die Täterin nicht in ihrer Persönlichkeitsentwicklung gestärkt, sondern in erster Linie für die „Volksgemeinschaft" resozialisiert werden. „Verständnis" und eine menschlich angemessene Behandlung hatten somit nur die Jugendlichen zu erwarten, die als reintegrierbar galten; jugendliche „Berufskriminelle" hatten deutlich geringere Chancen. Den 1940 eingeführten Jugendarrest als „Warnschuss" bezeichneten Juristen und Politiker des nationalsozialistischen Staats als wichtigste Neuerung des Jugendstrafrechts. Kebbedies verweist in diesem Zusammenhang auf die rassenbiologischen Implikationen des nationalsozialistischen Jugendstrafrechts, die nicht übergangen werden dürfen.[7]

Ein möglicher Indikator für Kriminalität ist die Statistik. Steigen die Zahlen, wird von einem Anstieg der Kriminalität gesprochen. Welchen Wert diese Statistiken überhaupt haben ist umstritten; weder bilden sie die Dunkelziffer, noch die geübte Toleranz von Strafverfolgungsbehörden ab. Vor allem aber vermögen sie nicht, die für eine Anzeige notwendige Auffassung der Bevölkerung von verfolgungswürdiger „Kriminalität" darzustellen. Was Kriminalität ist, entscheiden nur zum Teil Gericht und Polizei; was nicht zur Anzeige gebracht wird, weil die Bevölkerung den Normverstoß als solchen gar nicht wahrnimmt, kann von Strafverfolgungsbehörden nicht untersucht und zu einer möglichen Anklage gebracht werden. Ob sich die Einstellung der Bevölkerung zu einzelnen Delikten verändert, kann anhand einer solchen Kriminalitätsstatistik nur schwer analysiert werden.

1941 betrug die Zahl der verurteilten Jugendlichen im Reich 38 000 und hatte damit wieder den Wert von 1925 erreicht. 1941 veröffentlichte das NS-Regime

---

6 Arno Klönne (Hg.), Jugendkriminalität und Jugendopposition im NS-Staat. Ein sozialgeschichtliches Dokument: Nachdruck der Ausgabe W. Knopp, Kriminalität und Gefährdung der Jugend. Lagebericht bis zum Stande vom 1. Jan. 1941, (Berlin 1941), Münster 1981, S. 42.
7 Kebbedies, Kontrolle, S. 99.

die letzten Kriminalstatistiken und die Reichsjugendführung gab das Buch „Kriminalität und Gefährdung der Jugend. Lagebericht bis zum Stande vom 1. Jan. 1941" heraus, das die Gefährdung der Jugend vor allem durch Verwahrlosung anprangerte.[8] Nach Selbstdarstellung des Regimes waren Kinder und Jugendliche fast lückenlos in staatspolitische Organisationen eingebunden, was die angebliche Verwahrlosung doch verhindern sollte; aber gerade in diesen Organisationen lebten ältere Formen von Jugendkultur fort. Hitlerjugend (HJ) und Bund Deutscher Mädel (BDM) boten willkommene Strukturen für Jugendkriminalität, vor allem im Bereich der Gruppenkriminalität, und die zahlreichen Dienste entzogen die Jugendlichen noch stärker elterlicher Aufsicht als in den Jahren zuvor. Das Buch fasst die Situation in einer Sentenz zusammen: „Jungen verstoßen aktiv gegen die Gesetze, Mädchen leben an ihnen vorbei."[9] Weibliche Jugendliche unterlagen oft Sittlichkeitsdelikten. Durch neuere Forschungen ist der früher angenommene festgefügte Charakter des NS-Staats und der Volksgemeinschaft bis in die letzten Kriegsmonate untersucht und relativiert worden.[10] Diese Befunde werden auch durch die Entwicklungen der Jugendkriminalität unterstützt: Der Krieg, besonders als seine Auswirkungen durch die alliierten Luftangriffe auch an der sogenannten Heimatfront zu spüren waren, war eine Extremsituation, die eine Veränderung gesellschaftlicher Konventionen erzwang. Berichte aus Sachsen über einen starken Anteil von 14- oder 15-jährigen Mädchen, besonders in Städten mit Garnisonen, Lazaretten und Lagern des Reichsarbeitsdienstes, die sich mit Soldaten und Arbeitsdienstmännern vergnügten, sind nicht selten. Im Reservelazarett Hohnstein-Ernstthal seien die Mädchen „geradezu toll auf die Soldaten". Die Mädchen empfanden in solchen Situationen keinerlei Scham: „Der Führer will ja Kinder."[11] Schon am 23. August 1940 hatte das sächsische Volksbildungsministerium das Übernachten von Kindern und Jugendlichen im Freien und in „Gebäuden, die ihrer Eigenart nach nicht der Beherbergung dienen", verboten, ebenso die gemeinsame Übernachtungen von Jungen und Mädchen. Die zahlreichen Anordnungen des zuständigen Volksbildungsministeriums gewähren einen Einblick in die damalige Situation: Die Aufsichtspflicht der Schulen endete nicht mit dem Unterricht, um die Beaufsichtigung der Jugendlichen zu gewährleisten (20. März 1941), oder die „Verkehrsdisziplin bei der schulpflichtigen Jugend habe sich in letzter

---

8 Knopp, Kriminalität, S. 139–162.
9 Ebd., S. 163.
10 Vgl. Frank Bajohr/Michael Wildt (Hg.), Volksgemeinschaft. Neue Forschungen zur Gesellschaft des Nationalsozialismus, Frankfurt a. M. 2009; Dietmar von Reeken/Malte Thiesen (Hg.), „Volksgemeinschaft" als soziale Praxis. Neue Forschungen zur NS-Gesellschaft vor Ort, Paderborn 2013; Bernhard Gotto/Martina Steber (Hg.), Vision of Community in Germany. Social Engineering and private Lives, Oxford 2014; Sven Keller, Volksgemeinschaft am Ende. Gesellschaft und Gewalt 1944/45, München 2013.
11 Knopp, Kriminalität, S. 163, 170.

Zeit weitgehend gelockert" (11. November 1942).¹² Der HJ-Streifendienst führte Großeinsätze durch, die Jugendliche bei Verstößen gegen die Polizeiordnung aufgriffen, wobei die Größenordnung der unorganisierten Jugendlichen hervorsticht. Bei dem Großeinsatz vom 11. bis 13. Mai 1940 in Dresden wurden 1715 Jugendliche festgestellt, davon waren 733 nicht in institutionalisierten Gruppen organisiert.¹³ Die Zahl von 982 organisierten Jugendlichen scheint ein Hinweis auf die zunehmende Banden- bzw. Cliquenbildung in und außerhalb der HJ zu sein, die Alexander Lange mit seiner Untersuchung über die Leipziger Jugendgruppen vor allem unter politischen Gesichtspunkten sieht.¹⁴ Auch in Dresden sind Cliquenbildungen überliefert, bleiben jedoch ein Forschungsdesiderat. Welche Jugendgruppierungen politisch waren, ist bisweilen schwierig zu beurteilen.

Wie schon im Ersten Weltkrieg wurden auch in den letzten Kriegsjahren bei weitem nicht alle Vorfälle zur Anzeige gebracht. Werden die einschlägigen Akten der Stadt Dresden herangezogen, fällt die seit 1942 steigende Zahl der Delikte auf, die nicht der Polizei gemeldet wurden. Die Nichtanzeigen lassen aus heutiger Sicht keine Systematik erkennen. Schon ab 1942 sind in den Ministerialverordnungen Delikte vermerkt, die unmittelbar und mittelbar die Einsatzfähigkeit von Menschen und Material im Krieg betrafen, aber in der Praxis nicht zur Anzeige gebracht wurden. Besonders aussagekräftig sind hierbei die Meldungen der Schulen, die mit der staatlich erzwungenen Beherbergung der HJ und des BDM alles andere als glücklich waren. Die feste Struktur der NS-Jugendorganisationen begünstigte die Kriminalität. Die häufigen Dienste führten zu einem festen Zusammenschluss der Jugendlichen, ohne wirkliche Aufsicht und bei fehlender Identifizierung mit der Organisation. Vor allem Delikte des Diebstahls und der Sachbeschädigung nahmen zu: So schlitzten Hitlerjungen 1942 in einer Schule Luftschutzsandsäcke auf; Mitglieder des Jungvolks (JV), also Kinder zwischen zehn und vierzehn Jahren, traten in einer Dresdner Schule Türen ein, brachen die Lehrerpulte auf und stellten das Wasser an, wodurch die Vorräume überflutet wurden; andere zündeten Nebel- und Brandwatte im Schulhaus. Das Jungvolk benutzte Räume der 79. Volksschule zu Schießübungen; in der Wettiner Schule verrichteten Schüler im Treppenhaus ihre Notdurft. Die Täter wurden in der Regel nie ermittelt. Die Schulrektoren brachten solche Delikte deshalb kaum zur Anzeige, weil die Täter, wenn es im Rahmen des HJ-, BDM- oder Jungvolk-Dienstes geschah, durch die örtlichen Jugendführer gedeckt wurden. Somit sind die Delikte lediglich als Benachrichtigungsschrei-

---

12 Anordnung Nr. 24: Beaufsichtigung der Schulkinder vor Beginn und nach Schluß des Unterrichts vom 20.3.1941. In: Verordnungsblatt des Ministeriums für Volksbildung, 23 (1941), S. 28 f., und Anordnung Nr. 215: Verkehrsdisziplin im Kriege vom 11.11.1942. In: ebd., 24 (1942), S. 172.
13 Knopp, Kriminalität, S. 187.
14 Vgl. Alexander Lange, Meuten – Broadway-Cliquen – Junge Garde. Leipziger Jugendgruppen im Dritten Reich, Köln 2010.

ben der Rektoren an das Schulamt in den Schulakten überliefert. Die Meldungen der Schulleiter sprechen für sich: „Klagen häufen sich jetzt immer mehr. So kann das nicht weitergehen" (1942). „Kleinere Delikte gehören zum guten Ton und werden mit stillem Lächeln der (HJ-, JV-)Führer quittiert" (1943).[15] So berichtete der Rektor der 32. Volksschule in Dresden, dass „ein Jungzug auf Anweisung den anderen" überfiel und die verwendeten Schlagringe starke Körperverletzungen hervorriefen. Bei einer Schlägerei zwischen Schülern der Scharnhorstschule und der Marine-HJ am 9. Januar 1943 erlitt ein Schüler innere Blutungen und Kopfverletzungen.[16] Der Vandalismus und die körperlichen Auseinandersetzungen der Jugendlichen nahmen solche Ausmaße an, dass Rektoren beim Schulamt zu erwirken versuchten, Schulen für HJ- und BDM-Dienste komplett zu sperren: „Die 66. Volksschule sollte für HJ-Dienste nicht mehr zur Verfügung stehen" (1943) – solche Forderungen hatten aber keine große Aussicht auf Erfolg. Nach der Verwüstung zweier Räume in der Kreuzschule verbot allerdings die Schulleitung das Gebäude für HJ-Dienste tatsächlich. Als die Schulleitung die Dresdner Jugendführung zur Rede stellte, verwies diese auf das Fehlen geeigneter HJ-Führer mit genügend Autorität, da sich diese im Kriegseinsatz befänden. Diese Aussage ergänzt bezeichnend die vielfach geäußerte Vermutung, dass der Mangel an HJ-Führern einer der Gründe für eine Steigerung der Jugendkriminalität war. Problematisch erwies sich aus Sicht der Polizei und der Gerichte auch die Übergangszeit vom Schulabschluss bis zum Eintritt in den Arbeitsdienst oder die Wehrmacht; in dieser Zeit fühlten sich die Jugendlichen frei von allen Zwängen

Kriminalität hat oft eine Ventilfunktion, die der Staat insoweit toleriert, um Druck abzubauen oder sogar nutzt, um sie gegen bestimmte Bevölkerungsgruppen zu richten. Gewünscht und geduldet, wenn nicht gar initiiert, waren Sachbeschädigungsdelikte von Jungvolk und HJ gegen Kirchen und Pfarrämter, wenn der Pastor Mitglied der Bekennenden Kirche war, oder Gewalt gegen Behinderte.[17] In diesen Fällen waren Anzeigen gegen unbekannt völlig aussichtslos. Die Jugendkriminalität fungierte als verlängerter Arm staatlichen Terrors gegen Andersdenkende, übte Druck auf das Umfeld des Opfers aus, sorgte so für eine klare soziale Trennung in „Wir" und „Ihr" und für einen größeren Zusammenhalt innerhalb der vermeintlichen „Volksgemeinschaft". Allerdings beobachteten die staatlichen Behörden die Entwicklungen sehr genau und griffen ein, wenn es ihnen notwendig erschien. Auf Weisung des Reichsjustizministers wurde die „Gerichtliche Erziehungskartei" geschaffen, in der Normenverstöße

---

15 Beschwerden gegen Hitlerjugend 1942–1944 (Stadtarchiv Dresden, 2.3.20-1556, unpag.).
16 Diese und die folgenden Beispiele ebd.
17 Vgl. z. B. Konstantin Hermann, Der Notbundpfarrer Walter Adam in Frauenstein 1933–1937. „Kavallerist der Bekennenden Kirche". In: Herbergen der Christenheit, 34/35 (2010/2011), S. 195–212.

und auch Disziplinarstrafen der HJ vermerkt wurden.[18] Welchen praktischen Wert sie in Sachsen hatte, ist unbekannt. Hinweise auf diese „Erziehungskartei" fanden sich in den Quellen bisher nicht.

„Verbrecherkarrieren" wurden vom Staat nicht geduldet. Solange die Delikte jugendtypische Einzelfälle waren, blieben sie häufig ungeahndet. Vor allem die Meldungen über Vandalismus und Eigentumsdelikte scheinen als aussichtslos betrachtet worden zu sein, die auch stets den Schwerpunkt der Jugendkriminalität bildeten. So wurden im Monat Dezember 1943 in Dresden 198 Delikte und Straftatbestände angezeigt, davon waren 101 Diebstähle, vier Brandstiftungen, acht Vermisstenmeldungen, drei Selbstmorde, fünf Selbstmordversuche und Weiteres. Hinzu kamen 198 Übertretungen der Polizeiordnung zum Schutz der Jugend.[19] Arbeitsbummelei und „Verwahrlosung" wurden als Einstieg in die Jugendkriminalität gesehen. In den Zeitungen erschienen Meldungen über Jugendkriminalität selten; wenn, dann lediglich ohne Namensnennung, da diese für Jugendliche verboten war, um eine Resozialisierung zu erleichtern.

Kinder und Jugendliche, die durch die erweiterte Kinderlandverschickung in bombensichere Gebiete kamen, waren entwurzelt und fanden oftmals bei den Jugendlichen vor Ort eine neue Peergroup, weshalb sie nicht selten überproportional bei Delikten erscheinen.[20] Die Beaufsichtigung erfolgte durch ihnen zunächst fremde Erwachsene, die angesichts der Wochenarbeitszeit nach Ausrufung des „totalen Kriegs" von 56 Stunden keine Zeit für einen wirklichen Einfluss hatten. Die genauen Zusammenhänge zwischen kinderlandverschickten Jugendlichen und Kriminalität ist für Sachsen noch nicht erforscht. In den Großstädten Berlin oder Hamburg lässt sich nach Bombenangriffen ein deutlicher Anstieg der Jugendkriminalität feststellen. Nach dem verheerenden Luftangriff auf Hamburg schlug der sächsische Gauleiter Martin Mutschmann am 20. Dezember 1943 aufgrund der Erfahrungen in der Hansestadt vor, Sammellager einzurichten, Straßensperren an Ausfallstraßen vorzubereiten und Ähnliches mehr, da auch in Dresden die Jugendkriminalität nach einem Luftangriff steigen würde.[21]

Der Anstieg der Jugendkriminalität in den Kriegsjahren war jedoch ein internationales Phänomen. Die hier wiedergegebenen kursorischen und beispielhaften Delikte führen wieder zur Ausgangsfrage der Funktion von Jugendkriminalität in den letzten drei Kriegsjahren und zur Frage der „konstruierten Kriegskriminalität".[22] Die „Produktion von Gerichtsurteilen", so Kebbedies,

---

18 Vgl. Ulrike Jureit, Erziehen – Strafen – Vernichten. Jugendkriminalität und Jugendstrafrecht im Nationalsozialismus, Münster 1995, S. 86; Kathrin Kollmeier, Ordnung und Ausgrenzung. Die Disziplinarpolitik der Hitler-Jugend, Göttingen 2007, S. 241, 250.
19 Beschwerden gegen Hitlerjugend 1942–1944 (Stadtarchiv Dresden, 2.3.20-1556, unpag.).
20 Ebd.
21 Ebd.
22 Kebbedies, Kontrolle, S. 14–18.

erfolgte in einer Normalitätsfunktion, da die Gesellschaft moralisch gefährdet schien. Normen wurden zunehmend ausgehebelt. Diese Erosion der Gesellschaft, die nur oberflächlich so festgefügt schien, zeigt sich auch in der Jugendkriminalität. Neben den Einzelbefunden und der geschilderten Gesamtentwicklung wird dies auch in aktenkundigen Äußerungen von Jugendlichen und jenen der Lehrer und Werksausbilder deutlich, die von „unglaublichem Fernbleiben und Bummeleien" sprachen. Das Jugendamt Dresden stellte bereits am 10. Januar 1943 fest: „Unter den Jugendlichen heißt es: ‚Wer seine Pflicht bis zum Letzten erfüllt, ist der Dumme.'" Erst wenige Tage vorher hatte der SD in seinem Bericht vom 4. Januar ausführlich über den „Sittenverfall" der deutschen Jugend berichtet.[23] Die ältere Jugend musste bereits mit 15 Jahren jede dritte Nacht Luftschutzdienste wie Erwachsene übernehmen, aber sie unterlagen andererseits den Jugendschutzanordnungen. Für die meisten Deutschen entsprach eine militärische Niederlage dem Ende des eigenen Volks; Endzeitstimmung herrschte, in der alles gleich war. Dass der Wert eines Menschenlebens auch bei den Jugendlichen sank, die im Kampfeinsatz standen, war eine fast automatische Folge, die sich auch auf das Zivilleben übertrug. Ohne Zweifel führte dieses Abstumpfen zu einer höheren Toleranzschwelle bei Kriminalitätsdelikten.

Angesichts des „totalen Krieges", der jede Ressource verlangte, und der geringen Wirksamkeit der Polizeiverordnung erhielt das am 6. November 1943 erlassene und ab dem 1. Januar 1944 geltende Reichsjugendgerichtsgesetz (oft kurz Reichsjugendgesetz genannt) eine große Bedeutung, da es die Strafmündigkeit, die seit 1923 bei 14 Jahren lag, zwar nicht formell, aber praktisch auf zwölf Jahre reduzierte.[24] Es entsprach dem Wesen der NS-Ideologie, dass der Jugendstrafvollzug sich nur auf Deutsche oder „Angehörige artverwandten Blutes" bezog. Das Reichsjugendgerichtsgesetz galt hinsichtlich seines Erziehungsaspekts als fortschrittlich. Allerdings verblieb die Strafe als erstes Mittel im Gesetzestext, die Erziehung rangierte nur an dritter Stelle, und das Gesetz galt nur für „besserungsfähige" Gefangene; eine Passage, die individuell ausgelegt werden konnte. Um die Erziehungsmaßnahmen nicht zu „gefährden", wurden mittels Gesetz vom 20. Dezember 1943 Sonderabteilungen für „Abartige", „Vollzugsversager" und sonstige „Unerziehbare" gebildet. Die Forderung nach Erziehung und dann erst nach Bestrafung, die sich im Gesetzestext aber so nicht wiederfand, war Ausdruck einer veränderten Sicht auf den Jugendlichen als Teil der Gesellschaft. Das Bestreben nach Wiedereingliederung der Jugendlichen in die „Volksgemeinschaft" existierte schon vor Kriegsbeginn und basierte auf einem Dreiklang aus Erziehungsmaßnahmen, Zuchtmitteln (bspw. Jugendarrest) und Jugendstrafen. Die bloße Geldstrafe galt als nicht mehr zeitgemäß, und ein eventuell nötiger Strafantritt sollte möglichst schnell nach der Verurteilung

---

23 Heinz Boberach, Meldungen aus dem Reich 1938–1945. Die geheimen Lageberichte des Sicherheitsdienstes der SS, Nr. 347 vom 4.1.1943, S. 4617–4627.
24 Siehe http://www.gesetze-im-internet.de/jgg/index.html (4.5.2015).

erfolgen, da somit der Jugendliche am ehesten die Strafe mit dem Delikt in Verbindung bringen könnte, wovon sich die Strafverfolger ein zukünftiges normenkonformes Verhalten erhofften.

Entnazifizierung und Jugendpolitik in der Nachkriegszeit

Nach dem Zusammenbruch des NS-Regimes und der bedingungslosen Kapitulation Deutschlands inhaftierten die sowjetischen Besatzer auch Jugendliche in Speziallagern. Die Inhaftierungen waren teils begründet, teils willkürlich. In den Augen der Sowjets war die Jugend Nazideutschlands, zum Fanatismus erzogen, mitschuldig geworden. Der größte Teil war während des Nationalsozialismus in diversen NS-Organisationen, vor allem in der Hitlerjugend, eingebunden gewesen und galt daher als politisch belastet. In der Endphase des Krieges hatten sie an Kampfhandlungen teilgenommen, und manche waren an Kriegsverbrechen beteiligt. Eine „Kollektivschuld" ließ sich aber, gerade in Bezug auf die deutsche Jugend, nicht aufrechterhalten, wenn es an den Aufbau einer neuen Gesellschaft gehen sollte. Die Mobilisierung der Jugend für den Aufbau eines grundlegend neuen, antifaschistischen Staats setzte daher eine Befreiung von Verantwortung, Umerziehung und zügige Entnazifizierung ehemaliger NSDAP- oder SS-Mitglieder voraus.

Am 13. Oktober 1945 bestimmte eine Verordnung der sächsischen Landesverwaltung, dass die Jugendlichen, die „im Rahmen der Überführung ganzer Jugendverbände in die Partei überwiesen worden sind", ebenso wie diejenigen, die im Alter von unter 21 Jahren einzeln der NSDAP beigetreten waren, nicht mehr als Parteigenossen zu behandeln seien.[25] Nominelle HJ- und BDM-Mitglieder waren, anders als die NS-Jugendfunktionäre, bereits zuvor durch die Verordnung über den personellen Neuaufbau der öffentlichen Verwaltungen nicht mehr von der Beschäftigung im öffentlichen Dienst ausgeschlossen.[26]

Den zugelassenen Parteien war die Gründung von Jugendorganisationen verboten, und so bildeten zunächst die im Sommer 1945 entstandenen Jugendausschüsse auf Landes-, Regional- und Lokalebene die einzigen Jugendvertretungen, die meist von der KPD dominiert waren. Christen, Liberale und andere „Bürgerliche" wurden an den Rand gedrängt. Hermann Axen wurde Vorsitzender des sächsischen Landesjugendausschusses. Die Jugendausschüsse gehörten strukturell zum Referat I 4 K der Abteilung I, Inneres und Volksbildung, die dem Vizepräsidenten der Landesverwaltung Kurt Fischer unterstand.[27] Der Dresdner

---

25 Verordnung über die Behandlung ehemaliger Mitglieder der NSDAP. In: Amtliche Nachrichten der Landesverwaltung Sachsen, Nr. 1 vom 24.11.1945.
26 Verordnung über den personellen Neuaufbau der öffentlichen Verwaltungen. In: ebd. vom 17.8.1945.
27 Amtliche Nachrichten der Landesverwaltung Sachsen, Nr. 13 vom 1.12.1945, S. 1 f.

Ausschuss wurde am 17. Juli 1945 gegründet und vertrat alle Jugendlichen vom 14. bis 21. Lebensjahr. Verbrämt sah er sich als „keine parteipolitische Bewegung, sondern als antifaschistische Jugendbewegung", die keine „zwangsweise Umerziehung der Jugend" wolle, sondern sich auf die „kämpferischen Ideale der Jugend für Demokratie" verließ.[28] Frühere HJ- und BDM-Führer sollten an der Jugendleitung nicht beteiligt werden; ein Prinzip mit kurzer Halbwertszeit. Der Jugendausschuss der Stadt Dresden stellte am 19. Oktober 1945 in Folge der Verordnung der sächsischen Landesverwaltung vom 13. Oktober klar, dass „die Mitgliedschaften von BDM, HJ und jungen Parteigenossen, die infolge der Massenübertragen in die NSDAP eintreten mussten, nicht relevant" seien. Der Jugendausschuss ließ deshalb am 4. November Großveranstaltungen ausrichten, auf denen verkündet wurde, „dass sie [die HJ-und BDM-Mitglieder] jetzt die Chance haben, sich durch fleißige Mitarbeit am Wiederaufbau in den neuen demokratischen Staat einzureihen". Die Parole „Wir rufen die Jugend – die gesamte Jugend muss es sein!" markierte den umfassenden Anspruch, alle Jugendlichen einzubinden, der sich mit der Gründung der Freien Deutschen Jugend noch verstärken sollte. Die zeitweiligen Differenzen zwischen Jugendausschuss und FDGB sowie Walter Weidaucr, Oberbürgermeister der Stadt Dresden, dürfen nicht über die grundsätzliche Einigkeit in der Jugendpolitik hinwegtäuschen, die sich immer wieder in Differenzen mit christlichen, der CDU nahestehenden Jugendlichen zeigte. Die SMAD verfügte am 15. November 1945, dass Kinder und Jugendliche zu Gottesdiensten und in den Religionsunterricht gehen könnten, da Vertreter der Kirchen in den Jugendausschüssen nicht tätig sein durften; alle anderen politischen, sozialen und kulturellen Betätigungen aber im Rahmen der Jugendausschüsse stattfinden müssten, in denen die KPD über die Deutungshoheit verfügte.[29] Vom 1. bis 3. Dezember 1945 fand in Berlin die erste Arbeitstagung der Jugendausschüsse der SBZ statt.

Der 7. März 1946 gilt als offizielles Gründungsdatum der Freien Deutschen Jugend (FDJ), die den Anspruch hatte, alle Jugendlichen unter ihrem Banner zu versammeln, und de facto deren Tatkraft für den Neuaufbau instrumentalisierte. Wolfgang Leonhard erinnerte sich, dass der spätere sächsische Landesleiter der FDJ, Robert Bialek, auf dem Gründungskongress 1946 davon sprach, dass sich die FDJ in einer Übergangsphase zu einer kommunistischen Jugendorganisation befände.[30] Christliche Jugendliche wollten sich daraufhin aus der Gründung der

---

28 Statut des Jugendausschusses der Stadt Dresden, S. 2 (SächsHStAD, Ministerium für Volksbildung, 11401, Nr. 1240, unpag.).
29 Waldemar Pilaczek, der Verbindungsmann zwischen katholischer Kirche und FDJ, beklagte bei einer Arbeitstagung im Valtenberghaus im Juli 1946 die massiven Einschränkungen für die Kirchen. Vgl. auch zu der Verfügung der SMAD Mike Schmeitzner, Im Schatten der FDJ. Die „Junge Union" in Sachsen 1945–1950, Göttingen 2004, S. 120.
30 Franz Sommerfeld, Die typischen Funktionäre waren vom Schlage Erich Honeckers. In: Berliner Zeitung vom 21.12.1991, S. 35. Vgl. allg. Jugend und Diktatur. Verfolgung und Widerstand. Hg. von der Friedrich-Ebert-Stiftung, Leipzig 2001.

FDJ zurückziehen. Erich Honecker, zukünftiger Vorsitzender der FDJ, nannte Bialek einen „Rabauken", verbot ihm jede weitere Äußerung und setzte gemeinsam mit Hermann Axen die Gespräche mit den Christen fort. Leonhards Fazit: „Die Christen glaubten Honecker und Axen, den schleimigen Stalinisten, aber nicht Bialek." Tatsächlich vollzog sich der Aufbau der staatlichen Jugendorganisation in der „zweiten deutschen Diktatur" kohärent.[31] Mitglieder der LDP und CDU beargwöhnten den Aufbau der FDJ als neue Staatsjugend. Nach außen stellte sich die FDJ als überparteiliche Sammelbewegung dar, interne Schulungen dienten aber schon zu einem frühen Zeitpunkt der Gewinnung einer neuen Funktionselite. Die FDJ nutzte schon bestehende Schulungsheime wie die Landesjugendschule Valtenberghaus bei Neukirch/Lausitz, die mit ihrer Eröffnung am 1. Februar 1946 die erste überhaupt in der SBZ war. Die „Aktivisten der Jugendlichen", die von den Kreisjugendausschüssen zur Schulung vorgeschlagen worden waren, wurden hier in vierwöchigen Kursen mit 110 Teilnehmern auf ihre zukünftigen Aufgaben vorbereitet. Im Kreis Annaberg existierte eine Heimschule, und in Grumbach wurde eine Jugendherberge als Schulungsheim genutzt.[32] Kaum Wirkung entfaltete das nach Berliner Vorbild eingerichtete „Werk der Jugend des Landes Sachsen", das bereits 1949 wieder aufgelöst wurde. Es war zur Behebung der Jugendarbeitslosigkeit, für eine bessere Berufsbildung und der Organisation von Jugendsondereinsätzen ins Leben gerufen worden.

Das Verhältnis zu den politisch belasteten Jugendlichen war in der Aufbauphase unter Jugendpolitikern Gegenstand kontroverser Ansichten. Eine besondere Rolle spielte hierbei der schon erwähnte sächsische FDJ-Landesleiter Robert Bialek, der zugleich stellvertretender Vorsitzender des Jugendausschusses im Sächsischen Landtag war. Dem Landtagsausschuss gehörten Ralph Liebler (LDP), Elfriede Dierlamm (LDP), Magdalena Kupfer (CDU), Wolfgang Ulrich (CDU), Helga Lange (SED), Luise Bäuml (SED), Robert Bialek (SED) und Edith Brodkorb (SED) an.[33] In der ersten Sitzung des Landtags am 25. Juni 1946 sprach Bialek von einer „maßlos betrogenen Jugend" und forderte die Herabsetzung des Wahlalters auf 18 Jahre; die Jugend brauche mehr Verantwortung, die sie ausüben könne. Bialeks Forderung wurde ein Jahr später durch den Landtag beschlossen.[34] Im Januar 1947 resümierte er in der Debatte des Landtags zum „Antrag der Fraktionen des Antifaschistisch-demokratischen Blocks auf Behandlung jugendlicher nomineller Mitglieder der NSDAP oder ihrer Gliederungen als gleichberechtigte Staatsbürger": „Alle waren sich einig,

---

31 Paul Verner zum einjährigen Jubiläum der FDJ-Gründung. In: Neues Deutschland vom 7.3.1947. Zu diesem Zeitpunkt zählte die FDJ 425 000 Mitglieder. Zum Verhältnis von FDJ und Junger Union. Vgl. Schmeitzner, Im Schatten der FDJ, S. 109–118.
32 N. N., Jugendarbeit in Sachsen. In: Berliner Zeitung vom 21.3.1946, S. 7.
33 Mitgliederliste von 1947 (SächsHStAD, Ministerium für Volksbildung, 11401, Nr. 1243, unpag.); Allgemeiner Schriftwechsel (SächsHStAD, Sächsischer Landtag, 11375, Nr. 097 und 095, Ausschusssitzungen).
34 Akten und Verhandlungen des Sächsischen Landtags (künftig: Landtagsprotokolle) vom 25.6.1946, S. 13.

dass die deutsche Jugend [...] nicht verantwortlich zu machen ist."³⁵ Für ihn war das nicht nur ein Lippenbekenntnis: Bialek nutzte den Wunsch von HJ-Führern wie Werner Zscheile nach Rehabilitierung durch das „Abtragen ihrer Schuld". Schon im Oktober 1945 hatte Bialek eine drei- bis sechsmonatige Karenzzeit für HJ- und BDM-Führer vertreten, die für die Möglichkeit einer schnellen Wiedereingliederung dankbar waren.³⁶ Johanna E. aus Jahnsdorf/Erzgebirge war Mitarbeiterin der Gemeindeverwaltung, wurde jedoch aufgrund ihrer Funktion als Scharführerin beim BDM von 1943 bis 1945 entlassen und war seit dem 1. September 1947 als Schreibkraft im Sekretariat des FDJ-Kreisverbandes Stollberg beschäftigt. Dagegen opponierte der örtliche Entnazifizierungsausschuss aufgrund ihrer politischen Belastung und wandte sich an den Jungendausschuss des Landtags. Ein Beispiel dafür, mit welcher Gewissenhaftigkeit die Entnazifizierungsausschüsse bei Jugendlichen arbeiteten.³⁷ Bialeks Meinung hingegen war klar: Frau E. falle unter die Rehabilitierungsbemühungen für die Jugend. Des Weiteren könne die FDJ als Schreibkraft einstellen, wen sie wolle, wogegen der Entnazifizierungsausschuss gar nichts unternehmen könne.³⁸

Am 27. März 1947 verabschiedete der Landtag das „Gesetz zur Behandlung der jugendlichen Mitglieder der NSDAP und ihrer Gliederungen", das die rechtliche Gleichstellung zwischen jugendlichen und erwachsenen Mitgliedern der NS-Organisationen gewährleistete. Von einer generellen „Jugendamnestie" kann hier nur bedingt gesprochen werden, da beispielsweise HJ-Funktionäre, ab dem Rang eines Unterbannführers, weiterhin als belastet galten.³⁹ Bialek bezog für die SED in der Frage der Amnestie eine scharfe Frontstellung zu den anderen Parteien.⁴⁰ Ralph Liebler, der Vertreter der LDP im Jugendausschuss, plädierte für eine „Freisprechung der Jugend von den Fehlern der Vergangenheit", da sich die Mehrheit der Jugendlichen im Nationalsozialismus anständig benommen habe.⁴¹ Bialek wandte sich gegen das „Freisprechen" im Sinne Lieblers: Die SED habe sich nie bereit gefunden, „die deutsche Jugend für schuldig zu erklären. Aus diesem Grund werden wir immer dagegen sein, von einer Jugend-‚Amnestie' zu sprechen."⁴² Eine Verfügung über die vollen Staatsbürgerrechte der Jugend wurde im gleichen Jahr für die gesamte SBZ erlassen.⁴³

---

35 Landtagsprotokolle vom 29.1.1947, S. 111.
36 Schmeitzner, Im Schatten der FDJ, S. 33 f.
37 Schreiben des Ministeriums des Innern: Entnazifizierung der Jugendlichen in Bad Elster vom 29.11.1947 (SächsHStAD, Ministerium für Volksbildung, 11401, Nr. 1243, unpag.). Die Entnazifizierungskommissionen wurden auf Befehl vom 26.2.1948 in der gesamten SBZ aufgelöst.
38 Bialek an FDJ Stollberg vom 3.9.1947 (SächsHStAD, Ministerium für Volksbildung, 11401, Nr. 1243).
39 Gesetz vom 8.4.1947. In: Gesetz- und Verordnungsblatt Land Sachsen, S. 135.
40 Landtagsprotokolle vom 29.1.1947, S. 111.
41 Ebd.
42 Ebd.
43 Paul Verner, Jahrgang 1919 und jünger. In: Neues Deutschland vom 14.2. und 6.3.1947.

Nach Gründung der FDJ gingen die Jugendausschüsse bald in dieser auf – in Dresden schon am 20. März 1946.⁴⁴ Am 21. August 1946 nahmen am ersten ostsächsische Jugendtag in Bautzen 20 000 Jugendliche teil. Die FDJ organisierte Tanz- und Musikveranstaltungen, die nicht immer frei von machtpolitischen Implikationen waren, und ließ seitens der bürgerlichen Parteien, LDP und CDU, keine Kritik an deren Ausgestaltung zu. In einer Varietéveranstaltung von Fred Tichy im Liho-Varieté in Zwickau sah die LDP in der „vorgeführten Verjüngungszene die intimsten Beziehungen der Menschen in den Schmutz gezogen, dass wir mit Recht eine erhebliche Verwahrlosung der Jugend erblicken könnten", deren „Moral stark herabgesunken" sei. Die FDJ agierte selbstbewusst gegen „bürgerliche Kräfte", bestand aber auch gegenüber anderen sozialistischen Massenorganisationen wie dem FDGB auf ihrer Gestaltungsfreiheit. Als am 4. Dezember 1949 in Dresden-Dobritz in einem Musikwettbewerb der FDJ drei Jazzkapellen „seichte Kaffeehausmusik" spielten, die nach Meinung des Vorsitzenden der Dresdner FDGB-Abteilung Bühne, Film, Musik, Artistik „neben dem Umstand, dass sie ungekonnt war, nicht gerade die von uns fortschrittlichen Menschen angestrebte Volksmusik" sei, schlug der FDJ-Kreisverband Abteilung Kultur zurück. Jede Grundeinheit der FDJ könne eigene Tanzveranstaltungen ausrichten; zwar diene die in Dobritz sicher nicht dem „sozialistischen Aufbau", doch besser lebten die Jugendlichen im Alter von 14 bis 16 ihre „Tanzwut" hier als in Gaststätten aus. Abgesehen davon, so der FDJ-Kreisverband weiter, „schulen wir bei uns keine ‚Führerschaft', sondern FDJ-Funktionäre".⁴⁵

Geschlechtskrankheiten nahmen nach 1945 rasant zu, sodass dies zu einem wichtigen Thema der Jugendarbeit avancierte. Ein weiteres Problem waren die vielen sogenannten Grenzgänger, für die ein zentrales Sammelheim in Leipzig und ein weiteres in Plauen im Vogtland eingerichtet wurde. Diese ergänzten die zahlreiche Durchgangsheime in Dresden, Flöha, Görlitz, Auerbach, Meißen, Chemnitz, Zwickau, Döbeln, Glauchau und Rochlitz sowie Stationen in Dresden (Kreis), Zittau, Pirna, Löbau, Hoyerswerda und Borna.⁴⁶ Diese Heime waren bis Ende des Jahres 1949 einzurichten, um zu verhindern, dass aufgegriffene jugendliche Grenzgänger einfach in lokale Gefängniszellen, möglicherweise zusammen mit Straftätern eingesperrt würden, wo sie unter „schlechten Einfluss" hätten geraten können.

---

44 Schmeitzner, Im Schatten der FDJ, S. 28–30; B., Probleme der Jugend. In: Berliner Zeitung vom 19.3.1946, S. 2. Vgl. auch Mike Schmeitzner, Formierung eines neuen Polizeistaats. Aufbau und Entwicklung der politischen Polizei in Sachsen 1945–1952. In: Rainer Behring/ders. (Hg.), Diktaturdurchsetzung in Sachsen. Studien zur Genese der kommunistischen Herrschaft 1945–1952, Köln 2003, S. 201–267.
45 Schreiben vom 22.12.1949 (SächsHStAD, Ministerium für Volksbildung, 11401, Nr. 1240, unpag.).
46 Merkblatt zum Berichtswesen zur Heimerziehung vom März 1951 (ebd., Nr. 2839, unpag.).

Jugendkriminalität in der SBZ

Eine Devianz, auf die keine gesellschaftliche Sanktion folgt, ist keine Normabweichung. Eine Straftat, die nicht von Strafverfolgungsbehörden geahndet wird, bleibt eine Straftat. Deutschland war 1945 kein rechtsfreier Raum, aber in vielen Fällen fehlten die Instanzen, die Delikte hätte verfolgen und ahnden können. Ralph Dahrendorf schrieb rückblickend: „Plötzlich wurden allen klar, dass es keine Autorität mehr gab, nicht die geringste Spur einer Autorität." Er stahl fünf Bücher und fragte: „Angeeignet? Alle trugen Taschen und Koffer nach Hause, die mit gestohlenen Dingen vollgestopft waren. Gestohlen? Dieser Augenblick vollkommener Gesetzlosigkeit war nur ein Atemholen zwischen zwei Regimen."[47] Die meisten Eigentumsdelikte dieser Zeit waren geprägt vom Kampf um das nackte Überleben. An Büchern werden wohl die wenigsten vordergründiges Interesse gehabt haben, vielmehr hatte die Versorgung mit Nahrung, Kleidung und Heizmaterial Priorität. Besonders im Winter 1946/47 schnellte die Zahl der Diebstähle nach oben, aber nicht alle waren der Existenzsicherung geschuldet, manche waren getrieben von banaler Sucht nach Bereicherung. In Zwickau verübten am 10. Juni 1946 drei Jugendliche, ehemals Mitglieder der Hitlerjugend, einen Einbruch mit Waffengewalt und erschossen dabei einen Bergarbeiter. Solche Raubzüge mit Todesfolge waren die Ausnahme. Das Präsidium der Landesverwaltung nutzte aber das milde Urteil, um den Staatsanwalt und den Jugendrichter mit „abzuräumen".[48] Die Strafverfolgung wurde für politische Säuberung instrumentalisiert, ebenso wie die Vergangenheit, ungeachtet ihrer wirklichen Einflüsse.

Über die Grenzen der Besatzungszonen hinweg wurde die Annahme geäußert, die fehlende Rechtsstaatlichkeit der NS-Zeit sei der Grund für die stark anwachsende Jugendkriminalität nach 1945 gewesen. Die politisch gesteuerten Presseorgane in der SBZ stellten jugendliche Kriminelle, die HJ-Führer gewesen waren, besonders in den Vordergrund. Ihre Vergangenheit sollte als Erklärung ihrer jetzigen Delikte dienen, obwohl es sich bei ihnen meist um Intensivtäter handelte oder politisch missliebige Jugendliche, die nicht der Vorstellung der SED von der „Mitarbeit am demokratischen Wiederaufbau" entsprachen. Viele Jugendliche waren mit Kriegsende arbeitslos geworden, politisch belastete Jugendliche wurden durch die Arbeitsämter zunächst nicht vermittelt und blieben auf sich gestellt. 36 Prozent der beim Arbeitsamt gemeldeten Jugendlichen waren weiblich.[49]

---

47 Zit. nach Nils Christie, Wieviel Kriminalität braucht die Gesellschaft?, München 2005, S. 12.
48 N. N., Staatsanwalt und Richter entlassen. In: Neues Deutschland vom 29.9.1946, S. 2.
49 Anweisung der Verordnung zum Schutze der Jugend vom 14.12.1948 (SächsHStAD, Ministerium für Volksbildung, 11401, Nr. 2874, unpag.).

Die in der Rüstungsindustrie tätigen Jugendlichen hatten bis 1945 relativ hohe Löhne erhalten und standen nun mittellos auf der Straße. Die Mehrzahl der straffällig gewordenen Jugendlichen galt als „verwahrlost". „Fehlgeleitete" waren die Opfer der Kriegs- und direkten Nachkriegszeit, die in die Kategorie der „Asozialen" eingeteilten, traten vor allem in den drei sächsischen Großstädten auf, kontrollierten als Banden ganze Straßenzüge, waren nicht selten von ihren Eltern angeleitet und galten als kaum resozialisierbar. Untersuchungen zur Jugendkriminalität in der unmittelbaren Nachkriegszeit stoßen bei den vorhandenen Statistiken schnell an ihre Grenzen. Wie viele Taten im Dunkeln blieben oder nicht zur Anzeige kamen, ist nicht zu schätzen. Auch die Erfassungsgrundlagen der vorhandenen Statistiken variiert: Von 1934 bis 1936 wurden die 14- bis 18-Jährigen erfasst, von 1947 bis 1949 die 14- bis 21-Jährigen und ab 1950 wieder die Jugendlichen im Alter von 14 bis 18 Jahren. Dieser Erfassung zufolge sank die Jugendkriminalität in Sachsen erst wieder 1950, nachdem sie 1948/49 bis auf leichte und schwere Diebstähle ihren Höhepunkt erreicht hatte. Jedoch war sie weit von den geringen Zahlen der Jahre 1934 bis 1936 entfernt. Die Zahl der Diebstähle sank in Sachsen von 1947 (8 293, allerdings ohne Angabe des ersten Quartals) bis 1949 auf zwei Drittel (5 520), bis 1950 auf die knappe Hälfte (3 567).[50] Im Vergleich zu Berlin waren dies geringe Werte. Brandstiftung galt als typisches Delikt der Jugendkriminalität, während dieses bei Erwachsenen nur vereinzelt auftrat. Widerstand gegen die Staatsgewalt wurde nicht als politischer Widerstand gewertet, sondern als jugendtypische Verhaltensweise, die besonders bei Tanzveranstaltungen häufig vorkam. „Faschistische Aktivitäten" separierte die Polizei erst ab 1950 in der Statistik.

Tabelle 1: Jugendkriminalität in Sachsen in ausgewählten Delikten[51]

	1934	1935	1936	1946	1947	1948	1949	1950
Brandstiftung	3	3	5	4	51	80	143	116
Körperverletzung	36	50	44	35	116	124	164	81
Mord/Totschlag	2	1	1	0	10	14	16	3
Raub	4	7	6	7	23	31	11	10

Die starke Zunahme von Delikten im Jahr 1949 dürfte am ehesten durch die wieder verstärkte Aufmerksamkeit der Bevölkerung, erhöhte Polizeipräsenz und die Wiederherstellung einer funktionierenden Strafverfolgung zu erklären sein, wodurch mehr Straftaten ermittelt und zur Anklage gebracht werden konnten. Die Behörden mussten nach 1945 erst ihre Arbeitsfähigkeit wiedererlangen,

---

50 N. N., Sinkende Kriminalität in Sachsen. In: Neue Zeit vom 16.2.1949, S. 6.
51 Zahlen nach Wolfgang Reichel, Die Jugendkriminalität im Lande Sachsen von 1945 bis 1950, Diss. Universität Hamburg 1956, S. 23.

was die fehlenden Zahlen für das erste Friedensjahr erklärt, und erhielten teils neue Verordnungen und Gesetze. Allerdings gab es in dieser frühen Phase große regionale Unterschiede: Im August 1945 wurden in Leipzig 80 Jugendliche verurteilt, in Dresden im gleichen Zeitraum überhaupt keiner. Es gelang den Alliierten nach Kriegsende nicht mehr, sich auf ein neues Jugendgesetz zu einigen, weshalb das Reichsjugendgerichtsgesetz von 1943 zunächst weiter galt. Einige Artikel des Reichsjugendgesetzes waren klar von nationalsozialistischem Geist geprägt; in seinem Ansatz der hervorgehobenen Erziehungsarbeit erwies es sich jedoch als brauchbares und modernes Gesetz und blieb nach 1945, nachdem man die offensichtlichen nationalsozialistischen Implikationen herausgestrichen hatte, zunächst in Kraft.[52] Allerdings hob die SMAD den Jugendarrest schon 1945 auf. Das Polizeikommissariat C8 in Dresden war für die Jugendkriminalität zuständig und erhielt Meldungen aller aufgegriffenen Jugendlichen; nicht nur der Straffälligen, sondern auch von solchen, die als „Arbeits- und Schulbummelanten sowie Herumtreiber" galten.[53] Es konnte Einzelmaßnahmen ergreifen und musste die Jugendlichen an das zuständige Jugendamt melden. Der Jugendausschuss des Landtags beschäftigte sich intensiv mit der Jugendkriminalität, der Strafverfolgung und der Resozialisierung. Der Aufsichtspflicht kam dabei eine große Bedeutung zu: Bei Verletzung der Aufsichtspflicht konnte gegen die Eltern eine mehrmonatige Haftstrafe verhängt werden. Durch Berliner Verordnungen wurde am 9. Dezember 1947 die Entlassenenfürsorge geregelt, am gleichen Tag der Jugendarbeitsschutz.[54] Die „Verordnung zum Schutze der Jugend" vom 14. Dezember 1948 (neu am 20. September 1949) orientierte sich an den bisher bestehenden Regelungen: Alkoholverbot für Jugendliche unter 18 Jahren; generelles Verbot des unbeaufsichtigten Aufenthalts in Gaststätten unter 16 Jahren bzw. der beaufsichtigten Zulassung unter 18 Jahren bis 23 Uhr; Verlassen von öffentlichen Tanzveranstaltungen nach 20 Uhr für Jugendliche unter 16 Jahren.[55] Lokale Schwerpunkte der Arbeit im Ausschuss bildeten Bahnhöfe, Gaststätten und Rummelplätze, die „lichtscheue Elemente" anzögen.[56] Anfangs war es im Jugendausschuss umstritten, ob bestrafte Jugendliche in die Kompetenz des Justiz- oder des Volksbildungsministeriums fallen sollten. Die Mitglieder einigten sich auf letzteres, da die Strafmaßnahmen an Jugendlichen vor allem eine erzieherische Funktion erfüllen sollten. Der Landtag verabschiedete die Verordnung einstimmig.[57]

---

52 Dazu ausführlich Kebbedies, Kontrolle, S. 108–112.
53 Schreiben der Landesbehörde Volkspolizei vom 4.11.1949 (SächsHStAD, Ministerium für Volksbildung, 11401, Nr. 1243, unpag.).
54 Gesetz- und Verordnungsblatt Land Sachsen, Nr. 5 vom 9.12.1947, S. 192, 584–586.
55 Gesetz- und Verordnungsblatt Land Sachsen, Nr. 26 vom 30.9.1949.
56 Anweisung der Verordnung zum Schutze der Jugend (SächsHStAD, Ministerium für Volksbildung, 11401, Nr. 2874, unpag.). Siehe Landtagsprotokolle vom 6.2.1947, S. 150 f.
57 Landtagsprotokolle vom 22.4.1948, S. 949 f., und 8.11.1948, S. 1079.

Dem Erziehungsaspekt sollten auch die ab November 1948 eingerichteten Jugendwerke wie das auf der Festung Königstein dienen, wo zunächst 30 Jugendliche einquartiert wurden, deren Haftstrafe in eine Resozialisierungsmaßnahme umgewandelt worden war.[58] Schon bald jedoch trug der Begriff „Jugendwerkhof" das Odium brutaler Erziehung und Gewalt. In Waldheim, wo „einstmals Augustinermönche wandelten", wie die „Neue Zeit" schrieb, waren 1949 über 300 Jugendliche inhaftiert.[59] Die Arbeit mit den Jugendlichen knüpfte einerseits an die reformpädagogisch-individualpsychologischen Konzepte der 1920er-Jahre an, andererseits an die Erkenntnisse des sowjetischen Pädagogen Anton S. Makarenko. Dem Ansatz der 1920er-Jahre zur Prävention und Resozialisierung sollte ausdrücklich nicht mehr gefolgt werden, wie auch der liberaldemokratische Abgeordnete Liebler im Landtag betonte.[60] Die Spielräume der Länder wurden angesichts der zunehmenden Zentralisierung immer geringer, und erfahrene Fachkräfte der Gefängnis- und Resozialisierungsarbeit verloren an Einfluss. Am 8. Februar 1951 wurde das Gesetz zur Förderung der Jugend für die gesamte DDR verabschiedet. Die „Diskussion" zum Gesetz bestand nur aus Parolen des „antifaschistisch-demokratischen Blocks" – der Ost-West-Gegensatz bestimmte die Debatte.[61]

Das Sinken der Jugendkriminalität unter den vorgeblichen besseren Lebensbedingungen in der DDR als in der BRD war ein neuer Aspekt der Instrumentalisierung der Jugendkriminalität in Zeiten der Blockkonfrontation. Gegen oppositionell-widerständische Jugendliche ging die DDR brutal vor. 1951 bereits reichten die Plätze in den Jugendwerkhöfen nicht mehr aus, sodass die Staatsanwaltschaft Chemnitz die Wiedereinführung des Jugendarrests anregte und die lange Zeitspanne zwischen eigentlicher Tat und Verurteilung beklagte. Die Jugendstaatsanwaltschaften erfuhren jedoch keine Aufstockung, sondern ihre Abschaffung. Apate hatte Aletheia endgültig überholt: Sinnbild der DDR.

---

58 N. N., Königstein wird Jugendlehrhof. In: Neues Deutschland vom 30.10.1949, S. 6.
59 B., Hinter der zweiten Ringmauer. In: Neue Zeit vom 12.11.1949, S. 8.
60 Landtagsprotokolle vom 22.4.1948, S. 950.
61 Landtagsprotokolle vom 6.5.1951, S. 230.

Jenseits von Politik und Plan?
Langfristigkeit als Moment der Transformation sächsischer Unternehmen nach 1945

Swen Steinberg

Die mit der sowjetischen Besatzung verbundenen Enteignungen und Demontagen beendeten auch in Sachsen die Ära der großbetrieblichen Privatwirtschaft,[1] die die früh industrialisierte Region in der Bevölkerungs- und Sozialstruktur wesentlich geprägt hatte.[2] Der vorliegende Beitrag überprüft diese gemeinhin verbreitete Sicht auf das Jahr 1945 als „harte Zäsur", argumentiert aber aus einer anderen Frageperspektive: Er behandelt nicht die bislang sehr eingehend untersuchten wirtschaftspolitischen Rahmenbedingungen, für die die Einschätzung der Zäsur sicherlich zutrifft,[3] oder die in der zeitgeschichtlichen Forschung zur DDR-Wirtschaftsgeschichte verbreitete Perspektive auf wirtschaftspolitische Makrostrukturen und das „vorhersehbare Scheitern".[4] Vielmehr werden anhand von Einzel- und Branchenbeispielen Transfers und Kontinuitäten aufgezeigt bzw. hinterfragt, die die weitere wirtschaftliche Entwicklung des sächsischen wie ostdeutschen Wirtschaftsraumes nach 1945 ebenso bzw. mutmaßlich deutlich langfristiger prägten: Die Transformation nach 1945 wird eher als eine

---

1 Vgl. den Überblick bei Rainer Karlsch/Michael Schäfer, Wirtschaftsgeschichte Sachsens im Industriezeitalter, Leipzig 2006; Hubert Kiesewetter, Die Industrialisierung Sachsens. Ein regional-vergleichendes Erklärungsmodell, Stuttgart 2007; sowie zu Demontagen und Wiederaufbau in Sachsen Gerd R. Hackenberg, Wirtschaftlicher Wiederaufbau in Sachsen 1945–1949/50, Köln 2000.
2 Vgl. Frank Heidenreich, Arbeiterkulturbewegung und Sozialdemokratie in Sachsen vor 1933, Köln 1995; Rudolph, Karsten, Die sächsische Sozialdemokratie vom Kaiserreich zur Republik (1871–1923), Köln 1995.
3 Vgl. Winfrid Halder, „Modell für Deutschland". Wirtschaftspolitik in Sachsen 1945–1948, Paderborn 2001.
4 Vgl. Albrecht Ritschl/Tamás Vonyó, The roots of economic failure: what explains East Germany's falling behind between 1945 and 1950? In: European Review of Economic History, 18 (2014) 2, S. 166–184; André Steiner, The Plans that Failed. An Economic History of the GDR, New York 2010; Peter Alheit/Hanna Haack, Die vergessene „Autonomie" der Arbeiter: Eine Studie zum frühen Scheitern der DDR am Beispiel der Neptunwerft, Berlin 2004; und demgegenüber Andrew Port, Die rätselhafte Stabilität der DDR. Arbeit und Alltag im sozialistischen Deutschland, Berlin 2010; Marcel Boldorf/Ralf Ahrens, Systembedingte Innovationsschwäche und betriebliches Innovationsverhalten in der DDR. In: Technikgeschichte, 79 (2012), S. 3–9.

„Varianz- und Kontextgeschichte von Übergängen" dargestellt.[5] Es geht demnach um das Verhältnis von neuen staatlichen Vorgaben bzw. Vorstellungen und den Kontinuitäten an den Standorten, so hinsichtlich sozialer Gruppen (Leitungspersonal, Belegschaften), dem Verhältnis von Eigentums- und Verfügungsrechten sowie Momenten der Binnenidentifikation (Standort- und Produkttraditionen).[6]

André Steiner konstatierte in dieser Perspektive, dass es sich bei der DDR-Wirtschaft um eine „Mischung von Sowjetisierungselementen und der weiteren Nutzung bestehender, wenn auch mitunter modifizierter deutscher Traditionen" handelte.[7] An im Einzelfall untersuchten Beispielen mangelt es allerdings deutlich. Denn wenn die DDR-Betriebe Gegenstand waren, so wurden diese zumeist abgekoppelt von Vor- oder Nachgeschichte nur für die Zeit der SBZ/DDR betrachtet und in der Regel die Sozial- und Kulturpolitik sowie die Gewerkschaftsarbeit in den Blick genommen[8] – selten aber die von Steiner hervorgehobene Frage der Tradition im weitesten Sinne. Hinzu kommen detaillierte Untersuchungen der Personaltransfers nach 1945,[9] die sich allerdings teilweise zu eng auf die Verfolgungspraxis und den nahezu vollständigen Austausch von wirtschaftlichem Führungspersonal als „Installierung einer sozialistischen Personalpolitik" bis in die frühen 1950er-Jahre konzentrierten.[10] Studien, in denen die „Überhänge" der Transformationsphase 1945 gezielt in den Blick

---

5 Vgl. zu dieser Perspektive auf die Zeitgeschichte vor allem Angela Seibold/Marcus Böick, Die Jüngste als Sorgenkind? Plädoyer für eine jüngste Zeitgeschichte als Varianz- und Kontextgeschichte von Übergängen. In: Deutschland Archiv, 44 (2011) 1, S. 105–113.
6 Vgl. für diese Perspektive Marcel Boldorf, Austausch der wirtschaftlichen Führungskräfte in der SBZ/DDR nach dem Zweiten Weltkrieg. In: Jahrbuch für Wirtschaftsgeschichte, 2/2010, S. 47–70, hier 49; sowie zu Eigentums- und Verfügungsrechten in der Unternehmensgeschichte Ulrike Schulz, Economic Perspectives on the Historiography of Law: Property Rights in Business History. In: Interdisciplines. Journal of History and Sociology, 4 (2012) 2, S. 166–193.
7 André Steiner, Die DDR – eine Fußnote der deutschen Wirtschaftsgeschichte? In: ders. (Hg.), Überholen ohne einzuholen. Die DDR-Wirtschaft als Fußnote der deutschen Geschichte?, Berlin 2006, S. 7–10, hier 9. Vgl. zudem den auf betriebliche Prozesse und langfristige Entwicklungen fokussierte Beitrag von Werner Plumpe, Arbeitsorganisation zwischen sowjetischem Muster und deutscher Tradition – die Industriellen Beziehungen. In: ebd., S. 67–89.
8 Vgl. Annette Schuhmann, Kulturarbeit im sozialistischen Betrieb. Gewerkschaftliche Erziehungspraxis in der SBZ/DDR 1946 bis 1970, Köln 2006; Annette Wilczek, Einkommen, Karriere, Versorgung: Das DDR-Kombinat und die Lebenslage seiner Beschäftigten, Berlin 2004.
9 Vgl. Armin Müller, Institutionelle Brüche und personelle Brücken. Werkleiter in Volkseigenen Betrieben der DDR in der Ära Ulbricht, Köln 2006.
10 Vgl. Boldorf, Austausch, S. 47, 49. Angemerkt sei, dass die oben formulierte Kritik lediglich die langfristige Perspektivierung dieses sonst empirisch wie argumentativ hervorragenden Aufsatzes trifft, der zudem qualitativ – hinsichtlich des Phänomens Enteignung/Eignerwechsel aber auch quantitativ – zahlreiche sächsische Beispiele erschließt.

genommen und die Betriebe der DDR als „soziale Handlungsfelder"[11] begriffen werden, sind dagegen für Sachsen und Mitteldeutschland eher selten.[12]

Die „jenseits von Politik und Plan" angesiedelte Fokussierung des vorliegenden Beitrages lässt sich dabei auch auf die Zeit vor 1945 und hier insbesondere auf die wirtschaftspolitischen Eingriffe nach dem Vierjahresplan von 1936 beziehen, der das Verhältnis zwischen Unternehmen und Staat neu justierte.[13] Hinzu kamen freilich rassistisch motivierte Eingriffe, die ab 1937 jüdische Unternehmer aus der Privatwirtschaft ausschlossen.[14] Dabei führte die Frage nach dem Verhältnis zwischen Unternehmen und Staat erst jüngst zu einer Debatte um die Spielräume unternehmerischen Handelns im nationalsozialistischen Deutschland.[15] Eine Frage, die originär auch mit dem Zuschnitt des vorliegenden Sammelbandes verbunden ist: Schließlich macht es einen Unterschied, ob im Rahmen des Vierjahresplans und mehr noch des „totalen Krieges" die Wirtschaft ‚gleichgeschaltet' bzw. zumindest gelenkt war. Oder ob es Handlungsspielräume unternehmerischer Tätigkeit gab, die dann ab Mai 1945 zumindest lokal in andere Voraussetzungen der Transformationen münden konnten.[16] Der Beitrag geht vor allem der Frage nach – und das exemplarisch an den Papierfabriken Kübler & Niethammer[17] –, welche Bedeutung dem Faktor Langfristigkeit im Prozess der wirtschaftlichen Transformation beizumessen ist, von welchen Faktoren er abhängig war und wie stark die Zeitabschnitte vor und nach 1945 im Sinne von „Überhängen" zusammen zu denken sind? Gab es im Kontext der Transformation nach 1945 Entwicklungen „jenseits von Politik und Plan"?

---

11 Vgl. Thomas Welskopp, Der Betrieb als soziales Handlungsfeld. Neuere Forschungsansätze in der Industrie- und Arbeitergeschichte. In: Geschichte und Gesellschaft, 22 (1996), S. 118–142.
12 Vgl. Sönke Friedreich, Autos bauen im Sozialismus. Arbeit und Organisationskultur in der Zwickauer Automobilindustrie nach 1945, Leipzig 2008; Sebastian Fink, Das Stahl- und Walzwerk Riesa in beiden deutschen Diktaturen 1933 bis 1963, Leipzig 2012; Ulrike Schulz, Simson. Vom unwahrscheinlichen Überleben eines Unternehmens 1856–1993, Göttingen 2013; Swen Steinberg, Unternehmenskultur im Industriedorf. Die Papierfabriken Kübler & Niethammer in Sachsen (1856–1956), Leipzig 2015.
13 Vgl. nach wie vor grundlegend Dietmar Petzina, Autarkiepolitik im Dritten Reich. Der nationalsozialistische Vierjahresplan, Stuttgart 1968.
14 Vgl. Boldorf, Austausch, S. 48.
15 Vgl. die Debatte bei Peter Hayes, Corporate Freedom of Action in Nazi Germany. In: Bulletin of the German Historical Institute, 45/2009, S. 29–42; Christoph Buchheim/Jonas Scherner, Corporate Freedom of Action in Nazi Germany: A Response to Peter Hayes. In: ebd., S. 43–50.
16 Marcel Boldorf hat darauf hingewiesen, dass die Enteignungen unterschiedlichen Impulsen folgten und von einer Vielzahl von Faktoren abhängig sein konnten. Unter anderem kommt er zu dem Befund, „dass die Ausschüsse und Sonderbehörden wie die Ämter für Betriebsneuordnung einen größeren Beitrag zum Wechsel der Führungskräfte leisteten als die parallel arbeitenden Entnazifizierungskommissionen". Boldorf, Austausch, S. 53. Vgl. zudem zur Rolle der Betriebsräte die Studie von Frank Schulz, Eignerwechsel in Betriebsleitungen der Leipziger Industrieregion 1945 bis Anfang der fünfziger Jahre. In: Werner Bramke/Ulrich Heß (Hg.), Wirtschaft und Gesellschaft in Sachsen im 20. Jahrhundert, Leipzig 1998, S. 185–225.
17 Dieser Teil des Beitrages beruht auf Steinberg, Unternehmenskultur.

Aspekte der wirtschaftlichen Transformation in Sachsen

Michael Schäfer hat darauf hingewiesen, dass vor allem unter den Inhabern sächsischer Familienbetrieben die Vorstellung verbreitet war, „dass der NS-Staat die Familienunternehmen als eine besonders förderns- und schützenswerte Institution betrachtete".[18] Dies freilich hielt die entsprechenden Protagonisten nicht davon ab, in unterschiedlichen Rahmenbedingungen genau in diese Strukturen einzugreifen: unternehmenskulturell sind die neuen nationalsozialistischen Organisationen und die mit ihnen verbundenen Funktionäre zu nennen, die das Verhältnis zwischen Arbeitnehmern und Arbeitgebern teils auszuhöhlen suchten.[19] Parallel wurde allerdings die Position des Unternehmers als „Betriebsführer" aufgewertet: In „den Betrieben bildete sich eine Gefolgschaftsmentalität heraus, deren Wirkungen sich auch in der Nachkriegszeit entfalteten".[20] Wirtschaftspolitisch brachten der Vierjahresplan und dann der Kriegsbeginn 1939 Produktionsbeschränkungen bzw. -orientierungen wie auch Kontingentierungen mit sich, deren Ver- und Zuteilung wiederum durch Ministerien und Ämter auf Reichs- wie Gauebene geregelt wurde.[21] Hier spielten zwar einerseits die Eignerverhältnisse keine Rolle mehr und traten hinter politische wie militärische Erwägungen zurück. Letztere führten ab 1943 zur Stilllegung mehrerer sächsischer Unternehmen, um Räumlichkeiten, reguläre Belegschaften und Zwangsarbeiter für die Rüstungsproduktion frei zu machen.[22] Aufgrund der geostrategischen Lage war Sachsen von diesem Prozess vergleichsweise stark betroffen, wovon etwa die späten und teils mit KZ-Häftlingen realisierten Produktionsauslagerungen von Junkers nach Zittau oder der Philips-Valvo-Röhrenwerke nach Weißwasser zeugen.[23] Da Sachsen im 19. Jahrhundert in der Fläche industrialisiert wurde und die Produktion auch jenseits der bombengefährdeten

---

18 Michael Schäfer, Familienunternehmen und Unternehmerfamilien. Zur Sozial- und Wirtschaftsgeschichte der sächsischen Unternehmer 1859–1940, München 2007, S. 219.
19 Vgl. Hartmut Berghoff, Moderne Unternehmensgeschichte. Eine themen- und theorieorientierte Einführung, Stuttgart 2004, S. 206–208, 229–230; Carola Sachse, Siemens, der Nationalsozialismus und die moderne Familie. Eine Untersuchung zur sozialen Rationalisierung in Deutschland im 20. Jahrhundert, Hamburg 1990, S. 55–56.
20 Boldorf, Austausch, S. 48. Verstärkt wurden die hier aufscheinenden Momente der Zusammen- und Zugehörigkeit im Sinne einer regionalen oder gar „industriellen" Identität durch den Zweiten Weltkrieg: in zahlreichen Unternehmen finden sich ab 1939 Medien wie gedruckte Feldpostbriefe oder Betriebszeitungen, die die Belegschaft „virtuell" zusammenhielten und über den Arbeitsplatz berichteten. Vgl. Alexander Michel, Von der Fabrikzeitung zum Führungsmittel. Werkzeitschriften industrieller Großunternehmen von 1890 bis 1945, Stuttgart 1997, S. 98–109, 343–377.
21 Vgl. Petzina, Autarkiepolitik.
22 Vgl. Karlsch/Schäfer, Wirtschaftsgeschichte, S. 223.
23 Vgl. Wolfgang Benz/Barbara Distel, Der Ort des Terrors. Geschichte der nationalsozialistischen Konzentrationslager, Band 6: Stutthof, Groß-Rosen, Natzweiler, München 2007, S. 252–255, 270–275. Vgl. zudem für die Auto Union Martin Kukowski/Rudolf Boch, Kriegswirtschaft und Arbeitseinsatz bei der Auto Union AG Chemnitz im Zweiten Weltkrieg, Stuttgart 2014, S. 369–431.

Ballungsräume Chemnitz, Dresden und Leipzig stattfand, konnten die Unternehmen in Sachsen ohnehin bis in die letzten Kriegswochen arbeiten. Arbeitskräftezuweisung, Transport- und Rohstoffengpässe und die von der Wehrmacht oder Waffen-SS zerstörten Brücken, stellten in entsprechend entlegeneren Regionen die späten kriegswirtschaftlichen Probleme dar.[24]

Dass es ab dem Mai 1945 auf dem Gebiet des heutigen Sachsens zu Prozessen kam, die sich mit Begriffen wie Langfristigkeit und Kontinuität beschreiben lassen, hatte vor allem mit dem „Umbruch auf den industriellen Leitungspositionen" zu tun, der in Sachsen „im Vergleich mit anderen gesellschaftlichen Bereichen langsamer und in mehreren Schüben verlief".[25] Bedingt wurde dies durch anfangs unklare Bestimmungen hinsichtlich der nationalsozialistischen Belastung wie auch des – ideologisch eigentlich eindeutig definierten Umgangs – mit Angehörigen der „kapitalistischen Klasse". Darüber hinaus hatten sich die Manager großer Aktiengesellschaften und Eigner von großen Privatunternehmen bereits frühzeitig und in größerer Zahl aus der SBZ und damit auch aus Sachsen abgesetzt. Der „Mitglieder der nationalen Wirtschaftselite" wurde man folglich bei „Einsetzen der systematischen Entnazifizierung" nicht mehr habhaft.[26] Ausgenommen waren davon aber zahlreiche Eigner kleiner und mittlerer Unternehmen sowie solcher Betriebe, die nicht unmittelbar in die Kriegsproduktion involviert und die mit ihr verbundenen Verbrechen wie Zwangsarbeit oder Einsatz von KZ-Häftlingen verstrickt waren. Hinzu kamen vor allem in den Familienunternehmen verwandtschaftliche oder arbeitsorganisatorisch bedingte Beziehungen etwa zu leitenden Angestellten, die Maßnahmen wie die Enteignung durch die Sequestrierungen im Oktober 1945 und weitere Eingriffe überdauerten: Infolge des Facharbeitermangels finden sich im technisch-kaufmännischen Personal der Betriebsleitungen zahlreicher sächsischer VEBs bis in die 1950er-Jahre ehemalige NSDAP-Mitglieder bzw. Nicht-SED-Mitglieder.[27] Deutlich wird diese Kontinuität auch im Zusammenhang mit dem Sequesterbefehl 124 der SMAD vom 30. Oktober 1945, nach dem in etwa 2 000 sächsischen Betrieben sogenannte Treuhänder eingesetzt wurden, die die entsprechenden Wirtschaftseinheiten leiten sollten und die sich oftmals aus den mittlerweile entstandenen Betriebsräten bzw. den gewerkschaftlichen Strukturen rekrutierten. In zahlreichen Fällen handelte es sich dabei aber auch – und deutlich entgegen dem Willen der Besatzungsbehörden – um ehemaliges Leitungspersonal (Eigner, Ingenieure, kaufmännische Angestellte, Meister) oder um Personen, die noch durch die privaten Unternehmer selbst im Vorfeld des Befehls zur Sequestrierung als Treuhänder ernannt worden waren.[28] In Teilen übernahmen

---

24 Vgl. Karlsch/Schäfer, Wirtschaftsgeschichte, S. 218, 224–226.
25 Boldorf, Austausch, S. 47.
26 Ebd., S. 48–51, Zitat 51.
27 Vgl. ebd., S. 53–55. Zum Fachkräftemangel, der hinsichtlich ehemaliger oder gegenwärtiger Parteimitgliedschaft allerdings nicht die Betriebsleiter umfasste, ebd., S. 65, 67.
28 Vgl. ebd., S. 55–59.

jene Personen in der Folge die Betriebe als Leiter, begleiteten diese auch durch Demontage und Neuaufbau – und sorgten dadurch für Kontinuitäten an den jeweiligen Standorten. Aber auch der Ausgang des nur in Sachsen durchgeführten „Volksentscheids" am 30. Juni 1946 über das „Gesetz über die Übergabe von Betrieben von Kriegs- und Naziverbrechern in das Eigentum des Volkes" spielte hier hinein: Trotz des mehrheitlichen Votums für den Gesetzentwurf gab es in einzelnen Orten anderslautende Ergebnisse. Diese garantierten dann tatsächlich eine längerfristige privatwirtschaftliche Kontinuität in zumeist größeren Unternehmen.[29]

Zwar verschärfte sich im Verlauf des Jahres 1948 der Kurs der SED gegenüber dieser ehemaligen Wirtschaftselite deutlich. Der Schauprozess gegen etwa 40 Textilindustrielle („Textilschieber") in Glauchau im November 1948 machte diese Entwicklung in Sachsen mehr als deutlich, in dessen Folge hohe Zuchthausstrafen und zwei in solche umgewandelte Todesstrafen ergingen.[30] Allerdings war die hier offenbar werdende „massive politische Repression gegen Unternehmer und betriebliche Leitungsstrukturen" in „Ermangelung personeller Alternativen" nicht „überall auf der Tagesordnung".[31] Im Oktober 1948 standen deswegen etwa 1 800 sächsischen VEB mit durchschnittlich 156 Arbeitern noch immer ca. 16 000 Privatunternehmen mit durchschnittlich 23 Beschäftigten gegenüber.[32]

Personen und Produkte: Varianten von Transformation und Kontinuität

Dass schon der „Volksentscheid" von 1946 nicht zwangsläufig den Charakter einer Zäsur entwickelte, sondern vielmehr lokale Sonderfälle hervorbrachte, kann auf der Ebene der Unternehmensleitung anhand zweier sächsischer Beispiele verdeutlicht werden. Im Juni 1946 entschied die Crimmitschauer Bevölkerung beispielsweise, dass die Inhaber der Textilmaschinenfabrik Paul Trützschler & Gey nicht als „Kriegsverbrecher" einzustufen seien und der Betrieb in privater Eignerschaft verbleiben sollte. Auch wenn diese Entscheidung später unter dem Vorwurf der „Wirtschaftsspionage" regelrecht rückgängig gemacht wurde – im Mai 1949 erfolgte ein entsprechendes Urteil gegen Mitglieder der Unternehmerfamilie –, so war dies doch auch ein Fall der Enteignungen im

---

29 Vgl. Halder, Modell, S. 131–139, 212–232.
30 Vgl. Nils Klawitter, Die Rolle der ZKK bei der Inszenierung von Schauprozessen in der SBZ/DDR: Die Verfahren gegen die „Textilschieber" von Glauchau-Meerane und die „Wirtschaftssaboteure" der Deutschen Continental-Gas-AG. In: Jutta Braun/Nils Klawitter/Falco Werkentin, Die Hinterbühne politischer Strafjustiz in den frühen Jahren der SBZ/DDR, Berlin 2006, S. 23–56; sowie allgemein zur wirtschaftspoltischen Entwicklung 1948 in Sachsen Karlsch/Schäfer, Wirtschaftsgeschichte; S. 231–232.
31 Boldorf, Austausch, S. 64.
32 Vgl. ebd., S. 65. Vgl. zudem Karlsch/Schäfer, Wirtschaftsgeschichte, S. 250–251.

Zuge des „Volksentscheides", bei dem sich der Erhalt konkreter Eigentumsrechte beobachten lässt.³³

Ein anders gelagerter, aber zu einem ähnlichen Ergebnis führender Fall lässt sich bei dem Spielwaren- und Volkskunsthersteller Wendt & Kühn im erzgebirgischen Grünhainichen beobachten. Schließlich versuchte die Firmengründerin Grete Wendt hier, den Erhalt des überregional bekannten Betriebes auf unterschiedlichen politischen Ebenen zu forcieren. Dementsprechend war es dann der Landesvorstand der SED und dessen Vorsitzender Otto Buchwitz, der sich Ende Juni 1946 dafür einsetzte, dass „dem Sachsenland die Künstlerin der erzgebirgischen Spielwarenindustrie erhalten bleibt".³⁴ Tatsächlich gelang es der Familie im Juni 1947 mithilfe der freiwillig von Beschäftigten zur Verfügung gestellten Guthaben den enteigneten Anteil zurückzukaufen.³⁵ Zwar blieb auch Wendt & Kühn 1972 nicht von der letzten Welle der Enteignung in der DDR verschont, die insbesondere den Mittelstand traf; allerdings gelang es hier – wie an vielen anderen Betriebsstandorten auch –, den Bezug zu den eigentlichen Eignern zu erhalten: Im April 1972 wurde der Neffe der Unternehmensgründerin, Hans Wendt, zum Betriebsdirektor des nunmehr als VEB Werk-Kunst Grünhainichen firmierenden Standortes ernannt; 1990 gelang ihm erfolgreich die Rückübertragung des bis heute bestehenden Unternehmens.³⁶ Verstärkt wurden die hier angedeuteten und auf Binnenidentifikation beruhenden Prozesse teilweise auch dadurch, dass in einigen Betrieben die ehemaligen Eigner als Betriebsleiter durch die Belegschaften gewählt wurden.³⁷

Jenseits der Kontinuitäten in der Betriebsleitung finden sich vergleichbare langfristige Prägungen auch in den Belegschaften, und hier auf allen Ebenen. Dabei hatte vor allem die betriebliche Wohnraumpolitik einzelner Unternehmen vor 1945 dazu geführt, dass die Arbeiterinnen und Arbeiter stark an die Standorte gebunden waren. Gleiches galt für das technische und kaufmännische Leitungspersonal. Beispiele, wie der weiter unten näher vorgestellte Papierstandort Kriebstein, deuten darauf hin, dass die Ortsgebundenheit von Leitungspersonal wie Belegschaften auch dazu führte, dass demontierte Standorte neu errichtet wurden und dass die Geografie betrieblicher Verteilungen und Produktionsstandorte in Sachsen um 1960 wenig Unterschiede zu den Jahren 1928

---

33 Vgl. Ulrike Laufer, Tradition contra Wirtschaftlichkeit. Eine unternehmerische Entscheidung bei Paul Trützschler & Gey, Textilmaschinenbau Crimmitschau, im Strudel der politischen Entwicklungen nach 1945. In: Swen Steinberg/Michael Schäfer (Hg.), Wirtschaft und Erinnerung. Industrie und Handel zwischen Traditionalismus, Identitätsbildung und Musealisierung, Leipzig 2016 [im Erscheinen].
34 Landesvorsitzender der SED Sachsen, Otto Buchwitz, an Firma Wendt & Kühn vom 25.6.1946. In: Wendt & Kühn (Hg.), Unsere Geschichte. Werkstätten für feine figürliche Holzarbeiten und Spieldosen, Grünhainichen 2010, o. S.
35 Vgl. ebd.
36 Vgl. Berufungsurkunde vom 28.4.1972 (ebd.) sowie die weiteren Angaben im Text.
37 Vgl. das anonymisierte Beispiel aus dem Leipziger Land, bei dem der zum Betriebsleiter gewählte ehemalige Eigner den Standort 1990 in die Privatwirtschaft überführte, bei Agnès Arp, VEB. Vaters ehemaliger Betrieb. Privatunternehmer in der DDR, Leipzig 2005, S. 57, 66–72.

oder 1936 aufwies. Nahezu alle demontierten Standorte etwa der sächsischen Papierfabrikation wurden nach 1946/47 an selber Stelle wieder aufgebaut.[38] Wie langfristig die hiermit verbundenen Personalkontinuitäten an den Standorten dabei wirken konnten, konnte Sönke Friedreich für den Automobilbau in Zwickau aufzeigen: Das „große und sehr heterogene Gebilde des VEB Sachsenring" wies laut seiner Analyse nach 1945 eine Unternehmenskultur auf, die stark von der Vorgeschichte der einzelnen Standorte und Marken bedingt wurde. Zwar waren die Marken Horch und Audi schon 1932 im „Sächsischen Autoblock" Auto Union AG Chemnitz zusammengefasst worden.[39] Nach der Wiederaufnahme der Produktion im nunmehr enteigneten Horch-Betrieb 1945 bzw. dem Wiederaufbau des demontierten Audi-Werkes lief die Fahrzeugherstellung in Zwickau an beiden ursprünglichen Standorten wieder an. Als 1958 dann aber beide Werke im VEB Sachsenring Kraftfahrzeug- und Motorenwerk Zwickau zusammengefasst werden sollten, brachen „Animositäten zwischen Audianern und Horchern" auf, die sich „gegenseitig argwöhnisch beobachteten und eine Identifizierung mit dem neuen Betrieb offenbar ablehnten".[40]

Die hiermit verbundenen Prozesse der binnenidentifikatorischen Gruppenbildung in Betrieben der SBZ/DDR, deren Ausgangspunkte die Personalkontinuität an den Standorten war, sind bislang nicht hinreichend untersucht worden. Unklar bleibt also vorerst, ob diese beispielsweise eine ökonomische Relevanz entfalten konnten. Sie zeigen allerdings, wie leer das Ansinnen vor allem einer nach 1945 anlaufenden historischen Neuinterpretation der Wirtschafts- und Sozialgeschichte in der SBZ/DDR bisweilen lief. Schließlich konnte man im Kontext des „Volksentscheides" von 1946 offensichtlich noch leichthin antifaschistische bzw. antikapitalistische Argumentationen in Ansatz bringen, was im ehemaligen „roten Königreich" einen Teil der Arbeiterbevölkerung ansprach. Spätestens die betriebliche Jubiläumskultur der 1950er-Jahre ließ dann aber regelrecht die Lebensleistung einer ganzen Arbeitergeneration unberücksichtigt. An einigen Standorten Sachsens wie der DDR entbrannte in der Folge ein regelrechter Kampf um die Deutungshoheit:[41] So erschienen zwischen 1956 und 1960 beispielsweise in einigen Betrieben Broschüren, in denen das zehnjährige Betriebsjubiläum zum Aufbau einer neuen Standortidentität genutzt werden sollte.[42] Eine privatkapitalistische Vergangenheit hatte es folglich in dieser,

---

38 Darauf deutet auch die Beschäftigungsverteilung in den großen Wirtschaftssektoren, die bereits 1955 und noch 1964 nahezu identisch mit jener von 1939 war. Zudem lässt sich in Sachsen eine Dominanz der „altindustriellen Branchen" konstatieren, in denen an in der Vorkriegszeit erbrachte Modernisierungsleistungen angeknüpft werden konnte. Vgl. Karlsch/Schäfer, Wirtschaftsgeschichte, S. 236; Rainer Karlsch, Rekonstruktion und Strukturwandel in der sächsischen Industrie von 1945 bis Anfang der sechziger Jahre. In: Werner Bramke/Ulrich Heß (Hg.), Wirtschaft und Gesellschaft in Sachsen im 20. Jahrhundert, Leipzig 1998, S. 89–132, die Zitate auf 130–132.
39 Vgl. jüngst Kukowski/Boch, Kriegswirtschaft, S. 35–43.
40 Friedreich, Autos, S. 208.
41 Vgl. den Abschnitt zu Kübler & Niethammer im vorliegenden Beitrag.

dem Geschichtsbild der „Stunde Null" das Wort redenden Lesart, nie gegeben. Jene „neuen Meistererzählungen" funktionierten aber offenbar an den traditionsreichen Standorten nicht. Vielmehr ergab sich hieraus gar ein zumindest argumentatives Konfliktfeld, war durch den Verweis auf die Vorgeschichte doch immer auch eine Vergleichsfolie vorhanden. In Zwickau diente beispielsweise die „vorsozialistische Autotradition" bisweilen als „Bezugspunkt für kritische Äußerungen" gegenüber der Organisation der Wirtschaft in diesem VEB.[43]

Das bereits erwähnte Zitat von Otto Buchwitz deutet daneben auf Prozesse des „kulturellen Überhangs", der sich auch an anderer Stelle in der sächsischen und ostdeutschen Wirtschaftslandschaft der 1940er-Jahre beobachten lässt. Schließlich, so könnte man – sicherlich etwas einfach – argumentieren, lag das politische Einzugsgebiet des aus Preußen stammenden SPD-Funktionärs und nunmehrigen sächsischen SED-Vorsitzenden Buchwitz bis 1933 nur partiell in Sachsen. Wenn dieser also 1946 das „Sachsenland" und einen Traditionsbetrieb ins Feld führte, so verbargen sich dahinter mutmaßlich tiefgehender Prozesse einer regionalen Identifikation, wie sie sich nicht zuletzt auch anhand von Produkten und deren Darstellung aufzeigen lässt. Solche Faktoren wurden hinsichtlich des Übergangs vom Nationalsozialismus zum Staatssozialismus in Sachsen bislang nur im Überblick bzw. eingehend für geschichtspolitische Bereiche wie die sogenannte Heimatbewegung untersucht.[44]

Insbesondere seit dem späten Kaiserreich miteinander konkurrierende Tendenzen der Regionalisierung im Zuge der deutschen Reichseinheit[45] entwickelten eine Gleichzeitigkeit von Elementen der Verortung des Lokalen/Regionalen im Globalen. In Dresden, dem Zentrum der deutschen Zigarettenherstellung, führte dies noch in der Weimarer Republik und in der Zeit des Nationalsozialismus zum Nebeneinander von Marken wie „August der Starke", „Sachsengold" oder „Kalif von Bagdad". Insbesondere die orientalisierenden Motive und Bezeichnungen wiesen dabei eine bisweilen erstaunliche Beständigkeit auf: So wurden beispielsweise nahezu alle Standorte der Dresdner Zigarettenfabrikation im Zuge der Bombenangriffe im Februar 1945 zerstört.[46] Als die wieder

---

42 Vgl. exemplarisch Geschichte der Arbeiterbewegung des VEB Metall- und Kunststoff-Beschläge, Döbeln/Sa. 10 Jahre VEB, Döbeln 1956; 10 Jahre VEB Papierfabrik Greiz, Greiz 1958; Zehn Jahre VEB Typoart Dresden, Dresden 1958; Zehn Jahre Deutsche Demokratische Republik – zehn Jahre neues Leben im VEB Carl Zeiss Jena, Halle 1959.
43 Friedreich, Autos, S. 209
44 Vgl. Thomas Schaarschmidt, Regionalkultur und Diktatur. Sächsische Heimatbewegung und Heimat-Propaganda im Dritten Reich und in der SBZ/DDR, Leipzig 2004.
45 Vgl. Siegfried Weichlein, Nation und Region. Integrationsprozesse im Bismarckreich, Düsseldorf 2004; Alon Cofino, The Nation as a Local Metaphor. Württemberg, Imperial Germany, and National Memory, 1871–1918, Chapel Hill 1997.
46 Vgl. hierzu und zum Folgenden Swen Steinberg, Mohammed aus Sachsen. Die Vermarktung von „orientalischer Fremdheit", Regionalität, Nationalismus und Ideologie in der Dresdner Zigarettenindustrie (1860–1960). In: Frank Jacob/Gerrit Dworok (Hg.), Tabak und Gesellschaft. Vom braunen Gold zum sozialen Stigma, Baden-Baden 2015, S. 183–212.

aufgebauten und zu volkseigenen Betrieben umgewandelten Unternehmen ihre Produktion aufnahmen, trugen diese nicht nur die teils orientalisierten und privatwirtschaftlichen Bezeichnungen wie etwa VEB Jasmatzi oder VEB Macedonia. Vielmehr wurden auch die entsprechenden Zigarettenmarken und Darstellungen zumindest bis in die 1960er-Jahre weiter verwendet. In Dresden wurden beispielsweise Zigaretten der Vorkriegsmarken „Salem", „Ramses" und „Stambul" hergestellt. Zudem spielten DDR-Marken wie „Muck", „Orient", „Safari", „Saba" oder „Inka" mit denselben, der Zeit des lediglich bis 1915 währenden deutschen Kolonialismus entspringenden Assoziationen der Fremdheit und des Exotismus, die bisweilen auch in bildlichen Szenen auf den Packungen festgehalten waren. Beim direkten Anknüpfen an Markenbestände bzw. -traditionen aus der Zeit vor 1945 finden sich dagegen kaum regionale Markennamen oder Produktpräsentationen. Einzig bei der vom VEB Vereinigte Zigarettenfabriken Dresden in den 1970er-Jahren hergestellten Marke „Semper" lässt sich dies konstatieren. Dies mag mit Blick auf die Politik der DDR wenig überraschen, war dies doch ein Effekt der 1952 umgesetzten und gezielt alle regionalen Identitäten negierenden Auflösung der Länder. Beim zweiten Blick – nämlich auf andere Produkte und Branchen – bedarf dies allerdings der weiterführenden Untersuchung, nahm man doch beispielsweise in der Dresdner Schokoladenherstellung den regionalen Strang der Produktdarstellung wieder auf, was sich in der Namensgebung des VEB Dresdner Süßwarenfabriken „Elbflorenz" am deutlichsten niederschlug. Vergleichbare Beispiele finden sich bei den Produkten des VEB Bürochemie Dresden und hier in der Marke „Barock", die mit dem Dresdner Zwinger oder dem Jagdschloss Moritzburg beworben wurde. Auch das sächsische bzw. kursächsische Wappen verschwand nicht aus den Marken und wurde beispielsweise auf den Etiketten der Produkte des VEB Weinbau Radebeul weiterverwendet.

Lokal betrachtet:
Die Papierfabriken Kübler & Niethammer in Kriebstein

Die 1856 in Kriebstein bei Waldheim gegründete Firma Kübler & Niethammer war bereits vor dem Ersten Weltkrieg das größte in Privatbesitz befindliche Papierunternehmen im Deutschen Reich. 1931 übernahm die dritte Generation Niethammer die Unternehmensleitung.[47] Die Besonderheit dieses Unternehmens beruhte dabei auf einer ursprünglich religiös grundierten und später modifizierten Unternehmenskultur und der Lage der Fabriken: Das Zentrum des Unternehmens bildete das Industriedorf Kriebethal. Diese Siedlungsform war in Sachsen und Mitteldeutschland überaus verbreitet, ihren Kern bildete in der Regel ein einzelnes Unternehmen. Ende des Jahres 1938 waren bei Kübler & Niethammer fast 1 400 Personen beschäftigt – etwa 1 000 davon in den Stand-

---

47 Vgl. hierzu und zum Folgenden Steinberg, Unternehmenskultur, S. 41–75.

orten Kriebstein, Kriebenau und Kriebethal, die restlichen vor allem im 1883 errichteten Zellulosewerk Gröditz, wobei diese im unmittelbaren Umfeld der Fabriken wohnten. Die Gemeinde Kriebethal besaß 1939 etwas mehr als 1 000 Einwohner. Die Kleinräumigkeit des Umfeldes führte bei diesem Standort zu einer engen Beziehung zwischen Unternehmerfamilie und Arbeiterschaft, die vor allem in den Einrichtungen der betrieblichen Sozialpolitik zusätzliche „Räume der Begegnung" etablierte: So wurde beispielsweise der 1875 gegründete Betriebskindergarten bis 1945 von der Frau des Unternehmenseigners bzw. des ältesten Sohnes geleitet.[48] Auch dies trug zur Ausbildung identifikatorischer Bindungen bei, die mit der Enteignung und der Verhaftung der Unternehmerfamilie Niethammer sowie ihrer Verbringung in ein Internierungslager auf der Insel Rügen im Oktober 1945 nicht einfach gekappt wurden: Am 2. November 1945 schrieben die Kriebsteiner Arbeiter den neuen Machthabern, dass unter „allen Industriezweigen Sachsens, ja man kann sagen Deutschlands, [...] die Firma Niethammer in Bezug auf ihre sozialen Einrichtungen an erster Stelle" stehe.[49] Sie baten daher um die Rücknahme der Verhaftung. Diese ließ sich freilich dadurch ebenso wenig ungeschehen machen, wie sich im März 1946 der Demontagebefehl abwenden ließ. Bis Oktober 1946 wurden die Betriebe um das Stammwerk Kriebstein vollständig abgebaut.[50]

Die Vernetzung innerhalb der nationalsozialistischen Wirtschaftspolitik zeigte sich bei diesem Unternehmen idealtypisch und wurde durch den Umstand begünstigt, dass 1931 vier Brüder gleichberechtigt in das als offene Handelsgesellschaft organisierte Unternehmen eingestiegen waren. Dies ermöglichte den „Funktionärs-Unternehmern",[51] in allen drei Bereichen der nationalsozialistischen Wirtschaftsorganisation der Papierbranche zumeist an führender Stelle Ämter wahrzunehmen.[52] Wesentlich war dabei zum einen das Zusammenspiel von Horst und Wilhelm Niethammer: Horst Niethammer war 1943 zum Amtsgruppenleiter Zellstoff und Papier im Rohstoffamt des Reichsministeriums für Rüstung und Kriegsproduktion ernannt worden und hier unter anderem für die Beurteilung des Nutzens einzelner Papierfabriken für die Kriegsproduktion zuständig. Wilhelm Niethammer gehörte der Gauwirtschaftskammer Sachsen

---

48 Vgl. ebd., S. 256–266.
49 Schreiben der Kriebsteiner Arbeiter vom 2.11.1945 (Sächsisches Wirtschaftsarchiv Leipzig [im Folgenden SWA], U 47 Papierfabriken Kübler & Niethammer [im Folgenden U 47], 406).
50 Vgl. Firma Kübler & Niethammer an Finanzamt Döbeln vom 26.7.1946 (SächsHStAD, 11541, Zellstoff und Papier, 54); Firma Kübler & Niethammer an Industrieverwaltung 56, Zellulose Heidenau, vom 28.10.1946 (ebd., 52).
51 Zum Begriff der „Funktionärs-Unternehmer" in Abgrenzung zu den „Parteibuch-Industriellen" und den „Techniker-Unternehmern" vgl. Paul Erker, Industrieeliten in der NS-Zeit. Anpassungsbereitschaft und Eigeninteresse von Unternehmern in der Rüstungs- und Kriegswirtschaft 1936–1945, Passau 1994, S. 26–28.
52 Paul Erker benennt hier die Reichsgruppe Industrie mit den Wirtschaftsgruppen (Wilhelm Niethammer, Gerhard Niethammer), die Reichsstellen zur Rohstoffversorgung (Horst Niethammer) sowie die Vierjahresplanbehörde (Horst Niethammer, Unternehmenschemiker Kurt Schwabe). Vgl. ebd., S. 15–16.

an und stand zudem der sächsischen Papierindustrie vor. Von letzterem erhielt Horst Niethammer im Zuge kriegswirtschaftlicher Planungen die grundlegenden Informationen über die sächsischen Betriebe und entschied so über Bestand und Stilllegung.[53] Zum anderen saß Horst Niethammer hinsichtlich der Vergabe rüstungswichtiger Aufträge an entscheidender Stelle. In Zusammenarbeit mit dem Chemiker Kurt Schwabe – einem Studienfreund, der 1934 als „Chefchemiker" das Labor der Firma Kübler & Niethammer in der ehemaligen Meinsberger Papierfabrik übernommen hatte[54] – leitete Niethammer gezielt Aufträge zum eigenen Unternehmen um. Auf seine Initiative hin war im Januar 1944 das Firmenlabor in das Vierjahrplaninstitut für die chemische Technologie der Zellstoff- und Papiererzeugung umgewandelt worden.[55] Schwabe, der seit Februar 1938 auch Leiter des Dezernates Zellstoff und Papier in der Abteilung Forschung und Entwicklung der Reichsstelle für Wirtschaftsausbau war,[56] prüfte, nachdem Horst Niethammer die Kriegswichtigkeit eines Vorhabens festgestellt hatte, die Umsetzbarkeit. Dabei empfahl er meist das eigene Vierjahrplaninstitut und die Firma: Im Januar 1945 hatte Schwabe beispielsweise in einem Gutachten die Bedeutung der Herstellung eines Papierersatzstoffes für Gasmaskenfilter betont, deren Entwicklung und Herstellung „in Gemeinschaft mit der Fa. Kübler & Niethammer" realisiert werde.[57] Bereits im Juli 1944 hatte das Unternehmen hierfür von Horst Niethammer über das Rohstoffamt die entsprechenden Materialien zugewiesen bekommen. In Gröditz und Kriebstein wurden so auch Filter für „Kindergasschutzgeräte" – das sogenannte Gasbettchen 24 – gefertigt.[58]

Diese Vernetzung sicherte dem Unternehmen nicht nur die Produktion bis Kriegsende. Vielmehr waren damit auch personale Kontinuitäten verbunden,[59] die langfristig Loyalitäten und auch den Bestand des Standortes sicherten: Bereits im Juni 1945 ernannten – wohl unter dem Eindruck erster Enteignungen[60] – Wilhelm und Gerhard Niethammer den kaufmännischen Angestellten Guido Rößner zum Treuhänder über alle Werke der Firma.[61] Zwar war Rößner

---

53 Vgl. exemplarisch die Angaben im Schreiben Wilhelm Niethammer an Gerhard Niethammer (im Feld) vom 21.12.1943 (SWA, U 47, 152).
54 Finanzamt Döbeln an Firma Kübler & Niethammer vom 28.7.1942 (ebd., 241/2). Vgl. zudem Heiner Kaden, Kurt Schwabe. Chemiker, Hochschullehrer, Rektor, Akademiepräsident, Unternehmer, Stuttgart/Leipzig 2011, S. 72.
55 Vgl. Horst Niethammer, Gröditz, an Wilhelm Niethammer, Kriebstein, vom 29.12.1942 (SWA, U 47, 322); Vertrag vom 26.8.1944 (ebd., 241/2). Im Januar 1944 bestanden 42 Vierjahrplaninstitute im Deutschen Reich, die teilweise an Hochschulen, teilweise aber auch an Industrieunternehmen angebunden waren. Vgl. BArch Berlin, R 3112, 309, S. 9.
56 Vgl. ebd., REM, A 64, S. 2036, 2100.
57 Ebd., R 3112, 162, S. 1336, 1338.
58 Vgl. ebd., R 3, 3257, S. 16, 407 f.
59 Vgl. Steinberg, Unternehmenskultur, S. 399 f.
60 Vgl. Boldorf, Austausch, S. 52.
61 Im August 1945 hatte Rößner Prokura erhalten, im Oktober 1946 trug er die Bezeichnung „Bevollmächtigter der LVS" (Landesverwaltung Sachsen), später war er Betriebs-

erst im Januar 1945 in das Unternehmen gekommen – mutmaßlich war dies die strategische Überlegung, handelte es sich doch folglich um eine Person mit wenig Bindung an die Unternehmerfamilie. Allerdings hatte der gelernte Kaufmann von 1941 bis 1944 in Riga als Abteilungsleiter bei der Ostfaser GmbH gearbeitet. Horst Niethammer wiederum saß im Verwaltungsrat der Ostfaser GmbH und der Ostland-Faser-GmbH,[62] für die er von Riga aus ab 1941 die Zellstoff- und Papierfabriken im Baltikum und in der Sowjetunion begutachtete: „das mir zugeschobene Gebiet [umfasst] nunmehr das gesamte besetzte Russland".[63] Horst Niethammer, der gleichzeitig für den Wirtschaftsstab Ost des Reichswirtschaftsministeriums arbeitete, oblag es, Rohstoffe für die deutsche Kriegswirtschaft zu akquirieren und die Produktion wieder in Gang zu bringen.[64] In den von der Gesellschaft betriebenen Fabriken im Baltikum arbeiteten mehr als 4300 Zwangsarbeiter, etwa ein Viertel davon waren Juden.[65] Zwischen Horst Niethammer und Rößner bestand folglich ein Vertrauensverhältnis, wobei es letzterem offenbar erfolgreich gelang, seine unmittelbare Vergangenheit zu verschleiern: Rößner wirkte zuerst als Treuhänder und bis 1951 als Betriebsleiter der Kriebsteiner Papierfabriken. 1956 flüchtete er nach Westdeutschland und hier gezielt zu Horst Niethammer. Er fand als Personaldirektor in der Hauptverwaltung der Aschaffenburger Zellstoffwerke AG Anstellung, in deren Aufsichtsrat Horst Niethammer saß.[66] Als zweite Person ist daneben

leiter. Vgl. Handelsregisterakte, Eintrag vom 10.8.1945 (Sächsisches Staatsarchiv Leipzig [im Folgenden SächsStAL], 20137, 56); Firma Kübler & Niethammer an Industrieverwaltung 56, Zellulose Heidenau vom 7.10.1946 (SächsHStAD, 11541, Zellstoff und Papier, 54); Bericht über die Besichtigung des Schulgebäudes, der Turnhalle, des Kindergartens am 1.11.1949 (Kreisarchiv Hainichen [im Folgenden KAH], Kriebethal neu, 18). Vgl. allg. Halder, Modell, S. 131–139.

62 Vgl. BArch Berlin, DS-Speerlisten, E 0098, S. 2214; ebd., R 3, 480, S. 30, 36. Zur Arbeit der Ostfaser vgl. die zeitgenössische Darstellung Aufbau der Spinnstoff- und Papierwirtschaft im Ostland und in der Ukraine. In: Der Papierfabrikant, 41 (1943) 4, S. 153; sowie zu den nahezu unerforschten deutschen Fasergesellschaften und dem Wirken privater Unternehmer die DDR-Publikation Roswitha Czollek, Faschismus und Okkupation. Wirtschaftspolitische Zielsetzungen und Praxis des faschistischen deutschen Besatzungsregimes in den baltischen Sowjetrepubliken während des zweiten Weltkrieges, Berlin (Ost) 1974.

63 Horst Niethammer, Gröditz, an seine Brüder vom 3.10.1941 (SWA, U 47, 322).

64 Vgl. BArch Berlin, R 3, 1847, S. 71; ebd., 1898, S. 45.

65 Vgl. ebd., 480, S. 30, 96. Horst Niethammer hatte sich – aufgrund seines Engagements bei der Ostfaser GmbH und im Reichwirtschaftsministerium, wohl wissend, dass bei einer Inhaftierung durch die Rote Armee ernsthafte Konsequenzen zu befürchten waren – bereits im April 1945 in Richtung Westen abgesetzt.

66 Vgl. Lebenslauf Guido Rößner vom 1.9.1956 (NL Guido Rößner, Uttran/Schweden). Horst Niethammer machte in seinen Memoiren nicht grundlos die Bemerkung, die westdeutsche Papierindustrie sei mit dem „Mobiliar" der Ostfaser wieder aufgebaut worden. Nicht nur in seinem unmittelbaren Umfeld lassen sich erhebliche Kontinuitäten beobachten. Vielmehr waren auch zahlreiche in dieser und anderen Fasergesellschaften exponierte Personen – teils Unternehmer, teils Manager – rasch in der westdeutschen Papierbranche wieder in Ämter gekommen oder hatten diese gar bruchlos behalten. Konrad Niethammer, Aus dem Leben von Horst Niethammer, o. O. o. J. [zusammengestellt 2007], S. 29.

der Betriebsingenieur Eberhard Bauer zu nennen, der entfernt mit der Familie Niethammer verwandt war. Bauer hatte als technischer Leiter die Demontagen begleitet und gemeinsam mit Rößner die Planung des Wiederaufbaus geleitet. Im Januar 1946 hatte auch er volle Handlungsvollmacht für den laufenden Geschäftsverkehr der Firma Kübler & Niethammer erhalten. 1955 ging er in die Bundesrepublik, „natürlich" nach Aschaffenburg zu Horst Niethammer.[67]

Wie stark das kontinuierliche Wirken der Leitungsebene, nach der Demontage erneut die Papierfabrikation in der Region anzusiedeln, dabei auf die ehemaligen Eigner fokussiert war, zeigt die Hoffnung, die Bauer 1956 äußerte: „Wenn unsere Chefs zurückkehren und der alte Kriebsteiner Geist eine neue Blütezeit einleitet."[68] Und tatsächlich, 1955 kehrte die Papierfabrikation nach Kriebstein zurück – allerdings durch Politik und Plan. Zwar hatte das leitende Personal seit der Demontage kontinuierlich auf den Wiederaufbau des Standortes hingearbeitet. Zum neuerlichen Aufbau einer Papiermaschine als „Millionenobjekt" und „Schwerpunktaufgabe" kam es aber aufgrund der entsprechenden Entscheidung im Rahmen des „Fünfjahrplanes".[69] Im April 1955 ging diese Maschine in Betrieb. Diese Entwicklung war dennoch – jenseits des Engagements des leitenden Personals – von Kontinuitäten geprägt, knüpfte die Maschine doch selbst an Standorttraditionen des Jahres 1856 an: In Kriebstein ging eine Papiermaschine mit Schleiferei und Energieanlage des Familienunternehmens Voith in Betrieb, in das der Unternehmensgründer Albert Niethammer eingeheiratet hatte und zu dem bis 1945 enge Beziehungen bestanden. Diesmal jedoch stammte die Maschine nicht aus Württemberg, sondern aus dem österreichischen bzw. sowjetisch besetzten und deswegen hinsichtlich des Außenhandels weniger schwierig zu erreichenden Zweigwerk in St. Pölten.[70]

Allerdings war nicht allein die Gruppe der Angestellten, die vor 1945 in einem engen, teils gar familiären Verhältnis zu den ehemaligen Eignern stand, Träger von Kontinuität und Identifikation. Diese Prozesse ließen sich auch unter Teilen der Arbeiterschaft beobachten, die ohnehin durch die Eigenheimpolitik des Unternehmens entweder an den eigenen Besitz gebunden war oder in betriebseigenen Wohnungen wohnte, die nach 1945 zumindest teilweise Gemeindeeigentum wurden. Noch im Mai 1947 galten die Arbeiter der Region Kriebstein den Landesbehörden als „überaltert und aus sonstigen Gründen ortsgebunden".[71] Das Industriedorf Kriebethal erlebte deswegen auch nach

---

67 Anfang der 1950er-Jahre erhöhte sich auch in anderen VEBs der Druck auf solches Leitungspersonal, das sich bereits vor 1945 in leitenden Funktionen befunden hatte – bei gleicher Reaktion, zumeist mündete dies in die Flucht in die BRD. Vgl. die Beispiele bei Müller, Unternehmensnachfolge, S. 168.
68 Rede 100 Jahre K&N vom 13.3.1956, S. 7 (NL Eberhard Bauer, Greiffenberg/Ammersee).
69 Der modernste Zeitungsdruckpapier-Betrieb. In: Neue Zeit vom 15.10.1952.
70 Vgl. VEB Papierfabrik Kriebstein, erster sozialistischer Betrieb des Industriezweiges. In: Zellstoff und Papier, 10/1966, S. 292–293, hier 292.
71 SächsHStAD, 11391, 760, S. 84.

Jenseits von Politik und Plan? 439

den Demontagen und der folgenden Übergangsbeschäftigung keinen nennenswerten Bevölkerungsverlust. Durch Flüchtlinge aus Schlesien, Ostpreußen und der Tschechoslowakei nahm die Zahl der Einwohner eher noch zu.[72] Auf diese Gruppe der ehemaligen Arbeiter blieben vor allem die ehemaligen Eigner stark fokussiert: Wilhelm, Horst und Gerhard Niethammer ließen den Kontakt zu ihren ehemaligen Mitarbeitern nicht abreißen. Ähnlich der Situation während der Einberufungen im Ersten und Zweiten Weltkrieg bestand die Kriebsteiner Betriebsgemeinschaft virtuell. Da den ehemaligen Eignern der Besuch in Kriebstein und Umgebung untersagt war bzw. eine Reise durchaus Gefahren barg,[73] nutzten Arbeiter und Angestellte nach 1949 eigene Verwandtenbesuche in Westdeutschland für den Besuch bei den ehemaligen Arbeitgebern. Der ehemalige Fahrer der Unternehmensleitung wie auch die Kriebsteiner Fabrik-Diakonisse kamen gewissermaßen regelmäßig. An Weihnachten verschickte die Familie im Gegenzug Pakete, die über Deckadressen zu den ehemaligen Mitarbeitern gelangten.[74]

Dass die Demontagen wie auch der später beginnende Neuaufbau bei der ansässigen Arbeiterbevölkerung Spuren hinterlassen werde, war den Landesbehörden im Falle Kübler & Niethammer bereits 1946 bewusst: Die nunmehr eintretende Situation der Arbeitssuche auswärts – das Gros der Betroffenen habe „ein ganzes Menschenleben bei der Firma Kübler & Niethammer gearbeitet" – werde diese Arbeiter mit einer für sie unbekannten Situation konfrontieren: „Soweit es sich um ältere Familienväter handelt, wird sich aus diesen Dingen eine große seelische Belastung ergeben."[75] Mit dem Abschluss der Demontagen im Oktober 1946 hatte sich demnach in Kriebstein ein zweiter Verlust eingestellt. Denn spätestens hier dürfte zahlreichen Arbeitern der von Wilhelm Niethammer schon im August 1946 monierte „Unterschied zwischen früher und jetzt"[76] deutlich geworden sein, was den Erhalt bzw. das Anknüpfen an Identitätsbeziehungen erleichterte.

Neben zahlreichen lokalen Auseinandersetzungen, etwa um Betriebsteile oder an die Unternehmerfamilie gebundene Erinnerungszeichen (Straßennamen, Denkmäler), brach dann zum 100. Jubiläum am 15. März 1956 ein

---

72 Die Gemeinde Kriebethal hatte 1939 1073 Einwohner, 1946 waren es 1245 (Sächs-StAL, 20026, 3160, S. 148, 171; Eintrag Kriebethal im Historischen Ortsverzeichnis von Sachsen unter http://hov.isgv.de/Kriebethal; 17.9.2015).
73 Mitte August 1946 berichtete Wilhelm Niethammer von einem ehemaligen sächsischen Direktor, der „bei seiner letzten Fahrt nach Sachsen verschwunden sei. Diese Unsicherheit ist der Grund, weshalb ich von einer solchen Reise absehe." Wilhelm Niethammer an Ruth Niethammer vom 15.8.1946 (Museum Alexander Koenig Bonn [im Folgenden MAK], NL Günther Niethammer, Mappe Polen: Tagebuch, Zeugnisse, Aktion Ruth I und II).
74 Vgl. Interview mit Günther Niethammer (Nürnberg) am 8.9.2008. Vgl. zudem die Fotografien im Nachlass, die den Besuch der Kriebsteiner Diakonisse bei Günther Niethammer in Bonn dokumentieren.
75 SächsHStAD, 11391, 760, S. 22.
76 Wilhelm Niethammer an Ruth Niethammer vom 15.8.1946 (MAK, NL Günther Niethammer, Mappe Polen: Tagebuch, Zeugnisse, Aktion Ruth I und II).

regelrechter Deutungskampf um die Eigengeschichte und die betriebliche Bezugsgruppe auf: Zwei Wochen vor dem eigentlichen Jubiläumstag wurde ein „schon lange ersehntes Betriebsfest" veranstaltet, zu dem allerdings - anders als bei allen Feiern vor 1945 - nur die aktiven Arbeiter eingeladen wurden. Als hierauf in Betrieb und Ort Kritik aufkam,[77] wurde im Sommer 1956 zusätzlich eine Feier zum zehnjährigen Bestehen des VEB Papierfabrik Kriebstein organisiert. Insbesondere hieran zeigt sich, welche Notwendigkeit man der gezielt umformulierten Eigengeschichte beimaß[78] und wie wenig man insbesondere auf der identifikatorischen Ebene an der „Mischung" von „Sowjetisierungselementen" und alten „Traditionen" interessiert war.[79] Aus der Gegenrichtung freilich beteiligte man sich an genau diesen Auseinandersetzungen, ließen die ehemaligen Eigner doch in Westdeutschland nicht einfach nur eine Festschrift zum 100. Jahrestag herstellen. Vielmehr sprachen die drei Niethammer-Brüder ihre ehemaligen Arbeiter über ein mit „Ein Wort an unsere Freunde und Mitarbeiter" überschriebenes Einlegeblatt direkt an, das vor allem für die Region Kriebstein gedruckt worden war und dort gewissermaßen illegal zusammen mit der Festschrift zur Verteilung kam. Dabei hatten es die drei Niethammer-Brüder auch nicht versäumt, ihre Privatadressen anzugeben. Insbesondere dieses Einlegeblatt stellte demnach einen konkreten Versuch der Kontaktaufnahme dar, von der man sich gewissermaßen Gegenseitigkeit erhoffte. In diesem Blatt betonten Wilhelm, Gerhard und Horst Niethammer in erster Linie ein Gefühl der Zusammengehörigkeit der betrieblichen Gruppe: Das „in langen Jahren gewonnene Vertrauen, das Gefühl der Zusammengehörigkeit zwischen Arbeitgeber und Arbeitnehmer" habe der „Belastung" von Enteignung und Demontage nicht nur standgehalten, „sondern es schmiedete in diesen Zeiten der Not die Angehörigen der Firma zu einer festen Schicksalsgemeinschaft zusammen".[80]

Gegen diese längerfristigen Narrative der Unternehmenskultur vermochten auch spätere, auf den Wiederaufbau beschränkte eigengeschichtliche Konstruktionen nicht anzukommen. Zumindest konnten diese nicht verhindern, dass - welchen Motivationen auch immer folgend - positive Bezüge zu den ehemaligen Eignern hergestellt wurden.[81] Noch im Juni 1962 bestand deswegen Bedarf, den Arbeitern des VEB Papierfabrik Kriebstein in einem Vortrag zu erläutern, dass Friedrich Kübler und Albert Niethammer zwei „ganz raffinierte kap. Füchse" gewesen seien. Schließlich hegten einige Arbeiter noch immer „unausgesprochen den Wunsch [...], dass die ‚wohltätigen Kapitalisten von Kriebethal'

---

77 Schreiben an Kreisredaktion „Volksstimme" Hainichen vom 29.2.1956 (KAH, Kriebethal neu, 69).
78 Vgl. Protokoll der Gemeindevertretersitzung vom 25.6.1956 (ebd., 43).
79 Steiner, DDR, S. 9.
80 Einlegeblatt zum 15.3.1956 (Kulturzentrum Waldheim, Sammlung Niethammer).
81 Insofern lässt sich auch der im Folgenden geschilderte Fall nicht nur aus der Perspektive der Identifikation lesen, sondern auch als möglicherweise gezielt eingesetztes Mittel, durch die Betonung positiver Aspekte der Unternehmensleitung vor 1945 die Zustände in der DDR bzw. im VEB Papierfabrik Kriebstein zu kritisieren.

doch einmal wiederkommen möchten". Insbesondere Albert Niethammer habe mit seiner „Raffiniertheit und Hinterhältigkeit" die Arbeiter ausgebeutet: Er habe ihnen den erwirtschafteten Gewinn vorenthalten und sie stattdessen mit der „goldenen Kette [...] an das Kapital zu schmieden" gesucht, indem er die Einrichtungen der betrieblichen Sozialpolitik als seine Wohltätigkeit auswies, obwohl diese den Arbeitern ohnehin zugestanden hätten.[82] Bemerkenswert erscheint dabei, dass sich der Vortrag inhaltlich im Wesentlichen auf den 1908 gestorbenen Unternehmensgründer Albert Niethammer konzentrierte. Dessen Sohn und Nachfolger Konrad Niethammer wurde dagegen nur am Rande und die dritte Unternehmergeneration gar nicht erwähnt. Dies deutet darauf hin, dass man gezielt Perioden umzudeuten suchte, für die es keine lokalen Zeitzeugen mehr gab. Überdies verweist die Fokussierung auf die betriebliche Sozialpolitik deutlich auf die Rezeption der Unternehmerfamilie Niethammer, die in allen Generationen großen Wert auf die Kommunikation der eigenen betrieblichen Einrichtungen nach außen gelegt hatte. Der gezielten Erzählung von der Fürsorge der Eigner für die Arbeiter, die sich bei Albert Niethammer bereits in den 1870er-Jahren ausmachen lässt, wurde demnach im Prozess der Umdeutung ein wesentlicher Stellenwert beigemessen. Dies wird auch daran deutlich, dass 1962 vor allem die Jubiläums- und Festschriften der Firma Kübler & Niethammer aus den Jahren 1881, 1906 und 1931 die Grundlage des Vortrages bildeten. Hierbei ging es aber nicht nur darum, das darin enthaltene Selbstbild der Firma vor 1945 zu dekonstruieren. Vielmehr hatten aufgrund der Kontinuitäten in den Arbeiterfamilien vermutlich die meisten der Zuhörer ausgerechnet diese Publikationen auch tatsächlich im privaten Besitz. Hier bestand demnach in einem doppelten Sinne dringender Bedarf, eine Gegenerzählung anzubieten bzw. zu installieren – namentlich mit Blick auf eine auch im Ort nachwachsende Arbeitergeneration.

Fazit und Ausblick

Die angeführten Beispiele wie auch das Standortbeispiel Kübler & Niethammer verweisen auf die Rolle von Faktoren wie Langfristigkeit und Kontinuität, die freilich nicht in eine einseitige Interpretation der Entwicklung nach 1945 münden können. Schließlich gab es Standorte in der SBZ/DDR, wo sich diese Kontinuitäten schlicht nicht feststellen lassen. Hinzu kommt die Entwicklung der DDR-Wirtschaft selbst, die selbstverständlich eigene Produkte wie Innovationen hervorbrachte und die nicht zuletzt auf verschiedenen Ebenen überaus unterschiedliche wirtschaftliche bzw. wirtschaftspolitische Strukturen aufwies.

---

82 Vortrag „Das Nationale Dokument. – Die geschichtliche Entwicklung des Dorfes Kriebethal und seiner Papierfabrik Kriebstein" am 6. Juni 1962, S. 2, 5, 13, 25 (KAH, Kriebethal neu, 89). Auch in anderen ehemaligen Familienunternehmen lässt sich diese bewusste Geschichtspolitik in den 1960er-Jahren nachweisen. Vgl. z. B. Schulz, Simson, S. 339.

Allerdings zeigen die angeführten Beispiele deutlich die Forschungslücken auf, die die DDR-Wirtschaftsgeschichte in genau dieser langfristigen Perspektive bis heute kennzeichnen: Jenseits von Einzelfallstudien ist wenig über Prozesse der Binnenidentifikation bekannt, die mit Modellen der Unternehmenskulturforschung und mit analytischen Kategorien wie Verankerungstiefe oder Systemadäquanz beschrieben werden können.[83] Genau diese Standortstudien sind es, die unter dem Aspekt der Langfristigkeit in eine dezidiertere Beantwortung der Frage münden können, ob es nach 1945 eine Entwicklung jenseits von Politik und Plan gegeben hat. Die hier angeführten Beispiele deuten je nach Einzelfall in unterschiedliche Richtungen, teilweise zeigen sich wechselseitige Verschränkungen: Ohne die Aktivitäten des ehemaligen Leitungs-Personals am Standort Kriebstein wäre vermutlich 1955 keine neue Papiermaschine in Betrieb gegangen. Ohne die Entscheidung der Plankommission in Berlin aber ebenso wenig. Im Kern wurden dennoch Prozesse offenbar, die unabhängig von Politik und Plan in den Betrieben schlicht zur Geschichte gehörten – und die dann mutmaßlich auch zur weiteren Entwicklung beitrugen. Darauf deutet jedenfalls das Handeln etwa ehemaliger Eigner direkt in den Betrieben, gleichsam das Wirken des technischen und kaufmännischen Personals, ebenso aber auch identifikatorische Äußerungen der Belegschaften.

Welche Bedeutung die hier beschriebenen Prozesse für die DDR-Wirtschaftsgeschichte hatten, ist dabei ebenso Aufgabe weiterer Forschung, wie die Untersuchung der Rolle dieser Prozesse in der zweiten Transformation nach 1989: Jüngste Untersuchungen stellen auch hier langfristige Momente wie die Standorttraditionen als zumindest erkennbare Faktoren zur Bewertung oder Wertzuweisung heraus.[84] Unter diesem Blickwinkel scheint sich gerade erst eine Forschungslandschaft zu etablieren,[85] die durch die Freigabe der Treuhand-Überlieferungen weitere Impulse erhalten wird.[86] Dies dürfte ein ebenso lohnendes Untersuchungsfeld sein, wie die gezielte und vergleichende Untersuchung von

---

83 Vgl. Berghoff, Unternehmensgeschichte, S. 149.
84 Vgl. Marcus Böick, „Tradition" zwischen Ab-, Um- und Aufbruch. Über argumentative Traditionsbezüge beim postsozialistischen Wirtschaftsumbau durch die Treuhandanstalt. In: Steinberg/ Schäfer, Wirtschaft und Erinnerung [im Erscheinen].
85 Vgl. Veit Damm/Ulrike Schulz/Swen Steinberg/Sylvia Wölfel, Ostdeutsche Unternehmen im Transformationsprozess 1935 bis 1995. Ein neues Forschungsfeld der modernen Unternehmensgeschichte. In: Zeitschrift für Unternehmensgeschichte, 2/2011, S. 187–205.
86 Vgl. jüngst Marcus Böick, Die Treuhandanstalt, Erfurt 2015; sowie in sozialgeschichtlicher Perspektive ders., „Aufstand im Osten"? Sozialer und betrieblicher Protest gegen die Treuhandanstalt und Wirtschaftsumbau in den frühen 1990er-Jahren. In: Dieter Bingen/Maria Jarosz/Peter Loew (Hg.), Legitimation und Protest. Gesellschaftliche Unruhe in Polen, Ostdeutschland und anderen Transformationsländern nach 1989, Wiesbaden 2011, S. 167–185.

Phänomenen wie dem „Eigen-Sinn" auf allen Ebenen der DDR-Betriebe:[87] Schließlich kann nicht nur das Festhalten an Produkttraditionen, sondern auch das Verhältnis etwa zur Standortgeschichte als Austragungsorte von Konflikten ganz unterschiedlicher Natur gelesen und analysiert werden. Von besonderem Interesse sind dabei die kleinen und mittleren Unternehmen, die zwar 1972 endgültig enteignet wurden, in denen sich aber offenbar die stabilsten, direktesten und über die Transformation 1989 verfolgbaren Zusammenhänge im Verhältnis von Eigentum und Verfügung nachweisen lassen.[88] Vermutlich kann die Untersuchung vor allem solcher Standorte auch einen Beitrag zur Klärung der Frage leisten, ob es in der staatssozialistisch-gelenkten Planwirtschaft bzw. in den Betrieben der DDR so etwas wie unternehmerisches Handeln gegeben hat.

---

87 Vgl. Alf Lüdtke, Eigen-Sinn. Fabrikalltag, Arbeitererfahrungen und Politik vom Kaiserreich bis zum Faschismus. Ergebnisse, Hamburg 1993; Thomas Lindenberger (Hg.), Herrschaft und Eigen-Sinn in der Diktatur. Studien zur Gesellschaftsgeschichte der DDR, Köln 1999; sowie zur Anwendung dieses Konzeptes Fink, Stahl- und Walzwerk.
88 Vgl. Agnès Arp, Überlebensstrategien der Klein- und Mittelunternehmer in der DDR. Lebensläufe zwischen 1949 und 1989 im Vergleich. In: Sandrine Kott/Emmanuel Droit (Hg.), Die ostdeutsche Gesellschaft. Eine transatlantische Perspektive, Berlin 2006, S. 111-129.

Belegschaft im Wandel.
Die Riesaer Stahlwerke 1943 bis 1949

Sebastian Fink

Die Mitteldeutsche Stahlwerke AG – eine Tochter der Friedrich-Flick-KG – gehörte mit ihren Stammwerken Riesa, Gröditz und Lauchhammer zu den wichtigsten Rüstungsproduzenten Mitteldeutschlands. Knapp 4 000 Beschäftigte arbeiteten allein in der Riesaer Konzernzentrale an der Elbe, wo vor allem Grantatrohlinge, U-Boot-Türme und Panzerfaustrohre hergestellt wurden. Ihre Zahl hielt sich über die Dauer des Krieges konstant: Die ab 1943 mehr als 1 000 zur Wehrmacht eingezogenen Arbeiter und Angestellten wurden durch Zwangsarbeiter und Kriegsgefangene aus ganz Europa ersetzt. Die Arbeitsbedingungen waren hart, 70 Stunden pro Woche keine Seltenheit und die Lebensmittelrationen sanken während des Krieges stetig. Ihr Missfallen über die Umstände drückte ein Teil der Belegschaft durch Disziplinlosigkeiten, Bummelei und Krankfeiern aus. Dennoch stieg der Produktionsausstoß bis 1944 jedes Jahr. Das Werk produzierte bis zum 24. April 1945 weiter, wurde danach von der Roten Armee besetzt und blieb acht Wochen lang geschlossen. Viele Mitarbeiter kehrten im Juni an ihren alten Arbeitsplatz zurück – zunächst hauptsächlich um ihren Betrieb unter sowjetischer Aufsicht zu demontieren. Sie erlebten Ähnliches wie zuvor unter NS-Herrschaft: Drangsalierung am Arbeitsplatz, mangelnde Lebensmittelversorgung und fehlende Selbstbestimmung. Erst 1947 begann der Wiederaufbau des zu 90 Prozent abgebauten Stahlriesen. Doch die Aufbruchsstimmung wich schnell einer Rückzugshaltung, die schon die Zeit vor 1945 geprägt hatte.

Entwicklung der Mitarbeiterzahlen

Eine Aufstellung über das Dienstalter der Belegschaft des Stahlwerks Riesa zum 1. Oktober 1943 zeigt, dass es noch nicht von einer ausgesprochenen Überalterung der Beschäftigten betroffen war (siehe Tabelle 1).

Die überwiegende Mehrheit der Belegschaft war weniger als 25 Jahre im Betrieb, befand sich also im besten Arbeitsalter. Dass von 4 002 Arbeitern 1 032 zur Wehrmacht verpflichtet waren, wog dagegen schwer und konnte zahlenmäßig nur durch Fremdarbeiter kompensiert werden. Die fehlende Qualifikation und Erfahrung konnte jedoch nur schwer ausgeglichen werden. Auch von den

Tabelle 1: Dienstalter der Belegschaft des Stahlwerks Riesa, 1.10.1943[1]

	Dienstjahre						Kriegsgefangene/ zivile Ausländer	zur Wehrmacht einberufen
	unter 5	5 bis 10	10 bis 25	25 bis 40	40 bis 50	über 50		
Arbeiter	840	1 308	1 331	477	46		1 109	1 032
Angestellte	257	140	211	96	13		2	152

Tabelle 2: Entwicklung der Beschäftigtenzahlen des Stahlwerks Riesa 1945 bis 1949

Beschäftigtengruppe	Anzahl der Beschäftigten				
	30.6.1945	16.8.1946	15.11.1947	31.7.1948	1.8.1949
Arbeiter	1 099	1 654	unbekannt	unbekannt	unbekannt
männlich weiblich	1 056 43				
Angestellte	298	446	unbekannt	unbekannt	unbekannt
männlich weiblich	211 87				
gesamt	1 397	2 100	3 151	3 503	51 93

1 SächsHStAD, 11616, VEB Stahl- und Walzwerk Riesa (SWR), Nr. 13.66, Sonderzahlen 1942–1943, unpag.

717 Angestellten musste man letztlich auf 150 Kräfte verzichten, da sich nur zwei geeignete ausländische Kräfte fanden.[2] 1939 waren zwei Drittel aller Arbeiter mindestens fünf bis zehn Jahre im Werk gewesen. Der Statistik nach waren es nun mehr als drei Viertel der Arbeiterschaft. Durch den wirtschaftlichen Aufschwung war es demnach gelungen, einen großen Arbeiterstamm aufzubauen und zu halten. Daher konnte auf Kriegsrückkehrer keinen Tag verzichtet werden. Aus dem Wehrdienst entlassene Arbeitskräfte hatten sich nach einem eventuellen Entlassungsurlaub, unabhängig von ihrem körperlichen Zustand, sofort wieder im Werk zu melden. Erst dann wurde über die Arbeitstauglichkeit und die weitere Verwendung entschieden. Zur Ordnung persönlicher Angelegenheiten erhielten Ledige einen und Verheiratete zwei freie Tage nach der Entlassung, bevor sie sich zurückmelden mussten. Diese wurden allerdings auf den Jahresurlaub angerechnet.[3]

Nur ein Drittel der ursprünglichen Belegschaftsstärke wurde nach der Wiedereröffnung des Werkes im Juni 1945 erreicht. Nach einer Belegschaftsstatistik des Lauchhammerwerkes Riesa vom 30. Juni 1945 war die Beschäftigtenzahl zu diesem Zeitpunkt auf 1 397 Mitarbeiter geschrumpft. Allerdings stieg sie rasch wieder an. Am 15. November 1947 hatte der Belegschaftsstand bereits wieder 3 151 Mitarbeiter erreicht.[5] Bis Anfang September 1949 wuchs er auf 5 193 Beschäftigte an (siehe Tabelle 2).[6] Eine andere Quelle vom 22. Juli 1947 zeigt eine Steigerung der Gesamtbeschäftigtenzahl von 2 160 zum 1. Juli 1946 auf 3 032 ein Jahr später. Dabei wuchs die Zahl der Arbeiter abzüglich der fehlenden Mitarbeiter von 1 278 auf 1 824, während die Angestelltenziffer von 210 auf 265 nur leicht anstieg.[7]

Im September 1945 waren etwa 1 200 Arbeiter mit Demontagearbeiten beschäftigt, darunter 471 Sowjets. Ihr Anteil an der Demontagebelegschaft lag demnach bei 39,25 Prozent. Die Arbeiten schritten schnell voran, sodass am 1.

2   Ebd.
3   Bekanntmachung des Stahlwerkes Riesa vom 1.10.1944 (ebd., Nr. 15.07, unpag.).
4   Belegschaftsstatistik 1945–1947 (ZGKR, SWR, Kasten 21, unpag.); Aufstellung über die Anzahl der Arbeiter im Werk Riesa vom 16.8.1946 (ebd., Kasten 18, unpag.); Abschrift eines Betriebsfragebogens vom 31.7.1948 (ebd., Kasten 12, unpag.); Instrukteursberichte über die Vorbereitung und Durchführung der Parteiwahlen im Kreis Großenhain, August-November 1949, und Rechenschaftsbericht über die Durchführung der Beschlüsse der ersten Parteikonferenz der SED im Stahl- und Walzwerk Riesa vom 4.10.1949 (SächsHStAD, 11856, SED-Landesleitung Sachsen, A/1099, unpag.).
5   Belegschaftsstatistik 1945–1947, o. D. (Zentrum für Geschichte und Kunst Riesa [ZGKR], SWR, Kasten 21, unpag.).
6   Instrukteursberichte über die Vorbereitung und Durchführung der Parteiwahlen im Kreis Großenhain, August–November 1949; Rechenschaftsbericht über die Durchführung der Beschlüsse der ersten Parteikonferenz der SED im Stahl- und Walzwerk Riesa vom 4.10.1949 (SächsHStAD, 11856, SED-Landesleitung [LL] Sachsen, A/1099, unpag.).
7   Landeseigene Betriebe Sachsens, Arbeit und Bezahlung vom 22.7.1947 (ZGKR, SWR, Kasten 12, Eisenkonstruktions- und Formstahlwerk [EKuFSW] Riesa, IV 7 – Maschinenbau, unpag.).

Oktober desselben Jahres nur noch 744 Demontagearbeiter im Werk beschäftigt waren, einschließlich 222 Sowjets. Einen Monat später war die erste Demontagewelle beinahe abgeklungen. 198 ausschließlich deutsche Arbeiter bauten weiterhin Teile des Werkes ab. Deren Zahl stieg zum 1. Dezember auf 503 und blieb auch zu Beginn des Jahres 1946 mit 496 konstant, wobei keine sowjetischen Arbeiter mehr vermerkt waren.[8] Zu den Abbauarbeiten im Stahlwerk wurden ab Oktober 1945 auch Angestellte bestellt, die früher als Bürogehilfen oder Kassierer gearbeitet hatten und nun arbeitslos waren. Die ersten 41 von ihnen, darunter 13 Frauen im Alter von 18 bis 66 Jahren wurden zum 1. Oktober 1945 ins Werk gerufen.[9]

Eine Aufstellung über die altersmäßige Verteilung der Belegschaft vom 30. Juni 1949 zeigt, dass mehr als zwei Drittel der 4 636 Köpfe starken Belegschaft über 30 Jahre alt waren. In jedem Einzelbetrieb überwog die Zahl dieser Altersgruppe. Es gab 4 209 Arbeiter und 413 Angestellte im Betrieb. Mit Abstand die meisten Arbeiter waren im Stahlwerk (653) und im Behälterbau (624) beschäftigt. Der Frauenanteil lag insgesamt bei 6,6 Prozent. Der Anteil der Frauen unter der Arbeiterschaft betrug 5 Prozent, während sie bei den Angestellten mit 22 Prozent vertreten waren. Die meisten Arbeiterinnen, unter Verschiedene (122) aufgeführt, waren offenbar als Hilfskräfte eingesetzt und arbeiteten, wo sie gerade gebraucht wurden. Auch bei den Auszubildenden lag ihr Anteil mit acht Prozent sehr niedrig. Das zeugt davon, dass es nur sehr wenige echte Frauenarbeitsplätze zu dieser Zeit im Werk gegeben hat. Insgesamt war der Jugendanteil im Werk zu diesem Zeitpunkt noch gering. Nur 13,4 Prozent der Beschäftigten waren unter 21 Jahre alt.[10] Bedenkt man die mehrfache Auskämmung des Betriebs für die Wehrmacht während der letzten drei Kriegsjahre, so ist diese Statistik leicht nachvollziehbar. Ältere Mitarbeiter, die während der Schließung zumeist im kaum zerstörten Riesa geblieben waren, kehrten zuerst auf das Werksgelände an der Elbe zurück. Ein Indiz dafür ist auch ihr Verhalten vor 1945: Es waren vor allem die jungen Mitarbeiter, die bereits während des Krieges mit Disziplinlosigkeiten aufgefallen waren, während die älteren dienstbeflissen bis zum Ende ihre Arbeit verrichteten.

Doch sie kamen nicht zum Produzieren. Ihre Aufgaben waren nun Reparaturen für die Besatzungsarmee und die Demontage des eigenen Betriebs. Am 19. Juni 1945 erfuhr die Betriebsleitung des Stahlwerks Riesa von der Demontageabsicht durch die sowjetische Besatzungsmacht. Die erste Demontage-Kommission baute die maschinellen Einrichtungen des Behälterbaus ab. Acht Wochen

---

8   Arbeiten und Arbeitskräfte ab Juli 1945, Belegschaftsstatistik 1.9.1945 bis 2.1.1946 Arbeiten und Arbeitskräfte ab Juli 1945, Belegschaftsstatistik 1.9.1945 bis 2.1.1946 (ebd., Kasten 15, Demontage und Wiederaufbau 1945–1948, Demontage II, E. Tägliche Berichte, unpag.).
9   Liste von Angestellten, die zum 1.10.1945 für den Abbruch des Werkes bestellt werden, o. D. (ebd., Kasten 14, B. Arbeitskräftefragen, -anforderungen, -übersichten, unpag.).
10 Belegschaftsaufgliederung nach dem Stand vom 30.6.1949 vom 12.7.1949 (ebd., Kasten 39, unpag.).

später traf eine andere solche Kommission im Werk ein, welche verkündete, dass auch die Maschinen aus Stabwalzwerk, Rohrwerk, Schlangenbau und sämtlichen Hilfsbetrieben demontiert würden. Im April 1946 begann die Demontagekommission mit dem Abbau der Eisenkonstruktionen der Werkshallen. Von vier Hallen des Behälterbaus wurden drei demontiert, dazu die Halle des Rohrwerks, des Schlangenbaus sowie alle Kranbahnen. Alle Siemens-Martin-Schmelzöfen (SM-Öfen), die Anlagen des Stabwalz- und Rohrwerks, der Fertigungsbetriebe sowie die kompletten Hilfsanlagen wurden demontiert, sodass die Produktion zeitweise völlig zum Erliegen kam. Erst am 9. September 1946 konnte die Demontage vorübergehend gestoppt werden.[11] Der Wiederaufbau, der durch einen Großauftrag innerhalb der SBZ gesichert wurde, begann zunächst von Hand, mit einfachsten Werkzeugen. Am 14. Dezember 1946 erhielt das Werk die Erlaubnis, die zwei seit acht Monaten geplanten 15-Tonnen-SM-Öfen aufzustellen, um die Rohstahlproduktion für eigene Bedürfnisse zu gewährleisten. Zudem sollte erstmals in der Geschichte Stahlformguss im Stahlwerk Riesa produziert werden. Der Antrag vom Juni 1946 war positiv aufgenommen worden, denn in der ehemaligen Stahlwerkhalle wurde neben den SM-Öfen auch eine Gießerei gebaut. Den Aufbauplänen entgegen stand nur noch der lange, harte Winter 1946/47, welcher bis weit in den März hinein anhielt. Erst am 17. März 1947 konnten die Arbeiten an den Öfen wieder aufgenommen werden.[12] Bis 1950 hatte das Stahlwerk Riesa seine Größe und Produktionskapazität von vor dem Kriegsende wieder erreicht.

Entnazifizierung und Aufbau der SED-Betriebsgruppe

Nach Aufstellungen der Überreste des Werksarchivs in Riesa gab es 1944 57 NSDAP-Mitglieder im Werk, die verantwortliche Positionen im Auftrag der Partei und ihrer Gliederungen wahrnahmen. Dazu gehörten SS, SA, HJ, die Nationalsozialistische Volkswohlfahrt (NSV) und der NS-Bund Deutscher Technik (NSBDT) sowie weitere nicht genannte Organisationen. 80 Werksangestellte handelten demnach außerdem in direkter Beziehung zur Partei, der Wehrmacht, dem Kriegsministerium, dem Beauftragten für den Vier-Jahres-Plan, der Gestapo, des Luftschutzes, der Technischen Nothilfe, der Deutschen Arbeitsfront (DAF), der Stadtverwaltung Riesa und weiteren ungenannten Stellen.[13] Dass die Parteizugehörigkeit zum Großteil auf Angestellte und nur in geringem Maße auf die Arbeiterschaft entfiel, zeigen die Protokolle der

---

11 Bericht über den bisherigen Aufbau des Werkes Riesa vom 30.9.1943, S. 2–3 (ebd., Kasten 12).
12 Pfrötzschner, Hings und Lacour an Betriebsrat des Stahlwerks Riesa vom 15.3.1947 (ebd., unpag.).
13 ZGKR, SWR, Kasten 10, Soziale Fragen NS-Zeit, 1944, unpag.

Entnazifizierungskommissionen, die ab 1946 ins Riesaer Stahlwerk kamen. Der nach dem Krieg als Betriebsrat des Werkes eingesetzte Curt Zschuckel wies in einem Brief an die Werksleitung im Januar 1946 darauf hin, dass kein ehemaliges NSDAP-Mitglied leitende Positionen in Wirtschaft und Industrie bekleiden dürfe. Daher seien zwölf Angestellte mit Abteilungsleiterstatus oder höher bereits entlassen worden. 24 ehemalige Angestellte, die aufgrund betriebs- oder politisch bedingter Kündigung entlassen worden waren, baten 1946 um Wiederaufnahme in den Verwaltungsapparat des Werkes. Einer beantragte die Mitgliedschaft im antifaschistischen Block und die Entlastung von seiner „ehemaligen politisch unmotivierten NSDAP-Zugehörigkeit."[14]

Ende 1947 wurde eine Gruppe von verantwortlichen Angestellten und Arbeitern zu ihrer politischen Vergangenheit befragt, als es darum ging, Führungspositionen politisch zu „säubern". 153 kaufmännische und 70 technische Angestellte sowie 37 Arbeiter kamen schadlos davon und durften in ihren alten Positionen verbleiben. Die groß angelegte Untersuchung ergab im Januar 1948, dass hauptsächlich kaufmännische Angestellte in der NSDAP und ihren angeschlossenen Organisationen vertreten waren. Von den 26 ermittelten früheren Parteimitgliedern waren 17 in der Verwaltung des Werkes und der einzelnen Betriebe beschäftigt. Fünf von ihnen zählten zu den technischen Angestellten, vier zu den Arbeitern. Unter den 39 Beschäftigten, die gleichzeitig zwei oder mehreren NS-Organisationen angehörten, befanden sich 27 kaufmännische und zehn technische Angestellte und nur zwei Arbeiter. 45 von 49 NSV-Mitgliedern unter den Befragten waren Gehaltsempfänger. Unter den 44 HJ- beziehungsweise BDM-Mitgliedern befand sich nur eine Arbeiterin.

Die Kommission kam zu dem Ergebnis, dass die meisten nur nominelle Mitgliedschaften pflegten, denen keine politische Überzeugung zugrunde gelegen habe. Dies bestärkt das Bild des unpolitischen Arbeiters, wie es bereits für die 1930er-Jahre gezeichnet wurde.[15] Neben der Mitgliedschaft in der DAF, die obligatorisch war, wurde die Zugehörigkeit zur Nationalsozialistischen Volkswohlfahrt oder dem NS-Reichsbund für Leibesübungen (NSRfL) nicht als Hindernis angesehen, die Tätigkeit im Stahlwerk Riesa unter den neuen politischen Bedingungen fortzuführen.[16] Bei weiteren 47 Angestellten, vorrangig Bereichs- und Abteilungsleiter, wurden öffentliche Verhandlungen am 22. und 25. Januar 1948 geführt. Bei 27 der überprüften Beschäftigten konnte keinerlei Tätigkeit im politischen Sinne nachgewiesen werden. 14 NSDAP-Mitglieder wurden ermittelt,

---

14 Betriebsrat an Werkleitung des Lauchhammerwerks Riesa vom 11.1.1946 (ZGKR, SWR, Kasten 23, Demontage und Wiederaufbau 1945–1948, Belegschaft/Personalfragen II, H. Entnazifizierung, unpag.).
15 Vgl. Sebastian Fink, Das Stahl- und Walzwerk Riesa in beiden deutschen Diktaturen 1933 bis 1963. Ein Vergleich, Leipzig 2012, S. 122 ff.
16 Kreisentnazifizierungskommission Großenhain, Protokoll über die Durchführung im Formstahlwerk Riesa vom 16.1.1948 (SächsHStAD, 11417, Kreis Großenhain, 1945–1953, Nr. 303, Entnazifizierungskommission, 1945–1948, unpag.).

die gleichzeitig noch mindestens einer anderen NS-Organisation angehört hatten. Der Rest war lediglich in der NSV, HJ/BDM und anderen Nebengruppierungen organisiert. Ob und wie viele der Beschäftigten entlassen wurden, geht aus der Quelle nicht hervor.[17] Ein halbes Jahr zuvor hatte bereits eine Überprüfung der Werksfeuerwehr stattgefunden. Die drei technischen Angestellten und 23 Arbeiter wurden offenbar als Risikogruppe angesichts der allgemeinen Sabotageangst angesehen. Die Kommission entschied jedoch, nur bei einem der Betroffenen eine Entlassung zu befürworten, da dieser eine führende Position in der HJ-Organisation des Werkes eingenommen hatte und NSDAP-Mitglied gewesen war. Insgesamt waren nur vier Mitglieder in der Partei und drei in der Hitlerjugend gewesen.[18]

Wesentlich breiter war die Parteigruppe der SED im Werk aufgestellt. Der offizielle Zusammenschluss von KPD und SPD erfolgte in Riesa am 23. April 1946. Werkdirektor Erich Pfrötzschner war Vorstandsmitglied der Ortsleitung. Zum Jahresende 1946 sollen bereits 720 von etwa 2 500 Stahlwerkern Parteimitglieder gewesen sein. Jeder davon war zumindest auf dem Papier verpflichtet, in seiner Wohnparteigruppe mitzuarbeiten. Die Betriebsgruppe wurde gleichberechtigt von je einem KPD- und einem SPD-Mann geleitet. Einer von ihnen war für politische, der andere für Organisationsfragen verantwortlich. Zur Gruppenleitung gehörten ferner Funktionäre für die Sachgebiete, Frauen, Jugend, Schulung, Presse und Rundfunk sowie Kassierung der Mitgliedsbeiträge. Die Betriebsgruppe wurde schnell in selbständige Abteilungen untergliedert, die jeweils eigenen Leitungen unterstanden. Pro Schicht wurde in jeder Abteilung ein politischer Leiter eingesetzt.[19]

Bis Juni 1947 hatte die Mitgliedszahl in der Betriebsparteigruppe die Tausender-Grenze überschritten. Ein Betriebsgruppensekretariat wurde eingerichtet und in jeder Abteilung des Werks ein Propagandaaktiv installiert, welches für Werbung, Pressearbeit und die Belieferung und Ausgestaltung der Wandzeitung zuständig war. Zum 31. August 1948 war der Stand der Mitgliederzahl laut Werksgeschichte auf 1104 angewachsen. Dies entsprach 38 Prozent der Gesamtbelegschaft des Werks. Demnach war die Mitgliederzahl zwischen Juni 1947 und August 1948 um weniger als 100 Beschäftigte angewachsen. Die Ursache darin ist hauptsächlich im vorübergehenden Aufnahmestopp der SED zu suchen, der in der Angst vor Infiltration und Sabotage begründet lag.[20] Bis

---

17 14. Sitzung der Kreisentnazifizierungskommission Großenhain, Liste der im Zuge des Befehls 201 überprüften Angestellten des Formstahlwerkes Riesa, vom 22./25.1.1948 (ebd., Nr. 293, Entnazifizierungskommission, Dezember 1947-März 1948, unpag.).
18 Protokoll über die 17. Arbeitssitzung der Entnazifizierungskommission des Stadtkreises Riesa vom 4.7.1947 (ebd., Nr. 312, Entnazifizierungskommission, Betriebsfeuerwehren, 1947, unpag.).
19 Alwin Hesse, Betriebsgeschichte, Teil I 1945–1949, Die antifaschistisch-demokratische Umwälzung, Riesa 1981, S. 18 f.
20 Ebd., S. 28.

Anfang September 1949 stieg die Ziffer der Parteimitglieder im Werk auf 1576. Währenddessen war die Belegschaft auf 5193 Köpfe angewachsen, sodass der Anteil der SED-Mitglieder trotz des absoluten Anstiegs auf 30,3 Prozent abfiel. Von ihnen waren vor 1933 bereits 251 in der SPD und 68 in der KPD aktive Mitglieder und Beschäftigte des Werks gewesen.[21] Eine Aufstellung der Zusammensetzung der Parteimitglieder nach Alter und Geschlecht sowie der beruflichen Ausrichtung vom 1. September 1949 zeigt, dass die SED vorrangig ein Nachwuchsproblem hatte. Nur 261 der Mitglieder waren unter 30 Jahre alt. Zudem lag die Frauenquote bei weniger als fünf Prozent. Daher sollten verstärkt Parteianwärterinnen aus der FDJ geworben werden. Diese Entwicklung sowie die noch in den 1940er-Jahren nachlassende Mitarbeit der Beschäftigten in Abteilungen von Partei und FDGB deuten auf ein erhebliches Abschwellen der Aufbruchsstimmung innerhalb der Belegschaft nach Kriegsende hin.[22]

Dies ist auch an der schnell abschwellenden Beteiligung der Beschäftigten an der Arbeit in den Parteibetriebsgruppen zu spüren. Die Schulungsarbeit der Mitglieder der Betriebsgruppe wurde selbst in der vom Werk herausgegebenen Betriebsgeschichte als „zurückgeblieben" bezeichnet. Besucherzahlen und Qualität der Versammlungen und Schulungen waren auf einem niedrigen Niveau. Im April 1948 kritisierte der BG-Vorsitzende Rudolph, dass Betriebsgewerkschaftsleitung, SED-Betriebsgruppe und Werksleitung gegeneinander arbeiteten, was sich destruktiv auf die Umsetzung der ideologischen Ziele und die Stimmung der Belegschaft auswirke.[23] Ähnlich liest sich der Bericht der Kommission des Zentralsekretariats im Werk vom November 1948. Dort wird die Werksleitung für ihre abneigende Haltung zur Parteigruppe kritisiert. „Ihre ideologische Grundlage [die der Werksleitung] ist so schwach, dass sie in der führenden Rolle der Partei eine Entwicklung sehen, die ihnen ihre persönliche Stellung als Werksleitung nachteilig erscheinen lässt."[24]

Dieselbe Kommission begleitete auch die erste Produktionsbesprechung im Werk. Zu dieser Zeit war es vorgesehen, dass pro Woche eine Produktionsbesprechung in der Frühschicht stattfand. Ständige Teilnehmer sollten die jeweiligen Betriebsleiter oder ihre Stellvertreter, Gießmeister, Schmelzmeister, Abteilungsgewerkschaftsleiter (AGL) und der Betriebsrat sein. Die Produktionsbesprechungen wurden mit Parteigruppensitzungen in den beiden Schichten der einzelnen Betriebe vorbereitet. Sie begannen mit einem Kurzreferat über die politische Lage allgemein und im Betrieb. In der folgenden Diskussion

---

21 Rechenschaftsbericht über die Durchführung der Beschlüsse der ersten Parteikonferenz der SED im Stahl- und Walzwerk Riesa vom 4.10.1949 (SächsHStAD, 11856, SED-LL Sachsen 1946–1952, A/675, SWR, 1948–1950, unpag.).
22 Ebd.
23 Hesse, Betriebsgeschichte, S. 37.
24 Bericht an Zentralsekretariat: Tätigkeit der Kommission im VEB SWR, 1.–13.11.1948 (SächsHStAD, 11856, SED-LL Sachsen 1946–1952, A/675, SWR, 1948–1950, Bl. 63).

Tabelle 3: Demografische Zusammensetzung der SED-Mitglieder im Stahl- und Walzwerk Riesa zum 1. September 1949[25]

Alter der SED-Mitglieder im Werk				
unter 21 Jahre	21 bis 25 Jahre	26 bis 30 Jahre	31 bis 40 Jahre	41 bis 50 Jahre	über 50 Jahre
58	86	117	219	493	603

Soziale Zusammensetzung der SED-Mitglieder im Werk

Arbeiter		Angestellte		Ingenieure/Techniker	Lehrer
männlich	weiblich	männlich	weiblich		
1347	47	123	23	33	3

25 Rechenschaftsbericht über die Durchführung der Beschlüsse der ersten Parteikonferenz der SED im Stahl- und Walzwerk Riesa vom 4.10.1949 (SächsHStAD, 11856, SED-LL Sachsen 1946–1952, A/675, SWR, 1948–1950, unpag.).

sollten diese und Verbesserungsvorschläge erörtert werden. Die Bezeichnung Produktionsbesprechung war demnach irreführend, denn es handelte sich eher um eine ideologische Indoktrination. Im Werk wurde die Bezeichnung jedoch wörtlich genommen, wie es sich im Verhalten der Abteilungsbetriebsgruppe des SM-Stahlwerks zeigte, welche „nicht auf die politischen Fragen des Themas, sondern nur auf die praktischen betrieblichen Fragen einging".[26]

Zur besseren Schulung der Parteigenossen wurde im Werk, ebenso wie in anderen Betrieben, im August 1948 die Betriebsparteischule eröffnet. In 14-tägigen Lehrgängen wurden jeweils 30 Teilnehmer instruiert. Ab Januar 1949 mussten alle Betriebs- und Abteilungsleiter sowie Meister und Vorarbeiter die Schule besuchen. Bis Ende September 1949 hatten bereits 706 Genossen die Seminare absolviert. Junge Parteimitglieder konnten zur Ausbildung für die Arbeit in der FDJ auf die Landes-Jungaktivistenschule geschickt werden. Zwölf junge Stahlwerker traten ihre Ausbildung dort Anfang Oktober 1949 an. Im Oktober 1948 wurde eine personalpolitische Abteilung im Betrieb eingerichtet, in der umfangreiche Personalakten von allen Genossen angelegt und laufend aktualisiert wurden.

Die Probleme der SED-Betriebsgruppe im Stahlwerk bestanden in der Uneinigkeit und dem Misstrauen der Mitglieder untereinander. Im Frühjahr 1949 fand eine Sitzung der gemischten Kommission des Zentralsekretariats der SED im Betrieb statt, an der die Gewerkschaftsleitung und die SED-Betriebsgruppe teilnahmen.[27] Diese Kommission war vom Zentralsekretariat Ende des Jahres 1948 als Reaktion auf die schwache Leitungs- und Überzeugungstätigkeit der Betriebsgruppe eingerichtet worden. Sie sollte nur bei bestimmten schwierigen Fällen beziehungsweise zur Ausführung von direkten Aufträgen des Zentralsekretariats zusammentreten.[28] Im Protokoll zur genannten Sitzung heißt es: „Die Genossen des Zentralsekretariats wiesen mit großer Eindringlichkeit darauf hin, dass im Werk Riesa eine sehr offen spürbare Atmosphäre der Unehrlichkeit und Lüge herrscht, die sich angefangen von wirtschaftlich-betrieblichen Dingen bis zu politischen Fragen erstreckt."[29] So wurde die Kapazität der SM-Öfen immer mit 100 Tonnen angegeben, während sie in Wirklichkeit 120 Tonnen betrug. Den Arbeitern sei nicht vermittelt worden, dass das neue Rohrwerk aus der Sowjetunion stamme, sodass sie immer noch eine schlechte Meinung

---

26 Bericht über Vorbereitung und Ablauf der am 12.11.1948 stattgefunden Produktionsbesprechung vom 13.11.1948 (ebd., Bl. 65).
27 Stichwortprotokoll über die Sitzung mit der gemischten Kommission des Zentralsekretariats am Donnerstag, den 3. März 1949, wegen Berichterstattung über Stahlwerk Riesa vom 7.3.1949 (ebd., Bl. 80).
28 Hesse, Betriebsgeschichte, S. 43.
29 Stichwortprotokoll über die Sitzung mit der gemischten Kommission des Zentralsekretariats am Donnerstag, den 3. März 1949, wegen Berichterstattung über Stahlwerk Riesa vom 7.3.1949 (SächsHStAD, 11856, SED-LL Sachsen 1946–1952, A/675, SWR, 1948–1950, Bl. 80).

von den Besatzern hätten. Zudem verträten sie immer noch „die Meinung, dass Hennecke-Aktivisten nur Antreiber sind". Tatsächlich wurden die ersten beiden Hennecke-Aktivisten des Werkes erst im Herbst 1948 ausgezeichnet,[30] bis Jahresende wuchs ihre Zahl auf 41.[31] Eine politische Werbeaktivität der SED-Betriebsgruppe war faktisch nicht vorhanden, Massenagitation und Propaganda lahmten. Noch dazu gehörten nur 32 von über 720 Jugendlichen der SED an, sodass auch die Jugendarbeit kritisiert werden musste.[32]

Dass es auch eine gewisse Begeisterung unter der Belegschaft nach dem Krieg gab, wird allein durch die ungeheuren Anstrengungen ersichtlich, die die Arbeiter zum Wiederaufbau des Werkes auf sich nahmen. Der erste Abstich eines in Handarbeit errichteten SM-Ofens wurde 1947 unter dem Jubel eines Großteils der Belegschaft im Freien vollzogen. Viele wollten ihren Teil zum Neustart beisteuern und versuchten auch mit den neuen politischen Instanzen im Werk zusammenzuarbeiten. Eines der spärlich aufgezeichneten praktischen Beispiele stammt aus der Werkstischlerei: So verfassten beispielsweise deren Fachkräfte am 30. März 1949 eine Resolution zur Herstellung von Büromöbeln und anderem Wohnbedarf, da das gelieferte Material der VVB „Holz, Möbel, Leder" qualitativ zu schlecht gewesen sei. Sie beriefen sich auf die angestrebte Qualitätsverbesserung im Zwei-Jahr-Plan und erhielten vollste Unterstützung durch die Betriebsgruppe der SED und die Betriebsgewerkschaftsleitung (BGL). Die Verkaufsabteilung des Werks lehnte den Vorschlag allerdings mit der Begründung ab, dass für alle Produkte des Werks eine Produktionsauflage notwendig sei. Zudem bestimme die Deutsche Handelsgesellschaft die Lieferanten von Möbeln, auch sei eine Entnahme von Holz aus dem Materialfonds rechtswidrig. Eine gesonderte Holzbestellung zu diesem Zweck sei daher ebenfalls nicht möglich.[33] Aufgrund der Kompliziertheit des neuen Systems und des hohen bürokratischen Aufwandes wurde den aufbauwilligen Arbeitern schnell der Wind aus den Segeln genommen. Hinzu kam, dass die Anweisungen von oben den Vorstellungen der Partei- und Gewerkschaftsinstanzen auf Werksebene widersprachen und so ihre Position im Betrieb gegenüber den Arbeitern schwächten. Diese verloren das Vertrauen in die Einflussmöglichkeiten von BGL und SED-Betriebsgruppenleitung. Damit erreichte die SED genau das Gegenteil von dem, was sie wollte.

---

30 Hesse, Betriebsgeschichte, S. 38.
31 Ebd., S. 41.
32 Stichwortprotokoll über die Sitzung mit der gemischten Kommission des Zentralsekretariats am Donnerstag, den 3. März 1949, wegen Berichterstattung über Stahlwerk Riesa vom 7.3.1949 (SächsHStAD, 11856, SED-LL Sachsen 1946–1952, A/675, SWR, 1948–1950, Bl. 81).
33 Resolution der Tischlerei des Stahlwerkes Riesa vom 30.3.1949 (Staatsarchiv Leipzig [StAL], 11624, SWR, Nr. 33, Zentrale Planung, Protokolle und Berichte, 1950, unpag.).

Missmut bahnt sich seinen Weg

Die Unzufriedenheit über die Arbeits- und Lebensumstände äußerte sich während und nach dem Krieg auf dem Riesaer Werksgelände in ähnlicher Form. Dass es Kontrollprobleme im Stahlwerk gab, belegt ein Dokument des Betriebsarchivs. Bei einer Besprechung, der am 15. August 1944 vermutlich alle Meister und Vorarbeiter beiwohnten, ging es um die Notwendigkeit, eine Stempelkontrolle sowie eine Arbeitszeitkartei einzurichten. Der Grund dafür war, dass viele Arbeiter laut Aussagen ihrer Vorgesetzten füreinander abstempelten, auch wenn die betreffenden Kollegen nicht oder zu spät zur Arbeit erschienen bzw. vorzeitig vom Betriebsgelände verschwanden. Nach Meinung der Meister durften sich jedoch hoch qualifizierte Schlüssel- und Fachkräfte mehr als die durchschnittlichen Arbeiter erlauben, da sie unbedingt gebraucht würden. Daher sei es nichts Ungewöhnliches, dass besonders Angehörige dieser Beschäftigtengruppen die Schicht frühzeitig beendeten oder zwischendurch unerlaubt das Werksgelände verließen, ohne Lohneinbußen befürchten zu müssen.[34]

Das unerlaubte Fernbleiben von der Arbeit, das sogenannte Bummeln, setzte sich im Werk immer mehr fest. Viele Arbeiter nahmen sich gelegentlich einen freien Sonntag, kamen zu spät oder verließen das Werksgelände unerlaubt während der Arbeitszeit. Meister und Vorarbeiter drückten häufiger ein Auge zu und meldeten solche Fälle nicht der Betriebsleitung. Es kam vermehrt zu Fällen, dass qualifizierte Arbeitskräfte sich weigerten, bestimmte Arbeiten auszuführen, die nicht in ihrem Arbeitsvertrag standen. Viele, die ungewollt in eine andere Abteilung versetzt wurden, weil dort Arbeiter fehlten, begehrten ebenfalls auf. Durch Verweigerung von Anordnungen der Vorgesetzten versuchten viele einen Arbeitsplatzwechsel zu erzwingen, was in einigen Fällen auch gelang. Das Risiko eines Zugriffs der Gestapo oder der Aufhebung einer bestehenden uk-Stellung nahmen sie dabei in Kauf. Angesichts der langsamen und ineffizienten Sanktionsregelungen im Stahlwerk konnten viele das auch. Erst nach drei Ebenen der Verwarnung und mehreren Stufen des Lohnabzugs kam die Polizei zum Einsatz. Und auch diese sprach zunächst nur Verwarnungen aus, bis sie zur Verhaftung schritt. Dieses Verhalten der Betriebsführung lässt auf das Bestreben schließen, solche Probleme innerhalb des Werkes zu lösen. Dies hatte mehrere Gründe. Zunächst wollte man keine unnötige Aufmerksamkeit auf solche Vorgänge im Betrieb lenken, da es sonst zu unliebsamen externen Untersuchungen kommen konnte. Zudem versuchte man natürlich, die besten Arbeitskräfte im Werk zu halten. Begehrten diese auf, gab es zwei Möglichkeiten: Entlassung oder Beförderung, um den Betreffenden ruhig zu stellen. Letzteres wurde bei Mittelstahl meist bevorzugt.

---

34 Protokoll einer Arbeitsbesprechung vom 15.8.1944 (SächsHStAD, 11616, SWR, Nr. 15.07, unpag.).

Während des Krieges war das größte Problem neben den Disziplinlosigkeiten am Arbeitsplatz der hohe Krankenstand. Im August 1944 erreichte ein Schreiben des DAF-Hauptstellenleiters Dr. Dittmar aus der Abteilung Gesundheit und Volksschutz das Stahlwerk Riesa, das auf die vom Gesundheitsführer angeordneten „vertrauensärztlichen Stoßaktionen in den Rüstungsbetrieben über 1000 Gefolgschaftsmitgliedern" verwies, „deren Krankenstand auffällig ist". Die Untersuchungen sollten sofort in Gang gesetzt werden und das Werk den abgesandten Arzt voll unterstützen.[35] Damit gehörte das Stahlwerk Riesa beim allgemein hohen Krankenstand in fast allen Betrieben offiziell zu denen mit einem „auffälligen" Krankenstand. Dies deutet auf eine Fortsetzung des Krankschreibungsproblems der deutschen Arbeiter und Angestellten hin, dass schon seit 1938 stetig größer geworden war. Die Betriebskrankenkasse (BKK) des Werks sah ihren Erfahrungen nach das Problem nicht im Vortäuschen von Krankheiten, sondern in deren künstlicher Verlängerung unter Mithilfe der frei praktizierenden Ärzte. In einem Schreiben an den Leiter der Landesstelle Sachsen des Reichsverbandes der BKK, Bokemeyer, berichtete sie, diese würden sich zu sehr nach den Wünschen der Patienten richten, anstatt den Bedürfnissen der Kriegsproduktion Rechnung zu tragen. Damit warf man den Ärzten praktisch vor, dass sie ihren Eid, zum Wohle des Patienten zu handeln, einhielten. Denn gleichzeitig musste die BKK eingestehen, dass die Schwer- und Schwerstarbeit des Stahlbetriebs den Krankenstand grundsätzlich nach oben trieb und lange Arbeits- und Anfahrtszeiten der Arbeiter, die auf eine Vielzahl von Gemeinden in der Umgebung Riesas verteilt waren, dem zusätzliche Nahrung gaben.[36] Mithin kann angenommen werden, dass ein beachtlicher Teil der Arbeiter eine Verlängerung ihrer Krankschreibung nicht wegen des Krankengeldes oder aus Faulheit zu erwirken versuchte, sondern um sich die im normalen Arbeitsalltag dieser Zeit fehlenden Erholungsphasen zu verschaffen. Dem entsprachen Riesaer Ärzte auch nach dem Krieg in der SBZ/DDR.[37]

Um dem entgegenzuwirken, wollte Bokemeyer den Betrieben per Verordnung mehr Autorität verleihen und deren Strafbefugnis in solchen Fällen erhöhen.[38] Der Obervertrauensarzt des Reiches, Dr. Brauer, schlug dem sächsischen Landesvertrauensarzt Dr. Förster vor, dass Krankschreibungen von privaten Ärzten nicht mehr anerkannt werden sollten, sondern nur noch von Vertragsärzten der Pflichtkrankenkasse. Damit wollte er auf die große Diskrepanz zwischen

---

35 DAF-Kreishauptstellenleiter Dr. Dittmar, Abt. Gesundheit und Volksschutz, an Mittelstahl Riesa vom 10.8.1944 (ebd., unpag.).
36 BKK Riesa an Leiter der Landesstelle Sachsen des Reichsverbandes der BKK, Bokemeyer, vom 30.5.1944 (ebd., unpag.).
37 Dieter Frank, „Glück auf Herr Doktor!". Aufzeichnungen eines Arztes über ein Stahlwerk und seine Menschen, Riesa 2004, S. 79.
38 Sonderrundschreiben Nr. 5, Artikel des Leiters der Landesstelle Sachsen des Reichsverbandes der BKK, Bokemeyer, vom 17.6.1944 (SächsHStAD, 11616, SWR, Nr. 20.19, unpag.).

arbeitsunfähig gemeldeten Beschäftigten bei den Betrieben und bei den BKK reagieren. Zudem sollte es auch für die beteiligten Ärzte Strafen geben. Es würden zudem viele Arbeitnehmer krankgeschrieben, um einen Arbeitsplatzwechsel oder eine Arbeitszeitverkürzung zu erreichen.[39] Die Gemeinschaft der sächsischen Betriebsführer forderte schärfere Kontrollen der betrieblichen Ausgleichszahlungen bei Krankheit, da diese die Neigung zum Krankfeiern förderten. Zudem sollten Bestrafungen in weit größerem Maße öffentlich im Betrieb ausgehängt werden, um die Arbeitsdisziplin hoch zu halten. Weiterhin solle der Urlaub von Kriegerfrauen eingedämmt werden, da diese automatisch frei bekämen, wenn ihre Männer von der Front heimkehrten, was teilweise mehrmals im Jahr geschah. Ferner schlugen sie eine Lockerung des Mutterschutzes vor, sodass Frauen länger als bis zum dritten Monat der Schwangerschaft arbeiten müssten.[40]

In dieser Phase warfen die Verantwortlichen also alle Errungenschaften des Arbeits- und Gesundheitsschutzes über Bord und forderten Maßnahmen, die kaum Rücksicht auf die Situation der Arbeiter nahmen, sondern ausschließlich dem Aufrechterhalten der Produktion dienten und damit rein ökonomischen Gesichtspunkten unterlagen. Zwar wurden unumstößliche Faktoren wie lange Arbeitszeiten, schwere körperliche Arbeit und schlechte Versorgung sowie lange Anfahrtswege anerkannt. Dennoch rückte man nicht von der neuen harten Position, besonders gegenüber weiblichen Beschäftigten, ab.

Das Problem des „Krankfeierns" blieb auch unter sowjetischer Besatzung bestehen. Laut einer statistischen Erhebung blieben im März 1946 etwa 300 Beschäftigte „systematisch der Arbeit fern". Nur ein geringer Teil der Arbeiter fehlte aus Werkssicht aus triftigem Grund, alle anderen galten als „Bummler". Daher erging mit Befehl 27 der SMAD am 8. April 1946 eine neue Bestimmung, wonach Arbeitsbefreiungen nur noch mit Befund eines sowjetischen Arztes ausgestellt werden durften.[41] In der gesamten sächsischen Industrie stellten Fehlzeiten ab 1947 ein erhebliches Problem dar. Im Januar und Februar des Jahres lag die Fehlquote bei 24 Prozent, erst im Mai sank sie unter ein Fünftel und stieg im September wieder auf 22 Prozent.[42]

Ein noch größeres Problem war das vorzeitige Beenden der Schicht durch die Arbeiter. Der kaufmännische Leiter Hings bat in einer Bekanntmachung am 6. September 1945 zum wiederholten Male darum, bis zum Ende der Schicht zu

---

39 Obervertrauensarzt Dr. Brauer an Landesvertrauensarzt Dr. Förster vom 13.5.1944 (ebd., unpag.).
40 Niederschrift über die Antwort der sächsischen Betriebsführer auf das Rundschreiben Nr. 1/1944 des Präsidenten des Gauarbeitsamtes. Betr.: Arbeitsunfähigkeit und Arbeitseinsatz vom 28.6.1944 (ebd., unpag.).
41 C. Befehl 27 vom 8.4.1946 (ebd., unpag.).
42 Ulrich Kluge/Winfrid Halder, Die befohlene Wirtschaftsordnung in Sachsen 1945/46. In: Jürgen Schneider/Wolfgang Harbrecht (Hg.), Wirtschaftsordnung und Wirtschaftspolitik in Deutschland 1933–1993, Stuttgart 1996, S. 136.

arbeiten und nicht schon weit vorher an der Kartenkontrolle zu warten. Zudem verlangte er eine Erhöhung der Arbeitsleistung im Interesse des Fortbestandes des Werks.[43] Allerdings war dies durch die schlechte Ernährungslage der Arbeiter einerseits kaum möglich, andererseits war die Motivation, das eigene Werk für die Besatzer, welche teilweise ein extrem rüdes Verhalten an den Tag legten, zu demontieren, nicht besonders hoch. Der sächsische Wirtschaftsminister Fritz Selbmann schätzte demnach die Lage in seiner Jahresbilanz 1945 richtig ein, als er konstatierte, dass der Neuaufbau der Wirtschaft vorangige, aber durch immer neue Demontagewellen ins Stocken geraten werde, was „zweifellos deprimierend auf große Teile der Arbeiterschaft wirken wird und die trotz aller Schwierigkeiten vorhandene Begeisterung in Enttäuschung umschlagen lässt".[44]

Besondere Verbitterung rief bei den Arbeitern die Planlosigkeit hervor, mit der ihr Werk Schritt für Schritt abgebaut wurde. Über Jahrzehnte gepflegte Anlagen und Aggregate verließen zum Teil unbeschriftet und falsch gelagert das Werk, ohne die Gewissheit, ob sie ihr Ziel im Osten erreichen und jemals wieder aufgebaut würden. Die Arbeiter wehrten sich gegen die aus ihrer Sicht falschen und ungerechten Maßnahmen, nicht nur indem sie langsam und lustlos arbeiteten und das Werk frühzeitig verließen, sondern auch Demontagegut vorsätzlich zerstörten oder elementare Teile von Anlagen versteckten.[45] Eine Lösung des Problems hatte sich auch bis zum Frühjahr 1946 nicht gefunden. In einer handschriftlichen Bekanntmachung vom 12. März beklagte sich Leutnant Surin darüber, dass die Demontagearbeiter ihre Schicht statt um 19.00 Uhr bereits zwei Stunden früher verließen.[46] Surin war einer der im Werk verantwortlichen Besatzungsoffiziere für die fristgemäße Demontage der dazu vorgesehenen Anlagen. Mehrmals im Monat gab er Befehle zur Sonntagsarbeit bekannt, wonach diese Sonntage wie Wochentage ohne jeglichen Ausgleich zu vergüten waren.[47] Auch dies hat sicher nicht zu einer Motivationssteigerung der Arbeiter beigetragen.

Eine Bekanntmachung von Werkdirektor Pfrötzschner und Betriebsrat Curt Zschuckelt vom 29. Dezember 1946 macht deutlich, dass sich das Problem mit den Undiszipliniertheiten seit Kriegsende stetig verschärfte. Demnach hatten die unberechtigten Entfernungen vom Arbeitsplatz derart zugenommen, dass ab 2. Januar 1947 ein Laufzettelsystem eingeführt wurde. Jeder, der das Werk aus dringenden persönlichen Gründen verlassen musste, war nun gezwungen,

---

43 Bekanntmachung Hings vom 6.9.1945 (ZGKR, SWR, Kasten 20, G. Personalfragen, unpag.).
44 Winfrid Halder, „Modell für Deutschland", Wirtschaftspolitik in Sachsen 1945–1948, Paderborn 2001, S. 163.
45 André Steiner, Von Plan zu Plan, Eine Wirtschaftsgeschichte der DDR, München 2004, S. 26 f.
46 Bekanntmachung Leutnant Surin vom 12.3.1946 (ZGKR, SWR, Kasten 20, G. Personalfragen, unpag.).
47 Bekanntmachungen zur Sonntagsarbeit, Leutnant Surin, vom 17.3., 24.3., 7.4.1946 (ebd., unpag.).

sich im Verwaltungsbüro einen Zettel abzuholen, den er dann bei seiner Rückkehr ins Werk dem Pförtner vorzeigen musste.[48] Gleichzeitig stieg die Diebstahlrate, besonders bei der Werkskohle. Dieses Vergehen wurde ab 18. Dezember 1946 als Sabotage des Aufbaus geahndet und jeder Fall an die verantwortlichen sowjetischen Stellen weitergeleitet. Durch die dadurch zu erwartenden höheren Strafen sollte eine abschreckende Wirkung erzielt werden.[49]

Diese Fälle zeigen, dass in den Jahren 1945 bis 1947 die Versorgungslage der Bevölkerung so schlecht war, dass die Arbeiter sich gezwungen sahen, trotz Kohlezuteilungen vom Werk, selbige zu stehlen und sich unerlaubt vom Arbeitsplatz zu entfernen, um zur Lebensmittelausgabe zu gelangen bzw. anderweitig die Verpflegung der eigenen Familie zu sichern. Körperliche Schwäche und die hohe Anfälligkeit für Krankheiten waren jedoch die Hauptursachen dafür, dass die Arbeiter allgemein nicht mehr zu leisten imstande waren. Vergehen gegen die Arbeitsdisziplin waren oft nur eine Folge davon. Dass deren Quote ab Sommer 1946 stieg, lag auch am Abzug der sowjetischen Posten aus dem Werk am 20. August desselben Jahres. Lediglich einige Überwachungsoffiziere zur Kontrolle des Fortgangs der Reparationsaufträge verblieben im Werk. Diese baten bei den Arbeitern um Verständnis für die augenblickliche Lage, drohten aber auch damit, „Maßnahmen zu ergreifen, die uns als sozialistischen Arbeitern zuwider sind".[50]

Dem Kreisrat Riesa berichtete die Werksleitung am 8. Mai 1947, dass die vorangegangenen Monate März und April aus Sicht des Betriebsschutzes sehr ruhig verlaufen seien. Zwar hatte es weiterhin kleinere Kohlendiebstähle gegeben, welche mit Strafgeldern belegt wurden. Ansonsten sei es ruhig gewesen ohne besondere Vorkommnisse wie Brände oder Sabotage.[51] Die Berichte der folgenden Monate zeigten jedoch ein anderes Bild. Im Mai 1947 entließen die Verantwortlichen 13 Belegschaftsmitglieder wegen Kohlendiebstahls und wiederholter Bummelei.[52] Im Juni mussten weitere neun Beschäftigte das Werk aus ähnlichen Gründen und wegen tage- und wochenlangem Nichterscheinen zur Arbeit oder Arbeitsverweigerung verlassen. Die eingezogenen Strafgelder erhielt die Wohlfahrtseinrichtung des Werks.[53] Bis Ende 1947 verließen noch 41 Mitarbeiter aus denselben Anlässen das Werk.[54]

Dass die Arbeiter bei ihren „Ausflügen" vom Werksgelände während der Arbeitszeit durch Teile der Wachmannschaften unterstützt bzw. nicht gehindert

---

48 Bekanntmachung Pfrötzschner und Zschuckelt vom 29.12.1946 (ZGKR, SWR, Kasten 20, C., unpag.).
49 Bekanntmachung Werksleitung vom 18.12.1946 (ebd., unpag.).
50 Bekanntmachung vom 20.8.1946 (ebd., unpag.).
51 SWR an Kreisrat Riesa vom 8.5.1947 (StAL, 11624, SWR, Nr. 36, Zentrale Planung, Kreisrat, Schriftwechsel mit dem Stahlwerk Riesa, 1947–1950, unpag.).
52 SWR an Kreisrat Riesa vom 4.6.1947 (ebd., unpag.).
53 SWR an Kreisrat Riesa vom 3.7.1947 (ebd., unpag.).
54 SWR an Kreisrat Riesa vom 6.8.1947, 5.9.1947, 4.12.1947 und 5.1.1948 (ebd., unpag.).

wurden, belegt die mehrfache Versetzung von Betriebsschutzangehörigen in die Produktion wegen nicht näher spezifizierter Verfehlungen. Allerdings war der Betriebsschutz nur 27 Mann stark, sodass er es schwer hatte, das gesamte Werksgelände zu überwachen.[55] Im Oktober 1947 wurde er auf 39 Mann erweitert. Allerdings waren allein 13 davon mit der Bewachung der Fahrradstände beschäftigt, sodass bei drei Schichten maximal neun Werkposten zur Überwachung des Geländes zur Verfügung standen.[56] Bei 97 verhängten Strafen allein in den ersten 19 Tagen des Monats Februar 1948 handelte es sich in 90 Fällen um Kohlendiebstähle. Zehn Ertappte waren Wiederholungstäter. In diesem Fall wurde ihnen bis zu fünf Tage das Werksessen entzogen, während ihnen beim Erstverstoß drei Mark Strafe drohten. Beim Verlassen des Werksgeländes über den Zaun folgten drei Tage Essensentzug. Da in der Statistik nur die geklärten Fälle verzeichnet sind, muss von einer weit höheren Dunkelziffer ausgegangen werden.[57] Dass die Arbeiter nicht vordergründig aus Faulheit oder Boshaftigkeit gegenüber dem Werk so handelten, zeigt der Fall eines Arbeiters, der sich aus Werksmaterial eine Bratpfanne herstellte, da Kochgeschirr überall Mangelware war. Ein anderer schmiedete sich Kuchenformen. Auch diese „Vergehen" wurden zur Anzeige gebracht.[58] Eine Aufstellung des Großenhainer Landrats über die Ausfallstunden in den Kreisbetrieben vom September 1947 macht deutlich, dass die Situation in Riesa kein Einzelfall war, aber auch nicht als normal bezeichnet werden konnte. Bei 525 000 Sollstunden im Eisenkonstruktions- und Formstahlwerk Riesa wurden 6 000 Ausfallstunden wegen unentschuldigten Fehlens angegeben. Dies entsprach zwar nur 0,01 Prozent des Solls, war aber der vierthöchste Anteil unter allen 22 Betrieben im Landkreis, die in dieser Statistik aufgeführt waren.[59]

Bis Ende Oktober 1948 folgten insgesamt 116 Entlassungen von Beschäftigten wegen oben genannter Disziplinlosigkeiten.[60] Im Juni 1948 nahmen die Diebstähle von Werkzeugen aus dem Werk derart überhand, dass unter anderem in der nahe gelegenen Ortschaft Nünchritz Hausdurchsuchungen vorgenommen werden mussten. Diese waren durchaus von Erfolg gekrönt, sodass Werkzeuge und Materialien ihren Weg zurück auf den Werkshof fanden. Im selben Monat wurden drei mit russischen Uniformen verkleidete Werksangehörige

---

55 SWR an Kreisrat Riesa vom 5.3.1948 und 6.4.1948 (ebd., unpag.).
56 Aktennotiz über den Besuch beim EKuFSW Riesa vom 24.10.1947 (SächsHStAD, 11384, Landesregierung Sachsen 1945–1952, Nr. 3340, EKuFSW Riesa, 1947–1948, Bl. 57).
57 Abteilung Versicherung, Strafliste für Monat Februar 1948 vom 19.2.1948 (ebd., Bl. 31).
58 Strafliste April 1948 vom 22.4.1948 (ebd., Bl. 13).
59 Landrat Dietrich an Kreiskommandantur Großenhain vom 16.9.1947 (SächsHStAD, 11417, Nr. 449, Industrie, 1946–1949, Kreis Großenhain, Wirtschaft-Arbeit-Verkehr, Abteilung Industrie, Bl. 74).
60 SWR an Kreisrat Riesa vom 5.2.1948, 5.3.1948, 6.4.1948, 5.5.1948, 10.6.1948, 8.7.1948, 9.8.1948, 21.9.1948 und 5.11.1948 (Kreisarchiv Riesa, Nr. 36, Zentrale Planung, Kreisrat, Schriftwechsel mit dem Stahlwerk Riesa, 1947–1950, unpag.).

dabei gesehen, wie sie eine Autogarage auf dem Betriebsgelände aufbrachen und zwei Motorräder stahlen. Diese wurden in der Nähe der Werksschule wieder gefunden. Der Schichtleiter erstattete Anzeige gegen unbekannt bei der Volkspolizei in Riesa-Gröba. Doch die Diebe gaben dem Bericht zufolge nicht auf, sondern luden in einem zweiten Versuch die Motorräder auf einen LKW mit verhangenen Nummernschildern und durchbrachen ein Werkstor in Richtung des Ortsteils Gröba.[61]

In der Betriebsgeschichte des Werks bis 1949 heißt es, dass aufgrund des Fachkräftemangels noch im Frühjahr 1947 viele Meister und Vorarbeiter aus der NS-Zeit im Werk beschäftigt waren. Diese bekamen nun das Problem, dass ihnen ihre NS-Vergangenheit beim Versuch, für Ordnung und Arbeitsdisziplin zu sorgen, von den Arbeitern, besonders von Fachkräften, vorgehalten wurde. Betriebsratschef Zschuckelt kritisierte dieses Verhalten offen im Werk.[62] Doch das Problem blieb bestehen. In einem Rundschreiben an alle Abteilungsleiter im Januar 1949 stellte die Werkleitung noch einmal klar, dass die Meister und Vorarbeiter für den richtigen Einsatz der ihnen unterstellten Arbeitskräfte verantwortlich seien, nachdem bei Betriebsbegehungen Kolonnen nicht arbeitender Kollegen festgestellt" worden seien. Werkdirektor Pfrötzschner drohte den betreffenden Angestellten mit sofortiger Degradierung oder gar Entlassung, falls sich die Zustände nicht besserten.[63]

Trotzdem blieben die Verhältnisse unverändert. Ein Bericht der SED-Betriebsgruppe zeugt davon, dass es auch Ende September 1949 in mehreren Abteilungen des Werkes eine schlechte Arbeitsmoral und -disziplin gegeben hat. Die Arbeiter trafen sich häufig 20 Minuten vor Arbeitsschluss an den Stempeluhren bzw. ließen ihre Karten von anderen Kollegen abstempeln. Besonders in der Nachtschicht herrschte verbreitete Bummelei am Arbeitsplatz. Meister und Vorarbeiter beaufsichtigten die Beschäftigten weiterhin nachsichtig. Damit sollte nun Schluss sein. Die Betriebsparteileitung beschloss, in solchen Fällen bei mehrfacher Wiederholung die sofortige Entlassung zu erwirken, wie dies auch in zwei Fällen bereits geschehen war. Zudem sollten Meister und Vorarbeiter, die die Beschäftigten nur „administrativ und schematisch" betreuten, durch Aktivisten aus der Produktion ersetzt werden, ohne dass diese eine gesonderte Ausbildung erhalten mussten.[64] Damit wurde den ideologietreuen Arbeitern eine schnelle Aufstiegsmöglichkeit eröffnet. Andererseits wurde der Status des Meisters geschwächt, denn ein so zum Meister ernannter Arbeiter konnte nicht erwarten, die beste Reputation vor seinen früheren Kollegen zu haben.

---

61 SWR an Kreisrat Riesa vom 8.7.1948 (ebd., unpag.).
62 Hesse, Betriebsgeschichte, S. 27.
63 Rundschreiben der Werkleitung an alle Abteilungsleiter vom 31.1.1949 (ZGKR, SWR, Kasten 20, A. Wirtschaftliche Probleme, unpag.).
64 Zwischenbericht über die Vorbereitung und Durchführung der Parteiwahlen in den Abteilungsparteigruppen des Stahl- und Walzwerks Riesa vom 30.9.1949 (SächsHStAD, 11856, SED-LL Sachsen 1946–1952, A/1099, SED-Betriebsgruppe im Stahl- und Walzwerk Riesa, unpag.).

Fazit

Die Belegschaft des Stahl- und Walzwerks Riesa – sei es in der Mittelstahl AG oder im Volkseigenen Betrieb – erkannte unter beiden deutschen Diktaturen relativ schnell die Gegebenheiten. Der Großteil der Beschäftigten tat bis Kriegsende weiter seine Arbeit, ohne sich politisch vereinnahmen zu lassen. Ein kleinerer, aber nicht unerheblicher Teil versuchte sich im Rahmen der Umstände einzurichten und Freiräume zu erkämpfen. Die steigende Zahl der Fehlstunden und Krankheitstage sind dafür Indizien. Im Rückzug ins Private erwarteten die Stahlwerker das seit 1943 absehbare Ende des Krieges und hofften auf ein Weiterleben, wenngleich die Kriegsproduktion bis April 1945 weiterging. Ein Großteil der Beschäftigten kehrte zurück, zunächst mit großen Hoffnungen auf einen Neuanfang nach dem Ende der NS-Diktatur. Doch die enge Verbindung von Partei und Gewerkschaftsbund im Betrieb, die lang andauernde schlechte Versorgungslage und die Hindernisse beim Wiederaufbau, speziell die drastische Demontage, ließen die Aufbruchsstimmung schnell abebben. Es zeigten sich schon während der Besatzungszeit die gleichen Muster wie während des Krieges: Die Krankenzahlen stiegen und das Problem der Bummelei wuchs an. Meister und Vorarbeiter ließen nach wie vor ihre besten Kräfte gewähren – im Wissen darum, dass sie kaum zu ersetzen waren. Dazu kamen immer mehr Diebstähle. Die Handlungsspielräume der Beschäftigten wuchsen im Vergleich zur NS-Zeit noch viel weiter an. Wie sehr diese ausgenutzt wurden, zeigt, wie groß Enttäuschung und Indifferenz gegenüber der neuen politischen Situation waren. Die Ernüchterung, von einem autoritären Staat in den nächsten zu schlittern, zeigte sich in der schon 1948/49 zum Großteil lahm gelegten Parteiarbeit in den Betriebsabteilungen. Im Stahlwerk Riesa spielte die SED schon vor Gründung des zweiten deutschen Staates für einen Großteil der Arbeiter keine Rolle mehr im eigenen Leben, so wie zuvor die NSDAP ebenfalls keine gespielt hatte.

Der sächsische Adel und die Bodenreform.
Staatliche Restriktionen und individuelle Strategien

Lutz Vogel

Die im Herbst 1945 durchgeführte „Demokratische Bodenreform" stellt den tiefgreifendsten Eingriff in die Besitz- und Eigentumsverhältnisse in Sachsen im 20. Jahrhundert dar. Sie führte in der gesamten Sowjetischen Besatzungszone (SBZ) zu einem grundlegenden Wandel der Agrarstruktur. Im Zuge dieser Maßnahme wurden in Sachsen hunderte Großgrundbesitzer mit ihren Familien enteignet und aus ihren Heimatorten vertrieben. Die Bodenreform war zugleich ein zentrales Element der kommunistischen „Diktaturdurchsetzung"[1] in der SBZ. Nach der im Sommer 1945 umfangreich vorangetriebenen Entnazifizierung in den Verwaltungen von Kommunen und Kreisen, nach Enteignungen der Betriebe von „Kriegsverbrechern" sowie dem Aufbau der insbesondere von Kommunisten geprägten Verwaltungsstrukturen auf Landesebene sollten mit der Bodenreform die Besitz- und Sozialstrukturen auf dem Land aufgebrochen und neu – d. h. im Sinne der kommunistisch dominierten Machthaber – geordnet werden. Vormalige Eliten, die vermeintlich qua ihres Besitzes Einfluss auf kommunale und regionale Entscheidungen in Politik, Wirtschaft und Gesellschaft ausgeübt hatten, wurden im Zuge der Bodenreform verdrängt. Parallel zur Enteignung und Vertreibung der Gutsbesitzer erfolgten die kleingliedrige Aufteilung des Bodens und schließlich auch die Tilgung architektonischer Zeugnisse der Gutsherrschaft (Schlossabbrüche) im Zusammenhang mit dem sogenannten Neubauernbauprogramm. Die von den neuen Machthabern pauschal als „Junker" stigmatisierten Adligen standen im besonderen Fokus der Maßnahme. Stets wurde die enorme Bedeutung der „historischen Aufgabe" der Beseitigung des „Feudalismus", des „Militarismus", der „Reaktion" oder der „Ausmerzung der Brutstätten des Faschismus" hervorgehoben, die mit der Enteignung der adligen Großgrundbesitzer in Bezug gesetzt wurde.[2]

---

1   Zum Begriff vgl. Rainer Behring/Mike Schmeitzner, Einleitung. In: dies. (Hg.), Diktaturdurchsetzung in Sachsen. Studien zur Genese der kommunistischen Herrschaft 1945–1952, Köln 2003, S. 7–24, hier 9 f.
2   Vgl. z. B. Bericht über die Enteignung des Rittergutes Schweikershain vom 2.11.1945 (SächsStAL, Kreistag/Kreisrat Döbeln, Nr. 1461, Bl. 23 f.), in dem es u. a. heißt: „Wieder ist damit ein Brutnest der Reaktion vernichtet worden." Oder: ZK der KPD (Hg.), Vortragsdisposition Nr. 9: Die Bodenreform, Berlin [1945], S. 2 f., in der die „reaktionäre Rolle der Junker" hervorgehoben wird.

Für die sächsischen Adligen, die infolge der Bodenreform fast vollständig Sachsen bzw. die SBZ verlassen mussten, war diese Zäsur gleichbedeutend mit dem Ende einer Sozialformation, die Wirtschaft, Politik und Kultur des Landes über Jahrhunderte geprägt hatte. Aus ihren Besitzungen „ausgesiedelt"[3] und aus ihren Heimatkreisen „ausgewiesen",[4] mit Bannkreisen und Zuzugsbeschränkungen belegt, teilweise in Lagern in Sachsen interniert[5] und auf die Insel Rügen deportiert,[6] flüchteten die meisten Adligen aus der SBZ und ließen sich in den westlichen Besatzungszonen nieder.

Im Folgenden werden zunächst Ziele und organisatorische Planung der Bodenreform skizziert. Ihre Durchführung soll anhand verschiedener Fallbeispiele sächsischer Adliger anschließend geschildert werden. Dabei geht es insbesondere um die verschiedenen Facetten des Prozesses, die diese Maßnahmen für die Betroffenen hatten, sowie um die Handlungsspielräume und -strategien der Beteiligten. Die hinzugezogenen Quellen stammen in erster Linie aus den Beständen der Kreistage/Kreisräte sächsischer Landkreise in den Staatsarchiven Chemnitz und Leipzig sowie dem Hauptstaatsarchiv Dresden. Darüber hinaus wurden auch Zeitzeugenberichte ausgewertet, die einen Einblick in das individuelle Erleben der Bodenreform aus der Perspektive der Enteigneten ermöglichen.[7]

Ziele – Organisation – Durchführung

Am intensivsten propagierte die KPD eine groß angelegte Bodenreform in der SBZ. Wenngleich es auch in den anderen Parteien durchaus Überlegungen gab, trägt die Durchführung der Bodenreform sehr deutlich die Handschrift der Kommunisten. Entsprechende Zielsetzungen wurden bereits in der Zeit vor

---

3   Kreispolizeiamt Oschatz an Landesregierung Sachsen vom 27.10.1947 (SächsStAL, Kreistag/Kreisrat Oschatz, Nr. 762, Bl. 21).
4   Landesbodenkommission Sachsen an alle Landräte und Oberbürgermeister der kreisfreien Städte vom 16.1.1946 (SächsStAC, Kreistag/Kreisrat Annaberg, Nr. 652, Bl. 54).
5   Vgl. Regina Thiede, „Herrschaften, 's sind schlimme Zeiten...". Schloss Colditz als Sammellager sächsischer Adliger, Pächter und Großbauern im Herbst 1945. In: Sachsenbummel. Magazin für KulturGeschichte & Tourismus, 80/2013, S. 34–39.
6   Vgl. Martin Holz, Evakuierte, Flüchtlinge und Vertriebene auf der Insel Rügen 1943–1961, Köln 2003, bes. S. 193–207.
7   Zum Quellenproblem der Rekonstruierung von Bodenreform und Kollektivierung vgl. Jens Schöne, Frühling auf dem Lande? Die Kollektivierung der DDR-Landwirtschaft, 3. Auflage Berlin 2010, S. 27–30. Die von Schöne konstatierte „dichotomische Trennung" verwendeter Archivbestände soll im vorliegenden Beitrag durch die Nutzung sowohl der überregionalen Verwaltungsquellen (z. B. Anweisungen der Landesbodenkommission) als auch des auf Kreisebene erzeugten Schriftgutes (Akten der Kreisbodenkommissionen) vermieden werden, zumal auch die nicht sehr umfangreich vorhandenen Bestände von SPD und KPD und schließlich die schriftlichen Erinnerungen von Zeitzeugen verwendet wurden.

dem Ende des Zweiten Weltkrieges ausgearbeitet.[8] Der am 11. Juni 1945 veröffentlichte Aufruf der KPD beinhaltete die Forderung nach der „Liquidierung des Großgrundbesitzes, der großen Güter der Junker, Grafen und Fürsten" und der „Übergabe ihres ganzen Grund und Bodens sowie des lebenden und toten Inventars an die Provinz- und Landesverwaltung zur Zuteilung an die durch den Krieg ruinierten und besitzlos gewordenen Bauern".[9] Zu einer Bewegung „von unten", also eigenmächtigen Enteignungsaktionen durch die Landbevölkerung, wozu die KPD ab Juni 1945 aufgerufen hatte, kam es indes kaum.[10]

Die Vorlage für die nahezu wortgleich in den Ländern und Provinzen der SBZ im September 1945 erlassenen Bodenreformverordnungen stammt wahrscheinlich aus der Feder eines hochrangigen Mitglieds der Sowjetischen Militäradministration in Deutschland (SMAD).[11] Nach dem Erlass eines „Mustergesetzes" zur Bodenreform in der Provinz Sachsen (dem heutigen Sachsen-Anhalt) am 3. September 1945 wurde für das Bundesland Sachsen am 10. September 1945 die „Verordnung über die landwirtschaftliche Bodenreform" erlassen, die Grundlage für die folgenden Enteignungen war. Mit dem Ziel, „die Liquidierung des feudal-junkerlichen Großgrundbesitzes" zu erreichen sowie „der Herrschaft der Junker und Großgrundbesitzer im Dorfe ein Ende [zu] bereiten", da „diese Herrschaft immer eine Bastion der Reaktion und des Faschismus" gewesen sei, wurden mit der Verordnung die Rahmenbedingungen für Enteignung und Verteilung des Bodens festgelegt. Demnach sollten „der Grundbesitz von Kriegsverbrechern und Kriegsschuldigen", der Besitz von höheren Repräsentanten des NS-Staates, aber auch „der gesamte feudal-junkerliche Boden und der Grundbesitz mit über 100 Hektar" entschädigungslos enteignet werden.[12]

---

8   Vgl. hierzu z. B. das Wirken des studierten Theologen Edwin Hoernle, der bereits in den 1920er-Jahren in führender Rolle an der Ausarbeitung des agrarpolitischen Programms der KPD mitgewirkt hatte und ab 1942 im Moskauer Exil erste agrarpolitische Konzeptionen für die Zeit nach dem Zweiten Weltkrieg entwickelte. Vgl. Helmut Müller-Enbergs/Jan Wielgohs/Dieter Hoffmann/Andreas Herbst/Ingrid Kirschey-Feix (Hg.), Wer war wer in der DDR? Ein Lexikon ostdeutscher Biographien, Band 1, 5. Auflage Berlin 2010, S. 559 f.
9   Zitiert nach: ZK der KPD (Hg.), Vortragsdisposition, S. 5.
10 Vgl. Jochen Laufer, Die UdSSR und die Einleitung der Bodenreform in der Sowjetischen Besatzungszone. In: Arnd Bauerkämper (Hg.), „Junkerland in Bauernhand"? Durchführung, Auswirkungen und Stellenwert der Bodenreform in der Sowjetischen Besatzungszone, Stuttgart 1996, S. 21–35, hier 23; Arnd Bauerkämper, Ländliche Gesellschaft in der kommunistischen Diktatur. Zwangsmodernisierung und Tradition in Brandenburg 1945–1963, Köln 2002, S. 74 f.
11 Vgl. Laufer, UdSSR, S. 26–29; Bauerkämper, Gesellschaft, S. 73. Für die Durchführung der Bodenreform in Sachsen ist eine Besprechung des sächsischen Ministerpräsidenten Rudolf Friedrichs mit dem Chef der Sowjetischen Militäradministration in Sachsen Michail Efimovič Katukov sowie dessen Stellvertreter Dmitrij Georg'evič Dubrovskij am 31.8.1945 von Bedeutung. Vgl. Andreas Thüsing (Hg.), Das Präsidium der Landesverwaltung Sachsen. Die Protokolle der Sitzungen vom 9. Juli 1945 bis 10. Dezember 1946, Göttingen 2010, S. 158 f.
12 Vgl. Verordnung über die landwirtschaftliche Bodenreform. In: Amtliche Nachrichten der Landesverwaltung Sachsen vom 24.9.1945, S. 27 f.

Proteste der anderen Parteien, die sich gegen die entschädigungslose Enteignung sowie gegen die Regelung wandten, dass alle Güter, die größer als 100 Hektar waren, enteignet werden sollten, blieben größtenteils erfolglos.[13] So führte z. B. der Widerspruch des Vizepräsidenten der Landesverwaltung Wilhelm Lenhard, der am 5. September 1945 in einem Schreiben an den sächsischen Ministerpräsidenten Rudolf Friedrichs mit Verweis auf die Agrarstruktur im Land u. a. gegen die Herabsetzung der ursprünglich auf 200 Hektar festgelegten Grenze für die Enteignung der Güter protestierte, zu dessen Verdrängung aus der Landesverwaltung.[14]

Das Wirken der Besatzungsmacht im Zusammenspiel mit der die Bodenform maßgeblich forcierenden KPD war – trotz anderslautender Aussagen[15] – prägend für ihre Durchführung, insbesondere im Hinblick auf die enteigneten adligen Grundbesitzer. Denn die in der Propaganda hervorgehobenen Eigentumsverhältnisse standen in eklatantem Gegensatz zur Besitzverteilung im industriell geprägten Sachsen. Hier dominierten keineswegs, wie dies in Brandenburg oder Mecklenburg-Vorpommern der Fall war, die Großwirtschaften, vielmehr überwogen „Klein- und Mittelbauern im Voll- und Nebenerwerb".[16]

Bei der Betrachtung der Organisation der Bodenreform ist die formale, d. h. die gemäß der Verordnung zur landwirtschaftlichen Bodenreform vorgesehene

---

13 Vgl. Ralf Thomas Baus, Die Christlich-Demokratische Union Deutschlands in der sowjetisch besetzten Zone 1945 bis 1948. Gründung, Programm, Politik, Düsseldorf 2001, S. 136–139; Peter Hermes, Die Christlich-Demokratische Union und die Bodenreform in der Sowjetischen Besatzungszone Deutschlands im Jahre 1945, Saarbrücken 1963, S. 42–59. Als Zugeständnis der KPD an die anderen Parteien ist die von der LDP angeregte Regelung anzusehen, dass „aktive Antifaschisten" die Möglichkeit bekamen, ein sogenanntes Restgut (25 Hektar) zu behalten. Vgl. Andreas Thüsing, Landesverwaltung und Landesregierung in Sachsen 1945–1952. Dargestellt am Beispiel ausgewählter Ressorts, Frankfurt a. M. 2000, S. 175.

14 Vgl. Wilhelm Lenhard an Rudolf Friedrichs vom 5.9.1945 (SächsHStAD, MdI, Nr. 11, Bl. 151); Thüsing, Landesverwaltung, S. 81 f.; Michael Richter/Mike Schmeitzner, „Einer von beiden muß so bald wie möglich entfernt werden". Der Tod des sächsischen Ministerpräsidenten Rudolf Friedrichs vor dem Hintergrund des Konfliktes mit Innenminister Kurt Fischer 1947. Eine Expertise des Hannah-Arendt-Instituts im Auftrag der Sächsischen Staatskanzlei, Leipzig 1999, S. 87. Ein zwischen den Parteien des „antifaschistischen Blocks" ausgehandelter Kompromiss, der die Belassung von 100 Hektar großen Grundstücken für politisch unbelastete Großgrundbesitzer vorsah, war zuvor von der Sowjetischen Militäradministration in Sachsen am 6.9.1945 abgelehnt worden. Vgl. Matthias Donath, Die Erfindung des Junkers. Die Bodenreform 1945 in Sachsen, Dresden 2011, S. 29.

15 Vgl. Vorsitzender der Landesbodenkommission, Kurt Fischer, an Landrat des Kreises Bautzen vom 8.10.1945: „Es ist selbstverständlich, dass die Sowjetische Militärverwaltung sich in die inneren Angelegenheiten der Durchführung der Bodenreform nicht einmischt. Die Bodenreform und ihre Durchführung ist durchaus Angelegenheit der deutschen Behörden" (SächsHStAD, Kreistag/Kreisrat Bautzen, Nr. 1262, Bl. 109).

16 Ulrich Kluge, „Die Bodenreform ist in erster Linie eine politische Angelegenheit." Agrarstruktureller Wandel in Sachsen 1945/46. In: Arnd Bauerkämper (Hg.), „Junkerland in Bauernhand"? Durchführung, Auswirkungen und Stellenwert der Bodenreform in der Sowjetischen Besatzungszone, Stuttgart 1996, S. 103–117, hier 103.

Struktur von der Praxis der Umsetzung zu unterscheiden. Die formale Grundlage bildete ein dreistufiges hierarchisches System aus Bodenkommissionen auf Orts-, Kreis- und Landesebene.[17] Die Ortskommissionen waren in allen Gemeinden einzurichten, gleich ob zur Verteilung kommender Besitz vorhanden war oder nicht.[18] Sie sollten fünf bis sieben Mitglieder umfassen, die auf einer Bauernversammlung frei und öffentlich zu wählen waren.[19] Die auf Ortsebene konstituierten Bodenkommissionen sollten den Landarbeitern und Bauern das Gesetz über die Bodenreform „erklären" und die zu enteignenden Besitzungen ebenso erfassen wie die potenziellen Interessenten am zu verteilenden Boden.[20] Die so entstandenen Vorschlagslisten wurden an die Kreiskommissionen weitergeleitet, welche wiederum Bericht an die Landeskommission zu erstatten hatten. Enteignungen von Gütern, die größer als 100 Hektar waren, mussten nicht begründet werden, wohl aber die Fälle, in denen Besitz von unter 100 Hektar enteignet wurde.[21] Über den Ortsbodenkommissionen waren die Bodenkommissionen auf Kreisebene angesiedelt, die deren Arbeit überwachten und Entscheidungen zu treffen hatten. Die von dem Kommunisten Kurt Fischer als 1. Vizepräsidenten der Landesverwaltung geleitete Landesbodenkommission war mit einem Letztentscheidungsrecht ausgestattet. Somit war sichergestellt, dass Entscheidungen, die auf kommunaler bzw. Kreisebene getroffen wurden und nicht dem Geist der Bodenreformverordnung entsprachen, kassiert werden konnten.[22]

17 Vgl. Anweisung für die Arbeit der Kommissionen zur Durchführung der Bodenreform vom 12.10.1945 (SächsStAL, Kreistag/Kreisrat Grimma, Nr. 1042, Bl. 3 f.; Sächsische Volkszeitung vom 17.10.1945).
18 So heißt es in einem Bericht in der Sächsischen Volkszeitung vom 21.9.1945 über die erste Sitzung der Landesbodenkommission, es sei festgestellt worden, „dass in einigen Gemeinden überhaupt keine Gemeindekommissionen gewählt worden sind, weil an den betreffenden Ort kein zur Aufteilung gelangendes Gut angrenzt. Das ist natürlich vollkommen falsch." (SächsStAL, Kreistag/Kreisrat Döbeln, Nr. 1462, Bl. 4).
19 Vgl. Kurt Birnbaum, Die Aufgaben der Dorf- und Kreiskommissionen. In: Sächsische Volkszeitung vom 18.9.1945 (ebd., Bl. 3).
20 Vgl. Anweisung für die Arbeit der Kommissionen zur Durchführung der Bodenreform vom 12.10.1945 (SächsStAC, Kreistag/Kreisrat Oelsnitz/V., Nr. 947, Bl. 38 f.).
21 Als Begründung zur Enteignung der Familie von Salza auf Sornßig, die ein 69 Hektar großes Gut besaß, vermerkte die Kreisbodenkommission Bautzen am 24.10.1945: „Familie v. Salza gehört zu den Kreisen der Reaktion, Stützen des Militarismus" (SächsHStAD, Kreistag/Kreisrat Bautzen, Nr. 1262, Bl. 71). Um einer Begründung der Enteignung zu entgehen, hatte die Kreisbodenkommission Bautzen den Bürgermeister der Gemeinde Sornßig bereits am 10.10.1945 angewiesen, „umgehend festzustellen, ob nicht weiterer Besitz der B[arbara] v[on] S[alza] in anderen Gemeinden vorhanden ist, um einen Gesamtbesitz über 100 ha zu erreichen" (ebd., Nr. 1261, Bl. 194).
22 Dass die Landesbodenkommission beim Innenministerium und nicht beim Ministerium für Land- und Forstwirtschaft angesiedelt war, ist keineswegs eine Ausnahme, sondern vielmehr die Regel in den Ländern der SBZ gewesen. Vgl. Arnd Bauerkämper, Die Neubauern in der SBZ/DDR 1945–1952. Bodenreform und politisch induzierter Wandel der ländlichen Gesellschaft. In: Richard Bessel/Ralph Jessen (Hg.), Die Grenzen der Diktatur. Staat und Gesellschaft in der DDR, Göttingen 1996, S. 108–136, hier 114.

Neben diesen – in der Verordnung über die landwirtschaftliche Bodenreform sowie diversen Ausführungsbestimmungen – formal festgelegten Strukturen waren in der Praxis aber auch andere Akteure wie z. B. die Polizeibehörden beteiligt, insbesondere aber die sowjetischen Kreiskommandanturen, die unterschiedlich intensiv Einfluss auf die Durchführung der Bodenreform ausübten. So sind z. B. Protokolle regelmäßiger Besprechungen zwischen den deutschen Behörden und der sowjetischen Militärverwaltung überliefert, in denen über den Fortgang der Bodenreform gesprochen bzw. Bericht erstattet wurde. In anderen Fällen ließen sich die sowjetischen Kommandanten die Listen von Personen, die direkt an der Durchführung der Bodenreform mitwirkten, „zur Bestätigung" vorlegen.[23] Darüber hinaus ist ein direktes Eingreifen in die Durchführung der Bodenreform, teilweise auch durch konkrete Einzelfallentscheidungen, feststellbar.[24] Grundsätzlich ist davon auszugehen, dass die deutschen Behörden den jeweiligen Kommandanturen regelmäßig Bericht erstatten mussten, dass die in der DDR-Historiografie vielfach geschilderte „Hilfe"[25] bzw. „Unterstützung"[26] durch die Besatzungsmacht vielmehr eine „Kontrolle"[27] war und die „Befehlsgewalt"[28] eindeutig in den Händen der Sowjetischen Militäradministration lag.

Für den sächsischen Adel war diese Konstellation insofern von Bedeutung, als die Besatzungsmacht nicht selten direkt in die Ausweisung von Enteigneten infolge der Bodenreform involviert war und dass von dieser Stelle aus in den

---

Zum Wirken dieser Hierarchie vgl. z. B. die vom Glauchauer Landrat mehrfach gestellten Anträge, dem Fürsten von Schönburg-Waldenburg ein Restgut von 25 Hektar zu belassen, die von der Landesbodenkommission stets abgewiesen wurden (SächsHStAD, MdI, Nr. 1068, Bl. 23 f.).

23 Vgl. die protokollierte telefonische „Durchsage" der Landesverwaltung Sachsen vom 21.9.1945, wonach alle eingesetzten Treuhänder bzw. Verwalter enteigneter Güter einen Lebenslauf in deutscher und russischer Sprache einzureichen hatten (SächsStAC, Kreistag/Kreisrat Glauchau, Nr. 2183, unpag.).

24 Vgl. z. B. Kreisbodenkommission Flöha an Landesbodenkommission vom 11.3.1946 (SächsStAC, Kreistag/Kreisrat Flöha, Nr. 826, Bl. 75).

25 Regina Malek, Die Hilfe der Sowjetischen Militäradministration Sachsen für die Landesverwaltung Sachsen bei der Lösung der Aufgaben der antifaschistisch-demokratischen Umwälzung. In: Archivmitteilungen, 25 (1975) 2, S. 56–60.

26 Siegfried Kuntsche, Die Unterstützung der Landesverwaltung bzw. Landesregierung Mecklenburg durch die Sowjetische Militäradministration bei der Leitung der demokratischen Bodenreform. In: Jahrbuch für Geschichte, 12 (1974), S. 141–182.

27 Vgl. z. B. Schreiben der Kreisbodenkommission Döbeln vom 13.11.1945 (SächsStAL, Kreistag/Kreisrat Döbeln, Nr. 1461, Bl. 1), in dem es heißt: „Nachdem die Offiziere der Kreiskommandantur mit Vertretern des Landratsamtes eine Kontrolle bei den aufgeteilten Gütern durchgeführt hatten, wurde in einer Besprechung mit dem Kreiskommandanten festgestellt, dass die Bodenreform nicht in allen Fällen ordnungsgemäß durchgeführt worden ist." Vgl. auch Kuntsche, Unterstützung, S. 165–171.

28 Manfred Wille, Die Verabschiedung der Verordnung über die Bodenreform in der Provinz Sachsen. In: Bauerkämper (Hg.), „Junkerland in Bauernhand"?, S. 87–102, hier 99–102.

Der sächsische Adel und die Bodenreform 471

Jahren 1946/47 auch Nachforschungen über den Verbleib der enteigneten Gutsbesitzer veranlasst worden sind.²⁹

Ein wesentliches Charakteristikum der Durchführung der Bodenreform war die enorme Schnelligkeit, mit der diese Maßnahme umgesetzt werden sollte und letztlich auch umgesetzt worden ist. Mit der Begründung, durch schnelles Vorgehen mögliche „Sabotagen" durch die „Reaktion" verhindern zu müssen,³⁰ ging es wohl in erster Linie darum, in möglichst kurzer Zeit Tatsachen zu schaffen.³¹ Detaillierte Einzelfallprüfungen über die politische Gesinnung von Grundbesitzern und somit eine Bewertung über die individuelle „Schuld" der Besitzer von Wirtschaften unter 100 Hektar Größe vornehmen zu können, waren so kaum möglich. Ziel war es, die Enteignung und Neuverteilung des Landes in einem Zeitraum von weniger als acht Wochen durchzuführen. Aus diesem Grund wurden zunächst binnen kurzer Zeit die Bodenkommissionen auf Gemeinde-, Kreis- und Landesebene gebildet, mit der steten Ermahnung zur möglichst schnellen Durchführung der Bodenreform.³²

---

29 Auch die Ausweisungen im Herbst bzw. Winter 1945/46 sind oftmals von den sowjetischen Besatzungsbehörden veranlasst worden, wie z. B. am Fall der Katharina von Einsiedel auf Wolkenburg dokumentiert ist, die am 19.12.1945 „auf Befehl des russischen Abteilungsoffiziers" des Kreises Rochlitz verwiesen wurde. Vgl. Bescheinigung des Bürgermeisters der Gemeinde Wolkenburg für Katharina Gräfin von Einsiedel vom 19.12.1945 (SächsStAL, Rittergut Wolkenburg mit Kaufungen, Nr. 449, unpag.). Vgl. auch eine an die sowjetische Kreiskommandantur Bautzen gerichtete tabellarische Übersicht über den Verbleib ehemaliger Gutsbesitzer, Inspektoren und Verwalter vom 24.11.1947 (SächsHStAD, Kreistag/Kreisrat Bautzen, Nr. 1269, Bl. 4–6) oder die Aufstellung der Kreisbodenkommission Grimma für die dortige Kreiskommandantur selben Inhalts vom 12.2.1947 (SächsStAL, Kreistag/Kreisrat Grimma, Nr. 1202, unpag.).
30 Vgl. o. A., Ernste Mahnung an alle Bodenkommissionen – Forderungen nach schneller und restloser Landaufteilung – Kampf allen Saboteuren. In: Sächsische Volkszeitung vom 15.10.1945 (SächsStAL, Kreistag/Kreisrat Döbeln, Nr. 1462, Bl. 15); Protokoll eines Anrufs der Kriminalpolizei Chemnitz bei der Kreisbodenkommission Annaberg vom 6.10.1945 (SächsStAC, Kreistag/Kreisrat Annaberg, Nr. 651, Bl. 63), in dem u. a. danach gefragt wurde, ob „Junkerbauern und Feudalherren versuch[en], den Neuaufbau zu sabotieren". Vgl. auch das ausdrücklich nicht für die Presse bestimmte Rundschreiben des Vorsitzenden der Landesbodenkommission an alle Landräte und Oberbürgermeister der kreisfreien Städte vom 13.10.1945: „Nach vorliegenden Mitteilungen wird seitens der zur Enteignung kommenden Grundbesitzer die Bodenreform vielfach gestört, teilweise ist sogar Sabotage festzustellen. Die Kreiskommissionen sind darauf hinzuweisen, dass solche Elemente unter Umständen sofort namhaft zu machen sind" (SächsHStAD, Kreistag/Kreisrat Bautzen, Nr. 1262, Bl. 91).
31 Vgl. Mike Schmeitzner/Stefan Donth, Die Partei der Diktaturdurchsetzung. KPD/SED in Sachsen 1945–1952, Köln 2002, S. 165; Konrad Breitenborn/Manfred Wille, „Fort mit der Junkerherrschaft!" Die Bodenreform in Sachsen-Anhalt. In: Rüdiger Fikentscher/Boje Schmuhl (Hg.), Die Bodenreform in Sachsen-Anhalt. Durchführung – Zeitzeugen – Folgen, Halle (Saale) 1999, S. 19–74, hier 20–22.
32 Vgl. z. B. die Beschwerde des Sekretärs der sächsischen Landesbodenkommission, Alfred Sachse, der in einer von ihm unterzeichneten „Charakteristik über die Durchführung der Bodenreform im Bundeslande Sachsen" vom 9.1.1946 bemerkte: „Die Durchführung der Bodenreform, die mit ungeheurem Schwung angesetzt wurde, verlief in demselben Tempo nicht weiter. Es machten sich Erschwerungen bemerkbar" (SächsHStAD, MdI, Nr. 12, Bl. 86).

Eine große Diskrepanz ergibt sich aus der Betrachtung der offiziellen Darstellung über die Durchführung der Bodenreform und den tatsächlichen Ereignissen der Enteignung und Aufteilung des Bodens. Bereits Mitte November 1945 vermeldete die Landesverwaltung Sachsen den Abschluss der Bodenreform.[33] Zugleich wurde aber noch im Dezember 1945 von Seiten der Landesbodenkommission – auf Nachfragen von Kreisbehörden reagierend – darauf verwiesen, dass die Gemeindekommissionen noch nicht aufzulösen sind, „da die Tätigkeit derselben noch nicht erledigt" sei.[34] Schließlich kam es 1946 zur „zweiten radikalen Bodenreform", in der die Zahl der enteigneten und aufgeteilten Güter nochmals drastisch stieg.[35] Im Kreis Borna waren z. B. bis zum 1. Dezember 1945 insgesamt 38 Wirtschaften mit einer Größe von rund 6 150 Hektar enteignet worden. Mit Stand vom 26. Februar 1946 vermeldete die dortige Kreisbodenkommission dann aber bereits 76 Wirtschaften mit einer Gesamtgröße von knapp 12 160 Hektar.[36] Tatsächlich bestanden die Bodenkommissionen bis Anfang der 1950er-Jahre und die Umsetzung der Bodenreform dauerte weitaus länger als eigentlich geplant.

Der Beleg für die politisch-ideologisch-gefärbte Stoßrichtung der Bodenreform gegen die als „Junker" stigmatisierten adligen Grundbesitzer ist die Tatsache, dass deren Güter in Sachsen bereits in der ersten „Welle" von Oktober bis November 1945 fast vollständig enteignet und neu verteilt wurden. Begleitet wurde dies von zahlreichen propagandistischen Berichten in der Presse.[37]

Enteignung – Verhaftung – Deportation – Flucht

Die agitatorische Vorbereitung der Enteignung der Großgrundbesitzer hatte die KPD bereits ab Sommer 1945 eingeleitet. Auf zahlreichen Bauernversammlungen wurden von den Kommunisten initiierte Resolutionen beschlossen, in denen eine Reform der ländlichen Besitzverhältnisse gefordert wurde. So fand z. B. in der Gemeinde Deutschbaselitz am 26. August 1945 eine von der KPD-Ortsgruppe durchgeführte Bauernversammlung statt, auf der verlangt wurde, „dass das gesamte Vermögen des Rittergutes Deutschbaselitz, Besitzerin: Frau Ida v.

---

33 Vgl. Artikel „Die Bodenreform abgeschlossen. Die Landesbodenkommission berichtet – Die neuen Aufgaben". In: Sächsischer Volkszeitung vom 14.11.1945 (SächsStAL, Kreistag/Kreisrat Döbeln, Nr. 1462, Bl. 21); Amtliche Nachrichten der Landesverwaltung Sachsen vom 16.11.1945, S. 1.
34 Landesbodenkommission an Landrat des Kreises Glauchau vom 7.12.1945 (SächsStAC, Kreistag/Kreisrat Glauchau, Nr. 2183, unpag.).
35 Vgl. Kluge, Bodenreform, S. 115; Matthias Kaiser, Die Bodenreform im Kreis Leipzig. In: Stadtgeschichte. Mitteilungen des Leipziger Geschichtsvereins e.V., 2009 (2010), S. 153–174, hier 163–166.
36 Vgl. die Übersichten über enteignete Wirtschaften im Kreis Borna vom 1.12.1945 und vom 26.2.1946 (SächsStAL, Kreistag/Kreisrat Borna, Nr. 1460, Bl. 80, 86).
37 Vgl. eine Sammlung entsprechender Pressemeldungen aus dem Kreis Döbeln (SächsStAL, Kreistag/Kreisrat Döbeln, Nr. 1462).

Zezschwitz, beschlagnahmt wird und später [...] zur Verteilung kommt".[38] In Bautzen veranstaltete die KPD am 2. September 1945 eine „Versammlung aller Bauern des Kreises Bautzen", auf der zur Aufteilung des Großgrundbesitzes aufgerufen wurde.[39]

Die organisatorische Vorbereitung der Enteignungen begann direkt nach dem Erlass der Bodenreformverordnung im September 1945. Den Besitzern von Gutswirtschaften wurde die Leitung untersagt und stattdessen Treuhänder bzw. Verwalter eingesetzt, die oft aus demselben Ort stammten und den politischen Vorstellungen der neuen Machthaber entsprachen.[40] Einen direkten Einfluss auf die Wirtschaft verloren die Gutsbesitzer somit bereits im September 1945. Im selben Monat fanden Bauernversammlungen statt, auf denen die Ortsbodenkommissionen gewählt wurden. Diese Kommissionen erstellten die Vorschlagslisten zur Enteignung von Gütern und sandten diese an die Kreiskommissionen, welche zumeist von den Landräten oder deren Stellvertretern geleitet wurden. Die Kreisbodenkommissionen berieten die Vorschläge und gaben sie zur Beschlussfassung an die Landesbodenkommission ab, welche die endgültige Entscheidung fällte. Die Umsetzung der Beschlüsse oblag den Gemeindekommissionen in Zusammenarbeit mit den deutschen Behörden und der sowjetischen Besatzungsmacht. Bis zur oft feierlich inszenierten Aufteilung des Bodens hatten sich die Landbewerber zu melden und die jeweiligen Ortskommissionen über die genaue Verteilung zu entscheiden. Im Regelfall erhielten die Landnehmer fünf Hektar Boden, bei schlechterer Bodengüte konnte dies bis auf zehn Hektar erhöht werden.

Im Zuge der Enteignung und Neuverteilung des Landes wurden die ehemaligen Besitzer und ihre Angehörigen aus ihren Heimatorten „entfernt".[41] Die Spannbreite der Durchführung dieser Maßnahmen war dabei sehr groß: Berichten einige Betroffene davon, dass sie nur wenige Stunden bis zum Verlassen der Besitzungen hatten,[42] so finden sich in anderen Zusammenhängen Zeiträume von 48 Stunden[43] oder einer Woche.[44] Mitnehmen durften die Enteigneten – in

---

38 Resolution/Unterschriftenliste der KPD-Ortsgruppe Deutschbaselitz vom 26.8.1945 (SächsHStAD, Min. f. Land- u. Forstwirtschaft, Nr. 157, unpag.).
39 Aufruf zur Versammlung, o. D. (ebd.).
40 Vgl. Ausführungsbestimmungen über die Verwaltung der Großgrundbesitzer-Wirtschaften [...] bis zum Moment der faktischen Aufteilung vom 21.9.1945 (SächsHStAD, MdI, Nr. 3064, Bl. 33).
41 Verordnung des 1. Vizepräsidenten des Landes Sachsen vom 26.9.1945. Betreff: Entfernung von ehemaligen Besitzern und Pächtern von Gütern und Wirtschaften, die der Bodenreform unterliegen (SächsHStAD, Kreistag/Kreisrat Bautzen, Nr. 1262, Bl. 118).
42 Vgl. z. B. den Bericht über die Familie von Altrock, Gröba. In: Adam von Watzdorf/ Agnes von Kopp-Colomb/Henning von Kopp-Colomb (Hg.), Schicksalsbuch I des Thüringisch-Sächsischen Adels: 1945, 2. Auflage Limburg an der Lahn 2005, S. 57–64.
43 Vgl. z. B. Kreisbodenkommission Bautzen an Bürgermeister von Sornßig vom 22.10.1945 (SächsHStAD, Kreistag/Kreisrat Bautzen, Nr. 1263, Bl. 4).
44 Vgl. z. B. den Bericht über die Familie von Abendroth, Kössern. In: von Watzdorf/von Kopp-Colomb/von Kopp-Colomb (Hg.), Schicksalsbuch I, S. 46–56.

der Theorie – Gegenstände eines „bürgerlichen Haushalts" („Wohn- und Schlafzimmer – Küche") und „an Kleidung und Wäsche, was zum Privathaushalt gehört, also mit Ausnahme der Wäsche, die für die Führung der Gutswirtschaft notwendig ist". Zudem war die Mitnahme von „Gegenständen persönlicher und kultureller Art" erlaubt, worunter das verstanden wurde, „was zur Befriedigung persönlicher kultureller Bedürfnisse im Haushalt notwendig ist".[45] Einigen wurde zunächst Wohnraum in ihrer Gemeinde zugesagt, manche erhielten Zimmer in ihren enteigneten Rittergütern oder Schlössern.[46]

Die Maßnahmen gegen die enteigneten Besitzer gingen über die Ausweisung aber weit hinaus. Zumeist im Oktober 1945 wurden in Sachsen zahlreiche Enteignete – adlige wie bürgerliche – im Rahmen der „Aktion Bodenreform" verhaftet und in mehreren Lagern interniert. Die diesbezüglichen Maßnahmen liefen Anfang Oktober an, als die Landesverwaltung die Kreise telefonisch anwies, „die Namen derer, die im Zuge der Bodenreform enteignet wurden" und deren Verbleib „im Kreise unerwünscht ist und ihre Abschiebung nach auswärts erbeten wird", bis zum 8. Oktober 1945 zu melden.[47] Eine konkretere Anweisung des Landeskriminalamtes vom 19. Oktober 1945 führte dann drei Personengruppen auf, in die die zu Verhaftenden einzuteilen waren: Gruppe 1: „alle Kriegsverbrecher und aktive Faschisten", Gruppe 2: „Militaristen, Reaktionäre, unverbesserliche Nationalsozialisten (Leuteschinder)" sowie Gruppe 3: „nominelle Pg's und Grundbesitzer, die sich durch keine Handlungen irgendwelcher Art haben etwas zuschulden kommen lassen".[48]

Insgesamt betraf diese Maßnahme mindestens 1500 Personen.[49] Verhaftet und interniert wurden dabei keineswegs nur die Gutsbesitzer, sondern vielmehr ganze Familien, die auf den Gütern lebten – sowie etliche Unbeteiligte, die nicht in Zusammenhang mit dem Gutsbesitz standen.[50] Der Chef der sächsischen Polizei wies daher die Landräte und Oberbürgermeister der kreisfreien Städte Ende Oktober darauf hin, dass im Zuge dieser Aktion nur Personen zum Abtransport gebracht werden sollen, die im Zusammenhang mit der Bodenreform standen, und berichtet von Fällen, in denen „Personen verschickt [wurden], die

---

45 Verordnung des 1. Vizepräsidenten des Landes Sachsen vom 26.9.1945. Betreff: Entfernung von ehemaligen Besitzern und Pächtern von Gütern und Wirtschaften, die der Bodenreform unterliegen (SächsHStAD, Kreistag/Kreisrat Bautzen, Nr. 1262, Bl. 118).
46 Vgl. z. B. Marianne Hamm von Sahr, Von Deutschland nach Deutschland. Wege und Umwege, Frankfurt a. M. 1978, S. 91; von Watzdorf/von Kopp-Colomb/von Kopp-Colomb (Hg.), Schicksalsbuch I, S. 390.
47 Vgl. Abschrift des Protokolls eines Anrufes der Landesverwaltung Sachsen beim Landratsamt Kamenz vom 6.10.1945 (SächsHStAD, Kreistag/Kreisrat Kamenz, Nr. 1052, Bl. 1 f.).
48 Vgl. Allgemeine Anweisung der Landesverwaltung Sachsen, Landeskriminalamt vom 19.10.1945 (ebd., Bl. 5).
49 Eigene Berechnung nach SächsHStAD, MdI, Nr. 3187.
50 So hielt sich z. B. Vera von Carlowitz mit ihren beiden Töchtern im Herbst 1945 als „Evakuierte" aus Berlin bei ihrer Schwester in Kühnitzsch auf, wurde verhaftet, interniert und nach Rügen deportiert (SächsStAL, Amtsgericht Grimma, Nr. 145, unpag.).

Einzelnen in dem Kreis oder der Stadt persönlich unangenehm" waren. Es sei „ein strenger, aber gerechter Maßstab anzulegen" und im Übrigen könne „von Verhaftungen dieser auszusiedelnden Personen [...] keine Rede sein. Die Personen werden nur zu einem Sammeltransport in ein bestimmtes Lager gebracht und werden anderweitig angesiedelt."[51]

Personenlisten aus den einzelnen Kreisen dokumentieren, dass im Zuge dieser Aktion aber auch Säuglinge (z. B. ein Ende August 1945 geborenes Kind)[52] und sehr alte Menschen[53] verhaftet und in die Lager verbracht wurden. Die Inhaftierten wurden zum Teil zunächst in den einzelnen Kreisen (u. a. in Schloss Reichstädt im Osterzgebirge, welches Hans von Schönberg auf Reichstädt gehörte)[54] und anschließend in den drei „Lagern Bodenreform" in Colditz, Coswig und Radeberg interniert. Etliche wurden von dort aus wieder entlassen, aber etwa 900 bis 1000 Personen sind Ende Oktober/Anfang November in insgesamt drei Transporten mit Zügen auf die Insel Rügen deportiert worden.[55] Der erste Transport verließ das Lager Coswig am 28. Oktober 1945. Rund 550 Personen wurden in zehn Viehwaggons binnen einer Woche unter katastrophalen hygienischen Zuständen nach Stralsund transportiert, wo sie über den notdürftig reparierten Rügendamm geführt und schließlich ins ehemalige Reichsarbeitsdienstlager Prora gebracht wurden.[56] Ziel der sächsischen Behörden war es, die enteigneten Grundbesitzer auf der Insel Rügen anzusiedeln und mit jeweils drei Hektar Land auszustatten. Die Internierten gaben später an, nicht gewusst zu haben, wohin sie transportiert werden sollten, und dass es Gerüchte gegeben habe, sie nach Sibirien zu bringen.

Die Behörden auf der Insel Rügen waren mit der Aufnahme der Deportierten überfordert. Offenkundig war diese Maßnahme mit der Landesverwaltung von Mecklenburg kaum abgestimmt,[57] denn erst im Dezember 1945 fand eine Unterredung der dortigen Behörden mit dem „Inspekteur der Ordnungspolizei

---

51 Vgl. Chef der sächsischen Polizei an alle Landräte und Oberbürgermeister der kreisfreien Städte vom 27.10.1945 (SächsHStAD, Kreistag/Kreisrat Kamenz, Nr. 1052, Bl. 5a).
52 Vgl. Aufstellung der zum Abtransport im Zuge der Bodenreform gekommenen Personen bzw. Familien, Kreis Dresden vom 10.9.1945 (SächsHStAD, MdI, Nr. 3187, Bl. 87).
53 Vgl. Rechtsanwalt Dr. Gerhard Hempel an Landesverwaltung Sachsen vom 19.10.1945 mit der Beschwerde einer im Zuge der „Aktion Bodenreform" verhafteten 87-jährigen Adligen (SächsStAL, Amtsgericht Grimma, Nr. 145, unpag.).
54 Vgl. von Watzdorf/von Kopp-Colomb/von Kopp-Colomb (Hg.), Schicksalsbuch I, S. 459–464, hier 463.
55 Vgl. Holz, Evakuierte, S. 193–207, der eine höhere Zahl angibt. Vgl. dagegen Schmeitzner/Donth, Partei, S. 164, die von rund 900 Deportierten ausgehen.
56 Vgl. Holz, Evakuierte, S. 199 ff., sowie die Berichte enteigneter Adliger über die Deportation in: von Watzdorf/von Kopp-Colomb/von Kopp-Colomb (Hg.), Schicksalsbuch I, S. 225–229, 235–241, 264–283. Der zweite Transport am 2.11.1945 aus Colditz kam am 10.11.1945 in Prora an. Der dritte Transport kam aus dem Lager Radeberg, wurde mit anderen Transporten in Coswig vereinigt und traf ebenfalls am 10.11.1945 in Prora ein.
57 Die Bürgermeister auf der Insel Rügen erfuhren so z. B. erst wenige Tage vor Ankunft der Deportierten von dieser Aktion. Vgl. Holz, Evakuierte, S. 194.

des Bundeslandes Sachsen" statt, woraufhin das Land Mecklenburg erklärte, sich um die Ansiedlung der Deportierten zu kümmern. Zuvor hatte der dortige Landrat Passierscheine für die Umgesiedelten ausgestellt, sodass einige nach kurzer Zeit wieder nach Sachsen zurückkamen. Manchen war bereits kurz nach der Ankunft auf der Insel Rügen – u. a. mit Fischerbooten – die Flucht gelungen.[58] In einem Bericht über die „Umsiedlungsaktion Bodenreform" vom 1. Dezember 1945 wurde denn auch konstatiert: „Durch das falsche Verhalten des Landrates zu Rügen, der nach Aussage der rückgekehrten Umsiedler fast 90 % wieder entlassen hat, ist diese Aktion ein Schlag ins Wasser geworden."[59]

Diejenigen, die daraufhin nach Sachsen zurückkehrten, wurden genau wie Personen, die aus den Lagern wieder entlassen wurden, unter ständige Beobachtung der Polizei gestellt.[60] Mitte November 1945 verfügte der Chef der sächsischen Polizei, dass „enteignete Großgrundbesitzer und Naziverbrecher", die sich noch in „örtlichen Lagern oder am Platze" befanden, „sofort in das Lager Coswig abzutransportieren" seien.[61] Manche wurden deshalb nach ihrer Rückkehr nach Sachsen erneut verhaftet und nach Rügen deportiert.[62]

Aus den Akten des für das Bodenreform-Lager in Colditz zuständigen Amtsgerichts Grimma lässt sich zudem ablesen, wie mit Personen umgegangen wurde, die nicht gleich geflüchtet waren, sich noch Anfang 1946 in verschiedenen Orten auf der Insel Rügen (z. B. Lieschow, Parchtitz oder Patzig) befanden und zu dieser Zeit die Aufhebung ihrer Internierung zu erwirken versuchten. In der Regel wurde die Internierung vom dort zuständigen Amtsanwalt aufgehoben, stets aber mit der Bedingung: „Eine Rückkehr nach dem Bundesland Sachsen wird nicht bewilligt."[63] Rückkehrwillige Gutsbesitzer wurden damit systematisch aus dem Land gedrängt.

Viele Adlige legten Einsprüche gegen ihre Enteignung ein. Etliche verwiesen auf ihre Haltung zu Zeiten des Nationalsozialismus, in denen sie Gerichtsverfahren oder Inhaftierungen ausgesetzt waren, um ein sogenanntes Restgut oder zumindest ein Bleiberecht am Ort zu erhalten. Andere wiederum forderten die Rückgabe ihres Mobiliars, von Kunstgegenständen, Büchern u. Ä. aus den Schlössern und Herrenhäusern, die in zahlreichen umfangreichen Inventar-

---

58 Vgl. ebd., S. 195.
59 Bericht über den Stand der Umsiedlungsaktion „Bodenreform" vom 1.12.1945 (SächsHStAD, MdI, Nr. 12, Bl. 151).
60 Kriminalamt Leipzig, Außenstelle Oschatz, an Landesbodenkommission vom 11.12.1945 (ebd., Nr. 3187, Bl. 128).
61 Chef der sächsischen Polizei an alle Landräte und Kreispolizeileiter vom 10.11.1945 (SächsStAC, Kreistag/Kreisrat Annaberg, Nr. 652, Bl. 164).
62 Vgl. den Bericht von Heinrich und Günther von Bünau (Bischheim) in: von Kopp-Colomb/von Kopp-Colomb (Hg.), Schicksalsbuch II des Sächsisch-Thüringischen Adels: 1945 bis 1989 und von der Wende bis 2005, Limburg an der Lahn 2005, S. 88–105, hier 100 f.
63 Vgl. Verfügung des Amtsanwalts Grimma über die Internierung von Helene von Tauchnitz vom 9.1.1946 (SächsStAL, Amtsgericht Grimma, Nr. 144, unpag.).

verzeichnissen dokumentiert sind.⁶⁴ Eine nähere Prüfung von Einzelfällen war jedoch aufgrund der bereits geschilderten Schnelligkeit in der Umsetzung der Bodenreformverordnung nicht vorgesehen, sodass fast alle derartigen Einsprüche – trotz mancher Zusicherung der Behörden auf Orts- oder Kreisebene oder sogar der Feststellung „antifaschistischer" Haltungen⁶⁵ – abgewiesen wurden.

Neben den zahlreich dokumentierten Einsprüchen von Adligen gegen die Enteignung sind auch etliche Eingaben von Einzelpersonen und lokalen Akteuren wie Ortsbodenkommissionen und ebenso von KPD-Ortsgruppen überliefert, in denen die Belassung des Gutes bei den Besitzern oder ein Wohnrecht der Enteigneten in deren Heimatgemeinden gefordert wurde. So setzte sich z. B. die frühere sozialdemokratische Landtagsabgeordnete Eva Büttner für die Rittergutsbesitzerin Margarete von Helldorff in Pulsnitz ein.⁶⁶ Diese hatte Büttner, die als Jüdin nach dem Tod ihres Mannes Paul Büttner ab 1943 von der Gestapo verfolgt wurde, in den letzten 20 Monaten des Krieges auf ihrem Rittergut versteckt.⁶⁷ Die Initiative dieser durchaus prominenten Einzelperson blieb aber, ebenso wie zahlreiche andere Fürsprachen, letztlich erfolglos. So setzte sich z. B. die KPD-Ortsgruppe Bischheim für den Besitzer des dortigen Ritterguts, Rudolf von Bünau, ein.⁶⁸ Aber dies wie auch ein u. a. von KPD-Mitgliedern am 18. Oktober 1945 unterschriebenes Gesuch aus der Gemeinde Rothschönberg, in dem ein Bleiberecht für den enteigneten Besitzer des dortigen Ritterguts, Joseph von Schönberg, gefordert wurde,⁶⁹ wurde von den Gremien auf Kreis- bzw. Landesebene abgewiesen.

---

64 Vgl. z. B. die Übersichten zu Kunstgegenständen, Möbeln und Wertsachen aus enteigneten Schlössern des Kreises Grimma aus den Jahren 1946/47 (SächsStAL, Kreistag/Kreisrat Grimma, Nr. 2401) oder das Inventarverzeichnis von Schloss Ehrenberg (Sahrer von Sahr), des Rittergutes Arnsdorf (von Beschwitz) oder des Schlosses Gersdorf (Prinz zur Lippe) vom 4./8./18.11.1945 (SächsStAL, Kreistag/Kreisrat Döbeln, Nr. 757, Bl. 1–10).
65 Vgl. z. B. Gemeindeältester der Gemeinde Bockwen an Kreisbodenkommission Bautzen vom 5.3.1946: „Eingehenden Ermittlungen zufolge musste festgestellt werden, dass die Familie v. Miltitz keiner faschistischen Organisation angehört und sich auch niemals faschistisch betätigt hat. In verschiedenen Vorträgen hat Frau Monika v. Miltitz ihre gegnerische Einstellung zum Nationalsozialismus zum Ausdruck gebracht. Aus diesem Grunde wurde sie auch mehrmals vor die Gestapo geladen. Die früher bei der Familie v. Miltitz beschäftigten Arbeiter und Angestellten stellen dieser nur das beste Zeugnis aus" (SächsHStAD, Kreistag/Kreisrat Meißen, Nr. 990, unpag.).
66 Vgl. Ehrhard Friedemann, Die Durchführung der demokratischen Bodenreform im Kreis Kamenz. In: Lětopis B, 23 (1976) 1, S. 1–19, hier 9.
67 Vgl. Agata Schindler, zur Person Eva Büttner. In: Sächsische Biografie. Hg. vom Institut für Sächsische Geschichte und Volkskunde e.V., bearb. von Martina Schattkowsky, Online-Ausgabe: http://www.isgv.de/saebi/ (8.3.2015).
68 Gemeindevorstand Bischheim und KPD-Ortsgruppe Bischheim an Präsident des Landeskriminalamts Dresden vom 24.10.1945 (Institut für Sächsische Geschichte und Volkskunde, Lebensgeschichtliches Archiv, Nr. 29, Interview Lisel Becker).
69 Vgl. Ortsbodenkommission Rothschönberg an Landrat des Kreises Meißen vom 18.10.1945 (SächsHStAD, Kreistag/Kreisrat Meißen, Nr. 934, Bl. 34 f.). Vgl. auch den an die Kreisbodenkommission gerichteten Beschluss der Ortsbodenkommission Bellwitz vom 23.9.1945, in dem gefordert wurde, dem dortigen Rittergutsbesitzer Hans-Joachim

Restgüter und adlige Neubauern – Versuche des Bleibens

Bereits kurz nach dem Erlass der Bodenreformverordnung wurde über Ausnahmeregelungen für diejenigen diskutiert, die zwar als Großgrundbesitzer betrachtet wurden, sich aber während der Zeit der NS-Diktatur „aktiv antifaschistisch" betätigt hatten.[70] In ihrer Sitzung am 12. Oktober 1945 beschloss die sächsische Landesbodenkommission – als eines der wenigen Zugeständnisse der KPD an die anderen Parteien – Personen, „die sich nachweisbar als Antifaschisten und Hitlergegner betätigt haben"[71] und die im Zuge der Bodenreform enteignet werden sollten, ein sogenanntes Restgut mit einer Größe von 25 Hektar zu belassen. Vier Tage später berichtete die sächsische Presse über diese Entscheidung, wies aber gleichzeitig darauf hin, dass dies „eben wirklich nur Ausnahmen sein" könnten, um „die wenigen wirklichen aktiven Antifaschisten [...] für ihre tapfere Haltung zu belohnen".[72]

Derartige Anträge, die in der Folge von zahlreichen Adligen gestellt wurden,[73] waren bei den Ortsbodenkommissionen einzureichen, die sie an die Kreisbodenkommissionen mit einer Stellungnahme weiterzugeben hatten. Das Letztentscheidungsrecht stand auch hier der Landesbodenkommission zu, womit der kommunistische Einfluss gesichert und von den Zielen der Bodenreformverordnung abweichende Entscheidungen auf Orts- oder Kreisebene kassiert werden konnten.[74] Zugleich wurden Versuche der Kommissionen auf Orts- oder Kreisebene, ehemaligen Besitzern, die zumeist höheren Alters

---

      von Heldreich 95 bis 100 Hektar zu belassen, da dieser das Gut „immer in bestem Zustand gehalten und so zu der Volksernährung beigetragen" habe (SächsHStAD, Kreistag/Kreisrat Löbau, Nr. 684, unpag.).

70 Vgl. hierzu grundlegend Arnd Bauerkämper, Der verlorene Antifaschismus. Die Enteignung der Gutsbesitzer und der Umgang mit dem 20. Juli 1944 bei der Bodenreform in der Sowjetischen Besatzungszone. In: Zeitschrift für Geschichtswissenschaft, 42 (1994) 7, S. 623–634.

71 Protokoll der Sitzung der Landesbodenkommission am 12.10.1945, o. D. (SächsHStAD, MdI, Nr. 11, Bl. 64).

72 Restgüter für antifaschistische Landwirte. In: Sächsische Volkszeitung vom 16.10.1945 (SächsStAL, Kreistag/Kreisrat Döbeln, Nr. 1462, Bl. 17).

73 Vgl. z. B. den Antrag von Gräfin von Wallwitz (Niedergurig/Oberlausitz) (SächsHStAD, Kreistag/Kreisrat Bautzen, Nr. 1263, Bl. 266; ebd., Nr. 1262, Bl. 66); die Befürwortung der Überlassung eines Restgutes für Baron von Burgk (Schönfeld, Kreis Großenhain) durch die Ortsbodenkommission Schönfeld vom 18.10.1945 (SächsHStAD, Kreistag/Kreisrat Großenhain, Nr. 645, unpag.); Rechtsanwalt und Notar Dr. Neumark als Bevollmächtigter der Familie von Lüttichau (Bärenstein, Kreis Dippoldiswalde) an Landrat von Dippoldiswalde vom 7.10.1945 (SächsHStAD, MdI, Nr. 11, Bl. 79).

74 Vgl. Protokoll der Sitzung der Landesbodenkommission am 12.10.1945 (ebd., Bl. 64); Artikel „Restgüter für antifaschistische Landwirte". In: Sächsische Volkszeitung vom 16.10.1945 (SächsStAL, Kreistag/Kreisrat Döbeln, Nr. 1462, Bl. 17).

und langjährig in der jeweiligen Gemeinde ansässig gewesen waren, ein solches Restgut, teilweise auch nur ein Aufenthaltsrecht am Ort, zu gewähren, in der sächsischen Presse scharf kritisiert: „was soll man zu einer Zuschrift sogenannter Antifaschisten sagen, die darin die gehorsamste Bitte aussprechen (wem sie immer noch gehorsamst sind, ist bei dem Grund ihrer Bitte wohl jedem klar), ,ihrem' Gutsbesitzer doch das Gut zu belassen, da er sich immer als guter Mensch gezeigt habe. [...] Sehen diese sogenannten Antifaschisten denn immer noch nicht, dass auch ihr Gutsbesitzer zu einer Klasse gehört, die so gut war, unser Volk für gut genug zu finden, es nun schon zweimal um ihrer Profite willen als Kanonenfutter in einen Weltkrieg zu treiben? Oder wollen diese sogenannten Antifaschisten, dass ,ihr' guter Gutsbesitzer dieses Exempel noch ein drittes Mal statuiert? Nein, weg mit diesen Vertretern einer reaktionären Klasse, die nur Unglück über unser Volk gebracht hat, und sofortige, restlose Bodenaufteilung, das ist die einzige Möglichkeit für Frieden und Fortschritt."[75]

In der Praxis wurde deshalb kaum von dieser Möglichkeit Gebrauch gemacht. Was die adligen Grundbesitzer betrifft, lässt sich bislang nur ein Fall rekonstruieren: Hans Erik Freiherr von Trützschler, Besitzer von rund 325 Hektar Land[76] in Falkenstein im Vogtland, durfte 25 Hektar Wald und einen kleinen Viehbestand behalten, da er sich – wie die Kreisbodenkommission Auerbach im Vogtland berichtete – „jeder Zeit antifaschistisch bewährt" hatte.[77] Zur weiteren Begründung heißt es, von Trützschler sei 1933 für sechs Wochen in Schutzhaft genommen worden und habe während der NS-Zeit „dauernd unter der Beobachtung der Gestapo" gestanden.[78] Hans Erik von Trützschler verstarb 1956 kinderlos, sodass sein Besitz wieder an den Staat fiel.[79]

Zum organisatorischen Chaos der Bodenreform gehört auch die widersinnige Tatsache, dass adlige Grundbesitzer samt ihren Familien auf der einen Seite enteignet, deportiert und aus ihren Wohnorten verwiesen wurden, auf der anderen Seite aber auch einige Beispiele bekannt sind, in denen Adlige Neubauernstellen zugesprochen bekamen. In der Regel hatten diese Entscheidungen aber nur kurze Zeit Bestand und übertragene Neubauernstellen wur-

---

75 O. A., Ernste Mahnung an alle Bodenkommissionen – Forderungen nach schneller und restloser Landaufteilung – Kampf allen Saboteuren. In: Sächsische Volkszeitung vom 15.10.1945 (ebd., Bl. 15).
76 Die Angaben über den Landbesitz schwanken zwischen 325 und 327 Hektar. Vgl. die unterschiedlichen Angaben in den Meldungen der Kreisbodenkommission (SächsStAC, Kreistag/Kreisrat Auerbach/V., Nr. 727, Bl. 38, 90).
77 Bericht über den Stand der Bodenreform im Kreis Auerbach i. V. vom 29.11.1945 (ebd., Nr. 726, Bl. 84).
78 Vgl. Liste der Besitzer der enteigneten Güter im Kreis Auerbach vom 17.10.1945 (ebd., Bl. 54). Landrat des Kreises Auerbach/V. an Landesbodenkommission vom 11.2.1946 (ebd., Nr. 727, Bl. 90).
79 Vgl. Donath, Erfindung, S. 42.

den wieder entzogen.[80] Doch in wenigen Fällen blieben die adligen Neubauern über Jahre in der SBZ bzw. DDR. Die Schwiegertochter des enteigneten Besitzers des Rittergutes Wendischbora erhielt – nachdem sie ihren Adelstitel abgelegt hatte – eine entsprechende Neubauernstelle im selben Ort, die sie bis Anfang der 1950er-Jahre bewirtschaftete.[81] Im Zuge von Ermittlungen, nachdem bei Umbauarbeiten im örtlichen Herrenhaus Wertgegenstände und Munition gefunden worden waren, wurde zwar erwogen, ihr die Neubauernstelle auch aufgrund der Tatsache, dass sie mit dem früheren Eigentümer verwandt war, wieder zu entziehen. Schließlich aber durfte sie das Land mit der Begründung behalten, dass sie die Sollablieferung stets zu 100 Prozent erfüllt und anderen Bauern geholfen habe.[82]

„Eine stolze Bilanz. Die tausendjährige Herrschaft der Junker hatte damit ihr Ende erreicht"[83]

Die in der SBZ durchgeführte „Demokratische Bodenreform" hatte von vornherein vielmehr herrschaftspolitische denn ernährungswirtschaftliche Ziele. Die unter Federführung der KPD und mit Rückendeckung der Sowjetischen Militäradministration propagierte, vorangetriebene und in kurzer Zeit umgesetzte Maßnahme diente letztlich der Neuordnung gesellschaftlicher Strukturen in den ländlichen Gebieten und damit auch der Etablierung der neuen Herrschaftsordnung. Denn wenngleich es den Protagonisten völlig klar war, dass kleine – und zudem oftmals schlecht ausgestattete – Wirtschaften keineswegs so produktiv wie agrarische Großbetriebe waren, zerschlugen sie die bestehenden Agrarstrukturen, auch wenn – wie in Sachsen – vielmehr klein- und mittelbäuerliche Landwirtschaftsbetriebe vorherrschend waren, und etablierten mit den Neubauern eine neue gesellschaftliche Gruppe, die sich u. a. aus Kleinbauern, Landarbeitern und „Umsiedlern" rekrutierte.[84]

Die enteigneten Besitzer, die dem unter kommunistischer Prägung stehenden Neuaufbau der ländlichen Regionen vermeintlich im Wege standen, wurden rücksichtslos von ihren Gütern und aus den Kreisen, in denen sie zuvor ge-

---

80 Vgl. z. B. den Bericht von Georg Graf zu Münster in: von Watzdorf/von Kopp-Colomb/von Kopp-Colomb (Hg.), Schicksalsbuch I, S. 317–323, hier 322; Ella von Pflugk, Strehla, erhielt ebenfalls eine Neubauernstelle, die ihr im Dezember 1947 wieder entzogen wurde (SächsStAL, Kreistag/Kreisrat Oschatz, Nr. 762, Bl. 100); Friedrich Karl Freiherr von Friesen, Gnandstein, erhielt offenbar im Oktober 1945 von der Ortsbodenkommission einige Hektar Land zugeteilt und wurde am 23.12.1945 des Ortes verwiesen (SächsStAL, Kreistag/Kreisrat Borna, Nr. 1760, Bl. 39, 51 f.).
81 Vgl. Staatsanwalt des Kreises Meißen an Rat des Kreises Meißen vom 9.4.1954 (SächsHStAD, Kreistag/Kreisrat Meißen, Nr. 952, unpag.).
82 Vgl. Kreisbodenkommission Meißen an Landesbodenkommission vom 2.7.1948 (ebd., Nr. 983, Bl. 27 f.).
83 Kurt Fischer, Zwei Jahre Demokratische Bodenreform, [Dresden] 1947, S. 3.
84 Vgl. ZK der KPD (Hg.), Vortragsdisposition, S. 8: „Ohne Zweifel ist auch in der Landwirtschaft der Großbetrieb rentabler als der Kleinbetrieb."

lebt hatten, gedrängt. Ohne individuelle Prüfung potenzieller „Schuld" wurden ganze Familien, Greise ebenso wie Kleinkinder, „ausgesiedelt", interniert und teilweise auf die Insel Rügen deportiert. Versuche von Einzelpersonen, Gemeindevorständen oder auch KPD-Ortsgruppen, die Enteigneten mit einem „Restgut" auszustatten oder wenigstens in ihrem Wohnort zu belassen, wurden in den meisten Fällen aufgrund der kommunistisch dominierten und hierarchisch aufgebauten Bodenkommissionen sowie nicht zuletzt durch die sowjetische Besatzungsmacht verhindert.[85] So schrieb z. B. der Landrat des Kreises Kamenz an die Landesverwaltung über das Rückkehrgesuch eines Adligen: „Das wäre gerade richtig! Damit die CDU einen Meckerer und Reaktionär, ein ‚bemitleidenswertes Opfer der Bodenreform' mehr im Kreise hat!"[86]

Für einen Großteil der Adligen endete mit der Bodenreform eine oft jahrhundertelange Familientradition in Sachsen. Infolge der Verhaftungen und der Deportation flohen die meisten sächsischen Adligen in die westlichen Besatzungszonen. Oft mussten sie fast all ihren Besitz zurücklassen, wertvolle Kunstgegenstände, Bibliotheken und Archivalien wurden – so die Güter bzw. Schlösser nicht geplündert worden waren – im Zuge der sogenannten Schlossbergungsaktion eingezogen und in staatlichen Besitz überführt. Nur wenige Adlige blieben letztlich in der SBZ bzw. DDR.[87]

Um die Zeugnisse der jahrhundertealten Traditionen der Gutswirtschaften zu tilgen, wurde mit dem Befehl 209 der SMAD ab Herbst 1947 zudem begonnen, „alle ehemaligen Herrensitze ihres feudalistischen Charakters" zu entkleiden.[88] Hinter der offiziellen Begründung, Baumaterial für die Errichtung von Neubauernhäusern gewinnen zu wollen, sind auch hier die politischen Motive deutlich zu erkennen, wenn diese Maßnahme als „politische, moralische und wirtschaftliche Verpflichtung" angesehen wurde, die der „Demokratisierung des Dorfes" dienen sollte.[89] Es ist letztlich dem Einwirken lokaler Akteure und der Denkmalpflege zu verdanken, dass nicht noch mehr Herrenhäuser und Schlösser abgebrochen wurden.[90]

85 Vgl. z. B. die „auf Veranlassung der Kreiskommandantur" Bautzen einberufene Sitzung der Kreisbodenkommission am 9.10.1947, in der die Abteilung Bodenordnung und Bodenkultur des Landratsamtes z. B. die Frage „Auf Grund welcher gesetzlichen Grundlage sind ehemalige Besitzer, Pächter und Inspektoren im Kreis belassen und mit Neusiedlerland bedacht worden?" beantworten musste (SächsHStAD, Kreistag/Kreisrat Bautzen, Nr. 1416, unpag.).
86 Handschriftliche Bemerkung des Landrats des Kreises Kamenz vom 19.8.1946 (SächsHStAD, Kreistag/Kreisrat Kamenz, Nr. 1084, Bl. 62).
87 Vgl. z. B. den Bericht von Hans von Polenz, in: von Kopp-Colomb/von Kopp-Colomb (Hg.), Schicksalsbuch II, S. 395–403.
88 Vierteljahrsbericht (9.9.–10.12.1947) über die Durchführung des Befehls 209 der SMAD, o. D. (SächsHStAD, MdI, Nr. 17, Bl. 8).
89 Protokoll einer Bürgermeisterversammlung des Kreises Meißen, Ansprache von Landrat Reinhold Fleschhut vom 17.1.1948 (SächsHStAD, Kreistag/Kreisrat Meißen, Nr. 909, Bl. 223 f.).
90 Vgl. Heinrich Magirius, Verluste an Schlössern und Herrenhäusern in Sachsen seit 1945. In: Mitteilungen des Landesvereins Sächsischer Heimatschutz e.V. 1993, Heft 2, S. 32–45, hier 35.

Integrative Maßnahme oder Vorstufe zur Kollektivierung? Bodenreform und Neubauernprogramm als Instrument der gesellschaftspolitischen Transformation

Sönke Friedreich / Ira Spieker

Flucht und Vertreibung von Millionen Deutschen gliedern sich ein in die Geschichte der Zwangsmigrationen im 20. Jahrhundert.[1] Sie waren sowohl unmittelbare Folge des vom Deutschen Reich ausgehenden Zweiten Weltkrieges und seiner Kriegsverbrechen als auch bereits Bestandteil der Kriegshandlungen. Mit dem Zurückdrängen der deutschen Invasion und dem Vorrücken der Roten Armee seit 1943 entschlossen sich die im östlichen Europa lebenden Deutschen, angesichts der von der nationalsozialistischen Propaganda zusätzlich geschürten und weit verbreiteten Furcht vor sowjetischen Racheakten, vielfach zur Flucht Richtung Westen. Nachdem es bereits im Juli 1944 zu Evakuierungen von Memel-Deutschen gekommen war und im Oktober desselben Jahres Deutsche aus Rumänien und der Slowakei ins Reich übergesiedelt wurden, setzte mit dem Einzug der Roten Armee in Ostpreußen im Herbst 1944 die erste große Fluchtbewegung ein.[2] Mit der Januaroffensive der Sowjetunion Anfang 1945 wuchs die Flüchtlingswelle aus Ostpreußen rasch auf etwa zwei Millionen Menschen an.[3] Mitte Februar 1945 befanden sich, einer Schätzung der NS-Machthaber zufolge, nicht weniger als acht Millionen Deutsche auf der Flucht aus Ost- und Westpreußen, Danzig, Hinterpommern, Schlesien und Ostbrandenburg.[4] Diese enorme Bevölkerungsbewegung stellte die erste Phase eines jahrelangen Verlaufs von Flucht und Vertreibung der Deutschen dar. Sie überschnitt sich mit den „wilden Vertreibungen", bei denen noch vor Festlegung der neuen Grenzen die Deutschen aus ihren zukünftig (wieder) zu Polen und der Tschechoslowakei

---

1 Vgl. Jan M. Piskorski, Die Verjagten. Flucht und Vertreibung im Europa des 20. Jahrhunderts, München 2010.
2 Vgl. Mathias Beer, Flucht und Vertreibung der Deutschen. Voraussetzungen, Verlauf, Folgen, München 2011, S. 68 f.; Andreas Kossert, Kalte Heimat. Die Geschichte der deutschen Vertriebenen nach 1945, München 2008, S. 28; Ian Kershaw, Das Ende. Kampf bis in den Untergang, NS-Deutschland 1944/45, München 2011, S. 150–152, 163–169.
3 Vgl. Kershaw, Das Ende, S. 261.
4 Vgl. Richard J. Evans, The Third Reich at War, London 2008, S. 711.

gehörigen Siedlungsgebieten vertrieben wurden.[5] Die Überführung der Bevölkerung in „geordneter und humaner Weise" nach den Beschlüssen der Potsdamer Konferenz bildete schließlich den Höhepunkt und Abschluss der Grenzverschiebungen samt ethnisch-nationaler „Neuordnung" nach Kriegsende. Bis 1948 waren insgesamt etwa 14 Millionen deutsche Flüchtlinge und Vertriebene auf dem Territorium der vier Besatzungszonen untergekommen.[6] Etwa 4,3 Millionen Menschen verblieben in der SBZ, davon knapp eine Million in Sachsen.

Obschon bereits während des Krieges massive Fluchtbewegungen der deutschen Bevölkerung einsetzten und zugleich die Option umfassender und dauerhafter „Bevölkerungsverschiebungen" immer realer wurde, gab es vor Kriegsende seitens der Alliierten keine Vorkehrungen für die Aufnahme von Flüchtlingen aus dem und im besiegten Deutschland. In Großbritannien waren zwar bereits seit 1942 Pläne für die Umsiedlung von deutschen Minderheiten diskutiert und im April 1944 ein „Interdepartmental Committee on the Transfer of German Populations" gegründet worden, das eine Bevölkerungsverschiebung von zehn bis zwölf Millionen Deutschen voraussah, doch waren diese institutionellen Vorläufer der Umsiedlungen kein Forum für politische Planungen.[7] Auch die 1943 gegründete „European Advisory Commission" diskutierte das Ausmaß der Vertreibungen, ohne jedoch den Rahmen einer notwendigen politischen Richtlinie für den Umgang mit den Vertriebenen zu schaffen.[8] Seitens der Sowjetunion gab es keine Pläne zur Aufnahme von Flüchtlingen und Vertriebenen im besetzten Deutschland bzw. der sowjetischen Besatzungszone; die von deutschen Exilkommunisten nach Kriegsende wieder gegründete KPD betrieb ebenfalls keine dezidierte Vertriebenenpolitik, sodass sie die Notsituation der Flüchtlinge und Vertriebenen im Sommer 1945 praktisch unvorbereitet traf. Ankündigungen wie diejenige des Landwirtschaftsexperten der KPD, Edwin Hoernle, von Februar 1945, es sollten Hunderttausende „bäuerlich-proletarische Flüchtlingsfamilien" angesiedelt werden, blieben zunächst reine Absichtsbekundungen.[9]

Die Etablierung einer an der Sowjetunion ausgerichteten Regierungsgewalt und die Umgestaltung der Gesellschaft im sozialistischen Sinne hatten in der SBZ und damit auch im Land Sachsen in der unmittelbaren Nachkriegszeit

---

5   Vgl. Krzysztof Ruchniewicz, Wilde Vertreibung der Deutschen aus Polen. In: Detlef Brandes/Holm Sundhaussen/Stefan Troebst (Hg.), Lexikon der Vertreibungen. Deportation, Zwangsaussiedlung und ethnische Säuberung im Europa des 20. Jahrhunderts, Wien 2010, S. 725–728; Detlef Brandes, Wilde Vertreibung aus der Tschechoslowakei. In: ebd., S. 728–730.
6   Vgl. Sönke Friedreich/Ira Spieker, Fremde – Heimat – Sachsen. Einleitung. In: dies. (Hg.), Fremde – Heimat – Sachsen. Neubauernfamilien in der Nachkriegszeit, Beucha 2014, S. 11–27, hier 11.
7   Vgl. Beer, Flucht und Vertreibung, S. 55 f.
8   Vgl. Stefan Donth, Vertriebene und Flüchtlinge in Sachsen 1945 bis 1952. Die Politik der Sowjetischen Militäradministration und der SED, Köln 2000, S. 43.
9   Ebd., S. 169.

weitreichende Folgen für die „Umsiedlerpolitik".[10] So gehörten die Versorgung und Unterbringung von Hunderttausenden von Flüchtlingen und Vertriebenen zu den wichtigsten Aufgaben der von den Sowjets kontrollierten neu eingesetzten Landes- und Kommunalverwaltungen.[11] Diese Aufgaben waren in Sachsen, als einer unmittelbar an die Vertreibungsgebiete angrenzenden Region, besonders groß, zumal nicht wenige „Umsiedler" bewusst in Grenznähe verblieben, da sie auf eine baldige Rückkehr hofften.[12] Die Unterbringung und Neuansiedlung der Zwangsmigrierten erfolgte dabei größtenteils auf dem Land, da hier mehr Wohnraum vorhanden und die Versorgungslage besser war als in den kriegszerstörten Städten.[13] Die ländliche Gesellschaft, die sich bereits durch die Kriegseinwirkungen, die Einberufung eines großen Teils der männlichen Bevölkerung zum Kriegsdienst sowie den Einsatz von Zwangsarbeitern massiv verändert hatte, wandelte sich durch die zahlreichen Neuankommenden abermals. Erhebliche Konsequenzen hatte schließlich die von den Kommunisten angestrebte gesellschaftspolitische Transformation auf dem Land. Auch wenn in der unmittelbaren Nachkriegszeit zunächst die Überwindung des Hungers und die Sicherstellung der Ernährungsgrundlage vorrangige Ziele waren und zunächst kein agrarpolitisches Konzept der KPD existierte,[14] wurden die weitreichenden Ziele der gesellschaftlichen Umwälzung schon bald deutlich: Neben der Beseitigung nationalsozialistischer Verwaltungsstrukturen und Vereinigungen sowie der Wiederherstellung der bereits vor dem Krieg bestehenden landwirtschaftlichen Genossenschaften bedeutete dies eine „radikale Boden- und Besitzreform zugunsten der Landarbeiter, landarmen Bauern und Umsiedler", wie es in einer Analyse der DDR-Geschichtswissenschaft aus dem Jahr 1980 hieß.[15] Die Enteignungen von Großgrundbesitzern, die Neuverteilung von Grund und Boden sowie die Etablierung kommunistischer Machtstrukturen auf dem Land

---

10 Die Bezeichnung „Umsiedler", ein Euphemismus mit politischer Botschaft, wurde in der SBZ bereits ab 1945 verwendet. Zur Debatte (und Politisierung) der Begriffe „Vertriebene", „Flüchtlinge" und „Umsiedler" vgl. Michael Schwartz, „Vom Umsiedler zum Staatsbürger". Totalitäres und Subversives in der Sprachpolitik der SBZ/DDR. In: Dierk Hoffmann/Marita Krauss/Michael Schwartz (Hg.), Vertriebene in Deutschland. Interdisziplinäre Ergebnisse und Forschungsperspektiven, München 2000, S. 135–165. Mittlerweile ist die Terminologie zumindest in der Forschung ideologisch weitgehend entfrachtet, sodass die Bezeichnungen als Arbeitsbegriffe verwendet werden können.
11 Vgl. Donth, Vertriebene und Flüchtlinge in Sachsen, S. 48 f.
12 Vgl. Irina Schwab, Flüchtlinge und Vertriebene in Sachsen 1945–1952. Die Rolle der Kreis- und Stadtverwaltungen bei Aufnahme und Integration, Frankfurt a. M. 2001, S. 31 f.; Kossert, Kalte Heimat, S. 194.
13 Vgl. Sönke Friedreich/Ira Spieker, Ausgrenzen und anerkennen. Umsiedlerfamilien in der ländlichen Gesellschaft der SBZ und frühen DDR. In: Zeitschrift für Volkskunde, 109 (2013) 2, S. 205–235, hier 206.
14 Vgl. Jens Schöne, Die Landwirtschaft der DDR 1945–1990, Erfurt 2005, S. 11.
15 Christel Nehrig/Joachim Piskol, Zur führenden Rolle der KPD in der demokratischen Bodenreform. In: Zeitschrift für Geschichtswissenschaft, 28 (1980) 4, S. 324–339, hier 325.

bestimmten seit dem Spätsommer 1945 die Bedingungen für die Aufnahme von Flüchtlingen und Vertriebenen in der SBZ. Obgleich Sachsen eher den Charakter einer verstädterten Industrieregion besaß und nicht im gleichen Ausmaß von der Landwirtschaft geprägt war wie Mecklenburg, Vorpommern oder Brandenburg, war auch hier die Transformation des ländlichen Raumes durch die Flüchtlingsaufnahme und die politische Neuordnung ein zentrales Moment der Nachkriegszeit. Der Umgang mit diesem Problem berührte die Akteure der ländlichen Gesellschaft tiefgreifend und hatte weitreichende Folgen für subjektive Aneignungs- und Verarbeitungsprozesse – nicht nur der Vertriebenen.[16]

Die Ansiedlung von Flüchtlingen und Vertriebenen im ländlichen Raum

Der Zuzug von knapp einer Million Menschen nach Sachsen bis Ende des Jahres 1948 bedeutete einen Bevölkerungszuwachs von 21 Prozent innerhalb von vier Jahren.[17] Die enorme Herausforderung bestand daher in den ersten Nachkriegsjahren darin, die Menschen mit Wohnraum und Nahrung zu versorgen und ihnen Arbeit zu verschaffen. Angesichts des großen Arbeitskräftemangels in der Landwirtschaft gegen Kriegsende war die Ansiedlung von Flüchtlingen und Vertriebenen auf dem Land eine logische Konsequenz. Zwar stammte in der SBZ insgesamt lediglich eine Minderzahl der Vertriebenen aus ruralen Gebieten, in Sachsen sah die Situation aber anders aus.[18] So berichtete das Lan-

---

16 Die Daten, die diesem Beitrag zugrunde liegen, wurden im Rahmen des Forschungsprojektes „Fremde – Heimat – Sachsen. Vertriebene als Neubauern. Staatliche Integrationsmaßnahmen und individuelle Adaptionsstrategien" generiert, das seit Oktober 2010 am Institut für Sächsische Geschichte und Volkskunde e.V., Dresden, etabliert ist (http://www.neubauern-sachsen.de). Dabei handelt es sich um ausgedehnte Archivrecherchen in lokalen und übergeordneten Behörden sowie um eine umfangreiche Interviewstudie, ergänzt durch eine Medienanalyse. Das Vorhaben wurde mit Mitteln des Beauftragten der Bundesregierung für Kultur und Medien, des Sächsischen Staatsministeriums des Inneren, des Sächsischen Staatsministeriums für Wissenschaft und Kunst, der Landeszentrale für politische Bildung Sachsen sowie der Herbert-Wehner-Stiftung gefördert. Zur Anlage des Projektes und zu zentralen Ergebnissen vgl. Spieker/Friedreich (Hg.), Fremde – Heimat – Sachsen.
17 Die Angaben nach „Tabelle über die Bevölkerungszahl in den Landkreisen und die Zahl der dort befindlichen Umsiedler", Hauptabteilung Umsiedler, Ministerium für Arbeit und Sozialfürsorge, Stand 30.11.1948 (SächsHStAD, MdI 3001: Umsiedlerstatistiken, 1947–48, unpag.). Der Frauenanteil lag bei 59 %. Die weitaus meisten Umsiedler kamen aus den ehemaligen deutschen Gebieten in Polen (76,8 %), aus der Tschechoslowakei (13,2 %) und aus der UdSSR (5,4 %).
18 Nach Michael Schwartz waren lediglich knapp 20 % der Vertriebenen vor 1945 in der Landwirtschaft tätig gewesen, während am Jahresende 1946 43,8 % aller erwerbstätigen Vertriebenen in der SBZ diesem Wirtschaftssektor zugehörten. Vgl. Michael Schwartz, Vertriebene und „Umsiedlerpolitik". Integrationskonflikte in den deutschen Nachkriegs-Gesellschaften und die Assimilationsstrategien in der SBZ/DDR 1945 bis 1961, München 2004, S. 658. Vgl. dagegen die Angabe von ca. 41 % bei Arnd Bauerkämper,

Bodenreform und Neubauernprogramm

desarbeitsamt Sachsen im Herbst 1945, „dass die aus dem Osten kommenden Umsiedler zum größten Teil aus Landarbeitern und ehemals selbständigen Landwirten bestehen", was „den Arbeitseinsatz in einigen Bezirken des Bundeslandes" erschwere.[19] Im Sommer und Herbst 1945 nahmen daher viele Landwirte die Hilfe von Flüchtlingen und Vertriebenen in Anspruch, denen sie Kost und Logis als Gegenleistung für den Ernteeinsatz anboten. Diese Praxis stieß bei den Landesbehörden auf Kritik, da sie die staatlich organisierte Verteilung der „Umsiedler" auf die einzelnen Kreise unterlief.[20]

Gegen Ende des Jahres 1946 waren auf dem Gebiet der SBZ über 40 Prozent aller Landarbeiterinnen und Landarbeiter und gut 85 Prozent aller mithelfenden (familienfremden) Arbeitskräfte Flüchtlinge und Vertriebene.[21] Insgesamt bereicherten die Flüchtlinge den Bestand an Arbeitskräften; sie verjüngten die Altersstruktur und verrichteten auch in der Folgezeit vor allem untergeordnete Arbeiten. Der Anteil der Frauen an den Landarbeitern betrug fast 60 Prozent; mehr als die Hälfte davon waren Flüchtlinge oder Vertriebene.[22]

Bargeld gab es kaum für die geleistete Arbeit, und die „Entlohnung" mit dringend benötigten Naturalien fiel schon deshalb sehr begrenzt aus, da die Zuweisung von Arbeitskräften den Bedarf bald um ein Vielfaches überstieg. Zur Existenzsicherung trugen diese Verhältnisse nicht bei, bildeten aber oftmals die einzige Möglichkeit, um die Familie mit dem Nötigsten zu versorgen. Dieser Befund wird von zahlreichen Interviewpartnern bestätigt, die nach ihrer Flucht aus den deutschen und den ehemals (auch) deutsch besiedelten

---

Von der Bodenreform zur Kollektivierung. Zum Wandel der ländlichen Gesellschaft in der Sowjetischen Besatzungszone Deutschlands und DDR 1945-1952. In: Hartmut Kaelble/Jürgen Kocka/Hartmut Zwahr (Hg.), Sozialgeschichte der DDR, Stuttgart 1994, S. 119-143, hier S. 126.

19 „Sonderbericht des Landesarbeitsamtes Sachsen über die im Bundesland Sachsen befindlichen Umsiedler für den Monat September 1946" vom 8.10.1946 (SächsHStAD, 11391 Ministerium für Arbeit und Sozialfürsorge, Nr. 425: Umsiedler- und Heimkehrer-Sonderberichte und Statistiken, [1945] 1946, Bl. 34-36).

20 Vgl. etwa das Rundschreiben des Landrates Bautzen vom 4.8.1945: „Allein die Tatsache, dass der betr. Flüchtling bei der Ernte mithilft, genügt nicht, um ein weiteres Verbleiben in der Gemeinde zu rechtfertigen, denn es ist leider festgestellt worden, dass die Bauern vorzugsweise bei der Ernte Flüchtlinge verwenden, die hinsichtlich Bezahlung und ordnungsgemäßer Unterbringung keinerlei Ansprüche stellen, sondern sich lediglich Verpflegung ausbedingen" (SächsHStAD, 11410 Kreistag/Kreisrat Bautzen, Nr. 882: Lenkung und Betreuung der Flüchtlinge, u. a. Steuerung des Flüchtlingsstroms, Verteilung der Umsiedler, 1945-46, unpag.).

21 Vgl. Wolfgang Meinicke, Flüchtlinge, Umgesiedelte, Vertriebene in der Sowjetischen Besatzungszone. In: Alexander von Plato/ders., Alte Heimat - neue Zeit. Flüchtlinge, Umgesiedelte, Vertriebene in der Sowjetischen Besatzungszone und in der DDR, Berlin 1991, S. 23-81, hier 64.

22 Zahlen für Ende des Jahres 1946. Vgl. Schwartz, Vertriebene und „Umsiedlerpolitik", S. 657; insgesamt war mehr als ein Drittel aller Flüchtlingsfrauen abhängig in der Landwirtschaft beschäftigt.

Gebieten im östlichen Europa einem Ort in Sachsen zugewiesen wurden.[23] Hans Neumüller beispielsweise war als 14-Jähriger mit seiner Mutter und der jüngeren Schwester aus Schlesien ins Leipziger Land gekommen. Die Familie hatte vormals einen Bauernhof bewirtschaftet und verfügte dementsprechend über landwirtschaftliche Kenntnisse, die sie später auch einsetzte, um sich eine neue Existenz aufzubauen. Zunächst waren sie jedoch bei einer Bauernfamilie einquartiert, der sie gegen geringe Zuteilungen von Lebensmitteln ihre Hilfe zur Verfügung stellten. Die „Entlohnung" reichte für Frau Neumüller und ihre beiden Kinder nicht aus; die Not zwang zur eigenmächtigen Erhöhung des Deputats – was angesichts der mangelnden Empathie der gut situierten einheimischen Bauernfamilie gerechtfertigt erschien, d.h. die ungesetzliche Handlung gewissermaßen legitimierte:

„Die Mutter hat bei dem Bauern von Anfang an geholfen. Wir wollten ja, mussten was zu essen kriegen. Also bei uns gab's nichts anderes: Willst du essen, musst du arbeiten. [...] Die Mutter hat also dort mit Kühe gemolken, dafür kriegten wir einen Viertelliter Milch jeden Tag. Und ein bisschen Mehl. Aber das war wirklich knapp bemessen. Einmal dann, wo die Wirtschafterin, die der Bauer hatte, nicht da war, da mussten wir Schrot holen vom Boden, der war auch abgeschlossen. Für das Vieh. Da haben wir den Eimer mit Schrot schnell bei uns reingestellt und haben den Schrot durchgesiebt. [...] dass wir zu dem bissel Milch wenigstens das bissel Schrot hatten, um regelmäßig die Suppe zu kochen. Beim größten Bauern!"[24]

Bodenreform und Neubauernprogramm

Nachdem zunächst eine Durchschleusung des Flüchtlingsstroms durch Sachsen erfolgt war,[25] unternahm es die Landesverwaltung und hier insbesondere die dem Ministerium für Arbeit und Sozialfürsorge unterstellte Hauptabteilung Umsiedler, die Flüchtlinge und Vertriebenen in einem regulären, staatlich kontrollierten Verfahren aus den Quarantänelagern ihrem (möglichst endgültigen) Wohn- und Arbeitsort zuzuweisen. Ziel war die dauerhafte Ansiedlung und eine

---

23 Die Interviews wurden im Rahmen unserer Studie „Fremde – Heimat – Sachsen. Vertriebene als Neubauern. Staatliche Integrationsmaßnahmen und individuelle Adaptionsstrategien" in der Oberlausitz sowie im ehemaligen Muldentalkreis durchgeführt (Lebensgeschichtliches Archiv für Sachsen, ISGV, Teilprojekt 45: Neubauern). Alle Namen sind anonymisiert, Ortsnamen abgekürzt, die zitierten Passagen der Lesbarkeit wegen der Schriftsprache angeglichen; zur Interviewstudie vgl. Ira Spieker, Lebenslinien. Neuanfänge in einem fremden Land, in: Spieker/Friedreich (Hg.), Fremde – Heimat – Sachsen, S. 29–156.
24 Interview mit Hans Neumüller am 19. Sept. 2012, geb. 1931 in Schlesien.
25 Vgl. Schwab, Flüchtlinge und Vertriebene, S. 57 f.

„sofortige und unumkehrbare Integration der Flüchtlinge und Vertriebenen",[26] deren Rückkehrwunsch soweit wie möglich unterdrückt werden sollte.

Die Neuansiedlung der Flüchtlinge und Vertriebenen korrespondierte mit dem Beginn der Bodenreform in Sachsen. Programmatisch hatte Wilhelm Pieck in seiner „Kyritzer Rede" vom 2. September 1945 erklärt, die Enteignung von aktiven Nationalsozialisten und Kriegsverbrechern sowie „Junkern" mit Landbesitz von mehr als 100 Hektar sei sowohl eine notwendige politische Säuberungsmaßnahme als auch ein Akt der Sozialpolitik. Im Zuge der Bodenreform solle „der durch die Enteignung gewonnene Boden" dazu verwandt werden, „landarme Bauernwirtschaften zu vergrößern und neue selbständige Bauernwirtschaften für Bauern ohne Boden, kleine Pächter und Landarbeiter und auch Umsiedler zu schaffen".[27] Bevorzugt berücksichtigt werden sollten „Opfer des Faschismus", „bewährte antifaschistische, demokratische Bauern" sowie Landarbeiter und kinderreiche Familien. Obwohl die Bodenreform primär der Konsolidierung der KPD diente, ist nicht zu bestreiten, dass viele Menschen sie grundsätzlich begrüßten und darin eine Chance für einen Neuanfang sahen, was u. a. durch zahlreiche Denkschriften und konkrete Vorschläge aus der Bevölkerung zur Umsetzung der Bodenreform belegt wird.[28] Dadurch kann die Bodenreform auch als politischer Erfolg gewertet werden, denn diese Unterstützungsleistung verpflichtete zu Dankbarkeit und begründete daher nicht selten eine loyale Haltung gegenüber dem Staat.

Dass Pieck in seinem Grundsatzreferat auch „Umsiedler" als eine Empfängergruppe von Bodenreform-Land genannt hatte, bot vor allem für die aus dem ländlichen Raum stammenden Flüchtlinge und Vertriebenen die Chance, ein neues Leben auf eigenem Grund und Boden zu beginnen. Aber auch viele Fachfremde erhofften sich in der vermeintlich simplen Aufgabe, einen Hof zu bewirtschaften, eine Möglichkeit, die Existenz ihrer Familie zu sichern. Die Hoffnungen entsprachen allerdings nicht den realen Gegebenheiten und führten daher auch nicht zum gewünschten Erfolg. Fritz Selbmann, der damals als Vizepräsident der Deutschen Wirtschaftskommission amtierte, behauptete Ende September 1945 in einem Schreiben an die SMAD: „Bodenflächen, die für die

---

26 Michael Schwartz, Tabu und Erinnerung. Zur Vertriebenen-Problematik in Politik und literarischer Öffentlichkeit der DDR. In: Zeitschrift für Geschichtswissenschaft, 51 (2003) 1, S. 85–101, hier 87.
27 Wilhelm Pieck, Junkerland in Bauernhand. Rede zur demokratischen Bodenreform, Kyritz, 2. September 1945, Berlin 1955, S. 21 f. Vgl. Andreas Dix, „Freies Land". Siedlungsplanung im ländlichen Raum der SBZ und frühen DDR 1945 bis 1955, Köln 2002, S. 237 f.
28 Vgl. Sönke Friedreich, Konfliktpotenzial und Integrationsprozesse im Spiegel archivalischer Überlieferung. In: Spieker/Friedreich (Hg.), Fremde – Heimat – Sachsen, S. 157–234, hier 158 f.

Ansiedlung einer größeren Zahl von Flüchtlingen infrage kämen, werden bei der Aufteilung der Großgüter im Bundesland Sachsen nicht anfallen."[29]

Die Bodenreform erfasste auf dem gesamten Gebiet der SBZ etwa 3,2 Millionen Hektar Land, also rund ein Drittel der gesamten land- und forstwirtschaftlichen Nutzfläche. Davon wurden etwa 2,2 Millionen Hektar an Einzelbesitzer neu vergeben. Im Jahr 1950 waren mehr als 43 Prozent aller Neubauern Flüchtlinge und Vertriebene.[30] Insgesamt entstanden etwa 210 000 Neubauernstellen mit einer durchschnittlichen Größe von 7,8 Hektar; in Sachsen waren es 18 000 Höfe.[31] Hier wurden über 2 000 Güter mit etwa 342 000 Hektar Grundbesitz enteignet (davon mehr als 500 Objekte von „Kriegsverbrechern und NS-Aktivisten" mit rund 15 000 Hektar). Diese Zahlen lassen eine Versorgung aller Flüchtlinge und Vertriebenen mit Land, selbst wenn sie politisch gewollt gewesen wäre, unmöglich erscheinen.[32] Im Schnitt umfasste die Neubauernstelle eines „Umsiedlers" 8,4 Hektar.[33] Im März 1950 gab es in der DDR mehr als 91 000 Höfe, die von „Umsiedlern" bewirtschaftet wurden.[34]

Für Flüchtlingsfamilien mit einem agrarischen Hintergrund und einem entsprechenden Potenzial an familiären Arbeitskräften und Viehbesatz bot die Übernahme einer Neubauernstelle durchaus die Möglichkeit, sich eine bescheidene Existenz aufzubauen. Auch Familie Fügmann aus Schlesien setzte darauf, ihre landwirtschaftlichen Kenntnisse anzuwenden. Die Tochter Karla kam als Achtjährige in ihre „neue Heimat", ein Dorf in der Oberlausitz. Sie empfand die Arbeit in der Bauernwirtschaft als körperlich ausgesprochen anstrengend,

---

29 LV Sachsen, Abt. Wirtschaft und Arbeit (Vizepräsident Selbmann) an Zentralverwaltung für Arbeit und soziale Fürsorge der SMAD vom 28.9.1945 (SächsHStAD, 11391 Ministerium für Arbeit und Sozialfürsorge, Nr. 414: Umsiedler- und Heimkehrerangelegenheiten, 1945-48, Bl. 4 f.).
30 Vgl. Meinicke, Flüchtlinge, Umgesiedelte, Vertriebene, S. 60.
31 Schwartz dagegen geht von 21 000 Neubauernstellen aus, die in Sachsen bis 1949 entstanden. Von diesen seien 7 500 an „Umsiedler" vergeben worden (35 %). Vgl. Schwartz, Vertriebene und „Umsiedlerpolitik", S. 652.
32 Aus dem Bodenfonds wurden 219 943 Hektar an 95 413 individuelle Landnehmer mit zusammen 303 078 Familienangehörigen aufgeteilt. Unter diesen befanden sich 7 278 „Umsiedler" mit 28 968 Familienangehörigen, welche 50 022 Hektar Land erhielten. Nur knapp 65 % des enteigneten Landes wurde überhaupt individuellen Landempfängern zur Verfügung gestellt, der Rest wurde an Körperschaften (Land Sachsen, Kreise und Gemeinden, Vereinigung der gegenseitigen Bauernhilfe) verteilt. Vgl. hierzu die Angaben in der Tabelle „2 Jahre Bodenreform - Landzuweisungen an die Bodennehmer" des MdI, o. D. (SächsHStAD, MdI 3104: Statistik über die Bodenreform, 1945-47, Bl. 24-29) sowie statistische Angaben „Drei Jahre Bodenreform" anlässlich der Feier „3 Jahre Bodenreform", o. D. [Sept. 1948] (ebd., Nr. 3098: 3. Jahrestag der demokratischen Bodenreform, 1948, Bl. 40).
33 Vgl. Wolfgang Meinicke, Die Bodenreform und die Vertriebenen in der SBZ und in den Anfangsjahren der DDR. In: Manfred Wille/Johannes Hoffmann/Wolfgang Meinicke (Hg.), Sie hatten alles verloren. Flüchtlinge und Vertriebene in der sowjetischen Besatzungszone Deutschlands, Wiesbaden 1993, S. 55-85, hier 63.
34 Vgl. Meinicke, Flüchtlinge, Umgesiedelte, Vertriebene, S. 60 f.

der ökonomische Erfolg war hart erkämpft: „Dann kam schon bald die Bodenreform. Mein Vater war ja Landwirt, er hatte die Landwirtschaft zu Hause von seinem Vater übernommen. Und er hat dann hier den Mut gehabt, zu siedeln. Weil wir auch die Pferde hatten und so weiter, das hatten wir ja alles mit hierhergekriegt. Dann hat er hier fünf Hektar Land übernommen mit Wald und dergleichen. Und dann haben wir eben hier gearbeitet in der Landwirtschaft und haben versucht, wieder auf die Beine zu kommen. Es ging auch ganz gut, aber reich sind wir nicht geworden dadurch, auf keinen Fall."[35]

Die ehemalige Wirtschaftsstruktur in den Aufnahmeregionen spielte eine wichtige Rolle: In den Rittergutsdörfern gehörte die landwirtschaftliche Nutzfläche weitgehend zu den großen Gütern. Durch die Vertreibung der Gutsbesitzer und Großbauern im Zuge der Bodenreform entstand oftmals ein Vakuum bei der Bewirtschaftung. Viele „Umsiedler" kamen auf die wüsten Güter: Die Äcker lagen brach, Saat- und Pflanzgut waren geraubt oder aufgezehrt, Vieh und Zugkräfte beschlagnahmt, Maschinen defekt. Ohne entsprechende Sachkenntnis wurden gute Böden oftmals nicht oder nur nachlässig bewirtschaftet, Produktionsmittel verschwendet, Maschinen und Geräte nicht effizient eingesetzt.

Für Flüchtlinge boten die Rittergutsdörfer daher zumeist die besseren Bedingungen: Sofern sie selbst bereits in ihren Herkunftsgebieten einen Hof bewirtschaftet hatten, konnten sie ihre Kenntnisse und Fähigkeiten in der Wirtschaftsführung einbringen. Denn in den Gutsdörfern wurden die meisten Betriebe nun von ehemaligen Landarbeiterinnen und Landarbeitern bewirtschaftet, die wohl über vielfältige Erfahrungen in Bezug auf die zu verrichtenden Tätigkeiten verfügten, weniger jedoch über strategische Kompetenzen und landwirtschaftliches Fachwissen.

Den Flüchtlingen und Vertriebenen, die Land erhielten, war seitens der KPD/SED nicht nur eine wirtschaftliche Existenzgrundlage gegeben worden, sie sollten darüber hinaus die Interessen der Kommunisten auf dem Land vertreten. Der Typus „Neubauer" hatte somit auch einen politischen Hintergrund: Die Bezeichnung verweist nicht nur darauf, dass eine Siedlerstelle neu geschaffen wurde, sondern ebenso auf einen neuen Bauerntyp. Kleinbauern und Landarbeiter wurden durch die Bodenreform gefördert, damit sie politische Führungspositionen in den Dörfern übernehmen konnten. Die Wirtschaftsform „Neubauernstelle" sollte Schritt für Schritt das angestrebte Bündnis zwischen Arbeiterklasse und den nunmehr „werktätigen" Bauern stärken. Zudem waren die Empfänger dankbar für die Unterstützung, die sie erhalten hatten. So wurde die Loyalität gegenüber Partei und Staat gefördert.

Die KPD hatte die Bodenreform als einen Grundstein ihrer „Bündnispolitik" angesehen – eine Einschätzung, die sich den Wahlergebnissen vom Herbst 1946 in den ländlichen Regionen zufolge als richtig erweisen sollte. Tatsächlich

---

35 Interview mit Karla Fügmann am 6.12.2011, geb. 1937 in Schlesien.

vergrößerten die Vertriebenen-Neubauern den Einfluss der KPD/SED auf dem Land, wenn auch keineswegs in dem erhofften Ausmaß. Denn etliche Neubauern verweigerten sich dem Zugriff der Kommunisten. In den Dörfern konnten die Altbauern – und unter diesen vor allem jene, die bereits vor 1945 über größeren Landbesitz verfügt hatten – ihre Dominanz halten.[36] Diese war bereits in den Ortsbodenkommissionen spürbar, machte sich aber auch dauerhaft in den Strukturen sozialer und wirtschaftlicher Ungleichheit bemerkbar, wie sie etwa durch unterschiedlich umfangreichen Vieh- und Maschinenbesitz zum Ausdruck kamen. Die ersten Nachkriegsjahre waren daher von vielen Konflikten der verschiedenen ländlichen Bevölkerungsgruppen geprägt, wobei sich die Konfliktlinien zwischen Alt- und Neubauern, Groß- und Kleinbauern sowie „Alteingesessenen" und „Umsiedlern" vielfach überkreuzten.[37]

In diesen Auseinandersetzungen wirkten auch die Verantwortlichen der Umsiedler- und Wohnungsämter, die Polizei sowie Parteivertreter, insbesondere der KPD/SED, an zentraler Stelle mit. Sie waren einerseits Beobachter, die die gesellschaftliche Entwicklung auf dem Land in Situations- und Stimmungsberichten verfolgten und an die Landesverwaltung meldeten, von wo aus die Berichte zusammengefasst an die Sowjetische Militäradministration weitergegeben wurden.[38] Diese Berichte zielten darauf ab, den Grad der gesellschaftlichen Destabilisierung zu beobachten und die Auswirkungen der Bodenreform sowie der Ansiedlung von Flüchtlingen und Vertriebenen auf die politische Stimmung zu kontrollieren. Andererseits griffen Akteure von Staat und Partei vor Ort aktiv in die gesellschaftlichen Transformationsprozesse ein, vor allem bei der Verteilung von knappen Ressourcen wie Nahrungsmitteln, Wohnraum und landwirtschaftlichem Inventar. Dabei lässt sich in nicht wenigen Fällen ein Spagat zwischen der Loyalität gegenüber der Partei und ihren Vorgaben einerseits und den aus der Zugehörigkeit zur sozialen Gemeinschaft des Dorfes resultierenden lokalen Verpflichtungen andererseits erkennen, der für die Einzelnen zu einer Belastungsprobe werden konnte.

Nicht selten verließen Parteimitglieder dann auch die offizielle Linie, sofern es um ihre persönlichen Belange ging. In einem drastischen Fall in Tautewalde bei Bautzen war es etwa der Vorsitzende der „Vereinigung der gegenseitigen Bauernhilfe" (VdgB), der die Aufnahme von „Umsiedlern" in sein Haus ablehnte und damit die Parteilinie unterlief. Die SED-Ortsgruppe meldete: „In der Funktionärssitzung am 12. April 1947 stand u. a. auch die Unterbringung der Umsiedler auf der Tagesordnung. Der Gen[osse] W., Vorsitzender der Gegen-

---

36 Vgl. Donth, Vertriebene und Flüchtlinge, S. 173.
37 Vgl. ausführlich Friedreich, Konfliktpotenzial und Integrationsprozesse, S. 190 ff.; Michael Schwartz, Vertriebene als Fremde. Integrationsprobleme deutscher Zwangsmigranten in der SBZ/DDR. In: Christian Th. Müller/Patrice G. Poutrus (Hg.), Ankunft – Alltag – Ausreise. Migration und interkulturelle Begegnung in der DDR-Gesellschaft, Köln 2005, S. 135–173.
38 Vgl. Friedreich, Konfliktpotenzial und Integrationsprozesse, S. 179 f.

seitigen Bauernhilfe, hatte vor einigen Tagen schriftlichen Bescheid erhalten, dass er von den zu erwartenden Umsiedlern 4 Personen aufzunehmen hat. Gen. W. erklärte nun in ziemlich scharfe[m] und errege[m] Ton wörtlich: Ich nehme keine Umsiedler auf und wenn ich welche nehmen muss, dann muss mir die Gemeinde schriftlich garantieren, dass sie mir das ersetzt was mir von Umsiedlern gestohlen wird. Zur Bekräftigung seiner Worte klopfte der Gen. W. mit dem Finger auf den Tisch. Alle anwesenden Genossen waren über das Verhalten des Gen. W. empört, zumal es allen Genossen bekannt ist, dass seit Wochen der Streit wegen Aufnahme von Umsiedlern mit dem Gen. W. geht."[39]

Die Vorurteile gegenüber den Neuankommenden resultierten vor allem aus der Angst vor Veränderungen der sozialen Strukturen, durch die man die eigene Stellung beziehungsweise Privilegien bedroht sah. Auch Verunsicherungen bezüglich des Umfangs der politischen und gesellschaftlichen Neuordnung waren verbreitet, sodass etwa die Kreisverwaltungen verschiedentlich darüber klagten, dass die besonders unter den „Umsiedlern" verbreiteten Gerüchte über politische Umwälzungen, geplante Grenzrevisionen, Rückkehrmöglichkeiten für Vertriebene usw. auch von Parteimitgliedern geglaubt und weitergegeben würden.[40]

Geplante Unterstützung und realer Mangel

Die Zuteilung einer Neubauernstelle mit dem entsprechenden Land markierte keineswegs den Beginn einer tragfähigen Wirtschaft. Es fehlte an funktionstüchtigen Maschinen und Geräten, an Ausstattungsgegenständen jeder Art, aber natürlich auch an Vieh und dem notwendigen Saatgut. Zwar wurden die Bestände der beschlagnahmten Bauerngüter verteilt beziehungsweise die Großgeräte zentral verwaltet und entliehen, jedoch trug die Aufteilung dieser Ressourcen nicht der besonderen Situation der „Umsiedler"-Neubauernwirtschaften Rechnung. Denn diese wiesen keinen Altbestand auf, im Gegenteil, jedes Gerät musste besorgt, ausgeliehen oder angeschafft werden. Hinzu kamen die Ablieferungspflichten, die gerade in der Anfangszeit erheblich auf den Höfen lasteten und den Start erschwerten. Zentral für das Gelingen des „Unternehmens Neubauernhof" war die entsprechende Ausstattung mit einsatzfähigen Arbeitskräften – in der Regel Familienmitglieder. Viele Frauen hatten eine Hofstelle alleine übernommen, weil sie verwitwet, ihre Männer vermisst waren oder sich noch in

---

39 SED-Ortsgruppe Tautewalde an SED-Kreisvorstand, Abt. Kommunalpolitik, in Bautzen vom 22.4.1947 (SächsHStAD, 13001 SED-Kreisleitung Bautzen, Nr. IV/4.01.180: Umsiedlerfragen, 1947–49, unpag.).

40 Vgl. als Beispiel den „Bericht des Landrates Bautzen über die wichtigsten Verwaltungsarbeiten und Vorkommnisse im Kreise Bautzen im Monat März 1948", o. D. (SächsHStAD, MdI 2113: Tätigkeitsberichte der Landräte von Aue, Bautzen, Borna, Dippoldiswalde, Flöha, Grimma, Großenhain, Marienberg, Pirna, Rochlitz, Stollberg, Zittau und Zwickau, April 1948, Bl. 13–21).

Kriegsgefangenschaft befanden.⁴¹ Sie benötigten Kooperationspartner und die Hilfe von (Schwieger-)Eltern oder heranwachsenden Kindern.

So auch im Fall der Familie Neumüller: „Also wir haben gesiedelt, wir haben das Risiko auf uns genommen. [...] Es war kein Saatgut da, es waren keine Saatkartoffeln da, wir kriegten ein Kalb und eine Kuh. Und unser Pferd hatte der Bauer inzwischen zum Rossschlächter geschafft, weil es krank geworden war. Also kriegten wir noch ein ausgemustertes Pferd mit einem dicken Bein, aber wir kriegten wenigstens ein Pferd dazu. [...] Dann kam ja dazu, man musste Flurschutz stellen. Die Kartoffelmieten mussten über Nacht bewacht werden. Damit die Leute sie nicht ausräumten, ehe wir sie in der Erde hatten. Auch die Felder mussten bewacht werden. Die Leute hatten ja wirklich Hunger. Auch die Hiesigen, genauso wie wir. Man konnte es niemandem übel nehmen. Das waren zum Beispiel solche Sachen, die wir nicht stellen konnten, ich und die Mutter. Wir konnten also weder zur Nachtwache an die Mieten, noch zum Flurschutz gehen. Dafür musste man was anderes machen."⁴²

Nicht nur der Arbeitseinsatz und die Ausstattung der Neubauernhöfe stellten die bewirtschaftenden Familien vor große Schwierigkeiten. Auch an Gebäuden herrschte großer Mangel. Nach der Aufteilung aller verfügbaren Gebäude fehlten den Neubauern in der SBZ insgesamt noch mehr als 146 000 Wohngebäude, 158 000 Stallungen und 150 000 Scheunen.⁴³ Im Oktober 1947 betrug der Anteil an Neubauernfamilien, die über ein eigenes Wohngebäude verfügten, 28 Prozent.

Mit dem Befehl 209 der Sowjetischen Militäradministration erging am 9. September 1947 die Anordnung zum Bau von insgesamt 37 000 Neubauernhäusern; 5 000 sollten es in Sachsen sein. Dazu zählten sowohl Wohn- als auch Wirtschaftsgebäude. Die Zentralverwaltung für deutsche Umsiedler ging dagegen von einem Bedarf von mehr als 205 000 Wohn- und Wirtschaftsgebäuden aus.⁴⁴ Aber bereits die Errichtung von 37 000 Gebäuden innerhalb eines Jahres erwies sich als unrealistisches Ziel: Es fehlten vor allem die Baustoffe; Gebäude blieben daher über Jahre im Rohbau stehen. Die Familien errichteten ihre Häuser überwiegend in Eigenleistung und bezogen ihr neues Heim häufig als „Provisorium auf Dauer" – teils aus dem Bedürfnis heraus, endlich in den eigenen vier Wänden zu sein, teils aus Mangel an Alternativen. So heißt es in einem lebensgeschichtlichen Interview: „Es sind ja hier die ganzen Neubauernhäuser gebaut worden, und da haben wir dann auch gebaut. Ich war ja noch Kind, ich konnte

---

41 Zum Lebens- und Arbeitsalltag von Neubäuerinnen vgl. Uta Bretschneider, Umsiedlerin – Neubäuerin – Genossenschaftsbäuerin. Lebensumstände und Handlungsspielräume 1945–1960. In: Ariadne. Forum für Frauen- und Geschlechtergeschichte, 63 (2013), S. 64–71.
42 Interview mit Hans Neumüller am 19.9.2012, geb. 1931 in Schlesien.
43 Vgl. Meinicke, Flüchtlinge, Umgesiedelte, Vertriebene, S. 61.
44 Vgl. Jens Schöne, Das sozialistische Dorf. Bodenreform und Kollektivierung in der Sowjetzone und DDR, Leipzig 2008, S. 77.

noch nicht so viel machen. Aber man musste ja auch mit Hand anlegen, nützte ja alles nichts. Und na ja, da wurde dann das Neubauernhaus gebaut. '51, '52 sind wir dann eingezogen – so wie die Waldbewohner, es war halbfertig alles."[45]

Die desolate Wohnsituation belastete die Betroffenen und beschäftigte die staatlichen Stellen und Behörden über Jahre. Immer wieder wurden Hilfsmaßnahmen aufgelegt, die Bauvorhaben unterstützen und voranbringen sollten. Das Neubauernbauprogramm wurde vom DDR-Planungsminister Heinrich Rau bereits 1950 als „Fass ohne Boden" bezeichnet.[46] Der Rückgriff auf Typenbauten – unter anderem den knappen Ressourcen geschuldet – sollte dabei helfen, die Bauvorhaben zeitlich und wirtschaftlich möglichst effizient durchzuführen. In der Regel waren es „Einhäuser", die Wohnraum, Stall und Scheune unter einem Dach beherbergten. Dieses verordnete Bauen stand jedoch häufig einer bedürfnisorientierten Gestaltung entgegen. Vor allem diejenigen Flüchtlinge, die aus wirtschaftlich erfolgreichen Bauernfamilien stammten, empfanden die Mängel der unsachgemäßen Planung als besonders gravierend und beurteilten die vorgeschriebenen Gebäudetypen für Wirtschaftszwecke als weitgehend ungeeignet.

Die restriktiven (Bau-)Vorschriften werden in der retrospektiven Bewertung nicht nur dem Mangel an Baumaterialien angelastet; in einigen Interviews wird dezidiert der Bezug zur – bereits geplanten – Kollektivierung hergestellt: „Unter den Umständen, wie wir hier eigentlich gewirtschaftet haben, wär's auch gar nicht weiter gegangen. Die hätten ja ganz andere Gebäude haben müssen. Das Beste war noch, dass die Feldscheune da war. Da war wenigstens Heu und Stroh im Trockenen. Aber ansonsten war ja alles primitiv bis da hinaus. Es musste sozusagen das Fleischsoll erfüllt werden, aber es waren gar nicht die Ställe dazu da. Da standen dann hier draußen solche Hütten – so russische Hütten waren das. Jedenfalls die hatten sie dann hingestellt, und der Vater hatte noch nebenan Schuppen gebaut, um das Vieh unterzubringen, weil das ja erwirtschaftet werden musste. Es gab das Milchsoll, das Fleischsoll, aber keine Gebäude dazu."[47]

Die zum Teil übereilte Durchführung der Bodenreform sowie der Mangel an Ausstattung und Arbeitskräften trugen ebenso wie fehlende landwirtschaftliche Kenntnisse zur Aufgabe vieler Hofstellen bei. Eine massive Landflucht setzte ein: Bereits im Juni 1948 hatten 10 000 Neubauern ihre Betriebe aufgegeben. In den nächsten Jahren kapitulierten jeweils noch mehr Hofeigentümer, sodass bis zur Mitte des Jahres 1952 mehr als ein Drittel aller Neubauernfamilien ihre Höfe verlassen hatte. Von diesen aufgegebenen Neubauernstellen konnten lediglich zehn Prozent neu verteilt werden.[48] Die Größe der Neubauernhöfe mit

---

45 Interview mit Ernst Wischnowski am 26.6.2012, geb. 1939 in Schlesien.
46 Vgl. Michael Schwartz, Staatsfeind „Umsiedler". In: Spiegel special, 2/2002: Die Flucht der Deutschen, S. 114–118, hier 117.
47 Interview mit Ingrid Weber am 4.5.2011, geb. 1936 in Schlesien.
48 Vgl. Arnd Bauerkämper, Ländliche Gesellschaft in der kommunistischen Diktatur. Zwangsmodernisierung und Tradition in Brandenburg 1945–1963, Köln 2002, S. 283.

ihren knapp acht Hektar Fläche reichte in den meisten Fällen nicht für eine effiziente Wirtschaftsweise aus. Rentabilitätsberechnungen für stabile bäuerliche Mittelbetriebe gingen von einer Betriebsgröße von etwa 20 Hektar aus. Die Schaffung von größtenteils wenig produktiven Klein(st)landwirtschafts-Betrieben legte insofern schon einen Grundstein der späteren Kollektivierung.

Kooperieren – kollektivieren

Bereits im Herbst 1945 bildeten sich im Zuge der Bodenreform Ausschüsse der gegenseitigen Bauernhilfe, die schließlich in die „Vereinigung der gegenseitigen Bauernhilfe" (VdgB) als Massenorganisation der Bauern mündete. Die VdgB sollte – wie auch andere, bereits bestehende Genossenschaften, die dieser Organisation bis 1950 (zwangsweise) angegliedert wurden – bei der Bewirtschaftung der Hofstellen unterstützen, den Vertrieb der Produkte koordinieren sowie die Kreditvergabe für die Bezahlung von Bodenreformland regeln. Bereits im Juli 1946 zählte die Vereinigung rund 250 000 Mitglieder; vier Jahre später hatte sich die Zahl verdoppelt und stieg bis Mitte der 1950er-Jahre weiter an.[49]

Ab 1948 wurden beschlagnahmte Maschinen und Großgeräte in die neugegründeten Maschinen-Ausleihstationen (MAS) überführt. Diese Maßnahme bündelte einerseits die vorhandenen Ressourcen und institutionalisierte die Hilfsleistungen. Anderseits konnten auch neue Abhängigkeiten entstehen und Druck ausgeübt werden. Erst das „Gesetz über die weitere Verbesserung der Lage der ehemaligen Umsiedler" von September 1950 gewährleistete, dass die MAS bevorzugt „Umsiedler"-Neubauern Hilfe erwiesen, die nicht über ausreichend Zugkräfte und landwirtschaftliche Geräte verfügten. Im Bedarfsfall erhielten jene auch einen Vorzugstarif für die geleisteten Arbeiten. Weiterhin konnte ihnen bis zu 50 Prozent des Ablieferungssolls erlassen werden. Die MAS wurden in den 1950er-Jahren in Maschinen-Traktoren-Stationen (MTS) umgewandelt, die selbst Maschinen erwarben und verliehen. Im Zuge der Kollektivierung gingen diese Einrichtungen 1959 in die Landwirtschaftlichen Produktionsgenossenschaften (LPG) ein.

Im Jahr 1948 wurde erstmals die Planwirtschaft erprobt, die sich ab 1949/50 als Instrument staatlicher Wirtschaftslenkung durchsetzte. Die Bedingungen übten erheblichen Druck auf die leistungsstarken Altbetriebe aus und konnten die Defizite der leistungsschwachen (Neu-)Betriebe dennoch nicht auffangen. Zu Beginn des Jahres 1950 erhöhte die DDR-Regierung die Normen für die

---

49 Vgl. Siegfried Kuntsche, Vereinigung der gegenseitigen Bauernhilfe (VdgB). In: Die Parteien und Organisationen der DDR. Ein Handbuch. Hg. von Gerd-Rüdiger Stephan/ Andreas Herbst/Christine Krauss/Daniel Küchenmeister/Detlef Nakath, Berlin 2002, S. 560–592, hier S. 585.

Pflichtabgaben; die Ermäßigung für Neubauernwirtschaften im Allgemeinen entfiel, allerdings erhielten die „Umsiedler" unter ihnen Sonderkonditionen. Insbesondere „Großbauern" gerieten bald in erhebliche Schwierigkeiten, was die Pflichtablieferung anbelangte. Sie stellten nach der Enteignung der Großgrundbesitzer das neue politische Feindbild in den Dörfern dar, wurden systematisch benachteiligt und unter Druck gesetzt. Beschlagnahmungen und sogar Gefängnisstrafen bis zu 15 Jahren waren im Rahmen des Gesetzes über die Verletzung von Abgabenpflichten vom 21. Oktober 1947 möglich.[50]

Albert Pittner war nach der Flucht aus Böhmen mit seinen Eltern in einem Dorf in der Oberlausitz heimisch geworden. Durch seine Heirat mit der Tochter der bedeutendsten Bauernfamilie am Ort nahm er eine doppelte Sonderstellung ein: Der „Umsiedler" galt als Fremder und wurde zugleich „Großbauer" auf einer alten Hofstelle. Diese Etikettierungen verlangten vielfältige Adaptionsleistungen und übten einen erheblichen Druck aus: „Wir waren der größte (Bauernhof). Ja. Die andern waren alle so Mittelbauern. Ja, und dann die Kleinbauern: Die hatten weniger Soll [...]. Denen ist es glänzend gegangen. Die konnten immer Schweine und so als freie Spitzen verkaufen und haben Geld gemacht. Und die größeren Bauern, gerade wie uns, die wollten sie am liebsten enteignen. Da hat mein Schwiegervater am schwarzen Brett gestanden als Saboteur des Dorfes! Aber wir waren gut mit dem Bürgermeister hier, [...] der kam dann mal abends und sagte: ‚Also ihr seid auch kurz vor der Enteignung. Ich muss euch jetzt sagen, ihr müsst was unternehmen.' Und da hat er gesagt: ‚Du musst in die Partei gehen.' Ich sage: ‚Ich gehe niemals in diese Partei. Die hat mir meine Schul(laufbahn verwehrt).' Na, jedenfalls sagt er: ‚Du musst ja nicht in die SED gehen. Gehst du eben in die Bauernpartei.' Und da hat dann mein Schwiegervater gesagt: ‚Ja, geh doch rein, sonst verlieren wir noch alles.' Na ja, und da bin ich dann reingegangen."[51]

Die mangelnde Wirtschaftlichkeit vieler Neubauernstellen war ein entscheidender Grund dafür, dass die SED im Frühjahr 1952 eine neue Phase der Agrarpolitik einleitete. Wie schon in den ersten Nachkriegsjahren hatte die Parteiführung noch im April 1952 verlauten lassen, dass man weiter an der Stärkung der Einzelwirtschaften und an der Erhöhung der landwirtschaftlichen Produktivität unter den gegebenen Besitzstrukturen gearbeitet hätte und eine Kollektivierung nicht geplant gewesen sei. Während der Vorbereitung der 2. Parteikonferenz der SED war von einer Reform der Agrarstrukturen nicht die Rede. Doch angesichts der schwierigen Situation vieler Neubauernwirtschaften, vor allem aber aufgrund sowjetischen Drucks, wurde nur zwei Monate später eine Kehrtwendung vollzogen und die Gründung der ersten Landwirtschaftlichen

---

50 Vgl. Christel Nehrig, Uckermärker Bauern in der Nachkriegszeit. Sozialhistorische Untersuchungen zur Lage von Alt- und Neubauern im Kreis Prenzlau 1945–1952, Berlin 1996, S. 47.
51 Interview mit Albert Pittner am 15.3.2012, geb. 1928 in Böhmen.

Produktionsgenossenschaften initiiert.⁵² Auch wenn die Kollektivierung zunächst nur schleppend durchgeführt wurde und durch den Aufstand vom 17. Juni 1953 zeitweise zum Stillstand kam, ging die kurze Phase der Eigenständigkeit der Neubauernwirtschaften dem Ende entgegen. Die Transformation der ländlichen Gesellschaft in Sachsen trat damit in ein neues Stadium ein.

Die bäuerlichen Einzelwirtschaften wurden ab 1952 zunächst weitgehend freiwillig, ab 1960 unter politischem und ökonomischem Zwang, zu LPG zusammengefasst. Denjenigen, die früh einer LPG beitraten, winkten erhebliche Vergünstigungen wie beispielsweise die vorrangige Nutzung der Technik der MAS bzw. MTS, eine bevorzugte Belieferung mit Saatgut und Düngemitteln, Steuererleichterungen, die Senkung der Pflichtabgaben, die Stundung von Krediten und Zahlungsverpflichtungen aus der Bodenreform sowie eine kostenlose tierärztliche Versorgung. Für alle diejenigen, die um ihr wirtschaftliches Überleben kämpften – oder deren Kinder den Hof nicht fortführen wollten –, war der Zusammenschluss in einer LPG daher durchaus lohnend und sicherte fortan das Auskommen. Weiterhin lockten die Arbeitserleichterungen, denn die Anforderungen eines bäuerlichen Betriebes waren für viele Familien allein beziehungsweise unter den gegebenen Bedingungen nicht zu bewältigen. Für „Fachfremde" galt das umso mehr.

Diese Abstufungen werden in den Interviews vor allem von denjenigen vorgenommen und betont, deren Familien selbst wirtschaftlich erfolgreiche Höfe aufgebaut hatten und der Kollektivierung, schon allein ihrem Selbstverständnis als eigenständige Landwirte zufolge, skeptisch bis ablehnend gegenüberstanden. Außerdem boten sich ihnen keine unmittelbaren Vorteile: „Diejenigen, die schon Landwirte waren von den Flüchtlingen, die wollten ja nicht in die LPG. Und die Großbauern schon gar nicht. Die ersten, die in die LPG gegangen sind, waren doch die Industriearbeiter. Nein, die Landarbeiter, die ehemaligen, die auch Land bekommen haben hier. Die praktisch gar nicht klarkamen mit ihren Wirtschaften. Es waren ja auch allerhand, die früher auf dem Rittergut gearbeitet haben. Die konnten zwar arbeiten, aber die konnten überhaupt nicht wirtschaften. Und die waren dann glücklich, dass jemand für sie gedacht hat: Wann muss was gesät werden? Und wer wusste, wo er was machen will, der wollte sich auch nicht bei jedem Pfund, was er erntet, auf die Finger gucken lassen, nicht?"⁵³

Insbesondere die Altbauern weigerten sich in der Regel bis zum Schluss, ihre Autonomie aufzugeben und einer LPG beizutreten. Die Erhöhung von

---

52 Vgl. Schöne, Das sozialistische Dorf, S. 101 f.; Joachim Piskol, Zum Beginn der Kollektivierung der Landwirtschaft in der DDR im Sommer 1952. In: Beiträge zur Geschichte der Arbeiterbewegung, 37 (1995), S. 19–26, hier 21; Arnd Bauerkämper, Traditionalität in der Moderne. Agrarwirtschaft und ländliche Gesellschaft in Mecklenburg nach 1945. In: Zeitschrift für Agrargeschichte und Agrarsoziologie, 51 (2003), S. 9–33, hier 16.
53 Interview mit Hans Neumüller am 19.9.2012, geb. 1931 in Schlesien.

Pflichtabgaben und Steuerbelastungen sowie die verzögerte Berücksichtigung bei Maschineneinsatz und Düngemittelabgabe trugen dazu bei, dass viele Wirtschaften den Anforderungen nicht mehr gewachsen sein konnten und nicht die erforderlichen Erträge einbrachten. Spätestens im Frühjahr 1960 war allen Bauernfamilien klar, dass ihnen nichts anderes übrig blieb, als einer LPG beizutreten. Im Zuge der Aktion „Sozialistischer Frühling auf dem Lande" wurden alle Einzelbauern zwangsweise kollektiviert. Die sogenannten Werber zogen über Land und drängten zum Anschluss an die LPG. In einigen Dörfern waren bis zu 30 Personen starke Agitationstrupps unterwegs.[54] Die Reaktion auf diese Nötigung war oftmals ein „freiwilliger" Zusammenschluss befreundeter oder bereits bei der Arbeit kooperierender Betriebe zu einer LPG Typ I, um so zumindest noch ein Minimum an eigener Entschlussfähigkeit zu wahren. Die LPG-Typen I, II und III mit ihrem unterschiedlichen Grad an Kollektivierung in Bezug auf Land, Maschinen und Vieh wurden schließlich im Laufe der 1960er-Jahre zum Zusammenschluss gedrängt, der Ausbau von Typ III einseitig gefördert. Viele Produktionsgenossenschaften fusionierten.[55]

Um der drohenden Zwangskollektivierung zu entgehen, wählten zahlreiche Alt- und auch Neubauern die „Republikflucht" als letzten Ausweg: 1960 stieg die Zahl derjenigen, die die DDR unerlaubt verließen, deutlich an. Diejenigen, die sich – freiwillig oder unter Zwang – einer LPG anschlossen, beurteilten die Kollektivierung widersprüchlich: Viele der „Umsiedler"-Neubauern sahen darin einen erneuten Verlust ihres in den letzten Jahren mühsam erwirtschafteten Eigentums, für andere dagegen schien sich hier eine Möglichkeit zu bieten, endlich dazuzugehören sowie abgesichert zu wirtschaften. Vor allem die Kindergeneration der „Umsiedler" zählte zu den Befürwortern der LPG. Von klein auf hatten sie mithelfen und anstrengende Arbeiten verrichten müssen. Die Arbeit ging häufig über ihre Kräfte, und oftmals lagen ihre beruflichen Interessen auch in ganz anderen Bereichen.

Karla Fügmann, selbst Einzelkind und von zierlicher Statur, begrüßte den Entschluss ihrer Eltern nachdrücklich: „Ich hab immer tüchtig helfen müssen bis, na ja, bis die LPG kam. Dann war ich eigentlich glücklich und zufrieden, denn mir ist die Landwirtschaft sehr schwergefallen. Ich war ja nie besonders groß und kräftig. Das hat mir ein bissel angehangen. [...] Also, das war sehr schwer: Futter abladen, misten, füttern! Ich war die einzige, ich musste immer mit. Es war ein harter Job, also wirklich. Deswegen war ich dann froh, als die LPG kam und ich raus konnte aus der Landwirtschaft."[56]

Heranwachsende Kinder und junge Erwachsene unterstützten ihre (alten) Eltern sehr bei der Bewirtschaftung des Hofes, auch unter widrigen Umständen.

---

54 Vgl. Klaus Schmidt, Landwirtschaft in der DDR. VEG, LPG und Kooperationen – wie sie wurden, was sie waren, was aus ihnen geworden ist, Clenze 2009, S. 134.
55 Vgl. Schöne, Das sozialistische Dorf, S. 146.
56 Interview mit Karla Fügmann am 6.12.2011, geb. 1937 in Schlesien.

Sie opferten Zeit und Arbeitskraft, selbst dann, wenn sie schon eigene Familien hatten. Die Kollektivierung sahen sie daher als Chance, die Familiensituation zu entlasten: „Ja, in Typ II sind wir gegangen. Da haben wir, die Lotte und ich, die wir am meisten hier eingebunden waren, wir haben dann zugeraten. Wir hatten selber Familien, die Männer sind arbeiten gegangen. Wir haben ja in dem Sinne nichts verdient hier bei den Eltern, und da haben wir dann auch zugeraten. Wir haben gesagt: ‚Geht! Ihr könnt das gar nicht mehr machen.'" [57]

In der LPG erfuhren viele Flüchtlinge tatsächlich eine neue Form von Gemeinschaft und partizipierten stärker am Dorfleben. Viele konnten ihre landwirtschaftlichen Kenntnisse in die LPG einbringen und wurden dadurch akzeptiert. Die Gruppenaktivitäten, Ausflüge und Veranstaltungen wirkten zudem gemeinschaftsfördernd: „Na ja, da haben wir uns dann schon gekannt, wenn man dann jeden Tag zusammenarbeitet. Wurde immer eine kleine Feier gemacht, wenn einer Geburtstag hatte, hat jeder was ausgegeben. Und wenn Frühstück war, wurde da mal ein Kaffee getrunken. Eins hatte den Kaffee rausgebracht von den Angehörigen. Und da hat man sich dann schon kennengelernt. Aber am Anfang, na ja, wir (waren) Fremde – die Fremden, nicht? Das musste sich ja erst alles einspielen. Durch die LPG waren das schon gute Kontakte dann."[58]

Die Arbeitszeiten wurden allmählich geregelter; die eigenen Kräfte konnten – zumal im fortgeschrittenen Alter und bei gesundheitlicher Beeinträchtigung – effizienter und schonender eingesetzt werden. „Aber die Mutter, die hat bis zu ihrer Rente bei der LPG gearbeitet. Und das war 'ne schöne Zeit. Die Frauen haben sich ja immer zusammengefunden zu der Arbeit und hatten dabei Unterhaltung, und das war 'ne feine Sache. [...] Sind sie dann doch eines Besseren belehrt worden, dass es gut war. Ja, genau."[59]

Sofern den neuen LPG-Mitgliedern Führungspositionen übertragen wurden, konnten sie damit die Erfahrung, vom selbstständig wirtschaftenden Mitglied eines (Neu-)Bauernhofs zum Befehlsempfänger degradiert worden zu sein, partiell kompensieren. Andere Bäuerinnen und Bauern wiederum verloren mit ihrer eigenständigen Wirtschaft auch die identitätsstiftende Anerkennung durch Arbeit – insbesondere, wenn sie ihre Expertise nicht länger unter Beweis stellen durften, sondern untergeordnete Tätigkeiten verrichten oder gar gegen besseres Wissen handeln mussten. Auch aus Gewissensgründen, d. h. aus dem eigenen Unrechtsempfinden und der politischen Einstellung heraus, verweigerten Bauern vereinzelt das Angebot, eine Führungsposition zu übernehmen und beispielsweise als Brigadier zu arbeiten. Die Kollektivierung wurde von vielen der „Umsiedler"-Neubauern als zweite Enteignung, als neuerliche Vertreibung vom eigenen Land erlebt – als neuerlicher Bruch in der eigenen Biografie. Die Bewertung dieser Zäsur hängt – neben solchen Markierungen wie sozialer Status,

---

57 Interview mit Martha Leibelt am 19.7.2011, geb. 1931 in Schlesien.
58 Interview mit Christa Druskat am 13.6.2012, geb. 1926 in Schlesien.
59 Interview mit Karla Fügmann am 6.12.2011, geb. 1937 in Schlesien.

Besitzstruktur und Familiensituation – vorwiegend vor der generationellen Zugehörigkeit ab. Wiederholte Verlusterfahrungen im Lebenslauf ließen den unvermeidlichen Eintritt in die LPG als besonders ungerecht und frustrierend empfinden: „Dann hatte mein Mann hier die Siedlung und wir haben die Siedlung zusammen weiter(bewirtschaftet), neun Jahre. Und dann kam die LPG. Wieder alles erwirtschaftet, alles angeschafft und alles wieder fort! Wir konnten nie was (aufbauen) [...]. Dann mussten wir ja in die LPG."[60]

Das Konstrukt Neubauernhof und seine Implikationen für den dörflichen Wandel

Die Unterbringung und Ansiedlung von Flüchtlingen und Vertriebenen war für die Transformation der ländlichen Gesellschaft vor und nach 1945 von entscheidender Bedeutung. Hatten die Verheerungen des Krieges sowie die politische Neuordnung die überkommenen sozialen und ökonomischen Strukturen aufgebrochen, so bestand in der Aufnahme und Integration von Hunderttausenden Menschen eine der schwierigsten Aufgaben der kommunistischen Machthaber, für die nur äußerst knapp bemessene Ressourcen zur Verfügung standen. Neben den unmittelbar drängenden Problemen der Versorgung und Unterbringung musste das langfristige Zusammenleben von „Umsiedlern" und „Alteingesessenen" organisiert werden, wobei die KPD/SED nicht zuletzt die eigene Machtsicherung auf dem Land stets mit im Blick hatte. Die völlige Neugestaltung der Dorfgemeinschaften erfasste alle Bevölkerungsgruppen in vielschichtiger Weise und erzeugte Konflikte und Krisen, die die weitere Entwicklung der ländlichen Gesellschaft prägten.

Diese Prägungen stellten sich für die („Umsiedler"-)Neubauern jeweils sehr unterschiedlich dar. Ergaben sich durch die Bodenreform für eine kleine Anzahl von ihnen Chancen für einen Neuanfang als eigenständige Bauern, so hatten diese Bauernwirtschaften doch oft um das ökonomische Überleben zu kämpfen. Die 1952 einsetzende Kollektivierung, durch die der „Aufbau des Sozialismus auf dem Land" forciert werden sollte, reagierte auf diese Krise und stellte zugleich eine neue Etappe in der Umgestaltung dar. Das Konstrukt Neubauernstelle diente dabei – mehr oder weniger geplant – als transitorisches Element, gewissermaßen als „Übergangslösung", um die Versorgung zu sichern, Verbindlichkeiten zu schaffen und Verbindungen aufzubauen, um auf dieser Grundlage ein politisches Programm umsetzen zu können. Die Bedeutung dieser Phase für die gesellschaftliche Umstrukturierung sowie ihre (retrospektive) Wahrnehmung und Bewertung als ein zentraler Teil der jüngeren Regionalgeschichte sind trotz der geringen Dauer der Existenz von Neubauernhöfen beachtlich.

---

60 Interview mit Christa Druskat am 13.6.2012, geb. 1926 in Schlesien.

Die Verankerung im kollektiven Bewusstsein gründet sich dabei zum einen auf der fortdauernden (baulichen) Präsenz: Nach wie vor prägen einzelne Neubauernhäuser wie auch ganze Straßenzüge und Siedlungen die Dorfansichten und sind zum Teil auch namensgebend für die Bezeichnung von Straßen. Zum anderen trägt die intergenerationelle und interfamiliäre Weitergabe in Gesprächen dazu bei, dieses transitorische Phänomen zu tradieren. Etwa ein Viertel der Bevölkerung ist – unmittelbar oder in nachfolgender Generation – von Flucht und Vertreibung betroffen. Die Verknüpfung mit der Bewirtschaftung von Neubauernhöfen bildet daher einen naheliegenden Fixpunkt für die Strukturierung von Erinnerungen und Erzählungen, für die „Zugezogenen" ebenso wie für „Alteingesessene".

Tradition und radikaler Neuanfang für die Sorben in Sachsen

Annett Bresan

Die politische Wende käme nicht unerwartet, aber schneller als geahnt, kommentierte der Kolumnist der sorbischen Tageszeitung Ende Januar 1933 die Ernennung Adolf Hitlers zum Reichskanzler. Weiter schrieb er aus seiner Perspektive, dass die Sorben als Staatsbürger dem politischen Aufbruch, den die neuen Machthaber versprachen, durchaus nicht ablehnend gegenüberstehen. Was aber, gab er zu bedenken, sollte man nun von den vielen nationalistischen Verlautbarungen der großen und kleinen Führer der Hitlerbewegung halten, die für das Sorbische nichts Gutes verhießen? Man solle abwarten, denn politisch träte man ohnehin nicht als eine Einheit auf, und jedem Einzelnen stünden verschiedene Wege der Opposition frei, wenn es denn nötig sei. „Und wenn es dazu kommt, werden wir nicht schweigen. Und wenn wir schweigen, dann soll jeder im Voraus wissen, dass wir schweigen, weil man uns einen Maulkorb umgebunden hat."[1] Diese Worte des Schriftstellers Jakub Lorenc-Zalěski sind nicht nur ein passender Einstieg in die vorliegende Untersuchung, weil sie sich als prophetisch erweisen sollten. Sie reflektieren darüber hinaus eine gewisse Schwierigkeit bei der Darstellung einer sorbischen Geschichte: Es gab (und gibt) die Sorben nicht als Einheit – trotzdem verwendet der Kommentator das Wort „wir", um all jene zusammenzufassen, denen insbesondere die nationalistischen Töne Unbehagen oder Angst machten.

Die Sorben im Nationalsozialismus: auswegloses Agieren

Die Reaktionen in der sorbischen Lausitz bei den Wahlen im März 1933 lassen keine Rückschlüsse auf die Nationalität zu. Die Sorben waren Reichsbürger und als solche in das politische, wirtschaftliche und gesellschaftliche System in

---

[1] Jakub Lorenc-Zalěski, Nowy čas [Neue Zeit]. In: Serbske Nowiny [Sorbische Zeitung] vom 4.2.1933. Alle Übersetzungen sorbischer Zitate wurden von der Autorin vorgenommen. Bei Namen sorbischer Personen werden die sorbischen Formen verwendet.

Deutschland eingebunden.² In dem Personenkreis, der sich für die sorbische Kultur engagierte, beobachtete man das neue Regime skeptisch. Sich für die Sorben starkzumachen war bis dahin eher selten auf Anerkennung in der deutschen Gesellschaft gestoßen, jetzt bekam alles eine zusätzliche politische Note. Im April verbot die nationalsozialistische Regierung wegen einer angeblich das Deutsche verunglimpfenden Formulierung für acht Tage die einzige sorbische Tageszeitung „Serbske Nowiny" und veranlasste die Gleichschaltung der Redaktion.³ Kurz darauf wurden die Wohnungen bekannter sorbischer Aktivisten durchsucht und einige von ihnen in Untersuchungshaft genommen. Im Frühjahr 1933 löste sich der Wendische Volksrat auf, der bis dahin als die politische Vertretung der Sorben galt, auch wenn er ohne offizielle Anerkennung und Einfluss war. Seine letzte Amtshandlung war der Austritt aus dem „Verband der nationalen Minderheiten Deutschlands". Angesichts der allgemeinen politischen Entwicklung blieben die Sorben passiv.

Im Ausland dagegen regte sich Protest. Eine Pressekampagne, Protestresolutionen und -aktionen, initiiert von den Gesellschaften der Freunde der Lausitzer Sorben in der Tschechoslowakei und Polen, bewirkten einen deutlichen Umschwung in der Sorbenpolitik des NS-Regimes. Unter Rücksichtnahme auf das Ausland wollten die neuen Machthaber auf direkte Restriktionen gegenüber den Sorben verzichten, sie sollten aber dennoch weiterhin unter strenger Beobachtung bleiben.⁴ Vor ausgesuchten Vertretern der Sorben wurde am 20. September 1933 eine „Erklärung der Regierung über ihre Stellung zu den Wenden" abgegeben. Darin wurde den Sorben freie kulturelle Betätigung unter der Bedingung, keine Verbindungen zum slawischen Ausland zu pflegen, zugesichert.

---

2   In den evangelischen Gemeinden bekam die NSDAP zumeist die Mehrheit der Stimmen. Ungefähr 65 % der katholischen Sorben blieben der Zentrumspartei treu. In der sorbisch-katholischen Wochenzeitschrift waren die Wähler ausschließlich und nachdrücklich zur Wahl der Zentrumspartei aufgefordert worden. Vgl. Todd Huebner, Ethnicity Denied. Nazi Policy towards the Lusatian Sorbs. In: German History, 6 (1988) 3, S. 253 f.
3   Das niedersorbische Wochenblatt „Serbski Casnik" erschien im Gegensatz zu den „Serbske Nowiny" auch in der betreffenden „Verbots"-Woche. Die verantwortliche Redakteurin Mina Witkojc indessen gehörte zu jenen, die wie einige Bautzener Kollegen mit Berufsverbot belegt wurde. Im Juni schließlich musste der „Serbski Casnik" aus finanziellen Gründen eingestellt werden. Auch der obersorbischen Zeitung drohte dieses Schicksal. Das zeitweilige Verbot hatte zu einem deutlichen Rückgang der Abonnenten geführt. Lehrern und Beamten war nahegelegt worden, die Zeitung nicht mehr zu beziehen. Der Smolersche Verlag, in dem die „Serbske Nowiny" herausgegeben wurde, meldete im März 1934 Konkurs an. Der Bankrott konnte dadurch verhindert werden, dass Dr. Jan Cyž das Geschäft übernahm. Bis zu dessen Verhaftung und der Beschlagnahme der Verlags- und Druckereiräume im August 1937 konnte die Zeitung noch vier Jahre erscheinen.
4   Eine staatlich Überwachungsstelle – die „Wendenabteilung" –, die vornehmlich die sorbische Presse auswertete und Personen überwachen ließ, existierte schon seit 1920 in Bautzen.

Zum neuen Sammelbecken sorbischer Kulturbestrebungen entwickelte sich in der folgenden Zeit der Dachverband sorbischer Vereine Domowina. Dieser 1912 gegründete Verband hatte ursprünglich das Ziel, die kulturellen Interessen sorbischer Vereine zu bündeln. An die Spitze der Domowina wurde im Dezember 1933 Pawoł Nedo[5] gewählt. Der gerade erst 25-jährige Volksschullehrer hatte seit dem Sommer 1933 ein spürbares Engagement bei der Wiederbelebung der Organisationsarbeit an den Tag gelegt. Die Umstellung von einem Verband von Vereinen auf Einzelmitgliedschaften sollte der Domowina stärkeres öffentliches Gewicht verschaffen. Dementsprechend arbeitete man eine Satzung aus, in der sich die Domowina nicht auf eine rein kulturelle Tätigkeit beschränkte, sondern sich als Vertreterin des sorbischen Volkes definierte. Immer wieder wurde betont, dass man keine Ziele in parteipolitischem oder ideologischem Sinne verfolge und die Mitglieder loyale Staatsbürger seien. Man wollte sich jedoch nicht die Möglichkeit nehmen lassen, insbesondere auf dem Gebiet der Bildungs- und Sprachpolitik, mit den staatlichen Organen zu verhandeln. Nicht zuletzt vermeinte Nedo mit der verbalen Zuhilfenahme der nationalsozialistischen Volkstumsideologie, das Wohlwollen der Behörden zu erlangen.[6] Es blieb ein vergebliches Unterfangen. Ungeachtet solcher Treuebekundungen weckten die Auftritte Nedos bei den Behörden Misstrauen. Es wurde angeregt, Nedos Aktivitäten genauer zu prüfen, da der Verdacht bestand, Nedo verfolge „unter dem Deckmantel des Nationalsozialismus ganz bestimmte Pläne [...], welche die nationalsozialistische Regierung keineswegs billigen kann".[7]

Spätestens ab 1936 nahmen die repressiven Maßnahmen gegenüber den sorbischen Vereinen Schritt um Schritt zu und kulminierten schließlich in einem Veranstaltungs- und Versammlungsverbot im März 1937. Vorangegangen war die Ablehnung einer von den Behörden oktroyierten Satzung zu einem „Bund wendischsprechender Deutscher" bzw. „Bund zur Pflege der Heimat und des

---

5 Deutsche Namensform: Paul Nedo, 1908-1984. Nedo war von 1933-1937/1945-1950 (ehrenamtlicher) Vorsitzender der Domowina. Er hatte Pädagogik studiert, bis 1937 als Volksschullehrer gearbeitet, war 1945 als Schulrat für Bautzen-Nord eingesetzt gewesen und 1948-1950 Leiter des staatlichen Sorbischen Kultur- und Volksbildungsamtes. Von 1951-1968 wirkte er in Leipzig und Berlin als Wissenschaftler und Professor für Volkskunde.
6 Am augenfälligsten wird das in der Formulierung „sorbisches Blut". Seit der Jungsorbischen Bewegung im letzten Drittel des vorigen Jahrhunderts hatten völkische Themen auch in die sorbische Literatur Eingang gefunden. Vgl. Ludger Udolph, Völkische Themen in der sorbischen Literatur. In: Uwe Puschner/Walter Schmitz/Justus H. Ulbricht (Hg.), Handbuch zur „Völkischen Bewegung" 1871-1918, München 1996, S. 525-532. Der sorbische Nationaldichter Jakub Bart-Ćišinski verwendete wiederholt das Begriffspaar „Blut und Boden" in seinen Gedichten. Gleich der NS-Propaganda verklärte Nedo „Blut" als unleugbare Wurzel sorbischen (Bewusst-)Seins: „Ich bin Sorbe, weil in meinen Adern sorbisches Blut fließt, und ich bin verpflichtet, die Forderungen dieses Blutes zu erfüllen." Zit. nach Pawoł Nedo, Serbske cyłki: Mać a nan [Sorbische Lebenskreise: Mutter und Vater]. In: Naša Domowina, 1 (1935) 2, S. 6.
7 Ministerialrat Willisch an Bautzener Amtshauptmann Sievert am 9.11.1933 (Sorbisches Kulturarchiv Bautzen [im Folgenden: SKA], D I/11 B, Bl. 2).

wendischen Brauchtums" durch die Domowina-Hauptversammlung. Im Reichsministerium des Inneren war schon zuvor festgelegt worden: „In dem Fall, dass die Satzung nicht bis zum 15. März angenommen werde, sei gegen die Domowina vorzugehen. Man wolle aber nicht den Weg der Auflösung gehen, um Vorstellungen des Auslandes abwehren zu können. Es müsse vielmehr so gemacht werden, dass alle Veranstaltungen der Domowina und der angeschlossenen Vereine durch die Polizei auf Grund allgemeiner Verwaltungsvorschriften unterbunden würden."[8] Nach Ablauf der Frist wurde diese Anweisung dem Vorsitzenden übermittelt – nur mündlich, die Presse erhielt ein Berichtsverbot.[9] Der ehemalige Kommentator der sorbischen Zeitung, der seit der Gleichschaltung 1933 nicht mehr publizieren durfte, vertraute seinem Tagebuch im August 1937 an: „Mir beginnt angst und bange zu werden. Ich frage mich, wozu ich noch fähig bin, was ich noch für das sorbische Volk tun kann. Ich sehe alles zusammenbrechen, Sorbisches ist nichts mehr wert, für das Sorbentum zu arbeiten ist heutzutage fast unmöglich, [...] und auch die Leute glauben nicht mehr recht an eine sorbische Zukunft. [...] Man wird als etwas betrachtet, dass reif für das Grab ist."[10]

Auch unter den Sorben gab es solche, die sich nicht dem NS-Regime unterordneten oder sich wehrten und dafür ihre Freiheit oder ihr Leben opferten. Zu einer Art illegaler Arbeit in den Strukturen der Domowina kam es allerdings nicht.[11] Gesellschaftliche Verweigerung und innerer Widerstand gegen das NS-Regime war unter den Sorben besonders mit dem religiösen Bekenntnis verbunden. Das Sorbische wurde ausschließlich zum Privaten – und selbst in der Familie konnte die Angst vor Repressalien bewirken, dass Sprache und Traditionen nicht mehr an die nächste Generation weitergegeben wurden.[12] Genau darauf zielte die Politik der NS-Instanzen ab: Das „sorbische Problem" sollte systematisch durch das Verbot des Sprachgebrauchs in der Öffentlichkeit beseitigt werden. Nach einem Polizeieinsatz im August 1937 wurde das Erscheinen der sorbischen Presse verhindert, es folgte 1938 das Verbot sorbischen Unterrichts sowie die Entfernung sorbischer Bücher aus den Schulen. Selbst die Verwen-

---

8   Bericht eines Teilnehmers an der Besprechung im Innenministerium am 15.2.1937 (SKA, MS XIX/14 H, Bl. 16).
9   Im Sommer 1937 wurde das Veranstaltungs- und Versammlungsverbot auch auf sorbische Vereine ausgedehnt, die nicht Mitglied der Domowina waren, so etwa die wissenschaftliche Gesellschaft Maćica Serbska und der katholische St. Cyrill- und Methodius-Verein.
10 Tagebucheintrag von Jakub Lorenc-Zalěski am 24.8.1937 (SKA, ZM XXVIII/1 D, Bl. 88).
11 Immerhin versucht der polnische Geheimdienst einen Kreis junger Männer für Spionagedienste anzuwerben, ein Umstand, der die Beteiligten zu Ende des Krieges in Todesgefahr bringen sollte. Vgl. Annett Bresan, Pawoł Nedo 1908–1984. Ein biografischer Beitrag zur sorbischen Geschichte, Bautzen 2002, S. 159 f.
12 Vgl. Karin Bott-Bodenhausen, Sprachverfolgung in der NS-Zeit. Sorbische Zeitzeugen berichten, Bautzen 1997 – Lětopis, 44 (1997) Sonderheft.

dung der Worte „sorbisch" und „Sorben" bzw. „wendisch" und „Wenden" in Touristenbroschüren und Ansichtskarten war ein Vergehen. Sorbische Inschriften in Kirchen und Schulen wurden ausgemeißelt und beseitigt. Repressalien richteten sich in erster Linie gegen die sich als Sorben bekennenden Lehrer sowie evangelische und katholische Geistliche. Lehrer als Staatsbedienstete versuchten sich durch Mitgliedschaft in der NSDAP anzupassen und sich damit ein Auskommen in der Heimat zu sichern. Wer das nicht tat, wurde in deutsche Gebiete versetzt. Lediglich der Domowina-Vorsitzende Nedo wählte den Austritt aus dem staatlichen Schuldienst und musste sich ein neues Betätigungsfeld suchen. Auch die Kirche wurde angehalten, sorbische Geistliche in deutsche Pfarreien zu versetzen. Besonders verdächtige Personen erhielten Aufenthaltsverbote für die Lausitz, ebenso wurden Reisepässe eingezogen.

Der bürokratische Schlussstrich unter das Betätigungsverbot für sorbische Vereine wurde im März 1941 mit einem endgültigen Verbot gezogen. Dazu gehörte auch die Liquidation des Vermögens der Domowina, der wissenschaftlichen Gesellschaft Maćica Serbska und des katholischen St. Cyrill- und Methodius-Vereins.[13] Als im Juni 1941 mit dem Überfall auf die Sowjetunion eine weitere Etappe des Krieges begann, reflektierte Nedo in einem Brief seine damalige Lebenslage: „An unserer sorbischen Situation lässt sich allerdings zurzeit nichts ändern. Dies alles aber ist nur eine einzige Träne im großen Meer der Tränen und Trauer dieser Zeit."[14]

In den folgenden Jahren teilten die Sorben die Kriegserfahrung der Bevölkerung Deutschlands. Rassenkundliche Untersuchungen, die in den 1930er-Jahren an den Sorben zum Nachweis rassischer Minderwertigkeit vorgenommen wurden, konnten dieses – ohnehin pseudowissenschaftliche – Resultat nicht erbringen. Ungeachtet dessen kursierten Gerüchte, die Sorben würden in Listen erfasst, um nach Kriegsende umgesiedelt zu werden. In der Tat existierte ein solches Schriftstück „Einige Gedanken über die Behandlung der Fremdvölkischen im Osten" mit der Unterschrift Himmlers. Demnach sollten auch die Sorben und Wenden als „führerloses Arbeitsvolk" mit der möglichst geringsten Schulbildung im Generalgouvernement das Schicksal der dortigen „minderwertigen Bevölkerung" teilen.[15] Zur Anwendung kamen diese Pläne nicht mehr.

Das Ende des Zweiten Weltkrieges kündigte sich in der Lausitz mit den zunehmenden Flüchtlingsströmen aus dem Osten an. Noch im letzten Kriegsmonat

---

13 Die Maćica Serbska unterhielt in Bautzen das Wendische Haus mit Bibliothek, Archiv und Museum. Bücher und Archivalien eignete sich die sogenannte Publikationsstelle des Geheimen Reichsarchivs in Berlin-Dahlem an. Das Stadtmuseum Bautzen übernahm die musealen Objekte.
14 Nedo an Bogumił Šwjela am 29.12.1941. Abgedruckt in: Frido Měts̆k, Předsyda Domowiny we wuhnanstwje [Der Vorsitzende der Domowina in der Verbannung]. In: Rozhlad, 38 (1988) 11, S. 335.
15 Denkschrift Himmlers über die Behandlung der Fremdvölkischen im Osten vom 15.5.1940. Abgedruckt in: Vierteljahrshefte für Zeitgeschichte, 2 (1957), S. 194–198.

kam es nach dem Einmarsch vor allem polnischer Verbände in der Lausitz zu schweren Kampfhandlungen mit Resten von Einheiten der Wehrmacht und der Waffen-SS. Anfang bis Mitte April wurde den Einheimischen befohlen, ihre Häuser zu verlassen und sich auf die Flucht zu begeben. Diejenigen, die nicht oder nur in die unmittelbare Umgebung flüchteten, mussten erleben, wie Deutsche unzählige Verwundete, besonders polnische Soldaten, sowie KZ-Häftlinge auf sogenannten Todesmärschen umbrachten, wie Häuser und Scheunen abbrannten, Verwandte oder Nachbarn von Russen willkürlich erschossen wurden, mussten Plünderungen und Vergewaltigungen ertragen. „Sie haben jede genommen, die ihnen in die Hände gefallen ist", erinnert sich eine der Betroffenen. „Und die sich gewehrt haben, sind erschossen worden. Wir hatten solch ein Vertrauen, weil sie doch Slawen waren wie wir. Wir haben versucht, auf Sorbisch mit ihnen zu reden, doch auch das hat uns nicht geholfen."[16]

Nach dem Kriegsende: Dem Neuanfang den Weg bereiten

Inmitten der Angst, der Not und der täglichen Mühsal, das Leben unter diesen Bedingungen zu bewältigen, regte sich unter einigen nationalbewussten Sorben bereits ein politischer Wille zum Neuanfang. Schon seit Beginn des Jahres 1945 hatten in der Nähe von Crostwitz (Landkreis Kamenz) einige Männer aus den umliegenden Ortschaften das Komitej Łužiskich Serbow (Komitee Lausitzer Sorben) gebildet. Ihre Aktivitäten waren in erster Linie darauf gerichtet, Informationen über die Sorben an die anrückenden sowjetisch-polnischen Armeen zu vermitteln. In der Diskussion um eine zukünftige Interessenvertretung sprach sich die Mehrheit dafür aus, keine sorbischen Nationalausschüsse nach dem Beispiel der slawischen Nachbarländer zu bilden, da der Domowina die größere Popularität unter der sorbischen Bevölkerung zugebilligt wurde.[17] Ungeachtet dessen, ohne Kontakt zur Lausitz, hatten sich nach dem Vorbild ebendieser Ausschüsse einige Sorben, die sich in Prag aufhielten, zu einem „Sorbischen Nationalausschuss" zusammengeschlossen, dessen Vorsitz der katholische Pfarrer Jan Cyž[18] übernahm. In einem ersten Memorandum an Stalin und Edvard Beneš wie auch in einer Reihe folgender, forderten sie für die Sorben besondere Regelungen.[19]

---

16 Die Frau wird weiter zitiert: „Manchmal sage ich mir: [...] Du hättest dich sollen erschießen lassen. Aber ach, man weiß nie, was richtig ist. Ich habe ihnen vergeben." Abgedruckt in: Benno Budar, Und immer diese Angst. Erinnerungen sorbischer Frauen und Männer an den 2. Weltkrieg, Bautzen 2014, S. 63.
17 Vgl. Peter Schurmann, Die sorbische Bewegung 1945-1948 zwischen Selbstbehauptung und Anerkennung, Bautzen 1998, S. 36.
18 Deutsche Namensform: Johann Ziesch, 1883-1948. Cyž war seit 1940 inhaftiert gewesen, von 1941 bis 1945 im KZ Dachau.
19 Vgl. Memorandum der Lausitzer Sorben (in Prag) an Stalin und Beneš vom 12.5.1945. Abgedruckt in: Schurmann, Die sorbische Bewegung 1945-1948, S. 236 f.

In der Lausitzer Heimat war man bereits zwei Tage nach der bedingungslosen Kapitulation Deutschlands so weit, die Domowina wiederzubeleben. Auf dieser Versammlung am 10. Mai in Crostwitz erhielt der Bautzener Verleger Dr. Jan Cyž den Auftrag, die Organisation bis zur Rückkehr von Nedo zu leiten.[20] Es wurde beschlossen, Ortsgruppen zu bilden und Kontakt mit der Besatzungsmacht aufzunehmen. Cyž gelang es, am 17. Mai 1945 von der Bautzener Sowjetischen Militäradministration die provisorische Genehmigung für die Domowina zu erwirken.[21] Zu Pfingsten 1945, am 20. Mai, erörterte man in einer zentralen Domowina-Versammlung drei Varianten für die Zukunft der Lausitz: An erster Stelle sprach man sich für den Anschluss der Lausitz als autonomes Land an die Tschechoslowakei aus. Als zweite Möglichkeit zog man die Autonomie der Lausitz innerhalb Deutschlands in Betracht. Als letzte, allerdings von vornherein als problematisch beurteilte Variante wurde die Umsiedlung der Sorben im Austausch mit den Sudetendeutschen erwogen.[22]

Die Kontakte, die Dr. Jan Cyž inzwischen zur Bautzener sowjetischen Kommandantur angeknüpft hatte, waren offensichtlich so nachhaltig, dass er am 25. Mai 1945 zum Landrat für den Landkreis Bautzen berufen wurde. Auf einer seiner Dienstreisen durch den Landkreis traf er unverhofft auf Pawoł Nedo. Über das Wiedersehen berichtete Cyž: „Das Treffen war für uns beide eine freudige Überraschung, wir begrüßten uns wie Brüder. [...] Ich bat Pawoł, dass er [...] die Leitung der zusehends wachsenden nationalen Organisation übernehme. Ich hatte im Landratsamt dermaßen viel Arbeit, dass ich in der Domowina nur das Allernotwendigste erledigen konnte. Die Organisation brauchte aber gerade jetzt eine feste und sichere Leitung."[23] Kurz darauf, nach knapp acht Jahren des Schweigens, erhielten Vertrauensleute der Domowina ein Rundschreiben vom 27. Mai 1945, unterschrieben vom Vorsitzenden Nedo, mit der knappen Nachricht: „Die Domowina arbeitet wieder." Es wurden alle dazu aufgefordert, sich in Mitgliederlisten einzuschreiben.[24]

---

20 Deutsche Namensform: Johann Ziesche, 1898–1985. Cyž war vor dem Krieg der Inhaber der sorbischen Druckerei und des Buchladens im Wendischen Haus sowie Verleger gewesen. Wie Nedo und einige andere sorbische Aktivisten war er 1944 inhaftiert worden, konnte jedoch während des Bombenangriffs auf Dresden im Februar 1945 aus dem Gefängnis fliehen und sich in der Lausitz verstecken.
21 Mit dem gleichen Anliegen hatte er auf der für Crostwitz zuständigen Kamenzer Kommandantur keinen Erfolg gehabt. Die Erlaubnis erstreckte sich auf die von Sorben besiedelten Gebiete Sachsens, d. h. die Oberlausitz. Vgl. Jan Cyž, Ćernje na puću do swobody [Dornen auf dem Weg in die Freiheit], Bautzen 1985, S. 83, 93 f.
22 Das Dokument ist überschrieben mit „Politischer und wirtschaftlicher Plan, vorgetragen auf der Pfingstversammlung der Domowina am 20. Mai 1945". Inwieweit dieses Dokument die Diskussion auf der Versammlung widerspiegelt oder ob es sich dabei um die Gedanken eines Einzelnen handelte, ist nicht ersichtlich. Es ist nicht unterzeichnet und befindet sich im Nachlass von Dr. Jan Cyž. Abgedruckt in: Schurmann, Die sorbische Bewegung 1945–1948, S. 238.
23 Cyž, Ćernje na puću, S. 106 f.
24 Rundschreiben der Domowina, Nr. 1 vom 27.5.1945 (SKA, D II/1.3 B, Bl. 4).

Eine Selbstverständlichkeit, wie die lapidare Formulierung vermuten lässt, war die Wiederaufnahme der Arbeit als sorbische Interessenvertretung jedoch nicht. In welcher schwierigen Situation sich die Menschen damals befanden, beschreibt ein zeitgenössisches Dokument der Domowina mit dem Titel „Vorschläge für eine deutsch-wendische Zusammenarbeit in der Lausitz", in dem man sich offensichtlich an politische Vertreter der Landes- oder Regionalverwaltung wandte. Die ersten Äußerungen galten der katastrophalen Lage in der Landwirtschaft und Industrie. Ackerbestellung und Viehbestand seien in einem krisenhaften Zustand, ebenso fehlten Arbeitsinstrumente und Waren des täglichen Bedarfs aufgrund der zerstörten Wirtschaft und Märkte. Viele Männer befänden sich in Kriegsgefangenschaft, es herrsche Wohnungs- und Verkehrsnot. Verstärkt werde dies einerseits durch Flüchtlinge und Vertriebene, die sich in der Hoffnung auf baldige Rückkehr in den (neuen) Grenzgebieten aufhielten, und andererseits durch ostwärts ziehende, plündernde, ehemalige Kriegsgefangene und Zwangsarbeiter. Bei der einheimischen Bevölkerung zeige sich seelische und geistige Abstumpfung als Ausdruck geistiger Not.[25] Erwähnung muss auch die prekäre Heizungs- und Energiesituation finden, die besonders in den Wintermonaten die Arbeit der Domowina lähmte. Zu den existenziellen Sorgen der Leute kamen die Probleme, welche die mentale Überwindung der NS-Zeit bereiteten. Die allseitige Ausmerzung der sorbischen Sprache und des sorbischen kulturellen Lebens, die Herabwürdigung sorbischer Identitätsäußerungen und auch die Gefahren, die solche Bekenntnisse in der NS-Diktatur nach sich ziehen konnten, hatten den Prozess der Assimilation beschleunigt. Und selbst wenn man zu Hause Sorbisch sprach, waren die Kinder, und oft auch die Eltern, zumeist Analphabeten in ihrer Muttersprache.

Als besonders großes Problem für die Erneuerung des sorbischen Lebens erwiesen sich die Flüchtlinge und Vertriebenen aus den ehemaligen Ostgebieten, die sich in den sorbischen Dörfern niederließen oder angesiedelt wurden. Sie erhöhten den prozentualen Anteil der deutschen Bevölkerung in sorbischen Dörfern und forcierten schlagartig den Sprachwechsel zum Deutschen.[26]

„Wir versuchen nun, das Leben auf allen Gebieten mit den uns bisher bekannten Methoden wieder in Gang zu bringen", heißt es in dem erwähnten Positionspapier der Domowina. „Wir versuchen irgendwie ‚weiterzumachen', dabei zeigt sich dann überall bereits nach kurzer Zeit, dass die aufgewendete Mühe in gar keinem Verhältnis steht zum erzielten Erfolg, dass es kein Weitermachen, kein Fortführen im üblichen Sinne gibt, sondern dass wir auf allen Gebieten von Grund auf und radikal von vorn anfangen müssen."[27]

---

25 Vorschläge für eine deutsch-wendische Zusammenarbeit in der Lausitz, o. D. (SKA, ZM XXIII/26 E, Bl. 12-25).
26 Vgl. Ines Keller, Flüchtlinge und Vertriebene in der zweisprachigen Lausitz. In: Edmund Pech/Dietrich Scholze (Hg.), Zwischen Zwang und Beistand. Deutsche Politik gegenüber den Sorben, Bautzen 2003, S. 205-223.
27 Vorschläge für eine deutsch-wendische Zusammenarbeit in der Lausitz, o. D. (SKA, ZM XXIII/26 E, Bl. 12).

Politisierung und Institutionalisierung

Über die Gestaltung eines künftigen sorbischen Lebens gab es unter den Sorben keine einheitliche Auffassung. Während der Sorbische Nationalausschuss weiterhin eine außenpolitische Lösung favorisierte, stellte die Domowina die Weichen für eine Eingliederung in die politische Ordnung der SBZ. Eine besondere, jedoch ambivalente Rolle spielte in den Vorstellungen der sorbischen Protagonisten die sowjetische Besatzungsmacht. Von der erhofften „slawischen Brüderlichkeit" war die sowjetische Politik indessen weit entfernt; konkrete, uneigennützige Unterstützung erhielten die Sorben nur von Freunden aus der Tschechoslowakei, Polen und Jugoslawien.[28] Zu Hause in der Lausitz hing die Organisationstätigkeit bis zu Beginn des Jahres 1946 in hohem Maße vom Gutdünken der jeweiligen sowjetischen Ortskommandanten und Verantwortlichen ab. Immerhin war im Sommer 1945 das erste öffentliche Kulturereignis in Bautzen ein gemeinsames Konzert von Sowjets und Sorben. Als glücklicher Umstand für den Neubeginn erwies sich das Wohlwollen der Bautzener Kommandantur. Von ihr war Dr. Jan Cyž zum Landrat und der Domowina-Vorsitzende Nedo im Juni 1945 zum Schulrat für den Schulbezirk Bautzen-Nord ernannt worden.

Auf der Grundlage von Berichten der regionalen militärischen Politeinheiten erließ der sowjetische Außenminister Molotow am 9. Januar 1946 eine Direktive zur sorbischen Frage in der Lausitz. Darin wurde in der Tradition der leninistischen Nationalitätenpolitik eine Abtrennung der Lausitz von Deutschland abgelehnt, die Forderung nach einer kulturell-nationalen Entwicklung jedoch befürwortet. Erscheinungen nationaler Besonderheiten, die die Homogenität der Gesellschaft stören könnten, wurden als bürgerlicher Nationalismus abgewertet.[29] Der Rahmen zur Behandlung der sorbischen Frage war für die sowjetischen Verantwortlichen durch die allgemeine Deutschlandpolitik abgesteckt. Eine eigene Entscheidungsfindung der sorbischen Interessenvertretungen über die politische Zukunft wurde durch dieses Diktat unmöglich gemacht. Dementsprechend rigoros trennte der Domowina-Vorsitzende Nedo seine Organisation von Nationalrat und Nationalausschuss. Beide Gremien, ohnehin ohne jeglichen Unterbau, verschwanden daraufhin von der politischen Bühne, ihre Anhänger wurden von ihren Posten in der Domowina verdrängt.[30]

Bei den deutschen Behörden und Parteien stießen die sorbischen Anliegen oft auf Unverständnis und Ablehnung. Forderungen nach Autonomie, einem Protektorat der Sowjetunion oder Schutzmandaten anderer slawischer Staaten

---

28 Schon im Sommer 1945 organisierten die Freunde der Sorben in der Tschechoslowakei Ferienaufenthalte für sorbische Kinder. Im nordböhmischen Rumburk wurde den Sorben seit November 1945 eine Druckerei zur Verfügung gestellt.
29 Aleksej S. Pronjewič, Stejišćo ZSSR při rozrisanju serbskeho narodneho prašenja po 2. swětowej wójnje [Standpunkt der UdSSR bei der Lösung der sorbischen Frage nach dem 2. Weltkrieg]. In: Rozhlad, 45 (1995) 7/8, S. 279.
30 Vgl. die ausführliche Darstellung bei Schurmann, Die sorbische Bewegung 1945–1948.

verloren daher im Denken sorbischer Aktivisten nicht an Aktualität. Diese Hoffnungen bildeten eine der beiden Säulen des ideologischen Gerüstes, mit dem Nedo die Gleichberechtigung der Sorben erreichen wollte. Die inhaltlich nie definierten Vorstellungen von einem „Slawentum" gingen in seinen Vorstellungen eine enge Symbiose mit sozialistischen Leitgedanken ein. Trotz des offensichtlichen Missverhältnisses zwischen der sowjetischen Politik einerseits und den sorbischen Forderungen andererseits – oder gerade deshalb, sozusagen in vorauseilendem Gehorsam – propagierte der Führungskreis um Nedo die sozialistische Gesellschaft als Voraussetzung nationaler Gleichberechtigung. Nur die gleiche politische – also sozialistische – Richtung wie in den slawischen Staaten, so hob Paweł Nedo bei verschiedenen Gelegenheiten hervor, garantiere deren Unterstützung für die sorbischen Bemühungen.[31] „Als slawisches Volk", erklärte er in einem Grundsatzreferat vor der Domowina-Führung am 20. Juli 1947, „dessen Siedlungsgebiet in der Einflusssphäre der östlichen Mächte liegt, müssen wir uns in der politischen, sozialen und kulturellen Richtung diesen östlichen Mächten unterordnen. [...] Wir gehören auf die Seite derjenigen, die sich dem Kapitalismus widersetzen, also auf die Seite der slawischen Staaten."[32]

Auf den Verlust von Sprachkenntnissen und gemeinsam erlebter Kultur reagierend, erarbeitete die Domowina-Leitung Anfang August 1945 ein erstes Kulturprogramm. Mit Bildungsmaßnahmen (vor allem Schreiben und Lesen, Volkskultur, Geschichte, Literatur) und der praktischen Pflege dieser Kulturgüter sollten die Defizite aufgeholt werden.[33] Einen Tag später wurde das Schulprogramm der Domowina formuliert. Das war ein enormes Arbeitspensum. Deshalb stand im Fokus des „radikalen Neuanfangs" hauptsächlich der Aufbau von Institutionen und Strukturen, in deren Rahmen diese Aufgaben verwirklicht werden sollten.

Erste Erfolge für den Neuanfang durch Anpassung an das politische System in der SBZ

Um den sorbischen Forderungen möglicherweise mehr Nachdruck zu verleihen, versuchte die Domowina, Sorben sowohl in der Verwaltung – z. B. als Bürgermeister oder Polizist – als auch in den verschiedensten gesellschaftlichen Bereichen zu etablieren. Die umfangreichsten Aktionen galten der Werbung für den Lehrerberuf. Das enorme Defizit an sorbischen Lehrern zu überwinden zählte zu einer der wichtigsten Aufgaben der Nachkriegszeit. An dieser Stelle sind auch die Anstrengungen um die bevorzugte und beschleunigte Rückkehr von ehemaligen Wehrmachtssoldaten sorbischer Nationalität aus der Kriegsge-

---

31 Nedo selbst war im Sommer 1945 der KPD beigetreten, Dr. Jan Cyž der SPD.
32 Protokoll vom 20.7.1947 (SKA, D II/1.6 A, Bl. 176).
33 Kultur-Programm der Domowina 1945/46 vom 2.8.1945 (SKA, D II/6.1 A, Bl. 2).

fangenschaft zu nennen. Bei den jeweiligen Militärmissionen in Deutschland und in einigen Fällen vor Ort, z. B. in Polen und Jugoslawien, versuchten Vertrauenspersonen im Auftrage der Domowina die Freilassung von Sorben zu erreichen.[34]

Zur Verwirklichung der gesteckten Ziele forderte Nedo in seinen schon zitierten „Vorschlägen" ausdrücklich die Unterstützung der Verwaltung ein: „Wir werden unser gesamtes kulturelles Leben neu aufbauen. Wir stehen in dieser Beziehung vor dem vollendeten Nichts, und wir hoffen, dass uns dafür auch die Hilfe der staatlichen Behörden zuteil wird, genauso, wie wir ja auch als gute Steuerzahler anerkannt werden. [...] Überall da, wo zwei ungleiche Brüder, ein großer und ein kleiner, zusammenleben wollen und müssen, wird der kleine eifersüchtig über seine Rechte wachen, weil er immer ein wenig Angst hat, vom großen überrannt oder an die Wand gedrückt zu werden. Das ist ein Lebensgesetz, das sich im Einzelleben wie auch im Beieinanderleben von Volkstümern immer aufs Neue als gültig erweist. Es ist Pflicht des Großen, großzügig und loyal zu sein, er wird sich dadurch das Vertrauen und auch die Zuneigung des Kleinen erwerben."[35]

Am 27. August 1945 wurden Nedo und Landrat Cyž vom Präsidenten der Landesverwaltung Sachsen, Rudolf Friedrichs, empfangen. Dabei hatten sich die Gesprächspartner aller Wahrscheinlichkeit darauf geeinigt, „dass Vertreter der Wenden im Einvernehmen mit der Landesverwaltung verschiedene Fragen bearbeiten". Ihre Forderungen bezüglich Schule, Sprache, Sitten, Gebräuche usw. sollten erfüllt werden.[36] Kurz darauf erhielt die sächsische Landesverwaltung präzisierte, sehr umfassende Forderungen, die nach Meinung der Domowina die Gleichberechtigung ermöglichen sollten: An erster Stelle die Zusammenfassung der Ober- und Niederlausitzer Kreise zu einer Verwaltungseinheit, zweisprachiges Personal in der öffentlichen Verwaltung sowie Polizei und die Anerkennung des Sorbischen als Amtssprache. „Sorbisches Leben" sollte ein Teil des Lebens in der Oberlausitz werden.[37] Hatte die deutsche Selbstverwaltung Hilfe bei Maßnahmen zum Sprach- und Kulturerhalt zugesagt, so standen diese konkreten Vorstellungen für deutsche Politiker und Verwaltungsbeamte offenbar nicht zur Diskussion – eine Reaktion blieb aus.

Die Arbeit als Kulturorganisation in den Dörfern setzte den Umständen entsprechend nur zögerlich ein. Im Herbst 1945, nach einer sehr schwierigen Ernte, fanden immerhin schon erste Veranstaltungen, zumeist Versammlungen mit Vorträgen statt. Die schwierigen Bedingungen beklagte Nedo im November

---

34 Zur Erfolgsrate der Aktion, die von der Domowina mit großem Aufwand betrieben wurde, liegen keine Erkenntnisse vor.
35 Vorschläge für eine deutsch-wendische Zusammenarbeit in der Lausitz, o. D. (SKA, ZM XXIII/26 E, Bl. 12, Bl. 20).
36 Notiz des Ministerpräsidenten vom 15.9.1945 (SächsHStAD, LRS, Ministerpräsident, Nr. 1312, Bl. 9).
37 Domowina an sächsische Landesregierung vom 3.12.1945 (SKA, D II/3.4 A, Bl. 3-5).

1946 in einem Brief an einen Freund: „In der Lausitz herrscht Finsternis, tiefe Finsternis, in den Städten wie auch draußen auf den Dörfern. Jeden Tag gegen 17 Uhr wird der Strom abgeschaltet. Andere Beleuchtungsmittel [...] bekommt man nicht. Alle unsere Pläne für den Winter lassen sich nicht verwirklichen, wenn wir diesen Zustand nicht ändern können. Es ist weder möglich zu singen, noch zu lesen, noch vorzutragen, noch Kurse zu veranstalten."[38] Jedes einzelne Kulturprogramm unterlag der Genehmigung durch die Militärzensur. Hinzu kamen Materialknappheiten (Papier) und Vervielfältigungsschwierigkeiten.

Eines der zentralen Themen sorbischer Kulturarbeit und -politik war die Bildungs- und Schulfrage.[39] Wer sich dafür einsetzte, musste mit viel Unverständnis und Widerstand rechnen. Die Anweisungen der sowjetischen Militäradministration enthielten keine Regelungen zum Minderheitenschulwesen. Während sich die auf Breitenwirkung basierende Arbeit schwierig gestaltete, konnte man bei konzentrierten Aktionen einige Erfolge verbuchen. Im Januar 1946 wurde ein Lehrerbildungsinstitut in Radibor eröffnet, im Herbst 1946 konnte in Bautzen eine sorbische Grundschule den Unterricht beginnen. Ohne Zweifel gehen diese Erfolge auf das Wirken führender Domowina-Aktivisten in staatlichen Funktionen zurück – Nedo als Schul- und Cyž als Landrat.

Beim Aufbau weiterführender sorbischer Schulen konnten die Sorben dankbar auf die Hilfe tschechoslowakischer Freunde zurückgreifen. Mit deren materieller Unterstützung wurde im Dezember 1945 in Nordböhmen eine Gymnasialklasse für sorbische Jugendliche eingerichtet und später ausgebaut. Die damaligen Schüler bildeten neben den Neulehrern den Grundstock für eine national engagierte sorbische Intelligenz. Seit 1947 gab es dann auch in Bautzen eine auf der Grundschule aufbauende höhere Klasse. In Verantwortung der Domowina hatte im April 1947 eine Bildungsstätte unter dem anspruchsvollen Namen „Sorbische Volksuniversität" ihre Arbeit aufgenommen. In Internatskursen von bis zu drei Monaten wurde es jungen Menschen ermöglicht, die Grundlagen der „verlorenen Muttersprache" zu erlernen oder ihre Kenntnisse zu vertiefen.

Seit dem Sommer 1946 war die Serbska Młodźina (Sorbische Jugend) aktiv. Sie machte durch eine Bewegung zur Beseitigung verschiedener Kriegsschäden von sich reden und belebte die dörfliche Kultur durch „bunte Abende". Diese locker organisierten Jugendgruppen wurden 1949 genötigt, sich der Freien Deutschen Jugend (FDJ) anzuschließen und in Folge dessen aufgelöst.

Eine der dringendsten Forderungen der sorbischen Nachkriegsbewegung konnte im Juni 1947 verwirklicht werden: eine unter sorbischer Leitung stehende Druckerei. Hier wurde am 6. Juli die erste Nummer der neuen sorbi-

---

38 Nedo an Jurij Měrćink in Prag vom 5.11.1946 (SKA, D II/4.4 A(I), Bl. 57).
39 Eine umfangreichere Darstellung dieser Problematik für die Nachkriegszeit bei Annett Bresan, Visionen und Tatkraft – der Beitrag Pawoł Nedos zum Aufbau des sorbischen Minderheitenschulwesens in Sachsen nach 1945. In: Renate Wißuwa/Gabriele Viertel/Nina Krüger (Hg.), Landesgeschichte und Archivwesen, Dresden 2002, S. 487-515.

schen Zeitung „Nowa Doba" gefertigt. Der Erfolg sollte sich, wie später bei anderen Gelegenheiten auch, als ambivalent erweisen: Als Reaktion auf den sehr der „neuen Zeit"[40] verhafteten Stil unter dem Chefredakteur Měrćin Nowak-Njechorński wandten sich nicht wenige, vor allem christlich orientierte Sorben, von der organisierten sorbischen Bewegung ab.

Einer der bedeutendsten Kristallisationspunkte der sorbischen Nachkriegsbewegung war die Grundsteinlegung für den Neubau des „Hauses der Sorben".[41] Groß aufgezogen, mit einer Vielzahl von Gästen aus dem In- und Ausland, vor allem mit Vertretern der Militärmissionen der slawischen Länder wurde der feierliche Akt begangen. Nicht nur das Gebäude, auch der Name selbst symbolisierte eine Facette des Neuanfangs. Während der Vorgängerbau auf Deutsch „Wendisches Haus" genannt wurde, hieß der Neubau „Haus der Sorben".[42] Die politischen Entscheidungsträger der Sorben hatten es verstanden, nach 1945 konsequent die Bezeichnung „Sorben" und „sorbisch" anstelle der bis dahin üblichen – angesichts der Herabwürdigungen in der NS-Zeit zunehmend als pejorativ empfundenen – Begriffe „Wenden" und „wendisch" durchzusetzen.[43]

„Das erste Jahr der Ergebnisse der Aufbauarbeit" nannte Nedo mit Recht das Jahr 1947 in einem Rückblick. „Wir dürfen sagen, dass die Arbeit nicht umsonst war", resümierte er die oben genannten „Grunderfolge". Kritisch sprach er die unbefriedigende Situation in der Niederlausitz und die fehlende aktive Mitarbeit breiter Schichten der sorbischen Bevölkerung an. Dennoch schloss er optimistisch: „Wir wissen, dass wir auf dem richtigen Weg sind, dass wir im Laufe eines Jahres so viel erreicht haben wie nie zuvor. Wir wissen, dass wir keine Geschenke vom Himmel oder aus der Fremde zu erwarten haben, sondern dass wir uns unser Leben selbst aufzubauen haben."[44]

---

40 Der Titel der Zeitung „Nowa Doba" heißt ins Deutsche übersetzt „Neue Zeit".
41 Anfang März 1947 hatte die Maćica Serbska als Eigentümerin auf Beschluss des Bautzener Stadtparlamentes eine Liegenschaft auf dem Postplatz als Ersatz für das zerstörte Wendische Haus zugesprochen bekommen. Drei Monate später war mit den Bauarbeiten für ein neues Haus begonnen worden, die sich, vor allem wegen Material- und Finanzproblemen, bis 1956 hinzogen. Da die Maćica Serbska als Verein nach 1945 offiziell nicht mehr existieren konnte, wurde sie eine Abteilung der Domowina. Die Domowina wiederum übergab das neu entstehende Gebäude in Volkseigentum. Dafür dürften vor allem finanzielle Gründe eine Rolle gespielt haben.
42 Im Sorbischen wurde die Bezeichnung „Serbski dom" beibehalten.
43 Aus historischer Sicht stehen „Wenden/wendisch" und „Sorben/sorbisch" im deutschen Sprachgebrauch gleichberechtigt nebeneinander. „Sorben/sorbisch" entspricht der sorbischen Eigenbezeichnung „Serbja/serbski" und wurde vor 1945 vorwiegend im wissenschaftlichen Bereich verwendet. Es hatte daher keine pejorative Konnotation wie das im täglichen Leben verwendete „Wenden/wendisch". Vgl. auch Dietrich Scholze, Wenden. In: Franz Schön/Dietrich Scholze (Hg.), Sorbisches Kulturlexikon, Bautzen 2014, S. 488.
44 Pawoł Nedo, 1947 – prěnje lěto wusłědkow natwarjaceho dźěła [1947 – das erste Jahr der Ergebnisse in der Aufbauarbeit]. In: Nowa Doba vom 31.12.1947.

Bei der Gestaltung der Domowina-Organisationsstrukturen setze Nedo konsequent sein Konzept aus der Vorkriegszeit fort. Da das traditionelle Vereinsleben in der SBZ/DDR nicht fortgeführt werden konnte, blieb ohnehin nur die Einzelmitgliedschaft in Ortsgruppen als Option. Darüber hinaus wurde ein von hauptamtlichen Funktionären geleiteter Apparat installiert, der neben seiner regionalen Struktur über Ressorts (u. a. Kultur, Schule, Jugend/Bildung, Propaganda, Wirtschaft) verfügte. 1949 erhielt die Domowina von der sächsischen Staatsregierung den Status einer Körperschaft des öffentlichen Rechts.

Förderung der sorbischen Kultur auf gesetzlicher Basis: Das sächsische Sorbengesetz 1948

Im oben zitierten Jahresrückblick hatte Nedo auch kurz die Vorbereitung zur gesetzlichen Regelung der Gleichberechtigung der Sorben erwähnt.[45] Von sorbischer Seite hatte man die Aufnahme eines „Sorbenparagrafen" in die sächsische Verfassung gefordert. Der Vorschlag wurde vonseiten der sächsischen Regierung abgelehnt, dafür aber ein Sorbengesetz in Aussicht gestellt.[46] Gemeinsam mit dem SED-Kreisvorstand erarbeitete die Domowina bis zum Sommer 1947 einen Gesetzesentwurf. Bei den deutschen Kommunisten stießen die nationalen Forderungen der Sorben nicht zwingend auf breite Zustimmung, wie ein Brief des Landrats Cyž von Oktober 1947 an den Zentralvorstand seiner Partei, der SED, bezeugt: „Nicht immer und überall wurde der Domowina von Seiten der örtlichen Organe der SED in Bezug auf die Notwendigkeit der Verständigung und Zusammenarbeit das von ihr erwartete Verständnis entgegengebracht. [...] Die Domowina will erreichen, dass die Zusammenarbeit mit der SED auf eine breite Grundlage gestellt wird und dass auch die bezirklichen und örtlichen Organe der SED den Wünschen der sorbischen Bevölkerung mehr Entgegenkommen zeigen, dass sie vor allem die übernommenen Vorurteile vergangener Zeiten gegenüber den sorbischen Verhältnissen und Kulturinteressen aufgeben."[47] Selbst für den SED-Parteivorsitzenden Pieck stellte die „sorbische nationale Frage [...] vom marxistischen Standpunkt [...] eine Rückentwicklung" dar.[48] Offensichtlich konnten Nedo und seine Begleiter diesen Standpunkt entkräften und letztendlich einen Kompromiss für die künftige Verwaltung sorbischer Belange aushandeln.

---

45 Vgl. ebd.
46 Niederschrift über die Besprechung in der Landesregierung Sachsen am 3.3.1947 (SKA, D II/1.6 A, Bl. 67).
47 Dr. Jan Cyž im Auftrag der Domowina am 4.10.1947 an Zentralvorstand der SED. Abgedruckt in: Schurmann, Die sorbische Bewegung 1945–1948, S. 172 f.
48 Protokoll der Beratung von SED und Domowina am 21.11.1947. Abgedruckt in: Ludwig Elle/Peter Schurmann, Domowina und SED 1947 bis 1950 – eine Dokumentation. In: Lětopis, 40 (1993) 2, S. 68.

Am 23. März 1948 gaben die im sächsischen Landesparlament vertretenen Abgeordneten mit 120 Stimmen dem „Gesetz zur Wahrung der Rechte der sorbischen Bevölkerung" ihre Zustimmung. „Das Gesetz sicherte der sorbischen Bevölkerung gesetzlichen Schutz und staatliche Förderung bei der Pflege und Entwicklung ihrer Sprache und Kultur zu. Es sah die Einrichtung von Grund- und weiterbildenden Schulen mit sorbischer Unterrichtssprache vor sowie eine Institution, die das Kulturleben des sorbischen Volkes lenken" sollte.[49] Die Verpflichtung des Staates, nationale Minderheiten zu schützen und zu fördern, bedeutete ein Novum in der deutschen Verfassungsgeschichte.[50]

Die Initiatoren des Gesetzes feierten das Erreichte. Alles, was bisher aus eigener Initiative und Kraft aufgebaut wurde, unterlag jetzt dem staatlichen Schutz und der überlebenswichtigen finanziellen Förderung. Die erste publizierte Reaktion des Domowina-Vorsitzenden fiel noch relativ nüchtern aus. In einem Interview gab er zu bedenken: „Kein Gesetz, kein Paragraf für sich ist schon eine Lebensgarantie. Das Leben kommt aus dem Volk, das Volk selbst muss die Initiative ergreifen. Das Gesetz kann die Bemühungen des Volkes nur schützen."[51] An anderer Stelle äußerte er sich überaus euphorisch: „Vorbei ist jetzt auch die Zeit hündischen Gejammers, des sich Niederbeugens, des ewigen Bittens um irgendein kleines Recht. Wir sind gleichberechtigt und nehmen uns unsere Rechte. Vergangen ist aber auch die Zeit der erbarmungswürdigen Vereinchen, ärmlichen Vereinigungen, die irgendwo in einem Hinterstübchen der letzten Dorfkneipe mit großer Mühe und geringem Erfolg die sorbische Kultur pflegten und bewachten. Schluss damit. Wir sind Kinder des öffentlichen Lebens der Lausitz, also lasst uns dort an unsere Plätz treten."[52]

Noch einmal zurück zu den Verhandlungen im Vorfeld der Gesetzesverabschiedung. Wie Kurt Krjeńc,[53] Sorbe und Sekretär der Bautzener SED-Kreisleitung, in einem Brief an den SED-Landesvorstand in Dresden über das Treffen mit Wilhelm Pieck im November 1947 urteilte, hätte dieses trotz aller Meinungsverschiedenheiten bei den Vertretern der Domowina einen positiven Eindruck hinterlassen: „Unser Plus ist, dass wir die Leitung der Domowina schon ganz gut in unseren Händen haben. Wir werden sie noch fester bekommen, wenn im geeigneten Moment die Unterstützung von oben da ist."[54] Auf Veranlassung von „denen da oben" wurde Krjeńc 1951 als Vorsitzender der Domowina[55]

---

49 Schurmann, Die sorbische Bewegung 1945–1948, S. 171.
50 Heiko Kosel, Die Sorbenpolitik des SED, der CDU und der LDPD in Sachsen von 1945 bis 1949, Magisterarbeit an der Humboldt Universität zu Berlin 1994, S. 90.
51 Pawoł Nedo wo nowym zakonju [Pawoł Nedo über das neue Gesetz]. In: Nowa Doba vom 31.3.1948.
52 Wołamy dźěławy serbski lud na přeni serbski sejm [Wir rufen das werktätige sorbische Volk zum ersten sorbischen Volksparlament]. In: Nowa Doba vom 14.4.1948.
53 Deutsche Namensform: Kurt Krenz, 1907–1978.
54 Kurt Krjeńc an Landesvorstand der SED in Dresden vom 4.12.1947. Abgedruckt in: Elle/Schurmann, Domowina und SED 1947 bis 1950, S. 60.
55 Krjeńc war von 1951 bis 1973 Vorsitzender der Domowina, davon 1953 bis 1973 in hauptamtlicher Funktion.

installiert – er war bereits ein alter Genosse aus der Vorkriegszeit, hatte den ideologisch passenderen proletarischen Hintergrund und war wohl selbst „ganz gut in den Händen" seiner Partei aufgehoben. In den folgenden Jahren und Jahrzehnten entwickelte sich die Mitgliedschaft in der sorbischen Organisation mehr und mehr zu einer formellen Angelegenheit. Durch ihre Rolle als „Transmissionsriemen der SED" machte sich die Domowina mit dem historisch gewachsenen Anspruch als Interessenvertreterin der Sorben gerade bei diesen immer unglaubwürdiger. Wenn sie trotzdem auch sinnvolle Arbeit leisten konnte, dann beruhte das vor allem auf dem uneigennützigen Engagement Einzelner in den Ortsgruppen oder im Organisationsapparat und deren Liebe und Verantwortungsbewusstsein für Herkunft und Sprache.

Von der nazifizierten Landeskirche zur lutherischen Volkskirche. Die Evangelisch-Lutherische Landeskirche Sachsens 1943 bis 1950

Gerhard Lindemann

Die Evangelisch-Lutherische Landeskirche Sachsens umfasste 1933 89,25 Prozent der Bevölkerung des gleichnamigen Freistaates.[1] 1950 gehörten 82,2 Prozent der Sachsen einer evangelischen Landes- oder Freikirche an, der Anteil der Konfessionslosen und derjenigen, die bei der Erhebung keine Angaben zu ihrer Religionszugehörigkeit machten, betrug 9,5 Prozent. Diese Zahl lag über dem für die DDR (ohne Berlin) ermittelten Durchschnitt.[2] Seit 1830 dominierte in der Landeskirche ein konfessionelles Neuluthertum mit Abgrenzungen zum reformierten und (preußisch-)unierten Protestantismus. Politisch war es weitgehend konservativ geprägt. Ausdruck dieser Mehrheitsverhältnisse war 1922 die Wahl des Leipziger Systematischen Theologen Ludwig Ihmels zum ersten sächsischen Landesbischof.[3] Im Erzgebirge, im Vogtland und in der Oberlausitz gab es breite pietistisch-erweckliche Strömungen.

Das Verhältnis der Landeskirche zur Weimarer Demokratie war distanziert. Das hing vor allem mit einer dezidierten Trennungspolitik von Staat und Kirche und gezielten antikirchlichen Restriktionen seitens der sächsischen Landesregierung in den ersten Jahren nach der Novemberrevolution zusammen.

Das deutschchristliche Kirchenregiment Klotsche

Abgesehen von einer kurzen Interimsphase unter dem Landeskirchenausschuss in den Jahren 1935 bis 1937, stand die sächsische Landeskirche während der NS-Zeit unter dem Regiment der Deutschen Christen (DC). Diese verfolgten das Ziel, Lehre, Leben und Ordnung der Kirche nach den Grundsätzen der

---

1   Vgl. Gerhard Lindemann, Die Evangelisch-lutherische Landeskirche Sachsens und der Nationalsozialismus. In: Kirchliche Zeitgeschichte, 18 (2005), S. 182–237, hier 183.
2   In der Bundesrepublik Deutschland waren es lediglich 3,5 Prozent. Vgl. insgesamt Übersicht 1 in: Kurt Galling (Hg.), Die Religion in Geschichte und Gegenwart. Handwörterbuch für Theologie und Religionswissenschaft, Band 2, 3. Auflage Tübingen 1958, S. 154.
3   Vgl. Lindemann, Landeskirche, S. 184.

nationalsozialistischen Weltanschauung zu gestalten.[4] Nach dem unerwarteten Tod von Landesbischof Ludwig Ihmels am 7. Juni 1933 hatte Sachsens Innenminister Karl Fritsch ein an der Spitze der Landeskirche entstandenes Machtvakuum ausgenutzt und Pfarrer Friedrich Coch, zugleich Mitglied der NSDAP[5] und bald auch Vorsitzender der sächsischen DC, zunächst kommissarisch in das Bischofsamt eingesetzt.[6] Der sächsische Teil der ebenfalls reichsweit existierenden Bekennenden Kirche (BK) hatte sich Ende April 1934 als Bekenntnisgemeinschaft, seit dem 19. Juni 1934 geleitet durch einen Landesbruderrat, eine institutionelle Basis gegeben.[7] Gruppen der BK existierten in der Folge in fast jeder Kirch(en)gemeinde der Landeskirche, in Sachsen handelte es sich um eine regelrechte Gemeinde- und Laienbewegung.[8] Ungefähr ein Drittel der sächsischen Pfarrerschaft gehörte zur kirchenpolitisch neutralen „Mitte".[9]

Seit der gewaltsamen Vertreibung des Landeskirchenausschusses aus dem Dresdner Landeskirchenamt (LKA) am 9. August 1937 leitete der Deutsche Christ Johannes Klotsche, ein langjähriges NSDAP-Mitglied, die Landeskirche.[10] 1938 wirkte Klotsche an der polizeilichen Ausweisung des sächsischen Landesbruderratsvorsitzenden Hugo Hahn, zugleich Superintendent an der Dresdner Frauenkirche, aus dem Freistaat mit.[11] Das bedeutete eine empfindliche personelle Schwächung der sächsischen Bekennenden Kirche. Der bereits 1935 in seinen Kompetenzen stark eingeschränkte Landesbischof Friedrich Coch[12] blieb kirchenpolitisch weiterhin weitgehend funktionslos.[13]

Starke Annäherungen gab es seit 1933 an den staatlichen Antisemitismus. Am 22. Februar 1939, wenige Wochen nach den Novemberpogromen, untersagte Klotsche per Kirchengesetz die Aufnahme von Juden in die Landeskirche.[14]

---

4 Vgl. Doris L. Bergen, Twisted Cross. The German Christian Movement in the Third Reich, Chapel Hill 1996; Kurt Meier, Die Deutschen Christen. Das Bild einer Bewegung im Kirchenkampf des Dritten Reiches, Göttingen 1964.
5 Vgl. Gerhard Lindemann, Friedrich Coch. Ein aktiver Parteigenosse als sächsischer Landesbischof. In: Christine Pieper/Mike Schmeitzner/Gerhard Naser (Hg.), Braune Karrieren. Dresdner Täter und Akteure im Nationalsozialismus, Dresden 2012, S. 202–207. Coch war seit dem 1.3.1931 NSDAP-Mitglied (BArch, ehem. BDC, NSDAP-Gaukartei, Mitgliedsnr. 437507).
6 Vgl. Lindemann, Landeskirche, S. 196 f.
7 Vgl. ebd., S. 209.
8 Vgl. Georg Prater (Hg.), Kämpfer wider Willen. Erinnerungen des Landesbischofs von Sachsen D. Hugo Hahn aus dem Kirchenkampf 1933–1945, Metzingen 1969, S. 45 f.
9 Vgl. Nikola Schmutzler, Evangelisch-sozial als Lebensaufgabe. Das Leben und Wirken von Pfarrer Johannes Herz (1877–1960), Leipzig 2013, S. 58.
10 Vgl. Gerhard Lindemann, Johannes Klotsche. Ein Vertrauensmann Mutschmanns an der Spitze der Landeskirche. In: Pieper/Schmeitzner/Naser (Hg.), Braune Karrieren, S. 208–213, hier 209.
11 Vgl. ebd.
12 Vgl. Lindemann, Landeskirche, S. 215.
13 Vgl. Lindemann, Friedrich Coch, S. 206.
14 Vgl. Kirchengesetz über die kirchliche Stellung evangelischer Juden vom 22.2.1939. In: Kirchliches Gesetz- und Verordnungsblatt der Evangelisch-lutherischen Landeskirche Sachsens, Nr. 3 vom 28.2.1939, S. 23.

Darüber hinaus erklärte die Landeskirche am 4. April 1939 ihre Zustimmung zu der „Godesberger Erklärung". Dort hieß es: „Der christliche Glaube ist der unüberbrückbare religiöse Gegensatz zum Judentum."[15] In der Folge kam es zu der Gründung eines „Instituts zur Erforschung und Beseitigung des jüdischen Einflusses auf das deutsche religiöse Leben" mit Sitz in Eisenach. Die Tätigkeit dieser Einrichtung fand seitens der sächsischen Landeskirche vielfältige Unterstützung.[16] Im Anschluss an die Judensternverordnung vom 1. September 1941 und begleitend zu den ersten Deportationen erfolgte am 17. Dezember 1941 der endgültige Ausschluss von Christen jüdischer Herkunft aus der sächsischen und sechs weiteren deutschchristlich geleiteten Landeskirchen.[17] Die sächsischen Pfarrer jüdischer Herkunft waren schon zuvor aus ihren Ämtern gedrängt worden.[18]

Infolge des Zweiten Weltkrieges und der von staatlicher Seite gewünschten Geschlossenheit der Bevölkerung bewegte sich das Kirchenregiment Klotsche auf den Landesbruderrat zu. Das hatte zur Folge, dass der BK-Pfarrer Georg Prater von Dezember 1940 bis zu seiner Verhaftung durch die Gestapo am 30. November 1941 als Referent im Landeskirchenamt tätig war.[19] Disziplinarische Maßregelungen gegen Pfarrer wurden in nicht wenigen Fällen aufgehoben.[20] Im Mai 1942 beendete Klotsche die Kooperation mit dem Landesbruderrat.[21] Es kam nun auch wieder zu kirchenpolitisch einseitigen Stellenbesetzungen. So wurde 1942 als de facto Nachfolger Hahns der Klotsche stets ergebene Zwickauer Superintendent Oberkirchenrat Max Krebs, zugleich ein aktives NSDAP-Mitglied, der nur formal auf Distanz zu den DC gegangen war,[22] mit der Superintendentur Dresden-Land betraut.[23]

---

15 Text in: Siegfried Hermle/Jörg Thierfelder (Hg.), Herausgefordert. Dokumente zur Geschichte der Evangelischen Kirche in der Zeit des Nationalsozialismus, Stuttgart 2008, S. 466 f.; von Klotsche mitunterzeichnete Zustimmungserklärung (ebd., S. 467–469).
16 Vgl. Lindemann, Landeskirche, S. 229 f.
17 Text in: Hermle/Thierfelder (Hg.), Herausgefordert, S. 651 f.
18 Vgl. Gerhard Lindemann, Heinrich Gottlieb. In: Hartmut Ludwig/Eberhard Röhm (Hg.), Evangelisch getauft – als „Juden" verfolgt. Theologen jüdischer Herkunft in der Zeit des Nationalsozialismus. Ein Gedenkbuch, Stuttgart 2014, S. 136 f.; ders., Ernst Lewek, ebd., S. 218 f.; ders., Viktor Kühn, ebd., S. 186 f.; ders., Hugo Wach, ebd., S. 354 f.; Hartmut Ludwig, Herbert und Hildegard Friess, ebd, S. 118 f.
19 Vgl. Kurt Meier, Der evangelische Kirchenkampf, Band 3: Im Zeichen des zweiten Weltkrieges, Halle (Saale) 1984, S. 511 f., 522.
20 Vgl. ebd., S. 513 f.
21 Vgl. ebd., S. 523.
22 Vgl. Holger Berwinkel, Franz Lau und der Neubeginn der kirchlichen Arbeit in Dresden 1945. Darstellung und Dokumente. In: Markus Hein/Helmar Junghans (Hg.), Franz Lau (1907–1973). Pfarrer, Landessuperintendent und Kirchenhistoriker. Kolloquium zu Leben und Werk am 22. Juni 2007 in der Sächsischen Akademie der Wissenschaften zu Leipzig, Leipzig 2011, S. 39–56, hier 55.
23 Vgl. Markus Hein, Die sächsische Landeskirche nach dem Ende des Zweiten Weltkrieges (1945–1948). Neubildung der Kirchenleitung und Selbstreinigung der Pfarrerschaft, Leipzig 2002, S. 210 f.

Bis in die letzten Kriegsmonate unterstützte Klotsche in Rundschreiben an die Pfarrer und die kirchlichen Mitarbeiter die nationalsozialistische Kriegspolitik.[24] Predigten aus den Reihen der „Mitte" und vor allem der Bekennenden Kirche werden, einer für die Reichsebene festgestellten Grundtendenz entsprechend,[25] vermutlich verhaltener gewesen sein. Allerdings sprach in dem Weihnachtsbrief 1943 des Landesbruderrats an die an der Front stehenden Mitglieder der Ruhestandsgeistliche Lic. Georg Walter von der Gefahr einer „Überflutung der Heimat durch asiatische Horden und sonstige brutale Grausamkeit und Unkultur". Dagegen sollten die deutschen Soldaten „einen lebendigen Wall" bilden. Im Unterschied zu Verlautbarungen der Deutschen Christen war in dem Text jedoch nicht mehr vom „Endsieg" die Rede.[26]

Die sächsische BK war durch die Einberufung ihres Geschäftsführers Reimer Mager zur Wehrmacht, des Freiberger Superintendenten Arndt von Kirchbach zum Dienst als Wehrmachtsgeistlicher und vor allem durch den frühen Tod des Landesbruderratsvorsitzenden Karl Fischer im Herbst 1941 personell stark geschwächt.[27] Man unterstützte das Kirchliche Einigungswerk des württembergischen Landesbischofs Theophil Wurm, das für den deutschen Gesamtprotestantismus unter Ausschluss der Deutschen Christen eine gemeinsame Basis schaffen wollte.[28] Die sächsische „Mitte" hingegen lehnte das Einigungswerk weitgehend ab.[29]

Innerkirchliche Neuordnung unter sowjetischer Besatzung

Nach der Kapitulation der deutschen Wehrmacht am 8./9. Mai 1945 stand Sachsen bis Ende Juni 1945 für die Gebiete westlich der Zwickauer Mulde (darunter die größeren Städte Leipzig, Chemnitz und Zwickau) unter amerikanischer und östlich davon unter sowjetischer Besatzung. Hinzu kam, dass der Raum um Schwarzenberg im Erzgebirge zunächst unbesetzt geblieben war.

Beide Besatzungsmächte hielten sich im Wesentlichen an kirchenpolitische Leitlinien, welche im November 1944 die European Advisory Commission der künftigen Siegermächte als Direktive Nr. 12 für alle Besatzungszonen in Deutschland festgelegt hatte:[30] darunter eine weitgehend unbehinderte Durch-

---

24 Vgl. Lindemann, Landeskirche, S. 231 f.
25 Vgl. Günter Brakelmann (Hg.), Kirche im Krieg. Der deutsche Protestantismus am Beginn des II. Weltkrieges, 2. Auflage München 1980, S. 245–247.
26 Schreiben Georg Walters im November 1943 (PA Pfarrer i. R. Hanno Schmidt, Dresden).
27 Vgl. Prater, Kämpfer, S. 207.
28 Vgl. Jörg Thierfelder, Das Kirchliche Einigungswerk des württembergischen Landesbischofs Theophil Wurm, Göttingen 1975, S. 266 f.
29 Vgl. ebd., S. 81.
30 Vgl. Clemens Vollnhals, Evangelische Kirche und Entnazifizierung 1945–1949. Die Last der nationalsozialistischen Vergangenheit, München 1989, S. 22.

führung von Gottesdiensten, Amtshandlungen und Gemeindeveranstaltungen, die eigenständige Regelung innerkirchlicher Belange, eine Aufhebung antikirchlicher Gesetze aus der NS-Zeit, die Rückgabe enteigneter Gebäude, die Fortsetzung des staatlichen Kirchensteuereinzugs und Weiterzahlung der Staatszuschüsse sowie die Zulassung der kirchlichen Presse, des schulischen Religionsunterrichts und kirchlicher Gruppen.[31] Verantwortlich für diese großzügige Behandlung war ein positives Bild im Ausland über die Bekennende Kirche und den deutschen Katholizismus.

Infolgedessen kam bereits im Mai 1945 der von den Sowjets eingesetzte kommissarische Dresdner Oberbürgermeister Rudolf Friedrichs (SPD) mit Pfarrern aus den Stadtgemeinden zusammen und unterrichtete sie darüber, dass die Besatzungsmacht die Wiederaufnahme der kirchlichen Arbeit „in vollem Umfang" erwarte und ihr darin alle Freiheiten zusichere.[32] Zunächst gab es in Sachsen drei provisorische Kirchenleitungen. In Dresden übernahm der Kirchenjurist Erich Kotte die Verantwortung im Landeskirchenamt.[33] Kotte, auch Teilnehmer der Reichsbekenntnissynode in Barmen 1934,[34] hatte bis zu seiner ersten Beurlaubung durch Friedrich Coch am 1. Juli 1933 bereits der Vorgängerbehörde des Landeskirchenamts, dem Landeskonsistorium, angehört.[35] Ende Mai 1945 berief er Pfarrer Lic. Franz Lau in das Landeskirchenamt, den am 22. Mai 1945 eine Pfarrerkonferenz zum kommissarischen Superintendenten für die Dresdner Kirchenbezirke Stadt und Land gewählt hatte. Da Lau seit 1940 nicht mehr der BK angehörte, obgleich er ihr weiterhin nahe stand, schien er auch das Vertrauen der sächsischen „Mitte" zu besitzen.[36] Zugleich wurden bis auf eine Ausnahme die deutschchristlichen Mitglieder des Landeskirchenamtes kirchenpolitisch entmachtet.[37] Coch befand sich in einem amerikanischen Internierungslager, wo er am 9. September 1945 an den Folgen einer Angina verstarb.[38] Neben der neuen Dresdner Leitung bildeten sich für den Westen des Freistaats ein Evangelisch-lutherisches Konsistorium in Leipzig[39] und zusätzlich ein Vorläufiger Kirchenausschuss für Südwestsachsen mit Sitz in Zwickau.[40]

---

31 Vgl. Martin Greschat, Vorgeschichte. In: Claudia Lepp/Kurt Nowak (Hg.), Evangelische Kirche im geteilten Deutschland (1945–1989/90), Göttingen 2001, S. 11–45, hier 11 f.
32 J. Jürgen Seidel, Aus den Trümmern 1945. Personeller Wiederaufbau und Entnazifizierung in der evangelischen Kirche der Sowjetischen Besatzungszone Deutschlands. Einführung und Dokumente, Göttingen 1996, S. 299.
33 Vgl. ebd., S. 295, 298.
34 Vgl. Meier, Kirchenkampf 1, S. 177.
35 Vgl. Hermann Klemm, Im Dienst der Bekennenden Kirche. Das Leben des sächsischen Pfarrers Karl Fischer 1896–1941, Göttingen 1986, S. 171.
36 Vgl. Seidel, Aus den Trümmern, S. 299 f.
37 Vgl. ebd., S. 300 f.
38 Vgl. Lindemann, Friedrich Coch, S. 206 f.
39 Vgl. Seidel, Aus den Trümmern, S. 305, 329–331.
40 Vgl. ebd., S. 295.

Letzterer unterhielt im Schwarzenberger Gebiet eine Zweigstelle.[41] Wie in anderen deutschen Landeskirchen[42] wurde dem Landeskirchenamt Mitte September 1945 ein Beirat zur Seite gestellt. Er sollte bis zur Neubildung des Kirchenparlamentes das synodale Element darstellen und bestand aus Vertretern von BK, „Mitte" und auch Religiösen Sozialisten.[43]

Lau erhielt im November 1945 den Titel „Landessuperintendent".[44] Die Wahl der Amtsbezeichnung machte einerseits deutlich, dass Lau geistlicher Leiter der Landeskirche war, andererseits wies sie auf die Vorläufigkeit des Amtes hin.[45] Ende Oktober 1945 hatte sich die sächsische Bekenntnissynode auf ihrer ersten Tagung nach dem Krieg für die Übernahme der geistlichen Leitung der Landeskirche durch den seit seiner Ausweisung aus Sachsen in Württemberg lebenden Hugo Hahn ausgesprochen.[46] Diese Entscheidung der BK-Synode machten sich Landeskirchenamt und Beirat auf ihrer Sitzung Mitte November 1945 zu eigen.[47] Sie stand jedoch unter dem Vorbehalt einer Bestätigung durch die erste reguläre sächsische Landessynode.[48]

Seit der Berufung des (vorläufigen) Rates der Evangelischen Kirche in Deutschland (EKD) auf der Kirchenkonferenz von Treysa im August 1945 gehörte Hahn dem 12-köpfigen Leitungsgremium des deutschen Gesamtprotestantismus an, auch weil die in Treysa Versammelten in ihm die geistliche Führungsgestalt der sächsischen Landeskirche sahen.[49] Vermutlich wollte man mit dieser Berufung überdies die Bekennende Kirche gegenüber der in Sachsen starken kirchlichen „Mitte" unterstützen.[50]

Am Rande der Treysaer Konferenz rieten der Jurist Erik Wolf und der Historiker Gerhard Ritter, beide Freiburg, Hahn, für die Rückkehr nach Sachsen von dort aus bei den „sächsischen Regierungsstellen" um eine Einreisegenehmigung nachsuchen zu lassen.[51] Am 15. und 29. November 1945 besprachen Lau und Kotte sowie beim zweiten Termin auch Oberkirchenrat Dr. Walter Schadeberg,

---

41 Vgl. ebd., S. 308.
42 Vgl. für die Ev. Kirche der altpreußischen Union Jürgen Kampmann, Neuorientierung nach dem Ende des Zeiten Weltkrieges. In: Gerhard Besier/Eckhard Lessing (Hg.), Die Geschichte der Evangelischen Kirche der Union, Band 3: Trennung von Staat und Kirche. Kirchlich-politische Krisen. Erneuerung kirchlicher Gemeinschaft (1918–1992), Leipzig 1999, S. 561–603, hier 588 f.
43 Vgl. Seidel, Aus den Trümmern, S. 314 f.
44 Ebd., S. 302.
45 Vgl. Rundbrief Lau vom 8.12.1945. In: ebd., S. 531–545, hier 535.
46 Vgl. Seidel, Aus den Trümmern, S. 320.
47 Vgl. ebd., S. 315, 321.
48 Vgl. ebd., S. 320, Anm. 281.
49 Vgl. Rundbrief Lau vom 22.9.1945. In: ebd., S. 512–521, hier 515.
50 Vgl. auch Dompfarrer Walter Helm an Wurm vom 20.7.1945 mit der Bitte um eine baldige Rückkehr Hahns und der Bemerkung: Es „fehlt mir in Dresden der klare Einsatz im Sinne der Bek[ennenden] Kirche" (ebd., S. 340).
51 Hahn an Wurm vom 28.12.1945 (LKA Stuttgart, D 1/238, 2).

Landesleiter der Inneren Mission Sachsen und wie Lau kein BK-Mitglied,[52] mit dem Sachbearbeiter der Sowjetischen Militäradministration für Sachsen (SMAS) für Kirchenfragen, Oberleutnant Alexej N. Kotschetow,[53] die Angelegenheit. Der Offizier bezog bezüglich der Frage nach Hahns Rückkehr nach Sachsen keine klare Position und stellte eine Entscheidung der sächsischen Landesverwaltung in Aussicht.[54]

Parallel zu den Gesprächen mit der SMAS bat das Landeskirchenamt Dresden am 19. November 1945 die dortige Landesverwaltung schriftlich um eine Ermöglichung der Rückkehr Hahns nach Sachsen und betonte, dieser sei bereit, die geistliche Leitung der Landeskirche unter dem Vorbehalt einer eventuell anderen Personalentscheidung seitens der ersten Nachkriegssynode zunächst vorläufig zu übernehmen.[55] Die Entscheidung der Landesverwaltung erfolgte sehr rasch: Am 4. Dezember 1945 teilte sie mit, man könne sich bei der sowjetischen Militäradministration nicht für eine Rückkehr Hahns nach Sachsen einsetzen, da in der Folge innerkirchliche Beanstandungen und Konflikte zu befürchten wären. Allerdings galt dieser ablehnende Bescheid nicht als endgültig.[56]

Bereits am 28. November 1945 hatte Staatssekretär Emil Menke-Glückert, Mitbegründer der sächsischen LDP und Mitglied der Herrnhuter Brüdergemeine, Kotte darüber informiert, Präsident Rudolf Friedrichs habe ihm wiederholt vorgebracht, „ob nicht die Rückberufung besser zurückgestellt werden möchte, und zwar wegen ihrer politischen Bedenklichkeit. H. sei doch Balte gewesen!" Auch Kotschetow habe ihm gegenüber entsprechende Bedenken geäußert. Menke-Glückert äußerte die Vermutung, jemand habe bei der Landesverwaltung und Kotschetow „gegen H. agitiert".[57]

Am 1. Dezember 1945 informierte Kotte Hahn über die gegen ihn bestehenden Vorbehalte von politischer Seite – Besatzungsmacht und Landesverwaltung –, für die er nach „sicherer Mutmaßung [...] auch [...] ‚brüderliche' Hinweise von ‚Amtsbrüdern'" verantwortlich machte.[58] Der Dresdner Pfarrer August Busch, Mitglied der LDP und der kirchenpolitisch wie theologisch liberalen

---

52 Vgl. Hein, Landeskirche, S. 79.
53 Vgl. Volker Stanke, Die Gestaltung der Beziehungen zwischen dem Land Sachsen und der Evangelisch-Lutherischen Landeskirche Sachsens von 1945 bis 1949, Frankfurt a. M. 1993, S. 15.
54 Vgl. Seidel, Aus den Trümmern, S. 321.
55 Vgl. Kotte an Landesverwaltung, Zentralverwaltung für Wissenschaft, Kunst und Erziehung, vom 19.11.1945 (Abschrift, LKA Stuttgart, A 127/925).
56 So heißt es: „Sie [die Landesverwaltung] bittet darum, zunächst davon abzusehen, ihm die geistliche Führung der Landeskirche anzuvertrauen" (ebd.).
57 Vermerk Kottes vom 28.11.1945 (Abschrift, LKA Stuttgart, D 1/238, 2).
58 Weiter hieß es: „Die kirchliche Lage ist ja bei uns überhaupt sehr gespannt, dadurch, dass staatlicherseits die restlose Durchführung der sehr scharfen Pg-Abbaumaßnahmen auch in der Kirche verlangt wird, worauf die Landeskirche aber nicht eingehen könnte" (ebd.).

Freien Volkskirchlichen Vereinigung,[59] während der NS-Zeit auch als Mitarbeiter des Eisenacher Entjudungsinstituts aufgeführt,[60] hatte wohl Ende Oktober 1945 in einem vertraulichen und denunziatorischen Schreiben an den KPD-Politiker Kurt Fischer, Erster Vizepräsident der Landesverwaltung Sachsen, Hahns „demokratisch-socialist[ische] Haltung und Gesinnung" angezweifelt und ihm – sachlich durchaus zutreffend[61] – eine anfängliche Sympathie für die NS-Bewegung vorgehalten. Ausschlaggebend für seine Ablehnung einer „Rückberufung" Hahns nach Sachsen war für den Geistlichen jedoch, dass dieser „russ[ischer] Balte ist u[nd] sein Bruder [Traugott Hahn] v[on] d[en] Bolschewiken 1919 erschossen wurde!!".[62] Fischer, ein enger Vertrauter des führenden KPD-Politikers Walter Ulbricht,[63] verfolgte gemeinsam mit ihm nahestehenden Politikern in der Landesverwaltung vermutlich das Ziel einer Schwächung der Landeskirche, auch um weniger öffentlichen Widerspruch gegen die Politik der Diktaturdurchsetzung in Sachsen zu erhalten.[64] Überdies benachteiligte die staatliche Entscheidung die sächsische BK, indem man sie ihrer Führungs- und Identifikationsfigur beraubte.

Auf einer Sitzung des Rates der EKD berichtete Hahn am 14. Dezember 1945 über Kottes Brief und stellte die Frage, ob er „nicht trotzdem hinübergehen soll". Überdies bezweifelte Hahn, „ob die Landeskirche sich zu ihrer Wahl bekennt", wenn er tatsächlich wieder in Sachsen wäre. Auch Landesbischof Hans Meiser, München, war sich diesbezüglich „nicht sicher. Mit den Kreisen der Mitte haben wir schlechte Erfahrungen gemacht."[65] Am Zweiten Weihnachtstag 1945 erfuhr Hahn schließlich von den gegen ihn gerichteten „amtsbrüderlichen Intrigen",[66] offenkundig ausgehend von „der ‚Mitte' nahestehenden" Theologen.[67] Gegenüber dem Evangelischen Oberkirchenrat Stuttgart bezeichnete Hahn diese Entwicklung als einen „Wunsch, die BK aus der Führung der Kirche

---

59 Vgl. Seidel, Aus den Trümmern, S. 317.
60 Vgl. Oliver Arnhold, „Entjudung" – Kirche im Abgrund. Die Thüringer Kirchenbewegung Deutsche Christen 1928–1939 und das „Institut zur Erforschung und Beseitigung des jüdischen Einflusses auf das deutsche kirchliche Leben" 1939–1945, Berlin 2010, S. 853.
61 Vgl. Lindemann, Landeskirche, S. 194–196.
62 Zit. nach Seidel, Aus den Trümmern, S. 320.
63 Vgl. Stanke, Gestaltung, S. 61.
64 Vgl. ebd., S. 96 f. Vgl. insgesamt Rainer Behring/Mike Schmeitzner (Hg.), Diktaturdurchsetzung in Sachsen. Studien zur Genese der kommunistischen Herrschaft 1945–1952, Köln 2003.
65 Carsten Nicolaisen/Nora Andrea Schulze (Bearb.), Die Protokolle des Rates der Evangelischen Kirche in Deutschland, Band 2: 1947/48, Göttingen 1997, S. 197–199. Auch Seidel, Neubeginn, S. 107, macht Konflikte zwischen BK und „Mitte" mitverantwortlich für die lange Zeit der Bischofsvakanz.
66 Es handelte sich um eine mündlich überbrachte Nachricht des stellvertretenden Landesbruderratsvorsitzenden Walter. Darin war die Rede von zwei Amtsbrüdern. Vgl. Hahn an Evang. Oberkirchenrat Stuttgart vom 28.12.1945 (LKA Stuttgart, D 1/238, 2).
67 Ebd.

in Sachsen zu verdrängen". Zudem gelte er als „Exponent [...] von Treysa", in Sachsen vermissten wohl nicht wenige ein stärkeres lutherisches Profil der EKD.[68] In einem ausführlichen Schreiben an Wurm mit „persönlichen Gedanken zu der Angelegenheit" erklärte Hahn, seine einstmals dezidiert ablehnende Haltung gegenüber dem Kommunismus habe sich geändert. Zudem sprach er sich für einen „völlig unpolitischen" Kurs der Kirche sowie für einen Verzicht der BK auf einen Führungsanspruch aus.[69]

Das Landeskirchenamt Dresden (Kotte und Lau) reagierte auf den Bescheid der sächsischen Landesverwaltung mit „äußerster" Betroffenheit. Damit werde letztlich die Ausweisungsverfügung Mutschmanns aufrechterhalten. Sollte es dabei bleiben, sei „mit großer Beunruhigung in den kirchlichen Kreisen ganz Deutschlands zu rechnen". Zudem verwies man darauf, dass es sich bei dieser Frage „um eine rein innerkirchliche Angelegenheit handelt",[70] in die der Staat sich nicht einzumischen habe. Ein Vorstoß Wurms beim Alliierten Kontrollrat zugunsten Hahns im ersten Quartal des Jahres 1946 blieb offenbar unbeantwortet.[71]

Dennoch hielten am 24. April 1946 Landeskirchenamt und Beirat in Dresden bei allerdings vier Gegenstimmen an der Designierung Hahns zum Bischofskandidaten fest, zugleich wurde jedoch ein Findungsprozess für die Auswahl eines der künftigen Synode zu präsentierenden Interimskandidaten eingeleitet. Am 30. April 1946 erhielt Hahn aus Sachsen die Mitteilung, derzeit bestehe keine Aussicht auf eine staatliche Zuzugsgenehmigung nach Dresden. Deshalb sei man auf der Suche nach einem Ausweg. Vorerst könne er jedoch weiterhin als sächsischer Vertreter im Rat der EKD verbleiben.[72] Ende September 1946 schrieb Lau an Wurm: „Es bedrückt uns außerordentlich, dass für Herrn Superintendent Hahn keine Rückkehr in die sächsische Landeskirche sich hat finden lassen. Aber die Umstände, unter denen uns die Eröffnung gemacht worden ist, haben uns die Gewissheit gegeben, dass in der Sache nichts Weiteres getan werden kann."[73]

---

68 „Man soll mit der ganzen Zusammensetzung des Zwölferrats unzufrieden sein und namhafte lutherische Personen vermissen" (ebd.). Konkret genannt wurde der Name des konservativen Erlanger Theologen Paul Althaus. Vgl. Rundschreiben Laus vom 22.9.1945. In: Seidel, Aus den Trümmern, S. 512–521, hier 514. Vgl. auch das enttäuschte Schreiben des in Treysa anwesenden sächsischen BK-Vertreters Martin Richter an Asmussen vom 7.5.1946, man habe nach seiner Rückkehr von der Treysaer Konferenz nicht auf ihn gehört (EZA Berlin, 2/141).
69 LKA Stuttgart, D 1/238, 2.
70 LKA Sachsen, Lau/Kotte, an Landesverwaltung Sachsen, Zentralverwaltung für Wissenschaft, Kunst und Erziehung, vom 16.1.1946 (Abschrift, LKA Stuttgart, A 127/925).
71 Vgl. Hahn an Wurm vom 5.4.1946 (LKA Stuttgart, D 1/238, 2).
72 Vgl. Seidel, Aus den Trümmern, S. 323.
73 Lau an Wurm vom 27.9.1946 („zugleich im Namen von" Kotte). Lau betonte abschließend: „Dass es unser großer Wunsch ist, dass doch eine Möglichkeit der Heimkehr für Bruder Hahn sich fände, brauche ich nicht ausdrücklich auszusprechen" (LKA Stuttgart, D 1/238, 2). Kurt Fischer erklärte am 15.10.1946 in einem Schreiben an die SMAS-Informationsabteilung und SED-Landespolitiker, eine Rückkehr Hahns käme „nicht infrage". Zit. nach Stanke, Gestaltung, S. 98.

Während der Sitzung des Rates der EKD am 10. und 11. Oktober 1946 stellte Hahn schließlich seine Mitgliedschaft in dem Leitungsgremium des deutschen Gesamtprotestantismus zur Disposition.[74] Ende Dezember 1946 bat der Landesbruderrat Sachsen im Einvernehmen mit dem Landeskirchenamt den Rat der EKD darum, Hahn weiterhin „als den Vertreter Sachsens anzusehen".[75] Es fällt auf, dass der Beirat in dem Schreiben nicht genannt wurde und dieser sich der Bitte auch nicht aktiv anschloss. Im Gegensatz zum Landesbruderrat sah Lau Hahn offenbar noch nicht einmal mehr als nominellen sächsischen Vertreter im Rat der EKD an, denn im Mai 1947 beklagte er sich bei Wurm darüber, dass seit der Treysaer Kirchenversammlung 1945, „abgesehen von der Zugehörigkeit des Bischofs von Berlin zum Rat, der Osten an der Leitung der EKD nicht beteiligt war".[76] Hahns Name wurde in dem Schreiben noch nicht einmal erwähnt.

Im Frühjahr 1947 wurde der im Spätsommer 1946 aus gesundheitlichen Gründen aus sowjetischer Kriegsgefangenschaft entlassene sächsische BK-Geistliche Georg Prater zum Geschäftsführer des Lutherrats in Berlin ernannt. Von dort aus nahm er sich nach einer Begegnung mit Hahn der Dresdner Bischofsfrage an.[77] Auf der ostzonalen Sitzung des Lutherrats am 11. Mai 1947 wies der bayerische Landesbischof Meiser auf „die Not in der Ostzone, vor allem in der sächsischen Landeskirche", hin. Er appellierte dringlichst an Prater, „doch immer wieder darauf hinzuweisen, dass, solange die sächsische Landeskirche keinen Bischof hätte, die Gefahr bestünde, dass eines Tages die SED einen neuen Ludwig Müller aufstelle".[78]

Auf eine Vermittlung von Propst Heinrich Grüber hin kam es in Berlin zu einem persönlichen Gespräch Hahns mit Oberst Sergej Tjulpanow von der SMAD.[79] Die Unterredung fand in russischer Sprache statt und zerstreute offenbar gegen Hahn bestehende Vorbehalte seitens der Besatzungsmacht.[80] Wo-

---

74 So die Aufzeichnungen Meisers. Vgl. Wolf-Dieter Hauschild, Der Rat der Evangelischen Kirche in Deutschland als Vertretung des deutschen Protestantismus in der Nachkriegszeit. In: Carsten Nicolaisen/Nora Andrea Schulze (Bearb.), Die Protokolle des Rates der Evangelischen Kirche in Deutschland, Band 1: 1945/46, Göttingen 1995, S. IX-XLIII, hier XXXI f.
75 Von Hermann Klemm unterzeichnetes Schreiben vom 28.12.1946. In: Nicolaisen/Schulze (Bearb.), Protokolle, Band 2, S. 34.
76 Lau an Wurm vom 23.5.1947. In: ebd., S. 167–171, hier 168.
77 Vgl. Seidel, Aus den Trümmern, S. 324; Georg Prater, Lasset uns halten an dem Bekenntnis. Persönliche Erinnerungen aus dem Kirchenkampf in Sachsen, Kiel 1960, S. 26 f.
78 Protokoll der Sitzung am 11.5.1947. In: Thomas Martin Schneider (Bearb.), Die Protokolle des Rates der Evangelisch-Lutherischen Kirche Deutschlands 1945–1948, Göttingen 2008, S. 506–509, hier 507. Der Königsberger Wehrkreispfarrer Ludwig Müller war 1933 mit starker Unterstützung seitens der NSDAP als Reichsbischof installiert worden. Vgl. insgesamt Thomas Martin Schneider, Reichsbischof Ludwig Müller. Eine Untersuchung zu Leben, Werk und Persönlichkeit, Göttingen 1993.
79 Vgl. Seidel, Aus den Trümmern, S. 324.
80 Vgl. Prater, Kämpfer, S. 229 f. Dass die Begegnung im Mai 1947 stattgefunden haben muss, geht aus dem Schreiben Benns an Hahn vom 22.8.1947 hervor (EZA Berlin, 4/332).

möglich war die Thematik auch auf einem gemeinsamen Mittagessen zwischen dem Rat der EKD und Tjulpanow sowie dem SMAD-Kirchenreferenten Wsewolod Alexandrowitsch Jermolajew am 12. Mai 1947 während der ersten Sitzung des EKD-Rates im Berliner Ostsektor[81] angesprochen worden, an dem neben dem Ratsmitglied Hahn[82] auch der im Tagungsgebäude anwesende Dresdner Kirchenjurist Kotte teilnahm.[83]

Nun waren die Weichen offenbar gestellt: Beirat und Landeskirchenamt wählten am 16. Juli 1947 in Dresden in geheimer Abstimmung Hahn zum Landesbischof[84] und baten die sächsische Landesregierung, „gegebenenfalls unter Fühlungnahme mit der hohen Besatzungsmacht", seine baldige Rückkehr nach Sachsen zu ermöglichen.[85] Schließlich genehmigte die Dresdner Landesregierung unter dem neuen Ministerpräsidenten Max Seydewitz (SED) am 9. August 1947 Hahns „sofortige" Rückkehr nach Sachsen.[86]

Die vorauszusetzende Zustimmung seitens der Militärregierung dürfte auch wesentlich mit dem Interesse der Sowjets an der EKD als einer gesamtdeutschen Institution zusammengehangen haben,[87] nachdem sich im Januar 1947 die US-amerikanische und die britische Besatzungszone zur „Bizone" zusammengeschlossen hatten, die Moskauer Außenministerkonferenz vom 10. März bis 24. April 1947 ohne nennenswerte Ergebnisse geblieben war und die sogenannte Truman-Doktrin am 13. April 1947 von amerikanischer Seite den Beginn des Kalten Krieges markiert hatte. Vor der Mai-Sitzung des Rates der EKD im Ostsektor Berlins hatte Hans Asmussen, Leiter der EKD-Kirchenkanzlei, den Mitgliedern des Gremiums mitgeteilt, die SMAD sei „an dieser Tagung auf das Stärkste interessiert".[88] Bereits Mitte September 1946 hatte Tjulpanow in einem in Moskau gegebenen Lagebericht auf die nationale Orientierung des deutschen Protestantismus verwiesen. Von dieser Seite versprach man sich für

---

81 Vgl. Nicolaisen/Schulze (Bearb.), Protokolle, Band 2, S. 129, 170.
82 Anwesenheitsliste ebd., S. 131.
83 Vgl. ebd., S. 170. Überdies waren am Abend des 12.5. die Ratsmitglieder sowie „die weiteren Teilnehmer Gäste d. SMAD im Haus der sowj. Kultur". Vermerk Ernst-Viktor Benn vom 17.5.1947 (EZA Berlin, 4/42). Dieser Empfang bot den Ratsmitgliedern die Möglichkeit, „Beziehungen zur sowjetischen Militärregierung in Berlin aufzunehmen". Kirchliche Einheit trotz der Zonengrenzen. In: Evangelischer Pressedienst, Ausgabe B, Nr. 12 vom 21.5.1947 (EZA Berlin, 4/42).
84 Vgl. Seidel, Aus den Trümmern, S. 324.
85 Landeskirchenamt Sachsen, Lau/Kotte, an sächsische Landesregierung, z. Hd. Fischer, vom 18.7.1947. Das Schreiben schloss mit der Bemerkung, man „glaub[e], der Hilfe der Landesregierung gewiss sein zu dürfen" (Abschrift, EZA Berlin, 2/141).
86 Seydewitz an Landeskirchenamt vom 9.8.1947 (Abschrift, ebd.). Das Schreiben erhielt den Hinweis, die Entscheidung erfolge „in voller Übereinstimmung" mit der SMAS.
87 Vgl. auch Gerhard Wettig, Der Tjulpanov-Bericht. Sowjetische Besatzungspolitik in Deutschland nach dem Zweiten Weltkrieg, Göttingen 2012, S. 374.
88 Text in: Nicolaisen/Schulze (Bearb.), Protokolle, Band 2, S. 129 f.

„die Forderung nach der Einheit Deutschlands" tatkräftige Unterstützung.[89] Überdies hatte Tjulpanow im Juni 1947 in einem Geheimbericht von einer Verschärfung der Lage in der SBZ, vor allem auf dem Gebiet der Wirtschaft, und einer Zunahme „antisowjetischer Stimmungen" gesprochen.[90] Außerdem konstatierte er, der „Kampf" der SED „um die Einheit Deutschlands" stoße bei „der Reaktion" auf zunehmenden Widerstand.[91] Auch deshalb schien vermutlich ein konzilianteres Verhalten in der sächsischen Bischofsfrage geboten zu sein. Darüber hinaus berichtete Tjulpanow von „einer Zunahme unmoralischen Verhaltens" unter der Bevölkerung der Ostzone.[92] In diesem Bereich erhoffte man sich vermutlich ebenfalls kirchliche Unterstützung. Mit ihrem Festhalten an Hahn hatte die Landeskirche letztlich mit Erfolg auf dem Prinzip einer staatsunabhängigen Besetzung ihrer Leitungsämter bestanden. Am 3. September 1947 führte Hahn in Berlin ein halbstündiges Gespräch mit Tjulpanow,[93] das in äußerst freundlicher bzw. „herzlicher"[94] Atmosphäre stattfand. Auch Ministerpräsident Seydewitz empfing Hahn in den ersten Septembertagen.[95]

Am 21. Oktober 1947 erfolgte im Dom zu Meißen durch den EKD-Ratsvorsitzenden Theophil Wurm – auch diese Wahl nochmals ein deutliches Signal[96] – Hahns offizielle Einführung in das Amt des sächsischen Landesbischofs.[97] Vor allem für die Fahrten zu Ratssitzungen der EKD und wohl auch zum Lutherrat stellte die SMAS Hahn in der Folgezeit den nötigen Treibstoff zur Verfügung.[98] Auch für die gesamtdeutsche Lutherische Generalsynode Ende Januar 1949 in Leipzig leistete die SMAS logistische Unterstützung.[99] Der im Vergleich zur EKD (kirchen-)politisch konservativeren Vereinigten Evangelisch-Lutherischen Kirche Deutschlands (VELKD) standen die Sowjets nämlich ebenfalls wohlwollend gegenüber, denn sie erschwerte aus der Perspektive der Besatzer „die Bil-

---

89 Text einer stenografischen Mitschrift auszugsweise abgedruckt in: Bernd Bonwetsch/Gennadij Bordjugov/Norman N. Naimark (Hg.), Sowjetische Politik in der SBZ 1945–1949. Dokumente zur Tätigkeit der Propagandaverwaltung (Informationsverwaltung) der SMAD unter Sergej Tjul'panov, Bonn 1998, S. 71–92, hier 88.
90 Bericht Tjulpanows vom 9.6.1947. In: Jochen P. Laufer/Georgij P. Kynin (Hg.), Die UdSSR und die deutsche Frage 1941–1948. Dokumente aus den Archiven für Außenpolitik der Russischen Föderation, Band 3: 6. Oktober 1946 bis 15. Juni 1948, Berlin 2004, S. 300–308, hier 300.
91 Ebd., S. 301.
92 Ebd.
93 Vgl. handschriftlicher Vermerk Benns, o. D. (EZA Berlin, 4/332).
94 So Hahn an Wurm vom 6.9.1947 (LKA Stuttgart, D 1/238, 2).
95 Vgl. Landeskirchenamt Sachsen, Kotte, an Wurm vom 10.9.1947 (ebd.).
96 Offiziell zunächst aufgrund der besonderen Verbundenheit zwischen den Landeskirchen Württemberg und Sachsen angesichts der Aufnahme Hahns nach seiner Ausweisung, aber zugleich „zur Unterstreichung" der „Einheit" der EKD. Landeskirchenamt Sachsen, Kotte, an Wurm vom 10.9.1947 (ebd.).
97 Vgl. Seidel, Aus den Trümmern, S. 320–325.
98 Vgl. Verhandlungen der 16. Evangelisch-lutherischen Landessynode Sachsens 1948–1953, Dresden 1948–1953, Band I, S. 14.
99 Ebd., S. 236.

dung einer mächtigen evangelischen Einheitskirche" und verringerte „die Gefahr" eines zu großen gesellschaftspolitischen Einflusses der EKD.[100]

Die Neubildung kirchlicher Wahlkörperschaften vollzog sich auch in Sachsen analog zum politischen Bereich von „unten" nach „oben". Nachdem bereits im August 1945 ein Runderlass des Landeskirchenamts die Bildung von Wahlausschüssen auf Gemeinde- und Kirchenbezirksebene verfügt hatte, erging am 16. November 1945 eine Verordnung zur Erstellung von Wählerlisten,[101] doch fanden erst am 17. August 1947 Wahlen für die Kirchenvorstände statt.[102] Der Anteil der ehemaligen NSDAP-Mitglieder unter den Gewählten betrug 30,2 Prozent.[103] Die Kirchenvorsteher wählten am 1. Februar 1948 die Landessynode.[104] Diese trat Anfang April 1948 zu ihrer konstituierenden Tagung zusammen. 60 bzw. 61 der Synodalen waren gewählt, weitere 13 Mitglieder wurden durch einen vom Beirat eingesetzten Ausschuss berufen.[105] Zwei Drittel der Synodalen rechneten sich der Bekennenden Kirche zu, ein Drittel der ehemaligen „Mitte".[106]

Zu ihrem Präses wählte die Synode Reimer Mager.[107] Im gleichen Jahr war der ehemalige Fraktionsvorsitzende der CDU im Dresdner Stadtparlament zum Rücktritt gezwungen worden.[108] Mit der neuen sächsischen Kirchenverfassung vom 13. Dezember 1950 war der Neuordnungsprozess der Landeskirche vorerst abgeschlossen. Die Gemeinden erhielten ein größeres Gewicht, der Aufbau der Landeskirche erfolgte von unten nach oben, die Kompetenzen der Synode erfuhren eine Erweiterung, und in der neugeschaffenen Kirchenleitung überwogen knapp die synodalen Mitglieder.[109] Somit war es möglich, während der 40-jährigen

---

100 Bericht Maximows, SMAD, Die Vereinigung der evangelischen Kirchen in Deutschland. In: Horst Möller/Alexandr O. Tschubarjan (Hg.), Die Politik der Sowjetischen Militäradministration in Deutschland (SMAD): Kultur, Wissenschaft und Bildung 1945–1949. Ziele, Methoden, Ergebnisse. Dokumente aus russischen Archiven, München 2005, S. 192–195.
101 Vgl. Seidel, Aus den Trümmern, S. 318 f.
102 Vgl. Lau, Die Kirchenwahl am 17. August. In: Der Sonntag vom 10.8.1947, S. 143 f. Eine „Vorläufige Kirchgemeinde-Wahlordnung" hatte das Landeskirchenamt Dresden am 13.11.1946 erlassen. Vgl. Michael Kühne (Bearb.), Die Protokolle der Kirchlichen Ostkonferenz 1945–1949, Göttingen 2005, S. 139, Anm. 10. Diese ließ sich die SMAD zur Bestätigung vorlegen. Vgl. Stanke, Gestaltung, S. 22. Das dürfte zumindest ein Grund für die zeitliche Verzögerung gewesen sein.
103 Vgl. Stanke, Gestaltung, S. 164, Anm. 41.
104 Vgl. Vor den Wahlen der Landessynode. In: Der Sonntag vom 11.1.1948, S. 24.
105 Vgl. Akten der 16. Evangelisch-lutherischen Landessynode der Evangelisch-Lutherischen Landeskirche Sachsens, Berlin (Ost) o. J., S. A2-A4.
106 Vgl. Schmutzler, Evangelisch-sozial, S. 219.
107 Vgl. Seidel, Aus den Trümmern, S. 319, Anm. 277.
108 Vgl. Thomas Widera, Dresden 1945–1948. Politik und Gesellschaft unter sowjetischer Besatzungsherrschaft, Göttingen 2004, S. 357, 379.
109 Vgl. Heinrich Herzog, Die Neugestaltung der Verfassung der sächsischen Landeskirche. In: Verantwortung. Untersuchungen über Fragen aus Theologie und Geschichte. Zum sechzigsten Geburtstag von Landesbischof D. Gottfried Noth DD. Hg. vom Ev.-Luth. Landeskirchenamt Sachsens, Berlin (Ost) 1964, S. 80–92; insbes. S. 84, 87 f,

SED-Herrschaft im Bereich der evangelischen Kirche auf allen Ebenen, angefangen mit einer freien und geheimen Wahl der Kirchenvorstände, demokratische Mitwirkungs- und Gestaltungsmöglichkeiten einzuüben und zu praktizieren.

Wie bereits bei der Behandlung der Rückkehr Hahns deutlich wurde, waren von Beginn an Vertreter der Landeskirche auch an der gesamtkirchlichen Arbeit beteiligt. An der Reichsbruderratssitzung in Frankfurt am Main im August 1945 nahm Hugo Hahn teil; Hahn und Martin Richter, Dresden, besuchten anschließend die Kirchenführerkonferenz in Treysa, die Hahn in den vorläufigen Rat der EKD wählte. Lau und Kotte war hingegen der Grenzübertritt verwehrt worden.[110] Hahn gehörte zugleich dem Bruderrat der EKD an.[111] Auch in der Kirchlichen Ostkonferenz und im Lutherrat arbeitete die sächsische Landeskirche mit. Dabei hatten EKD und Kirchliche Ostkonferenz bald Vorrang vor dem Projekt einer Sammlung des Luthertums in der VELKD.[112] Hier gelang es Sachsen, in die VELKD-Verfassung anstelle einer episkopalen eine kollegiale Kirchenleitung, ein lutherisches Kirchenamt als kollegiale Geschäftsstelle und eine Stärkung der Generalsynode zu integrieren.[113]

Kirche und gesellschaftliche Verantwortung

Wie im deutschen Gesamtprotestantismus gab es auch in Sachsen Reflexionen zur Schuldfrage: Der erste Aufruf des Landeskirchenamtes an die Gemeinden von August 1945 charakterisierte die Gegenwart als eine „Zeit des Gerichtes": „Wir haben Buße zu tun für viele Verschuldungen."[114] Jeder einzelne möge über seinen persönlichen Anteil an dem Unrecht der letzten zwölf Jahre nachdenken, hieß es in dem Gruß Laus an die sächsischen Gemeinden zum Jahreswechsel 1945/46. „Hier kann keiner sich herausreden und sagen: ich war nicht dabei."[115] Am 18. April 1948 verabschiedete die sächsische Landessynode eine Erklärung, in der sie von einer Mitschuld der Christen und der Landeskirche an der Ermordung der europäischen Juden sprach. Allerdings rief der Text auch zu einer Fortsetzung der Judenmissionsbestrebungen auf und polemisierte gegen

90 f.; Gerhard Lindemann, Kirchen und Religionsgemeinschaften. In: Holger Starke (Hg.), Geschichte der Stadt Dresden, Band 3: Von der Reichsgründung bis zur Gegenwart, Stuttgart 2006, S. 581–598, hier 585.
110 Bei Heiligenstadt. Vgl. Rundbrief Laus vom 22.9.1945, S. 513 f. Vgl. auch Landeskirchenamt Sachsen, Lau/Kotte, an Wurm vom 19.9.1945 (LKA Stuttgart, D 1/238, 2).
111 Vgl. Mochalski an Martin Richter vom 28.5.1946 (EZA Berlin, 2/141).
112 Vgl. Thomas Martin Schneider, Gegen den Zeitgeist. Der Weg zur VELKD als lutherischer Bekenntniskirche, Göttingen 2008, S. 222 f.
113 Vgl. ebd., S. 228–230. Auf der anderen Seite trat Sachsen jedoch für eine Erweiterung der Kompetenzen der VELKD gegenüber ihren Gliedkirchen ein. Vgl. ebd., S. 231 f.
114 Text in: Seidel, Aus den Trümmern, S. 326 f.
115 Neujahrsgruß Laus (1945/46). In: ebd., S. 327–329, hier 328.

das „Weltjudentum", da es Christen jüdischer Herkunft nicht in seine Hilfsprogramme einbezog.[116]

Die Besatzungsmächte gestatteten den Kirchen, die Entnazifizierung ihrer Pfarrer und Beamten selbst vorzunehmen.[117] Für eine Disziplinarstrafe war auch in Sachsen die Frage entscheidend, in welchem Ausmaß ein Geistlicher oder Kirchenbeamter für die „Zerstörung" einer Gemeinde verantwortlich gewesen war.[118] Die Frage der Mitgliedschaft eines Amtsträgers in der NSDAP oder seiner Übereinstimmung mit der braunen Ideologie rückte demgegenüber in den Hintergrund.[119] Im Unterschied zu Thüringen[120] kamen in Sachsen allerdings auch in den 1950er-Jahren keine ehemaligen Deutschen Christen mehr in höhere kirchliche Ämter. Letztlich wurden in Sachsen von 1161 Geistlichen einer dienstentlassen, 27 dienstenthoben und 139 unter Einschränkungen für weiter verwendbar gehalten.[121] Bei den kirchlichen Beamten und Angestellten gestalteten sich die Zahlen ähnlich.[122]

Zu einem Schwerpunkt kirchlicher Arbeit erklärt wurden der Religionsunterricht, der nun in der Verantwortung der Kirche stattzufinden hatte, und die Jugendarbeit,[123] die, wie auch Frauen- und Männerarbeit, Gemeindediakonie und Caritas, nicht mehr vereinsmäßig organisiert sein durfte[124] und sich unter dem Dach der Kirche neu formierte. Damit setzte sich ein Prozess fort, der bereits unter der NS-Herrschaft eingesetzt hatte.

Seit 1947 erhob die Freie Deutsche Jugend (FDJ) den Anspruch, die gesamte Jugend Deutschlands (bzw. der SBZ) organisatorisch zu vertreten.[125] In der Folge kam es zunehmend zu Spannungen mit der kirchlichen Jugendarbeit und dann auch zu Behinderungen, Angriffen in der Presse und sogar zu Verhaftun-

---

116 Text in: Irena Ostmeyer, Zwischen Schuld und Sühne. Evangelische Kirche und Juden in SBZ und DDR, Berlin 2002, S. 316 f.
117 Vgl. für Sachsen Hein, Landeskirche, Kap. 4.
118 Vgl. Lindemann, Kirchen, S. 583.
119 Vgl. Hein, Landeskirche, S. 252 f.
120 Walter Grundmann, u. a. Wissenschaftlicher Leiter des Eisenacher „Entjudungsinstituts", seit 1954 Leiter des Katechetenseminars Eisenach, 1974 Ernennung zum Kirchenrat (vgl. Arnhold, „Entjudung", S. 757 f.); Herbert von Hintzenstern, Assistent Grundmanns an der Universität Jena und Mitarbeiter im Eisenacher Institut, 1952 Landesjugendpfarrer, 1956 Leiter der landeskirchlichen Pressestelle, 1962 Kirchenrat (vgl. Thomas A. Seidel, Im Übergang der Diktaturen. Eine Untersuchung zur kirchlichen Neuordnung in Thüringen 1945–1951, Stuttgart 2003, S. 165; Arnhold, „Entjudung", S. 760); Gerhard Phieler, aktiver DC, seit 1934 Leiter der Thür. Landesverbandes der Inneren Mission, 1946 Oberkirchenrat, 1948 Leiter des landeskirchlichen Amtes für Innere Mission (vgl. Seidel, Im Übergang, S. 275, 353).
121 Vgl. Verhandlungen I, S. 16.
122 Vgl. ebd.
123 Vgl. Rundbrief Laus vom 25.7.1945. In: Seidel, Aus den Trümmern, S. 496–502, hier 497.
124 Vgl. EKD-Kanzlei, Berliner Stelle, Krummacher, an Präsident Friedrichs vom 3.4.1946 (EZA Berlin, 4/332).
125 Vgl. Seidel, Neubeginn, S. 89 f.; Ellen Ueberschär, Junge Gemeinde im Konflikt. Evangelische Jugendarbeit in SBZ und DDR, Stuttgart 2003, S. 90–93.

gen junger Christen.[126] Ein deutlicher Anstieg der Angriffe auf die Junge Gemeinde hing 1949 auch mit der Zunahme des Tragens des Zeichens „Kreuz auf der Weltkugel" durch evangelische Jugendliche zusammen.[127] Das führte bereits zu ersten Verweigerungen der Zulassung von christlichen Jugendlichen zu weiterführenden Schulen, was Hahn vor der Frühjahrssynode 1950 zu dem Kommentar veranlasste: „Junge Menschen sehen sich für ihre berufliche Zukunft vor die Wahl zwischen einem allein von Christus bestimmten Leben und dem Totalitätsanspruch einer nichtchristlichen Weltanschauung gestellt."[128] 1948/49 häuften sich zudem Klagen über eine zunehmende Behinderung des Religionsunterrichts und eine antichristliche Agitation in den öffentlichen Schulen, vor allem in den naturwissenschaftlichen Fächern und im Geschichtsunterricht.[129]

Auch in anderen Feldern war der in Sachsen gegenüber den Kirchen verfolgte Kurs schärfer als in anderen Ländern der SBZ: Im September 1947 wurde die kirchliche Seelsorge in Heimkehrer- und „Umsiedler"-Lagern untersagt – ein für den Bereich der SBZ einzigartiger Vorgang.[130] Gleiches galt für die noch 1948 durch die Landesregierung verweigerte Rückgabe von 36 Gebäuden der Inneren Mission,[131] darunter auch die 1942 zwangsverkaufte Diakonenbrüderanstalt Moritzburg.[132] Vor der Landessynode am 25. Oktober 1948 sprach Hahn von einer „neuen Bestätigung des nationalsozialistischen Unrechts".[133] Ende 1949 wurden drei Einrichtungen zurückgegeben.[134] Staatliche Beschränkungen sorgten dafür, dass die Zahl der Immatrikulationen an der Theologischen Fakultät Leipzig weit unter dem kirchlichen Bedarf und der Bewerberzahl lag.[135] Nicht wenige Theologiestudierende wichen auf die Kirchliche Hochschule Berlin-Zehlendorf, eine Einrichtung der Bekennenden Kirche, oder auf westliche Universitäten aus.[136] Ende Februar 1949 kündigte das sächsische Finanzministerium zeitlich sehr kurzfristig an, dass der Staat ab dem 1. April des Jahres nicht mehr bei der Kirchensteuererhebung behilflich sein werde.[137] Staatsleistungen wurden zwar nicht in vollem Umfang, aber immerhin doch in einem „erheblichen" Maße gezahlt.[138]

---

126 Vgl. Ueberschär, Junge Gemeinde, S. 106–109.
127 Vgl. Verhandlungen I, S. 238.
128 Ebd., S. 477.
129 Vgl. ebd., S. 330 f., 337.
130 Vgl. Markus Wustmann, „Vertrieben, aber nicht aus der Kirche"? Vertreibung und kirchliche Vertriebenenintegration in SBZ und DDR am Beispiel der Evangelisch-Lutherischen Landeskirche Sachsens 1945 bis 1966, Leipzig 2013, S. 281–295.
131 Zahlenangabe nach Verhandlungen I, S. 237.
132 Vgl. ebd., S. 162. Vgl. auch Stanke, Gestaltung, S. 141.
133 Verhandlungen I, S. 162.
134 Das Wettinstift/Glauchau, das Louisenstift/Königsbrück und das Kretschmarstift/Freiberg. Vgl. ebd., S. 478.
135 Vgl. ebd., S. 162, 237, 336.
136 Vgl. ebd., S. 24, 360.
137 Vgl. ebd., S. 236.
138 Ebd., S. 369.

Im Blick auf das neu entstehende politische Leben erklärte Lau Ende Juli 1945, Christen fänden sich in allen Parteien, nicht nur in der CDU.[139] Das Landeskirchenamt betonte Ende Juli 1946 im Vorfeld der Kommunal- und Landtagswahlen im September und Oktober des Jahres in einem Runderlass die „Unabhängigkeit des geistlichen Amtes".[140] Konkrete Wahlempfehlungen wurden nicht ausgesprochen. Aus politikgeschichtlicher Perspektive minderte die Landeskirche mit ihrer Neutralität allerdings die Wahlchancen der CDU.[141] Im Unterschied zur Magdeburger Kirchenleitung kritisierte sie auch nicht Behinderungen im Wahlkampf zuungunsten der bürgerlichen Parteien CDU und LDP.[142]

In einem Schreiben an Präsident Friedrichs vom 14. Dezember 1945 machte die Landeskirche auf Verhaftungen und Deportationen enteigneter christlicher Großgrundbesitzer aufmerksam, die offiziell mit nicht immer zutreffenden Hinweisen auf ihre NS-Vergangenheit legitimiert wurden.[143] In der SBZ waren die Kirchen von der Bodenreform ausgenommen.[144] Allerdings kam es als Folge der entschädigungslosen Enteignungen unter anderem zu größeren Kirchensteuerausfällen und dem Entfall von Patronatsleistungen.[145]

Hinsichtlich des Volksentscheides über die Enteignung der „Kriegsverbrecher und Naziaktivisten" am 30. Juni 1946 erklärte die Landeskirche, sie könne ihren Gliedern die Entscheidung zwar nicht abnehmen, doch sei „diese schwerwiegende Sache mit großem Verantwortungsgefühl und mit sauberen Händen ins Werk gesetzt worden".[146] Damit rief man zwar die Bürger nicht zu einer eindeutig positiven Entscheidung auf, kritisierte jedoch auf der anderen Seite nicht die ideologische Tendenz des Unternehmens,[147] sodass Vizepräsident Kurt Fischer (SED) von einem „Gewinn" der Kirche sprach.[148]

---

139 Vgl. Rundbrief Laus vom 25.7.1945. In: Seidel, Aus den Trümmern, S. 496–502, hier 501.
140 Text in: Seidel, Neubeginn, S. 293 f.
141 So auch der Tjulpanow-Bericht von Oktober 1948 mit der Bemerkung, die CDU habe „damit gerechnet [...], durch ein Bündnis mit der Kirche die Masse der Gläubigen zu gewinnen". Wettig, Tjulpanow-Bericht, S. 374. Vgl. auch Bericht Matuchins, SMAD, vom 28.10.1946: Ergebnisse der Gemeindewahlen in der Sowjetischen Besatzungszone Deutschlands. In: Laufer/ Kynin (Hg.), UdSSR, S. 27–38, hier 32.
142 Allerdings dort auch nur innerkirchlich. Vgl. Kirchenleitung Magdeburg an EKD-Kanzlei Berlin vom 16.8.1946. In: Seidel, Neubeginn, S. 297 f.
143 Text ebd., S. 395 f.
144 Vgl. Martin Greschat, Die evangelische Christenheit und die deutsche Geschichte nach 1945. Weichenstellungen in der Nachkriegszeit, Stuttgart 2002, S. 277.
145 Vgl. Stanke, Gestaltung, S. 75.
146 Wort der Evangelisch-Lutherischen Landeskirche zum Volksentscheid. In: Seidel, Aus den Trümmern, S. 575 f. Vgl. auch Rundbrief Laus an die Geistlichen vom 11.6.1946 (ebd., S. 573–575).
147 Vgl. auch Seidel, Neubeginn, S. 125 f.
148 Stanke, Gestaltung, S. 43. Auch Tjulpanow bewertete im Rückblick den Aufruf als positiv. Vgl. Wettig, Tjulpanow-Bericht, S. 374. Deutliche Kritik an dem Volksentscheid und implizit auch an der sächsischen Positionierung kam aus der Kirchenprovinz

Im Unterschied zu den beiden lutherischen Schwesterkirchen Thüringen und Mecklenburg, die durch ihre Bischöfe vertreten waren,[149] nahm aus Sachsen keine ranghohe kirchliche Persönlichkeit an dem Volkskongress im Dezember 1947 teil. Allerdings hatte Hugo Hahn zunächst seine Teilnahme zugesagt. Er sagte dann aus gesundheitlichen Gründen ab, schickte jedoch ein Grußtelegramm, das es in seiner Diktion der SED-Propaganda ermöglichte, den sächsischen Landesbischof der Öffentlichkeit als Unterstützer des Unternehmens zu präsentieren.[150] Für den sogenannten Sachsenkongress am 15. Dezember 1947 war Hahn für das Präsidium vorgesehen, wo er erst mit ziemlicher zeitlicher Verspätung Platz nahm. Schließlich gehörte er auch dem sächsischen „Landesausschuss für Einheit und gerechten Frieden" an.[151] Auf der Kirchlichen Ostkonferenz der ostdeutschen Landeskirchen am 7. Januar 1948 wurde die Beteiligung der lutherischen Bischöfe an der Bewegung offenbar kritisch diskutiert und anschließend vereinbart, sich künftig in politischen Fragen um ein einheitliches Vorgehen zu bemühen.[152] Mit Schreiben vom 14. Februar 1948 beendete Hahn denn auch die Mitarbeit der sächsischen Landeskirche in der Volkskongressbewegung und begründete diesen Schritt mit der gebotenen kirchlichen Unabhängigkeit von „politischen Mächten und Parteien".[153]

Vor der Landessynode im April 1948 nannte Hahn zwei Grundsätze als Lehren aus der NS-Zeit, die weiterhin zu beherzigen seien: „Kirche muss Kirche bleiben" und die biblische Aussage „Man muss Gott mehr gehorchen als den Menschen!" (Apg 5, 29).[154] Damit war die Verweigerung einer Vereinnahmung der Kirche durch Besatzungsmacht und SED theologisch klar begründet. Auf der anderen Seite positionierte sich die Landessynode allerdings nicht kritisch

---

Sachsen (Magdeburg). Vgl. Protokoll über die Sitzung der Landeskirchenleitung (Ev. Kirche der altpreußischen Union) am 2.7.1946 (EZA Berlin, 7/1289). Bei dem Volksentscheid vermisste man die „Gewähr eines rechtlich geordneten Verfahrens" und sah „die Gefahr [...], dass alle zu ihm Aufgerufenen in ihrer Neigung bestärkt werden, die eigene Schuld zu übersehen und in der Bestrafung anderer sich selbst zu rechtfertigen". Stellungnahme der Vorläufigen Kirchenleitung der Evangelischen Kirche der Kirchenprovinz Sachsen zum Volksentscheid am 30.6.1946 (EZA Berlin, 7/957, Bl. 120).

149 Vgl. Seidel, Neubeginn, S. 126.
150 Vgl. Georg Wilhelm, Die Diktaturen und die evangelische Kirche. Totaler Machtanspruch und kirchliche Antwort am Beispiel Leipzigs 1933–1958, Göttingen 2004, S. 284.
151 Stanke, Gestaltung, S. 54.
152 Vgl. Kühne, Protokolle, S. 227 f.
153 Text in: Seidel, Neubeginn, S. 303 f. Allerdings trat Hahn erst am 26.7.1949 unter Verweis auf einen Beschluss der Kirchenführerkonferenz in Hamburg am 3.5.1949 aus dem Landesvolksausschuss Sachsen für Einheit Deutschlands und gerechten Frieden aus. Vgl. Hahn an Ausschuss vom 26.7.1949 (Abschrift, EZA Berlin, 4/448, Bl. 166).
154 Verhandlungen I, S. 13.

zu der beginnenden Gleichschaltungspolitik oder zu Verhaftungen aus politischen Gründen,[155] jedoch dokumentierte der sächsische Landesbruderrat Unregelmäßigkeiten bei der Stimmenauszählung bei der bereits mit Einheitslisten durchgeführten Volkskongresswahl am 15./16. Mai 1949 und informierte darüber den CDU-Politiker Jakob Kaiser in Berlin (West).[156]

Zum Entwurf der Verfassung einer Deutschen Demokratischen Republik unterbreitete das Landeskirchenamt Änderungsvorschläge, die auch die allgemeinen Menschenrechte betrafen.[157] Im April 1948 bat die sächsische Landessynode die SMAD um die Zulassung einer kontinuierlichen Seelsorge in Internierungslagern und Haftanstalten.[158] Am 3. Januar 1949 und am Ostersonntag 1949 hielt Hahn jeweils zwei Gottesdienste in der Haftanstalt Bautzen, die von nahezu allen Internierten besucht wurden.[159]

1950 lehnte das Landeskirchenamt wiederholt geäußerte Ansinnen hinsichtlich einer Mitarbeit kirchlicher Amtsträger oder gar der Landeskirche selbst in der Nationalen Front mit dem Verweis auf die in ihrem spezifischen Auftrag begründete Eigenständigkeit ab. Pfarrern und Gemeindegliedern wurde ein Mitwirken in der Nationalen Front „in ihrer Eigenschaft als Angehörige einer kirchlichen Körperschaft" ausdrücklich untersagt.[160] Am 15. Dezember 1950 fand ein Gespräch zwischen Ministerpräsident Max Seydewitz, nahezu allen seinen Kabinettsmitgliedern, dem Landtagspräsidenten sowie Hahn, Kotte und den fünf ordentlichen Mitgliedern des Landeskirchenamtes statt. Dort wiesen die kirchlichen Vertreter das Ansinnen des DDR-Ministerpräsidenten Otto Grotewohl, die Kirche habe sich nicht in politische Belange einzumischen, mit dem Hinweis zurück, es handle sich um einen „weltanschaulich gebunden[en]" Staat, der einen „Totalitätsanspruch weltanschaulicher Art" erhebe, welcher zum Beispiel in der Schule und der FDJ „zu Konflikten führt, die bis in die Seele des Kindes" reichten. Auch den Weg der „marxistisch-leninistischen Friedenspolitik" könne die Kirche nicht mitgehen.[161]

---

155 Vgl. Thomas Friebel, Kirche und politische Verantwortung in der sowjetischen Zone und der DDR 1945–1969. Eine Untersuchung zum Öffentlichkeitsauftrag der evangelischen Kirchen in Deutschland, Gütersloh 1992, S. 175.
156 Vgl. Johannes Rau, Im Auftrag der Kirche. Erinnerungen und Erfahrungen aus den letzten zwei Jahren der DDR, Leipzig 1996, S. 93.
157 Vgl. Verhandlungen I, S. 237.
158 Vgl. ebd., S. 79.
159 Vgl. ebd., S. 162 und 237.
160 Stellungnahme des Evangelisch-Lutherischen Landeskirchenamtes Sachsens zur Nationalen Front vom 28.3.1950. In: Seidel, Neubeginn, S. 314 f.
161 Landeskirchenamt Sachsen, Knospe, an Kanzlei der EKD Berlin vom 20.12.1950 (EZA Berlin, 4/449).

Resümee

Sowohl in der NS-Zeit als auch in der frühen Nachkriegszeit trafen staatliche Eingriffe die sächsische Landeskirche, auch wenn die sowjetische Besatzungsmacht insgesamt den Kirchen einen größeren eigenständigen Gestaltungsraum ließ als der NS-Staat und sie mit dem Beginn des Kalten Krieges im deutschen Protestantismus auch einen gesamtdeutschen Faktor zu sehen begann, was zunächst aus kirchlicher Perspektive auch durchaus positive Auswirkungen wie die Genehmigung der Rückkehr Hugo Hahns nach Sachsen haben konnte. Im Unterschied zu den braunen Kirchenregimenten Coch und Klotsche kam es seitens der Landeskirche in der Umbruchszeit nach 1945 nicht zur Adaption einer politischen Ideologie. Gewisse Konzessionen wie das Wort zum Volksentscheid am 30. Juni 1946 oder eine, wenn auch zurückhaltende anfängliche Beteiligung an der Volkskongressbewegung dürften auch taktisch motiviert gewesen sein. Seit 1948 gab es in der Tradition des bruderrätlichen Flügels der Bekennenden Kirche, basierend auf Grundaussagen Martin Luthers, eine theologisch begründete Ablehnung von Versuchen einer ideologischen Vereinnahmung der Kirche durch die sowjetische Besatzungsmacht und die SED. Dies mündete 1950 in eine Kritik an dem Totalitätsanspruch des sozialistischen Weltanschauungsstaates DDR. Eine weitere Folge des Übergewichtes der Bekennenden Kirche in der Landeskirche seit 1947/48 war das Bekenntnis einer christlichen Mitschuld an der Shoah durch die Landessynode, das in der Hinsicht sehr viel deutlicher als andere zeitnahe Äußerungen im deutschen Gesamtprotestantismus ausfiel.

Innerkirchlich erfolgte wie auch in anderen Landeskirchen eine zurückhaltende Entnazifizierung. Eine weitere Konsequenz aus der NS-Zeit war ein innerkirchlicher Demokratisierungsschub, der seinen deutlichsten Ausdruck in der Neugestaltung der aus der Weimarer Republik stammenden Kirchenverfassung fand. Auch das stärkere Engagement Sachsens im deutschen Gesamtprotestantismus, das sich nach 1991 durch die zumindest zeitweilige Wahl der sächsischen Landesbischöfe Johannes Hempel, Volker Kreß und Jochen Bohl zu stellvertretenden Vorsitzenden des Rates der EKD bis in die Gegenwart fortsetzt, war eine Folge des „Kirchenkampfes". Umgekehrt engagierte sich die EKD – hier waren sich die kirchenpolitischen Gegenspieler Wurm und Meiser einig – für die Aufhebung der Ausweisung Hugo Hahns aus Sachsen. Damit wollten sie bewusst zu einer Stärkung der sächsischen Bekennenden Kirche gegenüber der kirchlichen „Mitte" beitragen.

Verfolgung, Vernichtung, Neuanfang.
Jüdische Gemeinden in Sachsen 1938 bis 1953

Hendrik Niether

Als am 28. Oktober 1945 die Israelitische Religionsgemeinde zu Leipzig die Neueinweihung ihrer Synagoge feierte, begrüßte der Vorsitzende Richard Frank die Gäste, darunter auch Vertreter der Roten Armee, der Stadtverwaltung und der christlichen Kirchen, mit Worten von Heinrich Heine: „Sei gegrüsst, geliebte Halle/meines königlichen Vaters,/Zelte Jakobs, eure heil'gen/Eingangspfosten küsst mein Mund."[1] In seiner Rede zitierte er weniger aus dem Alten Testament oder jüdische Gelehrte als vielmehr Autoren der deutschen Aufklärung wie, neben Heine, Friedrich Schiller und Johann Gottlieb Fichte. Dabei war den Zuhörern in der Synagoge nur allzu schmerzhaft bewusst, dass die Aufklärung und die aus ihr folgende Emanzipation das Versprechen, christliche und jüdische Deutsche würden gleichberechtigt zusammenleben, nicht eingehalten hatten. Die meisten Juden hatten sich bis 1933 als deutsche Staatsbürger jüdischen Glaubens verstanden. Doch die Erfahrung der Verfolgung und Vernichtung in den darauffolgenden zwölf Jahren hatte dieses Selbstverständnis stark beschädigt.[2] So betonte auch Richard Frank: „Von unserer Leipziger Gemeinde ist nur ein winziger Rest übriggeblieben, und es ist wohl kaum ein Einziger unter uns, der nicht liebe Verwandte und Freunde zu betrauern hätte, die dem faschistischen Terror zum Opfer gefallen sind." Dennoch wollte er die „jahrtausende Jahre alte Tradition" fortsetzen, um „die Fäden wieder anzuknüpfen, die von ruchlosen Händen zerschnitten worden waren".[3]

Die gesellschaftlichen Bedingungen, unter denen sich die Rekonstruktion jüdischen Lebens im besetzten Sachsen vollzog, stehen in diesem Aufsatz ebenso im Mittelpunkt wie die politischen, sozialen und kulturellen Interessen der jüdischen Überlebenden in den ersten Nachkriegsjahren.[4] Sachsen bietet

---

1 Richard Frank, Manuskript des Vortrags, 26.10.1945 (Stadtarchiv Leipzig – SAL, StVuR [1], Nr. 7869, Bl. 12–14, hier 12).
2 Vgl. Moshe Zimmermann, Die deutschen Juden 1914–1945, München 1997.
3 Richard Frank, Manuskript des Vortrags, 26.10.1945 (SAL, StVuR [1], Nr. 7869, Bl. 12–14).
4 Vgl. Hendrik Niether, Leipziger Juden und die DDR. Eine Existenzerfahrung im Kalten Krieg, Göttingen 2015. Die für diese Dissertation durchgeführten Recherchen und die daraus abgeleiteten Erkenntnisse bieten die Basis für diesen Artikel.

sich hierzu als Untersuchungsraum aus verschiedenen Gründen an: Zum einen blicken die Gemeinden auf eine lange Tradition zurück: Spuren jüdischer Ansiedlungen finden sich bereits im 11. Jahrhundert. Zum anderen gehörte die Gemeinde in Leipzig zu den größten in ganz Deutschland, Dresden zählte zu den mittleren Gemeinden. Insgesamt lebten in den sächsischen Städten in den frühen 1930er-Jahren etwa 20 000 Juden.[5] Obwohl sich zwölf Jahre später nur noch knapp 500 Juden in den Gemeinden Sachsens organisierten, bildeten sich in Leipzig und Dresden zwei für die SBZ zentrale Gemeinden, die auf die Entwicklung jüdischen Lebens in der gesamten Besatzungszone Einfluss hatten.

Das jüdische Leben in Sachsen seit der NS-Zeit ist in zahlreichen Publikationen erforscht worden, sowohl in lokalen Einzelstudien als auch in Überblickswerken.[6] Erst 2013 erschien ein Sammelband, in dem sich neben Darstellungen der NS-Zeit auch solche der Jahrzehnte von 1945 bis in die Gegenwart finden.[7] Gleichwohl ist eine zusammenhängende Studie über die Kriegsjahre und die Besatzungszeit ein Desiderat, zumal gerade die Stadt Leipzig mit der größten jüdischen Gemeinde in den ersten Nachkriegsjahren größere Aufmerksamkeit verdient. So werden in diesem Aufsatz zwar auch die anderen sächsischen Gemeinden berücksichtigt, aber der Schwerpunkt liegt auf dem jüdischen Leben in Leipzig. Mit etwa 12 000 Mitgliedern hatte sich die Gemeinde vor 1933 zu einer der sechs Großgemeinden in Deutschland entwickelt. In der SBZ und der DDR war sie, trotz einiger Spezifika wie die verhältnismäßig große Zahl polnischer Juden in ihren Reihen, für das jüdische Leben repräsentativ: Die Überalterung der Mitglieder, ihre schwindende Zahl und die Einschränkungen in der Religionsausübung waren ebenso typisch wie die eigentümliche Mischung des Gemeindelebens aus konservativem Ritus, pragmatischer Improvisation und antifaschistischer Politisierung.

Der Untersuchungszeitraum von 1938 bis 1953 ist dem Umstand geschuldet, dass diese Jahre für das jüdische Leben in (Ost-)Deutschland wichtigere Zäsuren markieren als Stalingrad und die doppelte Staatsgründung. Mit der sogenannten Polenaktion fanden im Herbst 1938 die ersten Deportationen

---

5 Vgl. Gunda Ulbricht/Olaf Glöckner, Vorwort. In: diess. (Hg.), Juden in Sachsen, Dresden 2013, S. 6–9, hier 7; Clemens Vollnhals, Jüdisches Leben in Sachsen: Von der Emanzipation zur Judenverfolgung. In: Gerhard Besier/Katarzyna Stokłosa (Hg.), Lasten diktatorischer Vergangenheit – Herausforderungen demokratischer Gegenwart. Zum Rechtsextremismus heute, Berlin 2006, S. 89–107.
6 Vgl. Christine Pieper, Juden in Sachsen 1933 bis 1945: Ein defizitäres Forschungsfeld. In: MEDAON – Magazin für jüdisches Leben in Forschung und Bildung, 8 (2014) 15, S. 1–83, online unter http://www.medaon.de/pdf/MEDAON_15_Pieper.pdf (5.1.2015); Judith Kessler, Juden in Sachsen seit 1945: Fast unsichtbar und kaum erforscht. In: ebd., 6 (2012) 10, S. 1–36, online unter http://medaon.de/pdf/MEDAON_10_Kessler.pdf (5.1.2015).
7 Vgl. Ulbricht/Glöckner (Hg.), Juden in Sachsen.

Hunderter jüdischer Menschen aus deutschen Städten statt. Die Pogromnacht im November desselben Jahres war ein einschneidendes Erlebnis für die gesamte jüdische Bevölkerung in Deutschland. Das Jahr 1953 wiederum bedeutete für die Juden in der DDR erneut die Erfahrung antisemitischer Anfeindungen, diesmal vonseiten der SED, woraufhin Hunderte jüdische Menschen in die Bundesrepublik flüchteten.

Juden in Sachsen während der NS-Zeit

Wie auf das Judentum in den anderen deutschen Ländern hatte die Herrschaft der NSDAP im Deutschen Reich seit 1933 auch auf das jüdische Leben in Sachsen verheerende Auswirkungen. Auf die Boykotte jüdischer Geschäfte, Diskriminierungen und Demütigungen sowie die zunehmende Entrechtung der jüdischen Bevölkerung folgten immer schärfere Aktionen. 1938 spitzte sich die Lage zu. Im Rahmen der „Polenaktion" wurde die Mehrheit der jüdischen Bevölkerung polnischer Staatsangehörigkeit im Oktober des Landes verwiesen. Die sächsischen Großstädte waren hier in besonderer Weise betroffen, lag der Anteil der sogenannten Ostjuden hier doch weit über dem Reichsdurchschnitt. Gerade Leipzig mit seinen großen Messen und dem Pelzhandel galt als wirtschaftlicher Umschlagplatz zwischen Ost- und Westeuropa, sodass sich hier viele osteuropäische Händler – auch jüdische – niedergelassen hatten. Von der „Polenaktion" waren in Sachsen insgesamt 2 804 Menschen betroffen, der Großteil der Ausgewiesenen wurde 1942 und 1943 in den Vernichtungslagern ermordet.[8]

Zwei Wochen nach der „Polenaktion" folgte der nächste reichsweite Schlag gegen die jüdische Bevölkerung: die Pogrome vom 9. auf den 10. November 1938. In dieser Nacht zerstörten Angehörige von SA und SS gemeinsam mit Teilen der Bevölkerung viele Synagogen und Beträume auch in den sächsischen Städten – etwa die große Synagoge in der Leipziger Gottschedstraße, die Synagoge an der Brühlschen Terrasse in Dresden, die Chemnitzer Synagoge am Stephanplatz sowie die erst 1930 eingeweihte Synagoge in Plauen. Der Pogromnacht folgten Verhaftungen von 558 Juden aus Leipzig, 172 aus Chemnitz und 151 aus Dresden, die überwiegend nach Buchenwald und Sachsenhausen

---

8 Vgl. Ellen Bertram, Menschen ohne Grabstein. Die aus Leipzig deportierten und ermordeten Juden, Leipzig 2001, S. 9; Marcus Gryglewski, Dieses Feuer kehrt zurück. Es wird einen großen Bogen gehen und wieder zu uns kommen. In: Jüdische Gemeinde zu Dresden, Landeshauptstadt Dresden (Hg.), Einst & jetzt: zur Geschichte der Dresdner Synagoge und ihrer Gemeinde, Dresden 2001, S. 92–107, hier 101; Jürgen Nitsche, Vertreibung und Ermordung der Chemnitzer Juden. In: ders./Ruth Röcher (Hg.), Juden in Chemnitz. Die Geschichte der Gemeinde und ihrer Mitglieder. Mit einer Dokumentation des Jüdischen Friedhofs, Dresden 2002, S. 150–159, hier 152–155.

deportiert wurden. Nach dem Novemberpogrom stieg die Zahl der Emigranten rasch an. Wer konnte, verließ das Land. Allein aus Leipzig emigrierten zwischen 1933 und 1945 insgesamt mindestens 7 500 Juden. Für die Gemeinden in den kleineren Städten bedeuteten die Zerstörungen, Verhaftungen und Auswanderungsbestrebungen zudem, dass sie in ihren bisherigen Strukturen aufhörten zu existieren.[9]

Die in den sächsischen Städten verbliebenen Juden wurden angewiesen, ihre Wohnungen zu räumen und in sogenannte Judenhäuser, meist umfunktionierte Gemeindegebäude oder „arisierte" Wohnhäuser jüdischer Eigentümer, zu ziehen, von denen es allein in Dresden 32 gab.[10] Darüber hinaus profitierten seit den späten 1930er-Jahren zahlreiche industrielle Unternehmen und Stadtverwaltungen von Zwangsarbeitsmaßnahmen gegen die jüdische Bevölkerung. Leipzig war die erste deutsche Großstadt, die im Frühjahr 1940 eine vom Arbeitsamt organisierte Arbeitspflicht für Juden einführte.[11] Begünstigt durch das, von Maschinenbau und Metallverarbeitung dominierte, industrielle Profil und die chemische Großindustrie besonders im Westen des Landes, galt Sachsen als wichtiger Rüstungsstandort im Deutschen Reich. Der Weltkrieg und die Besetzung Polens verschärften die Situation für die Zwangsarbeiter, als große deutsche Industriebetriebe die dort von der Wehrmacht annektierten Fabriken übernahmen. So zwang die Leipziger Hugo Schneider AG (HASAG) in ihren polnischen Produktionsstätten über 60 000 Menschen zur Arbeit. Mehr als 50 Prozent von ihnen überlebten dies nicht.[12]

Die Deportationen aus sächsischen Städten in die Vernichtungslager in den besetzten Ostgebieten begannen im Januar 1942. Die Leipziger Juden wurden in neun Deportationstransporten mit mehr als 2 000 Menschen nach Riga, Auschwitz, Theresienstadt und Belzec verschleppt. Von Dresden aus erfolgten zehn Transporte mit etwa 1 000 Personen, und aus Chemnitz waren es acht mit mehr als 300 Personen. Die letzten Deportationen aus Leipzig und Chemnitz fanden Mitte Februar 1945 statt, ein geplanter Transport aus Dresden am 16. Februar kam – nach den schweren Bombardements der Alliierten auf die Stadt drei Tage zuvor – nicht mehr zustande. Von diesen letzten beiden Transporten aus Sachsen, die in das Ghetto Theresienstadt gingen, kehrten die meisten der Deportierten nach der Befreiung in ihre Heimatstädte zurück.[13] Allerdings war dies nur ein geringer Bruchteil der Juden, die vor 1933 in Sachsen gelebt hatten.

---

9 Vgl. Bertram, Menschen ohne Grabstein, S. 13; Irina Suttner, Juden in Sachsen während der Herrschaftszeit des Nationalsozialismus. In: Ulbricht/Glöckner (Hg.), Juden in Sachsen, S. 152-175, hier 165-167; Gryglewski, Dieses Feuer kehrt zurück, S. 92; Nitsche, Vertreibung und Ermordung der Chemnitzer Juden, S. 156.
10 Vgl. Gryglewski, Dieses Feuer kehrt zurück, S. 106.
11 Vgl. Suttner, Juden in Sachsen, S. 171.
12 Vgl. Felicia Karay, Death Comes in Yellow. Skarzysko-Kamienna Slave Labor Camp, Amsterdam 1996, S. 11-73; Hans Frey, Die Hölle von Kamienna, Berlin 1949, S. 19-21.
13 Vgl. Bertram, Menschen ohne Grabstein, S. 9; Suttner, Juden in Sachsen, S. 175; Gryglewski, Dieses Feuer kehrt zurück, S. 106 f.; Nitsche, Vertreibung und Ermordung der Chemnitzer Juden, S. 156-158.

Jüdische Überlebende und der Wiederaufbau der Gemeinden

Während der 8. Mai 1945 für die nichtjüdische Bevölkerung die endgültige Kapitulation und ein schmachvolles Kriegsende darstellte, bedeutete der Tag für die jüdischen Überlebenden die Befreiung von der NS-Herrschaft und somit das Ende von Verfolgung und Massenmord. Zugleich offenbarte sich das Ausmaß der Verbrechen, die das NS-Regime in den vergangenen zwölf Jahren an den europäischen Juden begangen hatte. Angehörige wurden vermisst, viele von ihnen waren ermordet worden, Geschäfte und Besitz waren enteignet und in den Wohnungen wohnten nunmehr andere Menschen, meist Profiteure des NS-Regimes. Um ein jüdisches Leben fortzusetzen, fehlte es an Infrastruktur. Die Verwaltungsgebäude, Synagogen, sozialen Einrichtungen und Grundstücke waren nicht mehr in Gemeindebesitz und zu einem großen Teil zerstört. Gehörten dem Landesverband Sachsen vor 1933 neben den Gemeinden Leipzig, Dresden und Chemnitz auch kleinere wie Plauen, Zwickau, Bautzen, Annaberg, Görlitz und Zittau an, so konnten sich nach 1945 nur noch die drei Erstgenannten etablieren.[14] In Leipzig war die jüdische Gemeinde relativ schnell wieder gegründet worden: Bereits am 15. Mai 1945 bildete sie sich unter einem provisorischen Vorstand. In Dresden und Chemnitz erfolgten im Herbst ebenfalls Gemeindekonstituierungen. Während jedoch in Leipzig gleich ein Gemeindehaus zur Verfügung stand, hielt man die Gottesdienste und Versammlungen in Chemnitz zunächst in Privatwohnungen ab.[15]

Einen eigenen Landesverband gab es in Sachsen nach Kriegsende nicht mehr. Für die geringe Zahl von Mitgliedern lohnte sich der Zusammenschluss nur für die gesamte SBZ. Insgesamt lebten in Sachsen 1946 einer Volkszählung zufolge 654 gläubige Juden.[16] In Leipzig waren es im Herbst 1945 noch 334 Gemeindemitglieder, in Dresden um die 200, in Chemnitz etwa 55 und in Zwickau und Plauen zusammen gerade noch 35.[17] Da sich in den beiden letztgenannten Städten keine Gemeinden etablieren konnten, traten die dort lebenden Juden Anfang der 1950er-Jahre der Religionsgemeinschaft in Leipzig bei.[18] Zu der kleinen Chemnitzer Gemeinde gehörten auch Juden aus Annaberg

---

14 Vgl. Siegmund Rotstein, Die Jüdische Gemeinde Chemnitz/Karl-Marx-Stadt. Der steinige Weg des Neubeginns nach 1945. In: Nitsche/Röcher (Hg.), Juden in Chemnitz, S. 161–169, hier 162.
15 Vgl. Rotstein, Jüdische Gemeinde Chemnitz/Karl-Marx-Stadt, S. 162 f.
16 Vgl. Angelika Timm, Hammer, Zirkel, Davidstern. Das gestörte Verhältnis der DDR zu Zionismus und Staat Israel, Bonn 1997, S. 59, 102.
17 Vgl. Gryglewski, Dieses Feuer kehrt zurück, S. 106 f.; Nitsche, Vertreibung und Ermordung der Chemnitzer Juden, S. 156; Nora Goldenbogen, Jüdisches Leben in Sachsen 1945 bis 1989. In: Ulbricht/Glöckner (Hg.), Juden in Sachsen, S. 176–209, hier 177.
18 Vgl. Steffen Held, Zwischen Tradition und Vermächtnis. Die Israelitische Religionsgemeinde zu Leipzig nach 1945, Hamburg 1995, S. 34; Goldenbogen, Jüdisches Leben in Sachsen, S. 184 f.

und Aue, und die Verwaltung der Gemeinde Dresden umfasste auch die Städte Bautzen, Görlitz und Zittau.[19]

Doch nicht nur die Gemeindezahlen hatten sich verringert, auch die Zusammensetzung der jüdischen Bevölkerung war verändert. Die Juden, die sich in der Nachkriegszeit in Sachsen aufhielten, bildeten keine homogene Gruppe. Sie unterschieden sich in ihrer Herkunft, in den sozialen Milieus, hatten unterschiedliche Erfahrungen im „Dritten Reich" gemacht und vertraten verschiedene politische Ansichten. Im Gegensatz zur Vorkriegszeit, wo überwiegend Akademiker die Vorstände besetzt hatten, waren die Vorsitzenden in Leipzig nun Kaufleute und Handwerker. Mit Nichtjüdinnen verheiratet, betrachteten sie sich vornehmlich als Deutsche, bekannten sich aber auch zum religiösen Judentum.[20] Neben die Juden, die die NS-Diktatur in den Städten selbst überlebt hatten, traten die Rückkehrer aus den Konzentrations- und Zwangsarbeiterlagern und aus dem Untergrund. Hinzu kamen ursprünglich osteuropäische Juden, überwiegend polnische wie Eugen Gollomb und Aron Adlerstein, die einige Jahrzehnte später die Leipziger Gemeinde leiten sollten, oder Ignatz Bubis in Dresden, der spätere Vorsitzende des Zentralrats der Juden in Deutschland.[21]

Den Überlebenden ebenfalls zuzurechnen sind Kommunisten jüdischer Herkunft wie Hermann Axen, der die Konzentrationslager Auschwitz und Buchenwald überlebt hatte, sowie aus dem Exil zurückkehrende Akademiker, die sich in den Universitätsstädten Leipzig und Dresden niederließen. Hierzu zählten der Philosoph Ernst Bloch und der Literaturwissenschaftler Hans Mayer, der Jurist Karl Polak, der Schriftsteller Max Zimmering sowie der Historiker Helmut Eschwege. Mit Ausnahme von Polak, der aus Moskau in die SBZ kam, kehrten die Übrigen aus dem westlichen Exil zurück. Viele von ihnen hatten sich schon lange vor 1933 vom religiösen Judentum distanziert, eine Gemeindemitgliedschaft aus politischen Gründen abgelehnt oder waren zum Christentum konvertiert. Erst die Nationalsozialisten definierten sie in ihrem Rassewahn wieder als Juden. Die Zahl der verfolgten Juden lag im „Dritten Reich" also über der Zahl der jüdischen Gemeindemitglieder. In Leipzig trat lediglich der Literaturwissenschaftler Hans Mayer wieder der Gemeinde bei; in Dresden waren es neben Helmut Eschwege die Schauspieler Otto Stark und Siegfried Lewinsky, der Schriftsteller Walther Victor sowie der Professor für Elektrotechnik Rudolf Lappe.[22]

---

19 Vgl. Nora Goldenbogen, Zwischen Trostlosigkeit und Hoffnung – Neubeginn und jüdisches Leben in Dresden. In: Jüdische Gemeinde zu Dresden, Landeshauptstadt Dresden (Hg.), Einst & jetzt, S. 108–121, hier 110; Goldenbogen, Jüdisches Leben in Sachsen, S. 184.
20 Vgl. Robert Allan Willingham, Jews in Leipzig, Germany under Nazism, Communism, and Democracy, Politics and Identity in the 20th Century, Lewiston 2011, S. 129–131; Held, Zwischen Tradition und Vermächtnis, S. 9.
21 Vgl. Getzel Taube (Eugen Gollomb), Flüchten und Standhalten. In: Lutz Niethammer/Alexander von Plato/Dorothee Wierling, Die volkseigene Erfahrung. Eine Archäologie des Lebens in der Industrieprovinz der DDR. 30 biographische Eröffnungen, Berlin 1991, S. 248–297; Ignatz Bubis, „Damit bin ich noch längst nicht fertig". Die Autobiographie, Frankfurt a. M. 1996.
22 Vgl. Goldenbogen, Jüdisches Leben in Sachsen, S. 184.

Juden in der Nachkriegsgesellschaft

In der deutschen Nachkriegsgesellschaft waren die jüdischen Überlebenden von Anfang an einem tief greifenden Konflikt ausgesetzt: Sie mussten sich in einer Gesellschaft zurechtfinden, deren Mehrheit die Politik der NSDAP – und damit die gesellschaftliche Vernichtung der jüdischen Bevölkerung – mitgetragen hatte. Die Entnazifizierung der Alliierten verhieß gesellschaftliche Veränderung, weswegen jüdische Überlebende die Bemühungen, NS-Funktionäre aus ihren Ämtern zu entlassen und sie für ihre Verbrechen zu bestrafen, begrüßten und förderten. Die SMAD übertrug den deutschen Gerichten in der SBZ die Verfolgung von NS-Verbrechen mit dem Befehl 201 vom August 1947.[23] In Sachsen jedoch, wo die Entnazifizierung der Richterschaft schneller als in den übrigen Ländern durchgeführt worden war, gestattete sie Volksgerichte zur Aburteilung von NS-Verbrechen bereits im September 1945.[24] In diesem Rahmen wurden zahlreiche ehemalige NSDAP- und SA-Mitglieder wegen ihrer Teilnahme an den Novemberpogromen des Jahres 1938 verurteilt.[25]

Darüber hinaus fanden 1948 und 1949 in Leipzig die beiden größten deutschen Strafverfahren in der Besatzungszeit statt, die ausdrücklich antisemitisch motivierte Straftaten ahndeten.[26] Angeklagt waren etwa 40 Mitarbeiter der HASAG, die das sächsische Landgericht für die Misshandlung und Ermordung jüdischer Zwangsarbeiter in Rüstungsbetrieben nahe der polnischen Städte Kammienna und Tschenschtochau verantwortlich machte.[27] Von vornherein als Schauprozesse angelegt,[28] waren bei den Urteilsverkündungen mehrere Tausend Zuhörer anwesend.[29] Die Richter verurteilten sieben der Angeklagten zum Tode, während die übrigen Haftstrafen zwischen einem Jahr und lebenslänglich

---

23 Vgl. Andreas Hilger, „Die Gerechtigkeit nehme ihren Lauf". Die Bestrafung deutscher Kriegs- und Gewaltverbrecher in der Sowjetunion und der SBZ/DDR. In: Norbert Frei (Hg.), Transnationale Vergangenheitspolitik. Der Umgang mit deutschen Kriegsverbrechern in Europa nach dem Zweiten Weltkrieg, Göttingen 2006, 180–246, hier 207; Annette Weinke, Die Verfolgung von NS-Tätern im geteilten Deutschland. Vergangenheitsbewältigungen 1949–1969 oder: Eine deutsch-deutsche Beziehungsgeschichte im Kalten Krieg, Paderborn 2002, S. 45.
24 Vgl. Sven Wierskalla, Die Vereinigung der Verfolgten des Naziregimes (VVN) in der Sowjetischen Besatzungszone und in Berlin 1945 bis 1948, Magisterarbeit, Berlin 1994, S. 139.
25 Vgl. Willingham, Jews in Leipzig, S. 144.
26 Vgl. Joachim Käppner, Erstarrte Geschichte. Faschismus und Holocaust im Spiegel der Geschichtswissenschaft und Geschichtspropaganda der DDR, Hamburg 1999, S. 63.
27 Vgl. ebd., S. 14–19.
28 Vgl. Nathan Hölzer an das Sächsische Ministerium der Justiz vom 17.10.1948; Sächsische Justizpressestelle an die Justizpressestelle beim Landgericht vom 30.10.1948 (StAL, Landgericht Leipzig, Nr. 7708, unpag.).
29 N.N., Das Verbrechen von Kamienna wird gesühnt. In: Leipziger Volkszeitung (LVZ) vom 23.12.1948, S. 1.

erhielten.[30] Zu den Prozessen veranstaltete die Vereinigung der Verfolgten des Naziregimes (VVN) Informationsabende und veröffentlichte Artikel, in denen die Verbrechen der HASAG ganz im Sinne der sowjetideologischen Faschismusdeutung als „Fratze des räuberischen Monopolkapitalismus" interpretiert wurden.[31] Doch obwohl gerade die Urteile in den HASAG-Prozessen fraglos eine wichtige Signalwirkung hatten, fällt die Bilanz der in Sachsen durchgeführten Verfahren, in denen es um Verbrechen gegen die jüdische Bevölkerung ging, insgesamt ernüchternd aus. Die Entnazifizierung blieb punktuell, zumal die sogenannten Waldheimer Prozesse, die 1950 etwa 40 Kilometer nördlich von Chemnitz stattfanden, den Endpunkt derartiger Strafverfolgung markierten.[32] Parallel dazu war bereits in den späten 1940er-Jahren mit der Rehabilitierung zahlreicher ehemaliger NSDAP-Mitglieder begonnen worden. Die gesellschaftliche Auseinandersetzung mit Schuld, Verantwortung und der nationalsozialistischen Judenverfolgung fiel damit der Verdrängung anheim.[33]

Die von der SED forcierte Einstellung, sich mit Antisemitismus als historischem und gesellschaftlichem Phänomen nicht auseinanderzusetzen, brachte die jüdischen Überlebenden in eine schwierige Situation; sie mussten weiterhin mit der Unsicherheit leben. Immer wieder kam es zu verbalen und auch tätlichen Angriffen auf Juden, Schmiereien und Friedhofsschändungen. Um solchen Exzessen entgegenzuwirken, nahm der sächsische Landtag 1948 einen Entwurf der Liberalen Demokratische Partei (LDP) für ein „Gesetz gegen die Bekundung von Völker-, Glaubens- und Rassenhass" an,[34] das antisemitische Äußerungen und Taten unter Gefängnisstrafe stellen sollte und von den jüdischen Gemeinden mit großem Eifer unterstützt wurde. Doch als Fritz Grunsfeld, Rechtsanwalt und Vorstandsmitglied der Leipziger Gemeinde, beim Landtag im August 1948 um ein Exemplar des Gesetzesentwurfs bat,[35] lehnte man dies ab: Die Diskussion sollte nicht weitergeführt, das Gesetz vielmehr auf einen grundsätzlichen Schutz der Demokratie ausgeweitet werden.[36] Nicht die Ahndung antisemitischer Hetze stand dabei im Mittelpunkt, sondern die Abwehr politisch-oppositioneller Tendenzen.[37] Ohnehin galt mehr und mehr das

---

30 Vgl. Frey, Die Hölle von Kammienna, S. 90 f.
31 Unser Apell, Nr. 15/1948. Zit. nach Wierskalla, VVN, S. 141.
32 Vgl. Hilger, Gerechtigkeit, S. 233 f.
33 Vgl. Jutta Illichmann, Die DDR und die Juden. Die deutschlandpolitische Instrumentalisierung von Juden und Judentum durch die Partei- und Staatsführung der SBZ/DDR von 1945 bis 1990, Frankfurt a. M. 1997. S. 25–27.
34 Vgl. Entwurf zu einem Gesetz gegen die Bekundung von Völker-, Glaubens- und Rassenhass, o. D. [1948] (SächsHStAD, Ministerpräsident, Nr. 1565, Bl. 208 f.); Timm, Hammer, Zirkel, Davidstern, S. 107–111.
35 Israelitische Religionsgemeinde zu Leipzig an den Sächsischen Landtag vom 11.8.1948 (SächsHStAD, Ministerpräsident, Nr. 1565, Bl. 210).
36 Vgl. Chef der Deutschen Justizverwaltung der SBZ an die Landesregierungen und Justizministerien vom 3.1.1949 (Centrum Judaicum, 5 B 1, Nr. 31, Bl. 91–97).
37 Vgl. Timm, Hammer, Zirkel, Davidstern, S. 110.

Diktum, unter der Herrschaft der SED sei der Antisemitismus generell „ausgerottet", wenngleich Fälle alltäglichen Antisemitismus weiterhin zeigten, dass diese Einschätzung nicht den Realitäten entsprach.[38]

Religiöse und soziale Interessenvertretung

Neben der zentralen Frage des konfliktfreien Zusammenlebens zwischen jüdischer und nichtjüdischer Bevölkerung, waren die religiöse und die soziale Betreuung der Mitglieder wichtige Aufgaben der Gemeinden. Das religiöse Leben in den ersten Nachkriegsjahren war von Improvisation geprägt. In Leipzig feierte die Gemeinde die Neueinweihung ihrer Synagoge zwar schon im Oktober 1945, doch auch sie war wie die Gemeinden in Dresden und Chemnitz weit davon entfernt, ein intaktes Gemeindeleben zu repräsentieren. Der provisorische Charakter religiösen Lebens verdeutlicht sich nicht zuletzt in der Rabbiner-Frage: Nach Kriegsende hatte keine Gemeinde in der SBZ einen eigenen Rabbiner mehr. Die Gottesdienste leiteten Kantoren, wie in Leipzig Barnet Licht und Werner Sander, der zu Beginn der 1950er-Jahre auch die Betreuung der Dresdener und Chemnitzer Juden übernahm.[39]

In den ersten Nachkriegsjahren war für die überlebenden Juden die soziale Versorgung ungleich wichtiger als ein improvisierter Gottesdienst. Die Gemeinden spielten denn auch eine entscheidende Rolle bei der Beschaffung von Nahrungsmitteln, Kleidung, Wohnraum und Medikamenten. Wirkungsvolle Unterstützung erhielten die sächsischen Juden dabei auch vom Landesverband der Jüdischen Gemeinden, der sich im November 1946 in der SBZ gegründet hatte. Die Etablierung dieser Dachorganisation war essenziell, da sie den Juden eine kollektive Stimme verlieh.[40] Leipzig und Dresden entwickelten sich zu wichtigen Standorten des Verbandes. So fungierte der Leipziger Fritz Grunsfeld jahrelang als Vizepräsident der Dachorganisation, und auch der Dresdener Vorsitzende, Leon Löwenkopf, gehörte dem Präsidium an. Sie waren neben Julius Meyer aus Berlin, dem Verbandspräsidenten, die wichtigsten Gemeindevertreter gegenüber den zentralen Behörden in der SBZ. Mit ihren relativ großen Kapazitäten dienten die Gemeinden in Leipzig und Dresden zudem bei der Versorgung mit Lebensmitteln, Kleidung und Medikamenten als wichtige Verteilerstellen. Oft lieferten sie die aus Berlin geholten Waren, die seit 1946 vom American Jewish

---

38 Vgl. u. a. die Briefwechsel der Israelitischen Religionsgemeinde zu Leipzig mit den Behörden im Gemeindearchiv der Israelitischen Religionsgemeinde zu Leipzig Nr. 352.
39 Vgl. Protokoll der Kultuskommission der Israelitischen Religionsgemeinde zu Leipzig vom 14.12.1958 (Gemeindearchiv der Israelitischen Religionsgemeinde zu Leipzig, Nr. 432); Rotstein, Jüdische Gemeinde Chemnitz/Karl-Marx-Stadt, S. 161.
40 Vgl. Jay Howard Geller, Jews in Post-Holocaust Germany, 1945–1953, Cambridge 2005, S. 106–109.

Joint Distribution Committee zur Verfügung gestellt wurden, weiter in die kleineren Städte.[41]

Eine schnelle und umfassende soziale Betreuung war für die jüdischen Überlebenden nicht zuletzt deshalb so wichtig, da die Verhandlungen um Wiedergutmachung nur schleppend vonstattengingen. Besonders als die Besatzungsverwaltung mit den ersten Restitutionen von Gemeindegebäuden feststellte, welche materiellen Einbußen die Forderungen nach Rückerstattung mit sich brachten, nahm der behördliche Kooperationswille merklich ab. Zwar konnte die Gemeinde in der Stadt Leipzig, die sich anders als Dresden und Chemnitz bis zum Juli 1945 unter amerikanischer Besatzung befunden hatte, verhältnismäßig früh wieder auf Gemeindebesitz zurückgreifen,[42] doch auch hier dauerten die Verhandlungen mit den städtischen Behörden an. Erst der SMAD-Befehl 82 von April 1948, der die Rückgabe des durch das NS-Regime beschlagnahmten Eigentums an demokratische Organisationen regelte, schuf die juristische Grundlage für die Restitution an die Gemeinden. In diesem Rahmen erfolgte auch die Übertragung von Grundstücken in Plauen und Zwickau an die Leipziger und in Bautzen, Zittau und Görlitz an die Dresdner Gemeinde.[43] Doch trotz dieser Zugeständnisse fiel die Restitution insgesamt stark begrenzt aus. Keine sächsische Gemeinde erhielt auch nur annähernd die Objekte zurück, die sich vor dem „Dritten Reich" in ihrem Besitz befunden hatten.[44]

Darüber hinaus beschränkte die Besatzungsverwaltung in Sachsen die Rückerstattung jüdischen Eigentums auf Institutionen. Viele private Antragssteller erhielten ihre „arisierten" Besitztümer nicht zurück, obwohl es bereits wenige Wochen nach Kriegsende erste Bemühungen um eine gesetzliche Regelung zur Restitution gegeben hatte. Schon im Juli 1945 hatte der Rechtsanwalt Ernst Neumark, der letzte Dresdner „Vertrauensmann" der Reichsvereinigung der Juden in Deutschland, der Landesverwaltung einen Gesetzesentwurf zur „Rückgängigmachung von Arisierungsgeschäften" vorgelegt.[45] Dabei zeigt gerade das Beispiel Neumark, wie sehr die sowjetische Besatzungsmacht bei der Entnazifizierung die Schuld vieler SS-Angehöriger, Gestapo-Mitarbeiter und NSDAP-Mitglieder herunterspielte oder gar ignorierte und dabei das jüdische Schicksal in einer Art Schuldumkehr diffamierte. So wurde Neumark 1946 in einem Prozess im Zusammenhang mit den Dresdner Judendeportationen als

---

41 Vgl. Andreas Weigelt/Hermann Simon (Hg.), Zwischen Bleiben und Gehen. Juden in Ostdeutschland 1945 bis 1956. Zehn Biographien, Berlin 2008, S. 80 f.
42 Vgl. Jan Philipp Spannuth, Rückerstattung Ost. Der Umgang der DDR mit dem „arisierten" Eigentum der Juden und die Rückerstattung im wiedervereinigten Deutschland, Essen 2007, S. 121.
43 Vgl. Timm, Hammer, Zirkel, Davidstern, S. 70–73; Spannuth, Rückerstattung Ost, S. 85–88; Goldenbogen, Jüdisches Leben in Sachsen, S. 191.
44 Vgl. exemplarisch zu Leipzig Spannuth, Rückerstattung Ost, S. 86.
45 Dr. Neumark an den Präsidenten der Landesverwaltung vom 14.7.1945 (SächsHStAD, Ministerpräsident, Nr. 206, Bl. 2).

Leiter der lokalen Reichsvereinigung wegen Kollaboration mit dem NS-Regime durch ein sowjetisches Militärtribunal zu zehn Jahren Lagerhaft verurteilt. Neben einem früheren SS-Obersturmbannführer blieb er der einzige, der für die Verbrechen der Dresdener Gestapo gerichtlich zur Rechenschaft gezogen wurde. 1948 verstarb er an den Haftfolgen in Sachsenhausen.[46]

Neumark war keineswegs der Einzige, der sich schon sehr früh um die Rückerstattung jüdischen Eigentums bemüht hatte. Im Dezember plädierte auch der Leipziger Gemeindevorstand für eine unkomplizierte Restitution. Dies hielten die Mitarbeiter der Landesjustizabteilung zwar für durchaus berechtigt,[47] allerdings sei es zunächst notwendig, „die Rückgabe früheren jüdischen Vermögens ganz allgemein durch eine besondere Verordnung gesetzlich zu regeln".[48] Eine solche Regelung kam in den nächsten Jahren jedoch nicht zustande. Vielmehr manifestierte sich der Widerspruch zwischen den jüdischen Forderungen und der Politik der Besatzungsverwaltung, als am 30. Juni 1946 ein Gesetz zur Enteignung ehemaliger NSDAP-Mitglieder per Volksentscheid angenommen wurde. Dieses Gesetz legte nämlich auch den entschädigungslosen Übergang „arisierter" Vermögenswerte in Landeseigentum fest.[49]

Ein wichtiger Vorstoß, der die Restitutionsdebatte in der gesamten SBZ anheizte, kam im Januar 1947 wiederum von der sächsischen LDP, die forderte, dass die Eigentumsansprüche jüdischer Bürger gesondert zu regeln seien.[50] Innerhalb der Landesverwaltung stieß das Ansinnen der Liberaldemokraten allerdings von Anfang an auf Ablehnung. In einer Ressortbesprechung des sächsischen Innenministeriums im Oktober stellte man fest, dass die Restitution von Betrieben, die im Wege der „Arisierung" enteignet worden seien, „nicht in der Richtung zu behandeln sei, Monopolkapital wieder in Kurs zu setzen".[51] Die hier implizierten antisemitischen Ressentiments verweisen auf den faktischen Einfluss von SED-Mitgliedern in dem Gremium. Verbindungen zwischen „Monopolkapital" und jüdischem Eigentum, wie sie hier gezogen wurden, bestimmten zunehmend den Diskurs um die Rückerstattung „arisierten" Vermögens in der SBZ und führten letztlich dazu, dass vielen jüdischen Privatpersonen der

---

46 Annette Weinke, Strafverfolgung von NS-Verbrechen in der Sowjetischen Besatzungszone und der DDR. Diskussionen und Perspektiven. In: Jürgen Finger, Sven Keller, Andreas Wirsching (Hg.), Vom Recht zur Geschichte. Akten aus NS-Prozessen als Quellen der Zeitgeschichte, Göttingen 2009, S. 63–73, hier 71.
47 Präsident der Landesverwaltung Sachsen an die Abteilung Justiz vom 20.12.1945 (SächsHStAD, Ministerium der Justiz, Nr. 309, unpag.).
48 Abteilung Justiz an den Präsidenten der Landesverwaltung Sachsen vom 15.1.1946 (ebd., unpag.).
49 Vgl. Spannuth, Rückerstattung Ost, S. 91.
50 Vgl. Sächsischer Landtag an den Ministerpräsidenten vom 6.6.1947 (SächsHStAD, Ministerium für Wirtschaft und Arbeit, Nr. 896, Bl. 140).
51 Protokoll des sächsischen Innenministeriums, 1. Abteilung, vom 14.10.1947 (ebd., Bl. 149).

Zugriff auf ihr beschlagnahmtes Eigentum verwehrt blieb. Festgeschrieben wurde dieses Vorgehen in der am 5. Oktober 1949 von der Deutschen Wirtschaftskommission erlassenen „Anordnung zur Sicherung der rechtlichen Stellung der anerkannten Verfolgten des Naziregimes"(VdN).[52] Im Gegensatz zu vorausgegangenen zentralen Gesetzesentwürfen war der Begriff „Rückerstattung" hier vollständig gestrichen worden.[53]

Gleichwohl gab es in der DDR staatliche Solidarität mit den jüdischen NS-Verfolgten. Der Ansatz war jedoch weder die Restitution noch individuelle Entschädigungszahlungen, sondern die privilegierte Sozialfürsorge – ein Feld, das in der unmittelbaren Nachkriegszeit ebenfalls Interessenskonflikte hervorrief. So hatte die sächsische Landesverwaltung im September 1945 die Mehrheit der jüdischen NS-Verfolgten zunächst von der sozialen Betreuung kategorisch ausgeschlossen, indem sie festlegte, dass fürsorgeberechtigt ausschließlich jene waren, die „ihre kämpferische Einstellung bewiesen haben und jetzt noch beweisen".[54] Da Juden nach kommunistischer Auffassung gegen ihre Verfolgung zu wenig Widerstand geleistet hätten, galten sie nicht als aktive Kämpfer. Gegen diese Ausgrenzung sprachen sich nicht zuletzt Julius Meyer, Fritz Grunsfeld und Leon Löwenkopf als Vertreter des jüdischen Landesverbandes gegenüber der SED-Führung und den Besatzungsbehörden aus. Eine allgemeine Richtlinie wurde schließlich wiederum in der VdN-Verordnung von Oktober 1949 festgelegt. Während die Rückerstattung hier keine Rolle mehr spielte, wurde die materielle Grundversorgung, die Sozialversicherung, die Rente, die Wohnungsfrage, die medizinische Versorgung und die Integration aller anspruchsberechtigten NS-Verfolgten ins Arbeitsleben so geregelt, dass grundsätzlich auch die jüdischen Überlebenden einen Anspruch hatten.[55] Allerdings wurde die Fürsorge nunmehr vom Grad der politischen Loyalität abhängig gemacht,[56] was vielen Juden erhebliche Schwierigkeiten bereitete. Das Misstrauen der SED-Parteispitze gegenüber der jüdischen Bevölkerung in Kombination mit paranoiden Vorbehalten gegen bürgerliche Einflüsse, Westemigranten und Religiosität führten unmittelbar nach der ostdeutschen Staatsgründung zu einer politischen Kampagne der SED, die das jüdische Leben in der DDR und damit auch in Sachsen noch einmal empfindlich treffen sollte.

---

52 Vgl. Protokoll Nr. 48 der Sitzung des Politbüros der SED vom 3.10.1949 (SAPMO-BArch, DY 30/IV 2/2/48, Bl. 24); Karin Hartewig, Zurückgekehrt. Die Geschichte der jüdischen Kommunisten in der DDR, Köln 2000, S. 277.
53 Vgl. Spannuth, Rückerstattung Ost, S. 60 f.
54 Landesverwaltung Sachsen, Entwurf zu einer Verordnung über die Fürsorge für Opfer des Faschismus und über die Errichtung eines Landesnachforschungsamtes vom 24.9.1945 (SächsHStAD, Ministerpräsident, Nr. 519, Bl. 13).
55 Vgl. Hartewig, Zurückgekehrt, S. 300.
56 Vgl. Illichmann, Die DDR und die Juden, S. 56.

Repressionen gegen die jüdische Bevölkerung

Die politische Kampagne der SED stand in direktem Zusammenhang mit den Schauprozessen im gesamten Ostblock und richtete sich sowohl gegen kritische Parteimitglieder als auch gegen Minderheiten, deren Weltdeutungen der kommunistischen Ideologie widersprachen.[57] Dabei stellten Juden bei der ersten Repressionswelle noch kein explizites Feindbild dar. Als die Sowjets aber im September 1949 in Budapest ein Verfahren gegen den abgesetzten ungarischen Innenminister László Rajk eröffneten, warfen sie einigen Angeklagten vor, sie gehörten der zionistischen Bewegung an und unterhielten Verbindungen zum US-Geheimdienst.[58] Der Prozess wirkte sich unmittelbar auf die DDR aus: Im Juni 1949 verhafteten sowjetische Sicherheitsorgane in Leipzig Bernhard Steinberger, da sie ihm und seiner ungarischen Ehefrau Verbindungen zu Rajk und parteischädigendes Verhalten vorwarfen. Damit war Steinberger eines der frühesten jüdischen Opfer der politischen Kampagnen in der DDR.[59] Den ersten Verhaftungen folgten offizielle Überprüfungen aller Parteimitglieder. Umfangreiche Charakteristiken wurden erarbeitet, wobei die jüdisch-bürgerliche Herkunft gesondert vermerkt wurde.[60]

In der zweiten Phase der repressiven Überprüfungskampagne verschärfte sich die antisemitische Stoßrichtung.[61] Die Zäsur bildet der Prager Schauprozess gegen Rudolf Slánský und andere hohe tschechoslowakische Parteifunktionäre im November 1952. Bei dem Verfahren waren elf der 14 Angeklagten jüdischer Herkunft.[62] Völlig überraschend kam das Vorgehen gegen jüdische Bürger für die Gemeindevorsitzenden indes nicht: Bereits zuvor hatte sich angedeutet, dass antisemitische Ressentiments in den ostdeutschen Behörden zunahmen; so zum Beispiel im sogenannten Kaffeeringprozess, der im Mai 1952 vor dem Leipziger Landgericht verhandelt wurde. Der Anklage zufolge habe der „Kaffeering", der sich über die gesamte DDR mit den Zentren Berlin, Leipzig und Dresden erstreckte, große Mengen von Genussmitteln auf dem Schwarzmarkt verkauft.[63]

---

57 Vgl. ebd., S. 79.
58 Vgl. Josef Ober, „Zyonismus ...". Die von Moskau angeordnete antisemitische Kampagne in der DDR in den Jahren 1952/1953 und ihre Umsetzung in der marxistisch-leninistischen „Presse neuen Typus", Berlin 2007, S. 109 f.
59 Vgl. Jürgen Jahn, Geraubte Jahre. Der Lebensweg des Bernhard Steinberger. In: Utopie kreativ 153/154 (Juli/August 2003), S. 741–750, hier 743–745; Mario Keßler, Die SED und die Juden – zwischen Repression und Toleranz. Politische Entwicklungen bis 1967, Berlin 1995, S. 67.
60 Vgl. Keßler, Die SED und die Juden, S. 67–69; Goldenbogen, „Säuberungen" und Antisemitismus in Sachsen. In: Mario Keßler (Hg.), Arbeiterbewegung und Antisemitismus. Entwicklungslinien im 20. Jahrhundert, Bonn 1993, S. 121–128, hier 126.
61 Vgl. Hartewig, Zurückgekehrt, S. 334.
62 Vgl. Weigelt/Simon, Zwischen Bleiben und Gehen, S. 105–108.
63 Richter Pfifferling an den Kreisvorstand der VVN vom 15.5.1952 (StAL, IV/5/01/523, Bl. 39 f.); vgl. Bubis, Damit bin ich noch längst nicht fertig, S. 64–71.

Nachdem die Händler aufgeflogen waren, wurden 17 Personen angeklagt, 14 von ihnen, darunter auch Ignatz Bubis aus Dresden, gelang es allerdings, vor dem Prozess in die Bundesrepublik zu fliehen. Lediglich die drei Angeklagten, die bereits in Untersuchungshaft saßen, konnten vor Gericht gestellt werden. Zwar wurden sie offiziell wegen Tätigkeit auf dem Schwarzmarkt angeklagt, aber Fritz Grunsfeld, ihr Verteidiger, monierte, dem Gericht gehe es ebenso darum, sie als Juden zu diffamieren.[64]

Fand der „Kaffeeringprozess" noch unter Ausschluss der Öffentlichkeit statt, wurden die antisemitischen Implikationen des Slánský-Prozesses in der DDR seit Ende 1952 öffentlich vertreten. Zu dieser Zeit verhaftete die Staatssicherheit auch Hans Schrecker, den Chefredakteur der „Leipziger Volkszeitung", der zuvor in Dresden Vorsitzender der Nationalen Front gewesen war.[65] In seinen Verhören spielten nicht nur die Verbindungen aus seinem Prager Exil eine Rolle, man warf ihm auch vor, sich danach, während seiner Zeit in England, für eine „Entschädigung der jüdischen Wirtschaftsemigranten" starkgemacht zu haben.[66] Neben jüdischen SED-Funktionären wie Hans Schrecker gerieten nun auch die Gemeinden verstärkt ins Visier des staatlichen Unterdrückungsapparates. Der politische Druck auf die Vorsitzenden, die sich gegen Slánský ebenso öffentlich positionieren sollten wie gegen den Staat Israel, nahm so zu, dass einige Vorstandsmitglieder aus Leipzig und Dresden, darunter Fritz Grunsfeld und Leon Löwenkopf, der bereits 1950 wegen angeblicher Wirtschaftsvergehen drei Monate in Untersuchungshaft verbracht hatte,[67] ebenso wie Julius Meyer nach Westberlin flohen.[68] In den Gemeinden war die Stimmung daraufhin panisch. Nicht zuletzt aus Angst vor Pogromen flüchteten 64 Mitglieder aus Leipzig sowie 49 aus Dresden in die Bundesrepublik.[69] Insgesamt sank die Zahl gläubiger Juden in Leipzig von 317 im Jahre 1950 auf 173 im August 1953.[70]

Nach der Flucht der Gemeindevorsteher nahm die staatliche Kontrolle der jüdischen Bevölkerung zu. Mitte Januar 1953 durchsuchte man in Leipzig die Wohnungen und Büros von Vorsitzenden und Mitgliedern,[71] in den Gemeinden wurden Informanten aktiv,[72] und auch wirtschaftlich griffen die Behörden här-

---

64 Vgl. Julius Meyer: Aktennotiz, 18.6.1952 (Centrum Judaicum, 5 B 1, Nr. 61, Bl. 66).
65 Vgl. Ober, Zyonismus, S. 203 f.
66 Bericht des MfS zu Hans Schrecker vom 16.3.1953 (BStU, MfS, Abt. VI b, AU 305/54, Bd. 1, Bl. 11).
67 Vgl. Goldenbogen, Zwischen Trostlosigkeit und Hoffnung, S. 120.
68 Vgl. Keßler, Die SED und die Juden, S. 101 f.; Ober, Zyonismus, S. 237; Held, Zwischen Tradition und Vermächtnis, S. 40 f.
69 Vgl. Goldenbogen, Jüdisches Leben in Sachsen, S. 194.
70 Vgl. Held, Zwischen Tradition und Vermächtnis, S. 42.
71 Vgl. Esther Ludwig, Die Auswirkungen des Prager Slánský-Prozesses auf die Leipziger Juden 1952/53. In: Ephraim Carlebach Stiftung (Hg.), Judaica Lipsiensia. Zur Geschichte der Juden in Leipzig, Leipzig 1994, S. 228–244, hier 234.
72 Vgl. exemplarisch BStU, ASt Leipzig, ZMA KD Wurzen 690/79; BStU, ASt Leipzig, AIM 36/57.

ter durch: Anklagen und Verfahren gegen jüdische Bürger wegen angeblicher Steuerhinterziehungen und Veruntreuung häuften sich in dieser Zeit.[73] Doch trotz derartiger Schikanen gab es nicht wenige Juden, die das Land nicht verließen und aus politischen oder privaten Gründen in der DDR blieben. Viele verspürten keine Nachteile durch die Kampagne, erhielten die privilegierte Sozialfürsorge und richteten sich im ostdeutschen Staat ein.[74] Dieser Befund relativiert jedoch nicht, dass die SED gegenüber jüdischen Bürgern und Gemeinden auf Marginalisierung und Stigmatisierung gesetzt hatte. Die Maßnahmen der Parteiführung schürten ein Klima der Angst und Unsicherheit, das sich wenige Jahre nach dem Trauma des Holocaust erneut sehr negativ auf das jüdische Leben in Sachsen auswirkte.[75] Durch die Flucht vieler Gemeindemitglieder hatte sich die Zahl der Juden erheblich reduziert, zudem waren die geflohenen Vorsitzenden die vehementesten Vertreter jüdischer Interessen gewesen. Als politische Akteure mit eigenständigen Forderungen traten die jüdischen Überlebenden in der DDR damit in den Hintergrund.

Fazit

Die unmittelbare Nachkriegszeit stellte für die Juden in Sachsen eine Phase der Rekonstruktion und des Neubeginns unter antifaschistischen Vorzeichen dar, die zugleich von wichtigen politischen Aushandlungsprozessen mit der nichtjüdischen Gesellschaft und den kommunistischen Besatzern bestimmt war. Hinsichtlich der Religionsausübung fehlte es in allen wiedergegründeten Gemeinden an geschultem Personal und Räumlichkeiten; für die Überlebenden weitaus schlimmer wogen jedoch die traumatischen Erfahrungen der NS-Verfolgung, der Verlust von Angehörigen und Eigentum sowie die Frage, wie man sich eine neue Existenz aufbauen sollte. Das Zusammenleben von Juden und Nichtjuden fiel umso schwerer, als die Besatzungsverwaltung und einflussreiche SED-Funktionäre für das besondere Schicksal der jüdischen NS-Verfolgten wenig Verständnis aufbrachten. Dies zeigt die halbherzige Auseinandersetzung mit historischem und aktuellem Antisemitismus ebenso wie die erfolglosen Restitutionsverhandlungen, deren Ergebnis letztlich einer Fortsetzung der Enteignungen durch die Nationalsozialisten gleichkam.

Unter der repressiven Religions-, Geschichts- und Minderheitenpolitik der SED wuchs die Unsicherheit der jüdischen Überlebenden. Nach dem Slánský-Prozess Ende 1952 und der Flucht der Gemeindevorsitzenden herrschte unter

---

73 Vgl. Ludwig, Auswirkungen des Prager Slánský-Prozesses, S. 238.
74 Vgl. Ober, Zyonismus, S. 394; Rotstein, Jüdische Gemeinde Chemnitz/Karl-Marx-Stadt, S. 164; Ludwig, Auswirkungen des Prager Slánský-Prozesses, S. 241; Held, Zwischen Tradition und Vermächtnis, S. 42; Taube, Flüchten und Standhalten, S. 285.
75 Vgl. Hartewig, Zurückgekehrt, S. 385 f.; Keßler, Die SED und die Juden, S. 104.

den Juden Angst, die antisemitische Stimmung, die die SED verbreitete, könnte auf die Bevölkerung übergehen. Obwohl sich die Lage nach Stalins Tod im März 1953 wieder beruhigte, verließen viele sächsische Juden in den frühen 1950er-Jahren das Land. Die dadurch noch einmal reduzierte Mitgliederzahl schränkte den politischen Handlungsspielraum der Gemeinden erheblich ein, es vollzog sich ein Rückzug ins Private, Forderungen nach Restitution und Entschädigung wurden nicht mehr gestellt.

In den folgenden Jahren passten sich die Vorstände politisch der staatlichen Linie an, was ein wesentlicher Grund dafür war, dass sich die Gemeinden in Sachsen über die Repressionen der frühen 1950er-Jahre hinaus erhalten und auch die nächsten Jahrzehnte bestehen konnten, obwohl sich ihre Mitgliederzahlen durch Überalterung und kaum vorhandenen Nachwuchs kontinuierlich verringerten. Diese fortdauernde Existenz jüdischen Lebens in Sachsen war in den ersten Nachkriegsjahren freilich nicht abzusehen, wurde doch allgemein – besonders von den emigrierten Juden, die im Ausland blieben – erwartet, dass die Überlebenden Deutschland bald verlassen und die Gemeinden allein deshalb nur für kurze Zeit bestehen würden. Durch Improvisation und Transformation ihres Gemeindelebens gelang es den sächsischen Juden jedoch, jüdische Kultur und Traditionen zu erhalten und ebenso das Ende der DDR zu erleben wie den danach einsetzenden Aufschwung jüdischen Lebens durch die aus der Sowjetunion kommenden jüdischen Migranten mitzugestalten.

IV.
Anhang

Auswahlbibliografie für das Land Sachsen 1933 bis 1952

Baganz, Carina: Erziehung zur „Volksgemeinschaft"? Die frühen Konzentrationslager in Sachsen 1933–34/37, Berlin 2005.

Behring, Rainer/Schmeitzner, Mike (Hg.): Diktaturdurchsetzung in Sachsen. Studien zur Genese der kommunistischen Herrschaft 1945–1952, Köln 2003.

Bergander, Götz: Dresden im Luftkrieg. Vorgeschichte – Zerstörung – Folgen, Weimar 1994.

Bertram, Ellen: Menschen ohne Grabstein. Die aus Leipzig deportierten und ermordeten Juden, Leipzig 2001.

Böhm, Boris/Hacke, Gerald (Hg.): „Fundamentale Gebote der Sittlichkeit." Der „Euthanasie"-Prozess vor dem Landgericht Dresden 1947, Dresden 2008.

Bramke, Werner/Heß, Ulrich (Hg.): Wirtschaft und Gesellschaft in Sachsen im 20. Jahrhundert, Leipzig 1998.

Brenner, Hans: Todesmärsche und Todestransporte. Konzentrationslager Groß-Rosen und die Nebenlager, Chemnitz 2014.

Bresan, Annett: Pawoł Nedo. Ein biografischer Beitrag zur sorbischen Geschichte, Bautzen 2002.

Czerny, Jochen/Rank, Monika/Roch, Beate (Hg.): Republik im Niemandsland. Ein Schwarzberg-Lesebuch, Leipzig 1997.

Das Deutsche Reich und der Zweite Weltkrieg, 10 Bände. Hg. vom Militärgeschichtlichen Forschungsamt, Stuttgart 1979–2008.

Donath, Matthias: Die Erfindung des Junkers. Die Bodenreform 1945 in Sachsen, Dresden 2011.

Donth, Stefan: Vertriebene und Flüchtlinge in Sachsen 1945 bis 1952. Die Politik der Sowjetischen Militäradministration und der SED, Köln 2000.

Einst & Jetzt: Zur Geschichte der Dresdener Synagoge und ihrer Gemeinde. Hg. von der Jüdischen Gemeinde zu Dresden und der Landeshauptstadt Dresden, Dresden 2001.

Erler, Peter/Laude, Horst/Wilke, Manfred (Hg.): „Nach Hitler kommen wir". Dokumente zur Programmatik der Moskauer KPD-Führung 1944/45 für Nachkriegsdeutschland, Berlin 1994.

Fink, Sebastian: Das Stahl- und Walzwerk Riesa in beiden deutschen Diktaturen 1933 bis 1963, Leipzig 2012.

Fleischer, Wolfgang/Schmieder, Roland: Sachsen 1945, Riesa 2010.

Foitzek, Jan: Sowjetische Kommandanturen und deutsche Verwaltung in der SBZ und frühen DDR: Dokumente, Berlin 2015.

Frackowiak, Johannes: Soziale Demokratie als Ideal. Die Verfassungsdiskussionen in Sachsen nach 1918 und 1945, Köln 2005.

Fremd- und Zwangsarbeit in Sachsen 1939–1945. Beiträge eines Kolloquiums in Chemnitz am 16. April 2002 und Begleitband einer Gemeinschaftsausstellung der sächsischen Staatsarchive. Hg. vom sächsischen Staatsministerium des Inneren, Halle (Saale) 2002.

Friedreich, Sönke/Spieker, Ira (Hg.): Fremde – Heimat – Sachsen. Neubauernfamilien in der Nachkriegszeit, Beucha 2014.

–: Autos bauen im Sozialismus. Arbeit und Organisationskultur in der Zwickauer Automobilindustrie nach 1945, Leipzig 2008.
Fritze, Lothar/Widera, Thomas (Hg.): Alliierter Bombenkrieg. Das Beispiel Dresden, Göttingen 2005.
Geschichte der Universität Leipzig 1400–2009, Band 3: Das zwanzigste Jahrhundert 1909–2009. Hg. von der Senatskommission zur Erforschung der Leipziger Universitäts- und Wissenschaftsgeschichte, Leipzig 2010.
Haase, Norbert/Oleschinski, Brigitte: Das Torgau-Tabu. Wehrmachtsstrafsystem, NKWD-Speziallager, DDR-Strafvollzug, 2. Auflage Leipzig 1997.
Haase, Norbert/Sack, Birgit (Hg.): Münchner Platz, Dresden. Die Strafjustiz der Diktaturen und der historische Ort, Leipzig 2001.
Haase, Norbert/Pampel, Bert (Hg.): Die Waldheimer „Prozesse" – fünfzig Jahre danach, Baden-Baden 2001.
Hackenberg, Gerd R.: Wirtschaftlicher Wiederaufbau in Sachsen 1945–1949/50, Köln 2000.
Halder, Winfried: „Modell für Deutschland". Wirtschaftspolitik in Sachsen 1945–1948, Paderborn 2001.
Haritonow, Alexander: Sowjetische Hochschulpolitik in Sachsen 1945–1949, Köln 1995.
Heydemann, Günther/Oberreuter, Heinrich: Diktaturen in Deutschland. Vergleichsaspekte: Strukturen, Institutionen und Verhaltensweisen, Bonn 2003.
–/ Schulte, Jan Erik/Weil, Francesca (Hg.): Sachsen und der Nationalsozialismus, Göttingen 2014.
Henke, Klaus-Dietmar: Die amerikanische Besatzung Deutschlands, München 1995.
Hermann, Konstantin (Hg.): Führerschule, Thinghaus, „Judenhaus". Orte und Gebäude der nationalsozialistischen Diktatur in Sachsen, Dresden 2014.
Hilger, Andreas/Schmeitzner, Mike/Schmidt, Ute (Hg.): Diktaturdurchsetzung. Instrumente und Methoden der kommunistischen Machtsicherung in der SBZ/DDR 1945–1955, Dresden 2001.
Hilger, Andreas/Schmeitzner, Mike/Schmidt, Ute (Hg.): Sowjetische Militärtribunale, Band 2: Die Verurteilung deutscher Zivilisten 1945–1955, Köln 2003.
Hoffmann, Dierk/Wentker, Hermann (Hg.): Das letzte Jahr der SBZ. Politische Weichenstellung und Kontinuitäten im Prozess der Gründung der DDR, München 2000.
John, Jürgen/Möller, Horst/Schaarschmidt, Thomas (Hg.): Die NS-Gaue. Regionale Mittelinstanzen im zentralistischen „Führerstaat", München 2007.
Karay, Felicia: Wir lebten zwischen Granaten und Gedichten. Das Frauenlager der Rüstungsfabrik HASAG im Dritten Reich, Köln 2001.
Karlsch, Rainer/Schäfer, Michael: Wirtschaftsgeschichte Sachsens im Industriezeitalter, Leipzig 2006.
–/ Laufer, Jochen/Sattler, Friederike (Hg.): Sowjetische Demontagen in Deutschland 1944–1949. Hintergründe, Ziele und Wirkung, Berlin 2002.
Kershaw, Ian: Das Ende. Kampf bis in den Untergang. NS-Deutschland 1944/45, München 2011.
Kiechle, Oliver: Fritz Selbmann als Kommunist und SED-Funktionär. Individuelle Handlungsspielräume im System, Düsseldorf 2013.

Kilian, Achim: Einzuweisen zur völligen Isolierung. NKWD-Speziallager Mühlberg/ Elbe 1945-1948, Leipzig 1992.
Kowanda, Andreas: Kriegshandlungen und Besetzung 1945. Atlas zur Geschichte und Landeskunde von Sachsen, Leipzig 1998.
Kukowski, Martin/Boch, Rudolf: Kriegswirtschaft und Arbeitseinsatz in der Auto Union AG Chemnitz im Zweiten Weltkrieg, Stuttgart 2014.
Lahrtz, Jens-Uwe: Nationalsozialistische Sondergerichtsbarkeit in Sachsen. Das Beispiel der Verfolgung der Zeugen Jehovas in den Jahren 1933 bis 1945, Frankfurt a. M. 2003.
Lange, Alexander: Meuten – Broadway-Cliquen – Junge Garde. Leipziger Jugendgruppen im Dritten Reich, Köln 2010.
Lobeck, Lenore: Die Schwarzberg-Utopie. Geschichte und Legende im „Niemandsland", Leipzig 2004.
Michelmann, Jeanette: Aktivisten der ersten Stunde. Die Antifa in der Sowjetischen Besatzungszone, Weimar 2002.
Mitzscherlich, Birgit: Diktatur und Diaspora. Das Bistum Meißen 1932-1951, Paderborn 2005.
Möller, Horst/Tschubarjan, Alexandr O. (Hg.): SMAD-Handbuch. Die Sowjetische Militäradministration in Deutschland 1945-1949, München 2009.
Möller, Jürgen: Das Kriegsende in Mitteldeutschland 1945. Chronik der amerikanischen Besatzung von Thüringen und Teilen Sachsens und Sachsen-Anhalts vom 30.März – 8.Mai 1945, Bad Langensalza 2014.
–: Die letzte Schlacht. Leipzig 1945, Bad Langensalza 2014.
Müller, Jörg: Strafvollzugspolitik und Haftregime in der SBZ und in der DDR. Sachsen in der Ära Ulbricht, Göttingen 2012.
Niedersen, Uwe (Hg.): Soldaten an der Elbe. US-Armee, Wehrmacht, Rote Armee und Zivilisten am Ende des Zweiten Weltkriegs, Dresden 2008.
Niether, Hendrik: Leipziger Juden und die DDR. Eine Existenzerfahrung im Kalten Krieg, Göttingen 2015.
Nitsche, Jürgen/Röcher, Ruth (Hg.): Juden in Chemnitz. Die Geschichte der Gemeinde und ihrer Mitglieder. Mit einer Dokumentation des Jüdischen Friedhofs, Dresden 2012.
Osterloh, Jörg: Ein ganz normales Lager. Das Kriegsgefangen-Mannschaftsstammlager 304 (IV H) Zeithain bei Riesa/Sa. 1941 bis 1945, Leipzig 1997.
Parak, Michael: Hochschule und Wissenschaft in zwei deutschen Diktaturen. Elitenaustausch an sächsischen Hochschulen 1933-1952, Köln 2004.
Pech, Edmund/Scholze, Dietrich (Hg.): Zwischen Zwang und Beistand. Deutsche Politik gegenüber Sorben, Bautzen 2003.
Pieper, Christine/Schmeitzner, Mike/Naser, Gerhard (Hg.): Braune Karrieren. Dresdner Täter und Akteure im Nationalsozialismus, Dresden 2012.
Pohlmann, Tilman: Die Ersten im Kreis. Parteistruktur und Führungselite der SED-Diktatur in den sächsischen Kreisen der Ulbricht-Ära, Diss. phil. Leipzig 2014.
Pommerin, Rainer (Hg.): Dresden unterm Hakenkreuz, Köln 1998.
Pritchard, Gareth: Niemandsland: A History of Unoccupied Germany 1944-1945, Cambridge 2012.
Reinhard, Oliver/Neutzner, Mathias/Hesse, Wolfgang: Das rote Leuchten. Dresden und der Bombenkrieg, Dresden 2005.

Richter, Michael/Schmeitzner, Mike: „Einer von beiden muß so bald wie möglich entfernt werden". Der Tod des sächsischen Ministerpräsidenten Rudolf Friedrichs vor dem Hintergrund des Konflikts mit Innenminister Kurt Fischer 1947. Eine Expertise des Hannah-Arendt-Instituts im Auftrag der Sächsischen Staatskanzlei, Leipzig 1999.
Richter, Michael/Schaarschmidt, Thomas/Schmeitzner, Mike (Hg.): Länder, Gaue und Bezirke. Mitteldeutschland im 20. Jahrhundert, Dresden 2007.
Schaarschmidt, Thomas: Regionalkultur und Diktatur. Sächsische Heimatbewegung und Heimat-Propaganda im Dritten Reich und in der SBZ/DDR, Leipzig 2004.
Schiefer, Joachim: Historischer Atlas zum Kriegsende 1945 zwischen Berlin und dem Erzgebirge, Beucha 1998.
Sowjetische Speziallager in Deutschland 1945 bis 1950. Hg. von Sergej Mironenko, Lutz Niethammer, Alexander Plato in Verbindung mit Volkhard Knigge und Günter Morsch, 2 Bände, Berlin 1998.
Schilter, Thomas: Unmenschliches Ermessen. Die nationalsozialistische „Euthanasie"-Tötungsanstalt Pirna-Sonnenstein 1940/41, Leipzig 1999.
Schmeitzner, Mike: Der Fall Mutschmann. Sachsens Gauleiter vor Stalins Tribunal, Beucha 2011.
–: Doppelt verfolgt. Das widerständige Leben des Arno Wend, Berlin 2009.
–: Schulen der Diktatur. Die Kaderausbildung der KPD/SED in Sachsen 1945–1952, Dresden 2001.
–/ Donth, Stefan: Die Partei der Diktaturdurchsetzung. KPD/SED in Sachsen 1945–1952, Köln 2002.
–/ Wagner, Andreas (Hg.): Von Macht und Ohnmacht. Sächsische Ministerpräsidenten im Zeitalter der Extreme 1919–1952, Beucha 2006.
–/ Weil, Francesca: Sachsen 1933–1945. Der historische Reiseführer, Berlin 2014.
Schneider, Michael C.: Unternehmensstrategien zwischen Weltwirtschaftskrise und Kriegswirtschaft. Chemnitzer Maschinenbauindustrie in der NS-Zeit 1933–1945, Essen 2005.
Schumann, Silke: „Die Frau aus dem Erwerbsleben wieder herausnehmen". NS-Propaganda und Arbeitsmarktpolitik in Sachsen 1933–1939, Dresden 2000.
Schurmann, Peter: Die sorbische Bewegung 1945–1948 zwischen Selbstbehauptung und Anerkennung, Bautzen 1998.
Schwab, Irina: Flüchtlinge und Vertriebene in Sachsen 1945–1952. Die Rolle der Kreis- und Stadtverwaltungen bei Aufnahme und Integration, Frankfurt a. M. 2001.
Seidel, Theodor: Kriegsverbrechen in Sachsen. Die vergessenen Toten vom April 1945, Leipzig 2005.
Spors, Joachim: Der Aufbau des Sicherheitsapparates in Sachsen 1945–1949. Die Gewährleistung von Ordnung und Sicherheit unter den Bedingungen eines politischen Systemwechsels, Frankfurt a. M. 2003.
Steinberg, Swen: Unternehmenskultur im Industriedorf. Die Papierfabriken Kübler & Niethammer in Sachsen (1856–1956), Leipzig 2015.
Steinecke, Gerhard: Drei Tage im April. Kriegsende in Leipzig, Leipzig 2005.
Thüsing, Andreas (Hg.): Das Präsidium der Landesverwaltung Sachsen. Die Protokolle der Sitzungen vom 9. Juli 1945 bis 10. Dezember 1946, Göttingen 2010.
–: Landesregierung und Landesverwaltung in Sachsen 1945–1952. Dargestellt am Beispiel ausgewählter Ressorts, Frankfurt a. M. 2000.

–: Demokratischer Neubeginn? Aufbau, Organisation und Transformation des sächsischen Justizministeriums 1945–1950, Dresden 2003.
Ulbricht, Gunda/Glöckner, Olaf (Hg.): Juden in Sachsen, Berlin 2013.
Vollnhals, Clemens (Hg.): Sachsen in der NS-Zeit, Leipzig 2002.
–/ Osterloh, Jörg (Hg.): NS-Prozesse und deutsche Öffentlichkeit. Besatzungszeit, frühe Bundesrepublik und DDR, Göttingen 2011.
Wagner, Andreas: „Machtergreifung" in Sachsen. NSDAP und staatliche Verwaltung 1930–1935, Köln 2004.
Weil, Francesca: Entmachtung im Amt. Bürgermeister und Landräte im Kreis Annaberg 1930–1961, Köln 2004.
Welsh, Helga A.: Revolutionärer Wandel auf Befehl? Entnazifizierungs- und Personalpolitik in Thüringen und Sachsen (1945–1948), München 1989.
Werner, Oliver: Ein Betrieb in zwei Diktaturen. Von der Bleichert Transportanlagen GmbH zum VEB VTA Leipzig 1932 bis 1963, Stuttgart 2004.
Widera, Thomas: Dresden 1945–1948. Politik und Gesellschaft unter sowjetischer Besatzungsherrschaft, Göttingen 2004.
Wilhelm, Georg: Die Diktaturen und die evangelische Kirche. Totaler Machtanspruch und kirchliche Antwort am Beispiel Leipzigs 1933–1958, Göttingen 2004.
Zeidler, Manfred: Das Sondergericht Freiberg. Zu Justiz und Repression in Sachsen 1933–1945, Dresden 1998.
Zeithain – Gedenkbuch sowjetischer Kriegsgefangener, Band 1: Das Kriegsgefangenenlager Zeithain – vom „Russenlager" zur Gedenkstätte. Hg. von Stiftung Sächsische Gedenkstätten zur Erinnerung an die Opfer politischer Gewaltherrschaft und Volksbund deutscher Kriegsgräberfürsorge e. V., Dresden 2005.

Abkürzungsverzeichnis

AG	Aktiengesellschaft
AGL	Abteilungsgewerkschaftsleiter
ASt	Außenstelle
ATG	Allgemeine Transportanlagen GmbH
AVP RF	Archiv vnešnej politiki Rossijskoj Federacii (Archiv für Außenpolitik der Russischen Föderation)
BArch	Bundesarchiv
BDC	Berlin Document Center
BDM	Bund Deutscher Mädel
BGL	Betriebsgewerkschaftsleitung
BK	Bekennende Kirche
BKK	Betriebskrankenkasse
BStU	Bundesbeauftragter für die Unterlagen des Staatssicherheitsdienstes der ehemaligen DDR
Bubiag	Braunkohlen- und Brikett-Industrie AG
CDU	Christlich Demokratische Union
CIC	Counter Intelligence Corps
CMB	Compagnie des Machines Bull
Comecon	Council for Mutual Economic Assistance (Rat für gegenseitige Wirtschaftshilfe)
DAF	Deutsche Arbeitsfront
DC	Deutsche Christen
DDR	Deutsche Demokratische Republik
DDRJuNSV	DDR-Justiz und NS-Verbrechen (Sammlung ostdeutscher Strafurteile wegen nationalsozialistischer Tötungsverbrechen, Amsterdam 2002–2010)
DESt	Deutsche Erd- und Steinwerke
DFB	Demokratischer Frauenbund
DJV	Deutsche Justizverwaltung
DKK	Deutsche Kühl- und Kraftmaschinen GmbH
DVdI	Deutsche Verwaltung des Innern
DVP	Deutsche Volkspartei
DWK	Deutsche Wirtschaftskommission
EDES	Ethnikós Dimokratikos Ellinikós Syndesmos (Nationale Republikanische Griechische Liga)
EKD	Evangelische Kirche in Deutschland
EKuFSW	Eisenkonstruktions- und Formstahlwerk Riesa
ELAS	Ellinikós/Ethnikós Laikós Apelevtherotikós Stratós (Griechische Volksbefreiungsarmee)
FAB	Friedrich Arnold Brockhaus Verlag
FDGB	Freier Deutscher Gewerkschaftsbund
FDJ	Freie Deutsche Jugend
GARF	Gosudarstvennyj archiv Rossijskoj Federacii (Staatsarchiv der Russischen Föderation)
GBA	Generalbevollmächtigter für den Arbeitseinsatz
Gestapo	Geheime Staatspolizei

GmbH	Gesellschaft mit beschränkter Haftung
GRU	Glavnoe razvedyvatel'noe upravlenie (Hauptverwaltung für Aufklärung [der Roten Armee])
GSSD	Gruppe der Sowjetischen Streitkräfte in Deutschland
GStA	Generalstaatsanwalt
Gulag	Glavnoe upravlenie lagerej NKVD/MVD (Hauptverwaltung der Lager des NKVD/MVD)
HA	Hauptabteilung
HASAG	Hugo Schneider AG
HJ	Hitlerjugend
IAK	Internationales Antifaschistisches Komitee
IBM	International Business Machines Corporation
IHK	Industrie- und Handelskammer
IMI	Italienische Militärinternierte
IV	Industrieverwaltung
IWK	Internationale wissenschaftliche Korrespondenz zur Geschichte der deutschen Arbeiterbewegung
JuNSV	Justiz und NS-Verbrechen
JV	Jungvolk
K 5	Spezialabteilung der Kriminalpolizei
KAH	Kreisarchiv Hainichen
KJVD	Kommunistischer Jugendverband Deutschlands
KPD	Kommunistische Partei Deutschlands
KPO	Kommunistische Partei Deutschlands/Opposition
KVG	Kraftverkehrsgesellschaft
LBdVP	Landesbehörde der Volkspolizei
LDP	Liberal-Demokratische Partei
LHASA	Landeshauptarchiv Sachsen-Anhalt
LKA	Landeskirchenamt
LL	Landesleitung
LPG	Landwirtschaftliche Produktionsgenossenschaft
LRS	Landesregierung Sachsen
LVS	Landesverwaltung Sachsen
LVZ	Leipziger Volkszeitung
MAS	Maschinen-Ausleihstation
MdI	Ministerium des Innern
MfS	Ministerium für Staatssicherheit
MIAG	Mühlenbau- und Industrie AG
MTS	Maschinen-Traktoren-Stationen
MVD/MWD	Ministerstvo/Ministr vnutrennich del SSSR (Innenminister[ium] der UdSSR)
NARA	National Archives and Records Administration
NKFD	Nationalkomitee Freies Deutschland
NKVD/NKWD	Narodnyj komissar(iat) vnutrennich del (Volkskommissariat des Inneren der UdSSR)
NL	Nachlass
NSDAP	Nationalsozialistische Deutsche Arbeiterpartei
NSF	Nationalsozialistische Frauenschaft

NSFK	Nationalsozialistisches Fliegerkorps
NSKK	Nationalsozialistisches Kraftfahrkorps
NSRfL	NS-Reichsbund für Leibesübungen
NSDStB	Nationalsozialistischer Deutscher Studentenbund
NSV	Nationalsozialistische Volkswohlfahrt
OdF	Opfer des Faschismus
OKW	Oberkommando der Wehrmacht
OLG	Oberlandesgericht
PA	Privatarchiv
PA	Personalakte
Pg	Parteigenosse
RAW	Reichsbahnausbesserungswerk
RCChIDNI	Rossijskij centr chranenija i izučenija dokumentov novejšej istorii (Russländisches Zentrum für die Aufbewahrung und Erforschung von Dokumenten der neuesten Geschichte)
RGBl.	Reichsgesetzblatt
RLB	Reichsluftbund
RMfBuM	Reichsministerium für Bewaffnung und Munition
RMVP	Reichsministerium für Volksaufklärung und Propaganda
RSHA	Reichssicherheitshauptamt der SS
SA	Sturmabteilung
SächsHStAD	Sächsisches Hauptstaatsarchiv Dresden
SächsStAL	Sächsisches Staatsarchiv Leipzig
SAG	Sowjetische Aktiengesellschaft
SAP	Sozialistische Arbeiterpartei
SAPMO-BArch	Stiftung Archiv der Parteien und Massenorganisationen der DDR im Bundesarchiv Berlin
SBZ	Sowjetische Besatzungszone
SD	Sicherheitsdienst der SS
SE-Aktionen	Sondereinsatzaktionen
SED	Sozialistische Einheitspartei Deutschlands
SG	Sondergericht
SGW	Sächsischen Gussstahlwerke Döhlen AG
SHAEF	Supreme Headquarters Allied Expeditionary Forces
SKK	Sowjetische Kontrollkommission
SMAD	Sowjetische Militäradministration in Deutschland
SMAS	Sowjetische Militäradministration in Sachsen
SMERŠ/SMERSCH	Smert' šchpionam (Tod den Spionen, Militärgeheimdienst der UdSSR)
SM-Öfen	Siemens-Martin-Schmelzöfen
SMT	Sowjetisches Militärtribunal
SPD	Sozialdemokratische Partei Deutschlands
SS	Schutzstaffel
StAL	Stadtarchiv Leipzig
StAM	Stadtarchiv München
Stalag	Stammlager
SWA	Sächsisches Wirtschaftsarchiv
SWR	VEB Stahl- und Walzwerke Riesa

THD	Technische Hochschule Dresden
ThHStAW	Thüringisches Hauptstaatsarchiv Weimar
TUD	Technische Universität Dresden
UA	Universitätsarchiv
UAL	Universitätsarchiv Leipzig
UdSSR	Union der Sozialistischen Sowjetrepubliken
UHA	Untersuchungshaftanstalt
uk	unabkömmlich
unpag.	unpaginiert
UPA	Ukraïns'ka povstans'ka armija (Ukrainische Aufständische Armee)
VdgB	Vereinigung der gegenseitigen Bauernhilfe
VdN	Verfolgte des Naziregimes
VEB	Volkseigener Betrieb
VELKD	Vereinigte Evangelisch-Lutherische Kirche Deutschlands
VfZ	Vierteljahrshefte für Zeitgeschichte
VGH	Volksgerichtshof
VVB	Vereinigung Volkseigener Betriebe
VVN	Vereinigung der Verfolgten des Naziregimes
WVHA	Wirtschafts-Verwaltungshauptamt der SS
ZfG	Zeitschrift für Geschichtswissenschaft
ZGKR	Zentrum für Geschichte und Kunst Riesa
ZK	Zentralkomitee
ZKK	Zentrale Kontrollkommission
ZZF	Zentrum für Zeithistorische Forschung, Potsdam

Personenverzeichnis

Seitenangaben mit Asteriskus beziehen sich auf Fußnoten.

Ackermann, Anton 16, 229*, 280, 298
Adams, Charles M. 179
Adenauer, Konrad 256
Adlerstein, Aron 544
Anselmi, Fritz 134
Asmussen, Hans 529
Axen, Hermann 416, 418, 544

B., Ingeborg 106
Bach, Arno 163
Barrow, Clyde Chestnut
Bauer, Eberhard 438
Bäuml, Luise 418
Becker, Joseph 167
Beling, Walter 287
Beneš, Edvard 508
Berija, Lavrentij P. 183
Berndt, Eberhard 182
Berthel, Kurt 251
Bessel, Richard 218
Beyer, Rudolf 121–123, 136
Bialek, Robert 417–419
Biehl, Martin 261
Bloch, Ernst 544
Boehling, Rebecca 214
Bohl, Jochen 538
Böhme, Hellmut 43*, 102, 110, 112
Böhme, Herbert 135 f.
Bokemeyer 457
Bornhauser, Henri 172
Bornhauser, Hertha 172
Bornhorst, Sarah 408
Bradley, Omar 176
Brauer 457
Brenner, Henny 107 f., 110
Brill, Hermann Louis 198–200, 203
Brodkorb, Edith 418
Bruhn, Richard 155
Brusch, Wilhelm 167
Bubis, Ignatz 544, 552
Buchwitz, Otto 233, 431, 433
Bünau, Rudolf von 477

Burgsdorf, Carl von 38 f.
Busch, Adam 166
Busch, August 525
Büttner, Eva 477
Büttner, Paul 477
Büttner, Rudolf 30

Carcenko 345
Chorun, Josif Ivanovič 344
Clemens, Johannes 386
Coch, Friedrich 520, 523, 538
Cyž, Jan (Pfarrer) 508
Cyž, Jan (Verleger) 504*, 509, 511, 512*, 513 f., 516

D., Sonja 105
Degner, Georg Walter 167
Demuth 36
Dierlamm, Elfriede 418
Dittmar 459
Doelitzsch, Clemens 343
Döpel, Robert 360
Dreger, Egon 299, 309*
Dubrowskij, Dmitrij G. 309, 322
Durkheim, Emile 407

Eaton, Richard J. 194, 197 f., 202
Eckel, Georg 347*
Ehrenburg, Ilja 183
Eisenhower, Dwight D. 189, 191, 193, 197
Eisold, Erich 345, 347
Eley, Geoff 214
Elsner, Norbert 362
Elsner, Walter 47–52, 54, 60
Engelke, Heinrich 249
Engert, Otto 129
Epstein, Catherine 218
Eschwege, Helmut 544

Fernholz, Alfred 37 f., 43 f.
Fichte, Johann Gottlieb 539
Fischer 155

Fischer, Karl 522
Fischer, Kurt 16, 229, 231, 234, 301, 308-310, 312-314, 326, 342, 416, 469, 526, 535
Fleischhauer, Markus 80 f.
Flick, Friedrich 87, 372
Förster 457
Frank, Richard 540
Freyberg, Alfred 43*, 177
Friedel, August 253 f.
Friedensburg, Walter 66 f., 69, 75, 77
Friedreich, Sönke 432
Friedrichs, Rudolf 230 f., 234, 344, 378, 468, 513, 523, 525, 535
Frieser, Hellmuth 361 f., 363*, 364 f. 361-365
Fritsch, Karl 34, 520
Fügmann, Karla 499
Führer, Hans 70, 75, 79 f.

Gärtner 37
Gilsa, Wernher Freiherr von 184
Glaser, Erich 283
Gleibe, Fritz 297
Goebbels, Joseph 11, 31, 41, 48-53, 55, 58-60, 78, 99, 101
Gollomb, Eugen 544
Göpfert, Arthur 34
Gotto, Bernhard 81
Gottschald, Erich 36, 38 f.
Graefe, Arthur 39 f., 42, 44
Gräser, Fritz-Hubert 182
Grass, Gunter 185
Gregor, Kurt 376
Grimm, Paul 252 f.
Gordeev, Aleksandr 179
Grohé, Josef 42
Grolman, Wilhelm von 134
Gross, Werner 205
Große, Fritz 378
Grotewohl, Otto 285, 537
Grothaus, Wilhelm 130
Grüber, Heinrich 528
Gruner, Werner 29
Grunsfeld, Fritz 546 f., 550, 552

Haase, Curt 37 f.
Hachtmann, Rudolf 63
Hahn, Hugo 520 f., 524-530, 532, 534, 536-538
Halder, Winfried 374
Hammitzsch, Martin 37 f., 43
Hänichen, Friedrich 207, 209
Hantzschmann, Werner 206
Harmel, Heinz 262
Hartmann, Georg 39 f., 42, 44
Hatch, Azel F. 203
Heckert, Fritz 242
Heckert, Otto 242-245, 247 f.
Heidebroek, Enno 361
Heine, Heinrich 539
Heinrich, Helmut 362
Helldorf, Margarete von 477
Hempel, Johannes 538
Henke, Klaus-Dietmar 202
Hensel, Albert 121
Hering, Arno Richard 277-280, 282-288, 290
Heß, Rudolf 49
Heydemann, Günther 354
Heydrich, Reinhard 124
Heym, Stefan 16, 186, 214
Hickmann, Hugo 236
Hill, Jim Dan 194
Himmler, Heinrich 40 f., 155, 343, 507
Hings 458
Hirschel, Kurt 385
Hitler, Adolf 12, 28, 32 f., 38, 43, 48, 50, 58, 75, 78, 89, 104, 113, 120-122, 127 f., 136 f., 207, 218, 293, 296, 298, 343, 395, 503
Hoelz, Max 407
Hoernle, Edwin 484
Hoffmann, Arthur 129
Honecker, Erich 418
Hood, Robin 407
Hübeners, Erhard 197, 200
Hübner, Karl 278-280, 282, 288-291

Ihmels, Ludwig 520
Illner, Josef 120
Illner, Karl 134

Jermolajew, Wsewolod A. 529
Jeß, Paul 263
John, Jürgen 203
Jung, Heinz 123 f., 128, 136

Kaiser, Jakob 537, 548
Kamps, Rudolf 34, 38
Kastner, Hermann 314
Katukov, Michail 226, 343
Kebbedies, Frank 408, 410, 414
Kershaw, Ian 52, 60
Kielmansegg, Peter Graf von 239
Kießling, Irmgard 393 f.
Kipping, Max 168
Kirsch, Ludwig 255-257
Klemperer, Eva 385
Klemperer, Victor 33, 342, 385, 387-389, 396
Klepov, Sergej A. 345
Klotsche, Johannes 520-522, 538
Knüpfer, Bernhard 37 f.
Koegel, Max 145, 153
Koenen, Wilhelm 233
Konevs, Ivan 180 f.
Konitzer, Paul 347
Koppenberg, Heinrich 89
Koroteevs, Konstantin A. 181
Kotschetow, Alexej N. 525
Kotte, Erich 523-527, 529, 532, 537
Kotzebue, Albert 179
Krebs, Max 521
Kreß, Volker 538
Kresse, Kurt 129
Krjeńc, Kurt 517
Krjukov, Michail 227
Kühne, Arthur 103, 109 f., 112
Kunze, Johannes 261
Kupfer, Magdalena 418
Kuzminov, Nikolai 227

L., Barbara 111
L., Hilde 111
L., Valentin 111
Lahrtz, Jens-Uwe 118
Lange, Helga 418
Lange, Alexander 412
Lappe, Rudolf 544

Lau, Franz 523-525, 527 f., 532, 535
Lebedenko, Nikita F. 185
Leers, Johann von 32
Leiskes, Walter 197
Lenk, Georg 34, 43
Leonhard, Wolfgang 213, 417 f.
Leuschner, Bruno 376, 381
Lewinsky, Siegfried 544
Ley, Robert 42, 49
Licht, Barnet 547
Liebler, Ralph 418 f., 424
Lieser, Theodor 198
Lisso, Kurt 177
Lobeck, Lenore 206
Loest, Erich 186
Lohagen, Ernst 235, 237
Löhr, Christian 206
Longerich, Peter 52
Loos, Oskar 393 f.
Lorenc-Zalěski, Jakub 503
Lösche, Siegfried 123
Loth, Wilfried 240, 274
Löwenkopf, Leon 547, 550, 552
Lüderitz, Willi 266, 273

M., Irene 104
M., Max 104, 113
M., Regina 104
M., Wally 104 f., 111
Mager, Reimer 522, 531
Makarenko, Anton S. 424
Maksimov, Vladimir K. 182
Malitz, Bruno 135
Markowic, Ivica 402
Marx, Karl 254
Matern, Hermann 16, 229, 231-233, 283, 298
Matthes 166
Mayer, Hans 544
Meiser, Hans 526, 528, 538
Menke-Glückert, Emil 525
Menz, Heinrich 266
Meschik, Pawel J. 231
Meyer, Julius 547, 550, 552
Michelmann, Jeanette 263
Mielke, Erich 319
Mikojan, Anastas 377

Michalk, Kurt 312*, 313
Molotow, Wjatscheslaw M. 511
Montgomery, Bernard 176
Mühlbach, Bernhard 394
Mühlbach, Meta 394
Müller, Ludwig 528
Müller, Max 249-252
Murphy, Robert 193
Mussolini, Benito 128
Mutschmann, Martin 11, 27-45, 47, 53 f., 60, 67 f., 70, 75, 79 f., 100-102, 112, 135 f., 175, 293, 323, 390 f., 414, 527

Nedo, Pawoł 505, 507, 509, 511-516
Neumann, Hans-Georg 345
Neumark, Ernst 548 f.
Neumüller, Hans 488
Niethammer, Albert 438, 440 f.
Niethammer, Gerhard 436, 439 f.
Niethammer, Horst 435-440
Niethammer, Konrad 441
Niethammer, Lutz 214
Niethammer, Wilhelm 435 f., 439 f.
Nowak-Njechorński, Měrćin 515

Obstfelder, Hans von 184

Palombini, Kraft Freiherr von 269
Parker, Bonnie Elizabeth 407
Patton, George 176, 180
Pauer, Walther 361-365
Paulick, Paul 263, 271 f.
Peitsch, Hellmuth 28, 29*, 42, 44
Peter, Roland 69, 80
Pfrötzschner, Erich 451, 459, 462
Pieck, Wilhelm 310, 489, 516 f.
Pittner, Albert 497
Pjatkin, Andrei A. 251
Plaul, Wolfgang 145, 168
Polak, Karl 544
Poncet, Hans von 177, 190
Prater, Georg 521, 528
Puchovs, Nikolaj P. 181

R., Sonja 105 f.
Raimbault, André 162
Rajk, László 551

Rau, Heinrich 381, 495
Reimann, Max 283
Reinhardt 200
Reinhardt, Emil 177, 179
Remagen, Karl 345
Revin, Viktor 340-342, 349
Richter, Herbert 314
Richter, Martin 348, 532
Ritter, Gerhard 524
Robertson, Walter 177, 179
Rode, Otto 246
Rogov, Efim V. 179
Roitzsch, Kurt 36
Roller, Albert 167
Rollin, Erich 345
Rose, Willy 266
Rosenberg, Alfred 42, 385
Roßbach, Erich 345
Rößler, Horst 205
Rößners, Guido 436-438
Rothenberger, Carl 122
Röthling, Richard 261
Rys, Bohuslav 394

S., Nora 107-110, 113 f.
Salzmann, Heinrich 48 f., 51, 54, 60
Sander, Werner 547
Sass, Erich 407
Sass, Franz 407
Sauckel, Fritz 64, 139
Schadeberg, Walter 524
Schäfer, Michael 428
Scheibner, Helmut 205
Schiller, Friedrich 539
Schlegelberger, Franz 121
Schlosser, Kurt 128
Schmidt, Walter 297
Schneider, Hans 344
Schönberg, Joseph von 475, 477
Schörner, Ferdinand 43, 184, 186, 207
Schramm, Eugen 36, 38 f., 43
Schrecker, Hans 552
Schroeder, Klaus 239
Schröter, Albert 168
Schulze, Carl 275
Schulze, Fritz 121
Schulze, Georg 34-36, 38 f., 41

Schulze, Gustav 362
Schumann, Georg 129
Schwabe, Kurt 436
Schwarz, Hans-Peter 212
Schweitzer, Bernhard 355 f., 358 f.
Schwender, Hellmuth 37 f.
Selbmann, Fritz 19, 307, 367-376, 378-381, 459, 489
Seydewitz, Max 234, 529 f., 537
Slánský, Rudolf 551 f.
Sokolowski, Wassili D. 256, 379
Sonntag, Friedrich 345
Speer, Albert 64, 67, 69 f., 78 f., 83, 90, 95, 140
Spiridonow, Ilja I. 250
Stalin, Josef 19, 183, 223, 225 f., 229, 231, 236, 240, 244, 246, 262, 350, 373, 378, 508, 554
Stark, Otto 544
Stein, Karl 121
Steinberger, Bernhard 551
Steiner, André 426
Steinlauf, Benno 165
Štěpán, Josef 394
Stoll, Eberhard 205
Stoye, Karl 197, 200
Strobel, Carl 177
Strothbäumer, Karl 261
Stuckart, Wilhelm 36
Stülpner, Karl 407
Surin 459
Świerczewski, Karol 181

Thieme, Alfred 168
Thierack, Otto 118, 122 f., 126 f., 137
Thürmer, Gertrud 318
Tichy, Fred 420
Tießler, Walter 49, 53 f.
Tjul'panov, Sergeij 226
Todt, Fritz 66, 95
Trotz, Ernst 168
Trützschler, Hans Erik Freiherr von 479
Türpe, Max 245
Türpe, Werner 245-248

Ulbricht, Walter 19, 240, 280, 288, 316, 367, 373, 381, 526
Ulrich, Wolfgang 418

Vatnik, Abram 227
Veltheim, Baron Hans-Hasso von 197
Victor, Walther 544
Vogel, Walter 178
Volkovyckij 341

Walter, Georg 522
Walter, Hellmut 29
Walter, Lothar 205
Weber, Max 282
Wehler, Hans-Ulrich 239
Weidauer, Walter 417
Wenck, Walther 179
Wendt, Grete 431
Wendt, Hans 431
Wendt, Walter 166
Werner, William 155
Weser, Arno 385
Wiederroth, Willy 177
Winter, Karl 246-248, 254
Wirsing, Adolf Freiherr von 103
Wissmann, Karl 69
Wöhlermann, Karl Johannes 393 f.
Woldt, Richard 370
Wolf, Erik 524
Woyrsch, Udo von 29, 41
Wulffen, Erich 409
Wurm, Theophil 522, 527 f., 530, 538
Wuthenau, Kurt 302

Zadovs, Aleksej S. 181
Zezschwitz, Ida von 473
Ziegesar, Hans von 177
Ziel, Rudolf 257
Zimmering, Max 544
Zscheile, Werner 419
Zschuckelt, Curt 450, 459, 462
Žukov, Georgij K. 180

Autorenverzeichnis

Rainer Behring, Dr. phil., Lehrbeauftragter am Lehrstuhl für Neuere Geschichte der Heinrich-Heine-Universität Düsseldorf.

Nora Blumberg, M.A., Promotionsstudentin am Historischen Seminar an der Universität Leipzig.

Annett Bresan, Dr. phil., Leiterin des Sorbischen Kulturarchivs beim Sorbischen Institut Bautzen.

Stephan Dehn, M. A., persönlicher Referent des Landtagspräsidenten des Landes Sachsen-Anhalt.

Stefan Donth, Dr. phil., derzeit bei einem Verband in Berlin tätig.

Sebastian Fink, Dr. phil., Lehrbeauftragter am Lehrstuhl für Neuere und Zeitgeschichte an der Universität Leipzig, Journalist.

Sönke Friedreich, Dr. phil. habil., wissenschaftlicher Mitarbeiter im Bereich Volkskunde des Instituts für Sächsische Geschichte und Volkskunde e. V., Dresden.

Ulrich Fritz, M. A., wissenschaftlicher Mitarbeiter der Stiftung Bayerische Gedenkstätten, München, Mitarbeiter am Projekt „KZ-Außenlager Bayern".

Gerald Hacke, Dr. phil., Historiker in Dresden.

Konstantin Hermann, Dr. phil., Fachreferent für Geschichte an der Sächsische Landesbibliothek – Staats- und Universitätsbibliothek Dresden (SLUB), derzeit abgeordnet an das SMWK.

Oliver Kiechle, Dr. phil., wissenschaftlicher Mitarbeiter am Institut für Neuere Geschichte der Heinrich-Heine-Universität Düsseldorf.

Gerhard Lindemann, Dr. theol., apl. Professor für Historische Theologie an der TU Dresden.

Hendrik Niether, Dr. phil., freiberuflicher Historiker, Dozent und Redakteur der Onlinezeitschrift „Medaon. Magazin für jüdisches Leben in Forschung und Bildung".

Jörg Osterloh, Dr. phil., wissenschaftlicher Mitarbeiter am Fritz-Bauer-Institut und Lehrbeauftragter am Historischen Seminar der Goethe-Universität in Frankfurt am Main.

Tilman Pohlmann, M. A., wissenschaftlicher Mitarbeiter am Hannah-Arendt-Institut für Totalitarismusforschung e.V. an der TU Dresden.

Gareth Pritchard, Dr., Lecturer an der University of Adelaide, Australien.

Sebastian Rick, Dr. phil., Historiker, Mitarbeiter der Landeskirche Berlin-Brandenburg-schlesische Oberlausitz.

Mike Schmeitzner, PD Dr. phil., wissenschaftlicher Mitarbeiter am Hannah-Arendt-Institut für Totalitarismusforschung e.V. und Privatdozent an der TU Dresden.

Nadin Schmidt, Dr. des., Sachbearbeiterin bei der BStU-Außenstelle Dresden.

Michael C. Schneider, Dr. phil. habil., Professor für Wirtschafts- und Sozialgeschichte an der Heinrich-Heine-Universität Düsseldorf.

Silke Schumann, Dr. phil., Leiterin der Stadtteilbibliothek Gallus der Stadtbibliothek Frankfurt am Main.

Ira Spieker, Dr. phil., Leiterin des Bereichs Volkskunde am Institut für Sächsische Geschichte und Volkskunde e.V., Dresden.

Swen Steinberg, Dr. phil., wissenschaftlicher Mitarbeiter am Lehrstuhl für Sächsische Landesgeschichte der TU Dresden, derzeit mit einem DFG-finanzierten Forschungsprojekt an der University of California in Los Angeles.

Lutz Vogel, Dr. phil., wissenschaftlicher Mitarbeiter am Institut für Sächsische Geschichte und Volkskunde e.V., Dresden.

Clemens Vollnhals, Dr. phil., M.A., stellvertretender Direktor am Hannah-Arendt-Institut für Totalitarismusforschung e.V. und Lehrbeauftragter für Zeitgeschichte an der TU Dresden.

Francesca Weil, Dr. phil., wissenschaftliche Mitarbeiterin am Hannah-Arendt-Institut für Totalitarismusforschung e.V. an der TU Dresden.

Thomas Widera, Dr. phil., wissenschaftlicher Mitarbeiter am Hannah-Arendt-Institut für Totalitarismusforschung e.V. an der TU Dresden.

Martin Clemens Winter, M.A., Promotionsstudent am Historischen Seminar an der Universität Leipzig.

Manfred Zeidler, Dr. phil., Historiker in Frankfurt am Main.